2026

경찰채용 | 경찰간부 | 경찰승진 **시험대비 최신판**

박문각
공무원

기출문제

KB191516

이상훈
경찰학

이상훈 편저

단원별 기출문제 포인트 완벽 분석

모든 지문과 해설에 최신 개정 법령 반영

2025년 3월 최신 기출문제 수록

단원별
기출문제집

앤맴삼 강의 www.pmg.co.kr

이 책의 머리말
PREFACE

어떤 시험이든 어떤 과목이든 기출문제의 중요성은 아무리 강조를 하더라도 지나치지 않습니다. 그 이유에는 여러 가지가 있지만 우선 기출문제를 통해 해당 과목이나 해당 부분이 얼마나 자주 시험에 출제가 되는지 출제빈도를 파악할 수 있기 때문입니다. 또한 기출문제를 통해 기본이론에서 공부했던 부분이 어떤 형태로 시험에 출제되는지, 어떤 방식으로 오답을 만들어내는지 확인할 수 있고, 이를 통해 공부 방향을 설정할 수 있기 때문입니다. 그리고 기출문제를 통해 출제비중이 낮은 부분은 과감하게 생략함으로써 공부해야 할 양을 줄일 수도 있고, 또는 고득점을 위해 반드시 준비해야 할 부분을 추려낼 수도 있습니다.

보통의 수험생들의 경우 기본이론 강의를 수강한 후 문제를 풀어보면 이미 공부한 내용이라 머릿속에 정리가 되어 있는 부분임에도 불구하고 실제로는 문제가 잘 풀리지 않는 경우가 대부분입니다. 이는 문제풀이를 위한 연습이 되어 있지 않기 때문에 나타나는 현상입니다. 기본이론에서 공부한 내용 중에 어떤 부분이 문제로 출제가 되고, 어떤 형태로 출제되는지를 알고 공부를 해야 문제를 풀어낼 수 있습니다. 기본이론에서 공부한 내용은 말 그대로 문제를 풀기 위한 기본 지식을 습득하는 과정이고, 문제를 풀어내기 위해서는 그 기본지식을 활용할 수 있는 요령이 필요합니다.

문제를 풀어내는 요령에는 여러 가지 방법이 있지만 경찰학은 과목의 특성상 헌법이나 형사법과 같은 판례 과목과는 달리 문제를 출제하는 POINT가 아주 다양합니다. 기출문제를 통해 그러한 출제 POINT를 정리하고 거기에 맞춰서 공부하게 되면 좀 더 쉽게 문제를 풀어내는 요령을 익힐 수 있게 됩니다.

어떤 과목이든 기본이론을 공부한 후에는, 기출문제를 통해 문제의 출제 경향을 파악하고 공부를 해야 합니다. 경찰학 고득점을 위해서 기출문제는 선택이 아닌 필수입니다.

본 교재는 다음과 같은 부분에 중점을 두어 구성했습니다.

첫째, 시험에 출제되는 실정법 규정을 가능한 그대로 해설에 수록하여 기본이론서와 기출문제집을 통해 시험장에서 마주하게 될 지문들을 최대한 자주 접할 수 있도록 구성했습니다.

둘째, 시험에 출제되었던 지문들 중 최근까지 개정된 사항을 모두 반영했습니다. 기출문제의 경우 개정사항이 반영되지 않은 문제를 풀게 되면 오히려 개정된 내용과 충돌을 일으켜 혼동될 수 있습니다. 이러한 부분을 감안하여 기존 기출문제의 동일성을 최대한 유지하는 범위에서 개정된 사항을 반영하여 문제를 구성했습니다.

셋째, 기본이론을 공부할 때 기출문제집을 함께 활용해서 좀 더 효율적인 학습이 가능하도록 하기 위해 기본이론서와 기출문제집의 목차를 통일시켰습니다.

경찰공무원이라는 꿈을 이루기 위해 항상 고민하고 노력하는 수험생 여러분들에게 이 교재가 조금이나마 짐을 덜어줄 수 있었으면 합니다. 가장 절박하고 힘든 당사자는 수험생 여러분들입니다만 합격하는 그날까지 참고 노력하는 것이 최선이고, 또 그것이 수험생 여러분이 해야 할 일입니다. 시험이 얼마남지 않았습니다. 남은 시간 동안 최선을 다해 수험생 여러분 모두에게 좋은 결과가 있기를 바랍니다.

2025년 4월

이상훈

이 책의 차례
CONTENTS

이상훈 경찰학
단원별 기출문제집

제 **1** 편

총론

제1절 형식적 의미의 행정과 실질적 의미의 행정

01 다음 중 실질적 의미의 행정에는 속하나 형식적 의미의 행정이 아닌 것은?

10. 경찰 1차

① 대통령령의 제정
② 국회사무총장의 직원 임명
③ 행정심판의 재결
④ 지방공무원 임명

정답찾기

② 국회사무총장의 직원 임명은 실질적 의미의 행정에는 속하지만 형식적 의미의 입법에 해당한다.
① 대통령령의 제정은 형식적 의미의 행정, 실질적 의미의 입법에 해당한다.
③ 행정심판의 재결은 형식적 의미의 행정, 실질적 의미의 사법에 해당한다.
④ 지방공무원의 임명은 형식적 의미의 행정, 실질적 의미의 행정에 해당한다.

제2절 통치행위

02 통치행위에 대한 설명으로 가장 적절하지 않은 것은? (다툼이 있으면 판례에 의함)

13. 경찰 2차

① 국가행위 중에서 고도의 정치성을 갖기 때문에 사법심사가 제한되는 행위이다.
② 일반사병 이라크파병결정은 그 성격상 국방 및 외교에 관련된 고도의 정치적 결단을 요하는 문제로서, 헌법과 법률이 정한 절차를 지켜 이루어진 것임이 명백하므로 대통령과 국회의 판단은 존중되어야 하고 헌법재판소가 사법적 기준만으로 이를 심판하는 것은 자제되어야 한다.
③ 통치행위의 개념을 인정하더라도 과도한 사법심사의 자제가 기본권을 보장하고 법치주의 이념을 구현하여야 할 법원의 책무를 태만히 하거나 포기하는 것이 되지 않도록 그 인정을 지극히 신중하게 하여야 한다.
④ 통치행위는 고도의 정치적 결단에 의하여 행해지는 국가작용이므로 그것이 국민의 기본권 침해와 직접 관련되는 경우에도 헌법재판소의 심사대상에서 제외된다.

정답찾기

④ 대통령의 긴급재정경제명령은 국가긴급권의 일종으로서 고도의 정치적 결단에 의하여 발동되는 행위이고 그 결단을 존중하여야 할 필요성이 있는 행위라는 의미에서 이른바 통치행위에 속한다고 할 수 있으나, 통치행위를 포함하여 모든 국가작용은 국민의 기본권적 가치를 실현하기 위한 수단이라는 한계를 반드시 지켜야 하는 것이고, 헌법재판소는 헌법의 수호와 국민의 기본권 보장을 사명으로 하는 국가기관이므로 비록 고도의 정치적 결단에 의하여 행해지는 국가작용이라고 할지라도 그것이 국민의 기본권 침해와 직접 관련되는 경우에는 당연히 헌법재판소의 심판대상이 된다(헌재 1996.2.29, 93헌마186).

03 통치행위를 설명한 것이다. 다음 중 적절하지 않은 것은? (다툼이 있으면 판례에 의함)   16. 경찰 2차

① 대통령의 국군(일반사병) 이라크 파견결정은 그 성격상 국방 및 외교에 관련된 고도의 정치적 결단을 요하는 문제로서, 헌법과 법률이 정한 절차를 지켜 이루어진 것임이 명백하므로, 대통령과 국회의 판단은 존중되어야 하고 헌법재판소가 사법적 기준만으로 이를 심판하는 것은 자제되어야 한다.

② 신행정수도건설이나 수도이전의 문제를 국민투표에 붙일지 여부에 관한 대통령의 의사결정이 사법심사의 대상이 될 경우 위 의사결정은 고도의 정치적 결단을 요하는 문제여서 사법심사를 자제함이 바람직하다고 할 수 있다.

③ 대통령의 의사결정이 국민의 기본권침해와 직접 관련되는 경우에는 헌법재판소의 심판대상이 될 수 있고, 이에 따라 위 의사결정과 관련된 법률도 헌법재판소의 심판대상이 될 수 있다.

④ 남북정상회담의 개최과정에서 재정경제부(현 기획재정부)장관에게 신고하지 아니하거나 통일부장관의 협력사업 승인을 얻지 아니한 채 북한 측에 사업권의 대가 명목으로 송금한 행위 자체는 고도의 정치적 성격을 지니고 있는 행위라 할 것이므로 사법심사의 대상이 되지 않는다.

정답찾기

④ 남북정상회담의 개최는 고도의 정치적 성격을 지니고 있는 행위라 할 것이므로 특별한 사정이 없는 한 그 당부를 심판하는 것은 사법권의 내재적·본질적 한계를 넘어서는 것이 되어 적절하지 못하지만, 남북정상회담의 개최과정에서 재정경제부장관에게 신고하지 아니하거나 통일부장관의 협력사업 승인을 얻지 아니한 채 북한 측에 사업권의 대가 명목으로 송금한 행위 자체는 헌법상 법치국가의 원리와 법 앞에 평등원칙 등에 비추어 볼 때 사법심사의 대상이 된다고 판단한 원심판결을 수긍한 사례이다(대판 2004.3.26, 2003도7878).

04 통치행위에 대한 설명으로 가장 적절하지 않은 것은? (다툼이 있는 경우 판례에 의함)   18. 경찰 3차

① 비상계엄의 선포나 확대가 국헌문란의 목적으로 행하여진 경우에 법원은 그 자체가 범죄행위에 해당하는지의 여부에 관하여 심사할 수 있다.

② 외국에의 국군의 파견결정은 현행 헌법이 채택하고 있는 대의민주제 통치구조 하에서 대의기관인 대통령과 국회의 고도의 정치적 결단이므로 가급적 존중되어야 한다.

③ 남북정상회담의 개최과정에서 재정경제부장관에게 신고하지 아니하거나 통일부장관의 협력사업 승인을 얻지 아니한 채 북한 측에 사업권의 대가 명목으로 송금한 행위는 사법심사의 대상이 된다.

④ 사면은 형의 선고의 효력 또는 공소권을 상실시키거나 형의 집행을 면제시키는 것으로 사법부의 판단을 변경하는 제도이므로 권력분립의 원리에 반한다.

정답찾기

④ 사면은 형의 선고의 효력 또는 공소권을 상실시키거나, 형의 집행을 면제시키는 국가원수의 고유한 권한을 의미하며, 사법부의 판단을 변경하는 제도로서 권력분립의 원리에 대한 예외가 된다(권력분립의 원리에 반하는 것은 아님). 사면제도는 역사적으로 절대군주인 국왕의 은사권(恩赦權)에서 유래하였으며, 대부분의 근대국가에서도 유지되어 왔고, 대통령제국가에서는 미국을 효시로 대통령에게 사면권이 부여되어 있다. 사면권은 전통적으로 국가원수에게 부여된 고유한 은사권이며, 국가원수가 이를 시혜적으로 행사한다[대판 2000.6.1, 97헌바74(전합)].

Answer   01 ②   02 ④   03 ④   04 ④

05 통치행위에 대한 설명으로 가장 적절하지 않은 것은? (다툼이 있는 경우 판례에 의함)

① 대통령의 긴급재정경제명령은 국가긴급권의 일종으로서 고도의 정치적 결단에 의하여 발동되는 행위이고 그 결단을 존중하여야 할 필요성이 있는 행위라는 의미에서 이른바 통치행위에 속한다고 할 수 있으나, 그것이 국민의 기본권 침해와 직접 관련되는 경우에는 당연히 헌법재판소의 심판대상이 된다.

② 남북정상회담의 개최과정에서 재정경제부장관에게 신고하지 아니하거나 통일부장관의 협력사업 승인을 얻지 아니한 채 북한 측에 사업권의 대가 명목으로 송금한 행위 자체는 헌법상 법치국가의 원리와 법 앞에 평등원칙 등에 비추어 볼때 사법심사의 대상이 된다.

③ 대법원은 대통령의 서훈 취소행위를 통치행위로 보고 있다.

④ 일반사병 이라크파병에 대한 헌법소원사건에서 외국에의 국군의 파견결정은 파견군인의 생명과 신체의 안전뿐만 아니라 국제사회에서의 우리나라의 지위와 역할, 동맹국과의 관계, 국가안보문제 등 궁극적으로 국민 내지 국익에 영향을 미치는 복잡하고도 중요한 문제로서 통치행위로 보고 있다.

정답찾기

③ 구 상훈법(2011.8.4. 법률 제10985호로 개정되기 전의 것) 제8조는 서훈취소의 요건을 구체적으로 명시하고 있고 절차에 관하여 상세하게 규정하고 있다. 그리고 서훈취소는 서훈수여의 경우와는 달리 이미 발생된 서훈대상자 등의 권리 등에 영향을 미치는 행위로서 관련 당사자에게 미치는 불이익의 내용과 정도 등을 고려하면 사법심사의 필요성이 크다. 따라서 기본권의 보장 및 법치주의의 이념에 비추어 보면, 비록 서훈취소가 대통령이 국가원수로서 행하는 행위라고 하더라도 법원이 사법심사를 자제하여야 할 고도의 정치성을 띤 행위라고 볼 수는 없다(대판 2015.4.23. 2012두26920).

> **상훈법**
> **제3조【서훈의 기준】** 서훈은 서훈 대상자의 공적 내용, 그 공적이 국가와 사회에 미친 효과의 정도, 그 밖의 사항을 고려하여 결정한다.
>
> **제7조【서훈의 확정】** ① 행정안전부장관은 제5조에 따라 서훈이 추천된 경우에는 서훈에 관한 의안을 국무회의에 제출하여야 한다.
> ② 대통령은 제1항에 따른 서훈에 관한 의안에 대하여 국무회의의 심의를 거쳐 서훈 대상자를 결정한다.
>
> **제8조【서훈의 취소 등】** ① 훈장 또는 포장을 받은 사람이 다음 각 호의 어느 하나에 해당될 때에는 그 서훈을 취소하고, 훈장 또는 포장과 이와 관련하여 수여한 물건 및 금전을 환수한다.
> 1. 서훈 공적이 거짓으로 밝혀진 경우
> 2. 국가안전에 관한 죄를 범한 사람으로서 형을 받았거나 적대지역(敵對地域)으로 도피한 경우
> 3. 사형, 무기 또는 1년 이상의 징역이나 금고의 형을 선고받고 그 형이 확정된 경우

02 경찰의 의의

제1절 대륙법계와 영미법계의 경찰

01 경찰개념의 형성 및 역사적 변천과정에 대한 설명 중 옳지 않은 것은 모두 몇 개인가?   10. 경찰

> ⊙ 고대의 경찰개념은 라틴어의 'politia'에서 유래한 것으로, 도시국가의 국가작용 가운데 '정치'를 제외한 일체의
>   영역을 의미하였다.
> ⓒ 경찰국가시대에는 적극적인 공공복리의 증진을 위해서도 강제력을 행사할 수 있었다.
> ⓒ 제2차 세계대전 이후 독일에서는 보안경찰을 포함한 영업·위생·건축 등의 협의의 행정경찰사무를 일반행정
>   기관의 사무로 이관하는 이른바 '비경찰화' 과정이 이루어졌다.
> ② "경찰의 임무는 소극적인 위험방지에 한정된다."고 하는 사상이 법해석상 확립되는 계기가 된 것은 띠톱판결
>   이다.

① 1개   ② 2개   ③ 3개   ④ 4개

정답찾기

옳지 않은 것은 ⊙ⓒ② 3개이다.
⊙ 고대에서의 경찰개념은 라틴어의 'politia'에서 유래한 것으로, 도시국가의 국가작용 가운데 '정치'를 포함한 일체의 영역을 의미하였다.
ⓒ 제2차 세계대전 이후 독일에서는 '비경찰화' 과정이 이루어졌다. 그러나 보안경찰 영역은 '비경찰화'의 대상에 해당하지 않는다. 보안
  경찰 영역을 제외한 협의의 행정경찰작용이 '비경찰화'의 대상에 해당한다.
② 경찰의 임무는 소극적인 위험방지에 한정된다고 하는 사상이 법해석상 확립되는 계기가 된 것은 '크로이츠베르크 판결'이다. 띠톱판
  결은 경찰개입청구권의 형성에 영향을 미친 판례이다.

02 경찰개념의 발달과정에 관한 설명 중 적절한 것은 모두 몇 개인가?

13. 경찰승진

> ㉠ 14세기 말 독일의 경찰개념이 프랑스로 계수되어 양호한 질서를 포함한 국가행정 전반을 포괄하는 의미로 사용되었다.
> ㉡ 16세기 독일의 제국경찰법의 제정으로 경찰은 외교·군사·재정·사법을 제외한 내무행정 전반을 의미하게 되었다.
> ㉢ 1795년 프랑스의 '죄와 형벌법전' 제16조에서는 '경찰은 공공질서를 유지하고 개인의 자유와 재산 및 안전을 유지하기 위한 기관'이라고 정의하였다.
> ㉣ 1931년 '프로이센 경찰행정법'에서 "경찰관청은 공공의 평온, 안녕 및 질서를 유지하고 또한 공중 및 그의 개개의 구성원들에 대한 절박한 위험을 방지하기 위하여 필요한 기관이다."라고 규정하였다.

① 없음　　　　② 1개　　　　③ 2개　　　　④ 3개

정답찾기

적절한 것은 ㉢ 1개이다.
㉠ 고대의 경찰개념이 14세기에 프랑스로 계수되었고, 이후 15세기에 다시 독일로 계수되었다.
㉡ 16세기에 이르러 독일에서는 '제국경찰법'의 제정으로 경찰의 개념에서 교회행정이 제외되었다. 경찰개념에서 외교·군사·재정·사법을 제외한 내무행정 전반을 의미하였던 시기는 경찰국가시대(17세기)이다.
㉣ 지문은 1794년 '프로이센 일반란트법'이 규정하고 있는 내용이다.

03 대륙법계 국가의 경찰제도에 관한 다음 설명 중 옳지 않은 것은 모두 몇 개인가?

18. 경찰간부

> ㉠ 대륙법계 국가의 경찰개념은 경찰권이라고 하는 일반통치권적 개념을 전제로, 경찰이 시민을 위해서 수행하는 기능 또는 역할을 중심으로 형성되었다.
> ㉡ 1931년 프로이센 경찰행정법에는 경찰관청은 일반 또는 개인에 대한 공공의 안녕과 질서를 위협하는 위험을 방지하기 위하여 현행법의 범위 내에서 의무에 합당한 재량에 따라 필요한 조치를 취하지 않으면 안 된다고 규정하였다.
> ㉢ 경찰이란 용어는 라틴어의 Politia에서 유래한 것으로 도시국가에 관한 일체의 정치, 특히 헌법을 지칭하였다.
> ㉣ 크로이츠베르크(Kreuzberg) 판결은 경찰임무의 목적확대에 결정적인 계기를 만든 판결로 유명하다.
> ㉤ 경찰국가시대에 경찰권은 소극적인 치안유지만 할 뿐, 적극적인 공공복지의 증진을 위하여 강제력을 행사할 수 없었다.
> ㉥ 17세기 국가작용의 분화현상이 나타나 경찰개념이 외교·군사·재정·사법을 제외한 내무행정 전반에 국한되었다.

① 1개　　　　② 2개　　　　③ 3개　　　　④ 4개

정답찾기

옳지 않은 것은 ㉠㉣㉤ 3개이다.
㉠ 대륙법계 국가의 경찰개념은 일반통치권(경찰권)을 전제로, 경찰권의 발동범위와 성질을 기준으로 형성되었다. 지문의 후단부분은 영미법계 국가의 경찰개념에 대한 설명이다.
㉣ 크로이츠베르크(Kreuzberg) 판결은 경찰임무의 목적축소에 결정적인 계기를 만든 판결이다.
㉤ 경찰국가시대에 경찰권은 소극적인 치안유지뿐만 아니라 적극적인 공공복지의 증진을 위하여 강제력을 행사할 수 있었다.

04 18~20세기 독일과 프랑스에서의 경찰개념 형성 및 발달과정에 관한 설명으로 가장 적절하지 않은 것은? 19. 경찰

① 경찰 개념을 소극적 질서유지로 제한하는 주요 법률과 판결을 시간적 순서대로 나열하면 프로이센 일반란트법(제10조) - 프랑스 죄와 형벌법전(제16조) - 크로이츠베르크 판결 - 프랑스 지방자치법전(제97조) - 프로이센 경찰행정법(제4조)의 순이다.

② 크로이츠베르크 판결은 경찰의 직무범위는 위험방지분야에 한정된다고 하는 사상이 법해석상 확정되는 계기가 되었다.

③ 프랑스 죄와 형벌법전은 행정경찰과 사법경찰을 최초로 구분하여 법제화하였다는 점에 의의가 있다.

④ 프랑스 지방자치법전은 경찰의 직무범위에서 협의의 행정경찰적 사무를 제외시킴으로써 경찰의 직무를 소극목적에 한정하였다.

정답찾기

④ 프랑스의 지방자치법전은 법치국가 시대(18세기)의 경찰개념 형성과 관련이 있다. 경죄처벌법전 제16조는 "경찰은 공공의 질서·자유·재산 및 개인의 안전 보호를 임무로 한다."고 규정하여 경찰의 임무범위를 질서유지분야로 제한하였다. 협의의 행정경찰 사무가 제외된 것은 제2차 세계대전 이후 비경찰화에 대한 설명이다.

05 대륙법계 국가의 경찰개념에 대한 설명 중 옳지 않은 것은? 20. 경찰간부

① 1794년 프로이센 일반란트법 제10조에서 경찰관청은 공공의 평온, 안녕 및 질서를 유지하고, 또한 공중 및 그의 개개 구성원들에 대한 절박한 위험을 방지하기 위하여 필요한 기관이라고 규정하였다.

② 1795년 프랑스 죄와 형벌법전 제16조에서 경찰은 공공의 질서를 유지하고 개인의 자유와 재산 및 안전을 유지하기 위한 기관이라고 규정하였다.

③ 1882년 프로이센 고등행정법원은 크로이츠베르크(Kreuzberg) 판결을 통해 경찰관청이 일반수권 규정에 근거하여 법규명령을 발할 수 있는 분야는 위험방지분야에 한정된다고 판시하였다.

④ 1884년 프랑스 지방자치법전 제97조는 경찰의 직무범위에서 협의의 행정경찰적 사무를 제외시킴으로써 경찰의 직무를 소극목적에 한정하였다.

정답찾기

④ 1884년 프랑스 지방자치법전은 법치국가시대의 경찰개념과 관련된 법령이다. 동법 제97조는 경찰의 직무범위에서 적극적인 복지증진을 위한 경찰사무를 제외시킴으로써 경찰의 직무를 소극목적에 한정하였다. 그리고 제2차 세계대전 이후 비경찰화 과정을 거치면서 소극적 질서유지를 목적으로 하는 협의의 행정경찰적 사무가 제외되었다.

Answer 02 ② 03 ③ 04 ④ 05 ④

06 경찰개념에 관한 설명으로 가장 적절하지 않은 것은?

① 경찰개념은 역사적으로 발전되고 형성된 개념이므로, 근대국가에서의 일반적인 경찰개념을 '공공의 안녕과 질서유지를 위한 권력작용'이라고 할 경우, 이는 각국의 실정법상 경찰개념과 반드시 일치한다고는 할 수 없다.

② 실질적 의미의 경찰을 보안경찰과 협의의 행정경찰로 구분하는 것이 일반적 견해라고 할 때, 보안경찰은 독립적인 경찰기관이 관할하지만, 협의의 행정경찰은 각종의 일반행정기관이 함께 그것을 관장하는 경우가 많다.

③ 18~19세기에 등장한 법치국가는 절대주의적 경찰국가에 대항하는 의미에서 자유주의적 법치국가의 성격을 띠었고, 이와 같은 법치국가적 경찰개념이 처음으로 법제화된 경우로는 1794년의 '프로이센 일반란트법'을 들 수 있다.

④ 경찰의 개념을 형식적 의미의 경찰과 실질적 의미의 경찰로 구분할 때, 사법경찰(수사경찰)은 실질적 의미의 경찰에 포함된다.

정답찾기
④ 사법경찰(수사경찰)은 형식적 의미의 경찰에는 포함되지만 실질적 의미의 경찰에는 포함되지 않는다.

07 프랑스 경찰개념의 발달과정에 대한 설명으로 가장 적절하지 않은 것은?

① 11세기경 프랑스에서는 법원과 경찰기능을 가진 프레보(Prévôt)가 파리에 도입되었고, 프레보는 왕이 임명하였다.

② 프랑스에서 경찰권이론은 14세기에 등장하였는데, 이 이론에 따르면 군주는 개인 간의 결투와 같은 자구행위를 억제하기 위하여 공동체의 원만한 질서를 보호할 권리와 의무를 갖고 있으며, 이를 위한 필수불가결한 조치를 경찰권에 근거하여 갖고 있다고 보았다.

③ 14세기 프랑스 경찰권 개념은 라 폴리스(La Police)라는 단어에 의해 대표되었는데, 이 단어의 뜻은 초기에는 '공동체의 질서 있는 상태'를 의미했다가 나중에는 '국가목적 또는 국가작용'을 의미하였다.

④ 15세기 말 프랑스에서 독일로 도입된 경찰권이론은 '국민의 공공복리를 위해 강제력을 동원할 수 있는 통치자의 권한'으로 인정되어 절대적 국가권력의 기초를 제공하였다.

정답찾기
③ 14세기의 경찰의 개념은 프랑스어인 la police라는 단어에 의해 대표되었고, 초기에는 '국가목적ㆍ국가작용'을 의미로 나중에는 '공동체의 질서 있는 상태'의 의미로 변화되었다.

08 경찰개념에 관한 설명 중 가장 적절하지 않은 것은?

① 경찰의 개념에 대한 정의는 시대 및 역사 그리고 각국의 전통과 사상을 배경으로 발달하기 때문에 일률적으로 정의를 내리기 어렵다.

② 1648년 독일은 베스트팔렌 조약을 계기로 사법이 국가의 특별작용으로 인정되면서 경찰과 사법이 분리되었다.

③ 독일은 제2차 세계대전 이후 보안경찰 이외의 행정경찰사무, 즉 영업경찰, 건축경찰, 보건경찰 등의 경찰사무를 다른 행정관청의 분장사무로 이관하는 비경찰화 과정을 거쳤다.

④ 독일 프로이센 고등행정법원의 크로이츠베르크 판결을 계기로 경찰의 권한은 소극적 위험방지 분야로 한정하게 되었으며, 비로소 이 취지의 규정을 둔 경죄처벌법전(죄와 형벌법전)이 제정되었다.

정답찾기

④ 경찰개념을 소극적 질서유지로 제한하는 주요 법률과 판결을 시간적 순서대로 나열하면 프로이센 일반란트법(1794년) − 프랑스 죄와 형벌법전(1795년) − 크로이츠베르크 판결(1882년) − 프랑스 지방자치법전(1884년) − 프로이센 경찰행정법(1931년)의 순이다. 그러므로 크로이쯔베르크 판결로 토대로 하여 소극적 위험방지 취지의 규정을 둔 지방자치법전과 프로이센 경찰행정법이 제정되었다.

09 대륙법계 경찰개념에 관한 설명으로 가장 적절하지 않은 것은?

① 경찰이란 용어는 라틴어의 Politia에서 유래한 것으로 도시국가에 관한 일체의 정치, 특히 헌법을 지칭하였다.

② 경찰국가시대는 국가작용의 분화현상이 나타나 경찰개념이 외교·군사·재정·사법을 제외한 내무행정 전반에 국한되었다.

③ 크로이쯔베르크(Kreuzberg) 판결에 의하면 경찰관청이 일반수권규정에 근거하여 법규명령을 발할 수 있는 분야는 소극적 위험방지 분야에 한정된다.

④ 경찰은 시민으로부터 자치권한을 위임받은 조직체로서 시민을 위한 기능과 역할에 초점을 맞추어 형성되었다.

정답찾기

④ 지문의 내용은 영미법계 국가의 경찰개념에 대한 설명이다. 대륙법계 국가의 경찰개념은 반통치권(경찰권)을 전제로 경찰권의 발동 범위와 성질을 기준으로 형성되었다.

10 경찰개념의 변천과정에 대한 설명 중 적절하지 않은 것은 모두 몇 개인가?   24. 경찰간부

> ㉠ 16세기 독일의 제국경찰법(1530년)에서 교회행정을 제외한 모든 국가활동을 경찰이라 했다.
> ㉡ 17세기 경찰국가시대의 경찰개념은 외교·국방·재정·사법을 제외한 내무행정 전반을 의미했다.
> ㉢ 18세기 계몽철학의 영향으로 경찰의 개념이 소극적 위험방지 분야로 한정되었다.
> ㉣ 프랑스 지방자치법전(1884년)에서 처음으로 행정경찰과 사법경찰을 구분했다.
> ㉤ 프로이센 경찰행정법(1931년)은 경찰의 직무를 적극적 복리증진으로 규정했다.

① 1개   ② 2개   ③ 3개   ④ 4개

정답찾기

지문의 내용 중 적절하지 않은 것은 ㉣㉤이다.
㉣ 프랑스의 죄와 형벌법전(경죄처벌법전, 1795년) 제18조가 "행정경찰은 공공질서유지·범죄예방을 목적으로 하고, 사법경찰은 범죄
 의 수사·범인의 체포를 목적으로 한다."고 규정하여 최초로 행정경찰과 사법경찰의 구분을 법제화하였다.
㉤ 프로이센 경찰행정법(1931년) 제4조 제1항은 "경찰관청은 일반 또는 개인에 대한 공공의 안녕과 질서를 위협하는 위험을 방지하기
 위하여 현행법의 범위 내에서 의무에 합당한 재량에 따라 필요한 조치를 취하지 않으면 안 된다."고 규정함으로써 경찰의 임무를
 소극적 위험방지로 국한하였다.

11 경찰개념 형성 및 변천에 관한 설명 중 가장 적절한 것은?   25. 경위공채

① 2차 세계대전 이후 독일에서는 보안경찰사무를 다른 일반행정기관으로 이관하는 비경찰화 과정이 일어나게
 되었다.
② 1884년 프랑스의 「지방자치법전」은 자치경찰의 직무범위에서 위생사무 등 협의의 행정경찰 사무를 제외시
 켰다.
③ 영·미법계 경찰개념은 경찰권 발동의 성질과 범위를 중심으로 형성되었다는 특징이 있다.
④ 우리나라의 미군정 시기 경찰은 경제경찰과를 폐지하고 종래에 경찰에서 담당하던 위생사무를 위생국으로
 이관하였다.

정답찾기

① 제2차 세계대전 이후 독일에서 범죄의 예방과 범인의 검거 등 보안경찰작용 이외의 행정경찰사무, 즉 영업경찰·위생경찰·건축경
 찰·산림경찰 등 협의의 행정경찰사무를 보통경찰행정기관이 아닌 다른 일반 행정기관의 사무로 이관한 조치를 말한다.
② 1884년 프랑스의 지방자치법전 제97조는 "자치체 경찰은 공공의 질서·안전 및 위생을 확보함을 목적으로 한다."고 규정하여 경찰
 의 직무를 소극목적에 한정하였다. 그러나 경찰의 임무에 위생사무 등 협의의 행정경찰사무가 포함되어 강학상 보안경찰작용과 협의
 의 행정경찰사무가 구분되지 않았다는 특징이 있다.
③ 영미법계 국가의 경찰은 주권자인 시민으로부터 자치권을 위임받은 조직체인 경찰이 시민을 위해서 수행하는 기능 또는 역할을 중
 심으로 개념이 형성되었다는 데 그 특징이 있다. 대륙법계 국가의 경찰개념은 일반통치권(경찰권)을 전제로 경찰권의 발동범위와
 성질을 기준으로 형성되었다.

12 영미법계 국가의 경찰에 관한 설명으로 가장 적절하지 않은 것은?

① 영미법계 경찰개념은 '시민으로부터 부여받은 자치권에 근거하여 국민의 생명·신체·재산을 보호하고 범죄를 수사하며, 다양한 공공서비스를 제공하는 작용'이라고 설명된다.

② 영미법계 경찰개념은 국왕의 절대적 권력으로부터 유래된 경찰권을 전제로 한다.

③ 영미법계 경찰개념은 경찰과 국민을 수평적·상호협력 동반자 관계로 본다.

④ 영미법계 경찰은 비권력적 수단을 중시한다.

정답찾기

② 지문의 내용은 대륙법계 국가의 경찰에 대한 설명이다. 영미법계 국가의 경찰은 주권자인 시민으로부터 자치권을 위임받은 조직체인 경찰이 시민을 위해서 수행하는 기능 또는 역할을 중심으로 개념이 형성되었다는 데 그 특징이 있다.

제2절 형식적 의미의 경찰과 실질적 의미의 경찰

13 형식적 의미의 경찰개념과 실질적 의미의 경찰개념에 관한 설명 중 가장 적절하지 않은 것은?

① 실질적 의미의 경찰개념은 일반통치권에 근거하여 국민에게 명령·강제하는 권력적 작용이다.

② 일반행정기관에서도 '경찰기능'을 담당한다고 할 때의 '경찰기능'은 '일반행정기관'이라는 조직적 측면에서 바라본 형식적 경찰개념을 의미한다.

③ 경찰관 직무집행법 제3조에 의한 불심검문은 범인을 검거하고 범죄를 예방하는데 가장 중요한 경찰상 즉시강제의 권력작용이라는 측면에서 실질적 의미의 경찰에 해당하고, 실정법이 경찰행정기관에 그 권한을 맡긴 것이란 측면에서 형식적 의미의 경찰이기도 하다.

④ 형식적 의미의 경찰은 실정법상 보통경찰기관에 분배된 임무를 달성하기 위하여 행해지는 경찰활동으로 그 범위는 각국의 전통이나 현실적 환경에 따라 다르다고 볼 수 있다.

정답찾기

② 일반행정기관에서 담당하는 '경찰기능'이란 협의의 행정경찰기능을 말한다. 그러므로 형식적 의미의 경찰개념에 해당하는 작용이 아니라 실질적 의미의 경찰개념에 해당한다.

Answer 10 ② 11 ④ 12 ② 13 ②

14 다음 보기 중 경찰개념을 설명한 것으로 틀린 것은 모두 몇 개인가?

> ㉠ 형식적 의미의 경찰은 모두 실질적 의미의 경찰에 포함된다.
> ㉡ 정보경찰의 활동은 실질적 의미의 경찰보다는 형식적 의미의 경찰과 관련이 깊다.
> ㉢ 실질적 의미의 경찰개념은 학문상으로 정립된 개념이며, 프랑스 행정법학에서 유래하였다.
> ㉣ 형식적 의미의 경찰개념에 입각한 경찰활동의 범위는 나라마다 차이가 있을 수 있다.

① 1개 　　　　　　　　　　　② 2개
③ 3개 　　　　　　　　　　　④ 4개

정답찾기

틀린 것은 ㉠㉢ 2개이다.
㉠ 형식적 의미의 경찰은 경찰작용의 성질에 관계없이 조직을 기준으로 파악한 개념으로 경찰조직에 의하여 이루어지는 모든 작용(권력적·비권력적 작용)이 형식적 의미의 경찰에 해당한다. 그리고 실질적 의미의 경찰은 조직에 관계없이 작용의 성질을 기준으로 권력적 작용(명령·강제)이 실질적 의미의 경찰에 포함된다. 그러므로 경찰조직이 일반 국민에게 명령·강제와 같은 권력적 작용을 하는 경우 두 작용이 일치하지만 그렇지 않은 경우에는 두 작용이 일치하지 않는다.
㉢ 실질적 의미의 경찰개념은 학문상으로 정립된 개념이며, 독일의 행정법학에서 유래하였다.

15 경찰의 개념 중 형식적 의미의 경찰과 실질적 의미의 경찰에 대한 설명으로 가장 적절한 것은?

① 실질적 의미의 경찰개념은 이론상·학문상 정립된 개념이 아닌 실무상으로 정립된 개념이며, 독일 행정법학에서 유래하였다.
② 경찰이 아닌 다른 일반행정기관 또한 경찰과 마찬가지로 형식적 의미의 경찰에 해당하는 활동을 할 수 있다.
③ 실질적 의미의 경찰은 형식적 의미의 경찰개념보다 넓은 의미로 형식적 의미의 경찰을 모두 포괄하는 상위 개념이다.
④ 형식적 의미의 경찰이란 실정법상 보통 경찰기관에 분배되어 있는 임무를 달성하기 위해 행하여지는 경찰활동을 의미한다.

정답찾기

① 실질적 의미의 경찰개념은 이론상·학문상 정립된 개념에 해당하고, 독일 행정법학에서 유래하였다. 형식적 의미의 경찰개념이 실무상으로 정립된 개념이다.
② 경찰이 아닌 다른 일반행정기관은 실질적 의미의 경찰에 해당하는 활동은 할 수 있지만, 형식적 의미의 경찰에 해당하는 활동을 할 수는 없다.
③ 형식적 의미의 경찰은 경찰작용의 성질에 관계없이 조직을 기준으로 파악한 개념으로 경찰조직에 의하여 이루어지는 모든 작용(권력적·비권력적 작용)이 형식적 의미의 경찰에 해당한다. 그리고 실질적 의미의 경찰은 조직에 관계없이 작용의 성질을 기준으로 권력적 작용(명령·강제)이 실질적 의미의 경찰에 포함된다. 그러므로 경찰조직이 일반국민에게 명령·강제와 같은 권력적 작용을 하는 경우 두 작용이 일치하지만 그렇지 않은 경우에는 두 작용이 일치하지 않는다.

16 경찰개념에 대한 설명으로 가장 적절하지 않은 것은?

19. 경찰승진

① 형식적 의미의 경찰은 실정법상 보통경찰기관에 분배된 임무를 달성하기 위하여 행해지는 경찰활동으로 그 범위는 나라마다 차이가 있을 수 있다.
② 실질적 의미의 경찰은 사회공공의 안녕·질서유지와 같은 적극적 목적을 위한 작용이다.
③ 실질적 의미의 경찰은 국가의 일반통치권에 근거하여 국민에게 명령·강제하는 권력적 작용이다.
④ 일반행정기관이 실질적 의미의 경찰작용을 하는 경우는 있으나, 형식적 의미의 경찰작용을 하지는 않는다.

정답찾기

② 실질적 의미의 경찰은 사회공공의 안녕·질서유지와 같은 소극적 목적을 위한 국가작용을 의미한다.

17 다음은 형식적 의미의 경찰개념과 실질적 의미의 경찰개념에 대한 설명이다. 옳은 것은 모두 몇 개인가?

20. 경찰

> ㉠ 형식적 의미의 경찰이 언제나 실질적 의미의 경찰이 되는 것은 아니며, 실질적 의미의 경찰이 모두 형식적 의미의 경찰이 되는 것도 아니다.
> ㉡ 실질적 의미의 경찰은 사회공공의 안녕과 질서유지를 위한 권력적 작용이므로 소극목적에 한정된다.
> ㉢ 형식적 의미의 경찰은 사회목적적 작용을 의미하며 작용을 중심으로 파악된 개념이고, 실질적 의미의 경찰은 조직을 기준으로 파악된 개념이다.
> ㉣ 실질적 의미의 경찰은 실무상 정립된 개념이 아니라 학문적으로 정립된 개념으로 독일 행정법학에서 유래하였다.
> ㉤ 경찰관 직무집행법 제2조에 규정된 경찰의 직무범위가 우리나라에서의 형식적 의미의 경찰개념에 해당한다.
> ㉥ 실질적 의미의 경찰은 특별통치권에 근거하여 국민에게 명령·강제하는 권력적 작용으로 독일의 행정법학에서 정립된 학문상 개념이다.

① 2개　　　　　② 3개　　　　　③ 4개　　　　　④ 5개

정답찾기

지문의 내용 중 옳은 것은 ㉠㉡㉣㉤이다.

㉢ 형식적 의미의 경찰은 조직을 중심으로 파악된 개념이고, 실질적 의미의 경찰은 사회목적적 작용을 의미하며 작용을 기준으로 파악된 개념이다.

㉥ 실질적 의미의 경찰은 일반통치권에 근거하여 국민에게 명령·강제하는 권력적 작용으로 독일의 행정법학에서 정립된 학문상 개념이다.

18 실질적 의미의 경찰개념의 역사적 발전과정에 관한 설명 중 가장 적절하지 않은 것은?   22. 경찰

① 요한 쉬테판 퓌터(Johann Stephan Putter)가 자신의 저서인 독일공법제도에서 주장한 "경찰의 직무는 임박한 위험을 방지하는 것이다. 복리증진은 경찰의 본래 직무가 아니다."라는 내용은 경찰국가 시대를 거치면서 확장된 경찰의 개념을 제한하기 위한 노력의 일환으로 볼 수 있다.

② 크로이츠베르크 판결(1882)은 승전기념비의 전망을 확보할 목적으로 주변 건축물의 고도를 제한하기 위해 베를린 경찰청장이 제정한 법규명령은 독일의 제국경찰법상 개별적 수권조항에 위반되어 무효라고 하였다.

③ 독일의 경우, 15세기부터 17세기에 이르기까지 경찰은 공동체의 질서정연한 상태 또는 공동체의 질서정연한 상태를 창설하고 유지하기 위한 활동으로 이해되었고, 이러한 공동체의 질서정연한 상태를 창설 유지하기 위하여 신민(臣民)의 거의 모든 생활영역이 포괄적으로 규제될 수 있었다.

④ 1931년 제정된 프로이센 경찰행정법 제14조 제1항은 "경찰행정청은 현행법의 범위 내에서 공공의 안녕 또는 공공의 질서를 위협하는 위험으로부터 공중이나 개인을 보호하기 위하여 필요한 조치를 의무에 적합한 재량에 따라 취하여야 한다."라고 규정하여 크로이츠베르크 판결(1882)에 의해 발전된 실질적 의미의 경찰개념을 성문화시켰다.

정답찾기
② 지문의 내용 중 독일의 제국경찰법은 16C 중세의 경찰개념과 관련된 사항이다. 크로이츠베르크 판결은 독일의 프로이센일반란트법 제2장 제17절 제10조(개괄적 수권조항)에 근거한 복지행정적 조치는 위법하다는 취지의 판결이다.

19 형식적 의미의 경찰과 실질적 의미의 경찰에 관한 설명으로 가장 적절하지 않은 것은?   23. 경찰

① 형식적 의미의 경찰은 실정법상 개념으로 보통경찰기관에 분배되어 있는 임무를 달성하기 위하여 행하여지는 일체의 경찰작용이다.

② 형식적 의미의 경찰은 모두 실질적 의미의 경찰에 포함된다.

③ 실질적 의미의 경찰은 독일의 행정법학에서 정립된 학문상 개념이다.

④ 실질적 의미의 경찰은 사회공공의 안녕, 질서유지와 같은 소극적 목적을 위한 작용이다.

정답찾기
② 형식적 의미의 경찰과 실질적 의미의 경찰은 서로 다른 별개의 기준으로 구분한 개념으로 경우에 따라서는 형식적 의미의 경찰과 실질적 의미의 경찰이 일치할 수도 있지만, 두 개념이 서로 일치하지 않는 경우도 있다. 다시 말해 어느 하나의 개념이 다른 하나의 개념에 포함되는 상위개념과 하위개념의 문제가 아니라 일정한 경우에 두 개념이 일치할 수도 있는 대등한 위치의 개념이다.

20 실질적 의미의 경찰과 형식적 의미의 경찰개념에 관한 설명으로 가장 적절하지 않은 것은? 24. 경찰

① 실질적 의미의 경찰은 조직보다는 작용 중심으로 경찰개념을 파악하는 것으로, 일반행정기관이 공공의 안녕과 질서 유지를 위해 일반통치권에 근거하여 국민에게 명령·강제하는 권력적 작용은 실질적 의미의 경찰로 보아야 한다.

② 형식적 의미의 경찰개념에 따른 경찰활동의 범위는 국가마다 상이하고, 한 국가 내에서도 시간 변화에 따라 달라질 수 있다.

③ 업무의 독자성 여부로 구분되는 협의의 행정경찰은 실질적 의미의 경찰에 해당하고, 형식적 의미의 경찰에는 해당하지 않는다.

④ 보통경찰기관의 범죄 예방, 정보 수집·작성·배포 활동은 실질적 의미의 경찰뿐만 아니라 형식적 의미의 경찰에도 해당하지 않는다.

> 정답찾기
> ④ 보통경찰기관의 범죄 예방, 정보 수집·작성·배포 활동은 실질적 의미의 경찰에는 해당하지 않고 형식적 의미의 경찰작용에만 해당하는 경찰활동이다.

21 실질적 의미의 경찰과 형식적 의미의 경찰에 대한 설명으로 적절한 것은 모두 몇 개인가? 24. 경찰간부

> ㉠ 실질적 의미의 경찰은 프랑스 행정법학에서 유래한다.
> ㉡ 형식적 의미의 경찰과 실질적 의미의 경찰은 일치한다.
> ㉢ 사무를 기준으로 하였을 때 우리나라 자치경찰은 형식적 의미의 경찰과 실질적 의미의 경찰 모두에 해당한다.
> ㉣ 공물경찰은 실질적 의미의 경찰에 해당한다.
> ㉤ 사법경찰은 실질적 의미의 경찰에 해당한다.

① 1개   ② 2개   ③ 3개   ④ 4개

> 정답찾기
> 지문의 내용 중 적절한 것은 ㉢㉣이다.
> ㉠ 실질적 의미의 경찰은 독일의 행정법학에서 유래한다.
> ㉡ 형식적 의미의 경찰과 실질적 의미의 경찰은 서로 일치하는 부분도 있지만 서로 일치하지 않는 부분도 존재한다.
> ㉤ 사법경찰은 형식적 의미의 경찰에 해당한다.

제3절 경찰의 구분

22 경찰의 개념에 대한 설명 중 가장 적절하지 않은 것은?

14. 경찰승진

① 경찰개념은 시대성·역사성을 반영하며, 일률적 정의가 곤란한 다의적 개념이다.
② 경찰국가시대 대륙법계 국가에서는 국가활동의 확대와 복잡화로 국가작용의 분화현상이 나타나, 경찰개념이 외교·군사·재정·사법을 제외한 내무행정 전반을 의미하였다.
③ 행정경찰과 사법경찰의 구분은 삼권분립의 사상에 투철했던 영국에서 확립된 구분으로, 행정경찰은 형식적 의미의 경찰에 해당하며, 사법경찰은 실질적 의미의 경찰에 해당한다.
④ 제2차 세계대전 이후 독일에서는 협의의 행정경찰사무(영업경찰, 건축경찰, 보건경찰 등)를 다른 관청의 분장사무로 이관하는 '비경찰화' 현상이 나타났다.

정답찾기
③ 행정경찰과 사법경찰은 경찰의 목적·임무를 기준으로 한 구분이다. 이러한 경찰개념의 구분은 삼권분립 사상에 투철했던 프랑스에서 확립된 개념으로 1795년 프랑스의 죄와 형벌법전(경죄처벌법전) 제18조 "행정경찰은 공공질서유지·범죄예방을 목적으로 하고, 사법경찰은 범죄의 수사·범인의 체포를 목적으로 한다."고 규정하여 최초로 행정경찰과 사법경찰의 구분을 법제화하였다. 또한 지문의 내용 중 행정경찰은 실질적 의미의 경찰, 사법경찰은 형식적 의미의 경찰에 해당한다.

23 경찰의 분류에 대한 설명으로 적절한 것은 모두 몇 개인가?

19. 경찰승진

㉠ 삼권분립 사상에 기초하여 분류할 때 행정경찰은 실질적 의미의 경찰에 해당하고, 사법경찰은 형식적 의미의 경찰에 해당한다.
㉡ 경찰활동의 질과 내용을 기준으로 분류할 때 예방경찰은 경찰상의 위해 발생을 방지하기 위한 작용으로 '위해를 미칠 우려가 있는 정신착란자의 보호'가 이에 해당한다.
㉢ 자치경찰제도는 각 지방특성에 적합한 경찰행정이 가능하지만, 국가경찰제도에 비해 관료화되어 국민을 위한 봉사가 저해될 수 있다.
㉣ 국가경찰제도는 경찰업무집행의 통일을 기할 수 있으나, 정부의 특정정책 수행에 이용되어 본연의 임무를 벗어날 우려가 있다.

① 1개 　　　　　　　　　② 2개
③ 3개 　　　　　　　　　④ 4개

정답찾기
경찰의 분류에 대한 설명으로 적절한 것은 ㉠㉣이다.
㉡ 경찰활동의 질과 내용을 기준으로 질서경찰과 봉사경찰로 구분할 수 있다. 예방경찰과 진압경찰은 경찰권 발동시점을 기준으로 하는 구분이다.
㉢ 자치경찰제도와 비교했을 때 국가경찰제도는 관료화되어 국민을 위한 봉사가 저해될 수 있다.

24 경찰의 분류에 대한 설명으로 가장 적절하지 않은 것은?

① 행정경찰과 사법경찰 : 경찰의 목적에 따라 구분하며, 프랑스의 죄와 형벌법전(경죄처벌법전)에서 이와 같은 구분을 최초로 법제화하였다.

② 협의의 행정경찰과 보안경찰 : 다른 행정작용에 부수하느냐의 여부에 따라 구분하며, 협의의 행정경찰은 경찰활동의 능률성과 기동성을 확보할 수 있고 보안경찰은 지역 실정을 반영한 경찰조직의 운영과 관리가 가능하다.

③ 평시경찰과 비상경찰 : 위해의 정도와 담당기관에 따라 구분하며, 평시경찰은 평온한 상태하에서 일반경찰법규에 의하여 보통경찰기관이 행하는 경찰작용이고 비상경찰은 비상사태 발생이나 계엄선포시 군대가 일반치안을 담당하는 경우이다.

④ 질서경찰과 봉사경찰 : 경찰서비스의 질과 내용에 따라 구분하며, 경범죄 처벌법 위반자에 대한 통고처분은 질서경찰의 영역에, 교통정보의 제공은 봉사경찰의 영역에 해당한다.

정답찾기
② 지문의 후단 부분은 <u>국가경찰과 자치경찰</u>의 특성에 대한 설명이다.

25 경찰의 분류에 대한 설명으로 가장 적절하지 않은 것은?

① 우리나라에서는 보통경찰기관이 행정경찰 및 사법경찰 업무를 모두 담당한다.

② 진압경찰은 이미 발생한 위해의 제거나 범죄의 수사를 위한 경찰작용으로 범죄의 수사, 범죄의 제지, 총포·화약류의 취급제한, 광견의 사살 등이 있다.

③ 봉사경찰은 서비스 계몽 지도 등 비권력적인 수단을 통하여 경찰의 직무를 수행하는 경찰활동으로 방범지도, 청소년선도, 교통정보제공 등이 있다.

④ 협의의 행정경찰은 다른 행정작용에 부수하여 그 행정작용과 관련해서 발생하는 위험을 방지하기 위해 행해지는 경찰작용 으로 경제경찰, 산림경찰, 철도경찰 등이 있다.

정답찾기
② 지문의 내용 중 총포·화약류의 취급제한, 광견의 사살 등은 <u>예방경찰</u>에 해당한다.

Answer　22 ③　23 ②　24 ②　25 ②

26 경찰의 분류에 대한 설명으로 적절한 것은 모두 몇 개인가? 22. 경찰간부

ㄱ 고등경찰과 보통경찰의 구별은 독일에서 유래한 것으로 경찰에 의하여 보호되는 법익을 기준으로 한 구별이다.
ㄴ 질서경찰과 봉사경찰은 경찰서비스의 질과 내용(또는 경찰 활동 시 강제력의 사용유무)에 따라 구분한 것으로 범죄수사는 질서경찰에 해당하고 방범순찰은 봉사경찰에 해당한다.
ㄷ 평시경찰과 비상경찰은 위해의 정도 및 담당기관에 따라 구분한 것으로 평시경찰은 보통경찰기관이 행하는 경찰작용이고 비상경찰은 비상사태 발생으로 계엄이 선포될 경우 계엄법에 따라 군대가 담당하는 경찰작용이다.
ㄹ 보안경찰과 협의의 행정경찰은 권한의 책임과 소재에 따라 구분한 것으로 풍속경찰은 보안경찰에 해당하고 산림경찰은 협의의 행정경찰에 해당한다.
ㅁ 행정경찰과 사법경찰은 경찰의 목적에 따른 구분이며 삼권분립 사상에서 유래하였다.
ㅂ 행정경찰은 주로 과거의 상황에 대하여 작용하며, 사법경찰은 주로 현재 또는 장래의 상황에 대하여 작용한다.

① 2개   ② 3개   ③ 4개   ④ 5개

정답찾기

지문의 내용 중 적절한 것은 ㄴㄷㅁ이다.
ㄱ 고등경찰과 보통경찰의 구분은 프랑스에서 유래하였다.
ㄹ 보안경찰과 협의의 행정경찰은 업무의 독자성(다른 행정작용에 부수하는지 여부)을 기준으로 구분한 개념이다. 권한의 책임과 소재에 따라 구분한 경찰개념은 국가경찰과 자치경찰이다.
ㅂ 행정경찰은 주로 현재 또는 장래의 상황에 대하여 작용하며, 사법경찰은 주로 과거의 상황에 대하여 작용한다.

27 경찰의 종류와 구별기준의 연결이 가장 적절하지 않은 것은? 23. 경찰

① 질서경찰 - 봉사경찰 : 경찰의 목적에 따른 분류
② 예방경찰 - 진압경찰 : 경찰권 발동시점에 따른 분류
③ 국가경찰 - 자치경찰 : 권한과 책임의 소재에 따른 분류
④ 평시경찰 - 비상경찰 : 위해정도 및 담당기관, 적용법규에 따른 분류

정답찾기

① 질서경찰과 봉사경찰은 경찰서비스의 질과 내용에 따른 구분이다. 경찰의 목적·임무를 기준으로 광의의 행정경찰과 사법경찰로 구분한다.

28 다음의 ㉠, ㉡에 들어갈 내용으로 가장 적절한 것은?

24. 경찰

(㉠)과 (㉡)의 구별은 프랑스에서 유래한 것으로, 경찰에 의하여 보호되는 법익을 기준으로 한다. 원래 (㉠)은 사회적으로 보다 우월한 가치를 지닌 법익을 보호하기 위한 경찰활동을 의미하였으나, 나중에는 사상·종교·집회·결사·언론의 자유에 대한 정보수집·단속과 같은 국가의 존립과 유지를 보장하기 위하여 국가적 기관 및 제도에 대한 위해를 방지하는 활동을 의미하게 되었다. 이에 비해 (㉡)은 교통의 안전, 풍속의 유지, 범죄의 예방·진압과 같이 일반사회의 안녕과 질서유지를 목적으로 하는 활동을 의미한다.

① ㉠ 행정경찰   ㉡ 사법경찰
② ㉠ 진압경찰   ㉡ 예방경찰
③ ㉠ 비상경찰   ㉡ 평시경찰
④ ㉠ 고등경찰   ㉡ 보통경찰

정답찾기

㉠은 고등경찰, ㉡은 보통경찰에 대한 설명이다. ①은 목적·임무, ②는 경찰권의 발동시점, ③은 위해의 정도 및 담당기관에 따른 구분이다.

29 다음에서 설명하는 경찰의 분류에 관한 내용과 가장 관계가 깊은 것은?

24. 경찰

보통경찰기관이 사회공공의 안녕과 질서를 유지하기 위하여 강제력을 수단으로 즉시강제, 「경범죄 처벌법」 또는 「도로교통법」 위반자에 대한 통고처분 등 법집행을 행하는 경찰활동

① 고등경찰   ② 예방경찰
③ 질서경찰   ④ 협의의 행정경찰

정답찾기

③ 지문의 내용은 질서경찰에 대한 설명이다. 질서경찰은 공공의 안녕과 질서를 유지하기 위하여 정부조직법, 국가경찰과 자치경찰의 조직 및 운영에 관한 법률 등에서 경찰행정조직의 직무범위로 규정한 사항 중 명령·강제를 제1차적 수단으로 하는 법집행작용을 말한다. 질서경찰작용에는 다중범죄진압, 도로교통법 위반자·경범죄 처벌법 위반자에 대한 범칙금납부통고처분, 경찰관 직무집행법에 근거한 경찰상 즉시강제 등이 포함된다.

30 자치경찰제도의 도입에 따른 장점으로 적절하지 않은 것은 모두 몇 개인가?

> ㉠ 자치경찰제도는 지방에 적합한 경찰행정이 가능하다.
> ㉡ 자치경찰제도는 타 행정부분과의 긴밀한 협조·조정이 원활하다.
> ㉢ 자치경찰제도는 지방별로 독립된 조직이므로 조직·운영의 개혁이 용이하다.
> ㉣ 자치경찰제도는 전국적으로 균등한 경찰서비스를 제공할 수 있다.
> ㉤ 자치경찰제도는 전국적인 통계자료의 정확성을 기할 수 있다.
> ㉥ 자치경찰제도는 민주성이 보장되어 주민들의 지지를 받기 쉽다.

① 2개
② 3개
③ 4개
④ 5개

정답찾기

㉡㉣㉤은 국가경찰제도에 대한 설명이다.

■ 국가경찰과 자치경찰의 비교

구분	국가경찰(대륙법계)	자치경찰(영미법계)
권한과 책임의 소재	국가	지방자치단체
수단	권력적 수단(명령·강제)을 통해 공공의 안녕과 질서를 유지하고자 한다.	권력적 수단보다는 비권력적 수단을 통해 국민의 생명과 신체·재산을 보호하고자 한다.
장점	• 강력한 경찰권 행사가 가능하고 비상시에 유리하다. • 전국에 걸쳐 통일적으로 조직·운영·관리되므로 지역에 따른 차별 없이 보편적인 서비스의 제공이 가능하다. • 기동성과 능률성이 높다.	• 지역 실정을 반영한 경찰조직의 운영·관리가 가능하다. • 지역주민에 대한 경찰의 책임의식이 높다. • 지방자치단체별로 독립되어 있어 조직의 개혁이 용이하다.
단점	• 경찰 본연의 업무 이외의 다른 행정업무에 이용될 소지가 있다. • 지방의 현실에 적합한 치안행정수행이 곤란하다. • 지역주민을 위한 봉사자 의식이 희박하다.	• 집행력과 기동성이 약하다. • 전국적·통일적 경찰활동이 곤란하다. • 지방세력이 경찰행정에 개입함으로써 경찰부패를 초래할 수 있다.

31 다음은 국가경찰과 자치경찰에 대한 설명이다. 적절한 것은 모두 몇 개일까요?   20. 경찰

> ㉠ 국가경찰은 자치경찰과 비교하여 인권과 민주성이 보장되어 주민들의 지지를 받기 쉽다.
> ㉡ 자치경찰은 국가경찰과 비교하여 권력적 수단보다는 비권력적 수단을 통해 국민의 생명과 신체·재산을 보호하고자 한다.
> ㉢ 국가경찰은 자치경찰과 비교하여 타 행정부문과의 긴밀한 협조·조정이 원활하다는 장점이 있다.
> ㉣ 자치경찰은 국가경찰과 비교하여 지역실정을 반영한 경찰조직의 운영·관리가 용이하다.
> ㉤ 국가경찰은 자치경찰과 비교하여 지역주민에 대한 경찰의 책임의식이 높다.

① 1개　　② 2개
③ 3개　　④ 4개

정답찾기
지문의 내용 중 옳은 것은 ㉡㉢㉣이다.
㉠㉤은 자치경찰에 대한 설명이다.

32 국가경찰과 자치경찰에 관한 설명으로 가장 적절하지 않은 것은?   23. 경찰

① 자치경찰은 지역사회 특성을 반영한 치안활동이 가능하며 주민들의 지지를 받기 쉽다.
② 국가경찰은 강력하고 광범위한 집행력을 행사할 수 있다.
③ 자치경찰은 지방세력의 간섭으로 인하여 정실주의에 대한 우려가 있다.
④ 국가경찰은 전국단위의 통계자료 수집 및 정확성 측면에서 불리하다.

정답찾기
④ 지문의 내용은 국가경찰의 장점에 대한 설명이다.

33 **경찰의 임무 및 수단에 대한 설명으로 맞는 것은?**　　　　　　　　　　　　　　10. 경찰 변형

① 형사소송법은 경찰의 수사를 경찰의 직무로 규정하고 있으나, 국가경찰과 자치경찰의 조직 및 운영에 관한 법률은 이를 명문으로 규정하고 있지 않다.

② 경찰이 의무에 합당한 사려 깊은 판단을 할 때 실제로 위험의 가능성은 예측되나 불확실한 경우를 외관적 위험이라고 한다.

③ 경찰권을 행사할지 여부는 원칙적으로 편의주의 원칙이 적용되나, 예외적인 상황에서는 재량권이 0(또는 1)으로 수축하는데, 이 경우에도 오직 하나의 결정만을 하여야 하는 것은 아니다.

④ 경찰임무 중 공공안녕에 대한 위험의 예방과 대응을 위한 정보의 수집 · 작성 및 배포는 경찰관 직무집행법과 국가경찰과 자치경찰의 조직 및 운영에 관한 법률 모두 명시적 규정을 두고 있다.

정답찾기

① 형사소송법과 국가경찰과 자치경찰의 조직 및 운영에 관한 법률 모두 경찰의 수사에 대한 명문 규정을 두고 있다.

형사소송법	국가경찰과 자치경찰의 조직 및 운영에 관한 법률
제197조【사법경찰관리】 ① 경무관, 총경, 경정, 경감, 경위는 사법경찰관으로서 범죄의 혐의가 있다고 사료하는 때에는 범인, 범죄사실과 증거를 수사한다. ② 경사, 경장, 순경은 사법경찰리로서 수사의 보조를 하여야 한다.	**제3조【경찰의 임무】** 경찰의 임무는 다음 각 호와 같다. 1. 국민의 생명 · 신체 및 재산의 보호 2. 범죄의 예방 · 진압 및 <u>수사</u> 3. 범죄피해자 보호 4. 경비 · 요인경호 및 대간첩 · 대테러 작전 수행 5. 공공안녕에 대한 위험의 예방과 대응을 위한 정보의 수집 · 작성 및 배포 6. 교통의 단속과 위해의 방지 7. 외국 정부기관 및 국제기구와의 국제협력 8. 그 밖에 공공의 안녕과 질서유지

② 경찰이 의무에 합당한 사려 깊은 판단을 할 때 실제로 위험의 가능성은 예측되나 불확실한 경우를 '위험혐의'라고 하고, 경찰이 의무에 합당한 사려 깊은 상황판단을 하였음에도 위험을 잘못 긍정하는 경우를 '외관적 위험'이라고 한다.

③ 재량행위 영역에서 재량권이 0(또는 1)으로 수축되면 <u>기속행위화되어 재량이 부정되어</u> 경찰권 발동의 의무가 발생하게 되고, 부작위에 대하여는 의무이행심판 및 부작위위법확인소송의 제기가 가능하다. 그리고 부작위로 인한 손해가 발생한 경우에는 손해배상청구소송을 제기하여 구제를 받을 수 있다.

34 공공질서에 관한 설명으로 가장 적절하지 않은 것은?

① 원만한 공동체 생활을 위한 불가결적 전제조건으로서 공공사회에서 각 개인의 행동에 대한 불문규범의 총체이다.

② 공공질서의 개념은 절대적인 것이 아니라, 시대에 따라 변화하는 상대적이고 유동적인 개념이다.

③ 공공질서 개념의 적용 가능분야는 점차 확대되고 있다.

④ 통치권 집행을 위한 개입근거로 활용될 수 있는 공공질서 개념은 엄격한 합헌성이 요구되고, 제한적인 사용이 필요하다.

정답찾기

③ 법적 안정성의 확보를 위하여 불문규범이 성문화되어 가는 현상(법적 전면규범화 현상 또는 불문규범의 성문화 현상)으로 인하여, 오늘날 공공의 질서라는 개념은 그 범위가 점차 축소되고 있다.

35 경찰의 임무를 공공의 안녕과 질서에 대한 위험의 방지라고 할 때, 위험에 대한 설명 중 옳은 것은 모두 몇 개인가?

> ㉠ 위험이란 가까운 장래에 공공의 안녕에 손해가 나타날 수 있는 가능성이 개개의 경우에 충분히 존재하는 상태를 말한다.
> ㉡ 경찰에게 있어 위험의 개념은 주관적 추정을 포함한다.
> ㉢ 경찰이 의무에 합당한 사려 깊은 상황판단을 했음에도 불구하고 위험을 잘못 긍정하는 경우 '오상위험'이라고 한다.
> ㉣ 오상위험의 경우 경찰관 개인에게는 민·형사상 책임이, 국가에게는 배상책임이 발생할 수 있다.
> ㉤ 위험혐의는 위험의 존재 여부가 명백해질 때까지 예비적으로 행하는 위험조사 차원의 개입을 정당화한다.

① 4개   ② 3개   ③ 2개   ④ 1개

정답찾기

옳은 것은 ㉠㉡㉣㉤ 4개이다.

㉢ 지문은 외관적 위험에 대한 설명이다. 오상위험이란 이성적이고 객관적으로 판단할 때 위험의 외관이나 위험혐의가 정당화되지 아니함에도 불구하고 경찰이 위험의 존재를 잘못 추정한 경우를 말한다.

Answer   33 ④   34 ③   35 ①

36 경찰의 임무를 공공의 안녕과 질서에 대한 위험의 방지라고 정의할 때, 위험에 대한 설명으로 틀린 것은? 18. 경찰승진

> ㉠ '위험'은 보호받는 개인 및 공동의 법익에 관한 정상적 상태의 객관적 감소를 뜻한다.
> ㉡ '오상위험'은 객관적으로 판단할 때 위험의 외관 또는 혐의가 정당화되지 않음에도 경찰이 위험의 존재를 잘못 추정한 경우를 말한다.
> ㉢ '외관적 위험'에 대한 경찰개입은 적법하며, 경찰관 개인에게 민·형사상 책임을 물을 수 없고 국가의 손실보상책임도 인정될 여지가 없다.
> ㉣ '위험혐의'의 경우 위험의 존재 여부가 명백해질 때까지 예비적인 위험조사 차원의 경찰개입은 정당화될 수 없다.
> ㉤ '추상적 위험'은 경찰상 법규명령으로 위험을 방지해야 할 필요성이 있는 전형적인 사례로 경찰의 개입은 구체적 위험 내지 적어도 추상적 위험이 있을 때 가능하다.

① 없음 　　　　② 1개 　　　　③ 2개 　　　　④ 3개

정답찾기

지문의 내용 중 틀린 것은 ㉠㉢㉣ 3개이다.
㉠ 지문의 내용은 '손해'에 대한 설명이다.
㉢ '외관적 위험'에 대한 경찰개입은 적법하며, 경찰관 개인에게 민·형사상 책임을 물을 수 없고 국가의 손해배상책임도 인정될 수 없다. 그러나 적법한 경찰권 발동에 대한 손실보상의 청구는 가능하다.

> **경찰관 직무집행법**
> **제11조의2【손실보상】**① 국가는 경찰관의 적법한 직무집행으로 인하여 다음 각 호의 어느 하나에 해당하는 손실을 입은 자에 대하여 정당한 보상을 하여야 한다.
> 1. 손실발생의 원인에 대하여 책임이 없는 자가 생명·신체 또는 재산상의 손실을 입은 경우(손실발생의 원인에 대하여 책임이 없는 자가 경찰관의 직무집행에 자발적으로 협조하거나 물건을 제공하여 생명·신체 또는 재산상의 손실을 입은 경우를 포함한다)
> 2. 손실발생의 원인에 대하여 책임이 있는 자가 자신의 책임에 상응하는 정도를 초과하는 생명·신체 또는 재산상의 손실을 입은 경우

㉣ '위험혐의'의 경우 위험의 존재 여부가 명백해질 때까지 예비적인 위험조사 차원의 경찰개입은 정당화될 수 있다.

37 **경찰의 기본적 임무 및 수단에 대한 설명으로 적절하지 않은 것은 모두 몇 개인가?** 19. 20. 경찰

㉠ 경찰강제에는 경찰상 강제집행(대집행·강제징수·집행벌·즉시강제 등)과 경찰상 직접강제가 있는데, 경찰상 강제집행은 의무의 존재 및 그 불이행을 전제로 한다는 점에서 이를 전제로 하지 아니하고 급박한 경우에 행하여지는 경찰상 직접강제와 구별된다.

㉡ '공공의 질서'란 원만한 공동체 생활을 위해 개인이 준수해야 할 불문규범의 총체를 의미하며, 법적 안전성 확보를 위해 불문규범이 성문화되어가는 현상으로 인하여 그 영역이 점차 축소되고 있다.

㉢ 경찰의 직무에는 범죄의 예방·진압, 범죄피해자 보호가 포함된다.

㉣ 형사소송법은 임의수사를 원칙으로 하고, 강제수사를 예외적으로 허용하고 있다.

㉤ '공공의 안녕'이란 개념은 '법질서의 불가침성'과 '국가의 존립 및 국가기관 기능성의 불가침성', '개인의 권리와 법익의 보호'를 포함하며, 이 중 공공의 안녕의 제1요소는 '개인의 권리와 법익의 보호'이다.

---

① 없음   ② 1개   ③ 2개   ④ 3개

정답찾기

지문의 내용 중 적절하지 않은 것은 ㉠㉤이다.

㉠ 경찰강제에는 경찰상 강제집행(대집행·강제징수·집행벌·직접강제 등)과 경찰상 즉시강제가 있는데, 경찰상 강제집행은 의무의 존재 및 그 불이행을 전제로 한다는 점에서 이를 전제로 하지 아니하고 급박한 경우에 행하여지는 경찰상 즉시강제와 구별된다.

㉤ 공공의 안녕을 구성하는 제1요소는 '법질서의 불가침성'이다.

38 **경찰의 임무에 대한 설명으로 가장 적절하지 않은 것은?** 21. 경찰

① 국가경찰과 자치경찰의 조직 및 운영에 관한 법률 제3조에서 경찰의 임무로 '국민의 생명 신체 및 재산의 보호', '범죄피해자 보호', '교통의 단속과 위해의 방지' 등을 규정하고 있다.

② 법질서의 불가침성은 공공의 안녕의 제1요소로서, 공법규범에 대한 위반은 일반적으로 공공의 안녕에 대한 위험으로 취급되어 경찰권 발동의 대상이 된다.

③ 공공질서란 원만한 공동체 생활을 위한 필수적인 전제조건으로서 공공사회에서 개개인의 행동에 대한 불문규범의 총체를 의미한다. 공공질서는 시대에 따라 변화하는 상대적 유동적 개념이다.

④ 위험이란 가까운 장래에 공공의 안녕이나 질서에 손해가 나타날 수 있는 가능성이 개개의 경우에 충분히 존재하는 상태를 의미한다. 위험은 구체적 위험과 추상적 위험으로 구분할 수 있으며 경찰 개입은 구체적 위험이 있을 때에만 가능하다.

정답찾기

④ 구체적 위험뿐만 아니라 추상적 위험만 존재하는 경우에도 경찰은 개입할 수 있다.

39 경찰의 임무를 공공의 안녕과 공공의 질서에 대한 위험의 방지라고 정의할 때, 위험에 관한 설명 중 가장 적절하지 않은 것은? 22. 경찰

① 구체적 위험은 개별사례에서 실제로 또는 최소한 경찰관의 사전적 시점에서 사실관계를 합리적으로 평가하였을 때, 가까운 장래에 공공의 안녕이나 공공의 질서에 대한 손해가 발생할 충분한 개연성이 있는 상황과 관련이 있다.

② 오상위험에 근거한 경찰의 위험방지조치가 위법한 경우에는 경찰관 개인에게는 민·형사상 책임이 문제되고 국가에게는 손해배상책임이 발생할 수 있다.

③ 외관적 위험은 경찰관이 의무에 합당한 사려 깊은 상황판단을 하였음에도 위험을 잘못 긍정하는 경우이다.

④ 위험의 혐의만 존재하는 경우에 위험의 존재가 명백해지기 전까지는 예비적 조치로서 위험의 존재 여부를 조사할 권한은 없다.

정답찾기
④ 위험혐의는 위험의 존재 여부가 명백해질 때까지 예비적으로 행하는 <u>위험조사 차원의 개입을 정당화</u>한다.

40 경찰의 위험방지 임무에서 말하는 '위험'에 관한 설명으로 가장 적절하지 않은 것은? 23. 경찰

① 경찰개입의 대상이 되는 위험은 행위책임에 기인한 것일 수도 있고 상태책임에 기인한 것일 수도 있다.

② 외관상 위험이 존재할 때의 경찰개입이 적법하더라도, 원칙적으로 국가의 손해배상책임을 발생시킨다.

③ 경찰의 범죄예방 및 위험방지 행위의 준비는 추상적 위험이 존재하는 경우에도 가능하다.

④ 위험혐의의 존재는 위험조사차원의 경찰개입을 정당화시킨다.

정답찾기
② 외관상 위험이 존재할 때의 경찰개입은 적법하므로, 원칙적으로 국가의 손해배상책임을 발생시킬 수는 없고, 손실보상책임은 발생시킬 수 있다.

41 경찰의 임무에 관한 설명으로 적절하지 않은 것은 모두 몇 개인가?

25. 경위공채

⊙ 실정법상의 규정을 토대로 경찰의 임무를 살펴보면, 궁극적으로는 공공의 안녕과 질서유지를 그 임무로 하고 있다.

ⓛ 경찰의 임무를 공공의 안녕과 질서에 대한 위험의 방지라고 정의할 때, 공공의 안녕의 제1요소는 '국가의 존립 및 국가기관 기능성의 불가침'이다.

ⓒ 경찰의 임무를 공공의 안녕과 질서에 대한 위험의 방지라고 정의할 때, '위험'은 위험의 현실화 여부에 따라 '구체적 위험'과 '추정적 위험'으로 구분할 수 있고, 위험에 대한 인식에 따라 '외관적 위험', '오상 위험', '위험혐의'로 구분한다.

ⓔ 경찰의 임무를 공공의 안녕과 질서에 대한 위험의 방지라고 정의할 때, '공공의 질서'란 원만한 공동체 생활을 위한 필수적인 전제조건으로 시대에 따라 변화하는 상대적이고 유동적인 개념이다.

ⓜ 경찰의 임무를 치안서비스의 제공으로 볼 때, 현대국가는 복지국가를 지향하는 만큼 오늘날 국민에게 봉사하고 서비스하는 경찰의 역할이 점차 중요해지고 있다.

① 0개　　　　② 1개　　　　③ 2개　　　　④ 3개

정답찾기

지문의 내용 중 적절하지 않은 것은 ⓛⓒ이다.

ⓛ 공공의 안녕이라는 개념은 법질서의 불가침, 국가의 존립과 국가기관의 기능성에 대한 불가침, 개인의 권리와 법익에 대한 불가침으로 구성된다. 이 중에서 법질서의 불가침이 공공의 안녕을 구성하는 제1요소로서 공공의 안녕을 구성하는 개념적 요소 중 가장 중요한 것이라고 할 수 있다.

ⓒ 위험은 현실화 여부에 따라 구체적 위험과 추상적 위험으로 구분할 수 있고, 위험에 대한 인식 여부에 따라 외관적 위험, 오상위험, 위험혐의로 구분할 수 있다.

42 경찰권 행사에 관한 다음 설명 중 적절하지 않은 것은 모두 몇 개인가?

24. 25. 경위공채

> ⊙ 협의의 경찰권이란 사회공공의 안녕과 질서를 유지하기 위하여 일반통치권에 근거하여 국민에게 명령·강제하는 권한을 의미한다.
> ⊙ 협의의 경찰권은 경찰기관 외의 일반행정기관에서는 발동할 수 없다.
> ⊙ 협의의 경찰권은 경찰책임자에게 발동되는 것이 원칙이지만, 법령상 근거가 있고 긴급한 필요가 있을 때에는 경찰상 위해나 장애에 직접 책임이 없는 제3자에게도 권한이 발동될 수 있다.
> ⊙ 국회의장의 국회경호권이나 법원의 법정질서유지권은 협의의 경찰권에 해당하지 않는다.
> ⊙ 범죄수사에 있어서 범죄피해자를 위한 사법경찰권의 적극적인 개입을 인정하는 입법례가 증가하는 추세이다.
> ⊙ 공공질서와 관련하여 경찰이 개입할 것인가의 여부는 경찰의 결정에 맡겨져 있더라도 헌법상 과잉금지원칙이 준수되어야 한다.

① 없음   ② 1개   ③ 2개   ④ 3개

> **정답찾기**

지문의 내용 중 적절하지 않은 것은 ⓒ이다.

ⓒ 광의의 경찰권은 협의의 경찰권과 수사권으로 구성되어 있다(최근 서비스권을 광의의 경찰권을 구성하는 하나의 요소로 보는 견해도 있다). 협의의 경찰권이란 일반통치권에 근거하여 일반 국민에게 명령·강제할 수 있는 권한으로 주로 대륙법계의 실질적 의미의 경찰개념에 따른 개념으로 정의된다. 일반행정기관도 질서유지를 위해 협의의 경찰권(영업경찰·위생경찰·건축경찰·산림경찰 등)을 발동할 수 있다.

제5절 경찰의 관할

43 국회법과 관련된 경찰의 지역관할에 대한 설명으로 가장 적절하지 않은 것은?

16. 경찰 변형

① 국회에 파견된 경찰공무원은 국회의장의 지휘를 받아 국회 회의장 건물 밖에서 경호한다.
② 국회 회의장 안에 있는 국회의원은 국회의장의 명령 없이 이를 체포할 수 없다.
③ 국회의장은 국회의 경호를 위하여 필요한 때에는 국회운영위원회의 동의를 얻어 일정한 기간을 정하여 정부에 대하여 필요한 경찰공무원의 파견을 요구할 수 있다.
④ 국회 안에 현행범인이 있을 때에는 경찰공무원은 국회의장에게 보고 후 지시를 받아 체포하여야 한다.

> **정답찾기**

④ 국회 안에서 현행범의 체포와 관련하여 '국회의장에 대한 보고'는 명시적인 규정이 없다.

> **국회법**
> **제150조【현행범인의 체포】** 경위나 경찰공무원은 국회 안에 현행범인이 있을 때에는 체포한 후 의장의 지시를 받아야 한다. 다만, 회의장 안에서는 의장의 명령 없이 의원을 체포할 수 없다.

44 경찰의 관할에 대한 다음 설명 중 가장 옳은 것은?

16. 경찰간부 변형

① 인적 관할이란 협의의 경찰권이 발동될 수 있는 인적 범위를 의미한다.

② 우리나라는 대륙법계의 영향을 받아 범죄수사에 관한 임무가 경찰의 사물관할로 인정되고 있다.

③ 재판장은 법정에서의 질서유지를 위해 필요하다고 인정할 때에는 개정 전후를 불문하고 관할 경찰서장에게 경찰공무원의 파견을 요구할 수 있으며, 파견된 경찰공무원은 법정 내외의 질서유지에 관하여 재판장의 지휘를 받는다.

④ 국회 안에 현행범인이 있을 때에는 경찰공무원은 반드시 사전에 국회의장의 지시를 받아 체포하여야 한다.

정답찾기

① 인적 관할이란 광의의 경찰권(협의의 경찰권과 수사권)이 발동될 수 있는 인적 범위를 의미한다.

② 우리나라는 영미법계의 영향을 받아 범죄수사에 관한 임무가 경찰의 사물관할로 인정되고 있다.

④ 경위나 경찰공무원은 국회 안에 현행범인이 있을 때에는 체포한 후 의장의 지시를 받아야 한다. 다만, 회의장 안에서는 의장의 명령 없이 의원을 체포할 수 없다(국회법 제150조).

45 경찰의 관할에 대한 다음 설명 중 적절하지 않은 것은 모두 몇 개인가?

20. 22. 경찰

㉠ 사물관할은 경찰권이 발동될 수 있는 지역적 범위를 말하며, 우리나라는 범죄수사에 대한 임무가 경찰의 사물관할로 인정되고 있다.

㉡ 경찰은 중대한 죄를 범하고 도주하는 현행범인을 추적하는 때에는 주한미군 시설 및 구역 내에서 범인을 체포할 수 있다.

㉢ 외교공관은 국제법상 치외법권 지역이나 화재, 감염병 발생과 같은 긴급한 상황에서는 외교사절의 동의 없이도 외교공관에 들어갈 수 있다.

㉣ 국회 경위와 경찰공무원은 국회 안에 현행범인이 있을 때에는 국회의장의 지시를 받은 후 체포하여야 한다. 다만, 회의장 안에서는 국회의장의 명령 없이 국회의원을 체포할 수 없다.

㉤ 법원조직법 상 재판장은 법정에서의 질서유지를 위하여 필요하다고 인정할 때에는 개정 전후에 상관없이 관할 경찰서장에게 경찰공무원의 파견을 요구할 수 있으며, 이에 따라 파견된 경찰공무원은 법정 내외의 질서유지에 관하여 재판장의 지휘를 받는다.

㉥ 헌법상 대통령은 내란 또는 외환의 죄를 범한 경우를 제외하고는 재직중 형사상의 소추를 받지 아니한다.

① 1개   ② 2개   ③ 3개   ④ 4개

정답찾기

지문의 내용 중 적절하지 않은 것은 ㉠㉣이다.

㉠ 사물관할은 경찰이 처리할 수 있고 또 처리해야 하는 사무내용의 범위를 말하며 우리나라는 범죄수사에 대한 임무가 경찰의 사물관할로 인정되고 있다. 지문의 내용 중 '경찰권이 발동될 수 있는 지역적 범위'는 지역관할에 대한 설명이다.

㉣ 국회 경위나 국가경찰공무원은 국회 안에 현행범인이 있을 때에는 체포한 후 의장의 지시를 받아야 한다(국회법 제150조).

46 경찰의 임무와 관할에 대한 설명으로 적절하지 않은 것은 모두 몇 개인가?　　　　　23. 경찰간부

> ㉠ 국가경찰과 자치경찰의 조직 및 운영에 관한 법률은 경찰의 임무로 국민의 생명·신체 및 재산의 보호, 범죄의 예방·진압 및 수사, 범죄피해자 보호, 교통의 단속과 위해의 방지, 외국 정부기관 및 국제기구와의 국제협력 등을 규정하고 있다.
> ㉡ 인간의 존엄·자유·명예·생명 등과 같은 개인적 법익뿐만 아니라 사유재산적 가치에 대한 위험방지도 경찰의 임무에 해당하나, 무형의 권리에 대한 위험방지는 경찰의 임무에 해당하지 아니한다.
> ㉢ 경찰공무원이 국회 안에서 현행범인을 체포한 후에는 국회의장의 지시를 받을 필요가 없지만, 회의장 안에 있는 국회의원에 대하여는 국회의장의 명령 없이 체포할 수 없다.
> ㉣ 재판장은 법정에서의 질서유지를 위해 필요하다고 인정할 때에는 개정 전후에 상관 없이 관할 경찰서장에게 경찰공무원의 파견을 요구할 수 있으며, 파견된 경찰공무원은 법정 내에서만 질서유지에 관하여 재판장의 지휘를 받는다.

① 0개　　　　　② 1개　　　　　③ 2개　　　　　④ 3개

정답찾기

지문의 내용 중 적절하지 않은 것은 ㉡㉢㉣이다.
㉡ 인간의 존엄·자유·명예·생명 등과 같은 개인적 법익뿐만 아니라 사유재산적 가치나 <u>무형의 권리에 대한 위험방지</u>도 경찰의 임무에 해당한다.
㉢ 경위나 경찰공무원은 국회 안에 현행범인이 있을 때에는 체포한 후 <u>의장의 지시를 받아야 한다</u>. 다만, 회의장 안에서는 의장의 명령 없이 의원을 체포할 수 없다(국회법 제150조).
㉣ 법정(法庭)에 파견된 경찰공무원은 법정 내외의 질서유지에 관하여 재판장의 지휘를 받는다(법원조직법 제60조 제2항).

47 경찰의 관할에 대한 설명으로 가장 적절하지 않은 것은?　　　　　23. 경찰

① 사물관할이란 경찰이 처리할 수 있고 또 처리해야 하는 사무내용의 범위를 말한다.
② 인적관할이란 광의의 경찰권이 어떤 사람에게 적용되는가의 문제이다.
③ 우리나라는 대륙법계의 영향으로 범죄수사를 경찰의 사물관할로 인정하고 있다.
④ 헌법상 대통령은 내란 또는 외환의 죄를 범한 경우를 제외하고는 재직 중 형사상의 소추를 받지 아니한다.

정답찾기

③ 우리나라 경찰의 범죄수사에 관한 임무는 <u>영미법계</u> 경찰개념의 영향을 받아 경찰의 사물관할로 인정된 것이다.

48 경찰의 관할에 관한 설명으로 가장 적절하지 않은 것은?

① 사물관할이란 경찰이 처리할 수 있고 처리해야 하는 사무내용의 범위를 말하는 것으로「국가경찰과 자치경찰의 조직 및 운영에 관한 법률」과「경찰관 직무집행법」에 규정되어 있다.

② 재판장은 법정에서의 질서유지를 위하여 필요하다고 인정할 때에는 개정 전에 한하여 관할 경찰서장에게 경찰공무원의 파견을 요구할 수 있다.

③ 국회의원은 현행범인인 경우를 제외하고는 회기 중 국회의 동의없이 체포 또는 구금되지 아니한다. 그리고 국회의원이 회기 전에 체포 또는 구금된 때에는 현행범인이 아닌 한 국회의 요구가 있으면 회기 중 석방된다.

④ 지역관할과 인적관할은 광의의 경찰권이 발동될 수 있는 지역적 범위와 인적 범위를 말하고, 광의의 경찰권은 협의의 경찰권, 수사권, 비권력적 활동 권한을 포함하는 개념이다.

정답찾기
② 재판장은 법정에서의 질서유지를 위하여 필요하다고 인정할 때에는 <u>개정 전후에 상관없이</u> 관할 경찰서장에게 경찰공무원의 파견을 요구할 수 있다(법원조직법 제60조 제1항).

49 경찰의 관할에 관한 설명으로 적절하지 않은 것은 모두 몇 개인가?

㉠ 경찰권은 원칙적으로 대한민국 영역 내 모든 지역에 적용되나 국내법적 또는 국제법적 근거에 의해 일정한 한계가 있다.
㉡「외교관계에 관한 비엔나협약」에 따르면 공관지역과 외교관의 개인주거는 불가침이다.
㉢「범죄수사규칙」에 따르면 경찰관은 외교관 또는 외교관의 가족, 그 밖의 외교의 특권을 가진 사람 등의 관련범죄를 수사함에 있어서 외교특권을 침해하는 일이 없도록 주의하여야 한다.
㉣「외교관계에 관한 비엔나협약」에 따르면 외교관은 어떠한 형태의 체포 또는 구금도 당하지 아니한다.

① 0개　　　　② 1개　　　　③ 2개　　　　④ 3개

정답찾기
① 모두 적절한 지문이다.

제6절 경찰활동의 기본이념과 특수성

50 수사경찰이 피의자 등을 대면하는 과정에서 가장 요구된다고 볼 수 있는 경찰의 이념으로 적절한 것은? 16. 경찰승진

① 민주주의
② 인권존중주의
③ 경영주의
④ 정치적 중립주의

정답찾기
② 형사소송법이 임의수사를 원칙으로 하고, 강제처분 법정주의를 택하고 있는 것도 인권존중주의에 기초한 것이다. 즉, 피의자 등을 대면하는 과정에서 수사경찰에게 요구되는 가장 중요한 경찰이념은 인권존중주의이다.

51 다음은 경찰활동의 기본이념과 관련된 법적 근거를 제시한 것이다. 이와 관련하여 〈보기 1〉과 〈보기 2〉의 내용이 가장 적절하게 연결된 것은? 22. 경찰

──── 〈보기 1〉 ────
(가) 헌법 제1조 제2항에서는 "대한민국 주권은 국민에게 있고, 모든 권력은 국민으로부터 나온다"라고 규정하고 있다.
(나) 헌법 제37조 제1항에서는 "국민의 자유와 권리는 헌법에 열거되지 아니한 이유로 경시되지 아니한다"라고 규정하고 있다.
(다) 국가공무원법 제65조 제1항에서는 "공무원은 정당이나 그 밖의 정치단체의 결성에 관여하거나 이에 가입할 수 없다"라고 규정하고 있다.

──── 〈보기 2〉 ────
㉠ 인권존중주의 　　　　　　　 ㉡ 민주주의
㉢ 법치주의 　　　　　　　　　 ㉣ 정치적 중립주의

	(가)	(나)	(다)
①	㉡	㉣	㉠
②	㉢	㉡	㉣
③	㉡	㉠	㉣
④	㉢	㉠	㉣

정답찾기
(가)는 민주주의, (나)는 인권존중주의, (다)는 정치적 중립주의와 관련이 있다.

52 **경찰의 기본이념에 관한 설명으로 가장 적절하지 않은 것은?**   24. 경찰

① 법치주의 : 자치경찰제도를 도입하여 중앙정부의 경찰권을 자치단체에 위임하고, 국가경찰위원회 및 시·도 자치경찰위원회 제도, 행정정보공개제도 등을 통해 경찰에 대한 민주적 통제와 참여 장치를 마련한다.

② 정치적 중립주의 : 공무원은 국민 전체의 봉사자이며 국민에 대하여 책임을 진다. 경찰공무원을 비롯한 공무원의 신분과 정치적 중립성은 제도적으로 보장된다.

③ 민주주의 : 국민의 자유와 권리를 보호하고 공공의 안녕과 질서를 유지하는 경찰의 임무수행은 국민을 위하여 행하는 것이며, 경찰권은 국민에게서 부여받은 것이다.

④ 인권 존중주의 : 경찰은 직무를 수행할 때 헌법과 법률에 따라 국민의 자유와 권리 및 모든 개인이 가지는 불가침의 기본적 인권을 보호한다.

정답찾기

① 지문의 내용은 경찰활동의 기본이념 중 민주주의와 관련이 있다. 법치주의란 국민의 자유와 권리를 제한하고 의무를 과하는 모든 활동은 법률로써만 가능하다는 원칙을 말한다. 다시 말해 국민의 기본권을 철저히 보장하기 위하여 법치행정의 원리를 바탕으로 경찰권을 발동할 때에는 법규정에 근거가 있어야 하며, 법률이 정하고 있는 요건에 따라 그 범위와 한계를 준수하는 것을 그 내용으로 한다.

53 **경찰 기본 이념에 관한 설명으로 가장 적절하지 않은 것은?**   25. 경위공채

① 민주주의 이념은 국가조직과 국민과의 관계에서만이 아니라 조직구성원 상호관계에서도 중요하다.

② 법치행정의 원칙은 「행정기본법」에는 규정이 없으나 헌법 제37조 제2항 등을 통하여 당연히 유추된다.

③ 중앙경찰과 자치경찰 사이의 적절한 권한분배 및 경찰관의 민주주의 의식 확립 등은 경찰의 민주주의 확보를 위한 대내적 방안이다.

④ 헌법 제10조와 「국가경찰과 자치경찰의 조직 및 운영에 관한 법률」 제5조(권한남용의 금지)는 인권존중 이념과 관련된 규정이다.

정답찾기

② 행정기본법 제8조는 "행정작용은 법률에 위반되어서는 아니 되며, 국민의 권리를 제한하거나 의무를 부과하는 경우와 그 밖에 국민 생활에 중요한 영향을 미치는 경우에는 법률에 근거하여야 한다"고 규정하여 법치행정에 대하여 명시적으로 규정하고 있다.

Answer   50 ②   51 ③   52 ①   53 ②

54 **경찰행정의 특수성에 관한 설명으로 가장 적절하지 않은 것은?** 24. 경찰

① 경찰은 각종 위험의 제거를 그 주요 기능으로 하고 있고, 그 수단으로서 명령·강제 등 경찰권을 발동할 수 있으며 필요한 경우 실력행사를 위하여 무기와 장구를 휴대하는데 이러한 특성을 위험성이라 한다.

② 경찰조직은 예측하기 어려운 다양한 사안에 대해 고도의 민첩성을 갖추고 타 부서 혹은 직원들과의 유기적인 공조체제를 갖추어 돌발적으로 발생하는 범죄사건과 사고에 즉시 대응하여 합리적인 방법으로 해결할 수 있도록 해야 하는데 이러한 특성을 조직성이라 한다.

③ 경찰 업무는 대부분 즉시 해결하지 못하면 그 피해의 회복이 영원히 불가능하거나 현저하게 어려운 경우가 많은 바, 돌발적으로 발생하는 경찰행정 수요에 즉시 대응하기 위해 기동장비 확보, 초동대처시간 단축을 위해 훈련을 해야 하는데 이러한 특성을 기동성이라 한다.

④ 경찰은 본질적으로 사회공공의 안녕과 질서를 유지하기 위하여 국민에게 명령·강제하는 권력작용의 특성을 보이는데 이러한 특성을 권력성이라 한다.

[정답찾기]
② 지문의 내용은 경찰행정의 특수성 중 돌발성에 대한 설명이다.

■ **경찰행정의 특수성**

구분	내용
위험성	경찰은 각종 위험의 제거를 주요 기능으로 하고, 그 수단으로 경찰권을 발동하고 실력행사를 한다. 이를 위해 경찰은 무기와 장구를 휴대하게 된다.
돌발성	일반행정기관은 알려진 대상은 예측하면서 업무를 수행하지만, 경찰행정기관은 예측하지 못한 경찰위반상태가 돌발적으로 발생했을 때 그 위험이 누구에 의해 야기된 것인지 알지 못하는 상황에서 업무를 수행하게 된다. 이러한 돌발적인 사건을 해결하기 위해 고도의 민첩성을 갖추고 다른 부서 혹은 직원들과 유기적인 공조체제를 갖추어야 한다.
기동성	경찰업무는 대부분 긴급하게 해결하지 않으면 피해를 회복하기 곤란하고, 권리구제의 기회를 상실하게 되는 경우가 많다. 기동성은 범인의 체포와 증거물의 확보에 있어서도 중요한 요소가 된다.
권력성	경찰은 공공의 안녕과 질서를 유지하기 위해 국민에게 명령·강제를 하므로 시민행동의 자유를 제한하게 된다. 윌슨은 권력성이 경찰에 대한 반감을 초래하는 원인으로 보았다.
조직성	경찰위반상태가 발생한 경우 그 해결이 시급하고 국민들에게 직접적인 이해관계가 있기 때문에 경찰조직이 기동성이나 협동성을 충분히 발휘하기 위해 여러 가지 치밀한 장치가 필요하다. 이를 위해 경찰조직은 안정적이고 능률적이어야 하며, 군대식으로 조직하는 것이 바람직하다. 대표적으로 계급과 제복이 조직성에 부응하기 위한 장치에 해당한다.
정치성	경찰조직의 정치적 중립을 확보하기 위한 제도적 장치가 필요하다. 경찰조직은 특정한 정당 또는 정권에 의해 좌우되어서는 안 되며 국민 전제에 대한 봉사자로서의 역할을 해야 한다.
고립성	경찰관은 시민들의 경찰에 대한 존경심 결여, 법집행에 대한 협력의 결여 및 경찰업무에 대한 이해 부족 등에 의해 소외감을 느끼게 된다.
보수성	경찰행정은 공공의 안녕과 질서를 유지하는 것을 임무로 하기 때문에 본질적으로 현상유지적 성격을 가진다.

한국경찰사

www.pmg.co.kr

01 근대 한국의 경찰개념 형성에 대한 설명으로 가장 적절하지 않은 것은?

22. 경찰간부

① 유길준은 경찰의 기본 업무로 치안에 집중할 것을 강조하면서 '위생'을 경찰업무에서 제외할 것을 주장하였다.
② 유길준은 서유견문 '제10편 순찰의 규제'를 통해 경찰제도개혁을 주장하였다.
③ 유길준은 경찰제도를 행정경찰과 사법경찰로 구분할 것을 주장하였다.
④ 김옥균, 박영효 등이 일본의 경찰제도로부터 영향을 받은 반면, 유길준은 영국의 경찰제도로부터 영향을 받았다.

> **정답찾기**
> ① 유길준은 위생 점검, 산림 보호, 상행위 질서 확립 등 민생 치안에 중점을 두어야 한다고 주장하였다.

02 한국경찰사에 대한 설명 중 옳은 것은 모두 몇 개인가?

14. 경찰간부

> ㉠ 법률 제1호인 정부조직법에서 기존의 경무부를 내무부의 일국인 치안국에서 인수하도록 함으로써 경찰조직은 '부'에서 '국'으로 격하되었다.
> ㉡ 1919년 3·1 운동을 계기로 헌병경찰제도에서 보통경찰제도로의 전환은 이루어졌으나, 오히려 3·1 운동을 기화로 일본에서 제정된 정치범처벌법을 우리나라에 적용하는 등 탄압의 지배체제가 강화되었다.
> ㉢ 1896년 한성과 부산간의 군용전신선의 보호를 명목으로 일본의 헌병대가 주둔하게 되었는데, 헌병은 사법경찰을 제외한 군사경찰·행정경찰을 겸하였다.
> ㉣ 1894년 일본각의의 결정에 따라 김홍집내각은 '각아문관제'에서 처음으로 경찰이라는 용어를 사용하고, 동년 7월 14일(음력) '경무청관제직장'과 '행정경찰규칙'을 제정하였다.

① 1개   ② 2개   ③ 3개   ④ 4개

> **정답찾기**
> 옳은 것은 ㉠ 1개이다.
> ㉡ 1919년 3·1 운동 이후 우리나라에서 '정치범처벌법'을 제정하였으며, 1925년에 일본에서 제정된 '치안유지법'을 우리나라에서 시행하였다.
> ㉢ 1896년 한성과 부산간의 군용전신선의 보호를 명목으로 일본의 헌병대가 주둔하게 되었는데, 헌병은 사법경찰·군사경찰·행정경찰을 겸하였다.
> ㉣ 1894년 일본각의의 결정에 따라 김홍집내각은 '각아문관제'에서 처음으로 경찰이라는 용어를 사용하고, 동년 7월 14일(음력) '경무청관제직장'과 '행정경찰장정'을 제정하였다. 일본의 '행정경찰규칙'을 모방해서 만든 것이 '행정경찰장정'이다.

Answer   54 ② / 01 ①   02 ①

03 1894년 갑오경장 직후 추진되었던 경찰제의 내용으로 가장 적절한 것은?　　　　　09. 경찰

① 좌우포도청을 통합한 경무청의 장으로 경무관을 두었다.
② 경무청은 최초에 내무아문 소속으로 결정되었으나, 곧 법무아문 소속으로 변경되었다.
③ 우리나라 최초의 경찰작용법이라 할 수 있는 경부관제가 제정되었다.
④ 경무청은 경찰사무, 감옥사무, 소방사무 등을 담당하였다.

정답찾기
① 경무청의 장은 경무사이며, 경찰지서의 장으로 경무관을 두었다.
② 구 경무청은 최초에 법무아문 소속으로 설치하였으나, 곧 내무아문 소속으로 변경되었다.
③ 갑오개혁 이후 제정된 경찰작용법은 행정경찰장정이다.

04 1894년 갑오개혁 당시 추진되었던 경찰제의 내용으로 적절한 것을 모두 고른 것은?　　　　　22. 경찰간부

> ㉠ 좌우포도청을 통합하여 경무청을 신설하고 전국의 경찰 사무를 관장토록 하였다.
> ㉡ 경무청은 최초에 법무아문 소속으로 설치하였으나, 곧 내무아문 소속으로 변경되었다.
> ㉢ 경무청관제직장은 일본의 행정경찰규칙을 모방한 것이다.
> ㉣ 한성부의 5부 내에 경찰지서를 설치하고 서장을 경무사로 보하였다.
> ㉤ 경무청은 영업·소방·전염병 등 광범위한 직무를 담당하였다.

① 없음　　　　　② 1개　　　　　③ 2개　　　　　④ 3개

정답찾기
지문의 내용 중 적절한 것은 ㉡㉤이다.
㉠ 갑오개혁 당시의 경무청은 수도인 한성부의 경찰업무를 관장하였다.
㉢ 조직법인 경무청관제직장은 일본의 경시청관제를 모방하였다.
㉣ 경찰지서의 장으로 경무관을 두었으며, 경무청의 장으로 경무사를 두었다.

05 갑오개혁 및 광무개혁 당시 경찰제도에 관한 설명 중 가장 적절하지 않은 것은?　　　　　14. 경찰승진

① 1894년에 제정된 '경무청관제직장'은 한국경찰 최초의 경찰조직법이라 할 수 있다.
② 일본의 행정경찰규칙(1875년)과 위경죄즉결례(1885년)를 혼합하여 만든 '행정경찰장정'에서 영업·시장·회사 및 소방·위생, 결사·집회, 신문잡지·도서 등 광범위한 영역의 사무가 포함되었다.
③ 광무개혁에 따라 1900년 중앙관청으로서 경부(警部)가 한성 및 개항시장의 경찰업무와 감옥사무를 통합하였다.
④ 1894년 갑오개혁 이후 한성부에 종전의 좌우포도청을 합하여 경무청을 창설하였는데 초기에는 외무아문 소속이었다.

정답찾기
④ 1894년 갑오개혁 이후에 설치된 경무청은 외무아문이 아닌 법무아문 소속으로 설치되었다. 그러나 바로 내무아문 소속으로 변경되었다.

06 갑오개혁부터 한일합병 이전 한국경찰의 역사에 대한 설명으로 가장 적절하지 않은 것은? 14. 경찰승진

① '경무청관제직장'에 의해 당시의 좌우포도청을 합하여 경무청을 신설하였다.
② 한성과 부산간의 군용전신선의 보호를 명목으로 일본의 헌병대가 주둔하게 되었다.
③ 경찰조직법·경찰작용법적 근거 마련으로 외형상 근대국가적 경찰체제가 갖추어졌다고 볼 수 있으나, 일본 경찰체제 이식을 통한 지배전략의 일환이라는 한계를 가졌다.
④ 경찰의 임무 영역에서 위생경찰, 영업경찰 등이 제외되었다.

정답찾기
④ 갑오개혁 이후 근대적 경찰제도의 정비가 이루어졌으나 당시의 경찰업무는 일반 행정업무와 완벽하게 분화되지 못했으며, 위생경찰이나 영업경찰업무도 경찰기관이 담당하였다는데 그 특징이 있다. 이러한 특징은 근대적 경찰제도 확립의 초기단계에서 공통적으로 나타나는 현상이며, 양 사무는 제2차 세계대전 이후에 분화(비경찰화)가 이루어진다.

07 다음 중 1900년대의 경부경찰체제에 대한 설명으로 잘못된 것은? 08. 경찰 변형

① 경부는 한성 및 각 개항시장의 경찰업무와 감옥사무를 통합하는 조직으로서 이로 하여금 국내 일체의 경찰사무를 관리하도록 하였다.
② 지방에는 총순을 두어 관찰사를 보좌토록 하는 이원적인 체제로 운영하였다.
③ 경찰이 내부직할에서 중앙관청인 경부로 독립했다는 점에서 큰 의미가 있다.
④ 경부경찰제는 1905년 을사보호조약까지 지속되었다.

정답찾기
④ 경부는 약 1년간 존속하다가 1902년에 신 경무청 체제로 전환되었다.

08 갑오개혁부터 한일합병 이전의 경찰역사에 대한 다음 설명 중 가장 적절한 것은? 13. 경찰

① 경찰에 관한 조직법적·작용법적 근거가 마련되어 외형상 근대국가적 경찰체제가 갖추어졌다고 볼 수 있다.
② 일본각의의 결정에 따라 김홍집 내각은 경찰을 내무아문에 창설하였으나, 곧 법무아문으로 소속을 변경시켰다.
③ 경무청관제직장에 의해 당시의 좌우포도청을 합하여 경부를 신설하였다.
④ 일본의 행정경찰규칙과 위경죄즉결례를 혼합하여 우리나라 최초의 조직법인 행정경찰장정을 제정하였다.

정답찾기
② 일본각의의 결정에 따라 (구) 경무청을 법무아문 소속으로 창설하였으나 내무아문 소속으로 변경하였다.
③ 경무청관제직장에 의해 당시의 좌우포도청을 합설하여 (구) 경무청을 신설하였다.
④ 우리나라 최초의 조직법은 경무청관제직장, 작용법은 행정경찰장정이다.

Answer   03 ④   04 ③   05 ④   06 ④   07 ④   08 ①

09 미군정하의 우리나라 경찰의 특징으로 가장 적절하지 않은 것은? 08. 경찰 변형

① 조직법적, 작용법적 정비가 이루어지고, '비경찰화' 작업이 행해져 경찰의 활동도 축소되었다.

② 경찰작용에 관한 기본법으로서 '경찰관 직무집행법'이 제정되었다.

③ 경찰제도와 인력은 개혁이 이루어지지 아니하였으며, 경찰은 민주적으로 개혁할 기회를 갖지 못하였고 이로 인해 독립 이후에도 국민의 경찰에 대한 부정적 태도는 유지되었다.

④ 국민의 생명과 재산의 보호라는 새로운 자각이 일어나고, 조직면에서도 '중앙경찰위원회'를 통한 경찰통제가 시도되는 등의 민주적 요소가 강화되었다.

[정답찾기]

② 경찰관 직무집행법(1953년)은 정부수립 이후인 내무부 치안국시절에 제정되었다.

10 다음 보기 중 '미군정시기'의 경찰에 대해 설명한 것으로 틀린 것은 모두 몇 개인가? 14. 경찰

> ㉠ 경찰의 조직법적·작용법적 정비가 이루어졌으며, '비경찰화' 작업이 행해져 경찰의 활동영역이 축소되었다.
> ㉡ '비경찰화' 작용의 일환으로 위생사무를 위생국으로 이관하였고, 정보경찰과 고등경찰을 폐지하였다.
> ㉢ 1946년 여자경찰제도를 신설하여 14세 미만의 소년범죄와 여성 관련 업무 등을 담당하게 하였다.
> ㉣ 1947년 6인의 위원으로 구성된 중앙경찰위원회가 설치되어 경찰의 민주화 개혁에 성공하였다.
> ㉤ 영미법의 영향을 받아 경찰의 이념 및 제도에 민주적 요소가 도입되었다.

① 0개　　　　② 1개　　　　③ 2개　　　　④ 3개

[정답찾기]

틀린 것은 ㉡㉣ 2개이다.

㉡ '비경찰화' 작용의 일환으로 위생사무를 위생국으로 이관하였고, 고등경찰을 폐지하였다. 그러나 정보과(사찰과)가 신설되면서 정보 경찰업무를 수행하게 되었다.

㉣ 1947년 6인의 위원으로 구성된 중앙경찰위원회가 설치되어 경찰의 민주화 개혁을 시도하였으나, 중앙경찰위원회 제도는 실패한 제 도이다.

11 미군정시기 경찰에 관한 설명으로 가장 적절하지 않은 것은? 24. 경찰

① 경찰이 담당하였던 위생사무 등 행정경찰사무가 경찰관할에서 분리되는 비경찰화 작업이 진행되었다.

② 일제강점기 치안입법이 정리된 시기로 1945년 「보안법」이 폐지되었고, 1948년 「예비검속법」이 순차적으로 폐지되었다.

③ 1946년 여자경찰제도가 신설되었다.

④ 1947년 6인의 위원으로 구성된 중앙경찰위원회를 설치하였다.

[정답찾기]

② 1945년에 정치범처벌법, 치안유지법 및 예비검속법 등이 폐지되었고, 1948년에 마지막으로 보안법이 순차적으로 폐지되었다.

12 미군정시기 경찰에 관한 설명으로 가장 적절하지 않은 것은?

① 예비검속법, 치안유지법 등이 폐지되는 등 법적 정비가 이루어졌다.

② 1945년 '법무국 검사에 관한 훈령 제3호'가 발령되어 '수사는 경찰, 기소는 검사' 체제가 도입되어 경찰의 독자적 수사권이 인정되었다.

③ 1946년 경무국을 경무부로 승격시키고, 기존 경무국의 과(課)를 국(局)으로 승격시켰다.

④ '태평양미군총사령부포고 제1호'를 통해 미군정을 실시하였으며, 일제강점기 시대의 경찰 인력을 현직에서 청산함으로써 경찰의 인적 구성원을 대거 쇄신하였다.

> 정답찾기
>
> ④ 미군정의 초기에는 미군정청의 '태평양미육군총사령부 포고 제1호'를 통해 군정의 실시와 <u>구 관리의 현직유지</u>를 선포하였다.

13 정부수립 이후, 1991년 이전의 경찰의 특징으로 옳지 않은 것은 모두 몇 개인가?

> ㉠ 종래 식민지배에 이용되거나 또는 군정통치로 주권이 없는 상태하에서 활동하던 경찰이 비로소 주권국가 대한민국의 존립과 안녕, 대한민국 국민의 생명과 신체 및 재산의 보호라는 경찰 본연의 임무를 수행하였다.
>
> ㉡ 경찰작용에 관한 기본법으로서 '경찰관 직무집행법'이 제정되었다.
>
> ㉢ 독립국가로서 한국 역사상 최초로 자주적인 입장에서 경찰을 운용하였다.
>
> ㉣ 경찰의 부정선거 개입 등으로 정치적 중립이 경찰에 대한 국민의 요청이었던 바, 그 연장선상에서 경찰의 기구 독립이 조직의 숙원이었다.
>
> ㉤ 1969년 1월 7일 '경찰법'이 처음으로 제정되어 그동안 '국가공무원법'에 의거하던 경찰공무원을 특별법으로 규율하게 되었다.
>
> ㉥ 해양경찰업무, 전투경찰업무, 소방업무가 정식으로 경찰의 업무범위에 추가되었다.

① 1개   ② 2개   ③ 3개   ④ 4개

> 정답찾기
>
> 옳지 않은 것은 ㉤㉥ 2개이다.
>
> ㉤ 1969년 1월 7일 '<u>경찰공무원법</u>'이 처음으로 제정되어 그동안 '국가공무원법'에 의거하던 경찰공무원을 특별법으로 규율하게 되었다. <u>경찰법은 1991년에 제정되었다.</u>
>
> ㉥ 해양경찰업무(1953년), 전투경찰업무(1970년 전투경찰대 설치법)가 경찰의 업무범위에 추가되었으나, <u>소방업무는 1975년 민방위본부로 이관</u>되어 경찰의 업무범위에서 제외되었다.

14 **한국경찰의 역사에 관한 다음 설명 중 옳은 것은 모두 몇 개인가?**

12. 경찰

> ㉠ 포도청은 도적근절을 위해 성종 2년에 시작된 포도장제에서 기원한 것으로 중종 치세기에 포도청이란 명칭이
>   처음 사용되었으며, 그 임무는 도적을 잡고 야간순찰을 수행하는 것이었고 갑오개혁 때 한성부에 경부가 설치
>   되면서 폐지되었다.
> ㉡ 1894년 갑오개혁 때 한국 최초의 경찰조직법인 행정경찰장정과 한국 최초의 경찰작용법인 경무청관제직장이
>   제정되었다.
> ㉢ 구한말 일본의 한국 경찰권 강탈의 과정은 '재한국 외국인민에 대한 경찰에 관한 한일협정' ⇨ '경찰사무에 관한
>   취극서' ⇨ '한국사법 및 감옥사무위탁에 관한 각서' ⇨ '한국경찰사무위탁에 관한 각서'의 순서로 진행되었다.
> ㉣ 1953년 제정된 경찰관 직무집행법에는 국민의 생명·신체·재산의 보호라는 영미법적인 사고가 반영되었다.
> ㉤ 1991년 경찰법 제정 이전에 경찰청장만이 경찰에서 유일한 행정관청의 지위를 가지고 있었다.

① 1개　　　　　② 2개　　　　　③ 3개　　　　　④ 없음

정답찾기

옳은 것은 ㉣ 1개이다.
㉠ 갑오개혁 때 내무아문 소속으로 한성부를 관할하는 (구) 경무청이 설치되면서 포도청은 폐지되었다.
㉡ 한국 최초의 경찰조직법인 경무청관제직장, 경찰작용법인 행정경찰장정이 제정되었다.
㉢ 구한말 일본의 한국경찰권 강탈과정은 경찰사무에 관한 취극서(1908.10.29) ⇨ 재한국 외국인민에 대한 경찰에 관한 한일협정
　 (1909.3.15) ⇨ 한국사법 및 감옥사무위탁에 관한 각서(1909.7.12) ⇨ 한국경찰사무 위탁에 관한 각서(1910.6.24)의 순서로 진행되었다.
㉤ 1991년 경찰법 제정 이전까지는 경찰서장만이 경찰에서 유일한 행정관청으로서의 지위를 가지고 있었다.

15 **다음 중 한국의 경찰사를 통해 얻을 수 있는 교훈으로 가장 적절한 것은?**

08. 경찰 변형

① 1894년 갑오경장에 따른 일본 경찰제도 도입은 자주적인 결정이었다.
② 미군정시대에는 경찰이 담당하였던 위생사무가 위생국으로 이관되었고, 경제경찰, 고등경찰, 정보경찰이 폐
　 지되는 등 '비경찰화' 작업이 진행되었다.
③ 1953년 경찰관의 직무집행에 관한 근거법령으로 제정된 경찰관 직무집행법은 국민의 생명·신체·재산의
　 보호라는 영미법적 사고가 반영되었다.
④ 1991년 경찰법 제정은 경찰에 대한 정치적 중립 요청과 내부적으로 제기되어온 기구 독립에서의 열망에 따
　 른 것이었으나 지방경찰청을 독립관청화 하지 못한 아쉬움이 있다.

정답찾기

① 일본 경찰제도의 도입은 일제의 침략수단의 일종으로 자주적 성격과는 거리가 멀다.
② 미군정기에 정보과(사찰과)가 신설되었다.
④ 1991년 경찰법 제정으로 치안본부장은 경찰청장으로, 시·도경찰국장은 지방경찰청장으로 독립관청화 되었다.

16 갑오개혁 이후 경찰제도에 관한 다음 설명 중 가장 적절한 것은?

① '경무청관제직장'은 일본의 '행정경찰규칙(1875)'과 '위경죄즉결례(1885)'를 혼합하여 만든 한국 경찰 최초의 작용법이다.

② '경찰사무에 관한 취극서'는 재한국 외국인에 대한 경찰사무의 지휘감독권을 일본관헌의 지휘감독을 받아 일본계 한국경찰관이 행사토록 하는 내용이 있다.

③ 미군정시대에는 일제강점기의 경찰제도와 인력에 대한 전면적인 개혁이 시행되었다.

④ 경찰법의 제정으로 경찰위원회가 도입되었고, 경찰청장과 지방경찰청장도 경찰관청으로서의 지위를 갖게 되었다.

정답찾기

① 한국 경찰 최초의 조직법인 경무청관제직장은 일본의 '경시청관제'를 그대로 모방한 것이다. 일본의 '행정경찰규칙(1875)'과 '위경죄즉결례(1885)'를 혼합하여 만든 '행정경찰장정'이 한국경찰 최초의 작용법이다.

② '경찰사무에 관한 취극서(1908.10.29)'는 재한국 일본인에 대한 경찰사무의 지휘감독권을 일본관헌의 지휘감독을 받도록 위양하는 내용이다. 한편 '재한국 외국인민에 대한 경찰에 관한 한일협정(1909.3.15)'은 재한국 외국인에 대한 경찰사무의 지휘감독권을 일본계 한국경찰이 행사하도록 한 내용이다.

③ 태평양미육군총사령부 포고 제1호(1945.9.7) 제2조에서는 "정부, 공공단체 기타의 명예직원과 고용인(雇傭人) 또는 공익사업·공중위생을 포함한 공중사업에 종사하는 직원과 고용인은 유급·무급을 불문하고 또 기타 제반(諸般) 중요한 직업에 종사하는 사람은 별명(別命)이 있을 때까지 종래의 직무에 종사하고 또한 모든 기록과 재산의 보관에 임할 것."이라 명시되어 있다. 이를 통해 경찰제도와 인력에 대한 전면적인 개혁은 시행되지 못했음을 알 수 있다.

17 일제강점기와 미군정 시기의 한국경찰에 대한 설명으로 가장 적절하지 않은 것은?

① 미군정하에서는 조직법적, 작용법적 정비가 이루어지고 경찰제도의 개혁이 이루어져 경찰의 활동영역이 확대되었다.

② 광복 이후 신규경찰 채용과정에서 일제 강점기 경찰경력자들이 다수 임용되었으나, 독립운동가 출신들도 상당히 많이 채용되었다.

③ 의경대는 상해임시정부시기 운영된 경찰기구로서 교민사회의 안녕과 질서유지, 호구조사 등을 담당하였다.

④ 3·1 운동을 계기로 헌병경찰제도에서 보통경찰제도로 전환되었다.

정답찾기

① 미군정시기에는 위생업무를 위생국으로 이관하고, 소방업무·검열·출판업무 등도 모두 이관하는 비경찰화를 통해 경찰의 활동영역이 축소되었다. 또한, 일제강점기의 악법인 보안법 등을 폐지하고 경제경찰업무도 폐지하였다.

Answer   14 ①   15 ③   16 ④   17 ①

18 한국 경찰사에 대한 설명으로 적절한 것은 모두 몇 개인가?

> ㉠ 광복 이후 미군정은 일제가 운용하던 비민주적 형사제도를 상당 부분 개선하고, 영미식 형사제도를 도입하기도 하였는데, 1945년 미군정 법무국 검사에 대한 훈령 제3호가 발령되어 수사는 경찰, 기소는 검사 체제가 도입되며 경찰의 독자적 수사권이 인정되었다.
> ㉡ 경찰작용에 관한 기본법으로서 경찰관 직무집행법은 정부수립 이후 1948년에 제정되었다.
> ㉢ 경찰법이 제정될 때까지 경찰체제의 근거가 되는 법률은 정부조직법이었다.
> ㉣ 한국경찰 최초의 작용법은 행정경찰장정이고, 한국경찰 최초의 조직법은 경무청관제직장이다.
> ㉤ 1969년 경찰공무원법이 처음으로 제정되어 그동안 국가공무원법에 의거하던 경찰공무원을 특별법으로 규율하게 되었다.

① 1개   ② 2개   ③ 3개   ④ 4개

정답찾기

지문의 내용 중 적절한 것은 ㉠㉢㉣㉤이다.
㉡ 경찰관 직무집행법은 정부수립 이후 1953년에 제정되었다.

19 한국경찰의 역사에 대한 다음 설명 중 옳은 것은 모두 몇 개인가?

> ㉠ 동예에서는 각 읍락이 서로 경계를 침범하면 노예나 우마로써 배상하는 책화제도(責禍制度)가 있었다.
> ㉡ 고구려에서는 천군(天君)이 관할하는 소도(蘇塗)라는 별읍이 있어 죄인이 도망하여도 잡지 못하였다.
> ㉢ 한국경찰 최초의 조직법은 행정경찰장정이고, 한국경찰 최초의 작용법은 경무청관제직장이다.
> ㉣ 미군정하에서 경제경찰·고등경찰·정보경찰이 폐지되는 등 '비경찰화' 작업이 진행되었다.
> ㉤ 미군정하에서 1947년 5인의 위원으로 구성된 중앙경찰위원회가 설치되었다.
> ㉥ 1968년 무장공비 침투사건(1·21 사태) 당시 종로경찰서 자하문 검문소에서 무장공비를 온몸으로 막아내고 순국함으로써, 청와대를 사수하고 대한민국을 위기에서 건져 올린 호국경찰의 표상은 최규식 경무관과 정종수 경사이다.

① 없음   ② 1개   ③ 2개   ④ 3개

정답찾기

옳은 것은 ㉠㉥ 2개이다.
㉡ 지문의 내용은 삼한에 대한 설명이다.
㉢ 한국경찰 최초의 조직법은 경무청관제직장이고, 한국경찰 최초의 경찰작용법은 행정경찰장정이다.
㉣ 미군정하에서 경제경찰·고등경찰이 폐지되는 등 '비경찰화' 작업이 진행되었다. 그러나 정보경찰(정보과·사찰과)은 신설된 경찰기능에 해당한다.
㉤ 미군정하에서 1947년 6인의 위원으로 구성된 중앙경찰위원회가 설치되었다.

20 한국 근현대 경찰사에 관한 다음 설명 중 옳지 않은 것은 모두 몇 개인가?　　　　18. 경찰간부

> ㉠ 1894년 일본각의의 결정에 따라 '각아문관제'에서 처음으로 경찰이란 용어를 사용하였다.
> ㉡ 경무청의 장(경무사)은 경찰사무를 비롯해 감옥사무를 총괄하였으며, 범죄인을 체포·수사하여 법사에 이송하는 업무를 담당하였다.
> ㉢ 1906년 통감부가 설치되면서 헌병은 일본의 헌병조례에 의해 군사경찰업무와 사법경찰업무만을 수행하였다.
> ㉣ 미군정기에 고등경찰제도가 폐지되었으며, 정보업무를 담당할 정보과와 경제사범단속을 위한 경제경찰이 신설되었다.
> ㉤ 미군정기에 6인으로 구성된 중앙경찰위원회가 설치되었으며, 중요한 경무정책의 수립·경찰관리의 소환·심문·임면·이동 등에 관한 사항을 심의하였다.
> ㉥ 경찰법이 제정될 때까지 경찰체제의 근거가 되는 법률은 경찰관 직무집행법이었다.
> ㉦ 소방업무가 경찰업무에서 배제된 것은 소방업무가 민방위본부로 이관되면서부터이다.

① 없음　　　　　　　　　　　② 1개
③ 2개　　　　　　　　　　　④ 3개

정답찾기

㉢ 이 시기에 헌병은 군사경찰업무와 사법경찰업무뿐만 아니라 행정경찰업무도 수행하였다.
㉣ 미군정기에 경제경찰은 폐지되었다.
㉥ 경찰법이 제정될 때까지 경찰체제의 근거가 되는 법률은 정부조직법이었다.

21 다음은 한국 근현대 경찰의 역사에 대한 설명이다. 적절하지 않은 것은 모두 몇 개인가?　　　　18. 경찰

> ㉠ '경무청관제직장'에 의해 당시의 좌·우포도청을 합하여 경무부를 신설하고, 경무부의 장으로 경무사를 두었다.
> ㉡ 미군정시기에는 경찰이 담당하였던 위생사무가 위생국으로 이관되는 등 비경찰화 작업이 진행되었다.
> ㉢ 구한말 일본이 한국의 경찰권을 강탈해 가는 과정은 '경찰사무에 관한 취극서' ⇨ '재한국 외국인민에 대한 경찰에 관한 한일협정' ⇨ '한국 사법 및 감옥사무 위탁에 관한 각서' ⇨ '한국 경찰사무 위탁에 관한 각서'의 순서로 진행되었다.
> ㉣ 1953년 경찰관 직무집행법이 제정되었으며, 국민의 생명·신체·재산의 보호라는 영미법적 사고가 반영되었다.

① 없음　　　　　② 1개　　　　　③ 2개　　　　　④ 3개

정답찾기

㉠ '경무청관제직장'에 의해 당시의 좌·우포도청을 합하여 경무청을 신설하고, 경무청의 장으로 경무사를 두었다.

22 한국 근현대 경찰사에 대한 설명으로 가장 적절한 것은?   18. 경찰

① 일제 강점기에는 총독 · 경무총장에게 주어진 제령권과 경무부장에게 주어진 명령권 등을 통해 각종 전제주의적 · 제국주의적 경찰권 행사가 가능하였다는 특징이 있다.

② 경무청관제직장에 의해 당시의 좌 · 우포도청을 합하여 경무청을 신설(장으로 경무관을 둠)하였다.

③ 3 · 1 운동 이후 치안유지법을 제정하고 일본에서 제정된 정치범처벌법을 국내에 적용하는 등 탄압의 지배체제를 더욱 강화하였다.

④ 1894년 각아문관제에서 처음으로 경찰이란 용어를 사용하였다.

> 정답찾기
> ① 총독에게 주어진 제령권과 경무총장(중앙) · 경무부장(지방) 등의 명령권을 통해 전제주의적 · 제국주의적 경찰권의 행사가 가능했다.
> ② 경무청의 장은 경무사이다. 경찰지서의 장으로 경무관을 두었다.
> ③ 1919년 3 · 1 운동 이후 우리나라에서 '정치범처벌법'을 제정하였으며, 1925년에 일본에서 제정된 '치안유지법'을 우리나라에 적용하였다.

23 갑오개혁 및 광무개혁 당시 경찰제도에 관한 설명 중 옳지 않은 것은 모두 몇 개인가?   20. 경찰간부

> ㉠ 일본의 행정경찰규칙(1875년)과 위경죄즉결례(1885년)를 혼합하여 만든 행정경찰장정에서 영업 · 시장 · 회사 및 소방 · 위생, 결사 · 집회, 신문잡지 · 도서 등 광범위한 영역의 사무가 포함되었다.
> ㉡ 광무개혁 당시인 1900년에는 중앙관청으로서 경부(警部)가 한성 및 개항시장의 경찰업무와 감옥사무를 통할하였고, 이를 지휘하는 경부감독소를 두었다.
> ㉢ 1895년 내부관제의 제정을 통해 내부대신의 경찰에 대한 지휘감독권을 정비하였고, 1896년 지방경찰규칙을 제정하여 지방경찰의 작용법적 근거를 마련하였다.
> ㉣ 경무청관제직장에 의해 당시의 좌우포도청을 합하여 경무청을 신설하고(장으로 경무관을 둠), 한성부 내 일체의 경찰사무를 관장하게 하였다.
> ㉤ 1900년 경부(警部) 신설 이후 잦은 대신 교체 등으로 문제가 많아 경무청이 경부의 업무를 관리하게 되었다.

① 1개   ② 2개   ③ 3개   ④ 4개

> 정답찾기
> 틀린 것은 ㉡㉣ 2개이다.
> ㉡ 경부감독소가 아니라 경무감독소를 두었고, 경무감독소가 궁내경찰서와 한성부 내 5개 경찰서, 3개 분서를 지휘하였다. 그리고 한성부 이외의 각 관찰부에는 총순을 두었다.
> ㉣ 경무청관제직장에 의해 당시의 좌우포도청을 합하여 경무청을 신설하고 경무청의 장으로 경무사를 두었다. 한성부 내 경찰지서의 장으로 경무관을 두었다.

24 정부수립 이후 1991년 이전의 경찰의 특징으로 옳지 않은 것은 모두 몇 개인가?   20. 경찰간부

㉠ 종래 식민지배에 이용되거나 또는 군정통치로 주권이 없는 상태 하에서 활동하던 경찰이 비로소 주권국가 대한민국의 존립과 안녕, 대한민국 국민의 생명과 신체 및 재산의 보호라는 경찰 본연의 임무를 수행하였다.

㉡ 독립국가로서 한국 역사상 최초로 자주적인 입장에서 경찰을 운용하였다.

㉢ 경찰작용에 관한 기본법으로서 경찰관 직무집행법이 제정되었다.

㉣ 경찰의 부정선거 개입 등으로 정치적 중립이 경찰에 대한 국민의 요청이었던 바, 그 연장선상에서 경찰의 기구 독립이 조직의 숙원이었다.

㉤ 해양경찰업무, 전투경찰업무가 경찰의 업무범위에 추가되었다.

㉥ 1969년 1월 7일 경찰법이 제정되어 그동안 국가공무원법에서 의거하던 경찰공무원을 특별법으로 규율하게 되었다.

---

① 1개   ② 2개   ③ 3개   ④ 4개

정답찾기

지문의 내용 중 틀린 것은 ㉥ 1개이다.

㉥ 1969년 1월 7일 경찰공무원법이 제정되어 그동안 국가공무원법에서 의거하던 경찰공무원을 특별법으로 규율하게 되었다. 경찰법은 1991년에 제정된 경찰조직법이다.

25 미군정시기의 경찰에 대한 설명으로 가장 적절하지 않은 것은?   21. 경찰

① 경무국을 경무부로 승격·개편하였다.
② 소방업무를 민방위본부로 이관하고 경제경찰과 고등경찰을 폐지하는 등 비경찰화를 단행하였다.
③ 정치범처벌법, 치안유지법, 예비검속법이 폐지되었다.
④ 여자경찰제도를 신설하였다.

정답찾기

② 지문의 내용 중 '소방업무를 민방위본부로 이관'한 것은 1975년으로 내무부 치안본부 시절에 대한 설명이다.

Answer   22 ④   23 ②   24 ①   25 ②

26 우리나라 경찰의 역사에 관한 설명 중 가장 적절하지 않은 것은? 22. 경찰

① 고려시대 중앙에는 형부, 병부, 어사대, 금오위 등이 경찰업무를 수행하였고, 이 중 어사대는 관리의 비리를 규탄하고 풍속교정을 담당하는 등 풍속경찰의 임무를 수행하였다.

② 이준규 서장은 보도연맹원들에 대한 총살명령이 내려오자 480명의 예비검속자 앞에서 "내가 죽더라도 방면하겠으니 국가를 위해 충성해 달라"라는 연설 후 전원 방면하였다.

③ 정부수립 이후 1991년 이전 경찰의 특징을 살펴보면, 전투경찰업무가 경찰의 업무 범위에 추가되었고 소방업무가 경찰의 업무범위에서 배제되는 등 경찰활동의 영역에 변화가 있었다.

④ 구 경찰법이 국가경찰과 자치경찰의 조직 및 운영에 관한 법률로 개정됨에 따라 자치경찰사무를 관장하게 하기 위하여 특별시장·광역시장·특별자치시장·도지사·특별자치도지사 소속으로 시·도자치경찰위원회를 두었다.

정답찾기

② 지문의 내용은 <u>구례경찰서 안종삼 서장</u>에 대한 설명이다. 이준규 서장은 민주경찰·인권경찰의 표상으로 1980.5.18. 당시 목포경찰서장으로 재임 중 안병하 국장의 방침에 따라 경찰 총기 대부분을 군부대 등으로 사전에 이동시키고, 자체방호를 위해 가지고 있던 소량의 총기도 격발이 불가능하도록 방아쇠 뭉치를 모두 제거하여 경찰관들과 함께 고하도로 이동시켜 시민들과의 유혈충돌을 원천봉쇄하여 사건 당시 사상자가 거의 발생하지 않도록 하였다.

27 갑오개혁 이후 한국 경찰의 역사와 제도에 대한 설명으로 가장 적절한 것은? 19. 경찰승진

① 1894년에 제정된 행정경찰장정은 일본의 행정경찰규칙(1875년)과 위경죄즉결례(1885년)를 혼합하여 만든 한국경찰 최초의 경찰작용법으로 영업·시장·회사 및 소방·위생, 결사·집회, 신문잡지·도서 등 광범위한 영역의 사무가 포함되었다.

② 1919년 3·1 운동을 계기로 보통경찰제도로 전환되면서 경찰의 업무 영역에 많은 변화가 발생하였으며, 이를 기화로 정치범처벌법을 제정하여 단속체계를 갖추었다.

③ 미군정시대에는 경찰의 이념에 민주적인 요소가 도입되면서 최초로 6인으로 구성된 '중앙경찰위원회'가 설치되었으며 경제경찰, 정보경찰 등의 사무가 폐지되는 등 비경찰화가 이루어졌다.

④ 최규식 경무관은 1968년 무장공비침투사건 당시 공비들의 근거지가 될 수 있는 사찰들을 불태우라는 상부의 명령에도 불구하고 화엄사, 천은사, 선운사 등 우리 문화재를 수호한 문화경찰의 표본이다.

정답찾기

② 1919년 3·1 운동을 계기로 보통경찰제도로 전환되었으나 <u>경찰업무에는 변화가 없었다.</u>

③ 미군정기에 정보과(사찰과)가 신설되었다.

④ <u>1968년 무장공비 침투사건(1·21 사태)</u> 당시 최규식 총경(경무관특진)과 형사 7명이 무장공비를 차단하고 격투 끝에 청와대를 사수하였다. 차일혁 경무관은 공비들의 근거지가 될 수 있는 사찰을 불태우라는 상부의 명령에 대해 현명하게 대처하여 구례 화엄사 등 여러 사찰과 문화재를 보호하였다.

28 정부 수립 이후 경찰과 관련된 설명으로 가장 적절하지 않은 것은? 20. 경찰

① 1953년 경찰작용에 관한 기본법으로 제정된 경찰관 직무집행법에는 국민의 생명, 신체, 재산의 보호라는 영미법적 사고가 반영되었다.

② 1968년 '무장공비 침투사건(1·21 사태)' 당시 종로경찰서 자하문검문소에서 무장공비를 온몸으로 막아내고 순국한 최규식 경무관과 정종수 경사는 호국경찰, 인본경찰, 문화경찰의 표상이다.

③ 1980년 '5·18 민주화 운동' 당시 안병하 전남경찰국장과 이준규 목포서장은 신군부의 무장 강경진압 방침을 거부하였다.

④ 1987년 '6월 민주항쟁' 이후 경찰 내부에서는 정치적 중립을 지키지 못한 과오를 반성하고 경찰 중립화를 요구하는 성명 발표 등 자성의 목소리가 나왔다.

정답찾기

② 지문의 내용 중 호국경찰, 인본(인권)경찰, 문화경찰의 표상은 차일혁 경무관이다. 최규식 경무관과 정종수 경사는 호국경찰의 표상이다.

29 우리나라 경찰과 관련된 연혁을 시간순서별(오래된 ⇨ 최근순)로 가장 적절하게 나열한 것은? 13. 17. 경찰

ㄱ 경찰위원회 신설
ㄴ 내무부 치안국을 치안본부로 개편
ㄷ 경찰관 해외주재관제도 신설
ㄹ 경찰관 직무집행법 제정
ㅁ 제주 자치경찰 출범
ㅂ 경찰공무원법 제정

① ㄴ ⇨ ㄷ ⇨ ㅂ ⇨ ㄹ ⇨ ㄱ ⇨ ㅁ
② ㄴ ⇨ ㄷ ⇨ ㄱ ⇨ ㅂ ⇨ ㄹ ⇨ ㅁ
③ ㄹ ⇨ ㄷ ⇨ ㅂ ⇨ ㄴ ⇨ ㄱ ⇨ ㅁ
④ ㄹ ⇨ ㅂ ⇨ ㄷ ⇨ ㄱ ⇨ ㄴ ⇨ ㅁ

정답찾기

시간순서별로 가장 적절하게 나열된 것은 ㄹ ⇨ ㄷ ⇨ ㅂ ⇨ ㄴ ⇨ ㄱ ⇨ ㅁ순이다.
ㄹ 경찰관 직무집행법 제정(1953년)
ㄷ 경찰관 해외주재관제도 신설(1966년)
ㅂ 경찰공무원법 제정(1969년)
ㄴ 내무부 치안국을 치안본부로 개편(1974년)
ㄱ 경찰위원회 신설(1991년)
ㅁ 제주 자치경찰 출범(2006년)

Answer 26 ② 27 ① 28 ② 29 ③

30 한국 경찰의 역사와 제도에 대한 아래 사건들을 시대순으로 바르게 나열한 것은? 21. 경찰, 22. 경찰간부

> ㉠ 국립과학수사연구소 설치　　　　　　 ㉡ 경찰공무원법 제정
> ㉢ 경찰관 직무집행법 제정　　　　　　　 ㉣ 내무부 치안국을 치안본부로 개편
> ㉤ 경찰윤리헌장 제정　　　　　　　　　 ㉥ 내무부 민방위본부 소방국으로 소방업무 이관
> ㉦ 경찰서비스헌장 제정

① ㉠ ⇨ ㉢ ⇨ ㉤ ⇨ ㉣ ⇨ ㉡ ⇨ ㉥ ⇨ ㉦
② ㉠ ⇨ ㉡ ⇨ ㉤ ⇨ ㉢ ⇨ ㉦ ⇨ ㉥ ⇨ ㉣
③ ㉢ ⇨ ㉠ ⇨ ㉤ ⇨ ㉡ ⇨ ㉣ ⇨ ㉥ ⇨ ㉦
④ ㉢ ⇨ ㉠ ⇨ ㉣ ⇨ ㉤ ⇨ ㉡ ⇨ ㉦ ⇨ ㉥

정답찾기
지문의 내용은 ㉢ ⇨ ㉠ ⇨ ㉤ ⇨ ㉡ ⇨ ㉣ ⇨ ㉥ ⇨ ㉦순서이다.
㉢ 경찰관 직무집행법 제정(1953년)
㉠ 국립과학수사연구소 설치(1955년)
㉤ 경찰윤리헌장 제정(1966년)
㉡ 경찰공무원법 제정(1969년)
㉣ 내무부 치안국을 치안본부로 개편(1974년)
㉥ 내무부 민방위본부 소방국으로 소방업무 이관(1975년)
㉦ 경찰서비스헌장 제정(1998년)

31 갑오개혁 이후 한일합방 이전의 경찰변천사에 대한 아래 ㉠부터 ㉣까지의 설명이 시대순으로 바르게 나열된 것은? 17. 경찰승진

> ㉠ '내부관제'의 제정을 통해 내부대신의 경찰에 대한 지휘감독권 정비
> ㉡ '지방경찰규칙'이 제정되어 지방경찰의 작용법적 근거 마련
> ㉢ 통감부에 의한 통감정치가 시작
> ㉣ 광무개혁 당시 독립된 중앙관청으로서 경부 설치

① ㉠ ⇨ ㉡ ⇨ ㉢ ⇨ ㉣　　　　　　　② ㉠ ⇨ ㉡ ⇨ ㉣ ⇨ ㉢
③ ㉣ ⇨ ㉠ ⇨ ㉡ ⇨ ㉢　　　　　　　④ ㉣ ⇨ ㉡ ⇨ ㉠ ⇨ ㉢

정답찾기
시대순으로 바르게 나열된 것은 ㉠ ⇨ ㉡ ⇨ ㉣ ⇨ ㉢이다.
㉠ 내부관제로 개편(1895년)
㉡ 지방경찰규칙 제정(1896년)
㉣ 경부체제(1900년)
㉢ 을사조약에 의해 통감부 설치(1905년)

32 한국경찰의 역사와 제도에 대한 설명이다. 시대순으로 바르게 나열한 것은?

ㄱ 경찰법 제정으로 내무부로부터의 독립을 통한 정치적 중립성을 확보했다.

ㄴ 경찰작용에 관한 기본법으로서 경찰관 직무집행법이 제정되었다.

ㄷ 중앙경찰위원회가 설치되어 경찰민주화를 위한 조치를 시행하였다.

ㄹ 경찰공무원법이 처음으로 제정되어 그동안 국가공무원법에 의거하던 경찰공무원을 특별법으로 규율하게 되었다.

ㅁ 최초로 여성 경찰관을 채용하였다.

---

① ㄴ ⇨ ㅁ ⇨ ㄱ ⇨ ㄷ ⇨ ㄹ

② ㄷ ⇨ ㅁ ⇨ ㄴ ⇨ ㄱ ⇨ ㄹ

③ ㄹ ⇨ ㄴ ⇨ ㅁ ⇨ ㄷ ⇨ ㄱ

④ ㅁ ⇨ ㄷ ⇨ ㄴ ⇨ ㄹ ⇨ ㄱ

정답찾기

시대순으로 바르게 나열한 것은 ㅁ ⇨ ㄷ ⇨ ㄴ ⇨ ㄹ ⇨ ㄱ이다.

ㅁ 최초로 여성 경찰관 채용(1946년)

ㄷ 중앙경찰위원회 설치(1947년)

ㄴ 경찰관 직무집행법 제정(1953년)

ㄹ 경찰공무원법 제정(1969년)

ㄱ 경찰법 제정(1991년)

33 다음은 우리나라 경찰 역사에 대한 설명으로 옳은 것은 모두 몇 개인가?

ㄱ 일제강점하에서 3·1 운동을 계기로 헌병경찰제도에서 보통경찰제도로 전환되었으며 경찰은 치안유지업무만을 관장하고 각종 조장행정에 원조, 민사소송의 조정사무·집달관 사무는 경찰임무에서 제외되었다.

ㄴ 미군정하에서 우리나라 경찰은 위생업무의 이관 등 '비경찰화'가 이루어지고 8인의 위원으로 구성된 중앙경찰위원회를 설치하였다.

ㄷ 1969년 경찰법을 제정하면서 경정·경장 2계급을 신설하고 2급지 경찰서장을 경감에서 경정으로 격상했다.

ㄹ 1948년 정부조직법에 의해 내무부 산하의 치안본부로 개편되면서 경찰은 독자적 관청으로서 경찰업무를 시작하게 되었다.

---

① 없음　　　　② 1개　　　　③ 2개　　　　④ 3개

정답찾기

모두 틀린 지문이다.

ㄱ 일제강점하에서 3·1 운동을 계기로 헌병경찰제도에서 보통경찰제도로 전환되었으며 경찰은 치안유지업무뿐만 아니라 각종 조장행정에 원조, 민사소송의 조정사무·집달관 사무 등 기존의 업무를 계속 담당하였다.

ㄴ 미군정하에서 우리나라 경찰은 위생업무의 이관 등 '비경찰화'가 이루어지고 6인의 위원으로 구성된 중앙경찰위원회를 설치하였다.

ㄷ 1969년 경찰공무원법을 제정하면서 경정·경장 2계급을 신설하고 2급지 경찰서장을 경감에서 경정으로 격상했다.

ㄹ 1948년 정부조직법에 의해 내무부 산하의 치안국으로 개편되었다. 경찰은 1991년 경찰법의 제정으로 경찰청장과 지방경찰청장이 독자적 관청으로서 경찰업무를 시작하게 되었다.

Answer 30 ③　31 ②　32 ④　33 ①

34 보기의 설명은 갑오개혁(1894) 이후 한일합방 이전의 경찰변천사에 대한 내용이다. 시대순으로 가장 적절하게 나열한 것은?

08. 경찰 변형

> ㉠ 경무청관제직장에 의해 당시의 좌우포도청을 합하여 경무청을 신설하고, 내무아문에 예속되어 한성부 내 일체의 경찰사무를 관장하였다.
> ㉡ 경부가 한성 및 개항시장의 경찰업무와 감옥사무를 통할하게 되었는데 궁내경찰서와 한성부 내 5개 경찰서, 3개 분서를 두고, 이를 지휘하는 경무감독소를 두며, 한성부 이외의 각 관찰부에 총순 등을 둘 것을 정하였다.
> ㉢ 통감부에 의한 통감정치가 시작되면서, 경무청을 한성부 내의 경찰로 축소시키는 한편 통감부 산하에 별도의 경찰조직을 설립, 직접 지휘하였다.
> ㉣ '내부관제'의 제정을 통해 내부대신의 경찰에 대한 지휘감독권이 정비되었으며, '지방경찰규칙'이 제정되어 지방경찰의 작용법적 근거가 마련되었다.

① ㉠ - ㉣ - ㉡ - ㉢
② ㉣ - ㉠ - ㉡ - ㉢
③ ㉠ - ㉡ - ㉣ - ㉢
④ ㉠ - ㉡ - ㉢ - ㉣

정답찾기
㉠ 1894년 갑오개혁
㉣ 1895년 내부관제로 개편
㉡ 1900년 경부체제
㉢ 1905년 을사조약에 의해 통감부 설치

35 한국경찰의 역사적 사실을 과거에서부터 현재 순으로 바르게 나열한 것은?

23. 경찰

> ㉠ 경찰청 사이버테러대응센터 신설
> ㉡ 경찰서비스헌장 제정
> ㉢ 국가수사본부 신설
> ㉣ 「경찰법」 제정
> ㉤ 제주특별자치도 자치경찰단 설치

① ㉣ - ㉡ - ㉠ - ㉤ - ㉢
② ㉡ - ㉣ - ㉤ - ㉠ - ㉢
③ ㉡ - ㉣ - ㉠ - ㉢ - ㉤
④ ㉣ - ㉠ - ㉡ - ㉤ - ㉢

정답찾기
㉠ 2000년 - ㉡ 1998년 - ㉢ 2021년 - ㉣ 1991년 - ㉤ 2006년

36 자랑스러운 경찰의 표상에 대한 서술이다. ㉠부터 ㉣까지의 내용에 해당하는 인물을 바르게 나열한 것은? 18. 경찰승진

> ㉠ 1919년 상하이에서 수립한 대한민국 임시정부의 초대 경무국장
>
> ㉡ 1968년 무장공비 침투사건(1·21 사태) 당시 종로경찰서 자하문검문소에서 무장공비를 온몸으로 막아내고 순국함으로써 청와대를 사수하고 대한민국을 위기에서 건져 올린 호국경찰의 표상
>
> ㉢ 구례 화엄사 등 다수의 사찰을 소실로부터 구해내는 등 문화경찰의 발자취를 남긴 문화경찰의 표상
>
> ㉣ 5·18 광주 민주화운동 당시 전남도경국장으로서 비례의 원칙에 입각한 경찰권 행사와 시위대에 대한 인권보호를 강조

	㉠	㉡	㉢	㉣		㉠	㉡	㉢	㉣
①	김원봉	최규식	차일혁	안병하	②	김구	최규식	안병하	차일혁
③	김원봉	정종수	안병하	차일혁	④	김구	정종수	차일혁	안병하

정답찾기

㉡의 경우에는 정답이 되는 인물이 2명이라 다른 지문의 인물로 가장 적절한 정답을 찾아야 함에 주의하여야 한다.

㉠ 1919년 상하이에서 수립한 대한민국 임시정부의 초대 경무국장은 '김구'이다.

㉡ 1968년 무장공비 침투사건(1·21 사태) 당시 종로경찰서 자하문검문소에서 무장공비를 온몸으로 막아내고 순국함으로써 청와대를 사수하고 대한민국을 위기에서 건져 올린 호국경찰의 표상은 '최규식 경무관'과 '정종수 경사'이다.

㉢ 구례 화엄사 등 다수의 사찰을 소실로부터 구해내는 등 문화경찰의 발자취를 남긴 문화경찰의 표상과 관련한 인물은 '차일혁 경무관'이다.

㉣ 5·18 광주 민주화운동 당시 전남도경국장으로서 비례의 원칙에 입각한 경찰권 행사와 시위대에 대한 인권보호를 강조한 인물은 '안병하 경무관'이다.

37 한국경찰사에 길이 빛날 경찰의 표상들에 대한 서술이다. 옳은 것은 몇 개인가? 18. 경찰승진

> ㉠ 1968년 무장공비 침투사건(1·21 사태) 당시 최규식 총경(경무관특진)과 형사 7명이 무장공비를 차단하고 격투 끝에 청와대를 사수하였다.
>
> ㉡ 정종수는 남부군 사령관 이현상을 사살하는 등 빨치산 토벌의 주역이었다.
>
> ㉢ 차일혁은 공비들의 근거지가 될 수 있는 사찰을 불태우라는 상부의 명령에 대해 현명하게 대처하여 구례 화엄사 등 여러 사찰과 문화재를 보호하였다.
>
> ㉣ 안병하는 1987년 6월 항쟁 당시 과격한 진압을 지시한 군과 달리 '분산되는 자는 너무 추격하지 말 것, 부상자 발생치 않도록 할 것, 연행과정에서 학생의 피해가 없도록 유의하라'고 지시하여 인권경찰의 면모를 보였다.

① 1개   ② 2개   ③ 3개   ④ 4개

정답찾기

㉡ 차일혁 경무관에 대한 설명이다.

㉣ 안병하 경무관은 1980년 5. 18 당시 과격한 진압을 지시한 군과 달리 '분산되는 자는 너무 추격하지 말 것, 부상자 발생치 않도록 할 것, 연행과정에서 학생의 피해가 없도록 유의하라'고 지시하여 인권경찰의 면모를 보였다.

Answer   34 ①   35 ①   36 ④   37 ②

38 다음은 한국경찰사에 있어서 자랑스러운 경찰의 표상에 관한 설명이다. ㉠~㉣에 해당하는 인물을 가장 바르게 나열한 것은?

19. 경찰

> ㉠ 1919년 대한민국 임시정부의 초대 경무국장이다.
>
> ㉡ 5·18 광주 민주화운동 당시 전남도경국장으로서, 과격한 진압을 지시했던 군과 달리 '분산되는 자는 너무 추격하지 말 것, 부상자 발생치 않도록 할 것' 등과 '연행과정에서 학생의 피해가 없도록 유의하라'고 지시하였다. 신군부의 명령을 어겼다는 이유로 직위해제를 당했다.
>
> ㉢ 공비들의 근거지가 될 수 있는 사찰을 불태우라는 상부의 명령에 대해 현명하게 대처하여 화엄사(구례), 선운사(고창), 백양사(장성) 등 여러 사찰과 문화재를 보호하였다.
>
> ㉣ 1968년 1·21 무장공비침투사건 당시 군 방어선이 뚫린 상황에서 격투 끝에 청와대를 사수하였으며, 순국으로 대한민국을 지켜내고 조국의 발전을 가능하게 한 영웅적인 사례로 평가받고 있다.

	㉠	㉡	㉢	㉣
①	김구	안병하	차일혁	정종수
②	김원봉	안병하	최규식	정종수
③	김구	차일혁	안병하	최규식
④	김구	최규식	안병하	차일혁

정답찾기

㉠ 김구, ㉡ 안병하 경무관, ㉢ 차일혁 경무관, ㉣ 정종수 경사(최규식 경무관)에 대한 설명이다.

39 다음은 자랑스러운 경찰의 표상에 대한 서술이다. 해당 인물을 바르게 나열한 것은?

20. 경찰

> ㉠ 성산포경찰서장 재직시 계엄군의 예비검속자 총살 명령에 '부당함으로 불이행'한다고 거부하고 주민들을 방면함
>
> ㉡ 1946년 5월 미군정하 제1기 여자경찰간부로 임용되며 국립경찰에 투신하였고 1952년부터 2년간 서울여자경찰서장을 역임하며 풍속·소년·여성보호 업무를 담당함(여자경찰제도는 당시 권위적인 사회 속에서 선진적이고 민주적인 제도였음)
>
> ㉢ 5·18 광주 민주화운동 당시 무장 강경진압 방침이 내려오자 '분산되는 자는 너무 추적하지 말 것, 부상자가 발생하지 않도록 할 것' 등을 지시하여 비례의 원칙에 입각한 경찰권 행사 및 인권보호를 강조함
>
> ㉣ 임시정부 경무국 경호원 및 의경대원으로 활동하였고 1926년 12월 식민수탈의 심장인 식산은행과 동양척식회사에 폭탄을 투척하였음

	㉠	㉡	㉢	㉣
①	안맥결	문형순	최규식	나석주
②	문형순	안맥결	안병하	나석주
③	안병하	문형순	나석주	이준규
④	문형순	안맥결	안병하	이준규

정답찾기

㉠은 문형순, ㉡은 안맥결, ㉢은 안병하, ㉣은 나석주에 대한 설명이다.

40 한국경찰사에 길이 빛날 경찰의 표상에 대한 설명으로 가장 적절한 것은? 21. 경찰승진

① 안맥결 총경은 1950년 8월 30일 성산포경찰서장 재직시 계엄군의 예비검속자 총살 명령에 '부당함으로 불이행'한다고 거부하였다.

② 이준규 총경은 1957년 국립경찰전문학교 교수로 발령 받아 후배 경찰교육에 힘쓰다 1961년 5·16 군사정변이 일어나자 군사정권에 협력할 수 없다며 사표를 제출하였다.

③ 문형순 경감은 1980년 5·18 광주 민주화운동 당시 비례의 원칙에 입각한 경찰권 행사 및 시위대의 인권보호를 강조하였다.

④ 백범 김구 선생은 1919년 상하이에 수립된 대한민국 임시정부의 초대 경무국장으로 취임 후 임시정부 경찰을 지휘하며 임시정부의 성공적 정착에 이바지하였다.

정답찾기
① 지문의 내용은 문형순 경감에 대한 설명이다.
② 지문의 내용은 안맥결 총경에 대한 설명이다.
③ 지문의 내용은 안병하 경무관에 대한 설명이다.

41 다음은 자랑스러운 경찰의 표상에 관한 서술이다. 해당 인물을 바르게 나열한 것은? 23. 경찰

> ㉠ 성산포경찰서장 재직 시 계엄군의 예비검속자 총살 명령에 '부당함으로 불이행'한다고 거부하고 주민들을 방면함
>
> ㉡ 5·18 광주 민주화운동 당시 무장 강경진압 방침이 내려오자 '분산되는 자는 너무 추적하지 말 것, 부상자가 발생하지 않도록 할 것' 등을 지시하여 비례의 원칙에 입각한 경찰권 행사 및 인권보호를 강조함
>
> ㉢ 임시정부 경무국 경호원 및 의경대원으로 활동하였고 1926년 12월 식민수탈의 심장인 식산은행과 동양척식회사에 폭탄을 투척함
>
> ㉣ 구례경찰서장 재임 당시, 재판을 받지 않고 수감된 보도 연맹원 480명을 방면하였으며, '내가 만일 반역으로 몰려 죽는다면 나의 혼이 여러분 각자의 가슴에 들어가 지킬 것이니 새 사람이 되어주십시오'라고 당부함

	㉠	㉡	㉢	㉣
①	문형순	안병하	차일혁	안종삼
②	이준규	최규식	안맥결	나석주
③	문형순	안병하	나석주	안종삼
④	이준규	최규식	정종수	나석주

정답찾기
㉠은 문형순, ㉡은 안병하, ㉢은 나석주, ㉣은 안종삼에 대한 설명이다.

42 우리나라 경찰의 표상이 되는 인물과 활동에 대한 다음 설명 중 적절하지 않은 것은? 24. 경찰승진, 24, 25. 경위공채

> ㉠ 김 석 - 의경대원으로 활동하면서 윤봉길 의사를 배후 지원하였다.
> ㉡ 김 철 - 의경대 심판을 역임하였으며, 상하이 프랑스 조계에 잠입하였다가 일제 경찰에 체포되어 감금당하였다.
> ㉢ 박재표 - 1956년 8월 13일 제2대 지방의원 선거 당시 정읍 소성지서에서 순경으로 근무하던 중 투표함을 바꿔
> 치기 하는 부정선거를 목격하고 이를 기자회견을 통해 세상에 알리는 양심적 행동을 하였다.
> ㉣ 안맥결 - 1946년 여자경찰간부 1기로 경찰에 투신하여 1952년 서울 여자경찰서장에 취임하였다. 5·16 군사
> 정변 당시 군부로부터 정권에 합류를 권유받았으나, 민주주의를 부정한 군사정권에 협력할 수 없다며 거부하
> 고 경찰에서 퇴직하였다.
> ㉤ 최중락 - 1950년 순경으로 임용, 1986년 총경으로 승진하였지만, 수사현장을 끝까지 지킨다는 의지로 경찰서장
> 보직을 희망하지 않고 수사·형사과장으로만 재직하였다. MBC 드라마 수사 반장의 실제 모델이며, 1963년,
> 1968년, 1969년에 치안국의 포도왕(검거왕)으로 선정되었다.

① 없음   ② 1개   ③ 2개   ④ 3개

정답찾기
① 모두 적절한 지문이다.

제1절 경찰법학 일반

01 법률유보원칙에 관한 다음 설명 중 가장 적절하지 않은 것은? (다툼이 있으면 판례에 의함)   14. 경찰 2차

① 헌법재판소는 토지등소유자가 도시환경정비사업을 시행하는 경우 사업시행인가 신청시 요구되는 토지등소유자의 동의정족수를 정하는 것은 국민의 권리와 의무의 형성에 관한 기본적이고 본질적인 사항으로 법률유보 내지 의회유보의 원칙이 지켜져야 한다는 입장이다.

② 오늘날 법률유보원칙은 단순히 행정작용이 법률에 근거를 두기만 하면 충분하다는 것이 아니라, 국가공동체와 그 구성원에게 기본적이고도 중요한 의미를 갖는 영역, 특히 기본권적 중요성을 가진 영역에 있어서는 국민의 대표자인 입법자가 그 본질적 사항에 대해서 스스로 결정하여야 한다는 요구까지 내포하고 있다.

③ 텔레비전수신료금액의 결정은 납부의무자의 범위와는 달리 수신료에 관한 본질적인 중요한 사항이 아니므로 국회가 스스로 결정할 필요는 없다.

④ 법률유보원칙에서의 '법률'에는 국회가 제정하는 형식적 의미의 법률뿐만 아니라 법률의 위임에 따라 제정된 법규명령도 포함된다.

정답찾기

③ 텔레비전방송수신료는 대다수 국민의 재산권 보장의 측면이나 한국방송공사에게 보장된 방송자유의 측면에서 국민의 기본권실현에 관련된 영역에 속하고, 수신료금액의 결정은 납부의무자의 범위 등과 함께 수신료에 관한 본질적인 중요한 사항이므로 국회가 스스로 행하여야 하는 사항에 속하는 것임에도 불구하고 한국방송공사법 제36조 제1항에서 국회의 결정이나 관여를 배제한 채 한국방송공사로 하여금 수신료금액을 결정해서 문화관광부장관의 승인을 얻도록 한 것은 법률유보원칙에 위반된다[대판 1999.5.27, 98헌바70(전합)].

> **한국방송공사법**
> **제36조 【수신료의 결정】** ① 수신료의 금액은 이사회가 심의 · 결정하고, 공사가 문화관광부장관의 승인을 얻어 이를 부과 · 징수한다.

Answer   42 ① / 01 ③

02 **법치행정에 대한 설명으로 가장 적절하지 않은 것은? (다툼이 있는 경우 판례에 의함)** 18. 경찰

① 기본권 제한에 관한 법률유보원칙은 '법률에 근거한 규율'을 요청하는 것이 아니라 '법률에 의한 규율'을 요청하는 것이다.

② 지방자치법에 의하면 지방자치단체가 조례로 주민의 권리 제한 또는 의무 부과에 관한 사항이나 벌칙을 정할 때에는 법률의 위임이 있어야 한다.

③ 오늘날 법률유보원칙은 국민의 기본권실현과 관련된 영역에 있어서 국민의 대표자인 입법자가 그 본질적 사항에 대해서 스스로 결정하여야 한다는 요구까지 내포하고 있다.

④ 집회나 시위 해산을 위한 살수차 사용은 집회의 자유 및 신체의 자유에 대한 중대한 제한을 초래하므로 살수차 사용요건이나 기준은 법률에 근거를 두어야 한다.

정답찾기

① 법률유보원칙은 '법률에 의한' 규율만을 뜻하는 것이 아니라 '법률에 근거한' 규율을 요청하는 것이므로, 기본권 제한의 형식이 반드시 법률의 형식일 필요는 없고, 법률에 근거를 두면서 헌법 제75조가 요구하는 위임의 구체성과 명확성을 구비한다면 <u>위임입법에 의하여도 기본권을 제한할 수 있는 것이다</u>[대판 2010.10.28, 2008헌마638(전합)].

② 지방자치단체는 법령의 범위에서 그 사무에 관하여 조례를 제정할 수 있다. 다만, 주민의 권리 제한 또는 의무 부과에 관한 사항이나 벌칙을 정할 때에는 **법률의 위임이 있어야 한다**(지방자치법 제28조 제1항).

③ 오늘날 법률유보원칙은 단순히 행정작용이 법률에 근거를 두기만 하면 충분한 것이 아니라, 국가공동체와 그 구성원에게 기본적이고도 중요한 의미를 갖는 영역, 특히 국민의 기본권실현과 관련된 영역에 있어서는 국민의 대표자인 입법자가 그 본질적 사항에 대해<u>서 스스로 결정하여야 한다는 요구까지 내포하고 있다</u>(의회유보원칙)[헌법재판소 1999.5.27, 선고 98헌바70].

④ 집회나 시위 해산을 위한 살수차 사용은 집회의 자유 및 신체의 자유에 대한 중대한 제한을 초래하므로 살수차 <u>사용요건이나 기준은 법률에 근거를 두어야 하고</u>, 살수차와 같은 위해성 경찰장비는 본래의 사용방법에 따라 지정된 용도로 사용되어야 하며 다른 용도나 방법으로 사용하기 위해서는 반드시 법령에 근거가 있어야 한다. 혼합살수방법은 법령에 열거되지 않은 새로운 위해성 경찰장비에 해당하고 이 사건 지침(살수차 운용지침)에 혼합살수의 근거 규정을 둘 수 있도록 위임하고 있는 법령이 없으므로, 이 사건 지침은 법률유보원칙에 위배되고 이 사건 지침만을 근거로 한 이 사건 혼합살수행위 역시 법률유보원칙에 위배된다. 따라서 이 사건 혼합살수행위는 청구인들의 신체의 자유와 집회의 자유를 침해한다(전원재판부 2015헌마476, 2018.5.31, 인용)

03 법치행정의 원칙에 대한 설명으로 가장 적절하지 않은 것은? (다툼이 있는 경우 판례에 의함) 19. 경찰

① 텔레비전방송수신료의 금액은 한국방송공사 이사회가 심의·의결한 후 방송통신위원회를 거쳐 국회의 승인을 얻어 확정된다.

② 텔레비전방송수신료의 금액은 납부의무자의 범위 등과 함께 수신료에 관한 본질적인 중요한 사항이므로 국회가 스스로 결정·관여하여야 한다.

③ 텔레비전방송수신료의 징수업무를 한국방송공사가 직접 수행할 것인지, 제3자에게 위탁할 것인지, 위탁한다면 누구에게 위탁하도록 할 것인지, 위탁받은 자가 자신의 고유업무와 결합하여 징수업무를 할 수 있는지는 국민의 기본권제한에 관한 본질적인 사항이다.

④ 지방자치단체는 법령의 범위 안에서 그 사무에 관하여 조례를 제정할 수 있으나, 주민의 권리 제한 또는 의무 부과에 관한 사항이나 벌칙을 정할 때에는 법률의 위임이 있어야 한다.

> **정답찾기**
>
> ③ <u>수신료 징수업무를 한국방송공사가 직접 수행할 것인지 제3자에게 위탁할 것인지, 위탁한다면 누구에게 위탁하도록 할 것인지, 위탁받은 자가 자신의 고유업무와 결합하여 징수업무를 할 수 있는지는 징수업무 처리의 효율성 등을 감안하여 결정할 수 있는 사항으로서 국민의 기본권제한에 관한 본질적인 사항이 아니라 할 것이다. 따라서 방송법 제64조 및 제67조 제2항은 법률유보의 원칙에 위반되지 아니한다</u>[대판 2008.2.28, 2006헌바70(전합)].
>
> ① 수신료의 금액은 이사회가 심의·의결한 후 방송통신위원회를 거쳐 국회의 승인을 얻어 확정되고, 공사가 이를 부과·징수한다(방송법 제65조).

04 행정의 법률적합성 원칙(법치행정의 원칙)에 관한 설명 중 가장 적절한 것은? (다툼이 있는 경우 판례에 의함) 22. 경찰

① 법치행정의 원칙에 관한 전통적 견해는 '법률의 지배', '법률의 우위', '법률의 유보'를 내용으로 한다.

② '법률의 우위'에서의 법률에는 형식적 의미의 법률뿐만 아니라 그 밖에 성문법과 불문법이 포함된다.

③ 법규명령에는 위임명령과 집행명령이 있으며, 모두 국민의 권리·의무에 관한 사항을 규정할 수 있다.

④ 법령의 구체적 위임 없이 최루액의 혼합·살수 방법 등을 규정한 경찰청장의 살수차운용지침(2014.4.3.)은 법률유보의 원칙에 위배되는 측면이 있으나, 그 지침에 따라 살수한 경찰관의 행위는 집회를 해산하기 위한 불가피한 조치라는 점에서 반드시 위헌·위법이라 할 수 없다.

> **정답찾기**
>
> ① 법치행정이란 "법률(법)의 지배"를 의미하며, 이는 <u>법률의 법규창조력, 법률의 우위, 법률의 유보</u>를 그 내용으로 한다.
>
> ③ 법규명령에는 위임명령과 집행명령이 있으며, 법규명령은 국민의 권리·의무에 관한 사항을 규정할 수 있으나 집행명령은 국민의 권리·의무에 관한 사항을 규정할 수 없다(해석의 다툼이 있음).
>
> ④ 집회나 시위 해산을 위한 살수차 사용은 집회의 자유 및 신체의 자유에 대한 중대한 제한을 초래하므로 살수차 사용요건이나 기준은 법률에 근거를 두어야 하고, 살수차와 같은 위해성 경찰장비는 본래의 사용방법에 따라 지정된 용도로 사용되어야 하며 다른 용도나 방법으로 사용하기 위해서는 반드시 법령에 근거가 있어야 한다. 혼합살수방법은 법령에 열거되지 않은 새로운 위해성 경찰장비에 해당하고 이 사건 지침에 혼합살수의 근거 규정을 둘 수 있도록 위임하고 있는 법령이 없으므로, <u>이 사건 지침은 법률유보원칙에 위배되고 이 사건 지침만을 근거로 한 이 사건 혼합살수행위 역시 법률유보원칙에 위배된다. 따라서 이 사건 혼합살수행위는 청구인들의 신체의 자유와 집회의 자유를 침해한다</u>[헌재 2018.5.31, 2015헌마476(전원재판부)].

Answer 02 ① 03 ③ 04 ②

05 개인의 자유를 침해하거나 의무를 부과하는 행정은 반드시 법률의 근거가 있어야 한다는 원칙을 전제할 때, 법률의 근거 없이도 가능한 것을 모두 몇 개인가? (다툼이 있는 경우 판례에 의함)   22. 경찰

> ㉠ 경찰관의 학교 앞 등교지도
> ㉡ 주민을 상대로 한 교통정책홍보
> ㉢ 기초생활수급자에 대한 생계비지원
> ㉣ 공무원에 대해 특정종교를 금지하는 훈령
> ㉤ 자살을 시도하는 사람에 대한 경찰관서 보호
> ㉥ 붕괴위험시설에 대한 예방적 출입금지

① 2개   ② 3개   ③ 4개   ④ 5개

정답찾기

문제는 침해행정 유보설에 대한 내용이다. ㉠㉡는 비권력적 사실행위, ㉢은 수익적 행정행위에 해당하므로 침해행정 유보설에 따르면 법률의 근거없이도 가능하다.

06 법치행정의 원칙에 관한 설명으로 가장 적절하지 않은 것은? (다툼이 있는 경우 판례에 의함)   24. 경찰

① 법률우위원칙은 행정의 종류를 불문하고 모든 행정 영역에 적용된다.
② 법률유보원칙은 법률에 의한 규율을 뜻하므로 위임입법에 의해 기본권 제한을 할 수 없다.
③ 헌법상 보장된 국민의 자유나 권리를 제한할 때에는 적어도 그 제한의 본질적인 사항에 관하여 국회가 법률로써 스스로 규율하여야 한다.
④ 집회나 시위 해산을 위한 살수차 사용은 기본권에 대한 중대한 제한이므로, 살수차 사용요건이나 기준은 법률에 근거를 두어야 한다.

정답찾기

② 헌법이 인정하고 있는 위임입법의 형식은 예시적인 것으로 보아야 할 것이고, 위임명령은 법률 또는 상위명령에 의해 개별적·구체적으로 위임된 사항에 관하여 발하는 명령으로 국민의 권리·의무에 관한 새로운 입법사항을 규정할 수 있다.

07 법규명령과 행정규칙에 대한 설명 중 적절하지 않은 것을 모두 고르시오. (다툼이 있는 경우 판례에 의함) 13. 경찰승진

> ㉠ 법규명령은 행정권이 정립하는 일반·추상적인 규정으로서 법규성을 지닌 것을 말하고, 국민과 행정청을 동시에 구속하는 양면적 구속력을 가짐으로써 재판규범이 된다.
> ㉡ 법규명령은 공포를 요하나, 행정규칙은 공포를 요하지 않는다.
> ㉢ 법규명령의 형식(부령)을 취하고 있지만 그 내용이 행정규칙의 실질을 가지는 경우 판례는 당해 규범을 행정규칙으로 보고 있다.
> ㉣ 위임명령은 법규명령이고 집행명령은 행정규칙이다.

① ㉠, ㉣　　　　② ㉢, ㉣　　　　③ ㉡　　　　④ ㉣

정답찾기
㉣ 행정입법(명령)은 법규성의 유무에 따라 법규명령과 행정규칙으로 구분할 수 있고, 법규명령에는 위임명령과 집행명령이 있다.

■ 참고

> 판례는 행정규칙(행정사무처리기준)이 대통령령(시행령)으로 규정되어 있는 경우에는 주로 법규명령으로 보지만, 총리령과 부령(시행규칙)의 형식으로 규정되어 있는 경우에는 주로 법규성을 부정하는 입장이다.

08 경찰법의 법원(法源)에 관한 설명으로 가장 적절하지 않은 것은? 19. 경찰

① 행정입법이란 행정부가 제정하는 법을 의미하며, 행정조직 내부의 사무처리기준에 관한 법규명령과 국민을 구속하는 효력이 있는 행정규칙으로 구분된다.
② 법규명령은 특별한 규정이 없는 한 공포일로부터 20일 경과 후 효력이 발생하나, 행정규칙은 공포를 요하지 않는다.
③ 최후의 보충적 법원으로서 조리는 일반적·보편적 정의를 의미하는 바, 경찰관청의 행위가 형식상 적법하더라도 조리에 위반할 경우 위법이 될 수 있다.
④ 판례에 의할 때 운전면허 취소사유에 해당하는 음주운전을 적발한 경찰관의 소속 경찰서장이 사무착오로 위반자에게 운전면허정지처분을 한 상태에서 위반자의 주소지 관할 지방경찰청장이 위반자에게 운전면허취소처분을 한 경우 이는 법의 일반원칙인 조리에 반하여 허용될 수 없다.

정답찾기
① 행정입법은 국민을 구속하는 효력이 있는 법규명령과 행정조직 내부의 사무처리기준에 관한 행정규칙으로 구분된다.

09 경찰법의 법원에 대한 설명으로 가장 적절하지 않은 것은?

① 법규명령의 특징은 국민과 행정청을 동시에 구속하는 양면적 구속력을 가짐으로써 재판규범이 된다.

② 대통령령, 총리령 및 부령은 특별한 규정이 없으면 공포한 날부터 14일이 경과함으로써 효력을 발생한다.

③ 국민의 권리 제한 또는 의무 부과와 직접 관련되는 법률, 대통령령, 총리령 및 부령은 긴급히 시행하여야 할 특별한 사유가 있는 경우를 제외하고는 공포일로부터 적어도 30일이 경과한 날부터 시행되도록 하여야 한다.

④ 법규명령의 한계로 행정권에 대한 입법권의 일반적·포괄적 위임은 인정될 수 없고, 국회 전속적 법률사항의 위임은 원칙적으로 금지되며, 법률에 의하여 위임된 사항을 전부 하위명령에 재위임하는 것은 금지된다.

정답찾기

② 대통령령, 총리령 및 부령은 특별한 규정이 없으면 공포한 날부터 20일이 경과함으로써 효력을 발생한다(법령 등 공포에 관한 법률 제13조).

행정기본법

제7조 【법령 등 시행일의 기간 계산】 법령등(훈령·예규·고시·지침 등을 포함한다. 이하 이 조에서 같다)의 시행일을 정하거나 계산할 때에는 다음 각 호의 기준에 따른다.

1. 법령 등을 공포한 날부터 시행하는 경우에는 공포한 날을 시행일로 한다.
2. 법령 등을 공포한 날부터 일정 기간이 경과한 날부터 시행하는 경우 법령등을 공포한 날을 첫날에 산입하지 아니한다.
3. 법령 등을 공포한 날부터 일정 기간이 경과한 날부터 시행하는 경우 그 기간의 말일이 토요일 또는 공휴일인 때에는 그 말일로 기간이 만료한다.

법령 등 공포에 관한 법률

제13조 【시행일】 대통령령, 총리령 및 부령은 특별한 규정이 없으면 공포한 날부터 20일이 경과함으로써 효력을 발생한다.

제13조의2 【법령의 시행유예기간】 국민의 권리 제한 또는 의무 부과와 직접 관련되는 법률, 대통령령, 총리령 및 부령은 긴급히 시행하여야 할 특별한 사유가 있는 경우를 제외하고는 공포일부터 적어도 30일이 경과한 날부터 시행되도록 하여야 한다.

행정 효율과 협업 촉진에 관한 규정

제6조 【문서의 성립 및 효력발생】 ① 문서는 결재권자가 해당 문서에 서명(전자이미지서명, 전자문자서명 및 행정전자서명을 포함한다. 이하 같다)의 방식으로 결재함으로써 성립한다.

② 문서는 수신자에게 도달(전자문서의 경우는 수신자가 관리하거나 지정한 전자적 시스템 등에 입력되는 것을 말한다)됨으로써 효력을 발생한다.

③ 제2항에도 불구하고 공고문서는 그 문서에서 효력발생시기를 구체적으로 밝히고 있지 않으면 그 고시 또는 공고 등이 있은 날부터 5일이 경과한 때에 효력이 발생한다.

행정절차법

제15조 【송달의 효력발생】 ① 송달은 다른 법령 등에 특별한 규정이 있는 경우를 제외하고는 해당 문서가 송달받을 자에게 도달됨으로써 그 효력이 발생한다.

② 제14조 제3항에 따라 정보통신망을 이용하여 전자문서로 송달하는 경우에는 송달받을 자가 지정한 컴퓨터 등에 입력된 때에 도달된 것으로 본다.

③ 제14조 제4항의 경우에는 다른 법령 등에 특별한 규정이 있는 경우를 제외하고는 공고일부터 14일이 지난 때에 그 효력이 발생한다. 다만, 긴급히 시행하여야 할 특별한 사유가 있어 효력 발생 시기를 달리 정하여 공고한 경우에는 그에 따른다.

---

10 경찰행정의 법원에 대한 설명 중 적절하지 않은 것은 모두 몇 개인가?

20. 경찰승진 변형

㉠ 경찰행정에 관한 법원은 일반적으로 성문법과 불문법원으로 나눌 수 있으며, 헌법, 법률, 조약과 국제법규, 조리와 규칙은 성문법원이다.

㉡ 국회의 의결을 거치지 않고 행정기관에 의하여 제정된 성문법규를 법규명령이라고 한다.

㉢ 국무총리는 직권으로 총리령을 발할 수 있으나, 행정각부의 장은 직권으로 부령을 발할 수 없다.

㉣ 지방의회가 법령의 범위 안에서 제정하는 자치법규를 규칙이라고 한다.

㉤ 헌법은 국가의 기본적인 통치구조를 정한 기본법으로서 행정의 조직이나 작용의 기본원칙을 정한 부분은 그 한도 내에서 경찰법의 법원이 된다.

㉥ 경찰권 발동은 법률에 근거해야 하므로, 법률은 경찰법상의 법률관계에 있어서 중요한 법원이다.

㉦ 불문법원으로서 일반적으로 정의에 합치되는 보편적 원리로서 인정되고 있는 모든 원칙을 조리라 하고, 경찰관청의 행위가 형식상 적법하면 조리에 위반하더라도 위법이 될 수 없다.

① 2개   ② 3개   ③ 4개   ④ 5개

정답찾기

옳지 않은 것은 ㉠㉢㉣㉦이다.

㉠ 지문의 내용 중 조리는 불문법원에 해당한다. 조례가 성문법원에 해당한다.

㉢ 국무총리 또는 행정각부의 장은 소관사무에 관하여 법률이나 대통령령의 위임 또는 직권으로 총리령 또는 부령을 발할 수 있다(대한민국헌법 제95조).

㉣ 지문은 조례에 대한 설명이다. 조례란 지방의회가 법령의 범위 안에서 지방자치권에 근거하여 제정하는 법규범을 말한다. 또한 규칙은 지방자치단체의 장이 법령 또는 조례가 위임한 범위 내에서 그 권한에 속하는 사무에 관하여 제정하는 법규범을 말한다.

㉦ 조리는 불문법원으로서 사인간의 법률관계뿐만 아니라, 행정상의 법률관계도 구속한다. 그러므로 경찰행정관청의 행위가 형식상 적법하다고 하더라도, 이러한 법의 일반원칙(조리)에 위반할 경우에는 위법한 행위가 될 수 있다.

11 경찰행정법의 법원(法源)에 대한 설명으로 적절하지 않은 것은 모두 몇 개인가?

21. 경찰승진, 24. 경찰간부

㉠ 행정규칙에 따른 종래의 행정관행이 위법한 경우에는 행정청은 자기구속을 당하지 않는다.

㉡ 행정기본법은 평등의 원칙, 비례의 원칙, 권한남용금지의 원칙, 신뢰보호의 원칙을 명시적으로 규정하고 있다.

㉢ 국민의 권리 제한 또는 의무 부과와 직접 관련되는 법률, 대통령령, 총리령 및 부령은 긴급히 시행하여야 할 특별한 사유가 있는 경우를 제외하고는 공포일로부터 적어도 30일이 경과한 날부터 시행되도록 하여야 한다.

㉣ 위임명령은 상위법령의 집행 시 필요한 절차나 형식을 정하는 데 그쳐야 하며 새로운 법규사항을 정하여서는 안 된다.

㉤ 헌법재판소의 위헌결정은 국가경찰 및 자치경찰을 기속하므로 법원성이 인정된다.

㉥ 신의성실의 원칙은 「민법」뿐만 아니라 경찰행정법을 포함한 모든 법의 일반원칙이며 법원으로 인정된다.

① 1개   ② 2개   ③ 3개   ④ 4개

정답찾기

지문의 내용 중 적절하지 않은 것은 ㉣이다.

㉣ 지문의 내용은 집행명령에 대한 설명이다. 위임명령의 경우 상위법령으로부터 위임받은 범위 내에서 새로운 법규사항을 정할 수 있다.

Answer   09 ②   10 ③   11 ①

12 경찰행정법의 법원(法源)에 관한 설명으로 가장 적절하지 않은 것은? (다툼이 있는 경우 판례에 의함) <small>10. 23. 경찰</small>

① 법률의 위헌결정은 법원과 그 밖의 국가기관 및 지방자치단체를 기속(羈束)한다.
② 대통령령, 총리령 및 부령은 특별한 규정이 없으면 공포한 날부터 20일이 경과함으로써 효력을 발생한다.
③ 지방자치단체의 장은 법령의 범위에서 그 사무에 관하여 조리(條理)를 제정할 수 있다.
④ 현행법상 조약이 국내법보다 우선적으로 적용된다고 명문으로 규정한 경우가 있다.

정답찾기
③ 조리는 불문법원에 해당한다. 지방자치단체는 법령의 범위에서 그 사무에 관하여 <u>조례</u>를 제정할 수 있다. 다만, 주민의 권리 제한 또는 의무 부과에 관한 사항이나 벌칙을 정할 때에는 법률의 위임이 있어야 한다(지방자치법 제28조 제1항). 지방자치단체의 장은 법령 또는 조례의 범위에서 그 권한에 속하는 사무에 관하여 규칙을 제정할 수 있다(지방자치법 제29조).

13 다음은 행정법의 법원에 대해 설명한 것이다. 가장 적절하지 않은 것은? (다툼이 있으면 판례에 의함) <small>14. 경찰</small>

① 학교급식을 위해 국내 우수농산물을 사용하는 자에게 식재료나 구입비의 일부를 지원하는 것 등을 내용으로 하는 지방자치단체의 조례안은 '1994년 관세 및 무역에 관한 일반협정'에 위반되어 그 효력이 없다.
② 남북 사이의 화해와 불가침 및 교류협력에 관한 합의서는 남북한 당국이 각기 정치적인 책임을 지고 상호간에 그 성의 있는 이행을 약속한 것으로 법적 구속력이 인정되는 조약에 해당되어 국내법과 동일한 효력을 갖는다.
③ 불문법원으로 관습법, 조리 등이 있다.
④ 행정청은 법령 등의 해석 또는 행정청의 관행이 일반적으로 국민들에게 받아들여졌을 때에는 공익 또는 제3자의 정당한 이익을 현저히 해칠 우려가 있는 경우를 제외하고는 새로운 해석 또는 관행에 따라 소급하여 불리하게 처리하여서는 아니 된다.

정답찾기
② <u>남북 사이의 화해와 불가침 및 교류협력에 관한 합의서는 남북관계가 '나라와 나라 사이의 관계가 아닌 통일을 지향하는 과정에서</u> 잠정적으로 형성되는 특수관계'임을 전제로, 조국의 평화적 통일을 이룩해야 할 공동의 정치적 책무를 지는 남북한 당국이 특수관계인 남북관계에 관하여 채택한 합의문서로서, 남북한 당국이 각기 정치적인 책임을 지고 상호간에 그 성의 있는 이행을 약속한 것이기는 하나 법적 구속력이 있는 것은 아니어서 <u>이를 국가 간의 조약 또는 이에 준하는 것으로 볼 수 없고, 따라서 국내법과 동일한 효력이 인정되는 것도 아니다</u>(대판 1999.7.23, 98두14525).
① 특정 지방자치단체의 초·중·고등학교에서 실시하는 학교급식을 위해 위 지방자치단체에서 생산되는 우수 농수축산물과 이를 재료로 사용하는 가공식품(이하 '우수농산물'이라고 한다)을 우선적으로 사용하도록 하고 그러한 우수농산물을 사용하는 자를 선별하여 식재료나 식재료 구입비의 일부를 지원하며 지원을 받은 학교는 지원금을 반드시 우수농산물을 구입하는 데 사용하도록 하는 것을 내용으로 하는 위 지방자치단체의 조례안이 내국민대우원칙을 규정한 '1994년 관세 및 무역에 관한 일반협정'(General Agreement on Tariffs and Trade 1994)에 위반되어 그 효력이 없다(대판 2005.9.9, 2004추10).
③ 불문법원으로 관습법, 판례법 및 조리 등이 있다.
④ 행정절차법 제4조 제2항

14 다음 행정법의 법원에 대한 설명 중 적절하지 않은 것은 모두 몇 개인가? (다툼이 있으면 판례에 의함)

> ㉠ 대법원의 판례는 사안이 서로 다른 사건을 재판하는 하급심 법원을 직접 기속하는 효력이 있다.
>
> ㉡ '남북 사이의 화해와 불가침 및 교류협력에 관한 합의서'는 국가 간의 조약이 아니므로 국내법과 동일한 효력이 인정되는 것이 아니다.
>
> ㉢ 관습법이란 사회의 거듭된 관행으로 생성한 사회생활규범이 사회의 법적 확신과 인식에 의하여 법적 규범으로 승인 강행되기에 이른 것을 말한다.
>
> ㉣ 일반적으로 승인된 국제법규라도 의회에 의한 입법절차를 거쳐야 행정법의 법원(法源)이 된다.
>
> ㉤ 관습법은 성문법의 결여시에 성문법을 보충하는 범위에서 효력을 갖는다.
>
> ㉥ 1994년 관세 및 무역에 관한 일반협정(GATT)이나 정부조달에 관한 협정(AGP)에 위반되는 조례는 그 효력이 없다.

① 2개 ② 2개 ③ 3개 ④ 4개

정답찾기

지문의 내용 중 적절하지 않은 것은 ㉠㉣이다.

㉠ 대법원의 판례가 법률해석의 일반적인 기준을 제시한 경우에 유사한 사건을 재판하는 하급심법원의 법관은 판례의 견해를 존중하여 재판하여야 하는 것이나, 판례가 사안이 서로 다른 사건을 재판하는 하급심법원을 직접 기속하는 효력이 있는 것은 아니므로, 하급심법원이 판례와 다른 견해를 취하여 재판한 경우에 상고를 제기하여 구제받을 수 있음을 별론으로 하고 민사소송법 제422조 제1항 제1호 소정의 재심사유인 법률에 의하여 판결법원을 구성하지 아니한 때에 해당한다고 할 수 없다(대판 1996.10.25, 96다31307).

> **법원조직법**
> **제8조【상급심 재판의 기속력】** 상급법원 재판에서의 판단은 해당 사건에 관하여 하급심(下級審)을 기속(羈束)한다.

㉣ 헌법에 의하여 체결·공포된 조약과 일반적으로 승인된 국제법규는 국내법과 같은 효력을 가진다(대한민국 헌법 제6조 제1항).

15 조약과 국제법규에 대한 설명으로 옳은 것은 모두 몇 개인가? (다툼이 있는 경우 판례에 의함)

> ㉠ 외교통상부장관이 2006.1.19. 미합중국 국무장관과 발표한 '동맹 동반자 관계를 위한 전략대화 출범에 관한 공동성명'은 국회의 동의가 필요없는 조약이다.
> ㉡ 대한민국과 아메리카합중국간의 상호방위조약 제4조에 의한 시설과 구역 및 대한민국에서의 합중국군대의 지위에 관한 협정(SOFA)은 국회의 동의를 요하는 조약이다.
> ㉢ 마라케쉬협정은 적법하게 체결되어 공포된 조약이므로 국내법과 같은 효력을 가지나 그로 인하여 새로운 범죄를 구성하거나 가중 처벌하는 것은 허용되지 않는다.
> ㉣ 대한민국과 일본국간의 어업에 관한 협정은 우리나라 정부가 일본 정부와의 사이에서 어업에 관해 체결·공포한 조약으로서 헌법 제6조 제1항에 의하여 국내법과 같은 효력을 가진다.

① 1개   ② 2개   ③ 3개   ④ 모두 옳다

정답찾기

지문의 내용 중 옳은 것은 ㉡㉣이다.

㉠ 조약은 '국가·국제기구 등 국제법 주체 사이에 권리의무관계를 창출하기 위하여 서면형식으로 체결되고 국제법에 의하여 규율되는 합의'인데, 이러한 조약의 체결·비준에 관하여 헌법은 대통령에게 전속적인 권한을 부여하면서(헌법 제73조), 조약을 체결·비준함에 앞서 국무회의의 심의를 거쳐야 하고(헌법 제89조 제3호), 특히 중요한 사항에 관한 조약의 체결·비준은 사전에 국회의 동의를 얻도록 하는 한편(헌법 제60조 제1항), 국회는 헌법 제60조 제1항에 규정된 일정한 조약에 대해서만 체결·비준에 대한 동의권을 가진다. 이 사건 공동성명은 한국과 미합중국이 상대방의 입장을 존중한다는 내용만 담고 있을 뿐, 구체적인 법적 권리·의무를 창설하는 내용을 전혀 포함하고 있지 아니하므로, 조약에 해당된다고 볼 수 없으므로(조약에 해당해야 국회가 동의권을 가질 수 있는데, 사안의 공동성명은 조약이 아님) 그 내용이 헌법 제60조 제1항의 조약에 해당되는지 여부를 따질 필요도 없이 이 사건 공동성명에 대하여 국회가 동의권을 가진다거나 국회의원인 청구인이 심의표결권을 가진다고 볼 수 없다[헌재 2008.3.27, 2006헌라4(전합)].

㉡ 이 사건 조약(대한민국과 아메리카합중국간의 상호방위조약 제4조에 의한 시설과 구역 및 대한민국에서의 합중국군대의 지위에 관한 협정)은 그 명칭이 "협정"으로 되어 있어 국회의 관여없이 체결되는 행정협정처럼 보이기도 하나 우리나라의 입장에서 볼 때에는 외국군대의 지위에 관한 것이고, 국가에게 재정적 부담을 지우는 내용과 입법사항을 포함하고 있으므로 국회의 동의를 요하는 조약으로 취급되어야 한다(97헌가14, 1999.4.29).

㉢ 마라케쉬협정도 적법하게 체결되어 공포된 조약이므로 국내법과 같은 효력을 갖는 것이어서 그로 인하여 새로운 범죄를 구성하거나 범죄자에 대한 처벌이 가중된다고 하더라도 이것은 국내법에 의하여 형사처벌을 가중한 것과 같은 효력을 갖게 되는 것이다. 따라서 마라케쉬협정에 의하여 관세법위반자의 처벌이 가중된다고 하더라도 이를 들어 법률에 의하지 아니한 형사처벌이라거나 행위시의 법률에 의하지 아니한 형사처벌이라고 할 수 없다[헌재 1998.11.26, 97헌바65(전합)].

㉣ 이 사건 협정(대한민국과 일본국간의 어업에 관한 협정)은 우리나라 정부가 일본 정부와의 사이에서 어업에 관해 체결·공포한 조약(조약 제1477호)으로서 헌법 제6조 제1항에 의하여 국내법과 같은 효력을 가지므로, 그 체결행위는 고권적 행위로서 '공권력의 행사'에 해당한다(전원재판부 99헌마139, 2001.3.21).

16 법령 등 공포에 관한 법률에 대한 설명 중 옳지 않은 것은 모두 몇 개인가? 18, 20, 경찰

○ 헌법개정·법률·조약·대통령령·총리령 및 부령의 공포와 헌법개정안·예산 및 예산 외 국고부담계약의 공고는 관보(官報)에 게재함으로써 한다.

○ 관보의 내용 해석 및 적용 시기는 전자관보를 우선으로 하며, 종이관보는 부차적인 효력을 가진다.

○ 법률의 공포일은 해당 법률을 게재한 관보 또는 신문이 발행된 날로 한다.

○ 대통령령, 총리령 및 부령은 특별한 규정이 없으면 공포한 날부터 20일이 경과함으로써 효력을 발생한다.

○ 국민의 권리 제한 또는 의무 부과와 직접 관련되는 법률, 대통령령, 총리령 및 부령은 긴급히 시행하여야 할 특별한 사유가 있는 경우를 제외하고는 공포일부터 적어도 90일이 경과한 날부터 시행되도록 하여야 한다.

○ 국회법 제98조 제3항 전단에 따라 하는 국회의장의 법률 공포는 수도권에서 발행되는 둘 이상의 일간신문에 게재함으로써 한다.

○ 헌법개정 공포문의 전문에는 헌법개정안이 대통령 또는 국회 재적의원 과반수의 발의로 제안되어 국회에서 재적의원 3분의 2 이상이 찬성하고 국민투표에서 국회의원 선거권자 과반수가 투표하여 투표자 과반수가 찬성한 사실을 적고, 대통령이 서명한 후 국새(國璽)와 대통령인을 찍고 그 공포일을 명기하여 국무총리와 각 국무위원이 부서한다.

① 2개　　　　　② 3개　　　　　③ 4개　　　　　④ 5개

정답찾기

지문의 내용 중 옳지 않은 것은 ○○○이다.

○ 관보의 내용 해석 및 적용 시기 등에 대하여 종이관보와 전자관보는 동일한 효력을 가진다(법령 등 공포에 관한 법률 제11조 제4항).

○ 국민의 권리 제한 또는 의무 부과와 직접 관련되는 법률, 대통령령, 총리령 및 부령은 긴급히 시행하여야 할 특별한 사유가 있는 경우를 제외하고는 공포일부터 적어도 30일이 경과한 날부터 시행되도록 하여야 한다(법령 등 공포에 관한 법률 제13조의2).

○ 국회법 제98조 제3항 전단에 따라 하는 국회의장의 법률 공포는 서울특별시에서 발행되는 둘 이상의 일간신문에 게재함으로써 한다 (법령 등 공포에 관한 법률 제11조 제2항).

17 법원(法源)에 대한 설명으로 가장 적절하지 않은 것은? 23, 경찰승진, 24, 경찰

① 「법령 등 공포에 관한 법률」상 법률, 대통령령, 총리령 및 부령은 특별한 규정이 없으면 공포한 날부터 20일 이 경과함으로써 효력을 발생한다.

② 국회에서 의결된 법률안은 정부에 이송되어 15일 이내에 대통령이 공포한다.

③ 법령 등의 공포일 또는 공고일은 해당 법령 등을 게재한 관보 또는 신문이 발행된 날로 한다.

④ 법률은 특별한 규정이 없는 한 공포한 날로부터 20일을 경과함으로써 효력을 발생한다.

정답찾기

① 법령 등 공포에 관한 법률의 경우 법률의 효력 발생 시점에 대해서는 명시적인 규정을 두고 있지 않다. 대통령령, 총리령 및 부령은 특별한 규정이 없으면 공포한 날부터 20일이 경과함으로써 효력을 발생한다. 국민의 권리 제한 또는 의무 부과와 직접 관련되는 법률, 대통령령, 총리령 및 부령은 긴급히 시행하여야 할 특별한 사유가 있는 경우를 제외하고는 공포일부터 적어도 30일이 경과한 날부터 시행되도록 하여야 한다(법령 등 공포에 관한 법률 제13조, 제13조의2).

Answer　15 ②　16 ②　17 ①

18 **행정법의 효력에 대한 설명으로 가장 적절하지 않은 것은? (다툼이 있는 경우 판례에 의함)** 19. 경찰

① 행정처분의 근거 법률이 개정된 경우, 국민의 재산권과 관련하여 종전보다 불리한 법률효과를 규정하고 있
더라도, 당해 사실 또는 법률관계가 이미 완성 또는 종결된 것이 아니라면, 헌법상 금지되는 소급입법에 의한
재산권 침해라고 할 수는 없다.

② 개정 법률이 부진정소급입법에 해당하더라도, 개정 전 법률의 존속에 대한 국민의 신뢰가 개정 법률의 적용
에 관한 공익상의 요구보다 더 보호가치가 있다고 인정되는 경우, 그러한 국민의 신뢰를 보호하기 위하여
개정 법률의 적용이 제한될 수 있다.

③ 개정 법률이 진정소급입법에 해당하더라도, 국민이 소급입법을 예상할 수 있었거나 신뢰보호의 요청에 우선
하는 심히 중대한 공익상의 사유가 소급입법을 정당화하는 경우 등에는 소급입법이 허용될 수 있다.

④ '친일재산은 그 취득·증여 등 원인행위시에 국가의 소유로 한다.'고 정한 친일반민족행위자 재산의 국가귀
속에 관한 특별법 제3조 제1항의 규정은 부진정소급입법에 해당하므로 원칙적으로 허용된다.

> [정답찾기]
>
> ④ 이 사건 귀속조항은 진정소급입법에 해당하지만, 진정소급입법이라 할지라도 예외적으로 국민이 소급입법을 예상할 수 있었던 경우
> 와 같이 소급입법이 정당화되는 경우에는 허용될 수 있다. 친일재산의 취득 경위에 내포된 민족배반적 성격, 대한민국 임시정부의
> 법통 계승을 선언한 헌법 전문 등에 비추어 친일반민족행위자측으로서는 친일재산의 소급적 박탈을 충분히 예상할 수 있었고, 친일
> 재산 환수 문제는 그 시대적 배경에 비추어 역사적으로 매우 이례적인 공동체적 과업이므로 이러한 소급입법의 합헌성을 인정한다
> 고 하더라도 이를 계기로 진정소급입법이 빈번하게 발생할 것이라는 우려는 충분히 불식될 수 있다. 따라서 이 사건 귀속조항은
> 진정 소급입법에 해당하나 헌법 제13조 제2항에 반하지 않는다[헌재 2011.3.31., 2008헌바141(전합)].
>
> ①② 행정처분은 그 근거 법령이 개정된 경우에도 경과규정에서 달리 정함이 없는 한 처분 당시 시행되는 개정 법령과 그에 정한 기준
> 에 의하는 것이 원칙이고, 그 개정 법령이 기존의 사실 또는 법률관계를 적용대상으로 하면서 국민의 재산권과 관련하여 종전보다
> 불리한 법률효과를 규정하고 있는 경우에도 그러한 사실 또는 법률관계가 개정 법령이 시행되기 이전에 이미 완성 또는 종결된 것이
> 아니라면 이를 헌법상 금지되는 소급입법에 의한 재산권 침해라고 할 수는 없으며, 그러한 개정 법령의 적용과 관련하여서는 개정
> 전 법령의 존속에 대한 국민의 신뢰가 개정 법령의 적용에 관한 공익상의 요구보다 더 보호가치가 있다고 인정되는 경우에 그러한
> 국민의 신뢰를 보호하기 위하여 그 적용이 제한될 수 있는 여지가 있을 따름이다(대판 2009.4.23, 2008두8918).
>
> ③ 구 '친일반민족행위자 재산의 국가귀속에 관한 특별법'(2011.5.19. 법률 제10646호로 개정되기 전의 것) 제3조 제1항 본문(이하 '귀속
> 조항'이라 한다)은 진정소급입법에 해당하지만 진정소급입법이라 하더라도 예외적으로 국민이 소급입법을 예상할 수 있었거나 신뢰
> 보호의 요청에 우선하는 심히 중대한 공익상의 사유가 소급입법을 정당화하는 경우 등에는 허용될 수 있다(대판 2012.2.23, 2010두
> 17557).

제2절 **경찰조직법**

19 경찰기관의 종류에는 경찰행정관청, 경찰의결기관, 경찰자문기관, 경찰보조기관, 경찰집행기관 등이 있다. 각 기관과 관련하여 다음에서 적절하지 않은 것은 모두 몇 개인가?

11. 경찰 변형

> ㉠ 경찰청장, 시·도경찰청장, 경찰서장, 지구대장 등은 경찰행정관청에 해당한다.
> ㉡ 국가경찰위원회는 경찰자문기관에 해당한다.
> ㉢ 경찰집행기관에는 치안총감, 치안정감, 치안감, 경무관, 총경, 경정, 경감, 경위, 경사, 경장, 순경 등이 해당한다.
> ㉣ 경찰청의 차장이나 과장은 보조기관이다.
> ㉤ 경찰청장은 국가경찰위원회의 심의·의결사항이 적정하지 아니하다고 판단할 때에는 재의를 요구할 수 있다.
> ㉥ 경찰서장은 경무관, 총경 또는 경정으로 보한다.

① 2개 　　　　　　　　　　　　　② 3개
③ 4개 　　　　　　　　　　　　　④ 5개

정답찾기

적절하지 않은 것은 ㉠㉡㉤이다.
㉠ 지구대장은 경찰행정관청이 아니다.
㉡ 국가경찰위원회는 경찰의결기관이다.
㉤ 경찰청장은 국가경찰위원회에 대한 재의요구권이 없다. 행정안전부장관은 심의·의결된 내용이 적정하지 아니하다고 판단할 때에는 재의(再議)를 요구할 수 있다(국가경찰과 자치경찰의 조직 및 운영에 관한 법률 제10조 제2항).

20 다음 중 국가경찰과 자치경찰의 조직 및 운영에 관한 법률 제3조에 규정된 경찰의 임무는 모두 몇 개인가?

15. 경찰 변형

> ㉠ 국민의 생명·신체 및 재산의 보호
> ㉡ 범죄의 예방·진압 및 수사
> ㉢ 경비·요인경호 및 대간첩·대테러 작전수행
> ㉣ 외국 정부기관 및 국제기구와의 국제협력

① 1개   ② 2개
③ 3개   ④ 4개

정답찾기

④ 모두 국가경찰과 자치경찰의 조직 및 운영에 관한 법률상 경찰의 임무에 해당한다.

> **국가경찰과 자치경찰의 조직 및 운영에 관한 법률**
> **제3조【경찰의 임무】** 경찰의 임무는 다음 각 호와 같다.
> 1. 국민의 생명·신체 및 재산의 보호
> 2. 범죄의 예방·진압 및 수사
> 3. 범죄피해자 보호
> 4. 경비·요인경호 및 대간첩·대테러 작전 수행
> 5. 공공안녕에 대한 위험의 예방과 대응을 위한 정보의 수집·작성 및 배포
> 6. 교통의 단속과 위해의 방지
> 7. 외국 정부기관 및 국제기구와의 국제협력
> 8. 그 밖에 공공의 안녕과 질서유지

21 국가경찰과 자치경찰의 조직 및 운영에 관한 법률에 관한 설명으로 가장 적절한 것은?

19. 경찰 변형

① 1991년 경찰법 제정으로 내무부 치안국장이 경찰청장으로 변경되었고, 경찰청장은 행정관청으로 승격되었다.
② 국가경찰과 자치경찰의 조직 및 운영에 관한 법률 제8조에 따를 때 국가경찰위원회 위원은 국가공무원법상 비밀엄수 의무와 정치운동 금지의무를 진다.
③ 경찰서장 소속으로 지구대 또는 파출소를 두고, 그 설치기준은 치안수요·교통·지리 등 관할 구역의 특성을 고려하여 대통령령으로 정한다.
④ 경찰청의 사무를 지역적으로 분담하여 수행하게 하기 위해 경찰청장 소속으로 시·도경찰청장을 두고, 시·도경찰청장 소속으로 경찰서를 둔다.

정답찾기

① 1991년 경찰법 제정으로 내무부 치안본부장이 경찰청장으로 변경되었고, 경찰청장은 행정관청으로 승격되었다.
③ 경찰서장 소속으로 지구대 또는 파출소를 두고, 그 설치기준은 치안수요·교통·지리 등 관할 구역의 특성을 고려하여 행정안전부령으로 정한다. 다만, 필요한 경우에는 출장소를 둘 수 있다(국가경찰과 자치경찰의 조직 및 운영에 관한 법률 제30조 제3항).
④ 경찰의 사무를 지역적으로 분담하여 수행하게 하기 위하여 특별시·광역시·특별자치시·도·특별자치도(이하 '시·도'라 한다)에 시·도경찰청을 두고, 시·도경찰청장 소속으로 경찰서를 둔다(국가경찰과 자치경찰의 조직 및 운영에 관한 법률 제13조).

22 **국가경찰과 자치경찰의 조직 및 운영에 관한 법률상 자치경찰사무에 관한 내용 중 가장 적절하지 않은 것은?** 22. 경찰

① 생활안전을 위한 순찰 및 시설의 운영, 주민참여 방범활동의 지원 및 지도, 주민의 일상생활과 관련된 사회질서의 유지 및 그 위반행위의 지도·단속 등 지역 내 주민의 생활안전 활동에 관한 사무는 자치경찰의 사무에 포함된다.

② 교통법규 위반에 대한 지도·단속, 교통안전시설 및 무인 교통단속용 장비의 심의·설치·관리 등 지역 내 교통활동에 관한 사무는 자치경찰사무에 포함된다.

③ 학교폭력 등 소년범죄, 가정폭력, 아동학대 범죄, 형법 제245조에 따른 공연음란 및 성폭력범죄의 처벌 등에 관한 특례법 제11조에 따른 공중밀집 장소에서의 추행행위에 관한 범죄는 자치경찰사무에 포함된다.

④ 지역 내 주민의 생활안전 활동에 관한 사무, 지역 내 교통활동에 관한 사무, 지역 내 다중운집 행사 관련 혼잡 교통 및 안전관리의 자치경찰사무에 관한 구체적인 사항 및 범위 등은 대통령령으로 정하는 기준에 따라 시·도조례로 정한다.

정답찾기

③ 형법 제245조에 따른 공연음란 및 성폭력범죄의 처벌 등에 관한 특례법 제12조에 따른 성적 목적을 위한 다중이용장소 침입행위에 관한 범죄 수사사무가 자치경찰사무에 해당한다(국가경찰과 자치경찰의 조직 및 운영에 관한 법률 제4조 제1항 제2호 라목 4).

23 **다음은 국가경찰위원회와 관련된 내용이다. 틀린 것은 모두 몇 개인가?** 12. 경찰 변형

> ㉠ 국가경찰위원회의 설치 근거는 국가경찰과 자치경찰의 조직 및 운영에 관한 법률이다.
> ㉡ 국가경찰위원회는 위원장 1명을 포함하여 9명의 위원으로 구성된다.
> ㉢ 위원은 국무총리의 제청으로 대통령이 임명한다.
> ㉣ 위원의 임기는 2년이며 연임할 수 없다.
> ㉤ 경찰청장은 국가경찰위원회 위원장에게 임시회의 소집을 요구할 수 있다.
> ㉥ 위원 중 2명은 법관의 자격이 있는 사람이어야 한다.
> ㉦ 심의·의결사항에는 국가경찰 임무와 관련하여 다른 국가기관으로부터의 업무협조요청에 관한 사항도 포함된다.

① 3개 　　　　② 4개 　　　　③ 5개 　　　　④ 6개

정답찾기

틀린 것은 ㉡㉢㉣㉦ 4개이다.

㉡ 위원회는 위원장 1명을 포함한 7명의 위원으로 구성하되, 위원장 및 5명의 위원은 비상임(非常任)으로 하고, 1명의 위원은 상임(常任)으로 한다(국가경찰과 자치경찰의 조직 및 운영에 관한 법률 제7조 제2항).

㉢ 위원은 행정안전부장관의 제청으로 국무총리를 거쳐 대통령이 임명한다(국가경찰과 자치경찰의 조직 및 운영에 관한 법률 제8조 제1항).

㉣ 위원의 임기는 3년으로 하며, 연임(連任)할 수 없다. 이 경우 보궐위원의 임기는 전임자 임기의 남은 기간으로 한다(국가경찰과 자치경찰의 조직 및 운영에 관한 법률 제9조 제1항).

㉦ 국가경찰임무 외에 다른 국가기관으로부터의 업무협조 요청에 관한 사항은 위원회의 심의·의결을 거쳐야 한다(국가경찰과 자치경찰의 조직 및 운영에 관한 법률 제10조 제1항 제4호).

Answer 　20 ④ 　21 ② 　22 ③ 　23 ②

24 국가경찰과 자치경찰의 조직 및 운영에 관한 법률상 국가경찰위원회에 대한 다음 설명 중 옳은 것은 모두 몇 개인가?

15. 경찰간부 변형

> ㉠ 국가경찰위원회는 위원장 1명을 포함한 7명의 위원으로 구성하되, 위원장 및 5명의 위원은 상임(常任)으로 하고, 1명의 위원은 비상임(非常任)으로 한다.
> ㉡ 위원은 행정안전부장관의 제청으로 국무총리를 거쳐 대통령이 임명한다.
> ㉢ 법관, 검사 또는 변호사의 직에서 퇴직한지 3년이 경과하지 않으면 위원으로 선임될 수 없다.
> ㉣ 위원의 임기는 3년으로 하며, 연임(連任)할 수 있다.
> ㉤ 위원회의 회의는 재적위원 과반수의 출석과 출석위원 과반수의 찬성으로 의결한다.
> ㉥ 위원은 중대한 신체상 또는 정신상의 장애로 직무를 수행할 수 없게 된 경우를 제외하고는 그 의사에 반하여 면직되지 아니한다.

① 2개   ② 3개   ③ 4개   ④ 5개

정답찾기

옳은 것은 ㉡㉤㉥이다.
- ㉠ 위원회는 위원장 1명을 포함한 7명의 위원으로 구성하되, <u>위원장 및 5명의 위원은 비상임(非常任)으로 하고, 1명의 위원은 상임(常任)</u>으로 한다(국가경찰과 자치경찰의 조직 및 운영에 관한 법률 제7조 제2항).
- ㉢ <u>경찰, 검찰, 국가정보원 직원 또는 군인의 직(職)에서 퇴직한 날부터 3년이 지나지 아니한 사람은 위원이 될 수 없다</u>(국가경찰과 자치경찰의 조직 및 운영에 관한 법률 제8조 제5항 제3호).
- ㉣ 위원의 임기는 3년으로 하며, <u>연임(連任)할 수 없다</u>. 이 경우 보궐위원의 임기는 전임자 임기의 남은 기간으로 한다(국가경찰과 자치경찰의 조직 및 운영에 관한 법률 제9조 제1항).

25 국가경찰과 자치경찰의 조직 및 운영에 관한 법률상 국가경찰위원회에 대한 규정이다. 적절하지 않은 것은 모두 몇 개인가?

17. 경찰 변형

> ㉠ 국가경찰위원회는 위원장 1명을 포함한 7명의 위원으로 구성하되, 위원장 및 5명의 위원은 상임으로 하고, 1명의 위원은 비상임으로 한다.
> ㉡ 위원 중 3명은 법관의 자격이 있는 사람이어야 한다.
> ㉢ 위원은 행정안전부장관의 제청으로 국무총리를 거쳐 대통령이 임명한다.
> ㉣ 위원의 임기는 3년으로 하며, 연임할 수 있다. 이 경우 보궐위원의 임기는 전임자 임기의 남은 기간으로 한다.
> ㉤ 국가경찰 임무와 관련하여 다른 국가기관으로부터 업무협조 요청에 관한 사항은 국가경찰위원회의 심의·의결사항이다.

① 1개   ② 2개   ③ 3개   ④ 4개

정답찾기

지문의 내용 중 적절하지 않은 것은 ㉠㉡㉣㉤이다.
- ㉠ 위원회는 위원장 1명을 포함한 7명의 위원으로 구성하되, 위원장 및 5명의 위원은 <u>비상임(非常任)</u>으로 하고, 1명의 위원은 <u>상임(常任)</u>으로 한다(국가경찰과 자치경찰의 조직 및 운영에 관한 법률 제7조 제2항).
- ㉡ 위원 중 <u>2명</u>은 법관의 자격이 있는 사람이어야 한다(국가경찰과 자치경찰의 조직 및 운영에 관한 법률 제8조 제3항).
- ㉣ 위원의 임기는 3년으로 하며, <u>연임(連任)할 수 없다</u>. 이 경우 보궐위원의 임기는 전임자 임기의 남은 기간으로 한다(국가경찰과 자치경찰의 조직 및 운영에 관한 법률 제9조 제1항).
- ㉤ <u>국가경찰 임무 외에 다른 국가기관으로부터의 업무협조 요청에 관한 사항은 위원회의 심의·의결을 거쳐야 한다</u>(국가경찰과 자치경찰의 조직 및 운영에 관한 법률 제10조 제1항 제4호).

26 **국가경찰과 자치경찰의 조직 및 운영에 관한 법률상 국가경찰위원회에 대한 설명으로 가장 적절한 것은?** 17. 경찰

① 국가경찰위원회는 경찰의 민주주의와 정치적 중립성을 보장하기 위하여 경찰청에 설치한 독립적 심의·의 결기구이다.

② 국가경찰위원회는 위원장 1명을 포함한 7명의 위원으로 구성되며 위원장 및 1명의 위원은 상임으로 하고, 5명의 위원은 비상임으로 한다.

③ 국가경찰의 부패방지와 청렴도 향상에 관한 주요 정책사항은 국가경찰위원회의 심의·의결을 거쳐야 한다.

④ 국가경찰위원회의 회의는 재적위원 과반수의 출석과 재적위원 과반수의 찬성으로 의결한다.

정답찾기

① 경찰행정에 관하여 제10조 제1항 각 호의 사항을 심의·의결하기 위하여 행정안전부에 국가경찰위원회(이하 '위원회'라 한다)를 둔 다(국가경찰과 자치경찰의 조직 및 운영에 관한 법률 제7조 제1항).

② 위원회는 위원장 1명을 포함한 7명의 위원으로 구성하되, 위원장 및 5명의 위원은 비상임(非常任)으로 하고, 1명의 위원은 상임(常任) 으로 한다(국가경찰과 자치경찰의 조직 및 운영에 관한 법률 제7조 제2항).

④ 위원회의 회의는 재적위원 과반수의 출석과 출석위원 과반수의 찬성으로 의결한다(국가경찰과 자치경찰의 조직 및 운영에 관한 법 률 제11조 제2항).

27 **국가경찰과 자치경찰의 조직 및 운영에 관한 법률상 국가경찰위원회에 대한 설명으로 적절한 것은 모두 몇 개인가?**

18. 경찰, 18. 경찰승진 변형

㉠ 국가경찰위원회는 경찰의 정치적 중립 보장과 중요 정책에 대한 민주적 결정을 위해 설치된 기구로서 행정안 전부에 두고, 위원회의 사무도 행정안전부에서 수행한다.

㉡ 경찰, 검찰, 국가정보원 직원 또는 군인의 직에서 퇴직한 날부터 3년이 지나지 아니한 사람은 위원으로 선임될 수 없다.

㉢ 위원의 임기는 3년으로 하며, 연임할 수 있다.

㉣ 국가경찰 임무와 관련된 다른 국가기관으로부터의 업무협조 요청에 관한 사항은 국가경찰위원회의 심의·의 결을 거쳐야 한다.

㉤ 위원은 중대한 신체상 또는 정신상의 장애로 직무를 수행할 수 없게 된 경우를 제외하고는 그 의사에 반하여 면직되지 아니한다.

① 없음　　　　② 1개　　　　③ 2개　　　　④ 3개

정답찾기

지문의 내용 중 적절한 것은 ㉡㉤이다.

㉠ 위원회의 사무는 경찰청에서 수행한다(국가경찰과 자치경찰의 조직 및 운영에 관한 법률 제11조 제1항).

㉢ 위원의 임기는 3년으로 하며, 연임(連任)할 수 없다(국가경찰과 자치경찰의 조직 및 운영에 관한 법률 제9조 제1항).

㉣ 국가경찰 임무 외에 다른 국가기관으로부터의 업무협조 요청에 관한 사항은 위원회의 심의·의결을 거쳐야 한다(국가경찰과 자치경 찰의 조직 및 운영에 관한 법률 제10조 제1항 제4호).

Answer　24 ②　25 ④　26 ③　27 ③

28 국가경찰과 자치경찰의 조직 및 운영에 관한 법률상 국가경찰위원회에 대한 다음 설명 중 옳지 않은 것은 모두 몇 개인가?

19. 경찰간부 변형

> ○ 국가경찰위원회는 경찰의 민주주의와 정치적 중립을 보장하기 위하여 경찰청에 설치한 독립적 심의·의결기구이다.
> ○ 위원 중 2명은 법관의 자격이 있는 사람이어야 한다.
> ○ 위원은 중대한 신체상 또는 정신상의 장애로 직무를 수행할 수 없게 된 경우를 제외하고는 그 의사에 반하여 면직되지 아니한다.
> ○ 경찰, 검찰, 국가정보원 직원 또는 군인의 직에서 퇴직한 날부터 2년이 지나지 아니한 사람은 위원이 될 수 없다.
> ○ 국가경찰 임무와 관련하여 다른 국가기관으로부터 업무협조 요청에 관한 사항이 국가경찰위원회의 심의·의결대상이 된다.

① 1개　　　　　　② 2개　　　　　　③ 3개　　　　　　④ 4개

정답찾기

옳지 않은 것은 ㉠㉣㉤ 3개이다.
㉠ 경찰행정에 관하여 심의·의결하기 위하여 행정안전부에 국가경찰위원회(이하 '위원회'라 한다)를 둔다(국가경찰과 자치경찰의 조직 및 운영에 관한 법률 제7조 제1항).
㉣ 경찰, 검찰, 국가정보원 직원 또는 군인의 직(職)에서 퇴직한 날부터 3년이 지나지 아니한 사람은 위원이 될 수 없다(국가경찰과 자치경찰의 조직 및 운영에 관한 법률 제8조 제5항 제3호).
㉤ 국가경찰 임무 외에 다른 국가기관으로부터의 업무협조 요청에 관한 사항은 위원회의 심의·의결을 거쳐야 한다(국가경찰과 자치경찰의 조직 및 운영에 관한 법률 제10조 제1항 제4호).

29 국가경찰과 자치경찰의 조직과 운영에 관한 법률상 국가경찰위원회에 대한 설명으로 적절한 것은 모두 몇 개인가?

23. 경찰간부

> ○ 국가경찰위원회는 위원장 1명을 포함한 7명의 위원으로 구성하되, 위원장은 당연직 상임이며, 5명의 위원은 비상임으로 하고, 1명의 위원은 상임으로 한다.
> ○ 위원의 임기는 3년으로 하며, 연임할 수 있다. 이 경우 보궐위원의 임기는 전임자 임기의 남은 기간으로 한다.
> ○ 국가경찰위원회의 사무는 자체에서 수행한다.
> ○ 국가경찰위원회의 회의는 재적위원 과반수의 출석과 출석위원 과반수의 찬성으로 의결한다.

① 0개　　　　　　② 1개　　　　　　③ 2개　　　　　　④ 3개

정답찾기

지문의 내용 중 적절한 것은 ㉣이다.
㉠ 국가경찰위원회는 위원장 1명을 포함한 7명의 위원으로 구성하되, 위원장 및 5명의 위원은 비상임(非常任)으로 하고, 1명의 위원은 상임(常任)으로 한다. 위원장은 비상임위원 중에서 호선한다(국가경찰과 자치경찰의 조직 및 운영에 관한 법률 제7조 제2항, 국가경찰위원회 규정 제2조 제2항).
㉡ 위원의 임기는 3년으로 하며, 연임(連任)할 수 없다. 이 경우 보궐위원의 임기는 전임자 임기의 남은 기간으로 한다(국가경찰과 자치경찰의 조직 및 운영에 관한 법률 제9조 제1항).
㉢ 국가경찰위원회의 사무는 경찰청에서 수행한다(국가경찰과 자치경찰의 조직 및 운영에 관한 법률 제11조 제1항).

30 국가경찰과 자치경찰의 조직 및 운영에 관한 법률 제10조에 따른 국가경찰위원회의 심의·의결 사항에 관한 내용으로 가장 적절하지 않은 것은?

23. 경찰

① 국가경찰사무에 관한 인사, 예산, 장비, 통신 등에 관한 주요 정책 및 경찰 업무 발전에 관한 사항
② 국가경찰사무에 관한 인권보호와 관련되는 경찰의 운영·개선에 관한 사항
③ 지방행정과 치안행정의 업무조정에 관한 사항
④ 제주특별자치도의 자치경찰에 대한 경찰의 지원·협조 및 협약 체결의 조정 등에 관한 주요 정책사항

정답찾기

③ 지문의 내용은 시·도자치경찰위원회의 심의·의결사항에 해당한다(국가경찰과 자치경찰의 조직 및 운영에 관한 법률 제24조 제1항 제13호, 제25조 제1항).

31 국가경찰과 자치경찰의 조직 및 운영에 관한 법률상 경찰청장에 관한 다음 설명 중 틀린 것은 모두 몇 개인가?

15. 경찰 변형, 15. 경찰간부 변형

> ㉠ 경찰청장은 국가경찰위원회의 동의를 받아 국무총리의 제청으로 대통령이 임명한다. 이 경우 국회의 인사청문을 거쳐야 한다.
> ㉡ 경찰청장은 국가경찰 사무를 총괄하고 경찰청 업무를 관장하며 소속 공무원 및 각급 경찰기관의 장을 지휘·감독한다.
> ㉢ 경찰청장이 직무를 집행하면서 대통령의 지시를 위배하였을 때에는 국회는 탄핵소추를 의결할 수 있다.
> ㉣ 경찰청장의 임기는 2년으로 하고, 중임할 수 없다.

① 1개　　　　　② 2개　　　　　③ 3개　　　　　④ 4개

정답찾기

틀린 것은 ㉠㉢ 2개이다.
㉠ 경찰청장은 국가경찰위원회의 동의를 받아 행정안전부장관의 제청으로 국무총리를 거쳐 대통령이 임명한다. 이 경우 국회의 인사청문을 거쳐야 한다(국가경찰과 자치경찰의 조직 및 운영에 관한 법률 제14조 제2항).
㉢ 경찰청장이 직무를 집행하면서 헌법이나 법률을 위배하였을 때에는 국회는 탄핵소추를 의결할 수 있다(국가경찰과 자치경찰의 조직 및 운영에 관한 법률 제14조 제5항).

Answer　　28 ③　　29 ②　　30 ③　　31 ②

32 경찰청장에 대한 설명으로 가장 적절한 것은?

20. 경찰 변형

① 징계위원회의 의결을 거친 경무관 이상의 강등 및 정직과 경정 이상의 파면 및 해임을 한다.

② 임기는 2년이 보장되나, 직무수행 중 헌법이나 법률을 위배하였을 때에는 국회는 탄핵할 수 있다.

③ 소속 공무원뿐만 아니라 제주특별자치도의 자치경찰공무원도 언제나 직접 지휘·명령할 수 있다.

④ 대통령령으로 정하는 바에 따라 경찰공무원의 임용에 관한 권한의 일부를 특별시장·광역시장·도지사·특별자치시장 또는 특별자치도지사, 국가수사본부장, 소속 기관의 장, 시·도경찰청장에게 위임할 수 있다.

정답찾기

① 경무관 이상의 강등 및 정직과 경정 이상의 파면 및 해임은 경찰청장 또는 해양경찰청장의 제청으로 행정안전부장관 또는 해양수산부장관과 국무총리를 거쳐 대통령이 하고, 총경 및 경정의 강등 및 정직은 경찰청장 또는 해양경찰청장이 한다(경찰공무원법 제33조).

② 경찰청장이 직무를 집행하면서 헌법이나 법률을 위배하였을 때에는 국회는 탄핵 소추를 의결할 수 있다(국가경찰과 자치경찰의 조직 및 운영에 관한 법률 제14조 제5항).

③ 경찰청장은 전시·사변, 천재지변, 그 밖에 이에 준하는 국가 비상사태, 대규모의 테러 또는 소요사태가 발생하였거나 발생할 우려가 있어 전국적인 치안유지를 위하여 긴급한 조치가 필요하다고 인정할 만한 충분한 사유가 있는 경우에는 자치경찰사무를 수행하는 경찰공무원(제주특별자치도의 자치경찰공무원을 포함한다)을 직접 지휘·명령할 수 있다(국가경찰과 자치경찰의 조직 및 운영에 관한 법률 제32조 제1항 제1호).

33 국가경찰과 자치경찰의 조직 및 운영에 관한 법률상 경찰조직에 대한 설명이다. 적절하지 않은 것은 모두 몇 개인가?

18. 경찰승진 변형

> ㉠ 경찰청장은 국회의 동의를 받아 행정안전부장관의 제청으로 국무총리를 거쳐 대통령이 임명한다.
>
> ㉡ 경찰청장은 국가경찰사무를 총괄하고 경찰청 업무를 관장하며 소속 공무원 및 각급 경찰기관의 장을 지휘·감독한다.
>
> ㉢ 경찰청장의 임기는 2년으로 하고, 중임할 수 없다.
>
> ㉣ 경찰청장이 헌법이나 법률을 위반했을 때 국회에서 탄핵소추를 의결할 수 있다고 인정되나, 현행 국가경찰과 자치경찰의 조직 및 운영에 관한 법률에는 국회의 탄핵소추의결권이 명기되어 있지 아니하다.

① 없음 ② 1개 ③ 2개 ④ 3개

정답찾기

㉠ 경찰청장은 국가경찰위원회의 동의를 받아 행정안전부장관의 제청으로 국무총리를 거쳐 대통령이 임명한다. 이 경우 국회의 인사청문을 거쳐야 한다(국가경찰과 자치경찰의 조직 및 운영에 관한 법률 제14조 제2항).

㉣ 지문의 내용은 동법에 명시적으로 규정되어 있다. 경찰청장이 직무를 집행하면서 헌법이나 법률을 위배하였을 때에는 국회는 탄핵소추를 의결할 수 있다(국가경찰과 자치경찰의 조직 및 운영에 관한 법률 제14조 제5항).

34 '국가경찰과 자치경찰의 조직 및 운영에 관한 법률'에 대한 설명 중 틀린 것은 모두 몇 개인가? 13. 경찰 변형

> ㉠ 국가경찰위원회 위원은 행정안전부장관의 제청으로 국무총리를 거쳐 대통령이 임명한다.
> ㉡ 경찰청장은 국가경찰위원회의 동의를 받아 행정안전부장관의 제청으로 국무총리를 거쳐 대통령이 임명한다. 이 경우 국회의 인사청문을 거쳐야 한다.
> ㉢ 경찰청장의 임기는 2년으로 하고, 중임할 수 없다.
> ㉣ 경찰청장이 직무를 집행하면서 헌법이나 법률을 위배하였을 때에는 국회는 탄핵소추를 의결할 수 있다.
> ㉤ 경찰서에 경찰서장을 두며, 경찰서장은 경무관, 총경 또는 경정으로 보한다.
> ㉥ 이 법은 경찰의 민주적인 관리·운영과 효율적인 임무수행을 위하여 경찰의 기본조직 및 직무 범위와 그 밖에 필요한 사항을 규정함을 목적으로 한다.

① 없음   ② 1개   ③ 2개   ④ 3개

정답찾기
① 모두 옳은 지문이다.

35 국가경찰과 자치경찰의 조직 및 운영에 관한 법률에서 국가수사본부장에 대한 설명으로 가장 적절한 것은? 21. 경찰

① 국가수사본부장은 치안감으로 보하며, 임기가 끝나면 당연히 퇴직한다.
② 국가수사본부장의 임기는 2년으로 하며, 중임할 수 있다.
③ 국가수사본부장은 국가경찰사무를 총괄하고 경찰청 업무를 관장 하며 소속 공무원 및 각급 경찰기관의 장을 지휘·감독한다.
④ 국가수사본부장이 직무를 집행하면서 헌법이나 법률을 위배하였을 때에는 국회는 탄핵 소추를 의결할 수 있다.

정답찾기
① 국가수사본부장은 치안정감으로 보한다(국가경찰과 자치경찰의 조직 및 운영에 관한 법률 제16조 제1항).
② 국가수사본부장의 임기는 2년으로 하며, 중임할 수 없다(국가경찰과 자치경찰의 조직 및 운영에 관한 법률 제16조 제3항).
③ 지문의 내용은 경찰청장에 대한 설명이다. 국가수사본부장은 형사소송법에 따른 경찰의 수사에 관하여 각 시·도경찰청장과 경찰서장 및 수사부서 소속 공무원을 지휘·감독한다(국가경찰과 자치경찰의 조직 및 운영에 관한 법률 제16조 제2항).

Answer 32 ④   33 ③   34 ①   35 ④

36 「국가경찰과 자치경찰의 조직 및 운영에 관한 법률」상 국가수사본부장에 관한 설명으로 가장 적절하지 않은 것은?

23. 경찰

① 국가수사본부장은 치안정감으로 보한다.
② 국가수사본부장을 경찰청 외부를 대상으로 모집하여 임용하는 경우 정당의 당원이거나 당적을 이탈한 날부터 3년이 지나지 아니한 사람은 국가수사본부장이 될 수 없다.
③ 국가수사본부장이 직무를 집행하면서 헌법이나 법률을 위배하였을 때에는 국회는 대통령에게 해임을 건의할 수 있다.
④ 국가수사본부장의 임기는 2년으로 하며, 중임할 수 없다.

정답찾기
③ 국가수사본부장이 직무를 집행하면서 헌법이나 법률을 위배하였을 때에는 <u>국회는 탄핵 소추를 의결할 수 있다</u>(국가경찰과 자치경찰의 조직 및 운영에 관한 법률 제16조 제5항).

37 국가경찰위원회와 시·도자치경찰위원회에 관한 설명으로 가장 적절하지 않은 것은?

14. 경찰승진 변형

① 국가경찰위원회는 국가경찰과 자치경찰의 조직 및 운영에 관한 법률에 근거를 두고 있으며, 위원장 1명을 포함한 7명의 위원으로 구성하되, 위원장 및 5명의 위원은 비상임으로 하고, 1명의 위원은 상임으로 한다.
② 국가경찰위원회의 정기회의는 특별한 사유가 없는 한 위원장이 분기별 2회 소집하고, 위원 3인 이상과 행정안전부장관 또는 경찰청장은 위원장에게 임시회의 소집을 요구할 수 있다.
③ 자치경찰사무를 관장하게 하기 위하여 시·도지사 소속으로 시·도자치경찰위원회를 둔다.
④ 시·도자치경찰위원회 위원장과 위원의 임기는 3년으로 하며, 연임(連任)할 수 없다.

정답찾기
② 정기회의는 특별한 사유가 있는 경우를 제외하고는 <u>매월 2회</u> 위원장이 소집한다(국가경찰위원회 규정 제7조 제2항).

38 국가경찰위원회와 시·도자치경찰위원회에 관한 다음 설명 중 옳지 않은 것은 모두 몇 개인가? 18. 경찰간부 변형

> ㉠ 시·도자치경찰위원회는 위원장 1명을 포함한 7명의 위원으로 구성하되, 위원장과 1명의 위원은 상임으로 하고, 5명의 위원은 비상임으로 한다.
> ㉡ 시·도자치경찰위원회 위원장은 시·도경찰청장이 된다.
> ㉢ 국가경찰위원회의 위원은 행정안전부장관의 제청으로 국무총리를 거쳐 대통령이 임명한다.
> ㉣ 국가경찰위원회의 위원 중 상임위원은 정무직으로 한다.
> ㉤ 국가경찰위원회의 회의는 재적위원 과반수의 출석과 출석위원 과반수의 찬성으로 의결한다.
> ㉥ 국가경찰위원회 위원의 임기는 3년으로 하며, 연임(連任)할 수 없다. 이 경우 보궐위원의 임기는 전임자 임기의 남은 기간으로 한다.
> ㉦ 시·도자치경찰위원회의 보궐위원의 임기는 전임자 임기의 남은 기간으로 하되, 전임자의 남은 임기가 1년 미만인 경우 그 보궐위원은 1회에 한하여 연임할 수 있다.

① 0개 ② 1개 ③ 2개 ④ 3개

정답찾기

옳지 않은 것은 ㉡ 1개이다.
㉡ 시·도자치경찰위원회 위원장은 위원 중에서 시·도지사가 임명하고, 상임위원은 시·도자치경찰위원회의 의결을 거쳐 위원 중에서 위원장의 제청으로 시·도지사가 임명한다. 이 경우 위원장과 상임위원은 지방자치단체의 공무원으로 한다(국가경찰과 자치경찰의 조직 및 운영에 관한 법률 제20조 제3항).

39 시·도자치경찰위원회에 대한 설명으로 가장 적절하지 않은 것은? 18. 경찰승진 변형

① 시·도자치경찰위원회의 회의는 재적위원 과반수의 출석과 출석위원 과반수의 찬성으로 의결한다.
② 시·도자치경찰위원회는 위원장 1명을 포함한 7명의 위원으로 구성하되, 위원장과 1명의 위원은 상임으로 하고, 5명의 위원은 비상임으로 한다. 위원 중 2명은 인권문제에 관하여 전문적인 지식과 경험이 있는 사람이 임명될 수 있도록 노력하여야 한다.
③ 위 ①의 경우 재적위원 과반수의 출석과 출석위원 3분의 2 이상의 찬성으로 전과 같은 의결을 하면 그 의결 사항은 확정된다.
④ 시·도지사는 시·도자치경찰위원회의 의결이 적정하지 아니하다고 판단할 때에는 재의를 요구할 수 있다.

정답찾기

② 위원 중 1명은 인권문제에 관하여 전문적인 지식과 경험이 있는 사람이 임명될 수 있도록 노력하여야 한다(국가경찰과 자치경찰의 조직 및 운영에 관한 법률 제19조 제3항).

Answer 36 ③ 37 ② 38 ② 39 ②

40 국가경찰과 자치경찰의 조직 및 운영에 관한 법률상 시·도자치경찰위원회에 대한 설명으로 적절한 것만을 모두 고른 것은?

21. 경찰

> ㉠ 위원장 1명을 포함한 7명의 위원으로 구성하되, 위원장과 1명의 위원은 상임으로 하고 5명의 위원은 비상임으로 한다.
> ㉡ 위원 중 2명은 법관의 자격이 있는 사람이어야 한다.
> ㉢ 위원은 시·도의회가 추천하는 2명, 국가경찰위원회가 추천하는 1명, 해당 시·도 교육감이 추천하는 1명, 시·도자치경찰위원회 위원추천위원회가 추천하는 2명, 시·도지사가 지명하는 1명을 시·도지사가 임명한다.
> ㉣ 위원장은 비상임위원 중에서 호선하고, 상임위원은 시·도자치경찰위원회의 의결을 거쳐 위원 중에서 위원장의 제청으로 시·도지사가 임명한다. 이 경우 위원장과 상임위원은 지방자치단체의 공무원으로 한다.

① ㉠, ㉡

② ㉠, ㉢

③ ㉡, ㉢

④ ㉢, ㉣

정답찾기
지문의 내용 중 옳은 것은 ㉠㉢이다.
㉡ 지문의 내용은 국가경찰위원회와 관련된 내용이다(국가경찰과 자치경찰의 조직 및 운영에 관한 법률 제8조 제3항).
㉣ 시·도자치경찰위원회 위원장은 위원 중에서 시·도지사가 임명하고, 상임위원은 시·도자치경찰위원회의 의결을 거쳐 위원 중에서 위원장의 제청으로 시·도지사가 임명한다. 이 경우 위원장과 상임위원은 지방자치단체의 공무원으로 한다(국가경찰과 자치경찰의 조직 및 운영에 관한 법률 제20조 제3항).

41 국가경찰과 자치경찰의 조직 및 운영에 관한 법률상 시·도자치경찰위원회의 설명에 관한 내용 중 가장 적절하지 않은 것은?

22. 경찰

① 공무원이 아닌 위원에 대해서는 국가공무원법 제55조 및 제57조를 준용한다.
② 위원 중 1명은 인권문제에 관하여 전문적인 지식과 경험이 있는 사람이 임명될 수 있도록 노력하여야 한다.
③ 위원은 정치적 중립을 지켜야 하며, 권한을 남용하여서는 아니 된다.
④ 시·도자치경찰위원회는 합의제 행정기관으로서 그 권한에 속하는 업무를 독립적으로 수행한다.

정답찾기
① 공무원이 아닌 위원에 대해서는 지방공무원법 제52조 및 제57조를 준용한다(국가경찰과 자치경찰의 조직 및 운영에 관한 법률 제20조 제5항).

42 국가경찰과 자치경찰의 조직 및 운영에 관한 법률상 시·도자치경찰위원회의 소관사무에 관한 설명으로 가장 적절하지 않은 것은?

23. 경찰승진

① 자치경찰사무 담당 공무원의 고충심사 및 사기진작
② 국가경찰사무·자치경찰사무의 협력·조정과 관련하여 시·도경찰청장과 협의
③ 국가경찰위원회에 대한 심의·조정 요청
④ 그 밖에 시·도지사, 시·도경찰청장이 중요하다고 인정하여 시·도자치경찰위원회의 회의에 부친 사항에 대한 심의·의결

정답찾기

② '국가경찰사무·자치경찰사무의 협력·조정과 관련하여 경찰청장과 협의'가 시·도자치경찰위원회의 소관사무에 해당한다(국가경찰과 자치경찰의 조직 및 운영에 관한 법률 제24조 제1항 제15호).

43 「국가경찰과 자치경찰의 조직 및 운영에 관한 법률」상 시·도자치경찰위원회에 관한 설명으로 가장 적절한 것은?

23. 경찰

① 동법 제18조 제1항 단서에 따라 2개의 시·도자치경찰위원회를 두는 경우 해당 시·도자치경찰위원회의 명칭, 관할구역, 사무분장, 그 밖에 필요한 사항은 행정안전부령으로 정한다.
② 시·도자치경찰위원회 비상임위원은 특정 성(性)이 10분의 6을 초과하지 아니해야 한다.
③ 시·도자치경찰위원회 위원장과 위원의 임기는 3년으로 하되, 위원만 한 차례 연임할 수 있다.
④ 시·도자치경찰위원회의 회의는 정기적으로 개최하여야 한다. 다만 위원장이 필요하다고 인정하는 경우, 위원 2명 이상이 요구하는 경우 및 시·도지사가 필요하다고 인정하는 경우에는 임시회의를 개최할 수 있다.

정답찾기

① 2개의 시·도자치경찰위원회를 두는 경우 해당 시·도자치경찰위원회의 명칭, 관할구역, 사무분장, 그 밖에 필요한 사항은 대통령령으로 정한다(국가경찰과 자치경찰의 조직 및 운영에 관한 법률 제18조 제3항).
② 위원은 특정 성(性)이 10분의 6을 초과하지 아니하도록 노력하여야 한다(국가경찰과 자치경찰의 조직 및 운영에 관한 법률 제19조 제2항).
③ 시·도자치경찰위원회 위원장과 위원의 임기는 3년으로 하며, 연임할 수 없다(국가경찰과 자치경찰의 조직 및 운영에 관한 법률 제23조 제1항).

44 「국가경찰과 자치경찰의 조직 및 운영에 관한 법률」상 시·도자치경찰위원회에 대한 설명으로 가장 적절하지 않은 것은?

24. 경찰

① 합의제 행정기관으로서 그 권한에 속하는 업무를 독립적으로 수행한다.
② 위원은 시·도의회가 추천하는 2명, 국가경찰위원회가 추천하는 1명, 해당 시·도 교육감이 추천하는 1명, 시·도자치경찰위원회 위원추천위원회가 추천하는 2명, 시·도지사가 지명하는 1명의 사람을 시·도지사가 임명한다.
③ 시·도지사는 시·도자치경찰위원회의 의결이 적정하지 아니하다고 판단할 때에는 재의를 요구할 수 있다.
④ 경찰청장은 시·도자치경찰위원회의 의결이 적정하지 아니하다고 판단되면 국가경찰위원회와 행정안전부장관을 거쳐 시·도지사에게 재의를 요구하게 할 수 있다.

정답찾기
④ 위원회의 의결이 법령에 위반되거나 공익을 현저히 해친다고 판단되면 행정안전부장관은 미리 경찰청장의 의견을 들어 국가경찰위원회를 거쳐 시·도지사에게 제3항의 재의를 요구하게 할 수 있고, 경찰청장은 국가경찰위원회와 행정안전부장관을 거쳐 시·도지사에게 재의를 요구하게 할 수 있다(국가경찰과 자치경찰의 조직 및 운영에 관한 법률 제25조 제4항).

45 국가경찰과 자치경찰의 조직 및 운영에 관한 법률상 국가경찰위원회와 시·도자치경찰위원회에 공통적으로 적용되는 규정 중 가장 적절한 것은?

22. 경찰

① 위원장 및 1명의 위원은 상임위원으로 하고 나머지 5명의 위원은 비상임으로 한다.
② 경찰의 직에서 퇴직한 날로부터 3년이 지나지 아니한 사람은 위원이 될 수 없다.
③ 위원 2명이 회의를 요구하는 경우 임시회의를 개최할 수 있다.
④ 보궐위원은 전임자의 남은 임기가 1년 미만인 경우 한 차례에 한해서 연임할 수 있다.

정답찾기
② 국가경찰위원회와 시·도자치경찰위원회 모두 경찰의 직에서 퇴직한 날로부터 3년이 지나지 아니한 사람은 위원이 될 수 없다(국가경찰과 자치경찰의 조직 및 운영에 관한 법률 제8조 제5항 제3호, 동법 제20조 제7항 제3호).
① 지문의 내용은 시·도자치경찰위원회와 관련된 내용이다. 국가경찰위원회는 위원장 1명을 포함한 7명의 위원으로 구성하되, 위원장 및 5명의 위원은 비상임(非常任)으로 하고, 1명의 위원은 상임(常任)으로 한다(국가경찰과 자치경찰의 조직 및 운영에 관한 법률 제7조 제2항, 제19조 제1항).
③ 지문의 내용은 시·도자치경찰위원회와 관련된 내용이다. 국가경찰위원회는 위원 3인 이상이 임시회의의 소집을 요구할 수 있다(국가경찰과 자치경찰의 조직 및 운영에 관한 법률 제26조 제1항, 국가경찰위원회규정 제7조 제3항).
④ 지문의 내용은 시·도자치경찰위원회와 관련된 설명이다. 국가경찰위원회의 보궐위원은 연임에 관한 규정이 존재하지 않는다(국가경찰과 자치경찰의 조직 및 운영에 관한 법률 제9조, 제23조 제2항).

46 다음 경찰과 관련한 대화 중 가장 적절하지 않은 설명을 하고 있는 사람은?

24. 경찰

① 민희: "우리 지역에 파출소 하나만 생기면 밤길이 안전할 거 같은데, 파출소 설치의 승인권자는 경찰청장이라고 하네."

② 지율: "경찰청장, 국가수사본부장, 국가경찰위원회 위원, 시·도자치경찰위원회 위원 모두 연임이 불가능해. 단, 시·도자치경찰위원회 보궐위원의 경우 전임자의 남은 임기가 1년 미만인 경우 한 차례만 연임할 수 있어."

③ 수연: "우리 동네에 요즘 가정폭력사건이 자주 발생하네. 「국가경찰과 자치경찰의 조직 및 운영에 관한 법률」을 보면 가정폭력의 예방은 자치경찰사무에 해당하여 시·도자치경찰위원회의 소관사무이지만, 가정폭력범죄의 수사사무는 국가경찰사무로 규정되어 있어."

④ 윤우: "한국의 자치경찰제도는 법률에서 자치경찰사무와 국가경찰사무를 구분하고 있지만, 자치경찰사무를 담당하는 경찰관의 신분은 기존 그대로 국가공무원이더라고. 단, 제주특별자치도 자치경찰단 소속의 자치경찰공무원은 지방공무원이야."

정답찾기

③ 가정폭력 범죄에 대한 수사사무는 자치경찰사무, 가정폭력의 예방은 국가경찰사무에 해당한다(국가경찰과 자치경찰의 조직 및 운영에 관한 법률 제4조 제1항 제1호, 제2호 라목).

47 경찰청과 그 소속 기관 직제의 내용으로 가장 적절하지 않은 것은?

17, 18. 경찰승진

┌───┐
│ ㉠ 경찰청장의 관장사무를 지원하기 위하여 경찰청장 소속하에 경찰대학, 경찰인재개발원, 중앙경찰학교, 경찰수 │
│   사연수원 및 국립과학수사연구원을 둔다. │
│ ㉡ 시·도경찰청장은 경찰서의 소관사무를 분장하기 위하여 대통령령이 정하는 바에 따라 경찰청장의 승인을 │
│   얻어 지구대 또는 파출소를 둘 수 있다. │
│ ㉢ 시·도경찰청장은 임시로 필요한 때에는 출장소를 둘 수 있다. │
│ ㉣ 지구대·파출소 및 출장소의 명칭·위치 및 관할 구역과 기타 필요한 사항은 시·도경찰청장이 정한다. │
└───┘

① 없음　　　　② 1개　　　　③ 2개　　　　④ 3개

정답찾기

지문의 내용 중 적절하지 않은 것은 ㉠㉡이다.

㉠ 국립과학수사연구원은 행정안전부장관 소속기관이다. 경찰청장의 관장사무를 지원하기 위하여 경찰청장 소속하에 경찰대학·경찰인재개발원·중앙경찰학교 및 경찰수사연수원을 둔다(경찰청과 그 소속 기관 직제 제2조 제1항).

┌───┐
│ **행정안전부와 그 소속 기관 직제** │
│ **제2조 【소속 기관】** ④ 행정안전부장관의 관장 사무를 지원하기 위하여 책임운영기관의 설치·운영에 관한 법률 제4조 제1항, │
│ 　같은 법 시행령 제2조 제1항 및 별표 1에 따라 행정안전부장관 소속의 책임운영기관으로 국립과학수사연구원·국가정보자원관 │
│ 　리원 및 국립재난안전연구원을 둔다. │
└───┘

㉡ 시·도경찰청장은 경찰서의 소관사무를 분장하기 위하여 행정안전부령이 정하는 바에 따라 경찰청장의 승인을 얻어 지구대 또는 파출소를 둘 수 있다(경찰청과 그 소속 기관 직제 제43조 제1항).

Answer　　44 ④　　45 ②　　46 ③　　47 ③

48 국가경찰 및 자치경찰의 조직 및 운영에 관한 법률상 비상사태 등 전국적 치안유지에 대한 설명으로 가장 적절하지 않은 것은? 23. 경찰간부

① 경찰청장은 비상사태 등 전국적 치안유지를 위한 지휘·명령이 필요한 경우에는 시·도자치경찰위원회에 자치경찰사무를 담당하는 경찰공무원을 직접 지휘·명령하려는 사유 및 내용 등을 구체적으로 제시하여 통보하여야 한다.

② 경찰청장이 비상사태 등 전국적 치안유지를 위한 지휘·명령을 하는 경우에는 국가경찰위원회에 즉시 보고하여야 하지만, 국민안전에 중대한 영향을 미치는 사안에 대하여 다수의 시·도에 동일하게 적용되는 치안정책을 시행할 필요가 있다고 인정할 만한 충분한 사유가 있는 경우에는 미리 국가경찰위원회의 의결을 거쳐야 하며 긴급한 경우에는 우선 조치 후 지체 없이 국가경찰위원회의 의결을 거쳐야 한다.

③ 경찰청장은 비상사태 등 전국적 치안유지를 위한 지휘·명령할 수 있는 사유가 해소된 때에는 경찰공무원에 대한 지휘·명령을 즉시 중단하여야 한다.

④ 시·도자치경찰위원회는 자치경찰사무와 관련하여 해당 시·도의 경찰력으로는 국민의 생명·신체·재산의 보호 및 공공의 안녕과 질서유지가 어려워 경찰청장의 지원·조정이 필요하다고 인정할 만한 충분한 사유가 있는 경우 의결로 지원·조정의 범위·기간 등을 정하여 경찰청장에게 지원·조정을 요청할 수 있다.

> **정답찾기**
>
> ② 경찰청장이 비상사태 등 전국적 치안유지를 위한 지휘·명령을 하는 경우에는 국가경찰위원회에 즉시 보고하여야 한다. 다만, 제1항 제3호의 경우에는 <u>미리 국가경찰위원회의 의결을</u> 거쳐야 하며 긴급한 경우에는 우선 조치 후 지체 없이 국가경찰위원회의 의결을 거쳐야 한다(국가경찰과 자치경찰의 조직 및 운영에 관한 법률 제32조 제4항).

■ **비상사태 등 전국적 치안유지를 위한 경찰청장의 지휘·명령 사유**

1. 전시·사변, 천재지변, 그 밖에 이에 준하는 국가 비상사태, 대규모의 테러 또는 소요사태가 발생하였거나 발생할 우려가 있어 전국적인 치안유지를 위하여 긴급한 조치가 필요하다고 인정할 만한 충분한 사유가 있는 경우
2. 국민안전에 중대한 영향을 미치는 사안에 대하여 다수의 시·도에 동일하게 적용되는 치안정책을 시행할 필요가 있다고 인정할 만한 충분한 사유가 있는 경우
3. 자치경찰사무와 관련하여 해당 시·도의 경찰력으로는 국민의 생명·신체·재산의 보호 및 공공의 안녕과 질서유지가 어려워 경찰청장의 지원·조정이 필요하다고 인정할 만한 충분한 사유가 있는 경우

49 국가경찰과 자치경찰의 조직 및 운영에 관한 법률상 자치경찰사무에 대한 설명으로 가장 적절하지 않은 것은?

23. 경찰간부

① 국가는 지방자치단체가 이관받은 사무를 원활히 수행할 수 있도록 인력, 장비 등에 소요되는 비용에 대하여 재정적 지원을 하여야 한다.

② 자치경찰사무의 수행에 필요한 예산은 관할 시·도경찰청장의 의견을 들어 시·도자치경찰위원회의 심의·의결을 거쳐 시·도지사가 수립한다.

③ 시·도지사는 자치경찰사무 담당 공무원에게 조례에서 정하는 예산의 범위에서 재정적 지원 등을 할 수 있다.

④ 시·도의회는 관련 예산의 효율적인 관리를 위하여 의결로써 자치경찰사무에 대해 시·도자치경찰위원장의 출석 및 자료 제출을 요구할 수 있다.

> **정답찾기**
> ② 자치경찰사무의 수행에 필요한 예산은 시·도자치경찰위원회의 심의·의결을 거쳐 시·도지사가 수립한다. 이 경우 시·도자치경찰위원회는 경찰청장의 의견을 들어야 한다(국가경찰과 자치경찰의 조직 및 운영에 관한 법률 제35조 제1항).

50 경찰관청의 권한의 위임·대리에 대한 설명으로 가장 적절한 것은?

19. 경찰승진

① 권한의 위임은 보조기관, 권한의 대리는 하급관청이 주로 상대방이 된다.

② 권한의 위임으로 인한 사무처리에 소요되는 인력·예산 등은 수임자 부담이 원칙이다.

③ 권한의 위임시 수임기관의 사무처리가 위법·부당하다고 인정될 때에는 위임기관은 이를 취소 또는 정지할 수 있고, 수임기관에 대하여 사전승인을 받거나 협의할 것을 요구할 수 있다.

④ 임의대리는 원칙적으로 복대리가 허용되지 않으며 피대리관청은 대리자에 대한 지휘·감독이 가능하나, 법정대리는 복대리가 허용되며 피대리관청의 대리자에 대한 지휘·감독이 불가능하다.

> **정답찾기**
> ① 권한의 위임은 <u>하급관청</u>, 권한의 대리는 <u>보조기관</u>이 주로 상대방이 된다.
> ② 권한의 위임으로 인한 사무처리에 소요되는 인력·예산 등은 <u>위임기관이 부담</u>하는 것이 원칙이다.
>
> > **행정권한의 위임 및 위탁에 관한 규정**
> > **제3조【위임 및 위탁의 기준 등】** ② 행정기관의 장은 행정권한을 위임 및 위탁할 때에는 위임 및 위탁하기 전에 수임기관의 수임능력 여부를 점검하고, 필요한 인력 및 예산을 이관하여야 한다.
>
> ③ 수임 및 수탁사무의 처리에 관하여 위임 및 위탁기관은 수임 및 수탁기관에 대하여 사전승인을 받거나 협의를 할 것을 요구할 수 <u>없다</u>(행정권한의 위임 및 위탁에 관한 규정 제7조).

51 행정관청의 권한의 위임, 대리, 대결에 관한 다음 지문 중 틀린 것은 모두 몇 개인가?

12. 경찰

> ㉠ 권한의 위임이란 상급관청이 하급관청에 권한의 전부 또는 주요부분을 이전하여 수임기관의 권한으로 행하도록 하는 것이다.
> ㉡ 대결은 법령상의 근거를 요하지 않으며, 외부에 대한 관계에서는 본래 행정청의 이름으로 표시하여 행한다.
> ㉢ 원칙적으로 임의대리는 권한의 전부에 대해서 가능하고 복대리가 불가능하나, 법정대리는 권한의 일부에 대해서만 가능하고 복대리가 가능하다.
> ㉣ 권한의 위임의 효과는 수임관청에게 귀속되고, 권한의 대리의 효과는 대리관청에게 귀속된다.
> ㉤ 법정대리의 경우 피대리관청은 대리기관에 대하여 지휘·감독상의 책임을 지는 데 비해 임의대리의 경우는 그렇지 않다.
> ㉥ 권한의 위임은 수임기관이 자기명의로 권한을 행사하지만, 권한의 대리는 대리관청을 위한 것임을 표시하여 피대리기관 명의로 권한을 행사한다.

① 3개 ② 4개 ③ 5개 ④ 6개

정답찾기

틀린 것은 ㉠㉢㉣㉤㉥ 5개이다.
㉠ 권한의 위임이란 상급관청이 하급관청에 권한의 일부를 이전하여 수임기관의 권한으로 행하도록 하는 것이다. 권한의 전부나 주요부분에 대한 위임은 허용되지 않는다.
㉢ 원칙적으로 임의대리는 권한의 일부에 대해서만 가능하고 복대리가 불가능하나, 법정대리는 권한의 전부에 대해서만 가능하고 복대리가 가능하다.
㉣ 권한의 위임의 효과는 수임관청에게 귀속되고, 권한의 대리의 효과는 피대리관청에게 귀속된다.
㉤ 법정대리의 경우 피대리관청은 대리기관의 지휘·감독상의 책임을 부담하지 않는데 비해 임의대리의 경우는 그렇지 않다.
㉥ 권한의 위임은 수임기관이 자기명의로 권한을 행사하지만, 권한의 대리는 피대리관청을 위한 것임을 표시하여 대리기관 명의로 권한을 행사한다.

52 권한의 위임·대리·대결(위임전결)에 관한 설명 중 가장 적절하지 않은 것은?

13. 경찰승진

① 권한의 위임 - 위임으로 권한의 귀속이 변경되어 수임기관은 자기의 명의와 책임하에 권한을 행사하고 위임된 권한에 관한 쟁송시 수임관청 자신이 당사자가 된다. 단, 위임사무 처리에 소요되는 인력·예산 등은 위임자 부담이 원칙이다.
② 권한의 위임 - 수임기관의 사무처리가 위법·부당하다고 인정될 때 위임기관의 취소·정지가 가능하다. 단, 위임기관은 수임기관에 대하여 사전승인을 받거나 협의할 것을 요구할 수 있다.
③ 권한의 대리 - 임의대리는 원칙적으로 ⅰ) 대리관계 형성에 법적 근거를 요하지 않으며 ⅱ) 권한의 일부에 대해서만 가능하고 ⅲ) 복대리가 허용되지 않으며 ⅳ) 피대리관청은 대리자에 대한 지휘·감독이 가능하다. 반면, 법정대리는 원칙적으로 ⓐ 법적 근거를 기반으로 하며 ⓑ 대리권이 피대리관청의 권한의 전부에 미치고 ⓒ 복대리가 허용되며 ⓓ 피대리관청의 대리자에 대한 지휘·감독이 불가능하다.
④ 대결(위임전결) - 권한 자체의 귀속에 있어서 변경을 가져오지 않고 본래의 경찰관청의 이름으로 행해지는 내부적 사실행위라는 점에서 경찰관청의 권한귀속의 변동을 가져오는 권한의 위임과 구별된다.

정답찾기

② 수임 및 수탁사무의 처리에 관하여 위임 및 위탁기관은 수임 및 수탁기관에 대하여 사전승인을 받거나 협의를 할 것을 요구할 수 없다(행정권한의 위임 및 위탁에 관한 규정 제7조).

53 권한의 위임·대리·대결에 대한 설명으로 가장 적절하지 않은 것은? 15. 경찰승진

① 위임의 경우 권한의 귀속이 변경되어 수임기관은 자기의 명의와 책임하에 권한을 행사하고 위임된 권한에 관한 쟁송을 할 때는 수임관청 자신이 당사자가 된다.
② 임의대리는 원칙적으로 권한의 일부에 대해서만 가능하고 복대리가 허용되지 않는다.
③ 경찰청장이 부득이한 사유로 직무를 수행할 수 없을 때 차장이 그 직무를 대행하는 것은 협의의 법정대리에 해당한다.
④ 위임사무 처리에 소요되는 인력·예산 등은 반드시 수임기관이 부담하여야 한다.

정답찾기
④ 권한의 위임의 경우 위임사무의 처리에 소요되는 인력·예산 등은 위임기관이 부담하는 것이 원칙이다.

54 권한의 위임과 대리에 관한 설명으로 가장 적절하지 않은 것은? 19. 경찰

① 임의대리는 복대리가 허용되지 않는 것이 원칙이다.
② 복대리의 성격은 임의대리에 해당한다.
③ 원칙적으로 대리관청이 대리행위에 대한 행정소송의 피고가 된다.
④ 수임관청이 권한의 위임에서 쟁송의 당사자가 된다.

정답찾기
③ 권한의 대리에 있어 피대리관청이 행정소송의 피고가 되는 것이 원칙이다.

55 경찰관청의 '권한의 대리'와 '권한의 위임'에 관한 설명 중 가장 적절하지 않은 것은? (다툼이 있는 경우 판례에 의함) 22. 경찰

① 권한을 위임받은 수임청은 자기의 이름 및 자기의 책임으로 권한을 행사한다.
② 수임청 및 피대리관청은 항고소송에서 피고가 된다.
③ 법정대리의 경우 피대리관청이 사고 등으로 인해 공석이므로 대리의 법적 효과는 대리관청에 귀속된다.
④ 국가경찰과 자치경찰의 조직 및 운영에 관한 법률상 "경찰청장이 부득이한 사유로 직무를 수행할 수 없을 때에는 경찰청 차장이 그 직무를 대행한다"는 대리방식을 '협의의 법정대리'라고 한다.

정답찾기
③ 법정대리의 경우 그 효과는 피대리관청으로 귀속된다.

56 행정권한의 위임 및 위탁에 관한 규정에 대한 내용으로 가장 적절하지 않은 것은?   18. 경찰

① 위임이란 법률에 규정된 행정기관의 장의 권한 중 일부를 그 보조기관 또는 하급행정기관의 장이나 지방자치단체의 장에게 맡겨 그의 권한과 책임 아래 행사하도록 하는 것을 말한다.

② 위임 및 위탁기관은 수임 및 수탁기관의 수임 및 수탁사무 처리에 대하여 지휘·감독하고, 그 처리가 위법하거나 부당하다고 인정될 때에는 이를 취소하거나 정지시킬 수 있다.

③ 수임 및 수탁사무의 처리에 관한 책임은 수임 및 수탁기관에 있으므로, 위임 및 위탁기관의 장은 그에 대한 감독책임을 지지 않는다.

④ 위임 및 위탁기관은 위임 및 위탁사무 처리의 적정성을 확보하기 위하여 필요한 경우에는 수임 및 수탁기관의 수임 및 수탁사무 처리상황을 수시로 감사할 수 있다.

> 정답찾기
> ③ 수임 및 수탁사무의 처리에 관한 책임은 수임 및 수탁기관에 있으며, 위임 및 위탁기관의 장은 그에 대한 <u>감독책임을 진다</u>(행정권한의 위임 및 위탁에 관한 규정 제8조 제1항).

57 행정권한의 위임 및 위탁에 관한 규정상 행정기관간 위임 및 위탁에 대한 설명 중 옳지 않은 것은 모두 몇 개인가?   20. 경찰간부

> ⊙ '위임'이란 법률에 규정된 행정기관의 장의 권한 중 일부를 그 보조기관 또는 하급행정기관의 장이나 지방자치단체의 장에게 맡겨 그의 권한과 책임 아래 행사하도록 하는 것을 말한다.
> ⓛ 행정기관의 장은 행정권한을 위임 및 위탁할 때에는 위임 및 위탁하기 전에 수임기관의 수임능력 여부를 점검하고, 필요한 인력 및 예산을 이관할 수 있다.
> ⓒ 위임 및 위탁기관은 수임 및 수탁기관의 수임 및 수탁사무 처리에 대하여 지휘·감독하고, 그 처리가 위법하거나 부당하다고 인정될 때에는 이를 취소하거나 정지시켜야 한다.
> ⓔ 수임 및 수탁사무의 처리에 관하여 위임 및 위탁기관은 수임 및 수탁기관에 대하여 사전승인을 받거나 협의를 할 것을 요구할 수 없다.
> ⓜ 수임 및 수탁사무의 처리에 관한 책임은 수임 및 수탁기관에 있으며, 위임 및 위탁기관의 장은 그에 대한 감독책임을 진다.
> ⓗ 위임 및 위탁기관은 위임 및 위탁사무 처리의 적정성을 확보하기 위하여 필요한 경우에는 수임 및 수탁기관의 수임 및 수탁사무 처리 상황을 수시로 감사할 수 있다.

① 1개   ② 2개   ③ 3개   ④ 4개

> 정답찾기
> 지문의 내용 중 옳지 않은 것은 ⓛⓒ 2개이다.
> ⓛ 행정기관의 장은 행정권한을 위임 및 위탁할 때에는 위임 및 위탁하기 전에 수임기관의 수임능력 여부를 점검하고, 필요한 인력 및 예산을 이관하여야 한다(행정권한의 위임 및 위탁에 관한 규정 제3조 제2항).
> ⓒ 위임 및 위탁기관은 수임 및 수탁기관의 수임 및 수탁사무 처리에 대하여 지휘·감독하고, 그 처리가 <u>위법하거나 부당하다고</u> 인정될 때에는 이를 <u>취소하거나 정지시킬 수 있다</u>(행정권한의 위임 및 위탁에 관한 규정 제6조).

58 다음은 행정권한의 위임 및 위탁에 관한 규정에 대한 설명이다. 적절한 것만을 고른 것은 모두 몇 개인가? 21. 경찰

> ㉠ 위임 및 위탁기관은, 수임 및 수탁기관의 수임 및 수탁사무 처리에 대하여 지휘·감독하고, 그 처리가 위법하거나 부당하다고 인정될 때에는 이를 취소하거나 정지시킬 수 있다.
>
> ㉡ 수임 및 수탁사무의 처리에 관하여 위임 및 위탁기관은 수임 및 수탁기관에 대하여 사전승인을 받거나 협의를 할 것을 요구할 수 없다.
>
> ㉢ 수임 및 수탁사무의 처리에 관한 책임은 수임 및 수탁기관에 있으며, 위임 및 위탁기관의 장은 그에 대한 감독책임을 진다.
>
> ㉣ 수임 및 수탁사무에 관한 권한을 행사할 때에는 수임 및 수탁기관의 명의로 하여야 한다.

① 1개 　　　　② 2개 　　　　③ 3개 　　　　④ 4개

정답찾기
④ 모두 옳은 지문이다.

59 「행정권한의 위임 및 위탁에 관한 규정」에 관한 설명으로 가장 적절하지 않은 것은? (다툼이 있는 경우 판례에 의함)
23. 경찰

① "위임"이란 법률에 규정된 행정기관의 장의 권한 중 일부를 다른 행정기관의 장에게 맡겨 그의 권한과 책임 아래 행사하도록 하는 것을 말한다.

② 위임 및 위탁기관은 수임 및 수탁기관의 수임 및 수탁사무 처리에 대하여 지휘·감독하고, 그 처리가 위법하거나 부당하다고 인정될 때에는 이를 취소하거나 정지시킬 수 있다.

③ 행정기관의 장은 행정권한을 위임 및 위탁할 때에는 위임 및 위탁하기 전에 단순한 사무인 경우를 제외하고는 수임 및 수탁기관에 대하여 수임 및 수탁사무 처리에 필요한 교육을 하여야 하며, 수임 및 수탁사무의 처리지침을 통보하여야 한다.

④ 수임 및 수탁사무의 처리가 부당한지 여부의 판단은 위법성 판단과 달리 합목적적·정책적 고려도 포함되므로, 위임 및 위탁기관이 그 사무처리에 관하여 일반적인 지휘·감독을 하는 경우는 물론이고 나아가 수임 및 수탁사무의 처리가 부당하다는 이유로 그 사무처리를 취소하는 경우에도 광범위한 재량이 허용된다고 보아야 한다.

정답찾기
① 지문의 내용은 "위탁"에 대한 설명이다. "위임"이란 법률에 규정된 행정기관의 장의 권한 중 일부를 그 보조기관 또는 하급행정기관의 장이나 지방자치단체의 장에게 맡겨 그의 권한과 책임 아래 행사하도록 하는 것을 말한다(행정권한의 위임 및 위탁에 관한 규정 제2조 제1호, 제2호).

Answer　56 ③　57 ②　58 ④　59 ①

60 훈령과 직무명령에 대한 설명으로 가장 적절하지 않은 것은?

① 훈령이란 상급 경찰행정관청이 하급 경찰행정관청의 권한행사를 지휘하기 위하여 발하는 명령으로 구성원의 변동이 있는 경우에는 당연히 효력을 상실하게 된다.
② 직무명령이란 상관이 부하공무원에게 발하는 명령으로, 특별한 작용법적 근거 없이 발할 수 있다.
③ 훈령의 형식적 요건으로 훈령권이 있는 상급관청이 발한 것일 것, 하급관청의 권한 내의 사항에 관한 것일 것, 직무상 독립한 범위에 속하는 사항이 아닐 것을 들 수 있다.
④ 훈령은 원칙적으로 일반적·추상적 사항에 대해서 발해야 하지만, 개별적·구체적 사항에 대해서도 발해질 수 있다.

정답찾기
① 훈령은 상급 경찰행정관청이 하급 경찰행정관청에게 발하는 일반적·추상적 명령에 해당하므로 <u>구성원의 변경이 있더라도 훈령 자체의 효력은 유효하다.</u>

61 직무명령의 형식적 요건에 해당하지 않는 것은 모두 몇 개인가?

> ㉠ 권한있는 상관이 발한 것
> ㉡ 부하공무원의 직무범위 내의 사항일 것
> ㉢ 실현가능성이 있을 것
> ㉣ 부하공무원의 직무상 독립이 보장된 것이 아닐 것
> ㉤ 그 내용이 법령과 공익에 적합할 것
> ㉥ 법정의 형식이나 절차가 있으면 이를 갖출 것

① 없음　　　　　② 1개　　　　　③ 2개　　　　　④ 3개

정답찾기
㉢㉤은 실질적 요건에 해당한다.

■ **직무명령의 형식적 요건과 실질적 요건**

형식적 요건	실질적 요건
• 권한 있는 상급공무원이 발한 것이어야 한다. 즉, 소속 상급공무원(직무상 상급공무원)의 명령이어야 할 것 • 하급공무원의 직무상 독립의 범위에 속하는 사항이 아니어야 할 것 • 하급공무원의 직무상 범위 내에 속하는 사항이어야 할 것 • 법정의 형식과 절차가 있는 경우 이를 구비하여야 할 것	• 그 내용이 법령에 저촉되지 않아야 하며 공익에 적합한 것이어야 할 것 • 실현가능하고 명확한 것이어야 할 것
〈심사 여부〉 형식적 요건은 외관상 명백한 것이 보통이므로 하급공무원은 이를 심사할 수 있고, 그 요건이 결여되었다고 인정하면 복종을 거부할 수 있다는 것이 통설이다.	〈심사 여부〉 형식적인 요건을 갖춘 직무명령에 대하여는 실질적 요건의 구비 여부를 심사할 수 없으며, 이에 복종해야 한다. 그러나 직무명령이 범죄를 구성하거나 중대·명백한 하자가 있어 당연무효인 경우에는 복종을 거부할 수 있다. 실질적 요건을 갖추지 못한 직무명령에 복종한 경우 직무명령을 발한 상급공무원뿐만 아니라 복종한 하급공무원도 책임을 부담한다.

62 훈령과 직무명령에 관한 다음 설명 중 적절하지 않은 것은 모두 몇 개인가? 　　　　12. 경찰

> ㉠ 훈령은 상급관청이 하급관청의 권한 행사를 일반적으로 감독하기 위해 발하는 명령이고, 기관의 구성원이 변경되면 그 효력에 영향이 있으나, 상급공무원이 하급공무원에게 발하는 직무명령은 그 직무명령을 수명한 하급공무원이 변경되어도 효력에 영향이 없다.
> ㉡ 훈령의 실질적 요건으로는 훈령권이 있는 상급관청이 발한 것일 것, 하급관청의 권한 내의 사항에 관한 것일 것, 하급관청의 직무상 독립성이 보장되지 않은 사항일 것이 있다.
> ㉢ 훈령은 원칙적으로 일반적·추상적 사항에 대해서 발하지만, 개별적·구체적 사항에 대해서도 발해질 수 있다.
> ㉣ 직무명령은 상급공무원이 직무에 관하여 하급공무원에게 발하는 명령이며, 직무와 관련 없는 사생활에는 효력이 미치지 않는다.

① 1개　　　　② 2개　　　　③ 3개　　　　④ 4개

정답찾기
적절하지 않은 것은 ㉠㉡ 2개이다.
㉠ 훈령은 기관의 구성원이 변경되어도 그 효력에 영향이 없으나, 직무명령은 수명공무원이 변경되는 경우 그 효력에 영향이 있다.
㉡ 훈령의 형식적 요건에 대한 설명이다. 훈령의 실질적 요건에는 '훈령의 내용이 적법·타당, 명백, 실현가능, 합목적적, 공익에 적합할 것' 등이 있다.

63 훈령과 직무명령에 대한 설명으로 옳은 것은 모두 몇 개인가? 　　　　16. 경찰, 18. 경찰간부

> ㉠ 훈령은 구체적인 법령의 근거 없이도 발할 수 있다.
> ㉡ 훈령의 내용은 하급관청의 직무상 독립된 범위에 속하는 사항이어야 한다.
> ㉢ 하급경찰관청의 법적 행위가 훈령에 위반하여 행해진 경우 원칙적으로 위법이 아니며, 그 행위의 효력에는 영향이 없다.
> ㉣ 훈령은 원칙적으로 일반적·추상적 사항에 대해서 발해져야 하지만, 개별적·구체적 사항에 대해서도 발해질 수 있다.
> ㉤ 직무명령은 상관이 직무에 관하여 부하에게 발하는 명령이다.
> ㉥ 직무명령은 직무와 관련 없는 사생활에는 효력이 미치지 않는다.

① 3개　　　　② 4개　　　　③ 5개　　　　④ 6개

정답찾기
옳은 것은 ㉠㉢㉣㉤㉥이다.
㉡ 훈령의 내용은 하급관청의 직무상 독립된 범위에 속하는 사항이 <u>아닌</u> 것이어야 한다.

64 훈령과 직무명령에 관한 설명 중 옳지 않은 것은 모두 몇 개인가?

19. 경찰, 20. 경찰간부

ⓐ 직무명령은 직무와 관련 없는 사생활에는 그 효력이 미치지 않는다.
ⓑ 훈령은 일반적·추상적 사항에 대하여만 발할 수 있으며, 개별적·구체적 사항에 대해서는 발할 수 없다.
ⓒ 훈령을 발하기 위해서는 법령의 구체적 근거를 요하나, 직무명령은 법령의 구체적 근거가 없이도 발할 수 있다.
ⓓ 훈령의 종류에는 '협의의 훈령', '지시', '예규', '일일명령' 등이 있으며, 이 중 예규는 반복적 경찰사무의 기준을 제시하기 위하여 발하는 명령을 의미한다.
ⓔ 훈령은 직무명령을 겸할 수 있으나, 직무명령은 훈령의 성질을 가질 수 없다.
ⓕ 상호 모순되는 둘 이상의 상급관청의 훈령이 경합할 경우 주관 상급관청이 불명확한 때에는 직근 상급행정관청의 훈령에 따른다.
ⓖ 훈령이란 상급관청이 하급관청의 권한행사를 지휘하기 위하여 발하는 명령으로 구성원의 변동이 있는 경우에도 효력에는 영향이 없다.

① 1개   ② 2개   ③ 3개   ④ 4개

정답찾기

지문의 내용 중 옳지 않은 것은 ⓑⓒⓕ이다.
ⓑ 훈령은 일반적·추상적 사항에 대하여 발할 수 있으나, '지시'는 개별적·구체적 사항에 대해서도 발할 수 있다.
ⓒ 훈령과 직무명령 모두 구체적 법적 근거 없이 발할 수 있다.
ⓕ 하급행정기관은 서로 모순되는 둘 이상의 상급관청의 훈령이 경합하는 때에는 주관 상급관청의 훈령에 따라야 하고, 주관 상급관청이 서로 상하관계에 있는 때에는 직근 상급관청의 훈령에 따라야 하며, 주관 상급관청이 불명확한 때에는 주관쟁의 방법으로 해결한다.

제3절 **경찰공무원법**

65 경찰공무원 임용령에 관한 설명으로 옳은 것을 모두 고른 것은?   23. 경찰승진

> ㉠ 경찰공무원은 임용장이나 임용통지서에 적힌 날짜에 임용된 것으로 보며, 임용일자를 소급해서는 아니 된다.
>   사망으로 인한 면직은 사망한 날에 면직된 것으로 본다.
> ㉡ 경찰공무원법 제10조 제3항 제1호에 따라 재임용된 경찰공무원의 계급정년 연한은 재임용 전에 해당 계급의
>   경찰공무원으로 근무한 연수를 합하여 계산한다.
> ㉢ 종전의 재직기관에서 감봉 이상의 징계처분을 받은 사람은 경력경쟁채용 등의 대상이 될 수 없다.
> ㉣ 임용권자 또는 임용제청권자는 채용후보자 명부에 등재된 채용후보자가 학업을 계속하는 경우 채용후보자 명
>   부의 유효기간의 범위에서 기간을 정하여 임용 또는 임용제청을 유예할 수 있다. 다만, 유예기간 중이라도 그
>   사유가 소멸한 경우에는 임용 또는 임용제청을 할 수 있다.

① 없음   ② 1개   ③ 2개   ④ 3개

정답찾기
지문의 내용 중 옳은 것은 ㉡㉢㉣이다.
㉠ 사망으로 인한 면직은 사망한 다음 날에 면직된 것으로 본다(경찰공무원 임용령 제5조 제2항).

66 경찰공무원 임용령상 '경과'에 대한 설명으로 가장 적절하지 않은 것은? (단, 경찰청 소속 경찰공무원에 한함)

17. 경찰승진 변형

① 일반경과는 총경 이하 경찰공무원에게 부여한다.
② 수사경과와 안보수사경과는 경정 이하 경찰공무원에게만 부여한다.
③ 특수경과는 항공경과, 정보통신경과로 구분한다.
④ 임용권자 또는 임용제청권자는 경찰공무원을 신규채용할 때에 경과를 부여할 수 있다.

정답찾기
④ 임용권자(제4조 제1항에 따라 임용권의 위임을 받은 자를 포함한다. 이하 같다) 또는 임용제청권자[경찰공무원법(이하 '법'이라 한다)
   제7조 제1항에 따른 추천이 필요한 경우에는 경찰청장을 포함한다. 이하 같다]는 경찰공무원을 신규채용할 때에 경과를 부여해야
   한다(경찰공무원 임용령 제3조 제2항).

Answer   64 ③   65 ④   66 ④

67 다음은 경찰공무원법 제8조에서 규정하는 '경찰공무원 임용결격사유'이다. ㉠~㉤의 내용 중 옳고 그름의 표시(○, ×)가 모두 바르게 된 것은?

20. 경찰 변형

㉠ 미성년자에 대한 성폭력범죄의 처벌 등에 관한 특례법 제2조에 따른 성폭력범죄 또는 아동 청소년의 성보호에 관한 법률 제2조 제2호에 따른 아동·청소년대상 성범죄를 저질러 형 또는 치료감호가 확정된 사람(집행유예를 선고 받은 후 그 집행유예기간이 경과한 사람을 포함한다)

㉡ 벌금의 형을 선고받은 사람

㉢ 대한민국 국적을 가지지 아니한 사람

㉣ 공무원으로 재직기간 중 직무와 관련하여 형법 제355조(횡령, 배임) 및 제356조(업무상의 횡령과 배임)에 규정된 죄를 범한 사람으로서 300만원 이상의 벌금형을 선고받고 그 형이 확정된 후 2년이 지난 사람

㉤ 징계에 의하여 파면 또는 해임처분을 받은 사람

	㉠	㉡	㉢	㉣	㉤
①	○	○	○	×	○
②	○	×	○	○	×
③	×	○	×	○	×
④	○	×	○	×	○

정답찾기

지문의 내용 중 틀린 것은 ㉡㉣이다.

㉡ 자격정지 이상의 형(刑)을 선고받은 사람이 경찰공무원의 임용결격사유에 해당한다(경찰공무원법 제8조 제2항 제5호).

㉣ 공무원으로 재직기간 중 직무와 관련하여 형법 제355조 및 제356조에 규정된 죄를 범한 사람으로서 300만원 이상의 벌금형을 선고받고 그 형이 확정된 후 2년이 지나지 아니한 사람이 경찰공무원의 임용결격사유에 해당한다(경찰공무원법 제8조 제2항 제7호).

경찰공무원법
제8조【임용자격 및 결격사유】② 다음 각 호의 어느 하나에 해당하는 사람은 경찰공무원으로 임용될 수 없다.
1. 대한민국 국적을 가지지 아니한 사람
2. 복수국적자
3. 피성년후견인 또는 피한정후견인
4. 파산선고를 받고 복권되지 아니한 사람
5. 자격정지 이상의 형을 선고받은 사람
6. 자격정지 이상의 형의 선고유예를 선고받고 그 유예기간 중에 있는 사람
7. 공무원으로 재직기간 중 직무와 관련하여 형법 제355조(횡령, 배임) 및 제356조(업무상의 횡령과 배임)에 규정된 죄를 범한 자로서 300만원 이상의 벌금형을 선고받고 그 형이 확정된 후 2년이 지나지 아니한 사람
8. 다음 각 목의 어느 하나에 해당하는 죄를 범한 사람으로서 100만원 이상의 벌금형을 선고받고 그 형이 확정된 후 3년이 지나지 아니한 사람
    가. 「성폭력범죄의 처벌 등에 관한 특례법」 제2조에 따른 성폭력범죄
    나. 「정보통신망 이용촉진 및 정보보호 등에 관한 법률」 제74조 제1항 제2호 및 제3호에 따른 죄
    다. 「스토킹범죄의 처벌 등에 관한 법률」 제2조 제2호에 따른 스토킹범죄
9. 미성년자에 대한 다음 각 목의 어느 하나에 해당하는 죄를 저질러 형 또는 치료감호가 확정된 사람(집행유예를 선고받은 후 그 집행유예기간이 경과한 사람을 포함한다)
    가. 「성폭력범죄의 처벌 등에 관한 특례법」 제2조에 따른 성폭력범죄
    나. 「아동·청소년의 성보호에 관한 법률」 제2조 제2호에 따른 아동·청소년대상 성범죄
10. 징계에 의하여 파면 또는 해임처분을 받은 사람

68 경찰공무원법상 경찰공무원 임용결격사유에는 해당하나, 일반공무원의 임용결격사유에는 해당하지 않는 것은?

13. 경찰승진

① 파산선고를 받고 복권되지 아니한 사람
② 금고 이상의 형의 선고유예를 받고 그 선고유예기간 중에 있는 자
③ 복수국적자
④ 징계로 파면처분을 받은 때부터 5년이 지나지 아니한 자

정답찾기

③ 복수국적자는 경찰공무원의 임용결격사유에는 해당하지만, 국가공무원의 임용결격사유에는 해당하지 않는다.

■ 경찰공무원과 국가공무원의 임용결격사유

경찰공무원의 임용결격사유(경찰공무원법 제8조)	국가공무원의 임용결격사유(국가공무원법 제33조)
1. 대한민국 국적을 가지지 아니한 사람 2. '국적법' 제11조의2 제1항에 따른 복수국적자 3. 피성년후견인 또는 피한정후견인 4. 파산선고를 받고 복권되지 아니한 사람 5. 자격정지 이상의 형(刑)을 선고받은 사람 6. 자격정지 이상의 형의 선고유예를 선고받고 그 유예기간 중에 있는 사람	1. 피성년후견인 2. 파산선고를 받고 복권되지 아니한 자 3. 금고 이상의 실형을 선고받고 그 집행이 종료되거나 집행을 받지 아니하기로 확정된 후 5년이 지나지 아니한 자 4. 금고 이상의 형을 선고받고 그 집행유예기간이 끝난 날부터 2년이 지나지 아니한 자 5. 금고 이상의 형의 선고유예를 받은 경우에 그 선고유예 기간 중에 있는 자 6. 법원의 판결 또는 다른 법률에 따라 자격이 상실되거나 정지된 자
7. 공무원으로 재직기간 중 직무와 관련하여 형법 제355조 및 제356조에 규정된 죄를 범한 사람으로서 300만원 이상의 벌금형을 선고받고 그 형이 확정된 후 2년이 지나지 아니한 사람 8. 다음 각 목의 어느 하나에 해당하는 죄를 범한 사람으로서 100만원 이상의 벌금형을 선고받고 그 형이 확정된 후 3년이 지나지 아니한 사람 　가. 「성폭력범죄의 처벌 등에 관한 특례법」 제2조에 따른 성폭력범죄 　나. 「정보통신망 이용촉진 및 정보보호 등에 관한 법률」 제74조 제1항 제2호 및 제3호에 따른 죄 　다. 「스토킹범죄의 처벌 등에 관한 법률」 제2조 제2호에 따른 스토킹범죄 9. 미성년자에 대한 다음 각 목의 어느 하나에 해당하는 죄를 저질러 형 또는 치료감호가 확정된 사람(집행유예를 선고받은 후 그 집행유예기간이 경과한 사람을 포함한다) 　가. 성폭력범죄의 처벌 등에 관한 특례법 제2조에 따른 성폭력범죄 　나. 아동·청소년의 성보호에 관한 법률 제2조 제2호에 따른 아동·청소년대상 성범죄	6의2. 공무원으로 재직기간 중 직무와 관련하여 '형법' 제355조 및 제356조에 규정된 죄를 범한 자로서 300만원 이상의 벌금형을 선고받고 그 형이 확정된 후 2년이 지나지 아니한 자 6의3. 다음 각 목의 어느 하나에 해당하는 죄를 범한 사람으로서 100만원 이상의 벌금형을 선고받고 그 형이 확정된 후 3년이 지나지 아니한 사람 　가. 「성폭력범죄의 처벌 등에 관한 특례법」 제2조에 따른 성폭력범죄 　나. 「정보통신망 이용촉진 및 정보보호 등에 관한 법률」 제74조 제1항 제2호 및 제3호에 규정된 죄 　다. 「스토킹범죄의 처벌 등에 관한 법률」 제2조제2호에 따른 스토킹범죄 6의4. 미성년자에 대하여 「성폭력범죄의 처벌 등에 관한 특례법」 제2조에 따른 성폭력범죄 또는 「아동·청소년의 성보호에 관한 법률」 제2조 제2호에 따른 아동·청소년대상 성범죄를 범한 사람으로서 다음 각 목의 어느 하나에 해당하는 날부터 20년이 지나지 아니한 사람 　가. 금고 이상의 실형을 선고받고 그 집행이 끝나거나(집행이 끝난 것으로 보는 경우를 포함한다) 집행이 면제된 날 　나. 금고 이상의 형의 집행유예를 선고받고 그 집행유예가 확정된 날 　다. 벌금 이하의 형을 선고받고 그 형이 확정된 날 　라. 치료감호를 선고받고 그 집행이 끝나거나 집행이 면제된 날 　마. 징계로 파면처분 또는 해임처분을 받은 날
10. 징계에 의하여 파면 또는 해임처분을 받은 사람	7. 징계로 파면처분을 받은 때부터 5년이 지나지 아니한 자 8. 징계로 해임처분을 받은 때부터 3년이 지나지 아니한 자

Answer 67 ④   68 ③

69 경찰공무원법과 국가공무원법상 공통된 임용결격사유가 아닌 것은?

21. 경찰

① 피성년후견인 또는 피한정후견인
② 파산선고를 받고 복권되지 아니한 사람
③ 공무원으로 재직기간 중 직무와 관련하여 형법 제355조(횡령, 배임) 및 제356조(업무상의 횡령과 배임)에 규정된 죄를 범한 자로서 300만원 이상의 벌금형을 선고받고 그 형이 확정된 후 2년이 지나지 아니한 사람
④ 성폭력범죄의 처벌 등에 관한 특례법 제2조(성폭력범죄)에 규정된 죄를 범한 사람으로서 100만원 이상의 벌금형을 선고받고 그 형이 확정된 후 3년이 지나지 아니한 사람

정답찾기
① 지문의 내용 중 피한정후견인은 경찰공무원법상 경찰공무원의 임용사유에는 해당하지만, 국가공무원법상 국가공무원의 임용결격사유에는 해당하지 않는다(경찰공무원법 제8조 제2항 제3호, 국가공무원법 제33조 제1호).

70 경찰공무원의 신규임용에 있어서 채용후보자명부 및 채용후보자 등록에 관한 설명 중 옳지 않은 것은 모두 몇 개인가?

10. 경찰

ⓐ 채용후보자 명부의 유효기간은 1년의 범위에서 대통령령으로 정한다. 다만, 경찰청장 또는 해양경찰청장은 필요에 따라 1년의 범위에서 그 기간을 연장할 수 있다.
ⓑ 경찰청장 또는 해양경찰청장(제6조 제3항에 따라 임용권을 위임받은 자를 포함한다)은 신규채용시험에 합격한 사람(경찰대학을 졸업한 사람과 경찰간부후보생을 포함한다)을 대통령령으로 정하는 바에 따라 성적 순위에 따라 채용후보자 명부에 등재(登載)하여야 한다.
ⓒ 경찰공무원의 신규채용은 채용후보자 명부의 등재 순위에 따른다. 다만, 채용후보자가 경찰교육기관에서 신임교육을 받은 경우에는 그 교육성적 순위에 따른다.
ⓓ 채용후보자등록을 하지 아니한 사람은 경찰공무원으로 임용될 의사가 없는 것으로 본다.

① 1개　　　　② 2개　　　　③ 3개　　　　④ 4개

정답찾기
ⓐ 채용후보자 명부의 유효기간은 2년의 범위에서 대통령령으로 정한다. 다만, 경찰청장 또는 해양경찰청장은 필요에 따라 1년의 범위에서 그 기간을 연장할 수 있다(경찰공무원법 제12조 제3항).

71 경찰공무원 임용에 대한 설명으로 적절하지 않은 것은 모두 몇 개인가? 22. 경찰간부

> ㉠ 채용후보자 명부의 유효기간은 2년으로 하되, 경찰청장은 필요에 따라 1년의 범위에서 그 기간을 연장할 수 있다.
> ㉡ 임용권자 또는 임용제청권자는 채용후보자 명부에 등재된 채용후보자가 학업을 계속하는 경우 채용후보자 명부의 유효기간의 범위에서 기간을 정하여 임용 또는 임용제청을 유예할 수 있다. 다만, 유예기간 중이라도 그 사유가 소멸한 경우에는 임용 또는 임용제청을 할 수 있다.
> ㉢ 신규채용시험에 합격한 사람이 채용후보자 명부에 등재된 이후 그 유효기간 내에 병역법에 따른 병역 복무를 위하여 군에 입대한 경우(대학생 군사훈련 과정 이수자를 포함한다)의 의무복무 기간은 채용후보자 명부의 유효기간에 넣어 계산하지 아니한다.
> ㉣ 채용후보자가 임용 또는 임용제청에 응하지 아니한 경우에는 채용후보자로서의 자격을 상실한다.

① 없음　　　　② 1개　　　　③ 2개　　　　④ 3개

정답찾기
① 모두 옳은 지문이다.

72 경찰공무원법 및 경찰공무원 임용령상 시보임용에 대한 다음 설명 중 적절하지 않은 것은? 18. 경찰승진

> ㉠ 신규채용되는 경정 이하의 경찰공무원이 적용 대상이다.
> ㉡ 시보(試補)로 임용하는 기간은 1년(단, 휴직기간, 직위해제기간 및 징계에 의한 감봉처분 또는 견책처분을 받은 기간 제외)으로 하고, 그 기간이 만료된 다음 날에 정규경찰공무원으로 임용한다.
> ㉢ 제2평정요소의 근무성적평정점이 만점의 50퍼센트 이하인 경우 시보임용경찰공무원을 임용심사위원회의 심사를 거쳐 면직시키거나 면직을 제청할 수 있다.
> ㉣ 교육훈련성적이 만점의 60퍼센트 미만이거나 생활기록이 극히 불량한 경우 시보임용경찰공무원을 임용심사위원회의 심사를 거쳐 면직시키거나 면직을 제청할 수 있다.
> ㉤ 경찰대학을 졸업한 사람 또는 경위공개경쟁채용시험합격자로서 정하여진 교육훈련을 마친 사람을 경위로 임용하는 경우 시보임용을 거치지 아니한다.

① 1개　　　　② 2개　　　　③ 3개　　　　④ 4개

정답찾기
㉡ 휴직기간, 직위해제기간 및 징계에 의한 정직처분 또는 감봉처분을 받은 기간은 시보임용기간에 산입하지 아니한다(경찰공무원법 제13조 제2항).
㉢ 임용권자 또는 임용제청권자는 시보임용경찰공무원이 경찰공무원 승진임용 규정 제7조 제2항에 따른 제2평정 요소의 평정점이 만점의 50퍼센트 미만인 경우에 해당하여 정규경찰공무원으로 임용하는 것이 부적당하다고 인정되는 경우에는 제3항에 따른 임용심사위원회의 심사를 거쳐 해당 시보임용경찰공무원을 면직시키거나 면직을 제청할 수 있다(경찰공무원 임용령 제20조 제2항 제3호).

Answer　69 ①　70 ①　71 ①　72 ②

73 '경찰공무원법'상 다음 설명 중 옳은 것은 모두 몇 개인가?

> ㉠ 경찰공무원은 그 직무의 종류에 따라 경과에 의하여 구분할 수 있으며, 경과의 구분에 필요한 사항은 행정안전부령으로 정한다.
>
> ㉡ 휴직기간, 직위해제기간 및 징계에 의한 정직처분 또는 감봉처분을 받은 기간은 시보임용기간에 산입하지 아니한다.
>
> ㉢ 경찰공무원의 복제에 관한 사항은 대통령령으로 정한다.
>
> ㉣ 공무원으로 재직기간 중 직무와 관련하여 형법 제355조 및 제356조에 규정된 죄를 범한 사람으로서 300만원 이상의 벌금형을 선고받고 그 형이 확정된 후 2년이 지나지 아니한 사람은 임용결격사유에 해당한다.
>
> ㉤ 국가공무원법과 경찰공무원법은 일반법과 특별법의 관계이다.

① 1개   ② 2개   ③ 3개   ④ 4개

정답찾기

옳은 것은 ㉡㉣㉤ 3개이다.
㉠ 경과의 구분에 필요한 사항은 대통령령으로 정한다(경찰공무원법 제4조 제2항).
㉢ 경찰공무원의 복제(服制)에 관한 사항은 행정안전부령 또는 해양수산부령으로 정한다(경찰공무원법 제26조 제3항).

74 경찰공무원의 임용에 대한 설명으로 가장 적절하지 않은 것은?

① 경찰공무원 임용령상 시·도경찰청장 및 경찰서장은 지구대장 및 파출소장을 보직하는 경우에는 시·도자치경찰위원회의 의견을 사전에 들어야 한다.
② 국가공무원법상 임용권자는 공무원이 중앙인사관장기관의 장이 지정하는 연구기관이나 교육기관 등에서 연수하게 된 때에는 공무원의 의사에도 불구하고 휴직을 명하여야 한다.
③ 경찰공무원 임용령상 임용권자 또는 임용제청권자는 경찰공무원을 신규채용 할 때에 경과를 부여해야 한다.
④ 경찰공무원법상 총경 이상 경찰공무원은 경찰청장 또는 해양경찰청장의 추천을 받아 행정안전부장관 또는 해양수산부장관의 제청으로 국무총리를 거쳐 대통령이 임용한다. 다만, 총경의 전보, 휴직, 직위해제, 강등, 정직 및 복직은 경찰청장 또는 해양경찰청장이 한다.

정답찾기

② 사안의 경우 의원휴직사유에 해당한다. 임용권자는 공무원이 중앙인사관장기관의 장이 지정하는 연구기관이나 교육기관 등에서 연수하게 된 때 휴직을 원하면 휴직을 명할 수 있다(국가공무원법 제71조 제2항 제3호).

75 경찰공무원 임용에 관한 다음 설명 중 적절하지 않은 것은 모두 몇 개인가?   14. 15. 경찰

> ㉠ 총경 이상 경찰공무원은 경찰청장의 제청으로 국무총리를 거쳐 대통령이 임용한다. 다만, 총경의 전보, 휴직, 직위해제, 강등, 정직 및 복직은 경찰청장이 한다.
> ㉡ 경정 이하의 경찰공무원을 신규채용할 때에는 1년간 시보로 임용하고, 그 기간이 만료된 날에 정규경찰공무원으로 임용한다.
> ㉢ 경정으로의 신규채용, 승진임용 및 면직은 경찰청장의 제청으로 국무총리를 거쳐 대통령이 한다.
> ㉣ 휴직기간, 직위해제기간 및 징계에 의한 정직처분 또는 견책처분을 받은 기간은 시보임용기간에 산입하지 아니한다.
> ㉤ "경찰공무원은 임용장이나 임용통지서에 적힌 날짜에 임용된 것으로 보며, 임용일자를 소급해서는 아니 된다."고 경찰공무원법에 명시되어 있다.

① 1개   ② 2개   ③ 3개   ④ 4개

정답찾기

㉠ 총경 이상 경찰공무원은 <u>경찰청장 또는 해양경찰청장의 추천을 받아 행정안전부장관 또는 해양수산부장관의 제청</u>으로 국무총리를 거쳐 대통령이 임용한다. 다만, 총경의 전보, 휴직, 직위해제, 강등, 정직 및 복직은 경찰청장 또는 해양경찰청장이 한다(경찰공무원법 제7조 제1항).
㉡ 경정 이하의 경찰공무원을 신규채용할 때에는 1년간 시보(試補)로 임용하고, 그 기간이 <u>만료된 다음 날</u>에 정규경찰공무원으로 임용한다(경찰공무원법 제13조 제1항).
㉣ 휴직기간, 직위해제기간 및 징계에 의한 <u>정직처분 또는 감봉처분</u>을 받은 기간은 시보임용기간에 산입하지 아니한다(경찰공무원법 제13조 제2항).
㉤ 지문의 내용은 경찰공무원법이 아니라 <u>대통령령인 경찰공무원 임용령</u>에 명시되어 있다.

> **경찰공무원 임용령**
> **제5조【임용시기】** ① 경찰공무원은 임용장이나 임용통지서에 적힌 날짜에 임용된 것으로 보며, 임용일자를 소급해서는 아니 된다.

76 경찰공무원법 및 경찰공무원 임용령상 경찰공무원의 임용에 대한 설명으로 적절하지 않은 것은 모두 몇 개인가?

17. 경찰승진, 23. 경찰간부

> ㉠ 총경 이상 경찰공무원은 경찰청장 또는 해양경찰청장의 추천을 받아 행정안전부장관 또는 해양수산부장관의 제청으로 국무총리를 거쳐 대통령이 임용한다. 다만, 총경의 전보, 휴직, 직위해제, 강등, 정직 및 복직은 경찰청장 또는 해양경찰청장이 한다.
> ㉡ 경정 이하의 경찰공무원은 경찰청장이 임용한다. 다만, 경정으로의 신규채용, 승진임용 및 면직은 경찰청장의 제청으로 국무총리를 거쳐 대통령이 한다.
> ㉢ 사망으로 인한 면직은 사망한 날에 면직된 것으로 본다.
> ㉣ 경찰청장은 대통령령으로 정하는 바에 따라 경찰공무원의 임용에 관한 권한의 일부를 특별시장·광역시장·도지사·특별자치시장 또는 특별자치도지사, 국가수사본부장, 소속 기관의 장, 시·도경찰청장에게 위임할 수 있다.
> ㉤ 경찰공무원은 임용장이나 임용통지서에 적힌 날짜에 임용된 것으로 보며, 임용일자를 원칙적으로 소급할 수 없다.
> ㉥ 경찰공무원이 재직 중 전사하거나 순직한 경우로서 특별승진 임용하는 경우에는 사망한 날을 임용일자로 본다.
> ㉦ 경찰공무원이 형사사건으로 기소되어 직위해제하는 경우에는 기소된 날을 임용일자로 본다.

① 2개   ② 3개   ③ 4개   ④ 5개

정답찾기

지문의 내용 중 적절하지 않은 것은 ㉢㉥이다.
㉢ 사망으로 인한 면직은 <u>사망한 다음 날</u>에 면직된 것으로 본다(경찰공무원 임용령 제5조 제2항).
㉥ 전사하거나 순직한 사람의 특별승진임용은 재직 중 사망한 경우에는 <u>사망일의 전날</u>, 퇴직 후 사망한 경우에는 퇴직일의 전날에 임용된 것으로 본다(경찰공무원 임용령 제6조 제1호).

77 경찰의 인사에 관한 다음 설명 중 옳지 않은 것은 모두 몇 개인가?

19. 경찰간부 변형

> ㉠ 경찰공무원인사위원회(이하 '인사위원회'라 한다)는 위원장을 포함하여 3명 이상 7명 이하의 위원으로 구성한다.
> ㉡ 인사위원회의 위원장은 경찰청 인사담당국장이 되고, 위원은 경찰청 소속 총경 이상의 경찰공무원 중에서 위원장이 임명한다.
> ㉢ 인사위원회의 회의는 재적위원 과반수의 출석과 출석위원 과반수의 찬성으로 의결한다.
> ㉣ 경찰청장은 대통령령으로 정하는 바에 따라 경찰공무원의 임용에 관한 권한의 일부를 특별시장·광역시장·도지사·특별자치시장 또는 특별자치도지사, 국가수사본부장, 소속 기관의 장, 시·도경찰청장에게 위임할 수 있다.
> ㉤ 시·도경찰청장은 소속 경감 이하 경찰공무원에 대한 해당 경찰서 안에서의 전보권을 경찰서장에게 다시 위임할 수 있다.
> ㉥ 임용권의 위임을 받은 시·도경찰청장은 경감 또는 경위를 승진시키고자 할 때에는 미리 경찰청장의 승인을 받아야 한다.

① 1개   ② 2개   ③ 3개   ④ 4개

옳지 않은 것은 ㉠㉡㉢㉪ 4개이다.

㉠ 경찰공무원인사위원회(이하 '인사위원회'라 한다)는 위원장을 포함하여 <u>5명 이상 7명 이하</u>의 위원으로 구성한다(경찰공무원 임용령 제9조 제1항).

㉡ 인사위원회의 위원장은 경찰청 인사담당국장이 되고, 위원은 경찰청 소속 총경 이상 경찰공무원 중에서 경찰청장이 <u>각각 임명한다</u>(경찰공무원 임용령 제9조 제2항).

㉢ 회의는 <u>재적위원 과반수의 찬성</u>으로 의결한다(경찰공무원 임용령 제11조 제2항).

㉪ 임용권을 위임받은 소속 기관 등의 장은 경감 또는 <u>경위를 신규채용</u>하거나 <u>경위 또는 경사</u>를 승진시키려면 미리 경찰청장의 승인을 받아야 한다(경찰공무원 임용령 제4조 제10항).

78 경찰공무원법상 경찰공무원의 임용에 대한 설명으로 적절하지 않은 것은 모두 몇 개인가?

19. 20. 경찰

㉠ 총경 이상의 경찰공무원은 경찰청장의 제청으로 국무총리를 거쳐 대통령이 임용한다.

㉡ 퇴직한 경찰공무원으로서 퇴직시에 재직하였던 계급의 채용시험에 합격한 사람을 재임용하는 경우 시보임용을 거치지 않는다.

㉢ 경찰청장은 수사부서에서 총경을 보직하는 경우에는 국가수사본부장의 동의를 받아야 한다.

㉣ 임용권을 위임받은 소속 기관 등의 장은 경감 또는 경위를 신규채용하거나 경사 또는 경장을 승진시키려면 미리 경찰청장의 승인을 받아야 한다.

㉤ 시·도경찰청장은 소속 경감 이하 경찰공무원에 대한 해당 경찰서 안에서의 전보권을 경찰서장에게 다시 위임할 수 있다.

㉥ 경찰청장은 경찰대학·경찰인재개발원·중앙경찰학교·경찰수사연수원·경찰병원 및 시·도경찰청(소속 기관 등)의 장에게 그 소속 경찰공무원 중 경정의 전보·파견·휴직·직위해제 및 복직에 관한 권한과 경감 이하의 임용권을 위임할 수 있다.

㉦ 임용권의 위임에도 불구하고 경찰청장은 경찰공무원의 정원 조정, 인사교류 또는 파견을 위하여 필요한 경우에는 임용권을 행사할 수 있다.

① 2개 　　　　② 3개 　　　　③ 4개 　　　　④ 5개

지문의 내용 중 적절하지 않은 것은 ㉠㉢㉣이다.

㉠ 총경 이상 경찰공무원은 <u>경찰청장의 추천을 받아 행정안전부장관의 제청으로</u> 국무총리를 거쳐 대통령이 임용한다(경찰공무원법 제7조 제1항).

㉢ 경경찰청장은 수사부서에서 총경을 보직하는 경우에는 국가수사본부장의 <u>추천을 받아야</u> 한다(경찰공무원 임용령 제4조 제7항).

㉣ 임용권을 위임받은 소속 기관 등의 장은 경감 또는 경위를 신규채용하거나 <u>경위 또는 경사</u>를 승진시키려면 미리 경찰청장의 승인을 받아야 한다(경찰공무원 임용령 제4조 제10항).

Answer　76 ①　77 ④　78 ②

79 경찰공무원법 제7조에 따른 임용권자에 관한 설명으로 가장 적절하지 않은 것은? 23. 경찰

① 총경 이상 경찰공무원은 경찰청장 또는 해양경찰청장의 추천을 받아 행정안전부장관 또는 해양수산부장관의 제청으로 국무총리를 거쳐 대통령이 임용한다.

② 총경의 전보, 휴직, 직위해제, 강등, 정직 및 복직은 행정안전부장관 또는 해양수산부장관이 임용한다.

③ 경정 이하의 경찰공무원은 경찰청장 또는 해양경찰청장이 임용한다. 다만, 경정으로의 신규채용, 승진임용 및 면직은 경찰청장 또는 해양경찰청장의 제청으로 국무총리를 거쳐 대통령이 한다.

④ 경찰청장은 대통령령으로 정하는 바에 따라 경찰공무원의 임용에 관한 권한의 일부를 특별시장·광역시장·도지사·특별자치시장 또는 특별자치도지사, 국가수사본부장, 소속 기관의 장, 시·도경찰청장에게 위임할 수 있다.

> 정답찾기
> ② 총경의 전보, 휴직, 직위해제, 강등, 정직 및 복직은 <u>경찰청장 또는 해양경찰청장이</u> 한다(경찰공무원법 제7조 제1항).

80 경찰공무원의 분류 및 관계에 관한 설명으로 가장 적절하지 않은 것은? 24. 경찰

① 「경찰공무원 임용령」과 「경찰공무원 임용령 시행규칙」에서는 경과별 직무의 종류를 규정하고 있으며, 수사경과·안보수사경과·항공경과·정보통신경과에 속하지 아니하는 직무를 일반경과의 직무로 구분하고 있다.

② 「국적법」 제11조의2 제1항에 따른 복수국적자는 「경찰공무원법」에 규정된 임용의 결격사유에 해당한다.

③ 「경찰공무원법」에 따르면 경정 이하의 경찰공무원은 경찰청장 또는 해양경찰청장이 임용한다. 다만, 경정으로의 신규채용, 승진임용 및 면직은 경찰청장 또는 해양경찰청장의 제청으로 국무총리를 거쳐 대통령이 한다.

④ 「경찰공무원 임용령」에 따르면 임용권자 또는 임용제청권자는 시보임용경찰공무원의 생활기록이 극히 불량할 경우 임용심사위원회의 심사를 거쳐 면직시킬 수 있으나, 징계사유에 해당하는 경우에는 그러하지 아니한다.

> 정답찾기
> ④ 임용권자 또는 임용제청권자는 시보임용경찰공무원이 <u>징계사유에 해당</u>하여 정규 경찰공무원으로 임용하는 것이 부적당하다고 인정되는 경우에도 임용심사위원회의 심사를 거쳐 해당 시보임용경찰공무원을 면직시키거나 면직을 제청할 수 있다(경찰공무원 임용령 제20조 제4항 제1호).

81 경찰공무원 승진임용 규정상 승진에 관한 설명 중 가장 적절하지 않은 것은? 22. 경찰

① 경찰공무원의 승진임용은 심사승진임용·시험승진임용 및 특별승진임용으로 구분한다.

② 경찰공무원 승진임용 규정 제6조 제1항 제2호에 따르면 소극행정으로 감봉에 해당하는 징계처분을 받은 경찰공무원은 징계 처분의 집행이 끝난 날부터 18개월이 지나지 아니하면 심사승진임용될 수 없다.

③ 임용권자나 임용제청권자는 시험승진후보자 명부에 기록된 사람이 승진임용되기 전에 감봉 이상의 징계처분을 받은 경우에는 시험승진후보자 명부에서 그 사람을 제외하여야 한다.

④ 총경 이하의 경찰공무원에 대해서는 매년 근무성적을 평정하여야 하나 휴직 직위해제 등의 사유로 해당 연도의 평정기관에서 6개월 이상 근무하지 아니한 경찰공무원에 대해서는 근무성적을 평정하지 아니한다.

정답찾기

③ 임용권자나 임용제청권자는 시험승진후보자 명부에 기록된 사람이 승진임용되기 전에 <u>정직 이상</u>의 징계처분을 받은 경우에는 시험승진후보자 명부에서 그 사람을 제외하여야 한다(경찰공무원 승진임용 규정 제36조 제3항).

82 경찰공무원 관련 법령에 따를 때, 승진에 관한 설명 중 가장 적절하지 않은 것은? (다툼이 있는 경우 판례에 의함) 22. 경찰

① ○○지구대에 근무하는 순경 甲이 승진후보자명부에 등재된 후 경장으로 승진임용되기 전에 정직 3개월의 징계처분을 받아 임용권자가 순경 甲을 승진후보자명부에서 삭제함으로써 순경 甲이 승진임용의 대상에서 제외되었다면, 임용권자의 승진후보자명부에서의 삭제 행위 그 자체는 행정처분에 해당한다.

② 만 7세인 초등학교 1학년 외동딸을 양육하기 위하여 1년간 휴직한 경사 乙의 위 휴직기간 1년은 승진소요 최저근무연수에 포함된다.

③ 통상적인 근무시간보다 짧은 시간을 근무하는 시간선택제 전환 경찰공무원으로 경위 계급에서 1년간 근무한 경위 丙의 위 근무기간 1년은 승진소요 최저근무연수에 포함된다.

④ 위법·부당한 처분과 직접적 관계없이 50만 원의 향응을 받아 감봉 1개월의 징계처분을 받은 경감 丁이 그 징계처분을 받은 후 해당 계급에서 경찰청장 표창을 받은 경우(그 외 일체의 포상을 받은 사실 없음)에는 징계처분의 집행이 끝난 날부터 18개월이 지나면 승진임용될 수 있다.

정답찾기

① 시험승진후보자명부에 등재되어 있던 자가 그 명부에서 삭제됨으로써 승진임용의 대상에서 제외되었다 하더라도, 그와 같은 시험승진후보자명부에서의 삭제행위는 결국 그 명부에 등재된 자에 대한 승진 여부를 결정하기 위한 행정청 내부의 준비과정에 불과하고, 그 자체가 어떠한 권리나 의무를 설정하거나 법률상 이익에 직접적인 변동을 초래하는 별도의 행정처분이 된다고 할 수 없다(대판 1997.11.14, 97누7325).

② 경찰공무원 승진임용 규정 제5조 제2항 제1호 라목

③ 경찰공무원 승진임용 규정 제5조 제6항 제1호

④ 경찰공무원 승진임용 규정 제6조 제1항 제2호

Answer   79 ②   80 ④   81 ③   82 ①

83 승급제한사유로 가장 적절하지 않은 것은?

13. 경찰승진

① 징계처분, 직위해제 중에 있는 자
② 법령규정에 의하여 근무성적평정점이 최하등급에 해당하는 자
③ 견책처분의 집행이 종료된 날부터 8개월이 경과하지 않은 자[국가공무원법 제78조의2 제1항 각 호의 어느 하나의 사유로 인한 징계처분과 소극행정, 음주운전(음주측정에 응하지 않은 경우를 포함한다), 성폭력, 성희롱 및 성매매로 인한 징계처분의 경우에는 각각 6개월을 가산한 기간]
④ 감봉처분의 집행이 종료된 날부터 12개월이 경과하지 않은 자[국가공무원법 제78조의2 제1항 각 호의 어느 하나의 사유로 인한 징계처분과 소극행정, 음주운전(음주측정에 응하지 않은 경우를 포함한다), 성폭력, 성희롱 및 성매매로 인한 징계처분의 경우에는 각각 6개월을 가산한 기간]

정답찾기

③ 공무원보수규정에서 규정하는 징계처분 중 견책의 경우에는 집행이 끝난 날이 8개월이 아니라 6개월이다.

> **공무원보수규정**
> **제14조【승급의 제한】** ① 다음 각 호의 어느 하나에 해당하는 사람은 해당 기간 동안 승급시킬 수 없다.
> 1. 징계처분, 직위해제 또는 휴직(공무상 질병 또는 부상으로 인한 휴직은 제외한다) 중인 사람
> 2. 징계처분의 집행이 끝난 날(강등의 경우에는 직무에 종사하지 못하는 3개월이 끝난 날을 말한다. 이하 같다)부터 다음 각 목의 기간 [국가공무원법 제78조의2 제1항 각 호의 어느 하나의 사유로 인한 징계처분과 소극행정, 음주운전(음주측정에 응하지 않은 경우를 포함한다), 성폭력, 성희롱 및 성매매로 인한 징계처분의 경우에는 각각 6개월을 가산한 기간이 지나지 않은 사람
>   가. 강등·정직: 18개월(강등의 경우는 별표 13의 봉급표를 적용받는 공무원에게는 적용하지 아니한다)
>   나. 감봉: 12개월
>   다. 영창, 근신 또는 견책: 6개월
> 3. 법령의 규정에 따른 근무성적평정점이 최하등급에 해당되는 사람(공무원 성과평가 등에 관한 규정의 적용을 받지 아니하는 사람의 경우에는 상급감독자가 근무성적이 불량하다고 인정하는 사람) 또는 군근무성적평정규정에 따른 평정결과가 각 군 참모총장이 정하는 기준에 미달되는 사람: 최초 정기승급 예정일부터 6개월
> 4. 제17조 제1항에 따른 승급심사에 합격하지 못한 국가정보원 전문관: 최초 정기승급 예정일부터 1년
> 5. 군인보수법 제8조 제2항 단서에 따라 복무기간에 해당하는 호봉보다 다액의 호봉을 부여받고 그 호봉에 상응하는 복무기간에 미달된 사람
> ② 제1항 각 호의 어느 하나에 해당되어 승급이 제한되는 사람이 다시 징계처분이나 그 밖의 사유로 승급이 제한되는 경우에는 먼저 시작되는 승급제한 기간이 끝나는 날부터 다음 승급제한 기간을 기산한다.
> ③ 공무원이 징계처분을 받은 후 해당 계급에서 훈장, 포장, 국무총리 이상의 표창, 모범공무원 포상 또는 제안의 채택으로 포상을 받은 경우에는 최근에 받은 가장 중한 징계처분에 대해서만 제1항 제2호에 규정한 승급제한 기간의 2분의 1을 단축할 수 있다.

84 다음 중 직권휴직사유는 모두 몇 개인가?

> ㉠ 직무수행 능력이 부족하거나 근무성적이 극히 나쁜 자(3개월의 범위에서 대기를 명한다)
> ㉡ 국제기구, 외국 기관, 국내외의 대학·연구기관, 다른 국가기관 또는 대통령령으로 정하는 민간기업, 그 밖의 기관에 임시로 채용될 때
> ㉢ 병역법에 따른 병역 복무를 마치기 위하여 징집 또는 소집된 때
> ㉣ 파면·해임·강등 또는 정직에 해당하는 징계의결이 요구 중인 자
> ㉤ 형사 사건으로 기소된 자(약식명령이 청구된 자는 제외한다)
> ㉥ 신체·정신상의 장애로 장기 요양이 필요할 때
> ㉦ 중앙인사관장기관의 장이 지정하는 연구기관이나 교육기관 등에서 연수하게 된 때
> ㉧ 조부모, 부모(배우자의 부모를 포함한다), 배우자, 자녀 또는 손자녀를 부양하거나 돌보기 위하여 필요한 경우. 다만, 조부모나 손자녀의 돌봄을 위하여 휴직할 수 있는 경우는 본인 외에 돌볼 사람이 없는 등 대통령령등으로 정하는 요건을 갖춘 경우로 한정한다.
> ㉨ 공무원의 노동조합 설립 및 운영 등에 관한 법률 제7조에 따라 노동조합 전임자로 종사하게 된 때
> ㉩ 외국에서 근무·유학 또는 연수하게 되는 배우자를 동반하게 된 때

① 3개   ② 4개   ③ 5개   ④ 6개

정답찾기

㉢㉥㉨는 직권휴직사유에 해당하고, ㉠㉣㉤는 직위해제사유, ㉡㉦㉧㉩는 의원휴직사유에 해당한다.

■ 직권휴직, 의원휴직, 직위해제 사유

직권휴직사유(국가공무원법 제71조 제1항)	의원휴직사유(국가공무원법 제71조 제2항)	직위해제사유(국가공무원법 제73조의3)
1. 신체·정신상의 장애로 장기 요양이 필요할 때	1. 국제기구, 외국 기관, 국내외의 대학·연구기관, 다른 국가기관 또는 대통령령으로 정하는 민간기업, 그 밖의 기관에 임시로 채용될 때	1. 직무수행 능력이 부족하거나 근무성적이 극히 나쁜 자
2. 병역법에 따른 병역 복무를 마치기 위하여 징집 또는 소집된 때	2. 국외 유학을 하게 된 때	2. 파면·해임·강등 또는 정직에 해당하는 징계 의결이 요구 중인 자
3. 천재지변이나 전시·사변, 그 밖의 사유로 생사(生死) 또는 소재(所在)가 불명확하게 된 때	3. 중앙인사관장기관의 장이 지정하는 연구기관이나 교육기관 등에서 연수하게 된 때	3. 형사 사건으로 기소된 자(약식명령이 청구된 자는 제외한다)
4. 그 밖에 법률의 규정에 따른 의무를 수행하기 위하여 직무를 이탈하게 된 때	4. 만 8세 이하 또는 초등학교 2학년 이하의 자녀를 양육하기 위하여 필요하거나 여성 공무원이 임신 또는 출산하게 된 때	4. 고위공무원단에 속하는 일반직공무원으로서 제70조의2 제1항 제2호부터 제5호까지의 사유로 적격심사를 요구받은 자
5. 공무원의 노동조합 설립 및 운영 등에 관한 법률 제7조에 따라 노동조합 전임자로 종사하게 된 때	5. 조부모, 부모(배우자의 부모를 포함한다), 배우자, 자녀 또는 손자녀를 부양하거나 돌보기 위하여 필요한 경우. 다만, 조부모나 손자녀의 돌봄을 위하여 휴직할 수 있는 경우는 본인 외에 돌볼 사람이 없는 등 대통령령등으로 정하는 요건을 갖춘 경우로 한정한다.	5. 금품비위, 성범죄 등 대통령령으로 정하는 비위행위로 인하여 감사원 및 검찰·경찰 등 수사기관에서 조사나 수사 중인 자로서 비위의 정도가 중대하고 이로 인하여 정상적인 업무수행을 기대하기 현저히 어려운 자
	6. 외국에서 근무·유학 또는 연수하게 되는 배우자를 동반하게 된 때	
	7. 대통령령 등으로 정하는 기간 동안 재직한 공무원이 직무 관련 연구과제 수행 또는 자기개발을 위하여 학습·연구 등을 하게 된 때	

85 국가공무원법상 휴직에 대한 설명으로 가장 적절하지 않은 것은?

19. 경찰승진

① 휴직기간이 끝난 공무원이 30일 이내에 복귀신고를 하면 당연히 복직된다.

② 휴직기간이 끝나거나 휴직사유가 소멸된 후에도 직무에 복귀하지 아니하거나 직무를 감당할 수 없을 때에는 임용권자는 그 공무원을 직권으로 면직시켜야 한다.

③ 휴직기간 중 그 사유가 없어지면 30일 이내에 임용권자 또는 임용제청권자에게 신고하여야 하며, 임용권자는 지체 없이 복직을 명하여야 한다.

④ 휴직 중인 공무원은 신분은 보유하나 직무에 종사하지 못한다.

> 정답찾기

② 휴직기간이 끝나거나 휴직사유가 소멸된 후에도 직무에 복귀하지 아니하거나 직무를 감당할 수 없을 때에는 임용권자는 그 공무원을 직권으로 면직시킬 수 있다(국가공무원법 제70조 제1항 제4호).

86 국가공무원법상 직권휴직과 직위해제사유를 설명한 것이다. 아래 ㉠부터 ㉫까지의 설명 중 직권휴직사유는 모두 몇 개인가?

17. 경찰승진

㉠ 직무수행 능력이 부족하거나 근무성적이 극히 나쁜 자
㉡ 파면·해임·강등 또는 정직에 해당하는 징계의결이 요구 중인 자
㉢ 신체·정신상의 장애로 장기 요양이 필요할 때
㉣ 병역법에 따른 병역 복무를 마치기 위하여 징집 또는 소집된 때
㉤ 형사사건으로 기소된 자(약식명령이 청구된 자 제외)
㉫ 천재지변이나 전시·사변, 그 밖의 사유로 생사 또는 소재가 불명확하게 된 때

① 1개
② 2개
③ 3개
④ 4개

> 정답찾기

③ 직권휴직사유는 ㉢㉣㉫이다.

	국가공무원법 제71조 제1항
직권휴직사유	1. 신체·정신상의 장애로 장기 요양이 필요할 때 2. 삭제 〈1978.12.5.〉 3. 병역법에 따른 병역 복무를 마치기 위하여 징집 또는 소집된 때 4. 천재지변이나 전시·사변, 그 밖의 사유로 생사(生死) 또는 소재(所在)가 불명확하게 된 때 5. 그 밖에 법률의 규정에 따른 의무를 수행하기 위하여 직무를 이탈하게 된 때 6. 공무원의 노동조합 설립 및 운영 등에 관한 법률 제7조에 따라 노동조합 전임자로 종사하게 된 때

87 직위해제에 대한 설명으로 적절하지 않은 것은 모두 몇 개인가? 20. 경찰승진, 21. 경찰 변형

> ○ 임용권자 또는 임용제청권자는 직무수행 능력이 부족하거나 근무성적이 극히 나빠 직위해제되어 대기명령을 받은 자에게 능력 회복이나 근무성적의 향상을 위한 교육훈련 또는 특별한 연구과제의 부여 등 필요한 조치를 하여야 한다.
> ○ 파면·해임·강등 또는 정직에 해당하는 징계 의결이 요구 중인 자에 해당하여 직위해제된 사람에게는 봉급의 50퍼센트를 지급한다. 다만 직위해제일로부터 3개월이 지나도 직위를 부여받지 못한 경우에는 그 3개월이 지난 후의 기간 중에는 봉급의 40퍼센트를 지급한다.
> ○ 직위해제의 사유가 소멸하면 임용권자는 지체 없이 직위를 부여하여야 한다.
> ○ 임용권자는 형사사건으로 기소된 자(약식명령이 청구된 자를 포함한다)에게 직위를 부여하지 아니할 수 있다.
> ○ 임용권자는 신체·정신상의 장애로 장기 요양이 필요한 자에게 직위를 부여하지 아니할 수 있다.

① 1개 　　　　② 2개 　　　　③ 3개 　　　　④ 4개

정답찾기

지문의 내용 중 적절하지 않은 것은 ○○○이다.
○ 사안의 경우 직위해제일부터 3개월이 지나도 직위를 부여받지 못한 경우에는 그 3개월이 지난 후의 기간 중에는 봉급의 30퍼센트를 지급한다(공무원보수규정 제29조 제3호).
○ 임용권자는 형사사건으로 기소된 자(약식명령이 청구된 자는 제외한다)에게 직위를 부여하지 아니할 수 있다(국가공무원법 제73조의3 제1항 제4호).
○ 지문의 내용은 직권휴직사유에 해당한다(국가공무원법 제71조 제1항 제1호).

88 국가공무원법상 직위해제에 관한 설명으로 가장 적절하지 않은 것은? 23. 경찰

① 임용권자는 직무수행 능력이 부족하거나 근무성적이 극히 나쁜 자에게 직위를 부여하지 아니할 수 있다.
② 형사사건으로 기소된 자(약식명령이 청구된 자는 제외한다)에게는 직위를 부여하지 아니할 수 있다.
③ 제73조의3 제1항에 따라 직위를 부여하지 아니한 경우에 그 사유가 소멸되면 임용권자는 7일 이내에 직위를 부여할 수 있다.
④ 임용권자는 제1항 제2호에 따라 직위해제된 자에게 3개월의 범위에서 대기를 명한다.

정답찾기

③ 직위해제 사유가 소멸되면 임용권자는 지체 없이 직위를 부여하여야 한다(국가공무원법 제73조의3 제2항).

Answer 　85 ② 　86 ③ 　87 ③ 　88 ③

89 경찰공무원 관계의 변동에 관한 내용 중 가장 적절하지 않은 것은? 13. 경찰승진

① 강임은 경찰공무원에게는 적용되지 않는다.
② 휴직 중 휴직사유 소멸시 20일 내에 신고해야 한다.
③ 직위해제는 일정한 사유로 직위를 부여하지 아니하는 제재적 성격의 조치이다.
④ 전보란 동일 직위 및 자격 내에서의 근무기관이나 부서를 달리하는 임용을 말한다.

정답찾기

② 휴직기간 중 그 사유가 없어지면 <u>30일 이내</u>에 임용권자 또는 임용제청권자에게 신고하여야 하며, 임용권자는 지체 없이 복직을 명하여야 한다(국가공무원법 제73조 제2항).

90 경찰의 대우공무원제도에 대한 다음 설명 중 틀린 것은? 09. 경찰, 15. 경찰간부

> ㉠ 대우공무원에게는 공무원수당 등에 관한 규정에서 정하는 바에 따라 수당을 지급할 수 있다.
> ㉡ 대우공무원은 총경 이하 경찰공무원으로서 해당 계급에서 5년 이상 근무한 사람을 대상으로 선발한다.
> ㉢ 징계 또는 직위해제 처분을 받은 경우 대우공무원 수당을 감액하여 지급하나, 휴직한 경우에는 지급하지 아니한다.
> ㉣ 대우공무원이 상위계급으로 승진임용되거나 강등되는 경우 그 해당일에 대우공무원의 자격은 별도 조치 없이 당연히 상실된다.
> ㉤ 임용권자나 임용제청권자는 매 월 말 5일 전까지 대우공무원 발령일을 기준으로 하여 대우공무원 선발요건을 충족하는 대상자를 결정하여야 하고, 그 다음 달 1일에 일괄하여 대우공무원으로 발령하여야 한다.
> ㉥ 해당 계급에서 승진소요 최저근무연수 이상 근무하고, 승진임용의 제한사유가 없으며, 근무실적이 우수한 자를 대상으로 대우공무원을 선발할 수 있다.

① 없음 ② 1개 ③ 2개 ④ 3개

정답찾기

틀린 것은 ㉡㉢ 2개이다.

㉡ 대우공무원으로 선발되기 위해서는 <u>총경·경정은 7년 이상, 경감 이하는 5년 이상</u> 해당 계급에서 근무하여야 한다(경찰공무원 승진임용 규정 시행규칙 제35조 제1항).

㉢ 대우공무원이 징계 또는 <u>직위해제 처분을 받거나 휴직하여도 대우공무원수당은 계속 지급한다.</u> 다만, 공무원수당 등에 관한 규정에서 정하는 바에 따라 대우공무원수당을 줄여 지급한다(경찰공무원 승진임용 규정 시행규칙 제37조 제2항).

■ ㉠에 대한 보충설명

> **경찰공무원 승진임용 규정**
> **제43조【대우공무원의 선발 등】** ③ 대우공무원에게는 공무원수당 등에 관한 규정에서 정하는 바에 따라 수당을 <u>지급할 수 있다.</u>
>
> **경찰공무원 승진임용 규정 시행규칙**
> **제37조【대우공무원수당의 지급】** ① 대우공무원으로 선발된 경찰공무원에게는 공무원수당 등에 관한 규정에 따라 대우공무원수당을 <u>지급한다.</u>

91 '경찰공무원 임용령'상 경찰관의 전보에 대한 설명으로 가장 적절하지 않은 것은? 15. 경찰승진

① 전보란 계급의 변화 없이 직위만 바뀌는 것으로 동일한 계급 내의 보직변경이다.

② 전보의 기간이나 시기를 일정하게 정해 놓아야 안정된 심리상태 속에서 업무수행이 가능하다.

③ 전보의 목적은 같은 직위에 장기적으로 근무함으로써 생기는 무기력 현상을 막고 신선한 자극을 주어 활력이 넘치는 업무수행으로 조직 효과성을 높이는데 있다.

④ 경찰공무원은 예외 없이 어떤 직위에 임용된 날로부터 1년 이내에는 다른 직위로 전보될 수 없다.

정답찾기

④ 전보제한의 예외 사유에 해당하는 경우 전보제한 기간 내에도 전보가 가능하다.

92 경찰공무원 임용령상 전보제한 예외사유로 가장 적절하지 않은 것은? 16. 경찰승진

① 징계처분을 받은 경우

② 직제상의 최저단위 보조기관(담당관을 포함한다) 내에서의 전보

③ 경비담당 경찰공무원 가운데 부적격자로 인정되는 경우

④ 기구의 개편, 직제 또는 정원의 변경으로 인한 해당 경찰공무원의 전보

정답찾기

③ 임용권자 또는 임용제청권자는 소속 공무원을 해당 직위에 임용된 날부터 1년 이내(감사업무를 담당하는 경찰공무원의 경우에는 2년 이내)에 다른 직위에 전보할 수 없다. 다만, <u>감사담당 경찰공무원</u> 가운데 부적격자로 인정되는 경우에는 그러하지 아니하다(경찰공무원 임용령 제27조 제1항 제13호).

경찰공무원 임용령

제27조 【전보의 제한】 ① 임용권자 또는 임용제청권자는 소속 경찰공무원이 해당 직위에 임용된 날부터 1년 이내(감사업무를 담당하는 경찰공무원의 경우에는 2년 이내)에 다른 직위에 전보할 수 없다. 다만, 다음 각 호의 어느 하나에 해당하는 경우에는 그러하지 아니하다.

1. 직제상 최저단위인 보조기관 또는 보좌기관 내에서 전보하는 경우
2. 경찰청과 소속 기관 등 또는 소속 기관 등 상호간의 교류를 위하여 전보하는 경우
3. 기구의 개편, 직제 또는 정원의 변경으로 해당 경찰공무원을 전보하는 경우
4. 승진임용된 경찰공무원을 전보하는 경우
5. 전문직위로 경찰공무원을 전보하는 경우
6. 징계처분을 받은 경우
7. 형사사건에 관련되어 수사기관에서 조사를 받고 있는 경우
8. 경찰공무원으로서의 품위를 크게 손상하는 비위(非違)로 인한 감사 또는 조사가 진행 중이어서 해당 직위를 유지하는 것이 부적절하다고 판단되는 경찰공무원을 전보하는 경우
9. 경찰기동대 등 경비부서에서 정기적으로 교체하는 경우
10. 교육훈련기관의 교수요원으로 보직하는 경우
11. 시보임용 중인 경우
12. 신규채용된 경찰공무원을 해당 계급의 보직관리기준에 따라 전보하는 경우 및 이와 관련한 전보의 경우
13. 감사담당 경찰공무원 가운데 부적격자로 인정되는 경우
14. 경정 이하의 경찰공무원을 배우자 또는 직계존속이 거주하는 시·군·자치구 지역의 경찰기관으로 전보하는 경우
15. 임신 중인 경찰공무원 또는 출산 후 1년이 지나지 않은 경찰공무원의 모성보호, 육아 등을 위하여 필요한 경우

Answer   89 ②   90 ③   91 ④   92 ③

93 다음은 '경찰공무원법'상 경찰공무원의 정년에 대한 내용이다. 다음 각 (   )에 해당하는 숫자의 합은? 13. 경찰 변형

㉠ 계급정년은 치안감 4년, 총경 (   )년이다.

㉡ 수사, 정보, 외사, 안보, 자치경찰사무 등 특수 부문에 근무하는 경찰공무원으로서 대통령령으로 정하는 바에 따라 지정을 받은 사람은 총경 및 경정의 경우에는 (   )년의 범위에서 대통령령으로 정하는 바에 따라 계급정년을 연장할 수 있다.

㉢ 경찰청장 또는 해양경찰청장은 전시, 사변이나 그 밖에 이에 준하는 비상사태에서는 (   )년의 범위에서 계급정년을 연장할 수 있다.

---

① 11   ② 15   ③ 16   ④ 17

정답찾기

④ 괄호 안에 들어갈 숫자의 합은 17이다.

경찰공무원법
제30조 【정년】 ① 경찰공무원의 정년은 다음과 같다.
 1. 연령정년 : 60세
 2. 계급정년
    치안감 : 4년   경무관 : 6년
    총경 : <u>11년</u>   경정 : 14년
③ 수사, 정보, 외사, 안보, 자치경찰사무 등 특수 부문에 근무하는 경찰공무원으로서 대통령령으로 정하는 바에 따라 지정을 받은 사람은 총경 및 경정의 경우에는 <u>4년</u>의 범위에서 대통령령으로 정하는 바에 따라 제1항 제2호에 따른 계급정년을 연장할 수 있다.
④ 경찰청장 또는 해양경찰청장은 전시·사변이나 그 밖에 이에 준하는 비상사태에서는 <u>2년</u>의 범위에서 제1항 제2호에 따른 계급정년을 연장할 수 있다. 이 경우 경무관 이상의 경찰공무원에 대하여는 행정안전부장관 또는 해양수산부장관과 국무총리를 거쳐 대통령의 승인을 받아야 하고, 총경·경정의 경찰공무원에 대하여는 국무총리를 거쳐 대통령의 승인을 받아야 한다.

---

94 경찰공무원 근무관계의 성립·변동·소멸에 대한 설명으로 적절한 것을 모두 고른 것은? 18. 경찰승진

> ㉠ 징계에 의하여 해임의 처분을 받았더라도 그 후 3년이 경과하였다면 경찰공무원에 임용될 수 있다.
> ㉡ 국가공무원법상 강임은 하위 직급에의 임용으로서 경찰공무원에게도 적용된다.
> ㉢ 감사업무를 담당하는 경찰공무원은 부적격자로 인정되는 경우가 아닌 한 해당 직위에 임용된 날부터 3년 이내에는 다른 직위에 전보할 수 없다.
> ㉣ 형법 제129조부터 제132조에 규정된 죄를 범한 사람으로서 벌금 이상의 형의 선고유예를 받고 그 선고유예기간 중에 있는 자는 당연퇴직된다.

① 없음 ② ㉡ ③ ㉢ ④ ㉣

정답찾기

모두 틀린 지문이다.
㉠ 징계에 의하여 파면 또는 해임처분을 받은 사람은 경찰공무원으로 임용될 수 없다(경찰공무원법 제8조 제2항 제10호).
㉡ 국가공무원법상 강임은 하위 직급에의 임용으로서 경찰공무원에게는 적용되지 않는다.
㉢ 임용권자 또는 임용제청권자는 소속 경찰공무원이 해당 직위에 임용된 날부터 1년 이내(감사업무를 담당하는 경찰공무원의 경우에는 2년 이내)에 다른 직위에 전보할 수 없다(경찰공무원 임용령 제27조 제1항).
㉣ 경찰공무원이 경찰공무원법 제8조 제2항 각 호(임용결격사유)의 어느 하나에 해당하게 된 경우에는 당연히 퇴직한다. 다만, 같은 항 제4호는 파산선고를 받은 사람으로서 채무자 회생 및 파산에 관한 법률에 따라 신청기한 내에 면책신청을 하지 아니하였거나 면책불허가 결정 또는 면책취소가 확정된 경우만 해당하고, 같은 항 제6호는 형법 제129조부터 제132조까지(수뢰·사전수뢰, 제3자뇌물제공, 수뢰후부정처사·사후수뢰, 알선수뢰), 성폭력범죄의 처벌 등에 관한 특례법 제2조, 「정보통신망 이용촉진 및 정보보호 등에 관한 법률」 제74조 제1항 제2호·제3호, 「스토킹범죄의 처벌 등에 관한 법률」 제2조 제2호, 아동·청소년의 성보호에 관한 법률 제2조 제2호 및 직무와 관련하여 형법 제355조(횡령, 배임) 또는 제356조(업무상의 횡령과 배임)에 규정된 죄를 범한 사람으로서 자격정지 이상의 형의 선고유예를 받은 경우만 해당한다(경찰공무원법 제27조).

95 경찰공무원법상 당연퇴직사유에 해당하지 않는 것은? 18. 경찰승진

① 피성년후견인 또는 피한정후견인
② 벌금 이상의 형(刑)을 선고받은 사람
③ 직무와 관련하여 형법 제355조 또는 제356조에 규정된 죄를 범한 사람으로서 자격정지 이상의 형의 선고유예를 선고받고 그 유예기간 중에 있는 사람
④ 징계에 의하여 해임처분을 받은 사람

정답찾기

② 경찰공무원이 자격정지 이상의 형을 선고받은 경우에는 당연히 퇴직한다.

Answer 93 ④ 94 ① 95 ②

96 「경찰공무원법」상 경찰공무원의 당연퇴직사유이다. 적절하지 않은 것은 모두 몇 개인가?

> ㉠ 「국적법」 제11조의2 제1항에 따른 복수국적자
> ㉡ 자격정지 이상의 형(刑)을 선고받은 사람
> ㉢ 「형법」 제357조에 규정된 배임수증죄를 범한 사람으로서 자격정지 이상의 형의 선고유예를 받고 그 유예기간 중에 있는 사람
> ㉣ 미성년자에 대한 「성폭력범죄의 처벌 등에 관한 특례법」 제2조에 따른 성폭력범죄를 저질러 형 또는 치료감호가 확정된 사람(집행유예를 선고받은 후 그 집행유예기간이 경과한 사람을 포함한다)

① 0개   ② 1개   ③ 2개   ④ 3개

정답찾기

지문의 내용 중 적절하지 않은 것은 ㉢이다.

㉢ 형법상 배임수증재의 죄는 제357조에 규정되어 있으므로 ㉢은 임용결격사유에는 해당하지만 당연퇴직사유에는 해당하지 않는다(경찰공무원법 제8조 제2항 제6호, 제27조).

■ 경찰공무원법상 임용결격사유와 당연퇴직사유의 비교

임용결격사유	당연퇴직사유
1. 대한민국 국적을 가지지 아니한 사람 2. 「국적법」 제11조의2제1항에 따른 복수국적자 3. 피성년후견인 또는 피한정후견인 4. 파산선고를 받고 복권되지 아니한 사람 5. 자격정지 이상의 형(刑)을 선고받은 사람	경찰공무원이 제8조제2항 각 호의 어느 하나에 해당하게 된 경우에는 당연히 퇴직한다. 1. 파산선고를 받은 사람으로서 「채무자 회생 및 파산에 관한 법률」에 따라 신청기한 내에 면책신청을 하지 아니하였거나 면책불허가 결정 또는 면책 취소가 확정된 경우만 해당
6. 자격정지 이상의 형의 선고유예를 선고받고 그 유예기간 중에 있는 사람 7. 공무원으로 재직기간 중 직무와 관련하여 「형법」 제355조 및 제356조에 규정된 죄를 범한 자로서 300만원 이상의 벌금형을 선고받고 그 형이 확정된 후 2년이 지나지 아니한 사람 8. 「성폭력범죄의 처벌 등에 관한 특례법」 제2조에 규정된 죄를 범한 사람으로서 100만원 이상의 벌금형을 선고받고 그 형이 확정된 후 3년이 지나지 아니한 사람 9. 미성년자에 대한 다음 각 목의 어느 하나에 해당하는 죄를 저질러 형 또는 치료감호가 확정된 사람(집행유예를 선고받은 후 그 집행유예기간이 경과한 사람을 포함한다) 　가. 「성폭력범죄의 처벌 등에 관한 특례법」 제2조에 따른 성폭력범죄 　나. 「아동·청소년의 성보호에 관한 법률」 제2조제2호에 따른 아동·청소년대상 성범죄 10. 징계에 의하여 파면 또는 해임처분을 받은 사람	2. 「형법」 제129조부터 제132조까지, 「성폭력범죄의 처벌 등에 관한 특례법」 제2조, 「정보통신망 이용촉진 및 정보보호 등에 관한 법률」 제74조 제1항 제2호·제3호, 「스토킹범죄의 처벌 등에 관한 법률」 제2조 제2호, 「아동·청소년의 성보호에 관한 법률」 제2조 제2호 및 직무와 관련하여 「형법」 제355조 또는 제356조에 규정된 죄를 범한 사람으로서 자격정지 이상의 형의 선고유예를 받은 경우만 해당 형법 제129조(수뢰, 사전수뢰), 제130조(제삼자뇌물제공), 제131조(수뢰후부정처사, 사후수뢰), 제132조(알선수뢰), 제355조(횡령, 배임), 제356조(업무상의 횡령과 배임)

97 다음은 경찰공무원법에 대한 설명이다. 적절한 것은 모두 몇 개인가?

㉠ 경찰공무원의 신규채용시험에서 다른 수험생의 답안지를 보거나 본인의 답안지를 보여주는 행위를 한 사람에 대해서는 해당 시험을 정지 또는 무효로 하거나 합격을 취소하고, 그 처분이 있은 날부터 5년간 시험에 응시할 수 없게 한다.

㉡ 총경 이상 경찰공무원은 경찰청장 또는 해양경찰청장의 추천을 받아 행정안전부장관 또는 해양수산부장관의 제청으로 국무총리를 거쳐 대통령이 임용한다. 다만, 총경의 전보, 휴직, 직위해제, 강등, 정직 및 복직은 경찰청장 또는 해양경찰청장이 한다.

㉢ 경찰청장 또는 해양경찰청장은 전시·사변이나 그 밖에 이에 준하는 비상사태에서는 2년의 범위에서 계급정년을 연장할 수 있다. 이 경우 치안감의 경찰공무원에 대하여는 행정안전부장관 또는 해양수산부장관과 국무총리를 거쳐 대통령의 승인을 받아야 하고, 경무관·총경·경정의 경찰공무원에 대하여는 국무총리를 거쳐 대통령의 승인을 받아야 한다.

㉣ 경장을 경사로 근속승진임용하려는 경우에는 해당 계급에서 6년 이상 근속자이어야 한다.

㉤ 경찰공무원은 그 정년이 된 날이 1월에서 6월 사이에 있으면 6월 30일에 당연퇴직하고, 7월에서 12월 사이에 있으면 12월 31일에 당연퇴직한다.

① 없음　　② 1개　　③ 2개　　④ 3개

정답찾기

지문의 내용 중 옳은 것은 ㉠㉡㉤이다.
㉢ 경찰청장 또는 해양경찰청장은 전시·사변이나 그 밖에 이에 준하는 비상사태에서는 2년의 범위에서 계급정년을 연장할 수 있다. 이 경우 경무관 이상의 경찰공무원에 대하여는 행정안전부장관 또는 해양수산부장관과 국무총리를 거쳐 대통령의 승인을 받아야 하고, 총경·경정의 경찰공무원에 대하여는 국무총리를 거쳐 대통령의 승인을 받아야 한다(경찰공무원법 제30조 제4항).
㉣ 경장을 경사로 근속승진임용하려는 경우에는 해당 계급에서 5년 이상 근속하여야 한다(경찰공무원법 제16조 제1항 제2호).

98 경찰공무원의 직권면직사유로 가장 적절하지 않은 것은 모두 몇 개인가?

㉠ 직제와 정원의 개폐 또는 예산의 감소 등에 의하여 폐직 또는 과원이 되었을 때

㉡ 병역법에 따른 병역 복무를 마치기 위하여 징집 또는 소집된 때

㉢ 불순한 이성관계 등 도덕적 결함이 현저하여 타인의 비난을 받는 경우

㉣ 직무를 수행하는 데 필요한 자격증의 효력이 상실되거나 면허가 취소되어 담당 직무를 수행할 수 없게 되었을 때

㉤ 휴직기간이 끝나거나 휴직사유가 소멸된 후에도 직무에 복귀하지 아니하거나 직무를 감당할 수 없을 때

㉥ 직무를 수행하는 데에 위험을 일으킬 우려가 있을 정도의 성격적 또는 도덕적 결함이 있는 사람으로서 대통령령으로 정하는 사유에 해당된다고 인정될 때

① 없음　　② 1개　　③ 2개　　④ 3개

정답찾기

② ㉡은 직권휴직사유에 해당한다.

Answer 96 ② 97 ④ 98 ②

99 경찰공무원법상 경찰공무원의 직권면직사유 중 직권면직 처분을 위해 징계위원회의 동의가 필요한 사유로 옳은 것은 모두 몇 개인가?

22. 경찰

> ㉠ 해당 경과에서 직무를 수행하는 데 필요한 자격증의 효력이 상실되거나 면허가 취소되어 담당 직무를 수행할 수 없게 되었을 때
> ㉡ 직무를 수행하는 데에 위험을 일으킬 우려가 있을 정도의 성격적 또는 도덕적 결함이 있는 사람으로서 대통령령으로 정하는 사유에 해당된다고 인정될 때
> ㉢ 경찰공무원으로는 부적합할 정도로 직무 수행능력이나 성실성이 현저하게 결여된 사람으로서 대통령령으로 정하는 사유에 해당된다고 인정될 때
> ㉣ 휴직 기간이 끝나거나 휴직 사유가 소멸된 후에도 직무에 복귀하지 아니하거나 직무를 감당할 수 없을 때

① 1개   ② 2개   ③ 3개   ④ 4개

[정답찾기]

지문의 내용 중 직권면직 시에 징계위원회의 동의를 필요로 하는 주관적 사유는 ㉡㉢, 객관적 사유는 ㉠㉣이다(경찰공무원법 제28조).

■ 직권면직사유

객관적 사유 (징계위원회의 동의를 요하지 않는 직권면직의 사유)	1. 직제와 정원의 개폐 또는 예산의 감소 등에 의하여 폐직 또는 과원이 되었을 때 2. 휴직기간이 끝나거나 휴직사유가 소멸된 후에도 직무에 복귀하지 아니하거나 직무를 감당할 수 없을 때(사안의 경우 직권면직일은 휴직기간의 만료일이나 휴직사유의 소멸일로 한다) 3. 당해 경과에서 직무를 수행하는 데 필요한 자격증의 효력이 없어지거나 면허가 취소되어 담당직무를 수행할 수 없게 된 때
주관적 사유 (징계위원회의 동의를 요하는 직권면직의 사유)	1. 직위해제로 인하여 대기명령을 받은 자가 그 기간 중 능력의 향상 또는 근무성적의 향상을 기대하기 어렵다고 인정한 때 2. 경찰공무원으로서 부적합할 정도로 직무수행능력 또는 성실성이 현저히 결여된 자로서 다음의 경우 　• 지능저하 또는 판단력의 부족으로 경찰업무를 감당할 수 없는 경우 　• 책임감의 결여로 직무수행에 성의가 없고 위험한 직무에 당하여 고의로 직무수행을 기피 또는 포기한 경우 3. 직무수행에 있어서 위험을 일으킬 우려가 있을 정도의 성격 또는 도덕적 결함이 있는 자로서 다음의 경우 　• 인격장애, 알코올·약물중독 그 밖의 정신장애로 인하여 경찰업무를 감당할 수 없는 경우 　• 사행행위 또는 재산의 낭비로 인한 채무과다, 기타 불순한 이성관계 등 도덕적 결함이 현저하여 타인의 비난을 받는 경우

100 다음은 경찰공무원 근무관계의 발생, 변동, 소멸에 대한 설명이다. 옳은 것은 모두 몇 개인가?   22. 경찰승진

> ㉠ 경찰공무원법상 자치경찰공무원을 그 계급에 상응하는 경찰공무원으로 임용할 때에는 시보임용을 거친다.
> ㉡ 경찰공무원 승진임용규정상 임용권자나 임용제청권자는 심사승진후보자 명부에 기록된 사람이 승진임용되기
> 전에 정직 이상의 징계처분을 받은 경우에는 심사승진후보자 명부에서 그 사람을 제외하여야 한다.
> ㉢ 국가공무원법상 임용권자는 금품비위, 성범죄 등 대통령령으로 정하는 비위행위로 인하여 감사원 및 검찰·경
> 찰 등 수사기관에서 조사나 수사 중인 자로서 비위의 정도가 중대하고 이로 인하여 정상적인 업무수행을 기대
> 하기 현저히 어려운 자는 직위해제할 수 있다.
> ㉣ 경찰공무원법상 임용권자는 경찰공무원이 경찰공무원으로는 부적합할 정도로 직무 수행능력이나 성실성이
> 현저하게 결여된 사람으로서 대통령령으로 정하는 사유에 해당된다고 인정되는 사람을 직권으로 면직시킬 수
> 있다.

① 1개   ② 2개   ③ 3개   ④ 없음

정답찾기

지문의 내용 중 옳은 것은 ㉡㉢㉣, 틀린 것은 ㉠이다. ㉠은 시보임용의 면제사유에 해당한다(경찰공무원법 제13조 제4항 제4호).

101 「경찰공무원법」에 대한 설명으로 가장 적절한 것은?   24. 경찰간부

① 경정 이하의 경찰공무원을 신규 채용할 때에는 1년간 시보로 임용하고, 그 기간이 만료된 날에 정규 경찰공
무원으로 임용한다.
② 경찰공무원의 복제에 관한 사항은 대통령령으로 정한다.
③ 임용권자는 경찰공무원이 해당 경과에서 직무를 수행하는 데 필요한 자격증의 효력이 상실되거나 면허가
취소되어 담당 직무를 수행할 수 없게 되었을 때에는 직권으로 면직시킬 수 있으며, 이 경우에는 징계위원회
의 동의를 받아야 한다.
④ 징계처분, 휴직처분, 면직처분, 그 밖에 의사에 반하여 불리한 처분에 대한 행정소송은 경찰청장을 피고로
하는 것이 원칙이며, 예외도 있다.

정답찾기

④ 징계처분, 휴직처분, 면직처분, 그 밖에 의사에 반하는 불리한 처분에 대한 행정소송은 경찰청장 또는 해양경찰청장을 피고로 한다.
다만, 제7조제3항 및 제4항에 따라 임용권을 위임한 경우에는 그 위임을 받은 자를 피고로 한다(경찰공무원법 제34조).
① 경정 이하의 경찰공무원을 신규 채용할 때에는 1년간 시보(試補)로 임용하고, 그 기간이 만료된 다음 날에 정규 경찰공무원으로 임용
한다(경찰공무원법 제7조 제1항).
② 경찰공무원의 복제(服制)에 관한 사항은 행정안전부령 또는 해양수산부령으로 정한다(경찰공무원법 제26조 제3항).
③ 사안의 경우 객관적 사유에 해당하므로 직권면직 시에 징계위원회의 동의를 필요로 하지 않는다(경찰공무원법 제28조 제2항).

Answer   99 ②   100 ③   101 ④

102 경찰공무원의 의무를 나열한 것이다. 다음 중 국가공무원법상 의무와 경찰공무원법상 의무의 개수를 바르게 짝지은 것은?

12. 경찰, 14. 경찰간부

㉠ 법령준수의 의무	㉡ 비밀엄수의 의무
㉢ 집단행위금지의 의무	㉣ 제복착용의 의무
㉤ 종교중립의 의무	㉥ 복종의 의무
㉦ 품위유지의 의무	㉧ 재산등록과 공개의 의무
㉨ 청렴의 의무	㉩ 지휘권남용금지의 의무
㉪ 선서의 의무	㉫ 정치운동의 금지
㉬ 거짓 보고 등의 금지	㉭ 취업제한의 의무

① 국가공무원법상 의무 : 8개 − 경찰공무원법상 의무 : 5개
② 국가공무원법상 의무 : 9개 − 경찰공무원법상 의무 : 3개
③ 국가공무원법상 의무 : 9개 − 경찰공무원법상 의무 : 4개
④ 국가공무원법상 의무 : 8개 − 경찰공무원법상 의무 : 4개

정답찾기
국가공무원법상의 의무 − ㉠㉡㉢㉤㉥㉦㉨㉪㉬
경찰공무원법상의 의무 − ㉣㉩㉫
공직자윤리법상의 의무 − ㉧㉭

103 경찰공무원의 권리·의무에 관한 다음 설명 중 적절하지 않은 것은 모두 몇 개인가?

12. 경찰

㉠ 공무 외에 영리를 목적으로 하는 업무에 종사하지 못하며, 소속 상관의 허가 없이 다른 직무를 겸할 수 없다.
㉡ 외국 정부로부터 영예나 증여를 받을 경우에는 대통령의 허가를 받아야 한다.
㉢ 직무상 관계가 없을 때에는, 소속 상관에게 증여하거나 소속 공무원으로부터 증여를 받을 수 있다.
㉣ 무기휴대에 관해서는 경찰관 직무집행법에 규정되어 있고, 무기사용에 관해서는 경찰공무원법에 규정되어 있다.

① 1개　　　　　② 2개　　　　　③ 3개　　　　　④ 4개

정답찾기
적절하지 않은 것은 ㉠㉢㉣ 3개이다.
㉠ 공무원은 공무 외에 영리를 목적으로 하는 업무에 종사하지 못하며 소속 기관장의 허가 없이 다른 직무를 겸할 수 없다(국가공무원법 제64조 제1항).
㉢ 공무원은 직무상의 관계가 있든 없든 그 소속 상관에게 증여하거나 소속 공무원으로부터 증여를 받아서는 아니 된다(국가공무원법 제61조 제2항).
㉣ 경찰공무원의 무기휴대는 경찰공무원법, 무기사용은 경찰관 직무집행법에 규정되어 있다.

104 경찰공무원의 권리와 의무에 대한 설명 중 가장 적절한 것은? (다툼이 있는 경우 판례에 의함)

① 무기휴대의 법적 근거는 국가경찰과 자치경찰의 조직 및 운영에 관한 법률 제20조이며, 무기사용의 법적 근거는 경찰관 직무집행법 제10조의4로 분리되어 있다.

② 공무원의 보수는 봉급과 기타 각종 수당을 합산한 금액을 말하는 데, 경찰공무원의 보수에 관한 사항을 별도로 규정하는 법령은 존재치 않고 행정안전부령인 공무원보수규정안에서 통합하여 규정하고 있다.

③ 연금은 기획재정부장관이 결정하고 공무원연금공단이 지급한다.

④ 법령준수의 의무, 영리업무종사금지, 친절공정의 의무, 종교중립의 의무는 경찰공무원의 직무상 의무에 해당한다.

정답찾기
① 무기휴대의 근거법은 경찰공무원법이고, 무기사용의 근거법은 경찰관 직무집행법이다.
② 공무원보수규정은 대통령령이다.
③ 각종 급여는 그 급여를 받을 권리를 가진 사람의 신청에 따라 인사혁신처장의 결정으로 공무원연금공단이 지급한다(공무원연금법 제29조 제1항).

105 경찰공무원의 권리와 의무에 대한 설명으로 적절하지 않은 것은 모두 몇 개인가?

> ㉠ 국가공무원법상 공무원은 소속 상관의 허가 또는 정당한 사유가 없으면 직장을 이탈하지 못한다.
> ㉡ 복종의 의무와 관련하여, 경찰공무원법은 경찰공무원이 구체적 사건수사와 관련된 상관의 적법성 또는 정당성에 대하여 이견이 있을 때에는 이의를 제기할 수 있다고 규정하고 있다.
> ㉢ 국가공무원법상 공무원은 공무 외에 영리를 목적으로 하는 업무에 종사하지 못하며 소속 기관장의 허가 없이 다른 직무를 겸할 수 없다.
> ㉣ 공직자윤리법상 취업심사대상자는 퇴직일부터 3년간 취업심사대상기관에 취업할 수 없다. 다만, 관할 공직자윤리위원회로부터 취업심사대상자가 퇴직 전 5년 동안 소속하였던 부서 또는 기관의 업무와 취업심사대상기관 간에 밀접한 관련성이 없다는 확인을 받거나 취업승인을 받은 때에는 취업할 수 있다.
> ㉤ 경찰공무원이 외국 정부로부터 영예나 증여를 받을 경우에는 소속 기관장의 허가를 받아야 한다.
> ㉥ 공무원은 직무와 관련하여 직접적인 경우(간접적인 경우 제외) 사례·증여 또는 향응을 주거나 받을 수 없다.

① 2개   ② 3개   ③ 4개   ④ 5개

정답찾기
지문의 내용 중 적절하지 않은 것은 ㉡㉤㉥이다.
㉡ 지문의 내용은 경찰공무원법이 아닌 국가경찰과 자치경찰의 조직 및 운영에 관한 법률에 규정되어 있다.

> **국가경찰과 자치경찰의 조직 및 운영에 관한 법률**
> **제6조 【직무수행】** ① 경찰공무원은 상관의 지휘·감독을 받아 직무를 수행하고, 그 직무수행에 관하여 서로 협력하여야 한다.
> ② 경찰공무원은 구체적 사건수사와 관련된 제1항의 지휘·감독의 적법성 또는 정당성에 대하여 이견이 있을 때에는 이의를 제기할 수 있다.

㉤ 공무원이 외국 정부로부터 영예나 증여를 받을 경우에는 대통령의 허가를 받아야 한다(국가공무원법 제62조).
㉥ 공무원은 직무와 관련하여 직접적이든 간접적이든 사례·증여 또는 향응을 주거나 받을 수 없다(국가공무원법 제61조 제1항).

Answer   102 ②   103 ③   104 ④   105 ②

106 경찰공무원의 의무 중 그 근거 법령이 나머지 셋과 다른 하나는?

19. 경찰

① 법령을 준수하며 성실히 직무를 수행하여야 한다.

② 직무를 수행할 때 소속 상관의 직무상 명령에 복종하여야 한다.

③ 직무에 관하여 거짓으로 보고나 통보를 하여서는 아니 된다.

④ 소속 상관의 허가 또는 정당한 사유가 없으면 직장을 이탈하지 못한다.

정답찾기

③ 경찰공무원법 제24조에 규정된 '거짓보고 등의 금지'에 대한 내용이다.

① 국가공무원법 제56조 '성실의무'에 대한 내용이다.

② 국가공무원법 제57조 '복종의 의무'에 대한 내용이다.

④ 국가공무원법 제58조 '직장이탈금지'에 대한 내용이다.

107 '공직자윤리법 시행령'상 재산등록의무자로 가장 적절하지 않은 것은?

15. 경찰승진

① 4급의 일반직공무원에 상당하는 직위에 보직된 장학관·교육연구관

② 순경인 경찰공무원

③ 감사원 소속 공무원 중 7급인 일반직공무원 및 이에 상당하는 별정직공무원

④ 법무부 및 검찰청 소속 공무원 중 7급인 검찰사무직공무원 및 마약수사직공무원

정답찾기

② 순경인 경찰공무원은 재산등록의무자에 해당하지 않는다.

> **공직자윤리법 시행령**
> **제3조【등록의무자】** ④ 법 제3조 제1항 제13호에서 "대통령령으로 정하는 특정 분야의 공무원과 공직유관단체의 직원"이란 다음 각 호의 사람을 말한다.
> 6. 경찰공무원 중 경정, 경감, 경위, 경사와 자치경찰공무원 중 자치경정, 자치경감, 자치경위, 자치경사

108 공직자윤리법 및 동법 시행령의 내용으로 가장 적절한 것은?

18. 경찰승진 변형

① 공직자윤리법에서는 경정 이상의 경찰공무원을 재산등록의무자로 규정하고 있고, 동법 시행령에서는 경사 이상을 재산등록의무자로 규정하고 있다.

② 등록재산의 공개대상자는 경무관 이상의 경찰공무원 및 특별시·광역시·특별자치시·도·특별자치도의 시·도경찰청장이다.

③ 공무원(지방의회의원을 포함한다) 또는 공직유관단체의 임직원은 외국으로부터 선물을 받거나 그 직무와 관련하여 외국인(외국단체를 포함한다)에게 선물을 받으면 지체 없이 소속 기관·단체의 장에게 신고하고 그 선물을 인도하여야 한다. 이들의 가족이 외국으로부터 선물을 받거나 그 공무원이나 공직유관단체 임직원의 직무와 관련하여 외국인에게 선물을 받은 경우에도 또한 같다.

④ 위 '③'에 따라 신고하여야 할 선물은 그 선물 수령 당시 증정한 국가 또는 외국인이 속한 국가의 시가로 미국화폐 1,000달러 이상이거나 국내 시가로 100만원 이상인 선물로 한다.

정답찾기

① **공직자윤리법**
제3조【등록의무자】 ① 다음 각 호의 어느 하나에 해당하는 공직자(이하 '등록의무자'라 한다)는 이 법에서 정하는 바에 따라 재산을 등록하여야 한다.
　9. 총경(자치총경을 포함한다) 이상의 경찰공무원과 소방정 이상의 소방공무원

② **공직자윤리법**
제10조【등록재산의 공개】 ① 공직자윤리위원회는 관할 등록의무자 중 다음 각 호의 어느 하나에 해당하는 공직자 본인과 배우자 및 본인의 직계존속·직계비속의 재산에 관한 등록사항과 제6조에 따른 변동사항 신고내용을 등록기간 또는 신고기간 만료 후 1개월 이내에 관보 또는 공보에 게재하여 공개하여야 한다.
　8. 치안감 이상의 경찰공무원 및 특별시·광역시·특별자치시·도·특별자치도의 시·도경찰청장

④ 신고하여야 할 선물은 그 선물 수령 당시 증정한 국가 또는 외국인이 속한 국가의 시가로 미국화폐 100달러 이상이거나 국내 시가로 10만원 이상인 선물로 한다(공직자윤리법 시행령 제28조 제1항).

---

109 **경찰공무원의 국가공무원법상 의무에 대한 설명으로 가장 적절한 것은?**　　　19. 경찰승진

① 공무원의 직무상 의무로서 직무전념의 의무, 친절·공정의 의무, 법령준수의 의무, 종교중립의 의무, 비밀엄수의 의무, 복종의 의무를 규정하고 있다.

② 복종의 의무와 관련하여 국가경찰공무원은 구체적 사건수사와 관련하여 상관의 지휘·감독의 적법성 또는 정당성에 대하여 이견이 있을 때에는 이의를 제기할 수 있다.

③ 공무원은 공무 외에 영리를 목적으로 하는 업무에 종사하지 못하며 소속 기관장의 허가 없이 다른 직무를 겸할 수 없다.

④ 공무원은 종교에 따른 차별 없이 직무를 수행하여야 하며, 소속 상관이 종교중립의 의무에 위배되는 직무상 명령을 한 경우에는 이에 따르지 아니하여야 한다.

정답찾기
① 지문의 내용 중 비밀엄수의무는 신분상 의무에 해당한다.
② 해당 내용은 국가경찰과 자치경찰의 조직 및 운영에 관한 법률 제6조에 그 근거규정이 있다.
④ 공무원은 소속 상관이 종교중립의 의무에 위배되는 직무상 명령을 한 경우에는 이에 따르지 아니할 수 있다(국가공무원법 제59조의2 제2항).

Answer　　106 ③　　107 ②　　108 ③　　109 ③

110 다음 공직자윤리법의 내용으로 적절한 것을 모두 고른 것은? 19. 경찰승진

> ㉠ 퇴직공직자의 취업제한　　　　　　　　㉡ 비위면직자의 취업제한
> ㉢ 이해충돌 방지의무　　　　　　　　　　㉣ 품위유지의 의무
> ㉤ 공직자의 부패행위 신고의무

① ㉠, ㉢　　　　　② ㉠, ㉤　　　　　③ ㉡, ㉢　　　　　④ ㉡, ㉣

정답찾기

공직자윤리법의 내용으로 적절한 것은 ㉠㉢이다.
㉡㉤ 부패방지 및 국민권익위원회의 설치와 운영에 관한 법률(제82조, 제56조)에 그 근거규정이 있다.
㉣ 국가공무원법(제63조)에 그 근거규정이 있다.

111 국가공무원법과 경찰공무원법상 경찰공무원의 의무에 대한 설명 중 가장 적절한 것은? 20. 경찰승진

① '성실의무'는 공무원의 기본적 의무로서 모든 의무의 원천이 되므로 법률에 명시적 규정이 없다.
② '비밀엄수의 의무', '청렴의 의무', '친절·공정의 의무'는 신분상의 의무에 해당한다.
③ '거짓보고 등의 금지', '지휘권남용 등의 금지', '제복착용'은 경찰공무원법에 규정되어 있다.
④ 국가공무원법상 수사기관이 현행범으로 체포한 공무원을 구속하려면 그 소속 기관의 장에게 미리 통보하여야 한다.

정답찾기

① 성실의무는 국가공무원법 제56조에 <u>규정되어 있다.</u>
② 지문의 내용 중 '친절·공정의 의무'는 국가공무원법 제59조에 규정된 <u>직무상의 의무</u>에 해당한다.
④ 수사기관이 공무원을 구속하려면 그 소속 기관의 장에게 미리 통보하여야 한다. 다만, <u>현행범은 그러하지 아니하다</u>(국가공무원법 제58조 제2항).

112 경찰공무원의 권리와 의무를 규정하는 법령에 대한 설명으로 가장 적절하지 않은 것은? 21. 경찰승진

① 공직자윤리법상 공무원 또는 공직유관단체의 임직원은 외국으로부터 선물(대가 없이 제공되는 물품 및 그 밖에 이에 준하는 것을 말하되, 현금은 제외한다. 이하 같다)을 받거나 그 직무와 관련하여 외국인(외국단체 포함)에게 선물을 받으면 지체없이 소속 기관·단체의 장에게 신고하고 그 선물을 인도하여야 한다.
② ①에 따라 공직자윤리법 시행령상 신고하여야 할 선물은 그 선물 수령 당시 증정한 국가 또는 외국인이 속한 국가의 시가로 미국화폐 100달러 이상이거나 국내 시가로 10만원 이상인 선물로 한다.
③ 공직자윤리법상 취업심사대상자는 퇴직일부터 3년간 취업심사대상기관에 취업할 수 없다. 다만, 관할 공직 자윤리위원회로부터 취업심사대상자가 퇴직 전 5년 동안 소속하였던 부서 또는 기관의 업무와 취업심사대상 기관간에 밀접한 관련성이 없다는 확인을 받으면 취업할 수 있다.
④ 공무원 재해보상법에 따른 급여를 받을 권리는 그 급여의 사유가 발생한 날부터 요양급여·재활급여·간병 급여·부조급여는 5년간, 그 밖의 급여는 3년간 행사하지 아니하면 시효로 인하여 소멸한다.

④ 급여를 받을 권리는 그 급여의 사유가 발생한 날부터 요양급여·재활급여·간병급여·부조급여는 <u>3년간</u>, 그 밖의 급여는 <u>5년간</u> 행사하지 아니하면 시효로 인하여 소멸한다(공무원 재해보상법 제54조 제5항).

113 다음은 경찰공무원 복무규정의 내용이다. 아래 ㉠부터 ㉢까지의 설명으로 옳고 그름의 표시(○, ×)가 바르게 된 것은?

17. 경찰승진

㉠ 경찰공무원의 기본강령으로 제1호에 경찰사명, 제2호에 경찰정신, 제3호에 규율, 제4호에 책임, 제5호에 단결, 제6호에 성실·청렴을 규정하고 있다.

㉡ 경찰공무원은 직위 또는 직권을 이용하여 부당하게 타인의 민사분쟁에 개입하여서는 아니 된다.

㉢ 경찰기관의 장은 근무성적이 탁월하거나 다른 경찰공무원의 모범이 될 공적이 있는 경찰공무원에 대하여 1회 10일 이내의 포상휴가를 허가할 수 있다. 이 경우의 포상휴가기간은 연가일수에 산입하지 아니한다.

㉣ 경찰기관의 장은 특별한 사정이 없는 한, 연일근무자 및 공휴일 근무자에 대하여는 그 다음 날 1일의 휴무, 당직 또는 철야근무자에 대하여는 다음 날 오후 2시를 기준으로 하여 오전 또는 오후의 휴무를 허가할 수 있다.

	㉠	㉡	㉢	㉣
①	○	○	○	○
②	○	×	○	×
③	×	○	○	×
④	×	○	×	○

㉠ 경찰공무원 복무규정 <u>제4호에 단결, 제5호에 책임</u>이 규정되어 있다.

㉣ 경찰기관의 장은 특별한 사정이 없는 한, 연일근무자 및 공휴일 근무자에 대하여는 그 다음 날 1일 휴무, 당직 또는 철야근무자에 대하여는 다음 날 오후 2시를 기준으로 하여 오전 또는 오후의 휴무를 <u>허가하여야 한다</u>.

Answer 110 ① 111 ③ 112 ④ 113 ③

114 경찰공무원 복무규정상 기본강령과 그에 대한 내용으로 가장 적절하게 연결된 것은?   18. 경찰

① 경찰사명 : 경찰공무원은 주어진 사명을 다하기 위하여 긍지를 가지고 한마음 한뜻으로 굳게 뭉쳐 임무수행에 모든 역량을 기울여야 한다.

② 경찰정신 : 경찰공무원은 국가와 민족을 위하여 충성과 봉사를 다하며, 국민의 생명·신체 및 재산을 보호하고, 공공의 안녕과 질서를 유지함을 그 사명으로 한다.

③ 규율 : 경찰공무원은 성실하고 청렴한 생활태도로써 국민의 모범이 되어야 한다.

④ 책임 : 경찰공무원은 창의와 노력으로써 소임을 완수하여야 하며, 직무수행의 결과에 대하여 책임을 진다.

정답찾기

④ 가장 적절하게 연결된 것은 '책임'이다.

> **경찰공무원 복무규정 제3조 【기본강령】** 경찰공무원은 다음의 기본강령에 따라 복무해야 한다.
> 1. 경찰사명
>   경찰공무원은 국가와 민족을 위하여 충성과 봉사를 다하며, 국민의 생명·신체 및 재산을 보호하고, 공공의 안녕과 질서를 유지함을 그 사명으로 한다.
> 2. 경찰정신
>   경찰공무원은 국민의 수임자로서 일상의 직무수행에 있어서 국민의 자유와 권리를 존중하는 호국·봉사·정의의 정신을 그 바탕으로 삼는다.
> 3. 규율
>   경찰공무원은 법령을 준수하고 직무상의 명령에 복종하며, 상사에 대한 존경과 부하에 대한 존중으로써 규율을 지켜야 한다.
> 4. 단결
>   경찰공무원은 주어진 사명을 다하기 위하여 긍지를 가지고 한마음 한뜻으로 굳게 뭉쳐 임무수행에 모든 역량을 기울여야 한다.
> 5. 책임
>   경찰공무원은 창의와 노력으로써 소임을 완수하여야 하며, 직무수행의 결과에 대하여 책임을 진다.
> 6. 성실·청렴
>   경찰공무원은 성실하고 청렴한 생활태도로써 국민의 모범이 되어야 한다.

115 경찰공무원 복무규정상 경찰공무원의 의무에 대한 설명으로 가장 적절하지 않은 것은?   21. 경찰

① 경찰공무원은 상사의 허가를 받거나 그 명령에 의한 경우를 제외하고는 직무와 관계없는 장소에서 직무수행을 하여서는 아니 된다.

② 경찰공무원은 신규채용·승진·전보·파견·출장·연가·교육훈련기관에의 입교, 기타 신분관계 또는 근무관계 또는 근무관계의 변동이 있는 때에는 소속상관에게 신고를 하여야 한다.

③ 경찰공무원은 직위 또는 직권을 이용하여 부당하게 타인의 민사분쟁에 개입하여서는 아니 된다.

④ 경찰공무원은 휴무일 또는 근무시간 외에 2시간 이내에 직무에 복귀하기 어려운 지역으로 여행을 하고자 할 때에는 소속상관의 허가를 받아야 한다.

정답찾기

④ 경찰공무원은 휴무일 또는 근무시간 외에 2시간 이내에 직무에 복귀하기 어려운 지역으로 여행을 하고자 할 때에는 소속 경찰기관의 장에게 신고를 하여야 한다. 다만, 치안상 특별한 사정이 있어 경찰청장, 해양경찰청장 또는 경찰기관의 장이 지정하는 기간 중에는 소속경찰기관의 장의 허가를 받아야 한다(경찰공무원 복무규정 제13조).

116 경찰공무원의 권리와 의무에 대한 설명으로 가장 적절하지 않은 것은? 22. 경찰승진

① 경찰공무원법상 모든 계급의 경찰공무원은 형의 선고, 징계처분 또는 국가공무원법및 경찰공무원법에 정하는 사유에 따르지 아니하고는 본인의 의사에 반하여 휴직·강임 또는 면직을 당하지 아니한다.

② 경찰공무원 복무규정상 경찰공무원은 직위 또는 직권을 이용하여 부당하게 타인의 민사분쟁에 개입하여서는 아니된다.

③ 경찰공무원법상 경찰공무원을 지휘하는 사람은 전시·사변, 그 밖에 이에 준하는 비상사태이거나 작전수행 중인 경우 또는 많은 인명손상이나 국가재산 손실의 우려가 있는 위급한 사태가 발생한 경우, 정당한 사유 없이 그 직무수행을 거부 또는 유기하거나 경찰공무원을 지정된 근무지에서 진출·퇴각 또는 이탈하게 하여서는 아니 된다.

④ 공직자윤리법은 총경(자치총경 포함)이상의 경찰공무원을 재산등록의무자로 규정하고 있고, 공직자윤리법 시행령은 경찰공무원 중 경정, 경감, 경위, 경사와 자치경찰공무원 중 자치경정, 자치경감, 자치경위, 자치경사를 재산등록의무자로 규정하고 있다.

정답찾기

① 지문의 내용은 국가공무원법 제68조에 규정된 "의사에 반한 신분 조치"에 대한 내용이다. 경찰공무원 중 치안총감과 치안정감에 대해서는 해당 규정을 적용하지 아니하므로 치안총감과 치안정감은 신분보장의 대상이 아니다(경찰공무원법 제36조 제1항).

117 성희롱·성폭력 근절을 위한 공무원 인사관리규정에 대한 설명으로 가장 적절하지 않은 것은? 21. 경찰승진

① 행정부 소속 국가공무원은 누구나 공직 내 성희롱 또는 성폭력 발생 사실을 알게 된 경우 그 사실을 임용권자 또는 임용제청권자(이하 '임용권자 등')에게 신고할 수 있다.

② 임용권자 등은 ①에 따른 신고를 받거나 공직 내 성희롱 또는 성폭력 발생 사실을 알게 된 경우 그 사실 확인을 위해 조사할 수 있으며, 수사의 필요성이 인정되면 수사기관에 통보하여야 한다.

③ 임용권자 등은 ②에 따른 조사 기간 동안 피해자 등이 요청한 경우로서 피해자 등을 보호하기 위하여 필요하다고 인정하는 경우 그 피해자 등이나 성희롱 또는 성폭력과 관련하여 가해 행위를 했다고 신고된 사람에 대하여 근무 장소의 변경, 휴가 사용 권고 등 적절한 조치를 하여야 한다.

④ 임용권자 등은 ②에 따른 조사 결과 공직 내 성희롱 또는 성폭력 발생 사실이 확인되면 피해자의 의사에 반(反)하지 않는 한, 피해자에게 공무원임용령 제41조에 따른 교육훈련 등 파견근무 조치를 할 수 있다.

정답찾기

② 임용권자 등은 제3조에 따른 신고를 받거나 공직 내 성희롱 또는 성폭력 발생 사실을 알게 된 경우에는 지체 없이 그 사실 확인을 위한 조사를 하여야 하며, 수사의 필요성이 있다고 인정하는 경우 수사기관에 통보하여야 한다(성희롱·성폭력 근절을 위한 공무원 인사관리규정 제4조 제1항).

Answer 114 ④ 115 ④ 116 ① 117 ②

118 징계의 종류와 효과에 관한 다음 설명 중 적절하지 않은 것은 모두 몇 개인가? 12. 경찰 변형, 16. 경찰승진 변형

> ㉠ 징계에 의하여 파면 또는 해임처분을 받은 사람도 경찰공무원에 임용될 수 있다.
> ㉡ 강등은 1계급 아래로 직급을 내리고(고위공무원단에 속하는 공무원은 3급으로 임용하고, 연구관 및 지도관은 연구사 및 지도사로 한다) 공무원신분은 보유하나 3개월간 직무에 종사하지 못하며 그 기간 중 보수는 전액을 감한다.
> ㉢ 임용권자 또는 임용제청권자는 심사승진후보자 명부에 등재된 자가 승진임용되기 전에 정직 이상의 징계처분을 받은 경우에는 심사승진후보자 명부에서 그 사람을 제외할 수 있다.
> ㉣ 징계사유가 아동·청소년의 성보호에 관한 법률 제2조 제2호에 따른 아동·청소년대상 성범죄에 해당하는 경우 10년이 지나면 징계의결 등을 요구하지 못한다.
> ㉤ 징계에 대한 불복시 소청심사위원회에 소청제기가 가능하나 근무성적평정결과나 승진탈락 등은 소청대상이 아니다.

① 없음 　　　　　② 1개 　　　　　③ 2개 　　　　　④ 3개

정답찾기

지문의 내용 중 적절하지 않은 것은 ㉠㉢이다.
㉠ 징계에 의하여 파면 또는 해임처분을 받은 사람은 경찰공무원으로 임용될 수 없다(경찰공무원법 제8조 제2항 제10호).
㉢ 임용권자 또는 임용제청권자는 심사승진후보자 명부에 등재된 자가 승진임용되기 전에 정직 이상의 징계처분을 받은 경우에는 심사승진후보자 명부에서 그 사람을 제외하여야 한다(경찰공무원 승진임용규정 제24조 제3항).

119 다음은 '국가공무원법', '공무원연금법' 및 동법 시행령상 경찰공무원의 징계에 관한 설명이다. ( ) 안에 들어갈 숫자를 가장 적절하게 나열한 것은? 14. 경찰승진 변형

> • 강등은 1계급 아래로 직급을 내리고(고위공무원단에 속하는 공무원은 3급으로 임용하고, 연구관 및 지도관은 연구사 및 지도사로 한다) 공무원신분은 보유하나 (㉠)개월간 직무에 종사하지 못하며 그 기간 중 보수는 (㉡)을(를) 감한다.
> • 징계에 의하여 파면된 경우, 재직기간이 5년 이상인 사람의 퇴직급여는 그 금액의 (㉢)분의 1을 감액한다.
> • 징계 등 사유가 제78조의2 제1항 각 호의 어느 하나에 해당하는 경우 징계의결 등의 요구는 징계 등의 사유가 발생한 날부터 (㉣)년이 지나면 하지 못한다.

	㉠	㉡	㉢	㉣
①	1~3	전액	2	5
②	1~3	3분의 1	4	3
③	3	3분의 2	4	2
④	3	전액	2	2

㉠㉡ 강등은 1계급 아래로 직급을 내리고(고위공무원단에 속하는 공무원은 3급으로 임용하고, 연구관 및 지도관은 연구사 및 지도사로 한다) 공무원신분은 보유하나 <u>3개월간</u> 직무에 종사하지 못하며 그 기간 중 보수는 <u>전액을(를)</u> 감한다(국가공무원법 제80조 제1항).

㉢ 징계에 의하여 파면된 경우, 재직기간이 5년 이상인 사람의 퇴직급여는 그 금액의 <u>2분의 1</u>을 감액한다(공무원연금법 제65조 제1항, 공무원연금법 시행령 제61조 제1항).

㉣ 징계의결 등의 요구는 징계 등 사유가 제78조의2 제1항 각 호의 어느 하나에 해당하는 경우 <u>5년</u>이 지나면 하지 못한다(국가공무원법 제83조의2 제1항 제2호).

120 다음은 경찰공무원 징계령의 내용이다. 적절하지 않은 것은 모두 몇 개인가?

17. 경찰승진 변형

㉠ 징계위원회의 회의는 위원장과 징계위원회가 설치된 경찰기관의 장이 회의마다 지정하는 4명 이상 6명 이하의 위원으로 성별을 고려하여 구성하되, 민간위원의 수는 위원장을 제외한 위원 수의 2분의 1 이상이어야 한다.

㉡ 소속이 다른 2명 이상의 경찰공무원이 관련된 징계 등 사건으로서 관할 징계위원회가 서로 다른 경우에는 모두를 관할하는 바로 위 상급 경찰기관에 설치된 징계위원회에서 심의·의결한다.

㉢ 징계 등 의결 요구를 받은 징계위원회는 그 징계요구서를 받은 날부터 30일 이내에 징계 등에 관한 의결을 하여야 한다. 다만, 부득이한 사유가 있을 때에는 해당 징계 등 의결을 요구한 경찰기관의 장의 승인을 받아 30일 이내의 범위에서 그 기간을 연장할 수 있다.

㉣ 징계위원회는 출석통지를 하였음에도 불구하고 징계 등 심의 대상자가 정당한 사유 없이 출석하지 아니하였을 때에는 그 사실을 기록에 분명히 적고 서면심사로 징계 등 의결을 할 수 있다. 다만, 징계 등 심의대상자의 소재가 분명하지 아니할 때에는 출석통지를 관보에 게재하고, 그 게재일의 다음 날부터 10일이 지나면 출석통지가 송달된 것으로 보며, 징계 등 의결을 할 때에는 관보 게재의 사유와 그 사실을 기록에 분명히 적어야 한다.

① 없음   ② 1개   ③ 2개   ④ 3개

㉠ 징계위원회의 회의는 위원장과 징계위원회가 설치된 경찰기관의 장이 회의마다 지정하는 4명 이상 6명 이하의 위원으로 성별을 고려하여 구성하되, 민간위원의 수는 위원장을 포함한 위원 수의 2분의 1 이상이어야 한다(경찰공무원 징계령 제7조 제1항).

㉣ 징계위원회는 출석통지를 하였음에도 불구하고 징계 등 심의대상자가 정당한 사유 없이 출석하지 아니하였을 때에는 그 사실을 기록에 분명히 적고 서면심사로 징계 등 의결을 할 수 있다. 다만, 징계 등 심의대상자의 소재가 분명하지 아니할 때에는 출석통지를 관보에 게재하고, 그 게재일부터(다음 날 ×) 10일이 지나면 출석통지가 송달된 것으로 보며, 징계 등 의결을 할 때에는 관보 게재의 사유와 그 사실을 기록에 분명히 적어야 한다(경찰공무원 징계령 제12조 제3항).

121 경찰공무원 징계령상 경찰공무원 징계에 대하여 설명한 것이다. 옳은 것을 모두 고른 것은? 17. 경찰 변형

> ㉠ 경찰공무원 보통징계위원회는 해당 징계위원회가 설치된 경찰기관 소속 경정 이하 경찰공무원에 대한 징계 등 사건을 심의·의결한다.
> ㉡ 각 징계위원회는 위원장 1명을 포함하여 11명 이상 51명 이하의 공무원위원과 민간위원으로 구성한다.
> ㉢ 징계 등 의결요구를 받은 징계위원회는 그 요구서를 받은 날부터 30일 이내에 징계 등에 관한 의결을 하여야 한다. 다만, 부득이한 사유가 있을 때에는 해당 징계 등 의결을 요구한 경찰기관의 장의 승인을 받아 30일 이내의 범위에서 그 기간을 연장할 수 있다.
> ㉣ 징계위원회의 위원장 또는 위원이 징계 등 심의 대상자의 친족 또는 직근 상급자(징계 사유가 발생한 기간 동안 직근 상급자였던 사람을 포함한다)인 경우에는 그 징계 등 사건의 심의·의결에 관여하지 못한다.
> ㉤ 징계위원회는 징계 등 사건을 의결할 때에는 징계등 심의 대상자의 비위행위 당시 계급 및 직위, 비위행위가 공직 내외에 미치는 영향, 평소 행실, 공적(功績), 뉘우치는 정도나 그 밖의 정상과 징계 등 의결을 요구한 자의 의견을 고려할 수 있다.

① ㉠, ㉤   ② ㉡, ㉢, ㉣   ③ ㉡, ㉢, ㉤   ④ ㉡, ㉢, ㉣, ㉤

정답찾기
㉠ 보통징계위원회는 해당 징계위원회가 설치된 경찰기관 소속 <u>경감 이하</u> 경찰공무원에 대한 징계 등 사건을 심의·의결한다(경찰공무원 징계령 제4조 제2항).
㉤ 징계위원회는 징계 등 사건을 의결할 때에는 징계 등 심의 대상자의 비위행위 당시 계급 및 직위, 비위행위가 공직 내외에 미치는 영향, 평소 행실, 공적(功績), 뉘우치는 정도나 그 밖의 정상과 징계 등 의결을 요구한 자의 의견을 <u>고려해야 한다</u>(경찰공무원 징계령 제16조).

122 국가공무원법, 공무원연금법 및 동법 시행령상 경찰공무원의 징계의 종류와 효과에 대한 설명 중 가장 적절하지 않은 것은? 20. 경찰승진

① 공무원의 징계는 파면, 해임, 강등, 정직, 감봉, 견책으로 구분한다.
② 강등은 1계급 아래로 직급을 내리고 공무원신분은 보유하나 3개월간 직무에 종사하지 못하며 그 기간 중 보수는 전액을 감한다.
③ 징계에 의하여 파면된 경우, 재직기간이 5년 이상인 사람의 퇴직급여는 2분의 1을 감액하고, 재직기간이 5년 미만인 사람의 퇴직급여는 3분의 1을 감액한다.
④ 금품 및 향응수수로 징계 해임된 자의 경우 재직기간이 5년 이상인 사람의 퇴직급여는 4분의 3을 지급하고, 재직기간이 5년 미만인 사람의 퇴직급여는 8분의 7을 지급한다.

정답찾기
③ 재직기간이 5년 미만인 사람의 퇴직급여는 <u>4분의 1을 감액</u>한다(공무원연금법 시행령 제61조 제1항 제1호 가목).

123 경찰공무원 징계령상 징계의결과정에 대한 설명으로 적절하지 않은 것은 모두 몇 개인가? 20. 경찰승진 변형

> ⊙ 징계사건을 심의할 때에는 징계 등 심의대상자에게 출석하도록 통지하여야 하며, 출석통지서는 징계위원회 개최일 5일 전까지 그 징계 등 심의대상자에게 도달되도록 하여야 한다.
>
> ⓒ 징계 등 심의대상자의 소재가 분명하지 아니할 때에는 출석통지를 관보에 게재하고, 그 게재일부터 7일이 지나면 출석통지가 송달된 것으로 보며, 징계 등 의결을 할 때에는 관보게재의 사유와 그 사실을 기록에 분명히 적어야 한다.
>
> ⓒ 징계위원회는 징계요구서를 받은 날부터 20일 이내에 징계에 관한 의결을 하여야 한다. 다만, 부득이한 사유가 있을 때에는 해당 징계 등 의결을 요구한 경찰기관의 장의 승인을 받아 20일 이내의 범위에서 그 기간을 연장할 수 있다.
>
> ⓒ 징계위원회는 출석통지를 하였음에도 불구하고 징계 등 심의대상자가 정당한 사유 없이 출석하지 아니한 때에도 서면심사에 의하여 징계 등 의결을 할 수 없다.
>
> ⓜ 사립학교 교원의 경우 국가공무원이 아니므로, 경찰은 그에 대한 수사개시 및 수사종결을 통보할 필요가 없다.

① 1개 　　　　　② 2개 　　　　　③ 3개 　　　　　④ 4개

정답찾기

지문의 내용 중 적절하지 않은 것은 ⓒⓒⓒⓜ이다.

ⓒ 징계 등 심의대상자의 소재가 분명하지 아니할 때에는 출석통지를 관보에 게재하고, 그 게재일부터 <u>10일</u>이 지나면 출석통지가 송달된 것으로 보며, 징계 등 의결을 할 때에는 관보게재의 사유와 그 사실을 기록에 분명히 적어야 한다(경찰공무원 징계령 제12조 제3항).

ⓒ 징계 등 의결요구를 받은 징계위원회는 그 요구서를 받은 날부터 <u>30일 이내</u>에 징계 등에 관한 의결을 하여야 한다. 다만, 부득이한 사유가 있을 때에는 해당 징계 등 의결을 요구한 경찰기관의 장의 승인을 받아 <u>30일 이내</u>의 범위에서 그 기간을 연장할 수 있다(경찰공무원 징계령 제11조 제1항).

ⓒ 징계위원회는 출석통지를 하였음에도 불구하고 징계 등 심의대상자가 정당한 사유 없이 출석하지 아니하였을 때에는 그 사실을 기록에 분명히 적고 서면심사로 징계 등 의결을 할 수 있다(경찰공무원 징계령 제12조 제3항).

ⓜ 감사원, 검찰·경찰, 그 밖의 수사기관은 사립학교 교원에 대한 조사나 수사를 시작한 때와 이를 마친 때에는 <u>10일 이내</u>에 해당 교원의 임용권자에게 그 사실을 <u>통보하여야 한다</u>(사립학교법 제66조의3 제1항).

Answer 　121 ② 　122 ③ 　123 ④

124 경찰공무원 징계령상 경찰공무원 징계에 대한 설명으로 가장 적절한 것은? 21. 경찰

① 징계위원회는 징계 등 사건을 의결할 때에는 징계등 심의 대상자의 비위행위 당시 계급 및 직위, 비위행위가 공직 내외에 미치는 영향, 평소 행실, 공적(功績), 뉘우치는 정도나 그 밖의 정상과 징계등 의결을 요구한 자의 의견을 고려할 수 있다.

② 징계 등 의결 요구를 받은 징계위원회는 그 요구서를 받은 날부터 60일 이내에 징계 등에 관한 의결을 하여야 한다. 다만, 부득이한 사유가 있을 때에는 해당 징계 등 의결을 요구한 경찰기관의 장의 승인을 받아 30일 이내의 범위에서 그 기간을 연장할 수 있다.

③ 징계 등 심의 대상자의 소재가 분명하지 아니할 때에는 출석통지를 관보에 게재하고, 그 게재일부터 7일이 지나면 출석통지가 송달된 것으로 보며, 징계 등 의결을 할 때에는 관보게재의 사유와 그 사실을 기록에 분명히 적어야 한다.

④ 징계위원회의 의결은 위원장을 포함한 위원 과반수의 출석과 출석위원 과반수의 찬성으로 의결하되, 의견이 나뉘어 출석위원 과반수의 찬성을 얻지 못한 경우에는 출석위원 과반수가 될 때까지 징계등 심의 대상자에게 가장 불리한 의견을 제시한 위원의 수를 그 다음으로 불리한 의견을 제시한 위원의 수에 차례로 더하여 그 의견을 합의된 의견으로 본다.

정답찾기

① 징계위원회는 징계 등 사건을 의결할 때에는 징계 등 심의 대상자의 비위행위 당시 계급 및 직위, 비위행위가 공직 내외에 미치는 영향, 평소 행실, 공적(功績), 뉘우치는 정도나 그 밖의 정상과 징계등 의결을 요구한 자의 의견을 <u>고려해야 한다</u>(경찰공무원 징계령 제16조).

② 징계 등 의결 요구를 받은 징계위원회는 그 요구서를 받은 날부터 <u>30일 이내</u>에 징계 등에 관한 의결을 하여야 한다. 다만, 부득이한 사유가 있을 때에는 해당 징계 등 의결을 요구한 경찰기관의 장의 승인을 받아 30일 이내의 범위에서 그 기간을 연장할 수 있다(경찰공무원 징계령 제11조 제1항).

③ 징계위원회는 출석 통지를 하였음에도 불구하고 징계 등 심의 대상자가 정당한 사유 없이 출석하지 아니하였을 때에는 그 사실을 기록에 분명히 적고 서면심사로 징계 등 의결을 할 수 있다. 다만, 징계 등 심의 대상자의 소재가 분명하지 아니할 때에는 출석 통지를 관보에 게재하고, 그 게재일부터 10일이 지나면 출석 통지가 송달된 것으로 보며, 징계 등 의결을 할 때에는 관보 게재의 사유와 그 사실을 기록에 분명히 적어야 한다(경찰공무원 징계령 제12조 제3항).

125 경찰공무원의 징계책임에 대한 설명으로 가장 적절한 것은? 21. 경찰

① 경찰공무원 징계령상 중징계에는 파면, 해임 및 강등이 있으며, 경징계에는 정직, 감봉 및 견책이 있다.

② 경찰공무원 징계령상 징계 등 심의 대상자는 증인의 심문을 신청할 수 있다. 이 경우 징계위원회의 위원장이 그 채택 여부를 결정한다.

③ 국가공무원법상 정직은 1개월 이상 3개월 이하의 기간으로 하고, 정직 처분을 받은 자는 그 기간 중 공무원의 신분은 보유하나 직무에 종사하지 못하며 보수의 3분의 2를 감한다.

④ 경찰공무원법상 경무관 이상의 경찰공무원에 대한 징계의결은 국가공무원법에 따라 국무총리 소속으로 설치된 징계위원회에서 한다.

정답찾기

① "중징계"란 파면, 해임, 강등 및 정직을 말하고 "경징계"란 감봉 및 견책을 말한다(경찰공무원 징계령 제2조).

② 징계 등 심의 대상자는 증인의 심문을 신청할 수 있다. 이 경우 징계위원회는 의결로써 그 채택 여부를 결정하여야 한다(경찰공무원 징계령 제13조 제3항).

③ 정직은 1개월 이상 3개월 이하의 기간으로 하고, 정직 처분을 받은 자는 그 기간 중 공무원의 신분은 보유하나 직무에 종사하지 못하며 보수는 전액을 감한다(국가공무원법 제80조 제3항).

---

126 경찰공무원 관련 법령에 따를 때, 다음 설명 중 가장 적절한 것은?

22. 경찰

① ○○경찰서 소속 지구대장 경감 甲과 동일한 지구대 소속 순경 乙이 관련된 징계 등 사건(甲의 감독상 과실책임만으로 관련된 경우, 관련자에 대한 징계등 사건을 분리하여 심의·의결하는 것이 타당하다고 인정되는 경우는 제외)은 ○○경찰서에 설치된 징계위원회에서 심의·의결한다.

② 경찰공무원 임용 당시 임용결격사유가 있었더라도 국가의 과실에 의해 임용결격자임을 밝혀내지 못했다면, 그 임용행위는 당연무효로 볼 수 없다.

③ 국가경찰사무를 담당하는 ○○경찰서 소속 경사 丙에 대한 정직처분은 소속기관장인 ○○경찰서장이 행하지만, 그 처분에 대한 행정소송의 피고는 경찰청장이다.

④ 징계의결이 요구된 경정 丁에게 국무총리 표창을 받은 공적이 있는 경우에 징계위원회는 징계를 감경할 수 있지만, 그 표창이 丁에게 수여된 표창이 아니라 丁이 속한 ○○경찰서에 수여된 단체표창이라면 감경할 수 없다.

정답찾기

④ 경찰공무원에 대한 징계위원회의 심의과정에 감경사유에 해당하는 공적 사항이 제시되지 아니한 경우에는 그 징계양정이 결과적으로 적정한지와 상관없이 이는 관계 법령이 정한 징계절차를 지키지 않은 것으로서 위법하다. 다만 징계양정에서 임의적 감경사유가 되는 국무총리 이상의 표창은 징계대상자가 받은 것이어야 함은 관련 법령의 문언상 명백하고, 징계대상자가 위와 같은 표창을 받은 공적을 징계양정의 임의적 감경사유로 삼은 것은 징계의결이 요구된 사람이 국가 또는 사회에 공헌한 행적을 징계양정에 참작하려는 데 그 취지가 있으므로 징계대상자가 아니라 그가 속한 기관이나 단체에 수여된 국무총리 단체표창은 징계대상자에 대한 징계양정의 임의적 감경사유에 해당하지 않는다[대법원 2012.10.11, 선고, 2012두13245, 판결].

① ○○경찰서 소속 지구대장 경감 甲과 동일한 지구대 소속 순경 乙이 관련된 징계등 사건(甲의 감독상 과실책임만으로 관련된 경우, 관련자에 대한 징계 등 사건을 분리하여 심의·의결하는 것이 타당하다고 인정되는 경우는 제외)은 ○○경찰서의 상급 경찰기관인 시·도경찰청에 설치된 징계위원회에서 심의·의결한다(경찰공무원 징계령 제4조 제1항).

② 국가가 공무원임용결격사유가 있는 자에 대하여 결격사유가 있는 것을 알지 못하고 공무원으로 임용하였다가 사후에 결격사유가 있는 자임을 발견하고 공무원 임용행위를 취소하는 것은 당사자에게 원래의 임용행위가 당초부터 당연무효이었음을 통지하여 확인시켜 주는 행위에 지나지 아니하는 것이므로, 그러한 의미에서 당초의 임용처분을 취소함에 있어서는 신의칙 내지 신뢰의 원칙을 적용할 수 없고 또 그러한 의미의 취소권은 시효로 소멸하는 것도 아니다[대법원 1987.4.14, 선고, 86누459, 판결].

③ 사안의 경우 경감 이하의 임용권은 각 시·도경찰청장에게 위임되어 있으므로 경사 丙에 대한 정직처분은 임용권자인 소속 시·도경찰청장이 행하고, 정직처분에 대한 행정소송의 피고도 소속 시·도경찰청장이 된다(경찰공무원법 제7조, 제33조, 제34조, 경찰공무원 임용령 제4조 제3항).

Answer　124 ④　125 ④　126 ④

127 경찰공무원 관련 법령에 따를 때, 경찰공무원의 신분변동에 관한 설명 중 가장 적절한 것은? 22. 경찰

① 중징계 의결이 요구 중인 경찰공무원 甲에 대해 직위해제처분을 할 경우, 임용권자는 3개월의 범위 내에서 대기를 명하고 능력회복이나 근무성적의 향상을 위한 교육훈련 또는 특별한 연구과제의 부여 등 필요한 조치를 하여야 한다.

② 위원장 포함 12명이 출석하여 구성된 징계위원회에서 정직 3월 2명, 정직 1월 2명, 감봉 3월 1명, 감봉 2월 1명, 감봉 1월 3명, 견책 3명으로 의견이 나뉜 경우, 감봉 1월로 의결해야 한다.

③ 자치경찰사무를 담당하는 ○○경찰서 소속 경위 乙의 경감으로의 승진임용을 시·도지사가 하므로, 경위 乙에 대한 휴직이나 복직도 시·도지사가 한다.

④ 순경 채용후보자 명부에 등재된 채용후보자 丙이 학업을 계속하고자 이를 증명할 수 있는 자료를 첨부하여 임용권자가 정하는 기간 내에 원하는 유예기간을 적어 신청할 경우, 임용권자는 채용후보자 명부의 유효기간 범위에서 기간을 정하여 임용을 유예해야 한다.

정답찾기

② 경찰공무원 징계령상 징계위원회는 5~7명(위원장 포함)이 출석하여 회의를 개회해야함에도 위원을 12명으로 구성하여 회의하는 것으로 가정한 오류가 있으므로 해당 문항은 '정답없음'으로 처리되었다(경찰공무원 징계령 제7조 제1항).

① 직무수행 능력이 부족하거나 근무성적이 극히 나쁜 자에 해당하여 직위해제된 자에게 3개월의 범위에서 대기를 명하고, 능력 회복이나 근무성적의 향상을 위한 교육훈련 또는 특별한 연구과제의 부여 등 필요한 조치를 하여야 한다(국가공무원법 제73조의3).

③ 임용권을 위임받은 시·도지사는 경감 또는 경위로의 승진임용에 관한 권한을 제외한 임용권을 시·도자치경찰위원회에 다시 위임한다.

④ 임용권자 또는 임용제청권자는 채용후보자 명부에 등재된 채용후보자가 학업을 계속하는 경우에는 채용후보자 명부의 유효기간의 범위에서 기간을 정하여 임용 또는 임용제청을 유예할 수 있다. 다만, 유예기간 중이라도 그 사유가 소멸한 경우에는 임용 또는 임용제청을 할 수 있다(경찰공무원 임용령 제18조의2 제1항 제2호).

128 경찰공무원의 징계에 관한 다음 설명 중 적절하지 않은 것은 모두 몇 개인가? 22. 23. 경찰간부, 23. 경찰승진

㉠ 징계위원회는 위원과 징계 등 심의 대상자, 징계등 의결을 요구하거나 요구를 신청한 자, 증인, 관계인 등 회의에 출석하는 사람이 동영상과 음성이 동시에 송수신되는 장치가 갖추어진 서로 다른 장소에 출석하여 진행하는 원격영상회의 방식으로 심의·의결할 수 있다.

㉡ 징계 등 의결 요구를 받은 징계위원회는 그 요구서를 받은 날로부터 30일 이내에 징계 등에 관한 의결을 하여야 한다. 다만, 부득이한 사유가 있을 때에는 해당 징계심의대상자의 동의를 받아 30일 이내의 범위에서 그 기한을 연기할 수 있다.

㉢ 징계위원회가 설치된 경찰기관의 장은 위원 수의 2분의 1 이상을 자격이 있는 민간위원으로 위촉한다. 이 경우 특정 성별의 위원이 민간위원 수의 10분의 6을 초과하지 않도록 해야 한다.

㉣ 징계위원회의 회의는 위원장과 징계위원회가 설치된 경찰기관의 장이 회의마다 지정하는 4명 이상 6명 이하의 위원으로 성별을 고려하여 구성하되, 민간위원의 수는 위원장을 포함한 위원 수의 2분의 1 이상이어야 한다.

㉤ 경무관 이상의 경찰공무원에 대한 징계의결은 국가공무원법에 따라 국무총리 소속으로 설치된 징계위원회에서 한다.

① 1개   ② 2개   ③ 3개   ④ 4개

지문의 내용 중 적절하지 않은 것은 ⓒ이다.

ⓒ 징계 등 의결 요구를 받은 징계위원회는 그 요구서를 받은 날부터 30일 이내에 징계 등에 관한 의결을 하여야 한다. 다만, 부득이한 사유가 있을 때에는 해당 징계 등 의결을 요구한 경찰기관의 장의 승인을 받아 30일 이내의 범위에서 그 기한을 연기할 수 있다(경찰공무원 징계령 제11조 제1항).

129 '경찰공무원 징계령 세부시행규칙'상 감독자의 정상참작사유로 가장 적절하지 않은 것은?

15. 경찰승진

① 부하직원의 의무위반행위를 사전에 발견하여 적법 타당하게 조치한 때

② 부임기간이 1년 미만으로 부하직원에 대한 실질적인 감독이 곤란하다고 인정된 때

③ 부하직원의 의무위반행위가 감독자 또는 행위자의 비번일, 휴가기간, 교육기간 등에 발생하거나, 소관업무와 직접 관련 없는 등 감독자의 실질적 감독범위를 벗어났다고 인정된 때

④ 교정이 불가능하다고 판단된 부하직원의 사유를 명시하여 인사상 조치(전출 등)를 상신하는 등 성실히 관리한 이후에 같은 부하직원이 의무위반행위를 야기하였을 때

② 1년 미만이 아니라 1개월 미만이다.

■ 징계양정기준

구분	내용
행위자의 징계양정 기준	1. 과실로 인하여 발생한 의무위반행위가 다른 법령에 의해 처벌사유가 되지 않고 비난가능성이 없는 때 2. 국가 또는 공공의 이익을 증진하기 위해 성실하고 능동적으로 업무를 처리하는 과정에서 부분적인 절차상 하자 또는 비효율, 손실 등의 잘못이 발생한 때 3. 업무매뉴얼에 규정된 직무상의 절차를 충실히 이행한 때 4. 의무위반행위의 발생을 방지하기 위해 최선을 다하였으나 부득이한 사유로 결과가 발생하였을 때 5. 발생한 의무위반행위에 대하여 자진신고하거나 사후조치에 최선을 다하여 원상회복에 크게 기여한 때 6. 간첩 또는 사회이목을 집중시킨 중요사건의 범인을 검거한 공로가 있을 때
감독자의 징계양정 기준	1. 부하직원의 의무위반행위를 사전에 발견하여 적법 타당하게 조치한 때 2. 부하직원의 의무위반행위가 감독자 또는 행위자의 비번일, 휴가기간, 교육기간 등에 발생하거나, 소관업무와 직접 관련 없는 등 감독자의 실질적 감독범위를 벗어났다고 인정된 때 3. 부임기간이 1개월 미만으로 부하직원에 대한 실질적인 감독이 곤란하다고 인정된 때 4. 교정이 불가능하다고 판단된 부하직원의 사유를 명시하여 인사상 조치(전출 등)를 상신하는 등 성실히 관리한 이후에 같은 부하직원이 의무위반행위를 야기하였을 때 5. 기타 부하직원에 대하여 평소 철저한 교양감독 등 감독자로서의 임무를 성실히 수행하였다고 인정된 때

130 경찰공무원의 징계에 관한 설명으로 가장 적절하지 않은 것은? (다툼이 있는 경우 판례에 의함) 23. 경찰

① 공무원인 피징계자에게 징계사유가 있어서 징계처분을 하는 경우 어떠한 처분을 할 것인가는 징계권자의 재량에 맡겨진 것이고, 다만 징계권자가 재량권의 행사로서 한 징계처분이 사회통념상 현저하게 타당성을 잃어 징계권자에게 맡겨진 재량권을 남용한 것이라고 인정되는 경우에 한하여 그 처분을 위법하다고 할 수 있다.

② 동료 경찰관에 대한 성희롱을 이유로 징계에 의하여 해임처분을 받은 경찰관은 해임처분을 받은 때부터 3년이 지나면 경찰공무원으로 임용될 수 있다.

③ 징계 등 의결 요구를 받은 징계위원회는 그 요구서를 받은 날부터 30일 이내에 징계 등에 관한 의결을 하여야 하나, 부득이한 사유가 있을 때에는 해당 징계 등 의결을 요구한 경찰기관의 장의 승인을 받아 30일 이내의 범위에서 그 기한을 연기할 수 있다.

④ 징계위원회는 징계등 의결을 하였을 때에는 지체 없이 징계등 의결을 요구한 자에게 의결서 정본(正本)을 보내어 통지하여야 한다.

정답찾기
② 징계에 의하여 파면 또는 해임처분을 받은 사람은 경찰공무원으로 임용될 수 없다(경찰공무원법 제8조 제2항).

131 '국가공무원법'상 소청심사위원회에 관한 다음 설명 중 적절하지 않은 것은 모두 몇 개인가? 12. 경찰

㉠ 행정기관 소속 공무원과 국회, 법원, 헌법재판소 및 선거관리위원회 소속 공무원의 소청에 관한 사항을 심사·결정하기 위해 인사혁신처에 소청심사위원회를 둔다.

㉡ 소청심사위원회 위원은 자격정지 이상의 형벌이나 장기의 심신쇠약으로 직무를 수행할 수 없게 된 경우 외에는 본인의 의사에 반하여 면직되지 아니한다.

㉢ 소청 사건의 결정은 재적 위원 3분의 2 이상의 출석과 출석 위원 과반수의 합의에 따르되, 의견이 나뉘어 출석 위원 과반수의 합의에 이르지 못하였을 때에는 과반수에 이를 때까지 소청인에게 가장 불리한 의견에 차례로 유리한 의견을 더하여 그 중 가장 유리한 의견을 합의된 의견으로 본다.

㉣ 소청심사위원회의 상임위원은 다른 직무를 겸할 수 없다.

① 1개 ② 2개 ③ 3개 ④ 4개

정답찾기
적절하지 않은 것은 ㉠㉡ 2개이다.
㉠ 각 기관별로 별도의 소청심사위원회를 두고 있다.

> **국가공무원법**
> **제9조【소청심사위원회의 설치】** ① 행정기관 소속 공무원의 징계처분, 그 밖에 그 의사에 반하는 불리한 처분이나 부작위에 대한 소청을 심사·결정하게 하기 위하여 인사혁신처에 소청심사위원회를 둔다.
> ② 국회, 법원, 헌법재판소 및 선거관리위원회 소속 공무원의 소청에 관한 사항을 심사·결정하게 하기 위하여 국회사무처, 법원행정처, 헌법재판소사무처 및 중앙선거관리위원회사무처에 각각 해당 소청심사위원회를 둔다.

㉡ 소청심사위원회의 위원은 금고 이상의 형벌이나 장기의 심신 쇠약으로 직무를 수행할 수 없게 된 경우 외에는 본인의 의사에 반하여 면직되지 아니한다(국가공무원법 제11조).

132 다음 보기 중 인사혁신처 소속의 '소청심사위원회'를 설명한 것으로 틀린 것은 모두 몇 개인가? 14. 경찰

> ㉠ 대학에서 행정학·정치학 또는 법률학을 담당한 부교수 이상의 직에 5년 이상 근무한 자는 위원이 될 수 있다.
> ㉡ 위원장 1명을 포함한 5명 이상 7명 이하의 상임위원과 상임위원 수의 2분의 1 이상인 비상임위원으로 구성하되, 위원장은 정무직으로 보한다.
> ㉢ 소청 사건의 결정은 재적 위원 3분의 2 이상의 출석과 재적 위원 과반수의 합의에 따르되, 의견이 나뉘어 출석 위원 과반수의 합의에 이르지 못하였을 때에는 과반수에 이를 때까지 소청인에게 가장 불리한 의견에 차례로 유리한 의견을 더하여 그 중 가장 유리한 의견을 합의된 의견으로 본다.
> ㉣ 상임위원의 임기는 3년으로 하며, 연임할 수 없다.
> ㉤ 상임위원은 다른 직무를 겸할 수 없다.

① 1개 ② 2개 ③ 3개 ④ 4개

정답찾기

틀린 것은 ㉢㉣ 2개이다.
㉢ 소청 사건의 결정은 재적 위원 3분의 2 이상의 출석과 출석 위원 과반수의 합의에 따르되, 의견이 나뉘어 출석 위원 과반수의 합의에 이르지 못하였을 때에는 과반수에 이를 때까지 소청인에게 가장 불리한 의견에 차례로 유리한 의견을 더하여 그 중 가장 유리한 의견을 합의된 의견으로 본다(국가공무원법 제14조 제1항).
㉣ 소청심사위원회의 상임위원의 임기는 3년으로 하며, 한 번만 연임할 수 있다(국가공무원법 제10조 제2항).

133 국가공무원법상 소청심사에 대한 설명으로 가장 적절하지 않은 것은? 16. 경찰승진

① 심사청구가 이유 있다고 인정할 때에는 처분을 취소 또는 변경하거나 처분 행정청에 취소 또는 변경할 것을 명한다.
② 소청인 또는 대리인에게 진술의 기회를 부여하지 아니한 결정은 무효이다.
③ 소청은 징계처분 기타 불이익처분을 받은 자가 심사를 청구하는 것으로, 인사에 관한 일종의 행정심판으로 볼 수 있다.
④ 의원면직의 형식에 의한 면직은 심사대상이 아니다.

정답찾기

④ 의원면직도 소청심사의 청구가 가능하다.

■ **해임처분취소·파면처분취소**

> 국가공무원법 제14조 제6항은 소청심사결정에서 당초의 원처분청의 징계처분보다 청구인에게 불리한 결정을 할 수 없다는 의미인데, 의원면직처분에 대하여 소청심사청구를 한 결과 소청심사위원회가 의원면직처분의 전제가 된 사의표시에 절차상 하자가 있다는 이유로 의원면직처분을 취소하는 결정을 하였다고 하더라도, 그 효력은 의원면직처분을 취소하여 당해 공무원으로 하여금 공무원으로서의 신분을 유지하게 하는 것에 그치고, 이때 당해 공무원이 국가공무원법 제78조 제1항 각 호에 정한 징계사유에 해당하는 이상 같은 항에 따라 징계권자로서는 반드시 징계절차를 열어 징계처분을 하여야 하므로, 이러한 징계절차는 소청심사위원회의 의원면직 처분취소 결정과는 별개의 절차로서 여기에 국가공무원법 제14조 제6항에 정한 불이익변경금지의 원칙이 적용될 여지는 없다(대판 2008.10.9, 2008두11853·11860).

Answer 130 ② 131 ② 132 ② 133 ④

134 국가공무원법의 소청심사위원회 및 소청심사위원회 위원에 대한 내용이다. 아래 ㉠부터 ㉣까지의 내용 중 옳고 그름의 표시(○, ×)가 바르게 된 것은? _{18. 경찰}

㉠ 대학에서 행정학·정치학 또는 법률학을 담당한 부교수 이상의 직에 3년 이상 근무한 자는 위원이 될 수 있다.
㉡ 국회사무처, 법원행정처, 헌법재판소사무처 및 중앙선거관리위원회사무처에 설치된 소청심사위원회는 위원장 1명을 포함한 위원 5명 이상 7명 이하의 상임위원으로 구성한다.
㉢ 소청사건의 결정은 재적위원의 2분의 1 이상의 출석과 출석위원 과반수의 합의에 의하여 결정한다.
㉣ 소청심사위원회의 위원은 벌금 이상의 형벌이나 장기의 심신 쇠약으로 직무를 수행할 수 없게 된 경우 외에는 본인의 의사에 반하여 면직되지 아니한다.

	㉠	㉡	㉢	㉣
①	×	○	○	○
②	×	×	×	○
③	○	×	×	×
④	×	×	×	×

정답찾기

모두 틀린 내용이다.
㉠ 대학에서 행정학·정치학 또는 법률학을 담당한 부교수 이상의 직에 5년 이상 근무한 자가 위원이 될 수 있다.

> **국가공무원법**
> **제10조【소청심사위원회위원의 자격과 임명】**① 소청심사위원회의 위원(위원장을 포함한다. 이하 같다)은 다음 각 호의 어느 하나에 해당하고 인사행정에 관한 식견이 풍부한 자 중에서 국회사무총장, 법원행정처장, 헌법재판소사무처장, 중앙선거관리위원회사무총장 또는 인사혁신처장의 제청으로 국회의장, 대법원장, 헌법재판소장, 중앙선거관리위원회위원장 또는 대통령이 임명한다. 이 경우 인사혁신처장이 위원을 임명제청하는 때에는 국무총리를 거쳐야 하고, 인사혁신처에 설치된 소청심사위원회의 위원 중 비상임위원은 제1호 및 제2호의 어느 하나에 해당하는 자 중에서 임명하여야 한다.
> 1. 법관·검사 또는 변호사의 직에 5년 이상 근무한 자
> 2. 대학에서 행정학·정치학 또는 법률학을 담당한 부교수 이상의 직에 5년 이상 근무한 자
> 3. 3급 이상 공무원 또는 고위공무원단에 속하는 공무원으로 3년 이상 근무한 자

㉡ 국회사무처, 법원행정처, 헌법재판소사무처 및 중앙선거관리위원회사무처에 설치된 소청심사위원회는 위원장 1명을 포함한 위원 5명 이상 7명 이하의 비상임위원으로 구성하고, 인사혁신처에 설치된 소청심사위원회는 위원장 1명을 포함한 5명 이상 7명 이하의 상임위원과 상임위원 수의 2분의 1 이상인 비상임위원으로 구성하되, 위원장은 정무직으로 보한다(국가공무원법 제9조 제3항).
㉢ 소청사건의 결정은 재적위원 3분의 2 이상의 출석과 출석위원 과반수의 합의에 따르되, 의견이 나뉠 경우에는 출석위원 과반수에 이를 때까지 소청인에게 가장 불리한 의견에 차례로 유리한 의견을 더하여 그 중 가장 유리한 의견을 합의된 의견으로 본다(국가공무원법 제14조 제1항).
㉣ 소청심사위원회의 위원은 금고 이상의 형벌이나 장기의 심신 쇠약으로 직무를 수행할 수 없게 된 경우 외에는 본인의 의사에 반하여 면직되지 아니한다(국가공무원법 제11조).

135 국가공무원법 및 관련 법령에 따를 때, 소청심사와 관련하여 아래 사례에 관한 설명 중 가장 적절하지 않은 것은?

22. 경찰

> ○○경찰서 소속 지구대에서 근무하는 순경 甲이 법령준수 의무 위반 등 각종 비위행위로 인하여 관련 절차를 거쳐 징계권자로부터 해임의 징계처분을 받았다. 이에 순경 甲은 소청심사를 제기하고자 한다.

① 소청심사위원회는 소청심사 결과 甲의 비위행위의 정도에 비해 해임의 징계처분이 경미하다는 판단에 이르더라도 파면의 징계처분으로 변경하는 결정을 할 수 없다.

② 소청심사위원회에서 해임처분 취소명령결정을 내릴 경우, 그 해임의 징계처분은 소청심사위원회의 결정에 따른 징계나 그 밖의 처분이 있기 전에 당연히 효력을 상실한다.

③ 소청심사위원회에서 해임처분을 취소 또는 변경하고자 할 경우에는 재적 위원 3분의 2 이상의 출석과 출석 위원 3분의 2 이상의 합의가 있어야 한다.

④ 甲이 징계처분사유 설명서를 받은 날부터 30일 이내(甲에게 책임이 없는 사유로 소청심사를 청구할 수 없는 기간은 없다고 전제한다) 소청심사를 제기하지 않은 경우에는 행정소송을 제기할 수 없다.

정답찾기
② 소청심사위원회의 취소명령 또는 변경명령 결정은 그에 따른 징계나 그 밖의 처분이 있을 때까지는 종전에 행한 징계처분 또는 제78조의2에 따른 징계부가금(이하 "징계부가금"이라 한다) 부과처분에 영향을 미치지 아니한다(국가공무원법 제14조 제7항).

136 공무원의 신분보장에 대한 설명으로 가장 적절하지 않은 것은?

19. 경찰승진

① 전직시험에서 3회 이상 불합격한 자로서 직무수행능력이 부족한 자로 인정된 때에는 국가공무원법상 징계의 한 종류로서 직권면직사유에 해당한다.

② 소청심사위원회는 징계처분, 그 밖에 그 의사에 반하는 불리한 처분이나 부작위에 대한 소청을 심사·결정하고, 소청심사위원회의 결정은 처분청의 행위를 기속하는 효력이 있다.

③ 정직은 1개월 이상 3개월 이하의 기간 동안 공무원의 신분은 보유하나 직무수행이 정지되고 보수의 전액을 감한다.

④ 해임과 파면은 강제퇴직처분으로서, 해임은 3년간, 파면은 5년간 공무원으로 재임용될 수 없다.

정답찾기
① 직권면직은 징계에 해당하지 않는다. 징계는 파면·해임·강등·정직·감봉·견책(譴責)으로 구분한다(국가공무원법 제79조).

137 **고충처리에 대한 설명으로 가장 적절하지 않은 것은?**

① 국가공무원법에 따라 공무원은 인사·조직·처우 등 각종 직무조건과 그 밖에 신상 문제와 관련한 고충에 대하여 상담을 신청하거나 심사를 청구할 수 있다.

② 경찰공무원법에 따라 '경찰공무원 고충심사위원회'의 심사를 거친 재심청구와 경정 이상 경찰공무원의 인사상담 및 고충심사는 국가공무원법에 따라 설치된 중앙고충심사위원회에서 한다.

③ 공무원고충처리규정에 따라 고충심사위원회가 청구서를 접수한 때에는 30일 이내에 고충심사에 대한 결정을 하여야 한다. 다만, 부득이하다고 인정되는 경우에는 고충심사위원회의 의결로 30일을 연장할 수 있다.

④ 국가공무원법에 따라 중앙인사관장기관의 장, 임용권자 또는 임용제청자는 기관 내 성폭력 범죄 또는 성희롱 발생 사실의 신고를 받은 경우에는 지체 없이 사실 확인을 위한 조사를 하고 그에 따라 필요한 조치를 할 수 있다.

[정답찾기]

④ 중앙인사관장기관의 장, 임용권자 또는 임용제청권자는 기관 내 성폭력 범죄 또는 성희롱 발생 사실의 신고를 받은 경우에는 지체 없이 사실 확인을 위한 조사를 하고 그에 따라 필요한 조치를 <u>하여야 한다</u>(국가공무원법 제76조의2 제3항).

138 **경찰공무원 고충심사에 관한 설명으로 옳은 것을 모두 고른 것은?**

> ㉠ 경찰공무원의 인사상담 및 고충을 심사하기 위하여 경찰공무원 고충심사위원회를 두어야 하는 기관에는 시·도자치경찰위원회도 포함된다.
> ㉡ 경찰공무원 고충심사위원회의 공무원위원은 청구인보다 상위 계급 또는 이에 상당하는 소속 공무원 중에서 설치기관의 장이 임명한다.
> ㉢ 경찰공무원 고충심사위원회의 민간위원의 수는 위원장을 제외한 위원 수의 2분의 1 이상이어야 한다.
> ㉣ 경찰공무원 고충심사위원회의 심사를 거친 재심청구와 경정 이상의 경찰공무원의 인사상담 및 고충심사는 「국가공무원법」에 따라 설치된 중앙고충심사위원회에서 한다.

① 1개   ② 2개   ③ 3개   ④ 모두 옳다

[정답찾기]

모두 적절한 지문이다.

㉠ 경찰공무원의 인사상담 및 고충을 심사하기 위하여 경찰청, 해양경찰청, <u>시·도자치경찰위원회</u>, 시·도경찰청, 대통령령으로 정하는 경찰기관 및 지방해양경찰관서에 경찰공무원 고충심사위원회를 둔다(경찰공무원법 제31조 제1항).

㉡ 경찰공무원 고충심사위원회의 공무원위원은 청구인보다 상위 계급 또는 이에 상당하는 소속 공무원 중에서 설치기관의 장이 임명한다(공무원고충처리규정 제3조의2 제3항).

㉢ 경찰공무원 고충심사위원회는 위원장 1명을 포함하여 7명 이상 15명 이내의 공무원위원과 민간위원으로 구성한다. 이 경우 민간위원의 수는 위원장을 제외한 위원 수의 2분의 1 이상이어야 한다(공무원고충처리규정 제3조의2 제2항).

㉣ 경찰공무원 고충심사위원회의 심사를 거친 재심청구와 경정 이상의 경찰공무원의 인사상담 및 고충심사는 「국가공무원법」에 따라 설치된 중앙고충심사위원회에서 한다(경찰공무원법 제31조 제2항).

제4절 경찰작용법

1 경찰작용 일반

139 경찰관 직무집행법 제2조 제7호(그 밖에 공공의 안녕과 질서유지)의 일반조항 인정 여부에 대한 긍정설의 입장 중 틀린
것은?

08. 경찰 변형

① 경찰관 직무집행법 제2조 제7호는 경찰의 직무범위를 규정한 것으로 본질적으로 조직법의 성질을 가진다.
② 경찰권의 성질상 입법기관이 미리 경찰권의 발동사태를 상정해서 모든 요건을 법률에 규정하는 것은 불가능
   하기 때문에 일반조항이 필요하다.
③ 일반조항은 개별수권규정에 의한 조치로도 대응할 수 없는 경우에 보충적으로 적용한다.
④ 일반조항으로 인한 경찰권 발동의 남용가능성은 조리상의 한계 등으로 충분히 통제 가능하다.

[정답찾기]
① 지문의 내용은 일반 수권조항을 부정하는 견해에 해당한다.

140 경찰작용은 국민의 자유와 권리를 제한하고 의무를 부과하는 등 전형적인 침해적 행정작용이므로 경찰권 발동에는 한계
가 있다. 특히 경찰은 사회공공의 안녕과 질서유지에 관계가 없는 개인의 사생활 관계에 대해서 경찰권을 발동해서는
안 된다. 개인행동의 영향이 단지 그 사람의 일신에 그치고 사회공공의 안녕 · 질서유지에 관계가 없는 것에 대해서는
경찰권을 발동하여 함부로 이에 관여하는 것은 허용되지 않는다. 따라서 민사상 법률관계의 형성 · 유지는 사법권의 작용
영역으로서 원칙적으로 경찰권의 행사대상이 아니다. 하지만 민사상 법률관계라 할지라도 예외적으로 경찰권의 개입이
허용되는 경우가 있다. 다음 사례 중 경찰권의 개입이 가능한 경우로 가장 적절한 것은?

11. 경찰

① 경찰관이 범죄행위와 관련된 가해자와 피해자간의 합의를 종용하는 경우
② 암표의 매매나 총포 · 도검류의 매매의 경우
③ 경찰관이 사인간의 가옥임대차에 관한 분쟁에 개입하는 경우
④ 경찰관이 민사상의 채권집행 관여하는 경우

[정답찾기]
② 문제의 내용은 경찰공공의 원칙에 대한 설명이다. 경찰공공의 원칙이란 경찰권은 공공의 안녕과 질서유지에 관계없는 사적 관계에
   대해서는 발동되어서는 아니 된다는 원칙이다. 그러나 개인의 사생활이라고 할지라도 공공의 안녕과 질서유지에 관련이 있다면 경찰
   권을 발동할 수 있는데 그 예로 AIDS환자나 법정전염병 감염자의 강제 격리 및 치료, 신체의 과다노출, 고성방가, 과도한 피아노
   소음, 암표매매, 총포 · 도검류의 매매 등을 들 수 있다.

141 경찰책임의 원칙에 대한 설명 중 옳지 않은 것은?

① 경찰책임의 주체는 모든 자연인이 될 수 있다. 또한 권리능력 유무에 관계없이 모든 사법인(私法人)도 경찰책임자가 될 수 있다.

② 경찰이 경찰긴급권에 의하여 예외적으로 경찰책임이 없는 자에게 경찰권을 발동함으로써 제3자에게 손실을 입히는 경우에는 그 손실을 보상하여야 한다.

③ 다수인의 행위 또는 다수인이 지배하는 물건의 상태로 인하여 하나의 질서위반상태가 발생한 경우, 일부 또는 전체에 대하여 경찰권 발동이 가능하다.

④ 타인을 보호 감독할 지위에 있는 자가 피지배자의 행위로 발생한 경찰위반에 대하여 경찰책임을 지는 경우, 자기의 지배범위 내에서 발생한 데에 대한 대위책임이다.

[정답찾기]

④ 타인을 보호·감독할 지위에 있는 자는 피지배자의 행위로 인하여 발생한 경찰 위반에 대하여 경찰책임을 부담한다. 이 경우 타인을 보호·감독할 지위에 있는 자가 부담하는 책임은 대위책임이 아니고 자기의 지배범위 내에서 경찰 위반의 상태가 발생한 것에 대한 책임, 즉 자기책임에 해당한다.

■ **자기 책임**

> 국가배상법상 공무원의 위법행위에 대한 국가의 손해배상책임 및 부하 공무원의 의무위반행위에 대하여 감독자가 부담하는 징계책임 모두 자기책임에 해당한다.

142 경찰상 긴급상태(경찰비책임자에 대한 경찰권발동)에 대한 설명으로 가장 적절하지 않은 것은?

① 위험이 이미 현실화되었거나 위험의 현실화가 목전에 급박하여야 한다.

② 경찰상 긴급상태에 대한 일반적 근거는 경찰관 직무집행법에 규정되어 있다.

③ 경찰비책임자에 대한 경찰권발동을 위해서 보충성은 전제조건이므로 경찰책임자에 대한 경찰권발동 또는 경찰 자신의 고유한 수단으로는 위험방지가 불가능한지 여부를 먼저 심사하여야 한다.

④ 경찰권발동으로 인하여 손실을 입은 경찰비책임자에게는 정당한 보상이 행해져야 하며, 결과제거청구와 같은 구제수단이 마련되어야 한다.

[정답찾기]

② 경찰상 긴급상태나 경찰긴급권의 발동에 대한 일반법은 존재하지 않으며, 경찰관 직무집행법(제5조 제1항 제3호), 경범죄 처벌법(제3조 제1항 제29호 공무원 원조불응) 등에 개별적인 근거가 규정되어 있다.

143 다음 상황에 대한 설명으로 가장 적절하지 않은 것은?

> A는 자신이 운영하는 옷가게에서 여자모델 B에게 수영복만을 입게 하여 쇼윈도우에 서 있도록 하였다. 지나가던 사람들이 이를 구경하기 위해 쇼윈도우 앞에 몰려들어 도로교통상의 심각한 장해가 발생하였다.

① 조건설에 의하면 군중, A, B 모두 경찰책임자가 된다.

② 의도적 간접원인제공자이론(목적적 원인제공자책임설)을 인정한다면 A에게 경찰권을 발동하여 A로 하여금 B를 쇼윈도우에서 나가도록 하라고 할 수 있다.

③ 직접원인설에 의할 때 경찰책임자는 B이다.

④ 교통장해가 그다지 중대하지 않다면 A를 경찰책임자로 보아서는 안 될 것이다.

정답찾기

③ 직접원인설에 따를 경우 공공의 안녕과 질서에 대한 위해를 직접 발생시키는 행위만이 경찰책임의 대상이 되므로 쇼윈도우 앞에 몰려든 지나가던 사람들이 경찰책임자에 해당하게 된다.

경찰책임에 대한 학설

> 행위책임은 행위와 발생된 경찰상의 위해 사이에 인과관계를 요구하고 있다. 이에 대하여는 조건설, 상당인과관계설, 직접원인설 등이 제시되고 있으며 직접원인설이 오늘날 통설적인 견해이다.
> 직접원인설에 따르면 공공의 안녕과 질서에 대한 위해를 직접 발생시키는 행위만이 경찰책임의 대상이 된다. 결과발생의 간접적인 원인은 경찰책임과 관련없는 것으로 배제되며, 일련의 인과관계 중에서 마지막의 그리고 결정적인 원인을 제공한 사람이 원칙적으로 행위책임자가 된다.
> 한편 직접적으로 위해의 원인을 야기시키지는 않았으나 직접원인자의 행위를 의도적으로 야기시킨자를 목적적 원인제공자 (Zweckveranlasser)라고 하여 역시 행위책임자로 보아 경찰권발동의 대상으로 하고 있다.

144 경찰권 발동의 조리상 한계에 대한 설명으로 가장 적절하지 않은 것은?

① 경찰비례의 원칙이란 경찰작용에 있어 목적 실현을 위한 수단과 당해 목적 사이에 합리적인 비례관계가 있어야 한다는 원칙이다.

② 경찰비례의 원칙의 내용 중 상당성의 원칙은 경찰권 발동에 따른 이익보다 사인의 피해가 더 큰 경우 경찰권을 발동해서는 안 된다는 원칙으로서 최소침해원칙이라고도 한다.

③ 경찰책임의 원칙이란 경찰권은 경찰위반상태에 책임이 있는 자에게만 발동되어야 한다는 원칙이다.

④ 경찰책임 원칙의 예외로서 긴급한 필요가 있는 경우 경찰책임 있는 자가 아닌 제3자에 대한 경찰권 발동이 허용되는 경우가 있다.

정답찾기

② 지문의 내용은 상당성의 원칙(협의의 비례의 원칙)에 대한 설명이다. 상당성의 원칙은 경찰권 발동에 따른 이익보다 사인의 피해가 더 큰 경우 경찰권을 발동해서는 안 된다는 원칙이다. 그리고 필요성의 원칙은 경찰권은 최소한도에서 발동되어야 한다는 원칙으로서 최소침해의 원칙이라고도 한다.

Answer 141 ④ 142 ② 143 ③ 144 ②

145 경찰비례의 원칙에 관한 설명으로 가장 적절하지 않은 것은? (다툼이 있는 경우 판례에 의함)　23. 경찰

① 경찰비례의 원칙은 일반적 수권조항에 근거하여 경찰권을 발동하는 경우는 물론, 개별적 수권조항에 근거하여 경찰권을 발동하는 경우에도 적용된다.

② 적합성의 원칙은 경찰기관의 어떤 조치가 경찰목적 달성을 위해 필요한 경우라고 하여도 그 조치에 따른 불이익이 그 조치로 인해 발생하는 이익보다 큰 경우에는 경찰권을 발동해서는 안된다는 원칙이다.

③ 필요성의 원칙(최소침해의 원칙)은 목적을 달성할 수 있는 수단이 여러 가지가 있는 경우에 적합한 여러 가지 수단 중에서 가장 적게 침해를 가져오는 수단을 선택해야 한다는 원칙이다.

④ 경찰비례의 원칙은 행정기본법 제10조, 경찰관 직무집행법 제1조 제2항 등에서 근거를 찾아볼 수 있다.

> 정답찾기

② 지문의 내용은 상당성의 원칙(협의의 비례의 원칙)에 대한 설명이다. 적합성의 원칙이란 경찰기관이 취하는 조치는 그 목적 달성에 적합하여야 한다는 것을 의미한다.

146 비례의 원칙과 관련된 판례의 내용으로 가장 적절한 것은?　11. 경찰

① 청소년유해매체물로 결정·고시된 만화인 사실을 모르고 있던 도서대여업자가 그 고시일로부터 8일 후에 청소년에게 그 만화를 대여한 것을 사유로 그 도서대여업자에게 금 700만원의 과징금이 부과된 경우, 그 과징금부과처분은 재량권을 일탈·남용한 것으로 볼 수 없다.

② 다른 차들의 통행을 원활히 하기 위하여 승용차를 주차목적으로 자신의 집 앞 약 6m를 운행하였다 하여도 이는 도로교통법상의 음주운전에 해당하고, 이미 음주운전으로 적발되어 면허정지처분을 받은 적이 있는데도 혈중알콜농도 0.182%의 만취 상태에서 운전한 것이라면, 교통사고가 발생하지 않았고 운전 승용차로 서적을 판매하여 가족의 생계를 책임져야 한다는 사정을 고려하더라도, 이 사건 운전면허취소처분은 적법하다.

③ 경찰관이 범인을 검거하면서 가스총을 근접 발사하여 가스와 함께 발사된 고무마개가 범인의 눈에 맞아 실명한 경우 국가배상책임이 없다.

④ 주유소 영업의 양도인이 등유가 섞인 유사휘발유를 판매한 바를 모르고 이를 양수한 석유판매영업자에게 전 운영자인 양도인의 위법사유를 들어 6월의 사업정지에 처한 것은 공익목적의 실현이라는 측면에서 비례원칙에 위반되지 않아 적법하다.

> 정답찾기

① 청소년유해매체물로 결정·고시된 만화인 사실을 모르고 있던 도서대여업자가 그 고시일로부터 8일 후에 청소년에게 그 만화를 대여한 것을 사유로 그 도서대여업자에게 금 700만원의 과징금이 부과된 경우, 그 도서대여업자에게 청소년유해매체물인 만화를 청소년에게 대여하여서는 아니된다는 금지의무의 해태를 탓하기는 가혹하다는 이유로 그 과징금부과처분은 재량권을 일탈·남용한 것으로서 위법하다고 보았다(대판 2001.7.27, 99두9490).

③ 경찰관은 범인의 체포 또는 도주의 방지, 타인 또는 경찰관의 생명·신체에 대한 방호, 공무집행에 대한 항거의 억제를 위하여 필요한 때에는 최소한의 범위 안에서 가스총을 사용할 수 있으나, 가스총은 통상의 용법대로 사용하는 경우 사람의 생명 또는 신체에 위해를 가할 수 있는 이른바 위해성 장비로서 그 탄환은 고무마개로 막혀 있어 사람에게 근접하여 발사하는 경우에는 고무마개가 가스와 함께 발사되어 인체에 위해를 가할 가능성이 있으므로, 이를 사용하는 경찰관으로서는 인체에 대한 위해를 방지하기 위하여 상대방과 근접한 거리에서 상대방의 얼굴을 향하여 이를 발사하지 않는 등 가스총 사용시 요구되는 최소한의 안전수칙을 준수함으로써 장비 사용으로 인한 사고 발생을 미리 막아야 할 주의의무가 있다.

④ 주유소 영업의 양도인이 등유가 섞인 유사휘발유를 판매한 바를 모르고 이를 양수한 석유판매영업자에게 전 운영자인 양도인의 위법사유를 들어 사업정지기간 중 최장기인 6월의 사업정지에 처한 영업정지처분이 석유사업법에 의하여 실현시키고자 하는 공익목적의 실현보다는 양수인이 입게 될 손실이 훨씬 커서 재량권을 일탈한 것으로서 위법하다고 보았다(대판 1992.2.25, 91누13106).

147 행정법상 비례의 원칙에 관한 설명으로 가장 적절하지 않은 것은?　　　24. 경찰

① 비례의 원칙이란 행정작용에 있어서 행정목적과 행정수단 사이에는 합리적인 비례관계가 있어야 한다는 원칙을 말한다.
② 비례의 원칙은 헌법 제37조 제2항, 「행정기본법」 제10조, 「경찰관 직무집행법」 제1조 제2항에서 근거를 찾을 수 있다.
③ 적합성의 원칙은, 행정조치는 설정된 목적 달성을 위해 필요 최소한의 한도 내에서 이루어져야 한다는 것으로, 협의의 비례원칙이라고도 한다.
④ 행정조치를 취함에 따른 불이익이 그것에 의해 달성되는 이익보다 심히 큰 경우에는 그 행정조치를 취해서는 아니된다는 원칙을 상당성의 원칙이라 한다.

> **정답찾기**
> ③ 지문의 내용 중 '행정조치는 설정된 목적 달성을 위해 필요 최소한의 한도 내에서 이루어져야 한다'는 것은 필요성의 원칙(또는 최소침해의 원칙)에 대한 설명이고, '협의의 비례의 원칙'은 상당성의 원칙과 관련이 있다. 적합성의 원칙이란 행정목적을 달성하는 데 유효하고 적절해야 한다는 것을 의미한다.

148 경찰권 발동의 조리상 한계에 대한 설명으로 가장 적절하지 않은 것은?　　　22. 경찰간부

① 경찰공공의 원칙이란 경찰권은 공공의 안녕 질서유지에 관계없는 사적관계에 대해서 발동되어서는 안 된다는 원칙을 의미한다.
② 경찰비례의 원칙 중 필요성의 원칙은 협의의 비례원칙이라고도 불리며 경찰기관의 조치는 그 목적을 달성하는데 적합하여야 한다는 원칙이다.
③ 경찰책임의 원칙이란 경찰권은 원칙적으로 경찰위반상태를 야기한 자, 즉 공공의 안녕 질서의 위험에 대하여 행위책임 또는 상태책임을 질 자에게만 발동될 수 있다는 원칙이다.
④ 경찰평등의 원칙이란 경찰권은 그 대상이 되는 모든 사람에게 차별 없이 평등하게 행사되어야 한다는 것을 의미한다.

> **정답찾기**
> ② 필요성의 원칙은 최소침해의 원칙, 상당성의 원칙은 협의의 비례의 원칙이라고도 한다. 목적달성에 적합해야 한다는 것은 적합성의 원칙과 관련이 있다.

구분	내용
적합성	경찰기관이 취하는 조치는 그 목적달성에 적합하여야 한다.
필요성 (최소침해의 원칙)	경찰권의 발동은 그 목적달성을 위해 필요한 한도 이상으로 발동되어서는 안 된다. 다시 말해 경찰권은 경찰상의 목적 달성을 위한 필요최소한도로 발동되어야 한다.
상당성 (협의의 비례의 원칙)	• 경찰권의 발동으로 인해 침해되는 법익과 보호되는 법익을 비교했을 때, 그 조치로 인해 보호되는 법익보다 침해되는 법익이 더 큰 경우 경찰권을 발동하여서는 안 된다. • "대포로 참새를 쏘아서는 안 된다."라는 표현은 상당성의 원칙을 의미하는 것이다.

Answer 145 ② 　 146 ② 　 147 ③ 　 148 ②

149 경찰권의 발동과 한계에 대한 설명으로 가장 적절하지 않은 것은? (다툼이 있는 경우 판례에 의함) 24. 경찰간부

① 「경찰관 직무집행법」 제1조 제2항은 경찰비례의 원칙을 명시적으로 선언하고 있는 것이며, 이는 공공의 안녕과 질서유지라는 공익목적과 이를 실현하기 위하여 개인의 권리나 재산을 침해하는 수단 사이에는 합리적인 비례관계가 있어야 한다는 의미를 갖는다.

② 「경찰관 직무집행법」상 경찰장비 규정은 경찰관의 직무수행 중 경찰장비의 사용 여부, 용도, 방법 및 범위에 관하여 재량의 한계를 정한 것이라 할 수 있고, 특히 위해성 경찰장비는 그 사용의 위험성과 기본권 보호 필요성에 비추어 볼 때 본래의 사용방법에 따라 지정된 용도로 사용되어야 하며 다른 용도나 방법으로 사용하기 위해서는 반드시 법령에 근거가 있어야 한다.

③ 형법상 공무집행방해죄는 공무원의 직무집행이 적법한 경우에 한하여 성립하며, 이때 적법한 공무집행은 그 행위가 공무원의 추상적 권한이 아니라 구체적 직무집행에 관한 법률상 요건과 방식을 갖춘 경우를 가리키므로, 경찰관이 적법절차를 준수하지 않은 채 실력으로 현행범인을 연행하려 하였다면 적법한 공무집행이라고 할 수 없다.

④ 위법이나 비난의 정도가 미약한 사안을 포함한 모든 경우에 부정 취득하지 않은 운전면허까지 필요적으로 취소하고 이로 인해 2년 동안 해당 운전면허 역시 받을 수 없게 하는 것은, 공익의 중대성을 감안하더라도 지나치게 기본권을 제한하는 것이 아니므로 비례의 원칙에 위배되지 않는다.

정답찾기

④ 위법이나 비난의 정도가 미약한 사안을 포함한 모든 경우에 부정 취득하지 않은 운전면허까지 필요적으로 취소하고 이로 인해 2년 동안 해당 운전면허 역시 받을 수 없게 하는 것은, 공익의 중대성을 감안하더라도 지나치게 기본권을 제한하는 것이므로, 법익의 균형성 원칙에도 위배된다[전원재판부 2019헌가9, 2020.6.25, 위헌].

150 다음 〈보기〉의 내용 중 공통된 행정의 법 원칙은 무엇인가? 22. 경찰

• 행정기본법 제12조 제1항 "행정청은 공익 또는 제3자의 이익을 현저히 해칠 우려가 있는 경우를 제외하고는 행정에 대한 국민의 정당하고 합리적인 신뢰를 보호하여야 한다."
• 행정절차법 제4조 제2항 "행정청은 법령등의 해석 또는 행정청의 관행이 일반적으로 국민들에게 받아들여졌을 때에는 공익 또는 제3자의 정당한 이익을 현저히 해칠 우려가 있는 경우를 제외하고는 새로운 해석 또는 관행에 따라 소급하여 불리하게 처리하여서는 아니 된다."

① 비례의 원칙
② 평등의 원칙
③ 신뢰보호의 원칙
④ 부당결부금지의 원칙

정답찾기

③ 지문의 내용은 신뢰보호의 원칙에 대한 설명이다.

151 다음의 신뢰보호 원칙에 관한 판례 중 옳지 않은 것은?

① 민원팀장에 불과한 공무원이 민원봉사 차원에서 상담에 응하여 안내한 것을 신뢰한 경우 신뢰보호의 원칙이 적용되지 않는다.

② 처분의 하자가 당사자의 사실은폐나 기타 사위의 방법에 의한 신청행위에 기인한 것이라면 당사자는 그 처분에 의한 이익이 위법하게 취득되었음을 알아 그 취소가능성도 예상하고 있었다고 할 것이므로, 그 자신이 위 처분에 관한 신뢰이익을 원용할 수 없다.

③ 국회에서 일정한 법률안을 심의하거나 의결한 적이 있다고 하더라도, 법률로 확정되지 아니한 이상 국가가 이해관계자들에게 위 법률안에 관련된 사항을 약속하였다고 볼 수 없으며, 이러한 사정만으로 어떠한 신뢰를 부여하였다고 볼 수도 없다.

④ 헌법재판소의 위헌결정은 행정청이 개인에 대하여 신뢰의 대상이 되는 공적인 표명을 한 것이라고 할 수 있어 그 결정에 관련한 개인의 행위에 대하여는 신뢰보호의 원칙이 적용된다.

정답찾기
④ 헌법재판소의 위헌결정은 행정청이 개인에 대하여 신뢰의 대상이 되는 공적인 견해를 표명한 것이라고 할 수 없으므로 그 결정에 관련한 개인의 행위에 대하여는 신뢰보호의 원칙이 적용되지 아니한다(대판 2003.6.27, 2002두6965).

152 신뢰보호의 원칙에 관한 다음 설명 중 가장 적절한 것은? (다툼이 있는 경우 판례에 의함)

① 신뢰보호의 원칙은 판례를 통해 발전한 행정법의 원칙이지만 현재는 실정법에도 명문규정을 두고 있다.

② 헌법재판소의 위헌결정은 신뢰보호 원칙의 적용요건 중 하나인 공적 견해표명에 해당한다.

③ 판례에 의하면, 행정기관의 공적 견해표명 여부를 판단할 때는 반드시 행정조직상의 형식적인 권한분장에 의하여 담당자의 조직상 지위와 임무 등에 비추어 형식적으로 판단하여야 한다.

④ 판례에 의하면, 문화관광부장관이 지방자치단체장에게 한 사업승인가능성에 대한 회신은 사업신청자인 민원인에 대한 공적 견해표명이다.

정답찾기
② 헌법재판소의 위헌결정은 행정청이 개인에 대하여 신뢰의 대상이 되는 공적인 견해를 표명한 것이라고 할 수 없으므로 헌법재판소의 위헌결정에 관련한 개인의 행위에 대하여는 신뢰보호의 원칙이 적용되지 아니한다(대판 2003.6.27, 2002두6965).
③④ 일반적으로 행정상의 법률관계에 있어서 행정청의 행위에 대하여 신뢰보호의 원칙이 적용되기 위해서는, 행정청이 개인에 대하여 신뢰의 대상이 되는 공적인 견해표명을 하여야 하고, 행정청의 공적 견해표명이 있었는지의 여부를 판단하는 데 있어서는 담당자의 조직상의 지위와 임무, 당해 언동을 하게 된 구체적인 경위 및 그에 대한 상대방의 신뢰가능성 등에 비추어 실질에 의하여 판단하여야 한다(대판 1997.9.12, 96누18380 참조).
원심은 채용 증거들을 종합하여 판시와 같은 사실을 인정한 다음, ① 특별법의 유효기간인 2002.12.31.까지 관광호텔업 사업계획 승인신청을 한 경우에는 그 유효기간이 경과한 이후에도 특별법을 적용할 수 있다는 내용의 2002.11.13.자 문화관광부 장관의 회신은 문화관광부 장관이 피고(지방자치단체의 장)에게 한 것이어서 이를 원고들에 대한 공적인 견해표명으로 볼 수 없고, 또한 피고의 담당 공무원이 원고들에게 위 회신내용을 알려주었다는 사정만으로는 피고의 공적인 견해표명이 있었다고 보기 어렵다(원고들이 정식의 사업계획 승인신청을 하기 전의 절차에서 담당 공무원인 김동현이 문화관광부 장관의 위 회신 내용을 미리 원고들에게 알려 준 것은 김동현이 개인적 친분관계 내지 은혜적 차원에서 행정청의 단순한 정보제공 내지는 일반적인 법률상담 차원에서 이루어진 것이라고 볼 여지가 많다.).

Answer　149 ④　150 ③　151 ④　152 ①

153 다음은 행정법의 일반원칙을 설명한 것이다. 가장 적절한 것은? (다툼이 있으면 판례에 의함) 14. 경찰

① 신뢰보호의 원칙과 행정의 법률적합성의 원칙이 충돌하는 경우 법률적합성의 원칙이 우선한다.

② 신뢰보호의 원칙에서 선행조치의 상대방에 대한 신뢰보호의 이익과 제3자의 이익이 충돌하는 경우에는 신뢰보호의 이익이 우선한다.

③ 같은 정도의 비위를 저지른 자들에 대해 그 직무의 특성 및 개전의 정이 있는지 여부에 따라 징계의 종류 및 양정에 있어서 차별적으로 취급하는 것은 합리적 차별로서 평등의 원칙에 반하지 않는다.

④ 신뢰보호의 원칙에서 행정청이 상대방에 대하여 장차 어떤 처분을 하겠다는 공적인 견해를 표명하였다면 공적인 견해 표명 후에 그 전제가 된 사실적, 법률적 상태가 변경되었다고 하더라도 그러한 견해 표명은 효력을 유지한다.

정답찾기

③ 같은 정도의 비위를 저지른 자들 사이에 있어서도 그 직무의 특성 등에 비추어, 개전의 정이 있는지 여부에 따라 징계의 종류의 선택과 양정에 있어서 차별적으로 취급하는 것은, 사안의 성질에 따른 합리적 차별로서 이를 자의적 취급이라고 할 수 없는 것이어서 평등원칙 내지 형평에 반하지 아니한다(대판 1999.8.20, 99두2611).

①② 신뢰보호의 원칙이 행정의 법률적합성의 원칙과 충돌할 경우(특히 위법한 선행조치를 변경하는 경우 이를 신뢰한 자의 사익보호와 관련하여) 양 원칙의 관계설정에 대해, 법률적합성의 원칙과 신뢰보호의 원칙은 모두 법치국가의 구성요소로서 양 원칙은 헌법상 같은 위치에 있으며 동일한 가치를 가지므로, 적법상태의 실현에 의하여 달성되는 공익과 행정작용의 존속에 대한 개인의 신뢰보호라는 사익을 비교형량하여야 한다는 법률적합성과 신뢰보호원칙의 동위설(이익형량설)이 통설과 판례의 입장이다.

④ 행정청이 상대방에게 장차 어떤 처분을 하겠다고 확약 또는 공적인 의사명을 하였다고 하더라도, 그 자체에서 상대방으로 하여금 언제까지 처분의 발령을 신청을 하도록 유효기간을 두었는데도 그 기간 내에 상대방의 신청이 없었다거나 확약 또는 공적인 의사표명이 있은 후에 사실적·법률적 상태가 변경되었다면, 그와 같은 확약 또는 공적인 의사표명은 행정청의 별다른 의사표시를 기다리지 않고 실효된다(대판 1996.8.20, 95누10877).

■ 유사 판례

> 원고가 원판시와 같이 부산시 영도구청의 당직 근무 대기중 약 25분간 같은 근무조원 3명과 함께 시민 과장실에서 심심풀이로 돈을 걸지않고 점수따기 화투놀이를 한사실을 확정한 다음 이것이 국가공무원법 제78조 1, 3호 규정의 징계사유에 해당한다 할지라도 당직 근무시간이 아닌 그 대기중에 불과 약 25분간 심심풀이로 한것이고 또 돈을 걸지 아니하고 점수따기를 한데 불과하며 원고와 함께 화투놀이를 한 3명(지방공무원)은 부산시 소청심사위원회에서 견책에 처하기로 의결된 사실이 인정되는 점등 제반 사정을 고려하면 피고가 원고에 대한 징계처분으로 파면을 택한 것은 당직근무 대기자의 실정이나 공평의 원칙상 그 재량의 범위를 벗어난 위법한 것이라고 하였는바, 이를 기록에 대조하여 검토하여 보면 정당하고 징계종류의 선택에 관한 법리를 오해한 위법 있다는 논지는 맞지 아니하여 이유없다[대법원 1972.12.26, 선고, 72누194, 판결].

154 행정법의 일반원칙에 대한 설명으로 가장 적절한 것은? (다툼이 있으면 판례에 의함) 　　13. 경찰

① 신뢰보호의 원칙에서 공적 견해나 의사는 반드시 명시적으로 표시되어야 한다.

② 헌법재판소의 위헌결정은 행정청이 개인에 대하여 신뢰의 대상이 되는 공적인 견해를 표명한 것이므로 그 결정에 관련한 개인의 행위에 대하여는 신뢰보호의 원칙이 적용된다.

③ 재량권 행사의 준칙인 행정규칙이 그 정한 바에 따라 되풀이 시행되어 행정관행이 이루어지게 되면 평등의 원칙이나 신뢰보호의 원칙에 따라 행정기관은 그 상대방에 대한 관계에서 그 규칙에 따라야 할 자기구속을 받게 된다.

④ 행정청의 공적 견해표명이 있었는지의 여부를 판단하는 데 있어서는 행정조직상의 형식적인 권한분장만이 그 기준이 되며, 담당자의 조직상의 지위와 임무, 당해 언동을 하게 된 구체적인 경위 등은 상대방의 신뢰여부를 판단하는 기준이 아니다.

4장

정답찾기

③ 재량권 행사의 준칙인 행정규칙이 그 정한 바에 따라 되풀이 시행되어 행정관행이 이루어지게 되면 평등의 원칙이나 신뢰보호의 원칙에 따라 행정기관은 그 상대방에 대한 관계에서 그 규칙에 따라야 할 자기구속을 받게 되므로, 이러한 경우에는 특별한 사정이 없는 한 그를 위반하는 처분은 평등의 원칙이나 신뢰보호의 원칙에 위배되어 재량권을 일탈·남용한 위법한 처분이 된다(대판 2009.12.24, 2009두7967).

① 일반적으로 조세 법률관계에서 과세관청의 행위에 대하여 신의성실의 원칙이 적용되기 위하여는 과세관청이 납세자에게 신뢰의 대상이 되는 공적인 견해표명을 하여야 하고, 또한 국세기본법 제18조 제3항에서 말하는 비과세관행이 성립하려면 상당한 기간에 걸쳐 과세를 하지 아니한 객관적 사실이 존재할 뿐만 아니라 과세관청 자신이 그 사항에 관하여 과세할 수 있음을 알면서도 어떤 특별한 사정 때문에 과세하지 않는다는 의사가 있어야 하며 위와 같은 공적 견해나 의사는 명시적 또는 묵시적으로 표시되어야 하지만, 묵시적 표시가 있다고 하기 위하여는 단순한 과세 누락과는 달리 과세관청이 상당기간 불과세 상태에 대하여 과세하지 않겠다는 의사표시를 한 것으로 볼 수 있는 사정이 있어야 하고, 이 경우 특히 과세관청의 의사표시가 일반론적인 견해표명에 불과한 경우에는 위 원칙의 적용을 부정하여야 한다(대판 20014.24, 2000두5203).

② 헌법재판소의 위헌결정은 행정청이 개인에 대하여 신뢰의 대상이 되는 공적인 견해를 표명한 것이라고 할 수 없으므로 그 결정에 관련한 개인의 행위에 대하여는 신뢰보호의 원칙이 적용되지 아니한다(대판 2003.6.27, 2002두6965).

④ 일반적으로 행정상의 법률관계에 있어서 행정청의 행위에 대하여 신뢰보호의 원칙이 적용되기 위해서는, 첫째 행정청이 개인에 대하여 신뢰의 대상이 되는 공적인 견해표명을 하여야 하고, 둘째 행정청의 견해표명이 정당하다고 신뢰한 데 대하여 그 개인에게 귀책사유가 없어야 하며, 셋째 그 개인이 그 견해표명을 신뢰하고 어떠한 행위를 하였어야 하고, 넷째 행정청이 위 견해표명에 반하는 처분을 함으로써 그 견해표명을 신뢰한 개인의 이익이 침해되는 결과가 초래되어야 하며, 마지막으로 위 견해표명에 따른 행정처분을 할 경우 이로 인하여 공익 또는 제3자의 정당한 이익을 현저히 해할 우려가 있는 경우가 아니어야 한다(대판 2001.9.28, 2000두8684 ; 2006.2.24, 2004두13592 등 참조). 그리고 위 요건의 하나인 행정청의 공적 견해표명이 있었는지의 여부를 판단하는 데 있어서는 담당자의 조직상의 지위와 임무, 당해 언동을 하게 된 구체적인 경위 및 그에 대한 상대방의 신뢰가능성 등에 비추어 실질에 의하여 판단하여야 한다(대판 1997.9.12, 96누18380 참조 ; 대판 2006.4.28, 2005두9644).

Answer 153 ③　　154 ③

155 행정법의 일반원칙 중 신뢰보호의 원칙을 설명한 것이다. 다음 중 적절하지 않은 것은? (다툼이 있으면 판례에 의함)

16. 경찰

① 개발이익환수에 관한 법률에 정한 개발사업을 시행하기 전에, 행정청이 민원예비심사에 대하여 관련 부서 의견으로 '저촉사항 없음'이라고 기재한 것은 공적인 견해표명에 해당한다.

② 헌법재판소의 위헌결정은 행정청이 개인에 대하여 신뢰의 대상이 되는 공적인 견해를 표명한 것이라고 할 수 없으므로 그 결정에 관련한 개인의 행위에 대하여는 신뢰보호의 원칙이 적용되지 아니한다.

③ 국가가 공무원임용결격사유가 있는 자에 대하여 결격사유가 있는 것을 알지 못하고 공무원으로 임용하였다가 사후에 결격사유가 있는 자임을 발견하고 공무원임용행위를 취소함은 당사자에게 원래의 임용행위가 당초부터 당연 무효이었음을 통지하여 확인시켜 주는 행위에 지나지 아니하는 것이므로, 그러한 의미에서 당초의 임용처분을 취소함에 있어서는 신의칙 내지 신뢰의 원칙을 적용할 수 없다.

④ 종교법인이 도시계획구역 내 생산녹지로 답(畓)인 토지에 대하여 종교회관 건립을 이용목적으로 하는 토지거래계약의 허가를 받으면서 담당공무원이 관련 법규상 허용된다 하여 이를 신뢰하고 건축 준비를 하였으나 그 후 토지형질변경허가신청을 불허가 한 것은 신뢰보호의 원칙에 위반된다.

정답찾기

① 개발이익환수에 관한 법률에 정한 개발사업을 시행하기 전에, 행정청이 민원예비심사에 대하여 관련부서 의견으로 '저촉사항 없음' 이라고 기재하였다고 하더라도, 이후의 개발부담금부과처분에 관하여 신뢰보호의 원칙을 적용하기 위한 요건인, 신뢰의 대상이 되는 공적인 견해표명을 한 것이라고는 보기 어렵다고 한 원심의 판단을 수긍한 사례(대판 2006.6.9, 2004두46)

② 헌법재판소의 위헌결정은 행정청이 개인에 대하여 신뢰의 대상이 되는 공적인 견해를 표명한 것이라고 할 수 없으므로 그 결정에 관련한 개인의 행위에 대하여는 신뢰보호의 원칙이 적용되지 아니한다(대판 2003.6.27, 2002두6965).

③ 국가가 공무원임용결격사유가 있는 자에 대하여 결격사유가 있는 것을 알지 못하고 공무원으로 임용하였다가 사후에 결격사유가 있는 자임을 발견하고 공무원 임용행위를 취소하는 것은 당사자에게 원래의 임용행위가 당초부터 당연무효이었음을 통지하여 확인시켜 주는 행위에 지나지 아니하는 것이므로, 그러한 의미에서 당초의 임용처분을 취소함에 있어서는 신의칙 내지 신뢰의 원칙을 적용할 수 없고 또 그러한 의미의 취소권은 시효로 소멸하는 것도 아니다(대판 1987.4.14, 86누459).

④ 종교법인이 도시계획구역 내 생산녹지로 답인 토지에 대하여 종교회관 건립을 이용목적으로 하는 토지거래계약의 허가를 받으면서 담당공무원이 관련 법규상 허용된다 하여 이를 신뢰하고 건축준비를 하였으나 그 후 당해 지방자치단체장이 다른 사유를 들어 토지형질변경허가신청을 불허가 한 것은 신뢰보호원칙에 반한다(대판 1997.9.12, 96누18380).

156 신뢰보호원칙에 대한 다음 설명 중 적절하지 않은 것은 모두 몇 개인가?

> ㉠ 도시계획구역 내 생산녹지로 답(畓)인 토지에 대하여 종교회관 건립을 이용목적으로 하는 토지거래계약의 허
> 가를 받으면서 담당공무원이 관련 법규상 허용된다 하여 이를 신뢰하고 건축준비를 하였으나 그 후 토지형질
> 변경허가신청을 불허가 한 것은 신뢰보호원칙에 반한다.
> ㉡ 폐기물처리업에 대하여 사전에 관할 관청으로부터 적정통보를 받아 이를 믿고 법정허가요건을 갖추고, 상당한
> 자금과 노력을 투자하여 허가신청을 하였으나 불허가한 사안에서 업체의 난립 및 과당경쟁방지, 생활폐기물의
> 적정하고도 안정적인 처리라는 제반사항을 고려하여 불허가한 것이라면 신뢰보호원칙에 반하지 않는다.
> ㉢ 당초 정구장 시설을 설치한다는 도시계획결정을 하였다가 정구장 대신 청소년 수련시설을 설치한다는 도시계
> 획 변경결정 및 지적승인을 한 경우, 당초의 도시계획결정에 따른 도시계획사업의 시행자로 지정받을 것을
> 예상하여 상당한 비용 등을 지출하였다면 정구장 대신 청소년 수련시설을 설치한다는 내용의 도시계획 변경
> 결정 및 지적승인을 한 것은 신뢰이익을 침해한 것이다.
> ㉣ 폐기물관리법령에 의한 폐기물처리업 사업계획에 대한 적정통보와 국토이용관리법령에 의한 국토이용계획변
> 경은 각기 그 제도적 취지와 결정단계에서 고려해야 할 사항들이 다르므로 폐기물처리업 사업계획에 대하여
> 적정통보를 한 것만으로는 그 사업부지 토지에 대한 국토이용계획변경신청을 승인하여 주겠다는 취지의 공적
> 인 견해표명을 한 것으로 볼 수 없다.

① 없음   ② 1개   ③ 2개   ④ 3개

정답찾기

지문의 내용 중 틀린 것은 ㉡㉢이다.

㉡ 폐기물처리업에 대하여 사전에 관할 관청으로부터 적정통보를 받고 막대한 비용을 들여 허가요건을 갖춘 다음 허가신청을 하였음에
도 다수 청소업자의 난립으로 안정적이고 효율적인 청소업무의 수행에 지장이 있다는 이유로 한 불허가처분이 신뢰보호의 원칙 및
비례의 원칙에 반하는 것으로서 재량권을 남용한 위법한 처분이다(대판 1998.5.8, 98두4061).

㉢ 당초 정구장 시설을 설치한다는 도시계획결정을 하였다가 정구장 대신 청소년 수련시설을 설치한다는 도시계획 변경결정 및 지적승
인을 한 경우, 당초의 도시계획결정만으로는 도시계획사업의 시행자 지정을 받게 된다는 공적인 견해를 표명하였다고 할 수 없다는
이유로 그 후의 도시계획 변경결정 및 지적승인이 도시계획사업의 시행자로 지정받을 것을 예상하고 정구장 설계 비용 등을 지출한
자의 신뢰이익을 침해한 것으로 볼 수 없다(대판 2000.11.10, 2000두727).

157 **행정기본법상 신뢰보호의 원칙에 해당하는 것은?**

23. 경찰승진

① 행정청은 권한 행사의 기회가 있음에도 불구하고 장기간 권한을 행사하지 아니하여 국민이 그 권한이 행사되지 아니할 것으로 믿을 만한 정당한 사유가 있는 경우에는 그 권한을 행사해서는 아니 된다. 다만, 공익 또는 제3자의 이익을 현저히 해칠 우려가 있는 경우는 예외로 한다.

② 행정청은 합리적 이유 없이 국민을 차별해서는 아니 된다.

③ 행정청의 행정작용은 행정목적을 달성하는 데 유효하고 적절해야 하며, 필요한 최소한도에 그칠 것이고, 행정작용으로 인한 국민의 이익 침해가 그 행정작용이 의도하는 공익보다 크지 아니해야 한다.

④ 행정청은 행정작용을 할 때 상대방에게 해당 행정작용과 실질적인 관련이 없는 의무를 부과해서는 아니 된다.

정답찾기
②는 평등의 원칙(동법 제9조), ③은 비례의 원칙(동법 제10조), ④는 부당결부금지의 원칙(동법 제13조)에 대한 설명이다.

158 **다음 판결의 내용에서 (   ) 안에 들어갈 행정법의 일반원칙으로 가장 적절한 것은?**

14. 경찰

지방자치단체장이 사업자에게 주택사업계획승인을 하면서 그 주택사업과는 아무런 관련이 없는 토지를 기부채납하도록 하는 부관을 주택사업계획승인에 붙인 경우, 그 부관은 (   )에 위반되어 위법하다.

① 자기구속의 원칙
② 비례의 원칙
③ 신뢰보호의 원칙
④ 부당결부금지의 원칙

정답찾기
지방자치단체장이 사업자에게 주택사업계획승인을 하면서 그 주택사업과는 아무런 관련이 없는 토지를 기부채납하도록 하는 부관을 주택사업계획승인에 붙인 경우, 그 부관은 부당결부금지의 원칙에 위반되어 위법하지만, 지방자치단체장이 승인한 사업자의 주택사업계획은 상당히 큰 규모의 사업임에 반하여, 사업자가 기부채납한 토지 가액은 그 100분의 1 상당의 금액에 불과한 데다가, 사업자가 그 동안 그 부관에 대하여 아무런 이의를 제기하지 아니하다가 지방자치단체장이 업무착오로 기부채납한 토지에 대하여 보상협조요청서를 보내자 그때서야 비로소 부관의 하자를 들고 나온 사정에 비추어 볼 때 부관의 하자가 중대하고 명백하여 당연무효라고는 볼 수 없다고 보았다(대판 1997.3.11, 96다49650).

159 다음 행정법의 일반원칙에 대한 설명 중 가장 적절하지 않은 것은? (다툼이 있으면 판례에 의함)

① 징계사유로 삼은 비행의 정도에 비하여 균형을 잃은 과중한 징계처분을 하는 것은 재량권의 한계를 벗어나 위법하다.

② 운전면허 취소사유가 그 사람이 가진 여러 면허에 공통된 것이라면 그 면허 전부를 취소할 수 있다.

③ 반복적으로 행하여진 행정처분이 위법한 것인 때에는 행정청은 그에 구속되지 않는다.

④ 재량권행사의 기준인 행정규칙이 반복적으로 시행되어 행정관행이 성립된 경우라도 그 행정규칙은 내부적 기준에 불과하므로, 이를 위반시 재량권의 일탈·남용에 해당되지 않는다.

정답찾기

④ 행정규칙이 법령의 규정에 의하여 행정관청에 법령의 구체적 내용을 보충할 권한을 부여한 경우, 또는 재량권행사의 준칙인 규칙이 그 정한 바에 따라 되풀이 시행되어 행정관행이 이룩되게 되면, 평등의 원칙이나 신뢰보호의 원칙에 따라 행정기관은 그 상대방에 대한 관계에서 그 규칙에 따라야할 자기구속을 당하게 되고, 그러한 경우에는 '대외적인 구속력을 가지게 된다'할 것이다[헌재 1990.9.3, 90헌마13(전합)].

160 행정법의 일반원칙을 설명한 것이다. 다음 중 가장 적절하지 않은 것은? (다툼이 있으면 판례에 의함)

① 경찰작용에도 비례의 원칙이 준수되어야 하며, 경찰관의 직권은 그 직무수행에 필요한 최소한도 내에서 행사되어야 한다.

② 병무청 총무과 민원팀장에 불과한 공무원이 민원봉사차원에서 상담에 응하여 안내한 것을 신뢰한 경우, 신뢰보호 원칙이 적용되지 아니한다.

③ 주택사업을 승인하면서 입주민이 이용하는 진입도로의 개설 및 확장 등의 기부채납의무를 부담으로 부과하는 것은 위법한 부관에 해당한다.

④ 행정규칙이 재량권행사의 준칙으로서 되풀이 시행됨으로써 행정관행이 이룩되게 되면, 평등원칙이나 신뢰보호 원칙에 따라 행정기관은 그 상대방에 대한 관계에서 그 규칙에 따라야 할 자기구속을 받게 된다.

정답찾기

③ 65세대의 공동주택을 건설하려는 사업주체(지역주택조합)에게 주택건설촉진법 제33조에 의한 주택건설사업계획의 승인처분을 함에 있어 그 주택단지의 진입도로 부지의 소유권을 확보하여 진입도로 등 간선시설을 설치하고 그 부지 소유권 등을 기부채납하며 그 주택건설사업 시행에 따라 폐쇄되는 인근 주민들의 기존 통행로를 대체하는 통행로를 설치하고 그 부지 일부를 기부채납하도록 조건을 붙인 경우, 주택건설촉진법과 같은 법 시행령 및 주택건설기준 등에 관한 규정 등 관련 법령의 관계 규정에 의하면 그와 같은 조건을 붙였다 하여도 다른 특별한 사정이 없는 한 필요한 범위를 넘어 과중한 부담을 지우는 것으로서 형평의 원칙 등에 위배되는 위법한 부관이라 할 수 없다(대판 1997.3.14, 96누16698).

161 행정법의 일반원칙에 대한 설명으로 가장 적절하지 않은 것은? (다툼이 있는 경우 판례에 의함)   18. 경찰

① 수익적 행정행위에 있어서는 법령에 특별한 근거규정이 없다고 하더라도 그 부관으로서 부담을 붙일 수 있으나, 그러한 부담은 비례의 원칙, 부당결부금지의 원칙에 위반되지 않아야 적법하다.

② 과잉금지의 원칙이라 함은 국민의 기본권을 제한함에 있어서 국가작용의 한계를 명시한 것으로서 목적의 정당성·방법의 적정성·피해의 최소성·법익의 균형성 등을 의미하며 그 어느 하나에라도 저촉이 되면 위헌이 된다는 헌법상의 원칙을 말한다.

③ 운전면허 취소사유에 해당하는 음주운전을 적발한 경찰관의 소속 경찰서장이 사무착오로 위반자에게 운전면허정지처분을 한 상태에서 위반자의 주소지 관할 지방경찰청장이 위반자에게 운전면허취소처분을 한 것은 선행처분에 대한 당사자의 신뢰 및 법적 안정성을 저해하는 것으로 볼 수 없다.

④ 부당결부금지의 원칙이란 행정주체가 행정작용을 함에 있어서 상대방에게 이와 실질적인 관련이 없는 의무를 부과하거나 그 이행을 강제하여서는 아니 된다는 원칙을 말한다.

> 정답찾기
> ③ 운전면허 취소사유에 해당하는 음주운전을 적발한 경찰관의 소속 경찰서장이 사무착오로 위반자에게 운전면허정지처분을 한 상태에서 위반자의 주소지 관할 지방경찰청장이 위반자에게 운전면허취소처분을 한 것은 선행처분에 대한 당사자의 신뢰 및 법적 안정성을 저해하는 것으로서 허용될 수 없다(대판 2000.2.25, 99두10520).

162 행정법의 일반원칙에 관한 설명 중 가장 적절하지 않은 것은? (다툼이 있는 경우 판례에 의함)   22. 경찰

① 폐기물처리업에 대하여 사전에 관할 관청으로부터 적정통보를 받고 막대한 비용을 들여 허가요건을 갖춘 다음 허가신청을 하였음에도 관할 관청으로부터 '다수 청소업자의 난립으로 안정적이고 효율적인 청소업무의 수행에 지장이 있다'는 이유로 불허가처분을 받은 경우, 그 처분은 신뢰보호원칙 위반으로 인한 위법한 처분에 해당된다.

② 지방자치단체장이 사업자에게 주택사업계획승인을 하면서 그 주택사업과는 아무런 관련이 없는 토지를 기부채납하도록 하는 부관을 주택사업계획승인에 붙인 경우, 그 부관은 부당결부금지 원칙에 위반되어 위법하다.

③ 같은 정도의 비위를 저지른 자들 사이에 있어서도 그 직무의 특성, 비위의 성격 및 정도를 고려하여 징계종류의 선택과 양정을 차별적으로 취급하는 것은 합리적 차별로서 평등원칙에 반하지 아니한다.

④ 적법 및 위법을 불문하고 재량준칙에 따른 행정관행이 성립한 경우라면, 행정의 자기구속 원칙이 적용될 수 있다.

> 정답찾기
> ④ 위법한 행정처분이 수차례에 걸쳐 반복적으로 행하여졌다 하더라도 그러한 처분이 위법한 것인 때에는 행정청에 대하여 자기구속력을 갖게 된다고 할 수 없다(대판 2009.6.25, 2008두13132).

163 부당결부금지의 원칙에 관한 설명으로 가장 적절한 것은? (다툼이 있는 경우 판례에 의함)

① 행정청은 행정작용을 할 때 상대방에게 해당 행정작용과 실질적인 관련이 없는 의무를 부과해서는 아니 된다는 원칙이다.

② 현행법상 명시적인 규정은 없지만 법치국가의 원리와 자의금지의 원칙으로부터 도출되는 행정법의 일반원칙이다.

③ 지방자치단체장이 사업자에게 주택사업계획승인을 하면서 그 주택사업과는 아무런 관련이 없는 토지를 기부채납하도록 하는 부관을 붙인 경우에는, 기부채납한 토지 가액이 그 주택사업계획의 100분의 1 상당의 금액에 불과하고 사업자가 이의를 제기하지 아니하다가 지방자치단체장이 업무착오로 기부채납한 토지에 대하여 보상협조요청서를 보내자 그때서야 비로소 부관의 하자를 들고 나왔다고 하더라도 그 부관은 당연무효이다.

④ 甲이 혈중알코올농도 0.140%의 주취상태로 배기량 125cc 이륜자동차를 운전하였다는 이유로 甲의 자동차운전면허[제1종 대형, 제1종 보통, 제1종 특수(대형견인·구난), 제2종 소형]를 취소한 것은 甲이 음주상태에서 운전을 하지 않으면 안 되는 부득이한 사정이 없었더라도 재량권을 일탈·남용한 것이다.

정답찾기
② 행정기본법 제13조에 명시적으로 규정되어 있다.

③ 지방자치단체장이 사업자에게 주택사업계획승인을 하면서 그 주택사업과는 아무런 관련이 없는 토지를 기부채납하도록 하는 부관을 주택사업계획승인에 붙인 경우, 그 부관은 부당결부금지의 원칙에 위반되어 위법하지만, 지방자치단체장이 승인한 사업자의 주택사업계획은 상당히 큰 규모의 사업임에 반하여, 사업자가 기부채납한 토지 가액은 그 100분의 1 상당의 금액에 불과한 데다가, 사업자가 그 동안 그 부관에 대하여 아무런 이의를 제기하지 아니하다가 지방자치단체장이 업무착오로 기부채납한 토지에 대하여 보상협조요청서를 보내자 그때서야 비로소 부관의 하자를 들고 나온 사정에 비추어 볼 때 부관의 하자가 중대하고 명백하여 당연무효라고는 볼 수 없다[대법원 1997.3.11, 선고, 96다49650, 판결].

④ 甲이 혈중알코올농도 0.140%의 주취상태로 배기량 125cc 이륜자동차를 운전하였다는 이유로 관할 지방경찰청장이 甲의 자동차운전면허[제1종 대형, 제1종 보통, 제1종 특수(대형견인·구난), 제2종 소형]를 취소하는 처분을 한 사안에서, 甲에 대하여 제1종 대형, 제1종 보통, 제1종 특수(대형견인·구난) 운전면허를 취소하지 않는다면, 甲이 각 운전면허로 배기량 125cc 이하 이륜자동차를 계속 운전할 수 있어 실질적으로는 아무런 불이익을 받지 않게 되는 점, 甲의 혈중알코올농도는 0.140%로서 도로교통법령에서 정하고 있는 운전면허 취소처분 기준인 0.100%를 훨씬 초과하고 있고 甲에 대하여 특별히 감경해야 할 만한 사정을 찾아볼 수 없는 점, 甲이 음주상태에서 운전을 하지 않으면 안 되는 부득이한 사정이 있었다고 보이지 않는 점, 처분에 의하여 달성하려는 행정목적 등에 비추어 볼 때, 처분이 사회통념상 현저하게 타당성을 잃어 재량권을 남용하거나 한계를 일탈한 것이라고 단정하기에 충분하지 않음에도, 이와 달리 위 처분 중 제1종 대형, 제1종 보통, 제1종 특수(대형견인·구난) 운전면허를 취소한 부분에 재량권을 일탈·남용한 위법이 있다고 본 원심판단에 재량권 일탈·남용에 관한 법리 등을 오해한 위법이 있다[대법원 2018.2.28, 선고, 2017두67476, 판결].

Answer   161 ③   162 ④   163 ①

2 행정기본법

164 「행정기본법」에 관한 설명으로 가장 적절한 것은?   23. 경찰

① 행정에 관한 나이는 다른 법령등에 특별한 규정이 있는 경우에도 출생일을 산입하지 않고 만(滿) 나이로 계산하고, 연수(年數)로 표시하되, 1세에 이르지 아니한 경우에는 월수(月數)로 표시할 수 있다.

② 행정작용은 그 행정작용이 의도하는 공익이 행정작용으로 인한 국민의 이익 침해보다 크지 않아야 한다.

③ 행정청은 법률로 정하는 바에 따라 완전히 자동화된 시스템(인공지능 기술을 적용한 시스템을 포함)으로 처분을 할 수 있으나, 처분에 재량이 있는 경우는 그러하지 아니하다.

④ 공익 또는 제3자의 이익을 현저히 해칠 우려가 있는 경우에도 행정청은 권한 행사의 기회가 있음에도 불구하고 장기간 권한을 행사하지 아니하여 국민이 그 권한이 행사되지 아니할 것으로 믿을 만한 정당한 사유가 있는 경우에는 그 권한을 행사해서는 아니 된다.

> **정답찾기**
> ① 행정에 관한 나이는 <u>다른 법령등에 특별한 규정이 있는 경우를 제외하고는</u> 출생일을 산입하여 만(滿) 나이로 계산하고, 연수(年數)로 표시한다. 다만, 1세에 이르지 아니한 경우에는 월수(月數)로 표시할 수 있다(행정기본법 제7조의2).
> ② 행정작용으로 인한 국민의 이익 침해가 그 행정작용이 의도하는 공익보다 크지 아니해야 한다(행정기본법 제10조 제3호).
> ④ 행정청은 권한 행사의 기회가 있음에도 불구하고 장기간 권한을 행사하지 아니하여 국민이 그 권한이 행사되지 아니할 것으로 믿을 만한 정당한 사유가 있는 경우에는 그 권한을 행사해서는 아니 된다. 다만, <u>공익 또는 제3자의 이익을 현저히 해칠 우려가 있는 경우는 예외로 한다</u>(행정기본법 제12조 제2항).

165 공법상 계약에 관한 다음 설명 중 가장 적절하지 않은 것은? (다툼이 있는 경우 판례에 의함)   12. 경찰

① 현행 행정절차법은 공법상 계약에 관한 일반적 규정을 두고 있지 않다.

② 공법상 계약은 법령에 의하여 체결의 자유와 형성의 자유가 제한될 수 있다.

③ 공법상 계약에 관한 다툼은 항고소송의 대상이 되는 것이 일반적이다.

④ 공법상 계약의 경우에도 법률우위의 원칙이 적용되므로 법령상의 한계를 지켜야 한다.

> **정답찾기**
> ③ 공법상 계약에 관한 쟁송은 행정소송 중 당사자 소송에 의한다는 것이 다수설이다. 판례는 종래에 공법상 계약에 관한 분쟁을 주로 민사소송으로 다루었으나, 최근에는 공법상 계약에 관한 분쟁을 점차 공법상 당사자소송에 의하고 있다.

166 공법상 계약에 관한 다음 설명 중 가장 적절하지 않은 것은? (다툼이 있으면 판례에 의함) 14. 경찰

① 공법상 계약은 복수당사자 간 반대방향의 의사표시 합치로 성립되는 공법행위로 동일한 방향의 의사표시 합치로 성립되는 공법상 합동행위와 구별된다.
② '서울특별시 시립무용단 단원의 위촉'은 행정주체와 사인간의 공법상 계약에 해당한다.
③ 법률우위의 원칙은 공법상 계약에도 적용된다.
④ 공중보건의사 채용계약해지의 의사표시는 행정처분에 해당하여 그 취소를 구하는 항고소송을 제기할 수 있다.

정답찾기

④ 전문직공무원인 공중보건의사의 채용계약의 해지가 관할 도지사의 일방적인 의사표시에 의하여 그 신분을 박탈하는 불이익처분이라고 하여 곧바로 그 의사표시가 관할 도지사가 행정청으로서 공권력을 행사하여 행하는 행정처분이라고 단정할 수는 없고, … (중략) … 현행 실정법이 전문직공무원인 공중보건의사의 채용계약 해지의 의사표시는 일반공무원에 대한 징계처분과는 달라서 항고소송의 대상이 되는 처분 등의 성격을 가진 것으로 인정되지 아니하고, 일정한 사유가 있을 때에 관할 도지사가 채용계약 관계의 한쪽 당사자로서 대등한 지위에서 행하는 의사표시로 취급하고 있는 것으로 이해되므로, 공중보건의사 채용계약 해지의 의사표시에 대하여는 대등한 당사자간의 소송형식인 공법상의 당사자소송으로 그 의사표시의 무효확인을 청구할 수 있는 것이지, 이를 항고소송의 대상이 되는 행정처분이라는 전제하에서 그 취소를 구하는 항고소송을 제기할 수는 없다[대법원 1996.5.31, 선고, 95누10617, 판결].

167 다음 행정법상 계약에 대한 설명 중 가장 적절하지 않은 것은? (다툼이 있으면 판례에 의함) 15. 경찰

① 공중보건의사 채용계약 해지의 의사표시에 대하여는 대등한 당사자간의 소송형식인 공법상의 당사자소송으로 무효확인을 청구할 수 있다.
② 지방재정법에 따라 지방자치단체가 당사자가 되어 체결하는 계약에 관한 분쟁은 행정소송으로 다투어야 한다.
③ 법령상의 요건과 절차를 거치지 않고 체결한 지방자치단체와 사인 사이에 사법상 계약은 무효이다.
④ 국립의료원 부설주차장에 관한 위탁관리용역운영계약은 사법상의 계약으로 보기 어렵다 할 것이다.

정답찾기

② 예산회계법 또는 지방재정법에 따라 지방자치단체가 당사자가 되어 체결하는 계약은 사법상의 계약일 뿐, 공권력을 행사하는 것이거나 공권력 작용과 일체성을 가진 것은 아니라고 할 것이므로 이에 관한 분쟁은 행정소송의 대상이 될 수 없다(대판 1996.12.20, 96누14708).

Answer　164 ③　165 ③　166 ④　167 ②

168 공법상 계약을 설명한 것이다. 다음 중 적절하지 않은 것은? (다툼이 있으면 판례에 의함)   16. 경찰

① 국립의료원 부설주차장에 관한 위탁관리용역운영계약의 실질은 국립의료원이 원고의 신청에 의하여 공권력을 가진 우월적 지위에서 행한 행정처분으로서 사법상의 계약으로 보기 어렵다고 할 것이다.

② 구 공공용지의 취득 및 손실보상에 관한 특례법에 의한 협의취득 또는 보상합의는 공공기관이 사경제주체로서 행하는 사법상 매매 내지 사법상 계약의 실질을 가진다.

③ 계약직공무원 채용계약해지의 의사표시는 일반공무원에 대한 징계처분과 달라서 항고소송의 대상이 되는 처분 등의 성격을 가진 것으로 인정되지 아니하므로, 이를 징계해고 등에서와 같이 그 징계사유에 한하여 효력 유무를 판단하여야 하거나 행정처분과 같이 행정절차법에 의하여 근거와 이유를 제시하여야 하는 것은 아니다.

④ 광주광역시립합창단원으로서 위촉기간이 만료되는 자들의 재위촉 신청에 대하여 광주광역시문화예술회관장이 실기와 근무성적에 대한 평정을 실시하여 재위촉을 하지 아니한 것은 항고소송의 대상이 되는 불합격처분에 해당한다.

> **정답찾기**
>
> ④ 지방자치법 제9조 제2항 제5호 (라)목 및 (마)목 등의 규정에 의하면, 광주광역시립합창단의 활동은 지방문화 및 예술을 진흥시키고자 하는 광주광역시의 공공적 업무수행의 일환으로 이루어진다고 해석될 뿐 아니라, 그 단원으로 위촉되기 위하여는 공개전형을 거쳐야 하고 지방공무원법 제31조의 규정에 해당하는 자는 단원의 직에서 해촉될 수 있는 등 단원은 일정한 능력요건과 자격요건을 갖추어야 하며, 상임단원은 일반공무원에 준하여 매일 상근하고 단원의 복무규율이 정하여져 있으며, 일정한 해촉사유가 있는 경우에만 해촉되고, 단원의 보수에 대하여 지방공무원의 보수에 관한 규정을 준용하는 점 등에서는 단원의 지위가 지방공무원과 유사한 면이 있으나, 한편 단원의 위촉기간이 정하여져 있고 재위촉이 보장되지 아니하며, 단원에 대하여는 지방공무원의 보수에 관한 규정을 준용하는 이외에는 지방공무원법 기타 관계 법령상의 지방공무원의 자격, 임용, 복무, 신분보장, 권익의 보장, 징계 기타 불이익처분에 대한 행정심판 등의 불복절차에 관한 규정이 준용되지도 아니하는 점 등을 종합하여 보면, 광주광역시문화예술회관장의 단원 위촉은 광주광역시문화예술회관장이 행정청으로서 공권력을 행사하여 행하는 행정처분이 아니라 공법상의 근무관계의 설정을 목적으로 하여 광주광역시와 단원이 되고자 하는 자 사이에 대등한 지위에서 의사가 합치되어 성립하는 공법상 근로계약에 해당한다고 보아야 할 것이므로, 광주광역시립합창단원으로서 위촉기간이 만료되는 자들의 재위촉 신청에 대하여 광주광역시문화예술회관장이 실기와 근무성적에 대한 평정을 실시하여 재위촉을 하지 아니한 것을 항고소송의 대상이 되는 불합격처분이라고 할 수는 없다(대판 2001.12.11, 2001두7794).

169 「행정기본법」상 이의신청에 관한 설명으로 가장 적절하지 않은 것은?   24. 경찰

① 행정청의 처분에 이의가 있는 당사자는 처분을 받은 날부터 30일 이내에 해당 행정청에 이의신청을 할 수 있다.

② 행정청은 이의신청을 받으면 부득이한 사유가 있는 경우를 제외하고는 그 이의신청을 받은 날부터 14일 이내에 그 이의신청에 대한 결과를 신청인에게 통지하여야 한다.

③ 이의신청을 한 경우에도 그 이의신청과 관계없이 「행정심판법」에 따른 행정심판 또는 「행정소송법」에 따른 행정소송을 제기할 수 있다.

④ 이의신청에 대한 결과를 통지받은 후 행정심판 또는 행정소송을 제기하려는 자는 그 결과를 통지받은 날부터 60일 이내에 행정심판 또는 행정소송을 제기하여야 한다.

정답찾기

④ 이의신청에 대한 결과를 통지받은 후 행정심판 또는 행정소송을 제기하려는 자는 그 결과를 통지받은 날(제2항에 따른 통지기간 내에 결과를 통지받지 못한 경우에는 같은 항에 따른 통지기간이 만료되는 날의 다음 날을 말한다)부터 <u>90일 이내에 행정심판 또는 행정소송을 제기할 수 있다</u>(행정기본법 제36조 제4항).

3 공법상 법률관계

170 다음 중 공법상의 특별권력관계(특별행정법관계)가 아닌 것은?   12. 경찰

① 경찰공무원의 근무관계
② 전염병환자의 강제수용
③ 국립대학과 재학생과의 관계
④ 국가와 납세자와의 관계

정답찾기

④ 형벌권, 경찰권, 과세권은 일반통치권을 전제로 하는 일반권력관계에 해당하므로 특별권력작용으로 볼 수 없다. 그러므로 국가와 납세자의 관계는 일반권력관계에 해당한다.

171 판례에 의할 때 공법관계에 해당하는 것은?   11. 경찰

① 서울특별시 지하철공사 사장이 소속직원에 대한 징계처분을 한 경우
② 구 종합유선방송법(2000.1.12. 법률 제6139호로 전문 개정된 방송법 부칙 제2조 제2호에 따라 폐지)상의 종합유선방송위원회 직원의 근로관계
③ 구 공공용지의 취득 및 손실보상에 관한 특례법(2002.2.4. 법률 제6656호 공익사업을 위한 토지 등의 취득 및 보상에 관한 법률 부칙 제2조로 폐지)에 의하여 공공사업의 시행자가 토지를 협의취득하는 행위
④ 국가인권위원회의 성희롱결정 및 시정조치의 권고

정답찾기

④ 구 남녀차별금지 및 구제에 관한 법률(2003.5.29. 법률 제6915호로 개정되기 전의 것) 제28조에 의하면, 국가인권위원회의 성희롱결정과 이에 따른 시정조치의 권고는 불가분의 일체로 행하여지는 것인데 국가인권위원회의 이러한 결정과 시정조치의 권고는 성희롱 행위자로 결정된 자의 인격권에 영향을 미침과 동시에 공공기관의 장 또는 사용자에게 일정한 법률상의 의무를 부담시키는 것이므로 <u>국가인권위원회의 성희롱결정 및 시정조치권고는 행정소송의 대상이 되는 행정처분에 해당한다고 보지 않을 수 없다</u>(대판 2005.7.8, 2005두487).

Answer   168 ④   169 ④   170 ④   171 ④

172 다음 중 공법관계로 인정되는 것은 모두 몇 개인가? (다툼이 있으면 판례에 의함)

㉠ 공무원연금관리공단의 급여결정
㉡ 국가나 지방자치단체에 근무하는 청원경찰의 근무관계
㉢ 구 예산회계법에 의한 입찰보증금의 국고귀속조치
㉣ 공유재산의 관리청이 행하는 행정재산의 사용·수익에 대한 허가
㉤ 징발재산정리에 관한 특별조치법 제20조 소정의 환매권의 행사
㉥ 구 종합유선방송법상 종합유선방송위원회 직원의 근무관계
㉦ 국유재산의 관리청이 그 무단점유자에 대하여 하는 변상금부과처분
㉧ 도시 및 주거환경정비법상 관리처분계획안에 대한 조합 총회결의의 효력을 다투는 소송
㉨ 공립유치원의 임용기간을 정한 전임강사의 근무관계

① 5개　　　　　　　② 6개　　　　　　　③ 7개　　　　　　　④ 8개

[정답찾기]

지문의 내용 중 공법관계에 해당하는 사례는 ㉠㉡㉣㉦㉧㉨이다.

㉠ 구 공무원연금법(1995.12.29. 법률 제5117호로 개정되기 전의 것) 제26조 제1항, 제80조 제1항, 공무원연금법시행령 제19조의2의 각 규정을 종합하면, 같은 법 소정의 급여는 급여를 받을 권리를 가진 자가 당해 공무원이 소속하였던 기관장의 확인을 얻어 신청하는 바에 따라 공무원연금관리공단이 그 지급결정을 함으로써 그 구체적인 권리가 발생하는 것이므로, 공무원연금관리공단의 급여에 관한 결정은 국민의 권리에 직접 영향을 미치는 것이어서 행정처분에 해당하고, 공무원연금관리공단의 급여결정에 불복하는 자는 공무원연금급여재심위원회의 심사결정을 거쳐 공무원연금관리공단의 급여결정을 대상으로 행정소송을 제기하여야 한다(대판 1996. 12.6, 96누6417).

㉡ 국가나 지방자치단체에 근무하는 청원경찰은 국가공무원법이나 지방공무원법상의 공무원은 아니지만, 다른 청원경찰과는 달리 그 임용권자가 행정기관의 장이고, 국가나 지방자치단체로부터 보수를 받으며, 산업재해보상보험법이나 근로기준법이 아닌 공무원연금법에 따른 재해보상과 퇴직급여를 지급받고, 직무상의 불법행위에 대하여도 민법이 아닌 국가배상법이 적용되는 등의 특질이 있으며 그 외 임용자격, 직무, 복무의무 내용 등을 종합하여 볼때, 그 근무관계를 사법상의 고용계약관계로 보기는 어려우므로 그에 대한 징계처분의 시정을 구하는 소는 행정소송의 대상이지 민사소송의 대상이 아니다(대판 1993.7.13, 92다47564).

㉣ 공유재산의 관리청이 행정재산의 사용·수익에 대한 허가는 순전히 사경제주체로서 행하는 사법상의 행위가 아니라 관리청이 공권력을 가진 우월적 지위에서 행하는 행정처분으로서 특정인에게 행정재산을 사용할 수 있는 권리를 설정하여 주는 강학상 특허에 해당한다(대판 1998.2.27, 97누1105).

㉦ 국유재산법 제51조 제1항은 국유재산의 무단점유자에 대하여는 대부 또는 사용, 수익허가 등을 받은 경우에 납부하여야 할 대부료 또는 사용료 상당액 외에도 그 징벌적 의미에서 국가측이 일방적으로 그 2할 상당액을 추가하여 변상금을 징수토록 하고 있으며 동조 제2항은 변상금의 체납시 국세징수법에 의하여 강제징수토록 하고 있는 점 등에 비추어 보면 국유재산의 관리청이 그 무단점유자에 대하여 하는 변상금부과처분은 순전히 사경제 주체로서 행하는 사법상의 법률행위라 할 수 없고 이는 관리청이 공권력을 가진 우월적 지위에서 행한 것으로서 행정소송의 대상이 되는 행정처분이라고 보아야 한다(대판 1988.2.23, 87누1046).

㉧ 도시 및 주거환경정비법상 행정주체인 주택재건축정비사업조합을 상대로 관리처분계획안에 대한 조합 총회결의의 효력 등을 다투는 소송은 행정처분에 이르는 절차적 요건의 존부나 효력 유무에 관한 소송으로서 그 소송결과에 따라 행정처분의 위법 여부에 직접 영향을 미치는 공법상 법률관계에 관한 것이므로, 이는 행정소송법상의 당사자소송에 해당한다(대판 2009.9.17, 2007다2428).

㉨ 교육부장관(당시 문교부장관)의 권한을 재위임 받은 공립교육기관의 장에 의하여 공립유치원의 임용기간을 정한 전임강사로 임용되어 지방자치단체로부터 보수를 지급받으면서 공무원복무규정을 적용받고 사실상 유치원 교사의 업무를 담당하여 온 유치원 교사의 자격이 있는 자는 교육공무원에 준하여 신분보장을 받는 정원 외의 임시직 공무원으로 봄이 상당하므로 그에 대한 해임처분의 시정 및 수령지체된 보수의 지급을 구하는 소송은 행정소송의 대상이지 민사소송의 대상이 아니다(대판 1991.5.10, 90다10766).

■ 사법관계에 해당하는 사례는 ©@®이다.

> © 예산회계법에 따라 체결되는 계약은 사법상의 계약이라고 할 것이고 동법 제70조의5의 입찰보증금은 낙찰자의 계약체결의무이행의 확보를 목적으로 하여 그 불이행시에 이를 국고에 귀속시켜 국가의 손해를 전보하는 사법상의 손해배상 예정으로서의 성질을 갖는 것이라고 할 것이므로 입찰보증금의 국고귀속조치는 국가가 사법상의 재산권의 주체로서 행위하는 것이지 공권력을 행사하는 것이거나 공권력작용과 일체성을 가진 것이 아니라 할 것이므로 이에 관한 분쟁은 행정소송이 아닌 민사소송의 대상이 될 수 밖에 없다고 할 것이다(대판 1983.12.27, 81누366, 판결).
> @ 징발재산정리에 관한 특별조치법 제20조가 말하는 '환매'의 법적 성질은 그 법문의 표현이 비록 환매라고 되어 있어도 매도인이 매매계약과 동시에 환매할 권리를 보류할 것을 요건으로 하는 민법상의 환매와 같게 볼 수 없는 바로서 같은 조 제1항에 적힌 환매권자와 국가와의 사법상의 매매라 할 것이다(대판 1989.12.12, 88다카15000).
> ® 구 종합유선방송법(2000.1.12. 법률 제6139호로 전문 개정된 방송법 부칙 제2조 제2호에 따라 폐지)상의 종합유선방송위원회는 그 설치의 법적 근거, 법에 의하여 부여된 직무, 위원의 임명절차 등을 종합하여 볼 때 국가기관이고, 그 사무국 직원들의 근로관계는 사법(私法)상의 계약관계이므로, 사무국 직원들은 국가를 상대로 민사소송으로 그 계약에 따른 임금과 퇴직금의 지급을 청구할 수 있다(대판 2001.12.24, 2001다54038).

173 공법관계에 해당하는 것을 모두 고른 것은? (다툼이 있는 경우 판례에 의함)

18. 경찰

> ㉠ 지방자치단체와 그 소속 경력직 공무원인 지방소방공무원 사이의 관계
> ㉡ 국가나 지방자치단체와 이에 근무하는 청원경찰의 관계
> ㉢ 한국조폐공사의 임원과 직원의 근무관계
> ㉣ 농지개량조합과 그 직원과의 관계
> ㉤ 서울특별시지하철공사의 임원과 직원의 근무관계

① ㉠, ㉢, ㉤ ② ㉡, ㉢, ㉣ ③ ㉠, ㉡, ㉣ ④ ㉡, ㉢, ㉤

정답찾기

지문의 내용 중 공법관계에 해당하는 것은 ㉠㉡㉣, 사법관계에 해당하는 것은 ㉢㉤이다.

㉠ 지방자치단체와 그 소속 경력직 공무원인 지방소방공무원 사이의 관계, 즉 지방소방공무원의 근무관계는 사법상의 근로계약관계가 아닌 공법상의 근무관계에 해당하고, 그 근무관계의 주요한 내용 중 하나인 지방소방공무원의 보수에 관한 법률관계는 공법상의 법률관계라고 보아야 한다[대법원 2013.3.28, 선고, 2012다102629, 판결].

㉡ 국가나 지방자치단체에 근무하는 청원경찰은 국가공무원법이나 지방공무원법상의 공무원은 아니지만, 다른 청원경찰과는 달리 그 임용권자가 행정기관의 장이고, 국가나 지방자치단체로부터 보수를 받으며, 산업재해보상보험법이나 근로기준법이 아닌 공무원연금법에 따른 재해보상과 퇴직급여를 지급받고, 직무상의 불법행위에 대하여도 민법이 아닌 국가배상법이 적용되는 등의 특질이 있으며 그외 임용자격, 직무, 복무의무 내용 등을 종합하여 볼때, 그 근무관계를 사법상의 고용계약관계로 보기는 어려우므로 그에 대한징계처분의 시정을 구하는 소는 행정소송의 대상이지 민사소송의 대상이 아니다[대법원 1993.7.13, 선고, 92다47564, 판결].

㉢ 한국조폐공사 직원의 근무관계는 사법관계에 속하고 그 직원의 파면행위도 사법상의 행위라고 보아야 한다[대법원 1978.4.25, 선고, 78다414, 판결].

㉣ 농지개량조합과 그 직원과의 관계는 사법상의 근로계약관계가 아닌 공법상의 특별권력관계이고, 그 조합의 직원에 대한 징계처분의 취소를 구하는 소송은 행정소송사항에 속한다[대법원 1995.6.9, 선고, 94누10870, 판결].

㉤ 서울특별시지하철공사의 임원과 직원의 근무관계의 성질은 지방공기업법의 모든 규정을 살펴보아도 공법상의 특별권력관계라고는 볼 수 없고 사법관계에 속할 뿐만 아니라, 위 지하철공사의 사장이 그 이사회의 결의를 거쳐 제정된 인사규정에 의거하여 소속직원에 대한 징계처분을 한 경우 위 사장은 행정소송법 제13조 제1항 본문과 제2조 제2항 소정의 행정청에 해당되지 않으므로 공권력발동주체로서 위 징계처분을 행한 것으로 볼 수 없고, 따라서 이에 대한 불복절차는 민사소송에 의할 것이지 행정소송에 의할 수는 없다[대법원 1989.9.12, 선고, 89누2103, 판결].

Answer 172 ② 173 ③

174 경찰개입청구권에 관한 다음 기술 중 옳지 <u>않은</u> 것은? 14. 경찰승진

① 경찰재량이 0(또는 1)으로 수축되는 경우를 전제로 함이 보통이다.
② 경찰재량이 0(또는 1)으로 수축되는 경우 오직 한 가지 결정만이 타당한 결정이 된다.
③ 독일에서 이 권리를 인정한 판결의 효시는 띠톱판결이다.
④ 경찰권 행사로 국민이 받은 이익이 반사적 이익인 경우라고 하더라도 경찰개입청구권이 인정될 수 있다.

> 정답찾기
> ④ 경찰권의 행사로 국민이 향유하는 이익이 법률상 이익인 경우에는 경찰개입청구권이 인정된다. 그러나 <u>반사적 이익의 경우에는 경찰</u> <u>개입청구권이 인정될 수 없다.</u>

175 다음은 법률상 이익 내지 공권을 설명한 것이다. 가장 적절하지 <u>않은</u> 것은? (다툼이 있으면 판례에 의함) 14. 경찰

① 법률상의 이익이란 당해 처분의 근거법률에 의해 직접 보호되는 구체적인 이익을 말하기 때문에 관련 법률까지 고려해서 법률상 이익을 논할 수 없다.
② 새만금간척종합개발사업을 위한 공유수면매립면허처분 및 농지개량사업 시행인가 처분의 취소를 구하는 환경영향평가 대상 지역 밖의 주민은 처분 전과 비교하여 수인한도를 넘는 환경상 이익에 대한 침해 또는 침해 우려가 있다는 것을 입증함으로써 그 처분 등의 무효확인을 구할 법률상 이익을 인정받을 수 있다.
③ 연탄공장 건축허가에 대한 구 도시계획법상 주거지역에 거주하는 인근주민의 생활환경상 이익은 법률상 이익에 해당한다.
④ 자동차운수사업법상 신규버스 노선연장 인가처분에 대하여 해당 노선에 관한 기존의 자동차운송사업자가 그 취소를 구할 법률상의 이익이 있다.

> 정답찾기
> ① 행정처분의 직접 상대방이 아닌 제3자라 하더라도 당해 행정처분으로 인하여 법률상 보호되는 이익을 침해당한 경우에는 그 처분의 취소나 무효확인을 구하는 행정소송을 제기하여 그 당부의 판단을 받을 자격이 있다 할 것이며, 여기에서 말하는 <u>법률상 보호되는 이익</u>이라 함은 당해 처분의 근거 법규 및 관련 법규에 의하여 보호되는 개별적·직접적·구체적 이익이 있는 경우를 말하고, 공익보호의 결과로 국민 일반이 공통적으로 가지는 일반적·간접적·추상적 이익이 생기는 경우에는 법률상 보호되는 이익이 있다고 할 수 없다(대판 2006.12.22, 2006두14001).

176 공권 내지 공의무에 관한 설명이다. 다음 중 가장 적절하지 않은 것은? (다툼이 있으면 판례에 의함)   15. 경찰

① 이행강제금을 부과받은 자가 사망한 경우 이행강제금 납부의무는 상속인에게 승계된다.
② 오늘날 행정재량의 영역에서도 일정한 경우 개인적 공권이 성립될 수 있다.
③ 환경영향평가 대상지역 밖의 주민이라 할지라도 수인한도를 넘는 환경피해를 받거나 받을 우려가 있는 경우에는 환경상 이익에 대한 침해나 우려를 입증함으로써 공유수면매립면허처분을 다툴 수 있다.
④ 자연물인 도롱뇽 또는 그를 포함한 자연 그 자체로서는 행정소송을 수행할 당사자능력을 인정할 수 없다.

[정답찾기]
① 구 건축법(2005.11.8. 법률 제7696호로 개정되기 전의 것)상의 이행강제금은 구 건축법의 위반행위에 대하여 시정명령을 받은 후 시정기간 내에 당해 시정명령을 이행하지 아니한 건축주 등에 대하여 부과되는 간접강제의 일종으로서 그 이행강제금 납부의무는 상속인 기타의 사람에게 승계될 수 없는 일신전속적인 성질의 것이므로 이미 사망한 사람에게 이행강제금을 부과하는 내용의 처분이나 결정은 당연무효이고, 이행강제금을 부과받은 사람의 이의에 의하여 비송사건절차법에 의한 재판절차가 개시된 후에 그 이의한 사람이 사망한 때에는 사건 자체가 목적을 잃고 절차가 종료한다(대결 2006.12.8, 2006마470).

177 개인적 공권에 대한 설명으로 가장 적절하지 않은 것은? (다툼이 있는 경우 판례에 의함)   18. 경찰

① 상수원보호구역 설정의 근거가 되는 규정이 보호하고자 하는 것은 상수원의 확보와 수질보전일 뿐이고, 그 상수원에서 급수를 받고 있는 지역주민들이 가지는 상수원의 오염을 막아 양질의 급수를 받을 이익은 상수원의 확보와 수질보호라는 공공의 이익이 달성됨에 따라 반사적으로 얻게 되는 이익에 불과하다.
② 공무원연금 수급권은 국가에 대하여 적극적으로 급부를 요구하는 것이므로 헌법규정만으로는 이를 실현할 수 없어 법률에 의한 형성이 필요하다.
③ 제소기간이 이미 도과하여 불가쟁력이 생긴 행정처분에 대하여는 개별 법규에서 그 변경을 요구할 신청권을 규정하고 있거나 관계 법령의 해석상 그러한 신청권이 인정될 수 있는 등 특별한 사정이 없는 한 국민에게 그 행정처분의 변경을 구할 신청권이 있다 할 수 없다.
④ 도시계획구역 내 토지 등을 소유하고 있는 주민은 입안권자에게 도시계획입안을 요구할 수 있는 법규상 또는 조리상의 신청권이 없다.

[정답찾기]
④ 도시관리계획구역 내 토지 등을 소유하고 있는 주민으로서 이 사건 납골시설에 관한 도시관리계획의 입안을 요구할 수 있는 법규상 또는 조리상의 신청권이 있다(대판 2010.7.22, 2010두5745).

■ **연금수급권의 성질**

사회적 기본권의 성격을 가지는 연금수급권은 국가에 대하여 적극적으로 급부를 요구하는 것이므로 헌법규정만으로는 이를 실현할 수 없고, 법률에 의한 형성을 필요로 한다[전원재판부 97헌마333, 1999.4.29.].

Answer   174 ④   175 ①   176 ①   177 ④

178 공법관계와 사법관계에 대한 설명으로 가장 적절하지 않은 것은? (다툼이 있는 경우 판례에 의함) 20. 경찰

① 국유재산의 관리청이 그 무단점유자에 대하여 하는 변상금부과처분은 순전히 사경제 주체로서 행하는 사법 상의 법률행위라 할 수 없고 이는 공권력을 가진 우월적 지위에서 행한 행정처분이다.

② 국가나 지방자치단체에 근무하는 청원경찰은 국가공무원법이나 지방공무원법상의 공무원이므로, 그 근무관 계를 사법상의 고용계약관계로 보기는 어려워 그에 대한 징계처분의 시정을 구하는 소는 행정소송의 대상이 지 민사소송의 대상이 아니다.

③ 행정재산의 사용 수익허가처분의 성질에 비추어 국민에게는 행정재산의 사용 수익허가를 신청할 법규상 또 는 조리상의 권리가 있다고 할 것이므로 공유재산의 관리청이 행정재산의 사용 수익에 대한 허가 신청을 거부한 행위 역시 행정처분에 해당한다.

④ 국가의 철도운행사업은 국가가 공권력의 행사로서 하는 것이 아니고 사경제적 작용이라 할 것이므로, 이로 인한 사고에 공무원이 간여하였다고 하더라도 국가배상법을 적용할 것이 아니고 일반 민법의 규정에 따라야 한다.

정답찾기

② 국가나 지방자치단체에 근무하는 청원경찰은 국가공무원법이나 지방공무원법상의 공무원은 아니지만, 다른 청원경찰과는 달리 그 임용권자가 행정기관의 장이고, 국가나 지방자치단체로부터 보수를 받으며, 산업재해보상보험법이나 근로기준법이 아닌 공무원연금 법에 따른 재해보상과 퇴직급여를 지급받고, 직무상의 불법행위에 대하여도 민법이 아닌 국가배상법이 적용되는 등의 특질이 있으며 그외 임용자격, 직무, 복무의무 내용 등을 종합하여 볼 때, 그 근무관계를 사법상의 고용계약관계로 보기는 어려우므로 그에 대한징 계처분의 시정을 구하는 소는 행정소송의 대상이지 민사소송의 대상이 아니다(대판 1993.7.13, 92다47564).

179 행정상 법률관계에 관한 설명으로 가장 적절하지 않은 것은? (다툼이 있는 경우 판례에 의함) 23. 경찰

① 국유재산의 관리청이 그 무단점유자에 대하여 하는 변상금부과처분은 순전히 사경제 주체로서 행하는 사법 상의 법률행위이다.

② 국가나 지방자치단체에 근무하는 청원경찰은 「국가공무원법」이나 「지방공무원법」상의 공무원은 아니지만 그 근무관계를 사법상의 고용계약관계로 보기는 어렵다.

③ 원천징수의무자가 비록 과세관청과 같은 행정청이라 하더라도 그의 원천징수행위는 법령에서 규정된 징수 및 납부의무를 이행하기 위한 것에 불과한 것이지, 공권력의 행사로서의 행정처분을 한 경우에 해당되지 아 니한다.

④ 국립 교육대학 학생에 대한 퇴학처분은 행정처분이다.

정답찾기

① 국유재산의 관리청이 그 무단점유자에 대하여 하는 변상금부과처분은 순전히 사경제 주체로서 행하는 사법상의 법률행위라 할 수 없고 이는 관리청이 공권력을 가진 우월적 지위에서 행한 것으로서 행정소송의 대상이 되는 행정처분이라고 보아야 한다[대법원 1988.2.23. 선고, 87누1046. 판결].

180 다음 특별행정법관계(특별권력관계)에 대한 설명 중 가장 적절하지 않은 것은? (다툼이 있으면 판례에 의함) 15. 경찰

① 국립교육대학 학생에 대한 퇴학처분은 행정처분으로서 행정소송의 대상이 된다.
② 서울특별시지하철공사의 임·직원의 근무관계의 성질은 공법상의 특별권력관계라고 볼 수 있다.
③ 농지개량조합과 그 직원의 관계는 공법상 특별권력관계이다.
④ 특별행정법관계(특별권력관계)의 종류에는 공법상의 근무관계, 공법상의 영조물이용관계, 공법상의 특별감독관계, 공법상의 사단관계가 있다.

정답찾기

② 서울특별시지하철공사의 임원과 직원의 근무관계의 성질은 지방공기업법의 모든 규정을 살펴보아도 공법상의 특별권력관계라고는 볼 수 없고 사법관계에 속할 뿐만 아니라, 위 지하철공사의 사장이 그 이사회의 결의를 거쳐 제정된 인사규정에 의거하여 소속직원에 대한 징계처분을 한 경우 위 사장은 행정소송법 제13조 제1항 본문과 제2조 제2항 소정의 행정청에 해당되지 않으므로 공권력발동주체로서 위 징계처분을 행한 것으로 볼 수 없고, 따라서 이에 대한 불복절차는 민사소송에 의할 것이지 행정소송에 의할 수는 없다(대판 1989.9.12, 89누2103).

① 국립 교육대학 학생에 대한 퇴학처분은, 국가가 설립·경영하는 교육기관인 동 대학의 교무를 통할하고 학생을 지도하는 지위에 있는 학장이 교육목적실현과 학교의 내부질서유지를 위해 학칙 위반인 재학생에 대한 구체적 법집행으로서 국가공권력의 하나인 징계권을 발동하여 학생으로서의 신분을 일방적으로 박탈하는 국가의 교육행정에 관한 의사를 외부에 표시한 것이므로, 행정처분임이 명백하다[대법원 1991.11.22, 선고, 91누2144, 판결].

4장

Answer 178 ② 179 ① 180 ②

181 **특별권력관계에 대한 설명으로 가장 적절하지 않은 것은? (다툼이 있는 경우 판례에 의함)** 19. 경찰

① 군인이 상관의 지시 및 그 근거 법령에 대해, 법원이나 헌법재판소에 법적 판단을 청구하는 행위 자체만으로도, 상명하복에 의한 지휘통솔체계의 확립이 필수적인 군의 특수성에 비추어, 군인의 복종의무를 위반하였다고 보아야 한다.

② 군인은 국가의 존립과 안전을 보장함을 직접적인 존재의 목적으로 하는 군조직의 구성원인 특수한 신분관계에 있으므로, 그 존립 목적을 달성하기 위하여 필요한 한도 내에서 일반 국민보다 상대적으로 기본권이 더 제한될 수 있다.

③ 신병교육훈련기간 동안 전화사용을 하지 못하도록 정하고 있는 규율은 신병교육훈련생들의 통신의 자유 등 기본권을 과도하게 제한하는 것이라고 보기 어렵다.

④ 교정시설의 안전과 질서유지, 수용자의 교화 및 사회복귀를 원활하게 하기 위해 수용자가 밖으로 보내려는 모든 서신에 대해 무봉함 상태의 제출을 강제함으로써 수용자의 발송 서신 모두를 사실상 검열 가능한 상태에 놓이도록 하는 것은 기본권 제한의 최소 침해성 요건을 위반하여 수용자의 통신비밀의 자유를 침해하는 것이다.

정답찾기

① 군인이 상관의 지시나 명령에 대하여 재판청구권을 행사하는 경우에 그것이 위법·위헌인 지시와 명령을 시정하려는 데 목적이 있을 뿐, 군 내부의 상명하복관계를 파괴하고 명령불복종 수단으로서 재판청구권의 외형만을 빌리거나 그 밖에 다른 불순한 의도가 있지 않다면, 정당한 기본권의 행사이므로 군인의 복종의무를 위반하였다고 볼 수 없다[대판 2018.3.22, 2012두26401(전합)].

② 군인은 국가의 존립과 안전을 보장함을 직접적인 존재의 목적으로 하는 군조직의 구성원인 특수한 신분관계에 있으므로, 그 존립 목적을 달성하기 위하여 필요한 한도 내에서 일반 국민보다 상대적으로 기본권이 더 제한될 수 있으나, 그러한 경우에도 법률유보원칙, 과잉금지원칙 등 기본권 제한의 헌법상 원칙들을 지켜야 한다[대법원 2018.3.22, 선고, 2012두26401, 전원합의체 판결].

③ 이 사건 지침은 신병교육훈련을 받고 있는 군인의 통신의 자유를 제한하고 있으나, 신병들을 군인으로 육성하고 교육훈련과 병영생활에 조속히 적응시키기 위하여 신병교육기간에 한하여 신병의 외부 전화통화를 통제한 것이다. 또한 신병훈련기간이 5주의 기간으로서 상대적으로 단기의 기간이라는 점, 긴급한 전화통화의 경우는 지휘관의 통제 하에 허용될 수 있다는 점, 신병들이 부모 및 가족에 대한 편지를 작성하여 우편으로 송부하도록 하고 있는 점 등을 종합하여 고려하여 보면, 이 사건 지침에서 신병교육훈련기간 동안 전화사용을 하지 못하도록 정하고 있는 규율이 청구인을 포함한 신병교육훈련생들의 통신의 자유 등 기본권을 필요한 정도를 넘어 과도하게 제한하는 것이라고 보기 어렵다[전원재판부 2007헌마890, 2010.10.28.].

④ 이 사건 시행령조항은 교정시설의 안전과 질서유지, 수용자의 교화 및 사회복귀를 원활하게 하기 위해 수용자가 밖으로 내보내는 서신을 봉함하지 않은 상태로 제출하도록 한 것이나, 이와 같은 목적은 교도관이 수용자의 면전에서 서신에 금지물품이 들어 있는지를 확인하고 수용자로 하여금 서신을 봉함하게 하는 방법, 봉함된 상태로 제출된 서신을 X-ray 검색기 등으로 확인한 후 의심이 있는 경우에만 개봉하여 확인하는 방법, 서신에 대한 검열이 허용되는 경우에만 무봉함 상태로 제출하도록 하는 방법 등으로도 얼마든지 달성할 수 있다고 할 것인바, 위 시행령 조항이 수용자가 보내려는 모든 서신에 대해 무봉함 상태의 제출을 강제함으로써 수용자의 발송 서신 모두를 사실상 검열 가능한 상태에 놓이도록 하는 것은 기본권 제한의 최소 침해성 요건을 위반하여 수용자인 청구인의 통신비밀의 자유를 침해하는 것이다[전원재판부 2009헌마333, 2012.2.23.].

182 공법상의 시효제도를 설명한 것이다. 다음 중 적절하지 않은 것은? (다툼이 있으면 판례에 의함) 16. 경찰

① 세무공무원이 국세징수법 제26조에 의하여 체납자의 가옥·선박·창고 기타의 장소를 수색하였으나 압류할 목적물을 찾아내지 못하여 압류를 실행하지 못하고 수색조서를 작성하는 데 그친 경우에도 소멸시효 중단의 효력이 있다.

② 소멸시효 완성 후에 부과된 조세부과처분은 납세의무 없는 자에 대하여 부과처분을 한 것으로서 그와 같은 하자는 중대하고 명백하여 그 처분의 효력은 당연무효이다.

③ 금전의 급부를 목적으로 하는 국가의 권리에 있어서는 소멸시효의 중단·정지 그 밖의 사항에 관하여 민법의 규정이 적용될 수 없다.

④ 행정재산은 민법 제245조에도 불구하고 시효취득의 대상이 되지 아니한다.

정답찾기

③ 금전의 급부를 목적으로 하는 국가의 권리에 있어서는 소멸시효의 중단·정지 그 밖의 사항에 관하여 다른 법률의 규정이 없는 때에는 민법의 규정을 적용한다. 국가에 대한 권리로서 금전의 급부를 목적으로 하는 것도 또한 같다(국가재정법 제96조 제3항).

① 국세기본법 제28조 제1항은 국세징수권의 소멸시효의 중단사유로서 납세고지, 독촉 또는 납부최고, 교부청구 외에 '압류'를 규정하고 있는바, 여기서의 '압류'란 세무공무원이 국세징수법 제24조 이하의 규정에 따라 납세자의 재산에 대한 압류 절차에 착수하는 것을 가리키는 것이므로, 세무공무원이 국세징수법 제26조에 의하여 체납자의 가옥·선박·창고 기타의 장소를 수색하였으나 압류할 목적물을 찾아내지 못하여 압류를 실행하지 못하고 수색조서를 작성하는 데 그친 경우에도 소멸시효 중단의 효력이 있다[대법원 2001.8.21, 선고, 2000다12419, 판결].

② 조세채권의 소멸시효가 완성되어 부과권이 소멸된 후에 부과한 과세처분은 위법한 처분으로 그 하자가 중대하고도 명백하여 무효라 할 것이다[대법원 1988.3.22, 선고,, 87누1018, 판결].

④ 행정재산은 「민법」 제245조에도 불구하고 시효취득(時效取得)의 대상이 되지 아니한다(국유재산법 제7조 제2항).

4 신고

183 사인의 공법행위에 관한 다음 설명 중 가장 적절하지 않은 것은? (다툼이 있는 경우 판례에 의함) 12. 경찰

① 수리를 요하지 않는 신고는 일정한 사항을 행정청에 통지하고 도달함으로써 신고의 효력이 발생한다.

② 수리를 요하는 신고에 대한 행정청의 거부는 행정쟁송의 대상이 된다.

③ 건축법령상 건축주명의변경신고는 수리를 요하지 않는 신고이다.

④ 행정청은 신청에 구비서류의 미비 등 흠이 있을 경우에도 접수를 거부하여서는 아니되며 보완에 필요한 상당한 기간을 정하여 지체없이 신청인에게 보완을 요구하여야 한다.

정답찾기

③ 건축주명의변경신고에 관한 건축법시행규칙 제3조의2의 규정은 단순히 행정관청의 사무집행의 편의를 위한 것에 지나지 않는 것이 아니라, 허가대상건축물의 양수인에게 건축주의 명의변경을 신고할 수 있는 공법상의 권리를 인정함과 아울러 행정관청에게는 그 신고를 수리할 의무를 지게 한 것으로 봄이 상당하므로, 허가대상건축물의 양수인이 위 규칙에 규정되어 있는 형식적 요건을 갖추어 시장, 군수에게 적법하게 건축주의 명의변경을 신고한 때에는 시장, 군수는 그 신고를 수리하여야지 실체적인 이유를 내세워 그 신고의 수리를 거부할 수는 없다(대판 1992.3.31, 91누4911).

Answer 181 ① 182 ③ 183 ③

184 행정법상 신고에 대한 설명으로 가장 적절한 것은? (다툼이 있으면 판례에 의함) 13. 경찰

① 행정소송법 제40조에서 명문으로 규정하고 있다.

② 사업양도·양수에 따른 허가관청의 지위승계신고의 수리에 있어, 그 수리대상인 사업양도·양수가 무효인 때에는 수리를 하였다 하더라도 그 수리는 유효한 대상이 없는 것으로서 당연히 무효이다.

③ 주민등록은 단순히 주민의 거주관계를 파악하고 인구의 동태를 명확히 하는 것으로서, 주민등록의 신고는 행정청에 도달하기만 하면 신고로서의 효력이 발생한다.

④ 수리를 요하지 않는 신고의 경우, 담당공무원이 법령에 규정되지 아니한 사유를 들어 신고를 반려하였다면 신고의 효력발생 시기는 담당공무원이 반려의 의사를 표시한 때이다.

> [정답찾기]
> ① 행정법상의 신고는 행정소송법이 아닌 행정기본법과 행정절차법에서 규정하고 있다.
> ③ 주민등록은 단순히 주민의 거주관계를 파악하고 인구의 동태를 명확히 하는 것 외에도 주민등록에 따라 공법관계상의 여러 가지 법률상 효과가 나타나게 되는 것으로서, 주민등록의 신고는 행정청에 도달하기만 하면 신고로서의 효력이 발생하는 것이 아니라 행정청이 수리한 경우에 비로소 신고의 효력이 발생한다. 따라서 주민등록 신고서를 행정청에 제출하였다가 행정청이 이를 수리하기 전에 신고서의 내용을 수정하여 위와 같이 수정된 전입신고서가 수리되었다면 수정된 사항에 따라서 주민등록 신고가 이루어진 것으로 보는 것이 타당하다(대판 2009.1.30, 2006다17850).
> ④ 행정관청에 대한 신고는 일정한 법률사실 또는 법률관계에 관하여 관계 행정관청에 일방적인 통고를 하는 것을 뜻하는 것으로 법령에 별도의 규정이 있거나 다른 특별한 사정이 없는 한 행정관청에 대한 통고로써 그치는 것이고, 그에 대한 행정관청의 반사적 결정을 기다릴 필요가 없는 것인바, 구 수산업법(1995.12.30. 법률 제5131호로 개정되기 전의 것), 구 수산업법시행령(1996.12.13. 대통령령 제15241호로 개정되기 전의 것), 구 수산제조업의 허가 등에 관한 규칙(1997.4.23. 해양수산부령 제19호 수산물가공업허가 등에 관한 규칙으로 개정되기 전의 것)의 각 규정에도 수산제조업의 신고를 하고자 하는 자는 그 규칙에서 정한 양식에 따른 수산제조업 신고서에 주요 기기의 명칭·수량 및 능력에 관한 서류, 제조공정에 관한 서류를 첨부하여 시장·군수·구청장에게 제출하면 되고, 시장·군수·구청장에게 수산제조업 신고에 대한 실질적인 검토를 허용하고 있다고 볼 만한 규정을 두고 있지 아니하고 있으므로, 수산제조업의 신고를 하고자 하는 자가 그 신고서를 구비서류까지 첨부하여 제출한 경우 시장·군수·구청장으로서는 형식적 요건에 하자가 없는 한 수리하여야 할 것이고, 나아가 관할 관청에 신고업의 신고서가 제출되었다면 담당공무원이 법령에 규정되지 아니한 다른 사유를 들어 그 신고를 수리하지 아니하고 반려하였다고 하더라도, 그 신고서가 제출된 때에 신고가 있었다고 볼 것이다(대판 1999.12.24, 98다57419).

185 사인의 공법행위로서의 신고에 관한 다음 설명 중 가장 적절하지 않은 것은? (다툼이 있으면 판례에 의함) 14. 경찰

① 신고사항이 아닌 신고를 수리한 경우, 그 수리는 항고소송의 대상이 되는 행정처분에 해당하지 않는다.

② 자기완결적 신고가 행정절차법상 요건을 갖춘 경우에는 신고서가 접수기관에 도달된 때에 신고의무가 이행된 것으로 본다.

③ 수리를 요하는 신고에서 수리는 준법률행위적 행정행위의 하나로서 행정소송법상 처분에 해당한다.

④ 수리를 요하는 신고의 경우, 수리행위에 대한 신고필증의 교부가 필수적이다.

정답찾기

④ 구 장사 등에 관한 법률(2007.5.25. 법률 제8489호로 전부 개정되기 전의 것, 이하 '구 장사법'이라 한다) 제14조 제1항, 구 장사 등에 관한 법률 시행규칙(2008.5.26. 보건복지가족부령 제15호로 전부 개정되기 전의 것) 제7조 제1항 별지 제7호 서식을 종합하면, 납골당설치 신고는 이른바 '수리를 요하는 신고'라 할 것이므로, 납골당설치 신고가 구 장사법 관련 규정의 모든 요건에 맞는 신고라 하더라도 신고인은 곧바로 납골당을 설치할 수는 없고, 이에 대한 행정청의 수리처분이 있어야만 신고한 대로 납골당을 설치할 수 있다. 한편 수리란 신고를 유효한 것으로 판단하고 법령에 의하여 처리할 의사로 이를 수령하는 수동적 행위이므로 수리행위에 신고필증 교부 등 행위가 꼭 필요한 것은 아니다(대판 2011.9.8, 2009두6766).

186 공법행위로서 신고에 대한 설명으로 가장 적절하지 않은 것은? (다툼이 있는 경우 판례에 의함) 18. 경찰

① 구 건축법(1996.12.30. 법률 제5230호로 개정되기 전의 것) 제9조 제1항에 의하여 신고를 함으로써 건축허가를 받은 것으로 간주되는 경우에는 건축을 하고자 하는 자가 적법한 요건을 갖춘 신고만 하면 행정청의 수리행위 등 별다른 조치를 기다릴 필요 없이 건축을 할 수 있다.

② 행정관청에 대한 신고는 일정한 법률사실 또는 법률관계에 관하여 관계 행정관청에 일방적인 통고를 하는 것을 뜻하는 것이므로 법령에 별도의 규정이 있거나 다른 특별한 사정이 없는 한 행정관청에 대한 통고로서 그치는 것이고, 그에 대한 행정관청의 반사적 결정을 기다릴 필요가 없다.

③ 구 식품위생법(1995.12.29. 법률 제5099호로 개정되기 전의 것) 제25조 제1항, 제3항에 의한 영업양도에 따른 지위승계신고는 허가관청의 수리를 요하는 신고에 해당한다.

④ 골프장이용료 변경신고와 같은 구 체육시설의 설치·이용에 관한 법률(1993.3.6. 법률 제4541호로 개정된 것) 제18조에 의한 신고는 행정청의 수리를 요한다.

정답찾기

④ 행정청에 대한 신고는 일정한 법률사실 또는 법률관계에 관하여 관계행정청에 일방적으로 통고를 하는 것을 뜻하는 것으로서 법에 별도의 규정이 있거나 다른 특별한 사정이 없는 한 행정청에 대한 통고로서 그치는 것이고 그에 대한 행정청의 반사적 결정을 기다릴 필요가 없는 것이므로, 체육시설의 설치·이용에 관한 법률 제18조에 의한 변경신고서는 그 신고 자체가 위법하거나 그 신고에 무효사유가 없는 한 이것이 도지사에게 제출하여 접수된 때에 신고가 있었다고 볼 것이고, 도지사의 수리행위가 있어야만 신고가 있었다고 볼 것은 아니다(대결 1993.7.6, 93마635).

Answer 184 ② 185 ④ 186 ④

187 사인의 공법행위에 대한 설명으로 옳은 것은 모두 몇 개인가? (다툼이 있는 경우 판례에 의함)   19. 경찰

> ㉠ 1980년의 공직자숙정계획의 일환으로 일괄사표의 제출과 선별수리의 형식으로 공무원에 대한 의원면직처분
> 이 이루어진 경우, 비진의 의사표시의 무효에 관한 민법 제107조 제1항 단서규정을 적용하여 그 의원면직처분
> 을 당연무효라고 주장할 수 있다.
> ㉡ 공무원이 한 사직 의사표시의 철회나 취소는 그에 터잡은 의원면직처분이 있을 때까지 할 수 있는 것이고,
> 일단 면직처분이 있고 난 이후에는 철회나 취소할 여지가 없다.
> ㉢ 사직서의 제출이 감사기관이나 상급관청 등의 강박에 의한 경우, 그 정도가 의사결정의 자유를 제한하는 정도
> 에 그친다면 그 성질에 반하지 아니하는 한 의사표시에 관한 민법 제110조의 사기나 강박에 의한 의사표시
> 규정을 준용하여 그 효력을 따져보아야 할 것이다.
> ㉣ 건축법 제14조 제2항에 의한 인·허가의제 효과를 수반하는 건축신고는 특별한 사정이 없는 한 행정청이 그
> 실체적 요건에 관한 심사를 한 후 수리하여야 하는 이른바 '수리를 요하는 신고'이다.
> ㉤ 국토의 계획 및 이용에 관한 법률상의 개발행위허가로 의제되는 건축신고가 개발행위허가의 기준을 갖추지
> 못하더라도, 건축법상 적법한 요건을 갖춘 신고만 하면 건축을 할 수 있고 행정청의 수리 등 별단의 조처를
> 기다릴 필요는 없다.

① 1개   ② 2개
③ 3개   ④ 4개

정답찾기

지문의 내용 중 옳은 것은 ㉡㉢㉣이다.

㉠ 이른바 1980년의 공직자숙정계획의 일환으로 일괄사표의 제출과 선별수리의 형식으로 공무원에 대한 의원면직처분이 이루어진 경우, 사직원 제출행위가 강압에 의하여 의사결정의 자유를 박탈당한 상태에서 이루어진 것이라고 할 수 없고 민법상 비진의 의사표시의 무효에 관한 규정은 사인의 공법행위에 적용되지 않는다는 등의 이유로 그 의원면직처분을 당연무효라고 할 수 없다(대판 2000. 11.14, 99두5481).

㉤ 일정한 건축물에 관한 건축신고는 건축법 제14조 제2항, 제11조 제5항 제3호에 의하여 국토의 계획 및 이용에 관한 법률 제56조에 따른 개발행위허가를 받은 것으로 의제되는데, 국토의 계획 및 이용에 관한 법률 제58조 제1항 제4호에서는 개발행위허가의 기준으로 주변 지역의 토지이용실태 또는 토지이용계획, 건축물의 높이, 토지의 경사도, 수목의 상태, 물의 배수, 하천·호소·습지의 배수 등 주변 환경이나 경관과 조화를 이룰 것을 규정하고 있으므로, 국토의 계획 및 이용에 관한 법률상의 개발행위허가로 의제되는 건축신고가 위와 같은 기준을 갖추지 못한 경우 행정청으로서는 이를 이유로 그 수리를 거부할 수 있다고 보아야 한다[(대판 2011.1.20, 2010두14954(전합)].

5 행정입법

188 행정입법에 대한 설명으로 가장 적절하지 않은 것은? (다툼이 있는 경우 판례에 의함) 18. 경찰

① 헌법에 의하면 대통령은 법률에서 구체적으로 범위를 정하여 위임받은 사항과 법률을 집행하기 위하여 필요한 사항에 관하여 대통령령을 발할 수 있다.

② 헌법에 의하면 국무총리 또는 행정각부의 장은 소관사무에 관하여 법률이나 대통령령의 위임의 경우에만 총리령 또는 부령을 발할 수 있다.

③ 국회법에 의하면 중앙행정기관의 장은 법률에서 위임한 사항이나 법률을 집행하기 위하여 필요한 사항을 규정한 대통령령·총리령·부령·훈령·예규·고시 등이 제정·개정 또는 폐지되었을 때에는 10일 이내에 이를 국회 소관 상임위원회에 제출하여야 한다.

④ 국회법에 의하면 대통령령의 경우에는 입법예고를 할 때(입법예고를 생략하는 경우에는 법제처장에게 심사를 요청할 때를 말한다)에도 그 입법예고안을 10일 이내에 이를 국회 소관 상임위원회에 제출하여야 한다.

정답찾기
② 국무총리 또는 행정각부의 장은 소관사무에 관하여 법률이나 대통령령의 위임 또는 <u>직권으로</u> 총리령 또는 부령을 발할 수 있다(헌법 제95조).

189 행정입법에 대한 설명으로 가장 적절하지 않은 것은? (다툼이 있는 경우 판례에 의함) 19. 경찰

① 헌법 제107조는 "명령·규칙 또는 처분이 헌법이나 법률에 위반되는 여부가 재판의 전제가 된 경우에는 대법원은 이를 최종적으로 심사할 권한을 가진다."고 규정하고 있는데, 이때 규칙에는 지방자치단체의 조례와 규칙도 포함된다.

② 법령보충적 행정규칙은 헌법 제107조의 구체적 규범통제 대상이 되지만, 법규성이 없는 행정규칙은 헌법 제107조의 통제대상이 되지 않는다.

③ 헌법 제107조에 따른 구체적 규범통제의 결과 처분의 근거가 된 명령이 위법하다는 대법원의 판결이 난 경우, 그 명령은 당해 사건에 한하여 적용되지 않는 것이 아니라 일반적으로 효력이 상실된다.

④ 헌법 제107조에 따른 구체적 규범통제의 결과 처분의 근거가 된 명령이 위법하다는 대법원의 판결이 난 경우, 일반적으로 당해 처분의 하자는 중대명백설에 따라 취소사유에 해당한다고 보아야 한다.

정답찾기
③ 헌법 제107조에 따른 구체적 규범통제의 결과 처분의 근거가 된 명령이 위법하다는 대법원의 판결이 난 경우, 그 명령은 일반적으로 효력이 상실되는 것이 아니고, 당해 사건에 한하여 그 법규명령이 적용되지 않는다.

Answer 187 ③ 188 ② 189 ③

190 행정입법에 관한 판례의 내용으로 옳지 않은 것은? (다툼이 있으면 판례에 의함) 10. 경찰

① 구 주택건설촉진법 시행령 제10조의3 제1항 별표 1의 영업정지처분기준은 대통령령 형식으로 규정되어 있으나 그 성질은 행정기관 내부의 사무처리 준칙을 규정한 것이므로 행정명령의 성질을 가지는 것으로 본다.

② 재산제세사무처리규정이 국세청장의 훈령형식으로 되어 있다 하더라도 이에 의한 거래지정은 소득세법시행령의 위임에 따라 그 규정의 내용을 보충하는 기능을 가지면서 그와 결합하여 대외적 효력을 발생하게 된다.

③ 구 청소년보호법시행령 제40조 별표 6의 위반행위의 종별에 따른 과징금 처분기준의 법적 성격은 법규명령이다.

④ 비상장주식의 양도가 현저히 유리한 조건의 거래로서 부당지원행위에 해당하는지 여부에 관하여 판단함에 있어서 공정거래위원회의 부당한 지원행위의 심사지침은 공정거래위원회 내부의 사무처리준칙에 불과하다.

> **정답찾기**
> ① 당해 처분의 기준이 된 주택건설촉진법 시행령 제10조의3 제1항 [별표 1]은 주택건설촉진법 제7조 제2항의 위임규정에 터잡은 규정 형식상 대통령령이므로 그 성질이 부령인 시행규칙이나 또는 지방자치단체의 규칙과 같이 통상적으로 행정조직 내부에 있어서의 행정명령에 지나지 않는 것이 아니라 대외적으로 국민이나 법원을 구속하는 힘이 있는 법규명령에 해당한다(대판 1997.12.26, 97누15418).

191 법규명령에 대한 설명으로 가장 적절한 것은? (다툼이 있으면 판례에 의함) 11. 경찰

① 헌법 제107조 제2항이 규정한 명령·규칙에 대한 최종심사권은 대법원에게 있기 때문에, 명령·규칙 그 자체에 의하여 직접 기본권이 침해되었을지라도 헌법소원심판을 청구하는 것은 불가능하다는 것이 헌법재판소의 입장이다.

② 조례에 대한 법률의 위임은 법규명령에 대한 법률의 위임과 같이 구체적으로 범위를 정하여 할 필요가 있으며 포괄적인 것으로는 부족하다.

③ 위법·무효인 시행령이나 시행규칙의 규정을 적용한 하자 있는 행정처분이 당연무효로 되려면 그 규정이 행정처분의 중요한 부분에 관한 것이어서 결과적으로 그에 따른 행정처분의 중요한 부분에 하자가 있는 것으로 귀착되고 또한 그 규정의 위법성이 객관적으로 명백하여 그에 따른 행정처분의 하자가 객관적으로 명백한 것으로 귀착되어야 한다.

④ 법규명령의 위임근거가 되는 법률에 대하여 위헌결정이 선고되더라도 그 위임에 근거하여 제정된 법규명령은 원칙적으로 효력을 상실하지 않는다.

> **정답찾기**
> ① 법령의 직접적인 위임에 따라 위임행정기관이 그 법령을 시행하는데 필요한 구체적 사항을 정한 것이면, 그 제정형식은 비록 법규명령이 아닌 고시, 훈령, 예규 등과 같은 행정규칙이더라도 그것이 상위법령의 위임한계를 벗어나지 아니하는 한, 상위법령과 결합하여 대외적인 구속력을 갖는 법규명령으로서 기능하게 된다고 보아야 할 것인바, 청구인이 법령과 예규의 관계규정으로 말미암아 직접 기본권침해를 받았다면 이에 대하여 바로 헌법소원심판을 청구할 수 있다(헌재 1992.6.26, 91헌마25).
> ② 조례의 제정권자인 지방의회는 선거를 통해서 그 지역적인 민주적 정당성을 지니고 있는 주민의 대표기관이고 헌법이 지방자치단체에 포괄적인 자치권을 보장하고 있는 취지로 볼 때, 조례에 대한 법률의 위임은 법규명령에 대한 법률의 위임과 같이 반드시 구체적으로 범위를 정하여 할 필요가 없으며 포괄적인 것으로 족하다(헌재 1995.4.20, 92헌마264).
> ④ 법규명령의 위임근거가 되는 법률에 대하여 위헌결정이 선고되면 그 위임에 근거하여 제정된 법규명령도 원칙적으로 효력을 상실한다(대판 2001.6.12, 2000다18547).

192 **다음 사례를 읽고 보기 중 판례의 태도와 가장 부합하는 것은?** 12. 경찰

> 개인택시 운전사 甲은 운전도중 휴대전화로 통화를 하다가 교통경찰관에게 적발되었다. 이에 관할 지방경찰청장 (경찰서장)은 도로교통법 제49조 제1항, 같은 법 시행규칙 제91조 제1항 별표 28의 운전면허행정처분기준에 의거 甲에게 벌점 15점을 부과하였다.

① 도로교통법 시행규칙 제91조 별표 28에서 정한 행정처분 기준의 법적 성질은 법규명령이다.

② 도로교통법 시행규칙상의 벌점은 각 위반 항목별로 규정된 점수가 최고한도를 규정한 것으로 볼 만한 근거가 없으므로, 위 위반행위에 대한 벌점 15점은 획일적으로 받게 되는 확정점수이다.

③ 벌점이 누적되면 운전면허 정지처분을 받을 위험성이 있는 것이므로 벌점의 부과는 국민의 권리·의무에 변동을 가져오는 행정처분에 해당한다.

④ 위 별표 28의 운전면허행정처분기준은 대외적 효력이 없어 국민을 구속하지 않지만 법원은 이에 기속된다.

4장

정답찾기

② [1] 도로교통법 시행규칙 제53조 제1항이 정한 별표 16의 운전면허행정처분기준은 관할 행정청이 운전면허의 취소 및 운전면허의 효력정지 등의 사무처리를 함에 있어서 처리기준과 방법 등의 세부사항을 규정한 행정기관 내부의 처리지침에 불과한 것으로서 대외적으로 국민이나 법원을 기속하는 효력이 없으므로, 자동차운전면허취소처분의 적법 여부는 위 운전면허행정처분기준만에 의하여 판단할 것이 아니라 도로교통법의 규정 내용과 취지에 따라 판단되어야 하며, 위 운전면허행정처분기준의 하나로 삼고 있는 벌점이란 자동차운전면허의 취소·정지처분의 기초자료로 활용하기 위하여 법규 위반 또는 사고야기에 대하여 그 위반의 경중, 피해의 정도 등에 따라 배점되는 점수를 말하는 것으로서, 이러한 벌점의 누산에 따른 처분기준 역시 행정청 내의 사무처리에 관한 재량준칙에 지나지 아니할 뿐 법규적 효력을 가지는 것은 아니다.

[2] 도로교통법 시행규칙 제53조 제1항 별표 16의 벌점에 관한 규정을 보면, 정지처분 개별기준에서 정하는 각 위반항목 별로 일정한 벌점을 배점하여 이를 누적한 다음 무위반·무사고기간 경과시에 부여되는 점수 등을 상계치로 뺀 점수를 '누산점수'로서 관리하고 그 누산점수에서 이미 처분이 집행된 벌점을 뺀 점수를 '처분벌점'으로 하여 처분의 기준으로 삼되, 취소처분 또는 정지처분의 개별기준을 적용하는 것이 현저하게 불합리한 경우에는 그 처분기준을 감경할 수 있다는 것이지, 각 위반 항목별로 규정된 점수가 최고한도를 규정한 것이라고 볼 만한 아무런 근거가 없다(대판 1998.3.27, 97누20236).

193 행정입법에 대한 사법적 통제에 관한 다음 설명 중 가장 적절한 것은? (다툼이 있는 경우 판례에 의함) 12. 경찰

① 추상적 법령 제정의 여부 등은 그 자체로서 국민의 구체적인 권리의무에 직접적인 변동을 초래하는 것이 아니어서 부작위 위법확인소송이라는 행정소송의 대상이 될 수 없다.

② 행정입법에 대해서 헌법재판소는 헌법소원을 통하여 통제할 수 있으나 시행명령을 제정할 의무가 있음에도 명령제정을 거부하거나 입법부작위가 있는 경우에는 헌법소원의 대상이 되지 않는다.

③ 헌법이나 법률에 반하는 시행령 규정이 대법원에 의해 위헌 또는 위법하여 무효라고 선언하는 판결이 나오기 전이라도 하자의 중대성으로 인하여 그 시행령에 근거한 행정처분의 하자는 무효사유에 해당하는 것으로 취급된다.

④ 고시가 다른 집행행위의 매개 없이 그 자체로서 직접 국민의 구체적인 권리의무나 법률관계를 규율하는 성격을 가질 때에도 항고소송의 대상이 되는 행정처분에 해당되지 않는다.

정답찾기

② 행정권력의 부작위에 대한 헌법소원의 경우에 있어서는 공권력의 주체에게 헌법에서 유래하는 작위의무가 특별히 구체적으로 규정되어 이에 의거하여 기본권의 주체가 행정행위를 청구할 수 있음에도 공권력의 주체가 그 의무를 해태하는 경우에 허용된다. 입법부작위에 대한 헌법소원은 헌법에서 기본권보장을 위하여 법령에 명시적인 입법위임을 하였음에도 입법자가 이를 이행하지 아니한 경우이거나, 헌법해석상 특정인에게 구체적인 기본권이 생겨 이를 보장하기 위한 국가의 행위의무 내지 보호의무가 발생하였음이 명백함에도 불구하고 입법자가 아무런 입법조치를 취하지 아니한 경우에 허용된다(헌재 1998.7.16, 98헌마456).

③ 하자 있는 행정처분이 당연무효로 되려면 그 하자가 법규의 중요한 부분을 위반한 중대한 것이어야 할 뿐 아니라 객관적으로 명백한 것이어야 하고, 행정청이 위헌이거나 위법하여 무효인 시행령을 적용하여 한 행정처분이 당연무효로 되려면 그 규정이 행정처분의 중요한 부분에 관한 것이어서 결과적으로 그에 따른 행정처분의 중요한 부분에 하자가 있는 것으로 귀착되고, 또한 그 규정의 위헌성 또는 위법성이 객관적으로 명백하여 그에 따른 행정처분의 하자가 객관적으로 명백한 것으로 귀착되어야 하는바, 일반적으로 시행령이 헌법이나 법률에 위반된다는 사정은 그 시행령의 규정을 위헌 또는 위법하여 무효라고 선언한 대법원의 판결이 선고되지 아니한 상태에서는 그 시행령 규정의 위헌 내지 위법 여부가 해석상 다툼의 여지가 없을 정도로 명백하였다고 인정되지 아니하는 이상 객관적으로 명백한 것이라 할 수 없으므로, 이러한 시행령에 근거한 행정처분의 하자는 취소사유에 해당할 뿐 무효사유가 되지 아니한다(대판 2007.6.14, 2004두619).

④ 어떠한 고시가 일반적·추상적 성격을 가질 때에는 법규명령 또는 행정규칙에 해당할 것이지만, 다른 집행행위의 매개 없이 그 자체로서 직접 국민의 구체적인 권리의무나 법률관계를 규율하는 성격을 가질 때에는 행정처분에 해당한다(대판 2006.9.22, 2005두2506).

194 행정입법부작위에 대한 설명으로 가장 적절하지 않은 것은? (다툼이 있는 경우 판례에 의함) 20. 경찰

① 행정입법의 부작위는 그 자체로서 국민의 구체적인 권리의무에 직접적인 변동을 초래하는 것이어서 행정소송의 대상이 된다.

② 하위 행정입법의 제정 없이 상위 법령의 규정만으로도 집행이 이루어질 수 있는 경우라면 하위 행정입법을 하여야 할 헌법적 작위의무는 인정되지 않는다.

③ 행정입법의 지체가 위법으로 되어 그에 대한 법적 통제가 가능하기 위하여는, 우선 행정청에게 시행명령을 제정(개정)할 법적 의무가 있어야 하고, 상당한 기간이 지났음에도 불구하고, 명령제정(개정)권이 행사되지 않아야 한다.

④ 입법부가 법률로써 행정부에게 특정한 사항을 위임했음에도 불구하고, 행정부가 정당한 이유 없이 법률에서 위임한 시행령을 제정하지 않은 것은 그 법률에서 인정된 권리를 침해하는 불법행위가 될 수 있다.

정답찾기

① 행정소송은 구체적 사건에 대한 법률상 분쟁을 법에 의하여 해결함으로써 법적 안정을 기하자는 것이므로 부작위위법확인소송의 대상이 될 수 있는 것은 구체적 권리의무에 관한 분쟁이어야 하고 추상적인 법령에 관하여 제정의 여부 등은 그 자체로서 국민의 구체적인 권리의무에 직접적 변동을 초래하는 것이 아니어서 그 소송의 대상이 될 수 없다(대판 1992.5.8, 91누11261).

195 다음은 위임입법의 한계에 관한 헌법재판소의 결정(헌재결 1997.2.20, 95헌바27)이다. (   ) 안의 내용을 가장 알맞게 짝지은 것은?

12. 경찰

> 위임입법에 있어서 위임의 구체성·명확성의 요구 정도는 그 규율대상의 종류와 성격에 따라 달라질 것이지만 특히 (㉠)나 조세법규와 같이 국민의 기본권을 직접적으로 제한하거나 침해할 소지가 있는 법규에서는 구체성·명확성의 요구 정도가 (㉡)되어 그 위임의 요건과 범위가 일반적인 (㉢)의 경우보다 더 엄격하게 제한적으로 규정되어야 하는 반면에, 규율대상이 지극히 다양하거나 수시로 변화하는 성질의 것일 때에는 위임의 구체성·명확성의 요건이 (㉣)될 수도 있다.

① ㉠ 처벌법규, ㉡ 강화, ㉢ 급부행정, ㉣ 완화
② ㉠ 행정법규, ㉡ 강화, ㉢ 규제행정, ㉣ 완화
③ ㉠ 행정법규, ㉡ 완화, ㉢ 급부행정, ㉣ 강화
④ ㉠ 처벌법규, ㉡ 완화, ㉢ 규제행정, ㉣ 강화

정답찾기
① 위임입법에 있어 위임의 구체성, 명확성의 요구 정도는 그 규율대상의 종류와 성격에 따라 달라질 것이지만 특히 <u>처벌법규</u>나 조세법규와 같이 국민의 기본권을 직접적으로 제한하거나 침해할 소지가 있는 법규에서는 구체성, 명확성의 요구가 강화되어 그 위임의 요건과 범위가 일반적인 급부행정의 경우보다 더 엄격하게 제한적으로 규정되어야 하는 반면에, 규율대상이 지극히 다양하거나 수시로 변화하는 성질의 것일 때에는 위임의 구체성, 명확성의 요건이 완화될 수도 있을 것이며, 조세감면규정의 경우에는 법률의 구체적인 근거없이 대통령령에서 감면대상, 감면비율 등 국민의 납세의무에 직접 영향을 미치는 감면요건 등을 규정하였는가 여부도 중요한 판단기준이 된다(헌재 1997.2.20, 95헌바27).

196 다음은 행정입법에 대한 설명이다. 옳은 것은 모두 몇 개인가? (다툼이 있으면 판례에 의함)

13. 경찰

> ㉠ 조례가 집행행위의 개입 없이도 그 자체로서 직접 국민의 구체적인 권리의무나 법적 이익에 영향을 미치는 등의 법률상 효과를 발생하는 경우 그 조례는 항고소송의 대상이 되는 행정처분에 해당한다.
> ㉡ 헌법이 인정하고 있는 위임입법의 형식은 예시적인 것으로 보아야 할 것이고, 그것은 법률이 행정규칙에 위임하더라도 그 행정규칙은 위임된 사항만을 규율할 수 있으므로, 국회입법의 원칙과 상치되지도 않는다.
> ㉢ 재산제세조사사무처리규정이 국세청장의 훈령형식으로 되어있다 하더라도 이에 의한 거래지정은 소득세법시행령의 위임에 따라 그 규정의 내용을 보충하는 기능을 가지면서 그와 결합하여 대외적인 구속력이 있는 법규명령으로서의 효력을 갖게 된다고 보아야 한다.
> ㉣ 일반적으로 법률의 위임에 의하여 효력을 갖는 법규명령의 경우, 구법에 위임의 근거가 없어 무효였더라도 사후에 법개정으로 위임의 근거가 부여되면 그 때부터는 유효한 법규명령이 된다.

① 1개   ② 2개   ③ 3개   ④ 4개

정답찾기
④ 모두 옳은 지문이다.

197 행정입법에 대한 설명으로 가장 적절하지 않은 것은? (다툼이 있는 경우 판례에 의함)

① 법령의 규정이 특정 행정기관에게 법령 내용의 구체적 사항을 정할 수 있는 권한을 부여하면서도 권한행사의 절차나 방법을 특정하지 아니한 경우에는 수임 행정기관으로서는 행정규칙이나 규정 형식으로 법령 내용이 될 사항을 구체적으로 정할 수 없다.

② 건강보험심사평가원의 원장이 보건복지부장관의 고시('요양급여비용 심사·지급업무 처리기준')에 따라 진료심사평가위원회의 심의를 거쳐 정한 요양급여비용의 심사기준 또는 심사지침은 행정규칙에 불과하다.

③ 구 건축법(2016.8.4. 법률 제14016호로 개정된 것) 제80조 제1항 제2호, 지방세법 제4조 제2항, 구 지방세법 시행령(2017.3.30. 법률 제27972호로 개정된 것) 제4조 제1항 제1호의 내용, 형식 및 취지 등을 종합하면, '2014년도 건물 및 기타물건 시가표준액 조정기준'은 이행강제금의 산정기준이 되는 시가표준액에 관하여 법령 규정의 내용을 보충하고 있으므로, 그 법령 규정과 결합하여 대외적인 구속력이 있는 법규명령으로서의 효력을 가진다.

④ 규정형식상 부령인 시행규칙 또는 지방자치단체의 규칙으로 정한 행정처분의 기준은 행정처분 등에 관한 사무처리기준과 처분절차 등 행정청 내의 사무처리준칙을 규정한 것에 불과하므로 행정조직 내부에 있어서의 행정명령의 성격을 지닐 뿐 대외적으로 국민이나 법원을 구속하는 힘이 없다.

정답찾기
① 상급행정기관이 하급행정기관에 대하여 업무처리지침이나 법령의 해석적용에 관한 기준을 정하여 발하는 이른바 행정규칙은 일반적으로 행정조직 내부에서만 효력을 가질 뿐 대외적인 구속력을 갖지 않지만, 법령의 규정이 특정 행정기관에게 그 법령 내용의 구체적 사항을 정할 수 있는 권한을 부여하면서 그 권한 행사의 절차나 방법을 특정하고 있지 않아 수임행정기관이 행정규칙의 형식으로 그 법령의 내용이 될 사항을 구체적으로 정하고 있다면, 그와 같은 행정규칙은 위에서 본 행정규칙이 갖는 일반적 효력으로서가 아니라 행정기관에 법령의 구체적 내용을 보충할 권한을 부여한 법령 규정의 효력에 의하여 그 내용을 보충하는 기능을 갖게 되고, 따라서 이와 같은 행정규칙은 당해 법령의 위임 한계를 벗어나지 않는 한 그것들과 결합하여 대외적인 구속력이 있는 법규명령으로서의 효력을 가진다(대판 2008.3.27, 2006두3742).

198 다음 행정규칙에 대한 설명 중 가장 적절한 것은? (다툼이 있으면 판례에 의함)

① 교육부장관이 내신성적산정지침을 시·도교육감에게 통보한 것은 행정조직 내부에서 내신성적평가에 관한 심사기준을 시달한 것에 불과하여 위 지침을 행정처분으로 볼 수 없다.

② 근거법령인 상위법령이 개정됨에 그친 경우 개정법령의 시행을 위한 집행명령이 제정·발효될 때까지 여전히 그 효력을 유지하는 것은 아니다.

③ 구법에 위임의 근거가 없어 무효였더라도 사후에 법개정으로 위임의 근거가 부여되면 소급하여 유효한 법규명령이 된다.

④ 서울특별시가 정한 개인택시운송사업면허지침은 재량권행사의 기준으로 설정된 행정청의 법규명령에 해당한다.

정답찾기

② 상위법령의 시행에 필요한 세부적 사항을 정하기 위하여 행정관청이 일반적 직권에 의하여 제정하는 이른바 집행명령은 근거법령인 상위법령이 폐지되면 특별한 규정이 없는 이상 실효되는 것이나, 상위법령이 개정됨에 그친 경우에는 개정법령과 성질상 모순, 저촉되지 아니하고 개정된 상위법령의 시행에 필요한 사항을 규정하고 있는 이상 그 집행명령은 상위법령의 개정에도 불구하고 당연히 실효되지 아니하고 개정법령의 시행을 위한 집행명령이 제정, 발효될 때까지는 여전히 그 효력을 유지한다(대판 1989.9.12, 88누6962).

③ 일반적으로 법률의 위임에 의하여 효력을 갖는 법규명령의 경우, 구법에 위임의 근거가 없어 무효였더라도 사후에 법개정으로 위임의 근거가 부여되면 그 때부터는 유효한 법규명령이 되나, 반대로 구법의 위임에 의한 유효한 법규명령이 법개정으로 위임의 근거가 없어지게 되면 그 때부터 무효인 법규명령이 되므로, 어떤 법령의 위임 근거 유무에 따른 유효 여부를 심사하려면 법개정의 전・후에 걸쳐 모두 심사하여야만 그 법규명령의 시기에 따른 유효・무효를 판단할 수 있다(대판 1995.6.30, 93추83).

④ 서울특별시가 정한 개인택시운송사업면허지침은 재량권 행사의 기준으로 설정된 행정청의 내부의 사무처리준칙에 불과하므로, 대외적으로 국민을 기속하는 법규명령의 경우와는 달리 외부에 고지되어야만 효력이 발생하는 것은 아니다(대판 1997.1.21, 95누12941).

199 행정규칙을 설명한 것이다. 다음 중 적절하지 않은 것은? (다툼이 있으면 판례에 의함) 16. 경찰

① 재량권 행사의 준칙인 행정규칙이 그 정한 바에 따라 되풀이 시행되어 행정관행이 이루어지게 되면 평등의 원칙이나 신뢰보호의 원칙에 따라 행정기관은 그 상대방에 대한 관계에서 그 규칙에 따라야 할 자기구속을 받게 되므로, 이러한 경우에는 특별한 사정이 없는 한 그를 위반하는 처분은 평등의 원칙이나 신뢰보호의 원칙에 위배되어 재량권을 일탈・남용한 위법한 처분이 된다.

② 교육부장관이 내신성적 산정기준에 관한 시행지침을 마련하여 시・도 교육감에게 통보한 것은 항고소송의 대상이 되는 행정처분으로 볼 수 없다.

③ 구 국립묘지안장대상심의위원회 운영규정은 국가보훈처장이 심의위원회의 운영에 관하여 구 국립묘지의 설치 및 운영에 관한 법률 및 시행령에서 위임된 사항과 그 시행에 필요한 사항을 규정함을 목적으로 하여 국가보훈처 훈령으로 제정된 것으로서, 영예성 훼손 여부 등에 관한 판단의 기준을 정한 행정청 내부의 사무처리 준칙이다.

④ 구 여객자동차 운수사업법 시행규칙 제31조 제2항 제1호, 제2호, 제6호는 구 여객자동차 운수사업법 제11조 제4항의 위임에 따라 시외버스운송사업의 사업계획변경에 관한 절차, 인가기준 등을 구체적으로 규정한 것으로서, 이는 행정청 내부의 사무처리 준칙을 규정한 행정규칙에 불과하여 대외적 구속력이 없다.

정답찾기

④ 구 여객자동차 운수사업법 시행규칙(2000.8.23. 건설교통부령 제259호로 개정되기 전의 것) 제31조 제2항 제1호, 제2호, 제6호는 구 여객자동차 운수사업법(2000.1.28. 법률 제6240호로 개정되기 전의 것) 제11조 제4항의 위임에 따라 시외버스운송사업의 사업계획변경에 관한 절차, 인가기준 등을 구체적으로 규정한 것으로서, 대외적인 구속력이 있는 법규명령이라고 할 것이고, 그것을 행정청 내부의 사무처리준칙을 규정한 행정규칙에 불과하다고 할 수는 없다(대판 2006.6.27, 2003두4355).

200 행정규칙에 대한 설명으로 가장 적절하지 않은 것은? (다툼이 있는 경우 판례에 의함)   18. 경찰

① 행정규칙은 원칙적으로 그 성격상 대외적 효력을 갖는 것은 아니나, 예외적인 경우에 대외적으로 효력을 가질 수 있다.

② 이른바 법령보충적 행정규칙은 그 자체로서 직접적으로 대외적인 구속력을 갖는다.

③ 법령의 규정이 특정 행정기관에게 법령 내용의 구체적 사항을 정할 수 있는 권한을 부여하면서 권한행사의 절차나 방법을 특정하지 아니한 경우에는 수임 행정기관은 행정규칙이나 규정 형식으로 법령 내용이 될 사항을 구체적으로 정할 수 있다.

④ 고시가 일반·추상적 성격을 가질 때는 법규명령 또는 행정규칙에 해당하지만, 고시가 구체적인 규율의 성격을 갖는다면 행정처분에 해당한다.

> **정답찾기**
> ② 석유판매업(주유소)허가기준고시(경상북도고시 제1992-362호)는 석유사업법 및 같은 법 시행령의 규정이 도지사에게 그 법령내용의 구체적인 사항을 정할 수 있는 권한을 부여하면서 그 권한행사의 절차나 방법을 정하지 아니하고 있는 관계로 도지사가 규칙의 형식으로 그 법령의 내용이 될 사항을 구체적으로 규정한 것으로서, 이는 당해 석유사업법 및 같은 법 시행령의 위임한계를 벗어나지 아니하는 한 그 <u>법령의 규정과 결합하여</u> 대외적인 구속력이 있는 법규명령으로서의 효력을 갖게 된다(대판 1995.3.10, 94누8556).

201 위임입법의 한계에 대한 설명으로 가장 적절하지 않은 것은? (다툼이 있는 경우 판례에 의함)   18. 경찰

① 구 교통안전공단법(1990.8.1. 법률 제4254호로 개정된 것) 제17조는 국민의 재산권과 관련된 중요한 사항 내지 본질적인 요소인 분담금의 분담방법 및 분담비율에 관한 기본사항을 구체적이고 명확하게 규정하지 아니한 채 시행령에 포괄적으로 위임한 것으로 헌법 제75조에 위반된다.

② 구 소득세법(1978.12.5. 법률 제3098호로 개정된 후 1994.12.22. 법률 제4803호로 개정되기 전의 것) 제60조는 기준시가의 내용 자체에 관한 기준이나 한계는 물론 내용 결정을 위한 절차조차도 규정함이 없이 기준시가의 내용 및 그 결정절차를 전적으로 대통령령이 정하는 바에 의하도록 하고 있어 위임입법의 한계를 규정한 헌법의 취지에 반한다.

③ 구 질서위반행위규제법(2011.7.6. 법률 제10544호로 개정된 것) 제17조 제2항은 과태료를 부과하는 서면에 명시하여야 할 사항으로 '질서위반행위', '과태료 금액'을 규정하고, 그 밖에 명시하여야 할 사항을 대통령령으로 정하도록 위임하였는바, 누구라도 위 법률조항의 위임을 받은 대통령령에서는 과태료의 부과주체, 부과대상자, 과태료 납부에 관한 사항, 불복절차 및 방법 등을 규정할 것이라고 예측할 수 없으므로 위임입법의 한계를 벗어나 위헌이라고 할 것이다.

④ 보건사회부장관이 정한 1994년도 노인복지사업지침은 노령수당의 지급대상자를 '70세 이상'의 생활보호대상자로 규정함으로써 구 노인복지법(1994.6.28. 법률 제4633호로 개정된 것) 제13조 제2항과 구 노인복지법시행령(1994.12.23. 대통령령 제14447호로 개정된 것) 제20조 제1항에서 '65세 이상'의 자로 규정한 노령수당의 지급대상자를 부당하게 축소·조정하였으므로 그 부분은 법령의 위임한계를 벗어난 것이다.

> **정답찾기**
> ③ 구 질서위반행위규제법 제17조 제2항은 과태료를 부과하는 서면에 명시하여야 할 사항으로 '질서위반행위', '과태료 금액'을 규정하고, 그 밖에 명시하여야 할 사항을 대통령령으로 정하도록 위임하였는바, 누구라도 위 법률조항의 위임을 받은 대통령령에서는 과태료의 부과주체, 부과대상자, 과태료 납부에 관한 사항, 불복절차 및 방법 등을 규정할 것이라고 <u>예측할 수 있으므로</u> 위 법률 조항이 위임의 한계를 벗어나 위헌이라고 할 수 없다(대결 2014.10.16, 2014아132).

6 행정행위 일반

202 다음 중 행정주체의 지위를 갖는 것은 모두 몇 개인가? (다툼이 있으면 판례에 의함)   11. 경찰

> ㉠ 구 도시및주거환경정비법(2007.12.21. 법률 제8785호로 개정되기 전의 것)에 따른 주택재건축정비사업조합
> ㉡ 서울대학교
> ㉢ 지방자치단체
> ㉣ 국가

① 1개   ② 2개   ③ 3개   ④ 4개

정답찾기
④ 지문의 내용 모두 행정주체에 해당한다.

203 행정청이 행하는 구체적 사실에 관한 법 집행으로서 공권력의 행사 또는 그 거부와 그 밖에 이에 준하는 행정작용에 해당하는 것은 모두 몇 개인가? (다툼이 있는 경우 판례에 의함)   22. 경찰

> ㉠ 도로점용허가
> ㉡ 주민등록번호 변경신청 거부
> ㉢ 교통경찰관의 수신호
> ㉣ 교통신호등에 의한 신호
> ㉤ 경찰청장의 횡단보도 설치 기본계획 수립

① 1개   ② 2개   ③ 3개   ④ 4개

정답찾기
지문의 내용 중 구체적 사실에 관한 법 집행으로서 공권력의 행사 또는 그 거부와 그 밖에 이에 준하는 행정작용에 해당하는 것은 ㉠㉡㉢㉣이다.
㉤ 일반적으로 행정계획은 행정기관 내부에서 사업의 기본방향을 제시하는 것일 뿐, 국민의 권리·의무에 직접 영향을 미치는 것이 아니어서 행정처분에 해당하지 않는다[대판 2011.4.21, 2010무111(전합)].

Answer   200 ②   201 ③   202 ④   203 ④

204 법률행위적 행정행위에 관한 다음 설명 중 가장 적절한 것은? (다툼이 있는 경우 판례에 의함)

① 특정인을 위해 권리·능력 또는 포괄적 법률관계 기타 법상의 힘을 설정·변경·소멸시키는 행정행위를 특허라 하며, 이러한 특허에는 여객자동차운수사업법에 의한 개인택시면허를 들 수 있다.

② 타인의 법률적 행위를 보충하여 그 법률적 효력을 완성시켜 주는 행정행위를 인가라 하며, 인가의 예로는 공유수면매립법상의 공유수면매립면허가 이에 해당한다.

③ 다툼의 여지가 있는 일정한 사실이나 법률관계가 존재하는 것인가 아닌가 또는 정당한 것인가 아닌가를 공적으로 판단하여 확정하는 행정행위를 공증이라 하며, 공증의 예로는 토지대장에의 등재가 이에 해당한다.

④ 타인의 행위를 유효한 행위로 받아들이는 행정행위를 수리라 하며, 이러한 수리 중 '체육시설업자 등이 제출한 회원모집계획서에 대한 시·도지사의 검토결과 통보'의 경우 대법원은 법적 효과를 발생하지 아니하는 수리행위로서 처분성이 인정되지 않는다고 보았다.

정답찾기

② 공유수면매립면허는 설권행위인 특허의 성질을 갖는 것이므로 원칙적으로 행정청의 자유재량에 속하며, 일단 실효된 공유수면매립면허의 효력을 회복시키는 행위도 특단의 사정이 없는 한 새로운 면허부여와 같이 면허관청의 자유재량에 속한다고 할 것이므로 공유수면매립법(1986.12.31. 개정)부칙 제4항의 규정에 의하여 위 법시행전에 같은 법 제25조 제1항의 규정에 의하여 효력이 상실된 매립면허의 효력을 회복시키는 처분도 특단의 사정이 없는 한 면허관청의 자유재량에 속하는 행위라고 봄이 타당하다.

③ 지문의 내용은 확인에 대한 내용이다(대판 1989.9.12, 88누9206).

④ 구 체육시설의 설치·이용에 관한 법률(2005.3.31. 법률 제7428호로 개정되기 전의 것) 제19조 제1항, 구 체육시설의 설치·이용에 관한 법률 시행령(2006.9.22. 대통령령 제19686호로 개정되기 전의 것) 제18조 제2항 제1호 (가)목, 제18조의2 제1항 등의 규정에 의하면, 위 법 제19조의 규정에 의하여 체육시설의 회원을 모집하고자 하는 자는 시·도지사 등으로부터 회원모집계획서에 대한 검토결과 통보를 받은 후에 회원을 모집할 수 있다고 보아야 하고, 따라서 체육시설의 회원을 모집하고자 하는 자의 시·도지사 등에 대한 회원모집계획서 제출은 수리를 요하는 신고에서의 신고에 해당하며, 시·도지사 등의 검토결과 통보는 수리행위로서 행정처분에 해당한다(대판 2009.2.26, 2006두16243).

205 기속행위와 재량행위에 관한 설명으로 옳지 않은 것은? (다툼이 있으면 판례에 의함)

① 대법원은 '일반적으로 기속행위나 기속적 재량행위에는 부관을 붙일 수 없고 가사 부관을 붙였다 하더라도 이는 취소의 것이다'라고 판시하였다.

② 행정소송법 제27조는 '행정청의 재량에 속하는 처분이라도 재량권의 한계를 넘거나 그 남용이 있는 때에는 법원은 이를 취소할 수 있다'라고 규정하고 있다.

③ 요건재량설에 대해서는 행정행위의 종국목적과 중간목적의 분류나 구체적 기준자체가 불명확하다는 비판이 있다.

④ 총포·도검·화약류 등 단속법상의 총포 등 소지허가는 기속행위라고는 할 수 없다.

정답찾기

① 일반적으로 기속행위나 기속적 재량행위에는 부관을 붙일 수 없고 가사 부관을 붙였다 하더라도 무효이다(대판 1995.6.13, 94다56883).

206 기속행위와 재량행위에 관한 다음 설명 중 가장 적절하지 않은 것은? (다툼이 있는 경우 판례에 의함)　12. 경찰

① 기속행위와 재량행위의 구분은 당해 행위의 근거가 된 법규의 체제·형식과 그 문언, 당해 행위가 속하는 행정분야의 주된 목적과 특성, 당해 행위 자체의 개별적 성질과 유형 등을 모두 고려하여 판단하여야 한다.

② 기속행위에 부관을 붙이면 무효라는 것이 판례의 입장이다.

③ 허가처분의 취소는 기속재량행위라는 것이 판례의 입장이다.

④ '경찰공무원의 채용시험 또는 경찰간부후보생 공개경쟁선발시험에서 부정행위를 한 응시자에 대하여는 당해 시험을 정지 또는 무효로 하고, 그로부터 5년간 이 영에 의한 시험에 응시할 수 없게 한다'라고 규정한 경찰공무원 임용령 제46조 제1항은 그 수권형식과 내용에 비추어 이는 행정청 내부의 사무처리 기준을 정한 재량준칙에 해당한다.

정답찾기

④ 어느 행정행위가 기속행위인지 재량행위인지 나아가 재량행위라고 할지라도 기속재량행위인지 또는 자유재량에 속하는 것인지의 여부는 이를 일률적으로 규정지을 수는 없는 것이고, 당해 처분의 근거가 된 규정의 형식이나 체재 또는 문언에 따라 개별적으로 판단하여야 한다(대판 1997.12.26, 97누15418 참조). 위 법리와 기록에 비추어 보면, 경찰공무원 임용령 제46조 제1항의 수권형식과 내용에 비추어 이는 행정청 내부의 사무처리기준을 규정한 재량준칙이 아니라 일반 국민이나 법원을 구속하는 법규명령에 해당하고 따라서 위 규정에 의한 처분은 재량행위가 아닌 기속행위라 할 것이므로, 위 규정이 재량준칙임을 전제로 한 원고의 이 사건 응시자격제한처분의 재량권 일탈·남용 주장을 배척한 원심의 판단은 옳은 것으로 수긍이 가고 거기에 재량권 일탈·남용에 대한 법리오해의 위법이 없다(대판 2008.5.29, 2007두18321).

207 다음은 재량행위에 대해 설명한 것이다. 가장 적절하지 않은 것은? (다툼이 있으면 판례에 의함)　14. 경찰

① 법률에서 정한 귀화요건을 갖춘 신청에 대한 법무부장관의 귀화허가는 재량행위로 볼 수 있다.

② 구 도시계획법상 개발제한구역 내에서의 건축허가는 재량행위에 해당한다.

③ 재량행위에 대한 사법심사의 경우 법원은 행정청의 재량에 기한 공익판단의 여지를 감안하여 독자의 결론을 도출함이 없이 당해 행위에 재량권의 일탈·남용이 있는지 여부만을 심사한다.

④ "경찰공무원의 채용시험 또는 경찰간부후보생 공개경쟁선발시험에서 부정행위를 한 응시자에 대하여는 당해 시험을 정지 또는 무효로 하고, 그로부터 5년간 이 영에 의한 시험에 응시할 수 없게 한다."라고 규정한 경찰공무원 임용령 제46조 제1항은 그 수권형식과 내용에 비추어 행정청 내부의 사무처리 기준을 정한 재량준칙에 해당한다.

정답찾기

④ 경찰공무원 임용령 제46조 제1항의 수권형식과 내용에 비추어 이는 행정청 내부의 사무처리기준을 규정한 재량준칙이 아니라 일반 국민이나 법원을 구속하는 법규명령에 해당하고 따라서 위 규정에 의한 처분은 재량행위가 아닌 기속행위라 할 것이므로, 위 규정이 재량준칙임을 전제로 한 원고의 이 사건 응시자격제한처분의 재량권 일탈·남용 주장을 배척한 원심의 판단은 옳은 것으로 수긍이 가고 거기에 재량권 일탈·남용에 대한 법리오해의 위법이 없다(대판 2008.5.29, 2007두18321).

208 **기속행위와 재량행위를 설명한 것이다. 다음 중 가장 적절하지 않은 것은? (다툼이 있으면 판례에 의함)** 15. 경찰

① 경찰공무원이 교통법규 위반 운전자에게 만원권 지폐 한 장을 두 번 접어서 면허증과 함께 달라고 한 경우에 내려진 해임처분은 징계재량권의 일탈·남용이 아니다.

② 어느 행정행위가 기속행위인지 재량행위인지 나아가 재량행위라고 할지라도 기속재량행위인지 또는 자유재량에 속하는 것인지의 여부는 이를 일률적으로 규정지을 수는 없는 것이고, 당해 처분의 근거가 된 규정의 형식이나 체제 또는 문언에 따라 개별적으로 판단하여야 한다.

③ 행정청의 재량에 속하는 처분이라도 재량권의 한계를 넘거나 그 남용이 있는 때에는 법원은 이를 취소할 수 있다.

④ 여객자동차운수사업법에 의한 개인택시운송사업면허는 특정인에게 권리나 이익을 부여하는 행정행위로서 법령에 특별한 규정이 없는 한 재량행위이지만, 그 면허를 위하여 필요한 기준을 정하는 것은 행정청의 재량이 아니다.

> **정답찾기**
> ④ 자동차운수사업법에 의한 <u>개인택시운송사업면허는 특정인에게 권리나 이익을 부여하는 행정행위로서 법령에 특별한 규정이 없는 한 재량행위이고, 그 면허기준을 정하는 것도 역시 행정청의 재량에 속하는 것</u>이므로, 행정청이 정한 면허발급의 우선순위 등에 관한 기준을 해석 적용함에 있어서도 그 기준이 객관적으로 보아 합리적이 아니라거나 타당하지 아니하여 재량권을 남용한 위법한 것이라고 인정되지 아니하는 이상 행정청의 의사는 가능한 한 존중되어야 한다(대판 1993.10.12, 93누4243).

209 **기속행위와 재량행위에 대한 설명으로 가장 적절하지 않은 것은? (다툼이 있는 경우 판례에 의함)** 18. 경찰

① 기속행위에 대한 사법심사는 그 법규에 대한 원칙적인 기속성으로 인하여 법원이 사실인정과 관련 법규의 해석·적용을 통하여 일정한 결론을 도출한 후 그 결론에 비추어 행정청이 한 판단의 적법 여부를 독자의 입장에서 판정하는 방식에 의한다.

② 식품위생법상 일반음식점영업허가는 성질상 일반적 금지의 해제에 불과하므로 허가권자는 허가신청이 법에서 정한 요건을 구비한 때에는 원칙적으로 허가를 하여야 하나, 다만 예외적으로 관계 법령에서 정하는 제한사유 외에 공공복리 등의 사유를 들어 허가신청을 거부할 수 있다.

③ 국토의 계획 및 이용에 관한 법률에 의한 토지의 형질변경허가는 그 금지요건이 불확정개념으로 규정되어 있어 그 금지요건에 해당하는지 여부를 판단함에 있어서 행정청에게 재량권이 부여되어 있다고 할 것이므로, 같은 법에 의하여 지정된 도시지역 안에서 토지의 형질변경행위를 수반하는 건축허가는 결국 재량행위에 속한다.

④ 개발제한구역 내에서의 건축물의 건축 등에 대한 예외적 허가는 그 상대방에게 수익적인 것으로서 재량행위에 속하는 것이라고 할 것이므로 그에 관한 행정청의 판단이 사실오인, 비례·평등의 원칙 위배, 목적위반 등에 해당하지 아니하는 이상 재량권의 일탈·남용에 해당한다고 할 수 없다.

> **정답찾기**
> ② 식품위생법상 일반음식점영업허가는 성질상 일반적 금지의 해제에 불과하므로 허가권자는 허가신청이 법에서 정한 요건을 구비한 때에는 허가하여야 하고 관계 법령에서 정하는 제한사유 외에 공공복리 등의 사유를 들어 허가신청을 거부할 수는 없고, 이러한 법리는 일반음식점 허가사항의 변경허가에 관하여도 마찬가지이다(대판 2000.3.24, 97누12532).

210 재량행위에 해당하지 않는 것은? (다툼이 있는 경우 판례에 의함)

① 구 제주특별자치도 설치 및 국제자유도시 조성을 위한 특별법(2012.3.17. 법률 제11061호로 개정된 것) 제292조 제1항에 의한 도지사의 절대보전지역 지정 및 변경행위

② 구 국유재산법(1994.1.5. 법률 제4968호로 개정된 것) 제51조 제1항에 의한 국유재산의 무단점유 등에 변상금 징수여부

③ 법령상 특별한 규정이 없는 구 야생동·식물보호법(2011.1.24. 법률 제10388호로 개정된 것) 제16조 제3항과 구 야생동·식물보호법 시행규칙(2011.1.24. 환경부령 제393호로 개정된 것) 제22조 제1항에 의한 국제적멸종위기종 및 그 가공품의 수입 또는 반입에 대한 용도변경승인

④ 구 표시·광고의 공정화에 관한 법률(2014.4.29. 법률 제12380호로 개정된 것) 제7조 제1항 제2호 및 제2항, 구 표시·광고의 공정화에 관한 법률 시행령(2012.9.5. 대통령령 제24081호로 개정되기 전의 것) 제8조에 의하여 부당한 표시·광고 행위를 한 사업자에 대하여 공정거래위원회가 공표명령을 할 것인지의 여부

정답찾기

② 국유재산의 무단점유 등에 대한 변상금 징수의 요건은 국유재산법(1994.1.5. 법률 제4968호로 개정된 것) 제51조 제1항에 명백히 규정되어 있으므로 변상금을 징수할 것인가는 처분청의 재량을 허용하지 않는 기속행위이고, 여기에 재량권 일탈·남용의 문제는 생길 여지가 없다(대판 1998.9.22, 98두7602).

211 경찰재량에 관한 설명 중 가장 적절하지 않은 것은? (다툼이 있는 경우 판례에 의함)

① 도로교통법상 교통단속임무를 수행하는 경찰공무원을 폭행한 사람의 운전면허를 취소하는 것은 행정청이 재량여지가 없으므로 재량권의 일탈·남용과는 관련이 없다.

② 재량을 선택재량과 결정재량으로 나눌 경우, 경찰공무원의 비위에 대해 징계처분을 하는 결정과 그 공무원의 건강 등 제반사정을 고려하여 징계처분을 하지 않는 결정 사이에서 선택권을 갖는 것을 결정재량이라 한다.

③ 재량의 일탈·남용뿐만 아니라 단순히 재량권 행사에서 합리성을 결하는 등 재량을 그르친 경우에도 행정심판의 대상이 된다.

④ 재량권의 일탈이란 재량권의 내적 한계(재량권이 부여된 내재적 목적)를 벗어난 것을 말하며, 재량권의 남용이란 재량권의 외적 한계(법적·객관적 한계)를 벗어난 것을 의미한다.

정답찾기

④ 재량권의 일탈이란 재량권의 외적 한계(법적·객관적 한계)를 벗어난 것을 말하며, 재량권의 남용이란 재량권의 내적 한계(재량권이 부여된 내재적 목적)를 벗어난 것을 의미한다.

212 행정행위에 관한 다음 설명 중 가장 적절하지 않은 것은? (다툼이 있는 경우 판례에 의함) 12. 경찰

① 행정행위의 공정력을 직접적으로 인정하는 명문규정이 있다.

② 대법원은 교육과학기술부장관의 교과서검정에 관한 처분과 관련하여 법원이 교과서의 저술내용이 교육에 적합한지의 여부를 심사할 수 있다고 보았다.

③ 행정행위를 한 처분청은 그 행정행위에 하자가 있는 경우 별도의 법적 근거가 없더라도 스스로 행정행위를 취소할 수 있다.

④ 무효사유의 하자가 있는 행정행위에 대해서는 불가변력이 발생하지 않는다.

정답찾기

② 문교부장관이 시행하는 검정은 그 책을 교과용 도서로 쓰게 할 것인가 아닌가를 정하는 것일 뿐 그 책을 출판하는 것을 막는 것은 아니나 현행 교육제도하에서의 중·고등학교 교과용 도서를 검정함에 있어서 심사는 원칙적으로 오기, 오식 기타 객관적으로 명백한 잘못, 제본 기타 기술적 사항에만 그쳐야 하는 것은 아니고, <u>그 저술한 내용이 교육에 적합한 여부까지를 심사할 수 있다고 하여야 한다.</u> 법원이 위 검정에 관한 처분의 위법여부를 심사함에 있어서는 <u>문교부장관과 동일한 입장에 서서 어떠한 처분을 하여야 할 것인가를 판단하고 그것과 동 처분과를 비교하여 당부를 논하는 것은 불가하고,</u> 문교부장관이 관계법령과 심사기준에 따라서 처분을 한 것이라면 그 처분은 유효한 것이고 그 처분이 현저히 부당하다거나 또는 재량권의 남용에 해당된다고 볼 수 밖에 없는 특별한 사정이 있는 때가 아니면 동 처분을 취소할 수 없다(대판 1988.11.8, 86누618).

213 행정행위의 공정력과 선결문제에 대한 설명으로 가장 적절하지 않은 것은? (다툼이 있으면 판례에 의함) 13. 경찰

① 미리 그 행정처분의 취소판결이 있어야만, 그 행정처분의 위법임을 이유로 한 손해배상의 청구를 할 수 있다.

② 소방시설 등의 설치 또는 유지·관리에 대한 명령이 행정처분으로서 하자가 있어 무효인 경우에는 명령에 따른 의무위반이 생기지 아니하므로 행정형벌을 부과할 수 없다.

③ 과세처분의 하자가 단지 취소할 수 있는 정도에 불과할 때에는 취소되지 않는 한 그로 인한 조세의 납부가 부당이득이 된다고 할 수 없다.

④ 연령미달의 결격자인 피고인이 소외인의 이름으로 운전면허시험에 응시, 합격하여 교부받은 운전면허는 취소되지 않는 한 유효하다.

정답찾기

① 위법한 행정대집행이 완료되면 그 처분의 무효확인 또는 취소를 구할 소의 이익은 없다 하더라도, 미리 그 행정처분의 취소판결이 있어야만, 그 행정처분의 위법임을 이유로 한 손해배상 청구를 할 수 있는 것은 아니다(대판 1972.4.28, 72다337).

214 행정행위의 공정력과 선결문제에 대한 설명으로 가장 적절하지 않은 것은? (다툼이 있는 경우 판례에 의함) 19. 경찰

① 민사소송에 있어서 어느 행정처분의 당연무효 여부가 선결문제로 되는 때에는 이를 판단하여 당연무효임을 전제로 판결할 수 있고 반드시 행정소송 등의 절차에 의하여 그 취소나 무효확인을 받아야 하는 것은 아니다.

② 국민이 조세부과처분의 위법을 이유로 이미 납부한 세금의 반환을 청구하는 민사소송을 제기한 경우, 과세처분의 하자가 단지 취소할 수 있는 정도에 불과하더라도, 당해 민사법원은 위법한 과세처분의 효력을 직접 상실시켜 납부된 세금의 반환을 명할 수 있다.

③ 연령미달의 결격자 甲이 타인(자신의 형)의 이름으로 운전면허시험에 응시, 합격하여 교부받은 운전면허라 하더라도 당연무효는 아니고, 당해 면허가 취소되지 않는 한 유효하므로, 甲의 운전행위는 무면허운전죄에 해당하지 않는다.

④ 개발제한구역의 지정 및 관리에 관한 특별조치법에 따라 행정청으로부터 시정명령을 받은 자가 이를 이행하지 않은 경우, 당해 시정명령이 위법한 것으로 인정되는 한 죄가 성립하지 않는다.

정답찾기
② 과세처분이 당연무효라고 볼 수 없는 한 과세처분에 취소할 수 있는 위법사유가 있다 하더라도 그 과세처분은 행정행위의 공정력 또는 집행력에 의하여 그것이 적법하게 취소되기 전까지는 유효하다 할 것이므로, 민사소송절차에서 그 과세처분의 효력을 부인할 수 없다(대판 1999.8.20, 99다20179).

215 다음 판례와 관련 있는 행정행위의 효력으로 가장 적절한 것은? 15. 경찰

행정처분이 아무리 위법하다고 하여도 그 하자가 중대하고 명백하여 당연 무효라고 보아야할 사유가 있는 경우를 제외하고는 아무도 그 하자를 이유로 무단히 그 효과를 부정하지 못한다.

① 불가쟁력 ② 공정력
③ 집행력 ④ 불가변력

정답찾기
② 지문의 내용은 공정력에 대한 설명이다.

216 재량권의 한계에 대한 판례의 내용으로 가장 적절한 것은?

① 미성년자를 출입시켰다는 이유로 2회나 영업정지에 갈음한 과징금을 부과받은 지 1개월 만에 다시 만 17세도 되지 아니한 고등학교 1학년 재학생까지 포함된 미성년자들을 연령을 확인하지 않고 출입시킨 행위에 대한 영업허가취소처분은 재량권의 일탈·남용에 해당한다.

② 학교법인의 임원취임승인취소처분에 대한 취소소송에서, 교비회계자금을 법인회계로 부당전출한 위법성의 정도와 임원들의 이에 대한 가공의 정도가 가볍지 아니하고, 학교법인이 행정청의 대부분의 시정 요구 사항을 이행하지 아니하였던 사정 등을 참작하더라도, 위 취소처분은 재량권의 일탈·남용에 해당한다.

③ 태국에서 수입하는 냉동새우에 유해화학물질인 말라카이트그린이 들어 있음에도 수입신고서에 말라카이트그린이 사용된 사실을 기재하지 않았음을 이유로 행정청이 영업정지 1개월의 처분을 한 것이 재량권을 일탈·남용한 것이 아니다.

④ 교통사고를 일으켜 피해자 2인에게 각 전치 2주의 상해를 입히고 약 296,890원 상당의 손해를 입히고도 구호조치 없이 도주한 수사 담당경찰관에 대한 해임처분은 재량권의 일탈·남용에 해당한다.

정답찾기

① 미성년자를 출입시켰다는 이유로 2회나 영업정지에 갈음한 과징금을 부과받은 지 1개월 만에 다시 만 17세도 되지 아니한 고등학교 1학년 재학생까지 포함된 미성년자들을 연령을 확인하지 않고 출입시킨 행위에 대한 영업허가취소처분이 재량권을 일탈한 위법한 처분이라고 보기 어렵다(대판 1993.10.26, 93누5185).

② 학교법인의 교비회계자금을 법인회계로 부당전출한 행위의 위법성 정도와 임원들의 이에 대한 가공의 정도, 학교법인이 사실상 행정청의 시정 요구 대부분을 이행하지 아니하였던 사정 등을 참작하여, 임원취임승인취소처분이 재량권을 일탈·남용하였다고 볼 수 없다[대판 2007.7.19, 2006두19297(전합)].

④ 교통사고를 일으켜 피해자 2인에게 각 전치 2주의 상해를 입히고 약 296,890원 상당의 손해를 입히고도 구호조치 없이 도주한 수사 담당 경찰관에 대한 해임처분이 재량권의 범위를 일탈·남용한 것이 아니라고 보았다(대판 1999.10.8, 99두6101).

217 행정행위의 무효와 취소에 관한 다음 설명 중 가장 적절한 것은? (다툼이 있는 경우 판례에 의함)

① 음주운전을 단속한 경찰관 명의로 행한 운전면허정지처분은 취소사유에 해당한다.

② 무효인 행정행위도 상당한 시간이 경과하게 되는 경우 불가쟁력이 인정된다.

③ 행정행위의 일부가 무효이면 나머지 부분도 무효라고 보는 것이 원칙이다.

④ 무효인 행정행위도 취소소송의 제소요건을 갖추는 경우 취소소송의 형식으로 소제기가 가능하다.

정답찾기

① 운전면허에 대한 정지처분권한은 경찰청장으로부터 경찰서장에게 권한위임된 것이므로 음주운전자를 적발한 단속 경찰관으로서는 관할 경찰서장의 명의로 운전면허정지처분을 대행처리할 수 있을지는 몰라도 자신의 명의로 이를 할 수는 없다 할 것이므로, 단속 경찰관이 자신의 명의로 운전면허행정처분통지서를 작성·교부하여 행한 운전면허정지처분은 비록 그 처분의 내용·사유·근거 등이 기재된 서면을 교부하는 방식으로 행하여졌다고 하더라도 권한 없는 자에 의하여 행하여진 점에서 무효의 처분에 해당한다(대판 1997.5.16, 97누2313).

② 무효인 행정행위는 쟁송제기기간의 제한을 받지 않으며 불가쟁력이 발생하지 않는다.

③ 행정행위의 일부가 무효이면 그 부분만이 무효이고 나머지 부분은 유효한 행위로 존재한다. 그러나 그 무효부분이 중요한 것이어서 행정청이 그것 없이는 행정행위를 발하지 않았으리라 판단되는 경우에 한하여 그 행정행위는 전체가 무효가 된다.

218 행정행위의 무효와 취소에 관한 다음 설명 중 가장 적절하지 않은 것은? (다툼이 있는 경우 판례에 의함) 12. 경찰

① 하자가 중대하고 명백한 경우의 행정처분은 당연무효이다.

② 임면권자가 아닌 국가정보원장이 5급 이상의 국가정보원직원에 대하여 한 의원면직처분이라 하여 당연무효로 볼 수 없다.

③ 음주운전을 단속한 경찰관 명의로 행한 운전면허정지처분은 당연무효이다.

④ 위헌인 법률에 근거한 처분의 효력은 헌법재판소의 위헌결정이 있기 전이라도 당연무효이다.

정답찾기

④ 법률에 근거하여 행정처분이 발하여진 후에 헌법재판소가 그 행정처분의 근거가 된 법률을 위헌으로 결정하였다면 결과적으로 행정처분은 법률의 근거가 없이 행하여진 것과 마찬가지가 되어 하자가 있는 것이 되나, 하자 있는 행정처분이 당연무효가 되기 위하여는 그 하자가 중대할 뿐만 아니라 명백한 것이어야 하는데, 일반적으로 법률이 헌법에 위반된다는 사정이 헌법재판소의 위헌결정이 있기 전에는 객관적으로 명백한 것이라고 할 수는 없으므로 헌법재판소의 위헌결정 전에 행정처분의 근거되는 당해 법률이 헌법에 위반된다는 사유는 특별한 사정이 없는 한 그 행정처분의 취소소송의 전제가 될 수 있을 뿐 당연무효사유는 아니라고 봄이 상당하다 (대판 1994.10.28, 92누9463).

219 다음은 행정행위의 하자를 설명한 것이다. 가장 적절하지 않은 것은? (다툼이 있으면 판례에 의함) 14. 경찰

① 법규에 특별한 규정이 없는 한 단순한 계산의 착오만으로 행정행위의 효력에 영향이 없다.

② 판례는 무효인 행정행위가 취소소송의 제소요건을 갖추는 경우라도 취소소송의 형식으로 소제기 할 수 없다는 입장이다.

③ 판례는 원칙적으로 특정법령이 위헌결정으로 무효가 된 경우라도 위헌결정이 있기 전에 법령에 근거한 처분은 취소사유에 해당할 뿐 당연무효 사유는 아니라는 입장이다.

④ 취소할 수 있는 행정행위에 대해서는 사정판결이 인정되나, 무효인 행정행위에 대해서는 인정되지 아니한다.

정답찾기

② 행정처분의 당연무효를 선언하는 의미에서 취소를 구하는 행정소송을 제기한 경우에도 제소기간의 준수 등 취소소송의 제소요건을 갖추어야 한다(대판 1993.3.12, 92누11039).

220 **행정행위의 무효와 취소에 관한 설명이다. 다음 중 가장 적절하지 않은 것은? (다툼이 있으면 판례에 의함)**

① 행정처분을 한 행정청은 그 처분의 성립에 하자가 있는 경우에 이를 취소할 별도의 법적 근거가 존재하여야 직권으로 취소할 수 있다.

② 음주운전을 단속한 경찰관 명의로 행한 운전면허정지처분은 무효이다.

③ 부동산을 양도한 사실이 없음에도 세무당국이 부동산을 양도한 것으로 오인하여 양도소득세를 부과하였다면 그 부과처분은 착오에 의한 행정처분으로서 그 표시된 내용에 중대하고 명백한 하자가 있어 당연무효이다.

④ 헌법재판소의 위헌결정 전에 행정처분의 근거가 되는 해당 법률이 헌법에 위배된다는 사유는 특별한 사정이 없는 한 그 행정처분 취소소송의 전제가 될 수 있을 뿐 당연무효사유는 아니다.

> 정답찾기
>
> ① 행정행위를 한 처분청은 그 행위에 하자가 있는 경우에 별도의 법적 근거가 없더라도 스스로 이를 취소할 수 있는 것이며, 다만 그 행위가 국민에게 권리나 이익을 부여하는 이른바 수익적 행정행위인 때에는 그 행위를 취소하여야 할 공익상 필요와 그 취소로 인하여 당사자가 입을 기득권과 신뢰보호 및 법률생활 안정의 침해 등 불이익을 비교교량한 후 공익상 필요가 당사자의 기득권침해 등 불이익을 정당화할 수 있을 만큼 강한 경우에 한하여 취소할 수 있다(대판 1986.2.25, 85누664).

221 **다음 중 행정행위의 무효로 볼 수 있는 경우가 아닌 것은? (다툼이 있는 경우 판례에 의함)**

① 음주운전을 단속한 경찰관 명의로 행한 운전면허정지처분의 효력

② 임용권자의 과실에 의한 임용결격자에 대한 경찰공무원 임용행위의 효력

③ 행정처분의 처분 방식에 관한 「행정절차법」 제24조 제1항을 위반한 처분의 효력

④ 임면권자가 아닌 국가정보원장이 5급 이상의 국가정보원직원에 대하여 한 의원면직처분의 효력

> 정답찾기
>
> ④ 5급 이상의 국가정보원직원에 대한 의원면직처분이 임면권자인 대통령이 아닌 국가정보원장에 의해 행해진 것으로 위법하고, 나아가 국가정보원직원의 명예퇴직원 내지 사직서 제출이 직위해제 후 1년여에 걸친 국가정보원장 측의 종용에 의한 것이었다는 사정을 감안한다 하더라도 그러한 하자가 중대한 것이라고 볼 수는 없으므로, 대통령의 내부결재가 있었는지에 관계없이 <u>당연무효는 아니다</u> [대법원 2007.7.26, 선고 2005두15748 판결].
>
> ① 운전면허에 대한 정지처분권한은 경찰청장으로부터 경찰서장에게 권한위임된 것이므로 음주운전자를 적발한 단속 경찰관으로서는 관할 경찰서장의 명의로 운전면허정지처분을 대행처리할 수 있을지는 몰라도 자신의 명의로 이를 할 수는 없다 할 것이므로, 단속 경찰관이 자신의 명의로 운전면허행정처분통지서를 작성·교부하여 행한 운전면허정지처분은 비록 그 처분의 내용·사유·근거 등이 기재된 서면을 교부하는 방식으로 행하여졌다고 하더라도 권한 없는 자에 의하여 행하여진 점에서 <u>무효의 처분</u>에 해당한다[대법원 1997.5.16, 선고 97누2313 판결].
>
> ② 경찰공무원법에 규정되어 있는 경찰관임용 결격사유는 경찰관으로 임용되기 위한 절대적인 소극적 요건으로서 임용 당시 경찰관임용 결격사유가 있었다면 비록 임용권자의 과실에 의하여 임용결격자임을 밝혀내지 못하였다 하더라도 그 임용행위는 당연무효로 보아야 한다[대법원 2005.7.28, 선고 2003두469 판결].
>
> ③ 행정절차에 관한 일반법인 행정절차법은 제24조 제1항에서 "행정청이 처분을 할 때에는 다른 법령 등에 특별한 규정이 있는 경우를 제외하고는 문서로 하여야 하며, 전자문서로 하는 경우에는 당사자 등의 동의가 있어야 한다. 다만 신속히 처리할 필요가 있거나 사안이 경미한 경우에는 말 또는 그 밖의 방법으로 할 수 있다."라고 정하고 있다. 이 규정은 처분내용의 명확성을 확보하고 처분의 존부에 관한 다툼을 방지하여 처분상대방의 권익을 보호하기 위한 것이므로, 이를 위반한 처분은 하자가 중대·명백하여 무효이다 [대법원 2019.7.11, 선고 2017두38874 판결].

222 다음 보기 중 하자의 승계가 인정되는 것은 모두 몇 개인가? (다툼이 있으면 판례에 의함)

> ㉠ 대집행의 계고처분과 대집행의 비용징수처분
> ㉡ 안경사국가시험합격무효처분과 안경사면허취소처분
> ㉢ 경찰공무원의 직위해제처분과 면직처분
> ㉣ (구)병역법상 보충역편입처분과 공익근무요원소집처분
> ㉤ 토지등급의 설정 또는 수정처분과 과세처분
> ㉥ 일제강점하 친일반민족행위 진상규명에 관한 특별법에 따른 친일반민족행위자 결정과 독립유공자 예우에 관한 법률에 의한 법적용대상으로부터의 배제결정

① 1개   ② 2개   ③ 3개   ④ 4개

정답찾기

지문의 내용 중 하자의 승계가 인정된 사례는 ㉠㉡㉥이다.

■ 하자의 승계가 인정 및 부정되는 경우

하자의 승계가 인정된 경우	하자의 승계가 부정된 경우
1. 조세체납처분에서의 독촉·압류·매각·충당의 각 행위	1. 과세처분과 체납처분
2. 행정대집행상의 계고·통지·실행·비용징수 간의 행위	2. 직위해제처분과 면직처분
3. 암매장분묘개장명령과 계고처분	3. 변상판정과 변상명령
4. 귀속재산의 임대처분과 매각처분	4. 도시계획결정과 수용재결처분
5. 한지의사시험자격인정과 한지의사면허처분	5. 도시계획시설변경과 사업계획승인처분
6. 안경사시험의 합격취소처분과 안경사면허시험취소처분	6. 사업인정과 수용재결처분
7. 기준지가고시처분과 토지수용처분	7. 택지개발승인과 수용재결처분
8. 개별공시지가와 과세처분	8. 병역법상 보충역편입처분과 공익근무요원소집처분
9. 표준공시지가결정과 수용(수용금)재결	9. 표준공시지가결정과 개별토지가격결정
	10. 표준공시지가결정과 과세처분
	11. 감사원의 시정요구결정과 행정처분의 취소
	12. 고속도로민간투자시설의 사업시행자 지정처분과 후행처분인 도로구역결정처분
	13. 수강거부처분과 수료처분

223 다음은 행정행위의 하자의 승계에 대해 설명한 것이다. 가장 적절하지 않은 것은? (다툼이 있으면 판례에 의함)

14. 경찰

① 선행처분과 후행처분이 서로 결합하여 1개의 법률효과를 완성하는 때에는 선행처분에 하자가 있으면 그 하자는 후행처분에 승계된다.
② 판례는 건물철거명령과 대집행 계고처분 사이에는 하자의 승계를 인정하지 않는 입장이다.
③ 계고처분의 후속절차인 대집행에 위법이 있는 경우에 그와 같은 후속절차에 위법성이 있다는 점을 들어 선행절차인 계고처분이 부적법하다는 사유로 삼을 수 있다.
④ 경찰공무원법상 직위해제처분과 면직처분은 후자가 전자의 처분을 전제로 한 것이기는 하나 각각 단계적으로 별개의 법률효과를 발생하는 행정처분이어서 선행 직위해제처분의 위법사유가 면직처분에는 승계되지 아니한다.

정답찾기
③ 계고처분의 후속절차인 대집행에 위법이 있다고 하더라도, 그와 같은 후속절차에 위법성이 있다는 점을 들어 선행절차인 계고처분이 부적법하다는 사유로 삼을 수는 없다(대판 1997.2.14, 96누15428).

224 하자있는 행정행위의 치유에 관한 설명으로 옳지 않은 것은? (다툼이 있으면 판례에 의함)

10. 경찰

① 흠의 치유는 원칙적으로 허용될 수 없는 것이지만 행정행위의 무용한 반복을 피함으로써 행정경제를 도모하기 위해서 허용될 수 있으며 다른 국민의 권리나 이익을 침해하지 않는 범위 내에서 인정된다.
② 행정청이 청문서의 도달기간을 다소 어겼더라도 영업자가 이에 대하여 이의하지 아니한 채 스스로 청문일에 출석하여 그 의견을 진술하고 변명하는 등 방어의 기회를 충분히 가졌다면 청문서 도달기간을 준수하지 아니한 하자는 치유되었다고 봄이 상당하다.
③ 판례에 의하면, 하자의 치유는 사실심 변론종결시까지 가능하다는 입장이다.
④ 토지등급결정내용의 개별통지가 있다고 볼 수 없어 토지등급결정이 무효인 이상, 토지소유자가 그 결정 이전이나 이후에 토지등급결정내용을 알았다거나 또는 그 결정 이후 매년 정기등급수정의 결과가 토지소유자 등의 열람에 공하여졌다 하더라도 개별통지의 하자가 치유되는 것은 아니다.

정답찾기
③ 세액산출근거가 누락된 납세고지서에 의한 과세처분의 하자의 치유를 허용하려면 늦어도 과세처분에 대한 불복여부의 결정 및 불복신청에 편의를 줄 수 있는 상당한 기간 내에 하여야 한다고 할 것이므로 위 과세처분에 대한 전심절차가 모두 끝나고 상고심의 계류 중에 세액산출근거의 통지가 있었다고 하여 이로써 위 과세처분의 하자가 치유되었다고는 볼 수 없다(대판 1984.4.10, 83누393).

225 하자있는 행정행위의 치유에 대한 판례의 내용으로 가장 적절한 것은?

11. 경찰 1차

① 징계처분이 중대하고 명백한 하자 때문에 당연무효라도 징계처분을 받은 자가 이를 용인하였다면 그 하자는 치유된 것으로 볼 수 있다.

② 노선여객자동차운송사업의 사업계획변경인가처분에 관한 하자가 행정처분의 내용에 관한 것이고 새로운 노선면허가 소 제기 이후에 이루어진 사정 등에 비추어 하자의 사후적 치유는 인정된다.

③ 환지변경처분 후에 이의를 유보함이 없이 변경처분에 따른 청산금을 교부받았다면 그 사정만으로 무효인 행정처분의 하자는 치유되었다고 볼 수 있다.

④ 납세의무자가 사실상 과세표준과 세액 등을 알고 쟁송에 이르렀다 하여 통지사항의 일부를 결여한 부과처분의 하자가 치유되지는 않는다.

정답찾기

① 징계처분이 중대하고 명백한 흠 때문에 당연무효의 것이라면 징계처분을 받은 자가 이를 용인하였다 하여 그 흠이 치료되는 것은 아니다(대판 1989.12.12, 88누8869).

② 위 사업계획변경인가처분에 관한 하자가 행정처분의 내용에 관한 것이고 새로운 노선면허가 소 제기 이후에 이루어진 사정 등에 비추어 하자의 사후적 치유를 인정하지 아니한 사례(대판 1991.5.28, 90누1359)

③ 무효인 행정행위는 하자치유의 대상이 될 수 없다.

226 다음은 하자의 치유에 대한 대법원의 판결(1992.5.8. 91누13274)이다. (   )에 들어갈 문구로 가장 적절한 것은?

13. 경찰

하자 있는 행정행위의 치유는 행정행위의 성질이나 법치주의의 관점에서 볼 때 원칙적으로 허용될 수 없는 것이고, 예외적으로 행정행위의 무용한 반복을 피하고 (   )을/를 위해 이를 허용하는 때에도 국민의 권리나 이익을 침해하지 않는 범위에서 구체적 사정에 따라 합목적적으로 인정하여야 할 것이다.

① 당사자의 법적 안정성

② 공익상 긴급한 필요

③ 행정의 투명성 증진

④ 국민의 수인가능성 확보

정답찾기

① 하자 있는 행정행위의 치유는 행정행위의 성질이나 법치주의의 관점에서 볼 때 원칙적으로 허용될 수 없는 것이고 예외적으로 행정행위의 무용한 반복을 피하고 당사자의 법적 안정성을 위해 이를 허용하는 때에도 국민의 권리나 이익을 침해하지 않는 범위에서 구체적 사정에 따라 합목적적으로 인정하여야 할 것이다(대판 1992.5.8, 91누13274).

Answer   223 ③   224 ③   225 ④   226 ①

227 행정행위의 하자에 대한 설명으로 가장 적절한 것은? (다툼이 있으면 판례에 의함)

① 행정소송에서 행정처분의 위법 여부는 처분 후 법령의 개폐나 사실상태의 변동에 의하여 영향을 받는다.

② 계고처분의 후속절차인 대집행에 위법이 있다고 하더라도, 그와 같은 후속절차의 위법성이 있다는 점을 들어 선행절차인 계고처분이 부적법하다는 사유로 삼을 수는 없다.

③ 허위의 고등학교 졸업증명서를 제출하는 사위(詐僞)의 방법에 의한 하사관 지원의 하자를 이유로 하사관 임용일로부터 33년이 경과한 후에 행정청이 행한 하사관 및 준사관 임용취소처분은 위법하다.

④ 행정청이 청문서 도달기간을 다소 어겼다면 영업자가 이에 대하여 이의하지 아니한 채 스스로 청문일에 출석하여 그 의견을 진술하고 변명하는 등 방어의 기회를 충분히 가졌더라도 하자는 치유되지 않았다고 봄이 상당하다.

정답찾기

① 행정소송에서 행정처분의 위법 여부는 행정처분이 행하여졌을 때의 법령과 사실상태를 기준으로 하여 판단하여야 하고, 처분 후 법령의 개폐나 사실상태의 변동에 의하여 영향을 받지는 않는다(대판 2007.5.11, 2007두1811).

③ 행정처분에 하자가 있음을 이유로 처분청이 이를 취소하는 경우에도 그 처분이 국민에게 권리나 이익을 부여하는 처분인 때에는 그 처분을 취소하여야 할 공익상의 필요와 그 취소로 인하여 당사자가 입게 될 불이익을 비교교량한 후 공익상의 필요가 당사자가 입을 불이익을 정당화할 만큼 강한 경우에 한하여 취소할 수 있는 것이지만, 그 처분의 하자가 당사자의 사실은폐나 기타 사위의 방법에 의한 신청행위에 기인한 것이라면 당사자는 그 처분에 의한 이익이 위법하게 취득되었음을 알아 그 취소가능성도 예상하고 있었다고 할 것이므로 그 자신이 위 처분에 관한 신뢰이익을 원용할 수 없음은 물론 행정청이 이를 고려하지 아니하였다고 하여도 재량권의 남용이 되지 않는다. 허위의 고등학교 졸업증명서를 제출하는 사위의 방법에 의한 하사관 지원의 하자를 이유로 하사관 임용일로부터 33년이 경과한 후에 행정청이 행한 하사관 및 준사관 임용취소처분이 적법하다(대판 2002.2.5, 2001두5286).

④ 행정청이 식품위생법상의 청문절차를 이행함에 있어 소정의 청문서 도달기간을 지키지 아니하였다면 이는 청문의 절차적 요건을 준수하지 아니한 것이므로 이를 바탕으로 한 행정처분은 일단 위법하다고 보아야 할 것이지만 이러한 청문제도의 취지는 처분으로 말미암아 받게 될 영업자에게 미리 변명과 유리한 자료를 제출할 기회를 부여함으로써 부당한 권리침해를 예방하려는 데에 있는 것임을 고려하여 볼 때, 가령 행정청이 청문서 도달기간을 다소 어겼다하더라도 영업자가 이에 대하여 이의하지 아니한 채 스스로 청문일에 출석하여 그 의견을 진술하고 변명하는 등 방어의 기회를 충분히 가졌다면 청문서 도달기간을 준수하지 아니한 하자는 치유되었다고 봄이 상당하다(대판 1992.10.23, 92누2844).

228 행정행위의 하자에 관한 다음 설명 중 가장 적절하지 않은 것은? (다툼이 있으면 판례에 의함)

① 법률관계나 사실관계에 대하여 그 법률 규정을 적용할 수 없다는 법리가 명백히 밝혀지지 않아 해석에 다툼의 여지가 있는 때에는 행정청이 이를 잘못 해석하여 행정처분을 했더라도 이는 처분 요건사실을 오인한 것에 불과하여 하자가 명백하다고 할 수 없다.

② 행정처분의 근거법률이 행정처분 후에 위헌으로 선언되면, 그 하자는 원칙적으로 무효사유가 된다.

③ 적법한 건축물에 대한 철거명령이 그 하자가 중대하고 명백하여 당연무효일 경우, 그 후행행위인 건축물 철거 대집행 계고처분 역시 당연무효이다.

④ 행정처분의 내용상 하자에 대해서는 하자의 치유를 인정하지 아니한다.

정답찾기

② 위헌결정의 효력은 그 결정 이후에 당해 법률이 재판의 전제가 되었음을 이유로 법원에 제소된 일반사건에도 미치므로, 당해 법률에 근거하여 행정처분이 발하여진 후에 헌법재판소가 그 행정처분의 근거가 된 법률을 위헌으로 결정하였다면 결과적으로 행정처분은 법률의 근거가 없이 행하여진 것과 마찬가지가 되어 하자가 있는 것이 되나, <u>이미 취소소송의 제기기간을 경과하여 확정력이 발생한 행정처분의 경우에는 위헌결정의 소급효가 미치지 않는다고 보아야 할 것이고, 일반적으로 법률이 헌법에 위반된다는 사정은 헌법재판소의 위헌결정이 있기 전에는 객관적으로 명백한 것이라고 할 수는 없으므로 헌법재판소의 위헌결정 전에 행정처분의 근거되는 당해 법률이 헌법에 위반된다는 사유는 특별한 사정이 없는 한 그 행정처분의 취소소송의 전제가 될 수 있을 뿐 당연무효사유는 아니라고 봄이 상당하다</u>(대판 2002.11.8, 2001두3181).

■ **한정위헌결정의 효력**

> 헌법재판소가 법률 조항 자체는 그대로 둔 채 그 법률 조항에 관한 특정한 내용의 해석·적용만을 위헌으로 선언하는 이른바 한정위헌결정에 관하여는 헌법재판소법 제47조가 규정하는 위헌결정의 효력을 부여할 수 없으며, 그 결과 한정위헌결정은 법원을 기속할 수 없고 재심사유가 될 수 없다(대판 2013.3.28, 2012재두299).

229 행정행위의 절차상 하자를 설명한 것이다. 다음 중 적절하지 않은 것은? (다툼이 있으면 판례에 의함) 16. 경찰

① 행정처분의 상대방이 통지된 청문일시에 불출석하였다는 이유만으로 행정청이 관계 법령상 그 실시가 요구되는 청문을 실시하지 아니한 채 침해적 행정처분을 할 수는 없을 것이므로, 행정처분의 상대방에 대한 청문통지서가 반송되었다거나, 행정처분의 상대방이 청문일시에 불출석하였다는 이유로 청문을 실시하지 아니하고 한 침해적 행정처분은 위법하다.

② 행정청이 구 학교보건법상 학교환경위생정화구역 내에서 금지행위 및 시설의 해제 여부에 관한 행정처분을 하면서 학교환경위생정화위원회의 심의를 누락한 흠이 있더라도 행정처분의 효력에 아무런 영향을 주지 않는다.

③ 행정청이 청문서 도달기간을 다소 어겼다 하더라도 영업자가 이에 대하여 이의하지 아니한 채 스스로 청문일에 출석하여 그 의견을 진술하고 변명하는 등 방어의 기회를 충분히 가졌다면 청문서 도달기간을 준수하지 아니한 하자는 치유된다.

④ 행정청이 침해적 행정처분을 함에 있어서 당사자에게 행정절차법상의 사전통지를 하거나 의견 제출의 기회를 주지 아니하였다면, 사전통지를 하지 않거나 의견 제출의 기회를 주지 아니하여도 되는 예외적인 경우에 해당하지 아니하는 한 그 처분은 위법하여 취소를 면할 수 없다.

정답찾기

② 행정청이 구 학교보건법(2005.12.7. 법률 제7700호로 개정되기 전의 것) 소정의 학교환경위생정화구역 내에서 금지행위 및 시설의 해제 여부에 관한 행정처분을 함에 있어 학교환경위생정화위원회의 심의를 거치도록 한 취지는 그에 관한 전문가 내지 이해관계인의 의견과 주민의 의사를 행정청의 의사결정에 반영함으로써 공익에 가장 부합하는 민주적 의사를 도출하고 행정처분의 공정성과 투명성을 확보하려는 데 있고, 나아가 그 심의의 요구가 법률에 근거하고 있을 뿐 아니라 심의에 따른 의결내용도 단순히 절차의 형식에 관련된 사항에 그치지 않고 금지행위 및 시설의 해제 여부에 관한 행정처분에 영향을 미칠 수 있는 사항에 관한 것임을 종합해 보면, 금지행위 및 시설의 해제 여부에 관한 행정처분을 하면서 절차상 위와 같은 <u>심의를 누락한 흠이 있다면 그와 같은 흠을 가리켜 위 행정처분의 효력에 아무런 영향을 주지 않는다거나 경미한 정도에 불과하다고 볼 수는 없으므로, 특별한 사정이 없는 한 이는 행정처분을 위법하게 하는 취소사유가 된다</u>(대판 2007.3.15, 2006두15806).

Answer 227 ① 228 ② 229 ②

230 행정행위의 하자에 대한 설명으로 가장 적절하지 않은 것은? (다툼이 있는 경우 판례에 의함) 18. 경찰

① 위헌법률에 기한 행정처분의 집행이나 집행력을 유지하기 위한 행위는 위헌결정의 기속력에 위반되어 허용되지 않는다.

② 절차상 또는 형식상 하자로 인하여 무효인 행정처분이 있은 후 행정청이 관계 법령에서 정한 절차 또는 형식을 갖추어 다시 동일한 행정처분을 하였다면 당해 행정처분은 종전의 무효인 행정처분과 관계없이 새로운 행정처분이라고 보아야 한다.

③ 민원사무를 처리하는 행정기관이 민원 1회 방문 처리제를 시행하는 절차의 일환으로 민원사항의 심의·조정 등을 위한 민원조정위원회를 개최하면서 사전통지의 흠결로 민원인에게 의견진술의 기회를 주지 아니한 결과 민원조정위원회의 심의과정에서 고려대상에 마땅히 포함시켜야 할 사항을 누락하는 등 재량권의 불행사 또는 해태로 볼 수 있는 구체적 사정이 있다면, 그 거부처분은 재량권을 일탈·남용한 것으로서 위법하다.

④ 경찰공무원법에 규정되어 있는 경찰관임용 결격사유는 경찰관으로 임용되기 위한 절대적인 소극적 요건으로서 임용 당시 경찰관임용 결격사유가 있었다면 비록 임용권자의 과실에 의하여 임용결격자임을 밝혀내지 못하였다 하더라도 그 임용행위는 당연무효로 볼 수 없다.

정답찾기

④ 경찰공무원법에 규정되어 있는 경찰관임용 결격사유는 경찰관으로 임용되기 위한 절대적인 소극적 요건으로서 임용 당시 경찰관임용 결격사유가 있었다면 비록 임용권자의 과실에 의하여 임용결격자임을 밝혀내지 못하였다 하더라도 그 임용행위는 당연무효로 보아야 한다(대판 2005.7.28, 2003두469).

231 행정행위의 철회 및 철회권 행사의 제한에 관한 판례의 내용으로 옳지 않은 것은? 10. 경찰

① 운전면허정지기간 중에 운전을 하여 운전면허취소사유에 해당되더라도 3년이나 지나서 면허를 취소한 것은 위법하다.

② 택시운송사업자가 중대한 교통사고로 인하여 많은 사상자를 냈다면 사업면허가 취소될 것을 예상할 수 있었다 하더라도 1년 10개월이 지나 사업면허를 취소하였다면 위법하다.

③ 처분 후에 원래의 처분을 존속시킬 필요가 없게 된 사정변경이 생겼거나 중대한 공익상의 필요가 발생한 경우 별도의 법적 근거가 없어도 철회·변경할 수 있다.

④ 부담부 행정처분에 있어서 처분의 상대방이 부담을 이행하지 아니한 경우 처분행정청은 부담불이행을 이유로 당해 처분을 철회할 수 있다.

정답찾기

② 교통사고가 일어난지 1년 10개월이 지난 뒤 그 교통사고를 일으킨 택시에 대하여 운송사업면허를 취소하였더라도 처분관할관청이 위반행위를 적발한 날로부터 10일 이내에 처분을 하여야 한다는 교통부령인 자동차운수사업법 제31조 등의 규정에 의한 사업면허의 취소 등의 처분에 관한 규칙 제4조 제2항 본문을 강행규정으로 볼 수 없을 뿐만 아니라 택시운송사업자로서는 자동차운수사업법의 내용을 잘 알고 있어 교통사고를 낸 택시에 대하여 운송사업면허가 취소될 가능성을 예상할 수도 있었을 터이니, 자신이 별다른 행정조치가 없을 것으로 믿고 있었다 하여 바로 신뢰의 이익을 주장할 수는 없으므로 그 교통사고가 자동차운수사업법 제31조 제1항 제5호 소정의 "중대한 교통사고로 인하여 많은 사상자를 발생하게 한 때"에 해당한다면 그 운송사업면허의 취소가 행정에 대한 국민의 신뢰를 저버리고 국민의 법생활의 안정을 해치는 것이어서 재량권의 범위를 일탈한 것이라고 보기는 어렵다(대판 1989.6.27, 88누6283).

232 행정행위의 철회에 관한 내용으로 가장 적절한 것은? (다툼이 있으면 판례에 의함) 11. 경찰

① 철회는 별도의 법적 근거가 없어도 가능하다.

② 행정청이 철회하는 경우 항상 손실보상을 하여야 한다.

③ 철회는 상대방의 귀책사유 여부와 상관없이 언제나 소급하여 행정행위의 효력이 소멸한다.

④ 외형상 하나의 행정처분이라면 가분성이 있거나 그 처분대상의 일부가 특정될 수 있다 하더라도 그 일부만의 취소(철회)는 불가능하다.

> **정답찾기**
> ② 수익적 행정행위(모든 행정행위 ✕)의 철회로 인한 손실은 보상되어야 한다. 즉 행정행위의 철회로 상대방이 귀책사유 없이 특별한 손실을 입은 경우에는 법률이 정하는 바에 따라 정당한 보상을 지급하여야 한다.
> ③ 행정행위의 철회는 행정행위의 효력을 소급함 없이 원칙적으로 장래에 대해서만 소멸시킨다.
> ④ 외형상 하나의 행정처분이라 하더라도 가분성이 있거나 그 처분대상의 일부가 특정될 수 있다면 그 일부만의 취소도 가능하고 그 일부의 취소는 당해 취소부분에 관하여 효력이 생긴다[대판 1995.11.16, 95누8850(전합)].

233 행정행위의 취소와 철회에 대한 설명으로 가장 적절하지 않은 것은? (다툼이 있으면 판례에 의함) 13. 경찰

① 외형상 하나의 행정처분이라 하더라도 가분성이 있거나 그 처분대상의 일부가 특정될 수 있다면 그 일부만의 취소도 가능하다.

② 행정행위를 한 처분청은 그 행위에 하자가 있더라도 별도의 법적 근거가 없으면 스스로 이를 취소할 수 없다.

③ 철회는 적법요건을 구비하여 완전히 효력을 발하고 있는 행정행위를 사후적으로 그 행위의 효력의 전부 또는 일부를 장래에 향해 소멸시키는 행정처분이다.

④ 행정청은 종전 처분과 양립할 수 없는 처분을 함으로써 묵시적으로 종전 처분을 취소할 수도 있다.

> **정답찾기**
> ② 행정행위를 한 처분청은 그 행위에 하자가 있는 경우에는 별도의 법적 근거가 없더라도 스스로 이를 취소할 수 있고, 다만 수익적 행정처분을 취소할 때에는 이를 취소하여야 할 공익상의 필요와 그 취소로 인하여 당사자가 입게 될 기득권과 신뢰보호 및 법률생활 안정의 침해 등 불이익을 비교ㆍ교량한 후 공익상의 필요가 당사자가 입을 불이익을 정당화할 만큼 강한 경우에 한하여 취소할 수 있다. 그런데 수익적 행정처분의 하자가 당사자의 사실은폐나 기타 사위의 방법에 의한 신청행위에 기인한 것이라면, 당사자는 처분에 의한 이익을 위법하게 취득하였음을 알아 취소가능성도 예상하고 있었을 것이므로, 그 자신이 처분에 관한 신뢰이익을 원용할 수 없음은 물론, 행정청이 이를 고려하지 않았다 하여도 재량권의 남용이 되지 않고, 이 경우 당사자의 사실은폐나 기타 사위의 방법에 의한 신청행위가 제3자를 통하여 소극적으로 이루어졌다고 하여 달리 볼 것이 아니다(대판 2008.11.13, 2008두8628).

234 다음은 행정행위의 취소와 철회에 대해 설명한 것이다. 가장 적절하지 않은 것은? (다툼이 있으면 판례에 의함)

14. 경찰

① 처분청은 불가쟁력이 발생한 행정행위라도 불가변력이 발생하지 않는 한 직권으로 취소하거나 철회할 수 있다.

② 영업허가취소처분이 행정쟁송절차에 의하여 취소된 경우 영업허가취소처분 이후의 영업행위를 무허가영업이라고 볼 수는 없다.

③ 수익적 행정처분의 하자가 당사자의 사실은폐에 의한 신청행위에 기인한 것이라면 행정청이 당사자의 신뢰이익을 고려하지 않고 취소하였다 하더라도 재량권 남용이 되지 않는다는 것이 판례의 입장이다.

④ 처분청이 법령의 근거가 없어도 직권취소를 할 수 있다는 사정이 있는 경우, 이해관계인에게 처분청에 대하여 그 취소를 요구할 신청권이 부여된 것으로 볼 수 있다.

정답찾기

④ 행정청이 국민의 신청에 대하여 한 거부행위가 항고소송의 대상이 되는 행정처분으로 되려면, 행정청의 행위를 요구할 법규상 또는 <u>조리상의 신청권</u>이 국민에게 있어야 하고, 이러한 <u>신청권의 근거 없이</u> 한 국민의 신청을 행정청이 받아들이지 아니한 경우에는 그 거부로 인하여 신청인의 권리나 법적 이익에 어떤 영향을 주는 것이 아니므로 이를 항고소송의 대상이 되는 행정처분이라 할 수 없다(대법원 1984.10.23. 선고 84누227 판결, 2005.4.15. 선고 2004두11626 판결 등 참조). 그리고 제소기간이 이미 도과하여 불가쟁력이 생긴 행정처분에 대하여는 개별 법규에서 그 변경을 요구할 신청권을 규정하고 있거나 관계 법령의 해석상 그러한 신청권이 인정될 수 있는 등 특별한 사정이 없는 한 국민에게 그 행정처분의 변경을 구할 신청권이 있다 할 수 없다(대판 2007.4.26, 2005두11104).

235 경찰하명과 경찰허가에 대한 다음 설명 중 옳지 않은 것은 모두 몇 개인가?

08. 경찰 변형

ㄱ 경찰하명은 경찰목적을 위하여 일정한 작위, 부작위, 급부, 수인을 명하는 행위로 준법률행위적 행정행위에 해당한다.

ㄴ 청소년 관람불가 판정을 받은 영화를 상영하고 있는 극장에 경찰관이 내부 확인을 위하여 출입할 때, 상대방이 받게 되는 하명은 수인하명에 해당한다.

ㄷ 경찰하명의 효과는 원칙적으로 그 수명자에게만 발생하지만, 대물적 하명의 경우에는 그 대상인 물건에 대한 법적 지위를 승계한 자에게도 그 효과가 미친다.

ㄹ 특정 행위를 사실상 적법하게 할 수 있도록 하는 것은 적법요건이자 유효요건이다.

ㅁ 경찰허가는 상대방의 출원에 의하여 행하여지는 것이 보통이지만 상대방의 출원이 없는 경우에도 경찰허가가 가능하다.

ㅂ 건축허가를 하면서 2월 이내에 공사에 착수하지 않으면 효력은 상실한다는 부관은 해제조건이다.

ㅅ 의사면허, 운전면허와 같이 사람의 경력·기능·건강 기타 신청인의 개인적 사정을 심사하여 행하여지는 허가는 대인적 허가이다.

① 5개   ② 4개   ③ 3개   ④ 2개

옳지 않은 것은 ㉠㉣ 2개이다.
㉠ 경찰하명은 경찰목적을 위하여 일정한 작위, 부작위, 급부, 수인을 명하는 행위로 <u>법률행위적 행정행위</u>에 해당한다.
㉣ 특정 행위를 사실상 적법하게 할 수 있도록 하는 것은 <u>적법요건</u>이다.

236 경찰하명에 대한 설명으로 가장 적절하지 않은 것은?

① 경찰하명이란 경찰목적을 달성하기 위해 상대방에게 일정한 작위·부작위·수인·급부의 의무를 명하는 행정행위이다.
② 경찰하명 위반시에는 경찰상 강제집행의 대상이 되거나 경찰벌이 과해질 수 있으나, 하명을 위반한 행위의 법적 효력에는 원칙적으로 영향을 미치지 않는다.
③ 경찰하명의 상대방인 수명자는 수인의무를 지므로 경찰하명이 위법하더라도 손해배상을 청구할 수 없다.
④ 경찰하명이 있는 경우, 상대방은 행정주체에 대하여만 의무를 이행할 책임이 있고 그 이외의 제3자에 대하여 법상 의무를 부담하는 것은 아니다.

③ 위법한 경찰하명으로 피해를 입은 상대방은 국가배상법상 손해배상 또는 민법상의 손해배상을 <u>청구할 수 있다.</u>

237 경찰하명에 관한 설명으로 가장 적절하지 않은 것은? (다툼이 있는 경우 판례에 의함)

① 경찰하명은 경찰상의 목적을 위하여 국가의 일반통치권에 의거 개인에게 특정한 작위·부작위·수인 또는 급부의 의무를 명하는 행정행위이다.
② 부작위하명은 적극적으로 어떤 행위를 하지 말 것을 명하는 것으로 '면제'라 부르기도 한다.
③ 경찰하명에 위반한 행위는 강제집행이나 처벌의 대상이 되지만, 원칙적으로 사법(私法)상의 법률적 효력까지 부인하는 것은 아니다.
④ 위법한 경찰하명으로 인하여 권리·이익이 침해된 자는 행정쟁송 또는 손해배상을 청구할 수 있다.

② <u>부작위 하명은 '금지'</u>라고 하며 부작위 의무를 해제하는 것을 허가라고 한다. 작위하명·수인하명·급부하명을 '명령'이라고 하며, 작위의무·수인의무·급부의무를 해제하는 것을 면제라고 한다.

238 경찰하명에 대한 설명 중 가장 적절하지 않은 것은?   20. 경찰승진

① 경찰하명은 경찰목적을 위하여 국가의 일반통치권에 의거 개인에게 특정한 작위 · 부작위 · 수인 또는 급부의 의무를 명하는 행정행위이다.

② 부작위하명은 소극적으로 어떤 행위를 하지 말 것을 명하는 것으로 '금지'라 부르기도 한다.

③ 공공시설에서 공중의 건강을 위하여 흡연행위를 금지하는 것은 부작위하명이다.

④ 위법한 하명으로 인하여 권리 · 이익이 침해된 자는 손실보상을 청구할 수 있다.

> 정답찾기
> ④ 위법한 하명을 원인으로 권리 · 이익이 침해된 경우 <u>손해배상</u>을 청구할 수 있다.

239 허가에 대한 다음 설명 중 가장 적절한 것은? (다툼이 있는 경우 판례에 의함)   18. 경찰

① 허가는 허가가 유보된 상대적 금지에 인정되며, 절대적 금지의 경우에는 인정되지 않는다.

② 허가는 행위의 유효요건일 뿐, 적법요건은 아니다.

③ 판례에 의하면 허가 여부의 결정기준은 특별한 사정이 없는 한 원칙적으로 신청 당시의 법령에 의한다.

④ 허가는 법령에 의하여 과하여진 작위 · 급부 · 수인의무를 특정한 경우에 해제하여 주는 경찰상의 행정행위이다.

> 정답찾기
> ② 법률행위적 행정행위 중에서 명령적 행정행위에 해당하는 허가의 경우 <u>적법요건에 해당하며, 유효요건은 아니다.</u>
> ③ 허가 여부의 결정 기준은 <u>처분시의 법령</u>에 의한다.
> ④ 지문은 <u>경찰면제</u>에 대한 설명이다. 부작위의무의 해제가 경찰허가에 해당한다.

240 경찰허가에 대한 다음 내용 중 옳지 않은 것은 모두 몇 개인가?   08. 경찰 변형

> ㉠ 경찰허가는 상대방의 출원에 의하여 행하여지는 것이 보통이지만 출원에 의하지 않는 경우도 있다.
> ㉡ 경찰허가는 특정행위를 사실상 적법하게 할 수 있도록 하는 적법요건이자 유효요건이다.
> ㉢ 상대적 금지는 허가대상이나 절대적 금지는 허가대상이 아니다.
> ㉣ 의사면허, 총포류제조 · 판매의 허가, 자동차운전학원의 허가, 마약취급면허는 대인적 허가이다.
> ㉤ 판례에 의하면 허가 여부의 결정기준은 특별한 사정이 없는 한 원칙적으로 신청 당시의 법령에 의한다.
> ㉥ 기한부 허가의 경우 그 기간이 도래하기 전에 상대방이 신청할 경우 경찰상 장애발생의 새로운 사유가 없는 한 반드시 허가해야 한다.

① 2개   ② 3개   ③ 4개   ④ 5개

옳지 않은 것은 ㉡㉣㉤㉥ 4개이다.

㉡ 경찰허가는 특정행위를 사실상 적법하게 할 수 있도록 하는 <u>적법요건</u>이다.

㉣ <u>의사면허, 마약취급면허는 대인적 허가, 총포류제조·판매의 허가, 자동차운전학원의 허가는 혼합적 허가</u>에 해당한다.

㉤ 판례에 의하면 허가 여부의 결정기준은 특별한 사정이 없는 한 원칙적으로 <u>처분시의 법령</u>에 의한다.

㉥ <u>기한부 허가</u>의 경우 그 기간이 도래하기 전에 상대방이 신청할 경우 반드시 허가해야 할 필요는 없으며 제반 사정을 고려하여 허가 여부를 결정할 수 있다.

241 허가에 대한 설명으로 가장 적절한 것은?

19. 경찰승진

① 허가란 법령에 의하여 과하여진 작위·급부·수인의무를 특정한 경우에 해제하여 주는 행정행위이다.

② 허가는 행위의 '적법요건'이지만 '유효요건'은 아니므로, 무허가행위는 행정상 강제집행 또는 행정벌의 대상은 되지만, 행위 자체의 법적 효력은 영향을 받지 않는 것이 원칙이다.

③ 허가는 허가가 유보된 상대적 금지뿐만 아니라 절대적 금지의 경우에도 인정된다.

④ 허가는 상대방의 신청에 의하여 행하여지는 것으로 신청에 의하지 않고는 행하여질 수 없다.

① 지문의 내용은 면제에 대한 설명이다. 허가는 부작위의무를 특정한 경우에 해제하는 행정행위를 말한다.

③ 절대적 금지(에 청소년에 대한 유해약물의 판매금지 등)는 허가의 대상이 아니다.

④ 상대방의 신청이 없더라도 허가는 가능하다.

242 허가에 대한 설명으로 가장 적절하지 않은 것은? (다툼이 있으면 판례에 의함)

13. 경찰

① 법령에 의해 개인의 자유가 제한되고 있는 경우에 그 제한을 해제하여 자유를 적법하게 행사할 수 있도록 회복하여 주는 행정행위이다.

② 허가 등의 행정처분은 원칙적으로 처분시의 법령과 허가기준에 의하여 처리되어야 하고 허가신청 당시의 기준에 따라야 하는 것은 아니다.

③ 석유판매업 허가는 소위 대인적 허가의 성질을 갖는 것이어서 양도인의 귀책사유는 양수인에게 그 효력이 미치지 않는다.

④ 국토 및 자연의 유지와 환경의 보전 등 중대한 공익상 필요가 있다고 인정될 때에는 허가를 거부할 수 있다.

③ 석유사업법 제12조 제3항, 제9조 제1항, 제12조 제4항 등을 종합하면 <u>석유판매업(주유소)허가는 소위 대물적 허가</u>의 성질을 갖는 것이어서 그 사업의 양도도 가능하고 이 경우 양수인은 양도인의 지위를 승계하게 됨에 따라 양도인의 위 허가에 따른 권리의무가 양수인에게 이전되는 것이므로 만약 양도인에게 그 허가를 취소할 위법사유가 있다면 허가관청은 이를 이유로 양수인에게 응분의 제재조치를 취할 수 있다 할 것이고, 양수인이 그 양수 후 허가관청으로부터 석유판매업허가를 다시 받았다 하더라도 이는 석유판매업의 양수도를 전제로 한 것이어서 이로써 양도인의 지위승계가 부정되는 것은 아니므로 <u>양도인의 귀책사유는 양수인에게 그 효력이 미친다</u>(대판 1986.7.22, 86누203).

243 다음은 허가에 대해 설명한 것이다. 가장 적절하지 않은 것은? (다툼이 있으면 판례에 의함)   14. 경찰

① 일반적으로 행정처분에 효력기간이 정하여져 있는 경우에는 그 기간의 경과로 그 행정처분의 효력은 상실되고, 다만 허가에 붙은 기한이 그 허가된 사업의 성질상 부당하게 짧은 경우에는 이를 그 허가 자체의 존속기간이 아니라 그 허가조건의 존속기간으로 볼 수 있다.

② 허가기간이 연장되기 위하여는 그 종기가 도래하기 전에 그 허가기간의 연장에 관한 신청이 있어야 하며, 만일 그러한 연장신청이 없는 상태에서 허가기간이 만료하였다면 그 허가의 효력은 상실된다.

③ 허가신청이 있은 후 그에 대한 결정이 있기 전에 허가기준을 정한 법령이 개정된 경우에는 처분청은 원칙적으로 개정된 법령을 적용하여야 한다는 것이 판례의 입장이다.

④ 종전의 허가가 기한의 도래로 실효되었다고 하여도 종전 허가의 유효기간이 지나서 기간연장을 신청하였다면 그 신청은 종전 허가의 유효기간을 연장하여 주는 행정처분을 구한 것으로 보아야 한다.

정답찾기

④ 종전의 허가가 기한의 도래로 실효한 이상 원고가 <u>종전 허가의 유효기간이 지나서 신청한 이 사건 기간연장신청</u>은 그에 대한 종전의 허가처분을 전제로 하여 단순히 그 유효기간을 연장하여 주는 행정처분을 구하는 것이라기보다는 <u>종전의 허가처분과는 별도의 새로운 허가를 내용으로 하는 행정처분을 구하는 것</u>이라고 보아야 할 것이어서, 이러한 경우 허가권자는 이를 새로운 허가신청으로 보아 법의 관계 규정에 의하여 허가요건의 적합 여부를 새로이 판단하여 그 허가 여부를 결정하여야 할 것이다(대판 1995.11.10, 94누11866).

244 허가를 설명한 것이다. 다음 중 가장 적절하지 않은 것은? (다툼이 있으면 판례에 의함)   15. 경찰

① 특별한 규정이 없는 한 관계법상의 금지가 해제될 뿐이고, 타법상의 제한까지 해제되는 것은 아니다.

② 대물적 허가의 성질을 갖는 석유판매업이 양도된 경우, 양도인에게 허가를 취소할 위법사유가 있다면 이를 이유로 양수인에게 제재조치를 취할 수 있다.

③ 신청 후 허가기준이 변경된 경우에는 원칙적으로 처분시가 아닌 신청시의 법령과 기준에 의해 처리되어야 한다.

④ 허가의 요건은 법령으로 규정되어야 하며, 법령의 근거 없이 행정권이 독자적으로 허가요건을 추가하는 것은 허용되지 아니한다.

정답찾기

③ 행정행위는 처분 당시에 시행 중인 법령 및 허가기준에 의하여 하는 것이 원칙이고, 인·허가신청 후 처분 전에 관계 법령이 개정 시행된 경우 신법령 부칙에서 신법령 시행 전에 이미 허가신청이 있는 때에는 종전의 규정에 의한다는 취지의 경과규정을 두지 아니한 이상 당연히 <u>허가신청 당시의 법령에 의하여 허가 여부를 판단하여야 하는 것은 아니며</u>, 소관 행정청이 허가신청을 수리하고도 정당한 이유 없이 처리를 늦추어 그 사이에 법령 및 허가기준이 변경된 것이 아닌 한 새로운 법령 및 허가기준에 따라서 한 불허가처분이 위법하다고 할 수 없다(대판 1992.12.8, 92누13813).

245 **강학상 경찰허가에 관한 설명 중 가장 적절한 것은? (다툼이 있는 경우 판례에 의함)** 22. 경찰

① 특별한 규정이 없는 한, 허가를 받게 되면 다른 법령상의 제한들도 모두 해제되는 것이 원칙이다.
② 특별한 규정이 없는 한, 허가는 법령이 부과한 작위의무, 부작위의무 및 급부의무를 모두 해제하는 것이다.
③ 강학상 허가와 강학상 특허는 당사자의 신청이 없어도 가능하다는 점에서 공통점이 있다.
④ 일반적으로 영업허가를 받지 아니한 상태에서 행한 사법상 법률행위는 유효하다.

정답찾기

① 도로법과 건축법에서 각 규정하고 있는 건축허가는 그 허가권자의 허가를 받도록 한 목적, 허가의 기준, 허가 후의 감독에 있어서 같지 아니하므로 도로법 제50조 제1항에 의하여 접도구역으로 지정된 지역 안에 있는 건물에 관하여 같은 법조 제4, 5항에 의하여 도로관리청인 도지사로부터 개축허가를 받았다고 하더라도 건축법 제5조 제1항에 의하여 시장 또는 군수의 허가를 다시 받아야 한다 (대판 1991.4.12, 91도218).
② 부작위 의무를 해제하는 것을 허가, 작위의무나 급부의무의 해제는 면제라고 한다.
③ 강학상의 허가는 당사자의 신청이 없더라도 가능한 경우가 있지만, 강학상 특허의 경우에는 당사자의 신청이 없는 경우에는 불가능하다.

246 **다음 설명 중 가장 적절하지 않은 것은? (다툼이 있는 경우 판례에 의함)** 18. 경찰

① 유료직업 소개사업의 허가갱신은 허가취득자에게 종전의 지위를 계속 유지시키는 효과를 갖는 것에 불과하고 갱신 후에는 갱신 전의 법위반사항을 불문에 붙이는 효과를 발생하는 것이 아니므로 일단 갱신이 있은 후에도 갱신 전의 법위반사실을 근거로 허가를 취소할 수 있다.
② 지주이용간판 설치허가를 받은 자가 기간연장허가를 받지 아니한 경우에는 그 허가는 특단의 사정이 없는 한 기한이 도래함으로써 별도의 행위를 기다릴 것 없이 당연히 효력이 상실되고, 종전 허가의 유효기간이 지나서 신청한 기간연장신청은 그에 대한 종전의 허가처분을 전제로 하여 단순히 그 유효기간을 연장하여 주는 행정처분을 구하는 것이라기 보다는 종전의 허가처분과는 별도의 새로운 허가를 내용으로 하는 행정처분을 구하는 것이라고 보아야 할 것이다.
③ 일반적으로 행정처분에 효력기간이 정하여져 있는 경우에는 그 기간의 경과로 그 행정처분의 효력은 상실되나 허가에 붙은 기한이 그 허가된 사업의 성질상 부당하게 짧은 경우에는 이를 허가자체의 존속기간이라고 볼 수 없으므로 연장신청이 없는 상태에서 허가기간이 만료하였다는 사정만으로 곧바로 그 허가의 효력이 상실되었다고 할 수는 없다.
④ 어업에 관한 허가 또는 신고의 경우에는 어업면허와 달리 유효기간연장제도가 마련되어 있지 아니하므로 그 유효기간이 경과하면 그 허가나 신고의 효력이 당연히 소멸하며, 재차 허가를 받거나 신고를 하더라도 허가나 신고의 기간만 갱신되어 종전의 어업허가나 신고의 효력 또는 성질이 계속된다고 볼 수 없고 새로운 허가 내지 신고로서의 효력이 발생한다고 할 것이다.

정답찾기

③ 일반적으로 행정처분에 효력기간이 정하여져 있는 경우에는 그 기간의 경과로 그 행정처분의 효력은 상실되고, 다만 허가에 붙은 기한이 그 허가된 사업의 성질상 부당하게 짧은 경우에는 이를 그 허가 자체의 존속기간이 아니라 그 허가조건의 존속기간으로 보아 그 기한이 도래함으로써 그 조건의 개정을 고려한다는 뜻으로 해석할 수는 있지만, 그와 같은 경우라 하더라도 그 허가기간이 연장되기 위하여는 그 종기가 도래하기 전에 그 허가기간의 연장에 관한 신청이 있어야 하며, 만일 그러한 연장신청이 없는 상태에서 허가기간이 만료하였다면 그 허가의 효력은 상실된다(대판 2007.10.11, 2005두12404).

Answer   243 ④   244 ③   245 ④   246 ③

247 다음 설명 중 틀린 것은 모두 몇 개인가? (다툼이 있는 경우 판례에 의함)   20. 경찰

> ⊙ 국토의 계획 및 이용에 관한 법상 용도지역 안에서 토지의 형질변경행위를 수반하는 건축허가는 재량행위에
>   속한다.
> ⓒ 한의사 면허는 경찰금지를 해제하는 명령적 행위인 강학상 허가에 해당한다.
> ⓒ 하천법상 하천의 점용허가는 일반인에게 하천이용권이라는 권리를 설정하여 주는 허가에 해당한다.
> ⓔ 민법 제45조와 제46조에서 말하는 재단법인의 정관변경 "허가"는 그 성질에 있어 일반적 금지를 해제하는 것
>   으로 허가에 해당한다.

① 없음   ② 1개   ③ 2개   ④ 3개

정답찾기

지문의 내용 중 틀린 것은 ⓒⓔ이다.
ⓒ 하천의 점용허가권은 특허에 의한 공물사용권의 일종으로서 하천의 관리주체에 대하여 일정한 특별사용을 청구할 수 있는 채권에
   지나지 아니하고 대세적 효력이 있는 물권이라 할 수 없다(대판 2015.1.29, 2012두27404).
ⓔ 민법 제45조와 제46조에서 말하는 재단법인의 정관변경 "허가"는 법률상의 표현이 허가로 되어 있기는 하나, 그 성질에 있어 법률행
   위의 효력을 보충해 주는 것이지 일반적 금지를 해제하는 것이 아니므로, 그 법적 성격은 인가라고 보아야 한다[대판 1996.5.16,
   95누4810(전합)].

248 경찰작용에 관한 설명으로 가장 적절하지 않은 것은?   23. 경찰승진

① 행정목적을 위하여 국가의 일반통치권에 의거 개인에게 특정한 작위·부작위·수인 또는 급부의 의무를 명
   하는 행정행위, 개인에게 특정의무를 명하는 명령적 행정행위를 하명이라 한다.
② 법령에 의한 일반적·절대적 금지를 특정한 경우에 해제하여 적법하게 일정한 행위를 할 수 있게 하는 행정
   행위를 허가라 한다.
③ 부관은 조건·기한·부담·철회권의 유보 등과 같이 주된 처분에 부가되는 종된 규율로서, 주된 처분의 효
   과를 제한하거나 의무를 부과함으로써 국민의 권리·의무에 영향을 미치는 효과가 있다.
④ 행정지도는 일정한 행정목적을 달성하기 위해 상대방인 국민에게 임의적인 협력을 요청하는 비권력적 사실
   행위를 말한다.

정답찾기

② 법령에 의한 일반적·상대적 금지를 특정한 경우에 해제하여 적법하게 일정한 행위를 할 수 있게 하는 행정행위를 허가라 한다.
   절대적 금지는 허가의 대상이 아니다.

249 다음 중 강학상 특허에 해당하는 것은 모두 몇 개인가? (다툼이 있는 경우 판례에 의함)

> ㉠ 도시 및 주거환경정비법에 따른 주택재건축사업조합의 설립인가
> ㉡ 출입국관리법에 따른 체류자격 변경허가
> ㉢ 도로법에 따른 도로점용허가
> ㉣ 국적법에 따른 귀화허가

① 1개 ② 2개 ③ 3개 ④ 4개

정답찾기
④ 사안은 모두 강학상 특허에 해당한다.

250 다음 행정행위 중 강학상 특허에 해당하는 것은? (다툼이 있는 경우 판례에 의함)

① 자동차운전면허
② 재단법인의 정관변경 허가
③ 한의사 면허
④ 국유재산 등의 관리청이 행정재산의 사용·수익에 대하여 하는 허가

정답찾기
④ "국유재산 등의 관리청이 행정재산의 사용·수익에 대하여 하는 허가"는 강학상 특허에 해당한다. ①③은 강학상의 허가, ②는 인가에 해당한다.
② 민법 제45조와 제46조에서 말하는 재단법인의 정관변경 "허가"는 법률상의 표현이 허가로 되어 있기는 하나, 그 성질에 있어 법률행위의 효력을 보충해 주는 것이지 일반적 금지를 해제하는 것이 아니므로, 그 법적 성격은 인가라고 보아야 한다[대판 1996.5.16, 95누4810(전합)].
③ 한의사 면허는 경찰금지를 해제하는 명령적 행위(강학상 허가)에 해당하고, 한약조 제시험을 통하여 약사에게 한약조 제권을 인정함으로써 한의사들의 영업상 이익이 감소되었다고 하더라도 이러한 이익은 사실상의 이익에 불과하고 약사법이나 의료법 등의 법률에 의하여 보호되는 이익이라고는 볼 수 없으므로, 한의사들이 한약조 제시험을 통하여 한약조 제권을 인정받은 약사들에 대한 합격처분의 무효확인을 구하는 당해 소는 원고적격이 없는 자들이 제기한 소로서 부적법하다(대판 1998.3.10, 97누4289).
④ 국유재산 등의 관리청이 하는 행정재산의 사용·수익에 대한 허가는 순전히 사경제주체로서 행하는 사법상의 행위가 아니라 관리청이 공권력을 가진 우월적 지위에서 행하는 행정처분으로서 특정인에게 행정재산을 사용할 수 있는 권리를 설정하여 주는 강학상 특허에 해당한다[대법원 2006.3.9, 선고 2004다31074 판결].

251 다음 설명 중 적절하지 않은 것은 모두 몇 개인가? (다툼이 있는 경우 판례에 의함)   19. 경찰

ⓐ 강학상 인가에 있어 기본행위에 하자가 있는 경우에는 그 기본행위의 하자를 다투어야 하며, 기본행위의 하자를 이유로 인가처분의 취소 또는 무효확인을 구할 수 없다.

ⓑ 행정청이 도시 및 주거환경정비법 등 관련 법령에 근거하여 행하는 조합설립인가처분은 단순히 사인들의 조합설립행위에 대한 보충행위로서의 성질을 갖는 것에 그치는 것이 아니라 법령상 요건을 갖출 경우 도시 및 주거환경정비법상 주택재건축사업을 시행할 수 있는 권한을 갖는 행정주체(공법인)로서의 지위를 부여하는 일종의 설권적 처분의 성격을 갖는다고 보아야 한다.

ⓒ 토지거래허가제에서의 토지거래허가는 유동적 무효 상태에 있는 법률행위의 효력을 완성시켜 주는 인가적 성질을 띤 것이라고 보는 것이 타당하다.

---

① 없음   ② 1개
③ 2개   ④ 3개

정답찾기
① 모두 옳은 지문이다.

252 다음 준법률적 행정행위 중 통지행위에 해당하는 것은 모두 몇 개인가? (다툼이 있는 경우 판례에 의함)   20. 경찰

ⓐ 특허출원의 공고
ⓑ 부동산등기부에의 등기
ⓒ 귀화의 고시
ⓓ 선거에 있어 당선인 결정
ⓔ 대집행의 계고

---

① 1개   ② 2개
③ 3개   ④ 4개

정답찾기
지문의 내용 중 통지행위에 해당하는 것은 ⓐⓒⓔ이다.
ⓑ은 공증, ⓓ은 확인에 해당한다.

253 행정기본법상 부관에 관한 설명으로 가장 적절하지 않은 것은?

23. 경찰

① 행정청은 처분에 재량이 있는 경우에는 부관을 붙일 수 있다.
② 행정청은 처분에 재량이 없는 경우에는 법률에 근거가 있는 경우에 부관을 붙일 수 있다.
③ 행정청은 부관을 붙일 수 있는 처분이 당사자의 동의가 있는 경우에는 그 처분을 한 후에도 부관을 새로 붙이거나 종전의 부관을 변경할 수 있다.
④ 부관은 해당 처분의 목적에 위배되지 아니하고, 실질적 관련이 없을 것을 요건으로 한다.

정답찾기
④ 부관은 해당 처분과 실질적인 관련이 있어야 한다(행정기본법 제17조 제4항 제2호).

254 행정행위의 부관에 관한 판례의 내용으로 옳지 않은 것은?

10. 경찰

① 도로점용허가에서 부관인 점용기간을 정함에 있어서 위법사유가 있다하더라도 도로점용허가 전체가 위법하게 되지는 않는다.
② 재량행위에 있어서는 법령상의 근거가 없다고 하더라도 부관을 붙일 수 있으며, 그 부관의 내용은 행정처분의 본질적 효력을 해하지 아니하는 한도의 것이어야 한다.
③ 행정처분에 이미 부담이 부가되어 있는 상태에서 그 의무의 범위 또는 내용 등을 변경하는 부관의 사후변경은, 법률에 명문의 규정이 있거나 그 변경이 미리 유보되어 있는 경우 또는 상대방의 동의가 있는 경우에 한하여 허용되는 것이 원칙이다.
④ 기부채납 받은 행정재산에 대한 사용·수익 허가에서 공유재산의 관리청이 정한 사용·수익 허가의 기간은 그 허가의 효력을 제한하기 위한 행정행위의 부관으로서 이러한 사용·수익 허가의 기간에 대해서는 독립하여 행정소송을 제기할 수 없다.

정답찾기
① 원고가 신축한 상가 등 시설물을 부산직할시에 기부채납함에 있어 그 무상사용을 위한 도로점용기간은 원고의 총공사비와 시 징수조례에 의한 점용료가 같아지는 때까지로 정하여 줄 것을 전제조건으로 하고 원고의 위 조건에 대하여 시는 아무런 이의없이 수락하고 위 상가등 건물을 기부채납받아 그 소유권을 취득하였다면 시가 원고에 대하여 위 상가 등의 사용을 위한 도로점용허가를 함에 있어서는 그 점용기간을 수락한 조건대로 해야 할 것임에도 합리적인 근거없이 단축한 것은 위법한 처분이라 할 것이며 가사 원고가 위 상가를 타에 임대하여 보증금 및 임료수입을 얻는다하여 위 무상점용기간을 단축할 사유가 될 수 없다(대판 1985.7.9, 84누604)

255 행정행위의 부관에 대한 판례의 내용으로 가장 적절한 것은?

① 다른 부관과 달리 부담에 대해서는 독립하여 쟁송을 제기할 수 없다.

② 사정변경에 의한 부관의 사후변경은 부가된 부담의 목적달성에 필요한 범위 내일지라도 절대 허용되지 않는다.

③ 재량행위라 하더라도 법령상의 근거가 없다면 부관을 붙일 수 없다.

④ 지방자치단체장이 사업자에게 주택사업계획승인(인가)을 하면서 그 주택사업과는 아무런 관련이 없는 토지를 기부채납하도록 하는 부관을 주택사업계획승인에 붙인 경우, 그 부관은 부당결부금지의 원칙에 위반되어 위법하다.

정답찾기

① 행정행위의 부관은 행정행위의 일반적인 효력이나 효과를 제한하기 위하여 의사표시의 주된 내용에 부가되는 종된 의사표시이지 그 자체로서 직접 법적 효과를 발생하는 독립된 처분이 아니므로 현행 행정쟁송제도 아래서는 부관 그 자체만을 독립된 쟁송의 대상으로 할 수 없는 것이 원칙이나 행정행위의 부관 중에서도 행정행위에 부수하여 그 행정행위의 상대방에게 일정한 의무를 부과하는 행정청의 의사표시인 부담의 경우에는 다른 부관과는 달리 행정행위의 불가분적인 요소가 아니고 그 존속이 본체인 행정행위의 존재를 전제로 하는 것일 뿐이므로 부담 그 자체로서 행정쟁송의 대상이 될 수 있다(대판 1992.1.21, 91누1264).

② 행정처분에 이미 부담이 부가되어 있는 상태에서 그 의무의 범위 또는 내용 등을 변경하는 부관의 사후변경은, 법률에 명문의 규정이 있거나 그 변경이 미리 유보되어 있는 경우 또는 상대방의 동의가 있는 경우에 한하여 허용되는 것이 원칙이지만, 사정변경으로 인하여 당초에 부담을 부가한 목적을 달성할 수 없게 된 경우에도 그 목적달성에 필요한 범위 내에서 예외적으로 허용된다(대판 1997.5.30, 97누2627).

③ 구 도시계획법(2000.1.28. 법률 제6243호로 전문 개정되기 전의 것) 제21조와 같은법시행령(2000.7.1. 대통령령 제16891호로 전문 개정되기 전의 것) 제20조 및 같은법시행규칙(2000.7.4. 건설교통부령 제245호로 전문 개정되기 전의 것) 제7조, 제8조 등의 규정을 종합해 보면, 개발제한구역 내에서는 구역지정의 목적상 건축물의 건축 및 공작물의 설치 등 개발행위가 원칙적으로 금지되고, 다만 구체적인 경우에 이러한 구역지정의 목적에 위배되지 아니할 경우 예외적으로 허가에 의하여 그러한 행위를 할 수 있게 되어 있음이 그 규정의 체제와 문언상 분명하고, 이러한 예외적인 개발행위의 허가는 상대방에게 수익적인 것이 틀림이 없으므로 그 법률적 성질은 재량행위 내지 자유재량행위에 속하는 것이고, 이러한 재량행위에 있어서는 관계 법령에 명시적인 금지규정이 없는 한 행정목적을 달성하기 위하여 조건이나 기한, 부담 등의 부관을 붙일 수 있고, 그 부관의 내용이 이행 가능하고 비례의 원칙 및 평등의 원칙에 적합하며 행정처분의 본질적 효력을 저해하지 아니하는 이상 위법하다고 할 수 없다(대판 2004.3.25, 2003두12837).

256 다음 부관의 설명 중 바르게 연결된 것은?

① 시설완성을 조건으로 하는 학교법인설립인가 – 해제조건

② 2025년 2월 25일까지의 도로사용허가 – 기간

③ 도로점용허가에 부가된 점용료의 부가 – 부담

④ 일정한 기간 내에 공사에 착수할 것을 조건으로 하는 공유수면매립면허 – 철회권 유보

정답찾기

① 정지조건, ② 기한, ④ 해제조건에 해당한다.

257 행정행위의 부관에 관한 다음 설명 중 가장 옳은 것은? (다툼이 있는 경우 판례에 의함)   12. 경찰

① 부담만을 대상으로 하는 취소소송은 불가능하다.
② 사정변경에 의한 부관의 사후변경은 부가된 부담의 목적 달성에 필요한 범위 내일지라도 허용되지 않는다.
③ 행정청은 법령에 명시적인 근거가 없으면 어떠한 경우에도 부관을 붙일 수 없다는 것이 판례의 태도이다.
④ 도로점용허가에 있어 부관인 점용기간을 정함에 위법이 있는 경우, 도로점용허가 전부가 위법이다.

정답찾기

① 행정행위의 부관은 행정행위의 일반적인 효력이나 효과를 제한하기 위하여 의사표시의 주된 내용에 부가되는 종된 의사표시이지 그 자체로서 직접 법적 효과를 발생하는 독립된 처분이 아니므로 현행 행정쟁송제도 아래서는 부관 그 자체만을 독립된 쟁송의 대상으로 할 수 없는 것이 원칙이나 행정행위의 부관 중에서도 행정행위에 부수하여 그 행정행위의 상대방에게 일정한 의무를 부과하는 행정청의 의사표시인 부담의 경우에는 다른 부관과는 달리 행정행위의 불가분적인 요소가 아니고 그 존속이 본체인 행정행위의 존재를 전제로 하는 것일 뿐이므로 부담 그 자체로서 행정쟁송의 대상이 될 수 있다(대판 1992.1.21, 91누1264).

② 행정처분에 이미 부담이 부가되어 있는 상태에서 그 의무의 범위 또는 내용 등을 변경하는 부관의 사후변경은, 법률에 명문의 규정이 있거나 그 변경이 미리 유보되어 있는 경우 또는 상대방의 동의가 있는 경우에 한하여 허용되는 것이 원칙이지만, 사정변경으로 인하여 당초에 부담을 부가한 목적을 달성할 수 없게 된 경우에도 그 목적달성에 필요한 범위 내에서 예외적으로 허용된다(대판 1997.5.30, 97누2627).

③ 구 도시계획법(2000.1.28. 법률 제6243호로 전문 개정되기 전의 것) 제21조와 같은법 시행령(2000. 7.1. 대통령령 제16891호로 전문 개정되기 전의 것) 제20조 및 같은법 시행규칙(2000.7.4. 건설교통부령 제245호로 전문 개정되기 전의 것) 제7조, 제8조 등의 규정을 종합해 보면, 개발제한구역 내에서는 구역지정의 목적상 건축물의 건축 및 공작물의 설치 등 개발행위가 원칙적으로 금지되고, 다만 구체적인 경우에 이러한 구역지정의 목적에 위배되지 아니할 경우 예외적으로 허가에 의하여 그러한 행위를 할 수 있게 되어 있음이 그 규정의 체제와 문언상 분명하고, 이러한 예외적인 개발행위의 허가는 상대방에게 수익적인 것이 틀림이 없으므로 그 법률적 성질은 재량행위 내지 자유재량행위에 속하는 것이고, 이러한 재량행위에 있어서는 관계 법령에 명시적인 금지규정이 없는 한 행정목적을 달성하기 위하여 조건이나 기한, 부담 등의 부관을 붙일 수 있고, 그 부관의 내용이 이행 가능하고 비례의 원칙 및 평등의 원칙에 적합하며 행정처분의 본질적 효력을 저해하지 아니하는 이상 위법하다고 할 수 없다(대판 2004.3.25, 2003두12837).

4장

258 다음은 행정행위의 부관을 설명한 것이다. 가장 적절한 것은? (다툼이 있으면 판례에 의함)

① 부담에 의해 부과된 의무가 정해진 기간 내에 이행되지 않은 경우, 그때로부터 부담부행정행위는 당연히 효력을 상실한다.

② 형식상 부관부 행위 전체를 소송의 대상으로 하면서 내용상 일부, 즉 부관만의 취소를 구하는 소송형태는 진정일부취소소송이다.

③ 부담은 행정청이 일방적으로 부가할 수도 있으나, 사전에 상대방과 협의하여 부담의 내용을 협약의 형식으로 미리 정한 다음 행정처분을 하면서 이를 부가하는 것도 허용된다.

④ 행정청은 법령에 명시적 근거가 없으면 재량행위의 경우에도 부관을 붙일 수 없다.

정답찾기

① 정지조건과 해제조건은 조건의 성취에 의하여 그 효력이 당연히 발생하거나 소멸하지만, 부담부 행정행위는 처음부터 효력이 발생하며 부담을 이행하지 않더라도 당연히 그 효력이 소멸되는 것이 아니라 행정청이 철회를 하여야만 효력이 상실된다.

② 진정일부취소소송이란 행정처분은 적법하지만 부관이 위법한 경우 부관만의 취소소송을 제기하는 소송형태를 말한다. 이에 반해 부관부 행정행위 전체를 소송의 대상으로 하면서 부관만의 취소를 구하는 소송형태를 부진정일부취소소송이라고 한다.

④ 구 도시계획법(2000.1.28, 법률 제6243호로 전문 개정되기 전의 것) 제21조와 같은법시행령(2000.7.1, 대통령령 제16891호로 전문 개정되기 전의 것) 제20조 및 같은법시행규칙(2000.7.4. 건설교통부령 제245호로 전문 개정되기 전의 것) 제7조, 제8조 등의 규정을 종합해 보면, 개발제한구역 내에서는 구역지정의 목적상 건축물의 건축 및 공작물의 설치 등 개발행위가 원칙적으로 금지되고, 다만 구체적인 경우에 이러한 구역지정의 목적에 위배되지 아니할 경우 예외적으로 허가에 의하여 그러한 행위를 할 수 있게 되어 있음이 그 규정의 체제와 문언상 분명하고, 이러한 예외적인 개발행위의 허가는 상대방에게 수익적인 것이 틀림이 없으므로 그 법률적 성질은 재량행위 내지 자유재량행위에 속하는 것이고, 이러한 재량행위에 있어서는 관계 법령에 명시적인 금지규정이 없는 한 행정목적을 달성하기 위하여 조건이나 기한, 부담 등의 부관을 붙일 수 있고, 그 부관의 내용이 이행 가능하고 비례의 원칙 및 평등의 원칙에 적합하며 행정처분의 본질적 효력을 저해하지 아니하는 이상 위법하다고 할 수 없다(대판 2004.3.25, 2003두12837).

259 부관을 설명한 것이다. 다음 중 가장 적절하지 않은 것은? (다툼이 있으면 판례에 의함)   15. 경찰

① 부담은 주된 행정행위와 독립하여 행정쟁송의 대상이 될 수 없다.
② 판례는 사정변경으로 인하여 당초의 부담을 부가한 목적을 달성할 수 없게 된 경우 목적달성에 필요한 범위 내에서 예외적으로 사후부관의 가능성을 인정한다.
③ 수익적 행정행위에 있어서는 법령에 특별한 근거규정이 없다고 하더라도 그 부관으로서 부담을 붙일 수 있다.
④ 일반적으로 기속행위나 기속적 재량행위에는 부관을 붙일 수 없고, 부관을 붙였다 하더라도 이는 무효의 것이다.

> 정답찾기

① 행정행위의 부관은 행정행위의 일반적인 효력이나 효과를 제한하기 위하여 의사표시의 주된 내용에 부가되는 종된 의사표시이지 그 자체로서 직접 법적 효과를 발생하는 독립된 처분이 아니므로 현행 행정쟁송제도 아래서는 부관 그 자체만을 독립된 쟁송의 대상으로 할 수 없는 것이 원칙이나 행정행위의 부관 중에서도 행정행위에 부수하여 그 행정행위의 상대방에게 일정한 의무를 부과하는 행정청의 의사표시인 부담의 경우에는 다른 부관과는 달리 행정행위의 불가분적인 요소가 아니고 그 존속이 본체인 행정행위의 존재를 전제로 하는 것일 뿐이므로 부담 그 자체로서 행정쟁송의 대상이 될 수 있다(대판 1992.1.21, 91누1264).

260 행정행위에 부담이 부가되었으나 사후에 그 부담을 변경할 수 있는 경우로 옳은 것은 몇 개인가? (다툼이 있으면 판례에 의함)   16. 경찰

㉠ 법률에 명문의 규정이 있는 경우
㉡ 부관의 변경이 미리 유보되어 있는 경우
㉢ 행정청의 동의가 있는 경우
㉣ 사정변경으로 인하여 당초에 부담을 부가할 목적을 달성할 수 없게 된 경우

① 1개   ② 2개   ③ 3개   ④ 4개

> 정답찾기

부관의 사후변경이 가능한 경우는 ㉠㉡㉣이다.

■ 관련 판례

토지굴착 등 허가처분 중 부담무효확인
행정처분에 이미 부담이 부가되어 있는 상태에서 그 의무의 범위 또는 내용 등을 변경하는 부관의 사후변경은, 법률에 명문의 규정이 있거나 그 변경이 미리 유보되어 있는 경우 또는 상대방의 동의가 있는 경우에 한하여 허용되는 것이 원칙이지만, 사정변경으로 인하여 당초에 부담을 부가한 목적을 달성할 수 없게 된 경우에도 그 목적달성에 필요한 범위 내에서 예외적으로 허용된다(대판 1997.5.30, 97누2627).

Answer 258 ③   259 ①   260 ③

261 행정행위의 부관을 설명한 것이다. 다음 중 가장 적절한 것은? (다툼이 있으면 판례에 의함) 16. 경찰

① 행정처분의 상대방이 수익적 행정처분을 얻기 위하여 행정청과 사이에 행정처분에 부가할 부담에 관한 협약을 체결하고 행정청이 수익적 행정처분을 하면서 협약상의 의무를 부담으로 부가하였으나 부담의 전제가 된 주된 행정처분의 근거 법령이 개정됨으로써 행정청이 더 이상 부관을 붙일 수 없게 된 경우에도 곧바로 협약의 효력은 소멸한다.

② 부담부 행정처분에 있어서 처분의 상대방이 부담(의무)을 이행하지 아니한 경우에 처분행정청으로서는 이를 들어 당해 처분을 취소(철회)할 수 있다.

③ 주택재건축사업시행의 인가는 상대방에게 권리나 이익을 부여하는 효과를 가진 이른바 수익적 행정처분으로서 법령에 행정처분의 요건에 관하여 일의적으로 규정되어 있지 아니한 이상 행정청의 재량행위에 속하지만, 처분청으로서는 법령상의 제한에 근거한 것이 아니라면 공익상 필요 등에 의하여 필요한 범위 내라고 하더라도 여러 조건(부담)을 부과할 수 없다.

④ 부담의 이행으로서 하게 된 사법상 매매 등의 법률행위는 부담을 붙인 행정처분과는 별개의 법률행위라 볼 수 없으므로, 그 부담의 불가쟁력의 문제와 함께 법률행위가 사회질서 위반이나 강행규정에 위반되는지 여부 등을 따져보아 그 법률행위의 유효 여부를 판단하여야 한다.

정답찾기

① 행정청이 수익적 행정처분을 하면서 부가한 부담의 위법 여부는 처분 당시 법령을 기준으로 판단하여야 하고, 부담이 처분 당시 법령을 기준으로 적법하다면 처분 후 부담의 전제가 된 주된 행정처분의 근거 법령이 개정됨으로써 행정청이 더 이상 부관을 붙일 수 없게 되었다 하더라도 곧바로 위법하게 되거나 그 효력이 소멸하게 되는 것은 아니다. 따라서 행정처분의 상대방이 수익적 행정처분을 얻기 위하여 행정청과 사이에 행정처분에 부가할 부담에 관한 협약을 체결하고 행정청이 수익적 행정처분을 하면서 협약상의 의무를 부담으로 부가하였으나 부담의 전제가 된 주된 행정처분의 근거 법령이 개정됨으로써 행정청이 더 이상 부관을 붙일 수 없게 된 경우에도 곧바로 협약의 효력이 소멸하는 것은 아니다(대판 2009.2.12, 2005다65500).

③ 주택재건축사업시행의 인가는 상대방에게 권리나 이익을 부여하는 효과를 가진 이른바 수익적 행정처분으로서 법령에 행정처분의 요건에 관하여 일의적으로 규정되어 있지 아니한 이상 행정청의 재량행위에 속하므로, 처분청으로서는 법령상의 제한에 근거한 것이 아니라 하더라도 공익상 필요 등에 의하여 필요한 범위 내에서 여러 조건(부담)을 부과할 수 있다(대판 2007.7.12, 2007두6663).

④ 행정처분에 부담인 부관을 붙인 경우 부관의 무효화에 의하여 본체인 행정처분 자체의 효력에도 영향이 있게 될 수는 있지만, 그 처분을 받은 사람이 부담의 이행으로 사법상 매매 등의 법률행위를 한 경우에는 그 부관은 특별한 사정이 없는 한 법률행위를 하게 된 동기 내지 연유로 작용하였을 뿐이므로 이는 법률행위의 취소사유가 될 수 있음은 별론으로 하고 그 법률행위 자체를 당연히 무효화하는 것은 아니다. 또한, 행정처분에 붙은 부담인 부관이 제소기간의 도과로 확정되어 이미 불가쟁력이 생겼다면 그 하자가 중대하고 명백하여 당연 무효로 보아야 할 경우 외에는 누구나 그 효력을 부인할 수 없을 것이지만, 부담의 이행으로서 하게 된 사법상 매매 등의 법률행위는 부담을 붙인 행정처분과는 어디까지나 별개의 법률행위이므로 그 부담의 불가쟁력의 문제와는 별도로 법률행위가 사회질서 위반이나 강행규정에 위반되는지 여부 등을 따져보아 그 법률행위의 유효 여부를 판단하여야 한다(대판 2009.6.25, 2006다18174).

262 행정행위의 부관에 대한 설명으로 가장 적절하지 않은 것은? (다툼이 있는 경우 판례에 의함) 18. 경찰

① 공유수면매립면허와 같은 재량적 행정행위에는 법률상의 근거가 없다고 하더라도 부관을 붙일 수 있다.

② 행정청이 관리처분계획에 대한 인가여부를 결정할 때에는 그 관리처분계획에 구 도시 및 주거환경정비법 (2007.12.21. 법률 제8785호로 개정되기 전의 것) 제48조 및 구 도시 및 주거환경정비법 시행령(2009.6.30. 대통령령 제21590호로 개정되기 전의 것) 제50조에 규정된 사항이 포함되어 있는지, 그 계획의 내용이 구 도시 및 주거환경정비법(2007.12.21. 법률 제8785호로 개정되기 전의 것) 제48조 제2항의 기준에 부합하는지 여부 등을 심사 · 확인하여 그 인가 여부를 결정할 수 있고, 기부채납과 같은 다른 조건도 붙일 수 있다.

③ 수익적 행정처분에 있어서는 법령에 특별한 근거규정이 없다고 하더라도 그 부관으로서 부담을 붙일 수 있고, 그와 같은 부담은 행정청이 행정처분을 하면서 일방적으로 부가할 수도 있지만 부담을 부가하기 이전에 상대방과 협의하여 부담의 내용을 협약의 형식으로 미리 정한 다음 행정처분을 하면서 이를 부가할 수도 있다.

④ 구 수산업법(1985.7.1. 법률 제3764호로 개정된 것) 제15조에 의하여 어업의 면허 또는 허가에 붙이는 부관은 그 성질상 허가된 어업의 본질적 효력을 해하지 않는 한도의 것이어야 하고 허가된 어업의 내용 또는 효력 등에 대하여는 행정청이 임의로 제한 또는 조건을 붙일 수 없다.

정답찾기
② 행정청이 관리처분계획에 대한 인가 여부를 결정할 때에는 그 관리처분계획에 도시정비법 제48조 및 그 시행령 제50조에 규정된 사항이 포함되어 있는지, 그 계획의 내용이 도시정비법 제48조 제2항의 기준에 부합하는지 여부 등을 심사 · 확인하여 <u>그 인가 여부를 결정할 수 있을 뿐 기부채납과 같은 다른 조건을 붙일 수는 없다고 할 것이다</u>(대판 2012.8.30, 2010두24951).

263 부관에 대한 설명으로 가장 적절하지 않은 것은? (다툼이 있는 경우 판례에 의함) 20. 경찰

① 행정처분과 부관 사이에 실제적 관련성이 있다고 볼 수 없는 경우 공무원이 공법상의 제한을 회피할 목적으로 행정처분의 상대방과 사이에 사법상 계약을 체결하는 형식을 취하였다면 이는 법치행정의 원리에 반하는 것으로서 위법하다.

② 기한이란 행정행위 효력의 발생 · 소멸을 장래에 발생 여부가 확실한 사실에 종속시키는 부관을 말한다.

③ 부담의 이행으로서 하게 된 사법상 매매 등의 법률행위는 그 부담을 붙인 행정처분과는 어디까지나 별개의 법률행위이므로 그 부담의 불가쟁력의 문제와는 별도로 그 법률행위가 사회질서 위반이나 강행규정에 위반되는지 여부 등을 따져보아 그 법률행위의 유효 여부를 판단하여야 한다.

④ 부담은 그 자체로서 행정쟁송의 대상이 될 수 없다.

정답찾기
④ 행정행위의 부관은 행정행위의 일반적인 효력이나 효과를 제한하기 위하여 의사표시의 주된 내용에 부가되는 종된 의사표시이지 그 자체로서 직접 법적 효과를 발생하는 독립된 처분이 아니므로 현행 행정쟁송제도 아래서는 부관 그 자체만을 독립된 쟁송의 대상으로 할 수 없는 것이 원칙이나 행정행위의 부관 중에서도 행정행위에 부수하여 그 행정행위의 상대방에게 일정한 의무를 부과하는 행정청의 의사표시인 부담의 경우에는 다른 부관과는 달리 행정행위의 불가분적인 요소가 아니고 그 존속이 본체인 행정행위의 존재를 전제로 하는 것일 뿐이므로 <u>부담 그 자체로서 행정쟁송의 대상이 될 수 있다</u>(대판 1992.1.21, 91누1264).

Answer　261 ②　　262 ②　　263 ④

264 행정행위의 부관은 ( )인 경우를 제외하고는 독립하여 행정소송의 대상이 될 수 없다. 빈칸에 들어갈 말로 가장 적절한 것은? (다툼이 있는 경우 판례에 의함) 23. 경찰

① 부담
② 조건
③ 기한
④ 기간

정답찾기
① 지문의 내용은 부관 중 부담에 대한 설명이다.

265 행정행위의 부관에 관한 설명으로 가장 적절한 것은? (다툼이 있는 경우 판례에 의함) 24. 경찰

① 행정청은 처분에 재량이 없는 경우에는 법률에 근거가 있더라도 부관을 붙일 수 없다.
② 기한은 법률행위 효력의 발생 또는 소멸을 장래의 불확실한 사실의 성부에 의존하게 하는 법률행위의 부관이다.
③ 장래의 사실이더라도 그것이 장래 반드시 실현되는 사실이면 실현되는 시기가 비록 확정되지 않더라도 이는 조건으로 보아야 한다.
④ 행정청이 종교단체에 대하여 기본재산전환인가를 함에 있어 인가조건을 부가하고 그 불이행시 인가를 취소할 수 있도록 한 경우, 그 인가조건의 의미를 철회권의 유보로 본다.

정답찾기
④ 행정청이 종교단체에 대하여 기본재산전환인가를 함에 있어 인가조건을 부가하고 그 불이행시 인가를 취소할 수 있도록 한 경우, 인가조건의 의미는 철회권을 유보한 것이다[대법원 2003.5.30. 선고 2003다6422 판결].
① 행정청은 처분에 재량이 없는 경우에는 법률에 근거가 있는 경우에 부관을 붙일 수 있다(행정기본법 제17조 제2항).
②③ 조건은 법률행위 효력의 발생 또는 소멸을 장래의 불확실한 사실의 성부에 의존하게 하는 법률행위의 부관이다. 반면 장래의 사실이더라도 그것이 장래 반드시 실현되는 사실이면 실현되는 시기가 비록 확정되지 않더라도 이는 기한으로 보아야 한다[대법원 2018. 6.28. 선고 2018다201702 판결].

7 경찰상 의무이행 확보수단

266 경찰상 의무이행 확보수단을 전통적 수단과 새로운 수단으로 구분할 때, 전통적 수단에 해당하지 않는 것은?

20. 경찰간부

① 대집행
② 집행벌
③ 과징금
④ 강제징수

정답찾기

③ 지문의 내용 중 과징금은 경찰상 의무이행 확보수단 중 새로운 수단에 해당한다.

구분		내용
전통적 수단	경찰강제	강제집행[대집행, 집행벌(이행강제금), 강제징수, 직접강제]
		즉시강제
		경찰조사
	경찰벌	경찰형벌, 경찰질서벌
새로운 수단	비금전적 제재	공급거부, 공표, 관허사업의 제한, 행정행위의 철회·정지, 취업제한
	금전적 제재	과징금(부과금), 가산세, 가산금(중가산금)

267 경찰상 강제집행 및 그 수단에 대한 설명으로 가장 적절하지 않은 것은?

21. 경찰

① 경찰상 강제집행은 경찰하명에 의한 의무의 존재 및 그 불이행을 전제로 한다는 점에서 의무불이행을 전제로 하지 않는 경찰상 즉시강제와 구별된다.
② 경찰상 강제집행은 장래에 향하여 의무이행을 강제한다는 점에서 과거의 의무위반에 대한 제재인 경찰벌과 구별된다.
③ 강제징수란 의무자가 관련 법령상의 대체적 작위의무를 이행하지 않을 경우, 당해 경찰관청이 스스로 행하거나 또는 제3자로 하여금 의무자가 하여야 할 행위를 하게 함으로써 의무의 이행이 있는 것과 같은 상태를 실현시킨 후 그 비용을 의무자로부터 징수하는 것이다.
④ 대집행의 근거가 되는 일반법으로는 행정대집행법이 있다.

정답찾기

③ 지문의 내용은 대집행에 대한 설명이다. 강제징수란 공법상 금전의 급부의무를 불이행 중인 상대방에 대하여 국세징수법에 근거해서 취할 수 있는 강제집행 수단이다.

Answer 264 ① 265 ④ 266 ③ 267 ③

268 행정의 실효성 확보수단의 하나인 대집행과 관련하여 다음 중 옳지 않은 것은? (다툼이 있으면 판례에 의함) 10. 경찰

① 대집행의 법적근거로는 행정대집행법 제2조, 건축법 제85조 등이 있다.
② 대집행요건 충족의 입증책임은 처분 행정청에 있다.
③ 한장의 문서로 위법건축물에 대한 자진철거를 명함과 동시에 그에 필요한 상당한 기간 경과 후에도 자진철거를 하지 않을 때는 대집행할 뜻을 미리 계고한 경우 당해 계고처분은 부적법하다.
④ 대집행영장에 의한 통지는 비상시 또는 위험이 절박하여 그 절차를 취할 여유가 없는 경우 당해 수속을 거치지 아니하고 대집행을 할 수 있다.

정답찾기

③ 가. 계고서라는 명칭의 1장의 문서로서 일정기간 내에 위법건축물의 자진철거를 명함과 동시에 그 소정기한 내에 자진철거를 하지 아니할 때에는 대집행할 뜻을 미리 계고한 경우라도 건축법에 의한 철거명령과 행정대집행법에 의한 계고처분은 독립하여 있는 것으로서 각 그 요건이 충족되었다고 볼 것이다.
　나. 위 '가'항의 경우, 철거명령에서 주어진 일정기간이 자진철거에 필요한 상당한 기간이라면 그 기간 속에는 계고시에 필요한 '상당한 이행기간'도 포함되어 있다고 보아야 할 것이다(대판 1992.6.12, 91누13564).

---

269 행정강제에 관한 다음의 설명 중 옳은 것은 모두 몇 개인가? (다툼이 있으면 판례에 의함) 20. 경찰

> ㉠ 행정대집행은 대체적 작위의무의 불이행에 대한 강제집행수단이다.
> ㉡ 과태료의 부과처분은 항고소송의 대상이 되는 처분이다.
> ㉢ 대집행에 소요되는 비용을 납부기일까지 납부하지 않을 때에는 국세체납처분의 예에 의하여 강제징수할 수 있다.
> ㉣ 행정상 강제징수 관련하여 선행행위인 조세 등 부과처분이 무효라 하더라도 후행행위인 체납처분이 당연무효가 되는 것은 아니다.
> ㉤ 행정벌은 형사벌과는 달리 죄형법정주의가 적용되지 아니한다.

① 1개　　　　② 2개　　　　③ 3개　　　　④ 4개

정답찾기

지문의 내용 중 옳은 것은 ㉠㉢이다.
㉡ 구 건축법(1991.5.31. 법률 제4381호로 전문 개정되기 전의 것) 제56조의2 제1, 4, 5항 등에 의하면, 부과된 과태료처분에 대하여 불복이 있는 자는 그 처분이 있음을 안 날로부터 30일 이내에 당해 부과권자에게 이의를 제기할 수 있고, 이러한 이의가 제기된 때에는 부과권자는 지체 없이 관할법원에 그 사실을 통보하여야 하며, 그 통보를 받은 관할법원은 비송사건절차법에 의하여 과태료의 재판을 하도록 규정되어 있어서, 건축법에 의하여 부과된 과태료처분의 당부는 최종적으로 비송사건절차법에 의한 절차에 의하여만 판단되어야 한다고 보아야 하므로, 그 과태료처분은 행정소송의 대상이 되는 행정처분이라고 볼 수 없다(대판 1995.7.28, 95누2623).
㉣ 무효인 하자는 당연히 승계된다.
㉤ 행정벌은 행정형벌과 행정질서벌로 구분되고, 행정형벌의 경우에는 형벌을 과하는 작용이므로 죄형법정주의가 적용된다. 행정질서벌에 해당하는 과태료의 경우 질서위반행위규제법 '제6조(질서위반행위 법정주의) 법률에 따르지 아니하고는 어떤 행위도 질서위반행위로 과태료를 부과하지 아니한다'고 규정하여 질서위반행위 법정주의를 분명히 하고 있다.

270 행정대집행에 관한 설명으로 가장 적절한 것은? (다툼이 있는 경우 판례에 의함)

① 사람이 점유하고 있는 토지·건물 등의 퇴거, 명도는 대집행의 대상이 될 수 있다.

② 대집행의 절차는 계고, 대집행영장에 의한 통지, 대집행의 실행, 대집행 비용징수 순서이다.

③ 비상시 또는 위험이 절박한 경우에 있어서 당해 행위의 급속한 실시를 요하여 계고를 취할 여유가 없을 때라도 계고를 거치지 아니하고는 대집행을 할 수 없다.

④ 대집행 절차인 계고에 대해서는 독자적인 처분성이 인정되지 않는다.

정답찾기

① 피수용자 등이 기업자에 대하여 부담하는 수용대상 토지의 인도의무에 관한 구 토지수용법(2002.2.4. 법률 제6656호 공익사업을 위한 토지 등의 취득 및 보상에 관한 법률 부칙 제2조로 폐지) 제63조, 제64조, 제77조 규정에서의 '인도'에는 명도도 포함되는 것으로 보아야 하고, 이러한 명도의무는 그것을 강제적으로 실현하면서 직접적인 실력행사가 필요한 것이지 대체적 작위의무라고 볼 수 없으므로 특별한 사정이 없는 한 행정대집행법에 의한 대집행의 대상이 될 수 있는 것이 아니다(대판 2005.8.19, 2004다2809).

③

> **행정대집행법**
> **제3조 【대집행의 절차】** ③ 비상시 또는 위험이 절박한 경우에 있어서 당해 행위의 급속한 실시를 요하여 전2항에 규정한 수속 (계고, 통지)을 취할 여유가 없을 때에는 그 수속을 거치지 아니하고 대집행을 할 수 있다.

④ 계고처분 자체도 행정소송의 대상이 된다(대판 1962.10.18, 62누117).

271 행정대집행법상 대집행에 대한 설명으로 가장 적절하지 않은 것은? (다툼이 있는 경우 판례에 의함)

① 행정청의 명령에 의한 행위뿐만 아니라 법률에 의하여 직접 명령된 행위도 행정대집행의 대상이 된다.

② 도시공원시설인 매점에 대해서 관리청이 점유자에게 매점으로부터 퇴거하고 이에 부수하여 그 판매 시설물 및 상품을 반출하라고 명한 경우에 행정대집행을 할 수 있다.

③ 행정대집행의 절차가 인정되는 경우에 따로 민사소송의 방법으로 공작물의 철거를 구할 수는 없다.

④ 건물의 점유자가 철거의무자일 때에 행정청이 행정대집행의 방법으로 건물철거의무의 이행을 실현할 수 있는 경우에 건물철거 대집행 과정에서 부수적으로 그 건물의 점유자들에 대한 퇴거 조치를 할 수 있다.

정답찾기

② 도시공원시설인 매점의 관리청이 그 공동점유자 중의 1인에 대하여 소정의 기간 내에 위 매점으로부터 퇴거하고 이에 부수하여 그 판매 시설물 및 상품을 반출하지 아니할 때에는 이를 대집행하겠다는 내용의 계고처분은 그 주된 목적이 매점의 원형을 보존하기 위하여 점유자가 설치한 불법 시설물을 철거하고자 하는 것이 아니라, 매점에 대한 점유자의 점유를 배제하고 그 점유이전을 받는 데 있다고 할 것인데, 이러한 의무는 그것을 강제적으로 실현함에 있어 직접적인 실력행사가 필요한 것이지 대체적 작위의무에 해당하는 것은 아니어서 직접강제의 방법에 의하는 것은 별론으로 하고 행정대집행법에 의한 대집행의 대상이 되는 것은 아니다(대판 1998.10.23, 97누157).

272 행정상 강제집행에 대한 설명으로 가장 적절한 것은? (다툼이 있으면 판례에 의함) 11. 경찰

① 행정상 강제집행의 수단에 대집행, 직접강제, 공법상계약 등이 있다.

② 조세의 부과처분이 무효인 경우 체납처분도 무효이다.

③ 행정상 강제징수의 일반법으로 경찰관직무집행법이 있다.

④ 집행벌(이행강제금)과 행정벌은 병행하여 부과될 수 없다.

정답찾기

① 행정상 강제집행에는 대집행, 강제징수, 이행강제금(집행벌), 직접강제가 있다.

③ 행정상 강제징수의 일반법에는 국세징수법이 있다.

④ 건축법 제79조에 의한 형사처벌의 대상이 되는 범죄의 구성요건은 허가권자의 허가 없이 건축행위 또는 건축물의 용도변경행위를 한 것이고, 건축법 제83조 제1항에 의한 이행강제금은 위법건축물에 대한 시정명령을 받고도 건축주 등이 이를 시정하지 아니할 때 부과하는 것이므로, 양자는 처벌 내지 제재대상이 되는 기본적 사실관계로서의 행위를 달리할 뿐만 아니라 그 보호법익과 목적에서도 차이가 있고, 또한 무허가 건축행위에 대한 형사처벌시에 위법건축물에 대한 시정명령의 위반행위까지 평가되었다고 할 수 없으므로, 시정명령 위반행위가 무허가 건축행위의 불가벌적 사후행위라고 할 수도 없어 위 이행강제금을 부과하는 것은 이중처벌에 해당한다고 할 수 없다(헌재 2004.2.26, 2001헌바80).

---

273 행정의 실효성확보수단에 관한 다음 설명 중 가장 적절한 것은? 12. 경찰

① 대집행의 절차로는 계고, 대집행영장에 의한 통지, 직접강제, 비용의 징수 순으로 진행된다.

② 행정벌에는 행정형벌과 행정질서벌이 있으며, 행정질서벌의 종류로는 과태료와 과징금이 있다.

③ 행정상 강제집행에는 대집행, 강제징수, 집행벌(이행강제금), 직접강제가 있다.

④ 공무원에 대한 징계처분은 행정벌에 속한다.

정답찾기

① 대집행의 절차는 '계고 - 대집행영장에 의한 통지 - 대집행의 실행 - 비용징수'의 단계를 거친다.

② 과태료가 행정질서벌에 해당한다. 과징금은 종래에는 경제법상의 의무위반행위로 얻은 불법적 이익을 박탈하기 위한 금전적 제재를 의미하였다. 그러나 현재는 다수의 국민이 이용하는 사업 또는 국가·사회에 중대한 영향을 미치는 이른바 공공성이 강한 사업을 시행하는 자가 행정법규를 위반한 경우 그 위반자에 대하여 그 인·허가 사업 등을 정지처분하게 되면, 일반 국민의 생활상 불편이 야기될 것을 고려하여, 이러한 정지처분에 갈음하여 사업을 계속하게 하되 사업을 계속함으로써 얻은 이익을 박탈하는 행정제재금을 의미한다.

④ 행정벌에는 행정형벌과 행정질서벌이 있고, 행정형벌은 행정법상의 의무위반에 대하여 형법에 정해진 형벌을 부과하는 것을 뜻한다. 그러므로 행정형벌의 부과시에는 형법총칙이 적용되며 형사소송법에 의한 형벌의 부과절차를 거쳐야 한다. 그러나 징계의 경우 징계사유가 있을 때 징계절차를 거쳐 형벌이 아닌 징계를 가한다는 점에서 징계벌은 행정벌이 아닌 별도의 제재에 해당한다.

274 다음 이행강제금에 대한 설명 중 적절한 것은 모두 몇개인가? (다툼이 있는 경우 판례에 의함) 20. 경찰

> ㉠ 건축법상 이행강제금은 시정명령의 위반이라는 과거의 위반행위에 대한 제재이다.
> ㉡ 이행강제금 부과처분에 대해 비송사건절차법 에 의한 특별한 불복절차가 마련되어 있는 경우 이행강제금 부과처분은 항고소송의 대상이 되는 행정처분이 아니다.
> ㉢ 근로기준법상 이행강제금의 부과 예고는 '계고'에 해당한다.
> ㉣ 이행강제금은 대체적 작위의무의 위반에 대하여도 부과될 수 있다.
> ㉤ 이행강제금은 일정한 기한까지 의무를 이행하지 않았을 때에는 일정한 금전적 부담을 과하는 것으로서, 헌법 제13조 제1항이 금지하는 이중처벌금지의 원칙의 적용대상이 된다.

① 1개   ② 2개
③ 3개   ④ 4개

정답찾기

지문의 내용 중 옳은 것은 ㉡㉢㉣이다.

㉠ 구 건축법(2014.5.28. 법률 제12701호로 개정되기 전의 것, 이하 같다) 제79조 제1항, 제80조 제1항, 제2항, 제4항 본문, 제5항의 내용, 체계 및 취지 등을 종합하면, 구 건축법상 이행강제금은 시정명령의 불이행이라는 과거의 위반행위에 대한 제재가 아니라, 시정명령을 이행하지 않고 있는 건축주·공사시공자·현장관리인·소유자·관리자 또는 점유자(이하 '건축주 등'이라 한다)에 대하여 다시 상당한 이행기한을 부여하고 기한 안에 시정명령을 이행하지 않으면 이행강제금이 부과된다는 사실을 고지함으로써 의무자에게 심리적 압박을 주어 시정명령에 따른 의무의 이행을 간접적으로 강제하는 행정상의 간접강제 수단에 해당한다(대판 2016.7.14, 2015두46598).

㉤ 이행강제금은 일정한 기한까지 의무를 이행하지 않을 때에는 일정한 금전적 부담을 과할 뜻을 미리 계고함으로써 의무자에게 심리적 압박을 주어 장래에 그 의무를 이행하게 하려는 행정상 간접적인 강제집행 수단의 하나로서 과거의 일정한 법률위반 행위에 대한 제재로서의 형벌이 아니라 장래의 의무이행의 확보를 위한 강제수단일 뿐이어서 범죄에 대하여 국가가 형벌권을 실행한다고 하는 과벌에 해당하지 아니하므로 헌법 제13조 제1항이 금지하는 이중처벌금지의 원칙이 적용될 여지가 없을 뿐 아니라, 건축법 제108조, 제110조에 의한 형사처벌의 대상이 되는 행위와 이 사건 법률조항에 따라 이행강제금이 부과되는 행위는 기초적 사실관계가 동일한 행위가 아니라 할 것이므로 이런 점에서도 이 사건 법률조항이 헌법 제13조 제1항의 이중처벌금지의 원칙에 위반되지 아니한다[헌재 2011.10.25, 2009헌바140(전합)].

Answer 272 ② 273 ③ 274 ③

275 행정상 강제징수에 대한 설명으로 가장 적절하지 않은 것은? (다툼이 있는 경우 판례에 의함)   20. 경찰

① 행정상 강제징수란 국민이 국가 등 행정주체에 대하여 부담하고 있는 공법상의 금전급부의무를 이행하지 않은 경우 행정청이 의무자의 재산에 실력을 가하여 의무가 이행된 것과 동일한 상태를 실현하는 행정상 강제집행수단을 말한다.

② 국세징수법상 공매통지는 국가의 강제력에 의하여 진행되는 공매절차에서 체납자 등의 권리 내지 재산상 이익을 보호하기 위하여 법률로 규정한 절차적 요건에 해당하기 때문에 그 통지를 하지 아니한 채 공매처분을 한 경우에는 그 공매처분은 당연무효이다.

③ 국세징수법상 압류 후 부과처분의 근거법률이 위헌으로 결정된 경우에는 압류를 해제하여야 한다.

④ 국세징수법상 재판상의 가압류 또는 가처분 재산이 체납처분의 대상인 경우에도 국세징수법에 따른 체납처분을 한다.

> **정답찾기**
>
> ② 구 국세징수법(2011.4.4. 법률 제10527호로 개정되기 전의 것) 제68조는 세무서장이 압류된 재산의 공매를 공고한 때에는 즉시 그 내용을 체납자 등에게 통지하도록 정하고 있다. 이러한 체납자 등에 대한 공매통지는 국가의 강제력에 의하여 진행되는 공매절차에서 체납자 등의 권리 내지 재산상 이익을 보호하기 위하여 법률로 규정한 절차적 요건에 해당하지만, 그 <u>통지를 하지 아니한 채 공매처분을 하였다 하여도 그 공매처분이 당연무효로 되는 것은 아니다</u>(대판 2012.7.26, 2010다50625).

276 행정상 강제집행에 대한 설명으로 가장 적절하지 않은 것은? (다툼이 있으면 판례에 의함)   13. 경찰

① 도시공원시설 점유자의 퇴거 및 명도의무는 행정대집행법에 의한 대집행의 대상이 될 수 없다.

② 한국자산공사의 재공매결정과 공매통지는 항고소송의 대상이 되는 행정처분에 해당하지 않는다.

③ 건물의 소유자에게 철거대집행계고처분을 고지한 후 이에 불응하자 다시 제2차, 제3차 계고서를 발송하여 일정기간까지의 자진철거를 촉구하고 불이행하면 대집행을 한다는 뜻을 고지한 경우 제2차, 제3차의 계고처분은 새로운 철거의무를 부과하는 행정처분에 해당한다.

④ 국세징수법상 체납액의 징수 순위는 체납처분비, 국세, 가산금의 순서에 따른다.

> **정답찾기**
>
> ③ 제1차로 철거명령 및 계고처분을 한 데 이어 제2차로 계고서를 송달하였음에도 불응함에 따라 대집행을 일부 실행한 후 철거의무자의 연기원을 받아들여 나머지 부분의 철거를 진행하지 않고 있다가 연기기한이 지나자 다시 제3차로 철거명령 및 대집행계고를 한 경우, 행정대집행법상의 철거의무는 제1차 철거명령 및 계고처분으로써 발생하였다고 할 것이고, <u>제3차 철거명령 및 대집행계고는 새로운 철거의무를 부과하는 것이라고는 볼 수 없으며, 단지 종전의 계고처분에 의한 건물철거를 독촉하거나 그 대집행기한을 연기한다는 통지에 불과하므로 취소소송의 대상이 되는 독립한 행정처분이라고 할 수 없다</u>고 보았다(대판 2000.2.22, 98두4665).

277 다음은 행정의 실효성 확보수단에 대해 설명한 것이다. 가장 적절하지 않은 것은? (다툼이 있으면 판례에 의함)

14. 경찰

① 공급거부란 행정법상의 의무를 위반하거나 불이행한 자에 대해 일정한 재화나 서비스의 공급을 거부하는 행정작용을 말한다.

② 가산금은 세법상의 의무의 성실한 이행을 확보하기 위하여 세법에 의하여 산출된 세액에 가산하여 징수하는 금액을 말한다.

③ 이행강제금은 의무의 불이행시에 일정액수의 금전납부의무가 부과될 것임을 의무자에게 미리 계고함으로써 의무의 이행을 확보하는 수단을 말한다.

④ 명단의 공표란 행정법상의 의무 위반 또는 불이행이 있는 경우 그 위반자의 성명, 위반사실 등을 일반에게 공개하여 명예 또는 신용에 침해를 가함으로써 심리적인 압박을 가하여 행정법상 의무이행을 확보하는 수단을 말한다.

정답찾기

② 지문의 내용은 가산세에 대한 설명이다. 가산금이란 금전급부의무의 불이행에 대하여 가해지는 금전부담으로 일종의 연체금을 말한다.

278 행정의 실효성확보수단에 관한 다음 설명 중 가장 적절하지 않은 것은? (다툼이 있으면 판례에 의함) 　14. 경찰

① 행정상 대집행은 대집행 절차에 따라 계고를 함에 의무자가 스스로 이행하지 아니하는 경우 대집행할 행위의 내용과 범위가 구체적으로 특정되어야 하며, 대집행 내용과 범위는 반드시 대집행 계고서에 특정되어야 한다.

② 이행강제금(집행벌)은 장래의 의무이행을 심리적으로 강제하기 위한 것으로 의무이행이 있기까지 반복하여 부과할 수 있다.

③ 이행강제금과 행정벌은 병과가 가능하며, 병과하여도 헌법상 이중처벌금지에 위반되지 아니한다.

④ 대집행을 실시하기 위하여 지출한 비용은 행정대집행법 절차에 따라 국세징수법의 예에 의하여 징수할 수 있으므로 민사소송절차에 의한 청구는 소의 이익이 없어 부적법하다.

정답찾기

① 행정청이 행정대집행법 제3조 제1항에 의한 대집행계고를 함에 있어서는 의무자가 스스로 이행하지 아니하는 경우에 대집행할 행위의 내용 및 범위가 구체적으로 특정되어야 하지만, 그 행위의 내용 및 범위는 반드시 대집행계고서에 의하여서만 특정되어야 하는 것이 아니고 계고처분 전후에 송달된 문서나 기타 사정을 종합하여 행위의 내용이 특정되거나 대집행 의무자가 그 이행의무의 범위를 알 수 있으면 족하다(대판 1997.2.14, 96누15428).

279 행정대집행에 관한 설명이다. 다음 중 적절하지 않은 것은? (다툼이 있으면 판례에 의함)   16. 경찰

① 구 공공용지의 취득 및 손실보상에 관한 특례법에 의한 협의취득 시 건물소유자가 협의취득 대상 건물에 대하여 약정한 철거의무는 공법상 의무가 아닐 뿐만 아니라, 구 공익사업을 위한 토지 등의 취득 및 보상에 관한 법률 제89조에서 정한 행정대집행법의 대상이 되는 '이 법 또는 이 법에 의한 처분으로 인한 의무'에도 해당하지 아니한다.

② 행정청은 비상시 또는 위험이 절박한 경우에 있어서 당해 행위의 급속한 실시를 요하여 계고절차를 취할 여유가 없더라도 계고절차를 생략할 수 없다.

③ 판례는 계고서라는 명칭의 1장의 문서로서 일정기간 내에 위법 건축물의 자진철거를 명함과 동시에 그 소정 기한 내에 자진철거를 하지 아니할 때에는 대집행할 뜻을 미리 계고한 경우라도 「건축법」에 의한 철거명령 과 행정대집행법에 의한 계고처분은 독립하여 있는 것으로서 각 그 요건이 충족되었다고 본다.

④ 판례는 행정청이 구 행정대집행법 제3조 제1항에 의한 대집행 계고를 함에 있어서는 '의무자가 스스로 이행 하지 아니하는 경우에 대집행할 행위의 내용 및 범위'가 구체적으로 특정되어야 하나, 그 행위의 내용 및 범위는 반드시 대집행 계고서에 의하여서만 특정되어야 하는 것이 아니고 계고처분 전후에 송달된 문서나 기타 사정을 종합하여 행위의 내용이 특정되면 족하다고 본다.

정답찾기
② 비상시 또는 위험이 절박한 경우에 있어서 당해 행위의 급속한 실시를 요하여 전2항에 규정한 수속(대집행의 계고, 대집행 영장에 의한 통지)을 취할 여유가 없을 때에는 그 수속을 거치지 아니하고 대집행을 할 수 있다(행정대집행법 제3조 제3항).

280 행정상 강제집행에 대한 설명으로 가장 적절하지 않은 것은? (다툼이 있는 경우 판례에 의함)   18. 경찰

① 계고처분의 후속절차인 대집행에 위법이 있다 하더라도 선행절차인 계고처분이 부적법하게 되는 것은 아니다.

② 구 건축법(2005.11.8. 법률 제7696호로 개정되기 전의 것)상의 이행강제금 납부의무는 상속인 기타의 사람에 게 승계될 수 있다.

③ 행정상 강제징수에 있어 독촉은 처분성이 인정되나 최초 독촉 후에 동일한 내용에 대해 반복한 독촉은 처분 성이 인정되지 않는다.

④ 직접강제는 권력적 사실행위로서 처분성이 인정되므로 항고소송의 대상이 되지만 통상 단기간에 종료되므로 소의 이익이 부정될 가능성이 크다.

정답찾기
② 구 건축법(2005.11.8. 법률 제7696호로 개정되기 전의 것)상의 이행강제금은 구 건축법의 위반행위에 대하여 시정명령을 받은 후 시정기간 내에 당해 시정명령을 이행하지 아니한 건축주 등에 대하여 부과되는 간접강제의 일종으로서 그 이행강제금 납부의무는 상속인 기타의 사람에게 승계될 수 없는 일신전속적인 성질의 것이므로 이미 사망한 사람에게 이행강제금을 부과하는 내용의 처분 이나 결정은 당연무효이고, 이행강제금을 부과받은 사람의 이의에 의하여 비송사건절차법에 의한 재판절차가 개시된 후에 그 이의한 사람이 사망한 때에는 사건 자체가 목적을 잃고 절차가 종료한다(대결 2006.12.8, 2006마470).

281 경찰상 강제집행에 대한 설명 중 가장 적절한 것은?

① 대집행은 비대체적 작위의무의 불이행이 있는 경우 행정청이 의무자의 비대체적 작위의무를 스스로 행하거나 또는 제3자로 하여금 이를 행하게 하고 그 비용을 의무자로부터 징수하는 것을 말하는데, 그 예로 이동명령에 불응하는 불법주차차량의 견인조치가 있다.

② 집행벌(이행강제금)은 부작위의무 또는 대체적 작위의무를 강제하기 위하여 일정한 기한까지 의무를 이행하지 않으면 과태료를 과한다는 뜻을 미리 계고하여 의무자에게 심리적 압박을 가함으로써 의무이행을 간접적으로 강제하는 수단을 말하는데, 경찰벌과 병과해서 행할 수는 없다.

③ 강제징수는 국민이 국가 또는 공공단체에 대해 부담하고 있는 공법상의 금전급부의무를 이행하지 않는 경우에 행정청이 강제적으로 의무가 이행된 것과 동일한 상태를 실현시키는 작용을 말하는데, 국세기본법상 강제징수절차는 '독촉 ⇨ 체납처분(압류 – 매각 – 정산) ⇨ 결손처분' 순으로 진행된다.

④ 직접강제는 의무의 불이행이 있는 경우 직접 의무자의 신체·재산에 실력을 가하여 의무의 이행이 있었던 것과 같은 상태를 실현하는 작용을 말하는데, 대체적 작위의무뿐만 아니라 비대체적 작위의무·부작위의무·수인의무 등 모든 의무의 불이행에 대하여 활용할 수 있다.

정답찾기

① 대집행은 <u>대체적 작위의무의 불이행</u>이 있는 경우 행정청이 의무자의 작위의무를 스스로 행하거나 또는 제3자로 하여금 이를 행하게 하고 그 비용을 의무자로부터 징수하는 것을 말하는데, 그 예로 이동명령에 불응하는 불법주차차량의 견인조치가 있다.

② 집행벌(이행강제금)은 부작위의무 또는 비대체적 작위의무를 강제하기 위하여 일정한 기한까지 의무를 이행하지 않으면 집행벌(이행강제금)을 과한다는 뜻을 미리 계고하여 의무자에게 심리적 압박을 가함으로써 의무이행을 간접적으로 강제하는 수단을 말하고, <u>경찰벌과 병과할 수 있다.</u>

　　📖 **관련 판례**

> [1] **건축법상 시정명령을 위반한 자에 대하여 그 이행을 강제하기 위해서 이행강제금을 부과하는 건축법 제83조 제1항이 과잉금지원칙 및 이중처벌금지원칙에 위배되는지 여부(소극)**
>
> 전통적으로 행정대집행은 대체적 작위의무에 대한 강제집행수단으로, 이행강제금은 부작위의무나 비대체적 작위의무에 대한 강제집행수단으로 이해되어 왔으나, 이는 이행강제금제도의 본질에서 오는 제약은 아니며, <u>이행강제금은 대체적 작위의무의 위반에 대하여도 부과될 수 있다.</u> 현행 건축법상 위법건축물에 대한 이행강제수단으로 대집행과 이행강제금(제83조 제1항)이 인정되고 있는데, 양 제도는 각각의 장·단점이 있으므로 행정청은 개별사건에 있어서 위반내용, 위반자의 시정의지 등을 감안하여 대집행과 이행강제금을 선택적으로 활용할 수 있으며, 이처럼 그 합리적인 재량에 의해 선택하여 활용하는 이상 중첩적인 제재에 해당한다고 볼 수 없다[헌재 2004.2.26, 2001헌바80(전합)].
>
> [2] **이행강제금이 이중처벌금지의 원칙에 위배되는지 여부(소극)**
>
> 이 사건 법률조항에서 규정하고 있는 이행강제금은 일정한 기한까지 의무를 이행하지 않을 때에는 일정한 금전적 부담을 과할 뜻을 미리 계고함으로써 의무자에게 심리적 압박을 주어 장래에 그 의무를 이행하게 하려는 행정상 간접적인 강제집행 수단의 하나로서 과거의 일정한 법률위반 행위에 대한 제재로서의 형벌이 아니라 장래의 의무이행의 확보를 위한 강제수단일 <u>뿐이어서 범죄에 대하여 국가가 형벌권을 실행한다고 하는 과벌에 해당하지 아니하므로 헌법 제13조 제1항이 금지하는 이중처벌금지의 원칙이 적용될 여지가 없을 뿐 아니라,</u> 건축법 제108조, 제110조에 의한 형사처벌의 대상이 되는 행위와 이 사건 법률조항에 따라 이행강제금이 부과되는 행위는 기초적 사실관계가 동일한 행위가 아니라 할 것이므로 이런 점에서도 이 사건 법률조항이 헌법 제13조 제1항의 이중처벌금지의 원칙에 위반되지 아니한다[헌재 2011.10.25, 2009헌바140(전합)].

③ 강제징수는 국민이 국가 또는 공공단체에 대해 부담하고 있는 공법상의 금전급부의무를 이행하지 않는 경우에 행정청이 강제적으로 의무가 이행된 것과 동일한 상태를 실현시키는 작용을 말하는데, <u>국세징수법상 강제징수절차는 '독촉 ⇨ 체납처분(압류 – 매각 – 청산)</u>의 순서로 진행된다.

Answer 279 ② 280 ② 281 ④

282 즉시강제에 대한 설명으로 가장 적절하지 않은 것은?

14. 경찰승진

① 행정상(경찰상) 즉시강제는 이른바 권력적 사실행위로서 행정쟁송의 대상인 '처분 등'에 해당한다고 할 수 있다.

② 즉시강제는 성질상 단기간 내에 종료되어 행정처분과 같이 취소 · 변경을 구할 법률상의 이익이 존재하지 않는 것이 대부분이어서, 행정소송에 의한 구제는 즉시강제의 성질상 적합하지 아니하다.

③ 행정상 즉시강제는 권력적 사실작용이라는 점에서 행정상 강제집행과 같으므로 반드시 선행의무 및 그 불이행을 전제로 한다.

④ 위법한 즉시강제에 대하여는 '형법'상 정당방위가 인정될 수 있으므로 이 경우 저항행위는 공무집행방해죄가 성립하지 않는다.

정답찾기

③ 행정상 즉시강제란 행정강제의 일종으로서 목전의 급박한 행정상 장해를 제거할 필요가 있는 경우에, 미리 의무를 명할 시간적 여유가 없을 때 또는 그 성질상 의무를 명하여 가지고는 목적달성이 곤란할 때에, 직접 국민의 신체 또는 재산에 실력을 가하여 행정상 필요한 상태를 실현하는 작용이며, 법령 또는 행정처분에 의한 선행의 구체적 의무의 존재와 그 불이행을 전제로 하는 행정상 강제집행과 구별된다(헌재 2002.10.31, 2000헌가12).

283 다음은 행정상 즉시강제에 관한 사례이다. 보기 중 가장 적절하지 않은 것은? (다툼이 있는 경우 판례에 의함)

12. 경찰

> A구 구청장은 2000.5.1. 그 소속 공무원으로 하여금 甲이 운영하는 불법 사행성게임장을 단속하게 하여, 그곳에 있던 甲소유의 '릴식트로리' 기판 7대를 '등급분류를 받지 아니하거나 등급분류를 받은 게임물과 다른 내용의 게임물'이라는 이유로 음반 · 비디오 및 게임물에 관한 법률 제24조 제3항 제4호에 근거하여 수거하였다. 당시 단속공무원 乙 등은 영장을 제시하지 않았으나 권한을 표시하는 증표를 甲에게 제시하고 수거증을 교부하였으며, 사전통지나 의견제출의 기회는 부여하지 않았다.

① 행정상 즉시강제는 그 본질상 행정목적 달성을 위하여 불가피한 한도 내에서 예외적으로 허용된다.

② 단속을 실시하는 중에 영장이 없다는 이유로 甲이 저항하자 단속공무원 乙 등이 과도하게 실력행사를 하여 甲에게 손해를 가하였다면 국가배상의 문제가 발생할 소지가 있다.

③ 단속하기 전 甲에게 사전통지나 의견제출의 기회를 부여하지 않았다고 하여 적법절차 원칙에 위반되는 것으로는 볼 수 없다.

④ 행정상 즉시강제에도 원칙적으로 영장주의가 적용되므로 단속공무원 乙 등이 영장없이 단속한 행위는 바로 위법한 것이 된다.

정답찾기

④ 행정상 즉시강제에 있어 영장주의가 적용되는지에 관해 학설의 다툼이 있으나 통설 · 판례는 행정상 즉시강제에 있어서도 영장주의는 적용되어야 하지만 행정목적의 달성을 위하여 불가피한 경우에 영장주의의 예외를 인정해야 한다는 입장(절충설)을 취하고 있다.

📕 **관련 판례**

> 사전영장주의는 인신보호를 위한 헌법상의 기속원리이기 때문에 인신의 자유를 제한하는 모든 국가작용의 영역에서 존중되어야 하지만, 헌법 제12조 제3항 단서도 사전영장주의의 예외를 인정하고 있는 것처럼 사전영장주의를 고수하다가는 도저히 행정목적을 달성할 수 없는 지극히 예외적인 경우에는 형사절차에서와 같은 예외가 인정된다[대법원 1997.6.13, 선고, 96다56115, 판결].

284 행정상 실효성 확보수단에 대한 설명으로 가장 적절하지 않은 것은?

① 행정상 강제집행의 수단은 대집행, 집행벌, 직접강제, 행정상 강제징수 등이 있다.

② 즉시강제에서 영장주의가 적용되는가의 여부에 대하여 판례는 국민의 권익보호를 위하여 예외 없이 영장주의가 적용되어야 한다는 영장필요설의 입장을 취하고 있다.

③ 불법 게임물에 대한 폐기처분에 대하여 판례는 이를 행정상 즉시강제로 보고 있다.

④ 술에 취한 상태로 인하여 자기 또는 타인의 생명·신체와 재산에 위해를 미칠 우려가 있는 피구호자에 대한 보호조치는 경찰행정상 즉시강제에 해당한다는 것이 판례의 입장이다.

정답찾기

② 이 사건 법률조항은 앞에서 본바와 같이 급박한 상황에 대처하기 위한 것으로서 그 불가피성과 정당성이 충분히 인정되는 경우이므로, 이 사건 법률조항이 영장 없는 수거를 인정한다고 하더라도 이를 두고 헌법상 영장주의에 위배되는 것으로는 볼 수 없고, 위 구 음반비디오물 및 게임물에 관한 법률 제24조 제4항에서 관계공무원이 당해 게임물 등을 수거한 때에는 그 소유자 또는 점유자에게 수거증을 교부하도록 하고 있고, 동조 제6항에서 수거 등 처분을 하는 관계공무원이나 협회 또는 단체의 임·직원은 그 권한을 표시하는 증표를 지니고 관계인에게 이를 제시하도록 하는 등의 절차적 요건을 규정하고 있으므로, 이 사건 법률조항이 적법절차의 원칙에 위배되는 것으로 보기도 어렵다(헌재 2000헌가12, 2002.10.31.).

관련 판례

사전영장주의는 인신보호를 위한 헌법상의 기속원리이기 때문에 인신의 자유를 제한하는 모든 국가작용의 영역에서 존중되어야 하지만, 헌법 제12조 제3항 단서도 사전영장주의의 예외를 인정하고 있는 것처럼 사전영장주의를 고수하다가는 도저히 행정목적을 달성할 수 없는 지극히 예외적인 경우에는 형사절차에서와 같은 예외가 인정된다[대법원 1997.6.13, 선고, 96다56115, 판결].

285 **행정상 즉시강제에 대한 설명으로 가장 적절하지 않은 것은? (다툼이 있는 경우 판례에 의함)**

① 경찰관 직무집행법 제4조 제1항 제1호에서 규정하는 "술에 취하여 자신 또는 다른 사람의 생명·신체·재산에 위해를 끼칠 우려가 있는 사람"에 대한 보호조치는 행정상 즉시강제에 해당한다.

② 경찰관 직무집행법 제6조 제1항("경찰관은 범죄행위가 목전에 행하여지려고 하고 있다고 인정될 때에는 이를 예방하기 위하여 관계인에게 필요한 경고를 하고, 그 행위로 인하여 사람의 생명·신체에 위해를 끼치거나 재산에 중대한 손해를 끼칠 우려가 있는 긴급한 경우에는 그 행위를 제지할 수 있다.") 중 경찰관의 제지에 관한 부분은 범죄의 예방을 위한 행정상 즉시강제에 관한 근거 조항이다.

③ 사전영장주의원칙은 인신보호를 위한 헌법상의 기속원리이기 때문에 인신의 자유를 제한하는 행정상 즉시강제에서도 존중되어야 하고, 다만 사전영장주의를 고수하다가는 도저히 그 목적을 달성할 수 없는 지극히 예외적인 경우에만 형사절차에서와 같은 예외가 인정된다.

④ 출입국관리법에 따른 강제퇴거명령을 받은 외국인의 '보호'(출국시키기 위하여 외국인보호실, 외국인보호소 또는 그 밖에 법무부장관이 지정하는 장소에 인치하고 수용하는 집행활동)는 행정상 즉시강제로서 그 기간의 상한을 법률에서 규정하지 않은 것은 헌법에 위반된다.

정답찾기

④ 출입국관리법상 보호는 국가행정인 출입국관리행정의 일환이며, 주권국가로서의 기능을 수행하는 데 필요한 것이므로 일정부분 입법정책적으로 결정될 수 있다. 심판대상조항은 외국인의 출입국과 체류를 적절하게 통제하고 조정하여 국가의 안전보장·질서유지 및 공공복리를 도모하기 위한 것으로 입법목적이 정당하다. 강제퇴거대상자를 출국 요건이 구비될 때까지 보호시설에 보호하는 것은 강제퇴거명령의 신속하고 효율적인 집행과 외국인의 출입국·체류관리를 위한 효과적인 방법이므로 수단의 적정성도 인정된다. 강제퇴거대상자의 송환이 언제 가능해질 것인지 미리 알 수가 없으므로, 심판대상조항이 보호기간의 상한을 두지 않은 것은 입법목적 달성을 위해 불가피한 측면이 있다. 보호기간의 상한이 규정될 경우, 그 상한을 초과하면 보호는 해제되어야 하는데, 강제퇴거대상자들이 보호해제 된 후 잠적할 경우 강제퇴거명령의 집행이 현저히 어려워질 수 있고, 그들이 범죄에 연루되거나 범죄의 대상이 될 수도 있다. 강제퇴거대상자는 강제퇴거명령을 집행할 수 있을 때까지 일시적·잠정적으로 신체의 자유를 제한받는 것이며, 보호의 일시해제, 이의신청, 행정소송 및 집행정지 등 강제퇴거대상자가 보호에서 해제될 수 있는 다양한 제도가 마련되어 있다. 따라서 심판대상조항은 침해의 최소성 및 법익의 균형성 요건도 충족한다. 그러므로 심판대상조항은 과잉금지원칙에 위배되어 신체의 자유를 침해하지 아니한다[헌재 2018.2.22. 2017헌가29(전합)].

286 행정의 실효성 확보에 대한 설명이다. 다음 중 가장 적절한 것은? (다툼이 있으면 판례에 의함) 15. 경찰

① 도시공원시설 점유자의 퇴거 및 명도의무는 행정대집행법에 의한 대집행의 대상이 된다.
② 행정청이 대집행 계고처분을 함에 있어 대집행할 내용 및 범위가 반드시 대집행 계고서에 의해서만 특정될 필요는 없고 계고처분 전후에 송달된 문서나 기타 사정 등을 통해 알 수 있으면 족하다.
③ 건축법상 이행강제금은 반복하여 부과할 수 없다.
④ 재범의 위험성이 현저한 자를 상대로 긴급히 보호할 필요가 있는 경우에 한하여 단기간의 동행보호를 허용한 (구) 사회안전법상 동행보호규정은 사전영장주의를 규정한 헌법규정에 반한다.

정답찾기

① 도시공원시설인 매점의 관리청이 그 공동점유자 중의 1인에 대하여 소정의 기간 내에 위 매점으로부터 퇴거하고 이에 부수하여 그 판매 시설물 및 상품을 반출하지 아니할 때에는 이를 대집행하겠다는 내용의 계고처분은 그 주된 목적이 매점의 원형을 보존하기 위하여 점유자가 설치한 불법 시설물을 철거하고자 하는 것이 아니라, 매점에 대한 점유자의 점유를 배제하고 그 점유이전을 받는 데 있다고 할 것인데, 이러한 의무는 그것을 강제적으로 실현함에 있어 직접적인 실력행사가 필요한 것이지 대체적 작위의무에 해당하는 것은 아니어서 직접강제의 방법에 의하는 것은 별론으로 하고 행정대집행법에 의한 대집행의 대상이 되는 것은 아니다(대판 1998.10.23, 97누157).
③ 허가권자는 최초의 시정명령이 있었던 날을 기준으로 하여 1년에 2회 이내의 범위에서 해당 지방자치단체의 조례로 정하는 횟수만큼 그 시정명령이 이행될 때까지 반복하여 제1항 및 제2항에 따른 이행강제금을 부과·징수할 수 있다. 다만, 제1항 각 호 외의 부분 단서에 해당하면 총 부과 횟수가 5회를 넘지 아니하는 범위에서 해당 지방자치단체의 조례로 부과 횟수를 따로 정할 수 있다(건축법 제80조 제5항).
④ 사전영장주의는 인신보호를 위한 헌법상의 기속원리이기 때문에 인신의 자유를 제한하는 모든 국가작용의 영역에서 존중되어야 하지만, 헌법 제12조 제3항 단서도 사전영장주의의 예외를 인정하고 있는 것처럼 사전영장주의를 고수하다가는 도저히 행정목적을 달성할 수 없는 지극히 예외적인 경우에는 형사절차에서와 같은 예외가 인정되므로, 구 사회안전법(1989.6.16. 법률 제4132호에 의해 '보안관찰법'이란 명칭으로 전문 개정되기 전의 것) 제11조 소정의 동행보호규정은 재범의 위험성이 현저한 자를 상대로 긴급히 보호할 필요가 있는 경우에 한하여 단기간의 동행보호를 허용한 것으로서 그 요건을 엄격히 해석하는 한, 동 규정 자체가 사전영장주의를 규정한 헌법규정에 반한다고 볼 수는 없다(대판 1997.6.13, 96다56115).

Answer 285 ④ 286 ②

287 경찰상 의무이행 확보수단에 대한 설명으로 가장 적절한 것은?

21. 경찰승진

① 경찰상 강제집행은 경찰하명에 따른 경찰의무의 불이행이 있는 경우에 상대방의 신체 또는 재산이나 주거 등에 실력을 행사하여 경찰상 필요한 상태를 실현하는 작용으로 간접적 의무이행확보수단이다.

② 강제징수란 국민이 국가 또는 공공단체에 대해 부담하고 있는 공법상의 금전급부의무를 이행하지 않는 경우에 행정청이 강제적으로 의무가 이행된 것과 동일한 상태를 실현하는 작용으로 새로운 의무이행확보수단이다.

③ 집행벌은 의무이행을 위한 강제집행이라는 점에서 의무위반에 대한 제재인 경찰벌과 구별되며, 경찰벌과 병과해서 행할 수 있고, 의무이행될 때까지 반복적으로 부과하는 것도 가능하다.

④ 해산명령 불이행에 따른 해산조치, 불법영업소의 폐쇄조치, 감염병 환자의 즉각적인 강제격리는 모두 즉시강제에 해당한다.

> 정답찾기
> ① 경찰상 강제집행 중 대집행·강제징수·직접강제는 직접적 의무이행확보수단, 집행벌(이행강제금)은 간접적 의무이행확보수단에 해당한다.
> ② 강제징수는 전통적 의무이행확보수단에 해당한다.
> ④ 해산명령 불이행에 따른 해산조치, 불법영업소의 폐쇄조치(식품위생법 제79조)는 경찰상 강제집행 중 직접강제에 해당한다.

288 경찰의무의 이행확보수단에 대한 설명으로 가장 적절한 것은?

23. 경찰간부

① 형사처벌과 이행강제금을 병과하는 것은 헌법상의 이중처벌금지의 원칙에 위반된다.

② 경찰상의 강제집행의 실정법적 근거로는 경찰관 직무집행법이 유일하다.

③ 즉시강제는 경찰상의 이행을 확보하기 위한 가장 효과적인 수단이며, 공공의 안녕 또는 질서에 대한 급박한 위해가 존재하는 경우에는 국가는 그 위해를 제거하여 공공의 안녕과 질서를 유지할 자연법적 권리와 의무를 가지므로, 특별한 법률적 근거가 없다 하더라도 경찰상의 즉시강제가 가능하다.

④ 경찰상의 강제집행을 하기 위해서는 경찰의무를 부과하는 경찰하명의 근거가 되는 법률 이외에 경찰상의 강제집행을 위한 별도의 법적 근거가 있어야 한다.

> 정답찾기
> ① 형사처벌과 이행강제금의 부과는 그 처벌 내지 제재대상이 되는 기본적 사실관계로서의 행위를 달리하며, 또한 그 보호법익과 목적에도 차이가 있으므로 이중처벌에 해당한다고 할 수 없다(대판 2005.8.19, 2005마30).
> ② 경찰관 직무집행법은 경찰상 즉시강제의 기본법이다. 경찰상 강제집행과 관련하여 집회 및 시위에 관한 법률(집회 및 시위의 직접해산), 출입국관리법(출입국사범의 강제퇴거) 등에 근거 규정이 존재한다.
> ③ 즉시강제의 경우에도 개별적인 법적 근거를 필요로 한다.

289 행정상 즉시강제에 해당하는 것을 모두 고른 것은? (다툼이 있는 경우 판례에 의함) 22. 경찰

> ⊙ 경찰관 직무집행법 제6조 범죄의 예방을 위한 제지
> ⓛ 경찰관 직무집행법 제4조 제1항 제1호에서 규정하는 술에 취한 상태로 인하여 자기 또는 타인의 생명 신체와 재산에 위해를 미칠 우려가 있는 피구호자에 대한 보호조치
> ⓒ 행정대집행법 제2조 대집행
> ⓔ 국세징수법 제24조 강제징수

① 없음 ② 1개
③ 2개 ④ 3개

정답찾기

지문의 내용 중 행정상 즉시강제에 해당하는 것은 ⊙ⓛ이다. ⓒⓔ은 행정상 강제집행에 해당한다.

290 경찰행정의 실효성 확보수단에 관한 설명으로 가장 적절하지 않은 것은? (다툼이 있는 경우 판례에 의함) 24. 경찰

① 행정대집행은 대체적 작위의무 불이행에 대하여 다른 수단으로는 그 이행을 확보하기 곤란하고 불이행을 방치하면 공익을 크게 해칠 것으로 인정될 때에 행정청이 의무자가 하여야 할 행위를 스스로 하거나 제3자에게 하게 하고 그 비용을 의무자로부터 징수하는 것을 말한다.

② 행정청은 의무자가 행정상 의무를 이행할 때까지 이행강제금을 반복하여 부과할 수 있으나, 의무자가 의무를 이행하면 이미 부과한 이행강제금을 징수하여서는 안 된다.

③ 직접강제는 행정대집행이나 이행강제금 부과로는 행정상 의무이행을 확보할 수 없거나 그 실현이 불가능한 경우에 실시하여야 한다.

④ 경찰행정상 즉시강제는 눈앞의 급박한 경찰상 장해를 제거하여야 할 필요가 있고 의무를 명할 시간적 여유가 없거나 의무를 명하는 방법으로는 그 목적을 달성하기 어려운 상황에서 의무불이행을 전제로 하지 않고 경찰이 직접 실력을 행사하여 경찰상 필요한 상태를 실현하는 권력적 사실행위이다.

정답찾기

② 행정청은 의무자가 행정상 의무를 이행할 때까지 이행강제금을 반복하여 부과할 수 있다. 다만, 의무자가 의무를 이행하면 새로운 이행강제금의 부과를 즉시 중지하되, <u>이미 부과한 이행강제금은 징수하여야 한다</u>(행정기본법 제31조 제5항).

8 질서위반행위규제법

291 질서위반행위규제법에 대한 설명으로 적절하지 않은 것은 모두 몇 개인가?   17. 18. 경찰

> ㉠ 질서위반행위의 성립과 과태료 처분은 처분시의 법률에 따른다.
>
> ㉡ 고의 또는 과실이 없는 질서위반행위는 과태료를 감면한다.
>
> ㉢ 2인 이상이 질서위반행위에 가담한 때에는 각자가 질서위반행위를 한 것으로 본다.
>
> ㉣ 과태료는 행정청의 과태료 부과처분이나 법원의 과태료 재판이 확정된 후 3년간 징수하지 아니하거나 집행하지 아니하면 시효로 인하여 소멸한다.
>
> ㉤ 18세가 되지 아니한 자의 질서위반행위는 과태료를 부과하지 아니한다. 다만, 다른 법률에 특별한 규정이 있는 경우에는 그러하지 아니하다.
>
> ㉥ 행정청이 질서위반행위에 대하여 과태료를 부과하고자 하는 때에는 미리 당사자에게 대통령령으로 정하는 사항을 통지하고, 7일 이상의 기간을 정하여 의견을 제출할 기회를 주어야 한다. 이 경우 지정된 기일까지 의견 제출이 없는 경우에는 의견이 없는 것으로 본다.

① 2개   ② 3개   ③ 4개   ④ 5개

정답찾기

지문의 내용 중 적절하지 않은 것은 ㉠㉡㉣㉤㉥이다.

㉠ 질서위반행위의 성립과 과태료 처분은 <u>행위시의</u> 법률에 따른다(질서위반행위규제법 제3조 제1항).

㉡ 고의 또는 과실이 없는 질서위반행위는 <u>과태료를 부과하지 아니한다</u>(질서위반행위규제법 제7조).

㉣ 과태료는 행정청의 과태료 부과처분이나 법원의 과태료 재판이 확정된 후 <u>5년간</u> 징수하지 아니하거나 집행하지 아니하면 시효로 인하여 소멸한다(질서위반행위규제법 제15조 제1항).

㉤ <u>14세가</u> 되지 아니한 자의 질서위반행위는 과태료를 부과하지 아니한다. 다만, 다른 법률에 특별한 규정이 있는 경우에는 그러하지 아니하다(질서위반행위규제법 제9조).

㉥ 행정청이 질서위반행위에 대하여 과태료를 부과하고자 하는 때에는 미리 당사자에게 대통령령으로 정하는 사항을 통지하고, <u>10일 이상의</u> 기간을 정하여 의견을 제출할 기회를 주어야 한다. 이 경우 지정된 기일까지 의견 제출이 없는 경우에는 의견이 없는 것으로 본다(질서위반행위규제법 제16조 제1항).

292 「질서위반행위규제법」에 관한 설명으로 가장 적절하지 않은 것은? 24. 경찰

① 질서위반행위의 성립과 과태료 처분은 행위 시의 법률에 따른다.

② 심신장애로 인하여 행위의 옳고 그름을 판단할 능력이 없거나 그 판단에 따른 행위를 할 능력이 없는 자의 질서위반행위는 과태료를 감경한다.

③ 이 법은 대한민국 영역 밖에서 질서위반행위를 한 대한민국의 국민에게 적용한다.

④ 법률에 따르지 아니하고는 어떤 행위도 질서위반행위로 과태료를 부과하지 아니한다.

정답찾기

② 심신(心神)장애로 인하여 행위의 옳고 그름을 판단할 능력이 없거나 그 판단에 따른 행위를 할 능력이 없는 자의 질서위반행위는 <u>과태료를 부과하지 아니한다</u>(질서위반행위규제법 제10조 제1항).

4장

293 다음 질서위반행위규제법 및 질서위반행위규제법 시행령에 대한 내용에서 괄호 안에 들어갈 숫자를 모두 더한 값은? 21. 경찰승진

> ㉠ 과태료는 행정청의 과태료 부과처분이나 법원의 과태료 재판이 확정된 후 (   )년간 징수하지 아니하거나 집행하지 아니하면 시효로 인하여 소멸한다.
>
> ㉡ 동법 제19조 제1항에 따라 행정청은 질서위반행위가 종료된 날부터 (   )년이 경과한 경우에는 해당 질서위 반행위에 대하여 과태료를 부과할 수 없다.
>
> ㉢ (   )세가 되지 아니한 자의 질서위반행위는 과태료를 부과하지 아니한다.
>
> ㉣ 행정청은 당사자가 동법 제24조의3 제1항에 따라 과태료를 납부하기가 곤란하다고 인정되면 (   )년의 범위 에서 과태료의 분할납부나 납부기일의 연기를 결정할 수 있다.
>
> ㉤ 행정청은 ㉣에 따라 과태료의 분할납부나 납부기일의 연기(이하 "징수유예등"이라 한다)를 결정하는 경우 그 기간을 그 징수유예등을 결정한 날의 다음 날부터 (   )개월 이내로 하여야 한다.

① 26   ② 28   ③ 33   ④ 34

정답찾기

㉠은 5, ㉡은 5, ㉢은 14, ㉣은 1, ㉤은 90이다.

294 행정질서벌(과태료)에 관한 다음 설명 중 가장 적절한 것은? (다툼이 있는 경우 판례에 의함) 12. 경찰

① 행정질서벌인 과태료에 관한 일반법이 없으므로 형법총칙이 적용된다.

② 대법원은 행정형벌과 행정질서벌은 그 성질이나 목적을 달리하는 별개의 것이므로 행정질서벌인 과태료를 납부한 후에 형사처벌을 한다고 하여 이를 일사부재리의 원칙에 반하는 것이라고 할 수는 없다고 보고 있다.

③ 헌법재판소는 행정형벌과 행정질서벌은 서로 다른 성질의 행정벌이므로 동일 법규위반행위에 대하여 형벌을 부과 하면서 행정질서벌인 과태료까지 부과하였다 하더라도 이중처벌금지의 기본정신에 배치되는 것은 아니라고 보고 있다.

④ 행정질서벌 부과의 근거는 국가의 법령에 의하여야 하므로 지방자치단체의 조례에 근거하여 과태료를 부과 할 수 없다.

정답찾기

② 행정법상의 질서벌인 과태료의 부과처분과 형사처벌은 그 성질이나 목적을 달리하는 별개의 것이므로 행정법상의 질서벌인 과태료를 납부한 후에 형사처벌을 한다고 하여 이를 일사부재리의 원칙에 반하는 것이라고 할 수는 없으며, 자동차의 임시운행허가를 받은 자가 그 허가 목적 및 기간의 범위 안에서 운행하지 아니한 경우에 과태료를 부과하는 것은 당해 자동차가 무등록 자동차인지 여부와는 관계없이, 이미 등록된 자동차의 등록번호표 또는 봉인이 멸실되거나 식별하기 어렵게 되어 임시운행허가를 받은 경우까지를 포함하여, 허가받은 목적과 기간의 범위를 벗어나 운행하는 행위 전반에 대하여 행정질서벌로써 제재를 가하고자 하는 취지라고 해석되므로, 만일 임시운행허가기간을 넘어 운행한 자가 등록된 차량에 관하여 그러한 행위를 한 경우라면 과태료의 제재만을 받게 되겠지만, 무등록 차량에 관하여 그러한 행위를 한 경우라면 과태료와 별도로 형사처벌의 대상이 된다[대법원 1996.4.12, 선고, 96도158, 판결].

① 행정질서벌인 과태료에 관한 일반법으로 질서위반행위규제법이 있으며, 형법총칙은 적용되지 않는다.

③ 헌법 제13조 제1항이 정한 "이중처벌금지(二重處罰禁止)의 원칙(原則)"은 동일한 범죄행위에 대하여 국가가 형벌권(刑罰權)을 거듭 행사할 수 없도록 함으로써 국민의 기본권 특히 신체의 자유를 보장하기 위한 것이므로, 그 "처벌(處罰)"은 원칙으로 범죄에 대한 국가의 형벌권 실행으로서의 과벌(課罰)을 의미하는 것이고, 국가가 행하는 일체의 제재(制裁)나 불이익처분(不利益處分)을 모두 그에 포함된다고 할 수는 없다. 행정질서벌로서의 과태료는 행정상 의무의 위반에 대하여 국가가 일반통치권에 기하여 과하는 제재로서 형벌(특히 행정형벌)과 목적·기능이 중복되는 면이 없지 않으므로, 동일한 행위를 대상으로 하여 형벌을 부과하면서 아울러 행정질서벌로서의 과태료까지 부과한다면 그것은 이중처벌금지의 기본정신에 배치되어 국가 입법권의 남용으로 인정될 여지가 있음을 부정할 수 없다(헌재 1994.6.30, 92헌바38).

④ 조례에 근거한 과태료 부과도 가능하다. 지방자치단체는 조례를 위반한 행위에 대하여 조례로써 1천만원 이하의 과태료를 정할 수 있다(지방자치법 제34조 제1항).

295 다음은 질서위반행위규제법에 대한 설명이다. 틀린 것을 모두 고른 것은? 13. 경찰

> ○ 하나의 행위가 2 이상의 질서위반행위에 해당하는 경우에는 각 질서위반행위에 대하여 정한 과태료 중 가장 중한 과태료를 부과한다.
> ○ 고의 또는 과실이 없는 질서위반행위는 과태료를 부과하지 아니한다.
> ○ 법인에 대해서는 과태료를 부과할 수 없다.
> ○ 신분에 의하여 성립하는 질서위반행위에 신분이 없는 자가 가담한 경우, 신분이 없는 자에 대하여는 질서위반행위가 성립하지 않는다.
> ○ 행정청의 과태료부과처분에 대해서는 소멸시효가 적용되지 않는다.

① 없음　　　　　② 1개　　　　　③ 2개　　　　　④ 3개

정답찾기

지문의 내용 중 틀린 것은 ○○○이다.
○ 법인의 대표자, 법인 또는 개인의 대리인·사용인 및 그 밖의 종업원이 업무에 관하여 법인 또는 그 개인에게 부과된 법률상의 의무를 위반한 때에는 법인 또는 그 개인에게 과태료를 부과한다(질서위반행위규제법 제11조 제1항).
○ 신분에 의하여 성립하는 질서위반행위에 신분이 없는 자가 가담한 때에는 신분이 없는 자에 대하여도 질서위반행위가 성립한다(질서위반행위규제법 제12조 제2항).
○ 과태료는 행정청의 과태료 부과처분이나 법원의 과태료 재판이 확정된 후 5년간 징수하지 아니하거나 집행하지 아니하면 시효로 인하여 소멸한다(질서위반행위규제법 제15조 제1항).

296 다음은 행정벌에 대해 설명한 것이다. 가장 적절한 것은? (다툼이 있으면 판례에 의함) 14. 경찰

① 국가가 본래 그의 사무의 일부를 지방자치단체의 장에게 위임하여 처리하게 하는 기관위임사무의 경우 지방자치단체는 양벌규정에 의해 처벌대상이 되는 법인에 해당한다.
② 질서위반행위규제법에는 행정청의 과태료부과에 대해 상대방이 이의를 제기하면 과태료부과 처분은 그 집행이 정지된다고 규정하고 있다.
③ 도로교통법에서 규정하고 있는 경찰서장의 통고처분은 행정소송의 대상이 되는 행정처분이 아니라는 것이 판례의 입장이다.
④ 질서위반행위규제법에는 질서위반행위에 고의·과실이 없어도 과태료를 부과할 수 있다고 규정하고 있다.

정답찾기

① 헌법 제117조, 지방자치법 제3조 제1항, 제9조, 제93조, 도로법 제54조, 제83조, 제86조의 각 규정을 종합하여 보면, 국가가 본래 그의 사무의 일부를 지방자치단체의 장에게 위임하여 그 사무를 처리하게 하는 기관위임사무의 경우에는 지방자치단체는 국가기관의 일부로 볼 수 있는 것이지만, 지방자치단체가 그 고유의 자치사무를 처리하는 경우에는 지방자치단체는 국가기관의 일부가 아니라 국가기관과는 별도의 독립한 공법인이므로, 지방자치단체 소속 공무원이 지방자치단체 고유의 자치사무를 수행하던 중 도로법 제81조 내지 제85조의 규정에 의한 위반행위를 한 경우에는 지방자치단체는 도로법 제86조의 양벌규정에 따라 처벌대상이 되는 법인에 해당한다(대판 2005.11.10, 2004도2657).
② 이의제기가 있는 경우에는 행정청의 과태료 부과처분은 그 효력을 상실한다(질서위반행위규제법 제20조 제2항).
④ 고의 또는 과실이 없는 질서위반행위는 과태료를 부과하지 아니한다(질서위반행위규제법 제7조).

Answer 294 ②　　295 ④　　296 ③

297 질서위반행위규제법에 관한 설명 중 가장 적절하지 않은 것은? 22. 경찰

① 행정청의 과태료 처분이나 법원의 과태료 재판이 확정된 후 법률이 변경되어 그 행위가 질서위반행위에 해당하지 아니하게 된 때에는 변경된 법률에 특별한 규정이 없는 한 과태료의 징수 또는 집행을 면제한다.

② 고의 또는 과실이 없는 질서위반행위는 과태료를 부과하지 아니한다.

③ 자신의 행위가 위법하지 아니한 것으로 오인하고 행한 질서위반행위는 그 오인에 정당한 이유가 있는 때에도 과태료를 부과한다.

④ 과태료는 행정청의 과태료 부과처분이나 법원의 과태료 재판이 확정된 후 5년간 징수하지 아니하거나 집행하지 아니하면 시효로 인하여 소멸한다.

정답찾기

③ 자신의 행위가 위법하지 아니한 것으로 오인하고 행한 질서위반행위는 그 오인에 정당한 이유가 있는 때에 한하여 <u>과태료를 부과하지 아니한다</u>(질서위반행위규제법 제8조).

298 질서위반행위규제법상 행정청의 과태료 부과 및 징수에 관한 설명으로 가장 적절하지 않은 것은? 23. 경찰

① 행정청은 법 제16조 제2항에 따라 당사자가 제출한 의견에 상당한 이유가 있는 경우에는 과태료를 부과하지 아니하거나 통지한 내용을 변경할 수 있다.

② 법 제20조 제1항에 따른 이의제기가 있는 경우에는 행정청의 과태료 부과처분은 그 효력을 상실하지 않는다.

③ 당사자가 법 제18조 제1항에 따라 감경된 과태료를 납부한 경우에는 해당 질서위반행위에 대한 과태료 부과 및 징수절차는 종료한다.

④ 행정청은 당사자가 납부기한까지 과태료를 납부하지 아니한 때에는 납부기한을 경과한 날부터 체납된 과태료에 대하여 100분의 3에 상당하는 가산금을 징수한다.

정답찾기

② 이의제기가 있는 경우에는 행정청의 과태료 부과처분은 <u>그 효력을 상실한다</u>(질서위반행위규제법 제20조 제2항).

299 행정상 의무이행확보수단에 관한 설명이다. 다음 중 가장 적절하지 않은 것은? (다툼이 있으면 판례에 의함) 15. 경찰

① 질서위반행위규제법은 "고의 또는 과실이 없는 질서위반 행위는 과태료를 부과하지 아니한다."고 규정하고 있다.

② 질서위반행위규제법에 의하면 행정청의 과태료 부과에 불복하는 당사자는 과태료 부과 통지를 받은 날부터 60일 이내에 해당 행정청에 서면으로 이의제기를 할 수 있고, 이 경우 행정청의 과태료 부과처분은 그 효력을 상실한다.

③ 과징금부과처분이 법이 정한 한도액을 초과하여 위법할 경우 행정청의 1차적 판단권을 존중하는 취지에서 법원은 과징금 부과처분 전부를 취소해서는 안 되고 그 한도액을 초과한 부분에 한정하여 취소해야 한다.

④ 건축법에 의한 무허가건축 행위에 대한 형사처벌과 건축법 관련조항에 따른 이행강제금의 부과는 그 처벌 내지 제재 대상이 되는 기본적 사실관계로서의 행위를 달리하며 또한 그 보호법익과 목적에서도 차이가 있으므로 이중처벌에 해당한다고 할 수 없다.

정답찾기

③ 자동차운수사업면허조건 등을 위반한 사업자에 대하여 행정청이 행정제재수단으로 사업 정지를 명할 것인지, 과징금을 부과할 것인지, 과징금을 부과키로 한다면 그 금액은 얼마로 할 것인지에 관하여 재량권이 부여되었다 할 것이므로 과징금부과처분이 법이 정한 한도액을 초과하여 위법할 경우 법원으로서는 그 전부를 취소할 수밖에 없고, 그 한도액을 초과한 부분이나 법원이 적정하다고 인정되는 부분을 초과한 부분만을 취소할 수 없다(예 금 1,000,000원을 부과한 당해 처분 중 금 100,000원을 초과하는 부분은 재량권 일탈·남용으로 위법하다며 그 일부분만을 취소한 원심판결을 파기한 사례)(대판 1998.4.10, 98두2270).

300 행정질서벌(과태료)에 대한 다음 설명 중 적절하지 않은 것은 모두 몇 개인가? (다툼이 있는 경우 판례에 의함) 18. 경찰

> ㉠ 질서위반행위규제법에 의하면 고의나 과실이 없어도 과태료를 부과할 수 있다.
>
> ㉡ 질서위반행위규제법에 의하면 과태료 재판에 대한 검사의 즉시항고는 당사자가 제기하는 즉시항고와는 달리 집행정지의 효력을 가지지 않는다.
>
> ㉢ 신규등록신청을 위한 임시운행허가를 받고 그 기간이 끝났음에도 자동차등록원부에 등록하지 않은 채 허가기간의 범위를 넘어 운행한 차량소유자가 관련 법조항에 의한 과태료를 부과 받아 납부하였다 하더라도 그 차량소유자에 대해 형사처벌을 하는 것은 일사부재리원칙에 위반하는 것이 아니다.
>
> ㉣ 질서위반행위규제법에 의하면 행정청의 과태료 처분이나 법원의 과태료 재판이 확정된 후 법률이 변경되어 그 행위가 질서위반행위에 해당하지 아니하게 된 때에는 변경된 법률에 특별한 규정이 없는 한 과태료의 징수 또는 집행을 면제한다.

① 없음 　　　　② 1개 　　　　③ 2개 　　　　④ 3개

정답찾기

지문의 내용 중 틀린 것은 ㉠㉡이다.

㉠ 고의 또는 과실이 없는 질서위반행위는 과태료를 부과하지 아니한다(질서위반행위규제법 제7조).

㉡ 당사자와 검사는 과태료 재판에 대하여 즉시항고를 할 수 있다. 이 경우 항고는 집행정지의 효력이 있다(질서위반행위규제법 제38조 제1항).

Answer　297 ③　　298 ②　　299 ③　　300 ③

301 행정의 실효성 확보수단에 관한 설명 중 가장 적절한 것은? (다툼이 있는 경우 판례에 의함)   22. 경찰

① 통고처분은 형식적 의미의 행정이며 실질적 의미의 사법이다.

② 작위의무를 부과한 행정처분의 법적 근거가 있다면 행정대집행은 별도의 법적 근거를 요하지 아니하며, 즉시강제는 법률의 근거가 없더라도 일반긴급권에 기초하여 행사할 수 있다.

③ 행정대집행과 행정상 즉시강제는 제3자에 의해 집행될 수 없고 행정청이 직접 행사해야 한다.

④ 관세법상 통고처분 여부는 관세청장의 재량에 맡겨져 있지만, 경범죄 처벌법 및 도로교통법상 통고처분은 재량의 여지가 없다.

> 정답찾기
>
> ② 단순한 부작위의무의 위반, 즉 관계 법령에 정하고 있는 절대적 금지나 허가를 유보한 상대적 금지를 위반한 경우에는 당해 법령에서 그 위반자에 대하여 위반에 의하여 생긴 유형적 결과의 시정을 명하는 행정처분의 권한을 인정하는 규정(예컨대, 건축법 제69조, 도로법 제74조, 하천법 제67조, 도시공원법 제20조, 옥외광고물등관리법 제10조 등)을 두고 있지 아니한 이상, 법치주의의 원리에 비추어 볼 때 위와 같은 부작위의무로부터 그 의무를 위반함으로써 생긴 결과를 시정하기 위한 작위의무를 당연히 끌어낼 수는 없으며, 또 위 금지규정(특히 허가를 유보한 상대적 금지규정)으로부터 작위의무, 즉 위반결과의 시정을 명하는 권한이 당연히 추론(推論)되는 것도 아니다(대판 1996.6.28, 96누4374).
>
> ③ 시장 등으로부터 대한주택공사가 구 대한주택공사법 및 구 대한주택공사법 시행령에 의하여 대집행권한을 위탁받아 공무인 대집행을 실시할 수 있다.
>
> ④ 관세법 제284조 제1항, 제311조, 제312조, 제318조의 규정에 의하면, 관세청장 또는 세관장은 관세범에 대하여 통고처분을 할 수 있고, 범죄의 정상이 징역형에 처하여질 것으로 인정되는 때에는 즉시 고발하여야 하며, 관세범인이 통고를 이행할 수 있는 자금능력이 없다고 인정되거나 주소 및 거소의 불명 기타의 사유로 인하여 통고를 하기 곤란하다고 인정되는 때에도 즉시 고발하여야 하는 바, 이들 규정을 종합하여 보면, 통고처분을 할 것인지의 여부는 관세청장 또는 세관장의 재량에 맡겨져 있다(대판 2007.5.11, 2006도1993). 경범죄 처벌법상 통고처분과 도로교통법상 통고처분도 재량행위에 해당한다.

302 행정벌에 대한 설명으로 가장 적절하지 않은 것은? (다툼이 있는 경우 판례에 의함)   18. 경찰

① 자치단체가 국가로부터 위임받은 기관위임사무를 처리하는 경우, 지방자치단체는 양벌규정에 의한 처벌대상이 되는 법인에 해당된다.

② 행정벌은 법률의 근거가 있어야 부과할 수 있으며 법률의 위임을 받은 경우에는 명령이나 조례로도 부과할 수 있다.

③ 과태료와 같은 행정질서벌은 행정질서유지를 위한 의무의 위반이라는 객관적 사실에 대하여 과하는 제재이므로 반드시 현실적인 행위자가 아니라도 법령상 책임자로 규정된 자에게 부과된다.

④ 관세청장 또는 세관장이 관세범에 대하여 통고처분을 하지 않은 채 고발하였다는 것만으로는 그 고발 및 이에 기한 공소의 제기가 부적법한 것은 아니다.

> 정답찾기
>
> ① 헌법 제117조, 지방자치법 제3조 제1항, 제9조, 제93조, 도로법 제54조, 제83조, 제86조의 각 규정을 종합하여 보면, 국가가 본래 그의 사무의 일부를 지방자치단체의 장에게 위임하여 그 사무를 처리하게 하는 기관위임사무의 경우에는 지방자치단체는 국가기관의 일부로 볼 수 있는 것이지만, 지방자치단체가 그 고유의 자치사무를 처리하는 경우에는 지방자치단체는 국가기관의 일부가 아니라 국가기관과는 별도의 독립한 공법인이므로, 지방자치단체 소속 공무원이 지방자치단체 고유의 자치사무를 수행하던 중 도로법 제81조 내지 제85조의 규정에 의한 위반행위를 한 경우에는 지방자치단체는 도로법 제86조의 양벌규정에 따라 처벌대상이 되는 법인에 해당한다(대판 2005.11.10, 2004도2657).

303 통고처분에 대한 설명으로 가장 적절하지 않은 것은? (다툼이 있는 경우 판례에 의함) 18. 경찰

① 범칙자가 범칙금을 납부하면 과형절차는 종료되고, 범칙자는 다시 형사소추 되지 아니한다.

② 조세범 처벌절차법에 따른 통고처분이 있는 경우 공소시효의 진행은 중단되지 아니한다.

③ 도로교통법에 따라 통고처분을 받은 사람은 그 통고처분에 대해 항고소송을 제기하지 못한다.

④ 헌법재판소는 행정심판이나 행정소송의 대상에서 통고처분을 제외하고 있는 관세법 조항은 법관에 의한 재판받을 권리를 침해하지 않는다고 하였다.

정답찾기

② 통고처분이 있는 경우에는 공소시효의 진행이 중단된다(조세범 처벌절차법 제16조).

304 행정상 의무이행 확보수단에 관한 설명으로 가장 적절하지 않은 것은?(다툼이 있는 경우 판례에 의함) 23. 경찰

① 질서위반행위에 대하여 과태료 부과의 근거 법률이 개정되어 행위 시의 법률에 의하면 과태료 부과대상이었지만 재판 시의 법률에 의하면 과태료 부과대상이 아니게 된 때에는 개정 법률의 부칙에서 종전 법률 시행 당시에 행해진 질서위반행위에 대해서는 행위 시의 법률을 적용하도록 특별한 규정을 두지 않은 이상 재판 시의 법률을 적용하여야 하므로 과태료를 부과할 수 없다.

② 경찰서장이 범칙행위에 대하여 통고처분을 한 이상 통고처분에서 정한 범칙금 납부기간까지는 원칙적으로 경찰서장은 즉결심판을 청구할 수 없다.

③ 피고인이 즉결심판에 대하여 제출한 정식재판청구서에 피고인의 자필로 보이는 이름이 기재되어 있고 그 옆에 서명이 되어 있어 위 서류가 작성자 본인인 피고인의 진정한 의사에 따라 작성되었다는 것을 명백하게 확인할 수 있더라도 피고인의 인장이나 지장이 찍혀 있지 않다면 정식재판청구는 부적법하다고 보아야 한다.

④ 「질서위반행위규제법」에 따르면 고의 또는 과실이 없는 질서위반행위는 과태료를 부과하지 아니한다.

정답찾기

③ 피고인이 즉결심판에 대하여 제출한 정식재판청구서에 피고인의 자필로 보이는 이름이 기재되어 있고 그 옆에 서명이 되어 있어 위 서류가 작성자 본인인 피고인의 진정한 의사에 따라 작성되었다는 것을 명백하게 확인할 수 있으며 형사소송절차의 명확성과 안정성을 저해할 우려가 없으므로, 정식재판청구는 적법하다고 보아야 한다. 피고인의 인장이나 지장이 찍혀 있지 않다고 해서 이와 달리 볼 것이 아니다[대법원 2019.11.29, 자, 2017모3458, 결정].

Answer 301 ① 302 ① 303 ② 304 ③

9 경찰관 직무집행법

305 경찰권 발동의 근거와 한계에 관한 설명으로 가장 적절하지 않은 것은? (다툼이 있는 경우 판례에 의함)   23. 경찰

① 일반수권조항이란 경찰권의 발동근거가 되는 개별적인 작용법적 근거가 없을 때 경찰권 발동의 일반적·보충적 근거가 될 수 있도록 개괄적으로 수권된 일반조항을 말한다.

② 「경찰관 직무집행법」 제5조는 형식상 경찰관에게 재량에 의한 직무수행권한을 부여한 것처럼 되어 있으나, 경찰관에게 그러한 권한을 부여한 취지와 목적에 비추어 볼 때 구체적인 사정에 따라 경찰관이 그 권한을 행사하여 필요한 조치를 취하지 아니하는 것이 현저하게 불합리하다고 인정되는 경우에는 그러한 권한의 불행사는 직무상의 의무를 위반한 것이 되어 위법하게 된다.

③ 경찰청장과 해양경찰청장은 경찰관이 「경찰관 직무집행법」 제2조 각 호에 따른 직무의 수행으로 인하여 민·형사상 책임과 관련된 소송을 수행할 경우 변호인 선임 등 소송 수행에 필요한 지원을 할 수 있다.

④ 「경찰관 직무집행법」은 "경찰공무원은 직위 또는 직권을 이용하여 부당하게 타인의 사생활에 개입하여서는 아니된다."고 규정하고 있다.

정답찾기

④ 지문의 내용은 경찰관 직무집행법에 명시적인 규정이 존재하지 않는다.

> **경찰공무원 복무규정**
> 제10조 【민사분쟁에의 부당개입금지】 경찰공무원은 직위 또는 직권을 이용하여 부당하게 타인의 민사분쟁에 개입하여서는 아니 된다.

306 다음 중 「경찰관직무집행법」에 규정된 즉시강제에 해당하는 것은 모두 몇 개인가?   16. 경찰

> ㉠ 불심검문
> ㉡ 범죄의 예방 및 제지
> ㉢ 무기의 사용
> ㉣ 보호조치 등
> ㉤ 위험방지를 위한 출입

① 2개   ② 3개   ③ 4개   ④ 5개

정답찾기

㉠ 불심검문은 행정조사로 보는 것이 다수설이다.

㉣ 경찰관직무집행법 제4조(보호조치 등)는 경찰관서에서의 일시 보호, 긴급구호의 요청, 임시영치 등의 조치로 구성된다. 이 중 경찰관서에서의 일시보호는 대인적 즉시강제, 임시영치는 대물적 즉시강제의 성질을 가지지만, 긴급구호의 요청은 경찰상 즉시강제에 수반하는 후속조치로서 사실행위로서의 성질을 가진다.

307 경찰관 직무집행법상 즉시강제에 해당하는 것은 모두 몇 개인가? (다툼이 있는 경우 판례에 의함)   22. 경찰

> ㉠ 주택가에서 흉기를 들고 난동을 부리며 경찰관의 중지명령에 항거하는 사람에 대해 전자충격기를 사용하여 강제로 제압하는 것
> ㉡ 음주운전 등 교통법규 위반자에 대해 운전면허를 취소하는 것
> ㉢ 불법집회로 인한 공공시설의 안전에 대한 위해를 억제하기 위해 최루탄을 사용하는 것
> ㉣ 위험물의 폭발로 인해 매우 긴급한 경우에 위해를 입을 우려가 있는 사람을 억류하거나 피난시키는 것
> ㉤ 지정된 기한까지 체납액을 완납하지 않은 국세체납자의 재산을 압류하는 것
> ㉥ 무허가건물의 철거 명령을 받고도 이를 불이행하는 사람의 불법건축물을 철거하는 것

① 3개   ② 4개   ③ 5개   ④ 6개

정답찾기

지문의 내용 중 경찰관 직무집행법상 즉시강제에 해당하는 것은 ㉠㉢㉣이다. ㉡은 도로교통법에 근거한 행정처분, ㉤은 경찰상 강제집행 중 강제징수, ㉥은 경찰상 강제집행 중 대집행에 해당한다.

308 「경찰관 직무집행법」에 관한 설명으로 가장 적절한 것은?   23. 경찰

① 「경찰관 직무집행법」에 따르면 경찰관은 유실물을 인수할 권리자 확인의 직무를 수행하기 위하여 필요하면 관계인에게 출석하여야 하는 사유·일시 및 장소를 명확히 적은 출석 요구서를 보내 경찰관서에 출석할 것을 요구할 수 있다.
② 「경찰관 직무집행법」에 따르면 위해성 경찰장비의 종류 및 그 사용기준, 안전교육·안전검사의 기준 등은 행정안전부령으로 정한다.
③ 「경찰관 직무집행법」 제11조의2 제1항에 따른 손실보상을 청구할 수 있는 권리는 손실이 있음을 안 날부터 3년, 손실보상이 확정된 때부터 5년간 행사하지 아니하면 시효의 완성으로 소멸한다.
④ 「경찰관 직무집행법」 제2조 직무의 범위에 "테러경보 발령·대테러 작전 수행"을 명시하고 있다.

정답찾기

② 위해성 경찰장비의 종류 및 그 사용기준, 안전교육·안전검사의 기준 등은 대통령령으로 정한다(경찰관 직무집행법 제10조 제6항).
③ 보상을 청구할 수 있는 권리는 손실이 있음을 안 날부터 3년, 손실이 발생한 날부터 5년간 행사하지 아니하면 시효의 완성으로 소멸한다(경찰관 직무집행법 제11조의2 제2항).
④ 동법 제2조 제3호는 경비, 주요 인사(人士) 경호 및 대간첩·대테러 작전 수행을 직무의 범위로 명시하고 있다.

Answer   305 ④   306 ③④(복수정답)   307 ①   308 ①

309 「경찰관 직무집행법」에 실정법상 경찰의 직무가 규정되어 있다. 이러한 직무의 범위는 사회환경 또는 범죄양상의 변화 등으로 인해서 확장될 수 있다. 다음 중 「경찰관 직무집행법」 제2조에 명시적으로 규정된 직무 중에서 가장 최근에 신설된 것은 무엇인가?

24. 경찰

① 경비, 주요인사 경호 및 대간첩 · 대테러 작전 수행
② 외국 정부기관 및 국제기구와의 국제협력
③ 교통 단속과 교통 위해의 방지
④ 범죄피해자 보호

정답찾기
④ 지문의 내용은 2018년[시행 2018.4.17] [법률 제15565호, 2018.4.17, 일부개정] 개정시에 추가된 내용이다.
① [시행 2011.8.4.] [법률 제11031호, 2011.8.4, 일부개정]
② [시행 2014.5.20.] [법률 제12600호, 2014.5.20, 일부개정]
③ [시행 1981.4.13.] [법률 제3427호, 1981.4.13, 전부개정]

310 경찰관 직무집행법상 불심검문에 대한 설명으로 틀린 것은 모두 몇 개인가?

15. 경찰

> ㉠ 경찰관은 수상한 행동이나 그 밖의 주위 사정을 합리적으로 판단하여 볼 때 어떠한 죄를 범하였거나 범하려 하고 있다고 의심할 만한 상당한 이유가 있는 사람을 정지시켜 질문하여야 한다.
> ㉡ 경찰관은 이미 행하여진 범죄나 행하여지려고 하는 범죄행위에 관한 사실을 안다고 인정되는 사람을 정지시켜 질문할 수 있다.
> ㉢ 경찰관은 불심검문대상자를 정지시킨 장소에서 질문을 하는 것이 그 사람에게 불리하거나 교통에 방해가 된다고 인정될 때에는 질문을 하기 위하여 가까운 경찰관서로 동행할 것을 요구할 수 있다. 이 경우 동행을 요구받은 사람은 그 요구를 거절할 수 없다.
> ㉣ 경찰관은 불심검문대상자에게 질문을 할 때에 그 사람이 흉기를 가지고 있는지를 조사하여야 한다.

① 1개   ② 2개   ③ 3개   ④ 4개

정답찾기
틀린 것은 ㉠㉢㉣ 3개이다.
㉠ 경찰관은 수상한 행동이나 그 밖의 주위 사정을 합리적으로 판단하여 볼 때 어떠한 죄를 범하였거나 범하려 하고 있다고 의심할 만한 상당한 이유가 있는 사람을 정지시켜 질문할 수 있다(경찰관 직무집행법 제3조 제1항 제1호).
㉢ 경찰관은 사람을 정지시킨 장소에서 질문을 하는 것이 그 사람에게 불리하거나 교통에 방해가 된다고 인정될 때에는 질문을 하기 위하여 가까운 경찰서 · 지구대 · 파출소 또는 출장소(지방해양경찰관서를 포함하며, 이하 '경찰관서'라 한다)로 동행할 것을 요구할 수 있다. 이 경우 동행을 요구받은 사람은 그 요구를 거절할 수 있다(경찰관 직무집행법 제3조 제2항).
㉣ 경찰관은 질문을 할 때에 그 사람이 흉기를 가지고 있는지를 조사할 수 있다(경찰관 직무집행법 제3조 제3항).

311 경찰관 직무집행법상 불심검문에 대한 설명으로 가장 적절한 것은?

① 경찰관은 상대방의 신원확인이 불가능하거나 교통에 방해된다고 인정될 때에는 임의동행을 요구할 수 있다.

② 경찰관은 임의동행한 사람의 가족이나 친지 등에게 동행한 경찰관의 신분, 동행 장소, 동행 목적과 이유를 알리거나 본인으로 하여금 즉시 연락할 수 있는 기회를 주어야 하며, 변호인의 도움을 받을 권리가 있음을 알려야 한다.

③ 경찰관은 질문을 하거나 임의동행을 요구할 경우 자신의 신분을 표시하는 증표를 제시하면서 소속과 성명을 밝혀야 한다. 이때 증표는 경찰공무원증뿐만 아니라 흉장도 포함된다.

④ 경찰관이 불심검문시 흉기조사뿐 아니라, 흉기 이외의 일반소지품 조사도 할 수 있다고 규정하고 있다.

정답찾기

① 상대방의 신원이 불가능한 경우는 임의동행을 요구할 수 있는 사유에 해당하지 않는다. 경찰관은 불심검문대상자를 정지시킨 장소에서 질문을 하는 것이 그 사람에게 불리하거나 교통에 방해가 된다고 인정될 때에는 질문을 하기 위하여 가까운 경찰서 · 지구대 · 파출소 또는 출장소(지방해양경찰관서를 포함하며, 이하 '경찰관서'라 한다)로 동행할 것을 요구할 수 있다. 이 경우 동행을 요구받은 사람은 그 요구를 거절할 수 있다(경찰관 직무집행법 제3조 제2항).

③ 흉장은 자신의 신분을 표시하는 증표에 해당하지 않는다. 법 제3조 제4항 및 법 제7조 제4항의 신분을 표시하는 증표는 국가경찰공무원의 공무원증으로 한다(경찰관 직무집행법 시행령 제5조).

④ 불심검문시 흉기 이외의 일반소지품에 대한 조사는 그 근거규정이 없다. 경찰관은 불심검문대상자에게 질문을 할 때에 그 사람이 흉기를 가지고 있는지를 조사할 수 있다(경찰관 직무집행법 제3조 제3항).

312 「경찰관 직무집행법」상 불심검문에 대한 설명으로 가장 적절하지 않은 것은? (다툼이 있는 경우 판례에 의함)

① 미리 입수된 용의자에 대한 인상착의와 일부 일치되지 않는 부분이 있다고 하더라도 그것만으로 경찰관이 불심검문 대상자로 삼은 조치가 위법하다고 볼 수 없다.

② 경찰관은 불심검문 대상자에게 질문을 하기 위하여 범행의 경중, 범행과의 관련성, 상황의 긴박성, 혐의의 정도, 질문의 필요성 등에 비추어 목적 달성에 필요한 최소한의 범위 내에서 사회통념상 용인될 수 있는 상당한 방법으로 대상자를 정지시킬 수 있고 질문에 수반하여 흉기의 소지 여부도 조사할 수 있다.

③ 경찰관이 신분증을 제시하지 않고 불심검문을 하였으나, 검문하는 사람이 경찰관이고 검문하는 이유가 범죄행위에 관한 것임을 피고인이 알고 있었던 경우, 그 불심검문이 위법한 공무집행이라고 할 수 없다.

④ 경찰관이 불심검문 대상자 해당 여부를 판단할 때에는 불심검문 당시의 구체적 상황은 물론 사전에 얻은 정보나 전문적 지식 등에 기초하여 불심검문 대상자인지를 객관적 · 합리적인 기준에 따라 판단하여야 하며, 불심검문 대상자에게 「형사소송법」에 의한 체포나 구속에 이를 정도의 혐의가 있을 것을 요한다.

정답찾기

④ 경찰관직무집행법(이하 '법'이라고 한다)의 목적, 법 제1조 제1항, 제2항, 제3조 제1항, 제2항, 제3항, 제7항의 내용 및 체계 등을 종합하면, 경찰관이 법 제3조 제1항에 규정된 대상자(이하 '불심검문 대상자'라 한다) 해당 여부를 판단할 때에는 불심검문 당시의 구체적 상황은 물론 사전에 얻은 정보나 전문적 지식 등에 기초하여 불심검문 대상자인지를 객관적 · 합리적인 기준에 따라 판단하여야 하나, 반드시 불심검문 대상자에게 형사소송법상 체포나 구속에 이를 정도의 혐의가 있을 것을 요한다고 할 수는 없다[대법원 2014.2.27. 선고, 2011도13999, 판결].

Answer 309 ④   310 ③   311 ②   312 ④

313 경찰관 직무집행법상 불심검문에 대한 설명으로 적절한 것은 모두 몇 개인가? (다툼이 있는 경우 판례에 따름)

23. 경찰간부

> ㉠ 경찰관은 동행한 사람의 가족이나 친지 등에게 동행한 경찰관의 신분, 동행 장소, 동행 목적과 이유를 알리거나 다른 사람으로 하여금 즉시 연락할 수 있는 기회를 주어야 하며, 변호인의 도움을 받을 권리가 있음을 알려야 한다.
>
> ㉡ 검문하는 사람이 경찰관이고 검문하는 이유가 범죄행위에 관한 것임을 충분히 알고 있었다고 보이는 경우에 신분증을 제시하지 않았다 하더라도 그 불심검문을 위법한 공무집행이라고 할 수 없다.
>
> ㉢ 경찰관은 불심검문시 그 장소에서 질문을 하는 것이 그 사람에게 불리하거나 교통에 방해가 된다고 인정될 때에는 질문을 하기 위하여 가까운 경찰청·경찰서·지구대·파출소 또는 출장소(해양경찰관서 미포함)로 동행할 것을 요구할 수 있다. 이 경우 동행을 요구받은 사람은 그 요구를 거절할 수 있다.
>
> ㉣ 경찰관은 질문을 하거나 동행을 요구할 경우 자신의 신분을 표시하는 증표를 제시하면서 소속과 성명을 밝히고 질문이나 동행의 목적과 이유를 설명할 수 있으며, 동행을 요구하는 경우에는 동행 장소를 밝힐 수 있다.

① 0개   ② 1개   ③ 2개   ④ 3개

정답찾기

지문의 내용 중 적절한 것은 ㉡, 적절하지 않은 것은 ㉠㉢㉣이다.

㉡ 경찰관 직무집행법(이하 '법'이라 한다) 제3조 제4항은 경찰관이 불심검문을 하고자 할 때에는 자신의 신분을 표시하는 증표를 제시하여야 한다고 규정하고, 경찰관 직무집행법 시행령 제5조는 위 법에서 규정한 신분을 표시하는 증표는 경찰관의 공무원증이라고 규정하고 있는데, 불심검문을 하게 된 경위, 불심검문 당시의 현장상황과 검문을 하는 경찰관들의 복장, 피고인이 공무원증 제시나 신분 확인을 요구하였는지 여부 등을 종합적으로 고려하여, 검문하는 사람이 경찰관이고 검문하는 이유가 범죄행위에 관한 것임을 피고인이 충분히 알고 있었다고 보이는 경우에는 신분증을 제시하지 않았다고 하여 그 불심검문이 위법한 공무집행이라고 할 수 없다(대판 2014.12.11. 2014도7976).

㉠ 경찰관은 동행한 사람의 가족이나 친지 등에게 동행한 경찰관의 신분, 동행 장소, 동행 목적과 이유를 알리거나 본인으로 하여금 즉시 연락할 수 있는 기회를 주어야 하며, 변호인의 도움을 받을 권리가 있음을 알려야 한다(경찰관 직무집행법 제3조 제5항).

㉢ 경찰관은 제1항에 따라 같은 항 각 호의 사람을 정지시킨 장소에서 질문을 하는 것이 그 사람에게 불리하거나 교통에 방해가 된다고 인정될 때에는 질문을 하기 위하여 가까운 경찰서·지구대·파출소 또는 출장소(지방해양경찰관서를 포함하며, 이하 "경찰관서"라 한다)로 동행할 것을 요구할 수 있다. 이 경우 동행을 요구받은 사람은 그 요구를 거절할 수 있다(경찰관 직무집행법 제3조 제2항).

㉣ 경찰관은 질문을 하거나 동행을 요구할 경우 자신의 신분을 표시하는 증표를 제시하면서 소속과 성명을 밝히고 질문이나 동행의 목적과 이유를 설명하여야 하며, 동행을 요구하는 경우에는 동행 장소를 밝혀야 한다(경찰관 직무집행법 제3조 제4항).

314 「경찰관 직무집행법」상 불심검문에 관한 설명으로 가장 적절하지 않은 것은? (다툼이 있는 경우 판례에 의함)

25. 경위공채

① 불심검문을 하게 된 경위, 불심검문 당시의 현장상황과 검문을 하는 경찰관들의 복장, 불심검문 대상자가 공무원증 제시나 신분 확인을 요구하였는지 여부 등을 종합적으로 고려하여, 검문하는 사람이 경찰관이고 검문하는 이유가 범죄행위에 관한 것임을 불심검문 대상자가 충분히 알고 있었다고 보이는 경우라고 하더라도 신분증을 제시하지 않고서 한 불심검문은 위법한 공무집행에 해당한다.

② 「경찰관 직무집행법」은 경찰관이 불심검문 대상자에게 질문을 할 때에 그 사람이 흉기를 가지고 있는지를 조사할 수 있다는 규정을 두고 있다.

③ 불심검문 대상자를 정지시킨 장소에서 질문을 하는 것이 그 사람에게 불리하거나 교통에 방해가 된다고 인정될 때에는 질문을 하기 위하여 가까운 경찰서·지구대·파출소 또는 출장소(지방해양경찰관서를 포함한다)로 동행할 것을 요구할 수 있다. 이 경우 동행을 요구받은 사람은 그 요구를 거절할 수 있다.

④ 경찰관은 임의동행한 사람의 가족이나 친지 등에게 동행한 경찰관의 신분, 동행 장소, 동행 목적과 이유를 알리거나 본인으로 하여금 즉시 연락할 수 있는 기회를 주어야 하며, 변호인의 도움을 받을 권리가 있음을 알려야 한다.

정답찾기

① 경찰관직무집행법(이하 '법'이라 한다) 제3조 제4항은 경찰관이 불심검문을 하고자 할 때에는 자신의 신분을 표시하는 증표를 제시하여야 한다고 규정하고, 경찰관직무집행법 시행령 제5조는 위 법에서 규정한 신분을 표시하는 증표는 경찰관의 공무원증이라고 규정하고 있는데, 불심검문을 하게 된 경위, 불심검문 당시의 현장상황과 검문을 하는 경찰관들의 복장, 피고인이 공무원증 제시나 신분 확인을 요구하였는지 여부 등을 종합적으로 고려하여, 검문하는 사람이 경찰관이고 검문하는 이유가 범죄행위에 관한 것임을 피고인이 충분히 알고 있었다고 보이는 경우에는 신분증을 제시하지 않았다고 하여 그 불심검문이 위법한 공무집행이라고 할 수 없다[대법원 2014.12.11. 선고 2014도7976 판결].

315 경찰관 직무집행법 제4조 보호조치에 대한 설명 중 옳지 않은 것은 모두 몇 개인가?

> ㉠ 경찰관이 구호대상자를 경찰관서에 보호조치 하는 경우 지체 없이 해당 구호대상자의 가족, 친지 또는 그 밖의 연고자에게 그 사실을 알려야 하며, 연고자가 발견되지 아니할 때에는 구호대상자를 적당한 공공보건의료기관이나 공공구호기관에 즉시 인계하여야 한다.
> ㉡ 경찰관이 구호대상자를 공공보건의료기관이나 공공구호기관에 인계하였을 때에는 해당 경찰관이 즉시 그 사실을 해당 공공보건의료기관 또는 공공구호기관의 장 및 그 감독행정청에 통보하여야 한다.
> ㉢ 경찰관이 구호대상자를 경찰관서에 보호조치 하는 경우에 구호대상자가 휴대하고 있는 무기·흉기 등 위험을 일으킬 수 있는 것으로 인정되는 물건을 경찰관서에 임시로 영치하여 놓을 수 있다.
> ㉣ 구호대상자를 경찰관서에서 보호하는 기간은 24시간을 초과할 수 없고, 물건을 경찰관서에 임시로 영치하는 기간은 10일을 초과할 수 없다.
> ㉤ 경찰관은 자살을 시도하는 것이 명백하고 응급구호가 필요하다고 믿을 만한 상당한 이유가 있는 구호대상자에 대하여 해당 구호대상자의 동의 여부와 관계없이 보호조치를 실시할 수 있다.

① 1개   ② 2개   ③ 3개   ④ 4개

정답찾기

지문의 내용 중 틀린 것은 ㉡이다
㉡ 경찰관은 구호대상자를 공공보건의료기관이나 공공구호기관에 인계하였을 때에는 즉시 그 사실을 <u>소속 경찰서장이나 해양경찰서장에게 보고하여야 한다</u>. 보고를 받은 <u>소속 경찰서장이나 해양경찰서장</u>은 대통령령으로 정하는 바에 따라 구호대상자를 인계한 사실을 지체 없이 해당 공공보건의료기관 또는 공공구호기관의 장 및 그 감독행정청에 통보하여야 한다(경찰관 직무집행법 제4조 제5항·제6항).

316 경찰관 직무집행법 제4조 '보호조치 등'에 대한 설명으로 가장 적절한 것은?

① 경찰관은 자살기도자를 발견하여 경찰관서에 보호할 경우 지체 없이 구호대상자의 가족, 친지 또는 그 밖의 연고자에게 그 사실을 알려야 하며, 연고자가 발견되지 아니할 때에는 구호대상자의 의사와 상관없이 공공보건의료기관이나 공공구호기관에 인계할 수 있다.
② 경찰관은 보호조치 등을 하는 경우에 구호대상자가 휴대하고 있는 무기·흉기 등 위험을 일으킬 수 있는 것으로 인정되는 물건을 경찰관서에 임시로 영치(領置)하여 놓을 수 있고, 그 기간은 10일을 초과할 수 없다.
③ 긴급구호요청을 받은 응급의료종사자가 정당한 이유 없이 긴급구호요청을 거절할 경우, 「경찰관 직무집행법」에 따라 3년 이하의 징역 또는 3천만원 이하의 벌금에 처한다.
④ 보호조치는 경찰관서에서 일시 보호하여 구호의 방법을 강구하는 것으로 경찰관의 재량행위에 해당하기 때문에 국가배상책임이 인정되는 경우는 없다.

정답찾기

① 경찰관은 제1항의 조치를 하였을 때에는 지체 없이 구호대상자의 가족, 친지 또는 그 밖의 연고자에게 그 사실을 알려야 하며, 연고자가 발견되지 아니할 때에는 구호대상자를 적당한 공공보건의료기관이나 공공구호기관에 즉시 <u>인계하여야 한다</u>(경찰관 직무집행법 제4조 제4항).
③ 사안의 경우 <u>응급의료에 관한 법률</u>에 근거하여 처벌한다.
④ 위법한 보호조치로 인해 손해가 발생한 경우 국가배상법상 손해배상 책임이 인정될 수 있다.

317 경찰관 직무집행법에서 보호조치 등에 대한 설명으로 가장 적절한 것은?

① 경찰관 직무집행법 제4조 제1항에 따라 긴급구호를 요청받은 보건의료기관이나 공공구호기관은 정당한 이유 없이 긴급구호를 거절할 수 없다. 만약, 긴급구호를 요청받은 응급의료종사자가 정당한 이유 없이 거절한 경우 경찰관 직무집행법에 따라 처벌한다.

② 경찰관은 경찰관 직무집행법 제4조 제1항의 조치를 하였을 때에는 지체 없이 구호대상자의 가족, 친지 또는 그 밖의 연고자에게 그 사실을 알려야 하며, 연고자가 발견되지 아니할 때에는 구호대상자를 적당한 관할 경찰관서에 즉시 인계하여야 한다.

③ 경찰관은 경찰관 직무집행법 제4조 제1항의 조치를 하는 경우에, 구호대상자가 휴대하고 있는 무기 흉기 등 위험을 일으킬 수 있는 것으로 인정되는 물건을 경찰관서에 임시로 영치하여 놓을 수 있다. 물건을 경찰관서에 임시로 영치하는 기간은 10일을 초과할 수 없다.

④ 미아, 병자, 부상자 등으로서 적당한 보호자가 없으며 응급구호가 필요한 경우 본인이 구호를 거절하더라도 보호조치할 수 있다.

정답찾기
① 사안의 경우 응급의료에 관한 법률에 근거하여 처벌이 가능하다(응급의료에 관한 법률 제60조 제3항 제1호).
② 경찰관은 제1항의 조치를 하였을 때에는 지체 없이 구호대상자의 가족, 친지 또는 그 밖의 연고자에게 그 사실을 알려야 하며, 연고자가 발견되지 아니할 때에는 구호대상자를 적당한 공공보건의료기관이나 공공구호기관에 즉시 인계하여야 한다(경찰관 직무집행법 제4조 제4항).
④ 사안의 경우 본인이 구호를 거절하는 경우 보호조치를 할 수 없다(경찰관 직무집행법 제4조 제1항 제3호).

318 경찰관 직무집행법 제4조(보호조치 등)에 관한 설명으로 괄호 안의 내용을 가장 적절하게 연결한 것은?

경찰관이 보호조치 등을 하였을 때에는 (㉠) 구호대상자의 가족, 친지 또는 그 밖의 연고자에게 그 사실을 알려야 하며, 연고자가 발견되지 아니할 때에는 구호대상자를 적당한 공공보건의료기관이나 공공구호기관에 즉시 인계하여야 한다. 구호대상자를 경찰관서에서 보호하는 기간은 (㉡)시간을 초과할 수 없고, 물건을 경찰관서에 임시로 영치하는 기간은 (㉢)일을 초과할 수 없다.

① ㉠ - 24시간 이내에, ㉡ - 12, ㉢ - 20
② ㉠ - 지체 없이, ㉡ - 24, ㉢ - 10
③ ㉠ - 24시간 이내에, ㉡ - 24, ㉢ - 10
④ ㉠ - 지체 없이, ㉡ - 12, ㉢ - 20

정답찾기
경찰관은 제1항의 조치를 하였을 때에는 ㉠ 지체 없이 구호대상자의 가족, 친지 또는 그 밖의 연고자에게 그 사실을 알려야 하며, 연고자가 발견되지 아니할 때에는 구호대상자를 적당한 공공보건의료기관이나 공공구호기관에 즉시 인계하여야 한다. 구호대상자를 경찰관서에서 보호하는 기간은 ㉡ 24시간을 초과할 수 없고, 제3항에 따라 물건을 경찰관서에 임시로 영치하는 기간은 ㉢ 10일을 초과할 수 없다(경찰관 직무집행법 제4조 제4항, 제7항).

Answer   315 ①   316 ②   317 ③   318 ②

319 경찰관 직무집행법상 보호조치에 대한 설명으로 적절하지 않은 것만을 모두 고른 것은?   23. 경찰간부

> ㉠ 경찰관은 적당한 보호자가 없는 부상자에 대해 응급구호가 필요하다고 인정할 만한 사유가 있다면 본인이 구호를 거절하더라도 보호조치를 할 수 있다.
> ㉡ 경찰관은 보호조치를 하였을 때에는 지체 없이 구호대상자의 가족, 친지 또는 그 밖의 연고자에게 그 사실을 알려야 하며, 연고자가 발견되지 아니할 때에는 구호대상자를 적당한 공공보건의료기관이나 공공구호기관에 즉시 인계할 수 있다.
> ㉢ 경찰관이 구호대상자를 공공보건의료기관이나 공공구호기관에 인계하였을 때에는 해당 경찰관이 즉시 그 사실을 해당 공공보건의료기관 또는 공공구호기관의 장 및 그 감독행정청에 통보하여야 한다.
> ㉣ 경찰관은 구호대상자를 발견하였을 때 보건의료기관이나 공공구호기관에 긴급구호를 요청할 수 있고, 긴급구호를 요청받은 기관이 정당한 이유없이 이를 거절하는 경우 경찰관 직무집행법에 따라 처벌하도록 규정되어 있다.

① ㉠, ㉡
③ ㉡, ㉢, ㉣
② ㉡, ㉢
④ ㉠, ㉡, ㉢, ㉣

정답찾기

지문의 내용 모두 적절하지 않은 지문이다.
㉠ 미아, 병자, 부상자 등으로서 적당한 보호자가 없으며 응급구호가 필요하다고 인정되는 사람의 경우 본인이 구호를 거절하는 경우는 제외한다(경찰관 직무집행법 제4조 제1항 제3호).
㉡ 경찰관은 보호조치를 하였을 때에는 지체 없이 구호대상자의 가족, 친지 또는 그 밖의 연고자에게 그 사실을 알려야 하며, 연고자가 발견되지 아니할 때에는 구호대상자를 적당한 공공보건의료기관이나 공공구호기관에 즉시 <u>인계하여야 한다</u>(경찰관 직무집행법 제4조 제4항).
㉢ 경찰관은 구호대상자를 공공보건의료기관이나 공공구호기관에 인계하였을 때에는 즉시 그 사실을 <u>소속 경찰서장이나 해양경찰서장에게 보고하여야 한다</u>. 보고를 받은 소속 경찰서장이나 해양경찰서장은 대통령령으로 정하는 바에 따라 구호대상자를 인계한 사실을 지체 없이 <u>해당 공공보건의료기관 또는 공공구호기관의 장 및 그 감독행정청에 통보하여야 한다</u>(경찰관 직무집행법 제4조 제5항, 제6항).
㉣ 사안의 경우 경찰관 직무집행법이 아닌 <u>응급의료에 관한 법률</u>(3년 이하의 징역 또는 3천만원 이하의 벌금)에 근거하여 처벌할 수 있다.

320 경찰관 직무집행법상 보호조치 등에 관한 설명으로 가장 적절한 것은? 23. 경찰

① 긴급구호를 요청받은 공공보건의료기관이나 공공구호기관은 정당한 이유 없이 긴급구호를 거절할 수 있다.

② 경찰관은 보호조치를 하는 경우에 구호대상자가 휴대하고 있는 무기 · 흉기 등 위험을 일으킬 수 있는 것으로 인정되는 물건을 공공보건의료기관이나 공공구호기관에 임시로 영치하여 놓을 수 있다.

③ 경찰관은 보호조치를 하였을 때에는 지체 없이 구호대상자의 가족, 친지 또는 그 밖의 연고자에게 그 사실을 알려야 하며, 연고자가 발견되지 아니할 때에는 구호대상자를 적당한 공공보건의료기관이나 공공구호기관에 즉시 인계하여야 한다.

④ 구호대상자를 경찰관서에서 보호하는 기간은 48시간을 초과할 수 없고, 물건을 공공보건의료기관이나 공공구호기관에 임시로 영치하는 기간은 10일을 초과할 수 없다.

> **정답찾기**
>
> ① 긴급구호를 요청받은 보건의료기관이나 공공구호기관은 정당한 이유 없이 긴급구호를 거절할 수 없다(경찰관 직무집행법 제4조 제2항).
> ② 경찰관은 제1항의 조치를 하는 경우에 구호대상자가 휴대하고 있는 무기 · 흉기 등 위험을 일으킬 수 있는 것으로 인정되는 물건을 경찰관서에 임시로 영치(領置)하여 놓을 수 있다(경찰관 직무집행법 제4조 제3항).
> ④ 구호대상자를 경찰관서에서 보호하는 기간은 <u>24시간</u>을 초과할 수 없고, 물건을 경찰관서에 임시로 영치하는 기간은 10일을 초과할 수 없다(경찰관 직무집행법 제4조 제7항).

321 A경찰서 소속 경찰관 甲은, 정신착란을 일으켜 타인의 생명 · 신체에 위해를 끼칠 우려가 있는 乙을 발견하였다. 甲은 「경찰관 직무집행법」에 따라 乙에 대한 응급구호가 필요하다고 판단하여 B보건의료기관에 긴급구호를 요청하였다. 이에 관한 설명으로 적절하지 않은 것은 모두 몇 개인가? 25. 경위공채

> ㉠ 甲으로부터 긴급구호를 요청받은 B보건의료기관은 정당한 이유 없이 긴급구호를 거절할 수 없다.
> ㉡ 甲은 乙이 휴대하고 있는 흉기를 발견하였을 경우 경찰관서에 이를 임시로 영치하여 놓을 수 있다.
> ㉢ 乙의 연고자가 발견되지 아니할 때에는 甲은 乙을 적당한 공공보건의료기관이나 공공구호기관에 즉시 인계하여야 하고, 인계 즉시 그 사실을 A경찰서장에게 보고하여야 한다.
> ㉣ 甲이 乙을 적당한 공공보건의료기관이나 공공구호기관에 인계한 사실을 보고받은 A경찰서장은 대통령령으로 정하는 바에 따라 乙을 인계한 사실을 지체 없이 해당 공공보건의료기관 또는 공공구호기관의 장 및 그 감독행정청에 통보하여야 한다.

① 0개　　　　　② 1개　　　　　③ 2개　　　　　④ 3개

> **정답찾기**
>
> 모두 적절한 지문이다.
> ㉠ 경찰관 직무집행법 제4조 제2항
> ㉡ 경찰관 직무집행법 제4조 제3항
> ㉢ 경찰관 직무집행법 제4조 제4항, 제5항
> ㉣ 경찰관 직무집행법 제4조 제6항

Answer 319 ④　　320 ③　　321 ①

322 「경찰관 직무집행법」상 보호조치에 대한 설명으로 가장 적절하지 않은 것은? (다툼이 있는 경우 판례에 의함)

24. 경찰간부

① 「경찰관 직무집행법」에서 규정하는 술에 취한 상태로 인하여 자기 또는 타인의 생명·신체와 재산에 위해를 미칠 우려가 있는 피구호자에 대한 보호조치는 경찰 행정상 즉시강제에 해당한다.

② 술에 취한 상태란 피구호자가 술에 만취하여 정상적인 판단능력이나 의사능력을 상실할 정도에 이른 것을 말하지 않는다.

③ 경찰공무원이 보호조치된 운전자에 대하여 음주측정을 요구하였다는 이유만으로 음주측정 요구가 당연히 위법하거나 보호조치가 당연히 종료된 것으로 볼 수는 없다.

④ 술에 취한 피구호자의 가족 등에게 인계할 수 있다면 특별한 사정이 없는 한 경찰관서에서 피구호자를 보호하는 것은 허용되지 않는다.

> **정답찾기**
> 경찰관 직무집행법 제4조 제1항 제1호(이하 '이 사건 조항'이라 한다)에서 규정하는 술에 취한 상태로 인하여 자기 또는 타인의 생명·신체와 재산에 위해를 미칠 우려가 있는 피구호자에 대한 보호조치는 경찰 행정상 즉시강제에 해당하므로, 그 조치가 불가피한 최소한도 내에서만 행사되도록 발동·행사 요건을 신중하고 엄격하게 해석하여야 한다. 따라서 이 사건 조항의 '술에 취한 상태'란 피구호자가 술에 만취하여 정상적인 판단능력이나 의사능력을 상실할 정도에 이른 것을 말하고, 이 사건 조항에 따른 보호조치를 필요로 하는 피구호자에 해당하는지는 구체적인 상황을 고려하여 경찰관 평균인을 기준으로 판단하되, 그 판단은 보호조치의 취지와 목적에 비추어 현저하게 불합리하여서는 아니 되며, 피구호자의 가족 등에게 피구호자를 인계할 수 있다면 특별한 사정이 없는 한 경찰관서에서 피구호자를 보호하는 것은 허용되지 않는다[대법원 2012.12.13, 선고, 2012도11162, 판결].

323 다음은 경찰관 직무집행법 제5조 위험발생의 방지조치를 설명한 것이다. 빈칸의 내용을 가장 적절하게 연결한 것은?

19. 경찰승진

> 경찰관은 사람의 생명 또는 신체에 위해를 끼치거나 재산에 중대한 손해를 끼칠 우려가 있는 천재, 사변, 인공구조물의 파손이나 붕괴, 교통사고, 위험물의 폭발, 위험한 동물 등의 출현, 극도의 혼잡, 그 밖의 위험한 사태가 있을 때에는 다음 각 호의 조치를 할 수 있다.
> 1. 그 장소에 모인 사람, 사물의 관리자, 그 밖의 관계인에게 필요한 (㉠)을(를) 하는 것
> 2. 매우 긴급한 경우에는 위해를 입을 우려가 있는 사람을 필요한 한도에서 (㉡)시키는 것
> 3. 그 장소에 있는 사람, 사물의 관리자, 그 밖의 관계인에게 위해를 방지하기 위하여 필요하다고 인정되는 조치를 하게 하거나 (㉢)을(를) 하는 것

① ㉠ 경고   ㉡ 제지   ㉢ 억류하거나 피난
② ㉠ 경고   ㉡ 억류하거나 피난   ㉢ 직접조치
③ ㉠ 직접조치   ㉡ 제지   ㉢ 억류하거나 피난
④ ㉠ 직접조치   ㉡ 억류하거나 피난   ㉢ 경고

정답찾기

경찰관 직무집행법

제5조 【위험발생의 방지 등】 ① 경찰관은 사람의 생명 또는 신체에 위해를 끼치거나 재산에 중대한 손해를 끼칠 우려가 있는 천재 (天災), 사변(事變), 인공구조물의 파손이나 붕괴, 교통사고, 위험물의 폭발, 위험한 동물 등의 출현, 극도의 혼잡, 그 밖의 위험한 사태가 있을 때에는 다음 각 호의 조치를 할 수 있다.

1. 그 장소에 <u>모인 사람</u>, 사물(事物)의 관리자, 그 밖의 관계인에게 필요한 <u>경고</u>를 하는 것
2. 매우 긴급한 경우에는 <u>위해를 입을 우려</u>가 있는 사람을 필요한 한도에서 억류하거나 피난시키는 것
3. 그 장소에 있는 사람, 사물의 관리자, 그 밖의 관계인에게 위해를 방지하기 위하여 필요하다고 인정되는 <u>조치를 하게 하거나</u> 직접 그 조치를 하는 것

---

324 **경찰관 직무집행법 제5조(위험 발생의 방지 등)에 관한 내용 중 가장 적절하지 않은 것은?** 23. 경찰승진

① 경찰관은 위험 발생의 방지 등에 관한 조치 중 매우 긴급한 경우에 위해를 입을 우려가 있는 사람을 필요한 한도에서 억류하거나 피난시킬 수 있다.

② 경찰관은 위험 발생의 방지 등에 관한 조치를 하였을 때에는 지체 없이 그 사실을 소속 경찰관서의 장에게 보고하여야 한다.

③ 경찰관서의 장은 대간첩 작전의 수행이나 소요 사태의 진압을 위하여 필요하다고 인정되는 상당한 이유가 있을 때에는 대간첩 작전지역이나 경찰관서·무기고 등 다중이용시설에 대한 접근 또는 통행을 제한하거나 금지할 수 있다.

④ 경찰관은 위험한 동물 등의 출현으로 인해 사람의 생명 또는 신체에 위해를 끼치거나 재산에 중대한 손해를 끼칠 우려가 있는 경우 위험 발생 방지 등의 조치를 할 수 있다.

정답찾기

③ 경찰관서의 장은 대간첩 작전의 수행이나 소요(騷擾) 사태의 진압을 위하여 필요하다고 인정되는 상당한 이유가 있을 때에는 대간첩 작전지역이나 경찰관서·무기고 등 <u>국가중요시설</u>에 대한 접근 또는 통행을 제한하거나 금지할 수 있다(경찰관 직무집행법 제5조 제2항).

325 다음은 경찰관 직무집행법상 범죄의 예방과 제지에 관한 사례이다. 이와 관련한 설명 중 가장 적절한 것은? (다툼이 있는 경우 판례에 의함)

22. 경찰

> 甲은 평소 집에서 심한 고성과 욕설, 시끄러운 음악 소리 등으로 이웃 주민들로부터 수 회에 걸쳐 112신고가 있어 왔던 사람이다. 사건 당일에도 甲이 자정에 가까운 한밤중에 집 안에서 음악을 크게 켜놓고 심한 고성을 지른다는 112신고를 받고 경찰관이 출동하였다. 출동한 경찰관이 인터폰으로 甲에게 문을 열어달라고 하였으나, 甲은 심한 욕설을 할 뿐 출입문을 열어주지 않은 채, 소란행위를 멈추지 않았다. 이에 경찰관들이 甲을 만나기 위해 甲의 집으로 통하는 전기를 일시적으로 차단하여 甲이 집 밖으로 나오도록 유도하였다.

① 경찰관 직무집행법상 경찰관의 제지에 관한 부분은 눈앞의 급박한 경찰상 장해를 제거하여야 할 필요가 있고 의무를 명할 시간적 여유가 없거나 의무를 명하는 방법으로는 그 목적을 달성하기 어려운 상황에서 의무이행을 전제로 하지 않고 경찰이 직접 실력을 행사하여 경찰상 필요한 상태를 실현하는 비권력적 사실행위에 관한 근거조항이다.

② 甲의 행위는 경범죄 처벌법상 '인근소란 등'에 해당하고 이로 인하여 인근 주민들이 잠을 이루지 못할 수 있으며 출동한 경찰관들을 만나지 않고 소란행위를 지속하고 있으므로, 甲의 행위를 제지하는 것은 경찰관의 직무상 권한이자 의무로 볼 수 있다.

③ 경찰관 직무집행법상 경찰관의 제지 조치의 위법 여부는 사후적으로 순수한 객관적 기준에서 판단해야 하고 제지 조치 당시의 구체적 상황을 기초로 판단하는 것은 아니다.

④ 경찰관의 조치는 사람의 생명·신체에 위해를 끼치거나 재산에 중대한 손해를 끼칠 우려가 있는 긴급한 경우로 보기는 어려워 즉시강제가 아니라 직접강제의 요건에 부합한다.

정답찾기

경찰관 직무집행법 제6조의 규정 중 경찰관의 제지에 관한 부분은 범죄 예방을 위한 경찰 행정상 즉시강제, 즉 눈앞의 급박한 경찰상 장해를 제거할 필요가 있고 의무를 명할 시간적 여유가 없거나 의무를 명하는 방법으로는 그 목적을 달성하기 어려운 상황에서 의무불이행을 전제로 하지 않고 경찰이 직접 실력을 행사하여 경찰상 필요한 상태를 실현하는 권력적 사실행위에 관한 근거조항이다. 경찰관 직무집행법 제6조에 따른 경찰관의 제지 조치가 적법한 직무집행으로 평가되기 위해서는, 형사처벌의 대상이 되는 행위가 눈앞에서 막 이루어지려고 하는 것이 객관적으로 인정될 수 있는 상황이고, 그 행위를 당장 제지하지 않으면 곧 인명·신체에 위해를 미치거나 재산에 중대한 손해를 끼칠 우려가 있는 상황이어서, 직접 제지하는 방법 외에는 위와 같은 결과를 막을 수 없는 절박한 사태이어야 한다. 다만 경찰관의 제지 조치가 적법한지는 제지 조치 당시의 구체적 상황을 기초로 판단하여야 하고 사후적으로 순수한 객관적 기준에서 판단할 것은 아니다.

주거지에서 음악 소리를 크게 내거나 큰 소리로 떠들어 이웃을 시끄럽게 하는 행위는 경범죄 처벌법 제3조 제1항 제21호에서 경범죄로 정한 '인근소란 등'에 해당한다. 경찰관은 경찰관 직무집행법에 따라 경범죄에 해당하는 행위를 예방·진압·수사하고, 필요한 경우 제지할 수 있다. 피고인은 평소 집에서 심한 고성과 욕설, 시끄러운 음악 소리 등으로 이웃 주민들로부터 수회에 걸쳐 112신고가 있어 왔던 사람인데, 피고인의 집이 소란스럽다는 112신고를 받고 출동한 경찰관 甲, 乙이 인터폰으로 문을 열어달라고 하였으나 욕설을 하였고, 경찰관들이 피고인을 만나기 위해 전기차단기를 내리자 화가 나 식칼(전체 길이 약 37cm, 칼날 길이 약 24cm)을 들고 나와 욕설을 하면서 경찰관들을 향해 찌를 듯이 협박함으로써 甲, 乙의 112신고 업무 처리에 관한 직무집행을 방해하였다고 하여 특수공무집행방해로 기소된 사안에서, 피고인이 자정에 가까운 한밤중에 음악을 크게 켜놓거나 소리를 지른 것은 경범죄 처벌법 제3조 제1항 제21호에서 금지하는 인근소란행위에 해당하고, 그로 인하여 인근 주민들이 잠을 이루지 못하게 될 수 있으며, 甲과 乙이 112신고를 받고 출동하여 눈앞에서 벌어지고 있는 범죄행위를 막고 주민들의 피해를 예방하기 위해 피고인을 만나려 하였으나 피고인은 문조차 열어주지 않고 소란행위를 멈추지 않았던 상황이라면 피고인의 행위를 제지하고 수사하는 것은 경찰관의 직무상 권한이자 의무라고 볼 수 있으므로, 위와 같은 상황에서 甲과 乙이 피고인의 집으로 통하는 전기를 일시적으로 차단한 것은 피고인을 집 밖으로 나오도록 유도한 것으로서, 피고인의 범죄행위를 진압·예방하고 수사하기 위해 필요하고도 적절한 조치로 보이고, 경찰관 직무집행법 제1조의 목적에 맞게 제2조의 직무 범위 내에서 제6조에서 정한 즉시강제의 요건을 충족한 적법한 직무집행으로 볼 여지가 있다는 이유로, 이와 달리 보아 공소사실을 무죄로 판단한 원심판결에 필요한 심리를 다하지 않은 채 논리와 경험의 법칙에 반하여 자유심증주의의 한계를 벗어나거나 경찰관 직무집행법의 해석과 적용, 공무집행의 적법성 등에 관한 법리를 오해한 잘못이 있다(대판 2018.12.13, 2016도19417).

326 행정상 의무이행확보수단에 관한 설명으로 가장 적절하지 않은 것은? (다툼이 있는 경우 판례에 의함)   23. 경찰

① 과징금은 원칙적으로 행정법상의 의무를 위반한 자에 대하여 당해 위반행위로 얻게 된 경제적 이익을 박탈하기 위한 목적으로 부과하는 금전적인 제재이다.

② 경찰관 직무집행법 제6조 "경찰관은 범죄행위가 목전에 행하여지려고 하고 있다고 인정될 때에는 이를 예방하기 위하여 관계인에게 필요한 경고를 하고, 그 행위로 인하여 사람의 생명·신체에 위해를 끼치거나 재산에 중대한 손해를 끼칠 우려가 있는 긴급한 경우에는 그 행위를 제지할 수 있다" 규정은 행정상 즉시강제에 해당한다.

③ 경찰관 직무집행법 제4조 제1항 제1호에서 규정하는 술에 취한 상태로 인하여 자기 또는 타인의 생명·신체와 재산에 위해를 미칠 우려가 있는 피구호자에 대한 보호조치는 행정상 강제집행에 해당한다.

④ 가산세는 개별 세법이 과세의 적정을 기하기 위하여 정한 의무의 이행을 확보할 목적으로 그 의무 위반에 대하여 세금의 형태로 가하는 행정상 제재이다.

정답찾기
③ 경찰관 직무집행법 제4조에 근거한 일시보호는 행정상 즉시강제에 해당한다.

327 경찰관 직무집행법 제6조(범죄예방과 제지) 및 제7조(위험방지를 위한 출입)에 관한 내용 중 가장 적절하지 않은 것은? (다툼이 있는 경우 판례에 의함)   23. 경찰승진

① 경찰관의 제지 조치가 적법한지는 제지 조치 당시의 구체적 상황을 기초로 판단하여야 하고 사후적으로 순수한 객관적 기준에서 판단할 것은 아니다.

② 경찰관은 위험 방지를 위해 필요한 장소에 출입할 때에는 그 신분을 표시하는 증표를 제시하여야 하며, 함부로 관계인이 하는 정당한 업무를 방해해서는 아니 된다.

③ 경찰관의 경고나 제지는 범죄의 예방을 위하여 범죄행위에 관한 실행의 착수 전에 행하여질 수 있을 뿐만 아니라, 이후 범죄행위가 계속되는 중에 그 진압을 위하여도 당연히 행하여질 수 있다고 보아야 한다.

④ 경찰관은 범죄행위가 목전(目前)에 행하여지려고 하고 있다고 인정될 경우 이를 예방하기 위하여 관계인에게 필요한 제지를 하여야 한다.

정답찾기
④ 경찰관은 범죄행위가 목전(目前)에 행하여지려고 하고 있다고 인정될 때에는 이를 예방하기 위하여 관계인에게 필요한 경고를 하고, 그 행위로 인하여 사람의 생명·신체에 위해를 끼치거나 재산에 중대한 손해를 끼칠 우려가 있는 긴급한 경우에는 그 행위를 제지할 수 있다(경찰관 직무집행법 제6조).

Answer   325 ②   326 ③   327 ④

328 경찰관 직무집행법상 위험방지를 위한 출입에 대한 설명으로 가장 적절하지 않은 것은?　　　19. 경찰승진

① 위험방지를 위한 출입의 성질은 대가택적 즉시강제이다.

② 경찰공무원은 여관에 불이 나서 객실에 쓰러져 있는 사람이 있는 경우에는 주인이 허락하지 않더라도 들어 갈 수 있다.

③ 새벽 3시에 영업이 끝난 식당에서 주인만 머무르는 경우라도, 경찰공무원은 범죄의 예방을 위해 출입을 요구 할 수 있고, 상대방은 이를 거절할 수 없다.

④ 경찰공무원은 위험방지를 위해 여관에 출입할 경우에는 그 신분을 표시하는 증표를 제시하여야 하며, 함부 로 관계인이 하는 정당한 업무를 방해해서는 아니 된다.

> **정답찾기**
> ③ 흥행장(興行場), 여관, 음식점, 역, 그 밖에 많은 사람이 출입하는 장소의 관리자나 그에 준하는 관계인은 경찰관이 범죄나 사람의 생명·신체·재산에 대한 위해를 예방하기 위하여 해당 장소의 <u>영업시간이나 해당 장소가 일반인에게 공개된 시간</u>에 그 장소에 출 입하겠다고 요구하면 정당한 이유 없이 그 요구를 거절할 수 없다(경찰관 직무집행법 제7조 제2항).

329 경찰관 직무집행법에 대한 설명으로 가장 적절하지 않은 것은?　　　22. 경찰승진

① 국민의 자유와 권리 및 모든 개인이 가지는 불가침의 기본적 인권을 보호하고 사회공공의 질서를 유지하기 위한 경찰관의 직무 수행에 필요한 사항을 규정함을 목적으로 한다.

② 경찰관은 범죄행위가 목전에 행하여 지려고 하고 있다고 인정될 때에는 이를 예방하기 위하여 관계인에게 필요한 경고를 할 수 있다.

③ 경찰관이 위험방지를 위한 출입할 때에는 그 신분을 표시하는 증표의 제시의무는 없다.

④ 경찰관은 위험한 사태가 발생하여 사람의 생명·신체 또는 재산에 대한 위해가 임박한 때에 그 위해를 방지 하거나 피해자를 구조하기 위하여 부득이하다고 인정하면 합리적으로 판단하여 필요한 한도에서 다른 사람 의 토지·건물·배 또는 차에 출입할 수 있다.

> **정답찾기**
> ③ 경찰관은 제1항부터 제3항까지의 규정에 따라 필요한 장소에 출입할 때에는 <u>그 신분을 표시하는 증표를 제시하여야 하며</u>, 함부로 관계인이 하는 정당한 업무를 방해해서는 아니 된다(경찰관 직무집행법 제7조 제4항).

330 경찰관 직무집행법에 대한 다음 설명 중 가장 적절하지 않은 것은?　　　13. 경찰

① 경찰관서의 장은 대간첩 작전의 수행이나 소요(騷擾) 사태의 진압을 위하여 필요하다고 인정되는 상당한 이유가 있을 때에는 대간첩 작전지역이나 경찰관서·무기고 등 국가중요시설에 대한 접근 또는 통행을 제한하거나 금지할 수 있다.

② 경찰관은 범죄행위가 목전(目前)에 행하여지려고 하고 있다고 인정될 때에는 이를 예방하기 위하여 관계인에게 필요한 경고를 하고, 그 행위로 인하여 사람의 생명·신체에 위해를 끼치거나 재산에 중대한 손해를 끼칠 우려가 있는 긴급한 경우에는 그 행위를 제지할 수 있다.

③ 경찰관은 직무수행에 필요하다고 인정되는 상당한 이유가 있을 때에는 국가기관 또는 공사단체 등에 대하여 직무수행에 관련된 사실을 조회할 수 있다. 다만, 긴급을 요할 때에는 사실을 확인 후 당해 기관 또는 단체의 장에게 추후 통보해야 한다.

④ 경찰관은 미아를 인수할 보호자 확인, 유실물을 인수할 권리자 확인, 사고로 인한 사상자(死傷者) 확인, 행정처분을 위한 교통사고 조사에 필요한 사실 확인을 위하여 필요하면 관계인에게 출석하여야 하는 사유·일시 및 장소를 명확히 적은 출석요구서를 보내 경찰관서에 출석할 것을 요구할 수 있다.

정답찾기

③ '추후 통보'에 대한 명시적인 규정은 없다. 경찰관서의 장은 직무수행에 필요하다고 인정되는 상당한 이유가 있을 때에는 국가기관이나 공사(公私) 단체 등에 직무수행에 관련된 사실을 조회할 수 있다. 다만, 긴급한 경우에는 소속 경찰관으로 하여금 현장에 나가 해당 기관 또는 단체의 장의 협조를 받아 그 사실을 확인하게 할 수 있다(경찰관 직무집행법 제8조 제1항).

331 경찰관의 정보수집 및 처리 등에 관한 규정에 대한 설명으로 가장 적절하지 않은 것은?　　　23. 경찰승진

① 경찰관의 정보수집·작성·배포에 있어 정보의 구체적인 범위에는 범죄의 예방과 대응에 필요한 정보가 포함된다.

② 경찰관은 정보를 수집하거나 정보의 수집·작성·배포에 수반되는 사실을 확인하려는 경우에는 상대방에게 자신의 신분을 밝히고 정보수집 또는 사실 확인의 목적을 설명해야 한다.

③ ②의 경우 강제적인 방법을 사용할 수 있다.

④ 범죄의 대응을 위한 정보활동에 현저한 지장을 초래할 우려가 있는 경우에는 ②의 절차를 생략할 수 있다.

정답찾기

③ 경찰관은 법 제8조의2 제1항에 따라 정보를 수집하거나 정보의 수집·작성·배포에 수반되는 사실을 확인하려는 경우에는 상대방에게 자신의 신분을 밝히고 정보 수집 또는 사실 확인의 목적을 설명해야 한다. 이 경우 강제적인 방법을 사용해서는 안 된다(경찰관의 정보수집 및 처리 등에 관한 규정 제4조 제1항).

Answer　　328 ③　　329 ③　　330 ③　　331 ③

332 경찰관의 정보수집 및 처리 등에 관한 규정상 경찰관이 정보 수집을 위해 상시적으로 출입해서는 안되며, 정보활동을 위해 필요한 경우에 한정하여 일시적으로 출입할 수 있는 장소에 포함되지 않는 곳은? 22. 경찰간부

① 언론·교육·종교·시민사회 단체 등 민간단체
② 민간기업
③ 정당의 사무소
④ 공기업

정답찾기
④ 경찰관이 상시적으로 출입해서는 안 되며, 정보활동을 위해 필요한 경우에 한정하여 일시적으로만 출입해야 하는 장소에는 언론·교육·종교·시민사회 단체 등 민간단체, 민간기업, 정당의 사무소가 있다(경찰관의 정보수집 및 처리 등에 관한 규정 제5조).

333 경찰관 직무집행법 및 경찰관의 정보수집 및 처리 등에 관한 규정(대통령령)상 경찰관이 정보활동을 위해 필요한 경우에 한정하여 일시적으로만 출입이 가능한 곳은 모두 몇 개인가? 22. 경찰

㉠ 언론기관	㉡ 종교시설
㉢ 민간기업	㉣ 정당의 사무소
㉤ 시민사회 단체	

① 2개   ② 3개   ③ 4개   ④ 5개

정답찾기
지문의 내용 모두 정보활동을 위해 필요한 경우 일시적인 출입이 가능하다. 다만 상시적으로 출입해서는 안 된다(경찰관의 정보수집 및 처리 등에 관한 규정 제5조).

334 「경찰관 직무집행법」 및 「경찰관의 정보수집 및 처리 등에 관한 규정」에 따른 경찰의 정보활동에 관한 설명으로 가장 적절하지 않은 것은? 24. 경찰

① 경찰관은 범죄·재난·공공갈등 등 공공안녕과 공공질서에 대한 위험의 예방과 대응을 위한 정보의 수집·작성·배포와 이에 수반되는 사실의 확인을 할 수 있다.
② 경찰관은 정치에 관여하기 위해 정보를 수집·작성·배포하는 행위를 해서는 안 된다.
③ 경찰관은 민간기업에 상시적으로 출입해서는 안 되며, 정보활동을 위해 필요한 경우에 한정하여 일시적으로만 출입해야 한다.
④ 경찰관은 수집·작성한 정보가 그 목적이 달성되어 불필요하게 되었을 때에는 다른 법령에 따라 보존해야 하는 경우를 제외하고는 지체 없이 그 정보를 폐기해야 한다.

정답찾기
① 경찰관은 범죄·재난·공공갈등 등 공공안녕에 대한 위험의 예방과 대응을 위한 정보의 수집·작성·배포와 이에 수반되는 사실의 확인을 할 수 있다(경찰관 직무집행법 제8조의2 제1항).

335 경찰관 직무집행법에 대한 설명으로 가장 적절한 것은?   19. 경찰승진

① 경찰관은 이미 행하여진 범죄나 행하여지려고 하는 범죄행위에 관한 사실을 안다고 인정되는 사람에 대하여 질문을 하는 경우 자신의 신분을 표시하는 증표를 제시하면서 소속과 성명을 밝히고 질문의 목적과 이유를 설명하여야 하며 변호인의 도움을 받을 권리가 있음을 알려야 한다.

② 경찰관은 수상한 행동이나 그 밖의 주위 사정을 합리적으로 판단해 볼 때 구호대상자에 해당함이 명백하여 응급의 구호를 요한다고 믿을 만한 상당한 이유가 있는 자를 발견한 때에는 보건의료기관이나 공공구호기관에 긴급구호를 요청하거나 경찰관서에 보호하는 등 적절한 조치를 하여야 한다.

③ 경찰관은 범죄행위가 목전에 행하여지려고 하고 있다고 인정될 때에는 이를 예방하기 위하여 관계인에게 필요한 경고를 하고 즉시 그 행위를 제지할 수 있다.

④ 경찰관은 자신이나 다른 사람의 생명·신체의 방어 및 보호를 위하여 필요하다고 인정되는 상당한 이유가 있을 때에는 그 사태를 합리적으로 판단하여 필요한 한도에서 경찰장구를 사용할 수 있다.

□정답찾기

① 경찰관은 이미 행하여진 범죄나 행하여지려고 하는 범죄행위에 관한 사실을 안다고 인정되는 사람에 대하여 질문을 하는 경우 자신의 신분을 표시하는 증표를 제시하면서 소속과 성명을 밝히고 질문의 목적과 이유를 설명하여야 한다. 그러나 <u>변호인의 도움을 받을 권리는 임의동행한 경우에 고지해야 할 의무가 있다.</u>

> **경찰관 직무집행법**
> **제3조【불심검문】** ④ 경찰관은 제1항이나 제2항에 따라 질문을 하거나 동행을 요구할 경우 자신의 신분을 표시하는 증표를 제시하면서 소속과 성명을 밝히고 질문이나 동행의 목적과 이유를 설명하여야 하며, 동행을 요구하는 경우에는 동행 장소를 밝혀야 한다.
> ⑤ 경찰관은 제2항에 따라 동행한 사람의 가족이나 친지 등에게 동행한 경찰관의 신분, 동행 장소, 동행 목적과 이유를 알리거나 본인으로 하여금 즉시 연락할 수 있는 기회를 주어야 하며, 변호인의 도움을 받을 권리가 있음을 알려야 한다.

② 경찰관은 수상한 행동이나 그 밖의 주위 사정을 합리적으로 판단해 볼 때 구호대상자에 해당하는 것이 명백하고 응급구호가 필요하다고 믿을 만한 상당한 이유가 있는 사람(이하 '구호대상자'라 한다)을 발견하였을 때에는 보건의료기관이나 공공구호기관에 긴급구호를 요청하거나 경찰관서에 보호하는 등 적절한 조치를 할 수 있다(경찰관 직무집행법 제4조 제1항).

③ 경찰관은 범죄행위가 목전(目前)에 행하여지려고 하고 있다고 인정될 때에는 이를 예방하기 위하여 관계인에게 필요한 경고를 하고, 그 행위로 인하여 사람의 생명·신체에 위해를 끼치거나 재산에 중대한 손해를 끼칠 우려가 있는 <u>긴급한 경우에는 그 행위를 제지할 수 있다</u>(경찰관 직무집행법 제6조).

Answer　332 ④　333 ④　334 ①　335 ④

336 경찰관 직무집행법상 다음 설명 중 적절하지 않은 것은 모두 몇 개인가?

12. 경찰

> ㉠ 경찰관 직무집행법 제2조 제7호는 그 밖에 공공의 안녕과 위해의 방지를 직무범위로 규정하고 있다.
> ㉡ 법률에서 정한 절차에 따라 체포·구속된 사람 또는 신체의 자유를 제한하는 판결이나 처분을 받은 사람을 수용하기 위하여 경찰서와 해양경찰서에 유치장을 둔다.
> ㉢ 경찰관은 불심검문시 질문을 하거나 동행을 요구할 경우 자신의 신분을 표시하는 증표를 제시하면서 소속과 성명만 밝히면 된다.
> ㉣ 경찰관은 현행범이나 사형·무기 또는 장기 3년 이상의 징역이나 금고에 해당하는 죄를 범한 범인의 체포 또는 도주방지를 위하여 필요하다고 인정되는 상당한 이유가 있을 때에는 그 사태를 합리적으로 판단하여 필요한 한도에서 경찰장구를 사용할 수 있다.

① 1개   ② 2개   ③ 3개   ④ 4개

정답찾기

적절하지 않은 것은 ㉠㉢ 2개이다.
㉠ 경찰관 직무집행법 제2조 제7호는 위해의 방지가 아닌 '질서유지'를 직무의 범위로 규정하고 있다.
㉢ 경찰관은 질문을 하거나 동행을 요구할 경우 자신의 <u>신분을 표시하는 증표를 제시하면서 소속과 성명을 밝히고</u> 질문이나 동행의 <u>목적과 이유를</u> 설명하여야 하며, 동행을 요구하는 경우에는 <u>동행 장소를</u> 밝혀야 한다(경찰관 직무집행법 제3조 제4항).

337 경찰관 직무집행법에 대한 설명 중 가장 적절하지 않은 것은?

13. 경찰

① 흥행장(興行場), 여관, 음식점, 역, 그 밖에 많은 사람이 출입하는 장소의 관리자나 그에 준하는 관계인은 경찰관이 범죄나 사람의 생명·신체·재산에 대한 위해를 예방하기 위하여 해당 장소의 영업시간이나 해당 장소가 일반인에게 공개된 시간에 그 장소에 출입하겠다고 요구하면 정당한 이유 없이 그 요구를 거절할 수 없다.

② 경찰관은 범인의 체포 또는 범인의 도주방지, 불법집회·시위로 인한 자신이나 다른 사람의 생명·신체와 재산 및 공공시설 안전에 대한 현저한 위해의 발생억제를 위하여 부득이한 경우에는 현장책임자가 판단하여 필요한 최소한의 범위에서 분사기(총포·도검·화약류 등의 안전관리에 관한 법률에 따른 분사기를 말하며, 그에 사용하는 최루 등의 작용제를 포함한다. 이하 같다) 또는 최루탄을 사용할 수 있다.

③ 법률에서 정한 절차에 따라 체포·구속된 사람 또는 신체의 자유를 제한하는 판결이나 처분을 받은 사람을 수용하기 위하여 시·도경찰청·경찰서와 해양경찰서에 유치장을 둔다.

④ 경찰관은 범죄행위가 목전에 행하여지려고 하고 있다고 인정될 때에는 이를 예방하기 위하여 관계인에게 필요한 경고를 발하고, 그 행위로 인하여 인명·신체에 위해를 미치거나 재산에 중대한 손해를 끼칠 우려가 있어 긴급을 요하는 경우에는 그 행위를 제지할 수 있다.

정답찾기

③ 법률에서 정한 절차에 따라 체포·구속된 사람 또는 신체의 자유를 제한하는 판결이나 처분을 받은 사람을 수용하기 위하여 <u>경찰서</u>와 해양경찰서에 유치장을 둔다(경찰관 직무집행법 제9조).

338 경찰관 직무집행법상 경찰장비에 대한 설명으로 적절한 것은 모두 몇 개인가?

㉠ 경찰관은 현행범이나 사형·무기 또는 장기 3년 이상의 징역이나 금고에 해당하는 죄를 범한 범인의 체포 또는 도주 방지의 직무를 수행하기 위하여 필요하다고 인정되는 상당한 이유가 있을 때에는 그 사태를 합리적으로 판단하여 필요한 한도에서 경찰장구를 사용할 수 있다.

㉡ 경찰관은 직무수행 중 경찰장비를 사용할 수 있다. 다만, 재산의 침해 또는 생명이나 신체에 위해를 끼칠 수 있는 경찰장비를 긴급하게 사용할 때에는 안전검사 없이 안전교육을 받은 후 사용할 수 있다.

㉢ 위해성 경찰장비는 필요한 최소한도에서 사용하여야 하며, 위해성 경찰장비의 종류 및 그 사용기준, 안전교육·안전검사의 기준 등은 행정안전부령으로 정한다.

㉣ 경찰청장은 위해성 경찰장비를 새로 도입하려는 경우에는 대통령령으로 정하는 바에 따라 안전교육을 실시하여 그 안전교육의 결과보고서를 국회 소관 상임위원회에 제출하여야 한다. 이 경우 안전교육에는 외부 전문가를 참여시킬 수 있다.

---

① 0개 ② 1개 ③ 2개 ④ 3개

[정답찾기]

지문의 내용 중 적절한 것은 ㉠이다.

㉡ 경찰관은 직무수행 중 경찰장비를 사용할 수 있다. 다만, 사람의 생명이나 신체에 위해를 끼칠 수 있는 경찰장비(이하 이 조에서 "위해성 경찰장비"라 한다)를 사용할 때에는 필요한 <u>안전교육과 안전검사를 받은 후</u> 사용하여야 한다(경찰관 직무집행법 제10조 제1항).

㉢ 위해성 경찰장비의 종류 및 그 사용기준, 안전교육·안전검사의 기준 등은 <u>대통령령</u>으로 정한다(경찰관 직무집행법 제10조 제6항).

㉣ 경찰청장은 위해성 경찰장비를 새로 도입하려는 경우에는 대통령령으로 정하는 바에 따라 <u>안전성 검사</u>를 실시하여 그 <u>안전성 검사</u>의 결과보고서를 국회 소관 상임위원회에 제출하여야 한다. 이 경우 안전성 검사에는 외부 전문가를 <u>참여시켜야 한다</u>.

위해성 경찰장비의 사용기준 등에 관한 규정

제17조【위해성 경찰장비 사용을 위한 안전교육】 법 제10조 제1항 단서에 따라 직무수행 중 위해성 경찰장비를 사용하는 경찰관은 별표 1의 기준에 따라 위해성 경찰장비 사용을 위한 안전교육을 받아야 한다.

제18조【위해성 경찰장비에 대한 안전검사】 위해성 경찰장비를 사용하는 경찰관이 소속한 국가경찰관서의 장은 소속 경찰관이 사용할 위해성 경찰장비에 대한 안전검사를 별표 2의 기준에 따라 실시하여야 한다.

339 경찰장비의 사용에 대한 설명으로 가장 적절한 것은?

18. 경찰승진 변형

① 국가경찰과 자치경찰의 조직 및 운영에 관한 법률에서는 경찰공무원은 직무수행을 위하여 필요한 때에는 무기를 휴대할 수 있다고 규정하고 있다.

② 경찰관 직무집행법상 경찰관은 자신이나 다른 사람의 생명·신체 및 재산의 보호를 위하여 필요하다고 인정되는 상당한 이유가 있을 때에는 그 사태를 합리적으로 판단하여 필요한 한도에서 무기를 사용할 수 있다.

③ 위해성 경찰장비의 사용기준 등에 관한 규정상 경찰관은 총기 또는 폭발물을 가지고 대항하는 경우를 제외하고는 14세 미만의 자 또는 임산부에 대하여 전자충격기를 사용하여서는 아니 된다.

④ 위해성 경찰장비의 사용기준 등에 관한 규정상 경찰관은 공무집행에 대한 항거의 억제 등을 위하여 필요한 때에는 최소한의 범위 안에서 가스발사총을 사용할 수 있다. 이 경우 경찰관은 1미터 이내의 거리에서 상대방의 얼굴을 향하여 이를 발사하여서는 아니 된다.

정답찾기

① 지문의 내용은 경찰공무원법 제26조 제2항에 규정되어 있다.

② 경찰관은 범인의 체포, 범인의 도주방지, 자신이나 다른 사람의 생명·신체의 방어 및 보호, 공무집행에 대한 항거의 제지를 위하여 필요하다고 인정되는 상당한 이유가 있을 때에는 그 사태를 합리적으로 판단하여 필요한 한도에서 무기를 사용할 수 있다(경찰관 직무집행법 제10조의4 제1항).

③ 경찰관은 14세 미만의 자 또는 임산부에 대하여 전자충격기 또는 전자방패를 사용하여서는 아니 된다(위해성 경찰장비의 사용기준 등에 관한 규정 제8조 제1항).

> **위해성 경찰장비의 사용기준 등에 관한 규정**
> **제10조【권총 또는 소총의 사용제한】** ② 경찰관은 총기 또는 폭발물을 가지고 대항하는 경우를 제외하고는 14세 미만의 자 또는 임산부에 대하여 권총 또는 소총을 발사하여서는 아니 된다.

340 「경찰관 직무집행법」상 경찰장비와 장구에 관한 설명으로 가장 적절하지 않은 것은?

24. 경찰

① "경찰장비"란 무기, 경찰장구, 경찰착용기록장치, 최루제와 그 발사장치, 살수차, 감식기구, 해안 감시기구, 통신기기, 차량·선박·항공기 등 경찰이 직무를 수행할 때 필요한 장치와 기구를 말한다.

② "경찰착용기록장치"란 경찰관이 신체에 착용 또는 휴대하여 직무수행 과정을 근거리에서 영상·음성으로 기록할 수 있는 기록장치 또는 그 밖에 이와 유사한 기능을 갖춘 기계장치를 말한다.

③ 경찰청장, 시·도경찰청장 및 경찰서장은 경찰착용기록장치로 기록한 영상·음성을 저장하고 데이터베이스로 관리하는 영상음성기록정보 관리체계를 구축·운영하여야 한다.

④ 경찰관은 경찰장비를 함부로 개조하거나 경찰장비에 임의의 장비를 부착하여 일반적인 사용법과 달리 사용함으로써 다른 사람의 생명·신체에 위해를 끼쳐서는 아니 된다.

정답찾기

③ 경찰청장 및 해양경찰청장은 경찰착용기록장치로 기록한 영상·음성을 저장하고 데이터베이스로 관리하는 영상음성기록정보 관리체계를 구축·운영하여야 한다(경찰관 직무집행법 제10조의7).

341 다음 중 '위해성 경찰장비의 사용기준 등에 관한 규정'상 경찰장구는 모두 몇 개인가?　13. 경찰

㉠ 수갑	㉡ 가스분사기
㉢ 기관총	㉣ 경찰봉
㉤ 유탄발사기	㉥ 전자충격기
㉧ 석궁	㉨ 다목적발사기

① 2개　　　　　② 3개　　　　　③ 4개　　　　　④ 5개

정답찾기

② 지문의 내용 중 경찰장구에 해당하는 것은 ㉠㉣㉥이다.

> **위해성 경찰장비의 사용기준 등에 관한 규정**
> **제2조【위해성 경찰장비의 종류】** 경찰관 직무집행법(이하 '법'이라 한다) 제10조 제1항 단서에 따른 사람의 생명이나 신체에 위해를 끼칠 수 있는 경찰장비(이하 '위해성 경찰장비'라 한다)의 종류는 다음 각 호와 같다.
> 1. 경찰장구 : 수갑·포승(捕繩)·호송용포승·경찰봉·호신용경봉·전자충격기·방패 및 전자방패
> 2. 무기 : 권총·소총·기관총(기관단총을 포함한다. 이하 같다)·산탄총·유탄발사기·박격포·3인치포·함포·크레모아·수류탄·폭약류 및 도검
> 3. 분사기·최루탄 등 : 근접분사기·가스분사기·가스발사총(고무탄 발사겸용을 포함한다. 이하 같다) 및 최루탄(그 발사장치를 포함한다. 이하 같다)
> 4. 기타장비 : 가스차·살수차·특수진압차·물포·석궁·다목적발사기 및 도주차량차단장비

342 위해성 경찰장비의 사용기준 등에 관한 규정에 대한 설명으로 가장 적절하지 않은 것은?　16. 경찰

① 경찰관은 불법집회·시위로 인하여 발생할 수 있는 타인 또는 경찰관의 생명·신체의 위해와 재산·공공시설의 위험을 방지하기 위하여 필요한 때에는 최소한의 범위 안에서 경찰봉 또는 호신용경봉을 사용할 수 있다.

② 경찰관은 14세 이하의 자 또는 임산부에 대하여 전자충격기 또는 전자방패를 사용하여서는 아니 된다.

③ 경찰관은 전극침 발사장치가 있는 전자충격기를 사용하는 경우 상대방의 얼굴을 향하여 전극침을 발사하여서는 아니 된다.

④ 경찰관은 최루탄발사기로 최루탄을 발사하는 경우 30도 이상의 발사각을 유지하여야 하고, 가스차·살수차 또는 특수진압차의 최루탄발사대로 최루탄을 발사하는 경우에는 15도 이상의 발사각을 유지하여야 한다.

정답찾기

② 경찰관은 14세 미만의 자 또는 임산부에 대하여 전자충격기 또는 전자방패를 사용하여서는 아니 된다(위해성 경찰장비의 사용기준 등에 관한 규정 제8조 제1항).

343 위해성 경찰장비의 사용기준 등에 관한 규정에 대한 설명으로 가장 적절하지 않은 것은? 17. 경찰

① 경찰관은 총기 또는 폭발물을 가지고 대항하는 경우를 제외하고는 14세 미만의 자 또는 임산부에 대하여 권총 또는 소총을 발사하여서는 아니 된다.
② 가스차·살수차·특수진압차·물포·석궁·다목적발사기 및 도주차량차단장비는 '기타장비'에 포함된다.
③ 근접분사기·가스분사기·가스발사총(고무탄 발사겸용은 제외) 및 최루탄(그 발사장치를 포함)은 '분사기· 최루탄 등'에 포함된다.
④ 권총·소총·기관총(기관단총을 포함)·산탄총·유탄발사기·박격포·3인치포·함포·크레모아·수류탄· 폭약류 및 도검은 '무기'에 포함된다.

> 정답찾기
> ③ 근접분사기·최루탄 등에는 근접분사기·가스분사기·가스발사총(고무탄 발사겸용을 <u>포함한다</u>) 및 최루탄(그 발사장치를 포함)이 있다(위해성 경찰장비의 사용기준 등에 관한 규정 제2조 제3호).

344 위해성 경찰장비의 사용기준 등에 관한 규정에 대한 설명 중 가장 옳은 것은? 19. 경찰간부

① 경찰관은 최루탄발사기로 최루탄을 발사하는 경우 15도 이상의 발사각을 유지하여야 하고, 가스차·살수차 또는 특수진압차의 최루탄발사대로 최루탄을 발사하는 경우에는 30도 이상의 발사각을 유지하여야 한다.
② 경찰관은 14세 이하의 자 또는 임산부에 대하여 전자충격기 또는 전자방패를 사용하여서는 아니 된다.
③ 분사기·최루탄 등에는 근접분사기·가스분사기·가스발사총(고무탄 발사겸용을 제외) 및 최루탄(그 발사 장치를 포함)이 있다.
④ 경찰관은 범인의 체포 또는 도주방지, 타인 또는 경찰관의 생명·신체에 대한 방호, 공무집행에 대한 항거의 억제를 위하여 필요한 때에는 최소한의 범위 안에서 가스발사총을 사용할 수 있다. 이 경우 경찰관은 1미터 이내의 거리에서 상대방의 얼굴을 향하여 이를 발사하여서는 아니 된다.

> 정답찾기
> ① 경찰관은 최루탄발사기로 최루탄을 발사하는 경우 <u>30도 이상의 발사각을 유지하여야</u> 하고, 가스차·살수차 또는 특수진압차의 최루 탄발사대로 최루탄을 발사하는 경우에는 <u>15도 이상의 발사각을 유지하여야 한다</u>(위해성 경찰장비의 사용기준 등에 관한 규정 제12조 제2항).
> ② 경찰관은 <u>14세 미만</u>의 자 또는 임산부에 대하여 전자충격기 또는 전자방패를 사용하여서는 아니 된다(위해성 경찰장비의 사용기준 등에 관한 규정 제8조 제1항).
> ③ 분사기·최루탄 등에는 근접분사기·가스분사기·가스발사총(고무탄 발사겸용을 <u>포함한다</u>) 및 최루탄(그 발사장치를 포함)이 있다 (위해성 경찰장비의 사용기준 등에 관한 규정 제2조 제3호).

345 경찰관 직무집행법 및 위해성 경찰장비의 사용기준 등에 관한 규정상 경찰장비의 사용에 대한 설명으로 가장 적절한 것은?

20. 경찰 변형

① 경찰관은 범인의 체포 또는 도주의 방지, 자신이나 다른 사람의 생명·신체의 방어 및 보호, 공무집행에 대한 항거의 제지를 위하여 필요한 상당한 이유가 있는 경우 경찰장구를 사용할 수 있다.

② 경찰관은 불법집회·시위 또는 소요사태로 인하여 발생할 수 있는 타인 또는 경찰관의 생명·신체의 위해와 재산·공공시설의 위험을 억제하기 위하여 부득이한 경우에는 시·도경찰청장의 명령에 따라 필요한 최소한의 범위에서 가스차를 사용할 수 있다.

③ 제11조(사용기록의 보관)에 따라 살수차, 분사기, 전자충격기 및 전자방패, 무기를 사용하는 경우 그 책임자는 사용 일시·장소·대상, 현장책임자, 종류, 수량 등을 기록하여 보관하여야 한다.

④ 경찰관은 범인·주취자 또는 정신착란자의 자살 또는 자해기도를 방지하기 위하여 필요한 때에는 수갑·포승 또는 호송용포승을 사용할 수 있다. 이 경우 경찰관은 소속 국가경찰관서의 장에게 그 사실을 보고하여야 한다.

정답찾기

① 경찰관은 범인의 체포, 범인의 도주 방지, 자신이나 다른 사람의 생명·신체의 방어 및 보호, 공무집행에 대한 항거의 제지를 위하여 필요하다고 인정되는 상당한 이유가 있을 때에는 그 사태를 합리적으로 판단하여 필요한 한도에서 <u>무기를 사용</u>할 수 있다(경찰관 직무집행법 제10조의4 제1항).

② 경찰관은 불법집회·시위 또는 소요사태로 인하여 발생할 수 있는 타인 또는 경찰관의 생명·신체의 위해와 재산·공공시설의 위험을 억제하기 위하여 부득이한 경우에는 <u>현장책임자의 판단</u>에 의하여 필요한 최소한의 범위에서 가스차를 사용할 수 있다(위해성 경찰장비의 사용기준 등에 관한 규정 제13조 제1항).

③ 지문의 내용 중 <u>전자충격기 및 전자방패</u>는 사용기록의 보관대상이 아니다. 살수차, 제10조의3에 따른 분사기, 최루탄 또는 제10조의4에 따른 무기를 사용하는 경우 그 책임자는 사용 일시·장소·대상, 현장책임자, 종류, 수량 등을 기록하여 보관하여야 한다(경찰관 직무집행법 제11조).

346 다음은 위해성 경찰장비의 사용기준 등에 관한 규정에 대한 설명이다. 적절한 것만을 고른 것은 모두 몇 개인가?

21.경찰

> ㉠ 경찰관은 소요사태로 인해 타인의 법익이나 공공의 안녕질서에 대한 직접적인 위험이 명백하게 초래되어 살수차 외의 경찰장비로는 그 위험을 제거·완화시키는 것이 현저히 곤란한 경우에는 시·도경찰청장의 명령에 따라 살수차를 배치·사용할 수 있다.
>
> ㉡ 경찰관은 총기 또는 폭발물을 가지고 대항하는 경우를 제외하고는 14세미만의 자 또는 임산부에 대하여 권총 또는 소총을 발사하여서는 아니된다.
>
> ㉢ 경찰관 직무집행법 제10조 제5항 후단에 따라 안전성 검사에 참여한 외부 전문가는 안전성 검사가 끝난 후 3개월 이내에 신규 도입 장비의 안전성 여부에 대한 의견을 경찰청장에게 제출하여야 한다.
>
> ㉣ 국가경찰관서의 장(경찰청장·해양경찰청장·시·도경찰청장·지방해양경찰청장·경찰서장 또는 해양경찰서장 기타 경무관·총경·경정 또는 경감을 장으로 하는 국가경찰관서의 장을 말한다)은 폐기대상인 위해성 경찰장비 또는 성능이 저하된 위해성 경찰장비를 개조할 수 있으며, 소속경찰관으로 하여금 이를 본래의 용법에 준하여 사용하게 할 수 있다.
>
> ㉤ 「위해성 경찰장비의 사용기준 등에 관한 규정」 제2조 제2호부터 제4호까지의 위해성 경찰장비(제4호의 경우에는 가스차만 해당한다)를 사용하는 경우 그 현장책임자 또는 사용자는 사용보고서를 작성하여 직근상급 감독자에게 보고하고, 직근상급 감독자는 이를 3년간 보관하여야 한다.

① 1개   ② 2개

③ 3개   ④ 4개

정답찾기

지문의 내용 중 옳은 것은 ㉠㉡㉣이다.

㉢ 안전성 검사에 참여한 외부 전문가는 안전성 검사가 끝난 후 <u>30일 이내에</u> 신규 도입 장비의 안전성 여부에 대한 의견을 경찰청장에게 제출하여야 한다(위해성 경찰장비의 사용기준 등에 관한 규정 제18조의2 제3항).

㉤ 제2조 제2호부터 제4호까지의 위해성 경찰장비(제4호의 경우에는 <u>살수차만 해당한다</u>)를 사용하는 경우 그 현장책임자 또는 사용자는 별지 서식의 사용보고서를 작성하여 직근상급 감독자에게 보고하고, 직근상급 감독자는 이를 3년간 보관하여야 한다(위해성 경찰장비의 사용기준 등에 관한 규정 제20조 제1항).

■ **참고**

> ㉣ 경찰관은 범인·술에 취한 사람 또는 정신착란자의 자살 또는 자해기도를 방지하기 위하여 필요한 때에는 수갑·포승 또는 호송용포승을 사용할 수 있다. 이 경우 경찰관은 소속 국가경찰관서의 장(경찰청장·해양경찰청장·시·도경찰청장·지방해양경찰청장·경찰서장 또는 해양경찰서장 기타 경무관·총경·경정 또는 경감을 장으로 하는 국가경찰관서의 장을 말한다. 이하 같다)에게 그 사실을 보고해야 한다(위해성 경찰장비의 사용기준 등에 관한 규정 제4조).

347 경찰장비에 대한 설명이다. 아래 ㄱ부터 ㄹ까지의 설명 중 옳고 그름의 표시(○, ×)가 바르게 된 것은? · 22. 경찰승진

> ㉠ 경찰관 직무집행법상 경찰청장은 위해성 경찰장비를 새로 도입하려는 경우에는 대통령령으로 정하는 바에 따라 안전성 검사를 실시하여 그 안전성 검사의 결과보고서를 행정안전부장관에게 제출하여야 한다.
> ㉡ 위해성 경찰장비의 사용기준 등에 관한 규정상 경찰관은 14세 미만의 자 또는 65세 이상의 고령자에 대하여 전자충격기를 사용하여서는 아니 된다.
> ㉢ 경찰관 직무집행법상 경찰관은 범인의 체포 또는 범인의 도주 방지를 위하여 부득이한 경우에는 현장책임자가 판단하여 필요한 최소한의 범위에서 총포·도검·화약류 등의 안전관리에 관한 법률에 따른 분사기를 사용할 수 있다.
> ㉣ 경찰관 직무집행법상 경찰관은 범인의 체포, 범인의 도주 방지, 자신이나 다른 사람의 생명·신체의 방어 및 보호, 공무집행에 대한 항거의 제지를 위하여 필요하다고 인정되는 상당한 이유가 있을 때에는 그 사태를 합리적으로 판단하여 필요한 한도에서 무기를 사용할 수 있다.

	㉠	㉡	㉢	㉣		㉠	㉡	㉢	㉣
①	×	○	○	×	②	○	×	○	×
③	×	×	×	○	④	×	×	○	○

정답찾기

지문의 내용 중 적절한 것은 ㉢㉣, 적절하지 않은 것은 ㉠㉡이다.
㉠ 경찰청장은 위해성 경찰장비를 새로 도입하려는 경우에는 대통령령으로 정하는 바에 따라 안전성 검사를 실시하여 그 안전성 검사의 결과보고서를 <u>국회 소관 상임위원회</u>에 제출하여야 한다. 이 경우 안전성 검사에는 외부 전문가를 참여시켜야 한다.
㉡ 동 규정에는 65세 이상 고령자에 대한 전자충격기의 사용제한에 대한 <u>명시적인 규정이 존재하지 않는다.</u> 경찰관은 14세 미만의 자 또는 임산부에 대하여 전자충격기 또는 전자방패를 사용하여서는 아니된다(위해성 경찰장비의 사용기준 등에 관한 규정 제8조 제1항).

348 위해성 경찰장비의 사용기준 등에 관한 규정에 관한 설명 중 가장 적절하지 않은 것은? · 22. 경찰

① 권총·소총·기관총·함포·크레모아·수류탄·가스발사총은 무기에 해당한다.
② 경찰관은 14세 미만의 자 또는 임산부에 대하여 전자충격기 또는 전자방패를 사용하여서는 아니된다.
③ 경찰관은 전극침(電極針) 발사장치가 있는 전자충격기를 사용하는 경우 상대방의 얼굴을 향하여 전극침을 발사하여서는 아니된다.
④ 경찰관(경찰공무원으로 한정한다)은 체포 구속영장을 집행하거나 신체의 자유를 제한하는 판결 또는 처분을 받은 자를 법률이 정한 절차에 따라 호송하거나 수용하기 위하여 필요한 때에는 최소한의 범위안에서 수갑·포승 또는 호송용포승을 사용할 수 있다.

정답찾기

① 지문의 내용 중 <u>가스발사총</u>은 분사기·최루탄 등에 해당한다(위해성 경찰장비의 사용기준 등에 관한 규정 제2조 제3호).

Answer · 346 ③ · 347 ④ · 348 ①

349 경찰 물리력 행사의 기준과 방법에 관한 규칙 제2장에 따른 대상자 행위에 대한 설명이다. 각 단계와 내용의 연결이 가장 적절하지 않은 것은?
22. 경찰

① 소극적 저항 – 대상자가 경찰관의 지시, 통제를 따르지 않고 비협조적이지만 경찰관 또는 제3자에 대해 직접적인 위해를 가하지 않는 상태
② 적극적 저항 – 대상자가 자신에 대한 경찰관의 체포 연행 등 정당한 공무집행을 방해하지만 경찰관 또는 제3자에 대해 위해수준이 낮은 행위만을 하는 상태
③ 폭력적 공격 – 대상자가 경찰관 또는 제3자에 대해 신체적 위해를 가하는 상태
④ 치명적 공격 – 대상자가 경찰관에게 폭력을 행사하려는 자세를 취하여 그 행사가 임박한 상태, 주먹·발 등을 사용해서 경찰관에 대해 신체적 위해를 초래하고 있는 상태

정답찾기
④ 지문의 내용은 폭력적 공격에 대한 설명이다(경찰 물리력 행사의 기준과 방법에 관한 규칙 2.1.4).

■ **대상자 행위와 경찰 물리력 사용의 정도**
대상자가 경찰관 또는 제3자에 대해 보일 수 있는 행위는 그 위해의 정도에 따라 ① 순응 ② 소극적 저항 ③ 적극적 저항 ④ 폭력적 공격 ⑤ 치명적 공격 등 다섯 단계로 구별한다.

구분	내용
순응	대상자가 경찰관의 지시, 통제에 따르는 상태를 말한다. 다만, 대상자가 경찰관의 요구에 즉각 응하지 않고 약간의 시간만 지체하는 경우는 '순응'으로 본다.
소극적 저항	• 대상자가 경찰관의 지시, 통제를 따르지 않고 비협조적이지만 경찰관 또는 제3자에 대해 직접적인 위해를 가하지 않는 상태를 말한다. • 경찰관이 정당한 이동 명령을 발하였음에도 가만히 서있거나 앉아 있는 등 전혀 움직이지 않는 상태, 일부러 몸의 힘을 모두 빼거나, 고정된 물체를 꽉 잡고 버팀으로써 움직이지 않으려는 상태 등이 이에 해당한다.
적극적 저항	• 대상자가 자신에 대한 경찰관의 체포·연행 등 정당한 공무집행을 방해하지만 경찰관 또는 제3자에 대해 위해 수준이 낮은 행위만을 하는 상태를 말한다. • 대상자가 자신을 체포·연행하려는 경찰관으로부터 물리적으로 이탈하거나 도주하려는 행위, 체포·연행을 위해 팔을 잡으려는 경찰관의 손을 뿌리치거나, 경찰관을 밀고 잡아끄는 행위, 경찰관에게 침을 뱉거나 경찰관을 밀치는 행위 등이 이에 해당한다.
폭력적 공격	• 대상자가 경찰관 또는 제3자에 대해 신체적 위해를 가하는 상태를 말한다. • 대상자가 경찰관에게 폭력을 행사하려는 자세를 취하여 그 행사가 임박한 상태, 주먹·발 등을 사용해서 경찰관에 대해 신체적 위해를 초래하고 있거나 임박한 상태, 강한 힘으로 경찰관을 밀거나 잡아당기는 등 완력을 사용해 체포에서 벗어나려고 하는 상태 등이 이에 해당한다.
치명적 공격	• 대상자가 경찰관 또는 제3자에 대해 사망 또는 심각한 부상을 초래할 수 있는 행위를 하는 상태를 말한다. • 총기류(공기총·엽총·사제권총 등), 흉기(칼·도끼·낫 등), 둔기(망치·쇠파이프 등)를 이용하여 경찰관, 제3자에 대해 위력을 행사하고 있거나 위해 발생이 임박한 경우, 경찰관이나 제3자의 목을 세게 조르거나 무차별 폭행하는 등 생명·신체에 대해 중대한 위해가 발생할 정도의 위험한 폭력을 행사하는 경우가 이에 해당한다.

350 「경찰 물리력 행사의 기준과 방법에 관한 규칙」상 경찰 물리력 수준에 관한 설명으로 가장 적절하지 않은 것은?

23. 경찰

① 협조적 통제는 '순응' 이상의 상태인 대상자에 대해 사용할 수 있는 물리력 수준으로서, 대상자의 협조를 유도하거나 협조에 따른 물리력을 말한다.

② 접촉 통제는 '소극적 저항' 이상의 상태인 대상자에 대해 사용할 수 있는 물리력 수준으로서, 대상자 신체 접촉을 통해 경찰목적 달성을 강제하지만 신체적 부상을 야기할 가능성은 극히 낮은 물리력을 말한다.

③ 저위험 물리력은 '적극적 저항' 이상의 상태인 대상자에 대해 사용할 수 있는 물리력 수준으로서, 대상자가 통증을 느낄 수 있으나 신체적 부상을 당할 가능성은 낮은 물리력을 말한다.

④ 중위험 물리력은 '치명적 공격' 상태의 대상자로 인해 경찰관 또는 제3자의 생명·신체에 급박하고 중대한 위해가 초래될 가능성이 있는 경우 최후의 수단으로 사용할 수 있는 물리력 수준으로서, 대상자의 사망 또는 심각한 부상을 초래할 수 있는 물리력을 말한다.

정답찾기

④ 지문의 내용은 고위험 물리력에 대한 설명이다. 중위험 물리력이란 '폭력적 공격' 이상의 상태의 대상자에 대해 사용할 수 있는 물리력 수준으로서, 대상자에게 신체적 부상을 입힐 수 있으나 생명·신체에 대한 중대한 위해 발생 가능성은 낮은 물리력을 말한다(경찰 물리력 행사의 기준과 방법에 관한 규칙 2.2.4, 2.2.5).

Answer 349 ④ 350 ④

351 「경찰 물리력 행사의 기준과 방법에 관한 규칙」상 '적극적 저항'을 하는 대상자에 대하여 경찰관이 사용할 수 있는 물리력의 종류로 가장 적절하지 않은 것은? (규칙 제2장 2.2.의 설명에 따름)
24. 경찰

① 언어적 통제　　　　　　　　　　　② 체포 등을 위한 수갑 사용
③ 손바닥, 주먹, 발 등 신체부위를 이용한 가격　④ 분사기 사용

정답찾기

③ 적극적 저항을 하는 대상자에 대해서는 협조적 통제, 접촉 통제 및 저위험 물리력의 행사가 가능하다. '손바닥, 주먹, 발 등 신체부위를 이용한 가격'은 중위험 물리력에 해당하고, 폭력적 공격 이상의 대상자에게 사용할 수 있다(경찰 물리력 행사의 기준과 방법에 관한 규칙 2.2.2.4 가).

■ 대상자 행위와 경찰 물리력 사용의 정도

구분	내용
순응	**협조적 통제** '순응' 이상의 상태인 대상자에 대해 사용할 수 있는 물리력 수준으로서, 대상자의 협조를 유도하거나 협조에 따른 물리력을 말한다. 그 종류는 다음과 같다. 가. 현장 임장 나. 언어적 통제 다. 체포 등을 위한 수갑 사용 라. 안내·체포 등에 수반한 신체적 물리력
소극적 저항	**접촉 통제** '소극적 저항' 이상의 상태인 대상자에 대해 사용할 수 있는 물리력 수준으로서, 대상자 신체 접촉을 통해 경찰목적 달성을 강제하지만 신체적 부상을 야기할 가능성은 극히 낮은 물리력을 말한다. 그 종류는 다음과 같다. 가. 신체 일부 잡기·밀기·잡아끌기, 쥐기·누르기·비틀기 나. 경찰봉 양 끝 또는 방패를 잡고 대상자의 신체에 안전하게 밀착한 상태에서 대상자를 특정 방향으로 밀거나 잡아당기기
적극적 저항	**저위험 물리력** '적극적 저항' 이상의 상태인 대상자에 대해 사용할 수 있는 물리력 수준으로서, 대상자가 통증을 느낄 수 있으나 신체적 부상을 당할 가능성은 낮은 물리력을 말한다. 그 종류는 다음과 같다. 가. 목을 압박하여 제압하거나 관절을 꺾는 방법, 팔·다리를 이용해 움직이지 못하도록 조르는 방법, 다리를 걸거나 들쳐 매는 등 균형을 무너뜨려 넘어뜨리는 방법, 대상자가 넘어진 상태에서 움직이지 못하게 위에서 눌러 제압하는 방법 나. 분사기 사용(다른 저위험 물리력 이하의 수단으로 제압이 어렵고, 경찰관이나 대상자의 부상 등의 방지를 위해 필요한 경우)
폭력적 공격	**중위험 물리력** '폭력적 공격' 이상의 상태의 대상자에 대해 사용할 수 있는 물리력 수준으로서, 대상자에게 신체적 부상을 입힐 수 있으나 생명·신체에 대한 중대한 위해 발생 가능성은 낮은 물리력을 말한다. 그 종류는 다음과 같다. 가. 손바닥, 주먹, 발 등 신체부위를 이용한 가격 나. 경찰봉으로 중요부위가 아닌 신체 부위를 찌르거나 가격 다. 방패로 강하게 압박하거나 세게 미는 행위 라. 전자충격기 사용
치명적 공격	**고위험 물리력** 가. '치명적 공격' 상태의 대상자로 인해 경찰관 또는 제3자의 생명·신체에 급박하고 중대한 위해가 초래될 가능성이 있는 경우 최후의 수단으로 사용할 수 있는 물리력 수준으로서, 대상자의 사망 또는 심각한 부상을 초래할 수 있는 물리력을 말한다. 나. 경찰관은 대상자의 '치명적 공격' 상황에서도 현장상황이 급박하지 않은 경우에는 낮은 수준의 물리력을 우선적으로 사용하여 상황을 종결시킬 수 있도록 노력하여야 한다. 다. '고위험 물리력'의 종류는 다음과 같다. 　1) 권총 등 총기류 사용 　2) 경찰봉, 방패, 신체적 물리력으로 대상자의 신체 중요 부위 또는 급소 부위 가격, 대상자의 목을 강하게 조르거나 신체를 강한 힘으로 압박하는 행위

352 '경찰관 직무집행법'상 손실보상에 대한 설명으로 틀린 것은 모두 몇 개인가?

> ㉠ 보상을 청구할 수 있는 권리는 손실이 있음을 안 날로부터 1년, 손실이 발생한 날로부터 3년간 행사하지 아니하면 시효의 완성으로 소멸한다.
>
> ㉡ 소속 경찰공무원의 직무집행으로 인하여 발생한 손실보상청구 사건을 심의하기 위하여 경찰청, 시·도경찰청 및 경찰서에 손실보상심의위원회를 설치한다.
>
> ㉢ 보상금은 다른 법률에 특별한 규정이 있는 경우를 제외하고는 현금으로 지급하여야 하고, 일시불로 지급하되, 예산부족 등의 사유로 일시금으로 지급할 수 없는 특별한 사정이 있는 경우에는 청구인의 동의를 받아 분할하여 지급할 수 있다.
>
> ㉣ 물건의 멸실·훼손으로 인한 손실 외의 재산상 손실에 대해서는 직무집행과 상당한 인과관계가 있는 범위에서 보상한다.

① 1개　　　　　　② 2개　　　　　　③ 3개　　　　　　④ 4개

정답찾기

틀린 것은 ㉠㉡ 2개이다.

㉠ 보상을 청구할 수 있는 권리는 손실이 있음을 안 날부터 3년, 손실이 발생한 날부터 5년간 행사하지 아니하면 시효의 완성으로 소멸한다(경찰관 직무집행법 제11조의2 제2항).

㉡ 경찰서에는 손실보상심의위원회를 설치할 수 없다. 소속 경찰공무원의 직무집행으로 인하여 발생한 손실보상청구 사건을 심의하기 위하여 경찰청, 해양경찰청, 시·도경찰청 및 지방해양경찰청에 손실보상심의위원회를 설치한다(경찰관 직무집행법 시행령 제11조 제1항).

353 다음은 경찰관 직무집행법 및 동법 시행령의 내용이다. 아래 ㉠부터 ㉽까지의 (   ) 안에 들어갈 숫자가 바르게 나열된 것은?

17. 경찰승진

- 경찰관은 보호조치를 하는 경우에 구호대상자가 휴대하고 있는 무기·흉기 등 위험을 일으킬 수 있는 것으로 인정되는 물건을 경찰관서에 임시로 영치하여 놓을 수 있다. 이때 물건을 경찰관서에 임시로 영치하는 기간은 (㉠)일을 초과할 수 없다.
- 손실보상을 청구할 수 있는 권리는 손실이 있음을 안 날부터 (㉡)년, 손실이 발생한 날부터 (㉢)년간 행사하지 아니하면 시효의 완성으로 소멸한다.
- 손실보상심의위원회는 위원장 1명을 포함한 (㉣)명 이상 (㉤)명 이하의 위원으로 구성한다.
- 경찰관 직무집행법에 규정된 경찰관의 의무를 위반하거나 직권을 남용하여 다른 사람에게 해를 끼친 사람은 (㉽)년 이하의 징역이나 금고 또는 300만원 이하의 벌금에 처한다.

	㉠	㉡	㉢	㉣	㉤	㉽
①	10	5	7	3	5	1
②	10	3	7	3	5	1
③	10	3	5	5	7	1
④	7	5	7	3	7	2

정답찾기

㉠ 경찰관은 보호조치를 하는 경우에 구호대상자가 휴대하고 있는 무기·흉기 등 위험을 일으킬 수 있는 것으로 인정되는 물건을 경찰관서에 임시로 영치하여 놓을 수 있다. 이때 물건을 경찰관서에 임시로 영치하는 기간은 10일을 초과할 수 없다(경찰관 직무집행법 제4조 제3항·제7항).

㉡㉢ 손실보상을 청구할 수 있는 권리는 손실이 있음을 안 날부터 3년, 손실이 발생한 날부터 5년간 행사하지 아니하면 시효의 완성으로 소멸한다(경찰관 직무집행법 제4조 제2항).

㉣㉤ 손실보상위원회는 위원장 1명을 포함한 5명 이상 7명 이하의 위원으로 구성한다(경찰관 직무집행법 시행령 제11조 제2항).

㉽ 경찰관 직무집행법에 규정된 경찰관의 의무를 위반하거나 직권을 남용하여 다른 사람에게 해를 끼친 사람은 1년 이하의 징역이나 금고 또는 300만원 이하의 벌금에 처한다(경찰관 직무집행법 제12조).

354 경찰관 직무집행법 및 경찰관 직무집행법 시행령상 손실보상에 대한 설명으로 옳지 않은 것은 모두 몇 개인가?

20. 경찰간부

> ⊙ 국가는 경찰관의 적법한 직무집행으로 인하여 손실발생의 원인에 대하여 책임이 없는 자가 생명·신체 또는 재산상의 손실을 입은 경우 손실을 입은 자에게 정당한 보상을 하여야 한다.
>
> ⓛ 손실을 입은 물건을 수리할 수 있는 경우에는 수리비에 상당하는 금액으로 보상한다.
>
> ⓒ 손실을 입은 물건을 수리할 수 없는 경우에는 보상 당시의 해당 물건의 교환 가액으로 보상한다.
>
> ⓔ 영업자가 손실을 입은 물건의 수리나 교환으로 인하여 영업을 계속할 수 없는 경우에는 기간 중 영업상 이익에 상당하는 금액으로 보상한다.
>
> ⓜ 물건의 멸실·훼손으로 인한 손실 외의 재산상 손실에 대해서는 직무집행과 상당한 인과관계가 있는 범위에서 보상한다.
>
> ⓗ 보상금은 다른 법률에 특별한 규정이 있는 경우를 제외하고는 현금으로 지급하여야 한다.

① 1개 ② 2개 ③ 3개 ④ 4개

정답찾기

지문의 내용 중 틀린 것은 ⓒ이다.
ⓒ 손실을 입은 물건을 수리할 수 없는 경우 손실을 입은 당시의 해당 물건의 교환가액으로 보상한다(경찰관 직무집행법 시행령 제9조 제1항 제2호).

355 경찰관 직무집행법 및 동법 시행령상 손실보상에 대한 설명으로 가장 적절하지 않은 것은?

18. 경찰 변형

① 보상을 청구할 수 있는 권리는 손실이 있음을 안 날부터 3년, 손실이 발생한 날부터 5년간 행사하지 아니하면 시효의 완성으로 소멸한다.

② 소속 경찰공무원의 직무집행으로 인하여 발생한 손실보상청구 사건을 심의하기 위하여 경찰청, 해양경찰청, 시·도경찰청, 지방해양경찰청, 경찰서 및 해양경찰서에 손실보상심의위원회를 설치하며, 위원회는 위원장 1명을 포함한 5명 이상 7명 이하의 위원으로 구성한다.

③ 보상금은 일시불로 지급하되, 예산부족 등의 사유로 일시금으로 지급할 수 없는 특별한 사정이 있는 경우에는 청구인의 동의를 받아 분할하여 지급할 수 있다.

④ 손실보상의 기준, 보상금액, 지급절차 및 방법, 손실보상심의위원회의 구성 및 운영, 그 밖에 필요한 사항은 대통령령으로 정한다.

정답찾기

② 소속 경찰공무원의 직무집행으로 인하여 발생한 손실보상청구 사건을 심의하기 위하여 경찰청, 해양경찰청, 시·도경찰청 및 지방해양경찰청에 손실보상심의위원회(이하 '위원회'라 한다)를 설치한다(경찰관 직무집행법 시행령 제11조 제1항).

Answer 353 ③ 354 ① 355 ②

356 경찰관 직무집행법 및 경찰관 직무집행법 시행령상 손실보상에 대한 다음 설명 중 옳지 않은 것은 모두 몇 개인가?

19. 경찰간부 변형

ⓞ 국가는 경찰관의 적법한 직무집행으로 인하여 손실발생의 원인에 대하여 책임이 있는 자가 자신의 책임에 상응하는 정도를 초과하는 생명·신체 또는 재산상의 손실을 입은 경우 손실을 입은 자에 대하여 정당한 보상을 하여야 한다.

ⓛ 손실보상의 기준, 보상금액, 지급절차 및 방법, 손실보상심의위원회의 구성 및 운영, 환수절차 그 밖에 손실보상에 관하여 필요한 사항은 행정안전부령으로 한다.

ⓒ 소속 경찰공무원의 직무집행으로 인하여 발생한 손실보상청구 사건을 심의하기 위하여 경찰청, 시·도경찰청 및 경찰서에 손실보상심의위원회를 설치한다.

ⓔ 위원회는 위원장 1명을 포함한 5명 이상 7명 이하의 위원으로 구성한다. 이 경우 위원의 과반수 이상은 경찰공무원이 아닌 사람으로 하여야 한다.

ⓜ 위원회의 위원은 소속 경찰공무원과 ⅰ) 판사·검사 또는 변호사로 5년 이상 재직한 사람, ⅱ) 고등교육법 제2조에 따른 학교에서 법학 또는 행정학을 가르치는 정교수 이상으로 5년 이상 재직한 사람, ⅲ) 경찰업무와 손실보상에 관하여 학식과 경험이 풍부한 사람 중에서 경찰청장 등이 위촉하거나 임명한다.

ⓗ 위원회의 회의는 재적위원 과반수의 출석으로 개의하고, 출석위원 과반수의 찬성으로 의결한다.

① 1개   ② 2개   ③ 3개   ④ 4개

정답찾기

옳지 않은 것은 ⓛⓒⓜ 3개이다.

ⓛ 손실보상의 기준, 보상금액, 지급절차 및 방법, 손실보상심의위원회의 구성 및 운영, 환수절차, 그 밖에 손실보상에 관하여 필요한 사항은 대통령령으로 정한다(경찰관 직무집행법 제11조의2 제7항).

ⓒ 소속 경찰공무원의 직무집행으로 인하여 발생한 손실보상청구 사건을 심의하기 위하여 경찰청, 해양경찰청, 시·도경찰청 및 지방해양경찰청에 손실보상심의위원회를 설치한다(경찰관 직무집행법 시행령 제11조 제1항).

ⓜ 위원회의 위원은 소속 경찰공무원과 ⅰ) 판사·검사 또는 변호사로 5년 이상 재직한 사람, ⅱ) 고등교육법 제2조에 따른 학교에서 법학 또는 행정학을 가르치는 부교수 이상으로 5년 이상 재직한 사람, ⅲ) 경찰업무와 손실보상에 관하여 학식과 경험이 풍부한 사람 중에서 경찰청장 등이 위촉하거나 임명한다(경찰관 직무집행법 시행령 제11조 제3항).

357 경찰관 직무집행법 및 경찰관 직무집행법 시행령상 손실보상에 대한 설명으로 가장 적절한 것은?
21. 경찰

① 손실발생의 원인에 대하여 책임이 없는 자가 경찰관의 적법한 직무집행으로 인하여 생명·신체 또는 재산상의 손실을 입은 경우(손실발생의 원인에 대하여 책임이 없는 자가 경찰관의 직무집행에 자발적으로 협조하거나 물건을 제공하여 생명·신체 또는 재산상의 손실을 입은 경우를 제외한다), 국가는 그 손실을 입은 자에 대하여 정당한 보상을 하여야 한다.

② 경찰청장 또는 시·도경찰청장은 손실보상심의위원회의 심의·의결에 따라 보상금을 지급하고, 거짓 또는 부정한 방법으로 보상금을 받은 사람에 대하여는 해당 보상금을 환수할 수 있다.

③ 손실보상심의위원회는 위원장 1명을 포함한 5명 이상 7명 이하의 위원으로 구성하며, 위원장이 부득이한 사유로 직무를 수행할 수 없는 때에는 상임위원, 위원 중 연장자순으로 위원장의 직무를 대행한다.

④ 보상금을 지급하기로 결정한 경우 결정일부터 10일 이내에 보상금 지급청구 승인 통지서에 결정 내용을 적어서 청구인에게 통지하여야 한다.

정답찾기

① 국가는 경찰관의 적법한 직무집행으로 인하여 손실발생의 원인에 대하여 책임이 없는 자가 생명·신체 또는 재산상의 손실을 입은 경우(손실발생의 원인에 대하여 책임이 없는 자가 경찰관의 직무집행에 자발적으로 협조하거나 물건을 제공하여 생명·신체 또는 재산상의 손실을 입은 경우를 포함한다) 손실을 입은 자에 대하여 정당한 보상을 하여야 한다(경찰관 직무집행법 제11조의2 제1항 제1호).

② 경찰청장 또는 시·도경찰청장은 손실보상심의위원회의 심의·의결에 따라 보상금을 지급하고, 거짓 또는 부정한 방법으로 보상금을 받은 사람에 대하여는 해당 보상금을 환수하여야 한다(경찰관 직무집행법 제11조의2 제4항).

③ 위원장이 부득이한 사유로 직무를 수행할 수 없는 때에는 위원장이 미리 지명한 위원이 그 직무를 대행한다(경찰관 직무집행법 시행령 제12조 제3항).

358 경찰관 직무집행법 및 동법 시행령상 손실보상에 대한 설명 중 가장 적절한 것은?
20. 경찰승진 변형

① 국가는 손실발생의 원인에 대하여 책임이 있는 자가 자신의 책임에 상응하는 정도를 초과하는 생명·신체 또는 재산상의 손실을 입은 경우 보상을 하지 않을 수 있다.

② 손실보상을 청구할 수 있는 권리는 손실이 있음을 안 날부터 5년, 손실이 발생한 날부터 3년간 행사하지 아니하면 시효의 완성으로 소멸한다.

③ 손실보상청구 사건을 심의하기 위하여 경찰청, 시·도경찰청에 손실보상심의위원회를 설치한다. 위원회는 위원장 1명을 포함한 5명 이상 7명 이하의 위원으로 구성하며, 위원장은 경찰청장 등이 지명한다.

④ 보상금은 일시불로 지급하되, 예산부족 등의 사유로 일시금으로 지급할 수 없는 특별한 사정이 있는 경우에는 청구인의 동의를 받아 분할하여 지급할 수 있다.

정답찾기

① 국가는 경찰관의 적법한 직무집행으로 인하여 손실발생의 원인에 대하여 책임이 있는 자가 자신의 책임에 상응하는 정도를 초과하는 생명·신체 또는 재산상의 손실을 입은 자에 대하여 정당한 보상을 하여야 한다(경찰관 직무집행법 제11조의2 제1항 제2호).

② 보상을 청구할 수 있는 권리는 손실이 있음을 안 날부터 3년, 손실이 발생한 날부터 5년간 행사하지 아니하면 시효의 완성으로 소멸한다(경찰관 직무집행법 제11조의2 제2항).

③ 위원장은 위원 중에서 호선(互選)한다(경찰관 직무집행법 시행령 제12조 제1항).

Answer 356 ③ 357 ④ 358 ④

359 경찰관 직무집행법 및 동법 시행령상 손실보상에 관한 내용 중 가장 적절하지 않은 것은? 22. 경찰

① 소속 경찰공무원의 직무집행으로 인하여 발생한 손실보상청구 사건을 심의하기 위하여 경찰청, 해양경찰청, 시 도경찰청 및 지방해양경찰청에 손실보상심의위원회를 설치한다.

② 손실보상을 청구할 수 있는 권리는 손실이 있음을 안 날부터 3년, 손실이 발생한 날부터 5년간 행사하지 아니하면 시효의 완성으로 소멸한다.

③ 손실보상금 지급 청구서를 받은 경찰청장 등은 손실보상심의위원회의 심의·의결에 따라 손실보상 여부 및 손실보상금액을 결정하되 손실보상 청구가 요건과 절차를 갖추지 못한 경우(다만, 그 잘못된 부분을 시정할 수 있는 경우는 제외한다) 그 청구를 기각하는 결정을 하여야 한다.

④ 손실보상금은 일시불로 지급하되, 예산 부족 등의 사유로 일시금으로 지급할 수 없는 특별한 사정이 있는 경우에는 청구인의 동의를 받아 분할하여 지급할 수 있다.

정답찾기
③ 사안의 경우 그 청구를 각하하는 결정을 하여야 한다(경찰관 직무집행법 시행령 제10조 제3항 제2호).

■ 손실보상청구의 각하사유

> 1. 청구인이 같은 청구 원인으로 보상신청을 하여 보상금 지급 여부에 대하여 결정을 받은 경우. 다만, 기각 결정을 받은 청구인이 손실을 증명할 수 있는 새로운 증거가 발견되었음을 소명(疏明)하는 경우는 제외한다.
> 2. 손실보상 청구가 요건과 절차를 갖추지 못한 경우. 다만, 그 잘못된 부분을 시정할 수 있는 경우는 제외한다.

360 「경찰관 직무집행법」 및 「경찰관 직무집행법 시행령」상 손실보상에 관한 설명으로 가장 적절하지 않은 것은? 24. 경찰

① 국가는 경찰관의 적법한 직무집행으로 인하여 손실발생의 원인에 대하여 책임이 있는 자가 자신의 책임에 상응하는 정도를 초과하는 생명·신체 또는 재산상의 손실을 입은 경우 정당한 보상을 하여야 한다.

② 경찰관의 적법한 직무집행으로 인하여 발생한 손실을 보상받으려는 사람은 보상금 지급 청구서에 손실내용과 손실금액을 증명할 수 있는 서류를 첨부하여 경찰청장·해양경찰청장이나 손실보상청구 사건 발생지를 관할하는 시·도경찰청, 지방해양경찰청의 장 또는 경찰관서의 장에게 제출해야 한다.

③ 보상금은 다른 법률에 특별한 규정이 있는 경우를 제외하고는 현금으로 지급하여야 한다.

④ 소속 경찰공무원의 직무집행으로 인하여 발생한 손실보상청구사건을 심의하기 위하여 시·도경찰청, 지방해양경찰청, 경찰서 및 해양경찰서에 손실보상심의위원회를 설치한다.

정답찾기
④ 소속 경찰공무원의 직무집행으로 인하여 발생한 손실보상청구 사건을 심의하기 위하여 경찰청, 해양경찰청, 시·도경찰청 및 지방해양경찰청에 손실보상심의위원회(이하 "위원회"라 한다)를 설치한다(경찰관 직무집행법 시행령 제11조 제1항).

361 「경찰관 직무집행법」상 손실보상에 대한 설명으로 가장 적절하지 않은 것은? 24. 경찰간부

① 손실보상의 원인에 대하여 책임이 없는 자가 경찰관의 직무집행에 자발적으로 협조하거나 물건을 제공하여 생명·신체 또는 재산상의 손실을 입은 경우 정당한 보상을 하여야 한다.

② 손실발생의 원인에 대하여 책임이 있는 자가 자신의 책임에 상응하는 정도를 초과하는 생명·신체 또는 재산상의 손실을 입은 경우 정당한 보상을 하여야 한다.

③ 손실보상을 청구할 수 있는 권리는 손실이 발생한 날부터 3년, 손실이 있음을 안 날부터 5년간 행사하지 아니하면 시효의 완성으로 소멸한다.

④ 보상금이 지급된 경우 손실보상심의위원회는 대통령령으로 정하는 바에 따라 국가경찰위원회에 심사자료와 결과를 보고하여야 한다.

> 정답찾기
> ③ 손실보상을 청구할 수 있는 권리는 손실이 있음을 안 날부터 3년, 손실이 발생한 날부터 5년간 행사하지 아니하면 시효의 완성으로 소멸한다(경찰관 직무집행법 제11조의2 제2항).

362 경찰관 직무집행법상 범인검거 등 공로자 보상에 대한 설명으로 가장 적절하지 않은 것은? 17. 경찰승진 변형

① 경찰청장, 해양경찰청장, 시·도경찰청장, 지방해양경찰청장, 경찰서장 또는 해양경찰서장(이하 이 조에서 "경찰청장등"이라 한다)은 테러범죄의 예방활동에 현저한 공로가 있는 사람에게 보상금을 지급할 수 있다.

② 경찰청등은 보상금 지급의 심사를 위하여 대통령령으로 정하는 바에 따라 각각 보상금심사위원회를 설치·운영하여야 한다.

③ 보상금심사위원회의 위원은 경찰청장 등이 임명하고, 위원의 과반수 이상은 경찰공무원이 아닌 사람으로 하여야 한다.

④ 경찰청장, 시·도경찰청장 또는 경찰서장은 보상금심사위원회의 심사·의결에 따라 보상금을 지급하고, 거짓 또는 부정한 방법으로 보상금을 받은 사람에 대하여는 해당 보상금을 환수한다.

> 정답찾기
> ③ 지문의 후단은 손실보상심의위원회에 대한 설명이다. 보상금심사위원회의 위원은 소속 경찰공무원 중에서 경찰청장 등이 임명한다(경찰관 직무집행법 제11조의2 제4항).

■ **손실보상심의위원회와 보상금심사위원회**

손실보상심의위원회	보상금심사위원회
경찰관 직무집행법 시행령 **제11조【손실보상심의위원회의 설치 및 구성】** ③ 위원회의 위원은 소속 경찰공무원과 다음 각 호의 어느 하나에 해당하는 사람 중에서 경찰청장 등이 위촉하거나 임명한다. 이 경우 위원의 과반수 이상은 경찰공무원이 아닌 사람으로 하여야 한다. 1. 판사·검사 또는 변호사로 5년 이상 근무한 사람 2. 고등교육법 제2조에 따른 학교에서 법학 또는 행정학을 가르치는 부교수 이상으로 5년 이상 재직한 사람 3. 경찰 업무와 손실보상에 관하여 학식과 경험이 풍부한 사람	**경찰관 직무집행법** **제11조의3【범인검거 등 공로자 보상】** ③ 제2항에 따른 보상금심사위원회는 위원장 1명을 포함한 5명 이내의 위원으로 구성한다. ④ 제2항에 따른 보상금심사위원회의 위원은 소속 경찰공무원 중에서 경찰청장등이 임명한다.

Answer 359 ③ 360 ④ 361 ③ 362 ③

363 경찰관 직무집행법상 범인검거 등 공로자 보상에 대한 ⊙부터 ⊜까지의 내용 중 옳은 것을 모두 고른 것은?

19. 경찰승진 변형

> **제11조의3 【범인검거 등 공로자 보상】** ① 경찰청장, 해양경찰청장, 시·도경찰청장, 지방해양경찰청장, 경찰서장 또는 해양경찰서장(이하 이 조에서 "경찰청장등"이라 한다)은 다음 각 호의 어느 하나에 해당하는 사람에게 ⊙ 보상금을 지급하여야 한다.
> 1. 범인 또는 범인의 소재를 신고하여 검거하게 한 사람
> ⊙ 2. 범인을 검거하여 경찰공무원에게 인도한 사람
> ⊜ 3. 테러범죄의 예방활동에 현저한 공로가 있는 사람
> ② 경찰청장등은 제1항에 따른 보상금 지급의 심사를 위하여 대통령령으로 정하는 바에 따라 각각 보상금심사위원회를 설치·운영하여야 한다.
> ③ 제2항에 따른 보상금심사위원회는 ⊜ 위원장 1명을 제외한 5명 이내의 위원으로 구성한다.

① ⊙, ⊙   ② ⊙, ⊜   ③ ⊙, ⊜   ④ ⊙, ⊜

정답찾기

옳은 것은 ⊙⊜이다.

> **경찰관 직무집행법**
> **제11조의3 【범인검거 등 공로자 보상】** ① 경찰청장, 해양경찰청장, 시·도경찰청장, 지방해양경찰청장, 경찰서장 또는 해양경찰서장(이하 이 조에서 "경찰청장등"이라 한다)은 다음 각 호의 어느 하나에 해당하는 사람에게 보상금을 지급할 수 있다.
> 1. 범인 또는 범인의 소재를 신고하여 검거하게 한 사람
> 2. 범인을 검거하여 경찰공무원에게 인도한 사람
> 3. 테러범죄의 예방활동에 현저한 공로가 있는 사람
> 4. 그 밖에 제1호부터 제3호까지의 규정에 준하는 사람으로서 대통령령으로 정하는 사람
> ② 경찰청장등은 제1항에 따른 보상금 지급의 심사를 위하여 대통령령으로 정하는 바에 따라 각각 보상금심사위원회를 설치·운영하여야 한다.
> ③ 제2항에 따른 보상금심사위원회는 위원장 1명을 포함한 5명 이내의 위원으로 구성한다.

364 「경찰관 직무집행법」 및 동법 시행령상 범인검거 등 공로자 보상에 관한 설명이다. (   ) 안에 들어갈 숫자의 합은?

25. 경위공채

> ㉠ 보상금의 최고액은 (   )억원으로 하며, 구체적인 보상금 지급 기준은 경찰청장이 정하여 고시한다.
> ㉡ 보상금심사위원회는 위원장 1명을 포함한 (   )명 이내의 위원으로 구성한다.
> ㉢ 부정한 방법으로 보상금을 지급받은 사람이 보상금 환수통지를 받은 경우, 보상금 환수통지일부터 (   )일 이내의 범위에서 경찰청장, 시·도경찰청장 또는 경찰서장이 정하는 기한까지 환수금액을 납부하지 아니한 때에는 국세 체납처분의 예에 따라 징수할 수 있다.

① 35   ② 40   ③ 45   ④ 50

정답찾기

빈 칸에 들어갈 숫자의 합은 50이다.
㉠ 보상금의 최고액은 5억원으로 하며, 구체적인 보상금 지급 기준은 경찰청장이 정하여 고시한다(경찰관 직무집행법 시행령 제20조).
㉡ 보상금심사위원회는 위원장 1명을 포함한 5명 이내의 위원으로 구성한다(경찰관 직무집행법 제11조의3 제3항).
㉢ 법 제11조의3 제6항에서 "대통령령으로 정한 기한"이란 제1항에 따른 통지일부터 40일 이내의 범위에서 경찰청장, 시·도경찰청장 또는 경찰서장이 정하는 기한을 말한다(경찰관 직무집행법 시행령 제21조의2 제2항).

365 범인검거 등 공로자 보상에 관한 규정에 대한 내용으로 가장 적절하지 않은 것은?

18. 경찰

① 사형, 무기징역 또는 무기금고, 장기 10년 이상의 징역 또는 금고에 해당하는 범죄에 대한 보상금 지급기준 금액은 100만원이다.
② 장기 10년 미만의 징역 또는 금고에 해당하는 범죄에 대한 보상금 지급기준 금액과 장기 5년 미만의 징역 또는 금고, 장기 10년 이상의 자격정지 또는 벌금형에 대한 보상금 지급기준 금액의 합은 70만원이다.
③ 동일한 사람에게 지급결정일을 기준으로 연간(1월 1일부터 12월 31일까지를 말한다) 5회를 초과하여 보상금을 지급할 수 없다.
④ 보상금 지급 심사·의결을 거쳐 지급이 이루어진 이후에는 동일한 사건에 대하여 보상금을 지급할 수 없다.

정답찾기

② 70만원이 아니라 80만원이다.

> **범인검거 등 공로자 보상에 관한 규정**
> **제6조【보상금의 지급기준】** ① 시행령 제20조에 따른 보상금 지급기준 금액은 다음 각 호와 같다.
> 1. 사형, 무기징역 또는 무기금고, 장기 10년 이상의 징역 또는 금고에 해당하는 범죄 : 100만원
> 2. 장기 10년 미만의 징역 또는 금고에 해당하는 범죄 : 50만원
> 3. 장기 5년 미만의 징역 또는 금고, 장기 10년 이상의 자격정지 또는 벌금형 : 30만원

366 경찰관 직무집행법에 대한 내용으로 옳지 않은 것은 모두 몇 개인가?

> ㉠ 일반적 수권조항의 존재를 부정하는 학자들에 따르면 경찰관 직무집행법 제2조 제7호는 경찰의 직무범위만을 정한 것으로서 본질적으로 조직법적 성질의 규정에 해당한다고 주장한다.
> ㉡ 경찰관은 수상한 행동이나 그 밖의 주위 사정을 합리적으로 판단해 볼 때 보호조치대상자에 해당하는 것이 명백하고 응급구호가 필요하다고 믿을 만한 상당한 이유가 있는 사람을 발견하였을 때에는 보건의료기관이나 공공구호기관에 긴급구호를 요청하거나 경찰관서에 보호하는 등 적절한 조치를 하여야 한다.
> ㉢ 구호대상자를 경찰관서에서 보호하는 기간은 24시간을 초과할 수 없고, 물건을 경찰관서에 임시로 영치하는 기간은 10일을 초과할 수 없다.
> ㉣ 경찰관은 '현행범이나 사형·무기 또는 장기 3년 이상의 징역이나 금고에 해당하는 죄를 범한 범인의 체포 또는 도주 방지', '자신이나 다른 사람의 생명·신체 및 재산의 보호', '공무집행에 대한 항거 제지'의 직무를 수행하기 위하여 필요하다고 인정되는 상당한 이유가 있을 때에는 그 사태를 합리적으로 판단하여 필요한 한도 내에서 경찰장구를 사용할 수 있다.
> ㉤ 경찰청장 또는 시·도경찰청장은 손실보상심의위원회의 심의·의결에 따라 보상금을 지급하고, 거짓 또는 부정한 방법으로 보상금을 받은 사람에 대하여는 해당 보상금을 환수할 수 있다.

① 1개
② 2개
③ 3개
④ 4개

정답찾기

지문의 내용 중 틀린 것은 ㉡㉣㉤ 3개이다.

㉡ 경찰관은 수상한 행동이나 그 밖의 주위 사정을 합리적으로 판단해 볼 때 다음 각 호의 어느 하나에 해당하는 것이 명백하고 응급구호가 필요하다고 믿을 만한 상당한 이유가 있는 사람(이하 '구호대상자'라 한다)을 발견하였을 때에는 보건의료기관이나 공공구호기관에 긴급구호를 요청하거나 경찰관서에 보호하는 등 적절한 <u>조치를 할 수 있다</u>(경찰관 직무집행법 제4조 제1항).

㉣ 지문의 내용 중 <u>재산</u>은 동 조문에 명시적인 규정이 없다. 경찰관은 자신이나 다른 사람의 생명·신체의 방어 및 보호 위하여 필요하다고 인정되는 상당한 이유가 있을 때에는 그 사태를 합리적으로 판단하여 필요한 한도에서 경찰장구를 사용할 수 있다(경찰관 직무집행법 제10조의2 제1항 제2호).

㉤ 경찰청장 또는 시·도경찰청장은 손실보상심의위원회의 심의·의결에 따라 보상금을 지급하고, 거짓 또는 부정한 방법으로 보상금을 받은 사람에 대하여는 해당 보상금을 <u>환수하여야 한다</u>(경찰관 직무집행법 제11조의2 제4항).

367 경찰관 직무집행법에 관한 내용 중 가장 적절하지 않은 것은?

22. 경찰

① 경찰관서의 장은 직무 수행에 필요하다고 인정되는 상당한 이유가 있을 때에는 국가기관이나 공사(公私) 단체 등에 직무수행에 관련된 사실을 조회할 수 있다. 다만, 긴급한 경우에는 소속 경찰관으로 하여금 현장에 나가 해당 기관 또는 단체의 장의 협조를 받아 그 사실을 확인하게 할 수 있다.

② 국가경찰위원회 위원장은 경찰관이 경찰관 직무집행법 제2조(직무의 범위) 각호에 따른 직무의 수행으로 인하여 민·형사상 책임과 관련된 소송을 수행할 경우 변호인 선임 등 소송 수행에 필요한 지원을 하여야 한다.

③ 경찰청장, 시·도경찰청장 또는 경찰서장은 경찰관 직무집행법 제11조의3 제2항에 따른 보상금심사위원회의 심사·의결에 따라 보상금을 지급하고, 거짓 또는 부정한 방법으로 보상금을 받은 사람에 대하여는 해당 보상금을 환수한다.

④ 보상금심사위원회는 위원장 1명을 포함한 5명 이내의 위원으로 구성한다.

정답찾기

② 경찰청장과 해양경찰청장은 경찰관이 제2조 각 호에 따른 직무의 수행으로 인하여 민·형사상 책임과 관련된 소송을 수행할 경우 변호인 선임 등 소송 수행에 필요한 지원을 할 수 있다(경찰관 직무집행법 제11조의4).

368 다음 중 경찰관 직무집행법상 즉시강제의 성격이 다른 하나는?

08. 경찰 변형

① 보호조치(제4조)
② 범죄의 예방과 제지(제6조)
③ 위험방지를 위한 출입(제7조)
④ 경찰장구의 사용(제10조의2)

정답찾기

③ 위험방지를 위한 출입은 대가택적 즉시강제에 해당하며 나머지는 대인적 즉시강제에 해당한다.

369 보기는 경찰관 직무집행법에 대한 판례들이다. 적절하지 않은 것은 모두 몇 개인가?

> ㉠ 경찰관이 응급의 구호를 요하는 자를 보건의료기관에게 긴급구호요청을 하고, 보건의료기관이 이에 따라 치료 행위를 하였다고 하더라도 국가와 보건의료기관 사이에 국가가 치료행위를 보건의료기관에 위탁하고 보건의료기관이 이를 승낙하는 내용의 치료위임계약이 체결된 것으로는 볼 수 없다.
>
> ㉡ 경찰관이 농민들의 시위를 진압하고 시위과정에 도로상에 방치된 트랙터 1대에 대하여 이를 도로 밖으로 옮기거나 후방에 안전표지판을 설치하는 것과 같은 위험발생방지조치를 취하지 아니한 채 그대로 방치하고 철수하여 버린 결과, 야간에 그 도로를 진행하던 운전자가 위 방치된 트랙터를 피하려다가 다른 트랙터에 부딪혀 상해를 입은 사안에서 국가배상책임을 인정하지 않았다.
>
> ㉢ 경찰관이 범인을 제압하는 과정에서 총기를 사용하여 범인을 사망에 이르게 한 사안에서, 경찰관이 총기사용에 이르게 된 동기나 목적, 경위 등을 고려하여 형사사건에서 무죄판결이 확정되었다면 당해 경찰관의 과실의 내용과 그로 인하여 발생한 결과의 중대함은 상호 인과관계를 인정할 수 없으므로 민사상 불법행위 책임을 인정할 수 없다.
>
> ㉣ 특정 지역에서의 불법집회에 참가하려는 것을 막기 위하여 시간적·장소적으로 근접하지 않은 다른 지역에서 그 집회·시위에 참가하기 위하여 출발 또는 이동하는 행위를 함부로 제지하는 것은 경찰관 직무집행법 제6조 제1항의 행정상 즉시강제인 경찰관의 제지의 범위를 명백히 넘어 허용될 수 없다.

① 없음   ② 1개
③ 2개   ④ 3개

정답찾기

지문의 내용 중 틀린 것은 ㉡㉢이다.

㉡ 경찰관이 농민들의 시위를 진압하고 시위과정에 도로상에 방치된 트랙터 1대에 대하여 이를 도로 밖으로 옮기거나 후방에 안전표지판을 설치하는 것과 같은 위험발생방지조치를 취하지 아니한 채 그대로 방치하고 철수하여 버린 결과, 야간에 그 도로를 진행하던 운전자가 위 방치된 트랙터를 피하려다가 다른 트랙터에 부딪혀 상해를 입은 사안에서 <u>국가배상책임을 인정한 사례</u>(대판 1998.8.25, 98다16890)

㉢ 불법행위에 따른 형사책임은 사회의 법질서를 위반한 행위에 대한 책임을 묻는 것으로서 행위자에 대한 공적인 제재(형벌)를 그 내용으로 함에 비하여, 민사책임은 타인의 법익을 침해한 데 대하여 행위자의 개인적 책임을 묻는 것으로서 피해자에게 발생한 손해의 전보를 그 내용으로 하는 것이고, 손해배상제도는 손해의 공평·타당한 부담을 그 지도원리로 하는 것이므로, <u>형사상 범죄를 구성하지 아니하는 침해행위라고 하더라도 그것이 민사상 불법행위를 구성하는지 여부는 형사책임과 별개의 관점에서 검토하여야 한다.</u> 경찰관이 범인을 제압하는 과정에서 총기를 사용하여 범인을 사망에 이르게 한 사안에서, 경찰관이 총기사용에 이르게 된 동기나 목적, 경위 등을 고려하여 형사사건에서 무죄판결이 확정되었더라도 당해 경찰관의 과실의 내용과 그로 인하여 발생한 결과의 중대함에 비추어 민사상 불법행위책임을 인정한 사례(대판 2008.2.1, 2006다6713)

370 다음은 경찰관 무기사용과 관련된 사건이다. 이에 대한 설명으로 가장 적절하지 않은 것은?　　11. 경찰

> ㉠ 경찰관 A는 동료 경찰관 B와 함께 순찰차를 타고 관내를 순찰하고 있었다. 이 때 경찰서 상황실로부터 신고에
> 의하면 K라는 사람이 한 술집에서 술병으로 타인을 찌르고, 자신의 집인 꽃집으로 가서 아들을 칼로 위협하는
> 사건이 발생하였으니 이에 대응하라는 무선지령을 받고 지원 출동하였다.
>
> ㉡ 용의자의 꽃집에 도착하여, 동료 경찰관 B는 주위에 있는 막대기를 들고 앞장서고, A는 권총을 꺼내 안전장치
> 를 풀고 B의 뒤에 서서 엄호하며 집 안으로 걸어 들어갔다. 이때 용의자 K가 세면장에서 나오면서 경찰관
> A와 B에게 소리를 지르며 달려들었다. 일반부 씨름선수에서 우승할 정도의 건장한 체격을 가진 K는 쉽게 경
> 찰관 A와 B를 넘어뜨리고 넘어진 경찰관 B의 몸 위에 올라 타 몸싸움을 하였다.
>
> ㉢ 이를 본 경찰관 A는 넘어져 있는 상태에서 소지하고 있던 권총으로 공포탄 1발을 발사하였다. 그러나 K는 이에
> 굴복하지 않고 계속 경찰관 B의 몸 위에서 그의 목을 누르는 등의 물리력을 행사하여 일어나지 못하게 하였다.
>
> ㉣ 이에 경찰관 A는 K를 향하여 실탄 1발을 발사하였고, 그 실탄은 K의 우측 흉부 하단 늑간 부위를 관통하였다.
> K는 즉시 병원에 후송되어 입원치료를 받았으나 간파열 등으로 인한 패혈증으로 며칠 뒤에 사망하였다. 나중
> 에 확인하여 보니 K는 경찰관과 격투를 할 당시 칼을 소지하지 않고 있었던 것으로 밝혀졌다.

① 경찰관은 범인이 무기·흉기 등 위험한 물건을 소지하고, 경찰관으로부터 3회 이상의 투기명령 또는 투항명
령을 받고도 이에 불응하면서 계속 항거하여 이를 방지 또는 체포하기 위하여 무기를 사용하지 아니하고는
다른 수단이 없다고 인정되는 상당한 이유가 있을 경우에는 총기를 사용할 수 있다.

② 사망한 K의 유가족은 경찰관 A를 상대로 형법 제268조의 업무상 과실치사를 주장할 수 있다.

③ 경찰관 A는 자기 또는 동료경찰관 B의 현재의 부당한 침해를 방위하기 위한 행위로서 상당성이 있기 때문에
형법 제21조상의 정당방위를 주장할 수 있다.

④ 이 사건에서 경찰관 A의 정당방위가 인정된다면, 민사상에 있어서 국가의 국가배상책임 역시 면책된다고
할 수 있다.

정답찾기
④ 정당방위로 인정되어도 민사상 국가배상책임은 면책되지 않을 수 있다.

■ 관련 판례

[1] 경찰관은 범인의 체포, 도주의 방지, 자기 또는 타인의 생명·신체에 대한 방호, 공무집행에 대한 항거의 억제를 위하여 무기를
사용할 수 있으나, 이 경우에도 무기는 목적 달성에 필요하다고 인정되는 상당한 이유가 있을 때 그 사태를 합리적으로 판단하여
필요한 한도 내에서 사용하여야 하는바(경찰관 직무집행법 제10조의4), 경찰관의 무기사용이 이러한 요건을 충족하는지 여부는
범죄의 종류, 죄질, 피해법익의 경중, 위해의 급박성, 저항의 강약, 범인과 경찰관의 수, 무기의 종류, 무기 사용의 태양, 주변의
상황 등을 고려하여 사회통념상 상당하다고 평가되는지 여부에 따라 판단하여야 하고, 특히 사람에게 위해를 가할 위험성이 큰
권총의 사용에 있어서는 그 요건을 더욱 엄격하게 판단하여야 한다.

[2] 불법행위에 따른 형사책임은 사회의 법질서를 위반한 행위에 대한 책임을 묻는 것으로서 행위자에 대한 공적인 제재(형벌)를
그 내용으로 함에 비하여, 민사책임은 타인의 법익을 침해한 데 대하여 행위자의 개인적 책임을 묻는 것으로서 피해자에게 발생
한 손해의 전보를 그 내용으로 하는 것이고, 손해배상제도는 손해의 공평·타당한 부담을 그 지도원리로 하는 것이므로, 형사상
범죄를 구성하지 아니하는 침해행위라고 하더라도 그것이 민사상 불법행위를 구성하는지 여부는 형사책임과 별개의 관점에서
검토하여야 한다.

[3] 경찰관이 범인을 제압하는 과정에서 총기를 사용하여 범인을 사망에 이르게 한 사안에서, 경찰관이 총기사용에 이르게 된 동기
나 목적, 경위 등을 고려하여 형사사건에서 무죄판결이 확정되었더라도 당해 경찰관의 과실의 내용과 그로 인하여 발생한 결과
의 중대함에 비추어 민사상 불법행위책임을 인정한 사례(대판 2008.2.1, 2006다6713)

Answer 　369 ③　 370 ④

371 다음 중 경찰관의 총기사용과 관련된 판례의 태도와 가장 부합하지 않는 것은? 12. 경찰

① 타인의 집 대문 앞에 은신하고 있다가 경찰관의 명령에 따라 순순히 손을 들고 나오면서 그대로 도주하는 범인을 경찰관이 뒤따라 추격하면서 등 부위에 권총을 발사하여 사망케 한 경우, 위와 같은 총기사용은 현재의 부당한 침해를 방지하거나 현재의 위난을 피하기 위한 상당성 있는 행위라고 볼 수 없다.

② 야간에 술이 취한 상태에서 병원에 있던 과도로 대형 유리창문을 쳐 깨뜨리고 자신의 복부에 칼을 대고 할복자살 하겠다고 난동을 부린 피해자가 출동한 2명의 경찰관들에게 칼을 들고 항거하였다고 하여도 위 경찰관 등이 공포를 발사하거나 소지한 가스총과 경찰봉을 사용하여 위 망인의 항거를 억제할 시간적 여유와 보충적 수단이 있었다고 보여지고, 또 부득이 총을 발사할 수밖에 없었다고 하더라도 하체 부위를 향하여 발사함으로써 그 위해를 최소한도로 줄일 여지가 있었다고 보여지므로, 칼빈소총을 1회 발사하여 피해자의 왼쪽 가슴아래 부위를 관통하여 사망케 한 경찰관의 총기사용 행위는 경찰관 직무집행법 소정의 총기사용 한계를 벗어난 것이다.

③ 경찰관이 길이 40센티미터 가량의 칼로 반복적으로 위협하며 도주하는 차량 절도 혐의자를 추적하던 중, 도주하기 위하여 등을 돌린 혐의자의 몸쪽을 향하여 약 2미터 거리에서 실탄을 발사하여 혐의자를 복부관통상으로 사망케 하였다 하더라도 경찰관의 총기사용은 사회통념상 허용범위를 벗어나지 않은 것으로 위법하지 않다.

④ 50씨씨(cc) 소형 오토바이 1대를 절취하여 운전 중인 15~16세의 절도 혐의자 3인이 경찰관의 검문에 불응하며 도주하자, 경찰관이 체포목적으로 오토바이의 바퀴를 조준하여 실탄을 발사하였으나 오토바이에 타고 있던 1인이 총상을 입게 된 경우, 제반 사정에 비추어 경찰관의 총기사용이 사회통념상 허용범위를 벗어나 위법하다.

> **정답찾기**
> ③ 경찰관이 길이 40cm 가량의 칼로 반복적으로 위협하며 도주하는 차량 절도 혐의자를 추적하던 중, 도주하기 위하여 등을 돌린 혐의자의 몸 쪽을 향하여 약 2m 거리에서 실탄을 발사하여 혐의자를 복부관통상으로 사망케 한 경우, 경찰관의 총기사용은 <u>사회통념상 허용범위를 벗어난 위법행위</u>라고 본 사례이다(대판 1999.3.23, 98다63445).

372 다음 설명으로 가장 적절하지 않은 것은? (다툼이 있는 경우 판례에 의함) 22. 경찰승진

① 경찰관 직무집행법 시행령상 경찰관의 적법한 직무집행으로 인하여 발생한 손실을 보상받으려는 사람은 보상금 지급 청구서에 손실내용과 손실금액을 증명할 수 있는 서류를 첨부하여 손실보상청구 사건 발생지를 관할하는 국가경찰관서의 장에게 제출하여야 한다.

② 경찰관 직무집행법에 따라 경찰관은 미아, 병자, 부상자 등으로서 적당한 보호자가 없으며 응급구호가 필요하다고 인정되는 사람은 본인이 구호를 거절하는 경우에도 보호조치를 할 수 있다.

③ 경찰관 직무집행법에 따라 경찰관이 불심검문을 하던 중 정지시킨 장소에서 질문하는 것이 불심자에게 불리하거나 교통에 방해가 된다고 인정될 때에는 질문을 하기 위하여 경찰관서로 동행할 것을 요구할 수 있다.

④ 경찰관 직무집행법상 '제지'는 행정상 즉시강제에 해당하며, 필요한 최소한도 내에서 행해져야 하므로 해당 집회 참가가 불법 행위라도, 집회 장소와 시간적·장소적으로 근접하지 않은 경우에는 이를 제지할 수 없다.

② 미아, 병자, 부상자 등으로서 적당한 보호자가 없으며 응급구호가 필요하다고 인정되는 사람의 경우 <u>본인이 구호를 거절하는 경우</u> <u>보호조치를 할 수 없다</u>(경찰관 직무집행법 제4조 제1항 제3호).

373 「경찰관 직무집행법」에 관한 설명으로 가장 적절한 것은? (다툼이 있는 경우 판례에 의함)   23. 경찰

① 경찰 병력이 행정대집행 직후 "A자동차 희생자 추모와 해고자 복직을 위한 범국민대책위원회"(이하 'A차 대책위'라 함)가 또다시 같은 장소를 점거하고 물건을 다시 비치하는 것을 막기 위해 당해 사건 장소를 미리 둘러싼 뒤 'A차 대책위'가 같은 장소에서 기자회견 명목의 집회를 개최하려는 것을 불허하면서 소극적으로 제지한 것은 범죄행위 예방을 위한 경찰 행정상 즉시강제로서 적법한 공무집행에 해당한다.

② 「아동학대범죄의 처벌 등에 관한 특례법」에 따른 아동학대범죄가 행하여지려고 하거나 행하여지고 있어 타인의 생명·신체에 대한 위해 발생의 우려가 명백하고 긴급한 상황에서, 경찰관이 그 위해를 예방하거나 진압하기 위한 행위 또는 범인의 검거 과정에서 경찰관을 향한 직접적인 유형력 행사에 대응하는 행위를 하여 그로 인하여 타인에게 피해가 발생한 경우, 그 경찰관의 직무수행이 불가피한 것이고 필요한 최소한의 범위에서 이루어졌으며 해당 경찰관에게 고의 또는 중대한 과실이 없는 때에는 형을 감경하거나 면제한다.

③ 경찰관은 형사처벌의 대상이 되는 행위가 눈앞에서 막 이루어 지려고 하는 것이 주관적으로 인정될 수 있는 상황이고 그 행위를 당장 제지하지 않으면 곧 인명·신체에 중대한 위해를 미치거나 재산에 손해를 끼칠 우려가 있는 상황이어서, 직접 제지하는 방법 외에는 위와 같은 결과를 막을 수 없는 급박한 상태일 때에만 「경찰관 직무집행법」 제6조에 의하여 적법하게 그 행위를 제지할 수 있다.

④ 「경찰관 직무집행법」은 제1조 제2항에서 "경찰관의 직권은 그 직무 수행에 필요한 최소한도에서 행사되어야 하며 남용되어서는 아니 된다."라고 선언하여 경찰비례의 원칙을 명시적으로 규정하고 있는데, 이는 경찰행정 영역에서의 헌법상 과소보호 금지원칙을 표현한 것이다.

② 사안의 경우 형을 감경하거나 면제할 수 있다(경찰관 직무집행법 제11조의5 제1호).

③ 경찰관은 형사처벌의 대상이 되는 행위가 눈앞에서 막 이루어지려고 하는 것이 객관적으로 인정될 수 있는 상황이고 그 행위를 당장 제지하지 않으면 곧 인명·신체에 위해를 미치거나 재산에 중대한 손해를 끼칠 우려가 있는 상황이어서, 직접 제지하는 방법 외에는 위와 같은 결과를 막을 수 없는 급박한 상태일 때에만 경찰관 직무집행법 제6조에 의하여 적법하게 그 행위를 제지할 수 있고, 그 범위 내에서만 경찰관의 제지 조치가 적법하다고 평가될 수 있다[대법원 2021.11.11, 선고, 2018다288631, 판결].

④ 경찰관 직무집행법은 제1조 제2항에서 "경찰관의 직권은 그 직무 수행에 필요한 최소한도에서 행사되어야 하며 남용되어서는 아니 된다."라고 선언하여 경찰비례의 원칙을 명시적으로 규정하고 있는데, 이는 경찰행정 영역에서의 헌법상 <u>과잉금지원칙</u>을 표현한 것으로서, 공공의 안녕과 질서유지라는 공익목적과 이를 실현하기 위하여 개인의 권리나 재산을 침해하는 수단 사이에는 합리적인 비례관계가 있어야 한다는 의미를 갖는다[대법원 2021.11.11, 선고, 2018다288631, 판결].

374 「경찰관 직무집행법」에 관한 설명으로 가장 적절하지 않은 것은? (다툼이 있는 경우 판례에 의함)   24. 경찰

① 경찰관이 불심검문 대상자 해당 여부를 판단할 때에는 불심검문 당시의 구체적 상황은 물론 사전에 얻은 정보나 전문적 지식 등에 기초하여 불심검문 대상자인지를 객관적·합리적인 기준에 따라 판단하여야 하나, 반드시 불심검문 대상자에게 「형사소송법」상 체포나 구속에 이를 정도의 혐의가 있을 것을 요한다고 할 수는 없다.

② 술에 취한 상태로 인하여 자기 또는 타인의 생명·신체와 재산에 위해를 미칠 우려가 있는 피구호자에 대한 보호조치는 경찰 행정상 즉시강제에 해당하므로, 그 조치가 불가피한 최소한도 내에서만 행사되도록 발동·행사 요건을 신중하고 엄격하게 해석하여야 한다.

③ 경찰관의 경고나 제지는 범죄행위가 목전에 행하여지려고 하고 있다고 인정될 때에 이를 예방하기 위하여 이루어지는 조치로서, 범죄행위가 계속되는 중 그 진압을 위해서는 행하여질 수 없다.

④ 경찰관은 「경범죄 처벌법」상 경범죄에 해당하는 행위에 대해서도 필요한 경우 제지할 수 있다.

정답찾기
③ 경찰관직무집행법 제6조 제1항은 '경찰관은 범죄행위가 목전에 행하여지려고 하고 있다고 인정될 때에는 이를 예방하기 위하여 관계인에게 필요한 경고를 발하고, 그 행위로 인하여 인명·신체에 위해를 미치거나 재산에 중대한 손해를 끼칠 우려가 있어 긴급을 요하는 경우에는 그 행위를 제지할 수 있다'고 규정하고 있다. 여기에 규정된 경찰관의 경고나 제지는 그 문언과 같이 <u>범죄의 예방을 위하여 범죄행위에 관한 실행의 착수 전에 행하여질 수 있을 뿐만 아니라, 이후 범죄행위가 계속되는 중에 그 진압을 위하여도 당연히 행하여질 수 있다고 보아야 한다</u>[대법원 2013.9.26, 선고 2013도643 판결].

375 경찰장비와 그 사용에 관한 설명으로 가장 적절하지 않은 것은? (다툼이 있는 경우 판례에 의함)   24. 경찰

① 경찰관은 경찰장비에 임의의 장비를 부착하여 일반적인 사용법과 달리 사용함으로써 다른 사람의 생명·신체에 위해를 끼쳐서는 안 된다.

② 경찰청장은 위해성 경찰장비를 새로 도입하려는 경우에는 대통령령으로 정하는 바에 따라 안전성 검사를 실시하여 그 안전성 검사의 결과보고서를 국회 소관 상임위원회에 제출하여야 한다. 이 경우 안전성 검사에는 외부 전문가를 참여시켜야 한다.

③ 경찰관이 농성 진압 과정에서 경찰장비를 적법하게 사용하였더라도, 상대방이 그로 인한 생명·신체에 대한 위해를 면하기 위하여 대항하는 과정에서 경찰장비를 손상시켰다면 이는 현재의 부당한 침해에서 벗어나기 위한 행위로서 정당방위에 해당한다.

④ 수사기관에서 구속된 피의자의 도주, 항거 등을 억제하는 데 필요하다고 인정할 상당한 이유가 있는 경우에는 필요한 한도 내에서 포승이나 수갑을 사용할 수 있으며, 이러한 조치가 무죄추정의 원칙에 위배되는 것이라고 할 수 없다.

정답찾기
③ 경찰관이 농성 진압의 과정에서 경찰장비를 위법하게 사용함으로써 그 직무수행이 적법한 범위를 벗어난 것으로 볼 수밖에 없다면, 상대방이 그로 인한 생명·신체에 대한 위해를 면하기 위하여 직접적으로 대항하는 과정에서 경찰장비를 손상시켰더라도 이는 위법한 공무집행으로 인한 신체에 대한 현재의 부당한 침해에서 벗어나기 위한 행위로서 정당방위에 해당한다[대법원 2022.11.30, 선고 2016다26662, 26679, 26686 판결].

376 경찰관 무기사용에 대한 설명으로 적절한 것은 모두 몇 개인가? (다툼이 있는 경우 판례에 의함)   24. 경찰간부

ⓐ 경찰관이 신호위반을 이유로 정지명령에 불응하고 도주하던 차량에 탑승한 동승자를 추격하던 중 수차례에 걸쳐 경고하고 공포탄을 발사했음에도 불구하고 계속 도주하자 실탄을 발사하여 사망케 한 경우, 위 총기 사용행위는 허용 범위를 벗어난 위법행위이다.

ⓑ 경찰관의 무기 사용이 특히 사람에게 위해를 가할 위험성이 큰 권총의 사용에 있어서는 그 요건을 더욱 엄격하게 판단하여야 한다.

ⓒ 「경찰관 직무집행법」상 무기란 사람의 생명이나 신체에 위해를 끼칠 수 있도록 제작된 권총·소총·도검 등을 말하며, 대간첩·대테러 작전 등 국가안전에 관련되는 작전을 수행할 때에는 개인화기 외에 공용화기를 사용할 수 있다.

ⓓ 경찰관이 길이 40cm 가량의 칼로 반복적으로 위협하며 도주하는 차량 절도 혐의자를 추적하던 중, 도주하기 위하여 등을 돌린 혐의자의 몸 쪽을 향하여 약 2m 거리에서 실탄을 발사하여 혐의자를 복부관통상으로 사망케 한 경우, 경찰관의 총기사용은 사회통념상 허용범위를 벗어난 위법행위이다.

---

① 1개   ② 2개   ③ 3개   ④ 4개

정답찾기

모두 적절한 지문이다.
ⓐ [대법원 1999.6.22, 선고 98다61470 판결]
ⓑ [대법원 2008.2.1, 선고 2006다6713 판결]
ⓒ 경찰관 직무집행법 제10조의4 제2항, 제3항
ⓓ [대법원 1999.3.23, 선고 98다63445 판결]

Answer   374 ③   375 ③   376 ④

377 경찰관의 직무수행 및 경찰장비의 사용과 관련한 재량의 범위 및 한계에 대한 설명으로 가장 적절하게 나열한 것은? (다툼이 있는 경우 판례에 의함)

24. 경찰간부

> 불법적인 농성을 진압하는 방법 및 그 과정에서 어떤 경찰장비를 사용할 것인지는 (㉠)인 상황과 예측되는 피해 발생의 (㉡) 위험성의 내용 등에 비추어 경찰관이 그 재량의 범위 내에서 정할 수 있다. 그러나 그 직무수행 중 특정한 경찰장비를 필요한 최소한의 범위를 넘어 관계 법령에서 정한 통상의 용법과 달리 사용함으로써 타인의 생명 · 신체에 위해를 가하였다면, 불법적인 농성의 진압을 위하여 그러한 방법으로라도 해당 경찰장비를 사용할 필요가 있고 그로 인하여 발생할 우려가 있는 타인의 생명 · 신체에 대한 위해의 정도가 (㉢)으로 예견되는 범위 내에 있다는 등의 특별한 사정이 없는 한 그 직무수행은 위법하다고 보아야 한다. 나아가 경찰관이 농성진압의 과정에서 경찰장비를 위법하게 사용함으로써 그 직무수행이 적법한 범위를 벗어난 것으로 볼 수밖에 없다면, 상대방이 그로 인한 생명 · 신체에 대한 위해를 면하기 위하여 (㉣.)으로 대항하는 과정에서 그 경찰장비를 손상시켰더라도 이는 위법한 공무집행으로 인한 신체에 대한 현재의 부당한 침해에서 벗어나기 위한 행위로서 정당방위에 해당한다.

	㉠	㉡	㉢	㉣
①	구체적	추상적	특수적	간접적
②	추상적	구체적	통상적	직접적
③	구체적	추상적	통상적	직접적
④	구체적	구체적	통상적	직접적

정답찾기

불법적인 농성을 진압하는 방법 및 그 과정에서 어떤 경찰장비를 사용할 것인지는 구체적 상황과 예측되는 피해 발생의 구체적 위험성의 내용 등에 비추어 경찰관이 재량의 범위 내에서 정할 수 있다. 그러나 그 직무수행 중 특정한 경찰장비를 필요한 최소한의 범위를 넘어 관계 법령에서 정한 통상의 용법과 달리 사용함으로써 타인의 생명 · 신체에 위해를 가하였다면, 불법적인 농성의 진압을 위하여 그러한 방법으로라도 해당 경찰장비를 사용할 필요가 있고 그로 인하여 발생할 우려가 있는 타인의 생명 · 신체에 대한 위해의 정도가 통상적으로 예견되는 범위 내에 있다는 등의 특별한 사정이 없는 한 그 직무수행은 위법하다고 보아야 한다. 나아가 경찰관이 농성진압의 과정에서 경찰장비를 위법하게 사용함으로써 그 직무수행이 적법한 범위를 벗어난 것으로 볼 수밖에 없다면, 상대방이 그로 인한 생명 · 신체에 대한 위해를 면하기 위하여 직접적으로 대항하는 과정에서 경찰장비를 손상시켰더라도 이는 위법한 공무집행으로 인한 신체에 대한 현재의 부당한 침해에서 벗어나기 위한 행위로서 정당방위에 해당한다[대법원 2022.11.30. 선고, 2016다26662, 26679, 26686, 판결].

378 경찰작용에 대한 판례의 설명으로 가장 적절하지 않은 것은? 24. 경찰간부

① 경찰관이 구체적 상황에 비추어 인적 및 물적 능력의 범위 내에서 적절한 조치라는 판단에 따라 범죄의 진압 및 수사에 관한 직무를 수행한 경우에는 그러한 직무수행이 객관적 정당성을 상실하여 현저하게 불합리한 것으로 인정되지 않는 한 이를 위법하다고 할 수는 없다.

② 본래 범의를 가지지 아니한 자에 대하여 수사기관이 사술이나 계략 등을 써서 범의를 유발케 하여 범죄인을 검거하는 함정수사는 위법함을 면할 수 없고, 범의를 가진 자에 대하여 단순히 범행의 기회를 제공하는 것에 불과한 경우라도 위법한 함정수사이다.

③ 「경찰관 직무집행법」 제6조 제1항의 '경찰관의 제지에 관한 부분'은 범죄의 예방을 위한 경찰행정상 즉시강제, 즉 눈앞의 급박한 경찰상 장해를 제거하여야 할 필요가 있고 의무를 명할 시간적 여유가 없거나 의무를 명하는 방법으로는 그 목적을 달성하기 어려운 상황에서 의무불이행을 전제로 하지 않고 경찰이 직접 실력을 행사하여 경찰상 필요한 상태를 실현하는 권력적 사실행위에 관한 근거조항이다.

④ 주거지에서 음악 소리를 크게 내거나 큰 소리로 떠들어 이웃을 시끄럽게 하는 행위는 「경범죄 처벌법」 제3조 제1항 제21호에서 경범죄로 정한 '인근소란 등'에 해당하고, 경찰관은 「경찰관 직무집행법」에 따라 경범죄에 해당하는 행위를 예방·진압·수사하고, 필요한 경우 제지할 수 있다.

정답찾기
② 본래 범의를 가지지 아니한 자에 대하여 수사기관이 사술이나 계략 등을 써서 범의를 유발케 하여 범죄인을 검거하는 함정수사는 위법함을 면할 수 없고, 이러한 함정수사에 기한 공소제기는 그 절차가 법률의 규정에 위반하여 무효인 때에 해당한다 할 것이지만, 범의를 가진 자에 대하여 단순히 범행의 기회를 제공하는 것에 불과한 경우에는 위법한 함정수사라고 단정할 수 없다[대법원 2007. 5.31, 선고, 2007도1903, 판결].

10 행정조사기본법

379 행정조사기본법상의 행정조사에 대한 설명으로 옳지 않은 것은? 10. 경찰

① 행정조사는 법령 등 또는 행정조사운영계획으로 정하는 바에 따라 정기적으로 실시함을 원칙으로 한다.

② 조사대상자가 조사에 응할 것인지에 대한 응답을 하지 아니하는 경우에는 법령 등에 특별한 규정이 없는 한 그 조사를 거부한 것으로 본다.

③ 원칙적으로 행정조사를 실시하고자 하는 행정기관의 장은 출석요구서, 보고요구서·자료제출요구서 및 현장출입조사서를 조사개시 7일 전까지 조사대상자에게 서면으로 통지하여야 한다.

④ 행정기관은 유사하거나 동일한 사안에 대하여는 가급적 공동조사 등을 실시하지 않도록 노력해야 한다.

정답찾기
④ 행정기관은 유사하거나 동일한 사안에 대하여는 공동조사 등을 실시함으로써 행정조사가 중복되지 아니하도록 하여야 한다(행정조사기본법 제4조 제3항).

Answer   377 ④   378 ②   379 ④

380 다음은 행정조사에 대한 설명이다. 적절하지 않은 것은 모두 몇 개인가? (다툼이 있으면 판례에 의함) 14, 15. 경찰

> ㉠ 위법한 행정조사로 수집된 정보가 정당한 것이 아님에도 그러한 사실에 기초하여 발령된 행정처분은 위법하다.
> ㉡ 행정기관은 유사하거나 동일한 사안에 대하여는 공동조사 등을 실시함으로써 행정조사가 중복되지 아니하도록 하여야 한다.
> ㉢ 행정조사는 법령 등의 위반에 대한 처벌보다는 법령 등을 준수하도록 유도하는 데 중점을 두어야 한다.
> ㉣ 행정조사기본법상 행정기관은 법령 등에서 행정조사를 규정하고 있는 경우에 한하여 행정조사를 실시할 수 있고, 규정이 없는 경우에는 조사대상자의 자발적 협력이 있는 경우에도 행정조사를 실시할 수 없다.
> ㉤ 행정조사는 수시로 실시함을 원칙으로 한다.
> ㉥ 임의조사를 제외하고 행정기관은 법령 등에서 행정조사를 규정하고 있는 경우에 한하여 행정조사를 실시할 수 있다.

① 없음　　　　　② 1개　　　　　③ 2개　　　　　④ 3개

정답찾기

지문의 내용 중 적절하지 않은 것은 ㉣㉤이다.
㉣ 행정기관은 법령 등에서 행정조사를 규정하고 있는 경우에 한하여 행정조사를 실시할 수 있다. 다만, 조사대상자의 자발적인 협조를 얻어 실시하는 행정조사의 경우에는 그러하지 아니하다(행정조사기본법 제5조).
㉤ 행정조사는 법령 등 또는 행정조사운영계획으로 정하는 바에 따라 <u>정기적으로 실시함을 원칙</u>으로 한다(행정조사기본법 제7조).

■ **수시조사를 할 수 있는 경우**

> 1. 법률에서 수시조사를 <u>규정</u>하고 있는 경우
> 2. 법령 등의 위반에 대하여 <u>혐의</u>가 있는 경우
> 3. 다른 행정기관으로부터 법령등의 위반에 관한 <u>혐의</u>를 통보 또는 이첩받은 경우
> 4. 법령 등의 위반에 대한 <u>신고</u>를 받거나 민원이 접수된 경우
> 5. 그 밖에 행정조사의 <u>필요성이 인정</u>되는 사항으로서 대통령령으로 정하는 경우

381 다음 중 행정조사기본법상 행정조사의 원칙인 것은 모두 몇 개인가?

16. 경찰

> ㉠ 행정조사는 조사목적을 달성하는 데 필요한 최소한의 범위 안에서 실시하여야 한다.
> ㉡ 행정조사는 법령 등의 위반에 대한 처벌보다는 법령 등을 준수하도록 유도하는 데 중점을 두어야 한다.
> ㉢ 행정기관이 유사하거나 동일한 사안이라고 하여 공동조사 등을 실시하는 것은 국민의 권익을 침해할 수 있으므로 허용되지 않는다.
> ㉣ 다른 법률에 따르지 아니하고는 행정조사의 대상자 또는 행정조사의 내용을 공표하거나 직무상 알게 된 비밀을 누설하여서는 아니된다.
> ㉤ 행정기관은 조사목적에 적합하도록 조사대상자를 선정하여 행정조사를 실시하여야 한다.

① 2개   ② 3개   ③ 4개   ④ 5개

정답찾기

지문의 내용 중 틀린 것은 ㉢이다.
㉢ 행정기관은 유사하거나 동일한 사안에 대하여는 <u>공동조사 등을 실시</u>함으로써 행정조사가 중복되지 아니하도록 하여야 한다(행정조사기본법 제4조 제3항).

382 행정조사기본법 규정에 대한 설명으로 가장 적절한 것은?

18. 경찰

① 조사대상자는 조사원에게 공정한 행정조사를 기대하기 어려운 사정이 있다고 판단되는 경우에는 행정기관의 장에게 구두의 방법으로 당해 조사원의 교체를 신청할 수 있다.
② 행정조사를 실시할 행정기관의 장은 행정조사를 실시하기 전에 다른 행정기관에서 동일한 조사대상자에게 동일하거나 유사한 사안에 대하여 행정조사를 실시하였는지 여부를 반드시 확인하여야 한다.
③ 행정조사는 법령 등 또는 행정조사운영계획으로 정하는 바에 따라 정기적으로 실시함을 원칙으로 하되 다른 행정기관으로부터 법령 등의 위반에 관한 혐의를 통보받은 때에는 수시조사를 할 수 있다.
④ 행정조사란 행정기관이 법령을 집행하거나 직무를 수행하는 데 필요한 문서를 수집하기 위하여 현장조사·문서열람·시료채취 등을 하거나 조사대상자에게 보고요구·자료제출요구 및 출석·진술요구를 행하는 활동을 말한다.

정답찾기

① 조사대상자는 조사원에게 공정한 행정조사를 기대하기 어려운 사정이 있다고 판단되는 경우에는 행정기관의 장에게 당해 조사원의 교체를 신청할 수 있다. 교체신청은 그 <u>이유를 명시한 서면</u>으로 행정기관의 장에게 하여야 한다(행정조사기본법 제22조 제1항, 제2항).
② 행정조사를 실시할 행정기관의 장은 행정조사를 실시하기 전에 다른 행정기관에서 동일한 조사대상자에게 동일하거나 유사한 사안에 대하여 행정조사를 실시하였는지 여부를 확인할 수 있다(행정조사기본법 제15조 제2항).
④ 행정조사란 행정기관이 <u>정책을 결정</u>하거나 직무를 수행하는 데 필요한 <u>정보나 자료</u>를 수집하기 위하여 현장조사·문서열람·시료채취 등을 하거나 조사대상자에게 보고요구·자료제출요구 및 출석·진술요구를 행하는 활동을 말한다(행정조사기본법 제2조 제1호).

Answer   380 ③   381 ③   382 ③

383 행정조사기본법에 대한 설명으로 가장 적절하지 않은 것은? (다툼이 있는 경우 판례에 의함) 19. 경찰

① 우편물 통관검사절차에서 이루어지는 우편물의 개봉, 시료채취, 성분분석 등의 검사는 수출입물품에 대한 적정한 통관 등을 목적으로 한 행정조사의 성격을 가지는 것으로서 압수·수색영장 없이 검사가 진행되었다 하더라도 특별한 사정이 없는 한 위법하다고 볼 수 없다.

② 행정조사기본법 제10조는 보고요구와 자료제출의 요구를 규정하고 있는데, 행정조사기본법은 이러한 요구에 불응한 자에 대해 과태료를 부과할 수 있는 근거를 두고 있다.

③ 세무조사가 과세자료의 수집 또는 신고내용의 정확성 검증이라는 본연의 목적이 아니라 부정한 목적을 위하여 행하여진 것이라면 이는 세무조사에 중대한 위법사유가 있는 경우에 해당하고 이러한 세무조사에 의하여 수집된 과세자료를 기초로 한 과세처분 역시 위법하다.

④ 세무조사결정은 납세의무자의 권리·의무에 직접 영향을 미치는 공권력의 행사에 따른 행정작용으로서 항고소송의 대상이 된다.

정답찾기
② 행정조사기본법에는 벌칙과 관련된 규정이 존재하지 않는다.

384 행정조사에 관한 설명 중 가장 적절한 것은? (다툼이 있는 경우 판례에 의함) 22. 경찰

① 행정조사기본법상 조사대상자의 자발적 협조를 얻어 조사를 실시하는 경우에는 법령의 근거를 요하지 아니하며 조직법상의 권한 범위 밖에서도 가능하다.

② 조사대상자의 자발적 협조로 조사가 이루어지는 경우일지라도 행정의 적법성 및 공공성 등을 높이기 위해서 조사목적 등을 반드시 서면으로 통보하여야 한다.

③ 경찰작용은 행정작용의 일환이므로 경찰의 수사에도 행정조사기본법이 적용되는 것이 원칙이다.

④ 행정조사는 행정기관이 향후 행정작용에 필요한 자료 및 정보를 얻기 위한 준비적·보조적 작용이다.

정답찾기
① 행정기관은 법령등에서 행정조사를 규정하고 있는 경우에 한하여 행정조사를 실시할 수 있다. 다만, 조사대상자의 자발적인 협조를 얻어 실시하는 행정조사의 경우에는 그러하지 아니하다(행정조사기본법 제5조). 그러나 조직법상 권한 범위 내에서 이루어져야 한다.
② 행정조사를 실시하고자 하는 행정기관의 장은 출석요구서, 보고요구서·자료제출요구서 및 현장출입조사서(이하 "출석요구서등"이라 한다)를 조사개시 7일 전까지 조사대상자에게 서면으로 통지하여야 한다. 다만, 조사대상자의 자발적인 협조를 얻어 실시하는 행정조사의 경우에는 행정조사의 개시와 동시에 출석요구서 등을 조사대상자에게 제시하거나 행정조사의 목적 등을 조사대상자에게 구두로 통지할 수 있다(행정조사기본법 제17조 제1항 제3호).
③ 조세·형사·행형 및 보안처분에 관한 사항에 대하여는 이 법을 적용하지 아니한다(행정조사기본법 제3조 제2항 제5호).

385 행정조사에 관한 설명으로 가장 적절한 것은? (다툼이 있는 경우 판례에 의함)   24. 경찰승진

① 「고용보험법」상 '실업인정대상기간 중의 취업 사실'에 대한 행정조사 절차에는 수사절차에서의 진술거부권 고지의무에 관한 「형사소송법」 규정이 준용되지 않는다.

② 경찰공무원이 「도로교통법」 규정에 따라 호흡측정 또는 혈액검사 등의 방법으로 운전자가 술에 취한 상태에서 운전하였는지를 조사하는 것은 수사로서의 성격을 갖지만, 행정조사의 성격을 가지는 것은 아니다.

③ 조사대상자의 자발적 협조로 조사가 이루어지는 경우일지라도 행정의 적법성 및 공공성 등을 높이기 위해서 조사목적 등을 반드시 서면으로 통보하여야 한다.

④ 「행정조사기본법」상 행정기관은 행정조사를 통하여 알게 된 정보를 어떠한 경우에도 원래의 조사목적 이외의 용도로 이용 할 수 없다.

정답찾기

② 경찰공무원이 도로교통법 규정에 따라 호흡측정 또는 혈액 검사 등의 방법으로 운전자가 술에 취한 상태에서 운전하였는지를 조사하는 것은, 수사기관과 경찰행정조사자의 지위를 겸하는 주체가 형사소송에서 사용될 증거를 수집하기 위한 수사로서의 성격을 가짐과 아울러 교통상 위험의 방지를 목적으로 하는 운전면허 정지·취소의 행정처분을 위한 자료를 수집하는 행정조사의 성격을 동시에 가지고 있다고 볼 수 있다[대법원 2016.12.27. 선고 2014두46850 판결].

③ 행정조사를 실시하고자 하는 행정기관의 장은 출석요구서등을 조사개시 7일 전까지 조사대상자에게 서면으로 통지하여야 한다. 다만, 행정조사를 실시하기 전에 관련 사항을 미리 통지하는 때에는 증거인멸 등으로 행정조사의 목적을 달성할 수 없다고 판단되는 경우, 「통계법」 제3조 제2호에 따른 지정통계의 작성을 위하여 조사하는 경우, 조사대상자의 자발적인 협조를 얻어 실시하는 행정조사의 경우에는 행정조사의 개시와 동시에 출석요구서등을 조사대상자에게 제시하거나 행정조사의 목적 등을 조사대상자에게 구두로 통지할 수 있다(행정조사기본법 제17조 제1항).

④ 행정기관은 행정조사를 통하여 알게 된 정보를 다른 법률에 따라 내부에서 이용하거나 다른 기관에 제공하는 경우를 제외하고는 원래의 조사목적 이외의 용도로 이용하거나 타인에게 제공하여서는 아니 된다(행정조사기본법 제4조 제6항).

제5절 경찰구제법

1 경찰상 손해배상(국가배상법)

386 「국가배상법」상 손해배상에 관한 설명으로 가장 적절한 것은?   24. 경찰

① 군인·군무원·경찰공무원 또는 예비군대원이 전투·훈련 등 직무집행과 관련하여 전사·순직하거나 공상을 입은 경우에 본인이나 그 유족이 다른 법령에 따라 재해보상금·유족연금·상이연금 등의 보상을 지급받을 수 있을 때에도 「국가배상법」 및 「행정기본법」에 따른 손해배상을 청구할 수 있다.

② 생명·신체에 대한 침해와 물건의 멸실·훼손으로 인한 손해 외의 손해는 불법행위와 상당한 인과관계가 있는 범위에서 배상한다.

③ 국가나 지방자치단체에 대한 배상신청사건을 심의하기 위하여 행정안전부에 본부심의회를 둔다. 다만, 군인이나 군무원이 타인에게 입힌 손해에 대한 배상신청사건을 심의하기 위하여 국방부에 특별심의회를 둔다.

④ 결정서의 송달에 관하여는 「행정소송법」의 송달에 관한 규정을 준용한다.

> **정답찾기**
> ① 군인·군무원·경찰공무원 또는 예비군대원이 전투·훈련 등 직무집행과 관련하여 전사(戰死)·순직(殉職)하거나 공상(公傷)을 입은 경우에 본인이나 그 유족이 다른 법령에 따라 재해보상금·유족연금·상이연금 등의 보상을 지급받을 수 있을 때에는 <u>이 법 및 「민법」</u>에 따른 손해배상을 청구할 수 없다(국가배상법 제2조 제1항 단서).
> ③ 국가나 지방자치단체에 대한 배상신청사건을 심의하기 위하여 <u>법무부</u>에 본부심의회를 둔다. 다만, 군인이나 군무원이 타인에게 입힌 손해에 대한 배상신청사건을 심의하기 위하여 국방부에 특별심의회를 둔다(국가배상법 제10조 제1항).
> ④ 송달에 관하여는 「<u>민사소송법</u>」의 송달에 관한 규정을 준용한다(국가배상법 제14조 제2항).

---

387 다음 중 국가배상과 관련하여 판례가 공무원의 직무관련성을 인정한 경우는 모두 몇 개인가?   10. 경찰

> ⊙ 경찰서 대용감방 내에서 수감자들 간에 폭력행위가 발생하였음에도 불구하고 경찰관이 이를 제지하지 아니한 경우
> ⊙ 공무원이 자기 소유 차량을 운전하여 출근하던 중 교통사고를 일으킨 경우
> ⊙ 미군부대 소속 선임하사관이 공무차 개인소유차를 운전하고 출장을 갔다가 퇴근하기 위하여 집으로 운행하던 중 사고가 발생한 경우
> ⊙ 세무과에서 근무하던 구청공무원이 무허가건물철거 세입자들에 대한 시영아파트입주권 매매행위를 한 경우

① 1개   ② 2개
③ 3개   ④ 4개

정답찾기

지문의 내용 중 직무관련성이 인정된 것은 ㉠㉢이다.

㉠ 경찰서 대용감방에 배치된 경찰관 등으로서는 감방 내의 상황을 잘 살펴 수감자들 사이에서 폭력행위 등이 일어나지 않도록 예방하고 나아가 폭력행위 등이 일어난 경우에는 이를 제지하여야 할 의무가 있음에도 불구하고 이러한 주의의무를 게을리 하였다면 국가는 감방 내의 폭력행위로 인한 손해를 배상할 책임이 있다(대판1993.9.28, 93다17546).

㉡ 공무원이 통상적으로 근무하는 근무지로 출근하기 위하여 자기 소유의 자동차를 운행하다가 자신의 과실로 교통사고를 일으킨 경우에는 특별한 사정이 없는 한 국가배상법 제2조 제1항 소정의 공무원이 '직무를 집행함에 당하여' 타인에게 불법행위를 한 것이라고 할 수 없으므로 그 공무원이 소속된 국가나 지방공공단체가 국가배상법상의 손해배상책임을 부담하지 않는다(대판1996.5.31, 94다15271).

㉢ 한미행정협정에 의하여 적용되는 국가배상법 제2조 소정의 '공무원이 그 직무를 집행함에 당하여'라고 함은 직무의 범위내에 속하거나 직무와 밀접한 관련이 있는 것이라고 객관적으로 보여지는 행위를 함에 당하여라고 해석하여야 할 것인바, 미군부대 소속 선임하사관이 소속부대장의 명에 따라 공무차 예하부대로 출장을 감에 있어 부대에 공용차량이 없었던 까닭에 개인소유의 차량을 빌려 직접 운전하여 예하부대에 가서 공무를 보고나자 퇴근시간이 되어서 위 차량을 운전하여 집으로 운행하던 중 교통사고가 발생하였다면 위 선임하사관의 위 차량의 운행은 실질적, 객관적으로 그가 명령받은 위 출장명령을 수행하기 위한 직무와 밀접한 관련이 있는 것이라고 보아야 한다(대판 1988.3.22, 87다카1163).

㉣ 구청 공무원 갑이 주택정비계장으로 부임하기 이전에 그의 처 등과 공모하여 을에게 무허가건물철거 세입자들에 대한 시영아파트 입주권 매매행위를 한 경우 이는 갑이 개인적으로 저지른 행위에 불과하고 당시 근무하던 세무과에서 수행하던 지방세 부과, 징수 등 본래의 직무와는 관련이 없는 행위로서 외형상으로도 직무범위 내에 속하는 행위라고 볼 수 없고, 갑이 그 후 주택정비계장으로 부임하여 을의 문의에 의하여 주택정비계 사무실에 허위로 작성하여 비치해 놓은 입주신청 및 명의변경 접수대장을 이용하여 세입자들이 정당한 입주권 부여 대상자인 양 허위로 확인하여 주거나 명의변경 신청서류를 접수하여 입주자 명의가 적법히 변경된 것인 양 허위로 확인하여 주었다 하더라도 이는 이미 불법행위가 종료되어 을 등의 손해가 발생된 이후의 범행관여에 불과한 것이어서 그 손해와 갑의 사후적 범행관여 사이에 상당인과관계를 인정하기 어렵다(대판 1993.1.15, 94다11767).

388 국가배상과 관련하여 가장 적절하지 않은 것은? (다툼이 있으면 판례에 의함)   11. 경찰

① 국가, 강원경찰청장, 전라남도, 서울특별시, 행정안전부 중 국가배상법에 따라 손해배상의 피고가 될 수 있는 것은 국가, 전라남도, 서울특별시이다.

② '교통할아버지'로 선정된 노인이 위탁받은 공무범위를 넘어 교차로 중앙에서 교통정리를 하다가 교통사고를 발생시킨 경우, 지방자치단체가 국가배상법 제2조 소정의 배상책임을 부담한다.

③ 시청 소속 공무원이 시장을 (구)부패방지위원회에 부패혐의자로 신고한 후 동사무소로 전보된 경우, 사회통념상 용인될 수 없을 정도로 객관적 상당성을 결여하였으므로 불법행위를 구성한다.

④ 구청 세무과 소속 공무원 갑이 을에게 무허가 건물 세입자들에 대한 시영아파트 입주권 매매행위를 한 경우 외형상 직무범위 내의 행위라고 볼 수 없다.

정답찾기

③ 시청 소속 공무원이 시장을 부패방지위원회에 부패혐의자로 신고한 후 동사무소로 전보된 사안에서, 그 전보인사가 사회통념상 용인될 수 없을 정도로 객관적 상당성을 결여하였다고 단정할 수 없어 불법행위를 구성하지 않는다(대판 2009.5.28, 2006다16215)

389 국가배상법 제2조의 '군인·군무원·경찰공무원 또는 예비군대원이 전투·훈련 등 직무 집행과 관련하여 전사(戰死)·순직(殉職)하거나 공상(公傷)을 입은 경우'에 대한 설명으로 가장 적절하지 않은 것은? (다툼이 있는 경우 판례에 의함)

19. 경찰

① 현역병으로 입영하여 소정의 군사교육을 마치고 전임되어 법무부장관에 의하여 경비교도로 임용된 자는 국가배상법 제2조 제1항 단서에 따라 손해배상청구가 제한되는 군인·군무원·경찰공무원 또는 향토예비군대원에 해당한다고 할 수 없다.

② 전투경찰순경은 국가배상법 제2조 제1항 단서에 따라 손해배상청구가 제한되는 군인·군무원·경찰공무원 또는 향토예비군대원에 해당한다고 보아야 한다.

③ 전투·훈련 등 직무집행과 관련하여 공상을 입은 군인이 국가배상법에 따라 손해배상금을 지급받은 다음에 국가유공자 등 예우 및 지원에 관한 법률이 정한 보훈급여금의 지급을 청구하는 경우, 국가는 국가배상법에 따라 손해배상을 받았다는 사정을 들어 보훈급여금의 지급을 거부할 수 있다.

④ 경찰공무원이 전투·훈련 등 직무집행과 관련하여 순직을 한 경우에는 전투·훈련 또는 이에 준하는 직무집행뿐만 아니라 일반 직무집행에 관하여도 국가나 지방자치단체의 배상책임이 제한된다.

정답찾기
③ 군인·군무원·경찰공무원 또는 향토예비군대원(이하 '군인 등'이라 한다)이 전투·훈련 등 직무집행과 관련하여 공상을 입는 등의 이유로 구 국가유공자법이 정한 국가유공자 요건에 해당하여 보상금 등 보훈급여금을 지급받을 수 있는 경우에는 국가배상법 제2조 제1항 단서에 따라 국가를 상대로 국가배상을 청구할 수 없다고 보아야 한다. 그러나 이와 달리 전투·훈련 등 직무집행과 관련하여 공상을 입은 군인 등이 먼저 국가배상법에 따라 손해배상금을 지급받은 다음 구 국가유공자법이 정한 보상금 등 보훈급여금의 지급을 청구하는 경우 피고로서는 다음과 같은 사정에 비추어 국가배상법에 따라 손해배상을 받았다는 사정을 들어 보상금 등 보훈급여금의 지급을 거부할 수 없다고 보아야 한다.(대판 2017.2.3, 2014두40012).

390 「국가배상법」상 경찰공무원의 배상책임에 대한 설명으로 가장 적절하지 않은 것은? (다툼이 있는 경우 판례에 의함)

24. 경찰간부

① 경찰공무원이 공무를 수행하는 과정에서 위법행위로 타인에게 손해를 가한 경우에 국가 등이 손해배상책임을 지는 것 외에 그 개인은 고의 또는 중과실이 있는 경우에는 손해배상책임을 진다.

② 경찰공무원의 중과실이란 공무원에게 통상 요구되는 정도의 상당한 주의를 하지 않더라도 약간의 주의를 한다면 손쉽게 위법·위해한 결과를 예견할 수 있는 경우임에도 만연히 이를 간과한 경우와 같이, 거의 고의에 가까운 현저한 주의를 결여한 상태를 의미한다.

③ 경찰공무원이 직무를 수행함에 있어 경과실로 타인에게 손해를 입힌 경우에는 그로 인하여 발생한 손해에 대하여 경찰공무원 개인에게 배상책임을 부담시키지 아니하는 것은 공무원의 공무집행의 안정성을 확보하려는 데 있다.

④ 국민의 생명·신체·재산 등을 보호하는 것을 본래의 사명으로 하는 국가는 형식적 의미의 법령에 근거가 없다면 경찰공무원에 대하여 위험을 배제할 작위의무를 인정할 수 없으므로, 경찰공무원의 부작위를 이유로 국가배상책임을 인정할 수 없다.

정답찾기

④ 국민의 생명·신체·재산 등에 관하여 절박하고 중대한 위험상태가 발생하였거나 발생할 우려가 있어서 국민의 생명·신체·재산 등을 보호하는 것을 본래적 사명으로 하는 국가가 초법규적, 일차적으로 그 위험 배제에 나서지 않으면 국민의 생명·신체·재산 등을 보호할 수 없는 경우에는 형식적 의미의 법령에 근거가 없더라도 국가나 관련 공무원에 대하여 그러한 위험을 배제할 <u>작위의무를 인정할 수 있다</u>[대법원 2022.7.14, 선고, 2017다290538, 판결].

391 다음 중 국가배상법상 영조물의 하자로 인한 배상책임에 관한 판례의 태도와 부합하지 않은 것은? 12. 경찰

① '영조물 설치 또는 하자'에 관한 제3자의 수인한도의 기준을 결정함에 있어서는 일반적으로 침해되는 권리나 이익의 성질과 침해의 정도뿐만 아니라 침해행위가 갖는 공공성의 내용과 정도, 그 지역환경의 특수성, 공법적인 규제에 의하여 확보하려는 환경기준, 침해를 방지 또는 경감시키거나 손해를 회피할 방안의 유무 및 그 난이 정도 등 여러 사정을 종합적으로 고려하여 구체적 사건에 따라 개별적으로 결정하여야 한다.

② 재정사정은 참작사유에는 해당할지언정 안전성을 결정지을 절대적 요건에는 해당되지 않는다.

③ 집중호우로 제방도로가 유실되면서 그 곳을 걸어가던 보행자가 강물에 휩쓸려 익사한 경우, 사고 당일의 집중호우가 50년 빈도의 최대강우량에 해당한다면 불가항력에 기인한 것으로 볼 수 있다.

④ 안전성의 구비 여부를 판단함에 있어서는 제반사정을 종합적으로 고려하여 설치·관리자가 그 영조물의 위험성에 비례하여 사회통념상 일반적으로 요구되는 정도의 방호조치 의무를 다하였는지 여부를 그 기준으로 삼아야 한다.

정답찾기

③ 집중호우로 제방도로가 유실되면서 그 곳을 걸어가던 보행자가 강물에 휩쓸려 익사한 경우, <u>사고 당일의 집중호우가 50년 빈도의 최대강우량에 해당한다는 사실만으로 불가항력에 기인한 것으로 볼 수 없다</u>는 이유로 제방도로의 설치·관리상의 하자를 인정하였다(대판 2000.5.26, 99다53247).

■ **관련 판례**

> 100년 발생빈도의 강우량을 기준으로 책정된 계획홍수위를 초과하여 600년 또는 1,000년 발생빈도의 강우량에 의한 하천의 범람은 예측가능성 및 회피가능성이 없는 불가항력적인 재해로서 그 영조물의 관리청에게 책임을 물을 수 없다(대판 2003.10.23, 2001다48057).

Answer   389 ③   390 ④   391 ③

392 국가배상에 관한 설명으로 가장 적절하지 않은 것은? (다툼이 있는 경우 판례에 의함)

① 지방자치단체의 도로에 관한 설치·관리상 하자로 인하여 대형낙석이 교통정리를 위해 이동 중이던 순찰차를 덮쳐 경찰공무원이 사망한 경우, 「국가배상법」 제2조 제1항 단서의 면책조항은 '일반 직무집행'에 관하여는 지방자치단체의 배상책임을 제한하지 않으므로, 위 지방자치단체의 국가배상책임은 면책되지 아니한다.

② 경찰관이 교통법규 등을 위반하고 도주하는 차량을 순찰차로 추적하는 직무를 집행하는 중에 그 도주차량의 주행에 의하여 제3자가 손해를 입었다고 하더라도 그 추적이 당해 직무 목적을 수행하는 데에 불필요하다거나 또는 도주차량의 도주의 태양 및 도로교통상황 등으로부터 예측되는 피해발생의 구체적 위험성의 유무 및 내용에 비추어 추적의 개시·계속 혹은 추적의 방법이 상당하지 않다는 등의 특별한 사정이 없는 한 그 추적행위를 위법하다고 할 수는 없다.

③ 지방자치단체가 '교통할아버지 봉사활동 계획'을 수립한 후 관할 동장으로 하여금 '교통할아버지'를 선정하게 하여 어린이보호, 교통안내, 거리질서 확립 등의 공무를 위탁하여 집행하게 하던 중 '교통할아버지'로 선정된 노인이 위탁받은 업무범위를 넘어 교차로 중앙에서 교통정리를 하다가 교통사고를 발생시킨 경우, 지방자치단체가 「국가배상법」 제2조 소정의 배상책임을 부담한다.

④ 집회참가자들이 집회에서 사용할 조형물을 차량에 싣고 와 집회 장소 인근 도로에 정차한 후 내려놓으려고 하자 경찰관이 「도로교통법」 위반을 이유로 조형물이 실린 채로 차량을 견인하려고 하였고 이에 집회참가자들이 스스로 차량을 옮기겠다고 하였음에도 경찰관이 위 차량을 견인한 행위는 「경찰관 직무집행법」 제6조에 따른 적법한 행위라고 평가할 수 없다.

정답찾기

① 경찰공무원이 낙석사고 현장 주변 교통정리를 위하여 사고현장 부근으로 이동하던 중 대형 낙석이 순찰차를 덮쳐 사망하자, 도로를 관리하는 지방자치단체가 국가배상법 제2조 제1항 단서에 따른 면책을 주장한 사안에서, 경찰공무원 등이 '전투·훈련 등 직무집행과 관련하여' 순직 등을 한 경우 같은 법 및 민법에 의한 손해배상책임을 청구할 수 없다고 정한 국가배상법 제2조 제1항 단서의 면책조항은 구 국가배상법(2005.7.13, 법률 제7584호로 개정되기 전의 것) 제2조 제1항 단서의 면책조항과 마찬가지로 전투·훈련 또는 이에 준하는 직무집행뿐만 아니라 '일반 직무집행'에 관하여도 국가나 지방자치단체의 배상책임을 제한하는 것이다[대법원 2011.3.10, 선고 2010다85942 판결].

② [대법원 2000.11.10, 선고 2000다26807 판결]

③ [대법원 2001.1.5, 선고 98다39060 판결]

④ [대법원 2022.3.31, 선고 2017다218475 판결]

393 국가배상책임에 관한 다음 설명 중 판례의 태도와 가장 부합하는 것은?   12. 경찰

① 국가배상법은 생명·신체의 침해에 대한 위자료의 지급만을 규정하고 있으므로, 재산권의 침해에 대해서는 위자료를 청구할 수 없다.

② 현역병으로 입대하여 소정의 군사교육을 마친 다음 교도소의 경비교도로 전임된 자는 국가배상법 제2조 제1항 단서 소정의 어느 신분에도 해당하지 않으므로, 국가배상을 청구하는 것을 방해받지 않는다.

③ 법관이나 헌법재판소 재판관은 국가배상법 제2조에서 말하는 공무원에 해당하지 않는다.

④ 국가배상청구소송은 행정소송으로 제기해야 한다.

> **정답찾기**
>
> ① 국가배상법 제3조 제5항에 생명, 신체에 대한 침해로 인한 위자료의 지급을 규정하였을 뿐이고 재산권 침해에 대한 위자료의 지급에 관하여 명시한 규정을 두지 아니하였으나 같은 법조 제4항의 규정이 재산권 침해로 인한 위자료의 지급의무를 배제하는 것이라고 볼 수는 없다(대판 1990.12.21, 90다6033).
>
> ③ **• 법관**
>   법관의 재판에 법령의 규정을 따르지 아니한 잘못이 있다 하더라도 이로써 바로 그 재판상 직무행위가 국가배상법 제2조 제1항에서 말하는 위법한 행위로 되어 국가의 손해배상책임이 발생하는 것은 아니고, 당해 법관이 위법 또는 부당한 목적을 가지고 재판을 하는 등 법관이 그에게 부여된 권한의 취지에 명백히 어긋나게 이를 행사하였다고 인정할 만한 특별한 사정이 있어야 위법한 행위가 되어 국가배상책임이 인정된다고 할 것인바, 압수수색할 물건의 기재가 누락된 압수수색영장을 발부한 법관이 위법·부당한 목적을 가지고 있었다거나 법이 직무수행상 준수할 것을 요구하고 있는 기준을 현저히 위반하였다는 등의 자료를 찾아볼 수 없다면 그와 같은 압수수색영장의 발부행위는 불법행위를 구성하지 않는다고 본 사례(대판 2001.10.12, 2001다47290).
>
>   **• 헌법재판소 재판관**
>   법관의 재판에 법령의 규정을 따르지 아니한 잘못이 있다 하더라도 이로써 바로 그 재판상 직무행위가 국가배상법 제2조 제1항에서 말하는 위법한 행위로 되어 국가의 손해배상책임이 발생하는 것은 아니고, 그 국가배상책임이 인정되려면 당해 법관이 위법 또는 부당한 목적을 가지고 재판을 하였다거나 법이 법관의 직무수행상 준수할 것을 요구하고 있는 기준을 현저하게 위반하는 등 법관이 그에게 부여된 권한의 취지에 명백히 어긋나게 이를 행사하였다고 인정할 만한 특별한 사정이 있어야 한다(대판 2003.7.11, 99다24218).
>
> ④ 구청이 관내청소를 목적으로 운전직원을 두고 차량을 운행한 것은 공권력의 행사로 보아야 하고 이로 인한 손해배상은 특별한 사정이 없는 한 민법의 특별법인 본법을 적용하여야 한다(대판 1971.4.6, 70다2955).

Answer   392 ① 393 ②

394 다음 사례는 도로의 유지·관리에 관한 대법원 판례의 내용이다. 이 중 국가배상책임이 인정된 것은 모두 몇 개인가?

12. 경찰

> ㉠ A가 운전하던 트럭의 앞바퀴가 고속도로 상에 떨어져 있는 타이어에 걸려 03:25경 중앙분리대를 넘어 가 맞은 편에서 오던 트럭과 충돌하여 사망하였다. 그런데 위 타이어가 사고 지점 고속도로 상에 떨어진 것은 사고가 발생하기 10분 내지 15분 전이었다.
>
> ㉡ 밤중에 낙뢰로 신호기에 고장이 발생하여 보행자신호기와 차량신호기에 동시에 녹색등이 표시되게 되었는데 이러한 고장 사실이 다음날 3차례에 걸쳐 경찰청 교통정보센터에 신고되었음에도 불구하고 신호기가 고장난 채 방치되어 있던 중 보행자신호기의 녹색등을 보고 횡단보도를 건너던 B가 차량신호기의 녹색등을 보고 도로를 주행하던 승용차에 치여 교통사고를 당하였다.
>
> ㉢ C는 자동차를 운전하여 가던 중 가변차로에 설치된 두 개의 신호기에서 서로 모순되는 신호가 들어오는 바람에 반대방향에서 오던 승용차와 충돌하여 부상을 입었다. 위 신호기는 적정 전압보다 낮은 저전압이 원인이 되어 위와 같은 오작동이 발생하였던 것인데, 그 고장은 현재의 기술수준상 예방할 방법이 없다.
>
> ㉣ D는 자동차를 운전하고 가던 중 서울 시내 교차로의 진행방향 신호기의 정지신호가 단선으로 소등되어 있는 상태에서 그대로 진행하다가 좌우 다른 방향의 진행신호에 따라 교차로에 진입한 차량과 충돌하여 부상을 입었다. 한편, 사고당시 서울시 전역에 약 13만여 개의 신호등 전구가 설치되어 있었고, 그 중 약 300여 개가 하루에 소등되는데 신호등 전구의 수명은 예측 곤란하다.

① 1개   ② 2개   ③ 3개   ④ 4개

정답찾기

지문의 내용 중 국가배상책임이 인정된 경우는 ㉡㉢이다.

㉠ 트럭 앞바퀴가 고속도로상에 떨어져 있는 자동차 타이어에 걸려 중앙분리대를 넘어가 사고가 발생한 경우에 있어서 한국도로공사에게 도로의 보존상하자로 인한 손해배상책임을 인정하기 위하여는 도로에 타이어가 떨어져 있어 고속으로 주행하는 차량의 통행에 안전상의 결함이 있다는 것만으로 족하지 않고, 위 공사의 고속도로 안전성에 대한 순찰 등 감시체제, 타이어의 낙하시점(사고시로부터 10분 내지 15분 밖에 경과되지 아니한 것으로 인정), 위 공사가 타이어의 낙하사실을 신고받거나 직접 이를 발견하여 그로 인한 고속도로상의 안전성 결함을 알았음에도 사고방지조치를 취하지 아니하고 방치하였는지 여부, 혹은 이를 발견할 수 있었음에도 발견하지 못하였는지 여부 등 제반 사정을 심리하여 고속도로의 하자 유무를 판단하였어야 함에도 이에 이르지 않은 채 위 공사의 손해배상책임을 인정한 원심판결을 파기하였다(대판 1992.9.14, 92다3243).
원심은 사고 전날 낙뢰로 인한 신호기의 고장을 피고 소속 경찰관들이 순찰 등을 통하여 스스로 발견하지 못하고, 고장사실이 3차례에 걸쳐 신고되었음에도 불구하고 사고를 방지하기 위한 아무런 조치가 취해지지 않은 채 위 신호기가 고장난 상태로 장시간 방치된 점 등을 과실로 인정하고, 피고인 국가에 대하여 국가배상법 제6조 소정의 비용부담자로서의 배상책임이 있다고 판단하였다(대판 1999. 6.25, 99다11120).

㉡ 원심은 사고 전날 낙뢰로 인한 신호기의 고장을 피고 소속 경찰관들이 순찰 등을 통하여 스스로 발견하지 못하고, 고장사실이 3차례에 걸쳐 신고되었음에도 불구하고 사고를 방지하기 위한 아무런 조치가 취해지지 않은 채 위 신호기가 고장난 상태로 장시간 방치된 점 등을 과실로 인정하고, 피고인 국가에 대하여 국가배상법 제6조 소정의 비용부담자로서의 배상책임이 있다고 판단하였다(대판 1999.6.25, 99다11120).

㉢ 가변차로에 설치된 신호등의 용도와 오작동시에 발생하는 사고의 위험성과 심각성을 감안할 때, 만일 가변차로에 설치된 두 개의 신호기에서 서로 모순되는 신호가 들어오는 고장을 예방할 방법이 없음에도 그와 같은 신호기를 설치하여 그와 같은 고장을 발생하게 한 것이라면, 그 고장이 자연재해 등 외부요인에 의한 불가항력에 기인한 것이 아닌 한 그 자체로 설치·관리자의 방호조치의무를 다하지 못한 것으로서 신호등이 그 용도에 따라 통상 갖추어야 할 안전성을 갖추지 못한 상태에 있었다고 할 것이고, 따라서 설령 적정전압보다 낮은 저전압이 원인이 되어 위와 같은 오작동이 발생하였고 그 고장은 현재의 기술수준상 부득이한 것이라고 가정하더라도 그와 같은 사정만으로 손해발생의 예견가능성이나 회피가능성이 없어 영조물의 하자를 인정할 수 없는 경우라고 단정할 수 없다고 한 사례(대판 2001.7.27, 2000다56822).

㉣ 이 사건 신호기의 적색신호가 소등된 기능상 결함이 있었다는 사정만으로는 이 사건 신호기의 설치 또는 관리상의 어떠한 하자가 있었다고 할 수 없다(대판 2000.2.25, 99다54004).

395 국가배상에 대한 설명으로 가장 적절한 것은? (다툼이 있으면 판례에 의함)

① 국가배상법에 따른 손해배상의 소송은 배상심의회에 배상신청을 하지 아니하면 제기할 수 없다.

② 국가배상법상 생명·신체의 침해로 인한 국가배상을 받을 권리는 압류하지는 못하나 양도할 수는 있다.

③ 어떠한 행정처분이 후에 항고소송에서 위법한 것으로서 취소되었다면 그로써 곧 당해 행정처분이 공무원의 고의 또는 과실에 의한 불법행위를 구성한다고 단정할 수 있다.

④ 국가배상법상 배상주체는 '국가 또는 지방자치단체'이다.

정답찾기

① 이 법에 따른 손해배상의 소송은 배상심의회(이하 '심의회'라 한다)에 배상신청을 하지 아니하고도 제기할 수 있다(국가배상법 제9조).

② 생명·신체의 침해로 인한 국가배상을 받을 권리는 양도하거나 압류하지 못한다(국가배상법 제4조).

③ 어떠한 행정처분이 후에 항고소송에서 취소되었다고 할지라도 그 기판력에 의하여 당해 행정처분이 곧바로 공무원의 고의 또는 과실로 인한 것으로서 불법행위를 구성한다고 단정할 수는 없다(대판 2007.5.10, 2005다31828 판결 등 참조 ; 대판 2012.5.24, 2012다11297).

396 공무원의 위법행위로 인한 국가배상책임에 관한 다음 설명 중 가장 적절하지 않은 것은? (다툼이 있으면 판례에 의함)

① 법령에 의해 대집행권한을 위탁받은 한국토지공사는 국가배상법 제2조에서 말하는 공무원에 해당한다.

② 국가배상청구의 요건인 '공무원의 직무'에는 권력적 작용만이 아니라 비권력적 작용도 포함된다.

③ 행정처분이 항고소송에서 취소되었다고 할지라도 그 자체만으로 그 행정처분이 공무원의 고의 또는 과실로 인한 불법행위를 구성한다고 할 수는 없다.

④ 처분이 있은 후에 근거법률이 위헌으로 결정된 경우, 그 법률을 적용한 공무원에게 고의 또는 과실이 있었다고 단정할 수 없다.

정답찾기

① 한국토지공사는 이러한 법령의 위탁에 의하여 대집행을 수권받은 자로서 공무인 대집행을 실시함에 따르는 권리·의무 및 책임이 귀속되는 행정주체의 지위에 있다고 볼 것이지 지방자치단체 등의 기관으로서 국가배상법 제2조 소정의 공무원에 해당한다고 볼 것은 아니다(대판 2010.1.28, 2007다82950, 82967).

397 국가배상에 관한 다음 설명 중 가장 적절하지 않은 것은? (다툼이 있으면 판례에 의함) 14. 경찰

① 국가배상법 제2조 제1항의 '직무를 집행하면서'라고 할 때 직무집행에 대한 판단기준은 행위 자체의 외관을 객관적으로 관찰하여 판단하여야 하므로 직무행위로 보여질 때에는 공무원의 행위가 실질적으로 직무행위가 아니거나 또는 행위자로서 주관적으로 공무집행 의사가 없다고 하여도 '직무를 집행하면서'로 보아야 한다.

② 도로·하천, 그 밖의 공공의 영조물의 설치나 관리에 하자가 있기 때문에 타인에게 손해를 발생하게 하였을 때에는 국가나 지방자치단체는 그 손해를 배상하여야 하며, 손해의 원인에 대하여 책임을 질 자가 따로 있으면 국가나 지방자치단체는 그 자에게 구상할 수 있다.

③ 공무원이 그 직무를 집행하기 위하여 국가 또는 지방자치단체 소유의 공용차를 운행하는 경우, 그 자동차에 대한 운행지배나 운행이익은 그 공무원이 소속한 국가 또는 지방자치단체에 귀속된다고 할 것이므로, 그 공무원이 자기를 위하여 공용차를 운행하는 자로서 자동차손해배상보장법 제3조 소정의 손해배상책임의 주체가 될 수는 없다.

④ '국가의 철도운행사업'은 국가가 공권력의 행사로 하는 것이 아니고 사경제적 작용이라 하여도 그로 인한 사고에 공무원이 간여하였을 경우 국가배상법에 따라 배상청구를 하는 배상절차를 거쳐야 한다.

정답찾기

④ 국가 또는 지방자치단체라 할지라도 공권력의 행사가 아니고 단순한 사경제의 주체로 활동하였을 경우에는 그 손해배상책임에 국가배상법이 적용될 수 없고 민법상의 사용자책임 등이 인정되는 것이고 국가의 철도운행사업은 국가가 공권력의 행사로서 하는 것이 아니고 사경제적 작용이라 할 것이므로, 이로 인한 사고에 공무원이 간여하였다고 하더라도 국가배상법을 적용할 것이 아니고 일반 민법의 규정에 따라야 하므로, 국가배상법상의 배상전치절차를 거칠 필요가 없으나, 공공의 영조물인 철도시설물의 설치 또는 관리의 하자로 인한 불법행위를 원인으로 하여 국가에 대하여 손해배상청구를 하는 경우에는 국가배상법이 적용되므로 배상전치절차를 거쳐야 한다(대판 1999.6.22, 99다7008).

398 다음 국가배상과 관련한 판례의 태도로 가장 적절하지 않은 것은? 15. 경찰

① 인감증명사무를 처리하는 공무원은 인감증명이 타인과의 권리·의무에 관계되는 일에 사용되는 것을 예상하여 그 발급된 인감증명으로 인한 부정행위의 발생을 방지할 직무상의 의무가 있다.

② 법령에 대한 해석이 복잡·미묘하여 워낙 어렵고, 이에 대한 학설·판례조차 귀일되어 있지 않는 등의 특별한 사정이 없는 한 공무원이 관계법규를 알지 못하거나 필요한 지식을 갖추지 못하고 잘못된 법규해석으로 행정처분을 하였다면 그가 법률전문가가 아니라 할지라도 과실을 인정할 수 있다.

③ 지방자치단체의 장인 시장이 국도의 관리청이 되었다 하더라도 국가는 도로관리상 하자로 인한 손해배상책임을 면할 수 없다.

④ 현역병으로 입영한 후 군사교육을 마치고 경비교도로 전임되어 근무하는 자는 국가배상법 제2조 제1항 단서 소정의 군인 등에 해당하므로 국가배상청구권 행사에 제한을 받는다.

정답찾기

④ 현역병으로 입영하여 소정의 군사교육을 마치고 전임되어 법무부장관에 의하여 경비교도로 임용된 자는 군인으로서의 신분을 상실하고 새로이 경비교도로서의 신분을 취득하게 되었다 할 것이며, 경비교도가 전사상 급여금을 지급받는다든지 원호와 가료의 대상이 된다든지 만기전역이 되는 등 처우에 있어서 군인에 준하는 취급을 받는다 하여 군인의 신분을 유지하는 것이라고는 할 수 없으며, 경비교도로 근무 중 공무수행과 관련하여 사망한 자에 대하여 국가유공자예우 등에 관한 법률 제4조 제1항 제5호 소정의 순직군경에 해당한다 하여 국가유공자로 결정하고 사망급여금 등이 지급되었다 하더라도 그러한 사실 때문에 신분이 군인 또는 경찰공무원으로 되는 것은 아니다(대판 1993.4.9, 92다43395).

399 국가배상법상 공무원의 위법한 직무행위로 인한 손해배상에 관한 설명이다. 다음 중 가장 적절한 것은? (다툼이 있으면 판례에 의함)

15. 경찰

① 공무원은 국가공무원법 및 지방공무원법에 의하여 공무원의 신분을 가진 자는 물론 널리 공무를 위탁받아 실질적으로 공무에 종사하는 자를 포함하지만, 공무의 위탁이 일시적이고 한정적인 사항에 관한 활동을 위한 것인 경우에는 달리 보아야 한다.

② 일반적으로 공무원이 관계법규를 알지 못하였다거나 필요한 지식을 갖추지 못하여 법규의 해석을 그르쳐 어떤 행정처분을 하였다면 그가 법률전문가가 아닌 행정직공무원인 경우에는 과실이 없다.

③ 직무수행 중 경과실로 피해자에게 손해를 입힌 공무원이 피해자에게 손해를 배상하였다면, 공무원은 국가가 피해자에 대하여 부담하는 손해배상책임의 범위 내에서 자신이 변제한 금액에 관하여 구상권을 취득한다.

④ 국가배상법이 정한 손해배상청구의 요건인 '공무원의 직무'에는 국가나 지방자치단체의 권력·비권력적 작용뿐만 아니라 단순한 사경제의 주체로서 하는 작용도 포함된다.

정답찾기

① 국가배상법 제2조 소정의 '공무원'이라 함은 국가공무원법이나 지방공무원법에 의하여 공무원으로서의 신분을 가진 자에 국한하지 않고, 널리 공무를 위탁받아 실질적으로 공무에 종사하고 있는 일체의 자를 가리키는 것으로서, 공무의 위탁이 일시적이고 한정적인 사항에 관한 활동을 위한 것이어도 달리 볼 것은 아니다(대판 2001.1.5, 98다39060)

② 법령에 대한 해석이 복잡, 미묘하여 워낙 어렵고, 이에 대한 학설, 판례조차 귀일되어 있지 않는 등의 특별한 사정이 없는 한 일반적으로 공무원이 관계 법규를 알지 못하거나 필요한 지식을 갖추지 못하고 법규의 해석을 그르쳐 행정처분을 하였다면 그가 법률전문가가 아닌 행정직 공무원이라고 하여 과실이 없다고는 할 수 없다(대판 2001.2.9, 98다52988).

④ 국가배상청구의 요건인 '공무원의 직무'에는 권력적 작용만이 아니라 비권력적 작용도 포함되며 단지 행정주체가 사경제주체로서 하는 활동만 제외된다(대판 2001.1.5, 98다39060).

400 공무원의 직무행위로 인한 손해배상에 대한 설명으로 가장 적절하지 않은 것은? (다툼이 있는 경우 판례에 의함)

18. 경찰

① 공무원이 통상의 근무지로 자기 소유 차량을 운전하여 출근하던 중 교통사고를 일으킨 경우, 특별한 사정이 없는 한 국가배상법 제2조 제1항에 따른 직무집행 관련성이 부정된다.

② 국가배상법이 정한 배상청구의 요건인 공무원의 직무에는 권력적 작용만이 아니라 행정지도와 같은 비권력적 작용도 포함된다.

③ 형사상 범죄행위를 구성하지 않는 침해행위라 하더라도 그것이 민사상 불법행위를 구성하는지 여부는 형사책임과 별개의 관점에서 검토하여야 한다.

④ 공무원이 재량준칙에 따라 행정처분을 하였는데 결과적으로 그 처분이 재량을 일탈·남용하여 위법하게 된 때에는 그에게 직무집행상의 과실이 인정된다.

정답찾기

④ 영업허가취소처분이 나중에 행정심판에 의하여 재량권을 일탈한 위법한 처분임이 판명되어 취소되었다고 하더라도 그 처분이 당시 시행되던 공중위생법 시행규칙에 정하여진 행정처분의 기준에 따른 것인 이상 그 영업허가취소처분을 한 행정청 공무원에게 그와 같은 위법한 처분을 한 데 있어 어떤 직무집행상의 과실이 있다고 할 수는 없다(대판 1994.11.8, 94다26141).

Answer 397 ④ 398 ④ 399 ③ 400 ④

401 국가배상법 제2조의 '공무원'에 대한 판례의 내용이다. 다음 중 적절하지 않은 것은? (다툼이 있으면 판례에 의함)

16. 경찰

① 지방자치단체가 '교통할아버지 봉사활동 계획'을 수립한 후 관할동장으로 하여금 '교통할아버지'를 선정하게 하여 어린이 보호, 교통안내, 거리질서 확립 등의 공무를 위탁하여 집행하게 하던 중 '교통할아버지'로 선정된 노인이 위탁받은 업무 범위를 넘어 교차로 중앙에서 교통정리를 하다가 교통사고를 발생시킨 경우, 지방자치단체가 국가배상법 제2조 소정의 배상책임을 부담한다.

② 국가 소속 전투경찰들이 시위진압을 함에 있어서 합리적이고 상당하다고 인정되는 정도로 가능한 한 최루탄의 사용을 억제하고 또한 최대한 안전하고 평화로운 방법으로 시위진압을 하여 그 시위진압 과정에서 타인의 생명과 신체에 위해를 가하는 사태가 발생하지 아니하도록 하여야 하는데도, 이를 게을리한 채 합리적이고 상당하다고 인정되는 정도를 넘어 지나치게 과도한 방법으로 시위진압을 한 잘못으로 시위 참가자로 하여금 사망에 이르게 하였다는 이유로 국가의 손해배상 책임을 인정한 바 있다.

③ 향토예비군도 그 동원기간 중에는 국가배상법 제2조 소정의 공무원 중에 포함된다.

④ 구 소방법 제63조의 규정에 의하여 시, 읍, 면이 소방서장의 소방업무를 보조하게 하기 위하여 설치한 의용소방대는 국가기관이라고 할 수 있다.

정답찾기

④ 소방법 제63조의 규정에 의하여 시, 읍, 면이 소방서장의 소방업무를 보조하게 하기 위하여 설치한 의용소방대를 국가기관이라고 할 수 없음은 물론 또 그것이 이를 설치한 시, 읍, 면에 예속된 기관이라고도 할 수 없다(대판 1978.7.11, 78다584).

402 국가배상에 대한 설명으로 가장 적절하지 않은 것은? (다툼이 있는 경우 판례에 의함)

18. 경찰

① 국가배상법 제5조 소정의 '공공의 영조물'은 국가 또는 지방자치단체가 소유권, 임차권 그 밖의 권한에 기하여 관리하고 있는 경우뿐만 아니라 사실상의 관리를 하고 있는 경우도 포함된다.

② 국가배상법 제2조 제1항을 적용할 때 피해자가 손해를 입은 동시에 이익을 얻은 경우에는 손해배상액에서 그 이익에 상당하는 금액을 빼야 한다.

③ 국가나 지방자치단체는 공무원 또는 공무를 위탁받은 사인이 직무를 집행하면서 고의 또는 과실로 법령을 위반하여 타인에게 손해를 입히거나, 자동차손해배상 보장법에 따라 손해배상의 책임이 있을 때에는 국가배상법에 따라 그 손해를 배상하여야 한다.

④ 공무원이 직무수행 중 불법행위로 타인에게 손해를 입힌 경우에 국가 등이 국가배상책임을 부담하는 외에 공무원 개인도 고의가 있는 경우에만 불법행위로 인한 손해배상책임을 부담한다.

정답찾기

④ 공무원이 직무수행 중 불법행위로 타인에게 손해를 입힌 경우에 국가 등이 국가배상책임을 부담하는 외에 공무원 개인도 고의 또는 중과실이 있는 경우에는 불법행위로 인한 손해배상책임을 지고, 공무원에게 경과실이 있을 뿐인 경우에는 공무원 개인은 손해배상책임을 부담하지 아니한다(대판 2014.8.20, 2012다54478).

403 국가배상법 제6조(비용부담자 등의 책임)에 대한 설명으로 가장 적절하지 않은 것은? (다툼이 있는 경우 판례에 의함)

19. 경찰

① 지방자치단체의 장이 기관위임된 국가행정사무를 처리하는 경우 국가로부터 내부적으로 교부된 금원으로 그 사무에 필요한 경비를 대외적으로 지출하는 지방자치단체는 국가배상법 제6조 제1항 소정의 비용부담자로서 손해를 배상할 책임이 있다.

② 지방자치단체의 장이 지방자치단체의 사무로서 교통신호기를 설치하고 그 관리권한을 관할 지방경찰청장에게 위임한 경우에, 국가배상법 제5조(공공시설 등의 하자로 인한 책임)에 의한 배상책임을 부담하는 것은 국가라고 할 것이나 지방자치단체도 국가배상법 제6조 제1항 소정의 비용부담자로서 배상책임을 부담한다.

③ 국가와 지방자치단체 모두가 도로의 점유자 및 관리자, 비용부담자로서의 책임을 중첩적으로 지는 경우에는 모두가 국가배상법 제6조 제2항에 따라 궁극적으로 손해를 배상할 책임이 있는 자이고 그 내부적인 부담 부분은 분담비용 등 제반 사정을 종합하여 결정한다.

④ 국가배상법 제6조 제2항의 규정은 도로의 관리주체와 그 비용을 부담하는 경제주체 상호간에 내부적으로 구상의 범위를 정하는 데 적용될 뿐이므로 이를 들어 구상권자인 공동불법행위자에게 대항할 수 없다.

정답찾기

② 지방자치단체장이 교통신호기를 설치하여 그 관리권한이 도로교통법 제71조의2 제1항의 규정에 의하여 관할 지방경찰청장에게 위임되어 지방자치단체 소속 공무원과 지방경찰청 소속 공무원이 합동근무하는 교통종합관제센터에서 그 관리업무를 담당하던 중 위 신호기가 고장난 채 방치되어 교통사고가 발생한 경우, 국가배상법 제2조 또는 제5조에 의한 배상책임을 부담하는 것은 지방경찰청장이 소속된 국가가 아니라, 그 권한을 위임한 지방자치단체장이 소속된 지방자치단체라고 할 것이나, 한편 국가배상법 제6조 제1항은 같은 법 제2조, 제3조 및 제5조의 규정에 의하여 국가 또는 지방자치단체가 손해를 배상할 책임이 있는 경우에 공무원의 선임·감독 또는 영조물의 설치·관리를 맡은 자와 공무원의 봉급·급여 기타의 비용 또는 영조물의 설치·관리의 비용을 부담하는 자가 동일하지 아니한 경우에는 그 비용을 부담하는 자도 손해를 배상하여야 한다고 규정하고 있으므로 교통신호기를 관리하는 지방경찰청장 산하 경찰관들에 대한 봉급을 부담하는 국가도 국가배상법 제6조 제1항에 의한 배상책임을 부담한다(대판 1999.6.25, 99다11120).

> **국가배상법**
> **제6조【비용부담자 등의 책임】** ① 제2조·제3조 및 제5조에 따라 국가나 지방자치단체가 손해를 배상할 책임이 있는 경우에 공무원의 선임·감독 또는 영조물의 설치·관리를 맡은 자와 공무원의 봉급·급여, 그 밖의 비용 또는 영조물의 설치·관리 비용을 부담하는 자가 동일하지 아니하면 그 비용을 부담하는 자도 손해를 배상하여야 한다.
> ② 제1항의 경우에 손해를 배상한 자는 내부관계에서 그 손해를 배상할 책임이 있는 자에게 구상할 수 있다.

404 국가배상에 관한 설명 중 가장 적절하지 않은 것은? (다툼이 있는 경우 판례에 의함)   22. 경찰

① 일반적으로 공무원이 직무를 집행함에 있어서 법령에 대한 해석이 그 문언 자체만으로는 명백하지 아니하여 여러 견해가 있을 수 있는 데다가 이에 대한 선례나 학설, 판례 등도 귀일된 바 없어 이의(異義)가 없을 수 없는 경우, 관계 국가공무원이 그 나름대로 신중을 다하여 합리적인 근거를 찾아 그 중 어느 한 견해를 따라 내린 해석이 후에 대법원이 내린 입장과 같지 않아 결과적으로 잘못된 해석에 돌아가고, 이에 따른 처리가 역시 결과적으로 위법하게 되어 그 법령의 부당집행이라는 결과를 가져오게 되었다고 하더라도 국가배상법상 공무원의 과실을 인정할 수는 없다.

② 국가공무원이 고의 또는 과실로 직무상 의무를 위반하였을 경우라고 하더라도 국가는 그러한 직무상의 의무 위반과 피해자가 입은 손해 사이에 상당인과관계가 인정되는 범위 내에서만 배상책임을 지는 것이고, 이 경우 상당인과관계가 인정되기 위하여는 공무원에게 부과된 직무상 의무의 내용이 단순히 공공일반의 이익을 위한 것이거나 행정기관 내부의 질서를 규율하기 위한 것이 아니고 전적으로 또는 부수적으로 사회구성원 개인의 안전과 이익을 보호하기 위하여 설정된 것이어야 한다.

③ 외국인이 피해자인 경우 국가배상청구권은 해당 국가와 상호보증이 있을 때에만 인정되므로, 그 상호 보증은 외국의 법령, 판례 및 관례 등에 의한 발생요건을 비교하여 인정되는 것이 아니라 반드시 당사국과의 조약이 체결되어 있어야 한다.

④ 국민의 생명, 신체 및 재산의 보호, 범죄의 예방·진압 및 수사, 기타 공공의 안녕과 질서유지 등의 직무를 수행하는 경찰은 경찰관 직무집행법, 형사소송법등 관련 법령에서 부여한 여러 권한을 제반 상황에 대응하여 적절하게 행사하여 필요한 조치를 취할 수 있고, 그 권한은 일반적으로 경찰관의 전문적 판단에 기한 합리적인 재량에 위임되어 있지만, 경찰관에게 권한을 부여한 취지와 목적에 비추어 볼 때 구체적인 사정에 따라 경찰관이 그 권한을 행사하여 필요한 조치를 취하지 아니하는 것이 현저하게 불합리하다고 인정되는 경우에는 그러한 권한의 불행사는 직무상의 의무를 위반한 것이 되어 위법하게 된다.

정답찾기

③ 국가배상법 제7조가 정하는 상호보증은 외국의 법령, 판례 및 관례 등에 의하여 발생요건을 비교하여 인정되면 충분하고 반드시 당사국과의 조약이 체결되어 있을 필요는 없으며, 당해 외국에서 구체적으로 우리나라 국민에게 국가배상청구를 인정한 사례가 없더라도 실제로 인정될 것이라고 기대할 수 있는 상태이면 충분하다(대판 2015.6.11, 2013다208388).

405 국가배상법에 대한 설명으로 적절한 것은 모두 몇 개인가? (다툼이 있는 경우 판례에 따름)   23. 경찰간부

> ㉠ 경찰관들의 시위진압에 대항하여 시위자들이 던진 화염병에 의하여 발생한 화재로 인하여 손해를 입은 주민이 국가를 상대로 국가배상을 청구한 경우에는 국가의 배상책임이 인정되지 않는다.
> ㉡ 시위진압 과정에서 가해공무원인 전투경찰이 특정되지 않더라도 손해배상책임이 인정된다.
> ㉢ 전투경찰순경은 국가배상법 제2조 제1항 단서에 따라 손해배상청구가 제한되는 군인·군무원·경찰공무원 또는 예비군대원에 해당한다.
> ㉣ 경찰공무원이 전투·훈련 등 직무집행과 관련하여 순직한 경우에는 전투·훈련 또는 이에 준하는 직무집행뿐만 아니라 일반 직무집행에 관하여도 국가나 지방자치단체의 배상책임이 제한된다.
> ㉤ 국가배상법 제5조에 따라 도로나 하천은 물론 경찰견도 영조물에 포함된다.

① 2개　　　　② 3개　　　　③ 4개　　　　④ 5개

정답찾기

지문의 내용 모두 적절한 지문이다.

406 국가배상에 관한 설명으로 가장 적절하지 않은 것은? (다툼이 있는 경우 판례에 의함)   24. 경찰

① 경찰관의 부작위를 이유로 한 국가배상책임을 인정하기 위한 요건으로서의 '법령 위반'이란 형식적 의미의 법령에 명시적으로 공무원의 작위의무가 규정되어 있는데도 이를 위반하는 경우를 의미하며, 인권존중·권력남용금지·신의성실과 같이 공무원으로서 마땅히 지켜야 할 준칙이나 규범을 지키지 않고 위반한 경우는 포함하지 않는다.

② 경찰관의 직무집행이 법령이 정한 요건과 절차에 따라 이루어진 것이라면 특별한 사정이 없는 한 이는 법령에 적합한 것이고 그 과정에서 개인의 권리가 침해되었다고 하여 그 법령적합성이 곧바로 부정되는 것은 아니다.

③ 공무원에게 부과된 직무상 의무의 내용이 전적으로 또는 부수적으로 사회구성원 개인의 구체적 안전과 이익을 보호하기 위하여 설정된 것이라면, 공무원이 그와 같은 직무상 의무를 위반함으로써 개인이 입게 된 손해는 상당인과관계가 인정되는 범위 안에서 국가가 그에 대한 배상책임을 부담하여야 한다.

④ 시위진압이 불필요하거나 또는 불법시위의 태양 및 시위 장소의 상황 등에서 예측되는 피해 발생의 구체적 위험성의 내용에 비추어 시위진압의 계속 수행 내지 그 방법 등이 현저히 합리성을 결하였다면 경찰관의 직무집행이 법령에 위반한 것이라고 할 수 있다.

정답찾기

① 공무원의 부작위를 이유로 국가배상책임을 인정하기 위해서는 공무원의 작위로 국가배상책임을 인정하는 경우와 마찬가지로 '공무원이 직무를 집행하면서 고의 또는 과실로 법령을 위반하여 타인에게 손해를 입힌 때'라는 국가배상법 제2조 제1항의 요건이 충족되어야 한다. 여기서 '법령 위반'이란 엄격하게 형식적 의미의 법령에 명시적으로 공무원의 작위의무가 규정되어 있는데도 이를 위반하는 경우만을 의미하는 것은 아니고, 인권존중·권력남용금지·신의성실과 같이 공무원으로서 마땅히 지켜야 할 준칙이나 규범을 지키지 않고 위반한 경우를 포함하여 널리 객관적인 정당성이 없는 행위를 한 경우를 포함한다[대법원 2022.7.14, 선고 2017다290538 판결].

Answer　404 ③　405 ④　406 ①

407 국가배상법 및 국가배상법 시행령상 배상심의회에 대한 설명으로 가장 적절하지 않은 것은? 20. 경찰

① 국가나 지방자치단체에 대한 배상신청사건을 심의하기 위하여 법무부에 본부심의회를 둔다. 다만, 군인이나 군무원이 타인에게 입힌 손해에 대한 배상신청사건을 심의하기 위하여 국방부에 특별심의회를 둔다.

② 본부심의회와 특별심의회에는 적어도 소속공무원·법관·변호사·의사(군의관을 포함한다) 각 1인을 위원으로 두어야 한다.

③ 배상신청이 신청인의 주소지관할 지구심의회를 포함하여 2중으로 접수된 사건은 신청인의 주소지관할 지구심의회에서 처리한다.

④ 지구심의회에서 배상신청이 기각(일부기각된 경우를 포함한다) 또는 각하된 신청인은 결정정본이 송달된 날부터 1주일 이내에 그 심의회를 거쳐 본부심의회나 특별심의회에 재심(再審)을 신청할 수 있다.

> 정답찾기
> ④ 지구심의회에서 배상신청이 기각(일부기각된 경우를 포함한다) 또는 각하된 신청인은 결정정본이 송달된 날부터 2주일 이내에 그 심의회를 거쳐 본부심의회나 특별심의회에 재심(再審)을 신청할 수 있다(국가배상법 제15조의2 제1항).

② 경찰상 손실보상

408 손실보상과 관련하여 가장 적절한 것은? (다툼이 있으면 판례에 의함) 11. 경찰

① 구 토지수용법(2002.2.4. 법률 제6656호 공익사업을 위한 토지 등의 취득 및 보상에 관한 법률 부칙 제2조로 폐지) 제51조는 영업을 하기 위하여 투자한 비용이나 그 영업을 통하여 얻을 것으로 기대되는 이익에 대한 손실보상의 근거규정이 될 수 없고, 그 보상의 기준과 방법 등에 관한 규정이 없어도 이러한 손실은 그 보상의 대상이 된다.

② 손실보상에 관한 일반법으로 손실보상법이 있다.

③ 헌법 제23조 제3항은 공공필요에 의한 재산권의 수용·사용 또는 제한 및 그에 대한 보상은 법률 또는 규칙에 의해야 한다고 규정하고 있다.

④ 영업손실에 관한 보상에 있어서 영업의 휴업과 폐지를 구별하는 기준은 당해 영업을 다른 장소로 실제로 이전하였는지의 여부에 달려있는 것이 아니라, 당해 영업을 그 영업소 소재지나 인접 시·군 또는 구 지역 안의 다른 장소로 이전하는 것이 가능한지의 여부에 달려 있다.

> 정답찾기
> ① 구 토지수용법(2002.2.4, 법률 제6656호 공익사업을 위한 토지 등의 취득 및 보상에 관한 법률 부칙 제2조로 폐지) 제51조가 규정하고 있는 '영업상의 손실'이란 수용의 대상이 된 토지·건물 등을 이용하여 영업을 하다가 그 토지·건물 등이 수용됨으로 인하여 영업을 할 수 없거나 제한을 받게 됨으로 인하여 생기는 직접적인 손실을 말하는 것이므로 위 규정은 영업을 하기 위하여 투자한 비용이나 그 영업을 통하여 얻을 것으로 기대되는 이익에 대한 손실보상의 근거규정이 될 수 없고, 그 외 구 토지수용법이나 구 '공공용지의 취득 및 손실보상에 관한 특례법'(2002.2.4. 법률 제6656호 공익사업을 위한 토지 등의 취득 및 보상에 관한 법률 부칙 제2조로 폐지), 그 시행령 및 시행규칙 등 관계 법령에도 영업을 하기 위하여 투자한 비용이나 그 영업을 통하여 얻을 것으로 기대되는 이익에 대한 손실보상의 근거규정이나 그 보상의 기준과 방법 등에 관한 규정이 없으므로, 이러한 손실은 그 보상의 대상이 된다고 할 수 없다(대판 2006.1.27, 2003두13106).
> ② 행정상 손실보상에 관한 일반법은 없고, 각 개별법에서 이를 규정하고 있다.
> ③ 공공필요에 의한 재산권의 수용·사용 또는 제한 및 그에 대한 보상은 법률로써 하되, 정당한 보상을 지급하여야 한다(대한민국 헌법 제23조 제3항).

409 다음 손실보상에 대한 설명으로 가장 적절한 것은? (다툼이 있으면 판례에 의함)   15. 경찰

① 지장물인 건물은 적법한 건축허가를 받아 건축된 건물이 아니면 손실보상의 대상이 되지 않는다.
② 손실보상이 인정되기 위해서는 재산권에 대한 침해가 현실적으로 발생하여야 하는 것은 아니다.
③ 헌법 제23조 제3항은 '공공필요에 의한 재산권의 수용·사용 또는 제한 및 그에 대한 보상은 법률로써 하되, 정당한 보상을 지급하여야 한다.'고 규정하고 있다.
④ 개발제한구역지정으로 인하여 토지를 종래의 목적으로 사용할 수 없거나 또는 더 이상 법적으로 허용된 토지 이용의 방법이 없기 때문에 실질적으로 토지의 사용·수익의 길이 없는 경우에도 토지소유자가 수인해야 하는 사회적 제약의 한계를 넘는 것으로 볼 수 없다.

> 정답찾기
>
> ① 토지수용법상의 사업인정 고시 이전에 건축되고 공공사업용지 내의 토지에 정착한 지장물인 건물은 통상 적법한 건축허가를 받았는지 여부에 관계없이 손실보상의 대상이 되나, 주거용 건물이 아닌 위법 건축물의 경우에는 관계 법령의 입법 취지와 그 법령에 위반된 행위에 대한 비난가능성과 위법성의 정도, 합법화될 가능성, 사회통념상 거래 객체가 되는지 여부 등을 종합하여 구체적·개별적으로 판단한 결과 그 위법의 정도가 관계 법령의 규정이나 사회통념상 용인할 수 없을 정도로 크고 객관적으로도 합법화될 가능성이 거의 없어 거래의 객체도 되지 아니하는 경우에는 예외적으로 수용보상 대상이 되지 아니한다고 본 사례(대판 2001.4.13, 2000두6411).
> ② 개발제한구역의 지정으로 인한 개발가능성의 소멸과 그에 따른 지가의 하락이나 지가상승률의 상대적 감소는 토지소유자가 감수해야 하는 사회적 제약의 범주에 속하는 것으로 보아야 한다. 자신의 토지를 장래에 건축이나 개발목적으로 사용할 수 있으리라는 기대가능성이나 신뢰 및 이에 따른 지가상승의 기회는 원칙적으로 재산권의 보호범위에 속하지 않는다(손실보상의 대상이 되는 재산권은 현존하는 구체적 이익이어야 한다는 의미). 구역지정 당시의 상태대로 토지를 사용·수익·처분할 수 있는 이상, 구역지정에 따른 단순한 토지이용의 제한은 원칙적으로 재산권에 내재하는 사회적 제약의 범주를 넘지 않는다[헌재 1998.12.24, 89헌마214(전합)].
> ④ 도시계획법 제21조에 의한 재산권의 제한은 개발제한구역으로 지정된 토지를 원칙적으로 지정 당시의 지목과 토지현황에 의한 이용방법에 따라 사용할 수 있는 한, 재산권에 내재하는 사회적 제약을 비례의 원칙에 합치하게 합헌적으로 구체화한 것이라고 할 것이나, 종래의 지목과 토지현황에 의한 이용방법에 따른 토지의 사용도 할 수 없거나 실질적으로 사용·수익을 전혀 할 수 없는 예외적인 경우에도 아무런 보상없이 이를 감수하도록 하고 있는 한, 비례의 원칙에 위반되어 당해 토지소유자의 재산권을 과도하게 침해하는 것으로서 헌법에 위반된다[헌재 1998.12.24, 89헌마214(전합)].

410 손실보상에 관한 설명이다. 다음 중 가장 적절하지 않은 것은? (다툼이 있으면 판례에 의함)   15. 경찰

① 손실보상에 관한 일반법으로 손실보상법이 있다.
② 손실보상이 인정되기 위해서는 재산권에 대한 실질적이고 현실적인 피해가 발생해야 한다.
③ 손실발생의 원인에 대하여 책임이 없는 자가 경찰관의 적법한 직무집행에 자발적으로 협조하여 재산상의 손실을 입은 경우, 국가는 손실을 입은 자에 대하여 정당한 보상을 하여야 한다.
④ 토지수용법 제51조가 규정하고 있는 '영업상의 손실'이란 수용의대상이 된 토지·건물 등을 이용하여 영업을 하다가 그 토지건물 등이 수용됨으로 인하여 영업을 할 수 없거나 제한을 받게 됨으로 인하여 생기는 직접적인 손실을 말한다.

> 정답찾기
>
> ① 현재 손실보상에 관한 일반법은 존재하지 않으며, 각 개별법에서 규정하고 있다.

411 손실보상 제도를 설명한 것이다. 다음 중 가장 적절한 것은? (다툼이 있으면 판례에 의함)   16. 경찰

① 수용대상 토지에 대한 손실보상액을 평가함에 있어서는 수용재결당시의 이용 상황, 주위환경 등을 기준으로 하여야 하는 것이고, 여기서의 수용대상 토지의 현실 이용 상황은 법령의 규정이나 토지소유자의 주관적 의도 등에 의하여 의제되어야 한다.

② 공공용물에 관하여 적법한 개발행위 등이 이루어짐으로 말미암아 이에 대한 일정범위의 사람들의 일반사용이 종전에 비하여 제한받게 되었다면, 특별한 사정이 없는 한 그로 인한 불이익은 손실보상의 대상이 되는 특별한 손실에 해당한다.

③ 문화적, 학술적 가치는 특별한 사정이 없는 한 그 토지의 부동산으로서의 경제적, 재산적 가치를 높여 주는 것이므로 토지수용법 제51조 소정의 손실보상의 대상이 된다.

④ 지장물인 건물은 그 건물이 적법한 건축허가를 받아 건축된 것인지 여부에 관계없이 토지수용법상의 사업인정의 고시 이전에 건축된 건물이기만 하면 손실보상의 대상이 된다.

정답찾기

① 수용대상 토지에 대한 손실보상액을 평가함에 있어서는 수용재결 당시의 이용상황, 주위환경 등을 기준으로 하여야 하는 것이고, 여기서의 수용대상 토지의 현실 이용 상황은 법령의 규정이나 토지소유자의 주관적 의도 등에 의하여 의제될 것이 아니라 오로지 관계 증거에 의하여 확정되어야 한다(대판 1997.8.29, 96누2569).

② 일반 공중의 이용에 제공되는 공공용물에 대하여 특허 또는 허가를 받지 않고 하는 일반사용은 다른 개인의 자유이용과 국가 또는 지방자치단체 등의 공공목적을 위한 개발 또는 관리·보존행위를 방해하지 않는 범위 내에서만 허용된다 할 것이므로, 공공용물에 관하여 적법한 개발행위 등이 이루어짐으로 말미암아 이에 대한 일정범위의 사람들의 일반사용이 종전에 비하여 제한받게 되었다 하더라도 특별한 사정이 없는 한 그로 인한 불이익은 손실보상의 대상이 되는 특별한 손실에 해당한다고 할 수 없다(대판 2002.2.26, 99다35300).

③ 문화적, 학술적 가치는 특별한 사정이 없는 한 그 토지의 부동산으로서의 경제적, 재산적 가치를 높여 주는 것이 아니므로 토지수용법 제51조 소정의 손실보상의 대상이 될 수 없으니, 이 사건 토지가 철새 도래지로서 자연 문화적인 학술가치를 지녔다 하더라도 손실보상의 대상이 될 수 없다(대판 1989.9.12, 88누11216).

412 헌법 제23조 제3항("공공필요에 의한 재산권의 수용·사용 또는 제한 및 그에 대한 보상은 법률로써 하되, 정당한 보상을 지급하여야 한다.")과 관련하여 가장 적절하지 않은 것은? (다툼이 있는 경우 판례에 의함) 19. 경찰

① 공익사업을 위한 토지 등의 취득 및 보상에 관한 법률에 따라서 사업시행자가 토지를 수용하려면 국토교통 부장관의 사업인정을 받아야 하고, 국토교통부장관은 사업인정을 하려면 중앙토지수용위원회와 협의하여야 한다.

② 사업시행자가 공익사업을 위한 토지 등의 취득 및 보상에 관한 법률에 따른 사업인정을 받은 후 해당 공익사 업을 수행할 의사나 능력을 상실하였음에도 수용권을 행사하는 것은 수용권의 공익 목적에 반하는 수용권의 남용에 해당하므로 허용되지 않는다.

③ 헌법 제23조 제3항이 규정하는 '정당한 보상'이란 원칙적으로 피수용재산의 객관적인 재산가치를 완전하게 보상하는 완전보상을 의미하므로, 공시지가를 기준으로 수용된 토지에 대한 보상액을 산정하는 것은 헌법에 위반된다.

④ 도시 및 주거환경정비법에 따른 관리처분계획의 인가·고시를 통해 임차인이 임차물을 사용·수익할 권능 을 제한받게 되는 손실을 입는 경우에는 공익사업을 위한 토지 등의 취득 및 보상에 관한 법률을 유추적용하 여 임차인에게 손실을 보상하여야 한다는 것이 판례이다.

정답찾기

③ 이 사건 토지보상조항이 '부동산 가격공시 및 감정평가에 관한 법률'에 의한 공시지가를 기준으로 토지수용으로 인한 손실보상액을 산정하되, 개발이익을 배제하고 공시기준일부터 재결 시까지의 시점보정을 인근 토지의 가격변동률과 생산자물가상승률에 의하도록 한 것은 공시기준일의 표준지의 객관적 가치를 정당하게 반영하는 것이고 표준지의 선정과 시점보정의 방법이 적정하므로, 이 사건 토지보상조항은 헌법 제23조 제3항이 규정한 정당보상의 원칙에 위배되지 않는다[헌재 2013.12.26, 2011헌바162(전합)].

413 손실보상제도에 대한 설명으로 가장 적절하지 않은 것은? (다툼이 있는 경우에 판례에 의함) 20. 경찰

① 농업손실보상청구권은 실정법상 민사소송절차에 의한다.

② 문화재보호구역의 확대 지정이 당해 공공사업인 택지개발사업의 시행을 직접 목적으로 하여 가하여진 것이 아님이 명백하므로 토지의 수용보상액은 그러한 공법상 제한을 받는 상태대로 평가하여야 한다.

③ 공유수면 매립면허의 고시가 있다고 하여 반드시 그 사업이 시행되고 그로 인하여 손실이 발생한다고 할 수 없으므로, 매립면허 고시 이후 매립공사가 실행되어 관행어업권자에게 실질적이고 현실적인 피해가 발생 한 경우에만 구 공유수면매립법(1999.2.8. 법률 제5911호로 전부 개정되기 전의 것)에서 정하는 손실보상청 구권이 발생한다.

④ 하천법 제50조에 의한 하천수 사용권은 공익사업을 위한 토지 등의 취득 및 보상에 관한 법률 제76조 제1항 에서 손실보상의 대상으로 규정하고 있는 '물의 사용에 관한 권리'에 해당한다.

정답찾기

① 농업손실보상청구권은 공익사업의 시행 등 적법한 공권력의 행사에 의한 재산상의 특별한 희생에 대하여 전체적인 공평부담의 견지 에서 공익사업의 주체가 그 손해를 보상하여 주는 손실보상의 일종으로 공법상의 권리임이 분명하므로 그에 관한 쟁송은 민사소송 이 아닌 행정소송절차에 의하여야 한다(대판 2011.10.13, 2009다43461).

Answer 411 ④ 412 ③ 413 ①

3 행정심판법

414 다음은 행정심판을 설명한 것이다. 가장 적절하지 않은 것은? (다툼이 있으면 판례에 의함)   14. 경찰

① 대통령의 처분 또는 부작위에 대하여는 다른 법률에서 행정심판을 청구할 수 있도록 정한 경우 외에는 행정심판을 청구할 수 없다.

② 재결의 기속력은 당해 처분에 관한 재결주문 및 그 전제가 된 요건사실의 인정과 판단에만 미친다.

③ 청구인은 심판청구에 대한 재결이 있으면 그 재결 및 같은 처분 또는 부작위에 대하여 다시 행정심판을 청구할 수 있다.

④ 행정심판은 처분이 있었던 날부터 180일이 지나면 청구하지 못한다. 다만, 정당한 사유가 있는 경우에는 그러하지 아니하다.

> **정답찾기**
> ③ 심판청구에 대한 재결이 있으면 그 재결 및 같은 처분 또는 부작위에 대하여 다시 행정심판을 청구할 수 <u>없다</u>(행정심판법 제51조).

415 다음 '행정심판법'상 피청구인인 행정청과 관련된 설명 중 가장 적절하지 않은 것은?   15. 경찰

① 행정심판의 제기에 있어서 청구인이 피청구인을 잘못 지정한 경우에 행정심판위원회는 직권으로 또는 당사자의 신청에 의하여 결정으로써 피청구인을 경정할 수 있다.

② 행정심판위원회는 피청구인을 경정하는 결정을 하면 결정서 부본을 당사자(종전의 피청구인과 새로운 피청구인을 포함한다)에게 송달하여야 한다.

③ 의무이행심판의 경우에는 청구인의 신청을 받은 행정청을 피청구인으로 하여 행정심판을 청구하여야 한다.

④ 심판청구의 대상과 관계되는 권한이 다른 행정청에 승계된 경우에는 권한을 승계한 행정청을 피청구인으로 하여야 한다.

> **정답찾기**
> ② 위원회는 제2항에 따라 피청구인을 경정하는 결정을 하면 <u>결정서 정본</u>을 당사자(종전의 피청구인과 새로운 피청구인을 포함한다. 이하 제6항에서 같다)에게 송달하여야 한다(행정심판법 제17조 제3항).

416 행정심판에 대한 설명으로 가장 적절한 것은? (다툼이 있는 경우 판례에 의함)

① 행정심판법은 당사자심판을 청구할 수 있는 자는 행정소송의 경우와 동일하게 행정처분의 법률관계에 대한 법률상 이익이 있어야 한다고 규정하고 있다.

② 행정심판위원회는 당사자의 권리 및 권한의 범위에서 당사자의 동의를 받아 조정을 할 수 있다. 다만 그 조정이 공공복리에 적합하지 아니하거나 해당 처분의 성질에 반하는 경우에는 그러하지 아니하다.

③ 개별 법률에 특별규정이 없는 경우에 행정심판 청구에 대한 재결이 있으면 그 재결 및 같은 처분 또는 부작위에 대하여 다시 행정심판을 청구할 수 있다.

④ 행정심판은 정당한 사유가 없는 경우 처분이 있었던 날부터 90일 이내에 청구하여야 하고, 처분이 있음을 알게 된 날부터 180일이 지나면 청구하지 못한다.

정답찾기

① 행정심판법은 당사자심판에 대한 별도의 규정을 두고 있지 않다. 행정심판은 취소심판, 무효 등 확인심판 및 의무이행심판에 대한 규정만을 두고 있다(행정심판법 제5조).

③ 심판청구에 대한 재결이 있으면 그 재결 및 같은 처분 또는 부작위에 대하여 다시 행정심판을 청구할 수 없다(행정심판법 제51조).

④ 행정심판은 처분이 있음을 알게 된 날부터 90일 이내에 청구하여야 하고, 처분이 있었던 날부터 180일이 지나면 청구하지 못한다(행정심판법 제27조 제1항·제3항).

417 「행정심판법」상 행정심판에 관한 설명으로 가장 적절하지 않은 것은?

① 심판청구는 서면으로 하여야 하며, 심판청구서를 작성하여 피청구인 또는 행정심판위원회에 제출하여야 한다.

② 시·도경찰청장의 처분 또는 부작위에 대한 행정심판의 청구에 대해서는 경찰청에 두는 행정심판위원회에서 심리·재결한다.

③ 행정심판위원회는 처분, 처분의 집행 또는 절차의 속행 때문에 중대한 손해가 생기는 것을 예방할 필요성이 긴급하다고 인정할 때에는 직권으로 또는 당사자의 신청에 의하여 처분의 효력, 처분의 집행 또는 절차의 속행의 전부 또는 일부의 정지를 결정할 수 있다.

④ 행정심판위원회는 심판청구가 이유가 있다고 인정하는 경우에도 이를 인용하는 것이 공공복리에 크게 위배된다고 인정하면 심판청구를 기각하는 재결을 할 수 있다.

정답찾기

② 사안의 경우 국민권익위원회에 두는 중앙행정심판위원회에서 심리·재결한다(행정심판법 제6조 제2항 제1호).

Answer 414 ③ 415 ② 416 ② 417 ②

418 행정심판에 대한 설명으로 가장 적절하지 않은 것은? (다툼이 있는 경우 판례에 의함)

① 행정심판에서 처분의 적법성 여부뿐만 아니라 법원이 판단할 수 없는 처분의 당·부당의 문제에 관해서도 심사를 받을 수 있다.

② 행정심판에서 행정심판위원회에 의한 형성적 재결이 있은 경우에는 그 대상이 된 행정처분은 재결 자체에 의하여 당연히 취소되어 소멸된다.

③ 처분청이 재조사 결정의 주문 및 그 전제가 된 요건사실의 인정과 판단, 즉 처분의 구체적 위법사유에 관한 판단에 반하여 당초 처분을 그대로 유지하는 것은 재조사 결정의 기속력에 저촉되지 않는다.

④ 이의신청을 제기해야 할 사람이 처분청에 표제를 '행정심판청구서'로 한 서류를 제출한 경우라 할지라도 서류의 내용에 이의신청 요건에 맞는 불복취지와 사유가 충분히 기재되어 있다면 이를 처분에 대한 이의신청으로 볼 수 있다.

> **정답찾기**
> ③ 구 국세기본법(2016.12.20, 법률 제14382호로 개정되기 전의 것)은 제81조에서 '심판청구에 관하여는 심사청구에 관한 제65조를 준용한다'고 규정하고, 제80조 제1항, 제2항에서 심판청구에 대한 결정의 효력에 관하여 '제81조에서 준용하는 제65조에 따른 결정은 관계 행정청을 기속하고, 심판청구에 대한 결정이 있으면 해당 행정청은 결정의 취지에 따라 즉시 필요한 처분을 하여야 한다'고 규정하고 있으며, 제65조 제1항 제3호에서 '심사청구가 이유 있다고 인정될 때에는 그 청구의 대상이 된 처분의 취소·경정 결정을 하거나 필요한 처분의 결정을 한다'고 규정하고 있다. 심판청구 등에 대한 결정의 한 유형으로 실무상 행해지고 있는 재조사 결정은 재결청의 결정에서 지적된 사항에 관하여 처분청의 재조사결과를 기다려 그에 따른 후속 처분의 내용을 심판청구 등에 대한 결정의 일부분으로 삼겠다는 의사가 내포된 변형결정에 해당하므로, 처분청은 재조사 결정의 취지에 따라 재조사를 한 후 그 내용을 보완하는 후속 처분만을 할 수 있다. 따라서 처분청이 재조사 결정의 주문 및 그 전제가 된 요건사실의 인정과 판단, 즉 처분의 구체적 위법사유에 관한 판단에 반하여 당초 처분을 그대로 유지하는 것은 재조사 결정의 기속력에 저촉된다(대판 2017.5.11, 2015두37549).

419 행정심판법상 의무이행심판에 대한 설명으로 가장 적절하지 않은 것은? (다툼이 있는 경우 판례에 의함)

① 당사자의 신청에 대한 행정청의 위법 또는 부당한 거부처분이나 부작위에 대하여 일정한 처분을 하도록 하는 행정심판을 말한다.

② 당사자의 신청을 거부하거나 부작위로 방치한 처분의 이행을 명하는 재결이 있으면 행정청은 지체 없이 이전의 신청에 대하여 재결의 취지에 따라 처분을 하여야 한다.

③ 행정심판위원회는 처분의 이행을 명하는 재결에도 불구하고 처분을 하지 아니하는 피청구인에게 배상을 할 것을 명할 수 있다.

④ 피청구인이 처분의 이행을 명하는 재결에도 불구하고 처분을 하지 않는다고 해서 행정심판위원회가 직접 처분을 할 수는 없다.

> **정답찾기**
> ④ 위원회는 피청구인이 제49조 제3항(당사자의 신청을 거부하거나 부작위로 방치한 처분의 이행을 명하는 재결이 있으면 행정청은 지체 없이 이전의 신청에 대하여 재결의 취지에 따라 처분을 하여야 한다)에도 불구하고 처분을 하지 아니하는 경우에는 당사자가 신청하면 기간을 정하여 서면으로 시정을 명하고 그 기간에 이행하지 아니하면 <u>직접 처분을 할 수 있다.</u> 다만, 그 처분의 성질이나 그 밖의 불가피한 사유로 위원회가 직접 처분을 할 수 없는 경우에는 그러하지 아니하다(행정심판법 제50조 제1항).

420 행정심판법상 행정심판청구의 기간에 대한 설명으로 가장 적절하지 않은 것은? (다툼이 있는 경우 판례에 의함)

① 행정심판은 처분이 있음을 알게 된 날부터 90일 이내에 청구하여야 한다. 다만, 청구인이 불가항력으로 인하여 심판청구를 할 수 없었을 때에는 그 사유가 소멸한 날부터 14일 이내에 행정심판을 청구할 수 있다.

② 행정심판은 처분이 있었던 날부터 180일이 지나면 청구하지 못한다. 다만, 정당한 사유가 있는 경우에는 그러하지 아니하다.

③ 행정청이 심판청구의 기간을 알리지 아니한 경우에는 처분이 있었던 날부터 180일 이내에 행정심판을 청구할 수 있다.

④ 취소심판의 경우와 달리 무효 등 확인심판과 의무이행심판의 경우에는 심판청구의 기간에 제한이 없다.

정답찾기

④ 의무이행심판은 부작위에 대한 의무이행심판과 거부처분(소극적 처분)에 대한 의무이행심판으로 구분할 수 있다. 이 중에서 부작위에 대한 의무이행심판은 청구기간의 제한이 없으나, <u>거부처분(소극적 처분)에 대한 의무이행심판은 청구기간의 제한규정이 그대로 적용</u>된다.

421 행정심판에 대한 설명으로 가장 적절하지 않은 것은? (다툼이 있는 경우 판례에 의함)

① 사립학교 교원 징계처분에 대한 교원소청심사위원회의 결정은 행정심판의 재결이다.

② 변상 판정에 대한 감사원의 재심의 판결은 행정소송의 대상이 된다.

③ 노동위원회법상 중앙노동위원회의 처분에 대한 소송은 중앙노동위원회 위원장을 피고(被告)로 하여 처분의 송달을 받은 날부터 15일 이내에 제기하여야 한다.

④ 특허법상 특허취소결정 또는 심결에 대한 소 및 특허취소신청서·심판청구서·재심청구서의 각하결정에 대한 소는 특허법원의 전속관할로 한다.

정답찾기

① 사립학교 교원에 대한 해임처분에 대한 구제방법으로 학교법인을 상대로 한 민사소송 이외 교원지위향상을 위한 특별법 제7 내지 10조에 따라 교육부 내에 설치된 교원징계재심위원회에 재심청구를 하고 교원징계재심위원회의 결정에 불복하여 행정소송을 제기하는 방법도 있으나, 이 경우에도 행정소송의 대상이 되는 행정처분은 교원징계재심위원회의 결정이지 학교법인의 해임처분이 행정처분으로 의제되는 것이 아니며 또한 <u>교원징계재심위원회의 결정을 이에 대한 행정심판으로서의 재결에 해당되는 것으로 볼 수는 없다</u>(대판 1993.2.12, 92누13707).

Answer   418 ③   419 ④   420 ④   421 ①

422 행정심판법상 재결에 관한 설명으로 가장 적절하지 않은 것은? (다툼이 있는 경우 판례에 의함)   23. 경찰

① 재결은 서면으로 한다.

② 위원회는 심판청구가 이유가 없다고 인정하면 그 심판청구를 기각(棄却)한다.

③ 위원회는 지체 없이 당사자에게 재결서의 등본을 송달하여야 하며, 재결서가 청구인에게 발송되었을 때에 그 효력이 생긴다.

④ 재결의 기속력은 재결의 주문 및 그 전제가 된 요건사실의 인정과 판단, 즉 처분 등의 구체적 위법사유에 관한 판단에만 미친다고 할 것이고, 종전 처분이 재결에 의하여 취소되었다 하더라도 종전 처분시와는 다른 사유를 들어서 처분을 하는 것은 기속력에 저촉되지 않는다.

정답찾기

③ 행정심판위원회는 지체 없이 당사자에게 재결서의 정본을 송달하여야 한다. 재결은 청구인에게 송달되었을 때에 그 효력이 생긴다 (행정심판법 제48조 제1항, 제2항).

423 행정심판법상 사정재결에 관한 설명 중 가장 적절하지 않은 것은? (다툼이 있는 경우 판례에 의함)   22. 경찰

① 사정재결은 인용재결의 일종이다.

② 무효등확인심판에서는 사정재결을 할 수 없다.

③ 사정재결을 하는 경우 반드시 재결주문에 그 처분 또는 부작위가 위법하다는 것을 명시해야 한다.

④ 사정재결 이후에도 행정심판의 대상인 처분등의 효력은 유지된다.

정답찾기

① 사정재결은 기각재결의 일종이다.

424 「행정심판법」에 관한 설명으로 가장 적절한 것은? 23. 경찰

① 대통령의 처분 또는 부작위에 대하여는 다른 법률에서 행정심판을 청구할 수 있도록 정한 경우 외에는 행정심판을 청구할 수 없다.

② 취소심판은 당사자의 신청에 대한 행정청의 위법 또는 부당한 거부처분이나 부작위에 대하여 일정한 처분을 하도록 하는 행정심판이다.

③ 처분 또는 부작위에 대한 행정심판은 청구서를 제출하거나 말로써 청구할 수 있다.

④ 행정심판위원회는 심판청구가 이유가 있다고 인정하는 경우에도 이를 인용(認容)하는 것이 공공복리에 크게 위배된다고 인정하면 그 심판청구를 기각하는 재결을 하여야 한다.

정답찾기

② 지문의 내용은 의무이행심판에 대한 설명이다. 취소심판이란 행정청의 위법 또는 부당한 처분을 취소하거나 변경하는 행정심판을 말한다(행정심판법 제5조).

③ 행정심판을 청구하려는 자는 제28조에 따라 심판청구서를 작성하여 피청구인이나 위원회에 제출하여야 한다. 이 경우 피청구인의 수만큼 심판청구서 부본을 함께 제출하여야 한다(행정심판법 제23조 제1항).

④ 위원회는 심판청구가 이유가 있다고 인정하는 경우에도 이를 인용(認容)하는 것이 공공복리에 크게 위배된다고 인정하면 그 심판청구를 기각하는 재결을 할 수 있다. 이 경우 위원회는 재결의 주문(主文)에서 그 처분 또는 부작위가 위법하거나 부당하다는 것을 구체적으로 밝혀야 한다(행정심판법 제44조 제1항).

4 행정소송법

425 다음 보기 중 현행법상 허용되지 않는 행정쟁송수단은 모두 몇 개인가? 12. 경찰

> ㉠ 의무이행심판
> ㉡ 예방적부작위소송
> ㉢ 의무이행소송
> ㉣ 당사자소송
> ㉤ 재결취소소송

① 없음   ② 1개

③ 2개   ④ 3개

정답찾기

현행법상 ㉡㉢은 허용되지 않는다.

426 행정소송법상 항고소송에 해당하지 않는 것은?

① 국가 또는 공공단체의 기관이 법률에 위반되는 행위를 한 때에 직접 자기의 법률상 이익과 관계없이 그 시정을 구하기 위하여 제기하는 민중소송
② 행정청의 처분등의 효력 유무 또는 존재여부를 확인하는 무효등 확인소송
③ 행정청의 부작위가 위법하다는 것을 확인하는 부작위위법확인소송
④ 행정청의 위법한 처분등을 취소 또는 변경하는 취소소송

정답찾기
① 지문의 내용은 민중소송에 해당한다(행정소송법 제3조 제3호).

■ 행정소송의 종류

구분		내용
항고소송		행정청의 처분 등이나 부작위에 대하여 제기하는 소송이다.
	취소소송	행정청의 위법한 처분등을 취소 또는 변경하는 소송이다.
	무효등 확인소송	행정청의 처분등의 효력 유무 또는 존재여부를 확인하는 소송이다.
	부작위위법확인소송	행정청의 부작위가 위법하다는 것을 확인하는 소송이다.
당사자소송		행정청의 처분 등을 원인으로 하는 법률관계에 관한 소송 그 밖에 공법상의 법률관계에 관한 소송으로서 그 법률관계의 한쪽 당사자를 피고로 하는 소송이다.
민중소송		국가 또는 공공단체의 기관이 법률에 위반되는 행위를 한 때에 직접 자기의 법률상 이익과 관계없이 그 시정을 구하기 위하여 제기하는 소송이다.
기관소송		국가 또는 공공단체의 기관상호간에 있어서의 권한의 존부 또는 그 행사에 관한 다툼이 있을 때에 이에 대하여 제기하는 소송으로, 다만, 헌법재판소법 제2조의 규정에 의하여 헌법재판소의 관장사항으로 되는 소송은 제외한다.

427 행정소송의 한계에 관한 설명으로 옳지 않은 것은? (다툼이 있으면 판례에 의함)

① 대법원 판례는 의무이행소송이나 적극적 형성판결을 구하는 행정소송을 인정하지 아니한다.
② 단순한 사실관계의 존부 등의 문제는 행정소송의 대상이 되지 아니한다.
③ 조례가 집행행위의 개입 없이 그 자체로서 직접 국민의 권리·의무나 법적 이익에 영향을 미치는 법률상 효과를 발생하는 경우 소송의 대상이 된다.
④ 대법원은 처분이 행하여짐으로써 회복하기 어려운 권익침해를 막기 위해 예방적 부작위소송을 인정하고 있다.

정답찾기
④ 행정소송법은 예방적 부작위소송을 인정하지 않는다.

428 행정소송법에 대한 설명으로 가장 적절하지 않은 것은? (다툼이 있는 경우 판례에 의함) 18. 경찰

① 경찰청장을 피고로 하여 취소소송을 제기하는 경우, 대법원소재지를 관할하는 행정법원이 제1심 관할법원으로 될 수 있다.

② 부작위위법확인소송은 처분의 신청을 한 자로서 부작위의 위법의 확인을 구할 법률상 이익이 있는 자만이 제기할 수 있다.

③ 법원은 필요하다고 인정할 때에는 직권으로 증거조사를 할 수 있고, 당사자가 주장하지 아니한 사실에 대하여도 판단할 수 있다.

④ 법원은 행정청이 소송의 대상인 처분을 소가 제기된 후 변경한 때에는 원고의 신청이 없더라도 결정으로써 청구의 취지 또는 원인을 변경할 수 있다.

> 정답찾기
>
> ④ 법원은 행정청이 소송의 대상인 처분을 소가 제기된 후 변경한 때에는 <u>원고의 신청에 의하여</u> 결정으로써 청구의 취지 또는 원인의 변경을 허가할 수 있다(행정소송법 제22조 제1항).

429 항고소송의 소송요건에 대한 설명으로 가장 적절하지 않은 것은? (다툼이 있는 경우 판례에 의함) 18. 경찰

① 지방의회 의장에 대한 불신임의결은 행정처분으로 볼 수 없으므로 항고소송의 대상이 되지 아니한다.

② 현역병입영대상자로 병역처분을 받은 자가 그 취소소송 도중에 모병에 응하여 현역병으로 자진 입대한 경우에는 권리보호의 필요가 없는 경우로서 소의 이익을 인정할 수 없다.

③ 검사의 공소에 대하여는 형사소송절차에 의하여서만 다툴 수 있고 행정소송의 방법으로 공소의 취소를 구할 수는 없다.

④ 행정심판전치주의의 요건을 충족하였는지의 여부는 사실심 변론 종결시를 기준으로 한다.

> 정답찾기
>
> ① 지방의회를 대표하고 의사를 정리하며 회의장 내의 질서를 유지하고 의회의 사무를 감독하며 위원회에 출석하여 발언할 수 있는 등의 직무권한을 가지는 지방의회 의장에 대한 불신임의결은 의장으로서의 권한을 박탈하는 <u>행정처분의 일종으로서 항고소송의 대상이 된다</u>(대결 1994.10.11, 94두23).

430 **다음 중 원고적격과 관련하여 옳지 않은 것은? (다툼이 있으면 판례에 의함)** 10. 경찰

① 연탄공장 건축허가에 대한 구 도시계획법상 주거지역에 거주하는 인근주민의 경우 원고적격이 인정된다.

② 동일한 사업구역 내의 동종의 사업용 화물자동차면허대수를 늘리는 보충인가처분에 대하여 기존업자는 그 취소를 구할 법률상 이익이 없다.

③ 석탄가공업에 관하여 기존허가를 받은 자들의 영업상 이익은 반사적 이익에 불과하므로 신규허가처분에 대하여 행정소송을 제기할 법률상 이익이 없다.

④ 환경영향평가 대상지역 밖의 주민이라 할지라도 공유수면매립면허처분 등으로 인하여 그 처분 전과 비교하여 수인한도를 넘는 환경피해를 받거나 받을 우려가 있는 경우에는 그 처분 등의 무효확인을 구할 원고적격을 인정받을 수 있다.

정답찾기

② 자동차운수사업법 제6조 제1항 제1호에서 당해 사업계획이 당해 노선 또는 사업구역의 수송수요와 수송력공급에 적합할 것을 면허의 기준으로 정한 것은 자동차운수사업에 관한 질서를 확립하고 자동차운수사업의 종합적인 발달을 도모하여 공공의 복리를 증진함과 동시에 업자간의 경쟁으로 인한 경영의 불합리를 미리 방지하자는 데 그 목적이 있다 할 것이므로 개별화물자동차운송사업면허를 받아 이를 영위하고 있는 기존의 업자로서는 동일한 사업구역 내의 동종의 사업용 화물자동차면허대수를 늘리는 보충인가처분에 대하여 그 취소를 구할 법률상 이익이 있다(대판 1992.7.10, 91누9107).

431 **행정소송에 관한 설명 중 옳은 것은 모두 몇 개인가? (다툼이 있으면 판례에 의함)** 11. 경찰

㉠ 국가공무원법상의 당연퇴직사유가 있어 행한 인사권자의 당연퇴직의 인사발령은 공무원의 신분을 상실시키는 형성적 행정행위로서 처분에 해당한다.

㉡ 석탄수급조정에 관한 임시조치법 소정의 석탄가공업허가를 받아 이를 영위하고 있는 업자는 다른 사람에 대한 신규허가로 인하여 영업상 이익이 감소되었다면, 당해 신규허가의 취소를 구할 법률상 이익이 있다.

㉢ 개발제한구역 중 일부 취락을 개발제한구역에서 해제하는 내용의 도시관리계획 변경결정에 대하여 개발제한구역 해제 대상에서 누락된 토지의 소유자는 위 결정의 취소를 구할 법률상 이익이 없다.

㉣ 행정청이 당초의 분뇨 등 관련영업허가신청 반려처분의 취소를 구하는 소의 계속 중, 사정변경을 이유로 위 반려처분을 직권취소함과 동시에 위 신청을 재반려하는 내용의 재처분을 한 경우, 당초의 반려처분의 취소를 구하는 소는 더 이상 소의 이익이 없다.

① 1개 ② 2개

③ 3개 ④ 4개

지문의 내용 중 옳은 것은 ㉢㉣이다.

㉠ 국가공무원법 제69조에 의하면 공무원이 제33조 각 호의 1에 해당할 때에는 당연히 퇴직한다고 규정하고 있으므로, 국가공무원법상 당연퇴직은 결격사유가 있을 때 법률상 당연히 퇴직하는 것이지 공무원관계를 소멸시키기 위한 별도의 행정처분을 요하는 것이 아니며, 당연퇴직의 인사발령은 법률상 당연히 발생하는 퇴직사유를 공적으로 확인하여 알려주는 이른바 관념의 통지에 불과하고 공무원의 신분을 상실시키는 새로운 형성적 행위가 아니므로 행정소송의 대상이 되는 독립한 행정처분이라고 할 수 없다(대판 1995.11. 14, 95누2036).

㉡ 석탄수급조정에 관한 임시조치법 소정의 석탄가공업에 관한 허가는 사업경영의 권리를 설정하는 형성적 행정행위가 아니라 질서유지와 공공복리를 위한 금지를 해제하는 명령적 행정행위여서 그 허가를 받은 자는 영업자유를 회복하는데 불과하고 독점적 영업권을 부여받은 것이 아니기 때문에 기존허가를 받은 원고들이 신규허가로 인하여 영업상 이익이 감소된다 하더라도 이는 원고들의 반사적 이익을 침해하는 것에 지나지 아니하므로 원고들은 신규허가 처분에 대하여 행정소송을 제기할 법률상 이익이 없다(대판 1980.7.22, 80누33).

432 항고소송에 대한 설명으로 가장 적절하지 않은 것은? (다툼이 있는 경우 판례에 의함) 18. 경찰

① 구 토지구획정리사업법상 환지계획은 환지예정지지정이나 환지처분의 근거가 되어 직접 토지소유자 등의 법률상의 지위를 변동시키므로 항고소송의 대상이 된다.

② 국립대학교의 학칙이 이에 기초한 별도의 집행행위의 개입 없이도 그 자체로 구성원의 구체적인 권리나 법적 이익에 영향을 미치는 등 법률상의 효과를 발생시키는 경우, 이는 항고소송의 대상이 된다.

③ 한국자산공사가 사건의 부동산을 인터넷을 통하여 재공매(입찰)하기로 한 결정 자체는 내부적인 의사결정에 불과하여 항고소송의 대상이 아니다.

④ 진실·화해를 위한 과거사정리 기본법이 규정하는 진실규명결정은 국민의 권리의무에 직접적으로 영향을 미치는 행위로서 항고소송의 대상이 된다.

① 토지구획정리사업법 제57조, 제62조 등의 규정상 환지예정지 지정이나 환지처분은 그에 의하여 직접 토지소유자 등의 권리의무가 변동되므로 이를 항고소송의 대상이 되는 처분이라고 볼 수 있으나, 환지계획은 위와 같은 환지예정지 지정이나 환지처분의 근거가 될 뿐 그 자체가 직접 토지소유자 등의 법률상의 지위를 변동시키거나 또는 환지예정지 지정이나 환지처분과는 다른 고유한 법률효과를 수반하는 것이 아니어서 이를 항고소송의 대상이 되는 처분에 해당한다고 할 수가 없다(대판 1999.8.20, 97누6889).

433 취소소송에 대한 판결의 효력에 관한 판례의 입장으로 가장 적절하지 않은 것은? 11. 경찰

① 기판력의 객관적 범위는 판결의 주문 이외에 판결 이유에 설시된 그 전제가 되는 법률관계의 존부에도 미친다.

② 확정판결의 당사자인 처분 행정청이 그 행정소송의 사실심 변론종결 이전의 사유를 내세워 다시 확정판결과 저촉되는 행정처분을 하는 것은 허용되지 않는 것으로서 이러한 행정처분은 그 하자가 중대하고도 명백한 것이어서 당연무효이다.

③ 재결의 기속력은 재결의 주문 및 그 전제가 된 요건사실의 인정과 판단, 즉 처분 등의 구체적 위법사유에 관한 판단에만 미치고, 종전 처분이 재결에 의하여 취소되었다 하더라도 종전 처분시와는 다른 사유를 들어서 처분을 하는 것은 기속력에 저촉되지 않는다.

④ 과세처분취소소송에서 청구가 기각된 확정판결의 기판력은 그 과세처분의 무효확인을 구하는 소송에 미친다.

정답찾기

① 확정판결의 기판력은 그 판결의 주문에 포함된 것, 즉 소송물로 주장된 법률관계의 존부에 관한 판단의 결론 그 자체에만 생기는 것이고, 판결이유에 설시된 그 전제가 되는 법률관계의 존부에까지 미치는 것은 아니다. 그리고 기판력은 기판력 있는 전소 판결과 후소의 소송물이 동일한 경우 또는 후소의 소송물이 전소의 소송물과 동일하지는 않다고 하더라도 전소의 소송물에 관한 판단이 후소의 선결문제가 되거나 모순관계에 있을 때에는 후소에서 전소 판결의 판단과 다른 주장을 하는 것을 허용하지 않는 작용을 하는 것이므로, 이와 같이 소송물이 동일하거나 선결문제 또는 모순관계에 의하여 기판력이 미치는 객관적 범위에 해당하지 않는 경우에는 그 후소에 전소 판결의 기판력이 미치지 않는다(대판 2020.7.23, 2017다224906).

434 판례에 의할 때 항고소송의 대상이 되는 '처분'이 아닌 것은 모두 몇 개인가? 11. 경찰

> ㉠ 운전면허행정처분처리대장상 벌점의 배점
> ㉡ 징병검사시의 군의관의 신체등위 판정
> ㉢ 처분적 조례(두밀분교폐지 조례사건에서)
> ㉣ 정부의 수도권 소재 공공기관의 지방이전시책을 추진하는 과정에서 도지사가 도 내 특정시를 공공기관이 이전할 혁신도시 최종입지로 선정한 행위
> ㉤ 상급행정기관의 하급행정기관에 대한 승인·동의·지시 등 행정기관 상호간의 내부행위

① 1개 ② 2개
③ 3개 ④ 4개

정답찾기

지문의 내용 중 처분에 해당하지 않는 것은 ㉠㉡㉣㉤이다.

㉠ 운전면허 행정처분처리대장상 벌점의 배점은 도로교통법규 위반행위를 단속하는 기관이 도로교통법시행규칙 별표 16의 정하는 바에 의하여 도로교통법규 위반의 경중, 피해의 정도 등에 따라 배정하는 점수를 말하는 것으로 자동차운전면허의 취소, 정지처분의 기초자료로 제공하기 위한 것이고 그 배점 자체만으로는 아직 국민에 대하여 구체적으로 어떤 권리를 제한하거나 의무를 명하는 등 법률적 규제를 하는 효과를 발생하는 요건을 갖춘 것이 아니어서 그 무효확인 또는 취소를 구하는 소송의 대상이 되는 행정처분이라고 할 수 없다(대판 1994.8.12, 94누2190).

㉡ 병역법상 신체등위판정은 행정청이라고 볼 수 없는 군의관이 하도록 되어 있으며, 그 자체만으로 바로 병역법상의 권리의무가 정하여지는 것이 아니라 그에 따라 지방병무청장이 병역처분을 함으로써 비로소 병역의무의 종류가 정하여지는 것이므로 항고소송의 대상이 되는 행정처분이라 보기 어렵다(대판 1993.8.27, 93누3356).

ⓒ 조례가 집행행위의 개입 없이도 그 자체로서 직접 국민의 구체적인 권리의무나 법적 이익에 영향을 미치는 등의 법률상 효과를 발생하는 경우 그 조례는 항고소송의 대상이 되는 행정처분에 해당하고, 이러한 조례에 대한 무효확인소송을 제기함에 있어서 행정소송법 제38조 제1항, 제13조에 의하여 피고적격이 있는 처분 등을 행한 행정청은, 행정주체인 지방자치단체 또는 지방자치단체의 내부적 의결기관으로서 지방자치단체의 의사를 외부에 표시한 권한이 없는 지방의회가 아니라, 구 지방자치법(1994.3.16. 법률 제4741호로 개정되기 전의 것) 제19조 제2항, 제92조에 의하여 지방자치단체의 집행기관으로서 조례로서의 효력을 발생시키는 공포권이 있는 지방자치단체의 장이다(대판 1996.9.20, 95누8003).

ⓔ 정부의 수도권 소재 공공기관의 지방이전시책을 추진하는 과정에서 도지사가 도내 특정시를 공공기관이 이전할 혁신도시 최종입지로 선정한 행위는 항고소송의 대상이 되는 행정처분이 아니다(대판 2007.11.15, 2007두10198).

ⓜ 항고소송의 대상이 되는 행정처분은 행정청의 공법상의 행위로서 특정 사항에 대하여 법규에 의한 권리의 설정 또는 의무의 부담을 명하거나 기타 법률상의 효과를 직접 발생케 하는 등 국민의 구체적인 권리 의무에 직접 관계가 있는 행위를 말하는바, 상급행정기관의 하급행정기관에 대한 승인·동의·지시 등은 행정기관 상호간의 내부행위로서 국민의 권리 의무에 직접 영향을 미치는 것이 아니므로 항고소송의 대상이 되는 행정처분에 해당한다고 볼 수 없다(대판 1997.9.26, 97누8540).

435 행정소송의 당사자능력과 원고적격에 관한 다음 설명 중 가장 적절하지 않은 것은? (다툼이 있는 경우 판례에 의함)

12. 경찰

① 환경영향평가 대상지역 밖에 거주하는 주민이라도 침해 또는 침해우려의 입증여부와 관계없이 헌법상의 환경권 또는 환경정책기본법에 근거하여 공유수면매립면허처분과 농지개량사업시행인가처분의 무효확인을 구할 원고적격이 인정된다.

② 자연물인 도롱뇽 또는 그를 포함한 자연 그 자체로서는 소송을 수행할 당사자능력을 인정할 수 없다는 것이 판례의 태도이다.

③ 국가가 국토이용계획과 관련한 기관위임사무의 처리에 관하여 지방자치단체의 장을 상대로 취소소송을 제기할 수 없다.

④ 환경상 이익에 대한 침해 또는 침해 우려가 있는 것으로 사실상 추정되어 원고적격이 인정되는 자는 환경상 침해를 받으리라고 예상되는 영향권 내의 주민들을 비롯하여 그 영향권 내에서 농작물을 경작하는 등 현실적으로 환경상 이익을 향유하는 자도 포함된다고 할 것이나, 단지 그 영향권 내의 건물·토지를 소유하거나 환경상 이익을 일시적으로 향유하는데 그치는 자는 포함되지 않는다고 할 것이다.

정답찾기

① 공유수면매립면허처분과 농지개량사업 시행인가처분의 근거 법규 또는 관련 법규가 되는 구 공유수면매립법(1997.4.10. 법률 제5337호로 개정되기 전의 것), 구 농촌근대화촉진법(1994.12.22. 법률 제4823호로 개정되기 전의 것), 구 환경보전법(1990.8.1. 법률 제4257호로 폐지), 구 환경보전법 시행령(1991.2.2. 대통령령 제13303호로 폐지), 구 환경정책기본법(1993.6.11. 법률 제4567호로 개정되기 전의 것), 구 환경정책기본법 시행령(1992.8.22. 대통령령 제13715호로 개정되기 전의 것)의 각 관련 규정의 취지는, 공유수면매립과 농지개량사업시행으로 인하여 직접적이고 중대한 환경피해를 입으리라고 예상되는 환경영향평가 대상지역 안의 주민들이 전과 비교하여 수인한도를 넘는 환경침해를 받지 아니하고 쾌적한 환경에서 생활할 수 있는 개별적 이익까지도 이를 보호하려는데에 있다고 할 것이므로, 위 주민들이 공유수면매립면허처분 등과 관련하여 갖고 있는 위와 같은 환경상의 이익은 주민 개개인에 대하여 개별적으로 보호되는 직접적·구체적 이익으로서 그들에 대하여는 특단의 사정이 없는 한 환경상의 이익에 대한 침해 또는 침해우려가 있는 것으로 사실상 추정되어 공유수면매립면허처분 등의 무효확인을 구할 원고적격이 인정된다. 한편, 환경영향평가 대상지역 밖의 주민이라 할지라도 공유수면매립면허처분 등으로 인하여 그 처분 전과 비교하여 수인한도를 넘는 환경피해를 받거나 받을 우려가 있는 경우에는, 공유수면매립면허처분 등으로 인하여 환경상 이익에 대한 침해 또는 침해우려가 있다는 것을 입증함으로써 그 처분 등의 무효확인을 구할 원고적격을 인정받을 수 있다[대판 2006.3.16, 2006두330(전합)].

Answer 433 ① 434 ④ 435 ①

436 다음 중 판례가 행정소송에 있어 소의 이익을 인정한 경우는?

① 도시계획시설결정처분에 대한 인근 주민의 이익
② 상수원보호구역 변경처분에 대한 인근 주민의 이익
③ 공중목욕장 영업허가에 대한 기존 업자의 이익
④ 국립대 교수 업무에 대한 학생들의 이익

정답찾기

① 도시계획법 제12조 제3항의 위임에 따라 제정된 도시계획시설기준에 관한 규칙 제125조 제1항이 화장장의 구조 및 설치에 관하여는 매장 및 묘지 등에 관한 법률이 정하는 바에 의한다고 규정하고 있어, 도시계획의 내용이 화장장의 설치에 관한 것일 때에는 도시계획법 제12조 뿐만 아니라 매장 및 묘지 등에 관한 법률 및 같은법 시행령 역시 그 근거 법률이 된다고 보아야 할 것이므로, 같은법 시행령 제4조 제2호가 공설화장장은 20호 이상의 인가가 밀집한 지역, 학교 또는 공중이 수시 집합하는 시설 또는 장소로부터 1,000m 이상 떨어진 곳에 설치하도록 제한을 가하고, 같은법 시행령 제9조가 국민보건상 위해를 끼칠 우려가 있는 지역, 도시계획법 제17조의 규정에 의한 주거지역, 상업지역, 공업지역 및 녹지지역 안의 풍치지구 등에의 공설화장장 설치를 금지함에 의하여 보호되는 부근 주민들의 이익은 위 도시계획결정처분의 근거 법률에 의하여 보호되는 법률상 이익이다(대판 1995.9.26, 94누14544).

437 A광역시경찰청장은 혈중알콜농도 0.13%의 주취상태에서 차량을 운전하다가 적발된 甲에게 도로교통법에 의거 운전면허 취소처분을 하였고, 甲은 이 처분을 다투고자 한다. 가장 적절하지 않은 것은? (다툼이 있으면 판례에 의함)

① 甲이 행정심판을 청구하면 국민권익위원회에 소속된 중앙행정심판위원회가 심리·재결한다.
② 甲은 행정심판을 거치지 않고 바로 행정소송을 제기할 수도 있다.
③ 사전통지 없이 운전면허가 취소됐다면 쟁송에서 이를 취소사유로 주장할 수 있다.
④ 판례에 따르면, 이 처분이 관계법령상의 기준에 따른 것이라도 재량권 일탈·남용에 해당할 수 있다.

정답찾기

② 이 법에 따른 처분으로서 해당 처분에 대한 행정소송은 행정심판의 재결(裁決)을 거치지 아니하면 제기할 수 없다(도로교통법 제142조).

■ 행정심판의 관할

> **행정심판법**
> **제6조【행정심판위원회의 설치】** ① 다음 각 호의 행정청 또는 그 소속 행정청(행정기관의 계층구조와 관계없이 그 감독을 받거나 위탁을 받은 모든 행정청을 말하되, 위탁을 받은 행정청은 그 위탁받은 사무에 관하여는 위탁한 행정청의 소속 행정청으로 본다. 이하 같다)의 처분 또는 부작위에 대한 행정심판의 청구(이하 "심판청구"라 한다)에 대하여는 다음 각 호의 행정청에 두는 행정심판위원회에서 심리·재결한다.
> 1. 감사원, 국가정보원장, 그 밖에 대통령령으로 정하는 대통령 소속기관의 장
> 2. 국회사무총장·법원행정처장·헌법재판소사무처장 및 중앙선거관리위원회사무총장
> 3. 국가인권위원회, 진실·화해를위한과거사정리위원회, 그 밖에 지위·성격의 독립성과 특수성 등이 인정되어 대통령령으로 정하는 행정청
> ② 다음 각 호의 행정청의 처분 또는 부작위에 대한 심판청구에 대하여는 부패방지 및 국민권익위원회의 설치와 운영에 관한 법률에 따른 국민권익위원회(이하 "국민권익위원회"라 한다)에 두는 중앙행정심판위원회에서 심리·재결한다.
> 1. 제1항에 따른 행정청 외의 국가행정기관의 장 또는 그 소속 행정청
> 2. 특별시장·광역시장·특별자치시장·도지사·특별자치도지사(특별시·광역시·특별자치시·도 또는 특별자치도의 교육감을 포함한다. 이하 "시·도지사"라 한다) 또는 특별시·광역시·특별자치시·도·특별자치도(이하 "시·도"라 한다)의 의회(의장, 위원회의 위원장, 사무처장 등 의회 소속 모든 행정청을 포함한다)

3. 지방자치법에 따른 지방자치단체조합 등 관계 법률에 따라 국가·지방자치단체·공공법인 등이 공동으로 설립한 행정청. 다만, 제3항 제3호에 해당하는 행정청은 제외한다.

③ 다음 각 호의 행정청의 처분 또는 부작위에 대한 심판청구에 대하여는 시·도지사 소속으로 두는 행정심판위원회에서 심리·재결한다.

1. 시·도 소속 행정청

2. 시·도의 관할구역에 있는 시·군·자치구의 장, 소속 행정청 또는 시·군·자치구의 의회(의장, 위원회의 위원장, 사무국장, 사무과장 등 의회 소속 모든 행정청을 포함한다)

3. 시·도의 관할구역에 있는 둘 이상의 지방자치단체(시·군·자치구를 말한다)·공공법인 등이 공동으로 설립한 행정청

④ 제2항 제1호에도 불구하고 대통령령으로 정하는 국가행정기관 소속 특별지방행정기관의 장의 처분 또는 부작위에 대한 심판청구에 대하여는 해당 행정청의 직근 상급행정기관에 두는 행정심판위원회에서 심리·재결한다.

438 행정소송에 있어 소의 이익에 대한 설명으로 가장 적절하지 않은 것은? (다툼이 있으면 판례에 의함) 13. 경찰

① 행정청이 공무원에 대하여 새로운 직위해제사유에 기한 직위해제처분을 한 경우라도 그 이전에 한 직위해제처분을 철회한 것은 아니므로, 그 이전 직위해제처분의 취소를 구할 소의 이익이 있다.

② 고등학교에서 퇴학처분을 당한 후 고등학교졸업학력검정고시에 합격한 경우, 퇴학처분의 취소를 구할 소의 이익이 있다.

③ 공익근무요원 소집해제신청을 거부한 후에 원고가 계속하여 공익근무요원으로 복무함에 따라 복무기간 만료를 이유로 소집해제처분을 한 경우, 원고가 입게 되는 권리와 이익의 침해는 소집해제처분으로 해소되었으므로 위 거부처분의 취소를 구할 소의 이익이 없다.

④ 현역병입영 대상자로 병역처분을 받은 자가 그 취소소송 중 모병에 응하여 현역병으로 자진 입대한 경우, 소의 이익이 없다.

정답찾기

① 행정청이 공무원에 대하여 새로운 직위해제사유에 기한 직위해제처분을 한 경우 그 이전에 한 직위해제처분은 이를 묵시적으로 철회하였다고 봄이 상당하고, 그렇다면 직위해제처분무효확인 및 정직처분취소 소송 중 이미 철회되어 그 효력이 상실된 직위해제처분의 취소를 구하는 부분은 존재하지 않는 행정처분을 대상으로 한 것으로서, 그 소의 이익이 없다고 보았다(대판 1996.10.15, 95누8119).

439 다음 중 판례가 처분성을 인정하지 않은 것은?

① 공정거래위원회의 표준약관 사용권장행위
② 운전면허 행정처분처리대장상의 벌점의 배점
③ 금융감독원장의 금융기관의 임원에 대한 문책경고
④ 건축계획심의신청에 대한 반려처분

정답찾기

② 운전면허 행정처분처리대장상 벌점의 배점은 도로교통법규 위반행위를 단속하는 기관이 도로교통법 시행규칙 별표 16의 정하는 바에 의하여 도로교통법규 위반의 경중, 피해의 정도 등에 따라 배정하는 점수를 말하는 것으로 자동차운전면허의 취소, 정지처분의 기초자료로 제공하기 위한 것이고 그 배점 자체만으로는 아직 국민에 대하여 구체적으로 어떤 권리를 제한하거나 의무를 명하는 등 법률적 규제를 하는 효과를 발생하는 요건을 갖춘 것이 아니어서 그 <u>무효확인 또는 취소를 구하는 소송의 대상이 되는 행정처분</u>이라고 할 수 없다(대판 1994.8.12., 94누2190).

③ <u>금융기관의 임원에 대한 금융감독원장의 문책경고</u>는 그 상대방에 대한 직업선택의 자유를 직접 제한하는 효과를 발생하게 하는 등 상대방의 권리의무에 직접 영향을 미치는 행위로서 항고소송의 대상이 되는 행정처분에 해당한다[대법원 2005.2.17, 선고, 2003두14765, 판결].

■ **문책 경고 상당 처분 취소**

금융감독원장이 종합금융주식회사의 전 대표이사에게 재직 중 위법·부당행위 사례를 첨부하여 금융 관련 법규를 위반하고 신용질서를 심히 문란하게 한 사실이 있다는 내용으로 <u>'문책경고장(상당)'</u>을 보낸 행위가 항고소송의 대상이 되는 행정처분에 해당하지 아니한다[대법원 2005.2.17, 선고, 2003두10312, 판결].

440 무효등확인소송에 관한 다음 설명 중 가장 적절하지 않은 것은? (다툼이 있으면 판례에 의함)

① 무효등확인소송은 처분 등의 효력 유무 또는 존재 여부의 확인을 구할 법률상 이익이 있는 자가 제기할 수 있다.
② 무효등확인소송은 다른 법률에 특별한 규정이 없는 한 그 처분 등을 행한 행정청을 피고로 한다.
③ 무효등확인소송의 제기는 처분 등의 효력이나 그 집행 또는 절차의 속행에 영향을 주지 아니한다.
④ 무효확인소송은 보충성이 요구되므로 '무효 확인을 구할 법률상 이익'이 있는지를 판단할 때 행정처분의 무효를 전제로 한 이행소송 등과 같은 직접적인 구제수단이 있는지 여부를 살펴보아야 한다.

정답찾기

④ 행정소송은 행정청의 위법한 처분 등을 취소·변경하거나 그 효력 유무 또는 존재 여부를 확인함으로써 국민의 권리 또는 이익의 침해를 구제하고 공법상의 권리관계 또는 법 적용에 관한 다툼을 적정하게 해결함을 목적으로 하므로, 대등한 주체 사이의 사법상 생활관계에 관한 분쟁을 심판대상으로 하는 민사소송과는 목적, 취지 및 기능 등을 달리한다. 또한 행정소송법 제4조에서는 무효확인소송을 항고소송의 일종으로 규정하고 있고, 행정소송법 제38조 제1항에서는 처분 등을 취소하는 확정판결의 기속력 및 행정청의 재처분 의무에 관한 행정소송법 제30조를 무효확인소송에도 준용하고 있으므로 무효확인판결 자체만으로도 실효성을 확보할 수 있다. 그리고 무효확인소송의 보충성을 규정하고 있는 외국의 일부 입법례와는 달리 우리나라 행정소송법에는 명문의 규정이 없어 이로 인한 명시적 제한이 존재하지 않는다. 이와 같은 사정을 비롯하여 행정에 대한 사법통제, 권익구제의 확대와 같은 행정소송의 기능 등을 종합하여 보면, 행정처분의 근거 법률에 의하여 보호되는 직접적이고 구체적인 이익이 있는 경우에는 행정소송법 제35조에 규정된 '무효확인을 구할 법률상 이익'이 있다고 보아야 하고, 이와 별도로 <u>무효확인소송의 보충성이 요구되는 것은 아니므로</u> 행정처분의 무효를 전제로 한 이행소송 등과 같은 직접적인 구제수단이 있는지 여부를 따질 필요가 없다고 해석함이 상당하다[대판 2008.3.20, 2007두6342(전합)].

441 행정소송법상 가구제에 관한 다음 설명 중 가장 적절하지 않은 것은? (다툼이 있으면 판례에 의함) 14. 경찰

① 행정처분의 효력정지나 집행정지를 구하는 신청사건에 있어서 집행정지사건 자체에 의하여도 신청인의 본안청구가 적법한 것이어야 한다는 것을 집행정지의 요건에 포함시켜야 할 것이다.

② 집행정지의 결정 또는 기각의 결정에 대하여는 즉시항고 할 수 있으며, 집행정지의 결정에 대한 즉시항고에는 결정의 집행을 정지하는 효력이 없다.

③ 무효인 처분은 효력 자체가 발생하지 아니하므로 본안소송이 무효확인소송인 경우에는 집행정지에 관한 규정이 준용되지 아니한다.

④ 처분의 효력정지는 처분 등의 집행 또는 절차의 속행을 정지함으로써 목적을 달성할 수 있는 경우에는 허용되지 아니한다.

> **정답찾기**
>
> ③ 무효확인소송에 대해서도 집행정지에 관한 규정은 준용된다(행정소송법 제38조 제1항).
>
> > **행정소송법**
> > **제38조 【준용규정】** ① 제9조, 제10조, 제13조 내지 제17조, 제19조, <u>제22조 내지 제26조</u>, 제29조 내지 제31조 및 제33조의 규정은 무효 등 확인소송의 경우에 준용한다.
> > 동법 제23조가 집행정지에 관한 규정이므로 무효 등 확인소송에도 집행정지에 관한 규정이 준용된다.

442 행정소송법상 집행정지에 대한 설명으로 가장 적절하지 않은 것은? (다툼이 있는 경우 판례에 의함) 18. 경찰

① 행정처분에 대한 효력정지 신청을 구함에 있어서도 이를 구할 법률상 이익이 있어야 한다.

② 집행정지결정을 한 후에라도 행정사건의 본안소송이 취하되어 그 소송이 계속하지 아니한 것으로 되면 이에 따라 집행정지 결정은 당연히 그 효력이 소멸되며 별도의 취소조치가 필요한 것은 아니다.

③ 집행정지는 행정처분의 집행부정지원칙의 예외로 인정되는 것이므로 본안청구의 적법과는 상관이 없기 때문에 적법한 본안소송의 계속을 요건으로 하지 않는다.

④ 집행정지의 요건으로 규정하고 있는 '공공복리에 중대한 영향을 미칠 우려'가 없을 것이라고 할 때의 '공공복리'는 그 처분의 집행과 관련된 구체적이고 개별적인 공익을 말한다.

> **정답찾기**
>
> ③ 행정처분의 효력정지나 집행정지를 구하는 신청사건에 있어서는 행정처분 자체의 적법 여부는 궁극적으로 본안재판에서 심리를 거쳐 판단할 성질의 것이므로 원칙적으로 판단할 것이 아니고, 그 행정처분의 효력이나 집행을 정지할 것인가에 관한 행정소송법 제23조 제2항 소정의 요건의 존부만이 판단의 대상이 된다고 할 것이지만, 나아가 집행정지는 행정처분의 집행부정지원칙의 예외로서 인정되는 것이고 또 본안에서 원고가 승소할 수 있는 가능성을 전제로 한 권리보호수단이라는 점에 비추어 보면 집행정지사건 자체에 의하여도 신청인의 본안청구가 적법한 것이어야 한다는 것을 집행정지의 요건에 포함시켜야 한다(대결 1999.11.26, 99부3).

443 행정소송법상 가구제에 대한 설명으로 가장 적절하지 않은 것은? (다툼이 있는 경우 판례에 의함) 19. 경찰

① 집행정지를 결정하기 위해서는 본안으로 취소소송·무효등확인소송·부작위위법확인소송이 계속 중이어야 한다.
② 거부처분은 그 효력이 정지되더라도 그 처분이 없었던 것과 같은 상태를 만드는 것에 지나지 아니하는 것이므로 정지할 필요성이 없다.
③ 항고소송의 대상이 되는 행정처분의 효력이나 집행 혹은 절차속행 등의 정지를 구하는 신청은 행정소송법상 집행정지신청의 방법으로만 가능할 뿐 민사소송법상 가처분의 방법으로는 허용될 수 없다.
④ 당사자소송에 대하여는 행정소송법 제23조 제2항의 집행정지에 관한 규정이 준용되지 아니하므로, 이를 본안으로 하는 가처분에 대하여는 민사집행법상의 가처분에 관한 규정이 준용되어야 한다.

정답찾기
① 부작위위법확인소송의 경우 집행정지가 허용되지 않는다.

444 다음 처분사유의 추가·변경에 대한 설명으로 가장 적절하지 않은 것은? (다툼이 있으면 판례에 의함) 15. 경찰

① 추가 또는 변경된 사유가 당초의 처분 시 그 사유를 명기하지 않았을 뿐 처분 시에 이미 존재하고 있었고 당사자도 그 사실을 알고 있었다 하여 당초의 처분사유와 동일성이 있는 것이라 할 수 없다.
② 취소소송에서 행정청의 처분사유의 추가·변경은 사실심 변론종결시까지만 허용된다.
③ 당초의 처분사유인 중기취득세의 체납과 그 후 추가된 처분사유인 자동차세의 체납은 기본적 사실관계의 동일성이 부정된다.
④ 주류면허 지정조건 중 제6호 무자료 주류판매 및 위장거래 항목을 근거로 한 면허취소 처분에 대한 항고소송에서, 지정조건 제2호 무면허판매업자에 대한 주류판매를 새로이 그 취소사유로 주장하는 것은 기본적 사실관계의 동일성이 인정된다.

정답찾기
④ 주류면허 지정조건 중 제6호 무자료 주류판매 및 위장거래 항목을 근거로 한 면허취소처분에 대한 항고소송에서, 지정조건 제2호 무면허판매업자에 대한 주류판매를 새로이 그 취소사유로 주장하는 것은 기본적 사실관계가 다른 사유를 내세우는 것으로서 허용될 수 없다(대판 1996.9.6, 96누7427).

445 다음 보기 중 판례가 원고적격을 인정하고 있는 것은 모두 몇 개인가?

> ㉠ 개발제한구역 중 일부 취락을 개발제한구역에서 해제하는 내용의 도시관리계획변경결정에 대하여, 개발제한구역 해제대상에서 누락된 토지의 소유자가 도시관리계획변경결정의 취소를 구할 때
> ㉡ 원자로 시설부지 인근 주민들이 방사성물질 등에 의한 생명·신체의 안전침해를 이유로 부지 사전승인처분의 취소를 구할 때
> ㉢ 제약회사가 보건복지부 고시인 약제급여·비급여목록 및 급여상한금액표의 취소를 구할 때
> ㉣ 학과에 재학 중인 대학생들이 전공이 다른 교수의 임용으로 인해 학습권을 침해당하였다는 이유를 들어 교수 임용처분의 취소를 구할 때

① 1개   ② 2개   ③ 3개   ④ 4개

정답찾기

지문의 내용 중 원고적격이 인정되는 사안은 ㉡㉢이다.

㉠ 개발제한구역 중 일부 취락을 개발제한구역에서 해제하는 내용의 도시관리계획변경결정에 대하여, 개발제한구역 해제대상에서 누락된 토지의 소유자는 위 결정의 취소를 구할 법률상 이익이 없다(대판 2008.7.10, 2007두10242).

㉡ 원자력법 제12조 제2호(발전용 원자로 및 관계 시설의 위치·구조 및 설비가 대통령령이 정하는 기술수준에 적합하여 방사성물질 등에 의한 인체·물체·공공의 재해방지에 지장이 없을 것)의 취지는 원자로 등 건설사업이 방사성물질 및 그에 의하여 오염된 물질에 의한 인체·물체·공공의 재해를 발생시키지 아니하는 방법으로 시행되도록 함으로써 방사성물질 등에 의한 생명·건강상의 위해를 받지 아니할 이익을 일반적 공익으로서 보호하려는 데 그치는 것이 아니라 방사성물질에 의하여 보다 직접적이고 중대한 피해를 입으리라고 예상되는 지역 내의 주민들의 위와 같은 이익을 직접적·구체적 이익으로서도 보호하려는 데에 있다 할 것이므로, 위와 같은 지역 내의 주민들에게는 방사성물질 등에 의한 생명·신체의 안전침해를 이유로 부지 사전승인처분의 취소를 구할 원고적격이 있다(대판 1998.9.4, 97누19588).

㉢ 원고는 자신이 제조·공급하는 이 사건 약제에 대하여 국민건강보험법령 등 약제상한금액고시의 근거 법령에 의하여 보호되는 직접적이고 구체적인 이익을 향유한다고 할 것이고, 원고는 이 사건 고시로 인하여 이 사건 약제의 상한금액이 인하됨에 따라 위와 같이 근거 법령에 의하여 보호되는 법률상 이익을 침해당하였다고 할 것이므로, 이 사건 고시 중 이 사건 약제의 상한금액 인하 부분에 대하여 그 취소를 구할 원고적격이 있다(대판 2006.12.21, 2005두16161).

㉣ 원고들은 서울시립대학교 세무학과에 재학 중인 학생들로서 조세정책과목을 수강하고 있는데 피고가 경제학적으로 접근하여야 하는 조세정책과목의 담당교수를 행정학을 전공한 소외 원윤희로 임용함으로써 원고들의 학습권을 침해하였다는 것이나 설령 피고의 이 사건 임용처분으로 말미암아 원고들이 그 주장과 같은 불이익을 받게 되더라도 그 불이익은 간접적이거나 사실적인 불이익에 지나지 아니하여 그것만으로는 원고들에게 이 사건 임용처분의 취소를 구할 소의 이익이 있다고 할 수 없다(대판 1993.7.27, 93누8139).

446 다음 항고소송의 대상이 되는 '처분'에 대한 판례의 입장으로 가장 적절하지 않은 것은?　15.경찰

① 한국마사회가 조교사 또는 기수의 면허를 부여하거나 '취소하는 것은 일반사법상의 법률관계에서 이루어지는 단체 내부에서의 징계 내지 제재처분에 불과하다.
② 임용권자가 시험승진후보자명부에서의 등재자 성명을 삭제한 행위는 행정처분이 아니다.
③ 금융기관의 임원에 대한 금융감독원장의 문책경고는 항고소송의 대상이 되는 행정처분에 해당한다.
④ 공정거래위원회의 '표준약관 사용권장행위'는 항고소송의 대상이 되는 행정처분이 아니다.

> [정답찾기]
> ④ 공정거래위원회의 '표준약관 사용권장행위'는 그 통지를 받은 해당 사업자 등에게 표준약관과 다른 약관을 사용할 경우 표준약관과 다르게 정한 주요내용을 고객이 알기 쉽게 표시하여야 할 의무를 부과하고, 그 불이행에 대해서는 과태료에 처하도록 되어 있으므로, 이는 사업자 등의 권리·의무에 직접 영향을 미치는 행정처분으로서 항고소송의 대상이 된다(대판 2010.10.14, 2008두23184).

447 다음 취소판결의 효력과 관련된 설명으로 가장 적절하지 않은 것은? (다툼이 있으면 판례에 의함)　15. 경찰

① 전소와 후소의 소송물이 동일하지 않다고 하더라도 전소의 기판력 있는 법률관계가 후소의 선결적 법률관계가 되는 때에는 전소의 판결의 기판력이 후소에 미쳐 후소의 법원은 전에 한 판단과 모순되는 판단을 할 수 없다.
② 판결에 의하여 취소되는 처분이 당사자의 신청을 거부하는 것을 내용으로 하는 경우에는 그 처분을 행한 행정청은 판결의 취지에 따라 다시 이전의 신청에 대한 처분을 할 수 있다.
③ 행정처분을 취소한다는 확정판결이 있으면 그 취소판결의 형성력에 의하여 당해 행정처분의 취소나 취소통지 등의 별도의 절차를 요하지 아니하고 당연히 취소의 효과가 발생한다.
④ 기판력의 객관적 범위는 소송물로 주장된 법률관계의 존부에 관한 판단의 결론 그 자체에만 미치는 것이다.

> [정답찾기]
> ② 판결에 의하여 취소되는 처분이 당사자의 신청을 거부하는 것을 내용으로 하는 경우에는 그 처분을 행한 행정청은 판결의 취지에 따라 다시 이전의 신청에 대한 처분을 하여야 한다(행정소송법 제30조 제2항).

448 행정소송법에 관한 설명이다. 다음 중 적절하지 않은 것은? 16.경찰

① 행정소송법 제3조에서는 행정소송을 항고소송, 기관소송, 당사자소송, 예방적 금지소송으로 구분한다.

② 당사자소송이란 행정청의 처분 등을 원인으로 하는 법률관계에 관한 소송 그 밖에 공법상의 법률관계에 관한 소송으로서 그 법률관계의 한쪽 당사자를 피고로 하는 소송을 말한다.

③ 취소소송은 법령의 규정에 의하여 당해 처분에 대한 행정심판을 제기할 수 있는 경우에도 이를 거치지 아니하고 제기할 수 있다. 다만, 다른 법률에 당해 처분에 대한 행정심판의 재결을 거치지 아니하면 취소소송을 제기할 수 없다는 규정이 있는 때에는 그러하지 아니하다.

④ 법원은 필요하다고 인정할 때에는 직권으로 증거조사를 할 수 있고, 당사자가 주장하지 아니한 사실에 대하여도 판단할 수 있다.

정답찾기
① 행정소송법 제3조는 행정소송을 항고소송, 기관소송, 당사자소송, <u>민중소송</u>으로 구분한다.

4장

449 경찰작용에 있어서 행정소송에 대한 설명으로 가장 적절한 것은 모두 몇 개인가? (다툼이 있는 경우 판례에 의함)
24. 경찰간부

> ㉠ 관할 경찰청장은 운전면허와 관련된 처분권한을 각 경찰서장에게 위임하였고, 이에 따라 A경찰서장은 자신의 명의로 甲에게 운전면허정지처분을 하였다면, 甲의 운전면허정지처분 취소소송의 피고적격자는 A경찰서장이 아니라 관할 경찰청장이다.
>
> ㉡ 혈중알콜농도 0.13%의 주취상태에서 차량을 운전하다가 적발된 乙에게 관할 경찰청장이 「도로교통법」에 의거 운전면허취소처분을 하였을 경우, 乙은 행정심판을 거치지 않고 바로 행정소송을 제기할 수 있다.
>
> ㉢ 도로 외의 곳에서의 음주운전·음주측정거부 등에 대해서는 형사처벌도 가능하고 운전면허취소처분도 부과할 수 있다.
>
> ㉣ 경찰청장을 피고로 하여 취소소송을 제기하는 경우, 대법원 소재지를 관할하는 행정법원이 제1심 관할 법원으로 될 수 있다.

① 1개 　　　　② 2개 　　　　③ 3개 　　　　④ 4개

정답찾기
지문의 내용 중 적절한 것은 ㉡㉢㉣이다.
㉠ 사안의 경우 취소소송의 피고적격자는 <u>A경찰서장</u>이다.
㉡ 이 법에 따른 처분으로서 해당 처분에 대한 <u>행정소송은 행정심판의 재결(裁決)을 거치지 아니하면 제기할 수 없다</u>(도로교통법 제142조).
㉢ 도로교통법 제2조 제24호(운전)의 예외 규정에는 음주운전·음주측정거부 등에 관한 형사처벌 규정인 도로교통법 제148조의2가 포함되어 있으나, 행정제재처분인 운전면허 취소·정지의 근거 규정인 도로교통법 제93조는 포함되어 있지 않기 때문에 도로 외의 곳에서의 음주운전·음주측정거부 등에 대해서는 <u>형사처벌만 가능하고 운전면허의 취소·정지 처분은 부과할 수 없다</u>[대법원 2021. 12.10. 선고, 2018두42771, 판결].
㉣ 취소소송의 제1심관할법원은 피고의 소재지를 관할하는 행정법원으로 한다. 다만, 중앙행정기관, 중앙행정기관의 부속기관과 합의제행정기관 또는 그 장에 대하여 취소소송을 제기하는 경우에는 <u>대법원 소재지를 관할하는 행정법원에 제기할 수 있다</u>(행정소송법 제9조).

Answer 　446 ④ 　447 ② 　448 ① 　449 ③

450 다음 빈칸에 들어갈 말로 가장 적절한 것은? (다툼이 있는 경우 판례에 의함) 23. 경찰

> 명예퇴직한 법관이 미지급 명예퇴직수당액에 대하여 가지는 권리는 명예퇴직수당 지급대상자 결정 절차를 거쳐
> 명예퇴직 수당규칙에 의하여 확정된 공법상 법률관계에 관한 권리로서, 그 지급을 구하는 소송은 「행정소송법」의
> (   )에 해당하며, 그 법률관계의 당사자인 국가를 상대로 제기하여야 한다.

① 취소소송
② 부작위위법확인소송
③ 기관소송
④ 당사자소송

정답찾기

명예퇴직한 법관이 미지급 명예퇴직수당액에 대하여 가지는 권리는 명예퇴직수당 지급대상자 결정 절차를 거쳐 명예퇴직 수당규칙에 의하여 확정된 공법상 법률관계에 관한 권리로서, 그 지급을 구하는 소송은 행정소송법의 <u>당사자소송</u>에 해당하며, 그 법률관계의 당사자인 국가를 상대로 제기하여야 한다[대법원 2016.5.24, 선고, 2013두14863, 판결].

451 행정소송법상 기관소송에 대한 설명으로 가장 적절하지 않은 것은? (다툼이 있는 경우 판례에 의함) 19. 경찰

① 국가 또는 공공단체의 기관 상호간에 있어서의 권한의 존부 또는 그 행사에 관한 다툼이 있을 때에 이에
  대하여 제기하는 소송을 말한다.
② 헌법재판소법에 따라 헌법재판소의 관장사항으로 되는 소송은 제외한다.
③ 헌법 또는 법률에 의하여 부여받은 권한이 침해되었거나 침해될 현저한 위험이 있는 자가 제기할 수 있다.
④ 국민권익위원회가 부패방지 및 국민권익위원회의 설치와 운영에 관한 법률 소정의 조치를 요구한 경우에
  그 요구에 불응하면 제재를 받을 수 있는데도 불구하고 기관소송을 제기할 수 없는 시·도선거관리위원회
  위원장으로서는 그 요구에 대해 항고소송을 제기할 수 있다.

정답찾기

③ 민중소송 및 기관소송은 <u>법률이 정한 경우에 법률에 정한 자에 한하여</u> 제기할 수 있다(행정소송법 제45조).

452 행정소송법상 항고소송의 제소기간에 대한 설명으로 가장 적절한 것은? (다툼이 있는 경우 판례에 의함) 20. 경찰

① 취소소송은 처분 등이 있음을 안 날부터 90일 이내에 제기하여야 하는데, 행정심판청구를 할 수 있는 경우에 행정심판청구가 있은 때의 기간은 재결서의 정본을 송달받은 날부터 기산하며, 여기서 말하는 '행정심판'은 행정심판법에 따른 일반행정심판만을 의미한다.

② 처분이 있음을 안 날부터 90일을 넘겨 청구한 부적법한 행정심판청구에 대한 재결이 있은 후 재결서를 송달받은 날부터 90일 이내에 원래의 처분에 대하여 취소소송을 제기하면 취소소송은 제소기간을 준수한 것으로 본다.

③ 무효등확인소송의 경우에도 취소소송과 같이 제소기간에 제한이 있다.

④ 처분 당시에는 취소소송의 제기가 법제상 허용되지 않아 소송을 제기할 수 없다가 위헌결정으로 인하여 비로소 취소소송을 제기할 수 있게 된 경우에는 객관적으로는 '위헌결정이 있은 날', 주관적으로는 '위헌결정이 있음을 안 날' 비로소 취소소송을 제기할 수 있게 되어 이때를 제소기간의 기산점으로 삼아야 한다.

정답찾기

① 행정소송법 제20조 제1항에 따르면, 취소소송은 처분 등이 있음을 안 날부터 90일 이내에 제기하여야 하는데, 행정심판청구를 할 수 있는 경우에 행정심판청구가 있은 때의 기간은 재결서의 정본을 송달받은 날부터 기산한다. 이처럼 취소소송의 제소기간을 제한함으로써 처분 등을 둘러싼 법률관계의 안정과 신속한 확정을 도모하려는 입법 취지에 비추어 볼 때, 여기서 말하는 '행정심판'은 행정심판법에 따른 일반행정심판과 이에 대한 특례로서 다른 법률에서 사안의 전문성과 특수성을 살리기 위하여 특히 필요하여 일반행정심판을 갈음하는 특별한 행정불복절차를 정한 경우의 특별행정심판(행정심판법 제4조)을 뜻한다(대판 2014.4.24, 2013두10809).

② 행정소송법 제18조 제1항, 제20조 제1항, 구 행정심판법(2010.1.25. 법률 제9968호로 전부 개정되기 전의 것) 제18조 제1항을 종합해 보면, 행정처분이 있음을 알고 처분에 대하여 곧바로 취소소송을 제기하는 방법을 선택한 때에는 처분이 있음을 안 날부터 90일 이내에 취소소송을 제기하여야 하고, 행정심판을 청구하는 방법을 선택한 때에는 처분이 있음을 안 날부터 90일 이내에 행정심판을 청구하고 행정심판의 재결서를 송달받은 날부터 90일 이내에 취소소송을 제기하여야 한다. 따라서 처분이 있음을 안 날부터 90일 이내에 행정심판을 청구하지도 않고 취소소송을 제기하지도 않은 경우에는 그 후 제기된 취소소송은 제소기간을 경과한 것으로서 부적법하고, 처분이 있음을 안 날부터 90일을 넘겨 청구한 부적법한 행정심판청구에 대한 재결이 있은 후 재결서를 송달받은 날부터 90일 이내에 원래의 처분에 대하여 취소소송을 제기하였다고 하여 취소소송이 다시 제소기간을 준수한 것으로 되는 것은 아니다(대판 2011.11.24, 2011두18786).

③ 무효등확인소송의 경우 제소기간 관련 규정이 적용되지 않으므로 제소기간의 제한이 없다. 제소기간(행정소송법 제20조) 관련 규정은 부작위위법확인소송의 경우에 준용한다(행정소송법 제38조 제2항).

제1절 **경찰조직관리**

01 **막스 베버(M. Weber)의 관료제에 대한 다음 설명 중 옳지 않은 것의 개수는?**   08. 경찰 변형, 18. 경찰간부

> ㉠ 직무조직은 계층제적 구조로 되어 있다.
> ㉡ 관료는 시험 또는 자격 등을 기준으로 공개 채용한다.
> ㉢ 직무수행은 주로 서류에 의해 이루어지며, 기록은 단기간 보존된다.
> ㉣ 관료의 권한과 직무범위는 법규와 관례에 따라 규정된다.
> ㉤ 관료는 직무수행의 대가·직업적 보상으로 급료를 받으며 직무수행과정에서 개인적인 감정에 따라 임무를 수행한다.
> ㉥ 관료제의 병리현상으로 과잉동조에 따른 목표대치, 할거주의, 훈련된 무능 등을 들 수 있다.
> ㉦ 조직이 바탕으로 삼는 권한의 유형을 전통적 권한, 카리스마적 권한, 법적·합리적 권한으로 나누었다.

① 1개   ② 2개   ③ 3개   ④ 4개

정답찾기

옳지 않은 것은 ㉢㉣㉤ 3개이다.
㉢ 직무수행은 주로 서류에 의해 이루어지며, 기록은 <u>장기간</u> 보존된다.
㉣ 관료의 권한과 직무범위는 법규에 따라 규정된다.
㉤ 관료는 직무수행의 대가로 직업적 보상으로 급료를 받으며 직무수행과정에서 <u>개인적 감정은 배제</u>된다.

02 **경찰조직관리에 대한 설명 중 적절하지 않은 것은 모두 몇 개인가?**   13. 경찰승진

> ㉠ 최근 부각되는 구조조정의 문제와 관련성이 깊은 것은 통솔범위의 원리이다.
> ㉡ 조직목적수행을 위한 구성원의 임무를 책임과 난이도에 따라 상하로 나누어 배치하는 것은 명령통일의 원리이다.
> ㉢ 1인의 상관 또는 감독자가 효과적으로 직접 감독할 수 있는 부하의 수를 검토하는 것은 통솔범위의 원리이다.
> ㉣ 계층제 원리의 경우 '경찰업무 처리의 신중성'이라는 측면에서 문제점이 제기된다.
> ㉤ 갈등의 원인이 세분화된 업무처리에 있다면 업무처리과정을 통합한다든지 연결하는 장치나 대화채널의 확보가 필요하다.

① 1개   ② 2개   ③ 3개   ④ 4개

정답찾기

적절하지 않은 것은 ㉡㉣ 2개이다.
㉡ 지문의 내용은 <u>계층제의 원리</u>에 대한 설명이다.
㉣ 계층제 원리의 경우 계층이 많아질수록 의사소통의 단계가 늘어나고 처리시간이 길어진다는 문제점을 가진다. 이는 역으로 경찰업무의 처리가 신중해질 수 있다는 장점이 될 수 있다.

03 조정과 통합의 원리에 대한 다음 설명 중 적절하지 않은 것은 모두 몇 개인가?   16. 경찰간부, 19. 경찰승진

> ⊙ 문제해결이 어려울 경우 갈등을 완화하고 양자간의 타협을 도출해야 한다. 또한 관리자가 갈등을 초래할 수 있는 결정을 보류 또는 회피하는 것도 좋은 방법이다.
> ⓒ 한정된 인력이나 예산으로 대안 선택에 갈등이 생기는 경우에는 가능하면 예산과 인력을 확보하고 업무추진의 우선순위를 지정할 필요가 있다.
> ⓒ 갈등해결 방안으로는 강제적, 공리적, 규범적 방안이 있을 수 있는 바, '상위목표의 제시'는 규범적 방안, '처벌과 제재'는 강제적 방안의 하나이다.
> ⓔ 갈등의 원인이 세분화 된 업무처리에 있다면, 이를 더 전문화시키는 데 힘써야 한다.
> ⓜ 부서간의 갈등이 일어나고 있을 때는 더 높은 상위목표를 제시, 상호간 이해와 양보를 유도하는 것이 바람직하다.
> ⓗ 갈등의 장기적 대응을 위해서 조직의 구조, 보상체계, 인사 등의 제도개선과 조직원의 행태를 합리적으로 개선하는 방안이 있다.

① 없음   ② 1개   ③ 2개   ④ 3개

정답찾기

지문의 내용 중 적절하지 않은 것은 ⓔ이다.
ⓔ 갈등의 원인이 세분화된 업무처리에 있다면, 조정·통합을 통해 문제를 해결할 수 있다.

04 경찰조직 편성의 원리에 관한 다음 설명 중 옳은 것은 모두 몇 개인가?   18. 경찰간부

> ⊙ 계층제는 경찰조직의 일체감과 통일성을 확보하지만 조직의 경직화를 초래한다.
> ⓒ 둘 이상의 상관으로부터 지시나 명령을 받게 되면 업무수행의 혼선이 발생할 수 있으므로 명령통일의 원리가 필요하다.
> ⓒ Mooney는 조정의 원리를 제1의 원리라고 하였다.
> ⓔ 구조조정의 문제와 깊은 관련성이 있는 것은 통솔범위의 원리이다.
> ⓜ 분업은 전문화라는 장점이 있지만 전체적인 통찰력을 약화시키는 단점이 있다.

① 2개   ② 3개   ③ 4개   ④ 5개

정답찾기

④ 모두 옳은 지문이다.

05 경찰조직편성의 원리에 대한 설명 중 적절한 것을 모두 고른 것은?

> ㉠ 계층제의 원리 – 책임과 난이도에 따라 상위로 갈수록 권한과 책임이 무거운 임무를 수행하도록 편성한다.
> ㉡ 통솔범위의 원리 – 신설조직보다 기성조직에서, 단순 반복업무보다 전문적 사무를 담당하는 조직에서 상관이 많은 부하직원을 통솔할 수 있다.
> ㉢ 명령통일의 원리 – 상위직에 부여된 권한과 책임을 하위자에게 분담시키는 권한의 위임제도를 적절히 활용하여 명령통일의 한계를 완화할 수 있다.
> ㉣ 조정과 통합의 원리 – 조직의 구조, 보상체계, 인사 등의 제도개선과 조직원의 행태를 합리적으로 개선하는 것은 갈등의 단기적인 대응방안이다.

① ㉠, ㉡
③ ㉠, ㉣
② ㉠, ㉢
④ ㉡, ㉢

정답찾기

적절하지 않은 것은 ㉡㉣ 2개이다.
㉡ 통솔범위의 원리와 관련하여 신설조직보다 기성조직에서 상관이 많은 부하직원을 통솔할 수 있다. 그러나 단순 반복업무보다 전문적 사무를 담당하는 조직에서는 상관이 통솔할 수 있는 부하직원의 수가 줄어든다.
㉣ 조직의 구조, 보상체계, 인사 등의 제도개선과 조직원의 행태를 합리적으로 개선하는 것은 갈등에 대한 <u>장기적</u> 대응방안에 해당한다.

06 경찰조직편성의 원리에 관한 설명으로 가장 적절하지 않은 것은?

① 통솔범위는 신설부서보다는 오래된 부서, 지리적으로 근접한 부서보다는 분산된 부서, 복잡한 업무보다는 단순한 업무의 경우에 넓어진다.
② 계층제는 조직의 경직화를 가져와 환경변화에 대한 조직의 신축적 대응을 어렵게 한다.
③ 조정의 원리는 구성원이나 단위기관의 활동을 전체적인 관점에서 통일하여 조직의 목표달성도를 높이려는 원리를 말한다.
④ 분업의 원리란 업무를 성질과 종류별로 구분하여 한 사람에게 한 가지의 동일한 업무만을 전담토록 하는 원리를 말한다.

정답찾기

① 통솔범위는 신설부서보다는 오래된 부서, <u>지리적으로 분산된 부서보다는 근접한 부서</u>, 복잡한 업무보다는 단순한 업무의 경우에 넓어진다.

07 경찰조직편성의 원리에 관한 설명 중 가장 적절하지 않은 것은? 22. 경찰

① '통솔의 범위'는 한 사람의 상관이 효과적으로 감독할 수 있는 최대한의 부하의 수를 말한다.

② '계층제'는 권한과 책임의 정도에 따라 직무를 등급화 함으로써 상·하계층 간 직무상 지휘 감독관계에 놓이게 하는 것을 말한다.

③ '명령통일의 원리'는 조직구성원들은 한 사람의 상관으로부터만 명령을 받고, 보고도 그 상관에게만 하여야 한다는 것을 의미한다.

④ '할거주의'는 타기관 및 타부처에 대한 횡적인 조정과 협조를 용이하게 만드는 대표적인 요인으로 조정 통합의 원리에 필수적인 요소이다.

정답찾기
④ 할거주의란 관료제의 구조적 특성 때문에 조직 구성원들이 자신이 소속된 기관과 부서만을 생각하고 다른 부서에 대해 배려하지 않는 편협한 태도를 취하는 현상을 말한다. 이러한 할거주의는 타기관 및 타부처에 대한 <u>횡적인 조정과 협조를 어렵게 만든다</u>.

08 경찰조직 편성원리에 관한 설명 중 옳지 않은 것은 모두 몇 개인가? 23. 경찰승진

> ㉠ 통솔범위의 원리는 관리자의 능률적인 감독을 위해서는 통솔하는 대상의 범위를 적정하게 제한하여야 한다는 것으로 관리의 효율성을 좌우하는 중요한 원리이다.
> ㉡ 조직의 집단적 노력을 질서있게 배열하는 과정으로 개별적인 활동을 전체적인 관점에서 통일하여 조직의 목표달성도를 높이려는 조직편성의 원리를 명령통일의 원리라고 한다.
> ㉢ 계층제의 원리는 관리자의 공백 등을 대비하여 대리, 위임, 유고관리자 사전지정 등이 필요하다.
> ㉣ 조정과 통합의 원리는 조직편성 원리의 장단점을 조화롭게 승화시키는 원리로, 무니(Mooney)는 조정의 원리를 '제1의 원리'라고 하였다.

① 없음

② 1개

③ 2개

④ 3개

정답찾기
지문의 내용 중 옳지 않은 것은 ㉡㉢이다.
㉡ 지문의 내용은 <u>조정(통합)의 원리</u>에 대한 설명이다. 명령통일의 원리한 조직의 구성원 사이에 지시나 보고를 주고받는 과정에서 지시는 한 사람만이 할 수 있고, 보고도 한 사람에게만 하여야 한다는 원칙을 말한다.
㉢ 지문의 내용은 <u>명령통일의 원리</u>를 보완하기 위한 제도적 장치에 해당한다.

09 다음에 설명하는 내용을 볼 때, 경찰조직에 필요한 조직편성의 원리로 가장 적절한 것은?   22. 경찰간부

> 경찰은 대부분의 경우 예기치 못한 사태가 돌발적으로 발생하며, 시급히 해결하지 않으면 피해를 회복하기 곤란한 경우가 많아 신속한 집행을 필요로 하는데, 이때 지시가 분산되고 여러 사람으로부터 지시를 받는다면, 범인을 놓친다든지 사고처리가 늦어 인명이나 재산의 피해에 신속한 대응이 불가능하다.

① 계층제의 원리(Hierarchy)
② 통솔범위의 원리(Span of Control)
③ 명령통일의 원리(Unity of Command)
④ 조정과 통합의 원리(Coordination)

정답찾기
③ 지문의 내용은 명령통일의 원리(Unity of Command)에 대한 설명이다.

10 경찰조직편성의 원리에 대한 설명으로 적절하지 않은 것은 모두 몇 개인가?   23. 경찰간부, 23. 경찰

> ㉠ 통솔범위의 원리에서 조직의 역사, 교통통신의 발달, 관리자의 리더십(Leadership), 부하의 능력 등은 통솔범위의 중요 요소이다.
> ㉡ 통솔범위의 원리는 직무를 책임과 난이도에 따라 상하로 나누어 배치하고 상하 계층 간에 명령복종 관계를 적용하는 조직편성원리로 상위로 갈수록 권한과 책임이 무거운 임무를 수행한다는 원리이다.
> ㉢ 무니(J. Mooney)는 조정·통합의 원리를 조직의 제1원리이며 가장 최종적인 원리라고 하였다.
> ㉣ 명령통일의 원리는 조직구성원 누구나 한 사람의 상관에게 보고하며 한 사람의 상관으로부터 명령을 받아야 한다는 원리이다.
> ㉤ 할거주의는 조정과 통합의 원리를 실현시키는 필수적 요소이다.

① 1개   ② 2개
③ 3개   ④ 4개

정답찾기
지문의 내용 중 적절하지 않은 것은 ㉡㉤이다.
㉡ 지문의 내용은 계층제의 원리에 대한 설명이다. 통솔범위란 한 사람의 상관이 직접 관리·통솔할 수 있는 부하직원의 합리적인 수를 말한다. 즉, 한 사람의 관리자가 직접 관리할 수 있는 적정한 부하의 수는 어느 정도인가라는 문제로 관리의 효율성과 관련된 원리이다.
㉤ 할거주의란 관료제의 구조적 특성 때문에 조직구성원들이 자신이 소속된 기관과 부서만을 생각하고 다른 부서에 대해 배려하지 않는 편협한 태도를 취하는 현상을 말한다. 조정과 통합을 위해서는 할거주의를 타파(해소)해야 한다.

11 경찰조직편성의 원리에 관한 설명으로 가장 적절하지 않은 것은?

① 분업의 원리 – 가급적 한 사람에게 동일한 업무를 분담시킴으로써 특정 분야에 대한 업무의 전문화 확보를 가능하게 한다.

② 계층제의 원리 – 권한과 책임의 정도에 따라 직무를 계층화 함으로써 상·하 계층 간에 직무상 지휘·감독 관계에 있도록 한다.

③ 조정과 통합의 원리 – 구성원의 노력과 행동을 질서있게 배열하고 통일시키는 작용을 함으로써 경찰행정의 목표를 효율적으로 달성할 수 있게 한다.

④ 통솔범위의 원리 – 1인의 상관 또는 감독자가 직접 통솔할 수 있는 부하직원의 수를 의미하며, 무니(J. Mooney)는 이러한 통솔범위의 원리를 조직편성 제1의 원리라고 하였다.

정답찾기
④ 무니(J. Mooney)는 조정·통합의 원리를 조직편성 제1의 원리라고 하였다.

12 다음에서 설명하는 조직편성의 원리와 가장 관계가 깊은 것은?

> • 업무를 그 종류와 성질별로 구분하여 구성원에게 가능한 한 한가지의 주된 업무를 부담시킴으로써 조직 관리상의 능률을 향상시키려는 원리이다.
> • 한 사람이 수행할 수 있는 업무의 양과 시간에는 한계가 있고, 서로 다른 특성을 가진 업무를 한 사람이 맡아서 하는 것은 비효율적이다.
> • 다수가 일을 함에 있어서 각자의 임무를 나누어서 분명하게 부과하고 협력을 하도록 하는 것으로, 인간능력의 한계를 극복하고 업무를 효율적으로 수행하기 위한 것이다.

① 이 원리는 구조조정의 문제와 깊은 관련성이 있다.

② 이 원리에 따르면 업무에 대한 신속결단과 결단내용의 지시가 단일한 명령계통이어야 한다.

③ 이 원리의 장점은 권한과 책임을 계층에 따라 분배하여 의사결정의 검토가 이루어져 신중한 업무처리가 가능하다는 것이다.

④ 이 원리의 단점은 정형적·반복적 업무수행에 기인하여 작업에 대한 흥미 상실과 노동의 소외화나 인간기계화를 심화시키며, 부처간의 할거주의가 초래될 수 있다는 것이다.

정답찾기
지문의 내용은 분업·전문화의 원리에 대한 설명이다. ①은 통솔범위의 원리, ②는 명령통일의 원리, ③은 계층제의 원리에 대한 설명이다.

Answer　09 ③　10 ②　11 ④　12 ④

13 다음에서 설명하는 조직편성원리에 관한 내용과 가장 관계가 깊은 것은? 24. 경찰

> 한 사람이 직접적으로 감독할 수 있는 부하의 수는 업무의 성질, 고용기술, 작업성과 기준에 달려 있으며, 모든 조직은 일반적으로 상관보다 부하가 더 많다. 이러한 이유 때문에 경찰 조직은 사다리 모양보다는 피라미드 모양을 취하고 있다.

① 조직의 경직화를 초래하여 환경변화에 따른 새로운 기술의 신속한 도입이 어렵다.
② 부하들을 직접 감독하지 않는 참모 및 계선조직이 부하들에게 유익한 자문을 하는 것을 허용하지 않는다.
③ 경과 제도를 통한 특정업무의 세분화 및 시간과 경비를 절약할 수 있다.
④ 구조조정의 문제와 깊은 관련성이 있다.

정답찾기
지문의 내용은 <u>통솔범위의 원리</u>에 대한 설명이다. ①은 계층제, ②는 명령통일의 원리, ③은 분업·전문화의 원리에 대한 설명이다.

14 다음에서 설명하는 조직편성원리의 특징으로 가장 적절하지 않은 것은? 25. 경위공채

> 조직의 목적을 수행하기 위하여 구성원의 임무를 권한과 책임에 따라 나누어 배치하고 상위로 갈수록 권한과 책임이 무거운 임무를 수행하도록 편성한다.

① 지도와 감독을 통해서 행정의 질서와 통일성을 확보할 수 있다.
② 계층에 따라 의사결정의 검토가 이루어져 신중한 업무처리가 가능하다.
③ 조직의 경직화를 초래하여 새로운 기술이나 지식의 신속한 도입이 어렵다.
④ 특정분야의 전문성 확보에 용이하며 업무의 세분화로 인해 시간과 경비가 절약될 수 있다.

정답찾기
보기의 내용은 조직편성원리 중 <u>계층제의 원리</u>에 대한 설명이다. ④는 분업·전문화의 원리에 대한 설명이다.

15 **정책결정 모델에 대한 설명으로 가장 적절하지 않은 것은?** 22. 경찰간부

① 만족 모델(Satisfying model)은 정책결정자가 최선의 합리성을 추구하기 보다는, 시간적 공간적 재정적 측면에서 여러 요인을 고려하여 만족할 만한 수준에서 결정한다.

② 쓰레기통 모델(Garbage can model)은 설정된 목표를 달성하기 위해 정보분석과 환류과정을 통해 자신의 행동을 스스로 조정해 나간다고 가정하는 모델이다.

③ 혼합탐사 모델(Mixed scanning model)은 점증 모델(Incremental model)의 단점을 합리 모델(Rational model)과의 통합을 통해서 보완하기 위해 주장된 것이다. 정책결정을 근본적 결정과 세부적 결정으로 나누고, 합리적 결정과 점증적 결정을 적절하게 혼합하여 의사결정을 한다.

④ 최적 모델(Optimal model)은 합리 모델의 비현실성과 점증 모델의 보수성을 극복하기 위하여 이상주의와 현실주의의 통합을 시도한 것이다. 이 모델은 기존의 정책을 바탕으로 이루어지는 점증주의 성향을 비판하면서, 새로운 결정을 내릴 때마다 정책방향도 다시 검토할 것을 주장한다.

정답찾기

② 지문의 내용은 <u>사이버네틱스 모델(Cybernetics model)</u>에 대한 설명이다. 쓰레기통 모델(Garbage Can Model)은 의사결정에 필요한 네 가지 요소(문제, 해결책, 선택기회, 참여자)가 독자적으로 움직이다가 어떤 계기로 교차하게 될 때 결정이 이루어 진다고 본다. 극도로 불합리한 집단적 의사결정에 관한 모델이다.

■ 정책결정모델

구분	내용
합리 모델 (Rational model)	의사결정자의 완전한 <u>합리성</u>을 전제로, 목표나 가치가 명확하게 고정되어 있다는 가정 하에 목표달성의 극대화를 위해 <u>최선의 대안 선택</u>을 추구하는 결정모델
만족 모델 (Satisfying model)	• 사이먼(Simon)과 마치(March)의 행태론에서 주장된 이론으로 인간이 완전한 합리성이 아닌 <u>제한된 합리성</u>을 가진 존재라는 점과 심리적 인지과정에 주목하여 제시한 <u>주관적·심리적 결정모델</u> • 정책담당자는 '완전한 합리성'을 전제로 '최적대안'의 추구가 아닌 '<u>제한된 합리성</u>'을 전제로 '만족대안'을 결정함을 설명하는 실증적·귀납적 접근법
엘리트 모델 (Elite model)	• 정책결정 과정에 있어서 <u>엘리트의 주도적 역할</u>을 중시하는 모델 • 집단모델의 경우 정책은 대중의 요구에 대한 엘리트의 반응이라고 보지만, 엘리트 모델은 '엘리트의 주도에 의한 결정과 대중의 추종'이라는 형태로 정책이 나타남
쓰레기통 모델 (Garbage can model)	• 코헨(Cohen), 마치(March), 올젠(Olsen) 등이 주장 • 조직의 구성단위나 구정원 사이의 <u>응집성이 아주 약한</u> 혼란상태(조직화된 혼란 또는 무정부 상태)에서 이루어지는 의사결정 • 혼란상태에서 이루어 지는 의사결정의 <u>불합리성을 강조</u>하기 위한 모델

16 정책결정이 일정한 규칙에 따라 이루어지는 것이 아니라 문제, 해결책, 선택기회, 참여자의 네 요소가 뒤죽박죽으로 움직이다가 어떤 계기로 만나게 될 때 이루어진다고 보는 정책결정모델은 무엇인가?
23. 경찰간부

① 카오스 모델
② 쓰레기통 모델
③ 아노미 모델
④ 혼합탐사 모델

정답찾기
지문의 내용은 <u>쓰레기통 모델</u>에 대한 설명이다. 쓰레기통 모델은 코헨, 마치, 올젠이 주장한 내용으로 조직의 구성단위나 구성원 사이의 응집성이 아주 약한 혼란상태에서 의사결정이 이루어 진다고 본다. 의사결정에 필요한 네가지 요소(문제, 해결책, 선택기회, 참여자)가 독자적으로 움직이다가 어떤 계기로 교차하게 되면서 정책결정이 이루어 진다.

17 정책결정자가 문제상황에 대해 완전한 정보를 갖고 있으며 고도의 합리성을 기반으로 최선의 대안을 결정하는 모델은 무엇인가?
24. 경찰

① 합리 모델(Rational model)
② 만족 모델(Satisfying model)
③ 엘리트 모델(Elite model)
④ 쓰레기통 모델(Garbage can model)

정답찾기
① 지문의 내용은 합리 모델(Rational model)에 대한 설명이다.

제2절 경찰인사관리

18 엽관주의와 실적주의에 관한 설명으로 옳은 것을 모두 고른 것은?
24. 경찰승진

> ㉠ 엽관주의는 정치지도자의 국정지도력을 강화함으로써 공공정책의 실현을 용이하게 해준다.
> ㉡ 잭슨(Jackson) 대통령이 암살당한 사건은 미국에서 실적주의 도입의 배경이 되었다.
> ㉢ 엽관주의는 행정의 안정성과 지속성을 확보하기 어렵다.
> ㉣ 실적주의는 정치적 중립에 집착하여 인사행정을 소극화·형식화시켰다.

① ㉠㉡
② ㉡㉢
③ ㉠㉢㉣
④ ㉠㉡㉢㉣

정답찾기
지문의 내용 중 적절한 것은 ㉠㉢㉣이다.
㉡ 1881년 <u>가필드(James A. Garfield)</u> 대통령 암살을 계기로 미국에서 실적주의가 도입되었다.

19 다음은 공직 분류 방식 중 계급제와 직위분류제에 대한 설명이다. 옳은 것은 모두 몇 개인가?

> ㉠ 직위분류제는 계급제에 비해서 보수결정의 합리적인 기준을 제시하는 것이 장점이다.
> ㉡ 계급제는 이해력이 넓어져 직위분류제에 비해서 기관간의 횡적 협조가 용이한 편이다.
> ㉢ 직위분류제는 프랑스에서 처음 실시된 후 독일 등으로 전파되었다.
> ㉣ 우리나라의 공직 분류는 계급제 위주에 직위분류제적 요소를 가미한 혼합형태라고 할 수 있다.

① 1개   ② 2개   ③ 3개   ④ 4개

정답찾기

옳은 것은 ㉠㉡㉣ 3개이다.
㉢ 직위분류제는 1909년 <u>미국의 시카고</u>에서 처음 시작된 제도이다.

20 공직분류방식에 대한 설명으로 가장 적절한 것은?

① 계급제는 인간중심의 분류방법으로 널리 일반적 교양·능력을 가진 사람을 채용하여 신분보장과 함께 장기간에 걸쳐 능력이 키워지므로 공무원이 보다 종합적·신축적인 능력을 가질 수 있다.
② 직위분류제는 동일한 직무를 장기간 담당하게 되어 행정의 전문화에 유용하나, 권한과 책임의 한계가 불명확하다는 단점이 있다.
③ 계급제는 충원방식에서 폐쇄형을 채택하여 인사배치가 비융통적이나 직위분류제는 개방형을 채택하고 있어 인사배치의 신축성이 있다.
④ 직위분류제는 계급제에 비해서 보수결정의 합리적인 기준을 제시할 수 있으며, 직무분석을 통한 이해력이 넓어져 기관간의 횡적 협조가 용이한 편이다.

정답찾기

② 직위분류제는 동일한 직무를 장기간 담당하게 되어 행정의 전문화에 유용하고, <u>권한과 책임의 한계가 명확</u>하다는 장점이 있다.
③ 계급제는 인사배치가 융통적이나 직위분류제는 인사배치의 <u>비신축적</u>이다.
④ 직위분류제는 기관간의 횡적 <u>협조가 곤란</u>하다는 단점이 있다.

Answer   16 ②   17 ①   18 ③   19 ③   20 ①

21 **계급제와 직위분류제에 관한 설명으로 가장 적절하지 않은 것은?** 23. 경찰

① 직위분류제는 사람 중심 분류로서 계급제보다 인사배치의 신축성 측면에서 유리하다.
② 우리나라의 공직분류는 계급제 위주에 직위분류제적 요소를 가미한 혼합 형태라고 할 수 있다.
③ 직위분류제는 미국에서 실시된 후 다른 나라로 전파되었다.
④ 직위분류제는 계급제에 비해서 보수결정의 합리적인 기준을 제시하는 것이 장점이다.

정답찾기
① 지문은 계급제에 대한 설명이다. 직위분류제는 직무 중심의 분류방법으로 인사배치의 융통성이 떨어진다.

22 **계급제와 직위분류제의 관계에 관한 설명으로 가장 적절하지 않은 것은?** 24. 경찰

① 직무분석과 직무평가의 충실한 수행을 강조하는 것은 직위분류제이다.
② 계급제는 직업공무원제도 정착에 유리하다.
③ 양자는 양립할 수 없는 상호 배타적인 관계가 아니라 서로의 결함을 시정할 수 있는 상호 보완적인 관계이다.
④ 계급제는 '동일 직무에 대한 동일 보수의 원칙'을 확립함으로써 보수제도의 합리적 기준을 제시한다.

정답찾기
④ 지문의 내용은 직위분류제에 대한 설명이다.

23 **직위분류제와 계급제에 관한 비교설명이다. 적절한 것은 모두 몇 개인가?** 25. 경위공채

⊙ 직위분류제는 일반행정가 양성에 유리하다.
⊙ 직위분류제는 부서 간의 횡적 협조에 용이하다.
⊙ 직위분류제는 인사배치의 신축성과 융통성을 확보할 수 있다.
⊙ 계급제는 보수체계의 합리적 기준을 제시한다.
⊙ 계급제는 권한과 책임의 한계를 명확히 할 수 있다.
⊙ 계급제는 공무원의 신분보장이 미약하여 행정의 안정성을 저해하기 쉽다.

① 0개 ② 1개 ③ 2개 ④ 3개

정답찾기
모두 적절하지 않은 지문이다. ⊙⊙⊙은 계층제, ⊜⊕⊞은 직위분류제에 대한 설명이다.

24 다음은 경찰직업공무원제도에 대한 설명이다. 옳은 것은 모두 몇 개인가? 20. 경찰

> ㉠ 실적주의는 직업공무원제로 발전되어 가는 기반이 되지만, 실적주의가 바로 직업공무원 제도를 의미하는 것은 아니다.
> ㉡ 행정의 안정성, 계속성, 독립성, 중립성 확보가 용이하다.
> ㉢ 행정통제 및 행정책임 확보가 용이하다.
> ㉣ 젊은 인재의 채용을 위한 연령제한으로 공직 임용의 기회균등을 저해한다.

① 1개 ② 2개 ③ 3개 ④ 4개

정답찾기

옳은 것은 ㉠㉡㉣ 3개이다.
㉢ 경찰직업공무원제도의 경우 <u>지나친 신분보장</u>으로 특권집단화, 관료주의화할 우려가 있어 <u>행정통제나 행정책임을 확보하기 어렵다.</u>

25 직업공무원제도에 관한 설명으로 가장 적절한 것은? 24. 경찰

① 개방형 충원체제로 넓은 시야를 가진 유능한 인재의 등용 및 분야별 전문인력을 확보하는 데 용이하다.
② 공무원의 일체감과 단결심 및 공직에 헌신하려는 정신을 강화하는 데 불리한 제도이다.
③ 연령제한이 필수적이나 직위분류제를 원칙으로 한다는 점에서 실적주의와 공통점이 있다.
④ 공무원들의 성실한 직무수행과 장기근속을 유도하기 위한 제도와 원칙들을 토대로 한다.

정답찾기

① 직업공무원제도는 <u>폐쇄적 충원체제</u>의 특징을 가지고 있으며, 일반행정가를 지향한다.
② 공무원의 일체감과 단결심 및 공직에 헌신하려는 정신을 강화하는 데 <u>유리한 제도</u>이다.
③ 직업공무원제도는 <u>실적주의를</u> 전제로 하지만, <u>계급제를</u> 원칙으로 한다.

Answer 21 ① 22 ④ 23 ① 24 ③ 25 ④

26 〈보기〉는 Maslow의 5단계 기본욕구에 대한 설명이다. 가장 적절하게 연결된 것은?

08. 경찰 변형

─────────────── 〈보기 1〉 ───────────────

㉠ 생리적 욕구 　　　　　　　　　　㉡ 안전욕구

㉢ 사회적 욕구 　　　　　　　　　　㉣ 존경욕구

㉤ 자기실현욕구

─────────────── 〈보기 2〉 ───────────────

ⓐ 타인의 인정·신망을 받으려는 욕구

ⓑ 장래에의 자기발전·자기완성의 욕구 및 성취감 충족

ⓒ 현재 및 장래의 공무원 신분이나 생활에 대한 불안을 해소

ⓓ 동료·상사·조직전체에 대한 친근감·귀속감을 충족

ⓔ 건강 등에 관한 욕구

─────────────── 〈보기 3〉 ───────────────

甲. 합리적인 승진, 공무원 단체 활용

乙. 참여확대, 권한의 위임, 제안·포상제도

丙. 신분보장, 연금제도

丁. 인간관계의 개선, 고충처리 상담

戊. 적정보수제도, 휴양제도

① ㉠ − ⓔ − 丙 　　　　　　　　　② ㉡ − ⓒ − 甲

③ ㉢ − ⓓ − 丁 　　　　　　　　　④ ㉣ − ⓐ − 丁

정답찾기

③ 바르게 연결된 것은 ㉢ − ⓓ − 丁 이다.

구분	내용	사례
자아실현욕구	자기발전·자기완성의 욕구 및 성취감 충족	공정하고 합리적인 승진, 공무원단체 인정, 직무충실·직무확대
주체욕구 (존경욕구)	타인의 인정·신망을 받으려는 욕구	제안제도, 포상제도, 권한의 위임, 참여확대, 교육훈련, 근무성적 평정
사회적 욕구 (애정욕구)	동료·상사·조직전체에 대한 친근감·귀속감을 충족	인간관계의 개선(비공식적 집단의 활용), 고충처리상담
안전욕구	위험·위협으로부터의 보호, 경제적 안정, 자기보호 욕구	신분보장, 연금제도
생리적 욕구	건강 등에 관한 욕구	보수제도, 휴양제도, 탄력근무시간제도

27 A 경찰서장은 동기부여이론 및 사기이론을 활용하여 소속 경찰관들의 사기를 높이기 위한 방안을 모색하였다. 이론의 적용으로 가장 적절하지 않은 것은?

① Maslow의 욕구계층이론에 따라 존경의 욕구를 충족시켜주기 위하여 권한위임을 확대하였다.

② Herzberg의 동기위생요인이론에 따르면 사기진작을 위해서는 동기요인이 강화되어야 하므로 적성에 맞는 직무에 배정하고 책임감과 성취감을 느낄 수 있도록 독려하였다.

③ McGregor의 X이론에 따르면 인간은 근본적으로 업무에 대한 의욕을 가지고 있기 때문에 이러한 의욕을 강화시키기 위해 금전적 보상과 포상제도를 강화하였다.

④ McGregor의 Y이론을 적용하여 상급자의 일방적 지시와 명령을 줄이고 의사결정 과정에 일선경찰관들의 참여를 확대시키도록 지시하였다.

정답찾기
③ X이론에 따르면 인간은 게으르고 부정직하므로 권위적인 방법으로 관리해야 한다고 본다.

5장

28 경찰조직관리를 위한 동기부여이론을 내용이론과 과정이론으로 나눌 때 내용이론을 주창한 사람이 아닌 자는?

① 맥클랜드(McClelland)
② 허즈버그(Herzberg)
③ 아담스(Adams)
④ 매슬로우(Maslow)

정답찾기
맥클랜드(McClelland)는 성취동기, 허즈버그(Herzberg)는 동기·위생요인이론, 매슬로우(Maslow)는 욕구계층이론을 주창하였으며 이는 모두 동기부여의 내용이론에 해당한다. 아담스(Adams)는 형평성(공정성) 이론을 주창하였으며 이는 동기부여의 과정이론에 해당한다.

29 동기부여 이론에 관한 설명 과학자가 가장 적절하게 연결된 것은?   22. 경찰

> ㉠ 인간은 자신의 욕구를 충족시키기 위해서 노력하며 하위 단계의 욕구가 충족되어야 다음 단계로 발전되는 순차적 특성을 갖는다.
> ㉡ Y이론적 인간형은 부지런하고, 책임과 자율성 및 창의성을 발휘하기를 좋아하고, 스스로 통제와 발전이 가능하기 때문에 민주적이고 인간적인 동기유발 전략이 필요한 유형이다.
> ㉢ 인간의 개인적 성격과 성격의 성숙과정을 '미성숙에서 성숙으로'라고 보고, 관리자는 조직 구성원을 최대의 성숙상태로 실현시켜야 한다고 하였다.
> ㉣ 위생요인을 제거해주는 것은 불만을 줄여주는 소극적 효과일 뿐이기 때문에, 근무태도 변화에 단기적 영향을 주어 사기는 높여줄 수 있으나 생산성을 높여주지는 못한다. 만족요인이 충족되면 자기실현욕구를 자극하여, 적극적 만족을 유발하고 동기유발에 장기적 영향을 준다.

① ㉠ 매슬로우(Maslow) ㉡ 맥그리거(McGregor)
  ㉢ 아지리스(Argyris) ㉣ 허즈버그(Herzberg)
② ㉠ 매슬로우(Maslow) ㉡ 아지리스(Argyris)
  ㉢ 맥그리거(McGregor) ㉣ 허즈버그(Herzberg)
③ ㉠ 매슬로우(Maslow) ㉡ 맥그리거(McGregor)
  ㉢ 허즈버그(Herzberg) ㉣ 아지리스(Argyris)
④ ㉠ 맥그리거(McGregor) ㉡ 아지리스(Argyris)
  ㉢ 허즈버그(Herzberg) ㉣ 매슬로우(Maslow)

정답찾기
㉠은 매슬로우(Maslow)의 욕구계층이론, ㉡은 맥그리거(McGregor)의 X·Y이론, ㉢은 아지리스(Argyris)의 성숙·미성숙이론, ㉣은 허즈버그(Herzberg)의 동기·위생이론(2요인이론)에 대한 설명이다.

30 동기부여이론 중 내용이론에 해당하는 것으로 가장 적절하지 않은 것은?   23. 경찰

① 매슬로우(Maslow)의 욕구단계이론
② 맥그리거(McGregor)의 X이론·Y이론
③ 포터와 롤러(Porter & Lawler)의 업적만족이론
④ 허즈버그(Herzberg)의 욕구충족요인 이원론(동기위생이론)

정답찾기
포터와 롤러(Porter & Lawler)의 업적(성과)·만족이론은 과정이론에 해당한다.

31 다음 학자와 그가 주장하는 이론에 대한 설명으로 적절한 것은 모두 몇 개인가?   24. 경찰간부

> ㉠ 맥클리랜드(McClelland) − 개인마다 욕구의 계층은 차이가 있다고 보았으며 인간의 욕구를 성취 욕구, 자아실현 욕구, 권력 욕구로 구분하였다.
> ㉡ 허즈버그(Herzberg) − 주어진 일에 대한 성취감, 주변의 인정, 승진 가능성 등은 동기(만족)요인으로, 열악한 근무환경, 낮은 보수 등은 위생요인으로 구분하였으며 두 요인은 상호 독립되어 있다고 보았다.
> ㉢ 맥그리거(McGregor) − 인간의 욕구는 5단계의 계층으로 이루어지며 하위 욕구부터 상위 욕구로 발달한다고 보았다.
> ㉣ 앨더퍼(Alderfer) − 인간의 욕구를 계층화하여 생존(Existence) 욕구, 존경(Respect) 욕구, 성장(Growth) 욕구의 3단계로 구분하였다.

① 1개   ② 2개   ③ 3개   ④ 4개

정답찾기

지문의 내용 중 적절한 것은 ㉡이다.
㉠ 맥클리랜드는 권력동기, 친화동기, 성취동기로 인간의 동기가 발전한다고 보았으며, 또한 성취동기가 높을수록 생산성이 높아진다고 주장하였다.
㉢ 지문의 내용은 매슬로우(Maslow)의 욕구계층이론에 대한 설명이다. 맥그리거는 X·Y이론을 주장하였다.
㉣ 엘더퍼는 E·R·G이론을 통해 인간의 욕구충족을 위한 행동이 얼마나 추상적인가를 기준으로 존재(E : Existence), 관계(R : Relatendness), 성장(G : Growth)의 3단계로 구분하였다.

32 경찰의 근무성적평정에 관한 설명 중 가장 적절하지 않은 것은?   22. 경찰

① 공무원에 대한 근무성적평정은 현대에 이르러 조직발전의 기초로 작용하는 공무원의 능력개발과 행정제도 개선의 수단으로도 활용될 수 있다.
② 전통적 근무성적평정제도는 생산성과 능률성에 중점을 두어 공무원의 직무수행능력을 측정하고 이를 인사행정의 표준화와 직무수행의 통제를 위한 수단으로 활용하였다.
③ 근무성적평정과정에서 평정자에 의한 집중화·엄격화 등의 오류를 방지하기 위해 경찰서 수사과에서 고소·고발 등에 대한 조사업무를 직접 처리하는 경위 계급의 경찰공무원의 제2평정요소에 따른 근무성적 평정은 수 20%, 우 40%, 양 30%, 가 10%로 분배해야 한다.
④ 총경에 대한 근무성적평정은 매년 하되, 근무실적, 직무수행능력 및 직무수행태도로만 평정한다.

정답찾기

③ 제2평정 요소에 따른 근무성적 평정은 평정대상자의 계급별로 수 20퍼센트, 우 40퍼센트, 양 30퍼센트, 가 10퍼센트의 분포비율에 맞도록 하여야 한다. 다만, 경찰서 수사과에서 고소·고발 등에 대한 조사업무를 직접 처리하는 경위 계급의 경찰공무원을 평정할 때에는 비율을 적용하지 아니할 수 있다(경찰공무원 승진임용 규정 제7조 제3항, 제4항).

Answer   29 ①   30 ③   31 ①   32 ③

제3절 **경찰예산관리(국가재정법)**

33 예산에 관한 다음 설명 중 적절하지 않은 것은 모두 몇 개인가?   12. 경찰, 14. 경찰승진

> ㉠ 예산집행의 신축성을 부여하고 예산 불성립으로 인한 행정중단의 방지를 도모하고자 회계연도 개시 전까지 예산의 불성립시에 전년도 예산에 준하여 지출하는 예산제도를 '준예산'이라고 한다.
> ㉡ 예산편성시 전년도 예산을 기준으로 점증적으로 예산액을 책정하는 폐단을 시정하려는 목적에서 유래된 것이 '영기준예산'이다.
> ㉢ 특별회계는 원칙적으로 설치 소관부서가 관리하며 기획재정부의 직접적인 통제를 받지 않는다.
> ㉣ 경찰예산의 대부분은 특별회계에 속한다.
> ㉤ 품목별 예산제도는 비교적 운영하기 쉬우나, 회계책임이 명확하지 않은 단점이 있다.
> ㉥ 계획예산제도는 사업계획을 세부사업으로 분류하고 각 세부사업을 '단위원가 × 업무량 = 예산액'으로 표시하여 편성한 것이다.

① 2개   ② 3개   ③ 4개   ④ 없음

정답찾기

지문의 내용 중 적절하지 않은 것은 ㉣㉥이다.
㉣ 경찰예산의 대부분은 일반회계에 속하며 예외적으로 특별회계(경찰병원 등)에 속한다.
㉥ 지문의 내용은 성과주의 예산제도에 대한 설명이다. 계획예산제도는 장기적인 계획과 단기적인 예산을 조화시키고자 하는 예산제도이다.

34 예산제도에 관한 설명으로 가장 적절하지 않은 것은?   23. 경찰

① 영기준 예산제도는 전년도 예산을 기준으로 하여 점증적으로 예산액을 결정하는 데서 생기는 폐단을 시정하려고 개발한 것이다.
② 품목별 예산제도는 일반 국민들이 정부사업에 대한 이해를 용이하게 하지만 인건비 등 경직성 경비적용에 어려움이 있다.
③ 계획예산의 핵심은 프로그램 예산형식을 따르는 것으로서, 기획(planning), 사업구조화(programming), 예산(budgeting)을 연계시킨 시스템적 예산제도이다.
④ 준예산은 새로운 회계연도가 개시될 때까지 국회에서 예산안이 의결되지 못한 경우 예산안이 의결될 때까지 전년도 예산에 준하여 지출하는 예산이다.

정답찾기

② 지문의 내용은 성과주의 예산제도에 대한 설명이다.

35 예산제도에 관한 설명으로 가장 적절하지 않은 것은? 24. 경찰

① 영기준 예산제도는 정부지출의 전체적인 성과파악이 곤란하고 예산운영의 신축성 부족 등이 단점으로 평가되고 있다.

② 성과주의 예산제도는 정부가 무슨 일을 하느냐에 중점을 두는 제도로 관리지향성을 지닌다.

③ 품목별 예산제도는 정부지출 대상이 되는 물품, 품목 등을 기준으로 한 예산제도로서 예산의 남용이나 오용을 방지하는 데 도움이 된다.

④ 계획예산제도는 의사결정을 일관성 있게 합리화하려는 제도이지만 하향적(top-down)인 방식으로 집권화되어 있기 때문에 조직구성원들의 참여를 저해한다는 한계가 있다.

정답찾기

① 지문의 내용은 품목별 예산제도(Line Item Budgeting System ; LIBS)에 대한 설명이다. 영기준 예산제도의 경우 자원배분의 합리화를 추구할 수 있고 전년도 예산을 기준으로 하여 점증적으로 예산액을 책정하는 폐단을 시정할 수 있다. 그러나 사업폐지 여부를 판단하기 곤란하다는 문제점을 가지고 있다.

36 준예산에 관한 설명으로 가장 적절하지 않은 것은? 16. 경찰승진

① 예산이 새로운 회계연도가 개시될 때까지 의결되지 않을 경우 일정한 경비를 전년도에 준하여 지출할 수 있도록 하는 제도를 말한다.

② 준예산으로 지출할 수 있는 경비는 공무원 보수, 명시이월비와 예비비, 예산상 승인된 계속비, 법률상 지출의무가 있는 경비이다.

③ 준예산은 예산 불성립시 대처방안으로 국회 사전 동의가 필요하지 않다.

④ 제도의 도입 이후 중앙정부에서는 한 번도 활용된 적이 없다.

정답찾기

② 명시이월비와 예비비는 준예산의 지출용도에 해당하지 않는다.

> **대한민국 헌법**
> **제54조** ③ 새로운 회계연도가 개시될 때까지 예산안이 의결되지 못한 때에는 정부는 국회에서 예산안이 의결될 때까지 다음의 목적을 위한 경비는 전년도 예산에 준하여 집행할 수 있다.
> 1. 헌법이나 법률에 의하여 설치된 기관 또는 시설의 유지·운영
> 2. 법률상 지출의무의 이행
> 3. 이미 예산으로 승인된 사업의 계속

Answer 33 ①   34 ②   35 ①   36 ②

37 경찰예산 편성과 집행에 관한 다음 설명 중 적절하지 않은 것은 모두 몇 개인가? (국가재정법을 기준으로 함)

12. 경찰 변형

> ㉠ 경찰청장은 매년 1월 31일까지 다음 회계연도부터 5회계연도 이상의 기간 동안의 신규사업 및 기획재정부장관이 정하는 주요 계속사업에 대한 중기사업계획서를 기획재정부장관에게 제출하여야 한다.
> ㉡ 기획재정부장관은 국회의 심의를 거쳐 대통령의 승인을 얻은 다음 연도의 예산안편성지침을 매년 3월 31일까지 경찰청장에게 통보하여야 한다.
> ㉢ 경찰청장은 예산안편성지침에 따라 그 소관에 속하는 다음 연도의 예산요구서를 작성하여 매년 5월 31일까지 기획재정부장관에게 제출하여야 한다.
> ㉣ 경찰청장은 예산요구서에 따라 예산안을 편성하여 국무회의 심의와 대통령의 승인을 얻은 후 회계연도 개시 120일 전까지 국회에 제출하여야 한다.

① 1개   ② 2개   ③ 3개   ④ 4개

정답찾기

적절하지 않은 것은 ㉠㉡㉣ 3개이다.
㉠ 각 중앙관서의 장은 매년 1월 31일까지 해당 회계연도부터 5회계연도 이상의 기간 동안의 신규사업 및 기획재정부장관이 정하는 주요 계속사업에 대한 중기사업계획서를 기획재정부장관에게 제출하여야 한다(국가재정법 제28조).
㉡ 기획재정부장관은 국무회의의 심의를 거쳐 대통령의 승인을 얻은 다음 연도의 예산안편성지침을 매년 3월 31일까지 각 중앙관서의 장에게 통보하여야 한다(국가재정법 제29조 제1항).
㉣ 기획재정부장관은 제31조제1항의 규정에 따른 예산요구서에 따라 예산안을 편성하여 국무회의의 심의를 거친 후 대통령의 승인을 얻어야 한다(국가재정법 제32조). 정부는 대통령의 승인을 얻은 예산안을 회계연도 개시 120일 전까지 국회에 제출하여야 한다(국가재정법 제33조).

■ 예산 관련 규정

> **대한민국 헌법**
> **제54조** ② 정부는 회계연도마다 예산안을 편성하여 회계연도 개시 90일 전까지 국회에 제출하고, 국회는 회계연도 개시 30일 전까지 이를 의결하여야 한다.

38 경찰의 예산편성 과정을 순서대로 바르게 나열한 것은?

13. 경찰승진

> ㉠ 중기사업계획서의 제출   ㉡ 정부안의 확정 및 국회제출
> ㉢ 예산요구서 제출   ㉣ 국회의 심의·의결
> ㉤ 예산편성지침 통보   ㉥ 예산배정요구서의 제출

① ㉠ - ㉤ - ㉢ - ㉡ - ㉣ - ㉥
② ㉠ - ㉥ - ㉤ - ㉡ - ㉣ - ㉢
③ ㉢ - ㉠ - ㉢ - ㉡ - ㉣ - ㉥
④ ㉤ - ㉢ - ㉥ - ㉡ - ㉣ - ㉠

정답찾기

순서대로 바르게 나열한 것은 ㉠ - ㉤ - ㉢ - ㉡ - ㉣ - ㉥이다.

㉠ 각 중앙관서의 장은 매년 1월 31일까지 해당 회계연도부터 5회계연도 이상의 기간 동안의 신규사업 및 기획재정부장관이 정하는 주요 계속사업에 대한 중기사업계획서를 기획재정부장관에게 제출하여야 한다(국가재정법 제28조).

㉤ 기획재정부장관은 국무회의의 심의를 거쳐 대통령의 승인을 얻은 다음 연도의 예산안편성지침을 매년 3월 31일까지 각 중앙관서의 장에게 통보하여야 한다(국가재정법 제29조 제1항).

㉢ 각 중앙관서의 장은 예산안편성지침에 따라 그 소관에 속하는 다음 연도의 세입세출예산·계속비·명시이월비 및 국고채무부담행위 요구서(이하 '예산요구서'라 한다)를 작성하여 매년 5월 31일까지 기획재정부장관에게 제출하여야 한다(국가재정법 제31조 제1항).

㉡ 정부는 대통령의 승인을 얻은 예산안을 회계연도 개시 120일 전까지 국회에 제출하여야 한다(국가재정법 제33조).

㉣ 정부는 회계연도마다 예산안을 편성하여 회계연도 개시 90일 전까지 국회에 제출하고, 국회는 회계연도 개시 30일 전까지 이를 의결하여야 한다(대한민국 헌법 제54조 제2항).

㉥ 각 중앙관서의 장은 예산이 확정된 후 사업운영계획 및 이에 따른 세입세출예산·계속비와 국고채무부담행위를 포함한 예산배정요구서를 기획재정부장관에게 제출하여야 한다(국가재정법 제42조).

39 다음은 경찰예산의 과정을 순서 없이 나열한 것이다. 과정의 순서를 가장 바르게 나열한 것은? 20. 경찰

㉠ 경찰청장은 다음 연도의 세입세출예산·계속비·명시이월비 및 국고채무부담행위 요구서를 작성하여 기획재정부장관에게 제출한다.
㉡ 기획재정부장관은 대통령의 승인을 받은 국가결산보고서를 감사원에 제출하여야 한다.
㉢ 정부는 국가결산보고서를 국회에 제출하여야 한다.
㉣ 경찰청장은 예산배정요구서를 기획재정부장관에게 제출하여야한다.
㉤ 기획재정부장관은 국무회의 심의를 거쳐 대통령의 승인을 얻은 다음 연도의 예산편성지침을 경찰청장에게 통보한다.
㉥ 정부는 대통령의 승인을 얻은 예산안을 국회에 제출하고 국회는 심의와 의결을 거쳐 예산안을 확정한다.

① ㉤ - ㉠ - ㉣ - ㉥ - ㉢ - ㉡
② ㉠ - ㉤ - ㉥ - ㉣ - ㉢ - ㉡
③ ㉤ - ㉠ - ㉥ - ㉣ - ㉡ - ㉢
④ ㉣ - ㉤ - ㉠ - ㉥ - ㉡ - ㉢

정답찾기

경찰예산은 ㉤ - ㉠ - ㉥ - ㉣ - ㉡ - ㉢의 순서로 진행된다.

㉤ 기획재정부장관은 국무회의의 심의를 거쳐 대통령의 승인을 얻은 다음 연도의 예산안편성지침을 매년 3월 31일까지 각 중앙관서의 장에게 통보하여야 한다(국가재정법 제29조 제1항).

㉠ 각 중앙관서의 장은 제29조의 규정에 따른 예산안편성지침에 따라 그 소관에 속하는 다음 연도의 세입세출예산·계속비·명시이월비 및 국고채무부담행위 요구서(이하 '예산요구서'라 한다)를 작성하여 매년 5월 31일까지 기획재정부장관에게 제출하여야 한다(국가재정법 제31조 제1항).

㉥ 정부는 대통령의 승인을 얻은 예산안을 회계연도 개시 120일 전까지 국회에 제출하여야 한다(국가재정법 제33조).

㉣ 각 중앙관서의 장은 예산이 확정된 후 사업운영계획 및 이에 따른 세입세출예산·계속비와 국고채무부담행위를 포함한 예산배정요구서를 기획재정부장관에게 제출하여야 한다(국가재정법 제42조).

㉡ 기획재정부장관은 국가회계법에서 정하는 바에 따라 회계연도마다 작성하여 대통령의 승인을 받은 국가결산보고서를 다음 연도 4월 10일까지 감사원에 제출하여야 한다(국가재정법 제59조).

㉢ 정부는 감사원의 검사를 거친 국가결산보고서를 다음 연도 5월 31일까지 국회에 제출하여야 한다(국가재정법 제61조).

Answer 37 ③ 38 ① 39 ③

40 국가재정법상 예산안의 편성 절차를 순서대로 나열한 것으로 가장 적절한 것은? 23. 경찰승진

> ⊙ 기획재정부장관은 국무회의의 심의를 거쳐 대통령의 승인을 얻은 다음 연도의 예산안편성지침을 각 중앙관서
> 의 장에게 통보하여야 한다.
> ⓛ 기획재정부장관은 예산요구서에 따라 예산안을 편성하여 국무회의의 심의를 거친 후 대통령의 승인을 얻어야
> 한다.
> ⓒ 각 중앙관서의 장은 예산안편성지침에 따라 그 소관에 속하는 다음 연도의 세입세출예산·계속비·명시이월
> 비 및 국고채무부담행위 요구서를 작성하여 기획재정부장관에게 제출하여야 한다.
> ⓒ 기획재정부장관은 각 중앙관서의 장에게 통보한 예산안 편성지침을 국회 예산결산특별위원회에 보고하여야
> 한다.

① ⊙ ⇨ ⓛ ⇨ ⓒ ⇨ ⓒ
② ⊙ ⇨ ⓒ ⇨ ⓒ ⇨ ⓛ
③ ⓒ ⇨ ⊙ ⇨ ⓒ ⇨ ⓛ
④ ⓒ ⇨ ⓒ ⇨ ⊙ ⇨ ⓛ

정답찾기
예산의 편성절차는 중기사업계획서의 제출(제28조) ⇨ ⊙ 예산안편성지침의 통보(제29조) ⇨ ⓒ 예산안편성지침의 국회보고(제30조) ⇨ ⓒ 예산요구서의 제출(제31조) ⇨ ⓛ 예산안의 편성(제32조) ⇨ 예산안의 국회제출(제33조)의 순으로 진행된다.

41 국가재정법상 예산 편성 및 집행에 관한 설명 중 가장 적절하지 않은 것은? 22. 경찰

① 각 중앙관서의 장은 제29조의 규정에 따른 예산안편성지침에 따라 그 소관에 속하는 당해 연도의 세입세출
예산·계속비·명시이월비 및 국고채무부담행위 요구서를 작성하여 매년 3월 31일까지 기획재정부장관에게
제출하여야 한다.
② 각 중앙관서의 장은 매년 1월 31일까지 해당 회계연도부터 5회계연도 이상의 기간 동안의 신규사업 및 기획
재정부장관이 정하는 주요 계속사업에 대한 중기사업계획서를 기획재정부장관에게 제출하여야 한다.
③ 기획재정부장관은 각 중앙관서의 장에게 예산을 배정한 때에는 감사원에 통지하여야 한다.
④ 정부는 제32조의 규정에 따라 대통령의 승인을 얻은 예산안을 회계연도 개시 120일 전까지 국회에 제출하여
야 한다.

정답찾기
① 각 중앙관서의 장은 제29조의 규정에 따른 예산안편성지침에 따라 그 소관에 속하는 다음 연도의 세입세출예산·계속비·명시이월
비 및 국고채무부담행위 요구서(이하 "예산요구서"라 한다)를 작성하여 매년 5월 31일까지 기획재정부장관에게 제출하여야 한다(국
가재정법 제31조 제1항).

42 **국가재정법상 예산안의 편성과 집행에 관한 설명으로 가장 적절하지 않은 것은?**

① 각 중앙관서의 장은 예산안편성지침에 따라 그 소관에 속하는 다음 연도의 세입세출예산·계속비·명시이월비 및 국고채무부담행위요구서를 작성하여 매년 5월 31일까지 기획재정부장관에게 제출하여야 한다.

② 기획재정부장관은 예산요구서에 따라 예산안을 편성하여 국회심의를 거친 후 대통령의 승인을 얻어야 한다.

③ 각 중앙관서의 장은 예산이 확정된 후 사업운영계획 및 이에 따른 세입세출예산·계속비와 국고채무부담행위를 포함한 예산배정요구서를 기획재정부장관에게 제출하여야 한다.

④ 기획재정부장관은 각 중앙관서의 장에게 예산을 배정한 때에는 감사원에 통지하여야 한다.

정답찾기

② 기획재정부장관은 예산요구서에 따라 예산안을 편성하여 국무회의의 심의를 거친 후 대통령의 승인을 얻어야 한다(국가재정법 제32조).

43 **「국가재정법」상 경찰예산에 관한 설명으로 가장 적절하지 않은 것은?**

① 경찰청장은 매년 1월 31일까지 해당 회계연도부터 5회계연도 이상의 기간 동안의 신규사업 및 경찰청장이 정하는 주요 계속사업에 대한 중기사업계획서를 기획재정부장관에게 제출하여야 한다.

② 기획재정부장관은 국무회의의 심의를 거쳐 대통령의 승인을 얻은 다음 연도의 예산안편성지침을 매년 3월 31일까지 경찰청장에게 통보하여야 한다.

③ 감사원은 제출된 국가결산보고서를 검사하고 그 보고서를 다음 연도 5월 20일까지 기획재정부장관에게 송부하여야 한다.

④ 경찰청장은 예산이 확정된 후 예산배정요구서를 기획재정부장관에게 제출하여야 하고, 기획재정부장관은 제출된 예산배정요구서에 따라 분기별 예산배정계획을 작성하여 국무회의의 심의를 거친 후 대통령의 승인을 얻어야 한다.

정답찾기

① 각 중앙관서의 장(경찰청장)은 매년 1월 31일까지 해당 회계연도부터 5회계연도 이상의 기간 동안의 신규사업 및 기획재정부장관이 정하는 주요 계속사업에 대한 중기사업계획서를 기획재정부장관에게 제출하여야 한다(국가재정법 제28조).

Answer 40 ② 41 ① 42 ② 43 ①

제4절 경찰장비관리

44 경찰장비관리규칙상 무기를 휴대한 자 중에서 '무기·탄약을 회수할 수 있는 자'에 해당하는 것은 모두 몇 개인가?

18. 경찰승진

> ⊙ 직무상의 비위 등으로 인하여 징계대상이 된 자
> ⓛ 경찰공무원 직무적성검사 결과 고위험군에 해당되는 자
> ⓒ 사의를 표명한 자
> ⓔ 정신건강상 문제가 우려되어 치료가 필요한 자
> ⓜ 기타 정황을 판단하여 필요하다고 인정되는 자
> ⓱ 경찰기관의 장이 무기 소지 적격 여부에 대해 심의를 요청하는 자

① 1개   ② 2개
③ 3개   ④ 4개

정답찾기
⊙ⓒ 즉시 대여한 무기·탄약을 회수하여야 하는 경우에 해당한다.
ⓛⓔ⓱ 무기 소지 적격 심의위원회의 심의를 거쳐 대여한 무기·탄약을 회수할 수 있는 경우에 해당한다.
ⓜ 대여한 무기·탄약을 무기고에 보관하여야 하는 경우에 해당한다.

■ 무기·탄약 회수 및 보관

무기·탄약을 회수해야 한다.	무기·탄약을 회수할 수 있다.	무기·탄약을 무기고에 보관하도록 하여야 한다.
1. 직무상의 비위 등으로 인하여 중징계 의결 요구된 자 2. 사의를 표명한 자	1. 직무상의 비위 등으로 인하여 감찰조사의 대상이 되거나 경징계 의결 요구 또는 경징계 처분 중인 자 2. 형사사건의 수사 대상이 된 자 3. 경찰공무원 직무적성검사 결과 고위험군에 해당되는 자 4. 정신건강상 문제가 우려되어 치료가 필요한 자 5. 정서적 불안 상태로 인하여 무기 소지가 적합하지 않은 자로서 소속 부서장의 요청이 있는 자 6. 그 밖에 경찰기관의 장이 무기 소지 적격 여부에 대해 심의를 요청하는 자	1. 술자리 또는 연회장소에 출입할 경우 2. 상사의 사무실을 출입할 경우 3. 기타 정황을 판단하여 필요하다고 인정되는 경우

45 '경찰장비관리규칙'에 대한 설명 중 옳은 것은 모두 몇 개인가?

　㉠ '간이무기고'란 경찰기관의 각 기능별 운용부서에서 효율적 사용을 위하여 집중무기고로부터 무기·탄약의 일부를 대여 받아 별도로 보관·관리하는 시설을 말한다.
　㉡ 무기고와 탄약고의 환기통 등에는 손이 들어가지 않도록 쇠창살 시설을 하고, 출입문은 2중으로 하여 각 1개소 이상씩 자물쇠를 설치하여야 한다.
　㉢ 경찰기관의 장은 무기를 휴대한 자 중에서 직무상의 비위 등으로 인하여 중징계 의결 요구된 자가 발생한 때에는 즉시 대여한 무기·탄약을 회수해야 한다.
　㉣ 경찰기관의 장은 무기를 휴대한 자 중에서 경찰공무원 직무적성검사 결과 고위험군에 해당되는 자가 있을 때에는 무기 소지 적격 심의위원회의 심의를 거쳐 대여한 무기·탄약을 회수할 수 있다.
　㉤ 경찰기관의 장은 무기를 휴대한 자 중에서 술자리 또는 연회장소에 출입할 경우에는 대여한 무기·탄약을 무기고에 보관하도록 하여야 한다.

① 2개　　　　　　② 3개　　　　　　③ 4개　　　　　　④ 5개

정답찾기

④ 모두 옳은 지문이다.

46 「경찰장비관리규칙」에 관한 다음 설명 중 적절하지 않은 것은 모두 몇 개인가?

　㉠ 경찰기관의 장은 무기를 휴대한 자 중에서 형사사건의 수사대상이 된 자가 있을 때에는 무기 소지 적격 심의위원회(이하 "심의위원회"라 한다)의 심의를 거쳐 대여한 무기·탄약을 회수할 수 있다. 다만, 심의위원회를 개최할 시간적 여유가 없거나 사고 방지 등을 위해 신속한 회수가 필요하다고 인정되는 경우에는 대여한 무기·탄약을 즉시 회수할 수 있으며, 회수한 날부터 7일 이내에 심의위원회를 개최하여 회수의 타당성을 심의하고 계속 회수 여부를 결정한다.
　㉡ 심의위원회는 위원장 1명을 포함하여 총 5명 이상 7명 이내의 위원으로 구성하되 민간위원 1 이상이 위원으로 참여하여야 한다.
　㉢ 경찰기관의 장은 무기를 휴대한 자 중에서 정신건강상 문제가 우려되어 치료가 필요한 자의 경우 대여한 무기·탄약을 즉시 회수해야 한다.
　㉣ 집중무기고란 경찰탄약을 집중 보관 및 관리하기 위해 각 경찰기관에 설치된 시설을 말한다.

① 없음　　　　　　② 1개　　　　　　③ 2개　　　　　　④ 3개

정답찾기

지문의 내용 중 적절한 것은 ㉠㉡, 적절하지 않은 것은 ㉢㉣이다.

㉢ 경찰기관의 장은 무기를 휴대한 자 중에서 정신건강상 문제가 우려되어 치료가 필요한 자 가 있을 때에는 심의위원회의 심의를 거쳐 대여한 무기·탄약을 회수할 수 있다(경찰장비관리규칙 제120조 제2항 제4호).
㉣ "집중무기고"란 경찰인력 및 경찰기관별 무기책정기준에 따라 배정된 개인화기와 공용화기를 집중보관·관리하기 위하여 각 경찰기관에 설치된 시설을 말한다. "탄약고"란 경찰탄약을 집중 보관하기 위하여 타당도의 사무실, 무기고 등과 분리 설치된 보관시설을 말한다(경찰장비관리규칙 제112조 제2호, 제3호).

Answer　44 ③　45 ④　46 ③

47 '경찰장비관리규칙'상 총기 취급 안전수칙으로 가장 적절하지 않은 것은? 15. 경찰승진

① 조준시는 대퇴부 이하를 향한다.
② 원칙적으로 1탄은 공포탄, 2탄 이하는 실탄을 장전한다.
③ 실탄 장전시 반드시 안전장치를 장착한다.
④ 총구는 전방을 향한다.

정답찾기

④ 총구는 공중 또는 지면(안전지역)을 향한다(경찰장비관리규칙 제123조 제1항 제1호 가목).

> **경찰장비관리규칙**
> **제123조【무기·탄약 취급상의 안전관리】** ① 경찰관은 권총·소총 등 총기를 휴대·사용하는 경우 다음의 안전수칙을 준수하여야 한다.
> 1. 권총
> 가. 총구는 공중 또는 지면(안전지역)을 향한다.
> 나. 실탄 장전시 반드시 안전장치(방아쇠울에 설치 사용)를 장착한다.
> 다. 1탄은 공포탄, 2탄 이하는 실탄을 장전한다. 다만, 대간첩작전, 살인 강도 등 중요범인이나 무기·흉기 등을 사용하는 범인의 체포 및 위해의 방호를 위하여 불가피한 경우에 1탄부터 실탄을 장전할 수 있다.
> 라. 조준시는 대퇴부 이하를 향한다.

48 경찰장구인 전자충격기에 대한 설명으로 가장 적절하지 않은 것은? 15. 경찰승진

① 전극침을 발사하는 경우, 전면은 가슴 이하(허리 벨트선 상단과 심장 아래 쪽 사이)를 조준하고, 후면은 주로 근육이 분포되어 있고 상대적으로 넓은 등을 조준하는 것이 바람직하다.
② 전극침은 상대방의 얼굴을 향해 발사하여서는 안 된다.
③ 공무집행에 대한 항거를 제압하는 수단으로 사용할 수 없다.
④ 14세 미만의 자 및 임산부에 대하여 사용해서는 안 된다.

정답찾기

③ 경찰장구인 전자충격기의 경우 경찰관 직무집행법 제10조의2, 위해성 경찰장비의 사용기준 등에 관한 규정 제2조 제1호에 따라 공무집행에 대한 항거(抗拒)제지를 위해 사용할 수 있다.

> **경찰관 직무집행법**
> **제10조의2【경찰장구의 사용】** ① 경찰관은 다음 각 호의 직무를 수행하기 위하여 필요하다고 인정되는 상당한 이유가 있을 때에는 그 사태를 합리적으로 판단하여 필요한 한도에서 경찰장구를 사용할 수 있다.
> 1. 현행범이나 사형·무기 또는 장기 3년 이상의 징역이나 금고에 해당하는 죄를 범한 범인의 체포 또는 도주방지
> 2. 자신이나 다른 사람의 생명·신체의 방어 및 보호
> 3. <u>공무집행에 대한 항거(抗拒)제지</u>
>
> **위해성 경찰장비의 사용기준 등에 관한 규정**
> **제2조【위해성 경찰장비의 종류】** 「경찰관 직무집행법」(이하 "법"이라 한다) 제10조제1항 단서에 따른 사람의 생명이나 신체에 위해를 끼칠 수 있는 경찰장비(이하 "위해성 경찰장비"라 한다)의 종류는 다음 각 호와 같다.
> 1. 경찰장구 : 수갑·포승(捕繩)·호송용포승·경찰봉·호신용경봉·<u>전자충격기</u>·방패 및 전자방패

> **경찰장비관리규칙**
> **제79조【전자충격기】** ② 경찰관이 직무수행을 위하여 전자충격기를 사용할 경우에는 다음 각 호의 안전수칙을 준수하여야 한다.
>   1. 사용 전 배터리 충전여부를 확인한다.
>   2. 전극침이 발사되는 전자충격기의 경우 안면을 향해 발사해서는 아니된다.
>   3. 14세 미만의 자 또는 임산부에 대하여 사용하여서는 아니된다.

49 경찰장비관리규칙상 무기고 및 탄약고 설치에 관한 설명 중 가장 적절하지 않은 것은? 22. 경찰

① 무기·탄약고 비상벨은 상황실과 숙직실 등 초동조치 가능장소와 연결하고, 외곽에는 철조망 장치와 조명등 및 순찰함을 설치하여야 한다.
② 탄약고 내에는 전기시설을 하는 것이 원칙이나, 조명은 건전지 등으로 하고 방화시설을 완비하여야 한다.
③ 무기고와 탄약고의 환기통 등에는 손이 들어가지 않도록 쇠창살 시설을 하고, 출입문은 2중으로 하여 각 1개소 이상씩 자물쇠를 설치하여야 한다.
④ 탄약고는 무기고와 분리되어야 하며 가능한 본 청사와 격리된 독립 건물로 하여야 한다.

정답찾기
② 탄약고 내에는 전기시설을 하여서는 아니되며, 조명은 건전지 등으로 하고 방화시설을 완비하여야 한다. 단, 방폭설비를 갖춘 경우 전기시설을 설치할 수 있다(경찰장비관리규칙 제115조 제7항).

50 '경찰장비관리규칙'에서 규정하고 있는 내용과 다른 것은 모두 몇 개 인가? 14. 경찰승진 변형

> ㉠ 경찰기관의 장은 무기를 휴대한 자 중에서 직무상의 비위 등으로 인하여 징계대상이 된 자, 형사사건의 조사의 대상이 된 자, 사의를 표명한 자가 발생한 때에는 즉시 대여한 무기·탄약을 회수하여야 한다.
> ㉡ 차량운행시 책임자는 1차 운전자, 2차 선임탑승자(사용자), 3차 경찰기관의 장으로 한다.
> ㉢ 차량교체를 위한 불용 대상차량은 부속기관 및 시·도경찰청에 배정되는 수량의 범위 내에서 내용연수 경과 여부 등 차량사용기간을 최우선적으로 고려하여 선정한다.
> ㉣ 불용처분된 차량은 부속기관 및 시·도경찰청별로 실정에 맞게 공개매각을 원칙으로 하되, 공개매각이 불가능한 때에는 폐차처분을 할 수 있다. 다만, 매각을 할 때에는 경찰표시도색을 제거하는 등 필요한 조치를 하여야 한다.

① 없음   ② 1개   ③ 2개   ④ 3개

정답찾기
① 모두 옳은 지문이다.

Answer   47 ④   48 ③   49 ②   50 ①

51 경찰장비관리규칙에 관한 다음 설명 중 옳은 것은 모두 몇 개인가?   18. 경찰간부 변형

> ㉠ 전자충격기는 물품관리관의 책임하에 집중관리함을 원칙으로 하나, 운용부서에 대여하여 그 부서장의 책임하에 관리·운용하게 할 수 있다.
> ㉡ 차량의 차종은 승용·승합·화물·특수용으로 구분하고, 차형은 차종별로 대형·중형·소형·경형·다목적형으로 구분한다.
> ㉢ 각 경찰기관의 업무용차량은 운전요원의 부족 등 불가피한 사유가 없는 한 집중관리를 원칙으로 한다.
> ㉣ 부속기관 및 시·도경찰청의 장은 다음 년도에 소속 기관의 차량정수를 증감시킬 필요가 있을 때에는 매년 3월 말까지 다음 년도 차량정수 소요계획을 경찰청장에게 제출하여야 한다.
> ㉤ 경찰기관의 장은 무기를 휴대한 자 중에서 경찰공무원 직무적성검사 결과 고위험군에 해당되는 자가 있을 때에는 무기 소지 적격 심의위원회의 심의를 거쳐 대여한 무기·탄약을 회수할 수 있다.

---

① 2개   ② 3개   ③ 4개   ④ 5개

정답찾기
④ 모두 옳은 지문이다.

52 「경찰장비관리규칙」상 무기 및 탄약관리에 관한 설명으로 가장 적절하지 않은 것은?   23. 경찰

① 간이무기고란 경찰인력 및 경찰기관별 무기책정기준에 따라 배정된 개인화기와 공용화기를 집중보관·관리하기 위하여 각 경찰기관에 설치된 시설을 말한다.
② 무기·탄약을 대여 받은 자는 그 무기를 휴대하고 근무하는 경우를 제외하고는 무기고에 보관하여야 하며, 근무 종료시에는 감독자 입회아래 무기탄약 입출고부에 기재한 뒤 즉시 입고하여야 한다.
③ 경찰기관의 장은 무기를 휴대한 자가 형사사건의 수사 대상이 된 때에는 즉시 대여한 무기·탄약을 회수할 수 있다.
④ 경찰기관의 장은 무기를 휴대한 자가 상사의 사무실을 출입할 경우 대여한 무기·탄약을 무기고에 보관하도록 하여야 한다.

정답찾기
① 지문의 내용은 집중무기고에 대한 설명이다. "간이무기고"란 경찰기관의 각 기능별 운용부서에서 효율적 사용을 위하여 집중무기고로부터 무기·탄약의 일부를 대여 받아 별도로 보관·관리하는 시설을 말한다(경찰장비관리규칙 제112조 제2호, 제4호).

53 「경찰장비관리규칙」상 무기관리에 관한 설명으로 옳은 것은 모두 몇 개인가? 24. 경찰

> ㉠ 무기고와 탄약고는 견고하게 만들고 환기·방습장치와 방화시설 및 총가시설 등이 완비되어야 한다.
> ㉡ 간이무기고는 근무자가 24시간 상주하는 지구대, 파출소, 상황실 등 경찰기관의 장이 필요하다고 인정하는 상당한 이유가 있는 장소에 설치할 수 있다.
> ㉢ 집중무기·탄약고의 열쇠보관은 일과시간의 경우 무기 관리부서의 장이, 일과시간 후에는 당직 업무(청사방호) 책임자(상황관리관 등 당직근무자)가 한다.
> ㉣ 경찰기관의 장은 무기를 휴대한 자 중에서 '정신건강상 문제가 우려되어 치료가 필요한 자'가 있을 때에는 즉시 대여한 무기·탄약을 회수하여야 한다.

① 1개 ② 2개 ③ 3개 ④ 4개

정답찾기
지문의 내용 중 적절한 것은 ㉠㉡㉢이다.
㉣ 사안의 경우 무기소지적격 심의위원회의 심의를 거쳐 대여한 무기·탄약을 회수할 수 있다(경찰장비관리규칙 제120조 제2항 제4호).

제5절 **보안관리**

54 다음 중 보안업무의 원칙에 해당하지 않는 것은? 08. 경찰 변형

① 알 사람만 알아야 하는 원칙 ② 보안과 능률의 원칙
③ 독립분류의 원칙 ④ 부분화의 원칙

정답찾기
③ 과도 또는 과소분류 금지의 원칙, 독립분류의 원칙, 외국비밀 존중의 원칙은 비밀분류의 원칙에 해당한다.

■ 보안업무의 원칙

구분	내용
알 사람만 알아야 하는 원칙	• 보안의 대상이 되는 사실은 전파할 때 전파가 꼭 필요한가, 사용자가 반드시 전달 받아야 하며 필요한 것인가 검토하여야 한다. • 보안에 있어서 가장 기본적이며 중요한 원칙에 해당한다.
부분화의 원칙	한번에 다량의 비밀이나 정보가 유출되지 않도록 하여야 한다.
보안과 효율의 조화의 원칙	보안과 업무효율은 반비례관계가 있으므로 양자의 적절한 조화를 유지하는 방법을 강구해야 한다.

55 보안업무규정상 비밀분류의 원칙으로 가장 적절하지 않은 것은?

16. 경찰승진

① 과도 또는 과소분류금지의 원칙
② 독립분류의 원칙
③ 외국비밀존중의 원칙
④ 부분화의 원칙

정답찾기
④ '부분화의 원칙'은 보안업무의 원칙에 해당한다.

56 보안업무에 관한 설명으로 가장 적절한 것은?

15. 경찰승진

① 경찰공무원은 임용과 동시에 Ⅰ급 비밀 취급권을 갖는다.
② 비밀의 등급은 보안과에서 일괄 결정한다.
③ 비밀의 보관용기는 외부에 비밀의 보관을 알리거나 나타내는 표시를 반드시 하여야 한다.
④ 비밀 분류시 과도 또는 과소분류금지 원칙, 독립분류의 원칙, 외국 비밀존중의 원칙을 준수하여야 한다.

정답찾기
① 모든 경찰공무원(전투경찰순경을 포함한다)은 임용과 동시 Ⅲ급 비밀취급권을 가진다(보안업무규정 시행 세부규칙 제15조 제1항).
② 비밀을 생산하거나 관리하는 사람은 비밀의 작성을 완료하거나 비밀을 접수하는 즉시 그 비밀을 분류하거나 재분류할 책임이 있다(보안업무규정 제11조 제3항).
③ 비밀의 보관용기 외부에는 비밀의 보관을 알리거나 나타내는 어떠한 표시도 해서는 아니 된다(보안업무규정 시행규칙 제34조 제1항).

57 비밀분류원칙에 대한 설명으로 가장 적절하지 않은 것은?

18. 경찰승진

① 비밀은 적절히 보호할 수 있는 최저 등급으로 분류하여야 하며, 과도 또는 과소하게 분류하여서는 안 된다는 원칙은 과도 또는 과소분류금지의 원칙이다.
② 외국 비밀존중의 원칙은 외국 정부 또는 국제기구로부터 접수한 비밀은 그 생산기관이 필요로 하는 정도로 보호할 수 있도록 분류하는 원칙이다.
③ 비밀은 그 자체의 내용과 가치의 정도에 따라 분류하여야 하며 다른 비밀과 관련하여서는 안 된다는 원칙은 독립분류의 원칙이다.
④ 비밀분류원칙은 보안업무규정 시행규칙 제12조에 규정되어 있다.

정답찾기
④ 비밀분류원칙은 보안업무규정 제12조에 규정되어 있다.

> **보안업무규정**
> **제12조【분류원칙】** ① 비밀은 적절히 보호할 수 있는 최저 등급으로 분류하되, 과도하거나 과소하게 분류해서는 아니 된다.
> ② 비밀은 그 자체의 내용과 가치의 정도에 따라 분류하여야 하며, 다른 비밀과 관련하여 분류해서는 아니 된다.
> ③ 외국 정부나 국제기구로부터 접수한 비밀은 그 생산기관이 필요로 하는 정도로 보호할 수 있도록 분류하여야 한다.

58 보안업무규정상 비밀보호에 관한 설명으로 틀린 것은 모두 몇 개인가? 16. 경찰

> ㉠ 각급 기관의 장은 비밀의 분류·취급·유통 및 이관 등의 모든 과정에서 비밀이 누설되거나 유출되지 아니하도록 보안대책을 수립하여 시행하여야 한다.
> ㉡ 비밀은 해당 등급의 비밀취급 인가를 받은 사람만 취급할 수 있다.
> ㉢ 비밀은 적절히 보호할 수 있는 최고 등급으로 분류하되, 과도하거나 과소하게 분류해서는 아니 된다.
> ㉣ 비밀은 그 자체의 내용과 가치의 정도에 따라 분류하여야 하며, 다른 비밀과 관련해서 분류해서는 아니 된다.
> ㉤ 경찰청장은 II급 및 III급 비밀취급 인가권자이다.

① 1개   ② 2개   ③ 3개   ④ 4개

정답찾기
틀린 것은 ㉢이다.
㉢ 비밀은 적절히 보호할 수 있는 최저 등급으로 분류하되, 과도하거나 과소하게 분류해서는 아니 된다(보안업무규정 제12조 제1항).

5장

59 보안업무규정상 비밀에 대한 다음 설명 중 옳은 것은 모두 몇 개인가? 19. 경찰간부

> ㉠ 비밀은 그 중요성과 가치의 정도에 따라 I급, II급, III급 비밀로 구분된다.
> ㉡ 누설될 경우 국가안전보장에 해를 끼칠 우려가 있는 경우 II급 비밀로 분류한다.
> ㉢ 외국정부나 국제기구로부터 접수한 비밀은 그 접수기관이 필요로 하는 정도로 보호할 수 있도록 분류하여야 한다.
> ㉣ 비밀은 적절히 보호할 수 있는 최고 등급으로 분류하되, 과도하거나 과소하게 분류해서는 아니 된다.
> ㉤ 국가정보원장은 비밀 소통용 암호자재를 제작하여 필요한 기관에 공급한다. 다만, 국가정보원장이 필요하다고 인정하는 암호자재의 경우 그 암호자재를 사용하는 기관은 국가정보원장이 인가하는 암호체계의 범위에서 암호자재를 제작할 수 있다.
> ㉥ 암호자재를 사용하는 기관의 장은 사용기간이 끝난 암호자재를 지체 없이 국가정보원장에게 반납하여야 한다.

① 1개   ② 2개   ③ 3개   ④ 4개

정답찾기
옳은 것은 ㉠㉤ 2개이다.
㉡ 지문의 내용은 III급 비밀에 대한 설명이다. II급 비밀이란 누설될 경우 국가안전보장에 막대한 지장을 끼칠 우려가 있는 비밀을 말한다(보안업무규정 제4조).
㉢ 외국정부나 국제기구로부터 접수한 비밀은 그 생산기관이 필요로 하는 정도로 보호할 수 있도록 분류하여야 한다(보안업무규정 제12조 제3항).
㉣ 비밀은 적절히 보호할 수 있는 최저 등급으로 분류하되, 과도하거나 과소하게 분류해서는 아니 된다(보안업무규정 제12조 제1항).
㉥ 암호자재를 사용하는 기관의 장은 사용기간이 끝난 암호자재를 지체 없이 그 제작기관의 장에게 반납하여야 한다(보안업무규정 제7조 제2항).

Answer   55 ④   56 ④   57 ④   58 ①   59 ②

60 보안업무규정에 대한 설명으로 가장 적절한 것은?

① 각급 기관의 장은 비밀의 작성·분류·접수·발송 및 취급 등에 필요한 모든 관리사항을 기록하기 위하여 비밀관리기록부를 작성하여 갖추어 두어야 한다. 다만, Ⅱ급 이상 비밀관리기록부는 따로 작성하여 갖추어 두어야 하며, 암호자재는 암호자재 관리기록부로 관리한다.

② 그 생산자가 특정한 제한을 하지 아니한 것으로서 해당 등급의 비밀취급 인가를 받은 사람이 공용(共用)으로 사용하는 경우 Ⅰ급 비밀의 일부 또는 전부에 대해서 모사(模寫)·타자(打字)·인쇄·조각·녹음·촬영·인화(印畵)·확대 등 그 원형을 재현(再現)하는 행위를 할 수 있다.

③ 비밀취급 인가를 받지 아니한 사람에게 비밀을 열람하거나 취급하게 할 때에는 국가정보원장이 정하는 바에 따라 소속 기관의 장(비밀이 군사와 관련된 사항인 경우에는 국방부장관)이 미리 열람자의 인적 사항과 열람하려는 비밀의 내용 등을 확인하고 열람시 비밀 보호에 필요한 자체 보안대책을 마련하는 등의 보안조치를 하여야 한다. 다만, Ⅰ급 비밀의 보안조치에 관하여는 국가정보원장과 미리 협의하여야 한다.

④ 각급 기관의 장은 보안 업무의 효율적인 수행을 위하여 필요하다고 인정되는 경우에는 국가정보원장의 승인 하에 해당 비밀의 보존기간 내에서 그 사본을 제작하여 보관할 수 있다.

> **정답찾기**
>
> ① 각급 기관의 장은 비밀의 작성·분류·접수·발송 및 취급 등에 필요한 모든 관리사항을 기록하기 위하여 비밀관리기록부를 작성하여 갖추어 두어야 한다. 다만, Ⅰ급 비밀관리기록부는 따로 작성하여 갖추어 두어야 하며, 암호자재는 암호자재 관리기록부로 관리한다(보안업무규정 제22조 제1항).
> ②④ 아래 규정 참고
>
> > **보안업무규정**
> > **제23조【비밀의 복제·복사 제한】** ① 비밀의 일부 또는 전부나 암호자재에 대해서는 모사(模寫)·타자(打字)·인쇄·조각·녹음·촬영·인화(印畵)·확대 등 그 원형을 재현(再現)하는 행위를 할 수 없다. 다만, 다음 각 호의 구분에 따른 비밀의 경우에는 그러하지 아니하다.
> > 1. Ⅰ급 비밀: 그 생산자의 허가를 받은 경우
> > 2. Ⅱ급 비밀 및 Ⅲ급 비밀: 그 생산자가 특정한 제한을 하지 아니한 것으로서 해당 등급의 비밀취급 인가를 받은 사람이 공용(共用)으로 사용하는 경우
> > 3. 전자적 방법으로 관리되는 비밀: 해당 비밀을 보관하기 위한 용도인 경우
> > ② 각급 기관의 장은 보안 업무의 효율적인 수행을 위하여 필요하다고 인정되는 경우에는 해당 비밀의 보존기간 내에서 제1항 단서에 따라 그 사본을 제작하여 보관할 수 있다.

61 보안업무규정 및 보안업무규정 시행규칙에 대한 설명으로 가장 적절한 것은?

① 외국 정부나 국제기구로부터 접수한 비밀은 사용기관이 필요로 하는 정도로 보호할 수 있도록 분류하여야 한다.

② 비밀은 그 중요성과 가치의 정도에 따라 Ⅰ급 비밀, Ⅱ급 비밀, Ⅲ급 비밀로 구분하며, 대외비란 보안업무규정 제4조에 규정된 특별히 보호를 요청하는 사항을 말한다.

③ 비밀이 누설될 경우 외교관계가 단절되고 국가의 방위계획·정보활동 및 국가방위에 반드시 필요한 과학과 기술의 개발을 위태롭게 하는 등의 우려가 있는 비밀은 Ⅱ급 비밀이다.

④ 보관용기에 넣을 수 없는 비밀은 제한구역 또는 통제구역에 보관하는 등 그 내용이 노출되지 아니하도록 특별한 보호대책을 마련하여야 한다.

① 외국 정부나 국제기구로부터 접수한 비밀은 <u>생산기관</u>이 필요로 하는 정도로 보호할 수 있도록 분류하여야 한다(보안업무규정 제12조 제3항).
② 영 제4조에 따른 비밀(Ⅰ급 비밀, Ⅱ급 비밀 및 Ⅲ급 비밀) 외에 「공공기관의 정보공개에 관한 법률」 제9조 제1항 제3호부터 제8호까지의 비공개 대상 정보 중 직무 수행상 <u>특별히 보호가 필요한 사항</u>은 이를 "대외비"로 한다(보안업무규정 시행규칙 제16조 제3항).
③ 비밀이 누설될 경우 외교관계가 단절되고 국가의 방위계획·정보활동 및 국가방위에 반드시 필요한 과학과 기술의 개발을 위태롭게 하는 등의 우려가 있는 비밀은 <u>Ⅰ급 비밀</u>이다(보안업무규정 제4조 제1호).

62 비밀에 대한 설명으로 가장 적절하지 않은 것은? 22. 승진

① 보안업무규정 시행 세부규칙상 모든 경찰공무원(전투경찰순경을 포함한다)은 임용과 동시 Ⅲ급 비밀취급권을 가진다.
② 보안업무규정 시행 세부규칙상 정보부서에 근무하는 경찰공무원은 그 보직발령과 동시에 Ⅱ급 비밀취급권을 인가받은 것으로 한다.
③ 보안업무규정과 보안업무규정 시행규칙상 보호지역 중 제한구역은 비인가자가 비밀, 주요시설 및 Ⅲ급 비밀 소통용 암호자재에 접근하는 것을 방지하기 위하여 안내를 받아 출입하여야 하는 구역을 말한다.
④ 보안업무규정상 비밀은 그 중요성과 가치의 정도에 따라 구분하며 누설될 경우 국가안전보장에 해를 끼칠 우려가 있는 비밀은 Ⅱ급 비밀에 해당한다.

정답찾기
④ 지문의 내용은 Ⅲ급 비밀에 대한 설명이다. Ⅱ급 비밀이란 누설될 경우 국가안전보장에 막대한 지장을 끼칠 우려가 있는 비밀을 말한다(보안업무규정 제4조 제2호, 제3호).

63 보안업무규정상 비밀에 관한 설명 중 가장 적절하지 않은 것은? 22. 경찰

① Ⅱ급 비밀은 누설될 경우 국가안전보장에 막대한 지장을 끼칠 우려가 있는 비밀을 말한다.
② 비밀은 적절히 보호할 수 있는 최고 등급으로 분류하되, 과도하거나 과소하게 분류해서는 아니 된다.
③ 비밀은 보관하고 있는 시설 밖으로 반출해서는 아니 된다. 다만, 공무상 반출이 필요할 때에는 소속 기관의 장의 승인을 받아야 한다.
④ 비밀을 휴대하고 출장 중인 사람은 비밀을 안전하게 보호하기 위하여 국내 경찰기관 또는 재외공관에 보관을 위탁할 수 있으며, 위탁받은 기관은 그 비밀을 보관하여야 한다.

정답찾기
② 비밀은 적절히 보호할 수 있는 <u>최저 등급</u>으로 분류하되, 과도하거나 과소하게 분류해서는 아니 된다(보안업무규정 제12조 제1항).

64 보안업무규정상 비밀보호에 관한 설명으로 가장 적절하지 않은 것은? 23. 경찰

① 비밀은 그 중요성과 가치의 정도에 따라 구분되는데, 누설될 경우 대한민국과 외교관계가 단절되고 전쟁을 일으키며 국가의 방위계획·정보활동 및 국가방위에 반드시 필요한 과학과 기술의 개발을 위태롭게 하는 등의 우려가 있는 비밀은 'Ⅰ급 비밀'에 속한다.

② 비밀은 해당 등급의 비밀취급 인가를 받은 사람만 취급할 수 있으며, 암호자재는 해당 등급의 비밀 소통용 암호자재취급 인가를 받은 사람만 취급할 수 있다.

③ 검찰총장, 국가정보원장, 경찰청장은 Ⅰ급 비밀 취급 인가권자와 Ⅰ급 및 Ⅱ급 비밀 소통용 암호자재 취급 인가권자에 해당한다.

④ 비밀은 적절히 보호할 수 있는 최저등급으로 분류하되, 과도하거나 과소하게 분류해서는 아니 된다.

> 정답찾기
>
> ③ 경찰청장은 Ⅱ급 및 Ⅲ급 비밀 취급 인가권자와 Ⅲ급 비밀 소통용 암호자재 취급 인가권자에 해당한다(보안업무규정 제9조 제2항 제2호).

65 「보안업무규정」상 비밀보호에 관한 설명으로 가장 적절하지 않은 것은? 23. 경찰

① 각급기관의 장은 비밀의 작성·분류·접수·발송 및 취급 등에 필요한 모든 관리사항을 기록하기 위하여 비밀관리기록부를 작성하여 갖추어 두어야 한다. 다만, Ⅱ급 이상 비밀관리기록부는 따로 작성하여 갖추어 두어야 한다.

② 각급기관의 장은 비밀문서의 접수·발송·복제·열람 및 반출 등의 통제에 필요한 규정을 따로 작성·운영할 수 있다.

③ 각급기관의 장은 연 2회 비밀 소유 현황을 조사하여 국가정보원장에게 통보하여야 한다.

④ 중앙행정기관등의 장은 국가안전보장을 위하여 국민에게 긴급히 알려야 할 필요가 있다고 판단될 때에는 그가 생산한 비밀을 「보안업무규정」 제3조의3에 따른 보안심사위원회의 심의를 거쳐 공개할 수 있다. 다만, Ⅰ급 비밀의 공개에 관하여는 국가정보원장과 미리 협의해야 한다.

> 정답찾기
>
> ① 각급기관의 장은 비밀의 작성·분류·접수·발송 및 취급 등에 필요한 모든 관리사항을 기록하기 위하여 비밀관리기록부를 작성하여 갖추어 두어야 한다. 다만, Ⅰ급 비밀관리기록부는 따로 작성하여 갖추어 두어야 하며, 암호자재는 암호자재 관리기록부로 관리한다(보안업무규정 제22조 제1항).

66 비인가자의 출입이 금지된 보안상 극히 중요한 지역인 통제구역은 모두 몇 개인가?

13. 경찰승진 변형

㉠ 과학수사센터	㉡ 경찰청 및 시·도경찰청 항공대
㉢ 정보상황실	㉣ 종합조회처리실
㉤ 정보보안기록실	

① 2개　　　　　　② 3개　　　　　　③ 4개　　　　　　④ 5개

정답찾기

㉠㉡은 제한구역, ㉢㉣㉤은 통제구역에 해당한다.

구분	내용	대상
제한지역	비밀 또는 국·공유재산의 보호를 위하여 울타리 또는 방호·경비인력에 의하여 영 제34조 제3항에 따른 승인을 받지 않은 사람의 접근이나 출입에 대한 감시가 필요한 지역	
제한구역	비인가자가 비밀, 주요시설 및 Ⅲ급 비밀 소통용 암호자재에 접근하는 것을 방지하기 위하여 안내를 받아 출입하여야 하는 구역	• 전자교환기(통합장비)실, 정보통신실 • 발간실 • 송신 및 중계소, 정보통신관제센터 • 경찰청 및 시·도경찰청 항공대 • 작전·경호·정보·안보업무 담당부서 전역 • 과학수사센터
통제구역	보안상 매우 중요한 구역으로서 비인가자의 출입이 금지되는 구역	• 암호취급소 • 정보보안기록실 • 무기창·무기고 및 탄약고 • 종합상황실·치안상황실 • 암호장비관리실 • 정보상황실 • 비밀발간실 • 종합조회처리실

67 보안업무규정 시행 세부규칙에 따른 제한구역을 모두 고른 것은?

20. 경찰승진

㉠ 정보통신실	㉡ 과학수사센터
㉢ 암호취급소	㉣ 발간실
㉤ 치안상황실	㉥ 작전·경호·정보·안보업무 담당부서 전역

① ㉠, ㉡, ㉢, ㉣　　　　　　② ㉠, ㉢, ㉤, ㉥

③ ㉠, ㉡, ㉣, ㉥　　　　　　④ ㉡, ㉢, ㉤, ㉥

정답찾기

③ ㉠㉡㉣㉥는 제한구역, ㉢㉤은 통제구역에 해당한다(보안업무규정 시행 세부규칙 제60조).

Answer　64 ③　65 ①　66 ②　67 ③

68 보안업무규정 시행 세부규칙에서 제한구역에 해당하는 것은 모두 몇 개인가?

21. 경찰

㉠ 전자교환기(통합장비)실	㉡ 정보통신관제센터
㉢ 정보보안기록실	㉣ 경찰청 및 시·도경찰청 항공대
㉤ 종합상황실	

① 2개　　　　　② 3개　　　　　③ 4개　　　　　④ 5개

정답찾기

지문의 내용 중 제한구역에 해당하는 것은 ㉠㉡㉣, 통제구역에 해당하는 것은 ㉢㉤이다(보안업무규정 시행 세부규칙 제60조).

69 「보안업무규정」에 따른 보호지역 중 비인가자가 비밀, 주요시설 및 Ⅲ급 비밀 소통용 암호자재에 접근하는 것을 방지하기 위하여 안내를 받아 출입하여야 하는 구역에 해당하는 장소는?

24. 경찰

① 작전·경호·정보·안보업무 담당부서 전역
② 무기고 및 탄약고
③ 종합상황실
④ 종합조회처리실

정답찾기

문제는 제한구역에 대한 설명이다. 작전·경호·정보·안보업무 담당부서 전역은 제한구역에 해당한다(보안업무규정 제34조 제2항, 보안업무규정 시행규칙 제54조 제1항 제2호, 보안업무규정 시행 세부규칙 제60조 제1항 제1호 마목).

70 보안업무규정 및 동 시행규칙에 대한 설명으로 가장 적절하지 않은 것은?

23. 경찰간부

① 누설되는 경우 국가안전보장에 손해를 끼칠 우려가 있는 비밀은 이를 Ⅲ급 비밀로 하며, Ⅱ급 비밀은 누설되는 경우 국가안전보장에 막대한 지장을 초래할 우려가 있는 비밀을 말한다.
② 비밀취급 인가권자는 업무상 조정·감독을 받는 기업체나 단체에 소속된 사람에 대하여 소관 비밀을 계속적으로 취급하게 하여야 할 필요가 있을 때에는 미리 경찰청장과의 협의를 거쳐 해당하는 사람에게 Ⅱ급 이하의 비밀취급을 인가할 수 있다.
③ 제한구역이란 비인가자가 비밀, 주요시설 및 Ⅲ급 비밀 소통용 암호자재에 접근하는 것을 방지하기 위하여 안내를 받아 출입하는 구역을 말한다.
④ 비밀열람기록전의 자료는 비밀과 함께 철하여 보관·활용하고, 비밀의 보호기간이 만료되면 비밀에서 분리한 후 각각 편철하여 5년간 보관해야 한다.

정답찾기

② 비밀취급 인가권자는 업무상 조정·감독을 받는 기업체나 단체에 소속된 사람에 대하여 소관 비밀을 계속적으로 취급하게 하여야 할 필요가 있을 때에는 <u>미리 국가정보원장과의 협의</u>를 거쳐 해당하는 사람에게 Ⅱ급 이하의 비밀취급을 인가할 수 있다(보안업무규정 시행규칙 제13조 제1항).

71 보안업무규정상 신원조사에 대하여 설명한 것이다. 옳은 것을 모두 고른 것은? 17. 경찰 변형

> ㉠ 국가정보원장은 신원조사 대상자에 해당하는 사람에 대하여 관계 기관의 장에게 신원조사를 요청해야 한다.
> ㉡ 국가보안시설·보호장비를 관리하는 기관 등의 장(해당 국가보안시설 등의 관리업무를 수행하는 소속 직원을 포함한다)은 신원조사의 대상이 된다.
> ㉢ 공무원임용예정자(국가안전보장에 한정된 국가 기밀을 취급하는 직위에 임용될 예정인 사람으로 한정한다)와 비밀취급 인가 예정자는 신원조사의 대상이 된다.
> ㉣ 다른 법령에서 정하는 사람이나 각급기관의 장이 국가안전보장을 위하여 필요하다고 인정하는 사람은 신원조사의 대상이 된다.
> ㉤ 국가정보원장은 신원조사 결과 국가안전보장에 해를 끼칠 정보가 있음이 확인된 사람에 대해서는 관계 기관의 장에게 통보할 수 있으며, 통보를 받은 관계 기관의 장은 신원조사 결과에 따라 필요한 보안대책을 마련하여야 한다.

① 1개   ② 2개   ③ 3개   ④ 4개

정답찾기

지문의 내용 중 옳은 것은 ㉡㉢㉣이다

㉠ 관계 기관의 장은 다음 각 호에 해당하는 사람에 대하여 국가정보원장에게 신원조사를 요청해야 한다(보안업무규정 제36조 제3항).
㉤ 국가정보원장은 신원조사 결과 국가안전보장에 해를 끼칠 정보가 있음이 확인된 사람에 대해서는 관계 기관의 장에게 그 사실을 통보하여야 한다(보안업무규정 제37조).

72 다음 중 보안업무규정상 신원조사에 대한 설명으로 적절하지 않은 것을 모두 고른 것은? 19. 경찰승진 변형

> ㉠ 보안업무규정에 따라 국가정보원장은 국가보안을 위하여 국가에 대한 충성심·신뢰성을 조사하기 위하여 신원조사를 한다.
> ㉡ 국가정보원장은 직권으로 신원조사 대상자에 대한 신원조사를 할 수 있다.
> ㉢ 비밀취급 인가 예정자는 신원조사의 대상에 포함된다.
> ㉣ 국가보안시설·보호장비를 관리하는 기관 등의 장(해당 국가보안시설 등의 관리 업무를 수행하는 소속 직원은 제외한다)은 신원조사의 대상이 된다.
> ㉤ 관계 기관의 장은 신원조사 결과 국가안전보장에 해를 끼칠 정보가 있음이 확인된 사람에 대해서는 국가정보원장에게 그 사실을 통보하여야 하며, 통보를 받은 국가정보원장은 신원조사 결과에 따라 필요한 보안대책을 마련하여야 한다.

① 없음   ② 1개   ③ 2개   ④ 3개

정답찾기

지문의 내용 중 적절하지 않은 것은 ㉡㉣㉤이다

㉡ 국가정보원장이 직권으로 신원조사를 할 수는 없다. 관계 기관의 장은 신원조사 대상자에 해당하는 사람에 대하여 국가정보원장에게 신원조사를 요청해야 한다(보안업무규정 제36조 제3항).
㉣ 국가보안시설·보호장비를 관리하는 기관 등의 장(해당 국가보안시설 등의 관리 업무를 수행하는 소속 직원을 포함한다)은 신원조사의 대상이 된다.
㉤ 국가정보원장은 신원조사 결과 국가안전보장에 해를 끼칠 정보가 있음이 확인된 사람에 대해서는 관계 기관의 장에게 그 사실을 통보하여야 한다.

Answer   68 ②   69 ①   70 ②   71 ③   72 ④

제6절 언론관리(경찰홍보)

73 지역사회 내의 각종 기관 및 주민들과 유기적인 연락 및 협조체계를 구축하여 지역사회 각계 각층의 문제·요구·책임을 발견하고 지역사회의 문제해결과 적극적인 지역사회 프로그램을 위해 경찰과 지역사회가 공동으로 노력하는 것을 무엇이라고 하는가?

22. 경찰간부

① Public Relations(PR : 공공관계)
② Police-Press Relations(PPR : 경찰과 언론관계)
③ Police-Media Relations(PMR : 경찰과 대중매체관계)
④ Police-Community Relations(PCR : 경찰과 지역사회관계)

정답찾기
④ 지문의 내용은 Police-Community Relations(PCR : 경찰과 지역사회관계)에 대한 설명이다.

74 경찰홍보의 유형과 관련하여 (가)와 (나)의 내용을 가장 적절하게 나열한 것은?

25. 경위공채

(가)는 인쇄매체, 유인물 등 각종 대중매체를 통하여 개인이나 단체의 긍정적인 점을 일방적으로 알리는 활동을 의미하고, (나)는 단순히 기자들의 질문에 응답만 하는 것이 아니라 신문·방송 등 대중매체와 긴밀한 협조관계를 구축하여 대중매체가 원하는 바를 충족시켜주는 것과 동시에 경찰의 긍정적인 측면을 널리 알리는 활동을 말한다.

	(가)	(나)
①	협의의 홍보	언론관계(Press Relations)
②	협의의 홍보	대중매체관계(Media Relations)
③	기업 이미지식 경찰홍보	언론관계(Press Relations)
④	기업 이미지식 경찰홍보	대중매체관계(Media Relations)

정답찾기
(가)는 협의의 홍보, (나)는 대중매체관계에 대한 설명이다.

75 경찰과 대중매체 관계에 관한 내용과 인물을 바르게 연결한 것은?

> ㉠ 경찰과 대중매체가 서로를 필요로 하기 때문에 둘 사이에는 공생관계가 발달한다고 주장하였다.
>
> ㉡ 경찰과 대중매체는 서로 연합하여 그 사회의 일탈에 대한 개념을 규정하며, 도덕성과 정의를 규정짓는 사회적 엘리트 집단을 구성한다.
>
> ㉢ 경찰과 대중매체의 관계를 "단란하고 행복스럽지는 않지만, 오래 지속되는 결혼생활"에 비유하였다.

① ㉠ – G. Crandon   ㉡ – R. Mark   ㉢ – R. Ericson
② ㉠ – R. Ericson   ㉡ – G. Crandon   ㉢ – R. Mark
③ ㉠ – R. Mark   ㉡ – R. Ericson   ㉢ – G. Crandon
④ ㉠ – G. Crandon   ㉡ – R. Ericson   ㉢ – R. Mark

정답찾기
㉠은 G. Crandon, ㉡은 R. Ericson, ㉢은 R. Mark에 대한 설명이다.

5장

76 언론중재 및 피해구제 등에 관한 법률상 언론중재위원회(이하 '중재위원회'라 한다)의 설치에 관한 내용으로 가장 적절하지 않은 것은?

① 중재위원회는 40명 이상 90명 이내의 중재위원으로 구성한다.
② 중재위원회에 위원장 1명과 2명 이내의 부위원장 및 2명 이내의 감사를 두며, 각각 중재위원 중에서 호선한다.
③ 위원장, 부위원장, 감사 및 중재위원의 임기는 각각 2년으로 하며, 연임할 수 없다.
④ 중재위원회의 회의는 재적위원 과반수의 출석과 출석위원 과반수의 찬성으로 의결한다.

정답찾기
③ 위원장·부위원장·감사 및 중재위원의 임기는 각각 3년으로 하며, 한 차례만 연임할 수 있다(언론중재 및 피해구제 등에 관한 법률 제7조 제5항).

Answer   73 ④   74 ②   75 ④   76 ③

77 언론중재 및 피해구제 등에 관한 법률에 대한 설명 중 적절하지 않은 것은 모두 몇 개인가?   20. 경찰간부

> ㉠ 정정보도청구를 받은 언론사 등의 대표자는 3일 이내에 그 수용 여부에 대한 통지를 청구인에게 발송하여야
>   한다.
> ㉡ 피해자가 정정보도청구권을 행사할 정당한 이익이 없는 경우 언론사는 정정보도청구를 거부할 수 있다.
> ㉢ 청구된 정정보도의 내용이 명백히 사실과 다른 경우 언론사는 정정보도청구를 거부할 수 있다.
> ㉣ 청구된 정정보도의 내용이 명백히 위법한 내용인 경우 언론사는 정정보도청구를 거부할 수 있다.
> ㉤ 정정보도의 청구가 공익적인 광고만을 목적으로 하는 경우 언론사는 정정보도청구를 거부할 수 있다.
> ㉥ 청구된 정정보도의 내용이 국가·지방자치단체 또는 공공단체의 공개회의와 법원의 비공개재판절차의 사실
>   보도에 관한 것인 경우 언론사는 정정보도청구를 거부할 수 있다.

① 없음   ② 1개   ③ 2개   ④ 3개

정답찾기

지문의 내용 중 틀린 것은 ㉤㉥이다.
㉤ 정정보도의 청구가 <u>상업적인 광고</u>만을 목적으로 하는 경우 언론사 등은 정정보도청구를 거부할 수 있다(언론중재 및 피해구제 등에
   관한 법률 제15조 제4항 제4호).
㉥ 청구된 정정보도의 내용이 국가·지방자치단체 또는 공공단체의 공개회의와 <u>법원의 공개재판절차</u>의 사실보도에 관한 것인 경우 언
   론사등은 정정보도청구를 거부할 수 있다(언론중재 및 피해구제 등에 관한 법률 제15조 제4항 제5호).

78 언론중재 및 피해구제 등에 관한 법률에서 침해구제에 대한 설명으로 가장 적절하지 않은 것은?   21. 경찰

① 사실적 주장에 관한 언론보도 등이 진실하지 아니함으로 인하여 피해를 입은 자는 해당 언론보도 등이 있음
   을 안 날부터 3개월 이내에 언론사, 인터넷뉴스서비스사업자 및 인터넷멀티미디어 방송사업자에게 그 언론
   보도 등의 내용에 관한 정정보도를 청구할 수 있다. 다만, 해당 언론보도 등이 있은 후 6개월이 지났을 때에
   는 그러하지 아니하다.
② 언론중재 및 피해구제 등에 관한 법률에 따른 정정보도청구 등과 관련하여 분쟁이 있는 경우 피해자 또는
   언론사 등은 중재위원회에 조정을 신청할 수 있다.
③ 당사자 양쪽은 정정보도청구 등 또는 손해배상의 분쟁에 관하여 중재부의 종국적 결정에 따르기로 합의하고
   중재를 신청할 수 있다. 중재결정은 확정판결과 동일한 효력이 있다.
④ 사실적 주장에 관한 언론보도 등으로 인하여 피해를 입은 자는 그 보도 내용에 관한 반론보도를 언론사 등에
   청구할 수 있다. 반론보도청구는 언론사등의 고의 과실이나 위법성을 필요로 한다.

정답찾기

④ 반론보도청구에는 언론사 등의 <u>고의·과실이나 위법성을 필요로 하지 아니하며</u>, 보도 내용의 진실 여부와 상관없이 그 청구를 할
   수 있다(언론중재 및 피해구제 등에 관한 법률 제16조 제2항).

79 언론중재 및 피해구제 등에 관한 법률에 관한 설명 중 가장 적절하지 않은 것은? 22. 경찰

① '정정보도'란 언론의 보도 내용의 전부 또는 일부가 진실하지 아니한 경우 이를 진실에 부합되게 고쳐서 보도하는 것을 말한다.

② 언론중재 및 피해구제 등에 관한 법률 제16조 제1항, 제2항에 따르면, 사실적 주장에 관한 언론보도등으로 인하여 피해를 입은 자는 그 보도 내용에 관한 반론보도를 언론사등에 청구할 수 있고, 이러한 청구에는 언론사등의 고의·과실이나 위법성을 필요로 하지 아니하며, 보도 내용의 진실 여부와 상관없이 그 청구를 할 수 있다.

③ 언론중재 및 피해구제 등에 관한 법률 제19조 제3항에 따르면, 제2항의 출석요구를 받은 신청인이 2회에 걸쳐 출석하지 아니한 경우에는 조정신청을 취하한 것으로 보며, 피신청 언론사등이 2회에 걸쳐 출석하지 아니한 경우에는 조정신청 취지에 따라 정정보도등을 이행하기로 합의한 것으로 본다.

④ 언론중재위원회는 40명 이상 90명 이내의 중재위원으로 구성하며, 위원장 1명과 2명 이내의 부위원장 및 2명 이내의 감사를 두는데, 위원장 부위원장 감사 및 중재위원의 임기는 각각 3년으로 하며, 연임할 수 없다.

> **정답찾기**
> ④ 위원장·부위원장·감사 및 중재위원의 임기는 각각 3년으로 하며, <u>한 차례만 연임할 수 있다</u>(언론중재 및 피해구제 등에 관한 법률 제7조 제5항).

80 언론중재 및 피해구제 등에 관한 법률에 관한 설명 중 가장 적절하지 않은 것은? 23. 경찰승진

① 언론중재위원회에 위원장 1명과 2명 이내의 부위원장 및 3명의 감사를 두며, 각각 언론중재위원 중에서 호선(互選)한다.

② 사실적 주장에 관한 언론보도등이 진실하지 아니함으로 인하여 피해를 입은 자는 해당 언론보도등이 있음을 안 날부터 3개월 이내에 언론사, 인터넷뉴스서비스사업자 및 인터넷 멀티미디어방송사업자에게 그 언론보도등의 내용에 관한 정정보도를 청구할 수 있다. 다만, 해당 언론보도등이 있은 후 6개월이 지났을 때에는 그러하지 아니하다.

③ 언론중재위원회는 40명 이상 90명 이내의 중재위원으로 구성하며, 중재위원은 문화체육관광부장관이 위촉한다.

④ 피해자가 정정보도청구권을 행사할 정당한 이익이 없는 경우에는 언론사등은 정정보도 청구를 거부할 수 있다.

> **정답찾기**
> ① 중재위원회에 위원장 1명과 2명 이내의 부위원장 및 <u>2명 이내의 감사</u>를 두며, 각각 중재위원 중에서 호선(互選)한다(언론중재 및 피해구제 등에 관한 법률 제7조 제4항).

Answer 77 ③ 78 ④ 79 ④ 80 ①

81 언론중재 및 피해구제 등에 관한 법률에 대한 설명으로 가장 적절한 것은?   23. 경찰간부

① 피해자가 정정보도청구권을 행사할 정당한 이익이 없더라도 피해자 권리 보호를 위해 해당 언론사는 정정보도의 청구를 거부할 수 없다.

② 정정보도 청구를 받은 언론사 등의 대표자는 7일 이내에 그 수용여부에 대한 통지를 청구인에게 발송하여야 한다.

③ 경찰관이 사실적 주장에 관한 언론보도가 진실하지 아니함으로 피해를 입은 경우 해당 언론보도가 있음을 안 날부터 3개월 이내에 해당 언론사 대표에게 서면으로 그 언론보도 내용에 관한 정정보도를 청구할 수 있다.

④ 청구된 정정보도의 내용이 국가·지방자치단체 또는 공공단체의 공개회의와 법원의 공개재판절차의 사실보도에 관한 것인 경우에는 언론사 등은 정정보도 청구를 거부할 수 없다.

> **정답찾기**
> ① 피해자가 정정보도청구권을 행사할 정당한 이익이 없는 경우에는 언론사 등은 정정보도 청구를 <u>거부할 수 있다</u>(언론중재 및 피해구제 등에 관한 법률 제15조 제4항 제1호).
> ② 청구를 받은 언론사 등의 대표자는 <u>3일 이내에</u> 그 수용 여부에 대한 통지를 청구인에게 발송하여야 한다(언론중재 및 피해구제 등에 관한 법률 제15조 제2항).
> ④ 청구된 정정보도의 내용이 국가·지방자치단체 또는 공공단체의 공개회의와 법원의 공개재판절차의 사실보도에 관한 것인 경우 언론사등은 정정보도 청구를 <u>거부할 수 있다</u>(언론중재 및 피해구제 등에 관한 법률 제15조 제4항 제5호).

82 「언론중재 및 피해구제 등에 관한 법률」에 대한 설명으로 가장 적절하지 않은 것은?   24. 경찰

① 언론, 인터넷뉴스서비스 및 인터넷 멀티미디어 방송(이하 "언론 등"이라 한다)은 타인의 생명, 자유, 신체, 건강, 명예, 사생활의 비밀과 자유, 초상, 성명, 음성, 대화, 저작물 및 사적 문서, 그 밖의 인격적 가치 등에 관한 권리를 침해하여서는 아니 된다.

② 반론보도청구에는 언론사, 인터넷뉴스서비스사업자 및 인터넷멀티미디어 방송사업자(이하 "언론사 등"이라 한다)의 고의·과실이나 위법성을 필요로 하지 아니하며, 보도 내용의 진실여부와 상관없이 그 청구를 할 수 있다.

③ 언론 등에 의하여 범죄혐의가 있거나 형사상의 조치를 받았다고 보도 또는 공표된 자는 그에 대한 형사절차가 무죄판결 또는 이와 동등한 형태로 종결되었을 때에는 그 사실을 안 날부터 3개월 이내에 언론사등에 이 사실에 관한 추후보도의 게재를 청구할 수 있다.

④ 언론사 등이 정정보도청구를 수용할 때에는 지체 없이 피해자 또는 그 대리인과 정정보도의 내용·크기 등에 관하여 협의한 후, 그 협의가 있은 날부터 7일 내에 정정보도문을 방송하거나 게재하여야 한다. 다만, 신문 및 잡지 등 정기간행물의 경우 이미 편집 및 제작이 완료되어 부득이할 때에는 게재하지 않을 수 있다.

> **정답찾기**
> ④ 언론사 등이 정정보도청구를 수용할 때에는 지체 없이 피해자 또는 그 대리인과 정정보도의 내용·크기 등에 관하여 협의한 후, 그 청구를 받은 날부터 7일 내에 정정보도문을 방송하거나 게재(인터넷신문 및 인터넷뉴스서비스의 경우 제1항 단서에 따른 해당 언론보도 등 내용의 정정을 포함한다)하여야 한다. 다만, 신문 및 잡지 등 정기간행물의 경우 이미 편집 및 제작이 완료되어 부득이할 때에는 <u>다음 발행 호에 이를 게재하여야 한다</u>(언론중재 및 피해구제 등에 관한 법률 제15조 제3항).

06 경찰통제

www.pmg.co.kr

제1절 경찰통제 일반

01 경찰통제의 유형 중 그 성격이 다른 것은?

10. 경찰

① 국회의 예산심의권
② 행정심판을 통한 통제
③ 소청심사위원회의 소청심사
④ 사법부의 사법심사에 의한 통제

정답찾기
① 지문은 경찰통제의 유형 중 사전통제에 해당하고, 나머지는 사후통제에 해당한다.

02 다음 중 경찰통제의 유형이 바르게 연결되지 않은 것은?

11. 경찰

① 사전적 통제 − 국회의 예산심의권, 행정절차법상 입법예고제
② 사후적 통제 − 사법부의 사법심사, 행정부의 행정심판
③ 내부통제 − 국민권익위원회에 의한 통제, 청문감사관 제도
④ 외부통제 − 국가경찰위원회, 국가인권위원회에 의한 통제

정답찾기
③ 국민권익위원회에 의한 통제는 외부적 통제에 해당한다.

> **부패방지 및 국민권익위원회의 설치와 운영에 관한 법률**
> **제11조【국민권익위원회의 설치】** ① 고충민원의 처리와 이에 관련된 불합리한 행정제도를 개선하고, 부패의 발생을 예방하며 부패행위를 효율적으로 규제하도록 하기 위하여 국무총리 소속으로 국민권익위원회(이하 '위원회'라 한다)를 둔다.
> ② 위원회는 정부조직법 제2조에 따른 중앙행정기관으로서 그 권한에 속하는 사무를 독립적으로 수행한다.
>
> **국가인권위원회법**
> **제3조【국가인권위원회의 설립과 독립성】** ① 이 법에서 정하는 인권의 보호와 향상을 위한 업무를 수행하기 위하여 국가인권위원회(이하 '위원회'라 한다)를 둔다.
> ② 위원회는 그 권한에 속하는 업무를 독립하여 수행한다.

Answer   81 ③   82 ④ / 01 ①   02 ③

03 경찰통제에 관한 다음 설명 중 가장 적절하지 않은 것은?

① 국회는 경찰 관련 법률제정, 예산심의, 국정조사 등 다양한 장치들을 통해 경찰을 통제할 수 있다.

② 법원은 법적 쟁송사건에 대한 재판권을 통해 경찰활동을 통제하는 바, 법원의 판례법이 법의 근간을 이루는 영미법계에서 대륙법계보다 강력한 통제장치로 작용한다.

③ 경찰에 대한 사전통제를 규정하고 있는 기본법은 행정절차법이라 할 수 있고, 사전통제제도에는 청문, 행정상 입법예고, 상급기관의 하급기관에 대한 감사권 등이 있다.

④ 상급기관이 하급기관에 대하여 지시권이나 감독권 등의 훈령권을 행사함으로써 하급기관의 위법이나 재량권 행사의 오류를 시정하는 등 통제를 가할 수 있다.

정답찾기
③ 상급기관의 하급기관에 대한 감사권은 사후통제수단에 해당한다.

04 다음은 경찰의 사전통제와 사후통제, 내부통제와 외부통제를 구분없이 나열한 것이다. 이 중 사전통제와 내부통제에 관한 것으로 올바르게 짝지어진 것은?

──── 〈사전통제와 사후통제〉 ────

가. 행정절차법에 의한 청문	나. 국회의 입법권
다. 국회의 국정감사 · 조사권	라. 사법부에 의한 사법심사
마. 국회의 예산심의권	

──── 〈내부통제와 외부통제〉 ────

㉠ 국가경찰위원회의 심의 · 의결	㉡ 감사원에 의한 직무감찰
㉢ 청문감사관 제도	㉣ 경찰청장의 훈령권
㉤ 중앙행정심판위원회의 심리 · 재결	

① 사전통제 : 가, 나 　　　내부통제 : ㉠, ㉢

② 사전통제 : 나, 다 　　　내부통제 : ㉢, ㉣

③ 사전통제 : 라, 마 　　　내부통제 : ㉡, ㉤

④ 사전통제 : 나, 마 　　　내부통제 : ㉢, ㉣

정답찾기
가, 나, 마. 사전통제에 해당한다.
㉢, ㉣은 내부통제로 이들을 올바르게 구분한 것은 ④이다.

05 다음 경찰통제의 유형 중 내부적 통제에 해당하는 것은 모두 몇 개인가?

23. 경찰

> ㉠ 청문감사인권관제도
> ㉡ 국민권익위원회
> ㉢ 국가경찰위원회
> ㉣ 소청심사위원회
> ㉤ 경찰청장의 훈령권
> ㉥국회의 입법권

① 2개   ② 3개   ③ 4개   ④ 5개

정답찾기

지문의 내용 중 내부적 통제에 해당하는 것은 ㉠㉤이다. ㉡㉢㉣㉥은 외부적 통제에 해당한다.

06 경찰통제의 유형이 가장 바르게 연결된 것은?

19. 경찰 변형

① 내부통제 : 청문감사관 제도, 국가경찰위원회, 직무명령권
② 외부통제 : 국민권익위원회, 소청심사위원회, 국민감사청구제도
③ 사전통제 : 행정예고제, 상급기관의 하급기관에 대한 감독권
④ 사후통제 : 사법부에 의한 사법심사, 국회의 입법권·예산심의권

정답찾기

① 국가경찰위원회는 외부통제에 해당한다.
③ 상급기관의 하급기관에 대한 감독권은 사후통제수단에 해당한다.
④ 국회의 입법권·예산심의권은 사전통제수단에 해당한다.

07 경찰통제의 유형 중 가장 적절하게 연결된 것은?

23. 경찰승진

① 민주적 통제 − 국가경찰위원회, 국민감사청구, 국가배상제도
② 사전통제 − 입법예고제, 국회의 예산심의권, 사법부의 사법심사
③ 외부통제 − 소청심사위원회, 행정소송, 훈령권
④ 사후통제 − 행정심판, 국정 감사·조사권, 국회의 예산결산권

정답찾기

① 국가배상제도는 사법적 통제에 해당한다.
② 사법부의 사법심사는 사후적 통제에 해당한다.
③ 훈령권은 내부적 통제에 해당한다.

 Answer   03 ③   04 ④   05 ①   06 ②   07 ④

08 경찰통제의 유형에 대한 설명 중 옳은 것은? 20. 경찰간부 변형

① 행정절차법, 국회에 의한 예산결산권은 사전통제에 해당한다.
② 경찰청의 감사관, 시·도경찰청의 청문감사담당관, 경찰서의 청문감사관은 외부통제에 해당한다.
③ 국가인권위원회의 통제는 협의의 행정통제로서 외부통제에 해당한다.
④ 행정안전부장관의 경찰청장과 국가경찰위원회 위원의 임명제청권은 행정통제로서 외부통제에 해당한다.

정답찾기
① 국회에 의한 예산결산권은 사후통제에 해당한다.
② 경찰청의 감사관, 시·도경찰청의 청문감사담당관, 경찰서의 청문감사관은 내부통제에 해당한다.
③ 국가인권위원회는 독립기관이므로 '<u>광의의 행정통제</u>'에 해당한다.

09 경찰통제에 대한 설명 중 가장 적절하지 않은 것은? 20. 경찰승진

① 18세 이상의 국민은 경찰을 비롯한 공공기관의 사무처리가 법령위반 또는 부패행위로 인하여 공익을 현저히 해하는 경우 200명 이상의 연서로 감사원에 감사를 청구할 수 있다.
② 국가경찰위원회 제도는 경찰의 주요정책 등에 관하여 심의·의결하는 권한을 가지고 있으므로 민주적 통제에 해당하고, 행정안전부 소속으로 외부적 통제에도 해당한다.
③ 청문감사관 제도는 경찰 내부적 통제이다.
④ 행정절차법은 입법예고, 행정예고 등 행정에 대한 사전 통제를 규정하고 있다.

정답찾기
① 18세 이상의 국민은 공공기관의 사무처리가 법령위반 또는 부패행위로 인하여 공익을 현저히 해하는 경우 <u>대통령령으로 정하는 일정한 수</u> 이상의 국민의 연서로 감사원에 감사를 청구할 수 있다(부패방지 및 국민권익위원회의 설치와 운영에 관한 법률 제72조 제1항). "대통령령으로 정하는 일정한 수"란 <u>300명</u>을 말한다(부패방지 및 국민권익위원회의 설치와 운영에 관한 법률 시행령 제84조).

10 경찰통제에 대한 설명으로 가장 적절하지 않은 것은? 20. 경찰 변형

① 국가경찰위원회제도와 국민감사청구제도는 경찰행정에 대하여 국민들의 참여를 보장하는 민주적 통제장치이다.
② 경찰의 위법행위에 대한 국가배상판결이나 행정심판에 의한 통제는 사법통제이며, 국가인권위원회와 국민권익위원회에 의한 통제는 행정통제이다.
③ 상급기관이 갖는 훈령권·직무명령권은 하급기관의 위법이나 재량권 행사의 오류를 시정할 수 있는 내부적 통제장치이다.
④ 국회가 갖는 입법권과 예산심의권은 사전통제에 해당하나 예산 결산권과 국정감사·조사권은 사후통제에 해당한다.

정답찾기
② 지문의 내용 중 행정심판은 행정통제에 해당한다.

11 **경찰통제에 관한 설명 중 가장 적절하지 않은 것은?** 22. 경찰

① 국회는 입법권과 예산심의권을 통해 경찰을 사전 통제할 수 있다.

② 부패방지 및 국민권익위원회의 설치와 운영에 관한 법률 및 동법 시행령에 따르면, 19세 이상의 국민은 경찰 등 공공기관의 사무처리가 법령위반 또는 부패행위로 인하여 공익을 현저히 해하는 경우, 100명 이상의 국민의 연서로 감사원에 감사를 청구할 수 있다.

③ 상급자의 하급자에 대한 직무명령권은 내부적 통제의 일환이다.

④ 경찰의 위법한 처분에 대한 행정소송제도는 사법통제로서 외부적 통제 장치이다.

> 정답찾기
>
> ② 18세 이상의 국민은 공공기관의 사무처리가 법령위반 또는 부패행위로 인하여 공익을 현저히 해하는 경우 대통령령으로 정하는 일정한 수(300명) 이상의 국민의 연서로 감사원에 감사를 청구할 수 있다(부패방지 및 국민권익위원회의 설치와 운영에 관한 법률 제72조 제1항).

12 **경찰작용 및 경찰공무원을 통제하는 행정기관의 역할과 기능에 관한 설명 중 옳은 것을 모두 고른 것은?** 22. 경찰

> ㉠ 행정심판위원회는 경찰관청의 위법한 처분 및 대통령의 부작위에 대해서 심리하여 침해된 국민의 권리를 구제하고 경찰행정의 적정한 운영을 도모한다.
>
> ㉡ 시·도자치경찰위원회는 자치경찰사무 담당 경찰공무원에 대한 징계를 요구할 수 있다.
>
> ㉢ 국민권익위원회는 누구든지 경찰공무원 등의 부패행위를 알게 된 때에는 무기명으로 신고할 수 있도록 하고 있다.
>
> ㉣ 인사혁신처에 소청심사위원회를 설치하여, 경찰공무원이 징계처분, 그 밖에 그 의사에 반하는 불리한 처분이나 부작위를 구제받을 수 있도록 하고 있다.
>
> ㉤ 국가인권위원회는 경찰기관 및 경찰공무원 등에 의한 인권침해행위 또는 차별행위에 대해 조사하고 구제할 수 있다.
>
> ㉥ 감사원은 국회·법원 및 헌법재판소를 포함한 모든 국가기관 및 그에 소속한 공무원의 사무를 감찰하여 비위를 적발하고 시정한다.

① 없음　　　　② 1개　　　　③ 2개　　　　④ 3개

> 정답찾기
>
> 지문의 내용 중 적절한 것은 ㉡㉣㉤이다.
>
> ㉠ 대통령의 처분 또는 부작위에 대하여는 다른 법률에서 행정심판을 청구할 수 있도록 정한 경우 외에는 행정심판을 청구할 수 없다(행정심판법 제3조 제2항).
>
> ㉢ 신고를 하려는 자는 본인의 인적사항과 신고취지 및 이유를 기재한 기명의 문서로써 하여야 하며, 신고대상과 부패행위의 증거 등을 함께 제시하여야 한다(부패방지 및 국민권익위원회의 설치와 운영에 관한 법률 제58조).

Answer　08 ④　09 ①　10 ③　11 ②　12 ④

13 경찰통제에 관한 설명으로 옳지 않은 것은 모두 몇 개인가?

> ㉠ 경찰이 보유·관리하는 정보는 국민의 알권리 보장 등을 위하여 「공공기관의 정보공개에 관한 법률」에서 정하는 바에 따라 적극적으로 공개하는 것이 기본 원칙이다.
> ㉡ 국회에 의한 입법통제 방식에는 사전통제 방식과 사후통제 방식이 존재한다.
> ㉢ 행정부에 의한 통제유형에는 중앙행정심판위원회에 의한 통제, 국정조사·감사권 등이 포함된다.
> ㉣ 「경찰감찰규칙」에서는 조사대상자가 영상녹화를 요청하는 경우에 감찰관이 재량적으로 판단할 수 있도록 하고 있다.

① 없음 　　　　　② 1개 　　　　　③ 2개 　　　　　④ 3개

정답찾기

지문의 내용 중 적절하지 않은 것은 ㉢㉣이다.
㉢ 지문의 내용 중 국정조사·감사권은 입법부(국회)에 의한 통제에 해당한다.
㉣ 경찰감찰규칙 제30조 제1항은 "감찰관은 조사대상자가 영상녹화를 요청하는 경우에는 그 조사과정을 영상녹화하여야 한다"고 규정하고 있으므로 감찰관이 재량적으로 판단할 수 있는 사안이 아니다.

제2절 **공공기관의 정보공개에 관한 법률**

14 공공기관의 정보공개에 관한 법률에 대한 설명으로 틀린 것은 모두 몇 개인가?

> ㉠ 공공기관이 보유·관리하는 정보는 국민의 알권리 보장 등을 위하여 이 법에서 정하는 바에 따라 적극적으로 공개하여야 한다.
> ㉡ 모든 국민은 정보의 공개를 청구할 권리를 가진다. 외국인의 정보공개청구에 관하여는 대통령령으로 정한다.
> ㉢ 청구인이 정보공개와 관련한 공공기관의 비공개결정 또는 부분 공개결정에 대하여 불복이 있거나 정보공개청구 후 20일이 경과하도록 정보공개결정이 없는 때에는 공공기관으로부터 정보공개 여부의 결정통지를 받은 날 또는 정보공개청구 후 20일이 경과한 날부터 30일 이내에 해당 공공기관에 문서로 이의신청을 할 수 있다.
> ㉣ 정보공개위원회는 성별을 고려하여 위원장과 부위원장 각 1명을 포함한 9명의 위원으로 구성한다. 이 경우 위원장을 포함한 7명은 공무원이 아닌 사람으로 위촉하여야 한다.
> ㉤ 행정안전부장관은 정보공개위원회가 정보공개제도의 효율적 운영을 위하여 필요하다고 요청하면 공공기관(국회·법원·헌법재판소 및 중앙선거관리위원회를 포함한다)의 정보공개제도 운영실태를 평가할 수 있다.

① 1개 　　　　　② 2개 　　　　　③ 3개 　　　　　④ 4개

정답찾기

틀린 것은 ㉣㉤ 2개이다.
㉣ 정보공개위원회는 성별을 고려하여 위원장과 부위원장 각 1명을 포함한 11명의 위원으로 구성한다. 이 경우 위원장을 포함한 7명은 공무원이 아닌 사람으로 위촉하여야 한다(공공기관의 정보공개에 관한 법률 제23조 제1항, 제2항).
㉤ 행정안전부장관은 정보공개에 관하여 필요할 경우에 공공기관(국회·법원·헌법재판소 및 중앙선거관리위원회는 제외한다)의 장에게 정보공개 처리 실태의 개선을 권고할 수 있다. 이 경우 권고를 받은 공공기관은 이를 이행하기 위하여 성실하게 노력하여야 하며, 그 조치 결과를 행정안전부장관에게 알려야 한다(공공기관의 정보공개에 관한 법률 제24조 제4항).

15 공공기관의 정보공개에 관한 법률에 대한 다음 설명 중 옳은 것은 모두 몇 개인가? 16. 경찰간부

> ㉠ 공공기관이 보유·관리하는 정보는 국민의 알권리 보장 등을 위하여 이 법에서 정하는 바에 따라 적극적으로 공개하여야 한다.
> ㉡ 공공기관은 정보공개의 청구를 받으면 그 청구를 받은 날부터 7일 이내에 공개 여부를 결정하여야 한다.
> ㉢ 공공기관은 공개청구된 공개대상 정보의 전부 또는 일부가 제3자와 관련이 있다고 인정할 때에는 그 사실을 제3자에게 지체 없이 통지하여야 하며, 필요한 경우에는 그의 의견을 들을 수 있다.
> ㉣ 청구인은 공공기관으로부터 정보공개 여부의 결정통지를 받은 날 또는 정보공개청구 후 20일이 경과한 날부터 30일 이내에 당해 공공기관에 문서로 이의신청을 할 수 있다.
> ㉤ 공공기관은 이의신청을 받은 날부터 10일 이내에 그 이의신청에 대하여 결정하고 그 결과를 청구인에게 지체 없이 문서로 통지하여야 한다.
> ㉥ 자기와 관련된 정보공개청구사실을 통지받은 제3자는 통지받은 날부터 3일 이내에 해당 공공기관에 대하여 자신과 관련된 정보를 공개하지 아니할 것을 요청할 수 있다.

① 1개 ② 2개 ③ 3개 ④ 4개

정답찾기

옳은 것은 ㉠㉢㉣㉥이다.
㉡ 공공기관은 정보공개의 청구를 받으면 그 청구를 받은 날부터 10일 이내에 공개 여부를 결정하여야 한다(공공기관의 정보공개에 관한 법률 제11조 제1항).
㉤ 공공기관은 이의신청을 받은 날부터 7일 이내에 그 이의신청에 대하여 결정하고 그 결과를 청구인에게 지체 없이 문서로 통지하여야 한다. 다만, 부득이한 사유로 정하여진 기간 이내에 결정할 수 없을 때에는 그 기간이 끝나는 날의 다음 날부터 기산하여 7일의 범위에서 연장할 수 있으며, 연장사유를 청구인에게 통지하여야 한다(공공기관의 정보공개에 관한 법률 제18조 제3항).

16 공공기관의 정보공개에 관한 법률에 대한 설명으로 가장 적절하지 않은 것은? 17. 경찰

① 공공기관이 보유·관리하는 정보는 국민의 알권리 보장 등을 위하여 이 법에서 정하는 바에 따라 적극적으로 공개하여야 한다.
② 청구인이 정보공개와 관련한 공공기관의 결정에 대하여 불복이 있거나 정보공개청구 후 20일이 경과하도록 정보공개결정이 없는 때에는 행정심판법에서 정하는 바에 따라 행정심판을 청구할 수 있다.
③ 공공기관은 청구인의 정보공개청구가 있을 때에는 원칙적으로 청구를 받은 날부터 10일 이내에 공개 여부를 결정하여야 한다.
④ 공공기관은 이의신청을 받은 날부터 7일 이내에 그 이의신청에 대하여 결정하고 그 결과를 청구인에게 지체 없이 문서로 통지하여야 한다. 다만, 부득이한 사유로 정하여진 기간 이내에 결정할 수 없을 때에는 그 기간이 끝나는 날부터 기산하여 7일의 범위에서 연장할 수 있으며, 연장사유를 청구인에게 통지하여야 한다.

정답찾기

④ 공공기관은 이의신청을 받은 날부터 7일 이내에 그 이의신청에 대하여 결정하고 그 결과를 청구인에게 지체 없이 문서로 통지하여야 한다. 다만, 부득이한 사유로 정하여진 기간 이내에 결정할 수 없을 때에는 그 기간이 끝나는 날의 다음 날부터 기산하여 7일의 범위에서 연장할 수 있으며, 연장사유를 청구인에게 통지하여야 한다(공공기관의 정보공개에 관한 법률 제18조 제3항).

Answer 13 ③ 14 ② 15 ④ 16 ④

17 공공기관의 정보공개에 관한 법률과 관련된 설명으로 가장 적절하지 않은 것은? 21. 경찰승진

① 민원인이 경찰관서에서 현재 수사 중인 '폭력단체 현황'에 대한 정보공개를 요청한 경우, 국민의 알 권리를 충족시킨다는 차원에서 해당 정보를 공개하여야 한다.
② 공공기관은 비공개 대상 정보가 기간의 경과 등으로 인하여 비공개의 필요성이 없어진 경우에는 그 정보를 공개 대상으로 하여야 한다.
③ 공공기관은 부득이한 사유로 정보공개의 청구를 받은 날부터 10일 이내에 공개 여부를 결정할 수 없을 때에는 그 기간이 끝나는 날의 다음 날부터 기산(起算)하여 10일의 범위에서 공개 여부 결정기간을 연장할 수 있다.
④ 공공기관은 공개 청구된 공개 대상 정보의 전부 또는 일부가 제3자와 관련이 있다고 인정할 때에는 그 사실을 제3자에게 지체 없이 통지하여야 하며, 통지 받은 제3자는 그 통지를 받은 날부터 3일 이내에 해당 공공기관에 자신과 관련된 정보를 공개하지 아니할 것을 요청할 수 있다.

> 정답찾기
> ① 사안의 경우 비공개대상 정보에 해당하므로 <u>공개하지 아니할 수 있다</u>(공공기관의 정보공개에 관한 법률 제1항 제4호).

18 공공기관의 정보공개에 관한 법률상 정보공개절차에 대한 설명으로 가장 적절한 것은? 11. 경찰

① 정보의 공개를 청구하는 자는 구술로써 정보의 공개를 청구할 수는 없다.
② 공공기관은 정보공개의 청구를 받은 날부터 30일 이내에 공개 여부를 결정하여야 한다.
③ 국가안전보장・국방・통일・외교관계 등에 관한 사항으로서 공개될 경우 국가의 중대한 이익을 현저히 해칠 우려가 있다고 인정되는 정보는 공개하여서는 아니된다.
④ 정보의 공개 및 우송 등에 소요되는 비용은 실비의 범위 안에서 청구인의 부담으로 한다.

> 정답찾기
> ① 정보의 공개를 청구하는 자(이하 '청구인'이라 한다)는 당해 정보를 보유하거나 관리하고 있는 공공기관에 대하여 다음 각호의 사항을 기재한 <u>정보공개청구서를 제출하거나 말로써 정보의 공개를 청구할 수 있다</u>(공공기관의 정보공개에 관한 법률 제10조 제1항).
> ② 공공기관은 제10조의 규정에 의하여 정보공개의 청구가 있는 때에는 청구를 받은 날부터 <u>10일 이내에 공개여부를 결정하여야 한다</u>(공공기관의 정보공개에 관한 법률 제11조 제1항).
> ③ 공공기관이 보유・관리하는 정보는 공개 대상이 된다. 다만, 국가안전보장・국방・통일・외교관계 등에 관한 사항으로서 공개될 경우 국가의 중대한 이익을 현저히 해칠 우려가 있다고 인정되는 정보(비공개대상 정보)는 <u>공개하지 아니할 수 있다</u>(공공기관의 정보공개에 관한 법률 제9조 제1항 제2호).

19 공공기관의 정보공개에 관한 법률상 정보공개의 절차에 관한 설명 중 가장 적절한 것은?　　22. 경찰

① 정보의 공개를 청구하는 자는 해당 정보를 보유하거나 관리하고 있는 공공기관에 정보공개 청구서를 제출하여 정보의 공개를 청구할 수 있으나, 말로써 정보의 공개를 청구할 수 없다.

② 공공기관은 부득이한 사유로 공공기관의 정보공개에 관한 법률 제11조 제1항에 따른 기간 이내에 공개 여부를 결정할 수 없을 때에는 그 기간이 끝난 날부터 기산하여 10일의 범위에서 공개여부 결정기간을 연장할 수 있다. 이 경우 공공기관은 연장된 사실과 연장 사유를 청구인에게 지체 없이 구두로 통지하여야 한다.

③ 공공기관은 전자적 형태로 보유 관리하는 정보에 대하여 청구인이 전자적 형태로 공개하여 줄 것을 요청하는 경우에는 그 정보의 성질상 현저히 곤란한 경우를 제외하고는 청구인의 요청에 따라야 한다.

④ 정보의 공개 및 우송 등에 드는 비용은 실비의 범위에서 공공기관이 부담한다.

정답찾기

① 정보의 공개를 청구하는 자(이하 "청구인"이라 한다)는 해당 정보를 보유하거나 관리하고 있는 공공기관에 다음 각 호의 사항을 적은 정보공개 청구서를 제출하거나 말로써 정보의 공개를 청구할 수 있다(공공기관의 정보공개에 관한 법률 제10조 제1항).

② 공공기관은 부득이한 사유로 제1항에 따른 기간 이내에 공개 여부를 결정할 수 없을 때에는 그 기간이 끝나는 날의 다음 날부터 기산(起算)하여 10일의 범위에서 공개 여부 결정기간을 연장할 수 있다. 이 경우 공공기관은 연장된 사실과 연장 사유를 청구인에게 지체 없이 문서로 통지하여야 한다(공공기관의 정보공개에 관한 법률 제11조 제2항).

④ 정보의 공개 및 우송 등에 드는 비용은 실비(實費)의 범위에서 청구인이 부담한다(공공기관의 정보공개에 관한 법률 제17조 제1항).

20 공공기관의 정보공개에 관한 법률에 관한 설명으로 가장 적절하지 않은 것은?　　23. 경찰

① 청구인은 이의신청 절차를 거치지 아니하고 행정심판을 청구할 수 없다.

② "정보"란 공공기관이 직무상 작성 또는 취득하여 관리하고 있는 문서(전자문서를 포함한다) 및 전자매체를 비롯한 모든 형태의 매체 등에 기록된 사항을 말한다.

③ 공공기관은 부득이한 사유로 법 제11조 제1항에 따른 기간 이내에 공개 여부를 결정할 수 없을 때에는 그 기간이 끝나는 날의 다음 날부터 기산(起算)하여 10일의 범위에서 공개 여부 결정 기간을 연장할 수 있다. 이 경우 공공기관은 연장된 사실과 연장 사유를 청구인에게 지체 없이 문서로 통지하여야 한다.

④ 공공기관은 청구인이 사본 또는 복제물의 교부를 원하는 경우에는 이를 교부하여야 한다.

정답찾기

① 청구인은 이의신청 절차를 거치지 아니하고 행정심판을 청구할 수 있다(공공기관의 정보공개에 관한 법률 제19조 제2항).

Answer　17 ①　18 ④　19 ③　20 ①

21 「공공기관의 정보공개에 관한 법률」상 정보공개의 절차에 관한 설명으로 가장 적절하지 않은 것은?   24. 경찰

① 정보의 공개를 청구하는 자는 해당 정보를 보유하거나 관리하고 있는 공공기관에 정보공개 청구서를 제출하거나 말로써 정보의 공개를 청구할 수 있다.

② 공공기관은 전자적 형태로 보유·관리하는 정보에 대하여 청구인이 전자적 형태로 공개하여 줄 것을 요청하는 경우에는 그 정보의 성질상 현저히 곤란한 경우를 제외하고는 청구인의 요청에 따라야 한다.

③ 정보의 공개 및 우송 등에 드는 비용은 실비의 범위에서 공공기관이 부담한다.

④ 공공기관은 「공공기관의 정보공개에 관한 법률」 제11조에 따라 정보의 공개 결정을 한 경우에는, 청구인이 사본 또는 복제물의 교부를 원하는 경우에는 이를 교부하여야 한다.

> **정답찾기**
> ③ 정보의 공개 및 우송 등에 드는 비용은 실비(實費)의 범위에서 <u>청구인이 부담한다</u>(공공기관의 정보공개에 관한 법률 제17조 제1항).

22 공공기관의 정보공개에 관한 법률(이하 '정보공개법'이라 한다)과 관련하여 공공기관의 정보공개청구권자와 공개대상에 관한 다음 설명 중 가장 옳은 것은? (다툼이 있는 경우 판례에 의함)   12. 경찰

① 보안관찰법 소정의 보안관찰 관련 통계자료는 비공개대상 정보에 해당한다.

② 정보공개청구는 이해관계가 없는 공익을 위한 경우에는 인정될 수 없다.

③ 사립대학교는 국비의 지원을 받는 범위 내에서만 공공기관의 성격을 가진다.

④ 정보공개법 제9조 제1항 제1호에서 '법률이 위임한 명령'에는 정보의 공개에 관하여 포괄적 위임 아래 제정된 법규명령도 포함된다.

> **정답찾기**
> ② 공공기관의 정보공개에 관한 법률 제6조 제1항은 "모든 국민은 정보의 공개를 청구할 권리를 가진다."고 규정하고 있는데, 여기에서 말하는 국민에는 자연인은 물론 법인, 권리능력 없는 사단·재단도 포함되고, 법인, 권리능력 없는 사단·재단 등의 경우에는 설립목적을 불문하며, 한편 정보공개청구권은 법률상 보호되는 구체적인 권리이므로 청구인이 공공기관에 대하여 정보공개를 청구하였다가 <u>거부처분을 받은 것 자체가 법률상 이익의 침해에 해당한다</u>(대판 2003.12.12, 2003두8050)
> ③ 정보공개 의무기관을 정하는 것은 입법자의 입법형성권에 속하고, 이에 따라 입법자는 구 공공기관의 정보공개에 관한 법률 (2004.1.29. 법률 제7127호로 전문 개정되기 전의 것) 제2조 제3호에서 정보공개 의무기관을 공공기관으로 정하였는바, 공공기관은 국가기관에 한정되는 것이 아니라 지방자치단체, 정부투자기관, 그 밖에 공동체 전체의 이익에 중요한 역할이나 기능을 수행하는 기관도 포함되는 것으로 해석되고, 여기에 정보공개의 목적, 교육의 공공성 및 공·사립학교의 동질성, 사립대학교에 대한 국가의 재정지원 및 보조 등 여러 사정을 고려해 보면, 사립대학교에 대한 국비 지원이 한정적·일시적·국부적이라는 점을 고려하더라도, 같은 법 시행령(2004.3.17. 대통령령 제18312호로 개정되기 전의 것) 제2조 제1호가 정보공개의무를 지는 공공기관의 하나로 사립대학교를 들고 있는 것이 모법인 구 공공기관의 정보공개에 관한 법률의 위임 범위를 벗어났다거나 <u>사립대학교가 국비의 지원을 받는 범위 내에서만 공공기관의 성격을 가진다고 볼 수 없다</u>(대판 2006.8.24, 2004두2783).
> ④ 공공기관의 정보공개에 관한 법률 제9조 제1항 본문은 "공공기관이 보유관리하는 정보는 공개대상이 된다"고 규정하면서 그 단서 제1호에서는 "다른 법률 또는 법률이 위임한 명령(국회규칙·대법원규칙·중앙선거관리위원회규칙·대통령령 및 조례에 한한다)에 의하여 비밀 또는 비공개 사항으로 규정된 정보"는 이를 공개하지 아니할 수 있다고 규정하고 있는바, 그 입법 취지는 비밀 또는 비공개 사항으로 다른 법률 등에 규정되어 있는 경우는 이를 존중함으로써 법률 간의 마찰을 피하기 위한 것이고, 여기에서 '법률에 의한 명령'은 정보의 공개에 관하여 <u>법률의 구체적인 위임 아래 제정된 법규명령(위임명령)을 의미한다</u>(대판 2010.6.10, 2010두 2913).

23 다음은 공공기관의 정보공개에 관한 법률에 대한 설명이다. 가장 적절한 것은? (다툼이 있으면 판례에 의함) 14. 경찰

① 정보공개청구권은 모든 국민에게 인정되나, 외국인은 정보공개를 청구할 수 없다.
② 국가정보원이 그 직원에게 지급하는 현금급여 및 월초수당에 관한 정보는 공개대상이다.
③ 정보공개의 청구의 대상이 되는 정보란 공공기관이 직무상 작성 또는 취득하여 현재 보유·관리하고 있는 문서에 한정되는 것으로, 반드시 원본일 것을 요한다.
④ 정보공개청구 대상정보는 사회 일반인의 관점에서 청구대상정보의 내용과 범위를 확정할 수 있는 정도로 특정함을 요한다는 것이 판례의 입장이다.

정답찾기

① 일정한 요건을 갖춘 외국인도 정보공개를 청구할 수 있다. 외국인의 정보공개 청구에 관하여는 대통령령으로 정한다(공공기관의 정보공개에 관한 법률 제5조 제2항).

> **공공기관의 정보공개에 관한 법률 시행령**
> **제3조 【외국인의 정보공개청구】** 법 제5조 제2항의 규정에 의하여 정보공개를 청구할 수 있는 외국인은 다음 각호의 1에 해당하는 자이어야 한다.
> 1. 국내에 일정한 주소를 두고 거주하거나 학술·연구를 위하여 일시적으로 체류하는 자
> 2. 국내에 사무소를 두고 있는 법인 또는 단체

② 국가정보원법 제12조가 국회에 대한 관계에서조차 국가정보원 예산내역의 공개를 제한하고 있는 것은, 정보활동의 비밀보장을 위한 것으로서, 그 밖의 관계에서도 국가정보원의 예산내역을 비공개 사항으로 한다는 것을 전제로 하고 있다고 볼 수 있고, 예산집행내역의 공개는 예산내역의 공개와 다를 바 없어, 비공개 사항으로 되어 있는 '예산내역'에는 예산집행내역도 포함된다고 보아야 하며, 국가정보원이 그 직원에게 지급하는 현금급여 및 월초수당에 관한 정보는 국가정보원 예산집행내역의 일부를 구성하는 것이므로, 위 현금급여 및 월초수당에 관한 정보는 국가정보원법 제12조에 의하여 비공개 사항으로 규정된 정보로서 공공기관의 정보공개에 관한 법률 제9조 제1항 제1호의 비공개대상정보인 '다른 법률에 의하여 비공개 사항으로 규정된 정보'에 해당한다고 보아야 하고, 위 현금급여 및 월초수당이 근로의 대가로서의 성격을 가진다거나 정보공개청구인이 해당 직원의 배우자라고 하여 달리 볼 것은 아니다. 이혼소송 중인 국가정보원 직원 甲의 배우자 乙이 국가정보원장에게 '국가정보원에서 甲에게 지급하는 현금급여 및 월초수당' 등 정보의 공개를 청구하였으나 국가정보원장이 위 정보는 공공기관의 정보공개에 관한 법률 제9조 제1항 제1호 등에 따라 비공개대상정보에 해당한다는 이유로 공개를 거부하는 처분을 한 사안에서, 현금급여 및 월초수당 등에 관한 정보가 공공기관의 정보공개에 관한 법률 제9조 제1항 제1호의 비공개대상정보에 해당한다고 판단한 원심판결 부분이 정당하다고 한 사례(대판 2010.12.23, 2010두14800).

③ 공공기관의 정보공개에 관한 법률상 공개청구의 대상이 되는 정보란 공공기관이 직무상 작성 또는 취득하여 현재 보유·관리하고 있는 문서에 한정되는 것이기는 하나, 그 문서가 반드시 원본일 필요는 없다(대판 2006.5.25, 2006두3049).

Answer 21 ③ 22 ① 23 ④

24 다음 '공공기관의 정보공개에 관한 법률'에 대한 설명 중 가장 적절하지 않은 것은? (다툼이 있으면 판례에 의함)

15. 경찰

① 교도소에 수용 중이던 재소자가 담당 교도관들을 상대로 가혹행위를 이유로 형사고소 및 민사소송을 제기하면서 그 증명자료 확보를 위해 정보공개를 요청한 '근무보고서'는 공개대상정보에 해당한다.

② 문서 등이 이미 폐기되어 존재하지 않는 경우 그 정보를 더 이상 보유·관리하고 있지 않다는 점에 대한 증명책임은 공공기관에 있다.

③ '공공기관의 정보공개에 관한 법률'에서 말하는 국민에는 자연인은 물론 법인, 권리능력 없는 사단·재단도 포함되고, 법인, 권리능력 없는 사단·재단 등의 경우에는 그 설립목적을 불문한다.

④ 청구대상정보가 이미 다른 사람에게 공개되어 널리 알려져 있다거나 인터넷검색 등을 통하여 쉽게 알 수 있다는 사정만으로는 소의 이익이 없다.

> 정답찾기
>
> ④ 국민의 정보공개청구권은 법률상 보호되는 구체적인 권리이므로, 공공기관에 대하여 정보의 공개를 청구하였다가 공개거부처분을 받은 청구인은 행정소송을 통하여 그 공개거부처분의 취소를 구할 법률상 이익이 있고, 공개청구의 대상이 되는 정보가 이미 다른 사람에게 공개되어 널리 알려져 있다거나 인터넷 등을 통하여 공개되어 인터넷검색 등을 통하여 쉽게 알 수 있다는 사정만으로는 소의 이익이 없다거나 비공개결정이 정당화될 수 없다(대판 2010.12.23, 2008두13101).

25 정보공개에 관한 설명이다. 다음 중 가장 적절하지 않은 것은? (다툼이 있으면 판례에 의함)

15. 경찰

① '학교폭력대책자치위원회 회의록'은 공공기관의 정보공개에 관한 법률 제9조 제1항 제1호의 비공개대상정보에 해당한다.

② 공개대상정보는 공공기관이 직무상 작성 또는 취득하여 관리하고 있는 문서에 한정되는 것이기는 하나, 그 문서가 반드시 원본일 필요는 없다.

③ 공공기관에 대하여 정보공개를 청구하는 자는 청구대상정보를 기재함에 있어서 사회일반인의 관점에서 청구대상정보의 내용과 범위를 확정할 수 있을 정도로 특정함을 요한다.

④ 공개청구의 대상이 되는 정보가 이미 다른 사람에게 공개되어 널리 알려져 있다거나 인터넷 등을 통하여 쉽게 알 수 있다는 사정이 있다면 비공개결정이 정당화 될 수 있다.

> 정답찾기
>
> ④ 구법 제8조 제2항은 정보공개청구의 대상이 이미 널리 알려진 사항이라 하더라도 그 공개의 방법만을 제한할 수 있도록 규정하고 있을 뿐 공개 자체를 제한하고 있지는 아니하므로, 공개청구의 대상이 되는 정보가 이미 다른 사람에게 공개하여 널리 알려져 있다거나 인터넷이나 관보 등을 통하여 공개하여 인터넷검색이나 도서관에서의 열람 등을 통하여 쉽게 알 수 있다는 사정만으로는 소의 이익이 없다거나 비공개결정이 정당화될 수는 없다(대판 2008.11.27, 2005두15694).

26 정보공개에 대한 설명으로 가장 적절하지 않은 것은? (다툼이 있는 경우 판례에 의함)   20. 경찰

① 공공기관의 정보공개에 관한 법상 공개청구의 대상이 되는 정보란 공공기관이 직무상 작성 또는 취득하여 현재 보유 관리하고 있는 문서에 한정되는 것이기는 하나, 그 문서가 반드시 원본일 필요는 없다.

② 법원이 행정기관의 정보공개거부처분의 위법 여부를 심리한 결과 공개를 거부한 정보에 비공개사유에 해당하는 부분과 그렇지 아니한 부분이 혼합되어 있고, 공개청구의 취지에 어긋나지 않는 범위 안에서 두 부분을 분리할 수 있음을 인정할 수 있다하여도 공개가 가능한 정보에 국한하여 일부취소를 명할 수는 없다.

③ 공개를 구하는 정보를 공공기관이 한때 보유 관리하였으나 후에 그 정보가 담긴 문서 등이 폐기되어 존재하지 않게 된 것이라면 그 정보를 더 이상 보유 관리하고 있지 않다는 점에 대한 입증책임은 공공기관에게 있다.

④ 공개청구의 대상이 되는 정보가 이미 다른 사람에게 공개되어 널리 알려져 있다거나 인터넷 등을 통하여 공개되어 인터넷검색 등을 통하여 쉽게 알 수 있다는 사정만으로는 소의 이익이 없다거나 비공개결정이 정당화될 수 없다.

정답찾기

② 법원이 행정기관의 정보공개거부처분의 위법 여부를 심리한 결과 공개를 거부한 정보에 비공개사유에 해당하는 부분과 그렇지 않은 부분이 혼합되어 있고, 공개청구의 취지에 어긋나지 않는 범위 안에서 두 부분을 분리할 수 있음을 인정할 수 있을 때에는 <u>공개가 가능한 정보에 국한하여 일부취소를 명할 수 있다.</u> 이러한 정보의 부분 공개가 허용되는 경우란 그 정보의 공개방법 및 절차에 비추어 당해 정보에서 비공개대상정보에 관련된 기술 등을 제외 혹은 삭제하고 나머지 정보만을 공개하는 것이 가능하고 나머지 부분의 정보만으로도 공개의 가치가 있는 경우를 의미한다(대판 2009.12.10, 2009두12785).

27 공공기관의 정보공개에 관한 법률상 정보공개절차에 대한 설명으로 가장 적절하지 않은 것은? (다툼이 있는 경우 판례에 의함)   18. 경찰

① 청구인이 정보공개와 관련하여 공공기관의 처분에 대하여 행정소송을 제기하고자 하는 때에는 먼저 이의신청 및 행정심판을 거치도록 하고 있다.

② 공개를 구하는 정보를 공공기관이 한때 보유·관리하였으나 후에 그 정보가 담긴 문서들이 폐기되어 존재하지 않게 된 것이라면 그 정보를 더 이상 보유·관리하고 있지 않다는 점에 대한 증명책임은 공공기관에 있다.

③ 정보공개에 관한 정책 수립 및 제도개선에 관한 사항을 심의·조정하기 위하여 국무총리 소속으로 정보공개위원회를 둔다.

④ 정보의 공개를 청구하는 자는 해당정보를 보유하거나 관리하고 있는 공공기관에 정보공개청구서를 제출하거나 말로써 정보의 공개를 청구할 수 있다.

정답찾기

① 청구인이 정보공개와 관련하여 공공기관의 처분에 대하여 <u>이의신청이나 행정심판을 거치지 아니하고</u> 행정소송을 제기할 수 있다(공공기관의 정보공개에 관한 법률 제18조, 제19조 제2항, 제20조).

28 「공공기관의 정보공개에 관한 법률」상 비공개대상정보에 대한 설명으로 가장 적절하지 않은 것은? (다툼이 있는 경우 판례에 의함)   24. 경찰

① 직무를 수행한 공무원의 성명·직위 등 「개인정보 보호법」 제2조 제1호에 따른 개인정보로서 공개될 경우 사생활의 비밀 또는 자유를 침해할 우려가 있다고 인정되는 정보는 공개하지 않을 수 있다.

② 피의자신문조서 등 조서에 기재된 피의자 등의 인적사항 이외의 진술내용 역시 개인의 사생활의 비밀 또는 자유를 침해할 우려가 인정되는 경우에는 비공개대상정보에 해당한다.

③ 수사기록 중 의견서, 보고문서, 메모, 법률검토 등은 그 실질적인 내용을 구체적으로 살펴 수사의 방법 및 절차 등이 공개됨으로써 수사기관의 직무수행을 현저히 곤란하게 한다고 인정할 만한 상당한 이유가 있어야만 비공개대상정보에 해당한다.

④ 의사결정 과정에 있는 사항으로서 공개될 경우 업무의 공정한 수행에 현저한 지장을 초래한다고 인정할 만한 상당한 이유가 있는 정보는 공개하지 않을 수 있다.

정답찾기
① 해당 정보에 포함되어 있는 성명·주민등록번호 등 「개인정보 보호법」 제2조 제1호에 따른 개인정보로서 공개될 경우 사생활의 비밀 또는 자유를 침해할 우려가 있다고 인정되는 정보는 공개하지 아니할 수 있다. 다만, 직무를 수행한 공무원의 성명·직위는 제외한다 (공공기관의 정보공개에 관한 법률 제9조 제1항 제6호).

29 정보공개와 개인정보보호에 대한 설명으로 가장 적절하지 않은 것은? (다툼이 있는 경우 판례에 의함)   19. 경찰

① 공공기관의 정보공개에 관한 법률상 비공개 대상 정보에는 성명·주민등록번호 등 개인에 관한 사항으로서 공개될 경우 사생활의 비밀 또는 자유를 침해할 우려가 있다고 인정되는 정보도 포함된다.

② 불기소처분의 기록 중 피의자신문조서 등에 기재된 피의자 등의 인적사항 이외의 진술내용 역시 개인의 사생활의 비밀 또는 자유를 침해할 우려가 인정되는 경우 공공기관의 정보공개에 관한 법률상 비공개 대상 정보에 해당된다.

③ 개인정보 보호법에 따르면, '개인정보처리자의 정당한 이익을 달성하기 위하여 필요한 경우로서 명백하게 정보주체의 권리보다 우선하는 경우'라도, 그 개인정보의 수집·이용은 위법한 것으로 평가된다.

④ 개인정보 보호법에 따르면, 개인정보처리자의 고의 또는 중대한 과실로 인하여 개인정보가 분실·도난·유출·위조·변조 또는 훼손된 경우로서 정보주체에게 손해가 발생한 때에는 법원은 그 손해액의 3배를 넘지 아니하는 범위에서 손해배상액을 정할 수 있다.

정답찾기
③ 개인정보처리자는 개인정보처리자의 정당한 이익을 달성하기 위하여 필요한 경우로서 명백하게 정보주체의 권리보다 우선하는 경우에는 개인정보를 수집할 수 있으며 그 수집 목적의 범위에서 이용할 수 있다. 이 경우 개인정보처리자의 정당한 이익과 상당한 관련이 있고 합리적인 범위를 초과하지 아니하는 경우에 한한다(개인정보 보호법 제15조 제1항 제6호).

제3절 **개인정보 보호법**

30 개인정보 보호법에 대한 설명으로 가장 적절하지 않은 것은? 13. 경찰

① 개인정보란 살아 있는 개인, 사자(死者) 및 법인에 관한 정보로서 성명, 주민등록번호 및 영상 등을 통하여 개인, 사자(死者) 및 법인을 알아볼 수 있는 정보(해당 정보만으로는 특정인을 알아볼 수 없더라도 다른 정보와 쉽게 결합하여 특정인을 알아볼 수 있는 것을 포함한다)를 말한다.

② 개인정보처리자란 업무를 목적으로 개인정보파일을 운용하기 위하여 스스로 또는 다른 사람을 통하여 개인정보를 처리하는 공공기관, 법인, 단체 및 개인 등을 말한다.

③ 개인정보 보호에 관한 사항을 심의·의결하기 위하여 국무총리 소속으로 개인정보 보호위원회를 둔다.

④ 영상정보처리기기운영자는 영상정보처리기기의 설치 목적과 다른 목적으로 영상정보처리기기를 임의로 조작하거나 다른 곳을 비춰서는 아니 되며, 녹음기능은 사용할 수 없다.

정답찾기

① '개인정보'란 살아 있는 개인에 관한 정보로서 성명, 주민등록번호 및 영상 등을 통하여 개인을 알아볼 수 있는 정보(해당 정보만으로는 특정 개인을 알아볼 수 없더라도 다른 정보와 쉽게 결합하여 알아볼 수 있는 것을 포함한다)를 말한다(개인정보 보호법 제2조 제1호).

31 개인정보 보호법상 개인정보의 처리와 보호에 대한 설명이다. 적절하지 않은 것은 모두 몇 개인가? (다툼이 있는 경우 판례에 의함) 18. 경찰

> ⊙ 개인정보는 살아 있는 개인에 관한 정보로서 성명, 주민등록번호 및 영상 등을 통하여 개인을 알아볼 수 있는 정보를 말하며 해당정보만으로 특정 개인을 알아볼 수 없더라도 다른 정보와 쉽게 결합하여 알아 볼 수 있는 것을 포함한다.
>
> ⊙ 자신의 개인정보를 열람한 정보주체는 개인정보처리자에게 직접 자신의 개인정보의 정정 또는 삭제를 요구할 수 없으며 개인정보 분쟁조정위원회를 통해서만 이를 요청할 수 있다.
>
> ⊙ 개인정보처리자는 만 14세 미만 아동의 개인정보를 처리하기 위하여 개인정보보호법에 따른 동의를 받아야 할 때에는 그 법정대리인의 동의를 받아야 한다. 이 경우 법정대리인의 동의를 받기 위하여 필요한 최소한의 정보는 법정대리인의 동의 없이 해당 아동으로부터 직접 수집할 수 있다.
>
> ⊙ 개인정보 단체소송의 원고는 변호사를 소송대리인으로 선임하여야 한다.

① 없음 ② 1개 ③ 2개 ④ 3개

정답찾기

지문의 내용 중 틀린 것은 ⓒ이다.

ⓒ 자신의 개인정보를 열람한 정보주체는 개인정보처리자에게 그 개인정보의 정정 또는 삭제를 요구할 수 있다. 다만, 다른 법령에서 그 개인정보가 수집 대상으로 명시되어 있는 경우에는 그 삭제를 요구할 수 없다(개인정보 보호법 제36조 제1항).

Answer 28 ① 29 ③ 30 ① 31 ②

32 개인정보 보호법에 대한 설명으로 적절하지 않은 것은 모두 몇 개인가? (다툼이 있는 경우 판례에 의함) 18. 경찰

> ㉠ 중앙행정기관의 장은 소관 법령의 제정 또는 개정을 통하여 개인정보 처리를 수반하는 정책이나 제도를 도입·변경하는 경우에는 개인정보 보호위원회에 개인정보 침해요인 평가를 요청할 수 있다.
>
> ㉡ 개인정보 보호위원회는 개인정보 보호와 관련된 정책을 심의·의결하기 위해 관계 공무원, 개인정보 보호에 관한 전문 지식이 있는 사람이나 시민사회단체 및 관련 사업자로부터 의견을 청취할 수 있다.
>
> ㉢ 과학기술정보통신부장관은 개인정보의 처리에 관한 기준, 개인정보 침해의 유형 및 예방조치 등에 관한 표준 개인정보 보호지침을 정하여 개인정보처리자에게 그 준수를 권장할 수 있다.
>
> ㉣ 개인정보처리자는 개인정보가 유출되었음을 알게 되었을 때에는 지체 없이 해당 정보주체에게 유출로 인하여 발생할 수 있는 피해를 최소화하기 위하여 정보주체가 할 수 있는 방법 등에 관한 정보 등을 알려야 한다.
>
> ㉤ 개인정보 침해 관련 단체소송의 소는 외국사업자를 제외하고 피고의 주된 사무소 또는 영업소가 있는 곳, 주된 사무소나 영업소가 없는 경우에는 주된 업무담당자의 주소가 있는 곳의 지방법원 본원 합의부의 관할에 전속한다.

① 1개   ② 2개   ③ 3개   ④ 4개

정답찾기

지문의 내용 중 틀린 것은 ㉠㉢이다.
㉠ 중앙행정기관의 장은 소관 법령의 제정 또는 개정을 통하여 개인정보 처리를 수반하는 정책이나 제도를 도입·변경하는 경우에는 보호위원회에 개인정보 침해요인 평가를 요청하여야 한다(개인정보 보호법 제8조의2 제1항).
㉢ 개인정보 보호위원회는 개인정보의 처리에 관한 기준, 개인정보 침해의 유형 및 예방조치 등에 관한 표준 개인정보 보호지침(이하 '표준지침'이라 한다)을 정하여 개인정보처리자에게 그 준수를 권장할 수 있다(개인정보 보호법 제12조 제1항).

33 개인정보 보호법상 정의 및 개념에 관한 설명 중 가장 적절하지 않은 것은? 22. 경찰

① 살아 있는 개인에 관한 정보로서 해당 정보만으로는 특정 개인을 알아볼 수 없더라도 다른 정보와 쉽게 결합하여 알아볼 수 있는 정보를 "개인정보"라 한다.
② 개인정보의 일부를 삭제하거나 일부 또는 전부를 대체하는 등의 방법으로 추가 정보가 없이는 특정 개인을 알아볼 수 없도록 처리하는 것을 "가명처리"라 한다.
③ 정보처리 기술을 활용하여 기존의 다양한 정보를 가공해서 만들어 낸 새로운 정보에 관한 독점적 권리를 가지는 사람을 "정보주체"라 한다.
④ 일정한 공간에 지속적으로 설치되어 사람 또는 사물의 영상 등을 촬영하거나 이를 유·무선망을 통하여 전송하는 장치로서 네트워크 카메라와 같은 장치를 "영상정보처리기기"라 한다.

정답찾기

③ "정보주체"란 처리되는 정보에 의하여 알아볼 수 있는 사람으로서 그 정보의 주체가 되는 사람을 말한다.

34 「개인정보 보호법」에 관한 설명으로 가장 적절하지 않은 것은? 23. 경찰

① 살아 있는 개인에 관한 정보로서 성명, 주민등록번호 및 영상 등을 통하여 개인을 알아볼 수 있는 정보는 "개인정보"에 해당한다.
② "개인정보처리자"란 업무를 목적으로 개인정보파일을 운용하기 위하여 스스로 또는 다른 사람을 통하여 개인정보를 처리하는 공공기관, 법인, 단체 및 개인 등을 말한다.
③ 정보주체는 자신의 개인정보 처리와 관련하여 개인정보의 처리 정지, 정정·삭제 및 파기를 요구할 권리를 가진다.
④ "익명처리"란 개인정보의 전부를 삭제하거나 일부를 대체하는 등의 방법으로 추가 정보가 없이는 특정 개인을 알아볼 수 없도록 처리하는 것을 말한다.

정답찾기
④ 지문의 내용은 가명처리에 대한 설명이다(개인정보 보호법 제2조 제1의2).

35 「개인정보 보호법」에 관한 설명으로 가장 적절하지 않은 것은? (단, 동법 제3조의 개인정보 보호 원칙은 준수한 것으로 봄)
24. 경찰

① 개인정보처리자는 법령상 의무를 준수하기 위하여 불가피한 경우에는 개인정보를 수집할 수 있으며 그 수집 목적의 범위에서 이용할 수 있다.
② 인명의 구조·구급 등을 위하여 필요한 경우로서 대통령령으로 정하는 경우에는 불특정 다수가 이용하는 목욕실, 탈의실 등 개인의 사생활을 현저히 침해할 우려가 있는 장소의 내부를 볼 수 있는 곳에서 이동형 영상정보처리기기로 사람 또는 그 사람과 관련된 사물의 영상을 촬영할 수 있다.
③ 개인정보처리자는 개인정보를 익명 또는 가명으로 처리하여도 개인정보 수집목적을 달성할 수 있는 경우 익명처리가 가능한 경우에는 익명에 의하여, 익명처리로 목적을 달성할 수 없는 경우에는 가명에 의하여 처리될 수 있도록 하여야 한다.
④ 개인정보처리자는 통계작성, 과학적 연구, 공익적 기록보존 등을 위하여 가명정보를 처리하는 경우에 정보주체에게 이를 알리고 동의를 받아야 한다.

정답찾기
④ 개인정보처리자는 통계작성, 과학적 연구, 공익적 기록보존 등을 위하여 정보주체의 동의 없이 가명정보를 처리할 수 있다(개인정보 보호법 제28조의2 제1항).

Answer 32 ② 33 ③ 34 ④ 35 ④

제4절 행정절차법

36 행정절차법에 대한 다음 설명 중 가장 적절하지 않은 것은? 10. 경찰

① 청문주재자는 신청 또는 직권에 의하여 필요한 조사를 할 수 있으며, 당사자 등이 주장하지 아니한 사실에 대하여도 조사할 수 있다.
② 행정청은 공청회와 병행하여서만 정보통신망을 이용한 공청회(온라인공청회)를 실시할 수 있다. 다만, 일정한 사유가 있는 경우 온라인공청회를 단독으로 개최할 수 있다.
③ 청문주재자가 필요하다고 인정할 경우 청문을 공개할 수 있다.
④ 청문에 관하여는 문서의 열람복사청구권 규정이 없다.

정답찾기
④ 당사자 등은 청문의 통지가 있는 날부터 청문이 끝날 때까지 행정청에 해당 사안의 조사결과에 관한 문서와 그 밖에 해당 처분과 관련되는 문서의 열람 또는 복사를 요청할 수 있다. 이 경우 행정청은 다른 법령에 따라 공개가 제한되는 경우를 제외하고는 그 요청을 거부할 수 없다(행정절차법 제37조 제1항).

37 「행정절차법」 제8조에 따른 행정응원에 관한 설명으로 가장 적절하지 않은 것은? 24. 경찰

① 행정청은 다른 행정청의 응원을 받아 처리하는 것이 보다 능률적이고 경제적인 경우 다른 행정청에 행정응원을 요청할 수 있다.
② 행정응원을 요청받은 행정청은 행정응원으로 인하여 고유의 직무 수행이 현저히 지장받을 것으로 인정되는 명백한 이유가 있는 경우에는 응원을 거부할 수 있다.
③ 행정응원을 위하여 파견된 직원은 다른 법령 등에 특별한 규정이 있는 경우를 제외하고는 원 소속 행정청의 지휘·감독을 받는다.
④ 행정응원에 드는 비용은 응원을 요청한 행정청이 부담하며, 그 부담금액 및 부담방법은 응원을 요청한 행정청과 응원을 하는 행정청이 협의하여 결정한다.

정답찾기
③ 행정응원을 위하여 파견된 직원은 응원을 요청한 행정청의 지휘·감독을 받는다. 다만, 해당 직원의 복무에 관하여 다른 법령 등에 특별한 규정이 있는 경우에는 그에 따른다(행정절차법 제8조 제5항).

38 행정절차법상 행정청이 처분을 할 때 청문을 하여야 하는 경우가 아닌 것은? 23. 경찰

① 다른 법령 등에서 청문을 하도록 규정하고 있는 경우
② 해당 처분의 영향이 광범위하여 널리 의견을 수렴할 필요가 있다고 행정청이 인정하는 경우
③ 인허가 등의 취소의 처분을 하는 경우
④ 법인이나 조합 등의 설립허가의 취소의 처분을 하는 경우

정답찾기

② 지문의 내용은 <u>공청회의 개최사유</u>에 해당한다. 행정청이 처분을 할 때 다른 법령 등에서 청문을 하도록 규정하고 있는 경우, 행정청이 필요하다고 인정하는 경우, 인허가 등의 취소, 신분·자격의 박탈 및 법인이나 조합 등의 설립허가의 취소처분을 하는 경우에는 청문을 한다(행정절차법 제22조 제1항, 제2항).

39 행정절차에 관한 다음 설명 중 가장 적절하지 않은 것은? 12. 경찰

① 당사자 등은 공표된 처분기준이 불명확한 경우 당해 행정청에 대하여 그 해석 또는 설명을 요청할 수 있으며, 이 경우 당해 행정청은 특별한 사정이 없는 한 이에 응하여야 한다.
② 처분을 구하는 신청에 대하여 행정청이 미리 다른 방법을 정하여 공시한 경우에는 문서로 하지 않아도 된다.
③ 행정청은 처분 후 1년 이내에 당사자 등의 요청이 있는 경우에는 청문·공청회 또는 의견제출을 위하여 제출받은 서류 기타 물건을 반환하여야 한다.
④ 행정청에 대하여 처분을 구하는 신청을 함에 있어 전자문서로 하는 경우에는 행정청의 컴퓨터 등에 입력된 때의 익일에 신청한 것으로 본다.

정답찾기

④ <u>처분을 신청함에 있어 전자문서로 하는 경우</u>에는 행정청의 컴퓨터 등에 입력된 때에 신청한 것으로 본다(행정절차법 제17조 제2항).

40 다음 중 행정절차법이 규정하고 있는 내용 중 적절하지 않은 것만을 고른 것은 모두 몇 개인가?

20. 경찰

> ㉠ 행정청이 처분을 할 때에는 다른 법령 등에 특별한 규정이 있는 경우를 제외하고는 당사자 등의 동의를 얻어 문서 또는 전자문서로 한다.
> ㉡ 청문 주재자는 직권으로 또는 당사자의 신청에 따라 필요한 조사를 할 수 있으나 당사자 등이 주장하지 아니한 사실에 대하여는 조사할 수 없다.
> ㉢ 행정청은 청문을 하려면 청문이 시작되는 날부터 7일 전까지 행정절차법 제21조 제1항 각 호의 사항을 당사자 등에게 통지하여야 한다.
> ㉣ 행정청이 행하는 행정작용은 그 내용이 구체적이고 명확하여야 한다.
> ㉤ 행정절차법은 법령해석요청권과 부당결부금지의 원칙을 규정하고 있다.

① 2개   ② 3개

③ 4개   ④ 5개

정답찾기

지문의 내용 중 틀린 것은 ㉠㉡㉢㉤이다.

㉠ 행정청이 처분을 할 때에는 다른 법령 등에 특별한 규정이 있는 경우를 제외하고는 <u>문서로 하여야 하며, 전자문서로 하는 경우에는 당사자 등의 동의가 있어야</u> 한다(행정절차법 제24조 제1항).

㉡ 청문 주재자는 직권으로 또는 당사자의 신청에 따라 필요한 조사를 할 수 있으며, <u>당사자 등이 주장하지 아니한 사실에 대하여도 조사할 수 있다</u>(행정절차법 제33조 제1항).

㉢ 행정청은 청문을 하려면 청문이 시작되는 날부터 <u>10일</u> 전까지 제1항 각 호의 사항을 당사자 등에게 통지하여야 한다(행정절차법 제21조 제2항).

㉤ 행정절차법은 법령해석요청권에 대한 규정을 두고 있으나, <u>부당결부금지의 원칙에 대한 근거 규정을 두고 있지는 않다.</u> 그러나 행정기본법에는 법령해석요청권과 부당결부금지의 원칙 모두에 대한 별도의 규정이 존재한다.

> **행정기본법**
> **제13조【부당결부금지의 원칙】** 행정청은 행정작용을 할 때 상대방에게 해당 행정작용과 실질적인 관련이 없는 의무를 부과해서는 아니 된다.
>
> **제40조【법령해석】** ① 누구든지 법령등의 내용에 의문이 있으면 법령을 소관하는 중앙행정기관의 장(이하 "법령소관기관"이라 한다)과 자치법규를 소관하는 지방자치단체의 장에게 법령해석을 요청할 수 있다.
> ② 법령소관기관과 자치법규를 소관하는 지방자치단체의 장은 각각 소관 법령등을 헌법과 해당 법령등의 취지에 부합되게 해석·집행할 책임을 진다.
> ③ 법령소관기관이나 법령소관기관의 해석에 이의가 있는 자는 대통령령으로 정하는 바에 따라 법령해석업무를 전문으로 하는 기관에 법령해석을 요청할 수 있다.
> ④ 법령해석의 절차에 관하여 필요한 사항은 대통령령으로 정한다.
>
> **행정절차법**
> **제5조【투명성】** ② 행정작용의 근거가 되는 법령등의 내용이 명확하지 아니한 경우 상대방은 해당 행정청에 그 해석을 요청할 수 있으며, 해당 행정청은 특별한 사유가 없으면 그 요청에 따라야 한다.

41 행정처분의 '이유의 제시'에 관한 다음 판례의 내용 중 가장 적절하지 않은 것은?

① 폐기물처리업 허가와 관련된 사업계획 적정 여부에 관하여 구체적이고 합리적인 이유의 제시 없이 사업계획의 부적정 통보를 하거나 사업계획서를 반려하는 경우는 재량권의 일탈, 남용에 해당한다.

② 납세고지서에 과세표준과 세율·세액 등이 누락된 경우에는 과세처분 자체가 위법한 것으로 취소소송의 대상이 된다.

③ 고지서가 납세의무자에게 송달되었다 하더라도 납세고지서 작성과 관련한 하자는 과세처분의 본질적 요소를 이루는 것이므로 무효의 사유가 된다.

④ 시설 종목마다 각각 다른 공동시설세 세율 중 '소방시설에 요하는 공동시설세'의 세율은 납세고지서에 상세히 기재하였으나 시설 종목을 표시하는 세목은 기재하지 않은 경우에도 공동시설세 부과처분은 적법하다.

> **정답찾기**
> ③ 지방세법 제1조 제1항 제5호, 제25조 제1항, 지방세법시행령 제8조 등 납세고지서에 관한 법령 규정들은 강행규정으로서 이들 법령이 요구하는 기재사항 중 일부를 누락시킨 하자가 있는 경우 이로써 <u>그 부과처분은 위법하게 되지만</u>, 이러한 <u>납세고지서 작성과 관련한 하자는 그 고지서가 납세의무자에게 송달된 이상 과세처분의 본질적 요소를 이루는 것은 아니어서 과세처분의 취소사유가 됨은 별론으로 하고 당연무효의 사유로는 되지 아니한다</u>(대판 1998.6.26, 96누12634).

42 행정절차법에 대한 설명으로 가장 적절하지 않은 것은? (다툼이 있으면 판례에 의함)

① 국회 또는 지방의회의 의결을 거치거나 동의 또는 승인을 얻어 행하는 사항에 대하여는 행정절차법이 적용되지 아니한다.

② 공무원 인사관계 법령에 의한 처분에 관한 사항의 경우 성질상 행정절차를 거치기 곤란하거나 불필요하다고 인정되는 처분에 대해서만 행정절차법의 적용이 배제된다.

③ 행정청이 당사자와 사이에 의견청취절차를 배제하는 내용의 협약을 체결하였다고 하여 청문의 실시에 관한 규정의 적용이 배제된다거나 청문을 실시하지 않아도 되는 예외적인 경우에 해당하는 것은 아니다.

④ 특별한 사정이 없는 한, 신청에 대한 거부처분이 행정절차법 제21조 제1항 소정의 처분의 사전통지대상이 된다고 할 수 없다.

> **정답찾기**
> ② 구 행정절차법(2012.10.22. 법률 제11498호로 개정되기 전의 것) 제3조 제2항 제9호, 구 행정절차법 시행령(2011.12.21. 대통령령 제23383호로 개정되기 전의 것) 제2조 제3호의 내용을 행정의 공정성, 투명성 및 신뢰성을 확보하고 국민의 권익을 보호함을 목적으로 하는 행정절차법의 입법 목적에 비추어 보면, 공무원 인사관계 법령에 의한 처분에 관한 사항이라 하더라도 전부에 대하여 행정절차법의 적용이 배제되는 것이 아니라, 성질상 행정절차를 거치기 곤란하거나 불필요하다고 인정되는 처분이나 행정절차에 준하는 절차를 거치도록 하고 있는 처분의 경우에만 행정절차법의 적용이 배제되는 것으로 보아야 하고, 이러한 법리는 '공무원 인사관계 법령에 의한 처분'에 해당하는 별정직 공무원에 대한 직권면직 처분의 경우에도 마찬가지로 적용된다(대판 2013.1.16, 2011두30687).

43 이유제시에 대한 설명으로 가장 적절하지 않은 것은?

① 이유제시란 행정처분 등을 함에 있어서 그 근거가 되는 법적·사실적 이유를 구체적으로 명기하는 것이다.
② 신청내용을 모두 그대로 인정하는 처분인 경우에는 이유제시의 생략이 가능하다.
③ 현행 행정절차법에는 이유제시에 대한 명문의 규정이 없다.
④ 이유제시 하자의 치유는 늦어도 처분에 대한 불복여부의 결정 및 불복신청에 편의를 줄 수 있는 상당한 기간 내에 하여야 한다는 것이 판례의 입장이다.

> 정답찾기
> ③ 행정절차법 제23조에서 이유제시에 대한 명문의 근거규정을 두고 있다.

> **행정절차법**
> **제23조【처분의 이유 제시】** ① 행정청은 처분을 할 때에는 다음 각 호의 어느 하나에 해당하는 경우를 제외하고는 당사자에게 그 근거와 이유를 제시하여야 한다.
> 1. 신청 내용을 모두 그대로 인정하는 처분인 경우
> 2. 단순·반복적인 처분 또는 경미한 처분으로서 당사자가 그 이유를 명백히 알 수 있는 경우
> 3. 긴급히 처분을 할 필요가 있는 경우
> ② 행정청은 제1항 제2호 및 제3호의 경우에 처분 후 당사자가 요청하는 경우에는 그 근거와 이유를 제시하여야 한다.

44 다음은 행정절차에 대한 설명이다. 가장 적절하지 않은 것은? (다툼이 있으면 판례에 의함)

① 판례는 '교수임용거부처분 취소청구사건'에서 특별한 사정이 없는 한 신청에 대한 거부처분은 당사자의 권익을 제한하는 것은 아니므로 사전통지의 대상이 되지 않는다고 보았다.
② 행정절차법은 신의성실의 원칙과 신뢰보호의 원칙을 명문화하고 있다.
③ 행정청은 처분을 할 때에 당사자 등이 제출한 의견이 상당한 이유가 있다고 인정하는 경우에는 이를 반영하여야 한다.
④ 청문의 주재자는 대통령령으로 정하는 자격을 가지는 사람 중에서 선정하되, 행정청의 소속 직원은 주재자가 될 수 없다.

> 정답찾기
> ④ 청문은 행정청이 소속 직원 또는 대통령령으로 정하는 자격을 가진 사람 중에서 선정하는 사람이 주재하되, 행정청은 청문 주재자의 선정이 공정하게 이루어지도록 노력하여야 한다(행정절차법 제28조 제1항).

45 「행정절차법」상 처분에 관한 설명으로 가장 적절한 것은?

① 의견제출기한에 따른 기한은 의견제출에 필요한 기간을 10일 이상으로 고려하여 정하여야 한다.
② 행정청이 정당한 처리기간 내에 처리하지 아니하였을 때에도 신청인은 해당 행정청 또는 그 감독 행정청에 신속한 처리를 요청할 수 없다.
③ 행정청에 처분을 구하는 신청은 구두 또는 문서로 하여야 한다. 다만, 다른 법령등에 특별한 규정이 있는 경우와 행정청이 미리 다른 방법을 정한 경우에는 그러하지 아니하다.
④ 행정청이 인허가 등의 취소처분을 하는 경우 공청회를 개최한다.

이상훈 경찰학 단원별 기출문제집

정답찾기

② 행정청이 정당한 처리기간 내에 처리하지 아니하였을 때에는 신청인은 해당 행정청 또는 그 감독 행정청에 신속한 처리를 요청할 수 있다(행정절차법 제19조 제4항).

③ 행정청에 처분을 구하는 신청은 문서로 하여야 한다. 다만, 다른 법령 등에 특별한 규정이 있는 경우와 행정청이 미리 다른 방법을 정하여 공시한 경우에는 그러하지 아니하다(행정절차법 제17조 제1항).

④ 사안의 경우 청문을 한다(행정절차법 제22조 제1항 제3호 가목).

46 '행정절차법'상 의견청취절차에 대한 설명 중 적절하지 않은 것은 모두 몇 개인가?

13. 경찰승진

⊙ 현행법상 의견청취절차는 청문, 공청회, 의견제출로 나누어진다.

⊙ 현행법상 청문은 행정청이 필요하다고 인정하는 경우에만 실시하도록 규정되어 있다.

⊙ 현행법상 행정청은 청문을 실시하고자 하는 경우에 청문이 시작되는 날부터 10일 전까지 일정한 사항을 당사자 등에게 통지하여야 한다.

⊙ 현행법상 청문절차시 문서의 열람 또는 복사의 요청이 있는 경우 행정청은 다른 법령에 의하여 제한되는 경우를 제외하고는 거부할 수 없다.

① 없음   ② 1개

③ 2개   ④ 3개

정답찾기

지문의 내용 중 틀린 것은 ⊙이다.

⊙ 행정절차법은 다른 법령 등에서 청문을 하도록 규정하고 있는 경우나 행정청이 필요하다고 인정하는 경우에 청문을 실시하도록 규정하고 있다.

행정절차법 제22조【의견청취】 ① 행정청이 처분을 할 때 다음 각 호의 어느 하나에 해당하는 경우에는 청문을 한다.

1. 다른 법령 등에서 청문을 하도록 규정하고 있는 경우

2. 행정청이 필요하다고 인정하는 경우

3. 다음 각 목의 처분시 제21조 제1항 제6호에 따른 의견제출기한 내에 당사자 등의 신청이 있는 경우

     가. 인허가 등의 취소

     나. 신분·자격의 박탈

     다. 법인이나 조합 등의 설립허가의 취소

② 행정청이 처분을 할 때 다음 각 호의 어느 하나에 해당하는 경우에는 공청회를 개최한다.

1. 다른 법령 등에서 공청회를 개최하도록 규정하고 있는 경우

2. 해당 처분의 영향이 광범위하여 널리 의견을 수렴할 필요가 있다고 행정청이 인정하는 경우

③ 행정청이 당사자에게 의무를 부과하거나 권익을 제한하는 처분을 할 때 제1항 또는 제2항의 경우 외에는 당사자 등에게 의견제출의 기회를 주어야 한다.

47 '행정절차법'상 의견청취절차에 대한 설명으로 가장 적절하지 않은 것은? 14. 경찰승진

① 행정청이 당사자에게 의무를 부과하거나 권익을 제한하는 처분을 할 때 다른 법령에 특별한 규정이 없으면 청문을 거쳐야 한다.

② 행정청이 당사자에게 의무를 부과하거나 권익을 제한하는 처분을 할 때 청문을 실시하거나 공청회를 개최하는 경우 외에는 당사자 등에게 의견제출의 기회를 주어야 한다.

③ 청문은 행정청이 소속 직원 또는 대통령령으로 정하는 자격을 가진 사람 중에서 선정하는 사람이 주재하되, 행정청은 청문 주재자의 선정이 공정하게 이루어지도록 노력하여야 한다.

④ 행정청이 처분을 할 때에 당사자 등이 제출한 의견이 상당한 이유가 있다고 인정하는 경우에는 이를 반영하여야 한다.

> 정답찾기
> ① 행정청이 당사자에게 의무를 부과하거나 권익을 제한하는 처분을 할 때 다른 법령 등에서 청문을 하도록 규정하고 있는 경우 청문을 거쳐야 한다(행정절차법 제22조 제1항 제1호).

48 행정절차법상 처분에 관한 규정 중 가장 적절하지 않은 것은? 14. 경찰

① 행정청은 당사자의 신청 내용을 모두 그대로 인정하는 처분을 하는 경우에도 당사자에게 그 근거와 이유를 제시하여야 한다.

② 행정청이 처분을 할 때에는 당사자에게 그 처분에 관하여 행정심판 및 행정소송을 제기할 수 있는지 여부, 그 밖에 불복을 할 수 있는지 여부, 청구절차 및 청구기간, 그 밖에 필요한 사항을 알려야 한다.

③ 행정청은 신청인의 편의를 위하여 처분의 처리기간을 종류별로 미리 정하여 공표하여야 한다.

④ 처분기준을 공표하는 것이 해당 처분의 성질상 현저히 곤란하거나 공공의 안전 또는 복리를 현저히 해치는 것으로 인정될 만한 상당한 이유가 있는 경우에는 처분기준을 공표하지 아니할 수 있다.

> 정답찾기
> ① 사안의 경우 그 근거와 이유를 제시하지 아니할 수 있다(행정절차법 제23조 제1항 제1호).
>
> > **행정절차법**
> > **제23조【처분의 이유 제시】** ① 행정청은 처분을 할 때에는 다음 각 호의 어느 하나에 해당하는 경우를 제외하고는 당사자에게 그 근거와 이유를 제시하여야 한다.
> > 1. 신청 내용을 모두 그대로 인정하는 처분인 경우
> > 2. 단순·반복적인 처분 또는 경미한 처분으로서 당사자가 그 이유를 명백히 알 수 있는 경우
> > 3. 긴급히 처분을 할 필요가 있는 경우
> > ② 행정청은 제1항 제2호 및 제3호의 경우에 처분 후 당사자가 요청하는 경우에는 그 근거와 이유를 제시하여야 한다.

49 다음 '행정절차법'에 대한 설명 중 가장 적절하지 않은 것은?

① 행정절차법에는 행정처분절차, 행정입법절차, 행정예고절차 등에 관하여 상세한 규정을 두고 있으나, 행정지도절차에 관한 규정은 없다.

② 행정절차법은 신뢰보호의 원칙은 물론 신의성실의 원칙에 관해 명시적으로 규정하고 있다.

③ 행정절차법에 의하면 침익적 처분이라 해도 공공의 안전 또는 복리를 위하여 긴급히 처분을 할 필요가 있는 경우에는 처분의 사전통지를 아니할 수 있다.

④ 행정청은 처분을 함에 있어서 당사자 등이 제출한 의견이 상당한 이유가 있다고 인정하는 경우에는 이를 반영하여야 한다.

정답찾기

① 행정절차법은 제6장에서 행정지도에 관한 절차를 규정하고 있다.

50 행정절차법의 처분절차와 관련된 설명이다. 적절하지 않은 것은 모두 몇 개인가? (다툼이 있는 경우 판례에 의함)

ⓐ 행정청이 신청내용을 모두 그대로 인정하는 처분을 하는 경우 당사자에게 그 근거와 이유를 제시하여야 한다.

ⓑ 퇴직연금의 환수결정은 관련 법령에 따라 당연히 환수금액이 정하여지는 것이므로 퇴직연금의 환수결정에 앞서 당사자에게 의견진술의 기회를 주지 아니하여도 행정절차법 규정이나 신의칙에 어긋나지 아니한다.

ⓒ '고시' 등 불특정 다수인을 상대로 의무를 부과하거나 권익을 제한하는 처분은 성질상 상대방을 특정할 수 없으므로, 이와 같은 처분에 있어서는 그 상대방에게 의견제출의 기회를 주지 않았다고 하여 위법하다고 볼 수는 없다.

ⓓ 신청에 따른 처분이 이루어지지 않은 경우에는 아직 당사자에게 권익이 부과되지 않았으므로 특별한 사정이 없는 한 신청에 대한 거부처분이라고 하더라도 직접 당사자의 권익을 제한하는 것은 아니라 할 것이므로 처분의 사전통지 대상이 되지 않는다.

① 1개 　　　　② 2개 　　　　③ 3개 　　　　④ 4개

정답찾기

지문의 내용 중 틀린 것은 ⓐ이다.

ⓐ 행정청은 처분을 할 때에는 신청 내용을 모두 그대로 인정하는 처분인 경우, 단순·반복적인 처분 또는 경미한 처분으로서 당사자가 그 이유를 명백히 알 수 있는 경우, 긴급히 처분을 할 필요가 있는 경우를 제외하고는 당사자에게 그 근거와 이유를 제시하여야 한다(행정절차법 제23조 제1항).

51 행정절차에 대한 설명으로 가장 적절하지 않은 것은? (다툼이 있는 경우 판례에 의함)   18. 경찰

① 행정절차법에는 공법상 계약에 관해서는 별도의 규정이 없으나 행정계획에 관해서는 별도의 규정이 있다.

② 행정절차법상 당사자 등은 처분 전에 그 처분의 관할 행정청에 서면이나 정보통신망을 이용하여 의견을 제출할 수 있으나, 말로는 할 수 없다.

③ 행정절차법은 절차적 규정뿐만 아니라 신뢰보호원칙과 같이 실체적 규정을 포함하고 있다.

④ 행정청은 국내에 주소·거소·영업소 또는 사무소가 없는 외국사업자에 대하여 우편송달의 방법으로 문서를 송달할 수 있다.

정답찾기
② 당사자 등은 처분 전에 그 처분의 관할 행정청에 서면이나 말로 또는 정보통신망을 이용하여 의견제출을 할 수 있다(행정절차법 제27조 제1항).

52 행정절차법에 대한 설명이다. 다음 중 가장 적절하지 않은 것은?   15. 경찰

① 행정청은 경미한 처분으로 당사자가 이유를 명백하게 알 수 있는 경우에는 처분 후 당사자가 요청하여도 그 근거와 이유를 제시할 필요가 없다.

② 행정청은 처분을 할 때에 당사자 등이 제출한 의견이 상당한 이유가 있다고 인정하는 경우에는 이를 반영하여야 한다.

③ 행정절차법은 신뢰보호의 원칙과 신의성실의 원칙에 관해 규정하고 있다.

④ 행정청은 신청에 구비서류의 미비 등 흠이 있는 경우에는 보완에 필요한 상당한 기간을 정하여 지체 없이 신청인에게 보완을 요구하여야 한다.

정답찾기
① 사안의 경우 처분 후 당사자가 요청하는 경우에는 그 근거와 이유를 제시하여야 한다(행정절차법 제23조 제2항).

> **행정절차법**
> **제23조【처분의 이유 제시】** ① 행정청은 처분을 할 때에는 다음 각 호의 어느 하나에 해당하는 경우를 제외하고는 당사자에게 그 근거와 이유를 제시하여야 한다.
> 1. 신청 내용을 모두 그대로 인정하는 처분인 경우
> 2. 단순·반복적인 처분 또는 경미한 처분으로서 당사자가 그 이유를 명백히 알 수 있는 경우
> 3. 긴급히 처분을 할 필요가 있는 경우
> ② 행정청은 제1항 제2호 및 제3호의 경우에 처분 후 당사자가 요청하는 경우에는 그 근거와 이유를 제시하여야 한다.

53 행정절차법상의 처분절차를 설명한 것이다. 다음 중 적절하지 않은 것은? 16. 경찰

① 행정청은 필요한 처분기준을 해당 처분의 성질에 비추어 되도록 구체적으로 정하여 공표하여야 한다. 다만, 처분기준을 공표하는 것이 해당 처분의 성질상 현저히 곤란하거나 공공의 안전 또는 복리를 현저히 해치는 것으로 인정될 만한 상당한 이유가 있는 경우에는 처분기준을 공표하지 아니할 수 있다.

② 행정청은 공공의 안전 또는 복리를 위하여 긴급히 처분을 할 필요가 있는 경우, 당사자에게 의무를 부과하거나 권익을 제한하는 처분의 사전통지를 하지 아니할 수 있다.

③ 행정청은 처분에 오기, 오산 또는 그 밖에 이에 준하는 명백한 잘못이 있을 때에는 직권으로 또는 신청에 따라 지체 없이 정정하고 그 사실을 당사자에게 통지하여야 한다.

④ 행정청은 공청회를 개최하려는 경우에는 공청회 개최 10일 전까지 일시 및 장소 등의 사항을 당사자 등에게 통지하여야 한다.

정답찾기
④ 행정청은 공청회를 개최하려는 경우에는 공청회 개최 14일 전까지 당사자 등에게 통지하여야 한다(행정절차법 제38조).

54 송달에 대한 설명으로 가장 적절하지 않은 것은? (다툼이 있는 경우 판례에 의함) 20. 경찰

① 우편물이 등기취급의 방법으로 발송된 경우 그것이 도중에 유실되었거나 반송되었다는 등의 특별한 사정에 대한 반증이 없는 한 그 무렵 수취인에게 배달되었다고 간주할 수 있다.

② 내용증명우편이나 등기우편과는 달리, 보통우편의 방법으로 발송된 경우 송달의 효력을 주장하는 측에서 증거에 의하여 이를 입증하여야 한다.

③ 납세고지서의 명의인이 다른 곳으로 이사하였지만 주민등록을 옮기지 아니한 채 주민등록지로 배달되는 우편물을 새로운 거주자가 수령하여 자신에게 전달하도록 한 경우, 그 새로운 거주자에게 우편물 수령권한을 위임한 것으로 보아 그에게 한 납세고지서의 송달은 적법하다.

④ 전자문서의 경우는 수신자가 관리하거나 지정한 전자적 시스템 등에 입력됨으로써 효력을 발생한다.

정답찾기
① 우편물이 등기취급의 방법으로 발송된 경우 그것이 도중에 유실되었거나 반송되었다는 등의 특별한 사정에 대한 반증이 없는 한 그 무렵 수취인에게 배달되었다고 추정(간주 X)할 수 있다[대법원 2017.3.9. 선고, 2016두60577, 판결].

■ **관련 판례**

우편법 등 관계 규정의 취지에 비추어 볼 때 우편물이 등기취급의 방법으로 발송된 경우 반송되는 등의 특별한 사정이 없는 한 그 무렵 수취인에게 배달되었다고 보아야 한다(대판 1992.3.27. 91누3819).

Answer 51 ② 52 ① 53 ④ 54 ①

55 행정상 확약에 대한 다음 설명 중 옳지 않은 것은? (다툼이 있으면 판례에 의함) 10. 경찰

① 어업권면허에 선행하는 우선순위결정은 강학상 확약에 불과하고 행정처분은 아니므로, 우선순위결정에 공정력이나 불가쟁력과 같은 효력은 인정되지 아니한다.
② 정부 간 항공노선의 개설에 관한 잠정협정 및 비밀양해각서와 건설교통부 내부지침에 의한 항공노선에 대한 운수권 배분처분은 항고소송의 대상이 된다.
③ 확약이 있은 후에 사실적·법률적 상태가 변경이 있더라도 행정청이 이를 철회한다는 의사표시를 하지 않는 한 확약은 실효되지 않는다.
④ 법령이 본행정행위를 할 수 있는 권한을 부여한 경우에는 반대규정이 없는 한 확약의 권한도 함께 부여한 것으로 보아 별도의 근거를 요하지 않는 것으로 보는 견해가 있다.

정답찾기
③ 행정청이 상대방에게 장차 어떤 처분을 하겠다고 확약 또는 공적인 의사표명을 하였다고 하더라도, 그 자체에서 상대방으로 하여금 언제까지 처분의 발령을 신청을 하도록 유효기간을 두었는데도 그 기간 내에 상대방의 신청이 없었다거나 <u>확약 또는 공적인 의사표명이 있은 후에 사실적·법률적 상태가 변경되었다면, 그와 같은 확약 또는 공적인 의사표명은 행정청의 별다른 의사표시를 기다리지 않고 실효된다</u>(대판 1996.8.20, 95누10877).

56 다음은 행정법상의 확약을 설명한 것이다. 가장 적절하지 않은 것은? (다툼이 있으면 판례에 의함) 14. 경찰

① 현행 행정절차법에는 확약에 관한 규정을 두고 있다.
② 판례는 어업면허에 선행하는 우선순위 결정은 강학상 확약에 불과하고 행정처분으로 볼 수 없다는 입장이다.
③ 예비결정과 확약은 구분된다.
④ 확약을 허용하는 명문의 규정이 없더라도 다수설은 본처분 권한에 확약에 대한 권한이 포함되어 있다고 보아 별도의 명문의 규정이 없더라도 확약을 할 수 있다는 입장이다.

정답찾기
① 현행 행정절차법에는 확약에 관한 <u>명문 규정이 없다.</u>

57 다음 확약에 대한 설명 중 가장 적절하지 않은 것은? (다툼이 있으면 판례에 의함) 15. 경찰

① 행정청의 확약 또는 공적인 의사표명이 있은 후 사실적·법률적 상태가 변경되었다면 확약은 행정청의 별다른 의사표시를 기다리지 않고 실효된다.
② 확약은 본 행정행위에 대해 정당한 권한을 가진 행정청만이 할 수 있고, 당해 행정청의 행위권한의 범위 내에 있어야 한다.
③ 행정절차법에는 확약에 관한 규정을 두고 있으므로 확약의 가능성을 논할 실익이 없다.
④ 어업권면허에 선행하는 우선순위결정은 강학상 확약에 불과하고 행정처분은 아니므로 우선순위결정에 공정력이나 불가쟁력과 같은 효력은 인정되지 아니한다.

정답찾기
③ 현행 행정절차법에는 확약에 대한 명시적인 <u>규정이 없다.</u>

58 행정계획을 설명한 것이다. 다음 중 적절하지 않은 것은? (다툼이 있으면 판례에 의함)   16. 경찰

① 문화재보호구역 내에 있는 토지소유자 등으로서는 위 보호구역의 지정해제를 요구할 수 있는 법규상 또는 조리상의 신청권이 없다.

② 도시기본계획은 도시의 기본적인 공간구조와 장기발전방향을 제시하는 종합계획으로서 그 계획에는 토지이용계획, 환경계획, 공원녹지계획 등 장래의 도시개발의 일반적인 방향이 제시되지만, 그 계획은 도시계획입안의 지침이 되는 것에 불과하여 일반 국민에 대한 직접적인 구속력은 없는 것이다.

③ 행정주체가 행정계획을 입안·결정함에 있어서 이익형량을 전혀 행하지 아니하거나 이익형량의 고려 대상에 마땅히 포함시켜야 할 사항을 누락한 경우 또는 이익형량을 하였으나 정당성·객관성이 결여된 경우에는 그 행정계획결정은 재량권을 일탈·남용한 것으로서 위법하게 된다.

④ 비구속적 행정계획안이나 행정지침이라도 국민의 기본권에 직접적으로 영향을 끼치고, 앞으로 법령의 뒷받침에 의하여 그대로 실시될 것이 틀림없을 것으로 예상될 수 있을 때에는, 공권력행위로서 예외적으로 헌법소원의 대상이 될 수 있다.

> **정답찾기**
> ① 문화재보호법은 문화재를 보존하여 이를 활용함으로써 국민의 문화적 생활의 향상을 도모함과 아울러 인류문화의 발전에 기여함을 목적으로 하면서도, 문화재보호구역의 지정에 따른 재산권행사의 제한을 줄이기 위하여, 행정청에게 보호구역을 지정한 경우에 일정한 기간마다 적정성 여부를 검토할 의무를 부과하고, 그 검토사항 등에 관한 사항은 문화관광부령으로 정하도록 위임하였으며, 검토결과 보호구역의 지정이 적정하지 아니하거나 기타 특별한 사유가 있는 때에는 보호구역의 지정을 해제하거나 그 범위를 조정하여야 한다고 규정하고 있는 점, 같은 법 제8조 제3항의 위임에 의한 같은법시행규칙 제3조의2 제1항은 그 적정성 여부의 검토에 있어서 당해 문화재의 보존 가치 외에도 보호구역의 지정이 재산권 행사에 미치는 영향 등을 고려하도록 규정하고 있는 점 등과 헌법상 개인의 재산권 보장의 취지에 비추어 보면, 문화재보호구역 내에 있는 토지소유자 등으로서는 위 보호구역의 지정해제를 요구할 수 있는 법규상 또는 조리상의 신청권이 있다고 할 것이고, 이러한 신청에 대한 거부행위는 항고소송의 대상이 되는 행정처분에 해당한다(대판 2004.4.27, 2003두8821).

59 행정계획에 대한 설명으로 가장 적절하지 않은 것은? (다툼이 있는 경우 판례에 의함)   19. 경찰

① 행정주체가 행정계획을 입안·결정함에 있어서 이익형량을 전혀 행하지 아니하거나 이익형량의 고려 대상에 마땅히 포함시켜야 할 사항을 누락한 경우 또는 이익형량을 하였으나 정당성과 객관성이 결여된 경우에는 그 행정계획결정은 형량에 하자가 있어 위법하게 된다.

② 도시계획시설결정에 이해관계가 있는 주민이더라도 도시시설계획의 입안권자에게 도시시설계획의 입안을 요구할 수 있는 법규상 또는 조리상의 신청권을 갖지 않는다.

③ 행정계획에는 행정기관 사이에서만 구속력을 가지는 계획뿐만 아니라 대외적으로 구속력을 갖는 계획도 있다.

④ 장기미집행 도시·군계획시설에 대해서는 일정한 경우에 그 도시·군계획시설 부지로 되어 있는 토지의 소유자가 그 토지의 도시·군계획시설결정 해제를 위한 도시·군관리계획 입안을 신청할 수 있다.

> **정답찾기**
> ② 도시계획구역 내 토지 등을 소유하고 있는 사람과 같이 당해 도시계획시설결정에 이해관계가 있는 주민으로서는 도시시설계획의 입안권자 내지 결정권자에게 도시시설계획의 입안 내지 변경을 요구할 수 있는 법규상 또는 조리상의 신청권이 있고, 이러한 신청에 대한 거부행위는 항고소송의 대상이 되는 행정처분에 해당한다(대판 2015.3.26, 2014두42742).

Answer   55 ③   56 ①   57 ③   58 ①   59 ②

60 행정지도에 관한 다음 설명 중 가장 적절하지 않은 것은? 12. 경찰

① 행정절차법에 행정지도에 관한 명문의 규정을 두고 있다.
② 행정지도는 권력적 사실행위이므로 반드시 법률의 근거가 필요하다.
③ 행정기관은 상대방의 의사에 반하여 부당하게 강요할 수 없고 목적달성에 필요한 최소한도 내에 그쳐야 한다.
④ 행정기관은 상대방이 행정지도에 따르지 않았다는 이유로 불리한 조치를 취하여서는 아니 된다.

정답찾기
② 행정지도는 비권력적 사실행위에 해당한다. 그러므로 개별적·구체적인 법적 근거는 요하지 않는다.

> **행정절차법**
> **제48조【행정지도의 원칙】** ① 행정지도는 그 목적달성에 필요한 최소한도에 그쳐야 하며, 행정지도의 상대방의 의사에 반하여 부당하게 강요하여서는 아니된다.
> ② 행정기관은 행정지도의 상대방이 행정지도에 따르지 아니하였다는 것을 이유로 불이익한 조치를 하여서는 아니된다.

61 행정절차법상 행정지도에 관한 설명 중 가장 적절하지 않은 것은? 22. 경찰

① 행정지도는 그 목적 달성에 필요한 최소한도에 그쳐야 하며, 행정지도의 상대방의 의사에 반하여 부당하게 강요하여서는 아니 된다.
② 행정기관은 행정지도의 상대방이 행정지도에 따르지 아니하였다는 것을 이유로 불이익한 조치를 하여서는 아니 된다.
③ 행정지도가 말로 이루어지는 경우에 상대방이 행정지도의 취지 및 내용과 신분의 사항을 적은 서면의 교부를 요구하면 그 행정지도를 하는 자는 직무 수행에 특별한 지장이 없으면 이를 교부하여야 한다.
④ 행정지도의 상대방은 해당 행정지도의 방식 내용 등에 관하여 행정기관에 의견제출을 할 수 없다.

정답찾기
④ 행정지도의 상대방은 해당 행정지도의 방식·내용 등에 관하여 행정기관에 의견제출을 할 수 있다(행정절차법 제50조).

62 행정지도에 대한 설명으로 가장 적절하지 않은 것은? (다툼이 있으면 판례에 의함) 13. 경찰

① 교육인적자원부장관(현 교육부장관)의 대학총장들에 대한 학칙시정요구는 행정지도의 일종으로서 헌법소원의 대상이 되는 공권력의 행사라고 할 수 없다.
② 행정지도는 그 목적달성에 필요한 최소한도에 그쳐야 하며, 행정지도의 상대방의 의사에 반하여 부당하게 강요하여서는 아니된다.
③ 행정지도를 하는 자는 그 상대방에게 그 행정지도의 취지 및 내용과 신분을 밝혀야 한다.
④ 행정지도의 상대방은 해당 행정지도의 방식·내용 등에 관하여 행정기관에 의견제출을 할 수 있다.

① 교육인적자원부장관의 대학총장들에 대한 이 사건 학칙시정요구는 고등교육법 제6조 제2항, 동법시행령 제4조 제3항에 따른 것으로서 그 법적 성격은 대학총장의 임의적인 협력을 통하여 사실상의 효과를 발생시키는 행정지도의 일종이지만, <u>그에 따르지 않을 경우 일정한 불이익조치를 예정하고 있어 사실상 상대방에게 그에 따를 의무를 부과하는 것과 다를 바 없으므로 단순한 행정지도로서의 한계를 넘어 규제적 · 구속적 성격을 상당히 강하게 갖는 것으로서 <u>헌법소원의 대상이 되는 공권력의 행사라고 볼 수 있다</u>[대판 2003.6.26, 2002헌마337(전합)].

63 행정지도에 대한 설명으로 가장 적절한 것은? (다툼이 있는 경우 판례에 의함) 18. 경찰

① 행정지도는 그 목적 달성에 필요한 최대한도의 조치를 할 수 있으나, 다만 행정지도의 상대방의 의사에 반하여 부당하게 강요하여서는 아니 된다.

② 행정지도가 말로 이루어지는 경우에 상대방이 서면의 교부를 요구하면 그 행정지도를 하는 자는 반드시 이를 교부하여야 한다.

③ 교육인적자원부장관(현, 교육부장관)의 학칙시정요구는 대학총장의 임의적인 협력을 통하여 사실상의 효과를 발생시키는 행정지도의 일종이며, 설령 단순한 행정지도로서의 한계를 넘어 규제적 · 구속적 성격을 갖는다 하더라도 공권력의 행사로 볼 수 없다.

④ 행정기관이 같은 행정목적을 실현하기 위하여 많은 상대방에게 행정지도를 하려는 경우에는 특별한 사정이 없으면 행정지도에 공통적인 내용이 되는 사항을 공표하여야 한다.

① 행정지도는 그 목적 달성에 필요한 최소한도에 그쳐야 하며, 행정지도의 상대방의 의사에 반하여 부당하게 강요하여서는 아니 된다(행정절차법 제48조 제1항).

② 행정지도가 말로 이루어지는 경우에 상대방이 제1항의 사항을 적은 서면의 교부를 요구하면 그 행정지도를 하는 자는 <u>직무 수행에 특별한 지장이 없으면</u> 이를 교부하여야 한다(행정절차법 제49조 제2항).

③ 교육인적자원부장관의 대학총장들에 대한 이 사건 학칙시정요구는 고등교육법 제6조 제2항, 동법시행령 제4조 제3항에 따른 것으로서 그 법적 성격은 대학총장의 임의적인 협력을 통하여 사실상의 효과를 발생시키는 행정지도의 일종이지만, 그에 따르지 않을 경우 일정한 불이익조치를 예정하고 있어 사실상 상대방에게 그에 따를 의무를 부과하는 것과 다를 바 없으므로 단순한 행정지도로서의 한계를 넘어 규제적 · 구속적 성격을 상당히 강하게 갖는 것으로서 <u>헌법소원의 대상이 되는 공권력의 행사라고 볼 수 있다</u>[대판 2003.6.26, 2002헌마337(전합)].

64 행정지도에 대한 다음 설명 중 적절하지 않은 것은 모두 몇 개인가? (다툼이 있으면 판례에 의함)　14. 경찰변형

> ⊙ 행정지도는 행정기관이 그 소관 사무의 범위에서 일정한 행정목적을 실현하기 위하여 특정인에게 일정한 행위를 하거나 하지 아니하도록 지도, 권고, 조언 등을 하는 행정작용을 말한다.
> ⓛ 행정지도가 강제성을 띠지 않은 비권력적 작용으로서 행정지도의 한계를 일탈하지 아니하였다 하더라도 그로 인하여 상대방에게 어떤 손해가 발생하였다면 행정기관은 그에 대한 손해배상책임을 진다.
> ⓒ 토지거래계약신고에 관한 행정관청의 위법한 관행에 따라 토지의 매매가격을 허위로 신고한 행위라 하더라도 사회상규에 위배되지 않는 정당행위라고 볼 수 없다.
> ⓔ 행정기관은 행정지도의 상대방이 행정지도에 따르지 아니할 경우 그 행정지도에 따르지 아니하였다는 것을 이유로 목적 달성에 필요최소한의 범위 내에서 불이익한 조치를 취할 수 있다.
> ⓜ 행정지도가 말로 이루어지는 경우에 상대방이 행정지도의 취지 및 내용과 신분을 적은 서면의 교부를 요구하면 그 행정지도를 하는 자는 직무 수행에 특별한 지장이 없으면 이를 교부하여야 한다.
> ⓗ 행정지도는 그 목적 달성에 필요한 최소한도에 그쳐야 하며, 행정지도의 상대방의 의사에 반하여 부당하게 강요하여서는 아니 된다.

① 2개　　　　　② 3개　　　　　③ 4개　　　　　④ 없음

정답찾기

지문의 내용 중 적절하지 않은 것은 ⓛⓔ이다.
ⓛ 행정지도가 강제성을 띠지 않은 비권력적 작용으로서 행정지도의 한계를 일탈하지 아니하였다면, 그로 인하여 상대방에게 어떤 손해가 발생하였다 하더라도 행정기관은 그에 대한 손해배상책임이 없다(대판 2008.9.25, 2006다18228).
ⓔ 행정기관은 행정지도의 상대방이 행정지도에 따르지 아니하였다는 것을 이유로 불이익한 조치를 하여서는 아니 된다(행정절차법 제48조 제2항).

65 행정지도에 대한 다음 설명 중 적절하지 않은 것은 모두 몇 개인가? (다툼이 있으면 판례에 의함)　15. 19. 경찰

> ⊙ 행정지도가 단순한 행정지도의 한계를 넘어 규제적·구속적 성격을 상당히 강하게 갖는 경우라도 헌법소원의 대상이 되는 공권력의 행사로 볼 수 없다.
> ⓛ 반드시 문서의 형식으로 하여야만 한다.
> ⓒ 행정지도는 그 목적달성에 필요한 최소한도에 그쳐야 하며, 행정지도의 상대방의 의사에 반하여 부당하게 강요하여서는 안 된다.
> ⓔ 임의성 원칙을 명문화하고 있다.
> ⓜ 행정기관이 그 소관 사무의 범위에서 일정한 행정목적을 실현하기 위하여 특정인에게 일정한 행위를 하거나 하지 아니하도록 지도, 권고, 조언 등을 하는 행정작용을 말한다.

① 없음　　　　　② 1개　　　　　③ 2개　　　　　④ 3개

정답찾기

지문의 내용 중 적절하지 않은 것은 ㉠㉡이다.

㉠ 교육인적자원부장관의 대학총장들에 대한 이 사건 학칙시정요구는 고등교육법 제6조 제2항, 동법시행령 제4조 제3항에 따른 것으로서 그 법적 성격은 대학총장의 임의적인 협력을 통하여 사실상의 효과를 발생시키는 행정지도의 일종이지만, 그에 따르지 않을 경우 일정한 불이익조치를 예정하고 있어 사실상 상대방에게 그에 따를 의무를 부과하는 것과 다를 바 없으므로 단순한 행정지도로서의 한계를 넘어 규제적·구속적 성격을 상당히 강하게 갖는 것으로서 헌법소원의 대상이 되는 공권력의 행사라고 볼 수 있다[대판 2003.6.26, 2002헌마337(전합)].

㉡ 행정지도의 경우 말(구두)로도 가능하다.

> **행정절차법**
> **제49조【행정지도의 방식】** ② 행정지도가 말로 이루어지는 경우에 상대방이 제1항의 사항을 적은 서면의 교부를 요구하면 그 행정지도를 하는 자는 직무 수행에 특별한 지장이 없으면 이를 교부하여야 한다.

제5절 경찰 감찰 규칙 및 경찰청 감사 규칙

66 경찰 감찰 규칙에 대한 설명으로 가장 적절한 것은? 17. 경찰

① 감찰관은 심야(오후 10시부터 오전 6시까지를 말한다)에 조사를 하여서는 아니 된다.

② 감찰관은 소속 경찰기관의 관할 구역 안에서 활동하여야 한다. 다만, 상급 경찰기관의 장의 지시가 있는 경우에는 관할 구역 밖에서도 활동할 수 있다.

③ 감찰관은 검찰·경찰, 그 밖의 수사기관으로부터 수사개시 통보를 받은 경우에는 징계의결요구권자의 결재를 받아 해당 기관으로부터 수사결과의 통보를 받을 때까지 감찰조사, 징계의결요구 등의 절차를 진행해야 한다.

④ 감찰관은 감찰조사를 실시하기 전에 조사대상자에게 의무위반행위 사실의 요지를 알릴 수 없다.

정답찾기

① 감찰관은 심야(자정부터 오전 6시까지를 말한다)에 조사를 하여서는 아니 된다(경찰 감찰 규칙 제32조 제1항).

③ 감찰관은 검찰·경찰, 그 밖의 수사기관으로부터 수사개시 통보를 받은 경우에는 징계의결요구권자의 결재를 받아 해당 기관으로부터 수사결과의 통보를 받을 때까지 감찰조사, 징계의결요구 등의 절차를 진행하지 아니 할 수 있다(경찰 감찰 규칙 제36조 제2항).

④ 감찰관은 감찰조사를 실시하기 전에 조사대상자에게 의무위반행위 사실의 요지를 알려야 한다(경찰 감찰 규칙 제29조 제1항).

Answer 64 ① 65 ③ 66 ②

67 경찰 감찰 규칙의 내용으로 가장 적절한 것은? 18. 경찰승진

① 경찰 감찰 규칙 제1조는 "경찰공무원 등의 공직기강 확립과 경찰 행정의 효율성 확보를 위한 감찰에 필요한 사항을 규정함을 목적으로 한다."라고 명시하고 있다.

② 감찰관은 다른 경찰기관 또는 검찰, 감사원 등 다른 행정기관으로부터 통보받은 소속 공무원의 의무위반행위에 대해서는 통보받은 날로부터 2개월 이내에 신속히 처리하여야 한다.

③ 경찰 감찰 규칙 제10조는 '특별감찰'에 대해 "경찰기관의 장은 상급 경찰기관의 장의 지시에 따라 소속 감찰관으로 하여금 일정기간 동안 다른 경찰기관 소속 직원의 복무실태, 업무추진 실태 등을 점검하게 할 수 있다."라고 규정하고 있다.

④ 감찰관은 경찰공무원 등의 의무위반행위에 관한 첩보, 진정·탄원 등이 있을 때, 그 사실을 확인한 후 의무위반혐의가 있다고 판단될 때에는 감찰업무 담당 부서장에게 보고하고 감찰조사에 착수하여야 한다.

정답찾기

① 경찰청 및 그 소속 기관에 소속하는 경찰공무원, 별정·일반직 공무원(무기계약 및 기간제 근로자를 포함한다), 의무경찰 등의 공직기강 확립과 경찰 행정의 <u>적정성</u> 확보를 위한 감찰에 필요한 사항을 규정함을 목적으로 한다(경찰 감찰 규칙 제1조).

② 감찰관은 다른 경찰기관 또는 검찰, 감사원 등 다른 행정기관으로부터 통보받은 소속 공무원의 의무위반행위에 대해서는 통보받은 날로부터 <u>1개월 이내</u>에 신속히 처리하여야 한다(경찰 감찰 규칙 제36조 제1항).

③ 지문의 내용은 <u>교류감찰</u>에 대한 설명이다. 특별감찰이란 의무위반행위가 자주 발생하거나 그 발생 가능성이 높다고 인정되는 시기, 업무분야 및 경찰관서 등에 대하여는 일정기간 동안 전반적인 조직관리 및 업무추진 실태 등을 집중 점검하는 것을 말한다(경찰 감찰 규칙 제13조).

68 경찰 감찰 규칙에 대한 설명으로 적절한 것은 모두 몇 개인가? 18. 20. 경찰승진

㉠ 감찰관은 소속 공무원의 의무위반사실에 대한 민원을 접수한 경우 접수일로부터 2개월 내에 신속히 처리하여야 한다.

㉡ 감찰관은 조사대상자에게 진술을 거부할 수 있음을 사전에 고지할 수 있다.

㉢ 감찰관은 감찰조사를 위해서 조사대상자의 출석을 요구할 때에는 조사기일 2일 전까지 출석요구서 또는 구두로 조사일시, 의무위반행위사실 요지 등을 통지하여야 한다. 다만, 사안이 급박한 경우 또는 조사대상자의 요청이 있는 경우에는 즉시 조사에 착수할 수 있다.

㉣ 감찰관의 의무위반행위 중 직무와 관련된 금품 및 향응수수, 공금횡령·유용, 성폭력범죄에 한하여 경찰공무원 징계령 세부시행규칙의 징계양정에 정한 기준보다 가중하여 징계조치한다.

㉤ 감찰관은 다른 경찰기관 또는 검찰, 감사원 등 다른 행정기관으로부터 통보받은 소속 공무원의 의무위반행위에 대해서는 통보 받은 날로부터 1개월 이내에 신속히 처리하여야 한다.

① 1개   ② 2개   ③ 3개   ④ 4개

정답찾기

지문의 내용 중 적절한 것은 ㉡㉤이다.

㉡ 감찰관은 조사대상자에게 진술을 거부할 수 있음을 사전에 고지하여야 한다(경찰 감찰 규칙 제27조 제2항).

㉢ 감찰관은 감찰조사를 위해서 조사대상자의 출석을 요구할 때에는 조사기일 <u>3일 전</u>까지 출석요구서 또는 구두로 조사일시, 의무위반행위사실 요지 등을 통지하여야 한다. 다만, 사안이 급박한 경우 또는 조사대상자의 요청이 있는 경우에는 즉시 조사에 착수할 수 있다(경찰 감찰 규칙 제25조 제1항).

㉣ 감찰관의 의무위반행위에 대해서는 경찰공무원 징계령 세부시행규칙의 징계양정에 정한 기준보다 가중하여 징계조치한다(경찰 감찰 규칙 제40조 제2항).

69 경찰 감찰 규칙상 감찰활동에 대한 설명으로 적절하지 않은 것은 모두 몇 개인가? 22. 경찰간부, 23 경찰

> ⊙ 경찰기관의 장은 의무위반행위가 자주 발생하거나 그 발생 가능성이 높다고 인정되는 시기, 업무분야 및 경찰관서 등에 대하여는 일정기간 동안 전반적인 조직관리 및 업무추진 실태 등을 집중 점검할 수 있다.
> ⓛ 감찰관은 소속 공무원의 의무위반행위에 관한 단서(현장인지, 진정·탄원 등을 포함한다)를 수집·접수한 경우 소속 경찰기관의 장에게 보고하여야 한다.
> ⓒ 경찰기관의 장은 상급 경찰기관의 장의 지시에 따라 소속 감찰관으로 하여금 일정기간 동안 다른 경찰기관 소속 직원의 복무실태, 업무추진 실태 등을 점검하게 할 수 있다.
> ⓔ "감찰"이란 복무기강 확립과 경찰행정의 적정성을 확보하기 위해 경찰기관 또는 소속공무원의 제반업무와 활동 등을 조사·점검·확인하고 그 결과를 처리하는 감찰관의 직무활동을 말한다.
> ⓜ 감찰부서장은 소속 감찰관에 대하여 감찰관 보직 후 3년마다 적격심사를 실시하여 인사에 반영하여야 한다.

① 없음　　　　② 1개　　　　③ 2개　　　　④ 3개

정답찾기

지문의 내용 중 적절하지 않은 것은 ⓛⓜ이다.
ⓛ 감찰관은 소속공무원의 의무위반행위에 관한 단서(현장인지, 진정·탄원 등을 포함한다)를 수집·접수한 경우 소속 경찰기관의 감찰부서장에게 보고하여야 한다(경찰 감찰 규칙 제15조 제1항).
ⓜ 경찰기관의 장은 소속 감찰관에 대하여 감찰관 보직 후 2년마다 적격심사를 실시하여 인사에 반영하여야 한다(경찰 감찰 규칙 제8조 제1항).

70 「경찰 감찰 규칙」에 관한 설명으로 가장 적절한 것은? 25. 경위공채

① 경찰기관의 장은 소속 감찰관에 대하여 감찰관 보직 후 3년마다 적격심사를 실시하여 인사에 반영하여야 한다.
② 감찰부서장은 감찰정보의 구분 및 감찰활동 착수와 관련된 사항을 결정하기 위하여 감찰정보심의회를 설치·운영해야 한다. 감찰정보심의회는 위원장을 포함한 5명 이상 7명 이하의 위원으로 구성하며, 위원장은 감찰부서장이 되고 위원은 감찰부서장이 소속 공무원 중에서 지명한다.
③ 감찰관은 소속 공무원의 의무위반사실에 대한 민원을 접수한 경우 접수일로부터 2개월 내에 신속히 처리하여야 하며 그 처리 기간을 연장할 수 없다.
④ 감찰관은 민원사건을 접수한 경우 접수 후 매 1개월이 경과한 때와 감찰조사를 종결하였을 때에 민원인 또는 피해자에게 사건처리 진행상황을 통지하여야 한다. 다만, 진행상황에 대한 통지가 감찰조사에 지장을 주거나 피해자 또는 사건관계인의 명예와 권리를 부당히 침해할 우려가 있는 때에는 통지하지 않을 수 있다.

정답찾기

① 경찰기관의 장은 소속 감찰관에 대하여 감찰관 보직 후 2년마다 적격심사를 실시하여 인사에 반영하여야 한다(경찰 감찰 규칙 제8조 제1항).
② 감찰부서장은 일정한 사항을 결정하기 위하여 감찰정보심의회를 설치·운영할 수 있다. 감찰정보심의회는 위원장을 포함한 3명 이상 5명 이하의 위원으로 구성하며, 위원장은 감찰부서장이 되고 위원은 감찰부서장이 소속 공무원 중에서 지명한다(경찰 감찰 규칙 제22조 제1항, 제2항).
③ 감찰관은 소속공무원의 의무위반사실에 대한 민원을 접수한 경우 접수일로부터 2개월 내에 신속히 처리하여야 한다. 다만, 부득이한 사유로 민원을 기한 내에 처리할 수 없을 때에는 소속 경찰기관의 감찰부서장에게 보고하여 그 처리 기간을 연장할 수 있다(경찰 감찰 규칙 제35조 제1항).

Answer　67 ④　68 ②　69 ③　70 ④

71 경찰청 감사 규칙에 대한 설명으로 가장 적절한 것은?

① 감사의 종류는 종합감사, 특정감사, 재무감사, 성과감사, 복무감사, 일반감사로 구분한다.

② 종합감사의 주기는 1년에서 5년까지 하되 치안수요 등을 고려하여 조정 실시한다.

③ 감사결과 위법 또는 부당하다고 인정되는 사실이 있으나 그 정도가 징계 또는 문책사유에 이르지 아니할 정도로 경미하거나, 감사대상기관 또는 부서에 대한 제재가 필요한 경우 경고·주의 요구조치를 할 수 있다.

④ 경찰청 감사관은 감사계획 수립에 필요한 경우 시·도자치경찰위원회 및 시·도경찰청장과 감사일정을 협의하여야 한다.

정답찾기

① 감사의 종류는 종합감사, 특정감사, 재무감사, 성과감사, 복무감사, 일상감사로 구분한다(경찰청 감사 규칙 제4조 제1항).

② 종합감사의 주기는 1년에서 3년까지 하되 치안수요 등을 고려하여 조정 실시한다(경찰청 감사 규칙 제4조 제2항).

③ 감사결과 위법 또는 부당하다고 인정되는 사실이 있으나 그 정도가 징계 또는 문책사유에 이르지 아니할 정도로 경미하거나, 감사대상기관 또는 부서에 대한 제재가 필요한 경우 경고·주의 요구조치를 하여야 한다(경찰청 감사 규칙 제10조 제3호).

72 경찰청 감사 규칙 제10조(감사결과의 처리기준 등)에 대한 내용이다. ㉠부터 ㉢까지의 내용에 해당하는 조치를 나열한 것으로 가장 적절한 것은?

> ㉠ 감사결과 문제점이 인정되는 사실이 있어 그 대안을 제시하고 감사대상기관의 장 등으로 하여금 개선방안을 마련하도록 할 필요가 있는 경우
>
> ㉡ 감사결과 위법 또는 부당하다고 인정되는 사실이 있어 추징·회수·환급·추급 또는 원상복구 등이 필요하다고 인정되는 경우
>
> ㉢ 감사결과 위법 또는 부당하다고 인정되는 사실이 있으나 그 정도가 징계 또는 문책사유에 이르지 아니할 정도로 경미하거나, 감사대상기관 또는 부서에 대한 제재가 필요한 경우

	㉠	㉡	㉢
①	권고	시정요구	경고·주의 요구
②	개선요구	시정요구	통보
③	권고	개선요구	경고·주의 요구
④	개선요구	권고	통보

① 바르게 나열된 것은 ㉠ 권고, ㉡ 시정요구, ㉢ 경고·주의 요구이다.

> **경찰청 감사 규칙**
> **제10조【감사결과의 처리기준 등】** 감사관은 감사결과를 다음 각 호의 기준에 따라 처리하여야 한다.
> 1. 징계 또는 문책 요구 : 국가공무원법과 그 밖의 법령에 규정된 징계 또는 문책 사유에 해당하거나 정당한 사유 없이 자체감사를 거부하거나 자료의 제출을 게을리 한 경우
> 2. 시정 요구 : 감사결과 위법 또는 부당하다고 인정되는 사실이 있어 추징·회수·환급·추급 또는 원상복구 등이 필요하다고 인정되는 경우
> 3. 경고·주의 요구 : 감사결과 위법 또는 부당하다고 인정되는 사실이 있으나 그 정도가 징계 또는 문책사유에 이르지 아니할 정도로 경미하거나, 감사대상기관 또는 부서에 대한 제재가 필요한 경우
> 4. 개선 요구 : 감사결과 법령상·제도상 또는 행정상 모순이 있거나 그 밖에 개선할 사항이 있다고 인정되는 경우
> 5. 권고 : 감사결과 문제점이 인정되는 사실이 있어 그 대안을 제시하고 감사대상기관의 장 등으로 하여금 개선방안을 마련하도록 할 필요가 있는 경우
> 6. 통보 : 감사결과 비위 사실이나 위법 또는 부당하다고 인정되는 사실이 있으나 제1호부터 제5호까지의 요구를 하기에 부적합하여 감사대상기관 또는 부서에서 자율적으로 처리할 필요가 있다고 인정되는 경우
> 7. 변상명령 : 회계관계직원 등의 책임에 관한 법률이 정하는 바에 따라 변상책임이 있는 경우
> 8. 고발 : 감사결과 범죄 혐의가 있다고 인정되는 경우
> 9. 현지조치 : 감사결과 경미한 지적사항으로서 현지에서 즉시 시정·개선조치가 필요한 경우

73 경찰청 감사 규칙상 감사결과의 처리기준에 관한 설명 중 옳은 것은 모두 몇 개인가?   22. 경찰

> ㉠ 변상명령 : 감사결과 경미한 지적사항으로서 현지에서 즉시 시정 개선조치가 필요한 경우
> ㉡ 경고·주의 요구 : 감사결과 위법 또는 부당하다고 인정되는 사실이 있으나 그 정도가 징계 또는 문책사유에 이르지 아니할 정도로 경미하거나, 감사대상기관 또는 부서에 대한 제재가 필요한 경우
> ㉢ 시정 요구 : 감사결과 법령상·제도상 또는 행정상 모순이 있거나 그 밖에 개선할 사항이 있다고 인정되는 경우
> ㉣ 개선 요구 : 감사결과 문제점이 인정되는 사실이 있어 그 대안을 제시하고 감사대상기관의 장 등으로 하여금 개선방안을 마련하도록 할 필요가 있는 경우

① 0개   ② 1개   ③ 2개   ④ 3개

지문의 내용 중 옳은 것은 ㉡이다.
㉠은 현지조치, ㉢은 개선 요구, ㉣은 권고에 대한 설명이다(경찰청 감사 규칙 제10조).

Answer   71 ④   72 ①   73 ②

제6절 경찰 인권보호 규칙

74 경찰 인권보호 규칙에 관한 설명으로 가장 적절하지 않은 것은?   23. 경찰

① "경찰관 등"이란 경찰청과 그 소속기관의 경찰공무원, 일반직 공무원을 말한다(단, 무기계약근로자 및 기간
제근로자는 제외한다).

② 경찰활동 전반에 걸친 민주적 통제를 구현하여 경찰력 오·남용을 예방하고, 경찰행정의 인권지향성을 높여
인권을 존중하는 경찰활동을 정립하기 위해 경찰청장 및 시·도경찰청장의 자문기구로서 각각 경찰청 인권
위원회, 시·도경찰청 인권위원회를 설치하여 운영한다.

③ 경찰청장은 국민의 인권보호와 증진을 위하여 경찰 인권정책 기본계획을 5년마다 수립해야 한다.

④ 인권보호담당관은 인권침해를 예방하고 제도를 개선하기 위해 연 1회 이상 인권 관련 정책 이행 실태, 인권
교육 추진 현황, 경찰청과 소속기관의 청사 및 부속 시설 전반의 인권침해적 요소의 존재 여부를 진단하여야
한다.

정답찾기
① "경찰관 등"이란 경찰청과 그 소속기관의 경찰공무원, 일반직공무원, 무기계약근로자 및 기간제근로자를 의미한다(경찰 인권보호
규칙 제2조 제1호).

75 경찰 인권보호 규칙에 대한 설명 중 가장 적절하지 않은 것은?   22. 경찰간부

① "경찰관 등"이란 경찰청과 그 소속기관의 경찰공무원, 일반직공무원, 무기계약근로자 및 기간제근로자를 의
미한다.

② 경찰 활동 전반에 걸친 민주적 통제를 구현하여 경찰력 오·남용을 예방하고, 경찰 행정의 인권지향성을 높
여 인권을 존중하는 경찰활동을 정립하기 위해 인권문제에 대한 심의기구로서 각각 경찰청 인권위원회,
시·도경찰청 인권위원회를 설치하여 운영한다.

③ "인권침해"란 경찰관등이 직무를 수행하는 과정에서 모든 사람에게 보장된 인권을 침해하는 것을 말한다.

④ "조사담당자"란 인권침해를 내용으로 하는 진정을 조사하고 이에 따른 구제 업무 등을 수행하는 경찰청과
그 소속기관에 근무하는 공무원을 말한다.

정답찾기
② 경찰 활동 전반에 걸친 민주적 통제를 구현하여 경찰력 오·남용을 예방하고, 경찰 행정의 인권지향성을 높여 인권을 존중하는 경찰
활동을 정립하기 위해 경찰청장 및 시·도경찰청장의 자문기구로서 각각 경찰청 인권위원회, 시·도경찰청 인권위원회(이하 "위원
회"라 한다)를 설치하여 운영한다(경찰 인권보호 규칙 제3조).

76 사회적 약자 보호 및 그들에 대한 수사와 관련한 '경찰 인권보호 규칙'의 내용으로 가장 적절하지 않은 것은?

14. 경찰승진

① 경찰청장은 경찰관 등(경찰공무원으로 신규 임용될 사람을 포함한다)이 근무하는 동안 지속적 · 체계적으로 교육을 받을 수 있도록 3년 단위로 인권교육종합계획을 수립하여 시행해야 한다.

② 조사담당자는 인권침해 사건을 조사하는 과정에서 감사원의 조사, 경찰 · 검찰 등 수사기관에서 조사 또는 수사가 개시되어 사건 조사를 진행할 수 없는 경우에는 조사를 중지하여야 한다. 다만, 확인된 인권침해 사실에 대한 구제 절차는 계속하여 이행할 수 있다.

③ 진정인은 사유를 소명하여 본인이 진술하거나 제출한 서류를 열람 또는 복사할 수 있도록 인권보호담당관실에 청구할 수 있다.

④ 인권위원회의 위원장은 위원회에서 호선(互選)하며, 위원은 당연직 위원과 위촉 위원으로 구분한다.

정답찾기

② 조사담당자는 인권침해 사건을 조사하는 과정에서 감사원의 조사, 경찰 · 검찰 등 수사기관에서 조사 또는 수사가 개시되어 사건 조사를 진행할 수 없는 경우에는 조사를 중지할 수 있다. 다만, 확인된 인권침해 사실에 대한 구제 절차는 계속하여 이행할 수 있다 (경찰 인권보호 규칙 제35조 제1항 제4호).

77 「경찰 인권보호 규칙」상 경찰청 및 시 · 도경찰청 인권위원회에 관한 설명으로 가장 적절한 것은?

23. 경찰

① 당연직 위원은 경찰청은 청문감사인권담당관, 시 · 도경찰청은 감사관으로 한다.

② 경찰청 인권위원회와 시 · 도경찰청 인권위원회 각각의 위원장과 위촉 위원의 임기는 위촉된 날로부터 2년으로 하며 위원장의 직은 연임할 수 없고, 위촉 위원은 세 차례만 연임할 수 있다.

③ 경찰청 인권위원회와 시 · 도경찰청 인권위원회의 정기회의는 각각 분기 1회 개최한다.

④ 경찰의 직에 있거나 그 직에서 퇴직한 날부터 3년이 지나지 아니한 사람은 경찰청 인권위원회나 시 · 도경찰청 인권위원회의 위촉 위원이 될 수 없다.

정답찾기

① 당연직 위원은 경찰청은 감사관, 시 · 도경찰청은 청문감사인권담당관으로 한다(경찰 인권보호 규칙 제5조 제3항).

② 위원장과 위촉 위원의 임기는 위촉된 날로부터 2년으로 하며 위원장의 직은 연임할 수 없고, 위촉 위원은 두 차례만 연임할 수 있다 (경찰 인권보호 규칙 제7조 제1항).

③ 정기회의는 경찰청은 월 1회, 시 · 도경찰청은 분기 1회 개최한다(경찰 인권보호 규칙 제11조 제2항).

Answer 74 ① 75 ② 76 ② 77 ④

78 경찰 인권보호 규칙에 관한 설명 중 적절하지 않은 것은 모두 몇 개인가? *14. 경찰승진 변형, 18. 경찰 변형*

> ㉠ '인권침해'란 경찰관 등이 직무를 수행하는 과정에서 모든 사람에게 보장된 인권을 침해하는 것을 말한다.
> ㉡ 인권위원회의 회의는 정기회의와 임시회의로 구분하며, 재적위원 과반수의 출석으로 개의(開議)하고, 출석위원 과반수의 찬성으로 의결한다.
> ㉢ 인권위원회의 정기회의는 경찰청은 분기 1회, 시·도경찰청은 반기 1회 개최한다.
> ㉣ 인권위원회의 활동을 효율적으로 수행하기 위하여 3명 이상 5명 이하의 위원으로 구성하는 분과위원회를 둘 수 있다.
> ㉤ 인권위원회는 위원장 1명을 포함하여 7명 이상 15명 이하의 위원으로 구성한다. 이때, 특정 성별이 전체 위원 수의 10분의 6을 초과하지 아니해야 한다.
> ㉥ 위원장과 위촉 위원의 임기는 위촉된 날로부터 2년으로 하며 위원장의 직은 연임할 수 없고, 위촉 위원은 두 차례만 연임할 수 있다.
> ㉦ 위촉 위원에 결원이 생긴 경우 새로 위촉할 수 있고, 이 경우 위촉된 위원의 임기는 위촉된 날의 다음 날부터 기산한다.

① 1개   ② 2개   ③ 3개   ④ 4개

정답찾기

지문의 내용 중 적절하지 않은 것은 ㉢㉤㉦이다.
㉢ 정기회의는 경찰청은 <u>월 1회</u>, 시·도경찰청은 <u>분기 1회</u> 개최한다(경찰 인권보호 규칙 제11조 제2항).
㉤ 위원회는 위원장 1명을 포함하여 7명 이상 <u>13명</u> 이하의 위원으로 구성한다. 이때, 특정 성별이 전체 위원 수의 10분의 6을 초과하지 아니해야 한다(경찰 인권보호 규칙 제5조 제1항).
㉦ 위촉 위원에 결원이 생긴 경우 새로 위촉할 수 있고, 이 경우 새로 위촉된 위원의 임기는 <u>위촉된 날부터</u> 기산한다(경찰 인권보호 규칙 제7조 제2항).

79 경찰 인권보호 규칙에 대한 설명으로 옳지 않은 것은? *19. 경찰*

① 경찰청 인권위원회는 위원장 1명을 포함하여 7명 이상 13명 이하의 위원으로 구성한다. 이때, 특정 성별이 전체 위원 수의 10분의 6을 초과하지 아니해야 한다.
② 위원장과 위촉 위원의 임기는 위촉된 날로부터 2년으로 하며 위촉 위원은 두 차례만 연임할 수 있다.
③ 경찰청장은 경찰관 등(경찰공무원으로 신규 임용될 사람을 포함한다)이 근무하는 동안 지속적·체계적으로 교육을 받을 수 있도록 매년 인권교육종합계획을 수립하여 시행해야 한다.
④ 경찰관서의 장은 경찰청 인권교육종합계획의 내용을 반영하여 매년 인권교육 계획을 수립하여 시행하여야 한다.

정답찾기

③ 경찰청장은 경찰관 등(경찰공무원으로 신규 임용될 사람을 포함한다)이 근무하는 동안 지속적·체계적으로 교육을 받을 수 있도록 <u>3년 단위로</u> 인권교육종합계획을 수립하여 시행해야 한다(경찰 인권보호 규칙 제18조의2 제1항).

80 경찰 인권보호규칙(경찰청 훈령)에 대한 설명으로 가장 적절하지 않은 것은?   21. 경찰승진

① 감사는 반기 1회 이상 인권영향평가의 이행 여부를 점검하고, 이를 소속 위원회에 제출해야 한다.
② 경찰청장은 경찰관 등(경찰공무원으로 신규 임용될 사람을 포함한다)이 근무하는 동안 지속적·체계적으로 교육을 받을 수 있도록 매년 인권교육종합계획을 수립하여 시행해야 한다.
③ 조사담당자는 인권침해 사건을 조사하는 과정에서 감사원의 조사, 경찰·검찰 등 수사기관에서 조사 또는 수사가 개시되어 사건 조사를 진행할 수 없는 경우에는 조사를 중지할 수 있다. 다만, 확인된 인권침해 사실에 대한 구제 절차는 계속하여 이행할 수 있다
④ 조사담당자는 제출자가 보관 중인 물건의 반환을 요구하는 경우에는 반환하여야 하며, 사건이 종결되어 더 이상 보관할 필요가 없는 경우에는 제출자가 요구하지 않더라도 반환할 수 있다.

정답찾기
② 경찰청장은 경찰관 등(경찰공무원으로 신규 임용될 사람을 포함한다)이 근무하는 동안 지속적·체계적으로 교육을 받을 수 있도록 3년 단위로 인권교육종합계획을 수립하여 시행해야 한다(경찰 인권보호 규칙 제18조의2 제1항).

81 다음 중 경찰 인권보호 규칙상 경찰청 및 그 소속기관의 장이 진정을 기각할 수 있는 경우로 가장 적절한 것은?   21. 경찰

① 진정인이 진정을 취소한 경우
② 사건 해결과 진상 규명에 핵심적인 중요 참고인의 소재를 알 수 없는 경우
③ 진정 내용이 사실이 아니거나 사실 여부를 확인하는 것이 불가능한 경우
④ 진정의 원인이 된 사실이 공소시효, 징계시효 및 민사상 시효 등이 모두 완성된 경우

정답찾기
③ 사안의 경우 진정을 기각할 수 있다(경찰 인권보호 규칙 제37조 제1호)

■ **진정의 기각 사유**

> 1. 진정 내용이 사실이 아니거나 사실 여부를 확인하는 것이 불가능한 경우
> 2. 진정 내용이 이미 피해회복이 이루어지는 등 따로 구제조치가 필요하지 아니하다고 인정되는 경우
> 3. 진정 내용은 사실이나 인권침해에 해당하지 아니하는 경우

Answer   78 ③   79 ③   80 ②   81 ③

82 경찰 인권보호 규칙에 관한 설명 중 가장 적절하지 않은 것은? 22. 경찰

① '인권침해'란 경찰관등이 직무를 수행하는 과정에서 모든 사람에게 보장된 인권을 침해하는 것을 말한다.

② 경찰 활동 전반에 걸친 민주적 통제를 구현하여 경찰력 오·남용을 예방하고, 경찰 행정의 인권지향성을 높여 인권을 존중하는 경찰 활동을 정립하기 위해 시·도경찰청장 및 경찰서의 심의·의결기구로서 각각 시도경찰청 인권위원회, 경찰서 인권위원회를 설치하여 운영한다.

③ 경찰청장은 경찰관등(경찰공무원으로 신규 임용될 사람을 포함한다)이 근무하는 동안 지속적·체계적으로 교육을 받을 수 있도록 3년 단위로 인권교육종합계획을 수립하여 시행해야 한다.

④ 인권보호담당관은 인권침해를 예방하고 제도를 개선하기 위해 연 1회 이상 인권 관련 정책 이행 실태, 인권교육 추진 현황, 경찰청과 소속기관의 청사 및 부속 시설 전반의 인권침해적 요소의 존재 여부를 진단하여야 한다.

> **정답찾기**
> ② 경찰 활동 전반에 걸친 민주적 통제를 구현하여 경찰력 오·남용을 예방하고, 경찰 행정의 인권지향성을 높여 인권을 존중하는 경찰 활동을 정립하기 위해 경찰청장 및 시·도경찰청장의 자문기구로서 각각 경찰청 인권위원회, 시·도경찰청 인권위원회(이하 "위원회"라 한다)를 설치하여 운영한다(경찰 인권보호 규칙 제3조).

83 경찰 인권보호 규칙상 인권침해사건 조사절차에 관한 설명으로 가장 적절하지 않은 것은? 23. 승진

① 조사담당자는 사건 조사 과정에서 진정인·피진정인 또는 참고인 등이 임의로 제출한 물건 중 사건 조사에 필요한 물건은 보관할 수 있다.

② 조사담당자는 제출받은 물건에 사건번호와 표제, 제출자 성명, 물건 번호, 보관자 성명 등을 적은 표지를 붙인 후 봉투에 넣거나 포장하여 안전하게 보관하여야 한다.

③ 진정인이 진정을 취소한 사건에서 진정인이 제출한 물건이 있는 경우에는 진정인이 요구하는 경우에 한하여 반환할 수 있다.

④ 조사담당자는 인권침해 사건을 조사하는 과정에서 감사원의 조사, 경찰·검찰 등 수사기관에서 조사 또는 수사가 개시된 사유로 사건 조사를 진행할 수 없는 경우에는 조사를 중지할 수 있다. 다만, 확인된 인권침해 사실에 대한 구제 절차는 계속하여 이행할 수 있다.

> **정답찾기**
> ③ 조사담당자는 제출자가 보관 중인 물건의 반환을 요구하는 경우에는 반환하여야 하며, 진정인이 진정을 취소한 사건에서 진정인이 제출한 물건이 있는 경우, 사건이 종결되어 더 이상 보관할 필요가 없는 경우, 그 밖에 물건을 계속 보관하는 것이 적절하지 않은 경우에는 제출자가 요구하지 않더라도 반환할 수 있다(경찰 인권보호 규칙 제32조 제4항 제1호).

84 경찰 인권보호 규칙에 대한 설명이다. 적절하지 않은 것은 모두 몇 개인가?

> ㉠ 간사는 분기 1회 이상 인권영향평가의 이행 여부를 점검하고, 이를 소속 위원회에 제출해야 한다.
> ㉡ 경찰청장은 경찰관 등이 근무하는 동안 지속적·체계적으로 교육을 받을 수 있도록 매년 단위로 인권교육종합계획을 수립하여 시행하여야 한다.
> ㉢ 경찰 활동 전반에 걸친 민주적 통제를 구현하여 경찰력 오·남용을 예방하고, 경찰 행정의 인권 지향성을 높여 인권을 존중하는 경찰 활동을 정립하기 위해 경찰청장 및 시·도경찰청장, 경찰서장의 자문기구로서 각각 경찰청 인권위원회, 시·도경찰청 인권위원회, 경찰서 인권위원회를 설치하여 운영한다.
> ㉣ 조사담당자는 사건을 조사하는 과정에서 동일한 사건에 대하여 경찰·검찰 등의 수사가 시작된 경우에는 사건 조사를 즉시 중단하고 종결하거나 해당 기관에 이첩할 수 없다. 다만, 확인된 인권침해 사실에 대한 구제절차는 계속하여 이행할 수 있다.

① 1개   ② 2개   ③ 3개   ④ 4개

정답찾기

모두 적절하지 않은 지문이다.
㉠ 간사는 반기 1회 이상 인권영향평가의 이행 여부를 점검하고, 이를 소속 위원회에 제출해야 한다(경찰 인권보호 규칙 제24조).
㉡ 경찰청장은 경찰관 등이 근무하는 동안 지속적·체계적으로 교육을 받을 수 있도록 3년 단위로 인권교육종합계획을 수립하여 시행하여야 한다(경찰 인권보호 규칙 제18조 제1항).
㉢ 경찰 활동 전반에 걸친 민주적 통제를 구현하여 경찰력 오·남용을 예방하고, 경찰 행정의 인권지향성을 높여 인권을 존중하는 경찰 활동을 정립하기 위해 경찰청장 및 시·도경찰청장의 자문기구로서 각각 경찰청 인권위원회, 시·도경찰청 인권위원회(이하 "위원회"라 한다)를 설치하여 운영한다(경찰 인권보호 규칙 제3조).
㉣ 조사담당자는 사건을 조사하는 과정에서 동일한 사건에 대하여 경찰·검찰 등의 수사가 시작된 경우에는 사건 조사를 즉시 중단하고 종결하거나 해당 기관에 이첩할 수 있다. 다만, 확인된 인권침해 사실에 대한 구제 절차는 계속하여 이행할 수 있다(경찰 인권보호 규칙 제34조).

6장

85 **인권과 관련한 다음 설명 중 가장 적절하지 않은 것은?**

① 경찰관 인권행동강령상 경찰관은 직무를 수행하는 과정에서 합리적인 이유 없이 성별, 종교, 장애 등을 이유로 누구도 차별하여서는 아니 되고, 신체적·정신적·경제적·문화적인 차이 등으로 특별한 보호가 필요한 사람의 인권을 보호하여야 한다.

② 경찰 인권보호 규칙상 간사는 분기 1회 이상 인권영향평가의 이행 여부를 점검하고, 이를 소속 위원회에 제출해야 한다.

③ 참가인원, 내용, 동원 경력의 규모, 배치 장비 등을 고려하여 인권침해 가능성이 높다고 판단되는 집회 및 시위의 경우는 경찰 인권보호 규칙상 인권영향평가 실시 대상에 해당한다.

④ 경찰 인권보호 규칙상 인권침해사건 조사절차에서 사건이 종결되어 더 이상 물건을 보관할 필요가 없는 경우, 조사담당자는 사건 조사 과정에서 진정인이 임의로 제출한 물건을 제출자가 요구하지 않더라도 반환할 수 있다.

정답찾기

② 간사는 <u>반기 1회 이상</u> 인권영향평가의 이행 여부를 점검하고, 이를 소속 위원회에 제출해야 한다(경찰청 공무원 행동강령 제24조).

Chapter 07 경찰윤리

www.pmg.co.kr

제1절 경찰윤리

01 존 클라이니히(J. Kleinig)가 주장한 경찰윤리 교육의 목적에 대한 설명으로 가장 적절하지 않은 것은? 24. 경찰간부

① 도덕적 결의의 강화 - 경찰이 업무를 수행하면서 내부 및 외부로부터의 여러 압력과 유혹에도 굴복하지 않고 자신의 소신과 직업의식에 따라 일을 처리하는 것이다.

② 도덕적 감수성의 배양 - 경찰이 다양한 계층의 사람들을 모두 인간으로서 존중하고 공평하게 봉사하는 것이다.

③ 도덕적 연대책임 향상 - 경찰윤리 교육의 가장 중요한 목적은 경찰의 조직적 연대책임을 강화하도록 하는 것이다.

④ 도덕적 전문능력 함양 - 경찰이 비판적·반성적 사고방식을 배양하여 조직 내에 관습적으로 내려오는 관행을 비판적으로 검토하여 수행하는 것이다.

정답찾기
③ 클라이니히는 도적적 결의의 강화, 도덕적 감수성의 배양, 도덕적 전문능력의 함양 세 가지가 경찰윤리 교육의 목적이라고 주장하였으며, 그 중에서도 <u>도덕적 전문능력의 함양</u>이 경찰윤리 교육에 있어 가장 중요한 목적이라고 보았다.

02 경찰의 전문직업화에 대한 설명으로 가장 적절하지 않은 것은? 20. 경찰승진

① 클라이니히는 고전적 전문직의 특징으로 공공서비스의 제공, 윤리강령의 제정, 전문지식과 전문기술, 고등교육의 이수, 자율적 자기통제를 제시하였다.

② 관료제의 획일적 명령체계는 전문화를 저해한다.

③ 전문직업화의 윤리적 문제점 중 '소외'는 전문직이 되는데 장기간 교육과 많은 비용이 들어, 가난한 사람은 전문가가 되는 기회를 상실하는 것이다.

④ 전문직업화의 윤리적 문제점 중 '부권주의'는 아버지가 자식의 문제를 모두 결정하듯이 전문가가 상대방의 입장을 고려하지 않고 일방적으로 결정하는 것을 말한다.

정답찾기
③ 경찰전문직업화의 문제점 중에서 차별에 대한 설명이다. '소외'는 경찰이 전문직업화 될 경우 자신의 분야에 대해서는 전문적인 지식을 가지게 되지만 전체적인 관점에서 정책을 바라볼 수 있는 능력이 결여될 수 있다.

03 경찰의 전문직업화에 대한 설명으로 가장 적절한 것은?

22. 경찰간부

① 미국의 서덜랜드(Edwin H. Sutherland)는 경찰의 높은 사회적 지위를 확보하기 위하여 전문직업화를 추진하였다.

② 경찰의 전문직업화는 경찰이 시민의 입장을 고려하지 않고 전문지식을 바탕으로 일방적으로 의사결정을 하므로 치안서비스의 질이 향상된다.

③ 경찰의 전문직업화는 경제적·사회적 약자가 경찰에 진출할 기회를 증대시켜 준다.

④ 경찰의 전문직업화는 경찰위상과 사기제고, 치안서비스 질의 향상 등의 이점이 있다.

정답찾기

① 경찰의 전문직업화는 볼머(August G, Vollmer)에 의해 추진되었다.

② 경찰의 전문직업화는 경찰이 시민의 입장을 고려하지 않고 전문지식을 바탕으로 일방적으로 의사결정을 하므로 <u>치안서비스의 질을 저해할 우려</u>가 있다.

③ 전문직업화를 위해 고학력을 요구할 경우, 경제적 약자 등은 교육기회를 갖지 못하게 되어 <u>공직 진출이 제한</u>되는 등 차별을 야기할 수 있다.

04 다음 사례에서 나타나는 전문직업인으로서 경찰의 윤리적 문제점으로 가장 적절한 것은?

22. 경찰

> ○○경찰서 경비과 소속 경찰관 甲은 집회 현장에서 시위대가 질서유지선을 침범해 경찰관을 폭행하자 교통, 정보, 생활안전 등 다른 전체적인 분야에 대한 고려 없이 경비분야만 생각하고 검거 결정을 하였다.

① 부권주의

② 소외

③ 차별

④ 사적 이익을 위한 이용

정답찾기

② 지문의 내용은 소외에 대한 설명이다.

■ 전문직업화의 윤리적 문제점

구분	내용
부권주의 (父權主義)	• 아버지가 자녀의 모든 문제를 결정하는 것처럼 전문가인 경찰이 상대방의 입장으로 고려하지 않고 일방적으로 결정하는 것 • 치안서비스의 질을 저해할 우려가 있음
소외	• 전문지식(협소한 지식)에 치중하여 경찰의 봉사기능 등 전체적인 목적과 사회관례를 소홀히 하는 것 • 나무는 보고 숲을 보지 못하는 것처럼 전문가가 자신의 국지적 분야만 보고 전체적인 맥락을 파악하지 못하는 것
차별	전문직업화를 위해 고학력을 요구할 경우, 경제적 약자 등은 교육기회를 갖지 못하게 되어 공직 진출이 제한되는 등 차별을 야기할 수 있음
사적인 이익을 위한 이용	전문직들은 그들의 지식과 기술로 상당한 사회적 힘을 소유하지만, 이러한 힘을 때때로 공적 이익보다는 사적 이익에만 이용하는 문제점이 있음

05 경찰 전문직업화의 문제점에 관한 설명으로 가장 적절하지 않은 것은? 25. 경위공채

① 전문가가 상대방의 입장을 고려하지 않고 일방적으로 결정하는 부권주의가 발생할 우려가 있다.

② 전문가가 자신의 국지적 분야만 보고 전체적인 맥락을 보지 못하는 소외의 문제가 발생할 수 있다.

③ 전문직들은 그들의 지식과 기술로 상당한 사회적 힘을 소유하지만, 이러한 힘을 공적 이익에만 이용하는 문제점이 있다.

④ 전문직업화를 위해 고학력을 요구할 경우, 경제적 약자 등은 교육기회를 갖지 못하게 되어 공직 진출이 제한되는 등 차별을 야기할 수 있다.

> 정답찾기

③ 전문직들은 그들의 지식과 기술로 상당한 사회적 힘을 소유하지만, 이러한 힘을 때때로 공적 이익보다는 사적 이익에만 이용하는 문제점이 있다. 이는 전문직업화의 문제점 중 사적인 이익을 위한 이용(exploitation)과 관련이 있다.

06 하이덴하이머(Heidenheimer)의 경찰부패에 관한 설명으로 가장 적절하지 않은 것은? 24. 경찰

① 백색부패는 선의의 목적으로 행해지는 부패행위를 말한다.

② 회색부패는 사회 전체에 명백하고 심각한 해를 끼치는 부패이며 흑색부패로 악화될 수 있다.

③ 업무와 관련된 대가성 있는 뇌물을 받는 경우는 흑색부패에 해당한다.

④ 관직중심적 부패는 관료들이 직무를 수행하는 과정에서 사적 이익의 추구를 위하여 권한을 악용하여 조직의 규범을 일탈하는 행위를 말한다.

> 정답찾기

② 지문의 내용 중 '사회 전체에 명백하고 심각한 해를 끼치는 부패'는 흑색부패에 대한 설명이다.

■ 하이덴하이머의 사회구성원의 용인도를 기준으로 한 부패유형

구분	내용
백색부패	• 이론상 일탈행위로 규정될 수 있으나, 구성원 다수가 어느 정도 용인하는 선의의 부패 또는 관례화된 부패를 의미함 • 관련 공무원이 경기가 안 좋은 상태임에도 국민들의 동요나 기업활동의 위축을 방지하기 위해 경기가 회복되고 있다고 거짓말을 하는 경우
회색부패	• 사회구성원 가운데 특히 엘리트를 중심으로 일부 집단은 처벌을 원하지만, 다른 일부 집단은 처벌을 원하지 않는 경우의 부패를 의미함 • 백색부패와 흑색부패의 중간에 위치하는 유형으로 얼마든지 흑색부패로 악화될 수 있는 잠재성을 지닌 행위 • 정치인에 대한 후원금
흑색부패	• 사회 전제에 심각한 해를 끼치는 부패 행위로 구성원 모두가 인정하고 처벌을 원하는 부패를 의미함 • 업무와 관련된 대가성 있는 뇌물수수

Answer 03 ④ 04 ② 05 ③ 06 ②

07 경찰시험을 준비하는 甲은 언론에서 경찰공무원의 부정부패 기사를 보고 '나는 경찰이 되면 저런 행위를 하지 않겠다'는 생각을 가졌다. 이런 현상에 대한 설명으로 가장 적절하지 않은 것은? 22. 경찰간부

① 이런 현상을 침묵의 규범이라고 한다.
② 개인적 성향과 조직 내 사회화 과정은 상호보완적 관계에 있다.
③ 경찰공무원의 사회화는 경찰이 되기 전의 가치관에 의해 영향을 받는다.
④ 경찰공무원은 공식적 사회화 과정보다 비공식적 사회화 과정의 영향을 더 많이 받는다.

정답찾기
① 사안은 '예기적 사회화'에 대한 내용이다. 침묵의 규범이란 동료의 부정부패에 대하여 눈감아 주는 것을 의미한다.

08 경찰의 기본이념이 각 경찰관 개개인의 신념체계로서 윤리의 바탕이 되어 부패 없는 바람직한 경찰상으로 나타날 때, 국민의 신뢰를 받을 수 있다. 경찰의 부패원인 가설에 대한 설명이 가장 적절하게 연결된 것은? 12. 경찰승진

㉠ 전체사회 가설	㉡ 썩은 사과 가설
㉢ 구조원인 가설	㉣ 작은 호의 가설

ⓐ 부패에 해당되지 않는 작은 호의가 습관화될 경우 미끄러운 경사로를 타고 내려오듯이 점점 더 큰 부패와 범죄로 빠진다는 가설
ⓑ 경찰의 부정부패 현상이 나타나는 원인 중 미국의 윌슨은 "시카고 시민이 경찰을 부패시켰다."고 주장하였는데 시민사회의 부패가 경찰부패의 주원인이라고 보는 입장
ⓒ 선배경찰의 부패행태로부터 신임경찰이 차츰 사회화되어 신임경찰도 기존 경찰처럼 부패로 물들게 된다는 이론
ⓓ 일부 부패할 가능성이 있는 경찰을 모집단계에서 배제하지 못하여 이들이 조직에 흡수되어 전체가 부패할 가능성이 있다는 이론

① ㉠ - ⓐ
② ㉡ - ⓑ
③ ㉢ - ⓒ
④ ㉣ - ⓓ

정답찾기
가장 적절하게 연결된 것은 ㉢ - ⓒ이다.
ⓐ 작은 호의 가설(미끄러지기 쉬운 경사로 가설)이다.
ⓑ 전체사회 가설이다.
ⓓ 썩은 사과 가설이다.

09 부정부패 현상과 관련하여 틀린 것은 모두 몇 개인가?
14. 경찰간부

> ㉠ 셔먼의 '미끄러지기 쉬운 경사로 이론'에 의하면 공짜 커피 한 잔도 부패에 해당한다.
> ㉡ 선배경찰의 부패행태로부터 신임경찰이 차츰 사회화되어 신임경찰도 기존 경찰처럼 부패로 물들게 된다는 이론은 '썩은 사과 가설'이다.
> ㉢ 경찰관이 동료나 상사의 부정부패에 대하여 감찰이나 외부의 언론매체에 대하여 공표하는 것을 '모랄 해저드(Moral Hazard)'라고 한다.
> ㉣ 셔먼의 '미끄러지기 쉬운 경사로 이론'에 대하여 펠드버그는 작은 호의를 받았다고 해서 반드시 경찰이 큰 부패를 범하는 것은 아니라고 하면서 비판하였다.

① 1개   ② 2개   ③ 3개   ④ 4개

정답찾기

틀린 것은 ㉠㉡㉢ 3개이다.
㉠ 셔먼 등에 의하여 주장된 '미끄러운 경사로 이론'에 의하면 공짜 커피, 작은 선물은 부패가 아닌 사소한 호의에 해당하지만, 이러한 작은 호의가 습관화되면 나중에 엄청난 부패로 이어진다고 본다.
㉡ 니더호퍼, 로벅, 바커 등이 주장한 구조원인 가설에 대한 설명이다. '썩은 사과 가설'은 부패의 원인은 자질이 없는 경찰관들이 모집단계에서 배제되지 못하고 조직 내부로 유입됨으로써 경찰의 부패가 나타난다는 이론이다.
㉢ 내부고발(Whistle Blowing)에 대한 설명이다. 도덕적 해이(Moral Hazard)란 도덕적 가치관이 붕괴되어 동료의 부패를 부패라고 인식하지 못하는 것을 말한다. 이는 부패를 잘못된 행위로 인식하고 있지만 동료라서 모르는 척 하는 침묵의 규범과는 구별되는 개념이다.

10 다음 중 괄호 안에 들어갈 말을 연결한 것으로 가장 적절한 것은?
15. 경찰승진 변형

> 경찰관의 동료나 상사의 부정부패에 대하여 감찰이나 외부의 언론매체에 대하여 공표하는 것을 (㉠)(이)라고 하고, (㉡)(는)은 그와 반대로 동료의 부정부패에 대하여 눈감아 주는 것을 말한다.

	㉠	㉡
①	휘슬블로잉(Whistle - Blowing)	비지바디니스(Busy - Bodiness)
②	침묵의 규범	도덕적 해이(Moral - Hazard)
③	휘슬블로잉(Whistle - Blowing)	딥 스로트(Deep - Throat)
④	딥 스로트(Deep - Throat)	침묵의 규범

정답찾기

④ '내부고발자'를 '휘슬 블로어(Whistle-Blower)' 또는 '딥 스로트(Deep-Throat)'라고 한다. 내부고발에 대응되는 개념으로는 침묵의 규범이 있다.

Answer   07 ①   08 ③   09 ③   10 ④

11 **부정부패 이론에 대한 다음 설명 중 가장 옳은 것은?** 15. 경찰간부

① 선배경찰의 부패행위로부터 신임경찰이 차츰 사회화되어 신임경찰도 기존 경찰처럼 부패로 물들게 된다는 이론을 '썩은 사과 가설'이라고 한다.

② 경찰관이 동료나 상사의 부정부패에 대하여 감찰이나 외부의 언론매체에 대하여 공표하는 것을 휘슬블로잉(Whistle − Blowing)이라고 하고, 비지바디니스(Busy − Bodiness)는 남의 비행에 대하여 일일이 참견하여 도덕적 충고를 하는 것이다.

③ '형성재' 이론은 작은 사례나 호의는 시민과의 부정적인 사회관계를 만들어주는 형성재라는 것으로, 작은 호의의 부정적 효과를 강조하는 이론이다.

④ 니더호퍼, 로벅, 바커 등이 제시한 '구조원인 가설'은 부패의 원인은 자질이 없는 경찰관들이 모집단계에서 배제되지 않고 조직 내에 유입됨으로써 경찰의 부패가 나타난다는 이론이다.

정답찾기
① 니더호퍼, 로벅, 바커 등이 주장한 구조원인 가설에 대한 설명이다.
③ '형성재' 이론은 작은 사례나 호의는 시민과의 원만한 사회관계를 만들어주는 긍정적인 형성재라는 것으로, 작은 호의의 긍정적 효과를 강조하는 이론이다.
④ 썩은 사과 가설에 대한 설명이다.

12 **경찰부패 문제의 해결을 위해 다음과 같이 경찰청 공무원 행동강령을 개정하였다고 가정한다면, 이와 같은 개정의 근거가 된 경찰부패 이론(가설)으로 가장 적절한 것은?** 19. 경찰

현행	개정안
공무원은 직무 관련 여부 및 기부·후원·증여 등 그 명목에 관계없이 동일인으로부터 1회에 100만 원 또는 매 회계연도에 300만 원을 초과하는 금품 등을 받거나 요구 또는 약속해서는 아니 된다.	공무원은 직무 관련 여부 및 기부·후원·증여 등 그 명목에 관계없이 어떠한 금품 등도 받거나 요구 또는 약속해서는 아니 된다.

① 썩은 사과 가설
② 미끄러지기 쉬운 경사로 이론
③ 형성재론
④ 구조원인 가설

정답찾기
② 지문의 내용은 부패에 해당하지 않는 작은 호의가 큰 부패로 이어질 수 있으므로 작은 호의를 멀리해야 한다는 내용으로 '미끄러지기 쉬운 경사로 이론'과 관련이 있다.

13 다음은 경찰부패에 대한 설명이다. 빈칸 ㉠부터 ㉣까지 들어갈 것으로 가장 적절하게 짝지어진 것은? 20. 경찰

- (㉠)은 니더호퍼, 로벅, 바커 등이 제시한 이론으로 부패의 사회화를 통하여 신임경찰이 기존의 부패한 경찰에 물들게 된다는 입장이다.
- (㉡)은(는) 남의 비행에 대하여 일일이 참견하면서 도덕적 충고를 하는 것을 의미한다.
- (㉢)은 공짜 커피, 작은 선물 등의 사소한 호의가 나중에는 큰 부패로 이어질 수 있다는 점을 강조한다.
- (㉣)은(는) 도덕적 가치관이 붕괴되어 동료의 부패를 부패라고 인식하지 못하는 것을 의미하며, 부패를 잘못된 행위로 인식하고 있지만 동료라서 모르는 척하는 침묵의 규범과는 구별되는 개념이다.

	㉠	㉡	㉢	㉣
①	전체사회 가설	Whistle−blowing	사회 형성재 이론	Moral−hazard
②	구조원인 가설	Whistle−blowing	미끄러지기 쉬운 경사로 이론	Deep−throat
③	전체사회 가설	Busy−bodiness	사회 형성재 이론	Deep−throat
④	구조원인 가설	Busy−bodiness	미끄러지기 쉬운 경사로 이론	Moral−hazard

정답찾기

㉠은 구조원인 가설, ㉡은 Busy−bodiness, ㉢은 미끄러지기 쉬운 경사로 이론, ㉣은 Moral−hazard에 대한 설명이다.

---

14 다음은 경찰관들의 일탈 사례와 이를 설명하는 이론(가설)이다. 〈보기 1〉과 〈보기 2〉의 내용이 가장 적절하게 연결된 것은? 20. 경찰

7장

〈보기 1〉

가. 경찰관 A는 동료경찰관들이 유흥업소 업주들로부터 접대를 받은 사실을 알고도 모른 체했다.

나. 음주운전으로 징계처분을 받은 적이 있는 B가 다시 음주 운전으로 적발되어 징계위원회에 회부되었다.

다. 주류판매로 단속된 노래연습장 업주가 담당경찰관 C에게 사건무마를 청탁하며 뇌물수수를 시도하였다.

〈보기 2〉

㉠ 썩은 사과 가설   ㉡ 미끄러지기 쉬운 경사로 이론

㉢ 구조원인 가설   ㉣ 전체사회 가설

	가	나	다			가	나	다
①	㉢	㉠	㉣		②	㉠	㉢	㉣
③	㉠	㉢	㉡		④	㉢	㉠	㉡

정답찾기

적절하게 연결된 것은 가. − ㉢, 나. − ㉠, 다. − ㉣이다.

가. 침묵의 규범에 대한 설명이다. 구조원인 가설에 따르면 구조화된 조직적 부패는 서로가 문제점을 알면서도 눈감아주는 '침묵의 규범'을 형성한다.

나. 경찰관 개인의 자질이 부패의 원인이므로 '썩은 사과 가설'로 설명할 수 있다.

다. 시민사회의 부패가 경찰부패의 원인이므로 '전체사회 가설'로 설명할 수 있다.

Answer 11 ② 12 ② 13 ④ 14 ①

15 경찰의 부패에 관한 설명 중 가장 적절하지 않은 것은? 22. 경찰

① 'Dirty Harry 문제'는 도덕적으로 선한 목적을 위해 윤리적, 정치적, 혹은 법적으로 더러운 수단을 동원하는 것이 적절한가와 관련된 딜레마적 상황이다.

② 구조화된 조직적 부패는 서로가 문제점을 알면서도 눈감아주는 침묵의 규범 형성의 가능성을 높인다.

③ 셔먼(1985)의 미끄러운 경사(slippery slope) 개념은 작은 호의를 받는 것에 익숙해진 경찰관들이 결국 부패에 연루될 수 있음을 경고한다.

④ 전체사회가설은 신임 경찰관이 조직의 부패 전통 내에서 고참 동료들에 의해 사회화됨으로써 부패의 길로 들어선다는 입장이다.

정답찾기
④ 지문의 내용은 구조원인가설에 대한 설명이다.

16 다음은 경찰의 부정부패 이론(가설)에 관한 설명이다. 주장한 학자와 이론이 가장 적절하게 연결된 것은? 22. 경찰

> ㉠ 부패의 사회화를 통하여 신임경찰이 기존의 부패한 경찰에게 물들게 된다는 것으로 부패의 원인을 개인적 결함이 아닌 조직의 체계적 원인으로 보고 있다.
> ㉡ 시카고 경찰의 부패 원인 중 하나로 '시카고 시민이 경찰을 부패시켰다'라는 주장이 거론된 것처럼 시민사회가 경찰관의 부패를 묵인하거나 용인할 때 경찰관이 부패 행위에 빠져 들게 된다.

① ㉠ 델라트르(Delattre) - 미끄러지기 쉬운 경사로 이론
　 ㉡ 니더호퍼(Neiderhoffer), 로벅(Roebuck), 바커(Barker) - 구조원인가설
② ㉠ 셔먼(Sherman) - 구조원인가설
　 ㉡ 델라트르(Delattre) - 미끄러지기 쉬운 경사로 이론
③ ㉠ 니더호퍼(Neiderhoffer), 로벅(Roebuck), 바커(Barker) - 구조원인가설
　 ㉡ 윌슨(Wilson) - 전체사회가설
④ ㉠ 윌슨(Wilson) - 전체사회가설
　 ㉡ 펠드버그(Feldberg) - 구조원인가설

정답찾기
㉠은 니더호퍼, 로벅, 바커 등이 주장한 구조원인가설에 대한 설명이고, ㉡은 윌슨이 주장한 전체사회가설에 대한 설명이다.

17 경찰의 일탈과 부패에 대한 설명으로 가장 적절하지 않은 것은? 23. 경찰간부

① 펠드버그는 경찰이 시민의 작은 호의를 받았다고 해서 반드시 큰 부패를 범하는 것은 아니라고 하였다.

② 델라트르는 '미끄러지기 쉬운 경사로이론'에 따라 시민의 작은 호의를 받은 경찰관 중 큰 부패로 이어지는 경찰관은 일부에 불과하므로 시민의 작은 호의를 금지할 필요는 없다고 하였다.

③ 윌슨(O.W.Wilson)은 '경찰은 어떤 작은 호의, 심지어 한 잔의 공짜 커피도 받도록 허용되어서는 안된다.'라고 주장하였다.

④ 셔먼의 '미끄러지기 쉬운 경사로이론'은 부패에 해당하지 않는 작은 선물 등의 사소한 호의를 허용하면 나중에는 엄청난 부패로 이어진다는 이론이다.

정답찾기

② 델라트르는 '미끄러지기 쉬운 경사로이론'에 따라 시민의 작은 호의를 받은 경찰관 중 큰 부패로 이어지는 경찰관은 일부에 불과하지만, 이를 무시하거나 간과할 수는 없으므로 시민의 작은 호의를 금지해야 한다고 주장하였다.

18 경찰부패의 원인에 관한 설명으로 적절하지 않은 것은 모두 몇 개인가? 23. 경찰 변형

> ㉠ 윌슨은 '시카고 시민이 경찰을 부패시켰다'고 주장하였는데, 이는 시민사회의 부패가 경찰부패의 주원인이라고 보는 입장이다.
>
> ㉡ 작은 호의를 제공받은 경찰관이 도덕적 부채를 느껴 이를 보충하기 위해 결과적으로 선한 후속행위를 하는 상황은 미끄러운 경사(slippery slope) 가설의 맥락에서 이해할 수 있다.
>
> ㉢ 대의명분 있는 부패(noble cause corruption)와 Dirty Harry 문제는 부패의 개념적 징표를 개인적 이익 추구를 넘어 조직 혹은 사회적 차원의 이익 추구로 확대하고자 하는 시도라고 볼 수 있다.
>
> ㉣ 고객이 위험을 감수하고서라도 원하는 이익을 확실히 취하기 위해 높은 가격의 뇌물을 지불하는 상황을 부패로 이해한다면, 이는 하이덴하이머(Heidenheimer)가 제시한 세 가지 유형의 부정부패 정의 중 시장중심적 정의와 가장 관련이 크다.
>
> ㉤ 공직자가 직무와 관련하여 그 지위 또는 권한을 남용하거나 법령을 위반하여 자기 또는 제3자의 이익을 도모하는 행위는 「부패방지 및 국민권익위원회의 설치와 운영에 관한 법률」상 부패행위에 해당한다.

① 없음   ② 1개   ③ 2개   ④ 3개

정답찾기

지문의 내용 중 적절하지 않은 것은 ㉡이다.

㉡ 작은 호의를 제공받은 경찰관이 도덕적 부채를 느껴 이를 보충하기 위해 결과적으로 불공정한 행위를 하는 상황은 미끄러운 경사 (slippery slope) 가설의 맥락에서 이해할 수 있다.

Answer   15 ④   16 ③   17 ②   18 ②

19 존 클라이니히(J. Kleinig)의 내부고발의 윤리적 정당화 요건으로 가장 적절하지 않은 것은?   24. 경찰

① 내부고발자는 특별한 경우를 제외하고는 공표 전 자신의 이견을 표시하기 위한 내부적 채널을 모두 사용했어야 한다.

② 내부고발자는 부적절한 행동을 하도록 지시되었다는 자신의 신념이 합리적 증거에 근거하였는지 확인해야 한다.

③ 적절한 도덕적 동기에 의해 내부고발이 이루어져야 하며, 성공가능성은 불문한다.

④ 도덕적 위반이 얼마나 중대한가, 도덕적 위반이 얼마나 급박한가 등에 대한 세심한 고려가 있어야 한다.

정답찾기

③ 존 클라이니히(J. Kleinig)는 내부고발의 정당화 요건으로 <u>어느 정도 성공할 가능성이 있어야 한</u>다고 보았다.

20 냉소주의와 회의주의에 대한 설명 중 적절하지 않은 것은?   16. 경찰승진 변형

> ㉠ 양자 모두 불신을 바탕으로 한 공통점이 있다.
> ㉡ 냉소주의를 극복하기 위한 방안으로 X이론에 입각한 행정관리가 있다.
> ㉢ 회의주의는 특정문제를 합리적으로 의심하는 것이라고 할 수 있다(회의주의는 개별적 사안에서 합리적으로 의심하여 비판한다).
> ㉣ 건전한 회의주의는 대상을 개선시키겠다는 의지가 있다.
> ㉤ 냉소주의는 합리적 근거 없이 사회에 대한 신념의 결여로 인해 생겨나는 것이다.
> ㉥ 냉소주의는 조직에 대한 반발과 일탈현상을 초래할 수 있다.
> ㉦ 냉소주의는 충성의 도덕적 규범을 강화시킨다.

① 1개   ② 2개   ③ 3개   ④ 없음

정답찾기

적절하지 않은 것은 ㉡㉦ 2개이다.

㉡ X이론은 인간을 게으르고 부정직하다고 본다. 반면 Y이론의 경우 인간을 책임감 있고 정직한 존재로 인식하며, 이러한 Y이론은 냉소주의를 극복하는 방안이 될 수 있다.

㉦ 회의주의에 대한 설명이다.

■ 맥그리거(D. McGregor)의 인간관리 이론

X이론	Y이론
• 전통적인 인간관에 입각 • "인간은 원래 일하기 싫어하고 일을 회피하려 들며, 보통 지휘 받기를 좋아하고 책임을 회피하기를 원하며 야망도 거의 없다."라는 전제에서 출발함	• X이론과 상반되는 인간관 • "일이란 반드시 고통스러운 것만은 아니며 그때 그때의 환경과 조건에 따라서는 즐거움과 만족의 원천이 될 수도 있으며, 인간은 자기 스스로 통제하며 또한 책임질줄도 안다."라는 전제에서 인간관리 방향을 제시함

■ 냉소주의와 회의주의

구분	냉소주의	회의주의
공통점	대상에 대한 불신	
차이점	불특정대상에 대하여 합리적인 근거 없이 불신하는 것으로 개선의 의지가 없다.	특정대상에 대하여 합리적인 근거를 바탕으로 의심하는 것으로 개선의 의지가 있다.

21 경찰조직의 냉소주의에 관한 설명으로 가장 적절한 것은?   23. 경찰

① 니더호퍼(Niederhoffer)는 사회체계에 대한 기존의 신념체제가 붕괴된 후 새로운 신념체제에 의해 급하게 대체될 때 냉소주의가 나타날 수 있다고 하였다.

② 조직 내 팽배한 냉소주의는 경찰의 전문직업화를 저해하는 기제로 작동할 수 있다.

③ 회의주의와 비교할 때, 냉소주의는 조직 내 특정한 대상을 합리적 의심을 통해 신뢰하지 않는 것과 관련이 있다.

④ 냉소주의 극복을 위한 가장 효과적인 조직관리방안은 인간을 본래 게으르고 생리적 욕구 또는 안전의 욕구에 자극을 주는 금전적 보상이나 제재 등 외재적 유인에 반응한다고 상정하여 조직이 권위적으로 관리할 필요가 있다는 맥그리거(McGregor)의 인간모형에 기초한다.

정답찾기
① 니더호퍼(Niederhoffer)는 사회체계에 대한 기존의 신념체제가 붕괴된 후 새로운 신념체제에 의해 대체되지 <u>않을</u> 때 냉소주의가 나타날 수 있다고 하였다.
③ 지문의 내용은 회의주의에 대한 설명이다. 냉소주의는 조직 내 모든 대상을 합리적 근거없이 신뢰하지 않는 것이다.
④ 지문의 내용은 <u>맥그리거(McGregor)의 인간모형 중 X이론</u>에 대한 설명이다. 냉소주의의 극복을 위해서는 <u>Y이론에 입각한 인간관리</u>가 바람직하다.

22 다음에서 설명하는 경찰문화를 극복하기 위한 방안으로 가장 적절하지 않은 것은?   24. 경찰

> 경찰청에서 새로운 성과평가 제도를 시행하겠다고 발표하자, A순경은 '나랑 상관없어. 이런 건 전시행정이야'라고 비웃었다. 평소 그는 기존의 사회체계에 대한 신뢰가 없으며 개선시키겠다는 의지도 없는 사람이다.

① 의사결정과정에 일선 경찰관들의 참여를 확대시킨다.

② 업무량과 성과에 대한 적절한 보상을 강조하며, 관리층이 적극적으로 개입하고 통제하는 임무를 맡아야 한다.

③ 상사와 부하의 신뢰를 회복하기 위해 노력한다.

④ 상급자의 일방적 지시와 명령을 줄이고 상의하달의 의사소통 과정을 개선한다.

정답찾기
② 보기의 내용은 냉소주의에 대한 설명이다. 구성원들이 냉소주의에 빠져 있을 경우 맥그리거의 Y이론 인간관에 입각한 경찰관리가 필요하다. 지문의 내용은 X이론 인간관에 입각한 경찰관리와 관련이 있다.

Answer   19 ③   20 ②   21 ②   22 ②

23 윤리강령의 문제점에 대한 설명 중 가장 적절한 것은? 13. 경찰승진

① 경찰강령이 행위 위주로 규정되어 있어 행위 이전의 의도나 동기를 소홀히 하는 경향이 있다. ─ 실행가능성의 문제

② 경찰관이 최선을 다하여 헌신과 봉사를 하려고 해도 경찰강령에 포함된 정도의 수준으로만 근무를 하여 강령이 근무수행의 최소기준이 된다. ─ 비진정성의 조장

③ 경찰강령은 경찰관의 도덕적 자각에 따른 자발적 행동이 아니라 외부로부터 요구된 것으로서 타율적이다. ─ 최소주의의 위험

④ 경찰강령은 법적 강제성이 없기 때문에 이를 위반했을 경우 제재할 방법이 없다. ─ 실행가능성의 문제

> **정답찾기**
> ① 윤리강령의 행위중심적 문제점에 대한 설명이다.
> ② 최소주의의 위험에 대한 설명이다.
> ③ 비진정성의 조장에 대한 설명이다.

24 경찰윤리강령에 관한 설명으로 가장 적절하지 않은 것은? 24. 경찰

① 법적 강제력이 없기 때문에 위반했을 경우 제재할 방법이 미흡하다.

② 민주적 참여에 의한 제정보다는 상부에서 제정되고 일방적으로 하달되어 냉소주의를 불러일으키는 단점이 있다.

③ 우리나라의 경찰윤리강령은 경찰윤리헌장 ─ 새경찰신조 ─ 경찰헌장 ─ 경찰서비스헌장 순서로 제정되었다.

④ 1945년 10월 21일 국립경찰의 탄생 시 이념적 지표가 된 경찰정신은 대륙법계의 영향으로 '봉사'와 '질서'를 경찰의 행동강령으로 삼았다.

> **정답찾기**
> ④ 1945년 10월 21일 국립경찰의 탄생 시 이념적 지표가 된 경찰정신은 <u>영미법계의 영향</u>으로 '봉사'와 '질서'를 경찰의 행동강령으로 삼았다.

25 경찰공무원 개개인의 자율적 행동요령을 제정하여 경찰공무원으로서의 공직윤리를 확보하기 위하여 제정된 강령으로 그 형식은 강령 · 윤리강령 · 헌장 등 다양하며 훈령 · 예규의 형태로도 발현되는 것을 경찰강령 또는 경찰윤리강령이라고 하는데 다음 설명 중 가장 적절하지 않은 것은? 14. 경찰승진

① 경찰윤리강령은 대외적으로는 서비스 수준의 보장, 국민과의 신뢰관계 형성, 과도한 요구에 대한 책임 제한 등과 같은 기능을 하며, 대내적으로는 경찰공무원 개인적 기준 설정, 경찰조직의 기준 제시, 경찰조직에 대한 소속감 고취 등의 기능을 한다.

② 경찰윤리강령은 강제력의 부족, 냉소주의 조장, 최소주의의 위험, 우선순위 미결정 등의 문제점이 있다.

③ 우리나라의 경찰윤리강령은 새경찰신조(1966년) ⇨ 경찰윤리헌장(1980년) ⇨ 경찰헌장(1991년) ⇨ 경찰서비스헌장(1998년) 순으로 제정되었다.

④ 경찰헌장은 '친절한 경찰, 의로운 경찰, 공정한 경찰, 근면한 경찰, 깨끗한 경찰' 5개항을 목표로 제시하였다.

> **정답찾기**
> ③ <u>경찰윤리헌장(1966)</u> ⇨ <u>새경찰신조(1980)</u> ⇨ 경찰헌장(1991) ⇨ 경찰서비스헌장(1998)의 순서로 제정되었다.

26 다음 우리나라 경찰윤리강령들을 제정된 연도가 빠른 것부터 느린 순으로 바르게 연결한 것은?   23. 경찰간부

㉠ 새경찰신조	㉡ 경찰헌장
㉢ 경찰윤리헌장	㉣ 경찰서비스헌장

① ㉠ ⇨ ㉡ ⇨ ㉢ ⇨ ㉣

② ㉡ ⇨ ㉠ ⇨ ㉢ ⇨ ㉣

③ ㉡ ⇨ ㉣ ⇨ ㉠ ⇨ ㉢

④ ㉢ ⇨ ㉠ ⇨ ㉡ ⇨ ㉣

정답찾기

우리나라의 경찰윤리강령은 ㉢ (경찰윤리헌장, 1966년) ⇨ ㉠ (새경찰신조, 1980년) ⇨ ㉡ (경찰헌장, 1991년) ⇨ ㉣ (경찰서비스헌장, 1998년) 순으로 제정되었다.

▪ Tip

경찰청 공무원 행동강령(제정 당시에는 "경찰청 공무원 행동강령규칙")은 2005년 12월 21일에 제정되었고, 2006년 1월 1일부터 시행되었다.

27 경찰과 윤리에 대한 설명으로 가장 적절한 것은?   21. 경찰승진

① 1945년 국립경찰의 탄생 시 경찰의 이념적 좌표가 된 경찰정신은 대륙법계의 영향을 받은 '봉사와 질서'이다.

② 경찰헌장에서는 "우리는 화합과 단결 속에 항상 규율을 지키며 검소하게 생활하는 근면한 경찰이다"라는 목표를 제시하였다.

③ 경찰청 공무원 행동강령에 따르면 공무원은 직무의 범위를 벗어나 사적 이익을 위하여 소속기관의 명칭이나 직위를 공표·게시하는 등의 방법으로 이용하거나 이용하게 하여서는 아니된다.

④ 경찰윤리강령의 문제점 중 '냉소주의의 문제'란, 경찰관의 도덕적 자각에 따른 자발적인 행동이 아니라 외부로부터 요구된 타율성으로 인해 진정한 봉사가 이루어지지 않을 수 있다는 것을 의미한다.

정답찾기

① 1945년 국립경찰의 탄생 시 경찰의 이념적 좌표가 된 경찰정신은 <u>영미법계(미군정기)</u>의 영향을 받은 '봉사와 질서'이다.

② 지문의 내용은 깨끗한 경찰에 대한 설명이다.

④ 지문의 내용은 비진정성의 조장에 대한 설명이다.

Answer   23 ④   24 ④   25 ③   26 ④   27 ③

28 다음은 '경찰헌장'에서 제시된 경찰의 목표를 나열한 것이다. 가장 적절하게 연결된 것은? 16. 경찰승진 변형, 15. 경찰간부

| ㉠ 친절한 경찰 | ㉡ 의로운 경찰 | ㉢ 공정한 경찰 | ㉣ 깨끗한 경찰 |

ⓐ 모든 사람의 인격을 존중하고 누구에게나 따뜻하게 봉사하는 경찰
ⓑ 국민의 신뢰를 바탕으로 오직 양심에 따라 법을 집행하는 경찰
ⓒ 건전한 상식 위에 전문지식을 갈고 닦아 맡은 일을 성실하게 수행하는 경찰
ⓓ 정의의 이름으로 진실을 추구하며, 어떠한 불의나 불법과도 타협하지 않는 경찰

① ㉠ – ⓒ　　　② ㉡ – ⓐ　　　③ ㉢ – ⓑ　　　④ ㉣ – ⓓ

정답찾기

적절하게 연결된 것은 ㉢ – ⓑ이다.
ⓐ 친절한 경찰에 대한 설명이다.
ⓑ 공정한 경찰에 대한 설명이다.
ⓒ 근면한 경찰에 대한 설명이다.
ⓓ 의로운 경찰에 대한 설명이다.

제2절 부정청탁 및 금품 등 수수의 금지에 관한 법률

29 부정청탁 및 금품 등 수수의 금지에 관한 법률 및 동법 시행령에 대한 다음 설명 중 적절하지 않은 것은 모두 몇 개인가?
19. 경찰승진 변형

㉠ 파출소장이 파출소 직원들에게 위로·격려·포상의 목적으로 회식비를 제공하는 것은 특별한 사정이 없다면 수수를 금지하는 금품 등에 해당하지 아니한다.
㉡ '공직자 등'은 부정청탁을 받았을 때에는 부정청탁을 한 자에게 부정청탁임을 알리고 이를 거절하는 의사를 명확히 표시하여야 한다.
㉢ 공직자 등이 '외부강의 등'(강의·강연·기고 등)에 대한 사례금을 기준 상한액을 초과하여 받은 경우 초과사례금을 받은 사실을 안 날부터 2일 이내에 서면으로 소속 기관장에게 신고하여야 한다.
㉣ '공직자 등'은 사례금을 받는 외부강의 등을 할 때에는 대통령령으로 정하는 바에 따라 외부강의 등의 요청 명세 등을 소속기관장에게 그 외부강의 등을 마친 날부터 10일 이내에 서면으로 신고할 수 있다.
㉤ 공직자 등이 '외부강의 등'을 신고할 때 사례금이 얼마인지 미리 알 수 없는 경우에는 기준 상한액으로 먼저 신고한 후, 해당 사항을 안 날부터 5일 이내에 신고를 보완해야 한다.
㉥ 각급 학교의 장과 교직원 및 학교법인의 임직원, 언론사 임직원 및 공무수행사인도 부정청탁 및 금품 등 수수의 금지에 관한 법률의 적용대상에 해당된다.

① 2개　　　② 3개　　　③ 4개　　　④ 없음

정답찾기

지문의 내용 중 적절하지 않은 것은 ⓔⓜ이다.

ⓔ 공직자 등은 사례금을 받는 외부강의 등을 할 때에는 대통령령으로 정하는 바에 따라 외부강의 등의 요청 명세 등을 소속기관장에게 그 외부강의 등을 마친 날부터 10일 이내에 서면으로 신고하여야 한다. 다만, 외부강의 등을 요청한 자가 국가나 지방자치단체인 경우에는 그러하지 아니하다(부정청탁 및 금품 등 수수의 금지에 관한 법률 제10조 제2항).

ⓜ 공직자 등이 외부강의 등을 신고할 때 상세 명세 또는 사례금 총액 등을 미리 알 수 없는 경우에는 해당 사항을 제외한 사항을 신고한 후 해당 사항을 안 날부터 5일 이내에 보완하여야 한다(부정청탁 및 금품등 수수의 금지에 관한 법률 시행령 제26조 제2항).

30 부정청탁 및 금품등 수수의 금지에 관한 법률 제8조 '금품 등의 수수 금지'에 대한 설명으로 가장 적절하지 않은 것은?

21. 경찰승진

① 경찰서장이 소속경찰서 경무계 직원들에게 격려의 목적으로 제공하는 회식비는 '수수를 금지하는 금품 등'에 해당하지 아니한다.

② A경위가 휴일날 인근 대형마트 행사에서 추첨권에 당첨되어 수령한 수입차는 '수수를 금지하는 금품등'에 해당하지 아니한다.

③ 공직자등이 8촌 이내의 혈족, 4촌 이내의 인척, 배우자로부터 제공받는 금품 등은 '수수를 금지하는 금품등'에 해당하지 아니한다.

④ 공직자 등은 직무 관련 여부 및 기부·후원·증여 등 그 명목에 관계없이 동일인으로부터 1회에 100만원 또는 매 회계연도에 200만원을 초과하는 금품등을 받거나 요구 또는 약속해서는 아니 된다.

정답찾기

④ 공직자 등은 직무 관련 여부 및 기부·후원·증여 등 그 명목에 관계없이 동일인으로부터 1회에 100만원 또는 매 회계연도에 300만원을 초과하는 금품 등을 받거나 요구 또는 약속해서는 아니 된다(부정청탁 및 금품 등 수수의 금지에 관한 법률 제8조 제1항).

📖 참고

공직자 등의 친족(「민법」 제777조에 따른 친족을 말한다)이 제공하는 금품 등은 수수를 금지하는 금품 등에 해당하지 아니한다.

민법
제777조 【친족의 범위】 친족관계로 인한 법률상 효력은 이 법 또는 다른 법률에 특별한 규정이 없는 한 다음 각호에 해당하는 자에 미친다.
 1. 8촌 이내의 혈족
 2. 4촌 이내의 인척
 3. 배우자

7장

31 부정청탁 및 금품등 수수의 금지에 관한 법률에 대한 설명으로 가장 적절하지 않은 것은?   21. 경찰

① 공직자 등 자신이 수수 금지 금품등을 받거나 그 제공의 약속 또는 의사표시를 받은 경우에는 소속기관장에 게 지체없이 서면 또는 구두로 신고하여야 한다.

② 공직자 등은 사례금을 받는 외부강의 등을 할 때에는 대통령령으로 정하는 바에 따라 외부강의 등의 요청 명세 등을 소속기관장에게 그 외부강의등을 마친 날부터 10일 이내에 서면으로 신고하여야 한다. 다만, 외부 강의등을 요청한 자가 국가나 지방자치단체인 경우에는 그러하지 아니하다.

③ 부정청탁 및 금품등 수수의 금지에 관한 법률에 따라 국회, 법원, 헌법재판소, 선거관리위원회, 감사원, 국가 인권위원회, 고위공직자 범죄수사처, 중앙행정기관(대통령 소속 기관과 국무총리 소속 기관을 포함한다)과 그 소속 기관 및 지방자치단체는 공공기관에 해당한다.

④ 공직자 등은 직무 관련 여부 및 기부 후원 증여 등 그 명목에 관계없이 동일인으로부터 1회에 100만원 또는 매 회계연도에 300만원을 초과하는 금품 등을 받거나 요구 또는 약속해서는 아니 된다.

정답찾기
① 공직자 등은 자신이 수수 금지 금품 등을 받거나 그 제공의 약속 또는 의사표시를 받은 경우에는 소속기관장에게 지체 없이 서면으로 신고하여야 한다(부정청탁 및 금품 등 수수의 금지에 관한 법률 제9조 제1항 제1호).

32 부정청탁 및 금품등 수수의 금지에 관한 법률에 위반되는 사례로 가장 적절한 것은?   22. 승진

① 예술의 전당 소속 공연 관련 업무 담당 공무원이 예술의전당 초청 공연작으로 결정된 뮤직드라마의 공연제 작사 대표이사 甲등과 저녁식사를 하고 50만 원 상당(1인당 10만 원)의 음식 값을 甲이 지불한 경우

② 경찰서장이 소속부서 직원들에게 위로 · 격려 · 포상의 목적으로 회식비를 제공한 경우

③ 결혼식을 앞두고 있는 경찰관이 4촌 형으로부터 500만원 상당의 냉장고를 선물 받은 경우

④ 경찰관이 홈쇼핑에서 물품을 구매한 후 구매자를 대상으로 경품을 추첨하는 행사에서 당첨되어 300만 원 상당의 안마의자를 받은 경우

정답찾기
① 음식물(제공자와 공직자 등이 함께 하는 식사, 다과, 주류, 음료, 그 밖에 이에 준하는 것을 말한다)의 경우 5만원까지 수수가 가능하다.

33 부정청탁 및 금품등 수수의 금지에 관한 법률에 대한 설명 중 가장 적절한 것은?　　　22. 경찰승진

① 공직자 등은 직무 관련 여부 및 기부·후원·증여 등 그 명목에 관계없이 동일인으로부터 1회에 100만 원 또는 매 회계연도에 300만원을 초과하는 금품을 받거나 요구 또는 약속해서는 아니 된다.

② 이 법의 위반행위가 발생하였거나 발생하고 있다는 사실을 알게 된 경우에는 이해관계인만 수사기관에 신고할 수 있다.

③ 직급에 상관 없이 모든 공직자의 외부강의 사례금 상한액은 1시간당 30만 원이며 1시간을 초과하면 상한액은 45만원이다.

④ 부정청탁을 받은 공직자등은 부정청탁을 한 자에게 부정청탁임을 알렸다면 이와 별도로 거절하는 의사는 명확하지 않아도 된다.

정답찾기

② 누구든지 이 법의 위반행위가 발생하였거나 발생하고 있다는 사실을 알게 된 경우에는 신고할 수 있다(부정청탁 및 금품등 수수의 금지에 관한 법률 제13조 제1항).

③ 외부강의 사례금 상한액의 경우 국가공무원법 또는 지방공무원법에 따른 공무원과 그 밖에 다른 법률에 따라 그 자격·임용·교육훈련·복무·보수·신분보장 등에 있어서 공무원으로 인정된 사람 및 공직유관단체 및 기관의 장과 그 임직원은 <u>시간당 40만원</u>, 각급 학교의 장과 교직원 및 학교법인의 임직원 및 언론사의 대표자와 그 임직원은 <u>시간당 100만원</u>이다. 1시간을 초과하여 강의 등을 하는 경우에도 사례금 총액은 강의시간에 관계없이 <u>1시간 상한액의 100분의 150</u>에 해당하는 금액을 초과하지 못한다.

④ 공직자 등은 부정청탁을 받았을 때에는 부정청탁을 한 자에게 <u>부정청탁임을 알리고 이를 거절하는 의사를 명확히 표시하여야 한다</u>(부정청탁 및 금품등 수수의 금지에 관한 법률 제7조 제1항).

34 부정청탁 및 금품 등 수수의 금지에 관한 법률에 대한 설명으로 가장 적절하지 않은 것은?　　　23. 경찰간부

① 공직자 등은 사례금을 받는 외부강의를 할 때에는 대통령령으로 정하는 바에 따라 외부강의 요청명세 등을 소속 기관장에게 그 외부강의를 마친 날부터 10일 이내에 서면으로 신고하여야 한다. 다만, 외부강의를 요청한 자가 국가나 지방자치단체인 경우에는 그러하지 아니한다.

② 공직자 등은 부정청탁을 받았을 때에는 부정청탁을 한 자에게 부정청탁임을 알리고 이를 거절하는 의사를 명확히 표시하여야 한다.

③ 증여를 포함한 사적 거래로 인한 채무의 이행 등 정당한 권원(權原)에 의하여 제공되는 금품 등은 수수를 금지하는 금품 등에 해당하지 아니한다.

④ 공직자 등은 직무 관련 및 기부·후원·증여 등 그 명목에 관계 없이 동일인으로부터 1회에 100만원 또는 매 회계연도에 300만원을 초과하는 금품 등을 받거나 요구 또는 약속해서는 아니된다.

정답찾기

③ 사적 거래(증여는 제외한다)로 인한 채무의 이행 등 정당한 권원(權原)에 의하여 제공되는 금품 등은 수수를 금지하는 금품 등에 해당하지 아니한다(부정청탁 및 금품 등 수수의 금지에 관한 법률 제8조 제3항 제3호).

Answer　31 ①　32 ①　33 ①　34 ③

35 「부정청탁 및 금품등 수수의 금지에 관한 법률」 및 동법 시행령에 관한 설명으로 가장 적절하지 않은 것은? 23. 경찰

① 공직자등은 직무 관련 여부 및 기부·후원·증여 등 그 명목에 관계없이 동일인으로부터 1회에 100만 원 또는 매 회계연도에 300만 원을 초과하는 금품등을 받거나 요구 또는 약속해서는 아니 된다.

② 경찰청에서 근무하는 甲총경은 A전자회사의 요청으로 시간 당 30만 원의 사례금을 약속받고 A전자회사의 직원을 대상으로 자신의 직무와 관련된 3시간짜리 강의를 월 1회, 총 3개월간 진행하였다. 이 경우 甲총경이 지급받을 수 있는 최대사례금 총액은 270만 원이다.

③ B자동차회사의 요청으로 자신의 직무와 관련된 외부강의를 마치고 소정의 사례금을 약속받은 乙경무관은 대통령령으로 정하는 바에 따라 외부강의의 요청 명세 등을 소속기관장에게 그 외부강의를 마친 날부터 10일 이내에 서면으로 신고하여야 한다.

④ 사단법인 C학회가 주관 및 개최한 토론회에 참석하여 자신의 직무와 관련된 토론을 한 丙경감이 상한액을 초과하는 사례금을 받은 경우 초과사례금을 받은 사실을 안 날부터 2일 이내에 동법 시행령이 정한 사항을 적은 서면으로 소속기관장에게 신고 하여야 한다.

정답찾기
② 사안의 경우 甲총경이 A전자회사에서 월 1회 강의시 수수할 수 있는 금액은 60만원이므로 총 3개월간 수수가 가능한 금액음 180만 원이다(부정청탁 및 금품 등 수수의 금지에 관한 법률 제10조 제1항, 동법 시행령 제25조).

36 「부정청탁 및 금품등 수수의 금지에 관한 법률」에 대한 설명으로 가장 적절하지 않은 것은? 24. 경찰

① 공직자 등은 부정청탁을 받았을 때에는 부정청탁을 한 자에게 부정청탁임을 알리고 이를 거절하는 의사를 명확히 표시하여야 한다. 그럼에도 불구하고 동일한 부정청탁을 다시 받은 경우에는 이를 소속기관장에게 서면(전자문서를 포함한다)으로 신고하여야 한다.

② 누구든지 동법의 위반행위가 발생하였거나 발생하고 있다는 사실을 알게 된 때에는 자신의 인적사항을 밝히지 아니하고 변호사를 선임하여 신고를 대리하게 할 수 있다.

③ 공직자 등은 외부기관(국가 및 지방자치단체를 포함한다)의 요청으로 사례금을 받는 외부강의 등을 할 때에는 소속기관장에게 그 외부강의 등을 마친 날부터 10일 이내에 서면으로 신고하여야 한다.

④ 공공기관의 장은 공직자등에게 부정청탁 금지 및 금품등의 수수 금지에 관한 내용을 정기적으로 교육하여야 하며, 교육의 실시를 위하여 필요하면 국민권익위원회에 지원을 요청할 수 있다.

정답찾기
③ 공직자 등은 사례금을 받는 외부강의 등을 할 때에는 대통령령으로 정하는 바에 따라 외부강의 등의 요청 명세 등을 소속기관장에게 그 외부강의 등을 마친 날부터 10일 이내에 서면으로 신고하여야 한다. 다만, 외부강의등을 요청한 자가 국가나 지방자치단체인 경우에는 그러하지 아니하다(부정청탁 및 금품 등 수수의 금지에 관한 법률 제10조 제2항).

37 부패방지 및 국민권익위원회의 설치와 운영에 관한 법률에 대한 설명으로 옳지 않은 것은?   20. 경찰간부

① 국민권익위원회는 신고가 접수된 부패행위의 혐의대상자가 경무관급 이상의 경찰공무원이고, 부패혐의의 내용이 형사처벌을 위한 수사 및 공소제기의 필요성이 있는 경우에는 위원회의 명의로 검찰에 고발할 수 있다.

② 조사기관은 신고를 이첩 받은 날부터 60일 이내에 감사·수사 또는 조사를 종결하여야 한다. 다만, 정당한 사유가 있는 경우에는 그 기간을 연장할 수 있으며, 위원회에 그 연장사유 및 연장기간을 통보하여야 한다.

③ 부패행위를 신고하고자 하는 자는 신고자의 인적사항과 신고취지 및 이유를 기재한 기명의 문서로써 하여야 하며, 신고대상과 부패행위의 증거 등을 함께 제시하여야 한다.

④ 신고자가 신고의 내용이 허위라는 사실을 알았거나 알 수 있었음에도 불구하고 신고한 경우에는 부패방지 및 국민권익위원회의 설치와 운영에 관한 법률의 보호를 받을 수 없다.

정답찾기

① 위원회에 신고가 접수된 당해 부패행위의 혐의대상자가 경무관급 이상의 경찰공무원에 해당하는 고위공직자로서 부패혐의의 내용이 형사처벌을 위한 수사 및 공소제기의 필요성이 있는 경우에는 위원회의 명의로 검찰에 <u>고발을 하여야 한다</u>(부패방지 및 국민권익위원회의 설치와 운영에 관한 법률 제59조 제4항 제3호).

38 공직자의 이해충돌 방지법과 부정청탁 및 금품등 수수의 금지에 관한 법률에 관한 설명 중 가장 적절한 것은?   22. 경찰

① 공직자의 이해충돌 방지법상 부동산을 직접 또는 간접으로 취급하는 대통령령으로 정한 공공기관의 공직자가 소속 공공기관의 업무와 관련된 부동산을 보유하고 있거나 매수하는 경우 소속기관장에게 그 사실을 구두 또는 서면으로 신고하여야 한다.

② 부정청탁 및 금품등 수수의 금지에 관한 법률상 '공직자 등'이 부정청탁을 받았을 때에는 부정청탁을 한 자에게 부정청탁임을 알리고 이를 거절하는 의사를 명확히 표시하여야 하며, 이러한 조치를 하였음에도 불구하고 동일한 부정청탁을 다시 받은 경우에는 이를 소속기관장에게 구두 또는 서면(전자서면을 포함)으로 신고하여야 한다.

③ 부정청탁 및 금품등 수수의 금지에 관한 법률에 따르면 ○○경찰서 소속 경찰관 甲이 모교에서 자신의 직무와 관련된 강의를 요청받아 1시간 동안 강의를 하고 50만 원의 사례금을 받았다면 대통령령이 정하는 바에 따라 소속기관장에게 신고하고 그 초과금액을 소속기관장에게 지체 없이 반환하여야 한다.

④ 부정청탁 및 금품등 수수의 금지에 관한 법률상 국가공무원법 또는 지방공무원법에 따른 공무원과 그 밖에 다른 법률에 따라 그 자격·임용·교육훈련·복무·보수·신분보장 등에 있어서 공무원으로 인정된 사람은 '공직자등' 개념에 포함된다.

정답찾기

① 부동산을 <u>직접적(간접적 ×)</u>으로 취급하는 대통령령으로 정하는 공공기관의 공직자는 다음 각 호의 어느 하나에 해당하는 사람이 소속 공공기관의 업무와 관련된 부동산을 보유하고 있거나 매수하는 경우 소속기관장에게 그 사실을 <u>서면(구두 ×)</u>으로 신고하여야 한다(공직자의 이해충돌 방지법 제6조 제1항).

② 공직자 등은 제1항에 따른 조치를 하였음에도 불구하고 동일한 부정청탁을 다시 받은 경우에는 이를 소속기관장에게 <u>서면(전자문서를 포함한다)</u>으로 신고하여야 한다(부정청탁 및 금품 등 수수의 금지에 관한 법률 제7조 제2항).

③ 공직자 등은 제1항에 따른 금액을 초과하는 사례금을 받은 경우에는 대통령령으로 정하는 바에 따라 소속기관장에게 신고하고, <u>제공자에게 그 초과금액을 지체 없이 반환</u>하여야 한다(부정청탁 및 금품 등 수수의 금지에 관한 법률 제10조 제5항).

Answer　35 ②　36 ③　37 ①　38 ④

제3절 **공직자의 이해충돌방지법**

39 공직자의 이해충돌방지법에 관한 내용 중 적절한 것은 모두 몇 개인가? 23. 경찰승진

> ㉠ 공직자는 배우자가 공직자 자신의 직무관련자(민법 제777조에 따른 친족 제외)와 토지 또는 건축물 등 부동산을 거래하는 행위(다만, 공개모집에 의하여 이루어지는 분양이나 공매·경매·입찰을 통한 재산상 거래 행위는 제외)를 한다는 것을 사전에 안 경우에는 안 날부터 14일 이내에 소속 기관장에게 그 사실을 서면으로 신고하여야 한다.
> ㉡ 공직자는 직무관련자에게 사적으로 노무 또는 조언·자문 등을 제공하고 대가를 받는 행위를 해서는 아니된다(단, 국가공무원법 등 타 법령·기준에 따라 허용되는 경우는 제외).
> ㉢ 공직자는 사회상규에 따라 허용되는 경우라 할지라도 직무관련자인 소속 기관의 퇴직자(공직자가 아니게 된 날부터 2년이 지나지 아니한 사람만 해당)와 사적 접촉(골프, 여행, 사행성 오락을 같이 하는 행위)시 소속 기관장에게 신고해야 한다.
> ㉣ 사적이해관계자에 공직자 자신 또는 그 가족(민법 제779조에 따른 가족)도 해당된다.

① 1개　　　　　　② 2개　　　　　　③ 3개　　　　　　④ 4개

정답찾기

지문의 내용 중 적절한 것은 ㉠㉡㉣이다.
㉢ 공직자는 직무관련자인 소속 기관의 퇴직자(공직자가 아니게 된 날부터 2년이 지나지 아니한 사람만 해당한다)와 사적 접촉(골프, 여행, 사행성 오락을 같이 하는 행위를 말한다)을 하는 경우 소속기관장에게 신고하여야 한다. 다만, <u>사회상규에 따라 허용되는 경우에는 그러하지 아니하다</u>(공직자의 이해충돌 방지법 제15조 제1항).

40 「공직자의 이해충돌 방지법」에 관한 설명으로 가장 적절하지 않은 것은? 24. 경찰

① 이 법은 공직자의 직무수행과 관련한 사적 이익추구를 금지함으로써 공직자의 직무수행 중 발생할 수 있는 이해충돌을 방지하여 공정한 직무수행을 보장하고 공공기관에 대한 국민의 신뢰를 확보하는 것을 목적으로 한다.
② 「초·중등교육법」, 「고등교육법」 또는 그 밖의 다른 법령에 따라 설치된 각급 국립·공립학교는 '공공기관'에 해당한다.
③ 경무관인 세종특별자치시경찰청장은 '고위공직자'에 해당하지 않는다.
④ 최근 2년 이내에 퇴직한 공직자로서 퇴직일 전 2년 이내에 사적이해관계 신고 대상 직무를 수행하는 공직자와 같은 부서에서 근무하였던 사람은 사적이해관계자에 포함된다.

정답찾기

③ 치안감 이상의 경찰공무원 및 특별시·광역시·<u>특별자치시</u>·도·특별자치도의 <u>시</u>·도경찰청장은 고위공직자에 해당한다(공직자의 이해충돌 방지법 제2조 제3호 아목).

41 「공직자의 이해충돌 방지법」에 대한 설명으로 적절하지 않은 것은 모두 몇 개인가? 24. 25. 경위공채

> ⊙ 공직자가 소속된 공공기관과 계약을 체결하거나 체결하려는 것이 명백한 개인이나 법인 또는 단체는 직무관
> 련자에 해당한다.
> ⓛ 고위공직자는 그 직위에 임용되거나 임기를 개시하기 전 3년 이내에 민간 부문에서 업무활동을 한 경우, 그
> 활동 내역을 그 직위에 임용되거나 임기를 개시한 다음 날부터 30일 이내에 소속기관장에게 제출하여야 한다.
> ⓒ 공직자로 채용·임용되기 전 3년 이내에 공직자 자신이 대리하거나 고문·자문 등을 제공했던 개인이나 법인
> 또는 단체는 사적이해관계자에 해당한다.
> ② 이 법의 위반행위를 한 자가 위반사실을 자진하여 신고하거나 신고자 등이 신고 등을 함으로 인하여 자신이
> 한 이 법의 위반행위가 발견된 경우에는 그 위반행위에 대한 형사처벌, 과태료 부과, 징계처분, 그 밖의 행정처
> 분 등을 감경하거나 면제할 수 있다.
> ⑩ 국민권익위원회는 이 법의 위반행위에 대한 신고로 인하여 공공기관에 직접적인 수입의 회복·증대 또는 비
> 용의 절감을 가져온 경우에는 그 신고자의 신청에 의하여 보상금을 지급할 수 있다.
> ⑭ 국민권익위원회는 이 법의 위반행위에 대한 신고로 인하여 공공기관에 재산상 이익을 가져오거나 손실을 방
> 지한 경우 또는 공익을 증진시킨 경우에는 그 신고자에게 포상금을 지급할 수 있다.

① 2개   ② 3개   ③ 4개   ④ 없음

정답찾기

지문의 내용 중 적절하지 않은 것은 ⓛⓒ⑩이다.

ⓛ 고위공직자는 그 직위에 임용되거나 임기를 개시하기 전 3년 이내에 민간 부문에서 업무활동을 한 경우, 그 활동 내역을 그 직위에
임용되거나 임기를 개시한 날부터 30일 이내에 소속기관장에게 제출하여야 한다(공직자의 이해충돌 방지법 제8조 제1항).

ⓒ 공직자로 채용·임용되기 전 2년 이내에 공직자 자신이 대리하거나 고문·자문 등을 제공하였던 개인이나 법인 또는 단체는 사적이
해관계자에 해당한다(공직자의 이해충돌 방지법 제2조 제6호 마목).

⑩ 국민권익위원회는 제18조 제1항에 따른 신고로 인하여 공공기관에 직접적인 수입의 회복·증대 또는 비용의 절감을 가져온 경우에
는 그 신고자의 신청에 의하여 보상금을 지급하여야 한다(공직자의 이해충돌 방지법 제20조 제6항).

7장

제4절 경찰청 공무원 행동강령

42 '경찰청 공무원 행동강령' 제14조에서는 "공무원은 직무와 관련하여 대가성 여부를 불문하고 일정한 금액 이하의 금품 등을 받거나 요구 또는 약속해서는 아니 된다."고 규정하면서 또한 그 예외사유를 밝히고 있다. 다음 중 '경찰청 공무원 행동강령' 제14조에서 명시한 예외사유로 가장 적절하지 않은 것은?   14. 경찰승진

① 소속 기관의 장 등이 소속 공무원이나 파견 공무원에게 지급하거나 상급자가 위로 · 격려 · 포상 등의 목적으로 하급자에게 제공하는 금품 등

② 원활한 직무수행 또는 사교 · 의례 또는 부조의 목적으로 제공되는 10만원의 축의금 · 조의금

③ 사적 거래(증여는 제외한다)로 인한 채무의 이행 등 정당한 권원(權原)에 의하여 제공되는 금품 등

④ 불특정 다수인에게 배포하기 위한 기념품 또는 홍보용품 등이나 경연 · 추첨을 통하여 받는 보상 또는 상품 등

정답찾기

② 원활한 직무수행 또는 사교 · 의례 또는 부조의 목적으로 제공되는 5만원 이내의 축의금 · 조의금이 수수를 금지하는 금품 등에 해당하지 않는다.

> **경찰청 공무원 행동강령**
> **제14조 【금품 등을 받는 행위의 제한】** ③ 제15조의 외부강의 등에 관한 사례금 또는 다음 각 호의 어느 하나에 해당하는 금품 등은 제1항 또는 제2항에서 수수(收受)를 금지하는 금품 등에 해당하지 아니한다.
>   2. 원활한 직무수행 또는 사교 · 의례 또는 부조의 목적으로 제공되는 음식물 · 경조사비 · 선물 등으로서 별표 1의 가액 범위 내의 금품 등
>
> **【별표1】**
> 음식물 · 경조사비 · 선물 등의 가액 범위(제14조 제3항 관련)
> 1. 음식물(제공자와 공무원이 함께 하는 식사, 다과, 주류, 음료 그 밖에 이에 준하는 것을 말한다) : 3만원
> 2. 경조사비 : 축의금 · 조의금은 5만원. 다만, 축의금 · 조의금을 대신하는 화환 · 조화는 10만원으로 한다.
> 3. 선물 : 금전, 유가증권, 제1호의 음식물 및 제2호의 경조사비를 제외한 일체의 물품, 그 밖에 이에 준하는 것은 5만원. 다만, 농수산물 품질관리법 제2조 제1항 제1호에 따른 농수산물(이하 '농수산물'이라 한다) 및 같은 항 제13호에 따른 농수산가공품(농수산물을 원료 또는 재료의 50퍼센트를 넘게 사용하여 가공한 제품만 해당하며, 이하 '농수산가공품'이라 한다)은 10만원으로 한다.

43 '경찰청 공무원 행동강령'에 대한 설명으로 옳은 것은 모두 몇 개인가? 15. 경찰

㉠ 공무원은 수사·단속의 대상이 되는 업소 중 경찰청장이 지정하는 유형의 업소 관계자와 부적절한 사적 접촉을 하여서는 아니 되며, 사적으로 접촉한 경우 경찰청장이 정하는 방법에 따라 신고하여야 한다. 다만, 공적으로 접촉한 경우에는 그러하지 아니하다.

㉡ 공무원은 외부강의 등을 할 때에는 외부강의 등의 요청 명세 등을 소속 기관의 장에게 미리 서면으로 신고하고, 사전에 소속 기관장의 승인을 획득하여야 한다.

㉢ 공무원은 초과사례금을 반환한 경우에는 증명자료를 첨부하여 그 반환 비용을 금품의 제공자에게 청구할 수 있다.

---

① 0개   ② 1개   ③ 2개   ④ 3개

정답찾기

모두 틀린 지문이다.

㉠ 공무원은 수사·단속의 대상이 되는 업소 중 경찰청장이 지정하는 유형의 업소 관계자와 부적절한 사적 접촉을 하여서는 아니 되며, 공적 또는 사적으로 접촉한 경우 경찰청장이 정하는 방법에 따라 신고하여야 한다(경찰청 공무원 행동강령 제5조의2 제1항).

㉡ 동 규정상 소속 기관의 장에 대한 신고 규정만 있으며, 승인에 대한 규정은 없다.

> **경찰청 공무원 행동강령**
> **제15조【외부강의 등의 사례금 수수 제한】** ② 공무원은 사례금을 받는 외부강의 등을 할 때에는 외부강의 등의 요청 명세 등을 별지 제12호 서식의 외부강의 등 신고서에 따라 소속 기관의 장에게 그 외부강의 등을 마친 날부터 10일 이내에 신고하여야 한다. 다만, 외부강의 등을 요청한 자가 국가나 지방자치단체인 경우에는 그러하지 아니하다.

㉢ 공무원은 초과사례금을 반환한 경우에는 증명자료를 첨부하여 그 반환 비용을 소속 기관의 장에게 청구할 수 있다(경찰청 공무원 행동강령 제15조의2 제4항).

44 **경찰청 공무원 행동강령에 대한 설명으로 가장 적절한 것은?**

① 공무원은 직무 관련 여부 및 기부·후원·증여 등 그 명목에 관계없이 동일인으로부터 1회에 100만원 또는 매 회계연도에 200만원을 초과하는 금품 등을 받거나 요구 또는 약속해서는 아니 된다.

② 공무원이 국가나 지방자치단체의 요청으로 대가를 받고 외부강의 등을 할 경우 소속 기관장에게 그 외부강의 등을 마친 날부터 10일 이내에 신고하여야 한다.

③ 서울경찰청 소속 甲경정이 자신의 직무와 관련된 교육 강사로 요청받아 월 1회, 1시간 동안 외부강의를 하고 사례금으로 60만원을 받았다면 이는 정당하다.

④ 공무원은 정치인이나 정당 등으로부터 부당한 직무수행을 강요받거나 청탁을 받은 경우에는 소속 기관의 장에게 보고하거나 행동강령책임관과 상담하여야 한다.

정답찾기

① 공무원은 직무 관련 여부 및 기부·후원·증여 등 그 명목에 관계없이 동일인으로부터 1회에 100만원 또는 매 회계연도에 300만원을 초과하는 금품 등을 받거나 요구 또는 약속해서는 아니 된다(경찰청 공무원 행동강령 제14조 제1항).

② 공무원은 사례금을 받는 외부강의 등을 할 때에는 외부강의 등의 요청 명세 등을 소속 기관의 장에게 그 외부강의 등을 마친 날부터 10일 이내에 신고하여야 한다. 다만, 외부강의 등을 요청한 자가 국가나 지방자치단체인 경우에는 그러하지 아니하다(경찰청 공무원 행동강령 제15조 제2항).

③ 외부강의 등의 사례금과 관련해서는 경찰청 공무원 행동강령 별표 2에 명시되어 있다.

■ **외부강의 등 사례금 상한액(제15조 제1항 관련)**

1. 사례금 상한액
   가. 직급 구분없이 40만원
   나. 가목에도 불구하고 국제기구, 외국 정부, 외국 대학, 외국 연구기관, 외국 학술단체 그 밖에 이에 준하는 외국 기관에서 지급하는 외부강의 등의 사례금 상한액은 사례금을 지급하는 자의 지급기준에 따른다.

2. 적용기준
   가. 제1호의 상한액은 강의 등의 경우 1시간당, 기고의 경우 1건당 상한액으로 한다.
   나. 1시간을 초과하여 강의 등을 하는 경우에도 사례금 총액은 강의시간에 관계없이 1시간 상한액의 100분의 150에 해당하는 금액을 초과하지 못한다.

45 경찰청 공무원 행동강령에 대한 다음 설명 중 옳지 않은 것은 모두 몇 개인가?

⊙ 공무원은 범죄수사규칙 제30조에 따른 경찰관서 내 수사 지휘에 대한 이의제기와 관련하여 행동강령책임관에 게 상담을 요청할 수 있다.

ⓛ 공무원은 현재 근무하고 있거나 과거에 근무하였던 기관의 소속 직원에게 경조사를 알려서는 아니 된다.

ⓒ 공무원은 정치인이나 정당 등으로부터 부당한 직무수행을 강요받거나 청탁을 받은 경우에는 소속 기관의 장 에게 보고하거나 행동강령책임관과 상담하여야 한다.

ⓡ 공무원은 사례금을 받는 외부강의등을 할 때에는 외부강의등의 요청 명세 등을 소속 기관의 장에게 그 외부강 의등을 마친 날부터 10일 이내에 신고하여야 한다. 다만, 외부강의등을 요청한 자가 국가나 지방자치단체인 경우에는 그러하지 아니하다.

ⓜ 공무원이 대가를 받고 수행하는 외부강의 등은 월 2회를 초과할 수 없다. 국가나 지방자치단체에서 요청하거 나 겸직 허가를 받고 수행하는 외부강의 등은 그 횟수에 포함하지 아니한다.

ⓗ 공무원은 초과사례금을 받은 경우에는 그 사실을 안 날로부터 3일 이내에 소속기관의 장에게 신고하여야 하 며, 제공자에게 그 초과금액을 지체 없이 반환하여야 한다.

① 1개 　　　　　② 2개 　　　　　③ 3개 　　　　　④ 4개

정답찾기

옳지 않은 것은 ⓛⓜⓗ 3개이다.

ⓛ 공무원은 현재 근무하고 있거나 과거에 근무하였던 기관의 소속 직원에게 <u>경조사를 알릴 수 있다</u>(경찰청 공무원 행동강령 제17조 제2호).

ⓜ 공무원이 대가를 받고 수행하는 외부강의등은 월 <u>3회</u>를 초과할 수 없다. 국가나 지방자치단체에서 요청하거나 겸직 허가를 받고 수행하는 외부강의등은 그 횟수에 포함하지 아니한다(경찰청 공무원 행동강령 제15조 제4항).

ⓗ 공무원은 초과사례금을 받은 경우에는 그 사실을 안 날로부터 <u>2일 이내</u>에 소속기관의 장에게 신고하여야 하며, 제공자에게 그 초과 금액을 지체 없이 반환하여야 한다(경찰청 공무원 행동강령 제15조의2 제1항).

아뮤THU

7장

Answer 　44 ④ 　45 ③

46 **경찰청 공무원 행동강령에 대한 내용으로 가장 적절하지 않은 것은?** 18. 경찰

① 공무원은 직무를 수행함에 있어 지연·혈연·학연·종교 등을 이유로 특정인에게 특혜를 주어서는 아니 된다.

② 공무원은 상급자가 자기 또는 타인의 부당한 이익을 위하여 공정한 직무수행을 현저하게 해치는 지시를 하였을 때에는 그 사유를 그 상급자에게 소명하고 지시에 따르지 아니하거나 제23조에 따라 지정된 공무원 행동강령에 관한 업무를 담당하는 공무원(이하 '행동강령책임관'이라 한다)과 상담할 수 있다.

③ 공무원은 정치인이나 정당 등으로부터 부당한 직무수행을 강요받거나 청탁을 받은 경우에는 소속 기관의 장에게 보고하거나 행동강령책임관과 상담하여야 한다.

④ 공무원은 범죄수사규칙 제30조에 따른 경찰관서 내 수사 지휘에 대한 이의제기와 관련하여 행동강령책임관에게 상담을 요청하여야 한다.

정답찾기

④ 공무원은 범죄수사규칙 제15조에 따른 경찰관서 내 수사 지휘에 대한 이의제기와 관련하여 행동강령책임관에게 상담을 요청할 수 있다(경찰청 공무원 행동강령 제4조의2 제1항).

47 **경찰청 공무원 행동강령에 대한 설명으로 적절하지 않은 것은 모두 몇 개인가?** 22. 승진, 23. 경찰간부

> ㉠ 공무원이 기관이 아닌 개인인 직무관련자로부터 무상으로 금전을 빌리는 경우에는 소속 기관의 장에게 서면으로 미리 신고해야 할 필요가 없다.
>
> ㉡ 공무원이 대가를 받고 수행하는 외부강의 등은 월 3회를 초과할 수 없다. 다만, 국가나 지방자치단체에서 요청하거나 겸직 허가를 받고 수행하는 외부강의 등은 그 횟수에 포함하지 아니한다.
>
> ㉢ 공무원은 범죄수사규칙 제30조에 따른 경찰관서 내 수사 지휘에 대한 이의제기와 관련하여 행동강령 책임관에게 상담을 요청할 수 있다.
>
> ㉣ 공무원이 상담, 절차 및 규정 안내, 각종 증명서 발급, 기타 이에 준하는 단순 민원업무를 수행하는 경우를 제외하고, 직무 관련자와 200만 원 이상의 금전거래가 있는 경우에는 소속 기관의 장에게 해당 사실을 별지 서식에 따라 서면(전자문서를 포함)으로 신고하여야 한다.
>
> ㉤ 공무원은 직무관련자에게 직위를 이용하여 행사 진행에 필요한 직·간접적 경비, 장소, 인력, 또는 물품 등의 협찬을 요구하여서는 아니 된다.

① 없음   ② 1개   ③ 2개   ④ 3개

정답찾기

지문의 내용 중 적절하지 않은 것은 ㉠㉣이다.

㉠ 공무원은 자신, 배우자, 직계존속·비속(생계를 같이 하는 경우만 해당한다. 이하 이 조에서 같다) 또는 특수관계사업자가 공무원 자신의 직무관련자 또는 직무관련공무원과 직접 금전을 빌리거나 빌려주는 행위 및 유가증권을 거래하는 행위를 하는 경우(무상인 경우를 포함한다)에는 별지 제14호 서식에 따라 서면으로 소속 기관의 장에게 미리 신고하여야 한다. 다만, 금융실명거래 및 비밀보장에 관한 법률 제2조 제1호에 따른 금융회사 등으로부터 통상적인 조건으로 금전을 빌리는 행위 및 유가증권을 거래하는 행위는 제외한다(경찰청 공무원 행동강령 제16조 제1항 제1호).

㉣ 사안의 경우 300만 원 이상의 금전거래가 있는 자가 직무관련자인 경우 소속 기관의 장에게 해당 사실을 서면(전자문서를 포함한다)으로 신고하여야 한다(경찰청 공무원 행동강령 제5조 제1항 제7호).

48 **경찰청 공무원 행동강령에 해당하지 않는 것은?** 23. 경찰

① 공무원은 상급자가 자기 또는 타인의 부당한 이익을 위하여 공정한 직무수행을 현저하게 해치는 지시를 하였을 때에는 그 사유를 상급자에게 소명하고 지시에 따르지 아니하거나 행동강령책임관과 상담할 수 있다.

② 공무원은 수사·단속의 대상이 되는 업소 중 경찰청장이 지정하는 유형의 업소 관계자와 부적절한 사적 접촉을 하여서는 아니 되며, 공적 또는 사적으로 접촉한 경우 경찰청장이 정하는 방법에 따라 신고하여야 한다.

③ 공무원은 직무수행 중 알게 된 정보를 이용하여 유가증권, 부동산 등과 관련된 재산상 거래 또는 투자를 하거나 타인에게 그러한 정보를 제공하여 재산상 거래 또는 투자를 돕는 행위를 해서는 아니 된다.

④ 경찰공무원은 정당이나 정치단체에 가입하거나 정치활동에 관여하는 행위를 하여서는 아니 된다.

정답찾기
④ 지문의 내용은 경찰공무원법 제23조(정치 관여 금지)에 규정된 내용이다. ①은 동 규정 제4조 제1항, ②는 제5조의2 제1항, ③은 제12조에 규정되어 있다.

49 **「경찰청 공무원 행동강령」 제17조(경조사의 통지 제한)에 따르면 공무원은 직무관련자나 직무관련공무원에게 경조사를 알려서는 아니 된다. 다음 중 그 예외로 규정하지 않은 것은?** 24. 경찰

① 친족(「민법」 제767조에 따른 친족)에게 알리는 경우

② 현재 근무하고 있거나 과거에 근무하였던 기관의 소속 직원에게 알리는 경우

③ 공무원 자신의 배우자가 소속된 친목단체 회원에게 알리는 경우

④ 신문, 방송 등을 통하여 알리는 경우

정답찾기
③ 공무원 자신이 소속된 종교단체·친목단체 등의 회원에게 알리는 경우에는 경조사를 알릴 수 있다(경찰청 공무원 행동강령 제17조 제4호).

Answer 46 ④ 47 ③ 48 ④ 49 ③

50 「경찰청 공무원 행동강령」에 대한 설명으로 가장 적절한 것은?

① 공무원은 어떠한 경우에도 자신의 직무권한을 행사하여 직무관련자로부터 사적 노무를 제공받거나 요구해서는 안된다.

② 공무원은 정치인이나 정당 등으로부터 부당한 직무수행을 강요받거나 청탁을 받은 경우에는 별지 제9호 서식 또는 전자우편 등의 방법으로 소속기관장에게 보고하거나 행동강령책임관과 상담할 수 있다.

③ 경찰유관단체원이 경찰 업무와 관련하여 경찰관에게 금품을 제공한 경우 행동강령책임관은 해당 경찰유관단체 운영 부서장과 협의하여 소속기관장에게 경찰유관단체원의 해촉 등 필요한 조치를 건의하여야 하며, 보고를 받은 소속기관장은 적절한 조치를 취해야 한다.

④ 공무원은 사례금을 받는 외부강의(외부강의 등을 요청한 자가 국가나 지방자치단체를 포함함)를 할 때에는 외부강의의 요청 명세 등을 외부강의 등 신고서에 따라 소속 기관의 장에게 그 외부강의 등을 마친 날부터 10일 이내에 신고하여야 한다.

[정답찾기]

① 공무원은 자신의 직무권한을 행사하거나 지위·직책 등에서 유래되는 사실상 영향력을 행사하여 직무 관련자 또는 직무 관련 공무원으로부터 사적 노무를 제공받거나 요구 또는 약속해서는 아니 된다. 다만, 다른 법령 또는 사회상규에 따라 허용되는 경우에는 그러하지 아니하다(경찰청 공무원 행동강령 제13조의2).

② 공무원은 정치인이나 정당 등으로부터 부당한 직무수행을 강요받거나 청탁을 받은 경우에는 별지 제9호 서식 또는 전자우편 등의 방법으로 소속 기관의 장에게 보고하거나 행동강령책임관과 상담하여야 한다(경찰청 공무원 행동강령 제8조 제1항).

④ 공무원은 사례금을 받는 외부강의 등을 할 때에는 외부강의 등의 요청 명세 등을 별지 제12호 서식의 외부강의 등 신고서에 따라 소속 기관의 장에게 그 외부강의 등을 마친 날부터 10일 이내에 신고하여야 한다. 다만, 외부강의 등을 요청한 자가 국가나 지방자치단체인 경우에는 그러하지 아니하다(경찰청 공무원 행동강령 제15조 제2항).

제5절 적극행정

51 경찰의 적극행정에 관한 내용 중 가장 적절하지 않은 것은? 　23. 승진

① 경찰청 적극행정 면책제도 운영규정상 자체감사를 받는 사람은 적극행정 면책요건에 해당된다 하더라도 자의적인 법 해석 및 집행으로 법령의 본질적인 사항을 위반한 경우 면책대상에서 제외된다.

② 공공감사에 관한 법률상 자체감사를 받는 사람이 불합리한 규제의 개선 등 공공의 이익을 위하여 업무를 적극적으로 처리한 결과에 대하여 그의 행위에 고의나 중대한 과실이 없는 경우에는 징계 요구 또는 문책 요구 등 책임을 묻지 아니한다.

③ 공무원 징계령 시행규칙상 징계위원회는 징계등 혐의자와 비위 관련 직무 사이에 사적인 이해관계가 없었고 대상 업무를 처리하면서 중대한 절차상 하자가 없었을 경우 해당 비위가 고의 또는 중과실에 의하지 않은 것으로 추정한다.

④ 적극행정 운영규정상 "적극행정"이란, 공무원이 불합리한 규제를 개선하는 등 공공의 이익을 위해 창의성과 신속성을 바탕으로 적극적으로 업무를 처리하는 행위를 말한다.

정답찾기

④ "적극행정"이란 공무원이 불합리한 규제를 개선하는 등 공공의 이익을 위해 창의성과 전문성을 바탕으로 적극적으로 업무를 처리하는 행위를 말한다(적극행정 운영규정 제2조 제1호).

52 「적극행정 운영규정」 및 「경찰청 적극행정 면책제도 운영 규정」에 관한 설명으로 가장 적절하지 않은 것은? 　23. 경찰

① 「적극행정 운영규정」상 공무원이 적극행정을 추진한 결과에 대해 그의 행위에 고의 또는 중대한 과실이 없는 경우에는 징계 관련 법령에 따라 징계의결 또는 징계부가금 부과의결을 하지 않는다.

② 「경찰청 적극행정 면책제도 운영규정」에 의한 면책은 경찰청 및 그 소속기관의 공무원 또는 산하단체의 임·직원 등에게 적용된다.

③ 「경찰청 적극행정 면책제도 운영규정」 제5조 제1항 제3호의 요건을 적용하는 경우 자체감사를 받는 사람이 '대상 업무를 처리하면서 중대한 절차상의 하자가 없었을 것'과 '자체감사를 받는 사람과 대상 업무 사이에 사적인 이해관계가 없을 것'이라는 요건을 모두 갖추어 업무를 처리한 것으로 인정되는 경우에는 그 행위에 고의나 중대한 과실이 없는 경우에 해당하는 것으로 추정한다.

④ 「적극행정 운영규정」 제18조의3은 "누구든지 공무원의 소극행정을 국가인권위원회가 운영하는 소극행정 신고센터에 신고할 수 있다."고 규정하고 있다.

정답찾기

④ 누구든지 공무원의 소극행정을 소속 중앙행정기관의 장이나 제3항에 따른 소극행정 신고센터(국민권익위원회가 운영하는 소극행정 신고센터)에 신고할 수 있다(적극행정 운영규정 제18조의3 제1항, 제3항).

Answer 　50 ③ 　51 ④ 　52 ④

53 「경찰청 적극행정 면책제도 운영규정」에 대한 설명으로 가장 적절하지 않은 것은? 24. 경찰간부

① 적극행정이란 경찰청 및 그 소속기관의 공무원 또는 산하단체의 임·직원이 국가 또는 공공의 이익을 증진하기 위해 성실하고 능동적으로 업무를 처리하는 행위를 말한다.

② 면책이란 적극행정 과정에서 발생한 부분적인 절차상 하자 또는 비효율, 손실 등과 관련하여 그 업무를 처리한 경찰청 소속 공무원 등에 대하여 「경찰청 감사규칙」 제10조 제1호부터 제3호까지 및 제6호와 「경찰공무원 징계령」에 따른 징계 및 징계부가금의 어느 하나에 해당하는 책임을 묻지 않거나 감면하는 것을 말한다.

③ 법령·행정규칙 등의 해석에 대한 이견 등으로 인하여 능동적인 업무처리가 곤란한 경우와 행정심판, 수사 중인 사안 등은 사전컨설팅 감사의 대상이다.

④ 사전컨설팅 감사란 불합리한 제도 등으로 인해 적극적인 업무 수행이 어려운 경우, 해당 업무의 수행에 앞서 업무처리 방향 등에 대하여 미리 감사의 의견을 듣고 이를 업무처리에 반영하여 적극행정을 추진하는 것을 말한다.

> 정답찾기
> ④ 행정심판, 소송, 수사 또는 타 기관에서 감사 중인 사항, 타 법령에서 정하고 있는 재심의 절차를 거친 사항 등은 사전컨설팅 감사 대상에서 제외한다(경찰청 적극행정 면책제도 운영규정 제15조 제2항).

54 「경찰청 적극행정 면책제도 운영규정」에 관한 설명으로 가장 적절하지 않은 것은? 25. 경위공채

① "사전컨설팅 감사"란 불합리한 제도 등으로 인해 적극적인 업무 수행이 어려운 경우, 해당 업무의 수행에 앞서 업무 처리방향 등에 대하여 미리 감사의견을 듣고 이를 업무처리에 반영하여 적극행정을 추진하는 것을 말한다.

② "사전컨설팅 대상 기관 및 대상 부서의 장"이란 경찰청장, 각 시·도경찰청장, 부속기관의 장을 말한다.

③ 사전컨설팅 감사 의견서를 통보받은 사전컨설팅 대상 기관등의 장은 특별한 사정이 없으면 사전컨설팅 감사 의견을 반영하여 해당 업무를 처리하여야 한다.

④ 감사관은 사전컨설팅 감사 의견을 반영하여 적극행정을 추진한 결과에 대하여 자체감사규정에 따른 감사 시 책임을 묻지 아니한다.

> 정답찾기
> ② 지문의 내용 중 경찰청장은 사전컨설팅 대상 기관 및 대상 부서의 장에 해당하지 않는다. "사전컨설팅 대상 기관 및 대상 부서의 장"이란 각 시·도경찰청장, 부속기관의 장, 산하 공직유관단체의 장 및 경찰청 관·국의 장을 말한다(경찰청 적극행정 면책제도 운영규정 제2조 제5호).

55 경찰의 적극행정에 관한 내용으로 옳은 것은 모두 몇 개인가? 24. 경찰승진

> ㉠ 국가인권위원회는 중앙행정기관 소속 공무원의 소극행정 예방 및 근절을 위해 소극행정 신고센터를 운영하고, 중앙행정기관의 장에게 신고사항에 대해 적절한 조치를 하도록 권고할 수 있다.
> ㉡ 「경찰청 적극행정 면책제도 운영규정」상 '적극행정'이란 경찰청 및 그 소속기관의 공무원 또는 산하단체의 임·직원이 국가 또는 공공의 이익을 증진하기 위해 성실하고 능동적으로 업무를 처리하는 행위를 말한다.
> ㉢ 「적극행정 운영규정」상 '소극행정'이란 공무원이 부작위 또는 직무태만 등 소극적 업무행태로 국민의 권익을 침해하거나 국가 재정상 손실을 발생하게 하는 행위를 말한다.
> ㉣ '적당편의'는 법령이나 지침 등의 변화에도 불구하고 과거 규정에 따라 업무를 처리하거나, 기존의 불합리한 업무관행을 그대로 답습하는 형태를 말한다.

① 없음   ② 1개   ③ 2개   ④ 3개

정답찾기

지문의 내용 중 적절한 것은 ㉡㉢이다.
㉠ 국민권익위원회는 중앙행정기관 소속 공무원의 소극행정 예방 및 근절을 위해 소극행정 신고센터를 운영하고, 중앙행정기관의 장에게 신고사항에 대해 적절한 조치를 하도록 권고할 수 있다(적극행정 운영규정 제18조의3 제3항).
㉣ 지문의 내용은 탁상행정에 대한 설명이다.

■ 소극행정의 유형(국민권익위원회 홈페이지)

구분	내용
적당편의	문제해결을 위해 노력하지 않고, 적당히 형식만 갖추어 부실하게 처리하는 행태
업무해태	합리적인 이유 없이 주어진 업무를 게을리 하거나 불이행하는 행태
탁상행정	법령이나 지침 등의 변화에도 불구하고 과거 규정에 따라 업무를 처리하거나, 기존의 불합리한 업무관행을 그대로 답습하는 행태
기타 관중심 행정	직무권한을 이용하여 부당하게 업무를 처리하거나, 국민 편익을 위해서가 아닌 자신의 조직이나 이익만을 중시하여 자의적으로 처리하는 행태

■ 적극행정의 유형(국민권익위원회 홈페이지)

구분	내용
행태적 측면	• 통상적으로 요구되는 정도의 노력이나 주의의무 이상을 기울여 맡은 바 임무를 최선을 다해 수행하는 행위 등 • 업무관행을 반복하지 않고 가능한 최선의 방법을 찾아 업무를 처리하는 행위 등 • 새로운 행정수요나 행정환경 변화에 선제적으로 대응하여 새로운 정책을 발굴·추진하는 행위 등 • 이해충돌이 있는 상황에서 적극적인 이해조정 등을 통해 업무를 처리하는 행위 등
규정의 해석·적용 측면	• 불합리한 규정과 절차, 관행을 스스로 개선하는 행위 등 • 신기술 발전 등 환경변화에 맞게 규정을 적극적으로 해석·적용하는 행위 등 • 규정과 절차가 마련되어 있지 않지만 가능한 해결방안을 모색하여 업무를 추진하는 행위 등

제6절 | **사회계약설(객관적 윤리질서와 법)**

56 사회계약 사상의 내용 중 사상가와 그의 사상을 연결한 것으로 가장 적절하지 않은 것은? 13. 경찰승진

① 국왕의 통치의지에 절대 복종, 혁명은 절대 불가 - 홉스
② 자연권의 전면적 양도설, 제한군주정치, 반항권의 유보 - 로크
③ 일반의지, 국민주권 발동으로 불평등관계 시정 - 루소
④ 각 개인의 자연권 포기, 절대군주정치를 통한 평화와 안전의 기대 - 홉스

정답찾기
② 자연권의 전면적 양도는 홉스가 주장한 내용에 해당한다.

57 존 로크의 사회계약론에 의할 때, 자연상태의 자유를 포기하고 시민사회의 제약을 선택하는 이유에 대한 설명으로 가장 적절하지 않은 것은? 14. 경찰승진

① 자연상태에서는 생명과 재산의 안전이 결여되어 있다.
② 자연상태에서는 시비를 판단할 합의된 기준이 있다.
③ 자연상태에서는 권위를 가진 사심 없는 재판관이 없다.
④ 자연상태에서는 형의 선고를 집행할 권력이 없다.

정답찾기
② 자연상태에서는 시비를 판단할 수 있는 합의된 기준(사회구성원들의 합의에 의하여 성립된 법을 의미함)이 없기 때문에 사회계약을 통해 합의된 기준을 형성하게 된다.

58 장자크 루소(Jean Jacques Rousseau)가 주장한 사회계약론의 내용으로 가장 적절하지 않은 것은? 24. 경찰간부

① 공동체의 구성원 전체가 개별적인 의지를 초월하는 일반의지에 따를 것을 약속함으로써 국가가 탄생하였으며 일반의지의 표현이 법이고 일반의지의 행사가 주권이 된다.
② 사회계약은 개인들이 문명사회의 현실을 벗어나 하나의 새로운 사회질서를 창출하는 공동행위이다.
③ 공동체 구성원은 사회계약을 통해서 자연적 자유대신에 사회적 자유를 얻게 된다.
④ 시민들이 기본권을 보호받기 위해 계약을 통해 정부를 구성했으므로 국가가 시민의 기본권을 침해하는 경우 시민은 저항하고 나아가 그 정부를 해산할 수 있는 권리가 있다.

정답찾기
④ 지문의 내용은 로크(J. Locke)의 사회계약과 관련된 내용이다.

59 코헨(Howard Cohen)과 펠드버그(Michael Feldberg)가 제시한 경찰활동의 기준에 따라 분류할 때 가장 성격이 다른 것은?

10. 경찰

① 경찰관 甲은 우범지역인 A거리와 B거리의 순찰업무를 맡았으나 A거리에 가족이 산다는 이유로 A거리에서 순찰 근무시간의 대부분을 할애한 경우

② 경찰관 乙은 절도범을 추격하던 중 도주하는 범인의 등 뒤에서 권총을 쏘아 사망하게 한 경우

③ 경찰관 丙은 동료경찰관의 음주운전사실을 발견하였으나 단속하지 않은 경우

④ 경찰관 丁은 순찰근무 중 달동네에 가려고 하지 않고 부자 동네만 순찰을 하는 경우

정답찾기
② 코헨(Cohen)과 펠드버그(Feldberg)가 제시한 경찰활동의 기준 중 '공공의 신뢰확보'에 위배되는 사례라 할 수 있다.
①③④ '공정한 접근의 보장'에 위배되는 사례라 할 수 있다.

60 코헨(Cohen)과 펠드버그(Feldberg)는 사회계약설로부터 도출한 경찰활동의 기준(윤리표준)을 제시하였다. 이와 관련된 〈보기 1〉과 〈보기 2〉의 내용이 가장 적절하게 연결된 것은?

21. 경찰

─────── 〈보기 1〉 ───────

(가) 경찰은 사회 전체의 필요에 의해 생겨난 조직으로, 경찰서비스에 대한 동등한 필요를 가진 사람들이 그것을 받을 동등한 기회를 가져야 한다.

(나) 경찰관은 자의적으로 권한을 행사해서는 안 되고, 물리력의 행사는 필요최소한에 그쳐야 하며, 시민의 신뢰에 합당한 방식으로 권한을 행사해야 한다.

(다) 경찰은 그들에게 부여된 사회적 역할 범위 내에서 활동을 하여야 하며, 이러한 범위 내의 활동을 함에 있어서도 상호협력을 통해 경찰목적을 달성해야 한다.

─────── 〈보기 2〉 ───────

㉠ 공공의 신뢰 확보   ㉡ 생명과 재산의 안전 보호
㉢ 공정한 접근의 보장   ㉣ 협동과 역할 한계 준수

	(가)	(나)	(다)
①	㉠	㉡	㉣
②	㉠	㉣	㉡
③	㉢	㉡	㉣
④	㉢	㉠	㉣

정답찾기
④ 지문의 내용 중 (가)는 ㉢ 공정한 접근의 보장, (나)는 ㉠ 공공의 신뢰 확보, (다)는 ㉣ 협동과 역할 한계 준수에 대한 설명이다.

Answer	56 ②	57 ②	58 ④	59 ②	60 ④

61 코헨(Cohen)과 펠드버그(Feldberg)가 제시한 경찰활동의 윤리적 표준에 대한 설명으로 가장 적절하지 않은 것은?

22. 경찰승진

① 경찰관이 절도범을 추격하던 중 도주하는 범인의 등 뒤에서 권총을 쏘아 사망하게 하는 경우는 '공공의 신뢰' 위반에 해당한다.
② 경찰관이 우범지역인 A지역과 B지역의 순찰업무를 맡았으나, A지역에 가족이 산다는 이유로 A지역에서 순찰 근무시간을 대부분 할애한 경우는 '공정한 접근' 위반에 해당한다.
③ 불법 개조한 오토바이를 단속하던 경찰관이 정지명령에 불응하는 오토바이를 향하여 과도하게 추격한 결과 운전자가 전신주를 들이받고 사망한 경우는 '시민의 생명과 재산의 안전' 위반에 해당한다.
④ 경찰이 사익을 위해 공권력을 사용하거나 필요한 최소한의 강제력을 초과하여 사용하였다면 '공정한 접근' 위반에 해당한다.

정답찾기
④ 사안은 공공의 신뢰 확보와 관련이 있다.

62 코헨(Cohen)과 펠드버그(Feldberg)가 사회계약설로부터 도출한 경찰활동의 기준과 그 내용의 연결이 가장 적절하지 않은 것은?

23. 경찰

① 생명과 재산의 안전보호 − 경찰활동은 시민의 생명과 재산의 보호가 궁극적인 목적이며 법집행 자체가 목적은 아니다.
② 냉정하고 객관적인 자세 − 과거 아버지의 가정폭력을 경험한 甲경찰관이 가정폭력 사건을 처리하면서 모든 문제는 남편에게 있다고 단정지어 생각하는 경우는 이 기준에 어긋난다.
③ 공공의 신뢰 − 乙경찰관이 공명심이 앞서서 상부에 보고도 없이 탈주범을 혼자서 검거하려다 실패하였다면 이 기준에 어긋난다.
④ 공정한 접근 보장 − 경찰의 법집행 과정에서 발생하는 차별과 편들기는 이 기준에 어긋난다.

정답찾기
③ 지문의 내용은 협동 또는 팀워크를 저해하는 사례에 해당한다.

63 악법에 대한 법철학적 논의 중 가장 옳지 않은 것은?

12. 경찰승진

① 실정법이 자연법에 우선함을 강조하면서 일정한 경우 실정법에 위배된 자연법의 구속력을 부정한다면 이는 자연법론적 관점으로 볼 수 있다.
② 경찰이 악법에 대하여 자연법론적 관점을 가지면 악법에 대한 저항을 어느 정도 묵인하는 태도를 취하게 될 수 있다.
③ 공동체가 추구하는 객관적 윤리질서보다 법적 안정성에 중점을 둔다면 이는 법실증주의적 관점이라고 볼 수 있다.
④ 정당한 절차에 의해 제정된 법이면 '악법도 법'이라고 보는 것은 법실증주의적 관점이라고 볼 수 있다.

정답찾기
① 법실증주의에 대한 내용이다.

01 다른 나라의 경찰제도에 대한 설명으로 적절하지 않은 것은 모두 몇 개인가? 　22. 경찰간부

> ㉠ 일본의 관구경찰국은 동경 경시청과 북해도 경찰본부 관할구역을 제외하고 전국에 7개가 설치되어 있다.
> ㉡ 프랑스의 군인경찰(La Gendamerie Nationale)은 국립경찰이 배치되지 않는 소규모 인구의 소도시와 농촌지역에서 경찰업무를 수행한다.
> ㉢ 독일의 연방헌법보호청은 경찰기관의 하나로서 법집행업무를 수행하는데, 헌법위반과 관련된 사안에 대해서만 구속 압수·수색 등 강제 수사를 할 수 있다.
> ㉣ 미국의 군 보안관(County Sheriff)은 범죄수사 및 순찰 등 모든 경찰권을 행사하며, 대부분의 주(State)에서 군 보안관 선출은 지역주민의 선거로 이루어진다.
> ㉤ 영국의 지방경찰은 기존의 3원 체제(지방경찰청장, 지방경찰위원회, 내무부장관)에서 4원 체제(지역치안위원장, 지역치안평의회, 지방경찰청장, 내무부장관)로 변경하면서 자치경찰의 성격을 강화하였다.

① 없음　　　　　② 1개　　　　　③ 2개　　　　　④ 3개

정답찾기

지문의 내용 중 적절하지 않은 것은 ㉢이다.
㉢ 독일의 연방헌법보호청은 정보의 수집 및 분석기관으로 <u>수사권이 없다</u>.

02 외국의 경찰에 대한 설명으로 가장 적절하지 않은 것은? 　23. 경찰간부

① 미국은 경찰업무의 집행에 있어 범죄대응의 효율성보다는 인권보장에 중점을 두어 적법절차(Due Process of Law)를 강조하는데, 이는 연방대법원의 판결을 통해 확립되어 있다.
② 프랑스 군경찰은 군인의 신분으로 국방임무를 수행하면서, 행정경찰과 사법경찰의 기능을 수행한다.
③ 일본 경찰은 일반적으로 수사의 개시·진행권 및 종결권을 가지고 있으며, 검찰과 상호대등한 협력관계를 이룬다.
④ 독일경찰은 연방차원에서는 각 주(州)가 경찰권을 가지고 있는 자치경찰이지만, 주(州)의 관점에서 본다면 주(州) 내무부장관을 정점으로 하는 주(州)단위의 국가경찰체제이다.

정답찾기

③ 일본 경찰은 일반적으로 <u>수사의 개시·진행권</u>을 가지고 있으며, 검찰과 <u>상호대등한 협력관계</u>를 이룬다(예외적으로 지휘·감독관계). 그러나 <u>수사종결권</u>은 검사의 권한이다.

Answer　61 ④　62 ③　63 ① / 01 ②　02 ③

03 각 국의 수사기관에 관한 설명으로 가장 적절하지 않은 것은?   23. 경찰

① 영국의 국립범죄청(NCA)은 2013년 중대조직범죄청(SOCA)과 아동범죄대응센터(CEOPC)를 통합하여 출범하였다.
② 미국의 연방수사국(FBI)은 2001년 9.11 테러 이후 테러예방과 수사에 많은 역량을 집중시키고 있다.
③ 독일의 연방범죄수사청(BKA)은 연방헌법기관 요인들에 대한 신변경호도 담당한다.
④ 한국의 국가수사본부는 고위공직자범죄 등에 관한 수사를 독립적으로 수행하기 위하여 법무부장관 소속으로 설치되었다.

정답찾기
④ 우리나라의 국가수사본부는 국가경찰과 자치경찰의 조직 및 운영에 관한 법률에 근거하여 경찰청에 설치되었다.

04 런던수도경찰청을 창시(1829년)한 로버트 필 경(Sr. Robert Peel)이 경찰조직을 운영하기 위하여 제시한 기본적인 원칙(경찰개혁안 포함)에 대한 설명으로 가장 적절하지 않은 것은?   23. 경찰간부

① 경찰은 정부의 통제하에 있어야 한다.
② 범죄발생 사항은 반드시 전파되어야 한다.
③ 단정한 외모가 시민의 존중을 산다.
④ 경찰의 효율성은 항상 범죄나 무질서를 진압하는 가시적인 모습으로 판단하는 것이다.

정답찾기
④ 경찰의 효율성은 범죄나 무질서의 감소나 부재로 판단되어야 하며, 범죄나 무질서를 진압하는 가시적인 모습으로 인정받는 것이 아니다.

■ 로버트 필의 경찰원칙

1. 경찰은 군대의 폭압과 법적 처벌의 엄격함에 대한 대안으로, 미연에 범죄와 무질서를 방지하기 위해 노력해야 한다.
2. 경찰의 임무를 수행하기 위해 필요한 권한은 시민의 지지와 승인 및 존중에 의한 것이라는 것을 인식해야 한다.
3. 경찰에 대한 시민의 지지와 승인 및 존중을 확보한다는 것은 법을 지키는 경찰의 업무에 대한 시민의 적극적인 협력확보를 의미한다는 것을 인식해야 한다.
4. 시민의 협력을 확보하는 만큼 경찰목적 달성을 위한 강제와 물리력 사용의 필요성이 감소한다는 점을 인식해야 한다.
5. 시민의 지지와 승인은 결코 여론에 영합해서 얻어지는 것이 아니라, 공정하고 치우침 없는 법집행을 통해 확보할 수 있다. 다시 말해 중립적인 정책, 부(富)나 사회적 지위 등 어떤 것에도 상관없이 모든 시민에게 동등한 대우, 예의와 친절 및 건강한 유머를 견지하는 태도 및 생명을 지키고 보호하기 위해 자신을 희생할 준비를 통해 얻어진다.
6. 경찰의 물리력 행사는 반드시 자발적 협력을 구하는 설득과 조언 및 경고가 통하지 않을 경우에만 사용해야 하며, 물리력의 행사는 최소한의 정도에 그쳐야 한다.
7. 경찰이 시민이고 시민이 경찰이라는 인식을 바탕으로 경찰과 시민간의 협력관계를 유지해야 한다. 경찰은 공동체의 복지와 존립의 이익을 위해 봉사하는 임무를 수행하기 위해 보수를 받는 공동체의 일원일 뿐이다.
8. 경팔은 법을 집행하는 역할은 한다는 점을 잊어서는 안 되며, 유·무죄를 판단해서 단죄하는 사법부의 권한을 행사하는 것처럼 보여서는 안 된다.
9. 경찰의 효율성은 범죄나 무질서의 감소나 부재로 판단되어야 하며, 범죄나 무질서를 진압하는 가시적인 모습으로 인정받는 것이 아니다.

05 1829년 런던수도경찰청을 창설한 로버트 필 경(Sir. Robert Peel)이 경찰조직을 운영하기 위하여 제시한 기본적인 원칙에 해당하지 않는 것은?

22. 경찰간부

① 경찰은 안정되고 능률적이며, 군대식으로 조직되어야 한다.
② 경찰의 기본적인 임무는 범죄와 무질서의 예방이다.
③ 모방범죄 예방을 위해 범죄정보는 유출되어서는 안 된다.
④ 적합한 경찰관들의 선발과 교육은 필수적인 것이다.

정답찾기
③ 로버트 필은 '신경찰의 11원칙(Principles of the New Police)'을 통해 '범죄발생 사항은 반드시 전파되어야 한다'고 주장하였다.

06 영국 경찰에 관한 설명으로 가장 적절하지 않은 것은?

25. 경위공채

① 1829년 근대경찰의 아버지로 불리는 로버트 필경(Sir Robert Peel)의 제의로 영국 최초의 근대 경찰조직인 수도경찰청이 창설되었다.
② 1964년 「경찰법」을 통해 내무부장관, 지방경찰위원회, 지방경찰청장을 중심으로 하는 경찰 3원 체제를 설정하였다.
③ 2002년 「경찰개혁법」이 제정되어 지방경찰위원회 및 지방경찰청장에 대한 내무부장관의 권한이 약화되었다.
④ 2011년 「경찰개혁 및 사회책임법」은 지역치안위원장, 지역치안평의회, 지방경찰청장, 내무부장관을 중심으로 하는 4원 체제로의 변화를 통해 자치경찰의 성격을 강화하였다.

정답찾기
③ 2002년 「경찰개혁법」은 1996년 경찰법을 수정하여 중앙정부의 권한을 강화했다는 특징이 있다. 다시 말해 「경찰개혁법」 지방경찰위원회 및 지방경찰청장에 대한 내무부장관의 권한을 더욱 강화하였다.

8장

Answer 03 ④ 04 ④ 05 ③ 06 ③

07 **외국경찰에 관한 설명으로 가장 적절하지 않은 것은?**

① 11세기경 프랑스의 앙리 1세는 파리의 치안을 유지하기 위해 법원과 경찰기능을 가진 프레보(Prévôt)를 창설하였다.

② 독일경찰은 1949년 「기본법」의 제정으로 대부분의 주(州)에서 주(州)단위 국가경찰제도를 채택하였다.

③ 영국의 지방경찰은 2011년 「경찰개혁 및 사회책임법」 제정을 통해 기존의 3원 체제(지방경찰청장, 지방경찰위원회, 내무부장관)에서 4원 체제(지역치안위원장, 지역치안평의회, 지방경찰청장, 내무부장관)로 변화하면서 자치경찰의 성격이 약화되었다.

④ 미국의 20세기 초 경찰개혁을 이끈 대표적 인물로 1인 순찰제의 효과성을 연구한 윌슨(O. W. Wilson)과 대학에 경찰 관련 교육과정을 개설한 어거스트 볼머(August Vollmer)가 있다.

정답찾기
③ 영국의 지방경찰은 기존의 3원 체제(지방경찰청장, 지방경찰위원회, 내무부장관)에서 4원 체제(지역치안위원장, 지역치안평의회, 지방경찰청장, 내무부장관)로 변화하면서 <u>자치경찰의 성격을 강화</u>하였다.

08 **외국경찰제도에 관한 설명으로 가장 적절한 것은?**

① 일본의 사법경찰(직원)은 1차적 수사기관으로 인정받고 있어, 수사를 개시・진행・종결까지 독자적으로 한 이후 검사에게 송치하는 것이 원칙이다.

② 프랑스에서는 수사의 주체가 수사판사 또는 검사이고, 국립경찰 소속 사법경찰뿐만 아니라 사법경찰활동을 하는 군경찰도 수사판사 또는 검사의 수사지휘를 받아야 한다.

③ 독일에서는 주별로 법률이 독자적으로 제정・운영되고 있어 주 경찰 중심으로 일반적 경찰권을 행사하나, 수사권에 있어서는 통일적 업무수행을 위해 연방(범죄)수사청이 주 소속 수사경찰을 지휘・감독한다.

④ 미국경찰에는 기본적으로 지방경찰, 주 경찰, 연방경찰이 존재하며, 이 중 광범위한 경찰권을 행사하여 법집행의 범위가 가장 넓은 것은 주 경찰이다.

정답찾기
① 일본의 경우 <u>수사종결권은 검사의 권한</u>이다.
③ 독일의 연방(범죄)수사청은 주 소속 수사경찰에 대한 지휘・감독권이 없다.
④ 미국의 경우 광범위한 경찰권을 행사하여 법집행의 범위가 가장 넓은 것은 연방 경찰이다.

Answer 07 ③   08 ②

제 **2** 편

각론

이상훈 경찰학
단원별 기출문제집

제1절 범죄예방정책업무

1 범죄학

01 경찰청과 그 소속기관 직제상 경찰청 범죄예방대응국장의 분장사항에 해당하지 않는 것은 모두 몇 개인가? 22. 경찰

> ㉠ 아동·청소년 대상 성매매 단속
> ㉡ 경비업에 관한 연구·지도
> ㉢ 아동학대에 관한 수사 지휘·감독
> ㉣ 청원경찰의 운영 및 지도
> ㉤ 교통사고·교통범죄에 관한 수사 지휘·감독
> ㉥ 각종 안전사고의 예방에 관한 사항

① 2개   ② 3개   ③ 4개   ④ 5개

정답찾기

지문의 내용 중 범죄예방대응국장의 분장사항은 ㉡㉥이다(경찰청과 그 소속기관의 직제 제11조 제3항 제3호, 제7호).
㉠㉢㉤ 형사국장의 분장사항이다(경찰청과 그 소속기관 직제 제20조 제3항 제1호, 제3호).
㉣ 경비국장의 분장사항이다(경찰청과 그 소속기관 직제 제13조 제3항 제3호).

02 화이트칼라 범죄(white-collar crimes)에 관한 설명으로 가장 적절하지 않은 것은? 23. 경찰

① 초기 화이트칼라 범죄를 정의한 학자는 서덜랜드(Sutherland)이다.
② 화이트칼라 범죄는 직업활동과 관련하여 높은 지위를 가지고 있는 사람에 의해 저질러지는 범죄이다.
③ 일반적으로 살인·강도·강간범죄는 화이트칼라 범죄로 분류된다.
④ 화이트칼라 범죄는 상류계층의 경제범죄에 대한 사회적 심각성을 연구하는 과정에서 등장한 개념이다.

정답찾기

③ Sutherland는 횡령, 뇌물수수 등이 화이트칼라 범죄에 해당한다고 보았다.

03 실리(J. F. Sheley)가 주장한 범죄유발의 4요소에 해당하지 않는 것은? 15. 경찰 변형, 15. 경찰승진 변형

① 범행의 가시성(Visibility)

② 범죄의 기술(Skill)

③ 사회적 제재로부터의 자유(Freedom from social constraints)

④ 범행의 기회(Opportunity)

정답찾기

① 범행의 가시성은 <u>VIVA모델의 내용</u>이다.

■ 범죄유발요소의 비교

구분	내용
J. F. Sheley	• 범행의 동기(Motivation) • 사회적 제재로부터의 자유(Freedom from social constraints) • 범행의 기술(Skill) • 범행의 기회(Opportunity)
일상활동 이론	• 잠재적 범죄자, 범행대상, 보호자(감시자)의 부재 • VIVA모델(범죄자의 입장에서 범죄를 결정하는데 고려되는 요소) − 가치(Value), 이동의 용이성(Inertia), 가시성(Visibility), 접근성(Access)

04 고전주의 범죄학의 억제이론(Deterrence Theory)은 베카리아(Beccaria)와 벤담(Bentham)의 주장에 근거한다. 기본 전제는 인간이 자유의지를 가지고 합리적인 판단에 의해 행동한다는 것이다. 이를 기반으로 한 처벌은 계량된 처벌의 고통과 범죄로 인한 이익 사이의 함수관계로 설명되는데 이 이론의 핵심적인 내용에 해당되는 것은? 24. 경찰

① 처벌의 확실성, 처벌의 엄격성, 처벌의 신속성

② 처벌의 확실성, 처벌의 엄격성, 처벌의 신중성

③ 처벌의 엄격성, 처벌의 신속성, 처벌의 신중성

④ 처벌의 엄격성, 처벌의 신속성, 처벌의 지속성

정답찾기

① 고전주의 범죄학은 효과적 범죄통제를 위한 <u>엄격하고 분명하며 신속한 형벌</u>을 주장하였다. 또한 효과적인 범죄예방은 범죄자가 범죄를 선택하지 못하게 하는 <u>강력한 형벌</u>에 있다고 주장한다.

05 마짜(D. Matza)와 사이크스(G. Sykes)의 중화기술 이론에서 '조그만 잘못을 저지른 비행 청소년이 자신보다 단속하는 경찰관이 더 나쁜 사람'이라고 스스로를 합리화하는 중화기술은? 09. 경찰

① 비난자에 대한 비난　　　　　　　　　② 피해자의 부인
③ 책임의 부인　　　　　　　　　　　　④ 충성심에의 호소

정답찾기
① 지문은 '비난자에 대한 비난'에 대한 설명이다.

06 다음은 '범죄통제 이론'을 설명한 것이다. 가장 적절하지 않은 것은? 14. 경찰

① '억제 이론'은 인간의 합리적 판단이 범죄 행동에도 적용된다고 보아서 폭력과 같은 충동적 범죄에는 적용에 한계가 있다.
② '치료 및 갱생 이론'은 결정론적 인간관에 입각하여 특별예방효과에 중점을 둔다.
③ '일상활동 이론'의 범죄발생 3요소는 '동기가 부여된 잠재적 범죄자', '적절한 대상', '범행의 기술'이다.
④ 로버트 샘슨은 지역주민간의 상호신뢰 또는 연대감과 범죄에 대한 적극적인 개입을 강조하는 '집합효율성 이론'을 주장하였다.

정답찾기
③ 범행의 기술은 Joseph F. Sheley가 주장한 범죄의 4대 요소에 해당한다. Sheley가 주장한 범죄의 4대 요소에는 범행의 동기, 사회적 제재로부터의 자유, 범행의 기술, 범행의 기회가 필요하다고 주장하였다. 그러나 Sheley는 범죄의 4대 요소는 필요조건이지 충분조건은 아니라고 설명하여, 4대 요소가 모두 갖춰진다고 해서 반드시 범죄가 발생하는 것은 아니며 4대 요소가 동시에 상호작용을 해야 범죄가 발생한다고 보았다.

07 범죄통제 이론에 대한 설명으로 가장 적절하지 않은 것은? 19. 경찰승진

① '억제 이론'은 강력하고 확실한 처벌을 통하여 범죄를 억제할 수 있다고 보며, 범죄의 동기나 원인, 사회적 환경에는 관심이 없다.
② '일상활동 이론'은 지역사회 구성원들이 범죄문제를 해결하기 위해 적극적으로 참여하는 것이 중요한 범죄예방의 열쇠라고 한다.
③ '합리적 선택 이론'은 인간이 자유 의지를 가지고 있다고 가정하고 합리적인 인간관을 전제로 하므로 비결정론적 인간관에 바탕을 두고 있다.
④ '치료 및 갱생 이론'은 비용이 많이 들고 범죄자를 대상으로 하므로 일반 예방효과에 한계가 있다는 비판이 존재한다.

정답찾기
② '집합효율성 이론'에 대한 설명이다. '일상활동 이론'의 경우 모든 개인을 잠재적인 범죄자로 보며, 범죄현상에 대한 추상적·거시적 분석보다는 구체적·미시적 분석이 실질적으로 범죄예방에 기여한다고 주장한다.

08 다음 경찰활동 예시의 근거가 되는 범죄원인론으로 가장 관련성이 높은 것은?

22. 경찰

> A경찰서는 관내에서 폭행으로 적발된 청소년을 형사입건하는 대신, 학교전담경찰관이 외부 전문가와 함께 3일 동안 다양한 활동으로 구성된 선도프로그램을 제공함으로써 해당 청소년에게 스스로 잘못을 뉘우치고 장차 지역 사회로 다시 통합될 수 있는 기회를 제공하였다.

① 낙인이론
② 일반긴장이론
③ 깨진 유리창 이론
④ 일상활동이론

정답찾기
① 사안은 낙인이론에 대한 설명이다.

09 범죄 원인에 관한 학설의 설명으로 가장 적절하지 않은 것은?

24. 경찰

① 뒤르켐(Durkheim)은 사회규범이 붕괴되어 규범에 대한 억제력이 상실된 상태를 아노미(Anomie)라고 하고 이러한 무규범상태에서 범죄가 발생한다고 주장하였다.
② 글레이저(Glaser)는 차별적 동일시이론을 통해 범죄의 원인이 개인이 아닌 사회구조의 변화에 있다고 설명하였다.
③ 탄넨바움(Tannenbaum)은 낙인이론을 통해 범죄자라는 낙인이 어떠한 결과를 낳는가에 관심을 가졌다.
④ 코헨(Cohen)은 목표와 수단이 괴리된 하류계층 청소년들이 중산층에 대한 저항으로 비행을 저지르며 목표 달성의 어려움을 극복하기 위해 자신들의 하위문화를 만들게 된다고 주장하였다.

정답찾기
② 글레이저(Glaser)의 차별적 동일시이론은 사회학적 범죄학 중 사회과정원인이론에 해당한다. 그러므로 사회구조의 변화를 범죄의 원인으로 보는 것이 아니라, 각 개인의 사회화 과정을 범죄의 원인으로 본다.

10 사회학적 범죄학 이론 중에서 사회구조원인이론으로 분류하기에 가장 적절하지 않은 이론을 설명한 것은?   24. 경찰

① 사람들을 '잠재적 범죄자'로 간주하고 사회적 결속과 유대의 약화로 인해 비행이 발생한다고 주장한다.

② 하류계층 청소년들은 '지위좌절'이라는 갈등의 형태를 경험하면서 중류계층의 가치관에 대한 적대적 반응을 갖게 되고, 목표달성의 어려움을 극복하기 위해 자신들만의 하위문화를 만들게 된다고 주장한다.

③ 사회규범의 붕괴로 무규범 상태가 되고 이러한 무규범 상태에서 범죄가 발생한다고 주장한다.

④ 산업화 및 도시화 과정에서 그 지역의 사회조직이 극도로 해체되었기 때문에 범죄와 비행이 발생한다고 주장한다.

> 정답찾기
>
> 지문의 내용은 허쉬(Hirschi)의 사회적 유대이론(통제이론)에 대한 설명이다. 해당 내용은 사화과정원인이론으로 분류된다. ②는 코헨(Cohen)과 밀러(Miller)의 하위문화이론, ③은 뒤르껭(D. Durkheim)의 아노미이론, ④는 쇼(Show)와 맥케이(Macay)의 사회해체이론에 대한 설명으로 모두 사회구조원인이론으로 분류된다.

11 뉴먼(1972)은 방어공간의 구성요소를 구분하였다. 이와 관련된 〈보기 1〉의 설명과 〈보기 2〉의 구성요소가 가장 적절하게 연결된 것은?   22. 경찰

— 〈보기 1〉 —

(가) 지역의 외관이 다른 지역과 고립되어 있지 않고, 보호되고 있으며, 주민의 적극적 행동의지를 보여줌

(나) 지역에 대한 소유의식은 일상적이지 않은 일이 있을 때 주민으로 하여금 행동을 취하도록 자극함

(다) 특별한 장치의 도움 없이 실내와 실외의 활동을 관찰할 수 있는 능력임

— 〈보기 2〉 —

㉠ 영역성   ㉡ 자연적 감시
㉢ 이미지   ㉣ 환경

	(가)	(나)	(다)
①	㉢	㉣	㉠
②	㉢	㉠	㉡
③	㉣	㉠	㉢
④	㉣	㉢	㉡

> 정답찾기
>
> 〈보기 1〉의 내용 중 (가)는 이미지, (나)는 영역성, (다)는 자연적 감시에 대한 설명이다.

12 다음은 환경설계를 통한 범죄예방(CPTED)에 대한 설명이다. 〈보기 1〉과 〈보기 2〉의 내용이 가장 적절하게 연결된 것은?

20. 경찰

───── 〈보기 1〉 ─────

(가) 사적공간에 대한 경계를 표시하여 주민들의 책임의식과 소유의식을 증대함으로써 사적공간에 대한 관리권과 권리를 강화시키고, 외부인들에게는 침입에 대한 불법사실을 인식시켜 범죄기회를 차단하는 원리

(나) 건축물이나 시설물 설계시 가시권을 최대한 확보, 외부침입에 대한 감시기능을 확대함으로써 범죄행위의 발견 가능성을 증가시키고 범죄기회를 감소시킬 수 있다는 원리

(다) 일정한 지역에 접근하는 사람들을 정해진 공간으로 유도하거나 외부인의 출입을 통제하도록 설계함으로써 접근에 대한 심리적 부담을 증대시켜 범죄를 예방하는 원리

(라) 지역사회 설계시 주민들이 모여서 상호의견을 교환하고 유대감을 증대할 수 있는 공공장소를 설치하고 이용하도록 함으로써 '거리의 눈'을 활용한 자연적 감시와 접근통제의 기능을 확대하는 원리

───── 〈보기 2〉 ─────

㉠ 조명, 조경, 가시권 확대를 위한 건물의 배치

㉡ 체육시설의 접근성과 이용의 증대, 벤치·정자의 위치 및 활용성에 대한 설계

㉢ 울타리·펜스의 설치, 사적·공적 공간의 구분

㉣ 잠금장치, 통행로의 설계, 출입구의 최소화

	(가)	(나)	(다)	(라)
①	㉢	㉡	㉣	㉠
②	㉣	㉠	㉢	㉡
③	㉢	㉠	㉣	㉡
④	㉣	㉡	㉢	㉠

정답찾기

(가)와 ㉢은 영역성의 강화, (나)와 ㉠은 자연적 감시의 강화, (다)와 ㉣은 자연적 접근의 통제, (라)와 ㉡은 활동성의 강화에 대한 설명이다.

Answer   10 ①   11 ②   12 ③

13 환경설계를 통한 범죄예방(CPTED)에 관한 설명이다. 이에 관한 ㉠부터 ㉣까지의 설명 중 옳고 그름의 표시(O, X)가 모두 바르게 된 것은?

22. 경찰

> ㉠ 건축물이나 시설물의 설계 시 가시권의 최대 확보, 외부침입에 대한 감시기능을 확대하여 범죄행위의 발견 가능성은 증가시키고 범죄기회는 감소시킬 수 있다는 원리를 자연적 감시라고 하며, 이에 대한 종류로는 조명, 조경, 가시권 확대를 위한 건물의 배치 등이 있다.
>
> ㉡ 지역사회의 설계 시 주민들이 모여서 상호의견을 교환하고 유대감을 증대할 수 있는 공공장소를 설치하고 이 용하도록 함으로써 '거리의 눈'을 활용한 자연적 감시와 접근통제의 기능을 확대하는 원리를 활동의 활성화(활 용성의 증대)라고 하며, 이에 대한 종류로는 놀이터·공원의 설치, 벤치·정자의 위치 및 활용성에 대한 설계, 통행로의 설계 등이 있다.
>
> ㉢ 사적 공간에 대한 경계를 표시하여 주민들의 책임의식과 소유의식을 증대함으로써 사적 공간에 대한 관리권 과 권리를 강화시키고, 외부인들에게는 침입에 대한 불법사실을 인식시켜 범죄기회를 차단하는 원리를 자연적 접근통제라고 하며, 이에 대한 종류로는 방범창, 출입구의 최소화 등이 있다.
>
> ㉣ 처음 설계된 대로 혹은 개선한 의도대로 기능을 지속적으로 유지하도록 관리함으로써 범죄예방을 위한 환경 설계의 장기적이고 지속적인 효과를 유지하는 원리를 유지관리라고 하며, 이에 대한 종류로는 청결유지, 파손 의 즉시보수, 조명의 관리 등이 있다.

① ㉠(○) ㉡(X) ㉢(X) ㉣(○) ② ㉠(○) ㉡(○) ㉢(X) ㉣(○)
③ ㉠(X) ㉡(X) ㉢(○) ㉣(○) ④ ㉠(○) ㉡(○) ㉢(○) ㉣(X)

정답찾기

지문의 내용 중 적절하지 않는 것은 ㉡㉢이다.
㉡ 지문의 내용 중 '통행로의 설계'는 자연적 접근의 통제와 관련이 있다.
㉢ 사적 공간에 대한 경계를 표시하여 주민들의 책임의식과 소유의식을 증대함으로써 사적 공간에 대한 관리권과 권리를 강화시키고, 외부인들에게는 침입에 대한 불법사실을 인식시켜 범죄기회를 차단하는 원리는 영역성의 강화에 해당한다. 울타리·표지판의 설치, 사적·공적 공간의 구분 등이 이와 관련이 있다. 자연적 접근의 통제는 일정한 지역에 접근하는 사람들을 정해진 공간으로 유도하거 나 출입하는 사람들을 통제하도록 설계함으로써 접근에 대한 심리적 부담을 증대시켜 범죄를 예방할 수 있다는 원리로 통행로의 설계, 출입구의 최소화, 차단기·잠금장치·방범창의 설치 등과 관련이 있다.

14 환경설계를 통한 범죄예방(CPTED)에 관한 설명으로 가장 적절하지 않은 것은?

23. 경찰

① CPTED는 근본적이고 효과적인 범죄예방을 위한 방안으로 물리적 환경설계 또는 재설계를 통해 범죄 기회 를 차단하는 것이 핵심이다.

② '자연적 감시(natural surveillance)'는 건축물이나 시설물의 설계시 가시권을 확보하여 외부침입에 대한 감시 기능을 확대함으로써 범죄행위 발견 가능성을 증가시켜 범죄의 기회를 감소시킬 수 있다는 원리이다.

③ '영역성 강화(territorial reinforcement)'는 사적공간에 대한 경계표시로 주민들의 책임의식과 소유의식을 증 대함으로써 사적공간에 대한 관리권과 권리를 강화시키는 원리이다.

④ '유지·관리(maintenance and management)'는 차단기, 방범창, 잠금장치의 파손을 수리하지 않고 유지하는 원리이다.

정답찾기

④ 유지관리란 시설물이나 공공장소를 처음 설계한대로 지속적으로 이용될 수 있도록 관리함으로써 범죄예방을 위한 환경설계의 장기적이고 지속적인 효과를 유지하는 원리이다. <u>시설물의 파손시 즉시 보수, 청결유지, 조명·조경의 관리 등이 유지관리에 해당한다.</u>

15 범죄예방 환경설계(CPTED : Crime Prevention Through Environmental Design)에 관한 설명으로 가장 적절하지 않은 것은?

24. 경찰

① 접근통제(Access control) 전략의 주요 기능은 보행로, 조경 등을 통해 일정 공간으로 유도함과 동시에 허가받지 않은 사람들의 진·출입을 차단하여 목표물로의 접근을 막고 대상물의 강화를 통해 범죄자에게 심리적 부담과 위험을 인지시키는 것이다.

② 영역성(Territoriality) 전략의 물리적 디자인은 사용자들이 소유권과 점유권의 개념을 발전시키고 잠재적 범죄자들은 영역성의 영향을 인지하게 되어 정당한 사용자들의 권리와 재산권에 대한 관념을 강화하는 개념이다.

③ 자연적 감시(Natural surveillance) 전략은 공공장소의 활발한 사용을 유도하여 일상활동의 활성화를 위해 거리에 더 많은 눈(more eyes)을 통해 자연스러운 감시 기능을 강화하여 범죄 위험을 감소시키고 주민들의 안전감을 향상시키는 것이다.

④ 유지관리(Maintenance) 전략은 어떤 시설물이나 공공장소를 처음 디자인하거나 이를 개선한 의도대로 범죄예방 기능을 지속적으로 발휘하도록 하여, 공간을 의도한 목적에 맞게 지속적으로 사용하도록 하는 것이다.

정답찾기

③ 지문의 내용은 <u>활동성의 강화(활성화)</u>에 대한 설명이다. 자연적 감시는 건축물이나 시설물 등의 설계시 가시권을 최대로 확보하고 외부침입에 대한 감시기능을 확대하여 범죄를 기도하는 자에게 범죄위험을 증가시키고, 범죄기회를 감소시켜 범죄를 억제하는 것과 관련이 있다.

16 범죄예방(통제) 이론에 대한 다음 설명 중 가장 옳지 않은 것은?

10. 경찰 변형

① 합리적 선택 이론에서는 인간의 자유의지를 인정하는 결정론적 인간관에 입각하여 범죄자는 비용과 이익을 계산하고 자신에게 유리한 경우에 범죄를 행한다고 본다.

② 사회발전을 통한 범죄예방 이론에 대하여는 개인이나 소규모의 조직체에 의해 수행될 수 없다는 비판이 제기된다.

③ 일상활동 이론은 범죄자의 입장에서 범행을 결정하는데 고려되는 4가지 요소로 가치(Value), 이동의 용이성(Inertia), 가시성(Visibility), 접근성(Access)을 들고 있다.

④ 환경설계를 통한 범죄예방기법(CPTED)은 환경범죄학의 대표적인 예라 할 수 있다.

정답찾기

① 합리적 선택 이론은 비결정론적 인간관에 기초한다.

Answer 13 ① 14 ④ 15 ③ 16 ①

17 범죄통제 이론에 대한 설명 중 적절하지 않은 것은 모두 몇 개인가?   13. 경찰승진

> ㉠ 억제 이론은 고전학파의 입장으로 폭력과 같은 충동적 범죄에는 적용에 한계가 있다.
> ㉡ 치료 및 갱생 이론은 비용부담이 많고, 적극적 범죄예방에는 한계가 있다.
> ㉢ 상황적 범죄예방 이론의 일종인 합리적 선택 이론은 억제 이론과 같이 인간의 자유의지를 전제로, 범죄자는 비용과 이익을 계산하여 자신에게 유리한 경우에 범죄를 저지른다고 한다.
> ㉣ 방어공간 이론은 지역사회 구성원들의 유대강화와 범죄 등 사회문제에 대한 적극적인 개입 등 공동의 노력이 있다면 얼마든지 범죄문제에 효과적으로 대응할 수 있다고 한다.
> ㉤ 상황적 범죄예방 이론의 일종인 일상활동 이론에서 범죄의 3가지 요인으로는 동기가 부여된 잠재적 범죄자, 보호자의 부재, 범행의 기술이 있다.
> ㉥ 일상활동 이론은 시간과 공간적 변동에 따른 범죄발생양상·범죄기회·범죄조건 등에 대한 추상적이고 거시적인 분석을 토대로 구체적인 상황에 맞는 범죄예방활동을 하고자 한다.

① 2개   ② 3개   ③ 4개   ④ 5개

정답찾기

적절하지 않은 것은 ㉣㉤㉥ 3개이다.
㉣ 지문의 내용은 로버트 샘슨의 '집합 효율성 이론'에 대한 설명이다. 뉴먼(O. Newman)의 방어공간 이론은 CPTED의 이론적 기초에 해당하는 것으로 범죄가 주거공간의 건축설계를 통해 예방될 수 있다는 내용이다.
㉤ 지문의 내용 중 '범행의 기술'은 실리(J.E.Sheley)가 주장한 범죄의 4대 요소에 해당한다. 일상활동 이론의 경우 범죄는 잠재적 범죄자, 적절한 범행대상, 감시자(보호자)의 부재라는 세 가지 조건이 충족될 때 발생한다고 본다. 또한 범죄자의 입장에서 범행을 결정하는데 고려되는 요소(VIVA 모델)에는 가치(Value), 이동의 용이성(Inertia), 가시성(Visibility), 접근성(Access)이 있다.
㉥ 일상활동 이론은 범죄현상에 대한 추상적·거시적인 분석보다는 구체적·미시적인 범죄발생양상을 분석하는 것이 실제 범죄예방에 기여한다고 본다.

18 다음은 '범죄통제 이론'을 설명한 것이다. 가장 적절하지 않은 것은?   18. 경찰

① '일상활동 이론'의 범죄유발의 4요소는 '범행의 동기', '사회적 제재로부터의 자유', '범행의 기술', '범행의 기회'이다.
② 로버트 샘슨과 동료들은 지역주민간의 상호 신뢰 또는 연대감과 범죄에 대한 적극적인 개입을 강조하는 '집합효율성 이론'을 주장하였다.
③ '치료 및 갱생 이론'은 결정론적 인간관에 입각하여 특별예방효과에 중점을 둔다.
④ '억제 이론'은 폭력과 같은 충동적 범죄에 적용하는데 한계가 있다는 비판이 있다.

정답찾기

① 실리(J. F. Sheley)가 주장한 범죄유발의 4요소에 대한 설명이다. 일상활동 이론에서 범죄의 3가지 요인으로는 동기가 부여된 잠재적 범죄자, 적절한 대상, 보호자(감시자)가 있다.

19 범죄원인이론에 대한 설명으로 가장 적절하게 연결되지 않은 것은? 21. 경찰

① 쇼와 맥케이(Shaw & Mckay)의 사회해체이론 − 빈민(slum)지역에서 범죄발생률이 높은 것은 도시의 산업화·공업화 과정에서 지역사회의 제도나 규범 등이 극도로 해체되기 때문으로, 이 지역에서는 비행적 전통과 가치관이 사회통제를 약화시켜서 일탈이 야기되며 이러한 지역은 구성원이 바뀌더라도 비행발생률은 감소하지 않는다.

② 레클리스(Reckless)의 견제(봉쇄)이론 − 고전주의 범죄학 이론에 기반을 둔 것으로, 인간은 범죄로부터 얻을 수 있는 이익보다 더 큰 고통을 받게 되면, 범죄를 저지르지 않을 것이라는 전제를 하고 있다. 범죄통제를 위해서는 처벌의 엄격성, 신속성, 확실성이 요구되며 이 중 처벌의 확실성이 가장 중요하다.

③ 버제스와 에이커스(Burgess & Akers)의 차별적 강화이론 − 범죄행위의 결과로서 보상이 취득되고 처벌이 회피될 때 그 행위는 강화되는 반면, 보상이 상실되고 처벌이 강화되면 그 행위는 약화된다.

④ 머튼(Merton)의 긴장(아노미)이론 − 목표와 그 목표를 이루기 위한 수단과의 간극이 커지면서 아노미 조건이 유발되어 분노와 좌절이라는 긴장이 초래되고, 그 목적을 달성하기 위한 수단으로서 범죄를 선택한다.

정답찾기

② 지문의 내용은 억제이론에 대한 설명이다. 레클리스(Reckless)의 견제(봉쇄)이론은 좋은 자아관념은 주변의 범죄적 환경에도 불구하고 비행행위에 가담하지 않도록 하는 중요한 요소라고 본다.

20 범죄예방이론에 관한 설명으로 가장 적절하지 않은 것은? 24. 경찰

① 일상활동이론(Routine Activity Theory), 합리적 선택이론(Rational Choice Theory), 범죄패턴이론(Crime Pattern Theory) 등은 상황적 범죄예방(Situational Crime Prevention)의 중요한 이론적 배경이 되고 있다.

② 환경설계를 통한 범죄예방 (CPTED : Crime Prevention Through Environmental Design)은 물리적 환경설계 또는 재설계를 통해 범죄기회를 차단하고 시민의 범죄에 대한 불안을 감소시키는 전략이다.

③ 특별예방이론이 잠재적 범죄자인 일반인에 대한 형벌의 예방기능을 강조한 것이라면, 일반예방이론은 형벌을 구체적인 범죄자 개인에 대한 영향력의 행사라고 보고, 범죄자를 교화함으로써 재범하지 않도록 하는 것이다.

④ 범죄예방에 질병의 예방과 치료의 개념을 도입하여 소개한 브랜팅햄(P. J. Brantingham)과 파우스트(F. L. Faust)는 범죄예방을 1차적 범죄예방, 2차적 범죄예방, 3차적 범죄예방으로 나누고 있다. 1차적 범죄예방은 일반대중, 2차적 범죄예방은 범죄우범자나 집단, 그리고 3차적 범죄예방은 범죄자가 주요 대상이라고 할 수 있다.

정답찾기

③ 일반예방이론이 잠재적 범죄자인 일반인에 대한 형벌의 예방기능을 강조한 것이라면, 특별예방이론은 형벌을 구체적인 범죄자 개인에 대한 영향력의 행사라고 보고, 범죄자를 교화함으로써 재범하지 않도록 하는 것이다.

Answer 17 ② 18 ① 19 ② 20 ③

21 다음은 관할 지역 내 범죄문제 해결을 위해 경찰서별로 실시하고 있는 활동들이다. 각 활동들의 근거가 되는 범죄원인론을 가장 적절하게 연결한 것은?

19. 경찰

> ㉠ A경찰서는 관내에서 음주소란과 폭행 등으로 적발된 청소년들을 형사입건하는 대신 지역사회 축제에서 실시되는 행사에 보안요원으로 봉사할 수 있는 기회를 제공하였다.
>
> ㉡ B경찰서는 지역사회에 만연해 있는 경미한 주취소란에 대해서도 예외 없이 엄격한 법집행을 실시하였다.
>
> ㉢ C경찰서는 관내 자전거 절도사건이 증가하자 관내 자전거 소유자들을 대상으로 자전거에 일련번호를 각인해 주는 서비스를 제공하였다.
>
> ㉣ D경찰서는 관내 청소년 비행 문제가 증가하자 청소년들을 대상으로 폭력 영상물의 폐해에 관한 교육을 실시하고, 해당 유형의 영상물에 대한 접촉을 삼가도록 계도하였다.

	㉠	㉡	㉢	㉣
①	낙인이론	깨진 유리창 이론	상황적 범죄예방 이론	차별적 동일시 이론
②	낙인이론	깨진 유리창 이론	상황적 범죄예방 이론	차별적 접촉 이론
③	상황적 범죄예방 이론	깨진 유리창 이론	낙인이론	차별적 접촉 이론
④	상황적 범죄예방 이론	낙인이론	깨진 유리창 이론	차별적 동일시 이론

정답찾기

㉠ 낙인이론에 대한 설명이다. 어떠한 행위가 사회인들에 의하여 일탈이라고 인식되어 낙인찍히면 그러한 행위를 한 사람은 일탈자(전과자)가 되는데, 이러한 낙인을 찍는 대신 사회봉사 등으로 대신한다.

㉡ 깨진 유리창 이론(무관용 원칙)에 대한 설명이다. 경미한 법위반 행위나 피해자가 없는 법위반 행위에 대해서도 관용을 베풀지 않고 엄격하게 처벌하는 것과 관련이 있다.

㉢ 상황적 범죄예방 이론에 대한 설명이다. 범죄행위에 대한 위험과 어려움을 높여 범죄기회를 줄이고 범죄를 통한 이익을 감소시킴으로써 범죄를 예방하자는 이론이다.

㉣ 차별적 동일시 이론에 대한 설명이다. 차별적 접촉 이론의 경우 범죄가 친밀한 집단과의 직접적인 접촉을 통해 학습되는 것이라고 보는 반면, 차별적 동일시 이론의 경우 실제로 반법률적 행위를 야기하는 접촉을 하지 않는 사람이라도 그들이 그러한 반법률적 규정이 기대되는 사람과 자신을 동일시한다면 범죄행위가 가능하다는 것이다. 예컨대, 청소년들이 매스컴에 보도되는 범죄자를 동일시하여 모방하고 흉내내어 범죄를 학습하게 되는 경우이다.

22 다음은 경찰이 수행하는 범죄예방활동 사례(〈보기 1〉)와 톤리와 패링턴(Tonry & Farrington)의 구분에 따른 범죄예방 전략 유형(〈보기 2〉)이다. 〈보기 1〉과 〈보기 2〉의 내용이 가장 적절하게 연결된 것은?   23. 경찰

--- 〈보기 1〉 ---

(가) 경찰서의 여성청소년 담당부서에서 운영하고 있는 학교전담경찰관(SPO)은 학교에 배치되어 학교폭력예방 교육 등 학교폭력 관련 예방과 가해학생 선도 등 사후관리 역할을 담당하고, 학대예방경찰관(APO)은 미취학 혹은 장기결석아동에 대해 점검하고 학대피해 우려가 높은 아동에 대해 지속적으로 모니터링을 실시함으로 써 아동학대의 위험성을 감소시키고 아동의 안전 등을 확인하는 역할을 담당하고 있다.

(나) 여성 1인 가구 밀집지역에 대한 경찰순찰을 확대함으로써 공식적 감시기능을 강화하거나 혹은 아파트 입구 현관문에 반사경을 부착함으로써 출입자의 익명성을 감소시켜 범행에 수반되는 발각 위험을 증대하기 위한 조치를 취하고 있다.

(다) 위법행위에 대한 단속을 강화하는 무관용 경찰활동을 지향함으로써 처벌의 확실성을 높여 범죄를 억제하고 자 노력하고 있다.

--- 〈보기 2〉 ---

| ㉠ 상황적 범죄예방 | ㉡ 지역사회 기반 범죄예방 |
| ㉢ 발달적 범죄예방 | ㉣ 법집행을 통한 범죄억제 |

	(가)	(나)	(다)
①	㉡	㉣	㉠
②	㉢	㉡	㉣
③	㉡	㉢	㉠
④	㉢	㉠	㉣

정답찾기

(가)는 발달적 범죄예방, (나)는 상황적 범죄예방, (다)는 법집행을 통한 범죄억제와 관련이 있다.

23 멘델존(Mendelsohn)의 피해자 유형 분류 중 가해자와 같은 정도의 책임이 있는 피해자에 해당하는 사례로 가장 적절하 지 않은 것은?   24. 경찰

① 동반자살 피해자
② 부모에게 살해된 패륜아
③ 자살미수 피해자
④ 촉탁살인에 의한 피살자

정답찾기

② 부모에게 살해된 패륜아는 가해자보다 더 책임이 있는 피해자에 해당한다.

Answer   21 ①   22 ④   23 ②

■ 멘델존(Mendelsohn)의 피해자 유형 분류

구분	내용
완전 책임이 없는 피해자	• 영아살해죄의 영아 • 약취유인된 유아
책임이 조금 있는 피해자	• 부지에 의한 낙태여성 • 인공유산을 시도하다 사망한 임산부
가해자와 같은 정도의 책임이 있는 피해자	• 촉탁살인에 의한 피해자 • 자살미수 피해자 • 동반자살 피해자
가해자보다 더 책임이 있는 피해자	• 자신의 부주의로 인한 피해자 • 부모에게 살해된 패륜아
가장 책임이 높은 피해자	• 정당방위의 상대방이 되는 공격적 피해자 • 무고죄의 범인과 같은 기만적 피해자

2 지역사회 경찰활동

24 아래 보기에 가장 부합하지 않는 경찰활동은?   11. 경찰

> ㉠ 범인검거에서 범죄예방분야로의 역량을 강화하기 위해 사후적 검거활동에서 사전적 예방활동으로 전환하고, 범죄예방을 위한 다양한 자원을 투입하였으며, 경찰평가의 기준으로 검거실적에서 범죄예방노력과 범죄발생률로 전환하였다.
> ㉡ 지역사회와의 협력치안을 강화하기 위해 경찰력에만 의존한 치안정책에서 지역사회 협력치안으로 전환하고, 지역사회 문제해결과 주민의 경찰행정 참여기회를 보장하였다.
> ㉢ 경찰내부의 개혁으로는 권한의 집중에서 권한분산을 통한 경찰책임의 증대로 권한과 책임의 일치를 추구하고, 상의하달의 의사구조를 하의상달의 구조로 상호교류를 확대하였다.

① 심각한 범죄에 대한 신속하고 효과적인 대응보다는 지역사회와의 밀접한 상호작용에 가치를 둔다.
② 경찰의 능률성은 체포율과 적발 건수보다는 범죄와 무질서의 부재에 있다.
③ 경찰의 효과성은 현장임장시간보다는 대중의 협조에 무게를 둔다.
④ 경찰의 역할은 폭넓은 지역문제를 해결하는 것 보다는 범죄를 해결하는 것이다.

정답찾기
④ 지역사회 경찰활동에 대한 내용이다. 지역사회 경찰활동에서는 <u>범죄를 포함한 지역사회의 문제해결</u>에 초점을 맞추고 있다.

25 지역사회 경찰활동(Community Policing)에 대한 설명으로 가장 적절하지 않은 것은?   20. 경찰

① 업무평가의 주요한 척도는 사후진압을 강조한 범인검거율이 아닌 사전예방을 강조한 범죄나 무질서의 감소율이다.

② 지역사회 경찰활동의 프로그램으로 이웃지향적 경찰활동, 전략지향적 경찰활동, 문제지향적 경찰활동 등이 있다.

③ 타 기관과는 권한과 책임 문제로 인한 갈등구조가 아닌 지역사회 문제해결의 공동목적 수행을 위한 협력구조를 이룬다.

④ 지역사회 문제해결을 위한 경찰업무 영역의 확대로 일선 경찰관에 대한 감독자의 지휘·통제가 강조된다.

정답찾기

④ 지역사회 경찰활동의 경우 지역사회의 요구에 부응할 수 있도록 경찰관 개개인에게 권한을 부여하며, 부여된 권한을 행사하는 경찰관 개개인의 능력을 강조한다.

26 다음은 전통적 경찰활동과 지역사회 경찰활동에 관한 비교설명이다(Sparrow, 1988). 질문과 답변의 연결이 가장 적절하지 않은 것은?   22. 경찰

① 경찰은 누구인가? - 전통적 경찰활동의 관점에서는 법집행을 주로 책임지는 정부기관이라고 답변할 것이며, 지역사회 경찰활동의 관점에서는 경찰이 시민이고 시민이 경찰이라고 답변할 것이다.

② 언론 접촉 부서의 역할은 무엇인가? - 전통적 경찰활동의 관점에서는 현장경찰관들에 대한 비판적 여론을 차단하는 것이라고 답변할 것이며, 지역사회 경찰활동의 관점에서는 지역사회와의 원활한 소통창구라고 답변할 것이다.

③ 경찰의 효과성은 무엇이 결정하는가? - 전통적 경찰활동의 관점에서는 경찰의 대응시간이라고 답변할 것이며, 지역사회 경찰활동의 관점에서는 시민의 협조라고 답변할 것이다.

④ 가장 중요한 정보란 무엇인가? - 전통적 경찰활동의 관점에서는 범죄자 정보(개인 또는 집단의 활동사항 관련 정보)라고 답변할 것이며, 지역사회 경찰활동의 관점에서는 범죄사건 정보(특정범죄사건 또는 일련의 범죄사건 관련 정보)라고 답변할 것이다.

정답찾기

④ 전통적 경찰활동의 관점에서는 범죄사건 정보(특정범죄사건 또는 일련의 범죄사건 관련 정보)라고 답변할 것이며, 지역사회 경찰활동의 관점에서는 범죄자 정보(개인 또는 집단의 활동사항 관련 정보)라고 답변할 것이다.

Answer   24 ④   25 ④   26 ④

27 지역사회 경찰활동(COP)에 관한 설명으로 가장 적절하지 않은 것은? 23. 경찰

① 경찰과 시민 모두 지역문제 해결을 위한 치안주체로서 인정하고 협력을 강조한다.
② 업무평가의 주요한 척도는 사전예방을 강조한 범죄나 무질서의 감소율이다.
③ 프로그램으로는 전략지향적 경찰활동(Strategy Oriented Policing : SOP), 이웃지향적 경찰활동(Neighborhood Oriented Policing : NOP) 등이 있다.
④ 범죄신고에 대한 출동소요시간을 바탕으로 효과성을 평가한다.

정답찾기
④ 지문의 내용은 전통적 경찰활동에 대한 설명이다. 지역사회 경찰활동은 경찰업무에 대한 지역주민의 협조도를 기준으로 경찰활동의 효율성을 평가한다.

28 '지역사회경찰활동'(Community Policing)에 관한 설명으로 가장 적절하지 않은 것은? 23. 경찰

① 범죄가 자주 발생하는 지점에 경찰력을 집중적으로 배치하여 범죄예방효과를 극대화하는 데 중점을 둔다.
② 경찰활동의 목적과 우선순위를 결정할 때 시민의 참여가 중요하다.
③ 사후적 대응보다 사전적 예방 중심의 경찰활동 전개에 주력한다.
④ 경찰은 지역사회 내 지방자치단체, 학교 등 공적 주체들은 물론 시민단체 등 사적 주체들과도 파트너십을 형성할 필요가 있다.

정답찾기
① 지문의 내용은 범죄패턴이론과 관련이 있다.

29 문제지향 경찰활동에 대한 설명으로 가장 적절하지 않은 것은? 20. 경찰

① 일선경찰관에게 문제해결 권한과 필요한 시간을 부여하고 범죄분석자료를 제공한다.
② 조사 − 분석 − 대응 − 평가로 이루어진 문제해결과정을 제시한다.
③ 형법의 적용은 여러 대응 수단 중 하나에 불과하다.
④ 거주자들에게 지역에 관한 정보를 제공하며, 주민들은 민간순찰을 실시한다.

정답찾기
④ 범죄예방활동의 신경향과 관련하여 지역사회 경찰활동, 문제지향적 경찰활동 및 이웃지향적 경찰활동 등이 있다. 지문의 내용은 이웃지향적 경찰활동(Neighborhood-oriented Policing)에 대한 설명이다.

30 에크와 스펠만(Eck & Spelman)은 경찰관서에서 문제지향 경찰활동을 지역문제의 해결에 보다 쉽게 적용할 수 있도록 4단계의 문제해결과정(이른바 SARA 모델)을 제시하였다. 개별 단계에 관한 설명으로 가장 적절하지 않은 것은?

23. 경찰

① 조사단계(scanning)는 일반적으로 지역사회에서 일회적으로 발생하지만 대중의 이목을 집중시키는 심각한 중대범죄 사건을 우선적으로 조사대상화하는 데에서 출발한다.

② 분석단계(analysis)에서는 각종 통계자료 등 수집된 자료를 활용하여 심층적인 분석을 실시하며, 당면 문제의 성격을 정확하게 파악하기 위해 문제분석 삼각모형(problem analysis triangle)을 유용한 분석도구로 활용할 수 있다.

③ 대응단계(response)에서는 경찰이 보유한 자원과 역량만으로는 한계가 있으므로 지역사회 내의 여러 다른 기관들과의 협력을 통한 대응방안을 추구하며, 상황적 범죄예방에서 제시하는 25가지 범죄예방기술을 적용해 볼 수도 있다.

④ 평가단계(assessment)는 과정평가와 효과평가의 두 단계로 구성되며, 이전 문제해결과정에의 환류를 통해 각 단계가 지속적인 순환과정으로 작동할 수 있도록 한다는 점에서 중요한 의미를 가진다.

정답찾기
① 조사단계(scanning)는 일반적으로 순찰구역 내 문제들을 확인하고 문제의 유형이나 <u>지속적으로 발생하는 사건</u>들을 찾아내는 과정에 해당한다.

31 문제해결과정인 'SARA 모형'에 관한 설명으로 가장 적절하지 않은 것은?

24. 경찰

① 조사단계(Scanning)는 지역에서 반복적으로 발생하고 있는 문제를 파악하는 데에서 출발하여 문제라고 여겨지는 개인과 관련된 사건을 분류하고, 정확하고 유용한 용어를 활용하여 이러한 문제를 조사한다.

② 분석단계(Analysis)는 지역사회와 경찰이 협력하는 등의 방법으로 문제의 원인을 파악하고, 분석하는 단계이다.

③ 대응단계(Response)는 경찰이 보유한 자원과 역량만으로는 한계가 있기 때문에 경찰관은 지역사회 내의 여러 다른 기관들과 협력을 통한 대응방안을 추구한다.

④ 평가단계(Assessment)는 대응의 적절성을 평가하며, 효과평가와 결과평가의 두 단계로 이루어진다.

정답찾기
④ 평가단계(assessment)는 과정평가와 효과평가의 두 단계로 구성되며, 이전 문제해결과정에의 환류를 통해 각 단계가 지속적인 순환과정으로 작동할 수 있도록 한다는 점에서 중요한 의미를 가진다.

Answer 27 ④ 28 ① 29 ④ 30 ① 31 ④

32 지역사회경찰활동의 구성요소에 관한 설명으로 가장 적절하지 않은 것은? 24. 경찰

① 지역중심적 경찰활동(COP : Community Oriented Policing) – 지역사회에서의 전반적인 삶의 질 향상을 목표로, 지역사회와 경찰 사이의 새로운 관계를 증진시키는 조직적인 전략원리를 말한다.

② 전략지향적 경찰활동(SOP : Strategic Oriented Policing) – 확인된 문제에 대한 전략적 대응을 위해 경찰자원을 배분하고, 전통적인 경찰활동과 절차를 통해 범죄적 요소나 사회무질서의 원인을 효과적으로 제거하는 경찰활동을 말한다.

③ 이웃지향적 경찰활동(NOP : Neighborhood Oriented Policing) – 지역사회경찰활동을 위하여 경찰과 주민의 의사소통라인을 개설 하려는 모든 프로그램을 말한다.

④ 문제지향적 경찰활동(POP : Problem Oriented Policing) – 지역조직은 거주자들에게 지역에 관한 정보를 제공하며 경찰과 협동하여 범죄를 억제하는 기능을 수행한다.

> 정답찾기
> ④ 지문의 내용은 이웃지향적 경찰활동(NOP : Neighborhood Oriented Policing)에 대한 설명이다. 문제지향적 경찰활동(POP : Problem Oriented Policing)의 경우 일선 경찰관들에게 문제해결권한과 필요한 시간을 부여하고, 범죄분석자료를 제공한다.

33 바람직한 경찰의 역할모델 중 '범죄와 싸우는 경찰모델'에 관한 설명으로 가장 적절하지 않은 것은? 24. 경찰

① 경찰활동의 전 부분을 포괄하는 용어로 가장 바람직한 모델이다.

② 경찰역할을 뚜렷이 인식시켜 '전문직화'에 기여한다.

③ 수사, 형사 등 법 집행을 통한 범법자 제압 측면을 강조한 모델로서 시민들은 범인을 제압하는 것이 경찰의 주된 임무라고 인식한다.

④ 범법자는 적이고, 경찰은 정의의 사자라는 흑백논리에 따른 이분법적 오류에 빠질 경우 인권침해 등의 우려가 있다.

> 정답찾기
> ① 지문의 내용은 치안서비스 제공자로서의 경찰모델(Service worker model)에 대한 설명이다. 범죄와 싸우는 경찰모델(The crime fighter mddel)의 경우 수사나 형사 등 법 집행을 통한 범법자 제압 측면을 강조한 모델로서 전체 경찰의 업무를 포괄하는 것은 불가능하다.

34 지역사회 경찰활동에 관한 설명으로 적절하지 않은 것은 모두 몇 개인가? 24. 경찰

> ㉠ 이웃지향적 경찰활동(NOP)은 경찰과 지역주민 사이에 좋은 관계를 유지하고 경찰활동을 널리 지역주민에게 이해시키고, 범죄예방활동에 지역주민을 적극적으로 참여시켜 협력해 주도록 하는 경찰활동을 말한다.
> ㉡ 문제지향적 경찰활동(POP)은 반복된 사건을 야기하는 근본적인 원인을 해결해야 한다고 주장하며, 현장 경찰관에게 자유재량을 부여하고, 범죄분석자료를 제공, 대중정보와 비평을 적극적으로 수용한다.
> ㉢ 전략지향적 경찰활동(SOP)은 치안유지를 위한 각 기관들의 정보취합과 활용 그리고 지역사회 참여를 업무 처리 방식의 틀로 사용하고, 사건 분석을 위해 지리정보시스템을 활용하여 분석기법을 사용한 법집행 위주의 경찰활동이다.
> ㉣ 증거기반 경찰활동(evidence-based policing)은 경찰정책과 의사결정에 있어서 과학적·의학적 증거에 기반하여 증거의 개발, 검토, 활용을 위해 경찰관 및 직원이 연구기관과 함께 활동하는 접근방법이다.

① 없음 　　　② 1개 　　　③ 2개 　　　④ 3개

정답찾기

지문의 내용 중 적절하지 않은 것은 ㉠㉢이다.
㉠ 지역중심 경찰활동(Community-Oriented Policing)에 대한 설명이다.
㉢ 정보기반(주도) 경찰활동(Intelligence-Led Policing)에 대한 설명이다.

35 다음 중 방범용 CCTV에 대한 이론적 설명으로 가장 적절하지 않은 것은?   12. 경찰

① 방범용 CCTV는 상황적 범죄예방 이론 및 CPTED이론 등을 근거로 하고 있다.
② 한 지역에서 방범용 CCTV를 설치했을 때 그 지역은 범죄율이 감소하지만 인근지역의 범죄율이 증가하는 것을 범죄의 전이효과(crime displacement effect)라고 한다.
③ 방범용 CCTV의 설치로 우발적이고 비이성적인 범죄에 대한 예방은 어렵지만 침입절도나 강도 등을 예방하는데 효과가 있다는 점은 범죄의 합리적 선택 이론을 입증하는 것이다.
④ 방범용 CCTV를 통한 범죄예방은 일반예방이론보다 특별예방이론의 측면이 강하다.

정답찾기

④ 방범용 CCTV를 통한 범죄예방은 일반예방이론의 측면이 강하다.

3 경비업법

36 경비업에 대한 설명 중 가장 적절하지 않은 것은?   13. 경찰승진 변형

① 민간경비업의 서비스는 경제재(經濟財)이므로 방범 서비스의 수요, 경제성 등의 요인에 의하여 공급이 결정된다.
② 경비업법 제2조는 시설경비업무를 '경비를 필요로 하는 시설 및 장소에서의 도난·화재 그 밖의 혼잡 등으로 인한 위험발생을 방지하는 업무'로 규정하고 있다.
③ 경비업법 제2조는 기계경비업무를 '경비대상 시설에 설치한 기기에 의하여 감지·송신된 정보를 그 경비대상 시설 장소에 설치한 관제시설의 기기로 수신하여 도난·화재 등 위험발생을 방지하는 업무'로 규정하고 있다.
④ 경비업을 영위하고자 하는 법인은 도급받아 행하고자 하는 경비업무를 특정하여 그 법인의 주사무소의 소재지를 관할하는 시·도경찰청장의 허가를 받아야 한다.

정답찾기

③ 기계경비업무란 경비대상 시설 장소가 아닌 <u>경비대상 시설 외의 장소</u>에 설치한 관제시설의 기기로 수신하여 도난·화재 등 위험발생을 방지하는 업무이다(경비업법 제2조 제1호 라목).

Answer   32 ④   33 ①   34 ③   35 ④   36 ③

37 경비업법 제2조 정의에 관한 설명 중 가장 적절하지 않은 것은? 22. 경찰

① '시설경비업무'란 경비를 필요로 하는 시설 및 장소(이하 "경비대상시설" 이라 한다)에서의 도난 화재 그 밖의 혼잡 등으로 인한 위험발생을 방지하는 업무를 말한다.

② '호송경비업무'란 운반중에 있는 현금·유가증권·귀금속·상품 그 밖의 물건에 대하여 도난 화재 등 위험발생을 방지하는 업무를 말한다.

③ '신변보호업무'란 사람의 생명·신체·재산에 대한 위해의 발생을 방지하고 그 신변을 보호하는 업무를 말한다.

④ '기계경비업무'란 경비대상시설에 설치한 기기에 의하여 감지·송신된 정보를 그 경비대상시설외의 장소에 설치한 관제시설의 기기로 수신하여 도난 화재 등 위험발생을 방지하는 업무를 말한다.

정답찾기

③ 지문의 내용 중 "재산"에 대한 부분은 명시적인 규정이 존재하지 않는다. 신변보호업무란 사람의 생명이나 신체에 대한 위해의 발생을 방지하고 그 신변을 보호하는 업무를 말한다(경비업법 제2조 제1호 다목).

38 다음 중 경비업의 허가를 받은 법인이 관할 시·도경찰청장에게 신고해야 할 사항이 아닌 것은? 18. 경찰간부 변형

① 영업을 폐업하거나 휴업한 때
② 법인의 주사무소나 출장소를 신설·이전 또는 폐지한 때
③ 도급받아 행하고자 하는 경비업무를 변경하는 때
④ 특수경비업무를 개시하거나 종료한 때

정답찾기

경비업법
제4조【경비업의 허가】① 경비업을 영위하고자 하는 법인은 도급받아 행하고자 하는 경비업무를 특정하여 그 법인의 주사무소의 소재지를 관할하는 <u>시·도경찰청장의 허가</u>를 받아야 한다. 도급받아 행하고자 하는 <u>경비업무를 변경하는 경우</u>에도 또한 같다.
③ 제1항의 규정에 의하여 경비업의 허가를 받은 법인은 다음 각 호의 어느 하나에 해당하는 때에는 <u>시·도경찰청장에게 신고</u>하여야 한다.
1. 영업을 폐업하거나 휴업한 때
2. 법인의 명칭이나 대표자·임원을 변경한 때
3. 법인의 주사무소나 출장소를 신설·이전 또는 폐지한 때
4. 기계경비업무의 수행을 위한 관제시설을 신설·이전 또는 폐지한 때
5. 특수경비업무를 개시하거나 종료한 때
6. 그 밖에 대통령령이 정하는 중요사항을 변경한 때

39 경비업법에 대한 내용으로 가장 적절하지 않은 것은?   18. 경찰 변형

① 경비업은 법인이 아니면 이를 영위할 수 없다.

② 경비업을 영위하고자 하는 법인은 도급받아 행하고자 하는 경비업무를 특정하여 그 법인의 주사무소의 소재지를 관할하는 시·도경찰청장의 허가를 받아야 한다. 도급받아 행하고자 하는 경비업무를 변경하는 경우에도 또한 같다.

③ 경비업 허가의 유효기간은 허가받은 다음 날부터 5년으로 한다.

④ 경비업자는 집단민원현장에 경비원을 배치하는 때에는 경비지도사를 선임하고 그 장소에 배치하여 행정안전부령으로 정하는 바에 따라 경비원을 지도·감독하게 하여야 한다.

정답찾기
③ 경비업 허가의 유효기간은 허가받은 날부터 5년으로 한다(경비업법 제6조 제1항).

40 경비업법상 경비업에 대한 설명 중 틀린 것은 모두 몇 개인가?   20. 경찰간부

> ㉠ 기계경비업무는 경비대상 시설에 설치한 기기에 의하여 감지·송신된 정보를 그 경비대상 시설 외의 장소에 설치한 관제시설의 기기로 수신하여 도난·화재 등 위험발생을 방지하는 업무이다.
> ㉡ 신변보호업무는 사람의 생명이나 신체에 대한 위해의 발생을 방지하고 그 신변을 보호하는 업무이다.
> ㉢ 특수경비업무는 공항(항공기를 제외한다) 등 대통령령이 정하는 국가중요시설의 경비 및 도난·화재 그 밖의 위험발생을 방지하는 업무이다.
> ㉣ 혼잡·교통유도경비업무는 경비를 필요로 하는 시설 및 장소에서의 도난·화재 그 밖의 혼잡 등으로 인한 위험발생을 방지하는 업무이다.

① 1개   ② 2개   ③ 3개   ④ 없음

정답찾기
지문의 내용 중 틀린 것은 ㉢㉣이다.
㉢ 특수경비업무란 공항(항공기를 포함한다) 등 대통령령이 정하는 국가중요시설의 경비 및 도난·화재 그 밖의 위험발생을 방지하는 업무를 말한다(경비업법 제2조 제1호 마목).
㉣ 지문의 내용은 시설경비업무에 대한 설명이다. 혼잡·교통유도경비업무란 도로에 접속한 공사현장 및 사람과 차량의 통행에 위험이 있는 장소 또는 도로를 점유하는 행사장 등에서 교통사고나 그 밖의 혼잡 등으로 인한 위험발생을 방지하는 업무의 전부 또는 일부를 도급받아 행하는 영업을 말한다(경비업법 제2조 제1호 가목, 바목).

Answer   37 ③   38 ③   39 ③   40 ②

4 유실물법

41 유실물 처리와 관련된 다음 설명 중 틀린 것은 모두 몇 개인가?

15. 경찰간부

> ㉠ 습득물 공고 후 1년 이내에 소유자가 권리를 주장하지 않으면 습득자가 소유권을 취득한다.
> ㉡ 국가 또는 지방자치단체와 그 밖에 대통령령으로 정하는 공공기관도 보상금을 청구할 수 있다.
> ㉢ 물건의 반환을 받는 자는 물건 가액의 100분의 5 이상 100분의 30 이하의 범위에서 보상금을 습득자에게 지급
> 하여야 한다.
> ㉣ 습득물, 유실물, 준유실물, 유기동물은 '유실물법'의 규정에 따라 처리된다.

① 1개   ② 2개   ③ 3개   ④ 4개

[정답찾기]

틀린 것은 ㉠㉡㉢㉣ 4개이다.
㉠ 유실물은 법률에 정한 바에 의하여 공고한 후 <u>6개월</u> 내에 그 소유자가 권리를 주장하지 아니하면 습득자가 그 소유권을 취득한다(민법 제253조).
㉡㉢ 물건을 반환받는 자는 물건가액(物件價額)의 100분의 5 이상 <u>100분의 20</u> 이하의 범위에서 보상금(報償金)을 습득자에게 지급하여야 한다. 다만, 국가·지방자치단체와 그 밖에 대통령령으로 정하는 공공기관은 보상금을 청구할 수 없다(유실물법 제4조).
㉣ 습득물, 유실물, 준유실물[착오로 점유한 물건, 타인이 놓고 간 물건이나 일실(逸失)한 가축]은 '유실물법'의 규정에 따라 처리된다. 그러나 유실물법상 유기동물의 처리에 관한 규정은 없으며, 유기동물은 '동물보호법' 규정에 따라 처리된다.

42 유실물법에 대한 설명으로 가장 적절한 것은?

20. 경찰승진

① 관리자가 있는 선박에서 물건을 습득한 자는 보상금 청구권이 없다.
② 착오로 인하여 점유한 물건을 신고한 자는 보상금을 청구할 수 있다.
③ 경찰서장은 보관한 물건이 보관 중 경제적 가치가 떨어질 때 매각할 수 있다.
④ 습득물, 유실물, 준유실물은 유실물법의 적용을 받는다.

[정답찾기]

① 관리자가 있는 선박에서 물건을 습득한 자는 <u>보상금 청구권이 있다.</u> 보상금은 점유자와 실제로 물건을 습득한 자가 반씩 나누어야 한다(유실물법 제10조 제3항).
② 착오로 점유한 물건에 대하여는 비용과 보상금을 청구할 수 없다(유실물법 제12조).
③ 경찰서장 또는 자치경찰단을 설치한 제주특별자치도지사는 <u>보관한 물건이 멸실되거나 훼손될 우려가 있을 때 또는 보관에 과다한 비용이나 불편이 수반될 때에는</u> 대통령령으로 정하는 방법으로 이를 매각할 수 있다(유실물법 제2조 제1항).

5 풍속영업의 규제에 관한 법률

43 풍속영업의 규제에 관한 법률 및 동법 시행령에 대한 내용으로 가장 적절한 것은? (다툼이 있는 경우 판례에 의함)

20. 경찰승진

① 식품위생법상 일반음식점, 단란주점, 유흥주점은 풍속영업에 해당한다.

② '풍속영업을 영위하는 자'는 풍속영업의 범위에 해당되는 영업으로 허가나 신고, 등록의 절차를 마친 경우를 말한다.

③ 풍속영업소 내에서 음란한 물건을 대여하는 것만으로 처벌되지 않는다.

④ 풍속영업의 범위에는 청소년의 건강한 성장을 저해할 우려가 있는 청소년 보호법상 청소년 출입·고용금지 업소도 포함된다.

정답찾기

① 식품위생법상 일반음식점은 풍속영업에 해당하지 않는다.

② 풍속영업을 하는 자에는 허가나 인가를 받지 아니하거나 등록이나 신고를 하지 아니하고 풍속영업을 하는 자를 포함한다(풍속영업의 규제에 관한 법률 제3조).

③ 음란한 문서·도화(圖畵)·영화·음반·비디오물, 그 밖의 음란한 물건에 대한 반포·판매·대여·관람·열람의 목적으로 진열하거나 보관하는 행위는 처벌대상 행위이다.

44 풍속영업의 규제에 관한 법률상 풍속영업자 및 종사자의 준수사항으로 가장 적절하지 않은 것은?

16. 경찰승진

① 도박 기타 사행행위를 하게 하는 행위금지

② 성매매, 음란행위를 하게 하거나 알선 또는 제공금지

③ 음란한 물건을 반포·판매·대여하는 행위금지

④ 19세 미만 청소년의 출입통제

정답찾기

④ 19세 미만 청소년의 출입통제는 풍속영업의 규제에 관한 법률이 아닌 청소년 보호법상의 준수사항이다(청소년 보호법 제29조 제2항).

> **풍속영업의 규제에 관한 법률**
> **제3조【준수 사항】** 풍속영업을 하는 자(허가나 인가를 받지 아니하거나 등록이나 신고를 하지 아니하고 풍속영업을 하는 자를 포함한다. 이하 '풍속영업자'라 한다) 및 대통령령으로 정하는 종사자는 풍속영업을 하는 장소(이하 '풍속영업소'라 한다)에서 다음 각 호의 행위를 하여서는 아니 된다.
> 1. 성매매알선 등 행위의 처벌에 관한 법률 제2조 제1항 제2호에 따른 성매매알선 등 행위
> 2. 음란행위를 하게 하거나 이를 알선 또는 제공하는 행위
> 3. 음란한 문서·도화(圖畵)·영화·음반·비디오물, 그 밖의 음란한 물건에 대한 다음 각 목의 행위
>   가. 반포(頒布)·판매·대여하거나 이를 하게 하는 행위
>   나. 관람·열람하게 하는 행위
>   다. 반포·판매·대여·관람·열람의 목적으로 진열하거나 보관하는 행위
> 4. 도박이나 그 밖의 사행(射倖)행위를 하게 하는 행위

Answer 41 ④ 42 ④ 43 ④ 44 ④

45 풍속영업의 규제에 관한 법률 제3조는 풍속영업자의 범위 및 풍속영업자의 준수사항에 관하여 규정하고 있다. 다음 중 이와 관련된 판례의 태도와 부합하는 것은?

12. 경찰

① 숙박업소에서 위성방송수신기를 이용하여 수신한 외국의 음란한 위성방송프로그램에 대해 일정한 잠금장치를 설치하여 관람을 원하는 성인만을 상대로 방송을 시청하게 한 경우, 그 시청대상자가 관람을 원하는 성인에 한정되므로, '풍속영업의 규제에 관한 법률' 위반으로 처벌할 수 없다.

② 풍속영업자가 지켜야 할 준수사항은 실제로 하고 있는 영업형태에 따라 정하여지는 것이 아니라 그 자가 받은 영업허가 등에 의하여 정하여지는 것이므로, 유흥주점 영업허가를 받고 실제로는 노래연습장 영업을 하고 있다 하더라도 유흥주점 영업에 따른 영업자 준수사항을 지켜야 할 의무가 있다.

③ 풍속영업자가 자신이 운영하는 여관에서 친구들과 일시 오락 정도에 불과한 도박을 한 경우, 형법상 도박죄는 성립되지 않는다 할지라도 형법과 그 제정목적이 다른 풍속영업의 규제에 관한 법률 제3조 제4호의 '도박이나 그 밖의 사행행위를 하게 하는 행위'에는 해당되고 위법성도 조각되지 않으므로 이를 처벌할 수 있다.

④ 유흥주점 여종업원들이 웃옷을 벗고 브래지어만 착용하거나 치마를 허벅지가 다 드러나도록 걷어 올리고 가슴이 보일 정도로 어깨 끈을 밑으로 내린 채 손님을 접대하였다는 정황만으로는 위 종업원들의 행위와 노출 정도가 형사법상 규제의 대상으로 삼을 만큼 사회적으로 유해한 영향을 끼칠 위험성이 있다고 평가할 수 있을 정도로 노골적인 방법에 의하여 성적 부위를 노출하거나 성적 행위를 표현한 것이라고 단정하기에 부족하므로 풍속영업의 규제에 관한 법률 제3조에 정한 '음란행위'에 해당한다고 판단하기 어렵다.

정답찾기

① 풍속영업소인 숙박업소에서 음란한 외국의 위성방송프로그램을 수신하여 투숙객 등으로 하여금 시청하게 하는 행위는, 풍속법 제3조 제2호에 규정된 '음란한 물건'을 관람하게 하는 행위에 해당한다(대판 2010.7.15, 2008도11679).

② 풍속영업의 규제에 관한 법률 제3조 소정의 '풍속영업을 영위하는 자'는 식품위생법 등 개별법률에서 정한 영업허가나 신고, 등록의 유무를 묻지 아니하고, 같은 법 제2조에서 정하는 풍속영업의 범위에 속하는 영업을 실제로 하는 자이므로, 그 풍속영업자가 지켜야 할 준수사항도 실제로 하고 있는 영업형태에 따라 정하여지는 것이지, 그 자가 받은 영업허가 등에 의하여 정하여지는 것은 아니므로, 유흥주점영업허가를 받았다고 하더라도 실제로는 노래연습장 영업을 하고 있다면 유흥주점영업에 따른 영업자 준수사항을 지켜야 할 의무가 있다고 할 수 없다(대판 1997.9.30, 97도1873).

③ 풍속영업자가 자신이 운영하는 여관에서 친구들과 일시 오락 정도에 불과한 도박을 한 경우, 형법상 도박죄는 성립하지 아니하고 풍속영업의 규제에 관한 법률 위반죄의 구성요건에는 해당하나 사회상규에 위배되지 않는 행위로서 위법성이 조각된다(대판 2004. 4.9, 2003도6351).

46 풍속사범에 대한 단속과 관련한 설명 중 틀린 것은 모두 몇 개인가? (다툼이 있는 경우 판례에 의함) 20. 경찰간부

㉠ 풍속업소인 숙박업소에서 음란한 외국의 위성방송프로그램을 수신하여 투숙객 등으로 하여금 시청하게 하는 행위는 구 풍속영업의 규제에 관한 법률에서 규정된 '음란한 물건'을 관람하게 하는 행위에 해당하지 않는다.

㉡ 유흥주점영업허가를 받았다고 하더라도 실제로는 노래연습장영업을 하고 있다면 유흥주점영업에 따른 영업자 준수사항을 지켜야 할 의무가 있다고 할 수 없다.

㉢ 일반음식점허가를 받은 사람이 주로 주류를 조리·판매하는 형태의 주점영업을 하였다면, 손님이 노래를 부를 수 있는 여건이 갖추어지지 않았다고 하더라도 구 식품위생법상 단란주점영업에 해당한다.

㉣ 18세 미만의 청소년에게 술을 판매함에 있어서 가사 그의 민법상 법정대리인의 동의를 받았다고 하더라도 그러한 사정만으로 위 행위가 정당화 될 수는 없다.

㉤ 청소년이 이른바 '티켓걸'로서 노래연습장 또는 유흥주점에서 손님들의 흥을 돋우어 주고 시간당 보수를 받은 경우라고 하더라도 업소주인이 청소년을 시간제 접대부로 고용한 것으로 보기는 어려우므로 업소주인을 청소년 보호법 위반죄로 처벌할 수 없다.

㉥ 모텔에 동영상 파일 재생장치인 디빅 플레이어를 설치하고 투숙객에게 그 비밀번호를 가르쳐 주어 저장된 음란동영상을 관람하게 한 경우, 이는 풍속영업의 규제에 관한 법률에서 금지하고 있는 음란한 비디오물을 풍속영업소에서 관람하게 한 행위에 해당한다.

---

① 1개 　　② 2개 　　③ 3개 　　④ 4개

정답찾기

지문의 내용 중 틀린 것은 ㉠㉢㉤이다.

㉠ 풍속영업소인 숙박업소에서 음란한 외국의 위성방송프로그램을 수신하여 투숙객 등으로 하여금 시청하게 하는 행위는, 구 풍속영업의 규제에 관한 법률 제3조 제2호에 규정된 '음란한 물건'을 관람하게 하는 행위에 해당한다(대판 2010.7.15, 2009도4545).

㉡ 대판 1997.9.30, 97도1873

㉢ 일반음식점 허가를 받은 사람이 주로 주류를 조리·판매하는 형태의 주점영업을 하였더라도, 손님이 노래를 부를 수 있는 여건이 갖추어지지 않은 이상 구 식품위생법(2006.12.28. 법률 제8113호로 개정되기 전의 것)상 단란주점영업에 해당하지 않는다(대판 2008. 9.11, 2008도2160).

㉣ 대판 1999.7.13, 99도2151

㉤ 청소년이 이른바 '티켓걸'로서 노래연습장 또는 유흥주점에서 손님들의 흥을 돋우어 주고 시간당 보수를 받은 사안에서 업소주인이 청소년을 시간제 접대부로 고용한 것으로 보고 업소주인을 청소년 보호법 위반죄로 처벌할 수 있다(대판 2005.7.29, 2005도3801).

㉥ 대판 2008.8.21, 2008도3975

Answer　45 ④　46 ③

6 성매매알선 등 행위의 처벌에 관한 법률

47 성매매알선 등 행위의 처벌에 관한 법률에 관한 다음 설명 중 옳은 것은 모두 몇 개인가? 15. 경찰

> ㉠ '성매매'란 불특정인을 상대로 금품이나 그 밖의 재산상의 이익을 수수하거나 수수하기로 약속하고 성교행위 또는 구강·항문 등 신체의 일부 또는 도구를 이용한 유사 성교행위를 하거나 그 상대방이 되는 것을 말한다.
> ㉡ '성매매알선 등 행위'에는 성매매의 장소를 제공하는 것도 포함한다.
> ㉢ 성매매피해자의 성매매는 처벌하지 아니한다.
> ㉣ 이 법에 규정된 죄를 범한 사람이 수사기관에 신고하거나 자수한 경우에는 형을 감경하거나 면제해야 한다.

① 1개 ② 2개 ③ 3개 ④ 4개

정답찾기

옳은 것은 ㉠㉡㉢ 3개이다.
㉣ 이 법에 규정된 죄를 범한 사람이 수사기관에 신고하거나 자수한 경우에는 형을 감경하거나 면제할 수 있다(성매매알선 등 행위의 처벌에 관한 법률 제26조).

48 성매매알선 등 행위의 처벌에 관한 법률에 대한 설명으로 적절한 것은 모두 몇 개인가? 21. 경찰

> ㉠ "성매매"란 불특정인을 상대로 금품이나 그 밖의 재산상의 이익을 수수하거나 수수하기로 약속하고 유사성교 행위를 제외한 성교행위를 하거나 그 상대방이 되는 것을 말한다.
> ㉡ "성매매알선 등 행위"에는 성매매를 알선, 권유, 유인 또는 강요하는 행위와 성매매의 장소를 제공하는 행위를 포함한다.
> ㉢ "성매매피해자"란 위계, 위력에 의하여 성매매를 강요당한 사람, 성매매 목적의 인신매매를 당한 사람 등을 말한다. 다만, 고용관계로 인하여 보호 또는 감독하는 사람에 의하여 마약 등에 중독되어 성매매를 한 사람은 성매매피해자에 포함되지 않는다.
> ㉣ 검사 또는 사법경찰관은 수사과정에서 피의자 또는 참고인이 성매매피해자에 해당한다고 볼만한 상당한 이유가 있을 때에는 지체 없이 법정대리인, 친족 또는 변호인에게 통지하고, 신변보호, 수사의 비공개, 친족 또는 지원시설·성매매피해상담소에의 인계 등 그 보호에 필요한 조치를 하여야 한다. 다만, 피의자 또는 참고인의 사생활 보호 등 부득이한 사유가 있는 경우에는 통지하지 아니할 수 있다.
> ㉤ 성매매피해자의 성매매는 형을 감경하거나 면제할 수 있다.

① 1개 ② 2개 ③ 3개 ④ 4개

정답찾기

지문의 내용 중 적절한 것은 ㉡㉣이다.
㉠ 성교행위 및 구강, 항문 등 신체의 일부 또는 도구를 이용한 유사 성교행위도 성매매의 행위태양에 해당한다(성매매알선 등 행위의 처벌에 관한 법률 제2조 제1호).
㉢ 업무관계, 고용관계, 그 밖의 관계로 인하여 보호 또는 감독하는 사람에 의하여 마약류관리에 관한 법률 제2조에 따른 마약·향정신성의약품 또는 대마(이하 "마약등"이라 한다)에 중독되어 성매매를 한 사람도 성매매피해자에 해당한다(성매매알선 등 행위의 처벌에 관한 법률 제2조 제4호 나목).
㉤ 성매매피해자의 성매매는 처벌하지 아니한다(성매매알선 등 행위의 처벌에 관한 법률 제6조 제1항).

7 사행행위 등 규제 및 처벌 특례법

49 사행행위 등 규제 및 처벌 특례법과 동법 시행령상 규정된 사행행위영업으로 가장 적절하지 않은 것은?   14. 경찰승진

① 카지노   ② 추첨업
③ 복표발행업   ④ 경품업

정답찾기
① 카지노는 관광진흥법에서 규정하고 있는 관광사업에 해당하고(관광진흥법 제3조 제1항 제5호), 카지노와 이를 모사한 게임물은 게임
산업진흥에 관한 법률상 사행성게임물에 해당한다(게임산업진흥에 관한 법률 제2조 제1의2호 마목).

50 사행행위 등 규제 및 처벌 특례법 및 동법 시행령에 규정된 사행행위업 중 참가자에게 등수를 기입한 증표를 제공하여
당해 증표에 표시된 등수 및 당첨금의 지급기준에 따라 당첨금을 교부하는 행위를 하는 영업에 해당하는 것은?

13. 경찰승진

① 경품업   ② 추첨업
③ 복권발행업   ④ 현상업

정답찾기
① 지문의 내용은 경품업에 대한 설명이다.

8 기초질서 위반사범의 단속

51 무관용 경찰활동(Zero Tolerance Policing)에 관한 설명으로 가장 적절하지 않은 것은?   23. 경찰

① 사소한 무질서에 관대하게 대응했던 전통적 경찰활동의 전략을 계승하였다.
② 무관용 경찰활동은 1990년대 뉴욕에서 본격적으로 시행되었다.
③ 윌슨(Wilson)과 켈링(Kelling)의 '깨어진 창 이론'에 기초하였다.
④ 경미한 비행자에 대한 무관용 개입은 낙인효과를 유발할 수 있다는 비판이 있다.

정답찾기
① 전통적 경찰활동은 사소한 무질서 또는 직접적인 피해자가 없는 위법행위에 대해서는 단속 및 처벌을 하지 않았으나, 무관용 경찰활동
은 이러한 전통적 경찰활동으로 발생하는 문제를 해결하기 위해 사소한 규칙 위반에도 관용을 베풀지 않는 정책으로 전환하였다.

Answer   47 ③   48 ②   49 ①   50 ①   51 ①

52 「경범죄 처벌법」상 다음 (   ) 안에 들어갈 숫자로 알맞은 것은?   23. 경찰

> ㉠ 출판물의 부당게재 등 - 올바르지 아니한 이익을 얻을 목적으로 다른 사람 또는 단체의 사업이나 사사로운
> 일에 관하여 신문, 잡지, 그 밖의 출판물에 어떤 사항을 싣거나 싣지 아니할 것을 약속하고 돈이나 물건을 받은
> 사람은 (가) 만원 이하의 벌금, 구류 또는 과료의 형으로 처벌한다.
> ㉡ 거짓 광고 - 여러 사람에게 물품을 팔거나 나누어 주거나 일을 해주면서 다른 사람을 속이거나 잘못 알게 할
> 만한 사실을 들어 광고한 사람은 (나)만원 이하의 벌금, 구류 또는 과료의 형으로 처벌한다.
> ㉢ 업무방해 - 못된 장난 등으로 다른 사람, 단체 또는 공무 수행 중인 자의 업무를 방해한 사람은 (다)만원
> 이하의 벌금, 구류 또는 과료의 형으로 처벌한다.
> ㉣ 암표매매 - 흥행장, 경기장, 역, 나루터, 정류장, 그 밖에 정하여진 요금을 받고 입장시키거나 승차 또는 승선
> 시키는 곳에서 웃돈을 받고 입장권·승차권 또는 승선권을 다른 사람에게 되판 사람은 (라)만원 이하의
> 벌금, 구류 또는 과료의 형으로 처벌한다.

	<u>(가)</u>	<u>(나)</u>	<u>(다)</u>	<u>(라)</u>
①	10	20	60	20
②	20	20	20	20
③	20	10	60	20
④	20	60	20	10

정답찾기

(가), (나), (다), (라) 모두 20이다(경범죄 처벌법 제3조 제2항).

구분	내용
20만원 이하의 벌금, 구류 또는 과료	• (출판물의 부당게재 등) 올바르지 아니한 이익을 얻을 목적으로 다른 사람 또는 단체의 사업이나 사사로운 일에 관하여 신문, 잡지, 그 밖의 출판물에 어떤 사항을 싣거나 싣지 아니할 것을 약속하고 돈이나 물건을 받은 사람 • (거짓 광고) 여러 사람에게 물품을 팔거나 나누어 주거나 일을 해주면서 다른 사람을 속이거나 잘못 알게 할 만한 사실을 들어 광고한 사람 • (업무방해) 못된 장난 등으로 다른 사람, 단체 또는 공무수행 중인 자의 업무를 방해한 사람 • (암표매매) 흥행장, 경기장, 역, 나루터, 정류장, 그 밖에 정하여진 요금을 받고 입장시키거나 승차 또는 승선시키는 곳에서 웃돈을 받고 입장권·승차권 또는 승선권을 다른 사람에게 되판 사람
60만원 이하의 벌금, 구류 또는 과료	• (관공서에서의 주취소란) 술에 취한 채로 관공서에서 몹시 거친 말과 행동으로 주정하거나 시끄럽게 한 사람 • (거짓신고) 있지 아니한 범죄나 재해 사실을 공무원에게 거짓으로 신고한 사람

53 **경범죄 처벌법에 관한 다음 설명 중 가장 적절하지 않은 것은? (다툼이 있으면 판례에 의함)**

① 버스정류장 등지에서 소매치기할 생각으로 은밀히 성명 불상자들의 뒤를 따라다닌 경우 경범죄 처벌법상 '불안감 조성'에 해당한다.

② 경범죄 처벌법 제3조(경범죄의 종류)에 따라 사람을 벌할 때에는 그 사정과 형편을 헤아려서 그 형을 면제하거나 구류와 과료를 함께 과할 수 있다.

③ 술에 취한 채로 관공서에서 몹시 거친 말과 행동으로 주정하거나 시끄럽게 한 사람은 60만원 이하의 벌금, 구류 또는 과료의 형으로 처벌한다.

④ 범칙자란 범칙행위를 한 사람으로서 '범칙행위를 상습적으로 하는 사람', '피해자가 있는 행위를 한 사람', '죄를 지은 동기나 수단 및 결과를 헤아려볼 때 구류처분을 하는 것이 적절하다고 인정되는 사람', '18세 미만인 사람' 중 어느 하나에 해당하지 않는 사람을 말한다.

> [!NOTE] 정답찾기

① 경범죄 처벌법 제1조 제24호는 '정당한 이유 없이 길을 막거나 시비를 걸거나 주위에 모여들거나 뒤따르거나 또는 몹시 거칠게 겁을 주는 말 또는 행동으로 다른 사람을 불안하게 하거나 귀찮고 불쾌하게 한 사람'을 벌하도록 규정하고 있는바, 정당한 이유 없이 다른 사람의 뒤를 따르는 등의 행위가 위 조항의 처벌대상이 되려면 단순히 뒤를 따르는 등의 행위를 하였다는 것만으로는 부족하고 그러한 행위로 인하여 상대방이 불안감이나 귀찮고 불쾌한 감정을 느끼거나 객관적으로 보아 그러한 감정을 느끼게 할 정도의 것이어야 한다. 버스정류장 등지에서 소매치기할 생각으로 은밀히 성명 불상자들의 뒤를 따라 다닌 경우, 경범죄 처벌법 제1조 제24호에 해당하지 않는다(대판 1999.8.24, 99도2034).

③

> **경범죄 처벌법**
> **제3조【경범죄의 종류】** ① 다음 각 호의 어느 하나에 해당하는 사람은 10만원 이하의 벌금, 구류 또는 과료(科料)의 형으로 처벌한다.
> 19. (불안감 조성) 정당한 이유 없이 길을 막거나 시비를 걸거나 주위에 모여들거나 뒤따르거나 몹시 거칠게 겁을 주는 말이나 행동으로 다른 사람을 불안하게 하거나 귀찮고 불쾌하게 한 사람 또는 여러 사람이 이용하거나 다니는 도로·공원 등 공공장소에서 고의로 험악한 문신(文身)을 드러내어 다른 사람에게 혐오감을 준 사람

54 경범죄 처벌법에 대한 다음 설명 중 가장 적절하지 않은 것은? (다툼이 있는 경우 판례에 의함)

① 버스정류장 등지에서 소매치기할 생각으로 은밀히 성명 불상자들의 뒤를 따라다닌 경우 경범죄 처벌법상 불안감조성에 해당하지 않는다.

② 즉결심판이 청구된 피고인이 통고받은 범칙금에 그 금액의 100분의 50을 더한 금액을 납부하고 그 증명서류를 즉결심판 선고 전까지 제출하였을 때에는 경찰서장, 해양경찰서장 및 제주특별자치도지사는 그 피고인에 대한 즉결심판 청구를 취소할 수 있다.

③ 범칙금을 납부한 사람은 그 범칙행위에 대하여 다시 처벌받지 아니한다.

④ 통고처분서를 받은 날부터 10일 이내에 범칙금을 납부하여야 한다. 다만, 천재지변이나 그 밖의 부득이한 사유로 말미암아 그 기간 내에 범칙금을 납부할 수 없을 때에는 그 부득이한 사유가 없어지게 된 날부터 5일 이내에 납부하여야 한다.

> **정답찾기**
> ② 즉결심판이 청구된 피고인이 통고받은 범칙금에 그 금액의 100분의 50을 더한 금액을 납부하고 그 증명서류를 즉결심판 선고 전까지 제출하였을 때에는 경찰서장, 해양경찰서장 및 제주특별자치도지사는 그 피고인에 대한 즉결심판청구를 <u>취소하여야 한다</u>(경범죄 처벌법 제9조 제2항).

55 경범죄 처벌법에 대한 내용으로 가장 적절하지 않은 것은?

① 형법의 보충법이고, 특정한 신분·사물·행위·지역에 제한이 없이 일반적으로 적용된다는 점에서 일반법이다.

② 형사실체법이지만 절차법적 성격도 가지고 있다.

③ 죄를 지은 동기나 수단 및 결과를 헤아려볼 때 구류처분을 하는 것이 적절하다고 인정되는 사람은 범칙자에 해당하지 않는다.

④ 거짓광고, 거짓신고에 대해서 통고처분을 할 수 있다.

> **정답찾기**
> ④ 거짓광고의 경우 통고처분을 할 수 있지만, <u>거짓신고</u>의 경우 범칙행위에 해당하지 않으므로 통고처분을 할 수 없다.

56 경범죄 처벌법에 대한 설명으로 가장 적절하지 않은 것은?

① '범칙행위'란 경범죄 처벌법 제3조 제1항 각 호부터 제3항 각 호까지의 어느 하나에 해당하는 위반행위이다.

② 경범죄 처벌법 제3조의 죄를 짓도록 시키거나 도와준 사람은 죄를 지은 사람에 준하여 처벌한다.

③ '범칙자'란 범칙행위를 한 사람으로서 '피해자가 있는 행위를 한 사람', '죄를 지은 동기나 수단 및 결과를 헤아려볼 때 구류처분을 하는 것이 적절하다고 인정되는 사람', '범칙행위를 상습적으로 하는 사람', '18세 미만인 사람'의 어느 하나에도 해당하지 않는 사람을 말한다.

④ 술에 취한 채로 관공서에서 몹시 거친 말과 행동으로 주정하거나 시끄럽게 한 사람에 대해서 60만원 이하의 벌금, 구류 또는 과료의 형으로 처벌한다.

① '범칙행위'란 제3조 제1항 각 호 및 제2항 각 호의 어느 하나에 해당하는 위반행위를 말하며, 그 구체적인 범위는 대통령령으로 정한다(경범죄 처벌법 제6조 제1항).

57 경범죄 처벌법에 대한 설명 중 가장 적절하지 않은 것은? 21. 경찰

① 장난전화, 광고물 무단부착, 행렬방해, 흉기의 은닉휴대는 10만원 이하의 벌금, 구류 또는 과료의 형으로 처벌한다.
② 경범죄 처벌법 제7조 제1항에 따라 범칙자로 인정되는 사람일지라도 통고처분서 받기를 거부한 사람, 주거 또는 신원이 확실하지 아니한 사람, 그 밖에 통고처분을 하기가 매우 어려운 사람에 대하여는 통고처분하지 않는다.
③ 경범죄를 짓도록 시키거나 도와준 사람은 죄를 지은 사람에 준하여 벌하며, 경범죄의 미수범도 처벌한다.
④ 경범죄 처벌법 제8조 제1항에 따른 납부기간에 범칙금을 납부 하지 아니한 사람은 납부기간의 마지막 날의 다음 날부터 20일 이내에 통고받은 범칙금에 그 금액의 100분의 20을 더한 금액을 납부하여야 한다.

③ 경범죄 처벌법에는 미수범 처벌에 대한 명시적인 원칙규정이 없다.

58 경범죄 처벌법에 대한 설명으로 가장 적절하지 않은 것은? (다툼이 있는 경우 판례에 의함) 22. 승진

① 범칙행위를 한 사람이라도 18세 미만인 경우에는 범칙자에 해당하지 않는다.
② 주거지에서 음악 소리를 크게 내거나 큰 소리로 떠들어 이웃을 시끄럽게 하는 행위는 경범죄 처벌법상 '인근 소란 등'에 해당한다.
③ '관공서에서의 주취소란'과 '거짓신고'의 법정형으로 볼 때, 두 경범죄의 경우에는 형사소송법제214조(경미사건과 현행 범인의 체포)에 해당되지 않아 범인의 주거가 분명하더라도 현행범인 체포가 가능하다.
④ '폭행 등 예비'와 '거짓 광고'는 10만원 이하의 벌금, 구류 또는 과료의 형으로 처벌한다.

④ 지문의 내용 중 '폭행 등 예비'는 10만원 이하, '거짓 광고'는 20만원 이하의 벌금, 구류 또는 과료의 형으로 처벌한다(경범죄 처벌법 제3조).

Answer   54 ②   55 ④   56 ①   57 ③   58 ④

59 경범죄 처벌법에 대한 다음 설명 중 적절하지 않은 것은 모두 몇 개인가?　　　　　23. 경찰간부

> ㉠ 여러 사람에게 물품을 팔거나 나누어 주거나 일을 해주면서 다른 사람을 속이거나 잘못 알게 할 만한 사실을 들어 광고한 사람은 20만원 이하의 벌금, 구류 또는 과료의 형으로 처벌한다.
>
> ㉡ 경범죄 처벌법 제8조 제1항에 따른 납부기간에 범칙금을 납부하지 아니한 사람은 납부 기간의 마지막 날의 다음 날부터 30일 이내에 통고받은 범칙금에 그 금액의 100분의 30을 더한 금액을 납부하여야 한다.
>
> ㉢ 해양경찰서장을 제외한 경찰서장, 제주특별자치도지사 또는 철도특별사법경찰대장은 범칙자로 인정되는 사람에 대하여 그 이유를 명백히 나타낸 서면으로 범칙금을 부과하고 이를 납부할 것을 통고할 수 있다.
>
> ㉣ 범칙금 납부 기한 내 범칙금을 납부하지 않아 즉결심판이 청구된 피고인이 통고받은 범칙금에 그 금액의 100분의 50을 더한 금액을 납부하고 그 증명서류를 즉결심판 선고 전까지 제출하였을 때에는 경찰청장, 해양경찰청장, 제주특별자치도지사는 그 피고인에 대한 즉결심판 청구를 취소할 수 있다.

① 없음　　　　　② 1개　　　　　③ 2개　　　　　④ 3개

정답찾기

지문의 내용 중 적절하지 않은 것은 ㉡㉢㉣이다.

㉡ 사안의 경우 납부기간의 마지막 날의 다음 날부터 20일 이내에 통고받은 범칙금에 그 금액의 100분의 20을 더한 금액을 납부하여야 한다(경범죄 처벌법 제8조 제2항).

㉢ 경찰서장, 해양경찰서장, 제주특별자치도지사 또는 철도특별사법경찰대장은 범칙자로 인정되는 사람에 대하여 그 이유를 명백히 나타낸 서면으로 범칙금을 부과하고 이를 납부할 것을 통고할 수 있다(경범죄 처벌법 제7조 제1항).

㉣ 즉결심판이 청구된 피고인이 통고받은 범칙금에 그 금액의 100분의 50을 더한 금액을 납부하고 그 증명서류를 즉결심판 선고 전까지 제출하였을 때에는 경찰서장, 해양경찰서장 및 제주특별자치도지사는 그 피고인에 대한 즉결심판 청구를 취소하여야 한다(경범죄 처벌법 제9조 제2항).

60 「경범죄 처벌법」에 관한 설명으로 가장 적절하지 않은 것은?　　　　　24. 경찰

① 인터넷 중고거래 사이트를 통해 비대면으로 웃돈을 받고 유명가수의 콘서트 티켓을 되판 사람은 이 법상 암표매매로 처벌된다.

② 있지 아니한 범죄나 재해 사실을 공무원에게 거짓으로 신고한 사람은 주거가 분명하여도 현행범으로 체포할 수 있다.

③ 피해자가 있는 범칙행위를 한 사람은 범칙자에 해당하지 아니한다.

④ 주거 또는 신원이 확실하지 아니한 사람에게는 통고처분을 하지 아니한다.

정답찾기

① 경범죄 처벌법 제3조 제2항 제4호 암표매매는 "흥행장, 경기장, 역, 나루터, 정류장, 그 밖에 정하여진 요금을 받고 입장시키거나 승차 또는 승선시키는 곳에서 웃돈을 받고 입장권·승차권 또는 승선권을 다른 사람에게 되판 사람"이라고 규정하고 있으므로 사안의 경우 경범죄 처벌법을 적용할 수 없다.

61 즉결심판에 관한 절차법에 대한 다음 설명 중 적절한 것은 모두 몇 개인가?   17. 경찰승진

> ㉠ 판사는 구류의 선고를 받은 피고인이 일정한 주소가 없거나 또는 도망할 염려가 있을 때에는 5일을 초과하지
>   아니하는 기간 내에서 경찰서유치장에 유치할 것을 명령할 수 있다. 다만, 이 기간은 선고기간을 초과할 수
>   없다.
> ㉡ 즉결심판은 공소장일본주의가 적용되지 않는다.
> ㉢ 즉결심판절차에 의한 심리와 재판의 선고는 비공개된 법정에서 행하되, 그 법정은 경찰관서 외의 장소에 설치
>   되어야 한다.
> ㉣ 판사가 즉결심판청구를 기각하는 결정을 한 경우 경찰서장은 지체 없이 사건을 법원에 송치하여야 한다.
> ㉤ 피고인은 정식재판의 청구를 포기할 수 없다.

① 없음   ② 1개   ③ 2개   ④ 3개

정답찾기

지문의 내용 중 옳은 것은 ㉠㉡이다.
㉢ 즉결심판절차에 의한 심리와 재판의 선고는 공개된 법정에서 행하되, 그 법정은 경찰관서(해양경찰관서를 포함한다) 외의 장소에
  설치되어야 한다(즉결심판에 관한 절차법 제7조 제1항).
㉣ 경찰서장은 지체 없이 사건을 관할 지방검찰청 또는 지청의 장에게 송치하여야 한다(즉결심판에 관한 절차법 제5조 제2항).
㉤ 피고인은 정식재판의 청구를 포기할 수 있다(즉결심판에 관한 절차법 제12조 제2항, 제14조 제1항).

62 甲은 경찰관이 아니면서 경찰제복을 착용하고 다니다가 순경 乙에게 경범죄 처벌법상의 관명사칭죄로 적발되어 즉결심판
에서 10만원의 벌금형을 선고를 받고 확정되었다. 이 경우 甲은 며칠 이내에 벌금을 납부하여야 하는가?   13. 경찰승진

① 7일   ② 10일
③ 30일   ④ 90일

정답찾기

③ 벌금과 과료는 판결확정일로부터 30일 내에 납입하여야 한다. 단, 벌금을 선고할 때에는 동시에 그 금액을 완납할 때까지 노역장에
  유치할 것을 명할 수 있다(형법 제69조 제1항).

Answer   59 ④   60 ①   61 ③   62 ③

63 즉결심판에 관한 절차법에 대한 내용으로 가장 적절한 것은? 　　19. 경찰승진

① 형의 집행은 경찰서장이 하고 그 집행결과를 지체 없이 판사에게 보고하여야 한다.

② 형의 집행정지는 사전에 판사의 허가를 얻어야 한다.

③ 즉결심판을 청구함에는 즉결심판청구서를 제출하여야 하며, 청구서에는 피고인의 성명 기타 피고인을 특정할 수 있는 사항, 죄명, 범죄사실과 적용법조, 양형에 필요한 사항을 기재하여야 한다.

④ 경찰서장은 즉결심판의 청구와 동시에 즉결심판을 함에 필요한 서류 또는 증거물을 판사에게 제출하여야 한다.

> 정답찾기
>
> ① 형의 집행은 경찰서장이 하고 그 집행결과를 지체 없이 검사에게 보고하여야 한다(즉결심판에 관한 절차법 제18조 제1항).
> ② 형의 집행정지는 사전에 검사의 허가를 얻어야 한다(즉결심판에 관한 절차법 제18조 제4항).
> ③ 양형에 필요한 사항은 기재해야 할 사항이 아니다.
>
> > **즉결심판에 관한 절차법**
> > **제3조【즉결심판청구】** ② 즉결심판을 청구함에는 즉결심판청구서를 제출하여야 하며, 즉결심판청구서에는 피고인의 성명 기타 피고인을 특정할 수 있는 사항, 죄명, 범죄사실과 적용법조를 기재하여야 한다.

---

⑨ 총포 · 도검 · 화약류 등의 안전관리에 관한 법률

64 총포 · 도검 · 화약류 등의 안전관리에 관한 법률상 제조업자의 결격사유로 가장 적절하지 않은 것은? 　　13. 경찰승진

① 파산선고를 받은 자로서 복권되지 아니한 사람

② 금고 이상의 형의 집행유예선고를 받고 그 집행유예의 기간이 끝난 날로부터 2년이 지나지 아니한 사람

③ 심신상실자, 마약 · 대마 · 향정신성의약품 또는 알코올 중독자 그 밖에 이에 준하는 정신장애인

④ 금고 이상의 실형의 선고를 받고 그 집행이 끝나거나 집행을 받지 아니하기로 확정된 후 3년이 지나지 아니한 사람

> 정답찾기
>
> **총포 · 도검 · 화약류 등의 안전관리에 관한 법률**
> **제5조【제조업자의 결격사유】** 다음 각 호의 어느 하나에 해당하는 자는 총포 · 도검 · 화약류 · 분사기 · 전자충격기 · 석궁 제조업의 허가를 받을 수 없다.
> 1. 금고 이상의 실형을 선고받고 그 집행이 끝나거나 집행을 받지 아니하기로 확정된 후 3년이 지나지 아니한 자
> 2. 금고 이상의 형의 집행유예를 선고받고 그 유예기간이 끝난 날부터 1년이 지나지 아니한 자
> 3. 심신상실자, 마약 · 대마 · 향정신성의약품 또는 알코올 중독자, 그 밖에 이에 준하는 정신장애인
> 4. 20세 미만인 자
> 5. 피성년후견인 및 피한정후견인
> 6. 파산선고를 받고 복권되지 아니한 자
> 7. 제45조 제1항에 따라 허가가 취소(이 조 제4호부터 제6호까지의 어느 하나에 해당하여 취소가 된 경우는 제외한다)된 후 3년이 지나지 아니한 자
> 8. 임원 중에 제1호부터 제7호까지의 어느 하나에 해당하는 자가 있는 법인 또는 단체

65 보기 중 경찰서장의 소지허가를 필요로 하는 것끼리 짝지어진 것은? 08. 경찰 변형

| ㉠ 엽총 | ㉡ 석궁 | ㉢ 공기총 | ㉣ 마취총 |
| ㉤ 소총 | ㉥ 어획총 | ㉦ 도살총 | ㉧ 가스발사총 |

① ㉠, ㉡, ㉢, ㉣
② ㉠, ㉡, ㉣, ㉤
③ ㉢, ㉣, ㉥, ㉧
④ ㉣, ㉥, ㉦, ㉧

정답찾기

총포 · 도검 · 화약류 등의 안전관리에 관한 법률
제12조 【총포 · 도검 · 화약류 · 분사기 · 전자충격기 · 석궁의 소지허가】 ① 제10조 각 호의 어느 하나에 해당하지 아니하는 자가 총포 · 도검 · 화약류 · 분사기 · 전자충격기 · 석궁을 소지하려는 경우에는 행정안전부령으로 정하는 바에 따라 다음 각 호의 구분에 따라 허가를 받아야 한다. 다만, 제1호 및 제2호의 총포 소지허가를 받으려는 경우에는 신청인의 정신질환 또는 성격장애 등을 확인할 수 있도록 행정안전부령으로 정하는 서류를 허가관청에 제출하여야 한다.
1. 총포(제2호에서 정하는 것은 제외한다) : 주소지를 관할하는 시 · 도경찰청장
2. 총포 중 엽총 · 가스발사총 · 공기총 · 마취총 · 도살총 · 산업용총 · 구난구명총 또는 그 부품 : 주소지를 관할하는 경찰서장
3. 도검 · 화약류 · 분사기 · 전자충격기 및 석궁 : 주소지를 관할하는 경찰서장

66 甲이 서울 양천구 목동에서 화약류를 싣고 오후 5시에 출발하여 충남 공주까지 운반하고자 할 때, 甲은 화약류운반신고서를 몇 시 전까지 누구에게 제출하는 것이 가장 적절한가? 14. 경찰승진 변형

① 오후 4시 전, 충남경찰청장
② 오후 5시 전, 서울경찰청장
③ 오후 5시 전, 공주경찰서장
④ 오후 4시 전, 양천경찰서장

정답찾기

④ 운반개시 1시간 전에 발송지 관할 경찰서장에게 제출하여야 하므로 양천경찰서장에게 오후 4시 전에 제출하여야 한다.

총포 · 도검 · 화약류 등의 안전관리에 관한 법률
제26조 【화약류의 운반】 ① 화약류를 운반하려는 사람은 행정안전부령으로 정하는 바에 따라 발송지를 관할하는 경찰서장에게 신고하여야 한다. 다만, 대통령령으로 정하는 수량 이하의 화약류를 운반하는 경우에는 그러하지 아니하다.

총포 · 도검 · 화약류 등의 안전관리에 관한 법률 시행규칙
제38조 【운반신고】 ① 법 제26조 제1항에 따라 화약류운반신고를 하려는 사람은 별지 제20호 서식의 화약류운반신고서를 특별한 사정이 없는 한 운반개시 1시간 전까지 발송지를 관할하는 경찰서장에게 제출하여야 한다.

Answer 63 ④ 64 ② 65 ④ 66 ④

67 총포·도검·화약류 등의 안전관리에 관한 법률에 대한 내용으로 가장 적절하지 않은 것은? 18. 경찰

① '총포'란 권총, 소총, 기관총, 포, 엽총, 금속성 탄알이나 가스 등을 쏠 수 있는 장약총포, 공기총(가스를 이용하는 것을 포함한다) 및 총포신·기관부 등 그 부품으로서 대통령령으로 정하는 것을 말한다.

② 자격정지 이상의 형을 선고받고 그 집행이 끝나거나 집행을 받지 아니하기로 확정된 후 3년이 지나지 아니한 자는 총포·도검·화약류·분사기·전자충격기·석궁 제조업의 허가를 받을 수 없다.

③ 누구든지 유실·매몰 또는 정당하게 관리되고 있지 아니하는 총포·도검·화약류·분사기·전자충격기·석궁이라고 인정되는 물건을 발견하거나 습득하였을 때에는 24시간 이내에 가까운 경찰관서에 신고하여야 한다.

④ 화약류를 운반하려는 사람은 행정안전부령으로 정하는 바에 따라 발송지를 관할하는 경찰서장에게 신고하여야 한다. 다만, 대통령령으로 정하는 수량 이하의 화약류를 운반하는 경우에는 그러하지 아니하다.

정답찾기
② 금고 이상의 실형을 선고받고 그 집행이 끝나거나 집행을 받지 아니하기로 확정된 후 3년이 지나지 아니한 자는 총포·도검·화약류·분사기·전자충격기·석궁 제조업의 허가를 받을 수 없다(총포·도검·화약류 등의 안전관리에 관한 법률 제5조 제1호).

68 생활질서활동에 대한 설명으로 가장 옳지 않은 것은? 08. 경찰 변형

① '풍속영업의 규제에 관한 법률·동 시행령'에 따르면 이용업은 풍속영업의 대상이 아니다.

② 경마·경륜·카지노는 '게임산업 진흥에 관한 법률'에서 규정한 '사행성게임물'이다.

③ '유실물법'상 물건의 반환을 받은 자는 물건가액의 100분의 5 이상 100분의 20 이하의 범위 내에서 보상금을 습득자에게 지급하여야 한다.

④ 전자충격기·가스분사기·석궁·어획총은 모두 '총포·도검·화약류 등의 안전관리에 관한 법률'에 따라 경찰서장의 소지허가를 필요로 한다.

정답찾기
④ 어획총은 시·도경찰청장의 허가사항이다(총포·도검·화약류 등의 안전관리에 관한 법률 제12조 제1항 제1호).

■ 총포·도검·화약류의 소지허가권자

시·도경찰청장	총[권총, 소총, 기관총, 어획총, 사격총(공기총 제외)], 포
경찰서장	지방청장 허가사항 이외의 총포, 도검, 화약류, 분사기, 전자충격기, 석궁 등

제2절 지역경찰 · 치안상황업무

1 112신고

69 「112신고의 운영 및 처리에 관한 법률」과 같은 법 시행령상 112신고의 접수 · 처리 등에 관한 설명으로 가장 적절하지 않은 것은?

24. 경찰

① 경찰청장, 시 · 도경찰청장 및 경찰서장(이하 "경찰청장 등"이라 한다)은 112신고를 받으면 「경찰관 직무집행법」 제2조에 따른 경찰사무의 구분이나 현장 출동이 필요한 지역의 관할의 관계를 고려하여 해당 112신고를 신속하게 접수하여 처리하여야 한다.

② 경찰청장등은 112신고를 처리하는 과정에서 재난 · 재해, 범죄 또는 그 밖의 위급한 상황이 발생하여 사람의 생명 · 신체를 위험하게 할 것으로 인정할 때에는 일정한 구역을 정하여 그 구역에 있는 사람에게 그 구역 밖으로 피난할 것을 명할 수 있다.

③ 112치안종합상황실은 경찰청, 시 · 도경찰청 및 경찰서에 설치한다.

④ 112신고 접수 및 처리와 관련된 112시스템 입력자료는 3년간 보존한다. 다만, 단순 민원 · 상담 등 경찰청장이 정하는 경미한 내용의 112신고의 경우에는 1년으로 한다.

[정답찾기]

① 경찰청장 등은 112신고를 받으면 「국가경찰과 자치경찰의 조직 및 운영에 관한 법률」 제4조 제1항에 따른 경찰사무의 구분이나 현장 출동이 필요한 지역의 관할에 <u>관계없이</u> 해당 112신고를 신속하게 접수하여 처리하여야 한다(112신고의 운영 및 처리에 관한 법률 제7조 제1항).

70 112치안종합상황실 운영 및 신고처리 규칙에 관한 설명 중 가장 적절하지 않은 것은?

22. 경찰

① 112근무요원은 3개조로 나누어 교대 근무를 실시하는 것을 원칙으로 한다. 다만, 인력 상황에 따라 4개조로 할 수 있다.

② 112근무요원은 접수한 신고의 내용이 코드 4 신고의 유형에 해당하는 경우에는 출동 경찰관에게 지령하지 않고 자체 종결하거나, 담당 부서 또는 112신고 관계 기관에 신고내용을 통보하여 처리하도록 조치해야 한다.

③ 경찰관서 방문 등 112신고 외의 방법으로 범죄나 각종 사건 · 사고 등 위급한 상황이 발생하였거나 발생할 것이 예상된다는 신고를 접수한 경찰관은 소속 경찰관서의 112시스템에 신고내용을 입력해야 한다.

④ 112시스템 입력자료 중 112신고 대응 코드 0 · 코드 1 · 코드 2로 분류한 자료는 3년간, 코드 3 · 코드 4로 분류한 자료는 1년간 보존하고, 녹음 · 녹화자료는 3개월간 보존한다.

[정답찾기]

① 112근무요원은 <u>4개조</u>로 나누어 교대 근무를 실시하는 것을 원칙으로 한다. 다만, 인력 상황에 따라 <u>3개조</u>로 할 수 있다(112치안종합상황실 운영 및 신고처리 규칙 제5조 제1항).

| Answer | 67 ② | 68 ④ | 69 ① | 70 ① |

71 112치안종합상황실 운영 및 신고처리 규칙에 관한 내용 중 가장 적절하지 않은 것은? 23. 경찰승진

① 즉각적인 현장조치는 불필요하나 수사, 전문상담 등이 필요한 경우 코드 3 신고로 분류한다.

② 112근무요원 및 출동 경찰관은 112신고 대응 코드를 변경할 만한 사실을 추가로 확인한 경우 이미 분류된 112신고 대응 코드를 다른 112신고 대응 코드로 변경할 수 있다.

③ 112근무요원은 신고자가 신고를 취소한 경우 112신고처리를 종결할 수 있다. 다만, 신고자와 취소자가 동일인인지 여부 및 취소의 사유 등을 파악하여 신고취소의 진의 여부를 확인할 수 있다.

④ 출동 경찰관은 현장 상황이 급박하여 신속한 현장 조치가 필요한 경우 우선 조치 후 보고할 수 있다.

> **정답찾기**
> ③ 112근무요원은 신고자가 신고를 취소한 경우 112신고처리를 종결할 수 있다. 다만, 신고자와 취소자가 동일인인지 여부 및 취소의 사유 등을 파악하여 신고취소의 진의 여부를 <u>확인해야 한다</u>(112치안종합상황실 운영 및 신고처리 규칙 제16조 제2호).

2 지역경찰의 조직 및 운영에 관한 규칙

72 지역경찰의 조직 및 운영에 관한 규칙상 순찰팀장이 수행하는 직무 내용으로 가장 적절하지 않은 것은? 22. 경찰간부

① 관내 중요 사건 발생시 현장 지휘

② 지역경찰관서의 시설·예산·장비의 관리

③ 근무교대시 주요 취급사항 및 장비 등의 인수인계 확인

④ 관리팀원 및 순찰팀원에 대한 일일근무 지정 및 지휘·감독

> **정답찾기**
> ② 지문의 내용은 지역경찰관서장의 직무에 해당한다(지역경찰의 조직 및 운영에 관한 규칙 제5조 제3항 제2호).

■ **지역경찰관서장과 순찰팀장의 직무범위**

지역경찰관서장	순찰팀장
1. 관내 치안상황의 분석 및 대책 수립	1. 근무교대시 주요 취급사항 및 장비 등의 인수인계 확인
2. 지역경찰관서의 시설·예산·장비의 관리	2. 관리팀원 및 순찰팀원에 대한 일일근무 지정 및 지휘·감독
3. 소속 지역경찰의 근무와 관련된 제반사항에 대한 지휘 및 감독	3. 관내 중요 사건발생시 현장지휘
4. 경찰 중요 시책의 홍보 및 협력치안활동	4. 지역경찰관서장 부재시 업무대행
	5. 순찰팀원의 업무역량 향상을 위한 교육

73 다음 보기 중 지역경찰의 조직 및 운영에 관한 규칙상 지역경찰의 근무종류와 그 업무를 연결한 것으로 옳은 것은 모두 몇 개인가?

14. 경찰

> ㉠ 행정근무 – 방문민원 및 각종 신고사건의 접수 및 처리
> ㉡ 상황근무 – 요보호자 또는 피의자에 대한 보호·감시
> ㉢ 상황근무 – 중요 사건·사고발생시 보고 및 전파
> ㉣ 순찰근무 – 주민여론 및 범죄첩보 수집
> ㉤ 경계근무 – 비상 및 작전사태 등 발생시 차량, 선박 등의 통행 통제

① 1개 　　　② 2개 　　　③ 3개 　　　④ 4개

정답찾기

옳은 것은 ㉡㉢㉣㉤ 4개이다.
㉠ 방문민원 및 각종 신고사건의 접수 및 처리는 상황근무에 해당한다.

■ 행정근무와 상황근무의 비교

행정근무	상황근무
1. 문서의 접수 및 처리	1. 시설 및 장비의 작동 여부 확인
2. 시설·장비의 관리 및 예산의 집행	2. 방문민원 및 각종 신고사건의 접수 및 처리
3. 각종 현황, 통계, 자료, 부책 관리	3. 요보호자 또는 피의자에 대한 보호·감시
4. 기타 행정업무 및 지역경찰관서장이 지시한 업무	4. 중요 사건·사고발생 시 보고 및 전파
	5. 기타 필요한 문서의 작성

74 지역경찰의 조직 및 운영에 관한 규칙에 대한 설명으로 가장 적절하지 않은 것은?

22. 경찰승진

① 지역경찰 동원은 근무자 동원을 원칙으로 하되, 불가피한 경우에 한하여 비번자, 휴무자 순으로 동원할 수 있다.
② 지역경찰 관리자는 신고출동태세 유지 등을 위해 필요한 경우에는 휴게 및 식사시간도 기타 근무로 지정할 수 있다.
③ 순찰팀장은 관리팀원에게 행정근무를 지정하고, 순찰팀원에게 상황 또는 순찰근무 지정하는 것을 원칙으로 하되, 필요한 경우에는 다른 근무를 지정하거나 병행하여 수행하도록 지정할 수 있다.
④ 상황근무를 지정받은 지역경찰은 지역경찰관서 및 치안센터 내에서 요보호자 또는 피의자에 대한 보호·감시, 방문민원 및 각종 신고사건의 접수 및 처리 등의 업무를 수행한다.

정답찾기

② 지역경찰 관리자는 신고출동태세 유지 등을 위해 필요한 경우에는 휴게 및 식사시간도 대기 근무로 지정할 수 있다(지역경찰의 조직 및 운영에 관한 규칙 제29조 제6항).

Answer 　71 ③　72 ②　73 ④　74 ②

75 지역경찰의 조직 및 운영에 관한 규칙에 대한 설명 중 옳지 않은 것은 모두 몇 개인가? 20. 경찰간부 변형

ⓐ 행정근무를 지정받은 지역경찰은 각종 현황·통계·부책 관리 및 중요 사건·사고발생시 보고·전파 업무를 수행한다.

ⓑ 순찰팀의 수는 지역 치안수요 및 인력여건 등을 고려하여 경찰서장이 결정한다.

ⓒ 경찰 중요 시책의 홍보 및 협력치안 활동은 지역경찰관서장의 직무로, 관내 중요 사건발생시 현장지휘는 순찰팀장의 직무로 명시되어 있다.

ⓓ 경찰서장은 인구, 면적, 교통·지리적 여건 등을 고려하여 경찰서 관할 구역을 나누어 지역경찰관서를 설치한다.

ⓔ "'지역경찰관서'란 「국가경찰과 자치경찰의 조직 및 운영에 관한 법률」 제30조 제3항 및 「경찰청과 그 소속기관 직제」 제43조에 규정된 지구대, 파출소 및 치안센터를 말한다.

① 1개 　　　　② 2개 　　　　③ 3개 　　　　④ 4개

정답찾기

지문의 내용 중 틀린 것은 ⓐⓑⓓⓔ이다.

ⓐ 지문의 내용 중 '중요 사건·사고 발생시 보고·전파 업무'는 상황근무에 해당한다(지역경찰의 조직 및 운영에 관한 규칙 제24조 제1항 제4호).

ⓑ 순찰팀의 수는 지역 치안수요 및 인력여건 등을 고려하여 시·도경찰청장이 결정한다(지역경찰의 조직 및 운영에 관한 규칙 제6조 제2항).

ⓓ 시·도경찰청장은 인구, 면적, 행정구역, 교통·지리적 여건, 각종 사건·사고발생 등을 고려하여 경찰서의 관할 구역을 나누어 지역경찰관서를 설치한다(지역경찰의 조직 및 운영에 관한 규칙 제4조 제1항).

ⓔ "지역경찰관서"란 「국가경찰과 자치경찰의 조직 및 운영에 관한 법률」 제30조 제3항 및 「경찰청과 그 소속기관 직제」 제43조에 규정된 지구대 및 파출소를 말한다(지역경찰의 조직 및 운영에 관한 규칙 제2조 제1호).

76 지역경찰의 조직 및 운영에 관한 규칙에 관한 설명 중 옳은 것은 모두 몇 개인가? 22. 경찰

ⓐ 시·도경찰청장은 인구, 면적, 행정구역, 교통 지리적 여건, 각종 사건사고 발생 등을 고려하여 경찰서의 관할 구역을 나누어 지역경찰관서를 설치한다.

ⓑ 관리팀원 및 순찰팀원에 대한 일일근무 지정 및 지휘·감독과 관내 중요 사건 발생시 현장 지휘는 순찰팀장의 직무이다.

ⓒ 직주일체형 치안센터에 배치된 근무자는 근무 종료 후(휴무일 포함)에도 관할구역 내에 위치하며 지역경찰관서와 연락체계를 유지하여야 한다.

ⓓ 지역경찰관서장은 관내 치안상황의 분석 및 대책을 수립하고 소속 지역경찰의 근무와 관련된 제반사항에 대해 지휘 및 감독한다.

ⓔ 상황근무를 지정받은 지역경찰은 지역경찰관서 및 치안센터 내에서 방문민원 및 각종 신고사건의 접수 및 처리를 수행한다.

① 5개 　　　　② 4개 　　　　③ 3개 　　　　④ 2개

정답찾기

지문의 내용 중 옳은 것은 ⊙ⓁⓍⓓ이다.

ⓒ 직주일체형 치안센터에 배치된 근무자는 근무 종료 후에도 관할구역 내에 위치하며 지역경찰관서와 연락체계를 유지하여야 한다. 다만, 휴무일은 제외한다(지역경찰의 조직 및 운영에 관한 규칙 제18조 제3항).

77 지역경찰의 조직 및 운영에 관한 규칙에 대한 설명 중 가장 적절한 것은? 23. 경찰승진

① "지역경찰관서"란 국가경찰과 자치경찰의 조직 및 운영에 관한 법률 제30조 제3항 및 경찰청과 그 소속기관 직제 제43조에 규정된 지구대, 파출소 및 치안센터를 말한다.

② 상황근무를 지정받은 지역경찰은 문서의 접수 및 처리와 중요 사건·사고 발생 시 보고·전파 업무를 수행한다.

③ 지역경찰은 근무 중 주요사항을 근무일지(을지)에 기재하여야 하고 근무일지는 5년간 보관한다.

④ 대기근무를 지정받은 지역경찰은 지정된 장소에서 휴식을 취하되, 무전기를 청취하며 10분 이내 출동이 가능한 상태를 유지하여야 한다.

정답찾기

① 지문의 내용 중 치안센터는 지역경찰관서에 해당하지 않는다. "지역경찰관서"란 국가경찰과 자치경찰의 조직 및 운영에 관한 법률 제30조 제3항 및 경찰청과 그 소속기관 직제 제43조에 규정된 지구대 및 파출소를 말한다(지역경찰의 조직 및 운영에 관한 규칙 제2조 제1호).

② 지문의 내용 중 '중요 사건·사고 발생시 보고 및 전파'는 상황근무에 해당한다(지역경찰의 조직 및 운영에 관한 규칙 제24조 제1항 제4호).

③ 근무일지는 3년간 보관한다(지역경찰의 조직 및 운영에 관한 규칙 제42조 제3항).

78 「지역경찰의 조직 및 운영에 관한 규칙」에 관한 설명으로 가장 적절한 것은? 23. 경찰

① 경찰청장은 인구, 면적, 행정구역, 교통·지리적 여건, 각종 사건사고 발생 등을 고려하여 경찰서의 관할구역을 나누어 지역경찰관서를 설치한다.

② 순찰팀은 범죄예방 순찰, 각종 사건사고에 대한 초동조치 등 현장 치안활동을 담당한다.

③ 지역경찰관서장은 지역경찰관서의 운영에 관하여 총괄 지휘·감독한다.

④ 「지역경찰의 조직 및 운영에 관한 규칙」 제23조는 "행정근무를 지정받은 지역경찰은 지역경찰관서 및 치안센터 내에서 방문 민원 및 각종 신고사건의 접수 및 처리업무를 수행한다."라고 규정하고 있다.

정답찾기

① 시·도경찰청장은 인구, 면적, 행정구역, 교통·지리적 여건, 각종 사건사고 발생 등을 고려하여 경찰서의 관할구역을 나누어 지역경찰관서를 설치한다(지역경찰의 조직 및 운영에 관한 규칙 제4조 제1항).

③ 경찰서장은 지역경찰관서의 운영에 관하여 총괄 지휘·감독한다(지역경찰의 조직 및 운영에 관한 규칙 제9조 제1호).

④ 지문의 내용은 상황근무에 대한 설명이다(지역경찰의 조직 및 운영에 관한 규칙 제24조 제1항 제2호).

Answer 75 ④ 76 ② 77 ④ 78 ②

3 순찰

79 S. Walker가 언급한 순찰의 3가지 기능이 아닌 것은?

08. 경찰 변형

① 범죄의 억제
② 질서유지
③ 공공안전감의 증진
④ 대민서비스 제공

정답찾기
② 질서유지는 C. D. Hale이 언급한 순찰의 기능에 해당한다.

■ 순찰의 기능

구분	C. D. Hale	S. Walker
내용	• 범죄예방과 범인검거 • 법집행과 질서유지 • 대민 서비스 제공 • 교통지도 · 단속	• 범죄의 억제 • 공공 안전감의 증진 • 대민 서비스 제공

80 순찰의 효과 중 "도로순찰은 증가하여도 범죄발생은 감소하지 않았으나, 주민들은 자신들의 구역 내에서 범죄가 줄어들고 있다고 생각한다."는 연구결과는?

08. 경찰 변형

① 플린트시 도보순찰실험
② 뉴욕시 25구역 순찰실험
③ 캔자스시 예방순찰실험
④ 뉴왁시 도보순찰실험

정답찾기
④ 지문은 뉴왁시 도보순찰실험에 대한 설명이다.

■ 순찰의 효과 연구

구분	내용
플린트시의 도보순찰프로그램	플린트시의 순찰실험 평가결과에 의하면, 공식적인 범죄가 실험기간 동안에 증가하였음에도 불구하고 도보순찰의 결과 시민들은 오히려 더 안전하다고 느끼고 있음이 밝혀졌다.
뉴욕경찰의 25구역 순찰실험	뉴욕시 관할 구역 중 범죄가 많이 발생하는 지역인 맨해튼 동부 25구역에 경찰관을 2배로 증원 · 배치하여 순찰을 실시한 결과 범죄가 감소하였다.
캔사스시의 예방순찰실험	차량순찰을 증가시켜도 범죄는 감소하지 않았고, 반면에 일상적인 차량순찰을 생략해도 범죄는 증가하지 않았다. 또한 대부분의 시민들은 순찰수준의 변화조차 인식하지 못했다.
뉴왁시의 도보순찰실험	도보순찰을 증가시켜도 실제로는 범죄발생이 감소하지 않았으나, 다른 지역 주민들에 비해 자신들의 구역 내에서 범죄가 줄고 있다고 생각하고 있었던 것으로 나타났다.

81 경찰순찰에 대한 설명으로 가장 적절한 것은?

① 뉴왁(Newark)시 도보순찰실험은 도보순찰을 강화하여도 해당 순찰구역의 범죄율을 낮추지는 못하였으나, 도보순찰을 할 때 시민이 경찰서비스에 더 높은 만족감을 드러냈음을 확인하였다.

② 지역경찰의 조직 및 운영에 관한 규칙상 순찰팀장은 일근근무를 원칙으로 하며, 휴게시간, 휴무횟수 등 구체적인 사항은 국가공무원 복무규정 및 경찰기관 상시근무 공무원의 근무시간 등에 관한 규칙이 규정한 범위 안에서 지역경찰관서장이 정한다.

③ 지역경찰의 조직 및 운영에 관한 규칙상 순찰근무를 지정받은 지역경찰은 지정된 근무구역에서 경찰사범의 단속 및 검거, 경찰방문 및 방범진단, 시설 및 장비의 작동여부 확인, 각종 현황, 통계, 자료 부책 관리와 같은 업무를 수행한다.

④ 워커(Samuel Walker)는 순찰의 3가지 기능으로 범죄의 억제, 대민 서비스 제공, 교통지도단속을 언급하였다.

정답찾기

② 순찰팀장 및 순찰팀원은 상시·교대근무를 원칙으로 하며, 근무교대 시간 및 휴게시간, 휴무횟수 등 구체적인 사항은 국가공무원 복무규정 및 경찰기관 상시근무 공무원의 근무시간 등에 관한 규칙이 규정한 범위 안에서 시·도경찰청장이 정한다(지역경찰의 조직 및 운영에 관한 규칙 제21조 제3항).

③ 지문의 내용 중 '시설 및 장비의 작동여부 확인'은 상황근무, '각종 현황, 통계, 자료, 부책 관리'는 행정근무의 내용에 해당한다(지역경찰의 조직 및 운영에 관한 규칙 제23조, 제24조).

④ 워커(Samuel Walker)는 순찰의 3가지 기능으로 범죄의 억제, 대민 서비스 제공, 안전감 증진을 언급하였다.

제1절 | **생활안전업무**

1 아동 · 청소년의 성보호에 관한 법률

01 아동 · 청소년의 성보호에 관한 법률상 아동 · 청소년의 성을 사는 행위로 가장 적절하지 않은 것은?   15. 경찰승진

> ㉠ 노래와 춤 등으로 손님의 유흥을 돋우는 접객행위
> ㉡ 성교행위
> ㉢ 구강 · 항문 등 신체의 일부나 도구를 이용한 유사성교행위
> ㉣ 신체의 전부 또는 일부를 접촉 · 노출하는 행위로서 일반인의 성적 수치심이나 혐오감을 일으키는 행위
> ㉤ 영리나 흥행을 목적으로 음란한 행위를 하게 하는 행위

① 없음   ② 1개   ③ 2개   ④ 3개

정답찾기
③ ㉠㉤은 <u>청소년 보호법</u>상의 청소년 유해행위에 해당한다.

02 아동 · 청소년의 성보호에 관한 법률과 관련된 판례의 입장으로 가장 적절하지 않은 것은?   19. 경찰승진 변형

① 아동 · 청소년이 이미 성매매 의사를 가지고 있었던 경우에도 그러한 아동 · 청소년에게 금품이나 그 밖의 재산상 이익, 직무 · 편의제공 등 대가를 제공하거나 약속하는 등의 방법으로 성을 팔도록 권유하는 행위는 이 법에서 말하는 '성을 팔도록 권유하는 행위'에 포함된다.

② 아동 · 청소년의 성을 사는 행위를 알선하는 행위를 업으로 하는 A는 甲이 청소년임을 알면서도 성매수자인 B에게 성을 사는 행위를 알선한 경우 B가 甲이 청소년인 사실을 몰랐다면 A는 이 법에서 말하는 '아동 · 청소년의 성을 사는 행위를 알선한 행위'로 처벌할 수 없다.

③ 제작한 영상물이 객관적으로 아동 · 청소년이 등장하여 성적행위를 하는 내용을 표현한 영상물에 해당하는 한 대상이 된 아동 · 청소년의 동의하에 촬영된 것이라거나 사적인 소지 · 보관을 1차적 목적으로 제작한 것이라고 하여 이 법에서 말하는 '아동 · 청소년 성착취물'에 해당하지 아니한다거나 이를 '제작'한 것이 아니라고 할 수 없다.

④ 성을 사는 행위를 알선하는 행위를 업으로 하는 자가 성매매알선을 위한 종업원을 고용하면서 고용 대상자가 아동이나 청소년에 해당하는지 연령확인의무의 이행을 다하지 아니한 채 아동 · 청소년을 고용하였다면, 특별한 사정이 없는 한 적어도 아동 · 청소년의 성을 사는 행위의 알선에 관한 미필적 고의는 인정된다.

정답찾기
② 지문의 경우 B가 甲이 청소년인 사실을 몰랐다고 하더라도 A는 이 법에서 말하는 '아동 · 청소년의 성을 사는 행위를 알선한 행위'로 처벌할 수 있다.

03 아동·청소년의 성보호에 관한 법률에 대한 설명으로 가장 적절하지 않은 것은?   17. 경찰 변형

① 아동·청소년 성착취물을 제작·수입 또는 수출한 자(동법 제11조 제1항)에 대하여 미수범 처벌 규정을 두고 있다.

② 아동·청소년의 성을 사기 위하여 아동·청소년을 유인하거나 성을 팔도록 권유한 자(동법 제13조 제2항)의 경우 미수범 처벌규정이 없다.

③ 법원은 아동·청소년대상 성범죄를 범한 소년법 제2조의 소년에 대하여 형의 선고를 유예하는 경우에는 반드시 보호관찰을 명하여야 한다.

④ 음주 또는 약물로 인한 심신장애 상태에서 아동·청소년 대상 성폭력범죄를 범한 때에는 형법 제10조 제1항·제2항 및 제11조(심신장애자·농아자 감면규정)를 적용하지 아니한다.

> 정답찾기
>
> ④ 음주 또는 약물로 인한 심신장애 상태에서 아동·청소년 대상 성폭력범죄를 범한 때에는 형법 제10조 제1항·제2항 및 제11조를 적용하지 <u>아니할 수 있다</u>(아동·청소년의 성보호에 관한 법률 제19조).

04 아동·청소년의 성보호에 관한 법률상 미수범으로 처벌되는 경우는?   20. 경찰간부

① 아동·청소년의 성을 사는 행위의 장소를 제공하는 행위를 업으로 하는 자

② 폭행이나 협박으로 아동·청소년으로 하여금 아동·청소년의 성을 사는 행위의 상대방이 되게 한 자

③ 아동·청소년의 성을 사는 행위를 알선하는데 사용되는 사실을 알면서도 자금·토지 또는 건물을 제공하는 자

④ 영업으로 아동·청소년의 성을 사는 행위의 장소를 제공·알선하는 업소에 아동·청소년을 고용하도록 한 자

> 정답찾기
>
> ② 사안의 경우 미수범을 처벌한다(아동·청소년의 성보호에 관한 법률 제14조 제1항 제1호).

05 아동·청소년의 성보호에 관한 법률에 관한 설명 중 가장 적절하지 않은 것은? 　　　　22. 경찰

① 사법경찰관리는 아동·청소년의 성보호에 관한 법률제11조 및 제15조의2의 죄, 아동·청소년에 대한 성폭력 범죄의 처벌 등에 관한 특례법제14조 제2항 및 제3항의 죄에 해당하는 '디지털 성범죄'에 대하여 신분을 비공개하고 범죄현장(정보통신망 포함) 또는 범인으로 추정되는 자들에게 접근하여 범죄행위의 증거 및 자료 등을 수집할 수 있다.

② 사법경찰관리가 신분비공개수사를 진행하고자 할 때에는 사전에 상급 경찰관서 수사부서의 장의 승인을 받아야 한다. 이 경우 그 수사기간은 1개월을 초과할 수 없다.

③ 사법경찰관리는 신분위장수사를 하려는 경우에는 검사에게 신분위장수사에 대한 허가를 신청하고, 검사는 법원에 그 허가를 청구한다. 다만 신분위장수사 절차를 거칠 수 없는 긴급을 요하는 때에는 동법 제25조의2 제2항의 요건을 구비하고 법원의 허가 없이 신분위장수사를 할 수 있다. 이 경우, 사법경찰관리는 신분위장수사 개시 후 지체없이 검사에게 허가를 신청하여야 하고, 48시간 이내에 법원의 허가를 받지 못한 때에는 즉시 신분위장수사를 중지하여야 한다.

④ 국가수사본부장은 신분비공개수사가 종료된 즉시 대통령령으로 정하는 바에 따라 국가경찰위원회에 수사 관련 자료를 보고하여야 하며, 국가수사본부장은 대통령령으로 정하는 바에 따라 국회 소관 상임위원회에 신분비공개수사 관련 자료를 반기별로 보고하여야 한다.

정답찾기
② 사법경찰관리가 신분비공개수사를 진행하고자 할 때에는 사전에 상급 경찰관서 수사부서의 장의 승인을 받아야 한다. 이 경우 그 수사기간은 <u>3개월</u>을 초과할 수 없다(아동·청소년의 성보호에 관한 법률 제25조의3 제1항).

06 「아동·청소년의 성보호에 관한 법률」에 관한 설명으로 가장 적절하지 않은 것은? 　　　　23. 경찰

① "아동·청소년"이란 19세 미만의 자를 말한다.

② 위계(僞計) 또는 위력으로써 아동·청소년을 추행한 자에 대한 미수범 처벌규정을 두고 있다.

③ 사법경찰관리는 19세 이상의 사람이 성적 착취를 목적으로 정보통신망을 통하여 아동·청소년에게 성적 욕망이나 수치심 또는 혐오감을 유발할 수 있는 대화를 지속적 또는 반복적으로 하거나 그러한 대화에 지속적 또는 반복적으로 참여시키는 행위를 한 범죄에 대하여 신분을 비공개하고 범인으로 추정되는 자들에게 접근하여 범죄행위의 증거 및 자료 등을 수집할 수 있다.

④ 사법경찰관리가 디지털 성범죄에 대한 신분위장수사를 할 때 신분을 위장하기 위한 문서, 도화 및 전자기록 등의 작성, 변경 또는 행사는 가능하지만, 아동·청소년성착취물을 소지, 판매 또는 광고할 수 없다.

정답찾기
④ 사법경찰관리는 디지털 성범죄를 계획 또는 실행하고 있거나 실행하였다고 의심할 만한 충분한 이유가 있고, 다른 방법으로는 그 범죄의 실행을 저지하거나 범인의 체포 또는 증거의 수집이 어려운 경우에 한정하여 수사 목적을 달성하기 위하여 부득이한 때에는 아동·청소년성착취물 또는 「성폭력범죄의 처벌 등에 관한 특례법」 제14조 제2항의 촬영물 또는 복제물(복제물의 복제물을 포함한다)의 <u>소지, 판매 또는 광고를 할 수 있다</u>(아동·청소년의 성보호에 관한 법률 제25조의2 제2항 제3호).

07 「아동·청소년의 성보호에 관한 법률」에 대한 설명으로 옳은 것은 모두 몇 개인가? 24. 경찰

> ㉠ 아동·청소년성착취물을 제작한 자에 대한 미수범 처벌규정이 있다.
> ㉡ 폭행 또는 협박으로 아동·청소년을 강간할 목적으로 예비 또는 음모한 자에 대한 처벌규정이 있다.
> ㉢ 아동·청소년의 성을 사는 행위를 한 자에 대한 미수범 처벌규정이 있다.
> ㉣ 13세 미만의 사람에 대하여 강간죄를 범한 경우에는 공소시효를 적용하지 않는다.

① 1개   ② 2개   ③ 3개   ④ 4개

정답찾기
지문의 내용 중 적절한 것은 ㉠㉡㉣이다.
㉢ 본 죄는 미수범의 처벌규정이 없다.

2 청소년 보호법

08 보기 중 현행법상 청소년 출입과 고용이 모두 금지된 업소는 몇 개인가? 08. 경찰 변형

> ㉠ 유흥주점영업
> ㉡ 단란주점영업
> ㉢ 휴게음식점영업 중 티켓다방
> ㉣ 비디오물소극장업
> ㉤ 무도학원업
> ㉥ 무도장업
> ㉦ 일반음식점영업 중 소주방
> ㉧ 유료 만화대여업

① 2개   ② 3개   ③ 4개   ④ 5개

정답찾기
③ 청소년의 출입·고용금지업소는 ㉠㉡㉤㉥이다.

09 청소년 보호법 제2조 제5호의 '청소년유해업소'란 청소년의 출입과 고용이 청소년에게 유해한 것으로 인정되는 청소년 출입·고용금지업소와 청소년의 출입은 가능하나 고용이 청소년에게 유해한 것으로 인정되는 청소년고용금지업소를 말한다. 다음 중 옳지 않은 것은? (이 경우 업소의 구분은 그 업소가 영업을 할 때 다른 법령에 따라 요구되는 허가·인가·등록·신고 등의 여부와 관계없이 실제로 이루어지고 있는 영업행위를 기준으로 한다.)   17. 경찰승진

	청소년 출입·고용금지업소	청소년고용금지업소
①	게임산업진흥에 관한 법률에 따른 '일반게임제공업'	게임산업진흥에 관한 법률에 따른 '청소년게임제공업'
②	영화 및 비디오물의 진흥에 관한 법률에 따른 '비디오물소극장업'	영화 및 비디오물의 진흥에 관한 법률에 따른 '비디오감상실업'
③	사행행위 등 규제 및 처벌 특례법에 따른 '사행행위영업'	게임산업진흥에 관한 법률에 따른 '인터넷컴퓨터게임시설제공업'
④	체육시설의 설치·이용에 관한 법률에 따른 '무도학원업'	회비 등을 받거나 유료로 만화를 빌려 주는 '만화대여업'

정답찾기

② 영화 및 비디오물의 진흥에 관한 법률에 따른 '비디오물소극장업'은 청소년고용금지업소, 영화 및 비디오물의 진흥에 관한 법률에 따른 '비디오감상실업'은 청소년 출입·고용금지업소에 해당한다.

■ 비디오물감상실업과 비디오물소극장업의 비교(영화 및 비디오물의 진흥에 관한 법률 제2조)

비디오물감상실업	다수의 구획된 시청실과 비디오물 시청기자재를 갖추고 비디오물을 공중의 시청에 제공(이용자가 직접 시청시설을 작동하여 이용하는 경우를 포함한다)하는 영업
비디오물소극장업	영사막 및 다수의 객석과 비디오물 시청기자재를 갖추고 비디오물만을 전용으로 공중의 시청에 제공하는 영업

10 청소년 보호법에 대한 설명으로 가장 적절한 것은?   19. 경찰승진

① 청소년유해업소의 업주는 나이 확인을 위하여 필요한 경우 주민등록증이나 기타 증표의 제시를 요구할 수 있으며, 정당한 사유 없이 증표를 제시하지 않는 사람에게는 그 업소의 출입을 제한하여야 한다.

② 청소년유해업소의 업주는 그 업소에 행정안전부령으로 정하는 바에 따라 청소년의 출입과 고용을 제한하는 내용을 표시해야 한다.

③ 일반음식점영업 중 음식류의 조리·판매보다는 주로 주류의 조리·판매를 목적으로 하는 소주방, 호프집 등의 업소는 청소년의 출입이 가능한 업소이다.

④ 경찰서장은 특별자치시장·특별자치도지사·시장·군수·구청장과 협의 후 청소년 통행금지구역 또는 청소년 통행제한구역을 지정하여야 하고, 청소년이 해당 구역을 통행하려 할 때에는 통행을 막을 수 있으며 통행하고 있는 청소년은 해당 구역 밖으로 나가게 할 수 있다.

정답찾기

① 청소년유해업소의 업주와 종사자는 나이 확인을 위하여 필요한 경우 주민등록증이나 그 밖에 나이를 확인할 수 있는 증표의 제시를 요구할 수 있으며, 증표 제시를 요구받고도 정당한 사유 없이 증표를 제시하지 아니하는 사람에게는 그 업소의 출입을 제한할 수 있다(청소년 보호법 제29조 제4항).

② 청소년유해업소의 업주와 종사자는 그 업소에 대통령령으로 정하는 바에 따라 청소년의 출입과 고용을 제한하는 내용을 표시하여야 한다(청소년 보호법 제29조 제6항).

④ 특별자치시장·특별자치도지사·시장·군수·구청장은 청소년 보호를 위하여 필요하다고 인정할 경우 청소년의 정신적·신체적 건강을 해칠 우려가 있는 구역을 청소년 통행금지구역 또는 청소년 통행제한구역으로 지정하여야 한다(청소년 보호법 제31조 제1항).

11 청소년 보호법상 '청소년유해업소'에 관한 설명으로 가장 적절하지 않은 것은? (단, 청소년은 모두 청소년 보호법 제2조 제1호의 '청소년'을 의미한다.) 　19. 경찰

① 청소년 출입·고용금지업소와 청소년고용금지업소로 구분된다.
② 이 경우 업소의 구분은 그 업소가 영업을 할 때 다른 법령에 따라 요구되는 허가·인가·등록·신고 등의 여부와 관계없이 실제로 이루어지고 있는 영업행위를 기준으로 한다.
③ 사행행위 영업, 단란주점 영업, 유흥주점 영업소의 경우 청소년의 고용뿐 아니라 출입도 금지되어 있다.
④ 청소년은 일반음식점 영업 중 주로 주류의 조리·판매를 목적으로 한 소주방·호프·카페는 출입할 수 없다.

정답찾기
④ 지문은 청소년의 출입은 가능하고 고용만 금지되는 업소에 해당한다(청소년 보호법 제2조, 청소년 보호법 시행령 제6조 제2항).

12 청소년 보호법과 관련된 판례에 대한 설명 중 가장 적절하지 않은 것은? 　08. 경찰 변형

① '청소년 보호법'의 입법취지와 목적 및 규정 내용 등에 비추어 볼 때, 18세 미만의 청소년에게 술을 판매함에 있어서 가사 그의 민법상 법정대리인의 동의를 받았다고 하더라도 그러한 사정만으로 위 술 판매행위가 정당화 될 수는 없다.
② '청소년 보호법'상의 '청소년'에 해당하는지의 판단 기준은 가족관계부 등 공법상의 나이가 아니라 실제의 나이를 기준으로 하여야 할 것이다.
③ 청소년이 이른바 '티켓걸'로서 노래연습장 또는 유흥주점에서 손님들의 흥을 돋우어 주고 시간당 보수를 받은 사안에서, 시간제로 보수를 받고 근무하는 위와 같은 영업형태는 업소 주인이 청소년을 시간제 접대부로 고용한 것으로 보아 업소 주인에 대하여 '청소년 보호법' 위반의 죄책을 묻는 것이 정당하다.
④ 일반음식점허가를 받은 업소가 실제로는 주로 주류를 조리·판매하는 영업행위를 한 경우, 이는 '청소년 보호법'상의 청소년고용금지업소에 해당하며, 주간에는 주로 음식류를, 야간에는 주로 주류를 조리·판매하는 형태의 영업행위를 한 경우, 야간 영업형태의 청소년 보호를 위한 분리의 필요성으로 인하여 주·야간의 영업형태를 불문하고 '청소년 보호법'상의 청소년고용금지업소에 해당한다.

정답찾기
④ 식품위생법 제21조 제2항, 식품위생법 시행령 제7조 제8호 (나)목은 일반음식점 영업을 '음식류를 조리·판매하는 영업으로서 식사와 함께 부수적으로 음주행위가 허용되는 영업'이라고 규정하고 있지만, 청소년 보호법 제2조 제5호는 청소년고용금지업소 등 청소년유해업소의 구분은 그 업소가 영업을 함에 있어서 다른 법령에 의하여 요구되는 허가·인가·등록·신고 등의 여부에 불구하고 실제로 이루어지고 있는 영업행위를 기준으로 하도록 규정하고 있으므로, 음식류를 조리·판매하면서 식사와 함께 부수적으로 음주행위가 허용되는 영업을 하겠다면서 식품위생법상의 일반음식점 영업허가를 받은 업소라고 하더라도 실제로는 음식류의 조리·판매보다는 주로 주류를 조리·판매하는 영업행위가 이루어지고 있는 경우에는 청소년 보호법상의 청소년고용금지업소에 해당하며, 나아가 일반음식점의 실제의 영업형태 중에서는 주간에는 주로 음식류를 조리·판매하고 야간에는 주로 주류를 조리·판매하는 형태도 있을 수 있는데, 이러한 경우 음식류의 조리·판매보다는 주로 주류를 조리·판매하는 야간의 영업형태에 있어서의 그 업소는 위 청소년 보호법의 입법취지에 비추어 볼 때 청소년 보호법상의 청소년고용금지업소에 해당한다(대판 2004.2.12, 2003도6282).

Answer 　09 ② 　10 ③ 　11 ④ 　12 ④

13 청소년 보호법에 대한 판례의 입장으로 가장 적절한 것은? 20. 경찰승진

① 일반음식점의 실제 영업형태 중에서 주간에는 주로 음식류를 조리 판매하고 야간에는 주로 주류를 조리 판매하는 형태도 있을 수 있는데, 이러한 경우 주간과 야간을 불문하고 그 업소는 청소년 보호법상 청소년고용금지업소에 해당한다.

② 유흥주점 운영자가 업소에 들어온 미성년자의 신분을 의심하여 주문받은 술을 들고 룸에 들어가 신분증의 제시를 요구하고 밖으로 데리고 나온 경우 청소년 보호법 위반죄가 성립한다.

③ 단란주점의 업주가 청소년들을 고용하여 영업을 한 이상 그중 일부가 대기실에서 대기 중이었을 뿐 실제 접객행위를 한 바 없다 하더라도, 고용된 청소년 전부에 대하여 청소년 보호법 시행령에 따라 과징금을 부과한 것은 정당하다.

④ 청소년 보호법 제30조 제8호가 규정하는 '이성혼숙'은 남녀 모두가 청소년일 것을 요구하고 남녀 중 일방이 청소년이면 족하다고 볼 수 없다.

정답찾기

③ 구 청소년 보호법(2000.1.12. 법률 제6164호로 개정되기 전의 것)의 제정목적 중 하나가 청소년이 유해한 업소에 출입하는 것 등을 규제하고, 청소년을 각종 유해한 환경으로부터 보호ㆍ구제함으로써 청소년이 건전한 인격체로 성장할 수 있도록 하기 위한 것이라는 점에 비추어 보면, 같은 법 제24조 제1항, 제49조 제1항의 입법 취지는 개개의 청소년이 청소년유해업소에 고용됨으로써 각종 유해한 환경에 노출되는 것을 방지하기 위한 것이라 할 것이므로 이를 어긴 자에 대하여 과징금을 부과하도록 한 같은 법 제49조의 규정은 그와 같은 입법 취지를 달성하기 위하여 각각의 청소년을 고용하는 행위에 대하여 개별적으로 제재를 가하는 것으로 해석하여야 하고, 이와 달리 청소년을 고용하여 하는 영업행위 자체를 포괄하여 제재하려는 것은 아니라 할 것이므로, 같은 법 제49조 제2항의 위임에 따라 같은 법 시행령 제40조 제1항의 [별표 6]에서 청소년 고용금지를 위반한 행위에 대하여 1명 1회 고용마다 1천만원의 과징금액을 정하고 있는 것이 모법에 위배되거나 위임의 취지를 벗어나 무효라고 볼 수 없다(대판 2002.7.12, 2002두219).

① 식품위생법 제21조 제2항, 식품위생법 시행령 제7조 제8호 (나)목은 일반음식점 영업을 '음식류를 조리ㆍ판매하는 영업으로서 식사와 함께 부수적으로 음주행위가 허용되는 영업'이라고 규정하고 있지만, 청소년 보호법 제2조 제5호는 청소년고용금지업소 등 청소년유해업소의 구분은 그 업소가 영업을 함에 있어서 다른 법령에 의하여 요구되는 허가ㆍ인가ㆍ등록ㆍ신고 등의 여부에 불구하고 실제로 이루어지고 있는 영업행위를 기준으로 하도록 규정하고 있으므로, 음식류를 조리ㆍ판매하면서 식사와 함께 부수적으로 음주행위가 허용되는 영업을 하겠다면서 식품위생법상의 일반음식점 영업허가를 받은 업소라고 하더라도 실제로는 음식류의 조리ㆍ판매보다는 주로 주류를 조리ㆍ판매하는 영업행위가 이루어지고 있는 경우에는 청소년 보호법상의 청소년고용금지업소에 해당하며, 나아가 일반음식점의 실제의 영업형태 중에서는 주간에는 주로 음식류를 조리ㆍ판매하고 야간에는 주로 주류를 조리ㆍ판매하는 형태도 있을 수 있는데, 이러한 경우 음식류의 조리ㆍ판매보다는 주로 주류를 조리ㆍ판매하는 야간의 영업형태에 있어서의 그 업소는 위 청소년보호법의 입법취지에 비추어 볼 때 청소년 보호법상의 청소년고용금지업소에 해당한다(대판 2004.2.12, 2003도6282).

② 유흥주점 운영자가 업소에 들어온 미성년자의 신분을 의심하여 주문받은 술을 들고 룸에 들어가 신분증의 제시를 요구하고 밖으로 데리고 나온 사안에서, 미성년자가 실제 주류를 마시거나 마실 수 있는 상태에 이르지 않았으므로 술값의 선불지급 여부 등과 무관하게 주류판매에 관한 청소년 보호법 위반죄가 성립하지 않는다(대판 2008.7.24, 2008도3211).

④ 청소년 보호법 제26조의2 제8호는 누구든지 "청소년에 대하여 이성혼숙을 하게 하는 등 풍기를 문란하게 하는 영업행위를 하거나 그를 목적으로 장소를 제공하는 행위"를 하여서는 아니 된다고 규정하고 있는바, 위 법률의 입법 취지가 청소년을 각종 유해행위로부터 보호함으로써 청소년이 건전한 인격체로 성장할 수 있도록 하기 위한 것인 점 등을 감안하면, 위 법문이 규정하는 '이성혼숙'은 남녀 중 일방이 청소년이면 족하고, 반드시 남녀 쌍방이 청소년임을 요하는 것은 아니다(대판 2003.12.26, 2003도5980).

3 아동학대범죄의 처벌 등에 관한 특례법

14 아동학대범죄의 처벌 등에 관한 특례법상 응급조치에 대한 설명으로 가장 적절하지 않은 것은?   15. 경찰 변형

① 현장에 출동하거나 아동학대범죄 현장을 발견한 경우 또는 학대현장 이외의 장소에서 학대피해가 확인되고 재학대의 위험이 급박·현저한 경우, 사법경찰관리 또는 아동학대전담공무원은 피해아동, 피해아동의 형제자매인 아동 및 피해아동과 동거하는 아동(이하 '피해아동 등'이라 한다)의 보호를 위하여 즉시 응급조치를 하여야 한다.

② 사법경찰관리나 아동학대전담공무원은 피해아동 등을 분리·인도하여 보호하는 경우 지체 없이 피해아동 등을 인도받은 보호시설·의료시설을 관할하는 시·도지사 또는 시장·군수·구청장에게 그 사실을 통보하여야 한다.

③ 응급조치는 48시간을 넘을 수 없다.

④ 사법경찰관리 또는 아동학대전담공무원이 응급조치를 한 경우에는 즉시 응급조치결과보고서를 작성하여야 한다. 이 경우 사법경찰관리가 응급조치를 한 경우에는 관할 경찰관서의 장이 시·도지사 또는 시장·군수·구청장에게, 아동학대전담공무원이 응급조치를 한 경우에는 소속 시·도지사 또는 시장·군수·구청장이 관할 경찰관서의 장에게 작성된 응급조치결과보고서를 지체 없이 송부하여야 한다.

> 정답찾기

③ 응급조치는 72시간을 넘을 수 없다. 다만, 본문의 기간에 공휴일이나 토요일이 포함되는 경우로서 피해아동 등의 보호를 위하여 필요하다고 인정되는 경우에는 48시간의 범위에서 그 기간을 연장할 수 있다(아동학대범죄의 처벌 등에 관한 특례법 제12조 제3항).

15 아동학대범죄의 처벌 등에 관한 특례법에 대한 설명으로 가장 적절하지 않은 것은?   15. 경찰 변형

① 아동이란 19세 미만인 사람을 말한다.

② 아동학대범죄에 대하여는 이 법을 우선 적용한다. 다만, 성폭력범죄의 처벌 등에 관한 특례법, 아동·청소년의 성보호에 관한 법률에서 가중처벌되는 경우에는 그 법에서 정한 바에 따른다.

③ 이 법은 아동학대범죄의 처벌 및 그 절차에 관한 특례와 피해아동에 대한 보호절차 및 아동학대행위자에 대한 보호처분을 규정함으로써 아동을 보호하여 아동이 건강한 사회 구성원으로 성장하도록 함을 목적으로 한다.

④ 아동학대범죄 신고를 접수한 사법경찰관리나 아동학대전담공무원은 지체 없이 아동학대범죄의 현장에 출동하여야 한다.

> 정답찾기

아동학대범죄의 처벌 등에 관한 특례법
제2조 【정의】 이 법에서 사용하는 용어의 뜻은 다음과 같다.
  1. '아동'이란 아동복지법 제3조 제1호에 따른 아동을 말한다.

아동복지법
제3조 【정의】 이 법에서 사용하는 용어의 뜻은 다음과 같다.
  1. '아동'이란 18세 미만인 사람을 말한다.

Answer   13 ③   14 ③   15 ①

16 아동학대범죄의 처벌 등에 관한 특례법에 대한 설명으로 가장 적절하지 않은 것은?   21. 경찰

① 아동학대 신고의무자가 보호하는 아동에 대하여 아동학대범죄를 범한 때에는 그 죄에 정한 형의 2분의 1까지 가중한다.

② 아동학대범죄 현장을 발견한 경우 또는 학대현장 이외의 장소에서 학대피해가 확인되고 재학대의 위험이 급박한 경우, 사법경찰관리 또는 아동학대전담공무원은 피해아동 등의 보호를 위하여 즉시 응급조치를 하여야 한다. 응급조치에는 아동학대범죄 행위의 제지, 아동학대행위자를 피해아동등으로부터 격리, 피해아동등을 아동학대 관련 보호시설로 인도, 피해아동등 또는 가정구성원에 대한 전기통신을 이용한 접근 금지 등의 조치가 있다.

③ 아동학대행위자를 피해아동 등으로부터 격리하는 경우, 72시간을 넘을 수 없다. 다만, 공휴일이나 토요일이 포함되는 경우로서 피해아동 등의 보호를 위하여 필요하다고 인정되는 경우에는 48시간의 범위에서 그 기간을 연장할 수 있다.

④ 판사는 아동학대범죄의 원활한 조사·심리 또는 피해아동등의 보호를 위하여 필요하다고 인정하는 경우에는 결정으로 아동학대행위자에게 임시조치를 할 수 있다. 임시조치에는 친권 또는 후견인 권한 행사의 제한 또는 정지, 아동보호전문기관 등에의 상담 및 교육 위탁, 의료기관이나 그 밖의 요양시설에의 위탁, 경찰관서의 유치장 또는 구치소에의 유치 등이 있다.

정답찾기

② 지문의 내용 중 "피해아동 등 또는 가정구성원에 대한 전기통신을 이용한 접근 금지"는 임시조치에 해당한다(아동학대범죄의 처벌 등에 관한 특례법 제19조 제1항 제3호).

17 「아동학대범죄의 처벌 등에 관한 특례법」상 사법경찰관의 긴급임시조치로 가장 적절하지 않은 것은?   23. 경찰

① 피해아동 등 또는 가정구성원의 주거로부터 퇴거 등 격리

② 경찰관서의 유치장 또는 구치소에의 유치

③ 피해아동 등 또는 가정구성원의 주거, 학교 또는 보호시설 등 에서 100미터 이내의 접근 금지

④ 피해아동 등 또는 가정구성원에 대한 「전기통신기본법」 제2조 제1호의 전기통신을 이용한 접근 금지

정답찾기

② 지문의 내용은 임시조치에 해당한다(아동학대범죄의 처벌 등에 관한 특례법 제19조 제1항 제7호).

■ 긴급임시조치

1. 피해아동 등 또는 가정구성원(「가정폭력범죄의 처벌 등에 관한 특례법」 제2조제2호에 따른 가정구성원을 말한다. 이하 같다)의 주거로부터 퇴거 등 격리
2. 피해아동 등 또는 가정구성원의 주거, 학교 또는 보호시설 등에서 100미터 이내의 접근 금지
3. 피해아동 등 또는 가정구성원에 대한 「전기통신기본법」 제2조제1호의 전기통신을 이용한 접근 금지

④ 실종아동 등 및 가출인 업무

18 실종아동 등의 보호 및 지원에 관한 법률과 '실종아동 등 및 가출인 업무처리 규칙'상 용어의 설명으로 가장 적절한 것은?

14. 경찰승진 변형

① 실종신고 당시 18세 미만의 아동은 법상 '아동 등'에 해당한다.

② '장기실종아동 등'이란, 보호자로부터 신고를 접수한지 24시간이 경과하도록 발견하지 못한 찾는 실종아동 등을 말한다.

③ '국가경찰 수사 범죄'란 자치경찰사무와 시·도자치경찰위원회의 조직 및 운영 등에 관한 규정 제3조 제1호부터 제5호까지 또는 제6호 나목의 범죄를 말한다.

④ '발견지'는 실종아동 등 또는 가출인을 발견하여 보호 중인 장소를 말하며, 발견한 장소와 보호 중인 장소가 서로 다른 경우 보호 중인 장소를 말한다.

정답찾기

① 실종 당시 18세 미만인 아동이 '아동 등'에 해당한다(실종아동 등의 보호 및 지원에 관한 법률 제2조 제1호 가목).

> **실종아동 등의 보호 및 지원에 관한 법률 제2조 【정의】** 이 법에서 사용하는 용어의 정의는 다음과 같다.
> 1. '아동 등'이란 다음 각 목의 어느 하나에 해당하는 사람을 말한다.
>   가. 실종 당시 18세 미만인 아동
>   나. '장애인복지법' 제2조의 장애인 중 지적장애인, 자폐성장애인 또는 정신장애인
>   다. '치매관리법' 제2조 제2호의 치매환자

② '장기실종아동 등'이란 보호자로부터 신고를 접수한 지 48시간이 경과한 후에도 발견되지 않은 찾는 실종아동 등 및 가출인 업무처리 규칙 제2조 제5호).

③ '국가경찰 수사 범죄'란 자치경찰사무와 시·도자치경찰위원회의 조직 및 운영 등에 관한 규정 제3조 제1호부터 제5호까지 또는 제6호 나목의 범죄가 아닌 범죄를 말한다(실종아동 등 및 가출인 업무처리 규칙 제2조 제9호).

19 실종아동 등 및 가출인 업무처리 규칙상 규정된 용어에 대한 설명 중 가장 적절하지 않은 것은?

18. 경찰

① '가출인'이란 신고 당시 보호자로부터 이탈된 18세 이상의 사람을 말한다.

② '장기실종아동 등'이란 보호자로부터 신고를 접수한 지 48시간이 경과한 후에도 발견되지 않은 찾는 실종아동 등을 말한다.

③ '보호실종아동 등'이란 보호자가 확인되어 경찰관이 보호하고 있는 실종아동 등을 말한다.

④ '발견지'란 실종아동 등 또는 가출인을 발견하여 보호 중인 장소를 말하며, 발견한 장소와 보호 중인 장소가 서로 다른 경우에는 보호 중인 장소를 말한다.

정답찾기

③ '보호실종아동 등'이란 보호자가 확인되지 않아 경찰관이 보호하고 있는 실종아동 등을 말한다(실종아동 등 및 가출인 업무처리 규칙 제2조 제4호).

20 실종아동 등 및 가출인 업무처리 규칙에 대한 다음 설명 중 옳은 것은 모두 몇 개인가?

15. 경찰간부

> ㉠ '아동 등'이란 '실종아동 등의 보호 및 지원에 관한 법률' 제2조 제1호에 따른 실종 당시 18세 미만 아동, 지적·자폐성·정신장애인, 치매환자를 말한다.
> ㉡ '장기실종아동 등'이란 보호자로부터 신고를 접수한지 36시간이 경과한 후에도 발견되지 않은 찾는 실종아동 등을 말한다.
> ㉢ '발견지'란 실종아동 등 또는 가출인을 발견하여 보호 중인 장소를 말하며, 발견한 장소와 보호 중인 장소가 서로 다른 경우에는 발견한 장소를 말한다.
> ㉣ 실종아동 등 프로파일링시스템에 입력하는 대상은 실종아동 등, 가출인, 보호자가 확인된 보호시설 입소자이다.
> ㉤ 미발견자의 경우 실종아동 등 프로파일링시스템에 등록된 자료는 소재 발견시까지 보관한다.

① 없음 ② 1개 ③ 2개 ④ 3개

정답찾기

옳은 것은 ㉠㉤ 2개이다.

㉡ '장기실종아동 등'이란 보호자로부터 신고를 접수한 지 <u>48시간</u>이 경과한 후에도 발견되지 않은 찾는실종아동 등 및 가출인 업무처리 규칙 제2조 제5호).

㉢ '발견지'란 실종아동 등 또는 가출인을 발견하여 보호 중인 장소를 말하며, 발견한 장소와 보호 중인 장소가 서로 다른 경우에는 <u>보호 중인 장소를 말한다</u>(실종아동 등 및 가출인 업무처리 규칙 제2조. 제8호).

㉣ 실종아동 등 프로파일링시스템에 입력하는 대상은 실종아동 등, 가출인, 보호시설 입소자 중 <u>보호자가 확인되지 않는 사람</u>이다(실종아동 등 및 가출인 업무처리 규칙 제7조 제1항).

21 실종아동 등의 보호 및 지원에 관한 법률과 실종아동 등 및 가출인 업무처리 규칙에 대한 설명 중 가장 옳지 않은 것은?

19. 경찰간부

① '발견지'란 실종아동 등 또는 가출인을 발견하여 보호 중인 장소를 말하며, 발견한 장소와 보호 중인 장소가 서로 다른 경우에는 보호 중인 장소를 말한다.

② 실종아동 등 프로파일링시스템에 입력하는 대상은 실종아동 등, 가출인, 보호시설 입소자 중 보호자가 확인되지 않는 사람이다.

③ 발견된 18세 미만 아동 및 가출인의 경우 실종아동 등 프로파일링시스템에 등록된 자료는 수배 해제 후로부터 10년간 보관한다.

④ 경찰관서의 장은 실종아동 등(범죄로 인한 경우 제외)의 조속한 발견을 위하여 필요한 때에는 위치정보의 보호 및 이용 등에 관한 법률에 따른 위치정보사업자에게 실종아동 등의 개인위치정보의 제공을 요청할 수 있다.

정답찾기

③ 발견된 18세 미만 아동 및 가출인의 경우 실종아동 등 프로파일링시스템에 등록된 자료는 수배 해제 후로부터 <u>5년간 보관</u>한다.

> **실종아동 등 및 가출인 업무처리규칙**
> **제7조【정보시스템 입력 대상 및 정보 관리】** ③ 실종아동 등 프로파일링시스템에 등록된 자료의 보존기간은 다음 각 호와 같다. 다만, 대상자가 사망하거나 보호자가 삭제를 요구한 경우는 즉시 삭제하여야 한다.
> 1. 발견된 18세 미만 아동 및 가출인: 수배 해제 후로부터 5년간 보관
> 2. 발견된 지적·자폐성·정신장애 등 및 치매환자: 수배 해제 후로부터 10년간 보관

22 실종아동 등의 보호 및 지원에 관한 법률과 실종아동등 및 가출인 업무처리 규칙에 관한 설명 중 옳은 것은 모두 몇 개인가?

22. 경찰

ⓐ '장기실종아동 등'이라 함은 보호자로부터 이탈한지 48시간이 경과한 후에도 발견되지 않은 '찾는 실종아동 등'을 말한다.

ⓑ 경찰관서의 장은 실종아동등의 발생 신고를 접수하면 24시간 이내에 수색 또는 수사의 실시여부를 결정하여야 한다.

ⓒ 발견된 18세 미만 아동 및 가출인의 경우, 실종아동 등 프로파일링시스템에 등록된 자료는 수배 해제 후로부터 10년간 보관한다.

ⓓ 실종아동 등 프로파일링시스템에 등록된 미발견자의 자료는 소재 발견시까지 보관한다.

ⓔ 경찰관서의 장은 실종아동등에 대하여 실종아동 등 및 가출인 업무처리 규칙제18조에 따른 현장 탐문 및 수색 후, 그 결과를 즉시 보호자에게 통보하여야 한다. 이후에는 실종아동 등 프로파일링시스템에 등록한 날로부터 1개월까지는 15일에 1회, 1개월이 경과한 후부터는 분기별 1회 보호자에게 추적 진행사항을 통보한다.

---

① 1개   ② 2개   ③ 3개   ④ 4개

정답찾기

지문의 내용 중 적절한 것은 ⓓⓔ이다.

ⓐ "장기실종아동 등"이란 보호자로부터 <u>신고를 접수한</u> 지 48시간이 경과한 후에도 발견되지 않은 찾는 실종아동 등 및 가출인 업무처리 규칙 제2조 제5호).

ⓑ 경찰관서의 장은 실종아동 등의 발생 신고를 접수하면 <u>지체 없이</u> 수색 또는 수사의 실시 여부를 결정하여야 한다(실종아동 등의 보호 및 지원에 관한 법률 제9조 제1항).

ⓒ 발견된 18세 미만 아동 및 가출인 자료는 수배 해제 후로부터 <u>5년간</u>, 발견된 지적·자폐성·정신장애인 등 및 치매환자 자료는 수배 해제 후로부터 10년간 보관한다(실종아동 등 및 가출인 업무처리 규칙 제7조 제3항).

5 **소년경찰 · 학교폭력**

23 소년법상 소년형사절차의 특례에 대한 설명 중 적절한 것은 모두 몇 개인가? 13. 경찰승진

> ㉠ 판결선고 당시 18세 미만인 소년에 대하여 사형 또는 무기형으로 처할 것인 때에는 15년의 유기징역으로 한다.
> ㉡ 18세 미만인 소년에게는 '형법' 제70조에 따른 노역장 유치가 금지된다.
> ㉢ 보호처분이 계속 중일 때에 징역, 금고 또는 구류를 선고받은 소년에 대하여는 먼저 보호처분 집행 후 그 형을 집행한다.
> ㉣ 소년이 법정형으로 단기 2년 이상의 유기형에 해당하는 죄를 범한 경우에는 그 형의 범위에서 장기와 단기를 정하여 선고한다. 다만, 장기는 10년, 단기는 5년을 초과하지 못한다(단, 특정강력범죄의 처벌에 관한 특례법은 고려치 않음).
> ㉤ 소년이 형의 집행 중에 20세에 달한 때에는 일반 교도소에서 집행할 수 있다.

① 없음　　　　　　② 1개　　　　　　③ 2개　　　　　　④ 3개

정답찾기

적절한 것은 ㉡ 1개이다.
㉠ 죄를 범할 당시 18세 미만인 소년에 대하여 사형 또는 무기형(無期刑)으로 처할 경우에는 15년의 유기징역으로 한다(소년법 제59조).
㉢ 보호처분이 계속 중일 때에 징역, 금고 또는 구류를 선고받은 소년에 대하여는 먼저 그 형을 집행한다(소년법 제64조).
㉣ 소년이 법정형으로 장기 2년 이상의 유기형(有期刑)에 해당하는 죄를 범한 경우에는 그 형의 범위에서 장기와 단기를 정하여 선고한다. 다만, 장기는 10년, 단기는 5년을 초과하지 못한다(소년법 제60조 제1항).
㉤ 징역 또는 금고를 선고받은 소년에 대하여는 특별히 설치된 교도소 또는 일반 교도소 안에 특별히 분리된 장소에서 그 형을 집행한다. 다만, 소년이 형의 집행 중에 23세가 되면 일반 교도소에서 집행할 수 있다(소년법 제63조).

24 소년법에 대한 설명으로 가장 적절한 것은? 19. 경찰승진

① 소년부는 조사 또는 심리한 결과 금고 이상의 형에 해당하는 범죄 사실이 발견된 경우 그 동기와 죄질이 형사처분을 할 필요가 있다고 인정하면 결정으로써 사건을 관할 지방법원에 대응한 검찰청 검사에게 송치하여야 한다.
② 촉법소년 및 우범소년이 있을 때에 경찰서장은 직접 관할 소년부에 송치할 수 있다.
③ 범죄소년, 촉법소년 및 우범소년을 발견한 보호관찰소의 장은 이를 관할 소년부에 통고하여야 한다.
④ 소년 보호사건의 관할은 소년의 요청지, 행위지, 거주지 또는 현재지로 한다.

정답찾기

② 촉법소년 및 우범소년에 해당하는 때에는 경찰서장은 직접 관할 소년부에 송치(送致)하여야 한다(소년법 제4조 제2항).
③ 범죄소년, 촉법소년 및 우범소년을 발견한 보호자 또는 학교 · 사회복리시설 · 보호관찰소(보호관찰지소를 포함한다)의 장은 이를 관할 소년부에 통고할 수 있다(소년법 제4조 제3항).
④ 소년 보호사건의 관할은 소년의 행위지, 거주지 또는 현재지로 한다(소년법 제3조 제1항).

25 '경찰청 현장매뉴얼'상 학교폭력사건 처리절차에 대한 설명으로 가장 적절하지 않은 것은? 15. 경찰승진

① 교내 학교폭력 관련 신고 출동시 학교장에게 사전 통지 없이 독자적으로 초동조치를 수행한다.
② 수업 중 또는 다수가 보는 앞에서 가해학생 연행은 금지된다.
③ 폭력이 종료된 경우에는 수업 종료 후 타인의 이목을 피하여 비공개 장소에서 면접한다.
④ 출동 경찰관은 가해학생 검거보다는 피해학생 보호를 우선해야 한다.

정답찾기
① 교내 학교폭력 관련 신고 출동시 학교장에게 사전 통지하고 학교장과 협조, 초동조치를 수행한다.

26 경찰청 현장매뉴얼에 규정된 학교폭력 사건 처리절차에 관한 설명으로 가장 적절하지 않은 것은? 15. 경찰승진

① 교내 학교폭력 관련 신고 출동시 학교장에게 사전 통지하고 학교장과 협조, 초동조치를 수행한다.
② 폭력이 진행 중인 경우에는 학교장과 협조하여 즉시 폭력을 중단토록 조치하고, 폭력이 종료된 경우에는 수업 종료 후 타인의 이목을 피하여 비공개 장소에서 면접하여야 한다.
③ 피해학생이 동행을 거부하는 경우 학생이 희망하는 장소에서 진술서를 작성한다.
④ 학교폭력의 위험성에 대한 경각심을 일깨울 수 있도록 수업 중 또는 다수가 보는 앞에서 가해학생을 연행한다.

정답찾기
④ 수업 중 또는 다수가 보는 앞에서 가해학생 연행은 금지된다.

6 성폭력범죄의 처벌 등에 관한 특례법

27 성폭력범죄의 처벌 등에 관한 특례법에 대한 설명으로 가장 적절하지 않은 것은? 17. 경찰승진

① 검사 또는 사법경찰관은 19세 미만 피해자 등의 진술 내용과 조사 과정을 영상녹화장치로 녹화(녹음이 포함된 것을 말하며, 이하 "영상녹화"라 한다)하고, 그 영상녹화물을 보존하여야 한다.

② 위의 ①에도 불구하고 19세 미만 피해자 등 또는 그 법정대리인(법정대리인이 가해자이거나 가해자의 배우자인 경우는 제외한다)이 이를 원하지 아니하는 의사를 표시하는 경우에는 영상녹화를 하여서는 아니 된다.

③ 검사 또는 사법경찰관은 성폭력범죄의 피해자가 19세 미만의 아동이거나 신체적인 또는 정신적인 장애로 의사소통이나 의사표현에 어려움이 있는 경우 원활한 조사를 위하여 직권이나 피해자, 그 법정대리인 또는 변호사의 신청에 따라 진술조력인으로 하여금 조사과정에 참여하여 의사소통을 중개하거나 보조하게 할 수 있다.

④ 경찰청장은 각 경찰서장으로 하여금 성폭력범죄 전담 사법경찰관을 지정하도록 하여 특별한 사정이 없으면 이들로 하여금 피해자를 조사하게 하여야 한다.

> **정답찾기**
> ③ 검사 또는 사법경찰관은 성폭력범죄의 피해자가 13세 미만의 아동이거나 신체적인 또는 정신적인 장애로 의사소통이나 의사표현에 어려움이 있는 경우 원활한 조사를 위하여 직권이나 피해자, 그 법정대리인 또는 변호사의 신청에 따라 진술조력인으로 하여금 조사과정에 참여하여 의사소통을 중개하거나 보조하게 할 수 있다(성폭력범죄의 처벌 등에 관한 특례법 제36조 제1항).

28 성폭력범죄의 처벌 등에 관한 특례법의 신상정보 등록 등에 대한 내용으로 가장 적절하지 않은 것은? 18. 경찰

① 등록대상자가 6개월 이상 국외에 체류하기 위하여 출국하는 경우에는 미리 관할 경찰관서의 장에게 허가를 받아야 한다.

② 신상정보 등록의 원인이 된 성범죄로 형의 선고를 유예받은 사람이 선고유예를 받은 날부터 2년이 경과하여 형법 제60조에 따라 면소된 것으로 간주되면 신상정보 등록을 면제한다.

③ 등록대상자의 신상정보의 등록·보존 및 관리 업무에 종사하거나 종사하였던 자는 직무상 알게 된 등록정보를 누설하여서는 아니 된다.

④ 등록정보의 공개는 여성가족부장관이 집행하고, 법무부장관은 등록정보의 공개에 필요한 정보를 여성가족부장관에게 송부하여야 한다.

> **정답찾기**
> ① 등록대상자가 6개월 이상 국외에 체류하기 위하여 출국하는 경우에는 미리 관할 경찰관서의 장에게 체류국가 및 체류기간 등을 신고하여야 한다(성폭력범죄의 처벌 등에 관한 특례법 제43조의2 제1항).

29 성폭력범죄의 처벌 등에 관한 특례법에 대한 설명으로 가장 적절한 것은? 19. 경찰승진

① 카메라 등 이용촬영죄는 디엔에이(DNA)증거 등 그 죄를 증명할 수 있는 과학적인 증거가 있는 때에는 공소시효가 10년 연장된다.

② 경찰청장은 각 경찰서장으로 하여금 성폭력범죄 전담 사법경찰관을 지정하도록 하여 특별한 사정이 없으면 이들로 하여금 피의자를 조사하게 하여야 한다.

③ 13세인 사람에 대하여 강간죄를 범한 경우에는 공소시효를 적용하지 아니한다.

④ 신체적인 장애가 있는 사람에 대하여 강제추행죄를 범한 경우에는 공소시효를 적용하지 아니한다.

> 정답찾기
>
> ① 카메라 등 이용촬영죄는 공소시효 연장규정이 적용되지 않는다.
>
> ② 경찰청장은 각 경찰서장으로 하여금 성폭력범죄 전담 사법경찰관을 지정하도록 하여 특별한 사정이 없으면 이들로 하여금 피해자를 조사하게 하여야 한다(성폭력범죄의 처벌 등에 관한 특례법 제26조 제2항).
>
> ③ 13세 미만인 사람에 대하여 강간죄를 범한 경우에는 공소시효를 적용하지 아니한다.
>
> > **성폭력범죄의 처벌 등에 관한 특례법**
> > **제21조 【공소시효에 관한 특례】** ③ 13세 미만의 사람 및 신체적인 또는 정신적인 장애가 있는 사람에 대하여 다음 각 호의 죄를 범한 경우에는 제1항과 제2항에도 불구하고 형사소송법 제249조부터 제253조까지 및 군사법원법 제291조부터 제295조까지에 규정된 공소시효를 적용하지 아니한다.
> > 1. 형법 제297조(강간), 제298조(강제추행), 제299조(준강간, 준강제추행), 제301조(강간 등 상해·치상), 제301조의2(강간 등 살인·치사) 또는 제305조(미성년자에 대한 간음, 추행)의 죄
> > 2. 제6조 제2항, 제7조 제2항, 제8조, 제9조의 죄
> > 3. 아동·청소년의 성보호에 관한 법률 제9조 또는 제10조의 죄

30 성폭력범죄의 처벌 등에 관한 특례법에 대한 설명으로 옳은 것은? 20. 경찰간부

① 등록대상자가 6개월 이상 국외에 체류하기 위하여 출국하는 경우에는 미리 관할 경찰관서의 장에게 허가를 받아야 한다.

② 경찰청장은 각 경찰서장으로 하여금 성폭력범죄 전담 사법경찰관을 지정하도록 하여 특별한 사정이 없으면 이들로 하여금 피해자를 조사하게 하여야 한다.

③ 신상정보 등록의 원인이 된 성범죄로 사형, 무기징역·무기금고형 또는 10년 초과의 징역·금고형을 선고받은 사람은 20년 동안 등록정보를 보존·관리하여야 한다.

④ 13세 미만의 사람 및 신체적인 또는 정신적인 장애가 있는 사람에 대하여 강간죄를 범한 경우에는 공소시효가 10년 연장된다.

> 정답찾기
>
> ① 등록대상자가 6개월 이상 국외에 체류하기 위하여 출국하는 경우에는 미리 관할 경찰관서의 장에게 체류국가 및 체류기간 등을 신고하여야 한다(성폭력범죄의 처벌 등에 관한 특례법 제43조의2 제1항).
>
> ③ 사안의 경우 30년 동안 등록정보를 보존·관리하여야 한다(성폭력범죄의 처벌 등에 관한 특례법 제45조 제1항 제1호).
>
> ④ 사안의 경우 공소시효를 적용하지 아니한다(성폭력범죄의 처벌 등에 관한 특례법 제21조 제3항 제1호). 일정 범죄의 경우 디엔에이(DNA)증거 등 그 죄를 증명할 수 있는 과학적인 증거가 있는 때에는 공소시효가 10년 연장된다(성폭력범죄의 처벌 등에 관한 특례법 제21조 제2항).

Answer 27 ③ 28 ① 29 ④ 30 ②

31 성폭력범죄의 처벌 등에 관한 특례법에 대한 설명으로 가장 적절한 것은? 20. 경찰

① 수사기관은 성폭력범죄의 처벌 등에 관한 특례법 제3조부터 제8조까지, 제10조 및 제15조(제9조의 미수범은 제외한다)의 범죄의 피해자를 조사하는 경우에 피해자 등이 신청할 때에는 조사에 지장을 줄 우려가 있는 등 부득이한 경우가 아니면 피해자와 신뢰관계에 있는 사람을 동석하게 하여야 한다. 이 경우 수사기관은 피해자와 신뢰관계에 있는 사람이 피해자에게 불리하거나 피해자가 원하지 아니하는 경우에는 동석하게 하여서는 아니 된다.

② 모든 성폭력범죄 피해자를 조사하는 경우에 진술 내용과 조사과정을 비디오녹화기 등 영상물 녹화장치로 촬영 보존하여야 한다.

③ 경찰청장은 각 경찰서장으로 하여금 성폭력범죄 전담 사법경찰관을 지정하도록 하여 특별한 사정이 없으면 이들로 하여금 피의자를 조사하게 하여야 한다.

④ 수사기관은 성폭력범죄의 피해자를 조사할 때 피해자가 편안한 상태에서 진술할 수 있는 환경을 조성하여야 하며, 조사 횟수는 1회로 마쳐야 한다.

> **정답찾기**
> ② 성폭력범죄의 피해자가 19세 미만이거나 신체적인 또는 정신적인 장애로 사물을 변별하거나 의사를 결정할 능력이 미약한 경우에는 피해자의 진술 내용과 조사 과정을 비디오녹화기 등 영상물 녹화장치로 촬영·보존하여야 한다(성폭력범죄의 처벌 등에 관한 특례법 제30조 제1항).
> ③ 경찰청장은 각 경찰서장으로 하여금 성폭력범죄 전담 사법경찰관을 지정하도록 하여 특별한 사정이 없으면 이들로 하여금 피해자를 조사하게 하여야 한다(성폭력범죄의 처벌 등에 관한 특례법 제26조 제2항).
> ④ 수사기관과 법원은 성폭력범죄의 피해자를 조사하거나 심리·재판할 때 피해자가 편안한 상태에서 진술할 수 있는 환경을 조성하여야 하며, 조사 및 심리·재판 횟수는 필요한 범위에서 최소한으로 하여야 한다(성폭력범죄의 처벌 등에 관한 특례법 제29조 제2항).

32 성폭력범죄의 수사 및 피해자 보호에 관한 규칙에 관한 설명 중 가장 적절하지 않은 것은? 22. 경찰

① 경찰관은 성폭력범죄의 피해자가 13세 미만이거나 신체적인 또는 정신적인 장애로 사물을 변별하거나 의사를 결정할 능력이 미약한 경우에는 통합지원센터나 성폭력 전담의료기관과 연계하여 치료, 상담 및 조사를 병행한다. 다만, 피해자가 원하지 않는 경우에는 그러하지 아니하다.

② 경찰서장은 특별한 사정이 없는 한 성폭력 피해여성을 여성성폭력범죄 전담조사관이 조사하도록 하여야 한다. 다만, 피해자가 원하는 경우에는 신뢰관계자, 진술조력인 또는 다른 경찰관으로 하여금 입회하게 하고 '피해자 조사 동의서'에 서면으로 동의를 받아 남성 성폭력범죄 전담조사관으로 하여금 조사하게 할 수 있다.

③ 경찰관은 영상녹화를 할 때에는 피해자등에게 영상녹화의 취지 등을 설명하고 동의 여부를 확인하여야 하며, 피해자등이 녹화를 원하지 않는 의사를 표시한 때에는 촬영을 하여서는 아니 된다. 다만, 가해자가 친권자 중 일방인 경우에는 그러하지 아니하다.

④ 경찰관은 성폭력범죄의 피해자가 13세 미만이거나 신체적인 또는 정신적인 장애로 의사소통이나 의사표현에 어려움이 있는 경우 진술조력인을 조사과정에 반드시 참여시켜야 한다.

> **정답찾기**
> ④ 경찰관은 성폭력범죄의 피해자가 13세 미만이거나 신체적인 또는 정신적인 장애로 의사소통이나 의사표현에 어려움이 있는 경우 직권이나 피해자 등 또는 변호사의 신청에 따라 진술조력인이 조사과정에 참여하게 할 수 있다. 다만, 피해자 등이 이를 원하지 않을 때는 그러하지 아니하다(성폭력범죄의 수사 및 피해자 보호에 관한 규칙 제28조 제1항).

7 가정폭력범죄의 처벌 등에 관한 특례법

33 다음 중 가정폭력범죄의 처벌 등에 관한 특례법상의 가정폭력범죄에 해당하지 않는 것은? 14. 경찰간부 변형

① 명예훼손
② 출판물 등에 의한 명예훼손
③ 재물손괴
④ 약취 · 유인

정답찾기
④ 약취 · 유인은 가정폭력범죄에 해당하지 않는다.

34 가정폭력범죄의 처벌 등에 관한 특례법상 가정폭력범죄에 해당되지 않는 것은? 15. 경찰, 16. 경찰승진 변형

㉠ 공무집행방해	㉡ 재물손괴
㉢ 폭행	㉣ 명예훼손
㉤ 공갈죄	㉥ 주거 · 신체수색죄
㉦ 약취 · 유인죄	㉧ 아동혹사
㉨ 절도	

① 2개 ② 3개 ③ 4개 ④ 5개

정답찾기
② 지문의 내용 중 가정폭력범죄에 해당하지 않는 것은 ㉠㉦㉨이다.

35 가정폭력범죄의 처벌 등에 관한 특례법상 가정폭력 범죄에 해당하는 것은 모두 몇 개인가? 16. 경찰

㉠ 살인	㉡ 폭행
㉢ 중상해	㉣ 영아유기
㉤ 특수공갈	

① 1개 ② 2개 ③ 3개 ④ 4개

정답찾기
④ 지문의 내용 중 ㉠은 가정폭력범죄에 해당하지 않는다.

Answer 31 ① 32 ④ 33 ④ 34 ② 35 ④

36 다음 중 가정폭력범죄의 처벌 등에 관한 특례법상 가정폭력범죄의 유형에 해당하지 않는 죄는 모두 몇 개인가?

16. 경찰간부 변형

㉠ 폭행죄	㉡ 체포죄
㉢ 모욕죄	㉣ 유기죄
㉤ 주거침입죄	㉥ 공갈죄
㉦ 재물손괴죄	㉧ 사기죄
㉨ 협박죄	

① 0개　　　　　② 1개　　　　　③ 2개　　　　　④ 3개

정답찾기
② 지문의 내용 중 가정폭력범죄에 해당하지 않는 것은 ㉧이다.

37 가정폭력범죄의 처벌 등에 관한 특례법상 가정폭력범죄에 해당되지 않는 것은?

18. 경찰승진

① 상해치사　　　　　② 협박
③ 특수공갈　　　　　④ 출판물 등에 의한 명예훼손

정답찾기
① 상해치사는 가정폭력범죄에 해당하지 않는다.

38 가정폭력범죄의 처벌 등에 관한 특례법상 가정폭력 범죄의 유형에 해당하지 않는 죄는 모두 몇 개인가?

20. 경찰간부 변형

㉠ 공갈죄	㉡ 퇴거불응죄
㉢ 주거 · 신체 수색죄	㉣ 중손괴죄
㉤ 재물손괴죄	㉥ 중감금죄
㉦ 약취 · 유인죄	㉧ 특수감금죄
㉨ 아동혹사죄	

① 1개　　　　　② 2개　　　　　③ 3개　　　　　④ 4개

정답찾기
② 지문의 내용 중 가정폭력 범죄에 해당하지 않는 것은 ㉣㉦이다.

39 「가정폭력범죄의 처벌 등에 관한 특례법」상 가정폭력범죄에 해당하지 않는 것은? 24. 경찰

① 甲의 아버지가 甲의 명예를 훼손한 경우
② 乙의 계모였던 사람이 乙의 재물을 손괴한 경우
③ 丙과 같이 사는 사촌동생이 丙을 약취·유인한 경우
④ 丁이 이혼한 전 부인을 강간한 경우

정답찾기
③ 약취·유인죄의 경우 가정폭력범죄에 해당하지 않는다.

40 가정폭력범죄의 처벌 등에 관한 특례법 제5조(가정폭력범죄에 대한 응급조치)상 진행 중인 가정폭력범죄에 대하여 신고를 받은 사법경찰관리가 즉시 현장에 나가서 취해야 하는 응급조치로 거리가 먼 것을 모두 고른 것은? 13. 경찰 변형

> ㉠ 피해자 또는 가정구성원의 주거 또는 점유하는 방실(房室)로부터의 퇴거 등 격리
> ㉡ 피해자 또는 가정구성원이나 그 주거·직장 등에서 100m 이내의 접근 금지
> ㉢ 피해자 또는 가정구성원에 대한 전기통신기본법 제2조 제1호의 전기통신을 이용한 접근 금지
> ㉣ 폭력행위의 제지, 가정폭력행위자·피해자의 분리
> ㉤ 피해자를 가정폭력 관련 상담소 또는 보호시설로 인도(피해자가 동의한 경우만 해당)
> ㉥ 긴급치료가 필요한 피해자를 의료기관으로 인도

① ㉠, ㉡, ㉢
② ㉠, ㉡, ㉤
③ ㉡, ㉢, ㉣
④ ㉢, ㉣, ㉥

정답찾기
㉠㉡㉢은 임시조치에 해당한다.

41 가정폭력범죄의 처벌 등에 관한 특례법상 가정폭력범죄에 대해 사법경찰관이 취할 수 있는 긴급임시조치로 가장 적절하지 않은 것은? 23. 경찰

① 국가경찰관서의 유치장 또는 구치소에의 유치
② 피해자 또는 가정구성원이나 그 주거·직장 등에서 100미터 이내의 접근금지
③ 피해자 또는 가정구성원의 주거 또는 점유하는 방실로부터의 퇴거 등 격리
④ 피해자 또는 가정구성원에 대한 전기통신기본법 제2조 제1호의 전기통신을 이용한 접근금지

정답찾기
① 지문의 내용은 긴급임시조치에 해당하지 않는다(가정폭력범죄의 처벌 등에 관한 특례법 제8조의2 제1항).

Answer 36 ② 37 ① 38 ② 39 ③ 40 ① 41 ①

42 가정폭력범죄의 처벌 등에 관한 특례법에 대한 다음 설명 중 가장 적절하지 않은 것은? 14. 경찰

① 사법경찰관은 응급조치에도 불구하고 가정폭력범죄가 재발될 우려가 있고, 긴급을 요하여 검사의 임시조치 결정을 받을 수 없을 때에는 직권 또는 피해자나 그 법정대리인의 신청에 의하여 긴급임시조치를 할 수 있다.

② 누구든지 가정폭력범죄를 알게 된 경우에는 수사기관에 신고할 수 있다.

③ 모욕, 명예훼손, 재물손괴, 강간, 강제추행은 가정폭력범죄에 해당한다.

④ '가정폭력'이란 가정구성원 사이의 신체적, 정신적 또는 재산상 피해를 수반하는 행위를 말하며, 사실상 혼인 관계에 있는 사람도 가정구성원에 해당한다.

정답찾기

① 사법경찰관은 응급조치에도 불구하고 가정폭력범죄가 재발될 우려가 있고, 긴급을 요하여 법원의 임시조치 결정을 받을 수 없을 때에는 직권 또는 피해자나 그 법정대리인의 신청에 의하여 긴급임시조치를 할 수 있다(가정폭력범죄의 처벌 등에 관한 특례법 제8조 의2 제1항).

43 가정폭력범죄 처벌 등에 관한 특례법에 대한 설명으로 옳은 것은 모두 몇 개인가? 15. 경찰

ㄱ 피해자 또는 그 법정대리인은 가정폭력행위자를 고소할 수 있다. 피해자의 법정대리인이 가정폭력행위자인 경우 또는 가정폭력행위자와 공동으로 가정폭력범죄를 범한 경우에는 피해자의 친족이 고소할 수 없다.

ㄴ 동거하는 친족관계에 있었던 자는 가정구성원에 해당되지 않는다.

ㄷ 사법경찰관은 가정폭력범죄를 신속히 수사하여 사건을 검사에게 송치하여야 한다. 이 경우 사법경찰관은 해당 사건을 가정보호사건으로 처리하는 것이 적절한지에 관한 의견을 제시할 수 있다.

ㄹ 피해자에게 고소할 법정대리인이나 친족이 없는 경우에 이해관계인이 신청하면 검사는 10일 이내에 고소할 수 있는 사람을 지정하여야 한다.

① 없음   ② 1개   ③ 2개   ④ 3개

정답찾기

옳은 것은 ㄴㄷㄹ 3개이다.

ㄱ 피해자 또는 그 법정대리인은 가정폭력행위자를 고소할 수 있다. 피해자의 법정대리인이 가정폭력행위자인 경우 또는 가정폭력행위자와 공동으로 가정폭력범죄를 범한 경우에는 피해자의 친족이 고소할 수 있다(가정폭력범죄 처벌 등에 관한 특례법 제6조 제1항).

44 가정폭력범죄의 처벌 등에 관한 특례법상 가정폭력범죄에 대해 사법경찰관이 취할 수 있는 조치에 대한 설명으로 틀린 것은 모두 몇 개인가?

15. 경찰

> ㉠ 긴급치료가 필요한 피해자를 의료기관으로 인도하여야 한다.
> ㉡ 피해자의 동의 없이도 피해자를 가정폭력 관련 상담소 또는 보호시설로 인도할 수 있다.
> ㉢ 가정폭력범죄가 재발될 우려가 있다고 인정하는 경우에는 사법경찰관의 직권으로 법원에 임시조치를 청구할 수 있다.
> ㉣ 사법경찰관은 가정폭력범죄를 신속히 수사하여 사건을 검사에게 송치하여야 한다. 이 경우 사법경찰관은 해당 사건을 가정보호사건으로 처리하는 것이 적절한지에 관한 의견을 제시할 수 있다.

① 1개   ② 2개   ③ 3개   ④ 4개

정답찾기

틀린 것은 ㉡㉢이다.
㉡ 사안의 경우 피해자의 동의를 필요로 한다(가정폭력범죄의 처벌 등에 관한 특례법 제5조 제2호).
㉢ 검사는 가정폭력범죄가 재발될 우려가 있다고 인정하는 경우에는 직권으로 또는 사법경찰관의 신청에 의하여 법원에 제29조 제1항 제1호·제2호 또는 제3호의 <u>임시조치를 청구할 수 있다</u>(가정폭력범죄의 처벌 등에 관한 특례법 제8조 제1항).

45 가정폭력범죄의 처벌 등에 관한 특례법에 대한 설명으로 가장 적절하지 않은 것은?

16. 경찰

① 검사는 가정폭력범죄가 재발될 우려가 있다고 인정하는 경우에는 직권으로 또는 사법경찰관의 신청에 의하여 법원에 피해자 또는 가정구성원의 주거 또는 점유하는 방실로부터의 퇴거 등 격리, 피해자 또는 가정구성원의 주거·직장 등에서 100m 이내의 접근금지, 의료기관이나 그 밖의 요양소에 위탁의 임시조치를 청구할 수 있다.

② 사법경찰관은 응급조치에도 불구하고 가정폭력범죄가 재발될 우려가 있고, 긴급을 요하여 법원의 임시조치 결정을 받을 수 없을 때에는 직권 또는 피해자나 그 법정대리인의 신청에 의하여 긴급임시조치를 할 수 있다.

③ 임시조치의 청구는 긴급임시조치를 한 때부터 48시간 이내에 청구하여야 하며, 긴급임시조치결정서를 첨부하여야 한다.

④ 형법상 유기죄는 가정폭력범죄에 해당한다.

정답찾기

① '의료기관이나 그 밖의 요양소에 위탁'은 검사가 청구할 수 있는 조치에 해당하지 않는다. 검사는 가정폭력범죄가 재발될 우려가 있다고 인정하는 경우에는 직권으로 또는 사법경찰관의 신청에 의하여 법원에 피해자 또는 가정구성원의 주거 또는 점유하는 방실로부터의 퇴거 등 격리, 피해자 또는 가정구성원이나 그 주거·직장 등에서 100m 이내의 접근금지, 피해자 또는 가정구성원에 대한 전기통신기본법 제2조 제1호의 전기통신을 이용한 접근금지의 임시조치를 청구할 수 있다(가정폭력범죄의 처벌 등에 관한 특례법 제8조 제1항, 제29조 제1항).

Answer   42 ①   43 ④   44 ②   45 ①

46 가정폭력범죄의 처벌 등에 관한 특례법에 대한 설명으로 가장 적절하지 않은 것은? 21. 경찰

① 가정폭력으로서 출판물 등에 의한 명예훼손, 재물손괴, 유사강간, 주거침입의 죄는 가정폭력범죄에 해당한다.
② 사법경찰관은 가정폭력범죄의 처벌 등에 관한 특례법 제5조에 따른 응급조치에도 불구하고 가정폭력범죄가 재발될 우려가 있고, 긴급을 요하여 법원의 임시조치 결정을 받을 수 없을 때에는 직권 또는 피해자나 그 법정대리인의 신청에 의하여 긴급임시조치를 할 수 있다.
③ 법원은 가정폭력행위자에 대하여 유죄판결(선고유예는 제외)을 선고하거나 약식명령을 고지하는 경우에는 200시간의 범위에서 재범예방에 필요한 수강명령(보호관찰 등에 관한 법률에 따른 수강명령) 또는 가정폭력 치료프로그램의 이수명령을 병과할 수 있다.
④ 가정폭력범죄 중 아동학대범죄에 대해서는 청소년 보호법을 우선 적용한다.

정답찾기
④ 가정폭력범죄에 대하여는 이 법을 우선 적용한다. 다만, 아동학대범죄에 대하여는 아동학대범죄의 처벌 등에 관한 특례법을 우선 적용한다(가정폭력범죄의 처벌 등에 관한 특례법 제3조).

47 가정폭력범죄의 처벌 등에 관한 특례법에 대한 설명으로 가장 적절하지 않은 것은? 22. 경찰승진

① 사법경찰관은 가정폭력범죄에 대한 응급조치에도 불구하고 가정폭력범죄가 재발될 우려가 있고, 긴급을 요하여 법원의 임시조치 결정을 받을 수 없을 때에는 직권 또는 피해자나 그 법정대리인의 신청에 의하여 긴급 임시조치를 할 수 있다.
② 진행 중인 가정폭력범죄에 대하여 신고를 받은 사법경찰관리는 즉시 현장에 나가서 폭력행위의 제지, 가정 폭력행위자·피해자의 분리, 현행범인의 체포 등 범죄수사, 피해자를 가정폭력 관련 상담소 또는 보호시설로 인도(피해자가 동의한 경우만 해당), 긴급치료가 필요한 피해자를 의료기관으로 인도, 폭력행위 재발 시 제8조에 따라 임시조치를 신청할 수 있음을 통보, 제55조의2에 따른 피해자보호명령 또는 신변안전조치를 청구할 수 있음을 고지해야 한다.
③ 甲의 배우자였던 乙이 甲에게 폭행을 당한 것을 이유로 112치안종합상황실에 가정폭력으로 신고하여 순찰 중이던 경찰관이 출동한 경우, 그 경찰관은 해당 사건에 대해 가정폭력범죄 사건으로 처리할 수 없다.
④ 피해자 또는 그 법정대리인은 가정폭력행위자를 고소할 수 있고, 피해자의 법정대리인이 가정폭력행위자인 경우 또는 가정폭력행위자와 공동으로 가정폭력범죄를 범한 경우에는 피해자의 친족이 고소할 수 있다.

정답찾기
③ 사안의 경우 가정폭력범죄 사건으로 처리할 수 있다(가정폭력범죄의 처벌 등에 관한 특례법 제2조 제2호 가목, 제3호 가목)

48 「가정폭력범죄의 처벌 등에 관한 특례법」에 대한 설명으로 적절하지 않은 것은 모두 몇 개인가? 25. 경위공채

> ㉠ 피해자에게 고소할 법정대리인이나 친족이 없는 경우에 이해관계인이 신청하면 검사는 10일 이내에 고소할 수 있는 사람을 지정하여야 한다.
>
> ㉡ 검사는 가정폭력범죄로서 사건의 성질·동기 및 결과, 가정폭력행위자의 성행 등을 고려하여 이 법에 따른 보호처분을 하는 것이 적절하다고 인정하는 경우에는 가정보호사건으로 처리할 수 있다. 이 경우 검사는 피해자의 의사를 존중하여야 한다.
>
> ㉢ 법원은 가정폭력행위자에 대하여 유죄판결(선고유예는 제외한다)을 선고하거나 약식명령을 고지하는 경우에는 200시간의 범위에서 재범예방에 필요한 수강명령(「보호관찰 등에 관한 법률」에 따른 수강명령을 말한다)을 병과할 수 있다. 이 경우 수강명령은 형의 집행을 유예할 경우에는 그 집행유예기간이 종료된 다음날부터 6개월 이내에 집행한다.
>
> ㉣ 사법경찰관이 긴급임시조치를 한 때에는 지체 없이 검사에게 임시조치를 신청하고, 신청받은 검사는 법원에 임시조치를 청구하여야 한다. 이 경우 임시조치의 청구는 응급조치를 한 때부터 48시간 이내에 청구하여야 한다.

① 0개　　　　　　② 1개　　　　　　③ 2개　　　　　　④ 3개

정답찾기

지문의 내용 중 적절하지 않은 것은 ㉢㉣이다.

㉢ 법원은 가정폭력행위자에 대하여 유죄판결(선고유예는 제외한다)을 선고하거나 약식명령을 고지하는 경우에는 200시간의 범위에서 재범예방에 필요한 수강명령(「보호관찰 등에 관한 법률」에 따른 수강명령을 말한다. 이하 같다) 또는 가정폭력 치료프로그램의 이수명령(이하 "이수명령"이라 한다)을 병과할 수 있다. 수강명령 또는 이수명령은 형의 집행을 유예할 경우에는 그 집행유예기간 내에, 징역형의 실형을 선고할 경우에는 형기 내에, 벌금형을 선고하거나 약식명령을 고지할 경우에는 형 확정일부터 6개월 이내에 각각 집행한다(가정폭력범죄의 처벌 등에 관한 특례법 제3조의2 제1항, 제4항).

㉣ 사법경찰관이 제8조의2제1항에 따라 긴급임시조치를 한 때에는 지체 없이 검사에게 제8조에 따른 임시조치를 신청하고, 신청받은 검사는 법원에 임시조치를 청구하여야 한다. 이 경우 임시조치의 청구는 긴급임시조치를 한 때부터 48시간 이내에 청구하여야 하며, 제8조의2제2항에 따른 긴급임시조치결정서를 첨부하여야 한다(가정폭력범죄의 처벌 등에 관한 특례법 제8조의3 제1항).

Answer　46 ④　47 ③　48 ③

8 스토킹범죄의 처벌 등에 관한 법률

49 스토킹범죄의 처벌 등에 관한 법률에 관한 설명 중 가장 적절하지 않은 것은?   22. 경찰

① '스토킹범죄'란 지속적 또는 반복적으로 스토킹행위를 하는 것을 말한다.

② 사법경찰관리는 진행 중인 스토킹행위에 대하여 신고를 받은 경우 즉시 현장에 나가 스토킹 행위의 제지, 스토킹행위자와 피해자 분리, 유치장 또는 구치소에의 유치 등의 조치를 할 수 있다.

③ 스토킹범죄를 저지른 사람은 3년 이하의 징역 또는 3천만원 이하의 벌금에 처한다.

④ 흉기 또는 그 밖의 위험한 물건을 휴대하거나 이용하여 스토킹범죄를 저지른 사람은 5년 이하의 징역 또는 5천만원 이하의 벌금에 처한다.

정답찾기

② 지문의 내용 중 "유치장 또는 구치소에의 유치"는 법원이 결정하는 잠정조치에 해당한다(스토킹범죄의 처벌 등에 관한 법률 제9조 제1항 제4호).

■ 응급조치, 긴급응급조치 및 잠정조치의 비교

구분	내용
응급조치	• 스토킹행위의 제지, 향후 스토킹행위의 중단 통보 및 스토킹행위를 지속적 또는 반복적으로 할 경우 처벌 경고 • 스토킹행위자와 피해자등의 분리 및 범죄수사 • 피해자등에 대한 긴급응급조치 및 잠정조치 요청의 절차 등 안내 • 스토킹 피해 관련 상담소 또는 보호시설로의 피해자등 인도(피해자등이 동의한 경우만 해당한다)
긴급응급조치	• 스토킹행위의 상대방이나 그 주거등으로부터 100미터 이내의 접근 금지 • 스토킹행위의 상대방에 대한 전기통신기본법 제2조 제1호의 전기통신을 이용한 접근 금지
잠정조치	• 피해자에 대한 스토킹범죄 중단에 관한 서면 경고 • 피해자나 그 주거등으로부터 100미터 이내의 접근 금지 • 피해자에 대한 전기통신기본법 제2조 제1호의 전기통신을 이용한 접근 금지 • 국가경찰관서의 유치장 또는 구치소에의 유치

50 「스토킹범죄의 처벌 등에 관한 법률」상 잠정조치로 적절한 것은 모두 몇 개인가?   24. 경찰간부

㉠ 국가경찰관서의 유치장 또는 구치소에의 유치
㉡ 스토킹행위자와 피해자 등의 분리 및 범죄수사
㉢ 피해자 또는 그의 동거인, 가족이나 그 주거 등으로부터 100미터 이내의 접근 금지
㉣ 스토킹 피해 관련 상담소 또는 보호시설로의 피해자 등 인도(피해자 등이 동의한 경우만 해당한다)
㉤ 피해자 또는 그의 동거인, 가족에 대한 「전기통신기본법」 제2조 제1호의 전기통신을 이용한 접근 금지

① 1개   ② 2개   ③ 3개   ④ 4개

정답찾기

지문의 내용 중 잠정조치에 해당하는 것은 ㉠㉢㉤이다(스토킹범죄의 처벌 등에 관한 법률 제9조 제1항 제2호, 제3호, 제4호). ㉡㉣은 응급조치에 해당한다(스토킹범죄의 처벌 등에 관한 법률 제3조 제2호, 제4호).

51 스토킹범죄의 처벌 등에 관한 법률상 처리절차에 관한 설명 중 옳은 것은 모두 몇 개인가? 22. 경찰

> ㉠ 사법경찰관은 스토킹행위 신고와 관련하여 스토킹행위가 지속적 또는 반복적으로 행하여질 우려가 있고 스토
> 킹범죄의 예방을 위하여 긴급을 요하는 경우, 스토킹행위자에게 직권으로 또는 스토킹행위의 상대방이나 그 법
> 정대리인 또는 스토킹행위를 신고한 사람의 요청에 의하여, 스토킹행위의 상대방이나 그 주거등으로부터 100미
> 터 이내의 접근 금지, 전기통신기본법 제2조 제1호의 전기통신을 이용한 접근금지 등의 조치를 할 수 있다.
> ㉡ 사법경찰관은 긴급응급조치를 하였을 때에는 지체 없이 검사에게 해당 긴급응급조치에 대한 사후승인을 지방
> 법원 판사에게 청구하여 줄 것을 신청하여야 하며, 신청을 받은 검사는 긴급응급조치가 있었던 때부터 48시간
> 이내에 지방법원 판사에게 해당 긴급응급조치에 대한 사후승인을 청구한다.
> ㉢ 긴급응급조치기간은 1개월을 초과할 수 없다.
> ㉣ 법원은 스토킹범죄의 원활한 조사·심리 또는 피해자 보호를 위하여 잠정조치가 필요하다고 인정하는 경우에
> 는 결정으로 스토킹행위자를 경찰관서의 유치장 또는 구치소에 1개월을 초과하지 않는 범위에서 유치할 수
> 있다. 다만 법원은 피해자의 보호를 위하여 그 기간을 연장할 필요가 있다고 인정하는 경우에는 결정으로 2개
> 월의 범위에서 연장할 수 있다.

① 1개   ② 2개   ③ 3개   ④ 4개

정답찾기

지문의 내용 중 적절한 것은 ㉠㉡㉢이다.

㉣ 잠정조치 중 국가경찰관서의 유치장 또는 구치소에의 유치는 1개월을 초과할 수 없으며 해당 조치는 연장이 불가하다(스토킹범죄의
처벌 등에 관한 법률 제9조 제5항).

---

1 교통경찰 일반

52 교통경찰의 성질 중 4E의 원칙에 대한 보기의 설명으로 가장 적절한 것은?   08. 경찰 변형

> 도로환경정비·교통안전시설·차량 등과 같은 물질적 요소를 말하는 것으로 널리 경찰, 건설, 운수 등의 분야에 걸쳐 있으며 서로 연관성을 가지고 교통사고방지 및 교통체증해소에 기여하는 대책을 추진하는 것이다.

① 교통환경(Environment)
② 교통안전교육(Education)
③ 교통안전공학(Engineering)
④ 교통단속(Enforcement)

정답찾기
③ 보기는 교통안전공학에 대한 설명이다.

■ 교통의 4E 원칙

구분	내용
교통안전교육	교통사고를 미연에 방지하기 위하여 일반 공중에 대하여 실시하는 교육훈련, 홍보, 계몽 등의 활동
교통안전공학	도로환경정비·교통안전시설·차량 등과 같은 물질적 요소를 말하는 것으로 널리 경찰, 건설, 운수 등의 분야에 걸쳐 있으며 서로 연관성을 가지고 교통사고방지 및 교통체증해소에 기여하는 대책을 추진하는 것
교통단속	교통규제·면허제도·교통지도 및 단속이 포함되며 교통법규를 준수하지 않는 도로 이용자에 대해서 단속을 실시하여 도로 교통의 질서를 유지하는 활동
교통환경	자동차교통과 관련된 주위의 사물실태를 말하며 주로 불량한 환경의 개선으로 교통안전을 실현하고자 하는 것

2 도로교통법

53 도로교통법 제2조에서 규정하고 있는 용어의 정의로 가장 적절하지 않은 것은?   13. 경찰

① '교차로'란 '十'자로, 'T'자로나 그 밖에 둘 이상의 도로(보도와 차도가 구분되어 있는 도로에서는 차도를 말한다)가 교차하는 부분을 말한다.
② '신호기'란 도로교통에서 문자·기호 또는 등화를 사용하여 진행·정지·방향전환·주의 등의 신호를 표시하기 위하여 사람이나 전기의 힘으로 조작하는 장치를 말한다.
③ '주차'란 운전자가 승객을 기다리거나 화물을 싣거나 차가 고장 나거나 그 밖의 사유로 차를 계속 정지 상태에 두는 것 또는 운전자가 차에서 떠나서 즉시 그 차를 운전할 수 없는 상태에 두는 것을 말한다.
④ '보도'란 보행자만 다닐 수 있도록 안전표지나 그와 비슷한 인공구조물로 표시한 도로를 말한다.

정답찾기
④ 지문의 내용은 보행자전용도로에 대한 설명이다(도로교통법 제2조 제31호).

■ 도로교통법상 유사개념 비교

도로교통법
제2조【정의】 이 법에서 사용하는 용어의 뜻은 다음과 같다.
10. '보도(步道)'란 연석선, 안전표지나 그와 비슷한 인공구조물로 경계를 표시하여 보행자(유모차, 보행보조용 의자차, 노약자용 보행기 등 행정안전부령으로 정하는 기구·장치를 이용하여 통행하는 사람을 포함한다)가 통행할 수 있도록 한 도로의 부분을 말한다.
11. '길가장자리구역'이란 보도와 차도가 구분되지 아니한 도로에서 보행자의 안전을 확보하기 위하여 안전표지 등으로 경계를 표시한 도로의 가장자리 부분을 말한다.
14. '안전지대'란 도로를 횡단하는 보행자나 통행하는 차마의 안전을 위하여 안전표지나 이와 비슷한 인공구조물로 표시한 도로의 부분을 말한다.
31. '보행자전용도로'란 보행자만 다닐 수 있도록 안전표지나 그와 비슷한 인공구조물로 표시한 도로를 말한다.

54 도로교통법에서 규정하고 있는 용어에 대한 정의로 가장 적절하지 않은 것은?   15. 경찰

① '자동차전용도로'란 자동차만 다닐 수 있도록 설치된 도로를 말한다.
② '고속도로'란 자동차의 고속 운행에만 사용하기 위하여 지정된 도로를 말한다.
③ '길가장자리구역'이란 보도와 차도가 구분된 도로에서 보행자의 안전을 확보하기 위하여 안전표지 등으로 경계를 표시한 도로의 가장자리 부분을 말한다.
④ '안전지대'란 도로를 횡단하는 보행자나 통행하는 차마의 안전을 위하여 안전표지나 이와 비슷한 인공구조물로 표시한 도로의 부분을 말한다.

정답찾기
③ '길가장자리구역'이란 보도와 차도가 구분되지 아니한 도로에서 보행자의 안전을 확보하기 위하여 안전표지 등으로 경계를 표시한 도로의 가장자리 부분을 말한다(도로교통법 제2조 제11호).

55 도로교통법 제2조 용어의 정의에 대한 설명으로 가장 적절하지 않은 것은?   17. 경찰 변형

① '자전거횡단도'란 자전거 및 개인형 이동장치가 일반도로를 횡단할 수 있도록 안전표지로 표시한 도로의 부분을 말한다.
② '교차로'란 '十'자로, 'T'자로나 그 밖에 둘 이상의 도로(보도와 차도가 구분되어 있는 도로에서는 차도를 말한다)가 교차하는 부분을 말한다.
③ '길가장자리구역'이란 보도와 차도가 구분되어 있는 도로에서 보행자의 안전을 확보하기 위하여 안전표지 등으로 경계를 표시한 도로의 가장자리 부분을 말한다.
④ '안전표지'란 교통안전에 필요한 주의·규제·지시 등을 표시하는 표지판이나 도로의 바닥에 표시하는 기호·문자 또는 선 등을 말한다.

정답찾기
③ '길가장자리구역'이란 보도와 차도가 구분되지 아니한 도로에서 보행자의 안전을 확보하기 위하여 안전표지 등으로 경계를 표시한 도로의 가장자리 부분을 말한다(도로교통법 제2조 제11호).

Answer   52 ③   53 ④   54 ③   55 ③

56 도로교통법상 용어에 대한 설명으로 가장 적절한 것은? 18. 경찰승진

① '도로'란 도로법에 따른 도로, 유료도로법에 따른 유료도로, 농어촌도로 정비법에 따른 농어촌도로에 한한다.

② '보도(步道)'란 연석선, 안전표지나 그와 비슷한 인공구조물로 경계를 표시하여 보행자(유모차와 행정안전부령으로 정하는 보행보조용 의자차를 포함한다)가 통행할 수 있도록 한 도로의 부분을 말한다.

③ '길가장자리구역'이란 보도와 차도가 구분된 도로에서 보행자의 안전을 확보하기 위하여 안전표지 등으로 경계를 표시한 도로의 가장자리 부분을 말한다.

④ '정차'란 운전자가 10분을 초과하지 아니하고 차를 정지시키는 것으로서 주차 외의 정지 상태를 말한다.

> 정답찾기
>
> ① 도로법에 따른 도로, 유료도로법에 따른 유료도로, 농어촌도로 정비법에 따른 농어촌도로 이외에 그 밖에 현실적으로 불특정 다수의 <u>사람 또는 차마(車馬)가 통행할 수 있도록 공개된 장소로서 안전하고 원활한 교통을 확보할 필요가 있는 장소</u>도 도로에 해당한다(도로교통법 제2조 제1호).
>
> ③ '길가장자리구역'이란 보도와 차도가 <u>구분되지 아니한</u> 도로에서 보행자의 안전을 확보하기 위하여 안전표지 등으로 경계를 표시한 도로의 가장자리 부분을 말한다(도로교통법 제2조 제11호).
>
> ④ '정차'란 운전자가 <u>5분</u>을 초과하지 아니하고 차를 정지시키는 것으로서 주차 외의 정지 상태를 말한다(도로교통법 제2조 제25호).

57 도로교통법에 대한 설명이다. 아래 가~마까지 설명 중 옳고 그름의 표시(○, ×)가 바르게 된 것은? 23. 경찰간부

> ㉠ 보도란 연석선, 안전표지나 그와 비슷한 인공구조물로 경계를 표시하여 보행자(유모차, 보행보조용 의자차, 노약자용 보행기 등 행정안전부령으로 정하는 기구·장치를 이용하여 통행하는 사람 및 제21호의3에 따른 실외이동로봇을 제외한다)가 통행할 수 있도록 한 도로의 부분을 말한다.
>
> ㉡ 길가장자리구역이란 보도와 차도의 구분되지 않은 도로에서 보행자의 안전을 확보하기 위하여 안전표지 등으로 경계를 표시한 도로의 가장자리 부분을 말한다.
>
> ㉢ 자동차란 철길이나 가설된 선을 이용하지 아니하고 원동기를 사용하여 운전되는 차로서 승용자동차, 승합자동차, 화물자동차, 특수자동차, 이륜자동차, 원동기장치자전거와 건설기계를 말한다.
>
> ㉣ 어린이의 보호자는 어린이가 행정안전부령으로 정하는 인명보호 장구를 착용한 경우를 제외하고 도로에서 개인형 이동장치를 운전하게 하여서는 아니된다.
>
> ㉤ 모범운전자란 동법에 따라 무사고운전자 또는 유공운전자의 표시장을 받거나 2년 이상 사업용 자동차 운전에 종사하면서 교통사고를 일으킨 전력이 없는 사람으로서 시·도경찰청장이 정하는 바에 따라 선발되어 교통안전 봉사활동에 종사하는 사람을 말한다.

	㉠	㉡	㉢	㉣	㉤
①	×	○	×	○	×
②	×	○	○	×	○
③	×	×	×	○	×
④	×	○	×	×	×

정답찾기

지문의 내용 중 적절한 것은 ⓒ, 적절하지 않은 것은 ⓢⓔⓡⓜ이다.

ⓢ "보도"(步道)란 연석선, 안전표지나 그와 비슷한 인공구조물로 경계를 표시하여 보행자(유모차, 보행보조용 의자차, 노약자용 보행기 등 행정안전부령으로 정하는 기구ㆍ장치를 이용하여 통행하는 사람 및 제21호의3에 따른 실외이동로봇을 포함한다)가 통행할 수 있도록 한 도로의 부분을 말한다(도로교통법 제2조 제10호).

ⓒ 지문의 내용 중 원동기장치자전거는 자동차에 해당하지 않는다(도로교통법 제2조 제18호 가목).

ⓡ 어린이의 보호자는 도로에서 어린이가 자전거를 타거나 행정안전부령으로 정하는 위험성이 큰 움직이는 놀이기구를 타는 경우에는 어린이의 안전을 위하여 행정안전부령으로 정하는 인명보호 장구(裝具)를 착용하도록 하여야 한다. 어린이의 보호자는 도로에서 어린이가 개인형 이동장치를 운전하게 하여서는 아니 된다(도로교통법 제11조 제3항, 제4항).

ⓜ "모범운전자"란 제146조에 따라 무사고운전자 또는 유공운전자의 표시장을 받거나 2년 이상 사업용 자동차 운전에 종사하면서 교통사고를 일으킨 전력이 없는 사람으로서 경찰청장이 정하는 바에 따라 선발되어 교통안전 봉사활동에 종사하는 사람을 말한다(도로교통법 제2조 제33호).

58 다음 중 교통안전표지의 종류로 옳은 것은? 09. 경찰, 14. 경찰승진

① 보조표지, 주의표지, 규제표지, 노면표시, 지시표지
② 주의표지, 규제표지, 안내표지, 경고표지, 보조표지
③ 규제표지, 지시표지, 안내표지, 보조표지, 노면표시
④ 노면표시, 규제표지, 안전표지, 지시표지, 보조표지

정답찾기

① 교통안전표지는 보조표지, 주의표지, 규제표지, 노면표지, 지시표지가 있다.

■ 도로교통법 시행규칙 제8조(안전표지)

구분	내용
주의표지	도로상태가 위험하거나 도로 또는 그 부근에 위험물이 있는 경우에 필요한 안전조치를 할 수 있도록 이를 도로사용자에게 알리는 표지
규제표지	도로교통의 안전을 위하여 각종 제한ㆍ금지 등의 규제를 하는 경우에 이를 도로사용자에게 알리는 표지
지시표지	도로의 통행방법ㆍ통행구분 등 도로교통의 안전을 위하여 필요한 지시를 하는 경우에 도로사용자가 이에 따르도록 알리는 표지
보조표지	주의표지ㆍ규제표지 또는 지시표지의 주기능을 보충하여 도로사용자에게 알리는 표지
노면표시	도로교통의 안전을 위하여 각종 주의ㆍ규제ㆍ지시 등의 내용을 노면에 기호ㆍ문자 또는 선으로 도로사용자에게 알리는 표지

59 도로교통법 시행규칙상 안전표지에 대한 설명 중 적절하지 않은 것을 모두 고른 것은?

20. 경찰

> ㉠ 보조표지 − 도로상태가 위험하거나 도로 또는 그 부근에 위험물이 있는 경우에 필요한 안전조치를 할 수 있도록 이를 도로사용자에게 알리는 표지
>
> ㉡ 규제표지 − 도로교통의 안전을 위하여 각종 제한·금지 등의 규제를 하는 경우에 이를 도로사용자에게 알리는 표지
>
> ㉢ 노면표시 − 주의표지·규제표지 또는 지시표지의 주기능을 보충하여 도로사용자에게 알리는 표지
>
> ㉣ 지시표지 − 도로의 통행방법·통행구분 등 도로교통의 안전을 위하여 필요한 지시를 하는 경우에 도로사용자가 이에 따르도록 알리는 표지

① ㉠, ㉡   ② ㉡, ㉢

③ ㉠, ㉢   ④ ㉡, ㉣

정답찾기
지문의 내용 중 틀린 것은 ㉠㉢이다. ㉠은 주의표지, ㉢은 보조표지에 대한 설명이다.

60 교통안전시설을 담당하는 경찰관이 교통안전표지를 설치하는 방법으로 가장 적절하지 않은 것은?

15. 경찰승진

① 도로이용자의 행동특성을 감안하여 시인거리, 판독거리, 운전자의 예비행동을 고려하여 설치한다.
② 시설의 이용 효율성을 높이기 위해 모든 표지는 교차로 부근에 집중 설치한다.
③ 표지의 시인성(눈에 띔)이 방해되지 않도록 설치한다.
④ 도로이용에 장애가 없도록 보행시설을 필요 이상으로 침범하지 말아야 한다.

정답찾기
② 안전표지는 도로이용자의 행동특성을 감안하여 시인거리, 판독거리, 운전자의 예비행동을 고려하여 단계적으로 설치해야 한다.

61 다음이 설명하는 차량신호등의 신호 종류로 가장 적절한 것은?

20. 경찰승진

> 차마는 정지선이나 횡단보도가 있을 때에는 그 직전이나 교차로의 직전에 일시정지한 후 다른 교통에 주의하면서 진행할 수 있음

① 황색의 등화
② 적색의 등화
③ 황색등화의 점멸
④ 적색등화의 점멸

정답찾기
④ 지문은 적색등화의 점멸에 대한 설명이다.

■ **신호기가 표시하는 신호의 종류 및 신호의 뜻(도로교통법 시행규칙 제6조 제2항 관련)**

구분	내용
황색의 등화	• 차마는 정지선이 있거나 횡단보도가 있을 때에는 그 직전이나 교차로의 직전에 정지하여야 하며, 이미 교차로에 차마의 일부라도 진입한 경우에는 신속히 교차로 밖으로 진행하여야 한다. • 차마는 우회전할 수 있고 우회전하는 경우에는 보행자의 횡단을 방해하지 못한다.
적색의 등화	차마는 정지선, 횡단보도 및 교차로의 직전에서 정지하여야 한다. 다만, 신호에 따라 진행하는 다른 차마의 교통을 방해하지 아니하고 우회전할 수 있다.
황색등화의 점멸	차마는 다른 교통 또는 안전표지의 표시에 주의하면서 진행할 수 있다.
적색등화의 점멸	차마는 정지선이나 횡단보도가 있을 때에는 그 직전이나 교차로의 직전에 일시정지한 후 다른 교통에 주의하면서 진행할 수 있다.

62 도로교통법 시행규칙 '별표2'에서 규정하는 '차량신호등' 중, 원형등화의 신호의 종류와 그 신호의 뜻에 대한 설명으로 가장 적절하지 않은 것은? 　　　　　　　23. 경찰승진

① 녹색의 등화 : 비보호좌회전표지 또는 비보호좌회전표시가 있는 곳에서는 좌회전할 수 있다.

② 황색등화의 점멸 : 차마는 다른 교통 또는 안전표지의 표시에 주의하면서 진행할 수 있다.

③ 황색의 등화 : 차마는 정지선이 있거나 횡단보도가 있을 때에는 그 직전이나 교차로의 직전에 정지하여야 하며, 이미 교차로에 차마의 일부라도 진입한 경우에는 신속히 교차로 밖으로 진행하여야 한다.

④ 적색등화의 점멸 : 차마는 정지선이나 횡단보도가 있을 때에는 그 직전이나 교차로의 직전에 서행하여 다른 교통에 주의하면서 진행할 수 있다.

정답찾기

④ 차마는 정지선이나 횡단보도가 있을 때에는 그 직전이나 교차로의 직전에 일시정지한 후 다른 교통에 주의하면서 진행할 수 있다(도로교통법 시행규칙 [별표2]).

Answer 　59 ② 　60 ② 　61 ④ 　62 ④

63 도로교통법 제13조에 규정된 차마의 통행방법 중 우측통행원칙의 예외로 가장 적절하지 않은 것은? 20. 경찰승진 변형

① 도로 우측 부분의 폭이 6미터가 되지 않고 반대 방향의 교통을 방해할 우려가 있는 도로에서 다른 차를 앞지르려는 경우

② 도로의 파손, 도로공사나 그 밖의 장애 등으로 도로의 우측부분을 통행할 수 없는 경우

③ 도로가 일방통행인 경우

④ 가파른 비탈길의 구부러진 곳에서 교통의 위험을 방지하기 위하여 시·도경찰청장이 필요하다고 인정하여 구간 및 통행방법을 지정하고 있는 경우에 그 지정에 따라 통행하는 경우

정답찾기

① 도로 우측 부분의 폭이 6m가 되지 아니하는 도로에서 다른 차를 앞지르려는 경우 도로의 중앙이나 좌측 부분을 통행할 수 있다. 다만, 반대 방향의 교통을 방해할 우려가 있는 경우에는 그러하지 아니하다(도로교통법 제13조 제4항 제3호 나목).

■ 도로의 중앙이나 좌측 부분을 통행할 수 있는 경우(도로교통법 제13조 제4항)

1. 도로가 일방통행인 경우
2. 도로의 파손, 도로공사나 그 밖의 장애 등으로 도로의 우측 부분을 통행할 수 없는 경우
3. 도로 우측 부분의 폭이 6m가 되지 아니하는 도로에서 다른 차를 앞지르려는 경우. 다만, 다음의 어느 하나에 해당하는 경우에는 그러하지 아니하다.
   • 도로의 좌측 부분을 확인할 수 없는 경우
   • 반대 방향의 교통을 방해할 우려가 있는 경우
   • 안전표지 등으로 앞지르기를 금지하거나 제한하고 있는 경우
4. 도로 우측 부분의 폭이 차마의 통행에 충분하지 아니한 경우
5. 가파른 비탈길의 구부러진 곳에서 교통의 위험을 방지하기 위하여 시·도경찰청장이 필요하다고 인정하여 구간 및 통행방법을 지정하고 있는 경우에 그 지정에 따라 통행하는 경우

64 도로교통법 제26조(교통정리가 없는 교차로에서의 양보 운전)에 관한 설명으로 가장 적절하지 않은 것은? 23. 경찰승진

① 교통정리를 하고 있지 아니하는 교차로에 들어가려고 하는 차의 운전자는 이미 교차로에 들어가 있는 다른 차가 있을 때에는 그 차에 진로를 양보하여야 한다.

② 교통정리를 하고 있지 아니하는 교차로에 들어가려고 하는 차의 운전자는 그 차가 통행하고 있는 도로의 폭보다 교차하는 도로의 폭이 넓은 경우에는 서행하여야 하며, 폭이 넓은 도로로부터 교차로에 들어가려고 하는 다른 차가 있을 때에는 그 차에 진로를 양보하여야 한다.

③ 교통정리를 하고 있지 아니하는 교차로에 동시에 들어가려고 하는 차의 운전자는 좌측도로의 차에 진로를 양보하여야 한다.

④ 교통정리를 하고 있지 아니하는 교차로에서 좌회전하려고 하는 차의 운전자는 그 교차로에서 직진하거나 우회전하려는 다른 차가 있을 때에는 그 차에 진로를 양보하여야 한다.

정답찾기

③ 교통정리를 하고 있지 아니하는 교차로에 동시에 들어가려고 하는 차의 운전자는 우측도로의 차에 진로를 양보하여야 한다(도로교통법 제26조 제3항).

65 도로교통법 및 동법 시행령상 긴급자동차에 대한 설명이다. 가장 적절한 것은? 14. 경찰승진 변형

① 긴급한 우편물의 운송에 사용되는 자동차는 경찰서장의 지정을 받아야만 긴급자동차로 인정된다.

② 긴급자동차는 교차로에서의 우선통행권을 갖고, 긴급하고 부득이한 경우에는 도로의 중앙이나 우측 부분을 통행할 수 있다.

③ 정지하여야 할 경우에도 교통의 안전에 주의하면서 정지하지 않고 통행할 수 있다.

④ 긴급자동차(소방차, 구급차, 혈액공급차량 및 대통령령으로 정하는 경찰용 자동차는 제외한다)는 자동차 등의 속도 제한, 앞지르기의 방법, 끼어들기의 금지의 적용을 받지 않는다. 다만, 본래의 긴급한 용도로 사용 중인 때에 한한다.

정답찾기
① 긴급자동차의 지정권자는 시·도경찰청장이다(도로교통법 시행령 제2조 제1항).
② 긴급자동차는 긴급하고 부득이한 경우에는 도로의 중앙이나 좌측 부분을 통행할 수 있다(도로교통법 제29조 제1항).
④ 긴급자동차(소방차, 구급차, 혈액공급차량 및 대통령령으로 정하는 경찰용 자동차는 제외한다)의 통행과 관련하여 앞지르기 방법에 있어서는 특례가 적용되지 않는다.

66 다음 중 긴급자동차의 우선 통행 및 특례에 대한 설명으로 가장 틀린 것은? 14. 경찰간부

① 긴급자동차는 긴급하고 부득이한 때에는 도로의 중앙이나 좌측부분을 통행할 수 있다.

② 긴급자동차는 도로교통법의 규정에 의하여 정지하여야 할 경우에도 긴급하고 부득이한 경우 정지하지 아니할 수 있다.

③ 위 ①, ②의 경우 교통사고가 발생하여도 긴급자동차의 특례로 인정받아 처벌이 면제된다(소방차, 구급차, 혈액공급차량 및 대통령령으로 정하는 경찰용 자동차만 해당한다).

④ 긴급자동차는 교통이 빈번한 교차로에서 반드시 일시정지해야 할 필요가 없다.

정답찾기
③ 긴급자동차(제2조 제22호 가목부터 다목까지의 자동차와 대통령령으로 정하는 경찰용 자동차만 해당한다)의 운전자가 그 차를 본래의 긴급한 용도로 운행하는 중에 교통사고를 일으킨 경우에는 그 긴급활동의 시급성과 불가피성 등 정상을 참작하여 제151조, 교통사고처리 특례법 제3조 제1항 또는 특정범죄 가중처벌 등에 관한 법률 제5조의13에 따른 형을 감경하거나 면제할 수 있다(도로교통법 제158조의2).

Answer 63 ① 64 ③ 65 ③ 66 ③

67 도로교통법 및 동법 시행령상 긴급자동차 교통안전운전 교육에 대한 설명으로 가장 적절하지 않은 것은? 20. 경찰승진

① 긴급자동차의 운전업무에 종사하는 사람은 정기적으로 긴급자동차의 안전운전 등에 관한 교육을 받아야 한다.
② 긴급자동차 안전운전 등에 관한 교육을 받아야 함에도 받지 않은 경우 과태료가 부과된다.
③ 긴급자동차를 운전하는 사람을 대상으로 실시하는 정기 교통안전교육은 2년마다 2시간 이상 실시한다.
④ 최초로 긴급자동차를 운전하려는 사람을 대상으로 실시하는 신규 교통안전교육은 3시간 이상 실시한다.

정답찾기
③ 정기 교통안전교육은 긴급자동차를 운전하는 사람을 대상으로 3년마다 정기적으로 실시한다. 신규 교통안전교육은 3시간 이상, 정기 교통안전교육은 2시간 이상 실시한다(도로교통법 시행령 제38조의2 제2항·제4항).

68 어린이 · 노인 및 장애인 보호구역의 지정 및 관리에 관한 규칙상 어린이 보호구역에 대한 설명으로 가장 적절하지 않은 것은? 17. 경찰승진

① 운행속도를 시속 30km 이내로 제한하는 것
② 차마의 통행을 금지하거나 제한하는 것
③ 차마의 정차나 주차를 금지하는 것
④ 간선도로를 일방통행로로 지정 · 운영하는 것

정답찾기

어린이 · 노인 및 장애인 보호구역의 지정 및 관리에 관한 규칙
제9조【보호구역에서의 필요한 조치】 ① 시 · 도경찰청장이나 경찰서장은 도로교통법 제12조 제1항 또는 제12조의2 제1항에 따라 보호구역에서 구간별 · 시간대별로 다음 각 호의 조치를 할 수 있다.
1. 차마(車馬)의 통행을 금지하거나 제한하는 것
2. 차마의 정차나 주차를 금지하는 것
3. 운행속도를 시속 30km 이내로 제한하는 것
4. 이면도로(도시지역에 있어서 간선도로가 아닌 도로로서 일반의 교통에 사용되는 도로를 말한다)를 일방통행로로 지정 · 운영하는 것

69 도로교통법에 규정된 '어린이통학버스'에 대한 설명으로 가장 적절하지 않은 것은? 18. 경찰승진

① 어린이라 함은 13세 미만인 사람을 말한다.

② 어린이통학버스가 도로에 정차하여 어린이나 영유아가 타고 내리는 중임을 표시하는 점멸등 등의 장치를 작동 중일 때에는 어린이통학버스가 정차한 차로와 그 차로의 바로 옆 차로로 통행하는 차의 운전자는 어린이통학버스에 이르기 전에 일시정지하여 안전을 확인한 후 서행하여야 한다.

③ 위 '②'의 경우 중앙선이 설치되지 아니한 도로와 편도 1차로인 도로에서는 반대방향에서 진행하는 차의 운전자도 어린이통학버스에 이르기 전에 일시정지하여 안전을 확인한 후 서행하여야 한다.

④ 모든 차의 운전자는 어린이나 영유아를 태우고 있다는 표시를 한 상태로 도로를 통행하는 어린이통학버스를 앞지를 때 과도하게 속도를 올리는 등 행위를 자제하여야 한다.

> **정답찾기**
> ④ 모든 차의 운전자는 어린이나 영유아를 태우고 있다는 표시를 한 상태로 도로를 통행하는 어린이통학버스를 앞지르지 못한다(도로교통법 제51조 제3항).

70 도로교통법상 차의 운전자가 반드시 서행하여야 하는 장소로 가장 적절하지 않은 것은? 16. 경찰승진 변형

① 도로가 구부러진 부근

② 교통정리를 하고 있지 아니하는 교차로

③ 가파른 비탈길의 오르막

④ 비탈길의 고갯마루 부근

> **정답찾기**
> ③ 가파른 비탈길의 내리막이 서행하여야 하는 장소이다(도로교통법 제31조 제1항).

Answer 67 ③ 68 ④ 69 ④ 70 ③

71 도로교통법상 주차금지 장소로 옳은 것은 모두 몇 개인가?

> ㉠ 다중이용업소의 영업장이 속한 건축물로 소방본부장의 요청에 의하여 시·도경찰청장이 지정한 곳으로부터 5m 이내인 곳
> ㉡ 터널 안 및 다리 위
> ㉢ 소방시설로서 대통령령으로 정하는 시설이 설치된 곳으로부터 5m 이내인 곳
> ㉣ 도로공사를 하고 있는 경우에는 그 공사구역의 양쪽 가장 자리로부터 5m 이내인 곳

① 1개 　　　　② 2개 　　　　③ 3개 　　　　④ 4개

정답찾기

㉢ 정차 및 주차가 금지되는 장소이다.

■ 주·정차 관련

정차 및 주차 금지장소	주차금지의 장소
1. 교차로·횡단보도·건널목이나 보도와 차도가 구분된 도로의 보도(주차장법에 따라 차도와 보도에 걸쳐서 설치된 노상주차장은 제외한다) 2. 교차로의 가장자리나 도로의 모퉁이로부터 5m 이내인 곳 3. 안전지대가 설치된 도로에서는 그 안전지대의 사방으로부터 각각 10m 이내인 곳 4. 버스여객자동차의 정류지(停留地)임을 표시하는 기둥이나 표지판 또는 선이 설치된 곳으로부터 10m 이내인 곳. 다만, 버스여객자동차의 운전자가 그 버스여객자동차의 운행시간 중에 운행노선에 따르는 정류장에서 승객을 태우거나 내리기 위하여 차를 정차하거나 주차하는 경우에는 그러하지 아니하다. 5. 건널목의 가장자리 또는 횡단보도로부터 10m 이내인 곳 6. 다음의 곳으로부터 5m 이내인 곳 　• 소방기본법 제10조에 따른 소방용수시설 또는 비상소화장치가 설치된 곳 　•「소방시설 설치 및 관리에 관한 법률」 제2조 제1항 제1호에 따른 소방시설로서 대통령령으로 정하는 시설이 설치된 곳 7. 시·도경찰청장이 도로에서의 위험을 방지하고 교통의 안전과 원활한 소통을 확보하기 위하여 필요하다고 인정하여 지정한 곳 8. 시장등이 제12조 제1항에 따라 지정한 어린이 보호구역	1. 터널 안 및 다리 위 2. 다음의 곳으로부터 5m 이내인 곳 　• 도로공사를 하고 있는 경우에는 그 공사 구역의 양쪽 가장자리 　• 다중이용업소의 안전관리에 관한 특별법에 따른 다중이용업소의 영업장이 속한 건축물로 소방본부장의 요청에 의하여 시·도경찰청장이 지정한 곳 3. 시·도경찰청장이 도로에서의 위험을 방지하고 교통의 안전과 원활한 소통을 확보하기 위하여 필요하다고 인정하여 지정한 곳

72 다음 중 「도로교통법」 제32조(정차 및 주차의 금지)에 규정된 장소는 모두 몇 개인가? (다만, 이 법이나 이 법에 따른 명령 또는 경찰공무원의 지시를 따르는 경우와 위험방지를 위하여 일시정지하는 경우는 고려하지 않는다) 24. 경찰

> ㉠ 터널 안 및 다리 위
> ㉡ 교차로의 가장자리나 도로의 모퉁이로부터 5미터 이내인 곳
> ㉢ 시장등이 제12조 제1항에 따라 지정한 어린이 보호구역
> ㉣ 교차로·횡단보도·건널목이나 보도와 차도가 구분된 도로의 보도(「주차장법」에 따라 차도와 보도에 걸쳐서 설치된 노상주차장은 제외한다)
> ㉤ 도로공사를 하고 있는 경우에는 그 공사 구역의 양쪽 가장자리로부터 5미터 이내인 곳

① 1개   ② 2개
③ 3개   ④ 4개

정답찾기
지문의 내용 중 정차 및 주차의 금지장소에 해당하는 것은 ㉡㉢㉣이다. ㉠㉤은 주차금지 장소에 해당한다(도로교통법 제32조, 제33조).

73 도로교통법 및 도로교통법 시행령상 주·정차에 대한 설명으로 가장 적절하지 않은 것은? 22. 경찰승진

① 경찰서장, 도지사 또는 시장 등은 차를 견인하였을 때부터 24시간이 경과되어도 이를 인수하지 아니하는 때에는 해당 차의 보관장소 등 행정안전부령이 정하는 사항을 해당 차의 사용자 또는 운전자에게 등기우편으로 통지할 수 있다.
② 도로공사를 하고 있는 경우에 그 공사 구역의 양쪽 가장자리로부터 5미터 이내인 곳은 주차금지 장소에 해당한다.
③ 도로 또는 노상주차장에 정차하거나 주차하려고 하는 차의 운전자는 차를 차도의 우측 가장자리에 정차하는 등 대통령령으로 정하는 정차 또는 주차의 방법·시간과 금지사항 등을 지켜야 한다.
④ 경사진 곳에 정차하거나 주차(도로 외의 경사진 곳에서 정차하거나 주차하는 경우를 포함한다)하려는 자동차의 운전자는 대통령령으로 정하는 바에 따라 고임목을 설치하거나 조향장치(操向裝置)를 도로의 가장자리 방향으로 돌려놓는 등 미끄럼 사고의 발생을 방지하기 위한 조치를 취하여야 한다.

정답찾기
① 경찰서장, 도지사 또는 시장 등은 차를 견인하였을 때부터 24시간이 경과되어도 이를 인수하지 아니하는 때에는 해당 차의 보관장소 등 행정안전부령이 정하는 사항을 해당 차의 사용자 또는 운전자에게 등기우편으로 통지하여야 한다(도로교통법 시행령 제13조 제3항).

Answer   71 ①   72 ③   73 ①

74 도로교통법상 자전거와 관련된 다음 설명 중 옳은 것은 모두 몇 개인가?　　　　18. 경찰간부 변형

> ㉠ 자전거 등의 운전자는 자전거도로가 설치되지 아니한 곳에서는 도로 좌측 가장자리에 붙어서 통행하여야 한다.
> ㉡ 자전거 등의 운전자는 길가장자리구역(안전표지로 자전거 등의 통행을 금지한 구간은 제외한다)을 통행할 수 있다. 이 경우 자전거의 운전자는 보행자의 통행에 방해가 될 때에는 서행하거나 일시정지하여야 한다.
> ㉢ 자전거의 운전자는 안전표지로 통행이 허용된 경우를 제외하고는 2대 이상이 나란히 차도를 통행하여서는 아니 된다.
> ㉣ 자전거 등의 운전자가 횡단보도를 이용하여 도로를 횡단할 때에는 보행자의 통행에 방해가 되지 않도록 서행하여야 한다.
> ㉤ 자전거 등의 운전자는 자전거도로 및 도로법에 따른 도로를 운전할 때에는 행정안전부령으로 정하는 인명보호 장구를 착용하여야 하며, 자전거의 운전자는 동승자에게도 이를 착용하도록 하여야 한다.
> ㉥ 자전거 등의 운전자는 밤에 도로를 통행하는 때에는 전조등과 미등을 켜거나 야광띠 등 발광장치를 착용하여야 한다.

① 1개　　　　② 2개　　　　③ 3개　　　　④ 4개

정답찾기

옳은 것은 ㉡㉢㉤㉥ 4개이다.
㉠ 자전거 등의 운전자는 자전거도로가 설치되지 아니한 곳에서는 도로 우측 가장자리에 붙어서 통행하여야 한다(도로교통법 제13조의2 제2항).
㉣ 자전거 등의 운전자가 횡단보도를 이용하여 도로를 횡단할 때에는 자전거 등에서 내려서 자전거 등을 끌거나 들고 보행하여야 한다(도로교통법 제13조의2 제6항).

75 「도로교통법」 및 같은 법 시행령상 자전거의 운전에 관한 설명으로 가장 적절하지 않은 것은?　　　　24. 경찰승진

① 자전거 운전자는 안전표지로 통행이 허용된 경우를 제외하고는 2대 이상이 나란히 차도를 통행하여서는 아니 된다.
② 술에 취한 상태에서 자전거를 운전했을 경우의 범칙금은 3만원이며, 술에 취한 상태에 있다고 인정할 만한 상당한 이유가 있는 자전거 운전자가 경찰공무원의 호흡조사 측정에 불응한 경우의 범칙금은 10만원에 해당된다.
③ 자전거 운전자는 길가장자리구역(안전표지로 자전거등의 통행을 금지한 구간은 제외한다)을 통행할 수 있다. 이 경우 자전거 운전자는 보행자의 통행에 방해가 될 때에는 서행하거나 일시정지하여야 한다.
④ 자전거 운전자는 서행하거나 정지한 다른 차를 앞지르려면 앞차의 좌측으로만 통행하여야 한다. 이 경우 자전거 운전자는 정지한 차에서 승차하거나 하차하는 사람의 안전에 유의하여 서행하거나 필요한 경우 일시정지하여야 한다.

정답찾기

④ 자전거 등의 운전자는 서행하거나 정지한 다른 차를 앞지르려면 앞차의 우측으로 통행할 수 있다. 이 경우 자전거등의 운전자는 정지한 차에서 승차하거나 하차하는 사람의 안전에 유의하여 서행하거나 필요한 경우 일시정지하여야 한다(도로교통법 제21조 제2항).

76 **도로교통법상 음주운전 처벌기준에 대한 설명으로 가장 적절하지 않은 것은?** 15. 경찰

① 최초 위반시 혈중알코올농도가 0.2% 이상인 사람은 2년 이상 5년 이하의 징역이나 1천만원 이상 2천만원 이하의 벌금

② 음주측정에 응하지 않을시 1년 이상 5년 이하의 징역이나 500만원 이상 2천만원 이하의 벌금

③ 1회 위반시 혈중알코올농도가 0.03% 이상 0.08% 미만인 사람은 1년 이하의 징역이나 1천만원 이하의 벌금

④ 약물로 인하여 정상적으로 운전하지 못할 우려가 있는 상태에서 자동차 등 또는 노면전차를 운전한 사람은 3년 이하의 징역이나 1천만원 이하의 벌금

정답찾기
③ 1회 위반시 혈중알코올농도가 0.03% 이상 0.08% 미만인 사람은 1년 이하의 징역이나 <u>500만원 이하의 벌금</u>에 처한다.

77 **도로교통법상 음주운전 처벌기준에 대한 설명으로 가장 적절하지 않은 것은?** 20. 경찰승진

① 최초 위반시 혈중알코올농도가 0.15%인 경우 1년 이상 2년 이하의 징역이나 500만원 이상 1천만원 이하의 벌금에 처한다.

② 약물로 인하여 정상적으로 운전하지 못할 우려가 있는 상태에서 자동차등 또는 노면전차를 운전한 사람은 3년 이하의 징역이나 1천만원 이하의 벌금에 처한다.

③ 최초 음주측정 거부시 1년 이상 5년 이하의 징역이나 500만원 이상 2천만원 이하의 벌금에 처한다.

④ 최초 위반시 혈중알코올농도가 0.04%인 경우 6개월 이하의 징역이나 500만원 이하의 벌금에 처한다.

정답찾기
④ 혈중알코올농도가 0.03% 이상 0.08% 미만인 경우에 해당하므로 <u>1년 이하의 징역이나 500만원 이하의 벌금</u>에 처한다(도로교통법 제148조의2 제3항 제3호).

78 **도로교통법상 주취운전으로 처벌할 수 없는 경우로 가장 적절한 것은?** 16. 경찰승진

① 덤프트럭 주취운전

② 배기량 250cc ATV(다륜형 원동기) 주취운전

③ 경운기 주취운전

④ 트레일러 주취운전

정답찾기
③ 현행 도로교통법상 경운기의 음주운전에 대한 금지 및 처벌 규정은 존재하지 않는다.

Answer　74 ④　75 ④　76 ③　77 ④　78 ③

79 도로교통법상 주취운전으로 처벌할 수 있는 경우로 가장 적절하지 않은 것은?

① 승용자동차를 아파트 지하주차장 내에서 약 5m 주취운전한 경우

② 덤프트럭을 고속도로에서 약 1km 주취운전한 경우

③ 원동기장치자전거를 공공주차장 내에서 약 2m 주취운전한 경우

④ 경운기를 사설주차장에서 도로까지 약 20m 주취운전한 경우

정답찾기

④ 현행 도로교통법상 경운기의 음주운전에 대한 금지 및 처벌 규정은 존재하지 않는다.

80 도로교통법상 음주운전에 대한 다음 설명 중 적절하지 않은 것은 모두 몇 개인가? (단, '술에 취한 상태'는 혈중알코올농도가 0.03퍼센트 이상인 경우로 전제함)

> ㉠ 술에 취한 상태에서 자전거를 운전한 사람은 처벌된다.
> ㉡ 음주운전 2회 이상 위반으로 벌금형을 확정받고 면허가 취소된 경우, 면허가 취소된 날부터 3년간 면허시험 응시자격이 제한된다.
> ㉢ 무면허인 자가 술에 취한 상태에서 자동차 등을 운전한 경우, 무면허운전죄와 음주운전죄는 실체적 경합관계에 있다.
> ㉣ 도로가 아닌 곳에서 술에 취한 상태로 자동차 등을 운전하더라도 음주단속의 대상이 된다.

① 없음   ② 1개   ③ 2개   ④ 3개

정답찾기

㉡ 음주운전 2회 이상 위반으로 벌금형을 확정받고 면허가 취소된 경우, 면허가 취소된 날부터 <u>2년간</u> 면허시험 응시자격이 제한된다.

㉢ 형법 제40조에서 말하는 1개의 행위란 법적 평가를 떠나 사회관념상 행위가 사물자연의 상태로서 1개로 평가되는 것을 말하는 바, <u>무면허인데다가 술이 취한 상태에서 오토바이를 운전하였다는 것은</u> 위의 관점에서 분명히 1개의 운전행위라 할 것이고 이 행위에 의하여 도로교통법 제111조 제2호, 제40조와 제109조 제2호, 제41조 제1항의 각 죄에 동시에 해당하는 것이니 두 죄는 형법 제40조의 <u>상상적 경합관계</u>에 있다고 할 것이다(대판 1987.2.24, 86도2731).

81 음주운전 단속과 처벌에 대한 설명 중 옳지 않은 것은 모두 몇 개인가? (단, 음주운전은 혈중알콜농도 0.03% 이상을 넘어서 운전한 경우로 전제함, 다툼이 있는 경우 판례에 의함)   20. 경찰간부

> ㉠ 자전거 음주운전도 처벌대상이다.
> ㉡ 취중 경운기나 트랙터 운전의 경우 음주운전에 해당하지 않는다.
> ㉢ 음주측정용 불대는 1인 1개를 사용함을 원칙으로 한다.
> ㉣ 주차장, 학교 경내 등 도로교통법상 도로가 아닌 곳에서도 음주운전에 대해 도로교통법 적용이 가능하나, 운전면허 행정처분만 가능하고 형사처벌은 할 수 없다.
> ㉤ 음주운전을 하다가 교통사고로 사람을 죽게하거나 다치게 한 때에는 그 운전면허를 취소한다.
> ㉥ 피고인의 음주와 음주운전을 목격한 참고인이 있는 상황에서 경찰관이 음주 및 음주운전 종료로부터 약 5시간 후 집에서 자고 있는 피고인을 연행하여 음주측정을 요구한 데에 대하여 피고인이 불응한 경우, 도로교통법상 음주측정불응죄가 성립한다.

① 2개   ② 3개   ③ 4개   ④ 5개

정답찾기

지문의 내용 중 틀린 것은 ㉢㉣이다.
㉢ 음주측정용 불대는 <u>1회당 1개</u>를 사용함을 원칙으로 한다(교통단속처리지침 제30조 제3항).
㉣ 도로가 아닌 곳에서의 음주운전의 경우 <u>형사처벌만 가능</u>하고 운전면허 행정처분은 할 수 없다(대판 2013.10.11, 2013두9359).

82 도로교통법상 음주운전에 대한 설명으로 가장 적절하지 않은 것은? (다툼이 있는 경우 판례에 의함)   21. 경찰승진

① 경찰공무원은 교통의 안전과 위험방지를 위하여 필요하다고 인정하거나, 술에 취한 상태에서 자동차 등을 운전하였다고 인정할 만한 상당한 이유가 있는 경우에는 음주측정을 할 수 있다.
② 무면허인데다가 술이 취한 상태에서 오토바이를 운전하였다면 무면허운전죄와 음주운전죄는 실체적 경합관계에 있다.
③ 음주감지기에서 음주반응이 나온 경우, 그것만으로 술에 취한 상태에 있다고 인정할 만한 상당한 이유가 있다고 볼 수 없다.
④ 주차장, 학교 경내 등 도로교통법상 도로가 아닌 곳에서의 음주운전, 약물운전, 사고 후 미조치에 대하여 형사처벌이 가능하다.

정답찾기

② 형법 제40조에서 말하는 1개의 행위란 법적 평가를 떠나 사회관념상 행위가 사물자연의 상태로서 1개로 평가되는 것을 말하는 바, 무면허인데다가 술이 취한 상태에서 오토바이를 운전하였다는 것은 위의 관점에서 분명히 1개의 운전행위라 할 것이고 이 행위에 의하여 도로교통법 제111조 제2호, 제40조와 제109조 제2호, 제41조 제1항의 각 죄에 동시에 해당하는 것이니 두 죄는 형법 제40조의 <u>상상적 경합관계</u>에 있다고 할 것이다(대판 1987.2.24, 86도2731).

83 음주측정거부에 대한 설명으로 가장 적절하지 않은 것은? (다툼이 있는 경우 판례에 의함)　　　21. 경찰승진

① 명시적인 의사표시를 하지 않으면서 경찰관이 음주측정 불응에 따른 불이익을 5분 간격으로 3회 이상 고지 (최초 측정요구시로부터 15분 경과)했음에도 계속 음주측정에 응하지 않은 때에는 음주측정거부자로 처리한다.

② 음주측정거부시 1년 이상 5년 이하의 징역이나 5백만원 이상 2천만원 이하의 벌금에 처한다.

③ 흉골골절 등으로 인한 통증으로 깊은 호흡을 할 수 없어 이십여차례 음주측정기를 불었으나 끝내 음주측정이 되지 아니한 경우 음주측정불응죄가 성립하지 아니한다.

④ 여러 차례에 걸쳐 호흡측정기의 빨대를 입에 물고 형식적으로 숨을 부는 시늉만 하였을 뿐 숨을 제대로 불지 아니하여 호흡측정기에 음주측정수치가 나타나지 아니하도록 한 행위는 음주측정불응죄에 해당하지 않는다.

> 정답찾기

④ 도로교통법 제41조 제2항에서 말하는 '측정'이란, 측정결과에 불복하는 운전자에 대하여 그의 동의를 얻어 혈액채취 등의 방법으로 다시 측정할 수 있음을 규정하고 있는 같은 조 제3항과의 체계적 해석상, 호흡을 채취하여 그로부터 주취의 정도를 객관적으로 환산하는 측정방법, 즉 호흡측정기에 의한 측정이라고 이해하여야 할 것이고, 한편 호흡측정기에 의한 음주측정은 운전자가 호흡측정기에 숨을 세게 불어넣는 방식으로 행하여지는 것으로서 여기에는 운전자의 자발적인 협조가 필수적이라 할 것이므로, 운전자가 경찰공무원으로부터 음주측정을 요구받고 호흡측정기에 숨을 내쉬는 시늉만 하는 등 형식적으로 음주측정에 응하였을 뿐 경찰공무원의 거듭된 요구에도 불구하고 호흡측정기에 음주측정수치가 나타날 정도로 숨을 제대로 불어넣지 아니하였다면 이는 실질적으로 음주측정에 불응한 것과 다를 바 없다 할 것이고, 운전자가 정당한 사유 없이 호흡측정기에 의한 음주측정에 불응한 이상 그로써 음주측정불응의 죄는 성립하는 것이며, 그 후 경찰공무원이 혈액채취 등의 방법으로 음주여부를 조사하지 아니하였다고 하여 달리 볼 것은 아니다(대판 2000.4.21, 99도5210).

84 음주운전 관련 판례에 대한 설명으로 가장 적절하지 않은 것은?

① 경찰관이 음주운전 단속시 운전자의 요구에 따라 곧바로 채혈을 실시하지 않은 채 호흡측정기에 의한 음주측정을 하고 1시간 12분이 경과한 후에야 채혈을 하였다는 사정만으로는 위 행위가 법령에 위배된다거나 객관적 정당성을 상실하여 운전자가 음주운전 단속과정에서 받을 수 있는 권익이 현저하게 침해되었다고 단정하기 어렵다.

② 피고인의 음주와 음주운전을 목격한 참고인이 있는 상황에서 경찰관이 음주 및 음주운전 종료로부터 약 5시간 후 집에서 자고 있는 피고인을 연행하여 음주측정을 요구한 데에 대하여 피고인이 불응한 경우, 도로교통법상의 음주측정불응죄가 성립하지 않는다.

③ 어떤 사람이 자동차를 움직이게 할 의도 없이 다른 목적을 위하여 자동차의 원동기(모터)의 시동을 걸었는데, 실수로 기어 등 자동차의 발진에 필요한 장치를 건드려 원동기의 추진력에 의하여 자동차가 움직이거나 또는 불안전한 주차상태나 도로여건 등으로 인하여 자동차가 움직이게 된 경우는 자동차의 운전에 해당하지 아니한다.

④ 경찰관이 술에 취한 상태에서 자동차를 운전한 것으로 보이는 피고인을 경찰관 직무집행법에 따른 보호조치 대상자로 보아 경찰관서로 데려온 직후 음주측정을 요구하였는데 피고인이 불응하여 음주측정불응죄로 기소된 사안에서 위법한 보호조치 상태를 이용하여 음주측정 요구가 이루어졌다는 등의 특별한 사정이 없는 한 피고인의 행위는 음주측정불응죄에 해당한다.

정답찾기

② 피고인의 음주와 음주운전을 목격한 참고인이 있는 상황에서 경찰관이 음주 및 음주운전 종료로부터 약 5시간 후 집에서 자고 있는 피고인을 연행하여 음주측정을 요구한 데에 대하여 피고인이 불응한 경우, 도로교통법상의 음주측정불응죄가 성립한다(대판 2001.8.24, 2000도6026).

① 대판 2008.4.24, 2006다32132

③ 대판 2004.4.23, 2004도1109

④ 대판 2012.2.9, 2011도4328

Answer 83 ④ 84 ②

85 음주운전 관련 판례의 내용으로 가장 적절하지 않은 것은?

① 형사소송법규정에 위반하여 수사기관이 법원으로부터 영장 또는 감정처분허가장을 발부받지 아니한 채 피의자의 동의 없이 피의자의 신체로부터 혈액을 채취하고 더구나 사후적으로도 지체 없이 이에 대한 영장을 발부받지도 아니하고서 그 강제채혈한 피의자의 혈액 중 알코올농도에 관한 감정결과보고서 등은 피고인이나 변호인의 증거동의가 있다고 하더라도 유죄의 증거로 사용할 수 없다.

② 음주운전과 관련한 도로교통법 위반죄의 범죄수사를 위하여 미성년자인 피의자의 혈액채취가 필요한 경우에도 피의자에게 의사능력이 있다면 피의자 본인만이 혈액채취에 관한 유효한 동의를 할 수 있고, 피의자에게 의사능력이 없는 경우에도 명문의 규정이 없는 이상 법정대리인이 피의자를 대리하여 동의할 수는 없다.

③ 도로교통법에 규정된 음주측정은 성질상 강제될 수 있는 것이 아니며 궁극적으로 당사자의 자발적인 협조가 필수적인 것이므로 이를 두고 법관의 영장을 필요로 하는 강제처분이라 할 수 없다. 따라서 주취운전의 혐의자에게 영장없는 음주측정에 응할 의무를 지우고 이에 불응한 사람을 처벌한다고 하더라도 영장주의에 위배되지 아니한다.

④ 위드마크 공식은 운전자가 음주한 상태에서 운전한 사실이 있는지에 대한 경험법칙에 의한 증거수집 방법이므로 경찰공무원에게 위드마크 공식의 존재 및 나아가 호흡측정에 의한 혈중알코올농도가 음주운전 처벌기준 수치에 미달하였더라도 위드마크 공식에 의한 역추산 방식에 의하여 운전 당시의 혈중알코올농도를 산출할 경우 그 결과가 음주운전 처벌기준 수치 이상이 될 가능성이 있다는 취지를 운전자에게 미리 고지하여야 할 의무가 있다.

정답찾기

④ 위드마크 공식은 운전자가 음주한 상태에서 운전한 사실이 있는지에 대한 경험법칙에 의한 증거수집 방법에 불과하다. 따라서 경찰공무원에게 위드마크 공식의 존재 및 나아가 호흡측정에 의한 혈중알코올농도가 음주운전 처벌기준 수치에 미달하였더라도 위드마크 공식에 의한 역추산 방식에 의하여 운전 당시의 혈중알코올농도를 산출할 경우 그 결과가 음주운전 처벌기준 수치 이상이 될 가능성이 있다는 취지를 운전자에게 <u>미리 고지하여야 할 의무가 있다고 보기도 어렵다</u>(대판 2017.9.21, 2017도661).

① 대판 2012.11.15, 2011도15258
② 대판 2014.11.13, 2013도1228
③ 헌재 1997.3.27, 96헌가11

■ 음주운전의 혐의가 있는 운전자에 대하여 도로교통법 제44조 제2항에 따른 호흡측정이 이루어진 경우, 운전자의 불복이 없는데도 다시 음주측정을 하는 것이 허용되는지 여부(원칙적 소극)

음주운전에 대한 수사과정에서 음주운전의 혐의가 있는 운전자에 대하여 도로교통법 제44조 제2항에 따른 호흡측정이 이루어진 경우에는 그에 따라 과학적이고 중립적인 호흡측정 수치가 도출된 이상 다시 음주측정을 할 필요가 사라졌으므로 운전자의 불복이 없는 한 다시 음주측정을 하는 것은 원칙적으로 허용되지 아니한다. 또한 도로교통법 제44조 제2항, 제3항의 내용 등에 비추어 보면, 호흡측정 방식에 따라 혈중알코올농도를 측정한 경찰공무원에게 특별한 사정이 없는 한 혈액채취의 방법을 통하여 혈중알코올농도를 다시 측정할 수 있다는 취지를 운전자에게 고지하여야 할 의무가 있다고 볼 수 없다다(대판 2017.9.21, 2017도661).

86 음주운전 관련 판례에 대한 설명으로 가장 적절하지 않은 것은? (다툼이 있는 경우 판례에 의함)

① 음주운전 전력이 1회(벌금형) 있는 운전자가 한 달 내 2회에 걸친 음주운전으로 적발되어 두 사건이 동시에 기소된 사안에서, 도로교통법 제148조의2 제1항(벌칙)에 규정된 '음주운전 금지 규정을 2회 이상 위반한 사람'이란 음주운전으로 2회 이상 형의 선고를 받거나 유죄의 확정판결을 받은 자로 한정하여야 한다.

② 경찰공무원이 술에 취한 상태에 있다고 인정할 만한 상당한 이유가 있는 운전자에게 음주 여부를 확인하기 위하여 음주측정기에 의한 측정의 사전 단계로 음주감지기에 의한 시험을 요구하는 경우, 그 시험 결과에 따라 음주측정기에 의한 측정이 예정되어 있고 운전자가 그러한 사정을 인식하였음에도 음주감지기에 의한 시험에 명시적으로 불응함으로써 음주측정을 거부하겠다는 의사를 표명하였다면, 음주감지기에 의한 시험을 거부한 행위도 음주측정기에 의한 측정에 응할 의사가 없음을 객관적으로 명백하게 나타낸 것으로 볼 수 있다.

③ 주취운전자에 대한 경찰관의 권한 행사가 법률상 경찰관의 재량에 맡겨져 있다고 하더라도, 그러한 권한을 행사하지 아니한 것이 구체적인 상황하에서 현저하게 합리성을 잃는 경우에는 경찰관의 직무상 의무를 위배한 것으로서 위법하다. 음주운전으로 적발된 주취운전자가 도로 밖으로 차량을 이동하겠다며 단속경찰관으로 부터 보관 중이던 차량열쇠를 반환받아 몰래 차량을 운전하여 가던 중 사고를 일으켰다면, 주의의무를 게을리 한 경찰관의 직무상 의무위반에 의한 국가배상 책임이 인정된다.

④ 음주운전과 관련한 도로교통법 위반죄의 범죄수사를 위하여 미성년자인 피의자의 혈액채취가 필요한 경우, 피의자에게 의사능력이 있다면 피의자 본인만이 혈액채취에 관한 유효한 동의를 할 수 있고, 피의자에게 의사능력이 없는 경우에도 명문의 규정이 없는 이상 법정대리인이 피의자를 대리하여 동의할 수는 없다.

정답찾기
① '제44조 제1항을 2회 이상 위반한 사람'은 문언 그대로 2회 이상 음주운전 금지규정을 위반하여 음주운전을 하였던 사실이 인정되는 사람으로 해석해야 하고, 그에 대한 형의 선고나 유죄의 확정판결 등이 있어야만 하는 것은 아니다(대판 2018.11.15, 2018도11378).

87 다음 상황에 대한 설명으로 가장 적절하지 않은 것은? (다툼이 있는 경우 판례에 의함)   21. 경찰

> 甲은 음주 후 자신의 처(처는 술을 마시지 않음)와 동승한 채 화물차를 운전하여 가다가 음주단속을 당하게 되자 경찰관이 들고 있던 경찰용 불봉을 충격하고 그대로 도주하였다. 단속 현장에서 약 3km 떨어진 지점까지 교통사고를 내지 않고 운전하며 진행하던 중 다른 차량에 막혀 더 이상 진행하지 못하게 되자 스스로 차량을 세운 후 운전석에서 내려 도주하려 하였으나, 결국 甲은 경찰관에게 제지되어 체포의 절차에 따르지 않고 甲과 그의 처의 의사에 반하여 지구대로 보호조치되었다. 이후 2회에 걸친 경찰관의 음주측정요구를 거부하였다는 이유로 甲은 도로교통법 위반(음주측정거부) 혐의로 기소되었다.

① 경찰관이 甲에 대하여 경찰관 직무집행법 제4조에 따른 보호조치를 하고자 하였다면, 당시 옆에 있었던 처에게 甲을 인계하였어야 했고, 특별한 사정이 없는 한 지구대에서 甲을 보호하는 것은 허용되지 않는다.

② 甲은 음주측정거부에 관한 도로교통법 위반죄로 처벌될 수 없다.

③ 구 도로교통법 제44조 제2항 및 제148조의2 제2호 규정들이 음주측정을 위한 강제처분의 근거가 될 수 있으므로, 위와 같은 음주측정을 위하여 운전자를 강제로 연행하기 위해서는 수사상 강제처분에 관한 형사소송법상 절차에 따를 필요가 없다.

④ 경찰관이 甲에 대하여 행한 음주측정요구는 형법 제136조에 따른 공무집행방해죄의 보호 대상이 될 수 없다.

정답찾기

③ 교통안전과 위험방지를 위한 필요가 없음에도 주취운전을 하였다고 인정할 만한 상당한 이유가 있다는 이유만으로 이루어지는 음주측정은 이미 행하여진 주취운전이라는 범죄행위에 대한 증거 수집을 위한 수사절차로서의 의미를 가지는 것인데, 구 도로교통법(2005.5.31. 법률 제7545호로 전문 개정되기 전의 것)상의 규정들이 음주측정을 위한 강제처분의 근거가 될 수 없으므로 위와 같은 음주측정을 위하여 당해 운전자를 강제로 연행하기 위해서는 수사상의 강제처분에 관한 형사소송법상의 절차에 따라야 하고, 이러한 절차를 무시한 채 이루어진 강제연행은 위법한 체포에 해당한다(대판 2006.11.9, 2004도8404).

88 음주운전 관련 판례에 관한 설명 중 가장 적절하지 않은 것은? (다툼이 있는 경우 판례에 의함)   22. 경찰

① 술에 취해 자동차 안에서 잠을 자다가 추위를 느껴 히터를 가동시키기 위하여 시동을 걸었고, 실수로 자동차의 제동장치 등을 건드렸거나 처음 주차할 때 안전조치를 제대로 취하지 아니한 탓으로 원동기의 추진력에 의하여 자동차가 약간 경사진 길을 따라 앞으로 움직여 피해자의 차량 옆면을 충격한 사실은 엿볼 수 있으나 이를 두고 피고인이 자동차를 운전하였다고 할 수는 없다.

② 운전자가 경찰공무원으로부터 음주측정을 요구받고 호흡측정기에 숨을 내쉬는 시늉만 하는 등 형식적으로 음주측정에 응하였을 뿐 경찰공무원의 거듭된 요구에도 불구하고 호흡측정기에 음주측정수치가 나타날 정도로 숨을 제대로 불어넣지 아니하였다면 이는 실질적으로 음주측정에 불응한 것과 다를 바 없다.

③ 음주운전과 관련한 도로교통법 위반죄의 범죄수사를 위하여 미성년자인 피의자의 혈액채취가 필요한 경우에도 피의자에게 의사능력이 있다면 피의자 본인만이 혈액채취에 관한 유효한 동의를 할 수 있고, 피의자에게 의사능력이 없는 경우 명문의 규정이 없더라도 법정대리인이 피의자를 대리하여 동의할 수 있다.

④ 특별한 이유 없이 호흡측정기에 의한 측정에 불응하는 운전자에게 경찰공무원이 혈액채취에 의한 측정방법이 있음을 고지하고 그 선택 여부를 물어야 할 의무가 있다고는 할 수 없다.

③ 음주운전과 관련한 도로교통법 위반죄의 범죄수사를 위하여 미성년자인 피의자의 혈액채취가 필요한 경우에도 피의자에게 의사능력이 있다면 피의자 본인만이 혈액채취에 관한 유효한 동의를 할 수 있고, 피의자에게 의사능력이 없는 경우에도 명문의 규정이 없는 이상 법정대리인이 피의자를 대리하여 동의할 수는 없다(대판 2014.11.13, 2013도1228).

89 음주운전 관련 판례에 관한 설명 중 가장 적절하지 않은 것은? (다툼이 있는 경우 판례에 의함) 23. 경찰

① 경찰관이 술에 취한 상태에서 자동차를 운전한 것으로 보이는 피고인을 경찰관 직무집행법에 따른 보호조치 대상자로 보아 경찰관서로 데려온 직후 음주측정을 요구하였는데 피고인이 불응하여 음주측정불응죄로 기소된 사안에서, 위법한 보호조치 상태를 이용하여 음주측정 요구가 이루어졌다는 등의 특별한 사정이 없는 한 피고인의 행위는 음주측정불응죄에 해당한다.

② 술에 취해 자동차 안에서 잠을 자다가 추위를 느껴 히터를 가동시키기 위하여 시동을 걸었고, 실수로 자동차의 제동장치 등을 건드렸거나 처음 주차할 때 안전조치를 제대로 취하지 아니한 탓으로 원동기의 추진력에 의하여 자동차가 약간 경사진 길을 따라 앞으로 움직여 피해자의 차량 옆면을 충격하게 된 경우는 자동차의 운전에 해당한다.

③ 음주측정 요구 당시 운전자가 술에 취한 상태에서 자동차를 운전하였다고 인정할 만한 상당한 이유가 있었으며, 음주운전 종료 후 별도의 음주 사실이 없었음이 증명된 경우, 경찰관이 음주 및 음주운전 종료로부터 약 5시간 후 집에서 자고 있는 피고인을 연행하여 음주측정을 요구한 데에 대하여 피고인이 불응하였다면, 도로교통법상의 음주측정불응죄가 성립한다.

④ 특별한 이유 없이 호흡측정기에 의한 측정에 불응하는 운전자에게 경찰공무원이 혈액채취에 의한 측정방법이 있음을 고지하고 그 선택 여부를 물어야 할 의무는 없다.

② 어떤 사람이 자동차를 움직이게 할 의도 없이 다른 목적을 위하여 자동차의 원동기(모터)의 시동을 걸었는데, 실수로 기어 등 자동차의 발진에 필요한 장치를 건드려 원동기의 추진력에 의하여 자동차가 움직이거나 또는 불안전한 주차상태나 도로여건 등으로 인하여 자동차가 움직이게 된 경우는 자동차의 운전에 해당하지 아니한다. 술에 취한 피고인이 자동차 안에서 잠을 자다가 추위를 느껴 히터를 가동시키기 위하여 시동을 걸었고, 실수로 자동차의 제동장치 등을 건드렸거나 처음 주차할 때 안전조치를 제대로 취하지 아니한 탓으로 원동기의 추진력에 의하여 자동차가 약간 경사진 길을 따라 앞으로 움직여 피해자의 차량 옆면을 충격한 사실은 엿볼 수 있으나, 앞서 본 법리에 비추어 이를 두고 피고인이 자동차를 운전하였다고 할 수는 없다. 술에 취한 피고인이 자동차 안에서 잠을 자다가 추위를 느껴 히터를 가동시키기 위하여 시동을 걸었고, 실수로 자동차의 제동장치 등을 건드렸거나 처음 주차할 때 안전조치를 제대로 취하지 아니한 탓으로 원동기의 추진력에 의하여 자동차가 약간 경사진 길을 따라 앞으로 움직여 피해자의 차량 옆면을 충격한 사실은 엿볼 수 있으나, 앞서 본 법리에 비추어 이를 두고 피고인이 자동차를 운전하였다고 할 수는 없다(대판 2004. 4.23, 2004도1109).

90 주취운전과 관련된 판례의 입장 중 가장 적절하지 않은 것은? 15. 경찰승진

① 음주감지기에서 음주반응이 나온 경우, 그것만으로 술에 취한 상태에 있다고 인정할 만한 상당한 이유가 있다고 볼 수 없다.

② 호흡측정기에 의한 음주측정치와 혈액검사에 의한 음주측정치가 불일치할 경우 혈액검사에 의한 음주측정치가 우선한다.

③ 물로 입 안을 헹굴 기회를 달라는 요구를 무시한 채 호흡측정기로 혈중알코올농도를 측정하여 음주운전 단속수치가 나왔다면 음주운전을 하였다고 단정할 수 있다.

④ 교통사고로 의식을 잃은 채 병원에 호송된 운전자에 대해 영장 없이 채혈을 하였으나 사후 영장을 발부받지 아니한 경우 적법절차에 의해 수집한 증거가 아니므로 유죄의 증거로 사용할 수 없다.

> 정답찾기
>
> ③ 호흡측정기에 의한 혈중알코올농도의 측정은 장에서 흡수되어 혈액 중에 용해되어 있는 알코올이 폐를 통과하면서 증발하여 호흡공기로 배출되는 것을 측정하는 것이므로, 최종 음주시로부터 상당한 시간이 경과하지 아니하였거나, 트림, 구토, 치아보철, 구강청정제 사용 등으로 인하여 입 안에 남아 있는 알코올, 알코올 성분이 있는 구강 내 타액, 상처부위의 혈액 등이 폐에서 배출된 호흡공기와 함께 측정될 경우에는 실제 혈중알코올의 농도보다 수치가 높게 나타나는 수가 있어, 피측정자가 물로 입 안 헹구기를 하지 아니한 상태에서 한 호흡측정기에 의한 혈중알코올 농도의 측정 결과만으로는 혈중알코올농도가 반드시 그와 같다고 단정할 수 없고, 오히려 호흡측정기에 의한 측정수치가 혈중알코올농도보다 높을 수 있다는 의심을 배제할 수 없다(대판 2010.6.24, 2009도1856).

91 「도로교통법」에 관한 설명으로 가장 적절하지 않은 것은? (다툼이 있는 경우 판례에 의함) 23. 경찰

① 모든 차의 운전자는 예외 없이 터널 안에 차를 주차해서는 아니 된다.

② 긴급자동차에 대하여는 동법 제23조에 따른 끼어들기의 금지를 적용하지 아니한다.

③ "정차"란 운전자가 5분을 초과하지 아니하고 차를 정지시키는 것으로서 주차 외의 정지 상태를 말한다.

④ 물로 입 안을 헹굴 기회를 달라는 피고인의 요구를 무시한 채 호흡측정기로 측정한 혈중알코올 농도 수치가 0.05%로 나타난 사안에서, 피고인이 당시 혈중알코올 농도 0.05% 이상의 술에 취한 상태에서 운전하였다고 단정할 수 없다.

> 정답찾기
>
> ① 모든 차 또는 노면전차의 운전자는 터널 안을 운행하거나 고장 또는 그 밖의 부득이한 사유로 터널 안 도로에서 차 또는 노면전차를 정차 또는 주차하는 경우 대통령령으로 정하는 바에 따라 전조등(前照燈), 차폭등(車幅燈), 미등(尾燈)과 그 밖의 등화를 켜야 한다(도로교통법 제37조 제1항 제3호).

92 도로교통법에 다음 설명 중 적절한 것은 모두 몇 개인가?

⊙ "자동차"란 철길이나 가설된 선을 이용하지 아니하고 원동기를 사용하여 운전되는 차로서 승용자동차, 승합자동차, 화물자동차, 특수자동차, 이륜자동차, 원동기장치자전거를 말한다. 다만, 건설기계는 제외한다.

ⓛ 자동차등을 운전하려는 사람은 시·도경찰청장으로부터 운전면허를 받아야 한다. 다만, 도로교통법 제2조 제19호 나목의 원동기를 단 차 중 교통약자의 이동편의 증진법 제2조 제1호에 따른 교통약자가 최고속도 시속 20킬로미터 이하로만 운행될 수 있는 차를 운전하는 경우에는 그러하지 아니하다.

ⓒ 어린이통학버스가 도로에 정차하여 어린이나 영유아가 타고 내리는 중임을 표시하는 점멸등 등의 장치를 작동중일 때에는 어린이통학버스가 정차한 차로와 그 차로의 바로 옆 차로로 통행하는 차의 운전자는 어린이통학버스에 이르기 전에 일시정지하여 안전을 확인한 후 서행하여야 한다.

ⓔ 어린이의 보호자는 어린이가 행정안전부령으로 정하는 인명보호 장구를 착용한 경우를 제외하고 도로에서 개인형 이동장치를 운전하게 하여서는 아니 된다.

① 없음　　　　　② 1개　　　　　③ 2개　　　　　④ 3개

정답찾기

지문의 내용 중 옳은 것은 ⓛⓒ이다.

⊙ 원동기장치자전거는 자동차에서 제외되며, 건설기계관리법 제26조 제1항 단서에 따른 건설기계는 자동차에 해당한다(도로교통법 제2조 제18호).

ⓔ 어린이의 보호자는 도로에서 어린이가 자전거를 타거나 행정안전부령으로 정하는 위험성이 큰 움직이는 놀이기구를 타는 경우에는 어린이의 안전을 위하여 행정안전부령으로 정하는 인명보호 장구(裝具)를 착용하도록 하여야 한다. 어린이의 보호자는 도로에서 어린이가 개인형 이동장치를 운전하게 하여서는 아니 된다(도로교통법 제11조 제3항, 제4항).

93 도로교통법상 운전면허시험 응시제한기간에 대한 내용이다. 아래 ㉠부터 ㉢까지 (   ) 안에 들어갈 숫자를 나열한 것으로 가장 적절한 것은? (단, 행위자는 아래 행위로 인하여 벌금 이상의 형이 확정된 것으로 간주한다.)   18. 경찰승진

> 가. 제46조(공동 위험행위의 금지)를 위반하여 사람을 사상한 후 사상자를 구호하는 등 필요한 조치, 인적사항 제공 및 신고를 하지 아니한 경우에는 운전면허가 취소된 날부터 (㉠)년
> 나. 제43조부터 제46조까지의 규정(무면허, 음주, 약물·과로운전, 공동위험행위)에 따른 사유가 아닌 다른 사유로 사람을 사상한 후 사상자를 구호하는 등 필요한 조치, 인적사항 제공 및 신고를 하지 아니한 경우에는 운전면허가 취소된 날부터 (㉡)년
> 다. 다른 사람이 부정하게 운전면허를 받도록 하기 위하여 운전면허시험에 대신 응시한 사유로 운전면허가 취소된 경우에는 운전면허가 취소된 날부터 (㉢)년
> 라. 자동차 등을 이용하여 범죄행위를 하거나 다른 사람의 자동차 등을 훔치거나 빼앗은 사람이 제43조(무면허운전 등의 금지)를 위반하여 그 자동차 등을 운전한 경우에는 그 위반한 날부터 (㉣)년
> 마. 다른 사람의 자동차 등을 훔치거나 빼앗은 사유로 운전면허가 취소된 경우에는 운전면허가 취소된 날부터 (㉤)년

	㉠	㉡	㉢	㉣	㉤
①	5	4	2	3	2
②	5	3	3	4	2
③	5	4	3	4	2
④	3	4	2	3	3

정답찾기

㉠ 공동 위험행위의 금지를 위반하여 사람을 사상한 후 사상자를 구호하는 등 필요한 조치, 인적사항 제공 및 신고를 하지 아니한 경우에는 운전면허가 취소된 날부터 <u>5년간</u> 운전면허시험에 응시가 제한된다.

㉡ 무면허, 음주, 약물·과로운전, 공동위험행위에 따른 사유가 아닌 다른 사유로 사람을 사상한 후 사상자를 구호하는 등 필요한 조치, 인적사항 제공 및 신고를 하지 아니한 경우에는 운전면허가 취소된 날부터 <u>4년간</u> 운전면허시험에 응시가 제한된다.

㉢ 다른 사람이 부정하게 운전면허를 받도록 하기 위하여 운전면허시험에 대신 응시한 사유로 운전면허가 취소된 경우에는 운전면허가 취소된 날부터 <u>2년간</u> 운전면허시험에 응시가 제한된다.

㉣ 자동차 등을 이용하여 범죄행위를 하거나 다른 사람의 자동차 등을 훔치거나 빼앗은 사람이 무면허운전 등의 금지를 위반하여 그 자동차 등을 운전한 경우에는 그 위반한 날부터 <u>3년간</u> 운전면허시험에 응시가 제한된다.

㉤ 다른 사람의 자동차 등을 훔치거나 빼앗은 사유로 운전면허가 취소된 경우에는 운전면허가 취소된 날부터 <u>2년간</u> 운전면허시험에 응시가 제한된다.

94 다음 중 도로교통에 관한 법령에 따른 1종 보통면허로 운전이 가능한 차량은 모두 몇 개인가?

11. 경찰

> ㉠ 도로를 운행하는 3t의 지게차
> ㉡ 승차정원 15명의 승합자동차
> ㉢ 적재중량 12t의 화물자동차
> ㉣ 원동기장치자전거

① 1개   ② 2개   ③ 3개   ④ 4개

정답찾기
② 1종 보통면허로 운전할 수 있는 차량은 ㉡㉣이다.

95 다음은 '도로교통법 시행규칙'상 제1종 보통운전면허와 제2종 보통운전면허로 운전할 수 있는 차량이다. 괄호 안에 들어 갈 숫자의 총 합은?

14. 경찰

─── 〈제1종 보통운전면허〉 ───
> ㉠ 승차정원 (   )명 이하의 승합자동차
> ㉡ 적재중량 (   )t 미만의 화물자동차
> ㉢ 총 중량 (   )t 미만의 특수자동차(구난차 등은 제외한다)

─── 〈제2종 보통운전면허〉 ───
> ㉠ 승차정원 (   )명 이하의 승합자동차
> ㉡ 적재중량 (   )t 이하의 화물자동차

① 41   ② 45   ③ 48   ④ 51

정답찾기
④ 괄호 안 숫자의 합은 51이다.

▧ 제1종 보통운전면허

> ㉠ 승차정원 15명 이하의 승합자동차
> ㉡ 적재중량 12t 미만의 화물자동차
> ㉢ 총 중량 10t 미만의 특수자동차(구난차 등은 제외한다)

▧ 제2종 보통운전면허

> ㉠ 승차정원 10명 이하의 승합자동차
> ㉡ 적재중량 4t 이하의 화물자동차

Answer   93 ①   94 ②   95 ④

96 도로교통법 및 동법 시행규칙상 제1종 보통면허로 운전할 수 있는 것은 모두 몇 개인가?

16. 경찰

> ㉠ 승용자동차
> ㉡ 승차정원 15명 이하의 승합자동차
> ㉢ 원동기장치자전거
> ㉣ 총 중량 10톤 미만의 특수자동차(구난차 등을 포함한다)
> ㉤ 적재중량 12톤 미만의 화물자동차

① 2개   ② 3개   ③ 4개   ④ 5개

정답찾기

③ 제1종 보통면허로 운전할 수 있는 것은 ㉠㉡㉢㉤이다.

■ 제1종 보통면허로 운전할 수 있는 것

1. 승용자동차
2. 승차정원 15명 이하의 승합자동차
3. 적재중량 12t 미만의 화물자동차
4. 건설기계(도로를 운행하는 3t 미만의 지게차에 한정한다)
5. 총 중량 10t 미만의 특수자동차(구난차 등은 <u>제외한다</u>)
6. 원동기장치자전거

97 도로교통법 시행규칙 별표 18에 따른 각종 운전면허와 운전할 수 있는 차에 대한 설명으로 가장 적절하지 않은 것은?

18. 경찰

① 제1종 보통연습면허로 승차정원 15인의 승합자동차는 운전할 수 있으나 적재중량 12t의 화물자동차는 운전할 수 없다.
② 제2종 보통면허로 승차정원 10인의 승합자동차는 운전할 수 있으나 적재중량 4t의 화물자동차는 운전할 수 없다.
③ 제1종 보통면허로 승차정원 15인의 승합자동차는 운전할 수 있으나 적재중량 12t의 화물자동차는 운전할 수 없다.
④ 제1종 대형면허로 승차정원 45인의 승합자동차는 운전할 수 있으나 대형견인차는 운전할 수 없다.

정답찾기

② 제2종 보통면허로 <u>적재중량 4t 이하의 화물자동차</u>를 운전할 수 있다.

98 다음 중 도로교통법 및 도로교통법 시행규칙에 따라 제2종 보통 연습면허만을 받은 사람이 운전할 수 있는 차량의 개수는?

21. 경찰

> • 승차정원 10명 이하의 승합자동차
> • 총중량 3.5t 이하의 견인형 특수자동차
> • 적재중량 4t 이하의 화물자동차
> • 건설기계(도로를 운행하는 3t 미만의 지게차로 한정)

① 1개 　　　② 2개 　　　③ 3개 　　　④ 4개

정답찾기

제2종 보통 연습면허로 운전할 수 있는 차의 종류에는 승용자동차, 승차정원 10명 이하의 승합자동차, 적재중량 4t 이하의 화물자동차가 있다(도로교통법 시행규칙 별표 18).

99 제2종 보통면허만을 취득한 자가 운전할 경우, 무면허운전이 되는 것은?

24. 경찰

① 원동기장치자전거 　　　　　② 화물자동차(적재중량 3톤)
③ 승합자동차(승차정원 8명) 　　④ 특수자동차(총중량 4톤)

정답찾기

제2종 보통면허로 승용자동차, 승차정원 10명 이하의 승합자동차, 적재중량 4톤 이하의 화물자동차, 총중량 3.5톤 이하의 특수자동차(구난차등은 제외한다) 및 원동기장치자전거를 운전할 수 있다(도로교통법 시행규칙 별표 28).

100 도로교통법상 운전면허 결격사유에 관한 다음 설명 중 가장 적절하지 않은 것은?

12. 경찰

① 18세 이하(원동기장치자전거의 경우에는 16세 이하)인 사람은 운전면허를 받을 수 없다.
② 교통상의 위험과 장해를 일으킬 수 있는 정신질환자 또는 뇌전증 환자로서 대통령령으로 정하는 사람은 운전면허를 받을 수 없다.
③ 듣지 못하는 사람(제1종 운전면허 중 대형면허·특수면허만 해당한다), 앞을 보지 못하는 사람(한쪽 눈만 보지 못하는 사람의 경우에는 제1종 운전면허 중 대형면허·특수면허만 해당한다)이나 그 밖에 대통령령으로 정하는 신체장애인은 운전면허를 받을 수 없다.
④ 제1종 대형면허 또는 제1종 특수면허를 받으려는 경우로서 19세 미만이거나 자동차(이륜자동차는 제외한다)의 운전경험이 1년 미만인 사람은 운전면허를 받을 수 없다.

정답찾기

① 18세 미만(원동기장치자전거의 경우에는 16세 미만)인 사람은 운전면허를 받을 수 없다(도로교통법 제82조 제1항 제1호).

Answer　96 ③　97 ②　98 ②　99 ④　100 ①

101 도로교통법상 운전면허 결격사유에 대한 설명으로 가장 적절하지 않은 것은?   17. 경찰

① 19세 미만(원동기장치자전거의 경우에는 16세 미만)인 사람은 운전면허를 받을 수 없다.

② 제1종 대형면허 또는 제1종 특수면허를 받으려는 경우로서 19세 미만이거나 자동차(이륜자동차는 제외한다)의 운전경험이 1년 미만인 사람은 운전면허를 받을 수 없다.

③ 듣지 못하는 사람(제1종 운전면허 중 대형면허 · 특수면허만 해당한다), 앞을 보지 못하는 사람(한쪽 눈만 보지 못하는 사람의 경우에는 제1종 운전면허 중 대형면허 · 특수면허만 해당한다)이나 그 밖에 대통령령으로 정하는 신체장애인은 운전면허를 받을 수 없다.

④ 교통상의 위험과 장해를 일으킬 수 있는 정신질환자 또는 뇌전증 환자로서 대통령령으로 정하는 사람은 운전면허를 받을 수 없다.

정답찾기

① 18세 미만(원동기장치자전거의 경우에는 16세 미만)인 사람은 운전면허를 받을 수 없다(도로교통법 제82조 제1항 제1호).

102 운전면허와 운전면허 행정처분에 관한 다음 설명 중 적절하지 않은 것은 모두 몇 개인가?   12. 경찰

ㄱ 승차정원 15명 이하의 승합자동차는 제1종 보통면허로 운전이 가능하다.
ㄴ 19세 미만(원동기장치자전거의 경우 16세 미만)인 사람은 운전면허 결격사유에 해당한다.
ㄷ 연습운전면허를 받은 사람이 연습운전면허를 받은 날부터 1년 이전이라도 제1종 보통면허 또는 제2종 보통면허를 받은 경우에는 연습운전면허의 효력을 잃는다.
ㄹ 면허 있는 자가 약물 · 과로운전 중에 사람을 사상한 후 구호조치 및 신고 없이 도주한 경우, 운전면허시험 응시제한기간은 취소된 날부터 5년이다.
ㅁ 면허 있는 자가 음주운전으로 2회 이상 교통사고를 야기한 경우, 운전면허시험 응시제한기간은 취소된 날부터 4년이다.

① 2개   ② 3개   ③ 4개   ④ 5개

정답찾기

ㄱㄷㄹ은 옳은 설명이다.
ㄴ 18세 미만(원동기장치자전거의 경우에는 16세 미만)인 사람은 운전면허를 받을 수 없다(도로교통법 제82조 제1항 제1호).
ㅁ 면허 있는 자가 음주운전으로 2회 이상 교통사고를 야기한 경우, 운전면허시험 응시제한기간은 취소된 날로부터 3년이다.

103 도로교통법상 다음 보기의 운전면허 결격기간을 모두 합한 것으로 옳은 것은? 14. 경찰

> ㉠ 운전면허를 받을 수 없는 사람이 운전면허를 받은 경우
> ㉡ 과로상태에서 운전으로 사람을 사상한 후 필요한 조치 및 신고를 하지 아니한 경우
> ㉢ 음주운전 규정을 2회 이상 위반하여 운전면허가 취소된 경우
> ㉣ 적성검사를 받지 아니하여 운전면허가 취소된 경우

① 9년   ② 9년 6개월
③ 10년   ④ 10년 6개월

정답찾기
모두 합한 값은 9년이다.
㉠㉢ 2년, ㉡ 5년, ㉣ 즉시 응시 가능하다.

104 다음 중 운전면허 결격기간(응시제한기간)이 나머지와 다른 것은? 12. 경찰

① 음주운전으로 2회 이상 교통사고를 야기한 경우
② 2회 이상 음주운전 및 측정거부로 운전면허가 취소된 경우
③ 다른 사람의 자동차를 훔치거나 빼앗은 때
④ 무면허 운전금지 규정(정지기간 중 운전 포함)을 3회 이상 위반하여 단속된 경우

정답찾기
①은 3년, 나머지는 2년에 해당한다.

105 운전면허 행정처분 결과에 따른 결격대상자와 결격기간의 연결이 옳지 않은 것은 모두 몇 개인가? 20. 경찰간부

> ㉠ 자동차 등을 이용하여 범죄행위를 하거나 다른 사람의 자동차를 훔치거나 빼앗아 무면허로 운전한 자 - 위반한 날부터 3년
> ㉡ 다른 사람이 부정하게 운전면허를 받도록 하기 위하여 운전면허시험에 대리응시한 자 - 취소된 날부터 2년
> ㉢ 과로상태 운전으로 사람을 사상한 후 구호조치 없이 도주한 자 - 취소된 날부터 5년
> ㉣ 2회 이상의 공동위험행위로 운전면허가 취소된 자 - 취소된 날부터 2년
> ㉤ 적성검사를 받지 아니하여 운전면허가 취소된 자 - 취소된 날부터 1년

① 1개   ② 2개   ③ 3개   ④ 4개

정답찾기
지문의 내용 중 틀린 것은 ㉤이다.
㉤ 적성검사를 받지 아니하여 운전면허가 취소된 자는 결격기간이 적용되지 않는다.

Answer   101 ①   102 ①   103 ①   104 ①   105 ①

106 도로교통법상 운전면허증 소지자가 면허증 반납사유 발생시 그 반납기간으로 가장 적절한 것은? 16. 경찰승진

① 반납사유가 발생한 날로부터 30일 이내
② 반납사유가 발생한 날로부터 15일 이내
③ 반납사유가 발생한 날로부터 10일 이내
④ 반납사유가 발생한 날로부터 7일 이내

[정답찾기]

④ 운전면허증을 받은 사람이 면허증 반납사유가 발생하면 사유가 발생한 날부터 7일 이내에 주소지를 관할하는 시·도경찰청장에게 운전면허증을 반납하여야 한다(도로교통법 제95조 제1항).

107 운전면허에 대한 설명으로 가장 적절한 것은? 20. 경찰승진

① 운전면허증 소지자가 면허증의 반납사유가 발생하면 반납사유가 발생한 날부터 5일 이내에 반납하여야 한다.
② 제2종 보통면허(자동변속기)로 5인승 수동변속기 승용자동차를 운전한 경우 무면허운전이다.
③ 원동기장치자전거면허 장내기능시험의 합격기준은 100점 만점에 90점 이상을 얻을 때이다.
④ 병무청장, 보건복지부장관, 검찰, 근로복지공단 이사장은 수시적성검사와 관련 있는 개인정보를 경찰청장에게 통보하여야 한다.

[정답찾기]

① 운전면허증을 받은 사람이 면허증 반납사유가 발생하면 사유가 발생한 날부터 7일 이내에 주소지를 관할하는 시·도경찰청장에게 운전면허증을 반납하여야 한다(도로교통법 제95조 제1항).
② 사안의 경우 무면허운전이 아닌 운전면허조건 위반에 해당한다.
④ 수시 적성검사를 받아야 하는 사람의 후천적 신체장애 등에 관한 개인정보를 가지고 있는 기관 가운데 대통령령으로 정하는 기관의 장(검찰은 제외)은 수시 적성검사와 관련이 있는 개인정보를 경찰청장에게 통보하여야 한다(도로교통법 제89조 제1항).

■ 무면허운전과 운전면허조건 위반의 비교

구분	내용
무면허운전	**도로교통법 제152조 제1호** 제43조를 위반하여 제80조에 따른 운전면허(원동기장치자전거면허는 제외한다. 이하 이 조에서 같다)를 받지 아니하거나(운전면허의 효력이 정지된 경우를 포함한다) 또는 제96조에 따른 국제운전면허증을 받지 아니하고(운전이 금지된 경우와 유효기간이 지난 경우를 포함한다) 자동차를 운전한 사람은 1년 이하의 징역이나 300만원 이하의 벌금에 처한다. **도로교통법 제154조 제2호** 제43조를 위반하여 제80조에 따른 원동기장치자전거를 운전할 수 있는 운전면허를 받지 아니하거나(원동기장치자전거를 운전할 수 있는 운전면허의 효력이 정지된 경우를 포함한다) 국제운전면허증 중 원동기장치자전거를 운전할 수 있는 것으로 기재된 국제운전면허증을 발급받지 아니하고(운전이 금지된 경우와 유효기간이 지난 경우를 포함한다) 원동기장치자전거를 운전한 사람(다만, 개인형 이동장치를 운전하는 경우는 제외한다)은 30만원 이하의 벌금이나 구류에 처한다.
운전면허조건 위반	**도로교통법 제153조 제1항 제7호** 제80조 제3항 또는 제4항에 따른 조건을 위반하여 운전한 사람은 6개월 이하의 징역이나 200만원 이하의 벌금 또는 구류에 처한다.

108 연습운전면허에 대한 다음 설명 중 옳지 않은 것은 모두 몇 개인가?

⊙ 연습운전면허는 그 면허를 받은 날부터 1년 동안 효력을 가진다. 다만, 연습운전면허를 받은 날부터 1년 이전이라도 제1종 보통면허 또는 제2종 보통면허를 받은 경우 연습운전면허는 그 효력을 잃는다.

ⓒ 시·도경찰청장은 연습운전면허를 발급받은 사람이 운전 중 고의 또는 과실로 교통사고를 일으키거나 도로교통법이나 도로교통법에 따른 명령 또는 처분을 위반한 경우에는 연습운전면허를 취소하여야 한다.

ⓒ 다만, 연습운전면허를 받은 사람이 ⅰ) 도로교통공단의 도로주행시험을 담당하는 사람, 자동차운전학원의 강사, 전문학원의 강사 또는 기능검정원의 지시에 따라 운전하던 중 교통사고를 일으킨 경우, ⅱ) 도로가 아닌 곳에서 교통사고를 일으킨 경우, ⅲ) 교통사고를 일으켰으나 물적 피해만 발생한 경우에는 연습운전면허를 취소하지 않는다.

ⓔ 연습운전면허를 받은 사람이 도로에서 주행연습을 하는 때에는 운전면허(연습하고자 하는 자동차를 운전할 수 있는 운전면허에 한한다)를 받은 날부터 2년이 경과된 사람(소지하고 있는 운전면허의 효력이 정지기간 중인 사람을 제외한다)과 함께 승차하여 그 사람의 지도를 받아야 한다.

① 없음   ② 1개   ③ 2개   ④ 3개

정답찾기

① 모두 옳은 지문이다.

109 도로교통법상 국제운전면허증에 관한 다음 설명 중 옳고 그름의 표시(○, ×)가 바르게 된 것은? 18. 경찰간부

> ㉠ 국제운전면허증을 외국에서 발급받은 사람 또는 상호인정외국면허증으로 운전하는 사람은 여객자동차 운수
> 사업법 또는 화물자동차 운수사업법에 따른 사업용 자동차를 운전할 수 없다. 여객자동차 운수사업법에 따른
> 대여사업용 자동차를 임차하여 운전하는 경우에도 마찬가지이다.
>
> ㉡ 국제운전면허증을 외국에서 발급받은 사람 또는 상호인정외국면허증으로 운전하는 사람은 국내에 입국한 날
> 부터 2년 동안만 그 국제운전면허증으로 자동차 등을 운전할 수 있다.
>
> ㉢ 국제운전면허 또는 상호인정외국면허증은 모든 국가에서 통용된다.
>
> ㉣ 국제운전면허증을 발급받은 사람의 국내운전면허의 효력이 정지된 때에는 그 정지기간 동안 그 효력이 정지
> 된다.

① ㉠(×) ㉡(×) ㉢(×) ㉣(○)
② ㉠(○) ㉡(○) ㉢(×) ㉣(○)
③ ㉠(×) ㉡(○) ㉢(○) ㉣(×)
④ ㉠(×) ㉡(○) ㉢(×) ㉣(○)

정답찾기

㉠ 국제운전면허증을 외국에서 발급받은 사람 또는 상호인정외국면허증으로 운전하는 사람은 여객자동차 운수사업법 또는 화물자동차
운수사업법에 따른 사업용 자동차를 운전할 수 없다. 다만, 여객자동차 운수사업법에 따른 대여사업용 자동차를 임차(賃借)하여 운
전하는 경우에는 그러하지 아니하다(도로교통법 제96조 제2항).

㉡㉢
> **도로교통법 제96조【국제운전면허증 또는 상호인정외국면허증에 의한 자동차등의 운전】** ① 외국의 권한 있는 기관에서 제1호
> 부터 제3호까지의 어느 하나에 해당하는 협약·협정 또는 약정에 따른 운전면허증(이하 "국제운전면허증"이라 한다) 또는
> 제4호에 따라 인정되는 외국면허증(이하 "상호인정외국면허증"이라 한다)을 발급받은 사람은 제80조제1항에도 불구하고 국
> 내에 입국한 날부터 1년 동안 그 국제운전면허증 또는 상호인정외국면허증으로 자동차등을 운전할 수 있다. 이 경우 운전할
> 수 있는 자동차의 종류는 그 국제운전면허증 또는 상호인정외국면허증에 기재된 것으로 한정한다.
> 1. 1949년 제네바에서 체결된「도로교통에 관한 협약」
> 2. 1968년 비엔나에서 체결된「도로교통에 관한 협약」
> 3. 우리나라와 외국 간에 국제운전면허증을 상호 인정하는 협약, 협정 또는 약정
> 4. 우리나라와 외국 간에 상대방 국가에서 발급한 운전면허증을 상호 인정하는 협약·협정 또는 약정

110 아래는 도로교통법 시행규칙 별표 28 운전면허 취소·정지처분 기준의 일부를 발췌한 것이다. 다음 중 옳은 것은?

18. 경찰

1. 일반기준
   가. ~ 마. <생략>
   바. 처분기준의 감경
   (1) 감경사유
   (가) 음주운전으로 운전면허 취소처분 또는 정지처분을 받은 경우
   운전이 가족의 생계를 유지할 중요한 수단이 되거나, ㉠ 모범운전자로서 처분당시 2년 이상 교통봉사활동에 종사하고 있거나, 교통사고를 일으키고 도주한 운전자를 검거하여 경찰서장 이상의 표창을 받은 사람으로서 다음의 어느 하나에 해당되는 경우가 없어야 한다.
   1) ㉡ 혈중알코올농도가 0.12%를 초과하여 운전한 경우
   2) 음주운전 중 인적피해 교통사고를 일으킨 경우
   3) 경찰관의 음주측정요구에 불응하거나 도주한 때 또는 단속경찰관을 폭행한 경우
   4) ㉢ 과거 5년 이내에 3회 이상의 인적피해 교통사고의 전력이 있는 경우
   5) ㉣ 과거 3년 이내에 음주운전의 전력이 있는 경우

① ㉠   ② ㉡   ③ ㉢   ④ ㉣

정답찾기

③ 옳은 것은 ㉢이다.

■ **도로교통법 시행규칙[별표 28]**

1. 일반기준
   가. ~ 마. 〈생략〉
   바. 처분기준의 감경
   (1) 감경사유
   (가) 음주운전으로 운전면허 취소처분 또는 정지처분을 받은 경우
   운전이 가족의 생계를 유지할 중요한 수단이 되거나, 모범운전자로서 처분당시 3년 이상 교통봉사활동에 종사하고 있거나, 교통사고를 일으키고 도주한 운전자를 검거하여 경찰서장 이상의 표창을 받은 사람으로서 다음의 어느 하나에 해당되는 경우가 없어야 한다.
   1) 혈중알코올농도가 0.1%를 초과하여 운전한 경우
   2) 음주운전 중 인적피해 교통사고를 일으킨 경우
   3) 경찰관의 음주측정요구에 불응하거나 도주한 때 또는 단속경찰관을 폭행한 경우
   4) 과거 5년 이내에 3회 이상의 인적피해 교통사고의 전력이 있는 경우
   5) 과거 5년 이내에 음주운전의 전력이 있는 경우

111 음주운전으로 운전면허 취소처분 또는 정지처분을 받았을 때 일정 요건을 갖춘 경우 면허행정처분을 감경하는 경우가 있다. 이때 도로교통법 시행규칙상 감경 제외사유로 규정된 것이 아닌 것은? *20. 경찰승진*

① 혈중알코올농도 0.1%를 초과하여 운전한 경우
② 음주운전 중 인적피해 교통사고를 일으킨 경우
③ 과거 3년 이내에 3회 이상의 인적피해 교통사고의 전력이 있는 경우
④ 과거 5년 이내에 음주운전 전력이 있는 경우

> 정답찾기
③ 과거 5년 이내에 3회 이상의 인적피해 교통사고의 전력이 있는 경우 감경 제외사유에 해당한다(도로교통법 시행규칙 별표 28).

112 자동차 운전면허의 취소 또는 정지에 관한 설명으로 가장 적절하지 않은 것은? (다툼이 있는 경우 판례에 의함) *25. 경위공채*

① 운전면허 취소사유에 해당하는 음주운전을 적발한 경찰관의 소속 경찰서장이 사무착오로 위반자에게 운전면허정지처분을 한 상태에서 위반자의 주소지 관할 지방경찰청장이 위반자에게 운전면허취소처분을 한 것은 선행처분에 대한 당사자의 신뢰 및 법적 안정성을 저해하는 것으로서 허용될 수 없다.
② 250cc 오토바이의 운전은 제1종 대형면허나 보통면허와는 아무런 관련이 없는 것이므로 이를 음주운전한 사유만 가지고서는 그 운전자가 보유하고 있는 제1종 대형면허나 보통면허까지 취소할 수는 없다.
③ 위드마크 공식을 사용해 운전 당시 혈중알코올농도를 추산하는 경우로서 알코올의 분해소멸에 따른 혈중알코올농도의 감소기(위드마크 제2공식, 하강기) 운전이 이루어진 것으로 인정되는 경우에는 음주 시작 시점부터 곧바로 생리작용에 의하여 분해소멸이 시작되는 것으로 보아야 한다. 이와 다르게 인정하려면 과학적 증명 또는 객관적인 반대 증거가 있거나 특별한 사정이 있어야 한다.
④ 제1종 보통 운전면허와 제1종 대형 운전면허를 취득한 자가 대형화물자동차를 운전하다가 교통사고를 낸 것과 관련하여 행정청이 운전면허정지처분을 하면서 면허의 종별을 기재하지 않고 면허번호만을 특정하였고, 운전면허정지처분의 기초자료가 되는 위반사고점수제조회와 임시운전면허증상의 면허의 종류 내지 소지 면허란에 1종 대형만을 기재한 경우에, 위 각 운전면허가 1개의 면허번호에 의하여 통합관리되고 있다면 제1종대형 운전면허와 제1종 보통 운전면허는 모두 정지된다.

> 정답찾기
④ 제1종 보통 운전면허와 제1종 대형 운전면허가 1개의 면허번호에 의하여 통합관리되고 있다는 사정만으로 피고가 이 사건 운전면허정지처분을 함에 있어 면허의 종별을 특정하지 아니한 채 면허번호만을 기재한 것은 별도의 면허인 제1종 보통 운전면허와 제1종대형 운전면허 모두에 그 효력이 미친다고 볼 수 없으므로, 위 인정사실에 비추어 운전면허정지처분의 대상은 제1종 대형 운전면허에 국한되고, 제1종보통 운전면허는 정지되지 않았다고
제1종 보통 운전면허와 제1종 대형 운전면허를 취득한 자가 대형화물자동차를 운전하다가 교통사고를 낸 것과 관련하여 행정청이 운전면허정지처분을 하면서 면허의 종별을 기재하지 않고 면허번호만을 특정한 경우, 위 각 운전면허가 1개의 면허번호에 의하여 통합관리되고 있다고 하더라도 운전면허정지처분의 대상은 제1종대형 운전면허에 국한되므로 제1종보통 운전면허는 정지되지 않는다[대법원 2000.9.26. 선고 2000두5425 판결].
① [대법원 2000.2.25. 선고 99두10520 판결]
② [대법원 1992.9.22. 선고 91누8289 판결]
③ [대법원 2022.5.12. 선고 2021도14074 판결]

113 **도로교통법상 통고처분에 대한 설명 중 맞는 것은 모두 몇 개인가?**   10. 경찰

ⓐ 범칙금 통고처분 제도란 경미한 법규위반자에 대하여 경찰서장이 범칙금을 납부할 것을 통고하는 형사처분으로 이행시 확정판결과 같은 효력이 발생한다.

ⓑ 도로교통법상 범칙자란 상습적 범칙행위자, 구류의 형에 해당하는 자, 18세 미만인 자를 제외한 범칙행위자를 말한다.

ⓒ 도로교통법의 범칙자 중 성명 또는 주소가 확실하지 아니한 사람, 달아날 우려가 있는 사람, 범칙금납부통고서를 받기 거부한 사람에 대해서는 통고처분대상의 예외에 해당한다.

ⓓ 통고처분서를 받기 거부한 자에 대해서는 즉결심판을 청구할 수 있다.

---

① 1개   ② 2개   ③ 3개   ④ 4개

정답찾기

옳은 것은 ⓒ 1개이다.

ⓐ 범칙금 통고처분은 형사처분에 해당하지 않는다.

ⓑ 범칙행위를 상습적으로 하는 사람, 죄를 지은 동기나 수단 및 결과를 헤아려볼 때 구류처분을 하는 것이 적절하다고 인정되는 사람, 피해자가 있는 행위를 한 사람, 18세 미만인 사람을 범칙자 제외사유로 규정하고 있는 것은 경범죄 처벌법이다. 도로교통법상 범칙자 제외사유에는 범칙행위 당시 제92조 제1항에 따른 운전면허증등 또는 이를 갈음하는 증명서를 제시하지 못하거나 경찰공무원의 운전자 신원 및 운전면허 확인을 위한 질문에 응하지 아니한 운전자, 범칙행위로 교통사고를 일으킨 사람(다만, 교통사고처리 특례법 제3조 제2항 및 제4조에 따라 업무상과실치상죄·중과실치상죄 또는 이 법 제151조의 죄에 대한 벌을 받지 아니하게 된 사람은 제외한다)이다(도로교통법 제162조 제2항).

ⓓ 통고처분서를 받기 거부한 자에 대해서는 즉결심판을 청구하여야 한다(도로교통법 제165조 제1항 제1호).

114 도로교통법 및 동법 시행령상 범칙금 납부와 통고처분 불이행자 처리에 대한 설명으로 가장 적절하지 않은 것은?

20. 경찰승진

① 범칙금납부통고서를 받은 사람은 10일 이내에 경찰청장이 지정하는 국고은행, 지점, 대리점, 우체국 또는 제주특별자치도지사가 지정하는 금융회사 등이나 그 지점에 범칙금을 내야 한다.

② 천재지변 그 밖의 부득이한 사유로 그 기간에 범칙금을 낼 수 없는 경우에는 그 사유가 없어지게 된 날부터 5일 이내 납부하여야 한다.

③ 마지막 범칙금 납부기간이 경과한 사람(도로교통법 제165조 제1항 제2호에 해당하는 통고처분 불이행자)에게는 납부기간 만료일부터 30일 이내에 범칙금액에 그 100분의 20을 더한 금액의 납부와 즉결심판을 위한 출석의 일시 장소 등을 알리는 즉결심판 및 범칙금 등 납부통지서를 발송하여야 한다.

④ 위 '③'의 경우 즉결심판을 위한 출석일은 범칙금납부기간 만료일부터 40일이 초과되어서는 아니 된다.

> **정답찾기**
>
> ③ 경찰서장 또는 제주특별자치도지사는 법 제165조 제1항 제2호에 해당하는 사람(이하 '통고처분 불이행자'라 한다)에게 범칙금 납부기간 만료일(법 제164조 제2항에 따라 범칙금을 낼 수 있는 기간의 마지막 날을 말한다)부터 30일 이내에 즉결심판 출석 일시·장소 등을 적은 즉결심판 출석통지서를 범칙금 등(범칙금에 그 100분의 50을 더한 금액을 말한다) 영수증 및 범칙금 등 납부고지서와 함께 발송하여야 한다. 이 경우 즉결심판을 위한 출석일은 범칙금 납부기간 만료일부터 40일이 초과되어서는 아니 된다(도로교통법 시행령 제99조 제1항).

115 「도로교통법」상 통고처분에 관한 설명이다. 적절한 것은 모두 몇 개인가? (다툼이 있으면 판례에 의함)

25. 경위공채

> ㉠ 경찰서장은 범칙자의 성명이나 주소가 확실하지 아니한 경우 이유를 분명하게 밝힌 범칙금 납부통고서로 범칙금을 낼 것을 통고할 수 있다.
>
> ㉡ 경찰서장의 통고처분은 항고소송의 대상이 되는 행정처분에 해당한다.
>
> ㉢ 「도로교통법」은 범칙금 납부통고서를 받은 사람이 그 범칙금을 낸 경우 범칙행위에 대하여 다시 벌받지 아니한다고 규정하고 있는바, 이는 범칙금의 납부에 확정재판의 효력에 준하는 효력을 인정하는 취지로 해석하여야 한다.
>
> ㉣ 같은 일시, 장소에서 이루어진 안전운전의무 위반의 범칙행위와 중앙선을 침범한 과실로 사고를 일으켜 피해자에게 부상을 입혀 「교통사고처리 특례법」을 위반한 경우, 안전운전의무를 불이행하였음을 이유로 통고처분에 따른 범칙금을 납부하였음에도 「교통사고처리 특례법」 위반죄로 처벌하는 것은 이중처벌에 해당하므로 허용되지 아니한다.

① 0개   ② 1개   ③ 2개   ④ 3개

> **정답찾기**
>
> 지문의 내용 중 적절한 것은 ㉢이다.
>
> ㉢ 도로교통법 제119조 제3항은 그 법 제118조에 의하여 범칙금 납부통고서를 받은 사람이 그 범칙금을 납부한 경우 그 범칙행위에 대하여 다시 벌받지 아니한다고 규정하고 있는바, 이는 범칙금의 납부에 확정재판의 효력에 준하는 효력을 인정하는 취지로 해석하여야 한다[대법원 2002. 11. 22. 선고 2001도849 판결].
>
> ㉠ 사안의 경우 통고처분 제외사유에 해당하므로 통고처분을 할 수 없다(도로교통법 제163조 제1항 제1호).

ⓛ 도로교통법 제118조에서 규정하는 경찰서장의 통고처분은 행정소송의 대상이되는 행정처분이 아니므로 그 처분의 취소를 구하는 소송은 부적법하고, 도로교통법상의 통고처분을 받은 자가 그 처분에 대하여 이의가 있는 경우에는 통고처분에 따른 범칙금의 납부를 이행하지 아니함으로써 경찰서장의 즉결심판청구에 의하여 법원의 심판을 받을 수 있게 될 뿐이다[대법원 1995.6.29, 선고 95누 4674 판결].

ⓔ 같은 일시, 장소에서 이루어진 안전운전의무 위반의 범칙행위와 중앙선을 침범한 과실로 사고를 일으켜 피해자에게 부상을 입혔다는 교통사고처리특례법위반죄의 범죄행위사실은 시간, 장소에 있어서는 근접하여 있는 것으로 볼 수 있으나 범죄의 내용이나 행위의 태양, 피해법익 및 죄질에 있어 현격한 차이가 있어 동일성이 인정되지 아니하고 별개의 행위라고 할 것이어서 피고인이 안전운전의 의무를 불이행하였음을 이유로 통고처분에 따른 범칙금을 납부하였다고 하더라도 피고인을 교통사고처리특례법 제3조 위반죄로 처벌한다고 하여 도로교통법 제119조 제3항에서 말하는 이중처벌에 해당한다고 볼 수 없다[대법원 2002.11.22, 선고 2001도849 판결].

116 도로교통법및 관련 법령에 따를 때, 다음 설명 중 가장 적절하지 않은 것은? (다툼이 있는 경우 판례에 의함) 22. 경찰

① 운전자가 음주운전으로 교통사고를 야기한 후, 차에서 내려 피해자(진단 3주)에게 '왜 와서 들이받냐'라는 말을 하고, 교통사고 조사를 위해 경찰서에 가자는 경찰관의 지시에 순순히 응하여 순찰차에 스스로 탑승하여 경찰서까지 갔을 뿐 아니라 경찰서에서 조사받으면서 사고 당시 상황에 대한 자신의 주장을 정확하게 진술하였다면, 비록 경찰관이 작성한 주취운전자 정황진술보고서에는 '언행상태'란에 '발음 약간 부정확', '보행상태'란에 '비틀거림이 없음', '운전자 혈색'란에 '안면 홍조 및 눈 충혈'이라고 기재되어 있다고 하더라도 음주로 인한 특정범죄 가중처벌 등에 관한 법률 위반(위험운전치사상)이 아니라 도로교통법 위반(음주운전)으로 처벌해야 한다.

② 도로교통법및 관련 법령에는 연습운전면허를 발급받은 사람이 본인에게 귀책사유(歸責事由)가 없는 경우 등 대통령령으로 정하는 경우를 제외하고, 운전 중 고의 또는 과실로 교통사고를 일으키거나 도로교통법이나 동법에 따른 명령 또는 처분을 위반한 경우에 시·도경찰청장은 연습운전면허를 취소하여야 한다고 규정하고 있으므로, 연습운전면허를 받은 사람이 운전을 함에 있어 주행연습 외의 목적으로 운전하여서는 아니된다는 준수사항을 지키지 않았다고 하더라도 무면허운전으로 처벌할 수는 없다.

③ 도로교통법상 도로가 아닌 곳에서 술에 취한 상태에서의 운전은 음주운전으로는 처벌할 수 있지만 운전면허의 정지 또는 취소처분을 부과할 수는 없다.

④ 개인형 이동장치를 타고 신호위반, 중앙선 침범과 진로변경 금지 위반행위를 연달아 하여 다른 사람에게 위협 또는 위해를 가할 뿐 아니라 교통상의 위험을 발생하게 한 운전자에 대해 난폭운전으로 처벌할 수 있다.

[정답찾기]
④ 난폭운전 금지 규정(법 제46조의3)은 개인형 이동장치의 경우에는 적용되지 않는다.

③ 교통사고처리 특례법 · 교통사고조사규칙

117 교통사고처리 특례법 제3조(처벌의 특례) 제2항 각 호에 규정된 12개 예외 항목에 해당하지 않는 것은? 18. 경찰승진

① 일시정지를 내용으로 하는 안전표지가 표시하는 지시를 위반하여 운전한 경우
② 교차로 통행방법을 위반하여 운전한 경우
③ 횡단보도에서의 보행자 보호의무를 위반하여 운전한 경우
④ 승객의 추락 방지의무를 위반하여 운전한 경우

정답찾기

② 교차로 통행방법을 위반하여 운전한 경우는 교통사고처리 특례법 제3조 제2항 단서에 규정된 처벌의 특례 12개 항목에 해당하지 않는다.

교통사고처리 특례법
제3조 【처벌의 특례】 ② 차의 교통으로 제1항의 죄 중 업무상 과실치상죄 또는 중과실치상죄와 도로교통법 제151조의 죄를 범한 운전자에 대하여는 피해자의 명시적인 의사에 반하여 공소를 제기할 수 없다. 다만, 차의 운전자가 제1항의 죄 중 업무상 과실치상죄 또는 중과실치상죄를 범하고도 피해자를 구호하는 등 도로교통법 제54조 제1항에 따른 조치를 하지 아니하고 도주하거나 피해자를 사고 장소로부터 옮겨 유기하고 도주한 경우, 같은 죄를 범하고 도로교통법 제44조 제2항을 위반하여 음주측정 요구에 따르지 아니한 경우(운전자가 채혈 측정을 요청하거나 동의한 경우는 제외한다)와 다음 각 호의 어느 하나에 해당하는 행위로 인하여 같은 죄를 범한 경우에는 그러하지 아니하다.
  1. 도로교통법 제5조에 따른 신호기가 표시하는 신호 또는 교통정리를 하는 경찰공무원 등의 신호를 위반하거나 통행금지 또는 일시정지를 내용으로 하는 안전표지가 표시하는 지시를 위반하여 운전한 경우
  2. 도로교통법 제13조 제3항을 위반하여 중앙선을 침범하거나 같은 법 제62조를 위반하여 횡단, 유턴 또는 후진한 경우
  3. 도로교통법 제17조 제1항 또는 제2항에 따른 제한속도를 20km/h 초과하여 운전한 경우
  4. 도로교통법 제21조 제1항, 제22조, 제23조에 따른 앞지르기의 방법·금지시기·금지장소 또는 끼어들기의 금지를 위반하거나 같은 법 제60조 제2항에 따른 고속도로에서의 앞지르기 방법을 위반하여 운전한 경우
  5. 도로교통법 제24조에 따른 철길건널목 통과방법을 위반하여 운전한 경우
  6. 도로교통법 제27조 제1항에 따른 횡단보도에서의 보행자 보호의무를 위반하여 운전한 경우
  7. 도로교통법 제43조, 건설기계관리법 제26조 또는 도로교통법 제96조를 위반하여 운전면허 또는 건설기계조종사면허를 받지 아니하거나 국제운전면허증을 소지하지 아니하고 운전한 경우. 이 경우 운전면허 또는 건설기계조종사면허의 효력이 정지 중이거나 운전의 금지 중인 때에는 운전면허 또는 건설기계조종사면허를 받지 아니하거나 국제운전면허증을 소지하지 아니한 것으로 본다.
  8. 도로교통법 제44조 제1항을 위반하여 술에 취한 상태에서 운전을 하거나 같은 법 제45조를 위반하여 약물의 영향으로 정상적으로 운전하지 못할 우려가 있는 상태에서 운전한 경우
  9. 도로교통법 제13조 제1항을 위반하여 보도(步道)가 설치된 도로의 보도를 침범하거나 같은 법 제13조 제2항에 따른 보도 횡단방법을 위반하여 운전한 경우
  10. 도로교통법 제39조 제3항에 따른 승객의 추락 방지의무를 위반하여 운전한 경우
  11. 도로교통법 제12조 제3항에 따른 어린이 보호구역에서 같은 조 제1항에 따른 조치를 준수하고 어린이의 안전에 유의하면서 운전하여야 할 의무를 위반하여 어린이의 신체를 상해에 이르게 한 경우
  12. 도로교통법 제39조 제4항을 위반하여 자동차의 화물이 떨어지지 아니하도록 필요한 조치를 하지 아니하고 운전한 경우

---

118 교통사고처리 특례법 제3조(처벌의 특례) 제2항 각 호에 규정된 12개 예외 항목에 해당하지 않는 것은? 18. 경찰

① 횡단보도에서의 보행자 보호의무를 위반하여 운전한 경우
② 자동차의 화물이 떨어지지 아니하도록 필요한 조치를 하지 아니하고 운전한 경우
③ 제한속도를 10km/h 초과하여 운전한 경우
④ 철길건널목 통과방법을 위반하여 운전한 경우

정답찾기
③ 10km/h 초과가 아니라 20km/h 초과의 경우이다(교통사고 처리특례법 제3조 제2항 제3호).

119 다음 ㉠부터 ㉣까지 중 교통사고처리 특례법 제3조 제2항(처벌의 특례) 단서 각 호에 해당하는 것은 모두 몇 개인가?

22. 경찰승진

㉠ 도로교통법 제39조 제4항을 위반하여 자동차의 화물이 떨어지지 아니하도록 필요한 조치를 하지 아니하고 운전한 경우
㉡ 도로교통법 제17조 제1항 또는 제2항에 따른 제한속도를 시속 20킬로미터 초과하여 운전한 경우
㉢ 도로교통법 제13조 제3항을 위반하여 중앙선을 침범하거나 같은 법 제62조를 위반하여 횡단, 유턴 또는 후진한 경우
㉣ 도로교통법 제24조에 따른 철길건널목 통과방법을 위반하여 운전한 경우

① 1개
② 2개
③ 3개
④ 4개

정답찾기
④ 사안의 경우 모두 교통사고처리 특례법상 단서 각 호의 사유에 해당한다(교통사고처리 특례법 제3조 제2항 제2호, 제3호, 제5호, 제12호).

Answer 117 ② 118 ③ 119 ④

120 **교통사고처리에 대한 설명 중 가장 적절하지 않은 것은?**

① 보험료 영수증이나 보험료 납입증명서는 보험가입 여부를 확인할 수 있는 증명서에 해당한다.

② 교통조사계에 근무하는 경찰관이 단순물적 피해 교통사고 접수시 피해금액에 관계없이 합의가 되거나 종합보험 또는 공제에 가입된 경우에는 교통사고처리대장에 등재하고 형사입건하지 않고, 피해액 20만원 이상의 사고로서 합의되지 않거나 종합보험 또는 공제에 가입되지 않은 경우에 형사입건하여 검찰에 송치하고, 피해액 20만원 미만의 사고로서 합의되지 않거나 종합보험 또는 공제에 가입되지 않은 경우에 즉결심판을 청구한다.

③ 보·차도 구분이 없는 곳에서 길 가장자리를 침범하여 보행자를 충격한 사고인 경우에는 보도침범사고에 해당하지 않으므로 피해자의 의사에 반하여 공소를 제기할 수 없다.

④ 축대, 절개지 등이 무너져 도로를 진행 중인 차량이 손괴되었을 때에는 교통사고로 처리하지 않고 주관부서로 인계한다.

정답찾기

① 보험료지급사실을 증명하는 보험료 영수증(납입증명서)은 보험계약을 통하여 특정약관의 보험에 가입된 사실을 증명하는 보험가입 사실증명서와 그 성질을 달리할 뿐만 아니라 그 내용에 있어서도 교통사고처리 특례법 제4조 제2항 소정의 취지가 기재되어 있지 않으므로 위 영수증만으로는 교통사고로 인하여 사람을 살상한 차량이 위 법 소정의 보험에 가입된 여부를 확단할 수 있는 서면이라고 할 수 없어 위 영수증을 위 법 제4조 제3항의 보험에 가입된 사실을 증명하는 서면이라고 인정할 수는 없다(대판 1985.6.11, 84도2012).

121 **다음 설명 중 가장 적절하지 않은 것은? (다툼이 있으면 판례에 의함)**

① 교차로 직전의 횡단보도에 따로 차량보조등이 설치되어 있지 아니한 경우, 교차로 차량신호등이 적색이고 횡단보도 보행등이 녹색인 상태에서 횡단보도를 지나 우회전하다가 사람을 다치게 한 경우 교통사고처리 특례법상 특례조항인 신호위반에 해당한다.

② 신호위반으로 교통사고를 야기한 자가 신호위반의 범칙금을 납부하였다면, 교통사고처리 특례법상 신호위반으로 인한 업무상 과실치상죄의 죄책을 물을 수 없다.

③ 부득이한 사정으로 중앙선을 침범하여 교통사고를 야기한 경우 중앙선침범에 해당되지 않는다.

④ 횡단보도의 신호가 적색인 상태에서 반대차선에 정지 중인 차량 뒤에서 보행자가 건너올 것까지 예상하여 주의의무를 다하여야 한다고 할 수 없다.

정답찾기

② 교통사고처리 특례법 제3조 제2항 단서 각 호에서 규정한 예외사유에 해당하는 신호위반 등의 범칙행위와 같은 법 제3조 제1항 위반죄는 그 행위의 성격 및 내용이나 죄질, 피해법익 등에 현저한 차이가 있어 동일성이 인정되지 않는 별개의 범죄행위라고 보아야 할 것이므로, 교통사고처리 특례법 제3조 제2항 단서 각 호의 예외사유에 해당하는 신호위반 등의 범칙행위로 교통사고를 일으킨 사람이 통고처분을 받아 범칙금을 납부하였다고 하더라도, 업무상 과실치상죄 또는 중과실치상죄에 대하여 같은 법 제3조 제1항 위반죄로 처벌하는 것이 도로교통법 제119조 제3항에서 금지하는 이중처벌에 해당한다고 볼 수 없다(대판 2007.4.12, 2006도4322).

122 도로교통에 참여하는 운전자는 도로교통법상 다른 운전자들도 스스로 도로교통법규를 준수하리라는 것을 신뢰할 수 있고 교통규칙에 위반되는 돌발 사태까지 예상하여 주의할 필요가 없다는 원칙에 관하여 다음 내용 중 적절하지 않은 것은 모두 몇 개인가?

11. 경찰

> ㉠ 신뢰의 원칙이라고 하며 과실범과 관련이 있다.
> ㉡ 현대사회에서 도로교통의 사회적 중요성에 기인하여 과실범처벌을 완화하자는 원칙이다.
> ㉢ 이 원칙은 독일의 판례가 채택한 이래 스위스, 오스트리아, 일본, 우리나라의 판례에 영향을 주었다.
> ㉣ 고속도로에서 상대방 차량이 중앙선을 침범하지 않을 것이라는 것을 믿어도 된다는 원칙
> ㉤ 다른 차량이 무모하게 앞지르지 않을 것을 믿어도 된다는 원칙
> ㉥ 교차로에 들어서서 통행후순위 차량이 앞질러 진입하지 않을 것을 믿어도 된다는 원칙
> ㉦ 도로교통에서 상대방의 규칙위반을 이미 인식한 경우에도 동 원칙이 적용된다.

① 1개   ② 2개   ③ 3개   ④ 4개

정답찾기

① 적절하지 않은 것은 ㉦ 1개이며, 상대방의 법규위반을 이미 인식한 경우 신뢰의 원칙은 적용되지 않는다.

123 다음 중 도로교통과 관련된 신뢰의 원칙에 관한 내용으로 틀린 것은 모두 몇 개인가? (다툼이 있으면 판례에 의함)

14. 경찰간부

> ㉠ 특별한 사정이 없는 한 고속도로를 운행하는 자동차의 운전자는 보행자가 나타날 것을 예견하여 제한속도 이하로 감속 운행할 주의의무가 없다.
> ㉡ 고속도로상이라 하더라도 제동거리 밖의 무단횡단자를 발견했을 경우 사고를 미연에 방지할 의무가 있다.
> ㉢ 특별한 사정이 없는 한 반대차로를 운행하는 차가 갑자기 중앙선을 넘어올 것까지 예견하여 감속해야 할 주의의무는 없다.
> ㉣ 보행자신호가 적색인 경우 반대차로상에서 정지하여 있는 차량의 뒤로 보행자가 횡단보도를 건너올 수 있다는 것까지 예상할 주의의무는 없다.
> ㉤ 보행자신호의 녹색등이 점멸하는 때에는 보도 위에 서 있던 보행자가 갑자기 뛰기 시작하면서 보행을 시작할 수도 있다는 것까지 예상할 주의의무는 없다.

① 1개   ② 2개   ③ 3개   ④ 4개

정답찾기

틀린 것은 ㉤ 1개이다.

㉤ 횡단보도의 보행자 신호가 녹색신호에서 적색신호로 바뀌는 예비신호 점멸 중에도 그 횡단보도를 건너가는 보행자가 흔히 있고 또 횡단 도중에 녹색신호가 적색신호로 바뀐 경우에도 그 교통신호에 따라 정지함이 없이 나머지 횡단보도를 그대로 횡단하는 보행자도 있으므로 보행자 신호가 녹색신호에서 정지신호로 바뀔 무렵 전후에 횡단보도를 통과하는 자동차 운전자는 보행자가 교통신호를 철저히 준수할 것이라는 신뢰만으로 자동차를 운전할 것이 아니라 좌우에서 이미 횡단보도에 진입한 보행자가 있는지 여부를 살펴보고 또한 그의 동태를 두루 살피면서 서행하는 등하여 그와 같은 상황에 있는 보행자의 안전을 위해 어느 때라도 정지할 수 있는 태세를 갖추고 자동차를 운전하여야 할 업무상의 주의의무가 있다(대판 1986.5.27. 86도549).

Answer   120 ①   121 ②   122 ①   123 ①

124 다음 중 교통경찰과 관련된 판례의 태도와 부합하지 않는 것은 모두 몇 개인가? 12. 경찰

> ㉠ 운전자에게는 특별한 사정이 없는 한 반대차로를 운행하는 차가 갑자기 중앙선을 넘어 올 것까지 예견하여 감속하는 등 미리 충돌을 방지할 태세를 갖추어 운전해야 할 주의의무가 있다고는 할 수 없다.
> ㉡ 특별한 이유 없이 호흡측정기에 의한 측정에 불응하는 운전자에게 경찰공무원이 혈액채취에 의한 측정방법이 있음을 고지하고 그 선택 여부를 물어야 할 의무가 있다고는 할 수 없다.
> ㉢ 고속도로를 운행하는 자동차 운전자는 고속도로를 무단횡단하는 보행자가 있을 것을 미리 예견하여 운전할 주의의무가 있다.
> ㉣ 술에 취한 피고인이 자동차 안에서 잠을 자다가 추위를 느껴 히터를 가동하기 위하여 시동을 걸었고, 실수로 제동장치 등을 건드렸다고 하더라도 자동차가 움직였으면 음주운전에 해당한다.
> ㉤ 약물 등의 영향으로 정상적으로 운전하지 못할 우려가 있는 상태에서 자동차 등을 운전하였다고 인정하려면, 약물 등의 영향으로 인하여 '정상적으로 운전하지 못할 우려가 있는 상태'에서 운전을 하면 바로 성립하고, 현실적으로 '정상적으로 운전하지 못할 상태'에 이르러야만 하는 것은 아니다.
> ㉥ 횡단보도 보행신호등의 녹색등화가 점멸할 때에는 보행자의 횡단을 금지하고 있으므로 보행자가 녹색등화의 점멸신호 이후에 횡단을 시작하였다면 설사 녹색등화가 점멸 중이더라도 횡단보도에서의 보행자보호의무의 대상으로 보기 어렵다.

① 2개   ② 3개   ③ 4개   ④ 5개

정답찾기

판례의 태도와 부합하지 않는 것은 ㉢㉣㉥ 3개이다.
㉢ 고속도로를 운행하는 자동차 운전자는 고속도로를 무단횡단하는 보행자가 있을 것을 미리 예견하여 운전할 주의의무가 없다.
㉣ 술에 취한 피고인이 자동차 안에서 잠을 자다가 추위를 느껴 히터를 가동하기 위하여 시동을 걸었고, 실수로 제동장치 등을 건드렸다고 하더라도 운전에 해당하지 않는다.
㉥ 횡단보도 보행신호등의 녹색등화가 점멸할 때에는 보행자의 횡단을 금지하고 있지만 보행자 보호의무 규정의 입법취지상 보행자가 녹색등화의 점멸신호 이후에 횡단을 시작하였다고 하더라도 녹색등화가 점멸 중인 경우에는 횡단보도에서의 보행자보호의무의 대상으로 보아야 한다.

125 교통사고와 관련된 판례의 입장으로 가장 옳지 않은 것은? 08. 경찰 변형

① 신호위반으로 교통사고를 야기한 자가 이미 신호위반의 범칙금을 납부하였다면, 교통사고처리 특례법상 신호위반으로 인한 업무상 과실치상죄의 죄책을 묻는 것은 이중처벌에 해당된다.
② 횡단보도 내에서 택시를 잡기 위하여 앉아 있는 사람을 충격한 운전자의 경우에는 보행자 보호의무 불이행의 책임을 물을 수 없다.
③ 고속도로를 운행하는 자동차의 운전자로서는 일반적인 경우에 고속도로를 횡단하는 보행자가 있을 것까지 예견하여 보행자와의 충돌사고를 예방하기 위하여 급정차 등의 조치를 취할 수 있도록 대비하면서 운전할 주의의무가 없다.
④ 횡단보행자용 신호기의 신호가 보행자 통행신호인 녹색으로 되었을 때 차량운전자가 그 신호를 따라 횡단보도 위를 보행하는 자를 충격하였을 경우에는 교통사고처리 특례법상 신호위반의 책임을 물을 수 없다(단, 차량의 운행용 신호기는 고려치 않음).

정답찾기

① 교통사고처리특례법 제3조 제2항 단서 각 호에서 규정한 예외사유에 해당하는 신호위반 등의 범칙행위와 같은 법 제3조 제1항 위반죄는 그 행위의 성격 및 내용이나 죄질, 피해법익 등에 현저한 차이가 있어 동일성이 인정되지 않는 <u>별개의 범죄행위라고 보아야 할 것</u>이므로, 교통사고처리특례법 제3조 제2항 단서 각 호의 예외사유에 해당하는 신호위반 등의 범칙행위로 교통사고를 일으킨 사람이 통고처분을 받아 범칙금을 납부하였다고 하더라도, 업무상과실치상죄 또는 중과실치상죄에 대하여 같은 법 제3조 제1항 위반죄로 처벌하는 것이 도로교통법 제119조 제3항에서 금지하는 <u>이중처벌에 해당한다고 볼 수 없다</u>[대법원 2007.4.12, 선고 2006도4322 판결].

126 다음은 교통업무와 관련하여 지역경찰 직원들의 질문에 대해 교통사고 조사계 직원들이 답변한 내용이다. 이 중 관련 판례와 다른 입장을 취하고 있는 설명은?

12. 경찰

① 술에 취해 자동차 안에서 잠을 자다가 추위를 느껴 히터를 가동시키기 위하여 시동을 걸었고, 실수로 자동차의 제동장치 등을 건드렸거나 처음 주차할 때 안전조치를 제대로 취하지 아니한 탓으로 원동기의 추진력에 의하여 자동차가 약간 경사진 길을 따라 앞으로 움직여 피해자의 차량 옆면을 충격한 사실이 있다고 하더라도 이를 두고 자동차를 운전하였다고 할 수는 없습니다.

② 호흡측정기에 의한 음주측정 요구를 하기 전에 사용되는 음주감지기 시험에서 음주반응이 나왔다고 할지라도 그것만으로 바로 혈중알콜농도 0.05% 이상의 술에 취한 상태에 있다고 인정할만한 상당한 이유가 있다고 볼 수 없습니다.

③ 물로 입 안을 헹굴 기회를 달라는 피고인의 요구를 무시한 채 호흡측정기로 측정한 혈중알콜농도 수치가 0.05%로 나타났더라도 0.05% 이상의 술에 취한 상태에서 운전하였다고 단정할 수는 없습니다.

④ 약물 등의 영향으로 정상적으로 운전하지 못할 우려가 있는 상태에서 자동차 등을 운전하였다고 인정하려면 약물 등의 영향으로 인해 현실적으로 정상적인 운전을 하지 못할 상태에 이르러야만 합니다.

정답찾기

④ 약물 등의 영향으로 정상적으로 운전하지 못할 우려가 있는 상태에서 자동차 등을 운전하였다고 인정하려면, 약물 등의 영향으로 인하여 '정상적으로 운전하지 못할 우려가 있는 상태'에서 운전을 하면 바로 성립하고, 현실적으로 '정상적으로 운전하지 못할 상태'에 이르러야만 하는 것은 아니다(대법원 2010.12.23, 선고 2010도11272 판결).

127 다음 설명 중 가장 적절하지 않은 것은? (다툼이 있으면 판례에 의함)   15. 경찰승진

① 화물차를 주차한 상태에서 적재된 상자 일부가 떨어지면서 지나가던 피해자에게 상해를 입힌 경우, 교통사고로 볼 수 없다.
② 연속된 교통사고로 피해자가 사망한 경우 후행 교통사고 운전자에게 책임을 물으려면 후행 교통사고를 일으킨 사람이 주의의무를 게을리 하지 않았다면 피해자가 사망에 이르지 않았을 것이라는 사실이 증명되어야 한다.
③ '특정범죄 가중처벌 등에 관한 법률' 제5조의3 도주차량죄의 교통사고는 도로교통법이 정하는 도로에서의 교통사고로 제한하여야 한다.
④ 아파트 단지 내 통행로가 왕복 4차선의 외부도로와 직접 연결되어 있고, 외부차량의 통행에 제한이 없으며, 별도의 주차관리인이 없다면 도로교통법상 도로에 해당된다.

정답찾기
③ 특정범죄 가중처벌 등에 관한 법률 제5조의3 소정의 도주차량운전자에 대한 가중처벌규정은 자신의 과실로 교통사고를 야기한 운전자가 그 사고로 사상을 당한 피해자를 구호하는 등의 조치를 취하지 아니하고 도주하는 행위에 강한 윤리적 비난가능성이 있음을 감안하여 이를 가중처벌함으로써 교통의 안전이라는 공공의 이익의 보호뿐만 아니라 교통사고로 사상을 당한 피해자의 생명·신체의 안전이라는 개인적 법익을 보호하고자 함에도 그 입법 취지와 보호법익이 있다고 보아야 할 것인바, 위와 같은 규정의 입법취지에 비추어 볼 때 여기에서 말하는 <u>차의 교통으로 인한 업무상 과실치사상의 사고를 도로교통법이 정하는 도로에서의 교통사고의 경우로 제한하여 새겨야 할 아무런 근거가 없다</u>(대판 2004.8.30, 2004도3600).

128 교통사고처리와 관련된 판례의 입장으로 가장 적절하지 않은 것은?   15. 경찰승진

① 내리막길에 주차되어 있는 자동차의 핸드 브레이크를 풀어 타력주행을 하는 행위는 운전에 해당되지 않는다.
② 고속도로를 운행하는 자동차 운전자는 고속도로를 무단횡단하는 보행자가 있을 것을 예견하여 운전할 주의의무가 있다.
③ 야간에 무등화인 자전거를 타고 차도를 무단횡단하는 경우까지를 예상하여 감속하고 반대차로상의 동태까지 살피면서 서행운행할 주의의무는 없다.
④ 차에 열쇠를 끼워놓은 채 11세 남짓한 어린이를 조수석에 남겨놓고 차에서 내려온 동안 어린이가 시동을 걸어 차량이 진행하여 사고가 발생한 경우 운전자로서는 열쇠를 빼는 등 사고예방조치를 취할 주의의무가 있다.

정답찾기
② 고속도로를 운행하는 자동차의 운전자로서는 일반적인 경우에 고속도로를 횡단하는 보행자가 있을 것까지 예견하여 보행자와의 충돌사고를 예방하기 위하여 급정차 등의 조치를 취할 수 있도록 대비하면서 운전할 주의의무가 없고, 다만 고속도로를 무단횡단하는 보행자를 충격하여 사고를 발생시킨 경우라도 운전자가 상당한 거리에서 보행자의 무단횡단을 미리 예상할 수 있는 사정이 있었고, 그에 따라 즉시 감속하거나 급제동하는 등의 조치를 취하였다면 보행자와의 충돌을 피할 수 있었다는 등의 특별한 사정이 인정되는 경우에만 자동차 운전자의 과실이 인정될 수 있다(대판 2000.9.5, 2000도2671).

129 다음 설명 중 가장 적절하지 않은 것은? (다툼이 있으면 판례에 의함)

① 화물차를 주차한 상태에서 적재된 상자 일부가 떨어지면서 지나가던 피해자에게 상해를 입힌 경우 교통사고로 볼 수 없다.

② 교통사고로 인한 물적 피해가 경미하고, 파편이 도로상에 비산되지도 않았다고 하더라도, 가해차량이 즉시 정차하는 등 필요한 조치를 취하지 아니한 채 그대로 도주한 경우에는 도로교통법 제54조 제1항 위반죄가 성립한다.

③ 교차로 직전의 횡단보도에 따로 차량 보조등이 설치되어 있지 아니한 경우, 교차로 차량 신호등이 적색이고 횡단보도 보행등이 녹색인 상태에서 횡단보도를 지나 우회전하다가 사람을 다치게 하였다면 교통사고처리 특례법상 특례조항인 신호위반에 해당하지 않는다.

④ 교차로에 교통섬이 설치되고 그 오른쪽으로 직진 차로에서 분리된 우회전 차로가 설치된 경우, 우회전 차로가 아닌 직진 차로를 따라 우회전하는 행위는 교차로 통행방법을 위반한 것이다.

정답찾기

③ 교차로의 차량신호등이 적색이고 교차로에 연접한 횡단보도 보행등이 녹색인 경우에 차량 운전자가 위 횡단보도 앞에서 정지하지 아니하고 횡단보도를 지나 우회전하던 중 업무상 과실치상의 결과가 발생하면 교통사고처리 특례법 제3조 제1항, 제2항 단서 제1호의 '신호위반'에 해당하고, 이때 위 신호위반 행위가 교통사고 발생의 직접적인 원인이 된 이상 사고장소가 횡단보도를 벗어난 곳이라 하여도 위 신호위반으로 인한 업무상 과실치상죄가 성립함에는 지장이 없다(대판 2011.7.28, 2009도8222).

130 다음 설명 중 가장 적절한 것은? (다툼이 있으면 판례에 의함)

① 일반적으로 고속도로를 운전하는 자동차 운전자에게 도로상에 장애물이 나타날 것을 예견하여 제한속도 이하로 감속 운행할 주의 의무가 있다.

② 자동차를 움직이게 할 의도 없이 다른 목적을 위하여 자동차의 원동기(모터)의 시동을 걸었는데, 실수로 기어 등 자동차의 발진에 필요한 장치를 건드려 원동기의 추진력에 의하여 자동차가 움직인 경우 자동차의 운전에 해당한다.

③ 무면허운전으로 인한 도로교통법 위반죄에 있어서는 어느 날에 운전을 시작하여 다음 날까지 동일한 기회에 일련의 과정에서 계속 운전을 한 경우 등 특별한 경우를 제외하고는 사회통념상 운전한 날을 기준으로 운전한 날마다 1개의 운전행위가 있다고 보는 것은 상당하지 않다.

④ 특별한 이유 없이 호흡측정기에 의한 측정에 불응하는 운전자에게 경찰공무원이 혈액채취에 의한 측정방법이 있음을 고지하고 그 선택 여부를 물어야 할 의무가 있다고는 할 수 없다.

정답찾기

④ 대판 2002.10.25, 2002도4220

① 일반적으로 고속도로를 운전하는 자동차 운전자에게 도로상에 장애물이 나타날 것을 예견하여 제한속도 이하로 감속 서행할 주의의무가 없다는 이유로 고속도로상에서 도로를 횡단하는 피해자(5세)를 피고인이 운전하는 화물자동차로 충격하여 사망케 한 공소사실에 대하여 무죄를 선고한 조치를 긍인하였다(대판 1981.12.8, 81도1808).

② 어떤 사람이 자동차를 움직이게 할 의도 없이 다른 목적을 위하여 자동차의 원동기(모터)의 시동을 걸었는데, 실수로 기어 등 자동차의 발진에 필요한 장치를 건드려 원동기의 추진력에 의하여 자동차가 움직이거나 또는 불안전한 주차상태나 도로여건 등으로 인하여 자동차가 움직이게 된 경우는 자동차의 운전에 해당하지 아니한다(대판 2004.4.23, 2004도1109).

③ 무면허운전으로 인한 도로교통법위반죄에 있어서는 어느 날에 운전을 시작하여 다음 날까지 동일한 기회에 일련의 과정에서 계속 운전을 한 경우 등 특별한 경우를 제외하고는 사회통념상 운전한 날을 기준으로 운전한 날마다 1개의 운전행위가 있다고 보는 것이 상당하므로 운전한 날마다 무면허운전으로 인한 도로교통법위반의 1죄가 성립한다고 보아야 할 것이고, 비록 계속적으로 무면허운전을 할 의사를 가지고 여러 날에 걸쳐 무면허운전행위를 반복하였다 하더라도 이를 포괄하여 일죄로 볼 수는 없다(대판 2002.7.23, 2001도6281).

Answer   127 ③   128 ②   129 ③   130 ④

131 다음 중 가장 적절하지 않은 것은? (다툼이 있으면 판례에 의함) 16. 경찰승진

① 삼거리 교차로 좌측도로에서 우회전해 나오는 차량이 반대차로로 넘어 들어온 경우 정상교차로 직진 중인 차에 과실이 있다고 볼 수 없다.

② 일반적으로 넓은 도로를 운행하여 통행의 우선순위를 가진 차량의 운전자는 교차로에서는 좁은 도로의 차량들이 일시정지 하지 않고 계속 진행하여 큰 도로로 진입할 것을 사전에 예견하고 이에 대한 방어조치를 강구할 필요가 있다.

③ 신호에 따라 교차로를 통과하는 차량 운전자에게 신호가 바뀐 후 다른 차량이 신호를 위반하여 교차로에 새로 진입하여 올 경우까지 예상하여야 할 주의의무는 없다.

④ 편도 2차로를 주행 중인 트럭의 우측과 인도 사이로 추월하려는 오토바이에게 진로를 양보할 의무는 없다.

정답찾기

② 일반적으로 넓은 도로를 운행하여 통행의 우선순위를 가진 차량의 운전자는 교차로에서는 좁은 도로의 차량들이 교통법규에 따라 적절한 행동을 취할 것을 신뢰하여 운전한다고 할 것이므로 좁은 도로에서 진행하는 차량이 일단정지를 하지 아니하고 계속 진행하여 큰 도로로 진입할 것을 사전에 예견하고 이에 대한 정지조치를 강구할 것을 기대할 수 없다(대판 1977.3.8, 77도409).

132 교통사고에 대한 판례의 태도로 가장 적절하지 않은 것은? 19. 경찰승진

① 신호위반으로 교통사고를 일으킨 사람이 통고처분을 받아 신호위반의 범칙금을 납부하였다고 하더라도, 교통사고처리 특례법상 신호위반으로 인한 업무상 과실치상죄로 처벌하는 것이 이중처벌에 해당한다고 볼 수 없다.

② 교통사고 피해자가 2주간의 치료를 요하는 경미한 상해를 입었다는 사정만으로 사고 당시 피해자를 구호할 필요가 없었다고 단정 지을 수 없다.

③ 음주로 인한 특정범죄 가중처벌 등에 관한 법률 위반(위험운전치사상)죄와 도로교통법 위반(음주운전)죄가 모두 성립하는 경우 두 죄는 실체적 경합관계에 있다.

④ 특정범죄 가중처벌 등에 관한 법률 제5조의3 도주차량운전자의 가중처벌규정과 관련하여, 차의 교통으로 인한 업무상 과실치사상의 사고는 도로교통법이 정하는 도로에서의 교통사고로 한정된다.

정답찾기

④ 특정범죄 가중처벌 등에 관한 법률 제5조의3 소정의 도주차량운전자에 대한 가중처벌규정은 자신의 과실로 교통사고를 야기한 운전자가 그 사고로 사상을 당한 피해자를 구호하는 등의 조치를 취하지 아니하고 도주하는 행위에 강한 윤리적 비난가능성이 있음을 감안하여 이를 가중처벌함으로써 교통의 안전이라는 공공의 이익의 보호뿐만 아니라 교통사고로 사상을 당한 피해자의 생명·신체의 안전이라는 개인적 법익을 보호하고자 함에도 그 입법 취지와 보호법익이 있다고 보아야 할 것인바, 위와 같은 규정의 입법 취지에 비추어 볼 때 여기에서 말하는 차의 교통으로 인한 업무상 과실치사상의 사고를 도로교통법이 정하는 도로에서의 교통사고의 경우로 제한하여 새겨야 할 아무런 근거가 없다(대판 2004.8.30, 2004도3600).

133 **주취운전에 대한 설명으로 가장 적절하지 않은 것은? (다툼이 있는 경우 판례에 의함)** 19. 경찰승진

① 운전자가 음주측정을 요구하는 경찰공무원의 1차 측정에만 불응하였을 뿐 곧이어 이어진 2차 측정에는 응한 경우와 같이 측정거부가 일시적인 것에 불과한 경우라면 음주측정불응죄가 성립한다고 볼 것은 아니다.

② 음주감지기 시험에서 음주반응이 나왔다고 할지라도, 그것만으로 바로 운전자가 술에 취한 상태에 있다고 인정할 만한 상당한 이유가 있다고 볼 수는 없다.

③ 음주운전 시점과 혈중알코올농도의 측정 시점 사이에 시간 간격이 있고 그 때가 혈중알코올농도의 상승기로 보이는 경우라 하더라도, 그러한 사정만으로 무조건 실제 운전 시점의 혈중알코올농도가 처벌기준치를 초과한다는 점에 대한 증명이 불가능하다고 볼 수는 없다.

④ 음주로 인한 특정범죄 가중처벌 등에 관한 법률위반(위험운전치사상)죄와 도로교통법 위반(음주운전)죄가 모두 성립하는 경우 두 죄는 상상적 경합관계에 있다.

정답찾기
④ 음주로 인한 특정범죄 가중처벌 등에 관한 법률 위반(위험운전치사상)죄와 도로교통법 위반(음주운전)죄는 입법 취지와 보호법익 및 적용 영역을 달리하는 별개의 범죄이므로, 양 죄가 모두 성립하는 경우 두 죄는 실체적 경합관계에 있다(대판 2008.11.13, 2008도7143).

134 **다음 설명 중 가장 적절한 것은? (다툼이 있는 경우 판례에 의함)** 19. 경찰승진

① 피고인의 음주와 음주운전을 목격한 참고인이 있는 상황에서 음주운전 종료로부터 약 5시간 후 음주측정을 요구한 데에 대하여 피고인이 불응한 경우 도로교통법상의 음주측정불응죄가 성립한다.

② 화물차를 주차한 상태에서 적재된 상자 일부가 떨어지면서 지나가던 피해자에게 상해를 입힌 경우 교통사고처리 특례법에 정한 '교통사고'에 해당한다.

③ 편도 5차선 도로의 1차로를 신호에 따라 진행하던 자동차 운전자에게 도로의 오른쪽에 연결된 소방도로에서 오토바이가 나와 맞은편 쪽으로 가기 위해서 편도 5차선 도로를 대각선 방향으로 가로질러 진행하는 경우까지도 예상하여 진행할 주의의무가 있다.

④ 앞지르기가 금지된 비탈길의 고갯마루 부근에서 앞차가 진로를 양보하였다면 앞지르기를 할 수 있다.

정답찾기
② 화물차를 주차하고 적재함에 적재된 토마토 상자를 운반하던 중 적재된 상자 일부가 떨어지면서 지나가던 피해자에게 상해를 입힌 경우, 교통사고처리 특례법에 정한 '교통사고'에 해당하지 않아 업무상 과실치상죄가 성립한다(대판 2009.7.9, 2009도2390).
③ 편도 5차선 도로의 1차로를 신호에 따라 진행하던 자동차 운전자에게 도로의 오른쪽에 연결된 소방도로에서 오토바이가 나와 맞은편 쪽으로 가기 위해서 편도 5차선 도로를 대각선 방향으로 가로질러 진행하는 경우까지 예상하여 진행할 주의의무는 없다(대판 2007.4.26, 2006도9216).
④ 도로교통법 제20조의2는 "모든 차의 운전자는 다음 각 호의 어느 하나에 해당하는 곳에서는 다른 차를 앞지르지 못한다."고 규정하여 일정한 장소에서의 앞지르기를 금지하고 있으므로, 같은 조의 각 호에 해당하는 곳에서는 도로교통법 제18조에 의하여 앞차가 진로를 양보하였다 하더라도 앞지르기를 할 수 없다(대판 2005.1.27, 2004도8062).

Answer 131 ② 132 ④ 133 ④ 134 ①

135 **교통법규 위반에 대한 설명 중 옳지 않은 것은? (다툼이 있는 경우 판례에 의함)**

① 횡단보도의 신호가 적색인 상태에서 반대차선에 정지 중인 차량 뒤에서 보행자가 건너올 것까지 예상하여 주의의무를 다하여야 한다고 할 수 없다.

② 앞차가 빗길에 미끄러져 비정상적으로 움직일 때는 진로를 예상할 수 없으므로 뒤따라가는 차량의 운전자는 이러한 사태에 대비하여 속도를 줄이고 안전거리를 확보해야 할 주의의무가 있다.

③ 교차로에 교통섬이 설치되고 그 오른쪽으로 직진 차로에서 분리된 우회전 차로가 설치된 경우, 우회전 차로가 아닌 직진 차로를 따라 우회전하는 행위를 교차로 통행방법을 위반한 것이라 볼 수 없다.

④ '운전면허를 받지 아니하고'라는 법률문언의 통상적 의미에 '운전면허를 받았으나 그 후 운전면허의 효력이 정지된 경우'가 당연히 포함된다 할 수 없다.

정답찾기

③ 자동차 운전자인 피고인이, 교통섬이 설치되고 그 오른쪽으로 직진 차로에서 분리된 우회전차로가 설치되어 있는 교차로에서 우회전 차로가 아닌 직진 2개 차로 중 오른쪽 차로를 따라 교차로에 진입하는 방법으로 우회전하였다고 하여 구 도로교통법 위반으로 기소된 사안에서, 피고인의 행위가 같은 법 제25조 제1항에서 정한 '교차로 통행방법'에 위배되지 않는다고 본 원심판결에 법리오해의 위법이 있다(대판 2012.4.12, 2011도9821).

136 **교통사고에 대한 다음 설명 중 가장 적절하지 않은 것은? (다툼이 있는 경우 판례에 의함)**

① 선행 교통사고와 후행 교통사고 중 어느 쪽이 원인이 되어 피해자가 사망에 이르게 되었는지 밝혀지지 않은 경우 후행 교통사고를 일으킨 사람의 과실과 피해자의 사망 사이에 인과관계가 인정되기 위해서는 후행 교통사고를 일으킨 사람이 주의의무를 게을리하지 않았다면 피해자가 사망에 이르지 않았을 것이라는 사실이 증명되어야 하고, 그 증명책임은 검사에게 있다.

② 피고인이 야간에 오토바이를 운전하다가 전방좌우의 주시를 게을리한 과실로 도로를 횡단하던 피해자를 충격하여 피해자로 하여금 위 도로상에 넘어지게 하고, 그로부터 약 40초 내지 60초 후에 다른 사람이 운전하던 타이탄트럭이 도로위에 전도되어 있던 피해자를 역과하여 사망하게 한 경우 피고인의 과실행위와 피해자의 사망사이에는 상당인과관계가 있다.

③ 신호위반으로 교통사고를 야기한 자가 신호위반의 범칙금을 납부하였더라도, 교통사고처리 특례법상 신호위반으로 인한 업무상 과실치상죄의 죄책을 물을 수 있다.

④ 사고 운전자가 자신의 명함을 주고 택시 기사에게 피해자의 병원 이송을 의뢰하였으나 피해자가 경찰이 도착하기 전에는 병원에 가지 않겠다고 하여 이송을 못하고 있는 사이 사고운전자가 현장을 이탈한 경우 특정범죄 가중처벌 등에 관한 법률 위반(도주차량)죄에 해당하지 않는다.

정답찾기

④ 특정범죄 가중처벌 등에 관한 법률 제5조의3 제1항 소정의 '피해자를 구호하는 등 도로교통법 제50조 제1항의 규정에 의한 조치를 취하지 아니하고 도주한 때'라 함은 사고 운전자가 사고로 인하여 피해자가 사상을 당한 사실을 인식하였음에도 불구하고 피해자를 구호하는 등 도로교통법 제50조 제1항에 규정된 의무를 이행하기 이전에 사고현장을 이탈하여 사고를 낸 자가 누구인지 확정될 수 없는 상태를 초래하는 경우를 말한다. 사고 운전자가 그가 일으킨 교통사고로 상해를 입은 피해자에 대한 구호조치의 필요성을 인식하고 부근의 택시 기사에게 피해자를 병원으로 이송하여 줄 것을 요청하였으나 경찰관이 온 후 병원으로 가겠다는 피해자의 거부로 피해자가 병원으로 이송되지 아니한 사이에 피해자의 신고를 받은 경찰관이 사고현장에 도착하였고, 피해자의 병원이송 및 경찰관의 사고현장 도착 이전에 사고 운전자가 사고현장을 이탈하였다면, 비록 그 후 피해자가 택시를 타고 병원에 이송되어 치료를 받았다고 하더라도 운전자는 피해자에 대한 적절한 구호조치를 취하지 않은 채 사고현장을 이탈하였다고 할 것이어서, 설령 운전자가 사고현장을 이탈하기 전에 피해자의 동승자에게 자신의 신원을 알 수 있는 자료를 제공하였다고 하더라도, 피고인의 이러한 행위는 '피해자를 구호하는 등 조치를 취하지 아니하고 도주한 때'에 해당한다(대판 2004.3.12, 2004도250).

137 다음 설명 중 가장 적절하지 않은 것은? (다툼이 있는 경우 판례에 의함)   24. 경찰승진

① 「교통사고처리 특례법」 제2조 제2호는 '교통사고'란 차의 교통으로 인하여 사람을 사상하거나 물건을 손괴하는 것을 말한다고 규정하고 있는데, 여기서 '차의 교통'은 차량을 운전하는 행위 및 그와 동일하게 평가할 수 있을 정도로 밀접하게 관련된 행위를 모두 포함한다.

② 음주운전 신고를 받고 출동한 경찰관이 만취한 상태로 시동이 걸린 차량 운전석에 앉아 있는 甲을 발견하고 음주측정을 위해 하차를 요구하는 것만으로는 「도로교통법」 제44조 제2항이 정한 음주측정에 관한 직무에 착수하였다고 할 수 없다.

③ 술에 취한 乙이 자동차 안에서 잠을 자다가 추위를 느껴 히터를 가동시키기 위하여 시동을 걸었고, 실수로 기어 등 자동차의 발진에 필요한 장치를 건드려 원동기의 추진력에 의하여 자동차가 움직이거나 또는 불안전한 주차상태나 도로여건 등으로 인하여 자동차가 움직이게 된 경우는 자동차의 운전에 해당하지 아니한다.

④ 모든 차의 운전자는 보행자보다 먼저 횡단보행자용 신호기가 설치되지 않은 횡단보도에 진입한 경우에도, 보행자의 횡단을 방해하지 않거나 통행에 위험을 초래하지 않을 상황이 아니고서는, 차를 일시정지하는 등으로 보행자의 통행이 방해되지 않도록 할 의무가 있다.

> **정답찾기**
>
> ② 음주운전 신고를 받고 출동한 경찰관이 만취한 상태로 시동이 걸린 차량 운전석에 앉아있는 피고인을 발견하고 음주측정을 위해 하차를 요구함으로써 도로교통법 제44조 제2항이 정한 음주측정에 관한 직무에 착수하였다고 할 것이고, 피고인이 차량을 운전하지 않았다고 다투자 경찰관이 지구대로 가서 차량 블랙박스를 확인하자고 한 것은 음주측정에 관한 직무 중 '운전' 여부 확인을 위한 임의동행 요구에 해당하고, 피고인이 차량에서 내리자마자 도주한 것을 임의동행 요구에 대한 거부로 보더라도, 경찰관이 음주측정에 관한 직무를 계속하기 위하여 피고인을 추격하여 도주를 제지한 것은 앞서 본 바와 같이 도로교통법상 음주측정에 관한 일련의 직무집행 과정에서 이루어진 행위로써 정당한 직무집행에 해당한다[대법원 2020.8.20. 선고 2020도7193 판결].

138 다음은 차량에서 발생할 수 있는 현상에 관한 설명이다. 가장 적절한 것은?   14. 경찰승진

① 수막 현상 − 자동차가 고속으로 주행할 때 타이어가 완전한 원형을 유지하고 있지 않는 현상

② 스탠딩웨이브 현상 − 브레이크액이 끓어올라 파이프 안에 기포가 발생하여 브레이크 페달을 밟아도 브레이크가 듣지 않게 되는 현상

③ 베이퍼록 − 비가 내려 노면에 많은 물이 덮여 있을 때 고속주행하면 나타나는 현상

④ 페이드 현상 − 브레이크를 너무 많이 사용하여 브레이크 슈와 드럼이 과열됨에 따라 브레이크 라이닝이 고온으로 변질되고 마찰계수가 줄어들어서 듣지 않게 되는 현상

> **정답찾기**
>
> ① 스탠딩웨이브 현상에 대한 설명이다.
> ② 베이퍼록 현상에 대한 설명이다.
> ③ 수막 현상에 대한 설명이다.

139 교통사고조사규칙상 용어의 정의에 대한 설명으로 가장 적절하지 않은 것은?

① 충돌이란 차가 측방 또는 반대방향에서 진입하여 차의 정면으로 다른 차의 정면 또는 측면을 충격한 것을 말한다.

② 추돌이란 2대 이상의 차가 동일방향으로 주행 중 뒤차가 앞차의 후면을 충격한 것을 말한다.

③ 전복이란 차가 도로의 절벽 등 높은 곳에서 떨어진 것을 말한다.

④ 접촉이란 차가 추월, 교행 등을 하려다가 차의 좌우측면을 서로 스친 것을 말한다.

정답찾기

> **교통사고조사규칙**
> **제2조【용어의 정의】** ① 이 규칙에서 사용되는 용어의 정의는 다음과 같다.
> 7. '충돌'이란 차가 반대방향 또는 측방에서 진입하여 그 차의 정면으로 다른 차의 정면 또는 측면을 충격한 것을 말한다.
> 8. '추돌'이란 2대 이상의 차가 동일방향으로 주행 중 뒤차가 앞차의 후면을 충격한 것을 말한다.
> 9. '접촉'이란 차가 추월, 교행 등을 하려다가 차의 좌우측면을 서로 스친 것을 말한다.
> 10. '전도'란 차가 주행 중 도로 또는 도로 이외의 장소에 차체의 측면이 지면에 접하고 있는 상태(좌측면이 지면에 접해 있으면 좌전도, 우측면이 지면에 접해 있으면 우전도)를 말한다.
> 11. '전복'이란 차가 주행 중 도로 또는 도로 이외의 장소에 뒤집혀 넘어진 것을 말한다.
> 12. '추락'이란 차가 도로변 절벽 또는 교량 등 높은 곳에서 떨어진 것을 말한다.

140 다음 설명으로 가장 적절한 것은?

> 눈, 모래, 자갈, 진흙 및 잔디와 같이 느슨한 노면 위를 타이어가 미끄러짐 없이 굴러가면서 노면상에 타이어 접지면의 무늬모양을 그대로 새겨 놓은 흔적

① 스키드마크(Skid Mark)

② 가속 스카프(Acceleration Scuff)

③ 요마크(Yaw Mark)

④ 임프린트(Imprint)

정답찾기

④ 보기에서 설명하는 것은 임프린트이다.

> **교통사고조사규칙**
> **제2조【용어의 정의】** ① 이 규칙에서 사용되는 용어의 정의는 다음과 같다.
> 5. '스키드마크(Skid mark)'란 차의 급제동으로 인하여 타이어의 회전이 정지된 상태에서 노면에 미끄러져 생긴 타이어 마모흔적 또는 활주흔적을 말한다.
> 6. '요마크(Yaw mark)'란 급핸들 등으로 인하여 차의 바퀴가 돌면서 차축과 평행하게 옆으로 미끄러진 타이어의 마모흔적을 말한다.

141 교통사고조사규칙에서 규정하고 있는 용어의 정의로 가장 옳은 것은? 18. 경찰간부

① 충돌이란 2대 이상의 차가 동일방향으로 주행 중 뒤차가 앞차의 후면을 충격한 것을 말한다.

② 요마크(Yaw mark)란 차의 급제동으로 인하여 타이어의 회전이 정지된 상태에서 노면에 미끄러져 생긴 타이어 마모흔적 또는 활주흔적을 말한다.

③ 접촉이란 차가 추월, 교행 등을 하려다가 차의 좌우측면을 서로 스친 것을 말한다.

④ 전도란 차가 주행 중 도로 또는 도로 이외의 장소에 뒤집혀 넘어진 것을 말한다.

> 정답찾기

> **교통사고조사규칙 제2조 【용어의 정의】** ① 이 규칙에서 사용되는 용어의 정의는 다음과 같다.
> 6. '요마크(Yaw mark)'란 급핸들 등으로 인하여 차의 바퀴가 돌면서 차축과 평행하게 옆으로 미끄러진 타이어의 마모흔적을 말한다.
> 7. '충돌'이란 차가 반대방향 또는 측방에서 진입하여 그 차의 정면으로 다른 차의 정면 또는 측면을 충격한 것을 말한다.
> 8. '추돌'이란 2대 이상의 차가 동일방향으로 주행 중 뒤차가 앞차의 후면을 충격한 것을 말한다.
> 9. '접촉'이란 차가 추월, 교행 등을 하려다가 차의 좌우측면을 서로 스친 것을 말한다.
> 10. '전도'란 차가 주행 중 도로 또는 도로 이외의 장소에 차체의 측면이 지면에 접하고 있는 상태(좌측면이 지면에 접해 있으면 좌전도, 우측면이 지면에 접해 있으면 우전도)를 말한다.
> 11. '전복'이란 차가 주행 중 도로 또는 도로 이외의 장소에 뒤집혀 넘어진 것을 말한다.

142 교통사고조사규칙상 교통사고 및 현장도면 작성에 대한 설명으로 가장 적절하지 않은 것은? 22. 경찰승진

① 교통조사관이 교통사고 현장도면 작성 시 교통사고의 발생지점과 사고차량의 정차지점을 표시하는 때에는 사고발생 지점을 도면의 중앙에 배치하고 가해차량의 진행방향이 위로 향하도록 하여 이동지점과 정차지점을 실선으로 표시한다.

② 교통조사관이 교통사고 현장도면 작성시 거리를 측정하거나 지점을 확정하는 경우에는 각각의 지점에 대한 명칭을 붙여 특정지어야 한다.

③ 교통사고 현장에 사망한 사람이 있는 경우에는 단순히 의식이 없거나 호흡이 정지하였다는 사유로 사망한 것으로 판단하지 말고, 의료전문가의 판단이 있을 때까지는 중상자와 동일하게 취급해야 한다.

④ 경찰공무원이 교통사고 현장에서 사상자 구호, 현장보존 등 부득이한 경우에 일시적으로 교통을 통제하거나 일방통행의 조치를 취할 때에는 '교통사고 조사 중' 표지판을 사고현장 전·후 적합한 위치에 설치하고 반드시 1명 이상의 경찰공무원이 차량과 군중을 정리하여 2차 사고를 예방하여야 한다.

> 정답찾기

> ① 교통사고의 발생지점과 사고차량의 정차지점을 표시하는 때에는 사고발생 지점을 도면의 중앙에 배치하고 가해차량의 진행방향이 위로 향하도록 하여 이동지점을 점선으로 표시하고 정차지점은 실선으로 표시한다(교통사고조사규칙 제14조 제7항).

Answer 139 ③ 140 ④ 141 ① 142 ①

03 경비경찰

제1절 경비경찰 일반

01 경비경찰의 대상에 대한 설명으로 가장 적절하지 않은 것은?

17. 경찰승진

① 경비경찰의 대상은 크게 개인적 · 단체적 불법행위와 자연적 · 인위적 재난으로 나뉜다.
② 행사안전경비의 대상은 조직화되지 않은 군중을 대상으로 한다.
③ 피경호자의 신변을 보호하는 호위와 경비활동도 경비경찰의 대상이다.
④ 자연적 · 인위적 재난은 치안경비와 재난경비로 구성된다.

정답찾기

④ 자연적 · 인위적 재난은 혼잡경비(행사안전경비)와 재난(재해)경비로 구성된다. 치안경비는 다중범죄 진압을 의미한다.

대상	종류	내용
개인적 · 단체적 불법행위	치안경비 (다중범죄진압)	공안을 해하는 다중범죄 등 집단적인 범죄사태가 발생하거나 발생할 우려가 있는 경우 적절한 조치로 사태를 예방 · 경계 · 진압하기 위한 경비활동
	특수경비 (대테러)	총포 · 도검 · 폭발물 등에 의한 인질난동 · 살상 등 사회이목을 집중시키는 중요사건을 예방 · 경계 · 진압하는 경비활동
	경호경비	주요 인사의 신변을 보호하는 경비활동
	중요시설 경비	국가적으로 중대한 영향을 미치는 국가산업시설, 국가행정시설을 방호하기 위한 경비활동
인위적 · 자연적 재해	혼잡경비	기념행사 · 경기대회 · 경축제례 등에 수반되는 미조직된 군중에 의하여 발생하는 자연적 · 인위적인 혼란상태를 경계 · 예방 · 진압하는 행동
	재해경비	천재 · 지변 · 화재 등의 자연적 · 인위적 돌발사태로 인하여 인명 또는 재산상 피해가 야기될 경우 이를 예방 · 진압하는 활동

02 경비경찰권 행사의 근거가 될 수 있는 '헌법' 제37조 제2항(국민의 자유와 권리의 존중 · 제한)에 관한 설명으로 가장 적절하지 않은 것은?

16. 경찰승진 변형

① 국민의 모든 자유와 권리는 국가안전보장, 질서유지, 공공의 복리를 위하여 필요한 경우에 제한할 수 있다.
② 필요에 의해 제한할 경우 반드시 법령으로 제한하여야 한다.
③ 위와 같은 헌법의 규정은 경비경찰의 활동을 제한하는 성격도 아울러 가졌다.
④ 필요에 의해 제한할 때에도 자유와 권리의 본질적인 내용은 침해할 수 없다.

정답찾기

② 국민의 모든 자유와 권리는 국가안전보장 · 질서유지 또는 공공복리를 위하여 필요한 경우에 한하여 법률로써 제한할 수 있으며, 제한하는 경우에도 자유와 권리의 본질적인 내용을 침해할 수 없다(대한민국 헌법 제37조 제2항).

03 **경비경찰의 특징에 대한 설명으로 가장 적절하지 않은 것은?** 16. 경찰승진 변형, 15. 경찰간부, 20. 경찰승진

① 복합기능적 활동 – 경비사태가 발생한 후에 진압뿐만 아니라 특정한 사태가 발생하기 전에 경계·예방 역할을 수행한다.

② 현상유지적 활동 – 경비활동은 기본적으로 현재의 질서상태를 보존하는 것에 가치를 두지만, 이러한 질서유지활동은 정태적 소극적인 유지가 아니라 새로운 변화와 발전을 보장하기 위한 동태적 적극적인 유지이다.

③ 조직적 부대활동 – 경비활동은 주로 계선조직의 지휘관이 내리는 지시나 명령에 의하여 움직이므로 활동의 결과에 대해서도 지휘관이 지휘책임을 지는 것이 일반적이다.

④ 즉시적 활동 – 경비경찰은 항상 긴급을 요하고 국가적으로나 사회적으로 중대한 영향을 미치므로 신속한 처리가 요구된다.

정답찾기
③ 지문은 경비경찰의 특징 중 <u>하향적 명령에 따르는 활동</u>에 대한 설명이다. 조직적 부대활동이란 경비경찰은 개인단위로 활동하기보다는 보통 부대단위로 경비사태에 조직적이고 집단적이며 물리적인 힘으로 대처하는 것을 그 특징으로 한다는 것과 관련이 있다.

04 **경비경찰의 종류 및 특징에 대한 설명으로 가장 적절하지 않은 것은?** 21. 경찰승진

① 경비경찰의 종류 중 치안경비란 공안을 해하는 다중범죄 등 집단적인 범죄사태가 발생하거나 발생할 우려가 있는 경우 적절한 조치로 사태를 예방·경계·진압하는 경찰을 내용으로 한다.

② 경비경찰의 종류 중 혼잡경비란 기념행사·경기대회·경축제례 등에 수반하는 조직화되지 않은 군중에 의하여 발생하는 자연적·인위적 혼란상태를 예방·경계·진압하는 경찰을 내용으로 한다.

③ 경비경찰은 다중범죄, 테러, 경호상 위해나 경찰작전상황 등이 발생하였을 경우 즉시 출동하여 신속하게 조기진압해야 하는 복합기능적인 활동이라는 특징을 갖는다.

④ 경비경찰은 지휘관의 하향적 명령에 의한 활동으로 부대원의 재량은 상대적으로 적고, 활동 결과에 대한 책임은 지휘관이 지는 경우가 많다는 특징을 갖는다.

정답찾기
③ 지문의 내용은 <u>즉응적(즉시적) 활동</u>에 대한 설명이다.

Answer   01 ④   02 ②   03 ③   04 ③

제2절 **경비경찰활동의 원칙**

05 **경비경찰 조직운영의 원칙에 관한 설명으로 가장 적절하지 않은 것은?** 23. 경찰승진

① 치안협력성 원칙 : 경비경찰이 업무수행과정에서 국민의 협력을 구해야 하고, 국민이 스스로 협조를 할 때 효과적인 업무수행이 가능하다.

② 지휘관단일성 원칙 : 지시는 한 사람에 의해서 행해져야 하고, 보고도 한 사람을 통해서 이루어져야 한다.

③ 부대단위활동 원칙 : 부대에는 지휘관, 직원 및 대원, 지휘권과 장비가 편성되며 임무수행을 위한 보급지원체제를 갖추고 있어야 한다.

④ 체계통일성 원칙 : 경비업무를 효과적으로 수행하기 위해 복수의 지휘관을 두어야 한다.

정답찾기

④ 지문의 내용은 지휘관 단일성의 원칙에 대한 설명이다. 체계통일성의 원칙이란 경비경찰은 책임과 임무의 분담이 명확히 이루어지고 명령과 복종의 체계가 통일되어야 함을 의미한다.

06 **경비경찰의 경비수단에 대한 설명으로 가장 적절한 것은?** 14. 경찰승진

① '경고와 제지'는 간접적 실력행사로 '경찰관 직무집행법'에 근거하고, '체포'는 직접적 실력행사로 '형사소송법'에 근거를 두고 있다.

② 일반적 경비수단의 원칙에는 균형의 원칙, 위치의 원칙, 적시의 원칙, 보충의 원칙이 있다.

③ 균형의 원칙이란 필요최소한도 내에서의 경찰권 행사를 말한다.

④ '경찰관 직무집행법'에 근거한 '제지'는 대인적 즉시강제 수단으로 의무 불이행을 전제로 하는 행정상 강제집행과는 구별된다.

정답찾기

① 경고와 제지는 경찰관 직무집행법에 근거가 있으나 경고는 간접적 실력행사, 제지는 직접적 실력행사라는 점에서 차이가 있다.

② 경비수단의 원칙에는 균형의 원칙, 위치의 원칙, 적시(시점)의 원칙, 안전의 원칙이 있다.

③ 지문의 내용은 비례의 원칙에 대한 설명이다. 균형의 원칙이란 경비사태의 상황과 대상에 따라 주력부대와 예비부대를 유효적절하게 활용, 한정된 경력을 가지고 최대의 성과를 올릴 수 있도록 하여야 한다는 것을 의미한다.

07 경비경찰의 수단에 대한 설명 중 가장 적절하지 않은 것은?　　　　　　　14. 경찰승진 변형

① 한정의 원칙 - 상황과 대상에 따라 주력부대와 예비부대를 적절하게 활용하여 한정된 경력으로 최대한의 성과를 거양하는 것이다.

② 위치의 원칙 - 실력행사시 상대하는 군중보다 유리한 지점과 위치를 확보하여 작전수행이나 진압을 실시하는 것이다.

③ 적시의 원칙 - 가장 적절한 시기에 실력행사를 하는 것으로 상대의 허약한 시점을 포착하여 실력행사를 하는 것이다.

④ 안전의 원칙 - 작전시 변수의 발생은 사회적으로 큰 파장을 미칠 수 있으므로 사고 없는 안전한 진압을 하는 것이다.

> **정답찾기**
> ① 경비수단의 원칙에는 균형의 원칙, 위치의 원칙, 적시(시점)의 원칙, 안전의 원칙 등이 있으며, 지문의 내용은 균형의 원칙에 대한 설명이다.

08 경비수단의 종류에 대한 설명으로 맞는 것은?　　　　　　　10. 경찰

① 경고는 사실상 통지행위로 간접적 실력행사이므로 경찰비례의 원칙이 적용되지 않는다.

② 제지는 주동자 격리 등 직접적 실력행사로서 행정상 즉시강제에 해당한다.

③ 체포는 직접적 실력행사로서 경찰관 직무집행법이 법적 근거가 된다.

④ 경비수단을 통해 실력을 행사할 경우 반드시 경고, 제지, 체포의 단계적 절차를 거쳐 행해져야 한다.

> **정답찾기**
> ① 경고는 어떠한 행위를 촉구하는 사실상의 통지행위로 임의처분이다. 임의처분이라도 경찰권의 행사는 필요성과 상당성을 조건으로 필요최소한도에 그쳐야 한다는 경찰비례의 원칙이 적용되어야 한다.
> ③ 체포는 상대방의 신체를 구속하는 강제처분이며 직접적 실력행사로서, 형사소송법 제200조의2, 제200조의3, 제212조 등에 근거하고 있다.
> ④ 실력행사에는 정해진 순서는 없으며, 주어진 경비상황이 경비수단의 행사요건에 해당되는지 여부에 따라서 적절히 행사하면 되는 것이다.

09 **경비수단에 대한 설명 중 가장 적절한 것은?** 21. 경찰승진

① 경비부대를 전면에 배치 또는 진출시켜 위력을 과시하거나 경고하여 범죄실행의 의사를 자발적으로 포기하도록 하는 '경고'는 경찰관 직무집행법 제5조에 근거를 두고 있다.
② 경비수단의 원칙 중 '위치의 원칙'은 상대방의 저항력이 가장 허약한 시점을 포착하여 집중적이고 강력한 실력행사를 하여야 한다는 원칙이다.
③ 직접적 실력행사인 '제지'와 '체포'는 경비사태를 예방·진압하거나 상대방의 신체를 구속하는 강제처분으로서 모두 경찰관 직무집행법 제6조에 근거를 두고 있다.
④ 경비수단의 원칙 중 '균형의 원칙'은 작전시의 변수의 발생은 사회적으로 큰 파장을 미칠 수 있으므로 경찰병력이나 군중들을 사고 없이 안전하게 진압하여야 한다는 원칙이다.

> 정답찾기
> ② 지문의 내용은 시점의 원칙에 대한 설명이다.
> ③ 제지는 경찰관 직무집행법, 체포는 형사소송법에 근거한다.
> ④ 지문의 내용은 안전의 원칙에 대한 설명이다.

10 **경비경찰에 대한 설명으로 가장 적절하지 않은 것은?** 23. 경찰간부

① 경비경찰활동은 하향적 명령체계가 확보되어야 하므로 부대원의 재량은 상대적으로 적고, 활동의 결과에 대해서는 지휘관이 책임을 지는 것이 일반적이다.
② 경비수단의 종류 중 체포는 상대방의 신체를 구속하는 강제처분이며 직접적 실력행사로서 경찰관 직무집행법에 근거를 두고 있다.
③ 경비경찰은 실력행사시 상대의 저항력이 약한 시점을 포착하여 가장 적절한 시기에 강력하고 집중적인 실력행사를 하여야한다.
④ 경비경찰 활동은 현재의 질서상태를 보존하는 것에 중점을 두는 현상유지적 활동 수행의 특성을 가진다.

> 정답찾기
> ② 체포는 상대방의 신체를 구속하는 강제처분이며 직접적 실력행사로서 형사소송법에 근거가 있다.

제3절 **행사안전경비(혼잡경비)**

11 열린 음악회에 인기 아이돌 가수들이 대거 출연하여 많은 관객들이 입장할 것으로 예상된다. 안전사고 등을 미연에 방지하고자 하는 경비유형으로 가장 적절한 것은?   14. 경찰

① 치안경비   ② 특수경비
③ 경호경비   ④ 혼잡경비

정답찾기
④ 지문이 설명하는 경비유형은 혼합경비이다.

대상	종류	내용
개인적 · 단체적 불법행위	치안경비 (다중범죄진압)	공안을 해하는 다중범죄 등 집단적인 범죄사태가 발생하거나 발생할 우려가 있는 경우 적절한 조치로 사태를 예방 · 경계 · 진압하기 위한 경비활동
	특수경비 (대테러)	총포 · 도검 · 폭발물 등에 의한 인질난동 · 살상 등 사회이목을 집중시키는 중요사건을 예방 · 경계 · 진압하는 경비활동
	경호경비	주요 인사의 신변을 보호하는 경비활동
	중요시설경비	국가적으로 중대한 영향을 미치는 국가산업시설, 국가행정시설을 방호하기 위한 경비활동
인위적 · 자연적 재해	혼잡경비 (행사안전경비)	기념행사 · 경기대회 · 경축제례 등에 수반되는 미조직된 군중에 의하여 발생하는 자연적 · 인위적인 혼란상태를 경계 · 예방 · 진압하는 행동
	재해경비	천재 · 지변 · 화재 등의 자연적 · 인위적 돌발사태로 인하여 인명 또는 재산상 피해가 야기될 경우 이를 예방 · 진압하는 활동

12 행사안전경비에서 군중정리의 원칙에 관한 설명 중 가장 적절하지 않은 것은?   22. 경찰

① 밀도의 희박화 - 제한된 면적의 특정한 지역에 사람이 많이 모이면 상호간에 충돌현상이 나타나고 혼잡이 야기되므로, 차분한 목소리로 안내방송을 진행함으로써 사전에 혼잡상황을 대비하여 사고를 방지할 수 있다.
② 이동의 일정화 - 군중은 현재의 자기 위치와 갈 곳을 잘 몰라 불안감과 초조감을 갖게 되므로 일정방향과 속도로 이동을 시켜 주위의 상황을 파악할 수 있는 여건을 조성시킴으로써 심리적 안정감을 갖도록 하는 것이다.
③ 경쟁적 사태의 해소 - 다른 사람보다 먼저 가려는 심리상태를 억제시켜 질서 있게 행동하면 모든 일이 잘 될 수 있다는 것을 납득시키는 것이다. 이 경우 질서를 지키면 오히려 손해를 본다는 심리상태가 형성되지 않도록 주의하여야 한다.
④ 지시의 철저 - 분명하고 자세한 안내방송을 계속함으로써 혼잡한 사태를 회피하고 사고를 방지할 수 있다.

정답찾기
① 지문의 내용 중 '차분한 목소리로 안내방송을 진행함으로써 사전에 혼잡상황을 대비하여 사고를 방지할 수 있다'는 군중정리의 원칙 중 "경쟁적 행동의 지양(경쟁적 사태의 해소)"에 대한 설명이다.

Answer   09 ①   10 ②   11 ④   12 ①

13 행사안전경비 중 부대의 편성과 배치에 대한 설명으로 적절한 것을 모두 고른 것은?   18. 경찰승진

> ㉠ 경력은 단계별로 탄력적으로 운영한다.
> ㉡ 경력배치는 항상 군중이 집결되기 전부터 사전배치함을 원칙으로 한다.
> ㉢ 예비부대의 운용 여부 판단은 주최측과 협조하여 실시한다.
> ㉣ 예비부대가 관중석에 배치될 경우 관중이 잘 보이도록 행사장 앞쪽에 배치하는 것이 효과적이다.

① ㉠, ㉡   ② ㉠, ㉢   ③ ㉠, ㉣   ④ ㉢, ㉣

정답찾기
㉢ 예비부대의 운용 여부 판단은 경찰의 판단사항이다.
㉣ 예비부대가 관중석에 배치될 경우 단시간 내에 효율적으로 혼란예상 지역에 도달할 수 있도록 통로 주변에 배치한다.

14 행사안전경비에 대한 설명으로 가장 적절하지 않은 것은?   17. 경찰승진

① 행사주최측과의 협조를 통해 행사의 진행이 이루어지도록 한다.
② 공연법 제11조(재해예방조치)에 의하면 공연운영자는 재해대처계획을 수립하여 매년 관할 특별자치시장·특별자치도지사·시장·군수·구청장에게 신고하여야 한다.
③ 군중들은 현재의 자기 위치와 갈 곳을 잘 알지 못함으로써 불안감과 초조감을 갖게 되므로 일정 방향으로 이동시켜 주위의 상황을 파악할 수 있는 여건을 조성해야 한다는 원칙은 '이동의 일정화' 원칙이다.
④ 공연법상 재해대처계획을 신고하지 아니한 자는 2천만원 이하의 벌금에 처한다.

정답찾기
④ 공연법상 재해대처계획을 신고하지 아니한 자는 2천만원 이하의 과태료를 부과한다(공연법 제43조 제1항 제1호).

15 행사안전경비에 관한 다음 설명 중 가장 옳은 것은?   19. 경찰간부 변형

① 공연법 제11조에 의하면 공연장운영자는 재해대처계획을 수립하여 매년 관할 시·도경찰청장에게 신고하여야 한다. 이 경우 시·도경찰청장은 신고받은 재해대처계획을 관할 소방서장에게 통보하여야 한다.
② 경비업법 시행령 제30조에 의하면 시·도경찰청장은 행사장 그 밖에 많은 사람이 모이는 시설 또는 장소에서 혼잡 등으로 인한 위험의 발생을 방지하기 위하여 경비원에 의한 경비가 필요하다고 인정되는 때에는 행사개최일 전에 당해 행사의 주최자에게 경비원에 의한 경비를 실시하거나 부득이한 사유로 그것을 실시할 수 없는 경우에는 행사개최 36시간 전까지 시·도경찰청장에게 그 사실을 통지하여 줄 것을 요청해야 한다.
③ 경찰관 직무집행법 제5조(위험 발생의 방지 등)에 따라 경찰관은 행사경비를 실시함에 있어 매우 긴급한 경우 위해를 입을 우려가 있는 사람을 필요한 한도 내에서 억류할 수 있다.
④ 행사안전경비는 공연, 경기대회 등 미조직된 군중에 의하여 발생되는 자연적인 혼란상태를 사전에 예방·경계·진압하는 경비경찰활동으로 개인이나 단체의 불법행위를 전제로 한다.

① 공연장운영자는 화재나 그 밖의 재해를 예방하기 위하여 그 공연장 종업원의 임무·배치 등 재해대처계획을 수립하여 매년 관할 특별자치시장·특별자치도지사·시장·군수·구청장에게 신고하여야 한다. 이 경우 특별자치시장·특별자치도지사·시장·군수·구청장은 신고받은 재해대처계획을 관할 소방서장에게 통보하여야 한다(공연법 제11조 제1항).

② 시·도경찰청장은 행사장 그 밖에 많은 사람이 모이는 시설 또는 장소에서 혼잡 등으로 인한 위험의 발생을 방지하기 위하여 경비원에 의한 경비가 필요하다고 인정되는 때에는 행사개최일 전에 당해 행사의 주최자에게 경비원에 의한 경비를 실시하거나 부득이한 사유로 그것을 실시할 수 없는 경우에는 행사개최 24시간 전까지 시·도경찰청장에게 그 사실을 통지하여 줄 것을 요청할 수 있다 (경비업법 시행령 제30조).

④ 행사안전경비는 미조직된 군중에 의한 자연적인 혼란을 그 대상으로 하므로 개인이나 단체의 불법행위를 전제로 하지 않는다. 치안경비(다중범죄진압)의 경우 개인이나 단체의 불법행위를 전제로 한다.

16 **행사안전경비에 대한 설명으로 가장 적절한 것은?** 20. 경찰승진

① 행사안전경비는 조직화된 군중에 의하여 발생하는 자연적인 혼란상태를 사전에 예방·경계하는 활동이다.

② 군중정리의 원칙 중 군중들은 현재의 자기 위치와 갈 곳을 잘 알지 못함으로써 불안감과 초조감을 갖게 되므로 일정 방향으로 이동시켜 주위의 상황을 파악할 수 있는 여건을 조성하여야 한다는 원칙은 지시의 철저 원칙이다.

③ 공연법상 재해대처계획을 신고하지 아니한 자에게는 2천만원 이하의 과태료를 부과한다.

④ 공연법 제11조에 의하면 공연장운영자는 재해대처계획을 수립하여 매년 관할 특별자치시장·특별자치도지사·시장·군수·구청장에게 신고하여야 한다. 이 경우 특별자치시장·특별자치도지사·시장·군수·구청장은 신고받은 재해대처계획을 관할 경찰서장에게 통보하여야 한다.

① 행사안전경비는 미조직된 군중에 의하여 발생하는 자연적인 혼란상태를 사전에 예방·경계하는 활동이다. 조직된 군중에 의한 범죄를 대상으로 하는 것은 다중범죄진압이다.

② 지문은 '이동의 일정화'에 대한 설명이다. '지시의 철저'는 자세한 안내방송으로 지시를 철저히 해서 혼잡한 상태를 회피하고 사고를 방지할 수 있다는 것과 관련이 있다.

④ 공연장운영자는 화재나 그 밖의 재해를 예방하기 위하여 그 공연장 종업원의 임무·배치 등 재해대처계획을 수립하여 매년 관할 특별자치시장·특별자치도지사·시장·군수·구청장에게 신고하여야 한다. 이 경우 특별자치시장·특별자치도지사·시장·군수·구청장은 신고받은 재해대처계획을 관할 소방서장에게 통보하여야 한다(공연법 제11조 제1항).

제4절 선거경비

17 선거경비와 관련된 설명으로 가장 적절한 것은? 17. 경찰승진

① 대통령선거, 국회의원선거, 지방선거 모두 선거일 06:00부터 개표 종료시까지 을호비상이 원칙이다.
② 대통령선거, 국회의원선거, 지방선거에 있어서 선거운동기간은 후보자 등록 마감일의 다음 날부터 선거일 전일까지 한하여 할 수 있다.
③ 투표소 경비는 위해를 차단하기 위한 예방으로 무장 정복경찰 2명을 고정배치한다.
④ 개표소 경비 관련 3선 개념에 의하면 제1선은 개표소 내부, 제2선은 울타리 내곽, 제3선은 울타리 외곽으로 구분한다.

정답찾기
① 대통령선거, 국회의원선거, 지방선거 모두 선거일 06:00부터 개표 종료시까지 <u>갑호비상</u>이 원칙이다.
② 선거운동은 <u>선거기간 개시일부터</u> 선거일 전일까지에 한하여 할 수 있다. 대통령선거의 선거기간은 후보자등록마감일의 다음 날부터 선거일까지, 국회의원선거와 지방자치단체의 의회의원 및 장의 선거의 선거기간은 후보자등록마감일 후 6일부터 선거일까지를 말한다(공직선거법 제33조 제3항, 제59조).
③ 일반적으로 투표소 경비에 있어서는 선거관리위원회와 협의하여 <u>투표소 외곽 100m 지역에 무장경찰관 2명 이상</u>을 배치한다.

18 A경찰서 경비계장은 지방선거를 앞두고 개표소 경비대책을 수립하였다. ㉠부터 ㉣까지의 내용 중 적절하지 않은 것을 모두 고른 것은? 18. 경찰승진

> ㉠ 제1선(개표소 내부)은 선거관리위원회위원장의 책임하에 질서를 유지한다.
> ㉡ 공직선거법상 누구든지 개표소 안에서 무기 등을 지닐 수 없으므로 선거관리위원회위원장의 원조요구가 있더라도 개표소 안으로 투입되는 경찰관에게 무기를 휴대할 수 없도록 한다.
> ㉢ 제2선(울타리 내곽)에서는 선거관리위원회와 합동으로 출입자를 통제하며, 2선의 출입문은 수개로 하는 것이 원칙이므로 정문과 후문을 개방한다.
> ㉣ 우발사태에 대비하여 개표소별로 예비대를 확보하고 소방·한전 등 관계 요원을 대기시켜 자가발전시설이나 예비조명기구를 확보하여 화재·정전사고 등에 대비한다.

① ㉠, ㉡   ② ㉠, ㉢
③ ㉡, ㉢   ④ ㉢, ㉣

정답찾기
㉡ 선거관리위원회위원장이나 위원의 원조요구를 받아 개표소 안에 들어간 <u>경찰공무원 또는 경찰관서장을 제외</u>하고는 누구든지 개표소 안에서 무기나 흉기 또는 폭발물을 지닐 수 없다(공직선거법 제183조 제6항).
㉢ 제2선(울타리 내곽)에서는 선거관리위원회와 합동으로 출입자를 통제하며, 출입문이 여러 개인 경우 기타 출입문은 시정하고 가급적 정문만을 사용한다.

19 선거경비에 대한 설명으로 가장 적절하지 않은 것은?   19. 경찰승진

① 선거경비는 후보자의 자유로운 선거운동과 민주적 절차에 의한 선거를 보장하는 데 역점을 둔다.

② 개표소 경비 관련 3선 개념에 의하면 제1선은 개표소 내부, 제2선은 울타리 내곽, 제3선은 울타리 외곽으로 구분한다.

③ 제1선 개표소 내부에서 질서문란행위가 발생한 경우 선거관리위원회위원장 또는 선거관리위원회위원의 요청이 없더라도 경찰 자체판단으로 경찰력을 투입하여야 한다.

④ 개표소별로 충분한 예비대를 확보·운영한다.

정답찾기
③ 구·시·군선거관리위원회위원장이나 위원은 개표소의 질서가 심히 문란하여 공정한 개표가 진행될 수 없다고 인정하는 때에는 개표소의 질서유지를 위하여 정복을 한 경찰공무원 또는 경찰관서장에게 <u>원조를 요구할 수 있다</u>(공직선거법 제183조 제3항).

20 선거경비 및 공직선거법에 대한 설명으로 가장 적절하지 않은 것은?   20. 경찰승진

① 대통령선거, 국회의원선거, 지방선거 모두 선거일 06:00부터 개표 종료시까지 갑호비상이 원칙이다.

② 개표소 경비관련 3선 개념에 의하면 제1선은 개표소 내부, 제2선은 울타리 내곽, 제3선은 울타리 외곽으로 구분한다.

③ 국회의원선거에 있어서 선거운동기간은 후보자등록마감일의 다음 날부터 선거일 전일까지 한하여 할 수 있다.

④ 국회의원선거의 선거일은 그 임기만료일 전 50일 이후 첫 번째 수요일이다.

정답찾기
③ 선거운동은 <u>선거기간(후보자등록마감일 후 6일부터 선거일까지)개시일부터 선거일 전일까지에</u> 한하여 할 수 있다(공직선거법 제59조).

21 선거경비에 대한 설명으로 가장 적절한 것은?   21. 경찰

① 통상 비상근무체제는 선거기간 개시일부터 개표 종료 때까지 이며, 경계강화기간은 선거기간 개시일부터 선거 전일까지이다.

② 대통령 후보자는 갑호경호 대상으로 후보자 등록 시부터 당선 확정 시까지 후보자가 원하는 경우 유세장·숙소 등에 대해 24시간 경호임무를 수행하고, 후보자가 원하지 않는 경우 시·도경찰청에서 경호경험이 있는 자를 선발해 관내 유세기간 중 근접 배치한다.

③ 투표소의 질서유지는 선거관리위원회와 경찰이 합동으로 하고, 경찰은 112 순찰차를 투표소 밖에 배치하여 거점근무 및 순찰을 실시하고, 정복 경찰을 투표소 내에 배치하여야 한다.

④ 공직선거법상 누구든지 개표소 안에서 무기 등을 지닐 수 없으므로 선거관리위원회 위원장의 원조요구가 있더라도 개표소 안으로 투입되는 경찰관은 무기를 휴대할 수 없다.

정답찾기
② 대통령 후보자는 <u>을호경호 대상</u>에 해당한다.
③ 투표소 내부는 <u>투표관리관이나 투표사무원의 요구가 있는 경우에만</u> 경찰관을 투입한다(공직선거법 제164조).
④ <u>사안의 경우 경찰관은 개표소안에서 무기나 흉기 또는 폭발물을 지닐 수 있다</u>(공직선거법 제183조 제6항).

Answer   17 ④   18 ③   19 ③   20 ③   21 ①

제5절 재난경비

22 재난 및 안전관리 기본법에 대한 설명으로 가장 적절한 것은? 19. 경찰승진

① '재난'이란 국민의 생명·신체·재산과 국가에 피해를 주거나 줄 수 있는 것으로서 자연재난, 인적재난, 사회재난으로 구분된다.

② '안전관리'란 재난의 예방·대비·대응 및 복구를 위하여 하는 모든 활동을 말한다.

③ 행정안전부장관은 대통령령으로 정하는 재난이 발생하거나 발생할 우려가 있는 경우 사람의 생명·신체 및 재산에 미치는 중대한 영향이나 피해를 줄이기 위하여 긴급한 조치가 필요하다고 인정하면 중앙안전관리위원회의 심의를 거쳐 특별재난사태를 선포할 수 있다.

④ 대통령령으로 정하는 대규모 재난의 대응·복구 등에 관한 사항을 총괄·조정하고 필요한 조치를 하기 위하여 행정안전부에 중앙재난안전대책본부를 둔다.

정답찾기

① '재난'이란 국민의 생명·신체·재산과 국가에 피해를 주거나 줄 수 있는 것으로서 <u>자연재난과 사회재난으로 구분된다(재난 및 안전관리 기본법 제3조 제1호)</u>.

② 지문은 재난관리에 대한 설명이다.

> **재난 및 안전관리 기본법**
> 제3조 【정의】 이 법에서 사용하는 용어의 뜻은 다음과 같다.
>   3. '재난관리'란 재난의 예방·대비·대응 및 복구를 위하여 하는 모든 활동을 말한다.
>   4. '안전관리'란 재난이나 그 밖의 각종 사고로부터 사람의 생명·신체 및 재산의 안전을 확보하기 위하여 하는 모든 활동을 말한다.

③ 지문은 재난사태에 대한 설명이다.

> **재난 및 안전관리 기본법**
> 제36조 【재난사태 선포】 ① 행정안전부장관은 대통령령으로 정하는 재난이 발생하거나 발생할 우려가 있는 경우 사람의 생명·신체 및 재산에 미치는 중대한 영향이나 피해를 줄이기 위하여 긴급한 조치가 필요하다고 인정하면 중앙위원회의 심의를 거쳐 재난사태를 선포할 수 있다. 다만, 행정안전부장관은 재난상황이 긴급하여 중앙위원회의 심의를 거칠 시간적 여유가 없다고 인정하는 경우에는 중앙위원회의 심의를 거치지 아니하고 재난사태를 선포할 수 있다.

23 「재난 및 안전관리 기본법」에 대한 설명으로 가장 적절한 것은? 24. 경찰간부

① 재난관리란 재난이나 그 밖의 각종 사고로부터 사람의 생명 · 신체 및 재산의 안전을 확보하기 위하여 하는 모든 활동을 말한다.

② 시장 · 군수 · 구청장과 지역통제단장(대통령령으로 정하는 권한을 행사하는 경우에만 해당한다)은 재난이 발생하거나 발생할 우려가 있는 경우에 사람의 생명 또는 신체나 재산에 대한 위해를 방지하기 위하여 필요하면 해당 지역 주민이나 그 지역 안에 있는 사람에게 대피하도록 명하거나 선박 · 자동차 등을 그 소유자 · 관리자 또는 점유자에게 대피시킬 것을 명할 수 있다. 이 경우 미리 대피장소를 지정할 수 있다.

③ 긴급구조기관이란 경찰청, 시 · 도경찰청 및 경찰서를 말한다. 다만, 해양에서 발생한 재난의 경우에는 해양경찰청 · 지방해양경찰청 및 해양경찰서를 말한다.

④ 국무총리는 대통령령으로 정하는 재난이 발생하거나 발생할 우려가 있는 경우 사람의 생명 · 신체 및 재산에 미치는 중대한 영향이나 피해를 줄이기 위하여 긴급한 조치가 필요하다고 인정하면 중앙안전관리위원회의 심의를 거쳐 재난사태를 선포할 수 있다. 다만, 국무총리는 재난상황이 긴급하여 중앙안전관리위원회의 심의를 거칠 시간적 여유가 없다고 인정하는 경우에는 중앙안전관리위원회의 심의를 거치지 아니하고 재난사태를 선포할 수 있다.

> 정답찾기
>
> ① 지문의 내용은 안전관리에 대한 설명이다. "재난관리"란 재난의 예방 · 대비 · 대응 및 복구를 위하여 하는 모든 활동을 말한다(재난 및 안전관리 기본법 제3조 제3호, 제4호).
>
> ③ "긴급구조기관"이란 소방청 · 소방본부 및 소방서를 말한다. 다만, 해양에서 발생한 재난의 경우에는 해양경찰청 · 지방해양경찰청 및 해양경찰서를 말한다(재난 및 안전관리 기본법 제3조 제7호). 경찰청은 긴급구조지원기관에 해당한다(재난 및 안전관리 기본법 제3조 제8호, 동법 시행령 제4조 제1호).
>
> ④ 행정안전부장관은 대통령령으로 정하는 재난이 발생하거나 발생할 우려가 있는 경우 사람의 생명 · 신체 및 재산에 미치는 중대한 영향이나 피해를 줄이기 위하여 긴급한 조치가 필요하다고 인정하면 중앙위원회의 심의를 거쳐 재난사태를 선포할 수 있다. 다만, 행정안전부장관은 재난상황이 긴급하여 중앙위원회의 심의를 거칠 시간적 여유가 없다고 인정하는 경우에는 중앙위원회의 심의를 거치지 아니하고 재난사태를 선포할 수 있다(재난 및 안전관리 기본법 제36조 제1항).

24 재난 및 안전관리 기본법에 관한 설명으로 가장 적절하지 않은 것은? 19. 경찰

① '재난'이란 국민의 생명 · 신체 · 재산과 국가에 피해를 주거나 줄 수 있는 것으로서 자연재난과 사회재난으로 구분된다.

② '재난관리'란 재난의 예방 · 대비 · 대응 및 복구를 위하여 하는 모든 활동을 말한다.

③ 국무총리는 국가 및 지방자치단체가 행하는 재난 및 안전관리업무를 총괄 · 조정한다.

④ 특별재난지역 선포는 재난관리 체계상 복구단계에서의 활동에 해당된다.

> 정답찾기
>
> ③ 행정안전부장관은 국가 및 지방자치단체가 행하는 재난 및 안전관리 업무를 총괄 · 조정한다(재난 및 안전관리 기본법 제6조).

25 재난 및 안전관리 기본법에 대한 설명으로 가장 적절한 것은? 20. 경찰

① '재난'이란 국민의 생명·신체·재산과 국가에 피해를 주거나 줄 수 있는 것으로서 자연재난과 인적재난으로 구분된다.
② '재난관리'란 재난의 예방·대응·복구 및 평가를 위하여 하는 모든 활동을 말한다.
③ 재난 및 안전관리 기본법상 대통령령으로 정하는 대규모 재난의 대응·복구 등에 관한 사항을 총괄·조정하고 필요한 조치를 하기 위하여 국무조정실에 중앙재난안전대책본부를 둔다.
④ 해외재난의 경우 외교부장관이 중앙대책본부장의 권한을 행사한다.

> **정답찾기**
> ① '재난'이란 국민의 생명·신체·재산과 국가에 피해를 주거나 줄 수 있는 것으로서 자연재난과 <u>사회재난</u>으로 구분한다(재난 및 안전관리 기본법 제3조 제1호).
> ② '재난관리'란 재난의 <u>예방·대비·대응 및 복구</u>를 위하여 하는 모든 활동을 말한다(재난 및 안전관리 기본법 제3조 제3호).
> ③ 대통령령으로 정하는 대규모 재난(이하 '대규모재난'이라 한다)의 대응·복구(이하 '수습'이라 한다) 등에 관한 사항을 총괄·조정하고 필요한 조치를 하기 위하여 <u>행정안전부</u>에 중앙재난안전대책본부(이하 '중앙대책본부'라 한다)를 둔다(재난 및 안전관리 기본법 제14조 제1항).

26 재난 및 안전관리 기본법에 관한 설명으로 가장 적절하지 않은 것은? 23. 경찰

① "재난"이란 국민의 생명·신체·재산과 국가에 피해를 주거나 줄 수 있는 것으로서 사회재난과 자연재난으로 구분한다.
② "재난관리"란 재난의 예방·대비·대응 및 복구를 위하여 하는 모든 활동을 말한다.
③ 경찰청장은 국가 및 지방자치단체가 행하는 재난 및 안전관리 업무를 총괄·조정한다.
④ 대통령령으로 정하는 대규모 재난의 대응·복구 등에 관한 사항을 총괄·조정하고, 필요한 조치를 하기 위하여 행정안전부에 중앙재난안전대책본부를 둔다.

> **정답찾기**
> ③ <u>행정안전부장관</u>은 국가 및 지방자치단체가 행하는 재난 및 안전관리 업무를 총괄·조정한다(재난 및 안전관리 기본법 제6조).

27 재난 및 안전관리 기본법상 재난관리 체계에 대한 설명으로 옳은 것은? 19. 경찰

① 특별재난지역 선포는 대응단계에서의 활동이다.
② 재난분야 위기관리 매뉴얼 작성은 예방단계에서의 활동이다.
③ 재난관리체계 등의 평가는 대비단계에서의 활동이다.
④ 재난피해조사는 복구단계에서의 활동이다.

> **정답찾기**
> ① 재난 및 안전관리 기본법은 예방 − 대비 − 대응 − 복구의 단계로 구성되어 있다. 특별재난지역의 선포는 재난의 <u>복구단계에서의 활동</u>에 해당한다.
> ② 재난분야 위기관리 매뉴얼 작성은 재난의 <u>대비단계에서의 활동</u>이다.
> ③ 재난관리체계 등의 평가는 재난의 <u>예방단계에서의 활동</u>이다.

28 **재난경비에 관한 설명으로 가장 적절하지 않은 것은?**   15. 경찰승진

① 재난 및 안전관리 기본법상 위기경보는 재난 피해의 전개 속도, 확대 가능성 등 재난상황의 심각성을 종합적으로 고려하여 관심·주의·경계·심각으로 구분하여 발령한다.

② 통제선 설치시 일반적으로 2선으로 구분하여 1선은 경찰, 2선은 소방에서 담당한다.

③ 경찰 재난관리 규칙상 경찰청 재난대책본부는 치안상황관리관이 본부장이 된다.

④ 재난 지역에서의 긴급차량 출동로 확보는 교통 기능에서 수행한다.

정답찾기

② 제1통제선은 소방, 제2통제선은 경찰이 담당한다.

29 **다음 재해경비에 관한 설명이다, 틀린 것은?**   08. 경찰 변형

⊙ 경찰통제선은 주민을 보호하고 구조작업의 효율성을 높이기 위해 설치한다.
ⓒ 경찰통제선은 보통 제1통제선과 제2통제선으로 구분하여 운영되는데 제1통제선은 경찰, 제2통제선은 소방이 담당한다.
ⓒ 경찰통제선의 출입구는 원칙적으로 출구와 입구 두 개를 설치한다.
ⓒ 경찰 재난관리 규칙에 근거하여 시·도경찰청등의 장은 관할 지역 내 재난이 발생한 경우 재난 현장의 대응 활동을 총괄하기 위하여 현장지휘본부를 설치할 수 있다.

① ⊙, ⓒ   ② ⓒ, ⓒ
③ ⓒ, ⓒ   ④ ⓒ, ⓒ, ⓒ

정답찾기

ⓒ 경찰통제선은 보통 제1통제선과 제2통제선으로 구분하여 운영되는데 제1통제선은 소방, 제2통제선은 경찰이 담당한다.
ⓒ 경찰통제선의 출입구는 원칙적으로 출입구 한 개를 설치한다.

Answer   25 ④   26 ③   27 ④   28 ②   29 ②

제6절 **중요시설경비**

30 국가중요시설에 대한 설명 중 가장 적절하지 않은 것은?　　　　13. 경찰승진 변형

① 적에 의하여 점령 또는 파괴되거나 기능마비시 제한된 지역에서 단기간 통합방위작전 수행이 요구되고 국민 생활에 상당한 영향을 미칠 수 있는 시설은 다급 국가중요시설로 분류한다.

② 시·도경찰청장 또는 지역군사령관은 통합방위사태에 대비하여 국가중요시설에 대한 방호지원계획을 수립·시행하여야 한다.

③ 3지대 방호태세는 제1지대(경계지대), 제2지대(주방어지대), 제3지대(핵심방어지대)로 구성되어 있다.

④ 국가중요시설은 국방부장관이 관계 행정기관의 장 및 경찰청장과 협의하여 가·나·다급으로 분류한다.

> 정답찾기
> ④ 국가중요시설은 국방부장관이 관계 행정기관의 장 및 <u>국가정보원장</u>과 협의하여 지정한다(통합방위법 제21조 제4항).

구분	내용
국가정보원장	국가보안시설 및 국가보호장비 지정(보안업무규정 제32조 제1항)
경찰청장	테러취약시설 지정(테러취약시설 안전활동에 관한 규칙 제5조)

31 통합방위법상 국가중요시설에 관한 다음 설명 중 가장 적절하지 않은 것은?　　　　16. 경찰

① 국가중요시설의 관리자(소유자를 포함한다. 이하 같다)는 경비·보안 및 방호책임을 지며, 통합방위사태에 대비하여 자체방호계획을 수립하여야 한다. 이 경우 국가중요시설의 관리자는 자체방호계획을 수립하기 위하여 필요하면 시·도경찰청장 또는 지역군사령관에게 협조를 요청할 수 있다.

② 시·도경찰청장 또는 지역군사령관은 통합방위사태에 대비하여 국가중요시설에 대한 방호지원계획을 수립·시행하여야 한다.

③ 국가중요시설의 평시 경비·보안활동에 대한 지도·감독은 관계 행정기관의 장과 국가정보원장이 수행한다.

④ 국가중요시설은 경찰청장이 관계 행정기관의 장 및 국가정보원장과 협의하여 지정한다.

> 정답찾기
> ④ 국가중요시설은 <u>국방부장관</u>이 관계 행정기관의 장 및 국가정보원장과 협의하여 지정한다(통합방위법 제21조 제4항).

32 통합방위법상 국가중요시설에 대한 설명으로 가장 적절하지 않은 것은?

① 국가중요시설의 관리자는 경비·보안 및 방호책임을 지며, 통합방위사태에 대비하여 자체방호계획을 수립하여야 한다. 이 경우 국가중요시설의 관리자는 자체방호계획을 수립하기 위하여 시·도경찰청장 또는 지역군사령관에게 협조를 요청하여야 한다.
② 시·도경찰청장 또는 지역군사령관은 통합방위사태에 대비하여 국가중요시설에 대한 방호지원계획을 수립·시행하여야 한다.
③ 국가중요시설의 평시 경비·보안활동에 대한 지도·감독은 관계 행정기관의 장과 국가정보원장이 수행한다.
④ 국가중요시설은 국방부장관이 관계 행정기관의 장 및 국가정보원장과 협의하여 지정한다.

정답찾기
① 국가중요시설의 관리자(소유자를 포함한다)는 경비·보안 및 방호책임을 지며, 통합방위사태에 대비하여 자체방호계획을 수립하여야 한다. 이 경우 국가중요시설의 관리자는 자체방호계획을 수립하기 위하여 필요하면 시·도경찰청장 또는 지역군사령관에게 협조를 요청할 수 있다(통합방위법 제21조 제1항).

다중범죄진압(집회·시위의 관리)

33 다중범죄의 특징에 대한 설명으로 가장 적절하지 않은 것은?

① 확신적 행동성 – 다중범죄를 발생시키는 주동자나 참여하는자들은 자신의 사고가 정의라는 확신을 가지고 행동하므로 전투적인 경우가 많다.
② 조직적 연계성 – 다중범죄는 특정한 조직에 기반을 두고 뚜렷한 목적의식을 가지고 있으므로 소속되어 있는 단체의 설립목적이나 행동방침을 분명하게 파악하는 것이 사태의 진상파악에 도움이 된다.
③ 부화뇌동적 파급성 – 다중범죄는 조직이 상호 연계되어 있으므로 어느 한 곳에서 시위사태가 발생하면 같은 상황이 전국적으로 파급되기 쉽다.
④ 비이성적 단순성 – 시위군중은 과격·단순하게 행동하며 비이성적인 경우가 많다. 점거 농성할 때 투신이나 분신자살 등이 그 대표적인 예이다.

정답찾기
④ 지문의 내용 중 투신이나 분신자살 등은 확신적 행동성과 관련이 있다.

Answer 30 ④ 31 ④ 32 ① 33 ④

34 다중범죄의 정책적 치료법과 그에 대한 내용으로 가장 적절한 것은?　　　18. 경찰

① 선수승화법 − 불만집단의 고조된 주장을 시간을 끌어 이성적으로 사고할 기회를 부여하고 정서적으로 감정을 둔화시켜서 흥분을 가라앉게 하는 방법
② 전이법 − 다중범죄의 발생징후나 이슈가 있을 때 집단이나 국민들의 관심을 집중시킬 수 있는 경이적인 사건을 폭로하거나 규모가 큰 행사를 개최하여 그 발생징후나 이슈가 상대적으로 약화되도록 하는 방법
③ 지연정화법 − 불만집단에 반대하는 대중의견을 크게 부각시켜 불만집단이 위압되어 자진해산 및 분산되도록 하는 방법
④ 경쟁행위법 − 특정한 불만집단에 대한 정보활동을 강화하여 사전에 불만 및 분쟁요인을 찾아내어 해소시켜 주는 방법

> **정답찾기**
> ①은 지연정화법, ③은 경쟁행위법, ④는 선수승화법에 대한 설명이다.

35 다중범죄의 정책적 치료법 및 진압의 기본원칙에 대한 설명으로 가장 적절하지 않은 것은?　　　22. 승진

① 전이법은 불만집단과 이에 반대하는 대중의견을 크게 부각시켜 불만집단이 자진해산 및 분산하게 하는 정책적 치료법이다.
② 봉쇄·방어는 군중이 중요시설이나 기관 등 보호대상물의 점거를 기도할 경우, 사전에 부대가 선점하여 바리케이트 등으로 봉쇄하는 방어조치로 충돌없이 효과적으로 무산시키는 진압의 기본 원칙이다.
③ 세력분산은 일단 시위대가 집단을 형성한 이후에 부대가 대형으로 진입하거나 장비를 사용하여 시위집단의 지휘·통제력을 차단하며, 수개의 소집단으로 분할시켜 시위의사를 약화시키는 진압의 기본원칙이다
④ 지연정화법은 시간을 지연시킴으로써 불만집단의 고조된 주장을 이성적으로 사고할 기회를 부여하고 정서적으로 감정을 둔화시켜서 흥분을 가라앉게 하는 정책적 치료법이다.

> **정답찾기**
> ① 지문의 내용은 경쟁행위법에 대한 설명이다. 전이법이란 다중범죄의 발생징후나 이슈가 있을 때 집단이나 국민들의 관심을 집중시킬 수 있는 경이적인 사건을 폭로하거나 규모가 큰 행사를 개최함으로써 원래의 이슈가 상대적으로 약화되도록 하는 방법이다.

36 다중범죄에 대한 진압의 기본원칙 중 다음은 무엇에 관한 설명인가?　　　16. 경찰간부

> 군중이 목적지에 집결하기 전에 중간에서 차단하여 집합을 못하게 하는 방법으로, 중요 목지점에 경력을 배치하고 검문검색을 실시하여 불법시위 가담자를 사전에 색출·검거하거나 귀가시킨다.

① 봉쇄·방어　　　　　　② 차단·배제
③ 세력분산　　　　　　④ 주동자 격리

3장

정답찾기

② 군중이 목적지에 집결하기 전에 중간에서 차단하여 집합을 못하게 하는 방법은 <u>차단 · 배제</u>에 대한 설명이다.

■ 진압의 기본원칙

수단	내용
봉쇄 · 방어	군중들이 중요시설이나 기관 등 보호 대상물의 점거를 기도할 경우, 사전에 진압부대가 점령하거나 바리케이드 등으로 봉쇄하여 방어조치를 취하는 방법이다.
차단 · 배제	군중이 목적지에 집결하기 전에 중간에서 차단하여 집합을 못하게 하는 방법이다.
세력분산	가스탄 등을 사용하여 집합된 군중을 해산하여 수개의 소집단으로 분리하는 방법으로 시위의사를 약화시킴으로써 그 세력을 분산시키는 방법이다.
주동자 격리	다중범죄는 특정한 지도자나 주동자의 선동에 의하여 이루어지므로 주모자를 사전에 검거하거나 군중과 격리시킴으로써 군중의 집단적 결속력을 약화시켜 계속된 행동을 못하게 진압하는 방법이다.

제8절 경호경비

37 경호에 대한 설명으로 옳지 않은 것은 모두 몇 개인가?

14. 경찰간부

> ㉠ 경호란 경호대상자의 생명과 신체에 가하여지는 위해(危害)를 방지하거나 제거하고, 특정 지역을 경계 · 순찰 및 방비하는 등의 모든 안전활동이다.
> ㉡ 연도경호는 물적 위해요소가 방대하여 엄격하고 통제된 3중 경호원리를 적용하기 어렵다.
> ㉢ 행사장 경호에 있어 제1선은 경비구역으로 MD를 설치 · 운용하고 비표확인 및 출입자 감시가 이루어진다.
> ㉣ 행사장 경호에 있어 제3선은 경계구역으로서 돌발사태에 대비하여 예비대 및 비상통로, 소방차, 구급차 등을 확보한다.

① 1개 ② 2개 ③ 3개 ④ 4개

정답찾기

옳지 않은 것은 ㉢㉣ 2개이다.

㉢ 경비구역은 제2선에 해당한다. 행사장 경호에 있어 제1선은 안전구역으로 MD를 설치 · 운용하고 비표확인 및 출입자 감시가 이루어진다.

㉣ 행사장 경호에 있어 <u>제2선은</u> 경비구역으로서 돌발사태에 대비하여 예비대 및 비상통로, 소방차, 구급차 등을 확보한다.

Answer   34 ②   35 ①   36 ②   37 ②

38 행사장 경호와 관련하여 제2선(경비구역)에서의 근무요령으로 옳은 것을 모두 고른 것은? 20. 경찰승진

> ㉠ 바리케이드 등 장애물 설치 ㉡ 돌발사태 대비 예비대 운영
> ㉢ 구급차, 소방차 대기 ㉣ 감시조 운영
> ㉤ 출입자 통제관리

① 1개 ② 2개 ③ 3개 ④ 4개

정답찾기
지문의 내용 중 ㉠㉡㉢는 제2선(경비구역), ㉣은 제3선(경계구역), ㉤은 제1선(안전구역)에서의 근무요령에 해당한다.

39 다음 행사장 경호에 대한 설명과 명칭을 바르게 연결한 것은? 21. 경찰승진

> ㉠ 주경비지역으로, 바리케이트 등 장애물을 설치, 돌발사태를 대비한 예비대 운영 및 구급차, 소방차 대기가 필요하다.
> ㉡ 절대안전 확보구역으로, 출입자 통제관리, MD 설치 운용, 비표 확인 및 출입자 감시가 필요하다.
> ㉢ 조기경보지역으로, 감시조 운용, 도보 등 원거리 기동순찰조 운영, 원거리 불심자 검문·차단이 필요하다.

	㉠	㉡	㉢		㉠	㉡	㉢
①	안전구역	경비구역	경계구역	②	경비구역	경계구역	안전구역
③	경비구역	안전구역	경계구역	④	경계구역	안전구역	경비구역

정답찾기
㉠은 경비구역, ㉡은 안전구역, ㉢은 경계구역에 대한 설명이다.

40 경호의 대상 및 경호활동의 구분에 대한 설명으로 가장 적절한 것은? 20. 경찰승진

① 전직대통령(퇴임 후 10년 경과), 대통령선거 후보자, 대통령 권한대행과 그 배우자는 을호 경호대상이다.
② 왕족, 국제기구대표, 행정수반, 기타 장관급 이상 외빈은 외빈 A·B등급으로 경찰청장이 등급을 분류한다.
③ 행사성격에 의한 구분 중 정무 또는 사무상 필요에 의해 사전통보나 절차 없이 이루어지는 행사 때 실시하는 경호를 '비공식' 경호라고 하며, 현장방문행사 등이 이에 해당한다.
④ 활동시점 및 경호방법에 의한 구분으로 선발경호, 수행경호가 있다.

정답찾기
① 대통령 권한대행과 그 배우자는 갑호 경호대상이다.
② 지문의 내용 중 행정수반은 국빈 A~C등급으로 경호처장이 등급을 분류한다.
③ 행사성격에 의한 구분 중 정무 또는 사무상 필요에 의해 사전통보나 절차 없이 이루어지는 행사 때 실시하는 경호를 '완전비공식경호(행사)'라고 하고, 현장방문행사는 비공식경호(행사)에 해당한다.

제9절 대테러업무

41 테러리즘의 유형 중 이데올로기적 테러리즘을 모아 놓은 것이다. 이 중 좌익테러리즘에 속하는 것은 모두 몇 개인가?

13. 경찰승진

㉠ 혁명주의	㉡ 무정부주의	㉢ 파시스트주의
㉣ 신나치주의	㉤ 트로츠키즘	

① 1개 ② 2개 ③ 3개 ④ 4개

정답찾기
③ ㉠㉡㉤은 좌익테러리즘에 해당한다.

테러리즘의 유형

좌익테러리즘	혁명주의, 막스주의(Marxism), 네오막스주의(Neo-Marxism), 트로츠키즘(Trotskyism), 모택동주의(Maoism), 아나키즘(무정부주의, Anarchism)
우익테러리즘	특정인종우월주의(백인우월주의, Racism), 파시즘(Facism), 나치즘(Nacism), 네오파시즘(Neo-Facism), 네오나치즘(Neo-Nacism)

42 인질사건 발생시 나타날 수 있는 증상 중 보기에 해당하는 것으로 가장 적절한 것은?

08. 경찰 변형

독재자들이 즐겨 사용하는 방법으로 공포의 독재를 통한 강렬한 카리스마를 형성시킨 다음에 아주 사소한 배려에도 국민들은 쉽게 감동을 받는 경우를 말하고 심리학에서는 오귀인 효과라고 하며 두려운 상황의 생리적 흥분이 사랑의 감정과 비슷하기 때문에 두려움에서 오는 근육의 긴장, 호흡의 가속화 등 생리적 현상을 사랑으로 착각하게 되는 현상이다.

① 리마 증후군 ② 말판 증후군
③ 갠서 증후군 ④ 스톡홀롬 증후군

정답찾기
④ 보기와 관련이 있는 증후군은 스톡홀름 증후군이다.

Answer 38 ③ 39 ③ 40 ④ 41 ③ 42 ④

43 다음 빈 칸에 들어갈 알맞은 단어끼리 짝지은 것은?   16. 경찰간부

> • 1972년 뮌헨올림픽 당시 검은 9월단에 의한 이스라엘 선수단 테러사건을 계기로 독일에서는 연방경찰 소속으로
>   (㉠)이 설립되었다.
> • (㉡)은 인질사건 발생시 인질이 인질범에 동화되는 현상을 의미하며, 심리학에서 오귀인 효과라고도 한다.

	㉠	㉡
①	GSG−9	스톡홀름 증후군
②	GIPN	스톡홀름 증후군
③	GSG−9	리마 증후군
④	GIPN	리마 증후군

정답찾기
㉠ 1972년 뮌헨올림픽 당시 검은 9월단에 의한 이스라엘 선수단 테러사건을 계기로 독일에서는 연방경찰 소속으로 'GSG−9'이 설립되었다.
㉡ 인질사건발생시 인질이 인질범에 동화되는 현상을 의미하며, 심리학에서 오귀인 효과라고도 하는 증후군은 '스톡홀름 증후군'이다.

44 경비경찰에 관한 다음 설명 중 가장 옳은 것은?   12. 경찰

① 각국의 대테러조직으로 영국의 SAS, 미국의 SWAT, 독일의 GIGN, 프랑스의 GSG−9 등이 있다.
② 진압활동시의 3대 원칙은 신속한 해산, 주모자 체포, 재집결 방지이다.
③ 경호경비의 4대 원칙 중 '하나의 통제된 지점을 통한 접근원칙'은 일반에 노출된 도보행차나 수차례 행차하였던 동일한 장소를 가급적 회피하는 원칙이다.
④ 재난발생시 재난관리 주무부서는 경찰청이다.

정답찾기
① 각국의 대테러조직으로 영국의 SAS, 미국의 SWAT, 독일의 GSG−9, 프랑스의 GIGN, 이스라엘의 Sayaret Mat'kal 등이 있다.
③ 지문은 목적물(목표물) 보존의 원칙에 대한 설명이다.
④ 재난발생시 재난관리 주무부처는 소방청이다.

45 국민보호와 공공안전을 위한 테러방지법에 대한 설명으로 가장 적절한 것은?   17. 경찰

① 국가테러대책위원회 위원장은 대통령으로 한다.
② '테러단체'란 국제연합(UN)이 지정한 테러단체를 말한다.
③ '테러위험인물'이란 테러를 실행・계획・준비하거나 테러에 참가할 목적으로 국적국이 아닌 국가의 테러단체에 가입하거나 가입하기 위하여 이동 또는 이동을 시도하는 내국인・외국인을 말한다.
④ 국가정보원장은 테러위험인물에 대하여 출입국・금융거래 및 통신이용 등 관련 정보를 수집하여야 한다.

정답찾기

① 대책위원회는 국무총리 및 관계 기관의 장 중 대통령령으로 정하는 사람으로 구성하고 <u>위원장은 국무총리로 한다</u>(국민보호와 공공안전을 위한 테러방지법 제5조 제2항).

③ 지문은 외국인테러전투원에 대한 설명이다. '테러위험인물'이란 테러단체의 조직원이거나 테러단체 선전, 테러자금 모금 · 기부, 그 밖에 테러 예비 · 음모 · 선전 · 선동을 하였거나 하였다고 의심할 상당한 이유가 있는 사람을 말한다(국민보호와 공공안전을 위한 테러방지법 제2조).

④ 국가정보원장은 테러위험인물에 대하여 출입국 · 금융거래 및 통신이용 등 관련 정보를 <u>수집할 수 있다</u>. 이 경우 출입국 · 금융거래 및 통신이용 등 관련 정보의 수집에 있어서는 출입국관리법, 관세법, 특정 금융거래정보의 보고 및 이용 등에 관한 법률, 통신비밀보호법의 절차에 따른다(국민보호와 공공안전을 위한 테러방지법 제9조 제1항).

3장

46 국민보호와 공공안전을 위한 테러방지법에서 규정하는 내용 중 적절한 것은 모두 몇 개인가?   23. 경찰승진

㉠ "테러위험인물"이란 테러를 실행 · 계획 · 준비하거나 테러에 참가할 목적으로 국적국이 아닌 국가의 테러단체에 가입하거나 가입하기 위하여 이동 또는 이동을 시도하는 내국인 · 외국인을 말한다.

㉡ 대테러활동에 관한 정책의 중요사항을 심의 · 의결하기 위하여 국가테러대책위원회를 두고 위원장은 국가정보원장으로 한다.

㉢ 관계기관의 장은 테러의 계획 또는 실행에 관한 사실을 관계기관에 신고하여 테러를 사전에 예방할 수 있게 하였거나, 테러에 가담 또는 지원한 사람을 신고하거나 체포한 사람에 대하여 대통령령으로 정하는 바에 따라 포상금을 지급하여야 한다.

㉣ 국가정보원장은 대테러활동에 필요한 정보나 자료를 수집하기 위하여 대테러조사 및 테러위험인물에 대한 추적을 할 수 있다. 이 경우 사전 또는 사후에 대책위원회 위원장에게 보고하여야 한다.

① 1개   ② 2개   ③ 3개   ④ 4개

정답찾기

지문의 내용 중 적절한 것은 ㉣이다.

㉠ 지문의 내용은 외국인테러전투원에 대한 설명이다. "테러위험인물"이란 테러단체의 조직원이거나 테러단체 선전, 테러자금 모금 · 기부, 그 밖에 테러 예비 · 음모 · 선전 · 선동을 하였거나 하였다고 의심할 상당한 이유가 있는 사람을 말한다(국민보호와 공공안전을 위한 테러방지법 제2조 제3호, 제4호).

㉡ 국가테러대책위원회의 위원장은 국무총리로 한다(국민보호와 공공안전을 위한 테러방지법 제5조 제2항).

㉢ 관계기관의 장은 테러의 계획 또는 실행에 관한 사실을 관계기관에 신고하여 테러를 사전에 예방할 수 있게 하였거나, 테러에 가담 또는 지원한 사람을 신고하거나 체포한 사람에 대하여 대통령령으로 정하는 바에 따라 포상금을 <u>지급할 수 있다</u>(국민보호와 공공안전을 위한 테러방지법 제14조 제2항).

47 「국민보호와 공공안전을 위한 테러방지법」에 관한 설명으로 가장 적절한 것은? 　　　　23. 경찰

① 「여권법」 제17조 제1항 단서에 따른 외교부장관의 허가를 받지 아니하고 방문 및 체류가 금지된 국가 또는 지역을 방문·체류한 사람이 테러로 인해 생명의 피해를 입은 경우, 그 사람의 유족에 대해 특별위로금을 지급할 수 있다.

② 「국민보호와 공공안전을 위한 테러방지법」에서 말하는 "테러단체"란 국제형사경찰기구(ICPO)가 지정한 테러단체를 말한다.

③ 대테러활동을 수행하는 국가기관, 지방자치단체, 그 밖에 대통령령으로 정하는 기관의 대테러활동으로 인한 국민의 기본권 침해방지를 위하여 국가테러대책위원회 소속으로 대테러 인권보호관 1명을 둔다.

④ 테러로 인하여 신체·재산·명예의 피해를 입은 국민은 관계기관에 즉시 신고하여야 한다. 다만, 인질 등 부득이한 사유로 신고할 수 없을 때에는 법률관계 또는 계약관계에 의하여 보호 의무가 있는 사람이 이를 알게 된 때에 즉시 신고하여야 한다.

정답찾기

① 테러로 인하여 생명의 피해를 입은 사람의 유족 또는 신체상의 장애 및 장기치료가 필요한 피해를 입은 사람에 대해서는 그 피해의 정도에 따라 등급을 정하여 특별위로금을 지급할 수 있다. 다만, 「여권법」 제17조 제1항 단서에 따른 외교부장관의 허가를 받지 아니하고 방문 및 체류가 금지된 국가 또는 지역을 방문·체류한 사람에 대해서는 그러하지 아니하다(국민보호와 공공안전을 위한 테러방지법 제16조 제1항).

② "테러단체"란 국제연합(UN)이 지정한 테러단체를 말한다(국민보호와 공공안전을 위한 테러방지법 제2조 제2호).

④ 지문의 내용 중 명예에 대한 명시적인 규정은 존재하지 않는다. 테러로 인하여 신체 또는 재산의 피해를 입은 국민은 관계기관에 즉시 신고하여야 한다. 다만, 인질 등 부득이한 사유로 신고할 수 없을 때에는 법률관계 또는 계약관계에 의하여 보호의무가 있는 사람이 이를 알게 된 때에 즉시 신고하여야 한다(국민보호와 공공안전을 위한 테러방지법 제15조 제1항).

48 국가대테러활동지침상 테러경보의 단계를 순서대로 가장 적절하게 나열한 것은? 　　　　16. 경찰승진

① 주의 - 관심 - 경계 - 심각 　　　　② 관심 - 주의 - 경계 - 심각
③ 경계 - 주의 - 관심 - 심각 　　　　④ 관심 - 주의 - 심각 - 경계

정답찾기

국가대테러활동지침
제2조【정의】 이 훈령에서 사용하는 용어의 정의는 다음과 같다.
　8. '테러경보'라 함은 테러의 위협 또는 위험수준에 따라 관심·주의·경계·심각의 4단계로 구분하여 발령하는 경보를 말한다.

제36조【테러경보의 단계별 조치】 ① 관계 기관의 장은 테러경보가 발령된 경우에는 다음 각 호의 기준을 고려하여 단계별 조치를 취하여야 한다.
　1. 관심 단계 : 테러 관련 상황의 전파, 관계 기관 상호간 연락체계의 확인, 비상연락망의 점검 등
　2. 주의 단계 : 테러 대상시설 및 테러에 이용될 수 있는 위험물질에 대한 안전관리의 강화, 국가중요시설에 대한 경비의 강화, 관계 기관별 자체 대비태세의 점검 등
　3. 경계 단계 : 테러취약요소에 대한 경비 등 예방활동의 강화, 테러취약시설에 대한 출입통제의 강화, 대테러 담당공무원의 비상근무 등
　4. 심각 단계 : 대테러 관계 기관 공무원의 비상근무, 테러유형별 테러사건대책본부 등 사건대응조직의 운영준비, 필요장비·인원의 동원태세 유지 등

49 테러취약시설 안전활동에 관한 규칙상 테러취약시설 중 다중이용시설에 대한 설명으로 가장 적절하지 않은 것은?

17. 경찰승진

① A급 다중이용시설은 테러에 의하여 파괴되거나 기능 마비시 광범위한 지역의 대테러진압작전이 요구되고, 국민생활에 결정적인 영향을 미칠 수 있는 시설을 말한다.

② B급 다중이용시설은 테러에 의하여 파괴되거나 기능 마비시 제한된 지역에서 단기간 대테러진압작전이 요구되고, 국민 생활에 상당한 영향을 미칠 수 있는 시설을 말한다.

③ C급 다중이용시설의 관할 경찰서장은 반기 1회 이상 지도·점검을 실시하여야 한다.

④ 다중이용시설은 시설의 기능·역할의 중요성과 가치의 정도에 따라 A급, B급, C급으로 구분한다.

정답찾기

테러취약시설 안전활동에 관한 규칙
제9조【다중이용건축물 등의 분류】 ① 다중이용건축물 등은 시설의 기능·역할의 중요성과 가치의 정도에 따라 'A'등급, 'B'등급, 'C'등급(이하 'A급', 'B급', 'C급'이라 한다)으로 구분하며 그 기준은 다음 각 호와 같다.
1. A급 : 테러에 의하여 파괴되거나 기능 마비시 광범위한 지역의 대테러진압작전이 요구되고, 국민생활에 결정적인 영향을 미칠 수 있는 건축물 또는 시설
2. B급 : 테러에 의하여 파괴되거나 기능 마비시 일부 지역의 대테러진압작전이 요구되고, 국민생활에 중대한 영향을 미칠 수 있는 건축물 또는 시설
3. C급 : 테러에 의하여 파괴되거나 기능 마비시 제한된 지역에서 단기간 대테러진압작전이 요구되고, 국민생활에 상당한 영향을 미칠 수 있는 건축물 또는 시설

50 다음 ( ) 안에 들어갈 말로 옳게 연결된 것은?

18. 경찰간부

> 테러취약시설 안전활동에 관한 규칙에 따르면, 테러취약시설 중 다중이용건축물 등은 시설의 기능 · 역할의 중요성과 가치의 정도에 따라 A급, B급, C급으로 구분한다.
> 이 중에서 (㉠)급은 테러에 의하여 파괴되거나 기능 마비시 일부 지역의 대테러진압작전이 요구되고, 국민생활에 중대한 영향을 미칠 수 있는 시설로서 관할 경찰서장은 (㉡)에 (㉢)회 이상 지도 · 점검을 실시하여야 한다.

	㉠	㉡	㉢
①	B	반기	1
②	C	반기	1
③	B	분기	1
④	C	분기	2

정답찾기

테러취약시설 안전활동에 관한 규칙
제9조【다중이용건축물 등의 분류】① 다중이용건축물 등은 시설의 기능 · 역할의 중요성과 가치의 정도에 따라 'A'등급, 'B'등급, 'C'등급(이하 'A급', 'B급', 'C급'이라 한다)으로 구분하며 그 기준은 다음 각 호와 같다.
 1. A급 : 테러에 의하여 파괴되거나 기능 마비시 광범위한 지역의 대테러진압작전이 요구되고, 국민생활에 결정적인 영향을 미칠 수 있는 건축물 또는 시설
 2. B급 : 테러에 의하여 파괴되거나 기능 마비시 일부 지역의 대테러진압작전이 요구되고, 국민생활에 중대한 영향을 미칠 수 있는 건축물 또는 시설
 3. C급 : 테러에 의하여 파괴되거나 기능 마비시 제한된 지역에서 단기간 대테러진압작전이 요구되고, 국민생활에 상당한 영향을 미칠 수 있는 건축물 또는 시설
제22조【다중이용건축물 등 지도 · 점검】① 경찰서장은 관할 내에 있는 다중이용건축물 등 전체에 대해 해당 시설 관리자의 동의를 받아 다음 각 호와 같이 지도 · 점검을 실시하여야 한다.
 1. A급 : 분기 1회 이상
 2. B급, C급 : 반기 1회 이상

51 경찰의 대테러업무에 대한 설명 중 옳지 않은 것은?

20. 경찰간부 변형

① 한국의 대테러 부대인 KNP868은 대테러 예방 및 대응을 위해 1983년 창설된 경찰특수부대로 현재 서울경찰청 직할부대이다.
② 외국의 대테러조직으로 영국의 SAS, 미국의 SWAT, 독일의 GSG − 9, 프랑스의 GIGN 등이 있다.
③ 테러취약시설 안전활동에 관한 규칙상 경찰서장은 관할 내에 있는 B급 다중이용건축물 등에 대하여 분기 1회 이상 지도 · 점검을 실시하여야 한다.
④ 국민보호와 공공안전을 위한 테러방지법상 '테러단체'란 국제연합(UN)이 지정한 테러단체를 말한다.

정답찾기

③ 경찰서장은 관할 내에 있는 다중이용건축물 등 전체에 대해 A급은 분기 1회 이상, B급 · C급은 반기 1회 이상 지도 · 점검을 실시하여야 한다(테러취약시설 안전활동에 관한 규칙 제22조 제1항).

52 경찰의 대테러업무에 대한 설명 중 옳은 것은 모두 몇 개인가?

20. 경찰승진

> ⊙ 테러취약시설 안전활동에 관한 규칙에 의하면 'B'급 다중이용건축물 등의 경우 테러에 의해 파괴되거나 기능 마비시 일부 지역의 대테러진압작전이 요구되고, 국민생활에 중대한 영향을 미칠 수 있는 건축물 또는 시설이 며, 관할 경찰서장은 분기 1회 이상 지도 점검을 실시해야 한다.
> ⓛ 테러취약시설 안전활동에 관한 규칙에 의하면 'C'급 다중이용건축물 등의 경우 테러에 의하여 파괴되거나 기능 마비시 제한된 지역의 대테러진압작전이 요구되고, 국민생활에 상당한 영향을 미칠 수 있는 건축물 또는 시설이며, 관할 경찰서장은 반기 1회 이상 지도 점검을 실시해야 한다.
> ⓒ '리마증후군'이란 인질범이 인질에게 일체감을 느끼게 되고 인질의 입장을 이해하여 호의를 베푸는 등 인질범 이 인질에게 동화되는 현상이다.
> ⓔ 테러단체 구성죄는 미수범, 예비·음모 모두 처벌한다.

① 1개
② 2개
③ 3개
④ 없음

정답찾기

지문의 내용 중 옳은 것은 ⓛⓒⓔ이다.
⊙ 경찰서장은 관할 내에 있는 다중이용건축물 등 전체에 대해 A급은 분기 1회 이상, B급·C급은 반기 1회 이상 지도·점검을 실시하여 야 한다(테러취약시설 안전활동에 관한 규칙 제22조 제1항).

53 재난 및 대테러 경비활동에 대한 설명으로 가장 적절하지 않은 것은?

22. 경찰승진

① 재난 및 안전관리 기본법상 '재난'은 '자연재난'과 '사회재난'으로 구분된다.
② 테러취약시설 안전활동에 관한 규칙상 C급 다중이용건축물등은 테러에 의하여 파괴되거나 기능 마비시 제 한된 지역에서 단기간 대테러진압작전이 요구되고, 국민생활에 상당한 영향을 미칠 수 있는 건축물 또는 시 설을 말한다.
③ 국민보호와 공공안전을 위한 테러방지법상 '테러위험인물'이란 테러단체의 조직원이거나 테러단체 선전, 테 러자금 모금·기부, 그 밖에 테러 예비·음모·선전·선동을 하였거나 하였다고 의심할 상당한 이유가 있는 사람을 말한다.
④ 경찰 재난관리 규칙상 시·도경찰청 등의 장은 관할 지역 내에서 재난이 발생하였거나 발생할 우려가 있는 경우 재난상황실을 설치·운영할 수 있으나, 시·도경찰청 등에 재난대책본부가 설치되었거나, 재난 및 안전 관리 기본법상 '경계' 단계의 위기경보가 발령된 경우에는 재난상황실을 설치·운영하여야 한다.

정답찾기

④ 시·도경찰청 등의 장은 관할 지역 내에서 재난이 발생하였거나 발생할 우려가 있는 경우 재난상황실을 설치·운영할 수 있다. 다만, 시·도경찰청 등에 재난대책본부가 설치되었거나, 법 제38조에 따라 '심각' 단계의 위기경보가 발령된 경우에는 재난상황실을 설 치·운영하여야 한다(경찰 재난관리 규칙 제9조 제1항).

Answer   50 ①   51 ③   52 ③   53 ④

54 통합방위법상 통합방위작전 및 경찰작전에 대한 설명으로 가장 적절한 것은?

17. 경찰 변형

① 대통령 소속으로 중앙 통합방위협의회를 둔다.

② '갑종사태'란 일정한 조직 체계를 갖춘 적의 대규모 병력 침투 또는 대량살상무기(大量殺傷武器) 공격 등의 도발로 발생한 비상사태로서 통합방위본부장 또는 지역군사령관의 지휘·통제하에 통합방위작전을 수행하여야 할 사태를 말한다.

③ 시·도경찰청장 또는 경찰서장은 통합방위사태가 선포된 때에는 인명·신체에 대한 위해를 방지하기 위하여 즉시 작전지역에 있는 주민이나 체류 중인 사람에게 대피할 것을 명하여야 한다.

④ '을종사태'란 일부 또는 여러 지역에서 적이 침투·도발하여 단기간 내에 치안이 회복되기 어려워 시·도경찰청장의 지휘·통제하에 통합방위작전을 수행하여야 할 사태를 말한다.

정답찾기

① 국무총리 소속으로 중앙 통합방위협의회(이하 '중앙협의회'라 한다)를 둔다(통합방위법 제4조 제1항).

③ 시·도지사 또는 시장·군수·구청장은 통합방위사태가 선포된 때에는 인명·신체에 대한 위해를 방지하기 위하여 즉시 작전지역에 있는 주민이나 체류 중인 사람에게 대피할 것을 명할 수 있다(통합방위법 제17조 제1항).

④ '을종사태'란 일부 또는 여러 지역에서 적이 침투·도발하여 단기간 내에 치안이 회복되기 어려워 <u>지역군사령관의 지휘·통제하에</u> 통합방위작전을 수행하여야 할 사태를 말한다(통합방위법 제2조 제7호).

55 통합방위법에 대한 다음 설명 중 옳지 않은 것은 모두 몇 개인가?

19. 경찰간부

㉠ 특별시장·광역시장·특별자치시장·도지사·특별자치도지사 소속으로 특별시·광역시·특별자치시·도· 특별자치도 통합방위협의회를 두고, 그 의장은 시·도지사가 된다.

㉡ 대통령 소속으로 중앙 통합방위협의회를 둔다.

㉢ '을종사태'란 적의 침투·도발 위협이 예상되거나 소규모의 적이 침투하였을 때에 시·도경찰청장, 지역군사령관 또는 함대사령관의 지휘·통제하에 통합방위작전을 수행하여 단기간 내에 치안이 회복될 수 있는 사태를 말한다.

㉣ 시·도경찰청장, 지역군사령관 또는 함대사령관은 둘 이상의 시·도에 걸쳐 병종상태에 해당하는 상황이 발생하였을 때 즉시 국방부장관에게 통합방위사태의 선포를 건의하여야 한다.

㉤ 시·도지사 또는 시장·군수·구청장은 통합방위사태가 선포된 때에는 인명·신체에 대한 위해를 방지하기 위하여 즉시 작전지역에 있는 주민이나 체류 중인 사람에게 대피할 것을 명할 수 있다.

① 2개   ② 3개   ③ 4개   ④ 5개

정답찾기

ⓛ 국무총리 소속으로 중앙 통합방위협의회(이하 '중앙협의회'라 한다)를 둔다(통합방위법 제4조 제1항).

ⓒ '을종사태'란 일부 또는 여러 지역에서 적이 침투·도발하여 단기간 내에 치안이 회복되기 어려워 지역군사령관의 지휘·통제하에 통합방위작전을 수행하여야 할 사태를 말한다(통합방위법 제2조 제7호). 적의 침투·도발 위협이 예상되거나 소규모의 적이 침투하였을 때에 시·도경찰청장, 지역군사령관 또는 함대사령관의 지휘·통제 하에 통합방위작전을 수행하여 단기간 내에 치안이 회복될 수 있는 사태는 '병종사태'이다.

ⓔ 시·도경찰청장, 지역군사령관 또는 함대사령관은 을종사태나 병종사태에 해당하는 상황이 발생한 때에는 즉시 시·도지사에게 통합방위사태의 선포를 건의하여야 한다(통합방위법 제12조 제4항).

56 **경찰작전에 대한 설명 중 옳지 않은 것은?** 20. 경찰간부

① 평시 및 병종사태 발생시 경찰책임지역 내에서는 시·도경찰청장 책임하에 경찰·군·예비군·관·민 등 모든 국가방위요소를 지휘·통제하여 작전을 수행한다.

② 적의 침투·도발 위협이 예상되거나 소규모의 적이 침투한 때에 시·도경찰청장, 지역군사령관 또는 함대사령관의 지휘·통제하에 통합방위작전을 수행하여 단기간 내에 치안이 회복될 수 있는 사태는 병종사태에 해당한다.

③ 상황발생시 상황보고·통보 및 하달은 1순위로 직접 행동을 취할 기관 및 부대, 2순위로 지휘계통에 보고, 3순위로 협조 및 지원을 요하는 기관 및 부대, 4순위로 기타 필요한 기관 및 부대 순이다.

④ 비상근무는 비상상황하에서 업무수행의 효율화를 위해 발령한다.

정답찾기

③ 상황발생시 상황보고·통보 및 하달은 1순위로 직접 행동을 취할 기관 및 부대, 2순위로 협조 및 지원을 요하는 기관 및 부대, 3순위로 지휘계통에 보고, 4순위로 기타 필요한 기관 및 부대 순이다.

Answer 54 ② 55 ② 56 ③

57 **통합방위법에 대한 설명으로 가장 적절한 것은?** 20. 경찰승진

① 중앙 통합방위협의회의 의장은 국무총리, 지역 통합방위협의회의 의장은 시·도지사, 통합방위본부장은 합동참모의장이다.

② 을종사태란 적의 침투·도발 위협이 예상되거나 소규모의 적이 침투하였을 때에 시·도경찰청장, 지역군사령관 또는 함대사령관의 지휘·통제하에 통합방위작전을 수행하여 단기간 내에 치안이 회복될 수 있는 사태를 의미한다.

③ 시·도경찰청장, 지역군사령관 또는 함대사령관은 통합방위사태가 선포된 때에는 인명·신체에 대한 위해를 방지하기 위하여 즉시 작전지역에 있는 주민이나 체류 중인 사람에게 대피할 것을 명할 수 있다.

④ 행정안전부장관 또는 국방부장관은 둘 이상의 시·도에 걸쳐 을종사태에 해당하는 상황이 발생하였을 때 즉시 국무총리를 거쳐 대통령에게 통합방위사태의 선포를 건의하여야 한다.

> **정답찾기**
>
> ② 지문은 **병종사태**에 대한 설명이다. 을종사태란 일부 또는 여러 지역에서 적이 침투·도발하여 단기간 내에 치안이 회복되기 어려워 지역군사령관의 지휘·통제하에 통합방위작전을 수행하여야 할 사태를 말한다(통합방위법 제2조 제7호).
>
> ③ 시·도지사 또는 시장·군수·구청장은 통합방위사태가 선포된 때에는 인명·신체에 대한 위해를 방지하기 위하여 즉시 작전지역에 있는 주민이나 체류 중인 사람에게 대피할 것을 명할 수 있다(통합방위법 제17조 제1항).
>
> ④ 갑종사태에 해당하는 상황이 발생하였을 때 또는 둘 이상의 특별시·광역시·특별자치시·도·특별자치도(이하 '시·도'라 한다)에 걸쳐 을종사태에 해당하는 상황이 발생하였을 때는 국방부장관, 둘 이상의 시·도에 걸쳐 병종사태에 해당하는 상황이 발생하였을 때는 행정안전부장관 또는 국방부장관이 즉시 국무총리를 거쳐 대통령에게 통합방위사태의 선포를 건의하여야 한다(통합방위법 제12조 제2항).

58 **통합방위사태가 선포된 때에는 통합방위법의 규정에 따라 통합방위작전을 신속하게 수행하여야 한다. 지역별 통합방위작전 수행 담당자로 가장 적절한 것은?** 22. 경찰간부

① 갑종사태가 선포된 경우 경찰관할지역 : 경찰청장

② 을종사태가 선포된 경우 특정경비지역 : 통합방위본부장

③ 을종사태가 선포된 경우 경찰관할지역 : 시·도경찰청장

④ 병종사태가 선포된 경우 특정경비지역 : 지역군사령관

> **정답찾기**
>
> ① 갑종사태가 선포된 경우 경찰관할지역 : 통합방위본부장 또는 지역군사령관
>
> ② 을종사태가 선포된 경우 특정경비지역 : 지역군사령관
>
> ③ 을종사태가 선포된 경우 경찰관할지역 : 지역군사령관

제11절 경찰 비상업무 규칙

59 **경찰 비상업무 규칙에 대한 설명으로 가장 적절하지 않은 것은?** 21. 경찰승진

① '지휘선상 위치 근무'란 비상연락체계를 유지하며 유사시 1시간 이내에 현장지휘 및 현장근무가 가능한 장소에 위치하는 것을 말한다.

② '정착근무'란 사무실 또는 상황과 관련된 현장에 위치하는 것을 말한다.

③ '일반요원'이란 필수요원을 포함한 경찰관 등으로 비상소집시 2시간 이내에 응소하여야 할 자를 말한다.

④ '가용경력'이란 총원에서 휴가·출장·교육·파견 등을 제외하고 실제 동원될 수 있는 모든 인원을 말한다.

정답찾기

③ '일반요원'이라 함은 필수요원을 제외한 경찰관 등으로 비상소집시 2시간 이내에 응소하여야 할 자를 말한다(경찰 비상업무 규칙 제2조 제6호).

60 **경찰 비상업무 규칙에 대한 설명으로 가장 적절한 것은?** 18. 경찰승진 변형

① '지휘선상 위치근무'란 비상연락체계를 유지하며 유사시 2시간 이내에 현장지휘 및 현장근무가 가능한 장소에 위치하는 것을 말한다.

② '정착근무'란 감독순시·현장근무 및 사무실 대기 등 관할 구역 내에 위치하는 것을 말한다.

③ '가용경력'이란 총원에서 휴가·출장·교육·파견 등을 포함한 실제 동원될 수 있는 모든 인원을 말한다.

④ 비상근무는 비상상황의 유형에 따라 경비·작전·재난비상, 안보비상, 수사비상, 교통비상으로 구분하여 발령한다.

정답찾기

① '지휘선상 위치근무'란 비상연락체계를 유지하며 유사시 1시간 이내에 현장지휘 및 현장근무가 가능한 장소에 위치하는 것을 말한다(경찰 비상업무 규칙 제2조 제2호).

② 지문의 내용은 정위치근무에 대한 설명이다. '정착근무'란 사무실 또는 상황과 관련된 현장에 위치하는 것을 말한다(경찰 비상업무 규칙 제2조 제3호, 제4호).

③ '가용경력'이란 총원에서 휴가·출장·교육·파견 등을 제외하고 실제 동원될 수 있는 모든 인원을 말한다(경찰 비상업무 규칙 제2조 제7호).

Answer 57 ① 58 ④ 59 ③ 60 ④

61 경찰 비상업무 규칙에 대한 설명으로 가장 적절한 것은?   18. 경찰

① '필수요원'이란 전 경찰관 및 일반직공무원 중 경찰기관의 장이 지정한 자로 비상소집시 1시간 이내에 응소하여야 할 자를 말한다.

② '지휘선상 위치근무'란 감독순시 · 현장근무 및 사무실 대기 등 관할 구역 내에 위치하는 것을 말한다.

③ 지휘관과 참모는 을호 비상시 정위치근무 또는 지휘선상 위치근무를 원칙으로, 병호 비상시 지휘선상 위치근무를 원칙으로 한다.

④ 비상근무를 발령할 경우에는 정황의 특수성을 감안하여 비상근무의 목적이 원활히 달성될 수 있도록 가용경력을 최대한 동원하여야 한다.

정답찾기

② 지문의 내용은 정위치 근무에 대한 설명이다. "지휘선상 위치근무"란 비상연락체계를 유지하며 유사시 1시간 이내에 현장지휘 및 현장근무가 가능한 장소에 위치하는 것을 말한다(경찰 비상업무 규칙 제2조 제2호, 제3호).

③ 을호 비상시 지휘관과 참모는 정위치근무를 원칙으로 하고, 병호 비상시 지휘관과 참모는 정위치근무 또는 지휘선상 위치근무를 원칙으로 한다(경찰 비상업무 규칙 제7조 제1항 제2호, 제3호).

④ 비상근무를 발령할 경우에는 정황의 특수성을 감안하여 비상근무의 목적이 원활히 달성될 수 있도록 적정한 인원, 계급, 부서를 동원하여 불필요한 동원이 없도록 하여야 한다(경찰 비상업무 규칙 제5조 제5항).

62 경찰 비상업무 규칙에 대한 설명으로 가장 적절하지 않은 것은?   21. 경찰

① 필수요원이란 전 경찰관 및 일반직공무원(이하 '경찰관 등' 이라 한다) 중 경찰기관의 장이 지정한 자로 비상소집시 1시간 이내에 응소하여야 할 자를 말하며, 일반요원이라 함은 필수요원을 제외한 경찰관 등으로 비상소집시 2시간 이내에 응소하여야 할 자를 말한다.

② 비상근무는 경비 소관의 경비 · 작전 · 재난비상, 안보 소관의 안보비상, 수사 소관의 수사비상, 교통 소관의 교통비상, 생활안전 소관의 생활안전비상으로 구분하여 발령한다.

③ 비상근무 갑호가 발령된 때에는 연가를 중지하고 가용경력 100%까지 동원할 수 있고, 비상근무 을호가 발령된 때에는 연가를 중지하고 가용경력 50%까지 동원할 수 있으며, 비상근무 병호가 발령된 때에는 부득이한 경우를 제외하고는 연가를 억제하고 가용경력 30%까지 동원할 수 있다.

④ 작전준비태세가 발령된 때에는 별도의 경력동원 없이 경찰관서 지휘관 및 참모의 비상연락망을 구축하고 신속한 응소체제를 유지하며, 경찰작전부대는 상황발생 시 즉각 출동이 가능하도록 출동태세 점검을 실시하는 등의 비상근무를 한다.

정답찾기

② 지문의 내용 중 '생활안전 소관의 생활안전비상'은 명시적인 근거규정이 없다. 비상근무는 비상상황의 유형에 따라 경비 · 작전 · 재난비상, 안보비상, 수사비상, 교통비상으로 구분하여 발령한다(경찰 비상업무 규칙 제4조 제1항).

63 경찰 비상업무 규칙상 비상근무의 종류별 정황에 대한 설명으로 가장 적절한 것은? 20. 경찰승진

① 경비비상 갑호 − 대규모 집단사태·테러·재난 등의 발생으로 치안질서가 혼란하게 되었거나 그 징후가 예견되는 경우
② 작전비상 을호 − 적정이 발생하였거나 일부 적의 침투가 예상 되는 경우
③ 안보비상 을호 − 간첩 또는 정보사범 색출을 위한 경계지역 내 검문검색 필요시
④ 수사비상 을호 − 사회이목을 집중시킬만한 중대범죄 발생시

정답찾기
① 경비비상 을호에 대한 설명이다.
③ 안보비상 갑호에 대한 설명이다.
④ 수사비상 갑호에 대한 설명이다.

64 경찰 비상업무 규칙상 비상근무의 종류별 정황에 대한 설명이다. 아래 ㉠부터 ㉣까지의 설명 중 옳고 그름의 표시(○, ×)가 바르게 된 것은? 22. 경찰승진

㉠ 작전비상 갑호 : 대규모 적정이 발생하였거나 발생 징후가 현저한 경우
㉡ 교통비상 을호 : 농무, 풍수설해 및 화재로 극도의 교통혼란 및 사고발생시
㉢ 경비비상 병호 : 국제행사·기념일 등을 전후하여 치안수요가 증가하여 가용경력의 50%를 동원할 필요가 있는 경우
㉣ 수사비상 갑호 : 사회이목을 집중시킬만한 중대범죄 발생시

	㉠	㉡	㉢	㉣
①	○	×	×	○
②	○	×	○	○
③	×	×	○	×
④	○	○	×	×

정답찾기
지문의 내용 중 적절한 것은 ㉠㉣, 적절하지 않은 것은 ㉡㉢이다.
㉡ 사안의 경우 교통비상 갑호를 발령한다.
㉢ 사안의 경우 경비비상 을호를 발령한다.

Answer　61 ①　62 ②　63 ②　64 ①

| 제12절 | 청원경찰법 |

65 다음 보기 중 청원경찰법상 청원경찰을 설명한 것으로 틀린 것은 모두 몇 개인가?　　14. 경찰 변형

> ㉠ 청원경찰은 청원경찰의 배치 결정을 받은 자(이하 청원주)와 배치된 기관·시설 또는 사업장 등의 구역을 관할하는 경찰서장의 감독을 받아 그 경비구역만의 경비를 목적으로 필요한 범위에서 '경찰관 직무집행법'에 따른 경찰관의 직무를 수행한다.
> ㉡ 청원경찰은 청원주가 임용하되, 임용을 할 때에는 미리 시·도경찰청장의 승인을 받아야 한다.
> ㉢ 시·도경찰청장은 청원경찰이 직무를 수행하기 위하여 필요하다고 인정하면 청원주의 신청을 받아 관할 경찰서장으로 하여금 청원경찰에게 무기를 대여하여 지니게 할 수 있다.
> ㉣ 청원경찰에 대한 징계 종류로는 파면, 해임, 강등, 감봉, 견책이 있다.
> ㉤ 청원경찰이 직무를 수행할 때 직권을 남용하여 국민에게 해를 끼친 경우에는 '청원경찰법' 제10조에 의하여 1년 이하의 징역이나 금고에 처한다.

① 0개　　　　　② 1개　　　　　③ 2개　　　　　④ 3개

정답찾기

틀린 것은 ㉣㉤ 2개이다.
㉣ 청원경찰에 대한 징계의 종류는 파면, 해임, 정직, 감봉 및 견책으로 구분한다(청원경찰법 제5조의2 제2항).
㉤ 청원경찰이 직무를 수행할 때 직권을 남용하여 국민에게 해를 끼친 경우에는 6개월 이하의 징역이나 금고에 처한다(청원경찰법 제10조 제1항).

66 청원경찰법상 다음 설명 중 틀린 것은 모두 몇 개인가?　　15. 경찰 변형

> ㉠ 청원경찰은 청원경찰의 배치 결정을 받은 자(이하 청원주)와 배치된 기관·시설 또는 사업장 등의 구역을 관할하는 경찰서장의 감독을 받아 그 경비구역만의 경비를 목적으로 필요한 범위에서 경찰관 직무집행법에 따른 경찰관의 직무를 수행한다.
> ㉡ 청원경찰에 대한 징계의 종류는 파면, 해임, 강등, 정직, 감봉 및 견책으로 구분한다.
> ㉢ 청원경찰은 청원주가 임용하되, 임용을 할 때에는 미리 시·도경찰청장의 승인을 받아야 한다.
> ㉣ 시·도경찰청장은 청원경찰이 직무를 수행하기 위하여 필요하다고 인정하면 청원주의 신청을 받아 관할 경찰서장으로 하여금 청원경찰에게 무기를 대여하여 지니게 할 수 있다.

① 없음　　　　　② 1개　　　　　③ 2개　　　　　④ 3개

정답찾기

틀린 것은 ㉡ 1개이다.
㉡ 청원경찰에 대한 징계의 종류는 파면, 해임, 정직, 감봉 및 견책으로 구분한다(청원경찰법 제5조의2 제2항).

67 청원경찰법 및 동법 시행령상 청원경찰에 대한 설명으로 가장 적절한 것은? 17. 경찰

① 청원경찰은 청원주와 배치된 기관·시설 또는 사업장 등의 구역을 관할하는 경찰서장의 감독을 받아 그 경비구역만의 경비를 목적으로 필요한 범위에서 국가경찰과 자치경찰의 조직 및 운영에 관한 법률에 따른 경찰관의 직무를 수행한다.

② 관할 경찰서장은 청원경찰이 직무상에 의무를 위반하거나 직무를 태만히 할 때 징계처분을 하여야 한다.

③ 관할 경찰서장은 매달 1회 이상 청원경찰을 배치한 경비구역에 대하여 복무규율과 근무 상황을 감독하여야 한다.

④ 청원경찰의 임용자격은 19세 이상인 사람이다.

정답찾기

① 청원경찰은 청원경찰의 배치 결정을 받은 자{이하 '청원주'(請願主)라 한다}와 배치된 기관·시설 또는 사업장 등의 구역을 관할하는 경찰서장의 감독을 받아 그 경비구역만의 경비를 목적으로 필요한 범위에서 경찰관 직무집행법에 따른 경찰관의 직무를 수행한다 (청원경찰법 제3조).

② 청원경찰에 대한 징계는 청원주가 한다(청원경찰법 제5조의2 제1항).

④ 청원경찰의 임용자격은 18세 이상인 사람이다(청원경찰법 시행령 제3조 제1호).

청원경찰법 시행령
제8조【징계】 ① 관할 경찰서장은 청원경찰이 법 제5조의2 제1항 각 호의 어느 하나에 해당한다고 인정되면 청원주에게 해당 청원경찰에 대하여 징계처분을 하도록 요청할 수 있다.

---

68 「청원경찰법」에 관한 설명으로 가장 적절하지 않은 것은? 25. 경위공채

① 청원주가 청원경찰을 폐지하거나 감축하였을 때에는 청원경찰 배치 결정을 한 경찰관서의 장에게 알려야 하며, 그 사업장이 시·도경찰청장이 청원경찰의 배치를 요청한 사업장일 때에는 그 폐지 또는 감축 사유를 구체적으로 밝혀야 한다.

② 청원주가 청원경찰을 면직시켰을 때에는 그 사실을 관할 경찰서장을 거쳐 시·도경찰청장에게 보고하여야 한다.

③ 시·도경찰청장은 청원경찰이 직무상의 의무를 위반하거나 직무를 태만히 한 때 또는 품위를 손상하는 행위를 한 때에는 대통령령으로 정하는 징계절차를 거쳐 징계처분을 하여야 한다.

④ 청원주는 청원경찰을 대체할 목적으로 「경비업법」에 따른 특수경비원을 배치하는 경우에는 청원경찰의 배치를 폐지하거나 배치인원을 감축할 수 없다.

정답찾기

③ 청원주는 청원경찰이 직무상의 의무를 위반하거나 직무를 태만히 한 때 또는 품위를 손상하는 행위를 한 때에는 대통령령으로 정하는 징계절차를 거쳐 징계처분을 하여야 한다(청원경찰법 제5조의2 제1항).

Answer   65 ③   66 ②   67 ③   68 ③

69 청원경찰에 대한 설명으로 적절한 것은 모두 몇 개인가? (다툼이 있는 경우 판례에 따름)

> ㉠ 시·도경찰청장은 청원경찰 배치가 필요하다고 인정하는 기관의 장 또는 시설사업장의 경영자에게 청원경찰을 배치할 것을 명령할 수 있다.
>
> ㉡ 청원경찰이 직무상의 의무 등을 위반하는 경우에는 청원주 및 관할 감독 경찰서장은 대통령령이 정하는 징계절차를 거쳐 징계처분을 하여야 한다.
>
> ㉢ 청원경찰은 형법이나 그 밖의 법령에 따른 벌칙을 적용할 때에는 공무원으로 보기 때문에 청원경찰의 불법행위에 대한 배상책임에 관하여는 국가배상법의 규정을 적용한다.
>
> ㉣ 국가나 지방자치단체에 근무하는 청원경찰의 근무관계는 사법상의 고용계약관계이다.
>
> ㉤ 청원경찰이 그 배치지의 특수성 등으로 특수복장을 착용할 필요가 있을 때에는 청원주는 시·도경찰청장의 승인을 받아 특수복장을 착용하게 할 수 있다.

① 0개   ② 1개   ③ 2개   ④ 3개

정답찾기

지문의 내용 중 적절한 것은 ㉤이다.

㉠ 시·도경찰청장은 청원경찰 배치가 필요하다고 인정하는 기관의 장 또는 시설·사업장의 경영자에게 청원경찰을 배치할 것을 <u>요청할 수 있다</u>(청원경찰법 제4조 제3항).

㉡ <u>청원주</u>는 청원경찰이 징계에 해당하는 때에는 대통령령으로 정하는 징계절차를 거쳐 징계처분을 하여야 한다(청원경찰법 제5조의2 제1항). <u>관할 경찰서장</u>은 청원경찰이 법 제5조의2제1항 각 호의 어느 하나에 해당한다고 인정되면 청원주에게 해당 청원경찰에 대하여 징계처분을 하도록 <u>요청할 수 있다</u>(청원경찰법 시행령 제8조 제1항).

㉢ 청원경찰 업무에 종사하는 사람은 「형법」이나 그 밖의 법령에 따른 벌칙을 적용할 때에는 공무원으로 보지만, 청원경찰(국가기관이나 지방자치단체에 근무하는 청원경찰은 제외한다)의 직무상 불법행위에 대한 배상책임에 관하여는 「<u>민법</u>」의 규정을 따른다(청원경찰법 제10조 제2항, 제10조의2).

㉣ 국가나 지방자치단체에 근무하는 청원경찰은 국가공무원법이나 지방공무원법상의 공무원은 아니지만, 다른 청원경찰과는 달리 그 임용권자가 행정기관의 장이고, 국가나 지방자치단체로부터 보수를 받으며, 산업재해보상보험법이나 근로기준법이 아닌 공무원연금법에 따른 재해보상과 퇴직급여를 지급받고, 직무상의 불법행위에 대하여도 민법이 아닌 국가배상법이 적용되는 등의 특질이 있으며 그외 임용자격, 직무, 복무의무 내용 등을 종합하여 볼때, <u>그 근무관계를 사법상의 고용계약관계로 보기는 어려우므로</u> 그에 대한 징계처분의 시정을 구하는 소는 행정소송의 대상이지 민사소송의 대상이 아니다(대판 1993.7.13, 92다47564).

제1절 정보의 기본개념

01 정보의 개념에 대한 주요 학자들의 견해 중 가장 적절한 것은?   13. 경찰승진

① 마이클 워너(Michael Warner) − 정보는 국가 정책운용을 위한 지식이며 활동이고 조직

② 마이클 허만(Michael Herman) − 정보는 아측에 해악을 끼칠 수 있는 다른 국가나 다양한 적대세력의 영향을 완화시키거나, 그에 영향을 미치거나 또는 단지 그들을 이해하기 위한 노력을 지원하는 비밀스러운 그 무엇

③ 제프리 리첼슨(Jeffery T. Richelson) − 정보란 정책결정자의 필요에 부응하는 지식을 말하며, 이를 위해 수집 가공된 것

④ 에이브럼 슐스키(Abram N. Shulsky) − 국가안보 이익을 극대화하고, 실제적 또는 잠재적 적대세력의 위험을 취급하는, 정부의 정책 수립과 정책의 구현과 연관된 자료

정답찾기

④ 에이브럼 슐스키의 견해가 가장 적절하게 연결되었다.

02 정보의 개념에 대한 주요학자들의 견해 중 가장 적절하지 않은 것은?   14. 경찰승진

① 마크 로웬탈(Mark M. Lowenthal) − 정보란 정책결정자의 필요에 부응하는 지식을 말하며, 이를 위해 수집 가공된 것

② 셔먼 켄트(Sherman Kent) − 정보는 국가정책 운용을 위한 지식이며 활동이고 조직

③ 칼 폰 클라우제비츠(Carl von Clausewitz) − 적국과 그 군대에 대한 제반 첩보

④ 에이브럼 슐스키(Abram N. Shulsky) − 정보는 외국이나 국외지역과 관련된 제반 첩보자료들을 수집·평가·분석·종합·판단의 과정을 거쳐서 생성된 산출물

정답찾기

④ 지문은 리첼슨이 정의한 정보의 개념이다. 에이브럼 슐스키(Abram N. Shulsky)는 정보란 '국가안보 이익을 극대화하고 실제적 또는 잠재적 적대세력의 위험을 취급하는 정부의 정책수립과 정책의 구현과 연관된 자료'라고 정의한다.

Answer   69 ② **/** 01 ④   02 ④

03 정보와 정책이 어느 정도 밀접한 관계를 유지하는 것이 바람직한 것일까에 대한 견해로 전통주의와 행동주의가 있다. 전통주의(정보와 정책에 대한 일정 수준의 분리 필요성을 강조)입장으로 가장 적절하지 않은 것은? 13. 경찰승진

① 전통주의를 따를 경우 현용정보에 정보역량을 집중하는 결과를 낳는다.
② 정보생산자는 정보사용자에게 의미가 있는 사안들에 정보역량을 동원해야 한다.
③ "정보는 정책결정을 안내하기 위해 필요한 만큼 밀접해야 하지만, 판단의 독립성을 보호하기 위해 충분한 이격을 유지해야 한다."라는 주장은 전통주의와 관련이 있다.
④ 정보가 정책결정에 조언을 주는 방향으로만 분리적으로 기능해야 한다.

정답찾기
② 지문의 내용은 행동주의에 해당하는 설명이다.

04 정보가치에 대한 평가기준을 설명한 것이다. ㉠부터 ㉣까지 정보의 질적 요건을 순서대로 나열한 것 중 적절한 것은? 17. 경찰승진

> ㉠ 정보가 사실과 일치되는 성질이다.
> ㉡ 정보가 그 자체로서 정책결정에 필요하고 가능한 모든 내용을 망라하고 있는 성질이다.
> ㉢ 정보가 당면 문제와 관련된 성질이다.
> ㉣ 정보가 생산자나 사용자의 의도에 따라 주관적으로 왜곡되면 선호 정책의 합리화 도구로 전락할 수 있다.

① 적실성 − 완전성 − 정확성 − 객관성
② 정확성 − 객관성 − 완전성 − 적실성
③ 정확성 − 완전성 − 적실성 − 객관성
④ 완전성 − 적실성 − 정확성 − 객관성

정답찾기
㉠ 정보가 사실과 일치되는 성질은 정확성에 대한 내용이다.
㉡ 정보가 그 자체로서 정책결정에 필요하고 가능한 모든 내용을 망라하고 있는 성질은 완전성에 대한 내용이다.
㉢ 정보가 당면 문제와 관련된 성질은 적실성에 대한 내용이다.
㉣ 정보가 생산자나 사용자의 의도에 따라 주관적으로 왜곡되면 선호 정책의 합리화 도구로 전락할 수 있다는 것은 객관성에 대한 내용이다.

05 셔먼 켄트는 정보의 사용자가 과거, 현재, 미래의 사항에 관심을 가지고 있다는 이론에 근거하여 정보를 3가지로 분류하였다. 이중 다음 보기와 가장 관련이 깊은 정보는? 14. 경찰승진, 19. 경찰간부

> 과거와 현재를 바탕으로 하여 미래의 가능성을 예측한 평가정보로서 정책결정자에게 정책의 결정에 필요한 사전적인 지식을 제공하는 기능을 한다.

① 기본정보 ② 현용정보
③ 보안정보 ④ 판단정보

정답찾기
④ 지문은 정보의 분석형태를 기준으로 구분한 내용 중 판단정보에 대한 설명이다.

06 정보의 분석형태에 따른 분류에 대한 설명으로 가장 적절하지 않은 것은? 20. 경찰승진

① 켄트는 정보의 사용자가 과거, 현재, 미래의 사항에 관심이 있다는 이론에 근거하여 정보를 분류한다.
② 기본정보는 과거의 사실이나 사건들에 대한 정적인 상태를 기술하여 놓은 정보로서 종합적인 분석과 과학적 추론을 필요로 하므로 가장 정선된 형태의 정보라고 할 수 있다.
③ 현용정보는 모든 사물이나 상태의 동적인 상태를 보고하는 정보로 실시간 보고되는 경찰의 정보상황보고는 성질상 현용정보에 해당한다고 볼 수 있다.
④ 판단정보는 과거와 현재를 바탕으로 하여 미래의 가능성을 예측한 평가정보로 정책결정자에게 정책의 결정에 필요한 사전적인 지식을 제공하는 기능을 한다.

정답찾기
② 종합적인 분석과 과학적 추론을 필요로 하므로 가장 정선된 형태의 정보는 '판단정보'다.

07 각 정보분류 기준에 따른 정보의 종류로 맞지 않은 것은? 18. 경찰승진

① 사용수준에 따른 분류 ― 전략정보, 전술정보
② 정보요소에 따른 분류 ― 기본정보, 현용정보, 판단정보
③ 사용목적에 따른 분류 ― 적극정보, 소극(보안)정보
④ 수집활동에 따른 분류 ― 인간정보, 기술정보

정답찾기
② 정보요소를 기준으로 정치정보·경제정보·문화정보·사회정보 등으로 구분하며, 기본정보·형용정보·판단정보는 정보의 기능(분석형태)을 기준으로 하는 구분이다.

Answer　03 ②　04 ③　05 ④　06 ②　07 ②

08 정보를 출처에 따라 분류할 때 그 설명 중 가장 적절한 것은? 20. 경찰승진

① 근본출처정보는 정보출처에 대한 별다른 보호조치가 없더라도 상시적으로 정보를 획득할 것으로 기대되는 출처로부터 얻어진 정보이다.

② 비밀출처정보란 정보관이 의도한 정보입수의 시점과는 무관하게 얻어지는 정보이다.

③ 정기출처정보는 정기적으로 정보를 획득할 수 있는 출처로부터 얻은 정보로 일반적으로 우연출처정보에 비해 출처의 신빙성과 내용의 신뢰성 면에서 우위를 점한다고 볼 수 없다.

④ 간접정보란 중간매체가 있는 경우의 정보로 정보관은 이들 매체를 통해 정보를 감지하게 되지만 사실은 그 내용에 해당 매체의 주관이나 편견이 개입될 소지가 있다는 면에서 직접정보에 비해 출처의 신빙성과 내용의 신뢰성이 낮게 평가될 여지가 있다.

> **정답찾기**
>
> ① 지문은 공개출처정보에 대한 설명이다. 근본출처정보(직접정보)란 정보를 수집하는데 있어 중간매체가 개입되지 않은 경우의 정보(정보관이 직접 체험한 정보 등)로 부차적 출처정보(간접정보)에 비해 출처의 신빙성과 내용의 신뢰성 측면에서 우위에 있다.
> ② 지문은 우연출처정보에 대한 설명이다. 비밀출처정보란 그 출처가 외부에 노출될 경우 출처로서의 기능을 상실하게 되는 것은 물론이고 출처의 입장이 난처해질 우려가 있기 때문에 외부로부터 강력히 보호를 받아야 하는 출처를 말한다.
> ③ 일반적으로 정기출처정보가 우연출처정보보다 신빙성, 내용의 신뢰성 측면에서 우위를 점한다.

09 프라이버시의 정의에 대한 학자들과 그들의 견해들이 가장 맞게 연결된 것은? 10. 경찰

> ㉠ Alan F. Westin
> ㉡ Samuel Warren and Louise Brandeis
> ㉢ Ruth Gavison
> ㉣ Edward Bloustine

> ⓐ 개인의 혼자 있을 권리
> ⓑ 개인, 그룹 또는 조직이 자기에 관한 정보를 언제, 어떻게 또는 어느 정도 타인에게 전할까 하는 것을 스스로 결정할 수 있는 권리
> ⓒ 인간의 인격권적 법익이므로 인격의 침해, 개인의 자주성, 존엄과 완전성을 보호하는 것
> ⓓ 비밀(secrecy), 익명성(anonymity), 고독(solitude)을 갖으며, 그것이 자신의 선택에 의해서 또는 타인의 행위에 의해서 상실할 수 있는 상태

① ㉠ – ⓐ, ㉡ – ⓑ, ㉢ – ⓒ, ㉣ – ⓓ
② ㉠ – ⓑ, ㉡ – ⓐ, ㉢ – ⓒ, ㉣ – ⓓ
③ ㉠ – ⓑ, ㉡ – ⓐ, ㉢ – ⓓ, ㉣ – ⓒ
④ ㉠ – ⓐ, ㉡ – ⓑ, ㉢ – ⓓ, ㉣ – ⓒ

정답찾기

구분	내용
S. Warren & L. Brandeis	개인의 '혼자 있을 권리(Right to be left alone)'로 이해하여, 민주주의에서 가장 중요한 자유로서 헌법에 반영되어야 한다고 주장하였다.
Alan F. Westin	개인, 그룹 또는 조직이 자기에 관한 정보를 언제, 어떻게 또는 어느 정도 타인에게 전할까 하는 것을 스스로 결정할 수 있는 권리이다.
Edward Bloustine	프라이버시란 인간의 인격권의 법익이므로 인격의 침해, 개인의 자주성, 존엄과 완전성을 보호하는 것이다.
Ruth Gavison	프라이버시의 세가지 요소로서 비밀, 익명성, 고독을 가지며, 그것이 자신의 선택에 의해서 또는 타인의 행위에 의해서 상실할 수 있는 상태를 말한다.

10 W. L. Prosser 프라이버시 침해유형과 그 예로 틀린 것은? 08. 경찰 변형

① 사적인 일의 침입 - 도청, 타인의 은행계좌의 불법추적
② 사적인 사실의 공개 - 타인의 범죄 경력 사실, 기형적 신체상태 공개
③ 사생활의 관한 판단의 오도 - 특정인의 사진을 현상수배자 리스트에 넣은 행위
④ 사적인 일의 영리적 이용 - 내용의 본질을 왜곡시켜 대중의 판단을 그릇되게 하여 해당 개인의 신상에 침해를 주는 행위

정답찾기
④ 지문은 사생활에 관한 판단의 오도에 해당하는 사례이다.

제2절 **정보의 순환**

11 다음은 정보의 요구방법 중 무엇에 해당하는가? 08. 경찰 변형

> 경찰청에서는 국민연금제도 실시에 대한 국민 여론이 악화되자 정책 수정을 위한 자료를 제고하고자 국민여론 및 연금 납부실적 등에 대한 정보를 각 시·도경찰청 별로 수집 보고하도록 지시하였다.

① OIR ② SRI ③ PNIO ④ EEI

정답찾기
① 정책의 수정을 위한 정보의 요구방법은 OIR이다.

Answer 08 ④ 09 ③ 10 ④ 11 ①

12 **다음 설명 중 가장 옳지 않은 것은?** 18. 경찰간부

① PNIO는 국가정책의 수립자와 수행자의 질문에 대한 응답을 위하여 선정된 우선적인 정보 목표이며, 국가의 전 정보기관활동의 기본방침이고, 특히 경찰청이 정보수집계획을 수립할 때 가장 중요한 지침이 된다.

② EEI는 사전에 반드시 첩보수집요구계획서를 작성하며, 해당부서의 정보활동을 위한 일반지침이 된다.

③ SRI는 어떤 수시적 돌발상황의 해결에 필요한 한도 내에서 임시적·단편적·지역적인 특수사건을 단기에 해결하기 위하여 필요한 경우에 요구되는 첩보이다.

④ SRI의 경우 사전 첩보수집계획서가 필요하다.

정답찾기

④ EEI의 경우 사전 첩보수집계획서를 작성하는 것이 일반적이지만, SRI의 경우 <u>사전 첩보수집계획서의 작성 없이 구두로 요구하는</u> 것이 일반적이다.

13 **정보의 요구단계에서 이루어지는 소순환과정으로 가장 적절한 것은?** 14. 경찰승진

① 정보의 요구 ⇨ 첩보의 수집 ⇨ 정보의 생산 ⇨ 정보의 배포

② 첩보의 기본요소 결정 ⇨ 첩보수집계획서의 작성 ⇨ 명령하달 ⇨ 수집활동에 대한 조정·감독

③ 첩보의 기본요소 결정 ⇨ 첩보수집계획서의 작성 ⇨ 수집활동에 대한 조정·감독 ⇨ 명령하달

④ 첩보의 수집 ⇨ 정보의 요구 ⇨ 정보의 생산 ⇨ 정보의 배포

정답찾기

② 소순환과정으로 적절한 것은 ②이다.

14 **정보의 순환과정에 대한 설명으로 가장 적절한 것은?** 22. 경찰간부

① 정보의 순환과정은 첩보의 수집 ⇨ 정보의 요구 ⇨ 정보의 생산 ⇨ 정보의 배포 순이다.

② 첩보수집의 소순환과정은 첩보의 수집계획 ⇨ 출처개척 ⇨ 획득 ⇨ 전달 순이다.

③ 정보요구의 소순환과정은 첩보의 선택 ⇨ 기록 ⇨ 평가 ⇨ 분석 ⇨ 종합 ⇨ 해석 순이다.

④ 정보생산의 소순환과정은 첩보의 기본요소 결정 ⇨ 수집계획서의 작성 ⇨ 명령하달 ⇨ 사후검토 순이다.

정답찾기

① 정보의 순환과정은 정보의 요구 ⇨ 첩보의 수집 ⇨ 정보의 생산 ⇨ 정보의 배포 순이다.

③ 정보생산의 소순환과정은 첩보의 선택 ⇨ 기록 ⇨ 평가 ⇨ 분석 ⇨ 종합 ⇨ 해석 순이다.

④ 정보요구의 소순환과정은 첩보의 기본요소 결정 ⇨ 수집계획서의 작성 ⇨ 명령하달 ⇨ 사후검토 순이다.

15 다음 보기의 상황에 따른 정보요구방법이 올바르게 연결된 것은?

> ㉠ 각 정보부서에 맡고 있는 정책을 수행함에 있어서 필요한 일반적 · 포괄적 정보로서 계속적이고 반복적으로 수집해야 할 필요가 있는 경우
> ㉡ 어떤 수시적 돌발상황의 해결에 필요한 한도 내에서 임시적 · 단편적 · 지역적인 특수사건을 단기에 해결하기 위하여 필요한 경우
> ㉢ 국가안전보장이나 정책에 관련되는 국가정보목표의 우선순위로서, 정부에서 기획된 연간 기본정책을 수행함에 있어 필요로 하는 자료들을 목표로 하여 선정하는 경우
> ㉣ 정세의 변화에 따라 불가피하게 정책상 수정이 요구되거나 이를 위한 자료가 절실히 요구되는 경우

	㉠	㉡	㉢	㉣
①	PNIO	SRI	EEI	OIR
②	EEI	SRI	PNIO	OIR
③	PNIO	OIR	EEI	SRI
④	EEI	OIR	PNIO	SRI

정답찾기

㉠ 각 정보부서에 맡고 있는 정책을 수행함에 있어서 필요한 일반적 · 포괄적 정보로서 계속적이고 반복적으로 수집해야 할 필요가 있는 경우는 EEI에 대한 내용이다.
㉡ 어떤 수시적 돌발상황의 해결에 필요한 한도 내에서 임시적 · 단편적 · 지역적인 특수사건을 단기에 해결하기 위하여 필요한 경우는 SRI에 대한 내용이다.
㉢ 국가안전보장이나 정책에 관련되는 국가정보목표의 우선순위로서, 정부에서 기획된 연간 기본정책을 수행함에 있어 필요로 하는 자료들을 목표로 하여 선정하는 경우는 PNIO에 대한 내용이다.
㉣ 정세의 변화에 따라 불가피하게 정책상 수정이 요구되거나 이를 위한 자료가 절실히 요구되는 경우는 OIR에 대한 내용이다.

Answer | 12 ④ 13 ② 14 ② 15 ②

16 다음 중 정보생산단계의 소순환과정이 순서대로 연결된 것은?

> ㉠ 첩보의 내용을 파악하여 첩보의 적합성, 출처의 신뢰성, 내용의 정확성 등을 검토한다.
>
> ㉡ 평가된 첩보를 구성요소별로 세분화하고 세분화된 요소들의 인과성, 패턴, 경향, 상관관계 등을 논리적으로 검토하여 행정의 예측과 조성에 도움이 되게 하는 것이라고 할 수 있다.
>
> ㉢ 각종 첩보 중에서 긴급성, 유용성, 신뢰성, 적용성을 등 1차적으로 평가하여 필요한 정보를 가려내는 초기 과정이다.
>
> ㉣ 서식이나 도표양식으로 첩보를 요약하고, 관련된 여러 가지 첩보를 종합화시키는 것으로 정보내용의 손실을 방지하기 위해 면밀한 기록이 요구된다.
>
> ㉤ 분석에서 확인된 각각의 단편적인 자료와 그에 관련된 여러 가지 사실을 맞추어 하나의 통일체를 형성하는 작업을 말한다.
>
> ㉥ 평가, 분석, 종합된 새 정보에 대하여 그 의미와 중요성을 결정하고 건전한 결론을 도출하여 결론정보를 생산하는 작업이다.

① ㉡ ⇨ ㉠ ⇨ ㉢ ⇨ ㉣ ⇨ ㉤ ⇨ ㉥

② ㉢ ⇨ ㉣ ⇨ ㉡ ⇨ ㉠ ⇨ ㉥ ⇨ ㉤

③ ㉢ ⇨ ㉣ ⇨ ㉡ ⇨ ㉠ ⇨ ㉤ ⇨ ㉥

④ ㉢ ⇨ ㉣ ⇨ ㉠ ⇨ ㉡ ⇨ ㉤ ⇨ ㉥

정답찾기

정보의 생산단계의 소순환과정은 크게 선택, 기록, 평가, 분석, 종합, 해석의 순서로 되며, 이를 내용에 따라 올바르게 나열한 것은 ㉢ ⇨ ㉣ ⇨ ㉠ ⇨ ㉡ ⇨ ㉤ ⇨ ㉥이다.

17 정보배포 원칙에 관한 설명으로 가장 적절하지 않은 것은?

① 필요성의 원칙은 알 필요가 있는 대상자에게 정보를 알려야 하고, 알 필요가 없는 대상자에게는 알려서는 안 된다는 것을 의미한다.

② 보안성의 원칙에 따라, 정보가 누설됨으로써 초래될 결과를 예방하기 위한 보안대책을 강구해야 한다.

③ 적시성의 원칙에 따라, 먼저 생산된 정보를 우선적으로 배포한다.

④ 계속성의 원칙은 정보가 필요한 기관에 배포되었다면 그 주제와 관련된 새로운 정보는 그 기관에 계속 배포해 주어야 한다는 것을 의미한다.

정답찾기

③ 정보는 <u>정보사용자의 정보소요시기</u>에 배포되어야 한다. 정보는 소요시기와 사용목적에 따라 시급하고 중요한 정보를 우선적으로 배포해야지 먼저 생산되었다고 우선적으로 배포하는 것은 적절하지 않다.

18 **정보의 배포수단에 대한 설명 중 가장 적절하지 않은 것은?**　14. 경찰승진

① 정기간행물에 포함시키는 것이 적절하지 못한 긴급한 정보, 즉 현용정보를 전달하는데 주로 사용하는 것이 전화(전신)이다.

② 정보사용자가 공식회의·행사 등에 참석하여 물리적인 접촉이 용이하지 않은 경우나 사실확인 차원의 단순 보고에 활용하는 방식이 휴대폰 문자메시지이다.

③ 배포수단의 결정요소로 정보내용의 형태와 양, 정보의 긴급성, 비밀등급, 정보의 사용목적 등이 있다.

④ 정보사용자 또는 다수 인원에 대하여 개인이 정보내용을 요약하여 구두로 설명하는 것이 브리핑이다.

정답찾기
① 지문의 내용은 메모(Memo)에 대한 설명이다.

19 **정보의 배포수단에 대한 설명 중 가장 적절하게 연결된 것은?**　17. 경찰

> ㉠ 통상 개인적인 대화의 형태로 이루어지며, 질문에 대한 답변이나 토의 형태로 직접 전달하는 방법이다.
>
> ㉡ 정보사용자 또는 다수 인원에게 신속히 전달하는 경우에 이용되는 방법으로 강연식이나 문답식으로 진행되며, 현용정보의 배포수단으로 많이 이용된다.
>
> ㉢ 정보분석관이 가장 많이 활용하는 방법으로 정기간행물에 포함시키는 것이 적절하지 못한 긴급한 정보를 전달하는 데 주로 사용되며, 신속성이 중요하다.
>
> ㉣ 매일 24시간에 걸친 정치, 경제, 사회, 문화 등 제반 정세의 변화를 중점적으로 망라한 보고서로 사전에 고안된 양식에 의해 매일 작성되며, 제한된 범위에서 배포된다.

	㉠	㉡	㉢	㉣
①	비공식적 방법	브리핑	메모	일일정보보고서
②	비공식적 방법	브리핑	전신	특별보고서
③	브리핑	비공식적 방법	메모	특별보고서
④	브리핑	비공식적 방법	전신	일일정보보고서

정답찾기
① 적절하게 연결된 것은 ㉠ 비공식적 방법, ㉡ 브리핑, ㉢ 메모, ㉣ 일일정보보고서이다.

Answer　16 ④　17 ③　18 ①　19 ①

20 정보생산자와 정보사용자의 관계에 있어 정보사용자로부터의 장애요인으로 볼 수 없는 것은?

20. 경찰승진

① 정책결정자의 선호정보
② 정보에 대한 과도한 기대
③ 판단의 불명확성
④ 판단정보의 소외

정답찾기
③ 지문은 정보생산자로부터의 장애요인에 해당한다.

■ 정보순환의 장애요인

정보생산자로부터의 장애요인	정보사용자로부터의 장애요인
다른 정보와의 경쟁	정책결정자의 시간적 제약성
편향적 분석의 문제	정책결정자의 선호정보
적시성의 문제	정책결정자의 자존심
적합성의 문제	정보에 대한 과도한 기대
판단의 불명확성	판단정보의 소외

제3절 집회 및 시위에 관한 법률

21 집회 및 시위에 관한 법률에서 사용하는 용어의 정의로 가장 적절하지 않은 것은?

16. 경찰

① '시위'란 여러 사람이 공동의 목적을 가지고 도로, 광장, 공원 등 일반인이 자유로이 통행할 수 있는 장소를 행진하거나 위력 또는 기세를 보여, 불특정한 여러 사람의 의견에 영향을 주거나 제압을 가하는 행위를 말한다.
② '주관자'란 자기 이름으로 자기 책임 아래 집회나 시위를 여는 사람이나 단체를 말한다. 주관자는 주최자를 따로 두어 집회 또는 시위의 실행을 맡아 관리하도록 위임할 수 있다. 이 경우 주최자는 그 위임의 범위 안에서 주관자로 본다.
③ '질서유지인'이란 주최자가 자신을 보좌하여 집회 또는 시위의 질서를 유지하게 할 목적으로 임명한 자를 말한다.
④ '옥외집회'란 천장이 없거나 사방이 폐쇄되지 아니한 장소에서 여는 집회를 말한다.

정답찾기
② '주최자(主催者)'란 자기 이름으로 자기 책임 아래 집회나 시위를 여는 사람이나 단체를 말한다. 주최자는 주관자(主管者)를 따로 두어 집회 또는 시위의 실행을 맡아 관리하도록 위임할 수 있다. 이 경우 주관자는 그 위임의 범위 안에서 주최자로 본다(집회 및 시위에 관한 법률 제2조 제3호).

22 **집회 및 시위에 관한 법률에 규정된 질서유지선에 관한 설명으로 가장 적절하지 않은 것은?** 15. 경찰승진

① 집회 시위의 보호와 공공의 질서유지를 위해 띠·줄·방책 등으로 설치할 수 있다.

② 경찰관서장은 질서유지선을 설정할 때에는 주최자 또는 연락책임자에게 이를 알려야 한다.

③ 일단 설정·고지된 질서유지선은 변경할 수 없다.

④ 질서유지선을 손괴할 경우 처벌할 수 있다.

> 정답찾기

③ 질서유지선의 설정 고지는 서면으로 하여야 한다. 다만, 집회 또는 시위 장소의 상황에 따라 질서유지선을 새로 설정하거나 변경하는 경우에는 집회 또는 시위의 장소에 있는 국가경찰공무원이 구두로 알릴 수 있다(집회 및 시위에 관한 법률 시행령 제13조 제2항).

■ **질서유지선 손괴시의 벌칙규정**

> 질서유지선을 경찰관의 경고에도 불구하고 정당한 사유 없이 상당 시간 침범하거나 손괴·은닉·이동 또는 제거하거나 그 밖의 방법으로 그 효용을 해친 자는 6개월 이하의 징역 또는 50만원 이하의 벌금·구류 또는 과료에 처한다(집회 및 시위에 관한 법률 제24조 제3호).

23 **집회 관리의 패러다임이 '준법보호 불법예방'으로 전환됨에 따라 집회 관리에 있어서 질서유지선의 역할과 중요성이 더욱 증대되고 있다. 질서유지선에 관한 설명으로 가장 적절하지 않은 것은?** 16. 경찰승진

① 적법한 집회·시위를 보호하고 질서유지 등을 목적으로 한다.

② 관할 경찰관서장은 집회 및 시위의 보호와 공공의 질서 유지를 위하여 필요하다고 인정하면 최소한의 범위를 정하여 질서유지선을 설정할 수 있다.

③ 경찰관서장이 질서유지선을 설정할 때에는 주최자 또는 연락책임자에게 이를 알려야 한다.

④ 질서유지선은 상징적 의미만 있을 뿐 손괴하더라도 이를 처벌하는 규정은 없다.

> 정답찾기

④ 질서유지선의 손괴에 대한 처벌규정이 있다.

24 집회 및 시위에 관한 법률 시행령상 질서유지선을 설정할 수 있는 경우로서 가장 적절하지 않은 것은? 16. 경찰승진

① 집회·시위의 장소를 한정할 필요가 있을 때

② 공공의 질서유지업무를 하는 경찰관의 신체를 보호할 필요가 있을 때

③ 집회·시위의 행진로를 위한 임시횡단보도를 설치할 필요가 있을 때

④ 통신시설에 접근하는 것을 금지할 필요가 있을 때

정답찾기

> **집회 및 시위에 관한 법률 시행령**
> **제13조 【질서유지선의 설정·고지 등】** ① 관할 경찰관서장은 집회 및 시위의 보호와 공공의 질서 유지를 위하여 다음 각 호의 어느 하나에 해당하는 경우에는 법 제13조 제1항에 따라 질서유지선을 설정할 수 있다.
> 1. 집회·시위의 장소를 한정하거나 집회·시위의 참가자와 일반인을 구분할 필요가 있을 경우
> 2. 집회·시위의 참가자를 일반인이나 차량으로부터 보호할 필요가 있을 경우
> 3. 일반인의 통행 또는 교통 소통 등을 위하여 필요할 경우
> 4. 다음 각 목의 어느 하나의 시설 등에 접근하거나 행진하는 것을 금지하거나 제한할 필요가 있을 경우
>   가. 법 제11조에 따른 집회 또는 시위가 금지되는 장소
>   나. 통신시설 등 중요시설
>   다. 위험물시설
>   라. 그 밖에 안전 유지 또는 보호가 필요한 재산·시설 등
> 5. 집회·시위의 행진로를 확보하거나 이를 위한 임시횡단보도를 설치할 필요가 있을 경우
> 6. 그 밖에 집회·시위의 보호와 공공의 질서 유지를 위하여 필요할 경우

25 집회 및 시위에 관한 법률 및 동법 시행령상 '질서유지선'에 관한 설명으로 가장 적절하지 않은 것은? 23. 승진

① 질서유지선을 경찰관의 경고에도 불구하고 정당한 사유 없이 상당 시간 침범하거나 손괴·은닉·이동 또는 제거하거나 그 밖의 방법으로 그 효용을 해친 자는 6개월 이하의 징역 또는 50만원 이하의 벌금·구류 또는 과료에 처한다.

② 옥외집회 및 시위의 신고를 받은 경찰관서장이 질서유지선을 설정할 때에는 주최자 또는 연락책임자에게 이를 알려야 한다.

③ 질서유지선의 설정 고지는 구두 또는 서면으로 할 수 있다. 다만, 집회 또는 시위 장소의 상황에 따라 질서유지선을 새로 설정하거나 변경하는 경우에는 집회 또는 시위의 장소에 있는 경찰공무원이 서면으로 알려야 한다.

④ 옥외집회나 시위의 신고를 받은 관할경찰관서장은 집회 및 시위의 보호와 공공의 질서 유지를 위하여 필요하다고 인정하면 최소한의 범위를 정하여 질서유지선을 설정할 수 있다.

정답찾기

③ 질서유지선의 설정 고지는 서면으로 하여야 한다. 다만, 집회 또는 시위 장소의 상황에 따라 질서유지선을 새로 설정하거나 변경하는 경우에는 집회 또는 시위의 장소에 있는 경찰공무원이 구두로 알릴 수 있다(집회 및 시위에 관한 법률 시행령 제13조 제2항).

26 「집회 및 시위에 관한 법률」 및 동법 시행령상 질서유지선에 대한 설명으로 가장 적절하지 않은 것은? (다툼이 있는 경우 판례에 의함)

25. 경위공채

① 질서유지선은 띠, 방책, 차선 등 물건 또는 도로교통법상 안전표지로 설정된 경계표지를 말하므로, 경찰관을 배치하는 방법으로 설정된 질서유지선은 이 법상 질서유지선에 해당하지 아니한다.

② 관할 경찰관서장은 집회 및 시위의 보호와 공공의 질서 유지를위하여 집회·시위의 장소를 한정하거나 집회·시위의 참가자와 일반인을 구분할 필요가 있을 경우에는 질서유지선을 설정할 수 있다.

③ 집회 또는 시위 장소의 상황에 따라 질서유지선을 새로 설정하거나 변경하는 경우에는 집회 또는 시위의 장소에 있는 경찰공무원이 주최자 또는 연락책임자에게 이를 구두로 알릴 수 있다.

④ 질서유지선은 집회 및 시위의 보호와 공공의 질서 유지를 위하여 필요하다고 인정되는 경우로서 이 법령상 질서유지선을 설정할 수 있는 사유에 해당한다면 반드시 집회 또는 시위가 이루어지는 장소 외곽의 경계지역에만 설정되어야 한다.

정답찾기

④ 집시법에서 정한 질서유지선은 집회 및 시위의 보호와 공공의 질서 유지를 위하여 필요하다고 인정되는 경우로서 집시법 시행령 제13조 제1항에서 정한 사유에 해당한다면 반드시 집회 또는 시위가 이루어지는 장소 외곽의 경계지역뿐만 아니라 <u>집회 또는 시위의 장소 안에도 설정할 수 있다고</u> 봄이 타당하나, 이러한 경우에도 그 질서유지선은 집회 및 시위의 보호와 공공의 질서 유지를 위하여 필요하다고 인정되는 최소한의 범위를 정하여 설정되어야 하고, 질서유지선이 위 범위를 벗어나 설정되었다면 이는 집시법 제13조 제1항에 위반되어 적법하다고 할 수 없다[대법원 2019.1.10, 선고 2016도21311 판결].

① [대법원 2019.1.10, 선고 2016도21311 판결]

② 집회 및 시위에 관한 법률 시행령 제13조 제1항 제1호

③ 집회 및 시위에 관한 법률 시행령 제13조 제2항

Answer 24 ② 25 ③ 26 ④

27 다음 중 집회 및 시위에 관한 법률에 관한 설명으로서 옳지 않은 것은 모두 몇 개인가? 11. 경찰

> ㉠ 옥외집회나 시위를 주최하려는 자는 신고서를 옥외집회나 시위를 시작하기 720시간 전부터 48시간 전에 관할 경찰관서장에게 제출하여야 한다.
> ㉡ 관할 경찰관서장은 신고서의 기재사항에 미비한 점을 발견하면 접수증을 교부한 때부터 12시간 이내에 주최자에게 24시간을 기한으로 그 기재사항을 보완할 것을 통고하여야 한다.
> ㉢ 이의신청을 받은 경찰관서의 장은 이의신청을 접수한 때부터 24시간 이내에 재결을 할 수 있다.
> ㉣ 이의신청인은 금지통고가 위법하거나 부당한 것으로 재결되거나 그 효력을 잃게 된 경우 처음 신고한 대로 집회 또는 시위를 개최할 수 있다.
> ㉤ 다만, ㉣의 사안에서 금지통고 등으로 시기를 놓친 경우에는 일시를 새로 정하여 집회 또는 시위를 시작하기 12시간 전에 관할 경찰관서장에게 신고함으로써 집회 또는 시위를 개최할 수 있다.

① 1개   ② 2개   ③ 3개   ④ 4개

정답찾기

옳지 않은 것은 ㉡㉢㉤ 3개이다.
㉡ 관할 경찰관서장은 신고서의 기재사항에 미비한 점을 발견하면 접수증을 교부한 때부터 <u>12시간 이내에 주최자에게 24시간을 기한으로</u> 그 기재사항을 보완할 것을 통고<u>할 수 있다</u>(집회 및 시위에 관한 법률 제7조 제1항).
㉢ 이의신청을 받은 경찰관서의 장은 접수 일시를 적은 접수증을 이의신청인에게 즉시 내주고 접수한 때부터 24시간 이내에 재결(裁決)을 <u>하여야 한다</u>. 이 경우 접수한 때부터 24시간 이내에 재결서를 발송하지 아니하면 관할 경찰관서장의 금지통고는 소급하여 그 효력을 잃는다(집회 및 시위에 관한 법률 제9조 제2항).
㉤ 이의신청인은 금지통고가 위법하거나 부당한 것으로 재결되거나 그 효력을 잃게 된 경우 처음 신고한 대로 집회 또는 시위를 개최할 수 있다. 다만, 금지통고 등으로 시기를 놓친 경우에는 일시를 새로 정하여 집회 또는 시위를 시작하기 <u>24시간 전에</u> 관할 경찰관서장에게 신고함으로써 집회 또는 시위를 개최할 수 있다(집회 및 시위에 관한 법률 제9조 제3항).

28 집회 및 시위에 관한 법률상 다음 설명 중 옳은 것은 모두 몇 개인가? 12. 경찰

> ㉠ '시위'란 여러 사람이 공동의 목적을 가지고 도로, 광장, 공원 등 일반인이 자유로이 통행할 수 있는 장소를 행진하거나 위력 또는 기세를 보여, 불특정한 여러 사람의 의견에 영향을 주거나 제압을 가하는 행위를 말한다.
> ㉡ 옥외집회나 시위를 주최하려는 자는 그에 관한 신고서를 옥외집회나 시위를 시작하기 720시간 전부터 48시간 전에 관할 경찰서장에게 제출하여야 한다. 다만, 옥외집회 또는 시위 장소가 두 곳 이상의 경찰서의 관할에 속하는 경우에는 주최지를 관할하는 경찰서장에게 제출하여야 하고, 두 곳 이상의 시·도경찰청 관할에 속하는 경우에는 주최지를 관할하는 시·도경찰청장에게 제출하여야 한다.
> ㉢ 집회 또는 시위의 주최자는 금지통고를 받은 날로부터 10일 이내에 금지통고를 한 경찰관서장에게 이의신청을 할 수 있다.
> ㉣ 금지통고에 따른 이의신청을 받은 경찰관서의 장은 접수일시를 적은 접수증을 이의신청인에게 즉시 내주고 접수한 때부터 12시간 이내에 재결을 하여야 한다. 이 경우 접수한 때부터 12시간 이내에 재결서를 발송하지 아니하면 관할 경찰관서장의 금지통고는 소급하여 그 효력을 잃는다.

① 1개   ② 2개   ③ 3개   ④ 4개

정답찾기

옳은 것은 ㉠ 1개이다.

㉡ 옥외집회나 시위를 주최하려는 자는 그에 관한 사항 모두를 적은 신고서를 옥외집회나 시위를 시작하기 720시간 전부터 48시간 전에 관할 경찰서장에게 제출하여야 한다. 다만, 옥외집회 또는 시위 장소가 두 곳 이상의 경찰서의 관할에 속하는 경우에는 관할 시·도경찰청장에게 제출하여야 하고, 두 곳 이상의 시·도경찰청 관할에 속하는 경우에는 주최지를 관할하는 시·도경찰청장에게 제출하여야 한다(집회 및 시위에 관한 법률 제6조 제1항).

㉢ 집회 또는 시위의 주최자는 금지통고를 받은 날부터 10일 이내에 해당 경찰관서의 바로 위의 상급경찰관서의 장에게 이의를 신청할 수 있다(집회 및 시위에 관한 법률 제9조 제1항).

㉣ 이의신청을 받은 경찰관서의 장은 접수 일시를 적은 접수증을 이의신청인에게 즉시 내주고 접수한 때부터 24시간 이내에 재결(裁決)을 하여야 한다. 이 경우 접수한 때부터 24시간 이내에 재결서를 발송하지 아니하면 관할 경찰관서장의 금지통고는 소급하여 그 효력을 잃는다(집회 및 시위에 관한 법률 제9조 제2항).

29 다음 보기 중 '집회 및 시위에 관한 법률'에 대한 설명으로 옳은 것은 모두 몇 개인가? 14. 경찰

> ㉠ 옥외집회 또는 시위 장소가 두 곳 이상의 경찰서의 관할에 속하는 경우에는 관할 시·도경찰청장에게 제출하여야 하고, 두 곳 이상의 시·도경찰청 관할에 속하는 경우에는 경찰청장에게 제출하여야 한다.
> ㉡ 관할 경찰관서장은 '집회 및 시위에 관한 법률' 제6조 제1항에 따른 신고서의 기재사항에 미비한 점을 발견하면 접수증을 교부한 때부터 24시간 이내에 주최자에게 12시간을 기한으로 그 기재사항을 보완할 것을 통고할 수 있다.
> ㉢ 금지통고를 받은 주최자는 금지통고를 받은 날로부터 10일 이내에 해당 경찰관서의 바로 위의 상급 경찰관서의 장에게 이의를 신청할 수 있다.
> ㉣ '주최자'라 함은 자기 이름으로 자기 책임 아래 집회 또는 시위를 개최하는 사람 또는 단체를 말하며, 주최자는 질서유지인을 따로 두어 집회 또는 시위의 실행을 맡아 관리하도록 위임할 수 있다.
> ㉤ 집회 또는 시위의 주최자 및 질서유지인은 특정한 사람이나 단체가 집회나 시위에 참가하는 것을 막을 수 있다. 다만, 언론사의 기자는 출입이 보장되어야 하며, 이 경우 기자는 신분증을 제시하고 기자임을 표시한 완장을 착용하여야 한다.

① 1개　　　　② 2개　　　　③ 3개　　　　④ 4개

정답찾기

옳은 것은 ㉢㉤ 2개이다.

㉠ 옥외집회나 시위를 주최하려는 자는 그에 관한 사항 모두를 적은 신고서를 옥외집회나 시위를 시작하기 720시간 전부터 48시간 전에 관할 경찰서장에게 제출하여야 한다. 다만, 옥외집회 또는 시위 장소가 두 곳 이상의 경찰서의 관할에 속하는 경우에는 관할 시·도경찰청장에게 제출하여야 하고, 두 곳 이상의 시·도경찰청 관할에 속하는 경우에는 주최지를 관할하는 시·도경찰청장에게 제출하여야 한다(집회 및 시위에 관한 법률 제6조 제1항).

㉡ 관할 경찰관서장은 신고서의 기재사항에 미비한 점을 발견하면 접수증을 교부한 때부터 12시간 이내에 주최자에게 24시간을 기한으로 그 기재사항을 보완할 것을 통고할 수 있다(집회 및 시위에 관한 법률 제7조 제1항).

㉣ '주최자(主催者)'란 자기 이름으로 자기 책임 아래 집회나 시위를 여는 사람이나 단체를 말한다. 주최자는 주관자(主管者)를 따로 두어 집회 또는 시위의 실행을 맡아 관리하도록 위임할 수 있다. 이 경우 주관자는 그 위임의 범위 안에서 주최자로 본다(집회 및 시위에 관한 법률 제2조 제3호).

Answer　27 ③　28 ①　29 ②

30 집회 및 시위에 관한 법률에 대한 설명으로 가장 적절한 것은?   17. 경찰

① '주관자(主管者)'란 자기 이름으로 자기 책임 아래 집회나 시위를 여는 사람이나 단체를 말한다.
② 집회 또는 시위의 주관자는 집회 또는 시위의 질서유지에 관하여 자신을 보좌하도록 18세 이상의 사람을 질서유지인으로 임명하여야 한다.
③ 주최자는 신고한 옥외집회 또는 시위를 하지 아니하게 된 경우에는 신고서에 적힌 집회 일시 24시간 전에 그 철회사유 등을 적은 철회신고서를 관할 경찰관서장에게 제출하여야 한다.
④ 관할 경찰서장 또는 시·도경찰청장은 신고서를 접수하면 신고자에게 접수 일시를 적은 접수증을 12시간 이내에 내주어야 한다.

> 정답찾기
> ① '주최자(主催者)'란 자기 이름으로 자기 책임 아래 집회나 시위를 여는 사람이나 단체를 말한다. 주최자는 주관자(主管者)를 따로 두어 집회 또는 시위의 실행을 맡아 관리하도록 위임할 수 있다. 이 경우 주관자는 그 위임의 범위 안에서 주최자로 본다(집회 및 시위에 관한 법률 제2조 제3호).
> ② 집회 또는 시위의 주최자는 집회 또는 시위의 질서유지에 관하여 자신을 보좌하도록 18세 이상의 사람을 질서유지인으로 임명할 수 있다(집회 및 시위에 관한 법률 제16조 제2항).
> ④ 관할 경찰서장 또는 시·도경찰청장은 신고서를 접수하면 신고자에게 접수 일시를 적은 접수증을 즉시 내주어야 한다(집회 및 시위에 관한 법률 제6조 제2항).

31 다음 중 집회 및 시위에 관한 법률에 대한 설명으로 적절한 것은 모두 몇 개인가?   18. 경찰

> ㉠ 집회 또는 시위의 주최자 및 질서유지인은 특정한 사람이나 단체가 집회나 시위에 참가하는 것을 막을 수 있다. 다만, 언론사의 기자는 출입이 보장되어야 하며, 이 경우 기자는 신분증을 제시하고 기자임을 표시한 완장을 착용하여야 한다.
> ㉡ 단체는 집회 및 시위에 관한 법률상 '주최자'가 될 수 없다.
> ㉢ 집회 또는 시위의 주최자는 집회 또는 시위의 질서유지에 관하여 자신을 보좌하도록 18세 이상의 사람을 질서유지인으로 임명할 수 있다.
> ㉣ 학문, 예술, 체육, 종교, 의식, 친목, 오락, 관혼상제 및 국경행사에 관한 집회에는 '확성기 등 사용의 제한'에 관한 규정을 적용하지 아니한다.

① 1개   ② 2개   ③ 3개   ④ 모두 옳다

> 정답찾기
> 지문의 내용 중 적절한 것은 ㉠㉢이다.
> ㉡ '주최자(主催者)'란 자기 이름으로 자기 책임 아래 집회나 시위를 여는 사람이나 단체를 말한다. 주최자는 주관자(主管者)를 따로 두어 집회 또는 시위의 실행을 맡아 관리하도록 위임할 수 있다. 이 경우 주관자는 그 위임의 범위 안에서 주최자로 본다(집회 및 시위에 관한 법률 제2조 제3호).
> ㉣ 학문, 예술, 체육, 종교, 의식, 친목, 오락, 관혼상제(冠婚喪祭) 및 국경행사(國慶行事)에 관한 집회에는 제6조부터 제12조까지의 규정을 적용하지 아니한다(집회 및 시위에 관한 법률 제15조). 확성기 등 사용의 제한 규정(제14조)은 적용된다.

32 **집회 및 시위에 관한 법률에 대한 설명으로 가장 적절한 것은?** 18. 경찰

① '주최자'란 자기 이름으로 자기 책임 아래 집회나 시위를 여는 사람이나 단체를 말한다. 주최자는 질서유지인을 따로 두어 집회 또는 시위의 실행을 맡아 관리하도록 위임할 수 있다.

② 집회 또는 시위의 주최자는 집회 또는 시위의 질서 유지에 관하여 자신을 보좌하도록 18세 이상의 사람을 질서유지인으로 임명하여야 한다.

③ 옥외집회 또는 시위 장소가 두 곳 이상의 경찰서의 관할에 속하는 경우에는 관할 시·도경찰청장에게 신고서를 제출해야 하고, 두 곳 이상의 시·도경찰청 관할에 속하는 경우에는 경찰청장에게 신고서를 제출하여야 한다.

④ 집회 또는 시위의 주최자는 집회 또는 시위에 있어서의 질서를 유지할 수 없으면 그 집회 또는 시위의 종결을 선언하여야 한다.

정답찾기

① '주최자(主催者)'란 자기 이름으로 자기 책임 아래 집회나 시위를 여는 사람이나 단체를 말한다. 주최자는 주관자(主管者)를 따로 두어 집회 또는 시위의 실행을 맡아 관리하도록 위임할 수 있다. 이 경우 주관자는 그 위임의 범위 안에서 주최자로 본다(집회 및 시위에 관한 법률 제2조 제3호).

② 집회 또는 시위의 주최자는 집회 또는 시위의 질서유지에 관하여 자신을 보좌하도록 18세 이상의 사람을 질서유지인으로 임명할 수 있다(집회 및 시위에 관한 법률 제16조 제2항).

③ 옥외집회나 시위를 주최하려는 자는 그에 관한 사항 모두를 적은 신고서를 옥외집회나 시위를 시작하기 720시간 전부터 48시간 전에 관할 경찰서장에게 제출하여야 한다. 다만, 옥외집회 또는 시위 장소가 두 곳 이상의 경찰서의 관할에 속하는 경우에는 관할 시·도경찰청장에게 제출하여야 하고, 두 곳 이상의 시·도경찰청 관할에 속하는 경우에는 주최지를 관할하는 시·도경찰청장에게 제출하여야 한다(집회 및 시위에 관한 법률 제6조 제1항).

33 **집회 및 시위에 관한 법률상 주최자와 질서유지인의 준수 사항에 대한 설명으로 가장 적절하지 않은 것은?** 22. 경찰간부

① 집회 또는 시위의 주최자는 집회 또는 시위의 질서 유지에 관하여 자신을 보좌하도록 18세 이상의 사람을 질서유지인으로 임명하여야 한다.

② 집회 또는 시위의 주최자는 질서를 유지할 수 없으면 그 집회 또는 시위의 종결을 선언하여야 한다.

③ 질서유지인은 참가자 등이 질서유지인임을 쉽게 알아볼 수 있도록 완장, 모자, 어깨띠, 상의 등을 착용하여야 한다.

④ 관할경찰관서장은 집회 또는 시위의 주최자와 협의하여 질서유지인의 수를 적절하게 조정할 수 있다.

정답찾기

① 집회 또는 시위의 주최자는 집회 또는 시위의 질서 유지에 관하여 자신을 보좌하도록 18세 이상의 사람을 질서유지인으로 임명할 수 있다(집회 및 시위에 관한 법률 제16조 제2항).

Answer 30 ③ 31 ② 32 ④ 33 ①

34 집회 및 시위에 관한 법률 제3조(집회 및 시위에 대한 방해금지)에 대한 설명으로 가장 적절한 것은? 20. 경찰승진

① 집회 및 시위에 관한 법률 제3조 제2항은 누구든지 폭행, 협박, 그 밖의 방법으로 집회 또는 시위의 주최자나 질서유지인, 연락책임자의 이 법의 규정에 따른 임무수행을 방해하여서는 아니 된다고 규정하고 있다.

② 집회 또는 시위의 주최자는 평화적인 집회 또는 시위가 방해 받을 염려가 있다고 인정되면 관할 경찰관서에 보호를 요청할 수 있다.

③ 주최자의 평화적 집회 시위 보호요청에 대해 관할 경찰관서의 장이 정당한 사유 없이 거절한 경우, 집회 및 시위에 관한 법률에 처벌규정이 있다.

④ 집회 및 시위에 관한 법률 제22조 제1항은 군인·검사 또는 경찰관이 제3조 제1항 또는 제2항을 위반한 경우에는 5년 이하의 징역 또는 500만원 이하의 벌금에 처한다고 규정하고 있다.

> **정답찾기**
> ① 누구든지 폭행, 협박, 그 밖의 방법으로 집회 또는 시위의 주최자나 질서유지인의 이 법의 규정에 따른 임무 수행을 방해하여서는 아니 된다(집회 및 시위에 관한 법률 제3조 제2항).
> ③ 사안의 경우 집회 및 시위에 관한 법률에 처벌규정이 없다.
> ④ 제3조 제1항 또는 제2항을 위반한 자는 3년 이하의 징역 또는 300만원 이하의 벌금에 처한다. 다만, 군인·검사 또는 경찰관이 제3조 제1항 또는 제2항을 위반한 경우에는 5년 이하의 징역에 처한다(집회 및 시위에 관한 법률 제22조 제1항).

35 집회 및 시위에 관한 법률에 대한 설명으로 가장 적절한 것은? 20. 경찰

① 적법한 절차에 따라 설정한 질서유지선을 경찰관의 경고에도 불구하고 정당한 사유 없이 상당 시간 침범하거나 손괴·은닉·이동 또는 제거하거나 그 밖의 방법으로 그 효용을 해친 자는 6개월 이하의 징역 또는 50만원 이하의 벌금·구류 또는 과료에 처한다.

② 옥외집회 또는 시위 장소가 두 곳 이상의 경찰서의 관할에 속하는 경우에는 주최지를 관할하는 경찰서장에게 신고서를 제출하여야 한다.

③ 관할 경찰서장은 신고서의 기재사항에 미비한 점을 발견하면 접수증을 교부한 때부터 12시간 이내에 주최자에게 24시간을 기한으로 그 기재사항을 보완할 것을 통고하여야 한다.

④ '주관자'란 자기 이름으로 자기 책임 아래 집회나 시위를 여는 사람이나 단체를 말한다. 주관자는 주최자를 따로 두어 집회 또는 시위의 실행을 맡아 관리하도록 위임할 수 있다.

> **정답찾기**
> ② 옥외집회 또는 시위 장소가 두 곳 이상의 경찰서의 관할에 속하는 경우에는 관할 시·도경찰청장에게 신고서를 제출하여야 한다(집회 및 시위에 관한 법률 제6조 제1항).
> ③ 관할 경찰관서장은 신고서의 기재사항에 미비한 점을 발견하면 접수증을 교부한 때부터 12시간 이내에 주최자에게 24시간을 기한으로 그 기재사항을 보완할 것을 통고할 수 있다(집회 및 시위에 관한 법률 제7조 제1항).
> ④ 지문의 내용은 주최자에 대한 설명이다. '주최자(主催者)'란 자기 이름으로 자기 책임 아래 집회나 시위를 여는 사람이나 단체를 말한다. 주최자는 주관자(主管者)를 따로 두어 집회 또는 시위의 실행을 맡아 관리하도록 위임할 수 있다. 이 경우 주관자는 그 위임의 범위 안에서 주최자로 본다(집회 및 시위에 관한 법률 제2조 제3호).

36 집회 및 시위에 관한 법률 및 집회 및 시위에 관한 법률 시행령에 대한 설명으로 가장 적절한 것은? 　20. 경찰

① 집회 또는 시위의 주최자는 금지통고를 받은 날부터 7일 이내에 해당 경찰관서의 바로 위의 상급경찰관서의 장에게 이의를 신청할 수 있다.

② 집회 또는 시위 금지통고에 대해 이의 신청을 받은 경찰관서장은 24시간 이내에 금지를 통고한 경찰관서장에게 이의신청의 취지와 이유를 알리고, 답변서의 제출을 명하여야 한다.

③ 주최자는 신고한 옥외집회 또는 시위를 하지 아니하게 된 경우에는 신고서에 적힌 집회 일시 12시간 전에 철회신고서를 관할 경찰관서장에게 제출하여야 한다.

④ 관할 경찰관서장은 집회 및 시위 참가자들이 자진 해산 요청에 따르지 아니하는 경우, 세 번 이상 자진 해산할 것을 명령하고 그 이후에도 해산하지 아니하면 직접 해산시킬 수 있다.

┌─ 정답찾기 ─
① 집회 또는 시위의 주최자는 금지통고를 받은 날부터 <u>10일</u> 이내에 해당 경찰관서의 바로 위의 상급경찰관서의 장에게 이의를 신청할 수 있다(집회 및 시위에 관한 법률 제9조 제1항).

② 이의 신청을 받은 경찰관서장은 즉시 집회 또는 시위의 금지를 통고한 경찰관서장에게 이의신청의 취지와 이유(이의신청시 증거서류나 증거물을 제출한 경우에는 그 요지를 포함한다)를 알리고, 답변서의 제출을 명하여야 한다(집회 및 시위에 관한 법률 시행령 제8조 제1항). 이의 신청을 받은 경찰관서의 장은 접수 일시를 적은 접수증을 이의 신청인에게 즉시 내주고 접수한 때부터 24시간 이내에 재결(裁決)을 하여야 한다(집회 및 시위에 관한 법률 제9조 제2항).

③ 주최자는 신고한 옥외집회 또는 시위를 하지 아니하게 된 경우에는 신고서에 적힌 집회 일시 <u>24시간</u> 전에 그 철회사유 등을 적은 철회신고서를 관할 경찰관서장에게 제출하여야 한다(집회 및 시위에 관한 법률 제6조 제3항).

37 집회 및 시위에 관한 법률 및 집회 및 시위에 관한 법률 시행령상 질서유지선에 대한 설명으로 가장 적절한 것은? 　21. 경찰

① 관할 경찰관서장은 집회 및 시위의 보호와 공공의 질서 유지를 위하여 집회·시위의 행진로를 확보하거나 이를 위한 임시횡단보도를 설치할 필요가 있을 경우에는 「집회 및 시위에 관한 법률」 제13조 제1항에 따라 질서유지선을 설정할 수 있다.

② 경찰관서장이 질서유지선을 설정할 때에는 주최자 또는 연락책임자에게 이를 서면으로 고지하여야 하며, 이러한 과정을 통해 설정·고지된 질서유지선은 추후에 변경할 수 없다.

③ 옥외집회 및 시위의 신고를 받은 관할 경찰관서장은 집회 및 시위의 보호와 공공의 질서 유지를 위하여 필요하다고 인정하면 최대한의 범위를 정하여 질서유지선을 설정할 수 있다.

④ 집회 및 시위에 관한 법률 제13조에 따라 설정한 질서유지선을 경찰관의 경고에도 불구하고 정당한 사유 없이 상당 시간 침범하거나 손괴·은닉·이동 또는 제거하거나 그 밖의 방법으로 그 효용을 해친 자는 6개월 이하의 징역 또는 500만원 이하의 벌금·구류 또는 과료에 처한다.

┌─ 정답찾기 ─
② 질서유지선은 집회 또는 시위 장소의 상황에 따라 질서유지선을 새로 설정하거나 <u>변경할 수 있다</u>(집회 및 시위에 관한 법률 시행령 제13조 제2항).

③ 신고를 받은 관할경찰관서장은 집회 및 시위의 보호와 공공의 질서 유지를 위하여 필요하다고 인정하면 <u>최소한의 범위</u>를 정하여 질서유지선을 설정할 수 있다(집회 및 시위에 관한 법률 제13조 제1항).

④ 사안의 경우 6개월 이하의 징역 또는 <u>50만원 이하</u>의 벌금·구류 또는 과료에 처한다(집회 및 시위에 관한 법률 제24조 제3호).

Answer 　34 ② 　35 ① 　36 ④ 　37 ①

38 집회 및 시위에 관한 법률 시행령 제14조 별표 2의 확성기 등의 소음기준[단위 : Leq dB(A)] 및 소음 측정 방법에 대한 내용으로 가장 적절하지 않은 것은? 18. 경찰 변형

① 등가소음도(Leq)를 기준으로 주거지역, 학교, 종합병원에서 주간(07:00~해지기 전)에 확성기 등의 소음기준은 60dB이하이다.

② 최고소음도(Lmax)를 기준으로 그 밖의 지역은 90dB 이하의 소음기준이 적용된다.

③ 소음 측정 장소는 피해자가 위치한 건물 외벽에서 소음원 방향으로 1~3.5m 떨어진 지점으로 하되, 소음도가 높을 것으로 예상되는 지점의 지면 위 1.2~1.5m 높이에서 측정하고, 주된 건물의 경비 등을 위하여 사용되는 부속 건물, 광장·공원이나 도로상의 영업시설물, 공원의 관리사무소 등도 소음 측정 장소로 포함된다.

④ 확성기 등의 소음은 관할 경찰서장(현장 경찰공무원)이 측정한다.

> 정답찾기
> ③ 소음 측정 장소는 피해자가 위치한 건물의 외벽에서 소음원 방향으로 1~3.5m 떨어진 지점으로 하되, 소음도가 높을 것으로 예상되는 지점의 지면 위 1.2~1.5m 높이에서 측정한다. 다만, 주된 건물의 경비 등을 위하여 사용되는 <u>부속 건물, 광장·공원이나 도로상의 영업시설물, 공원의 관리사무소 등은 소음 측정 장소에서 제외한다.</u>

■ 확성기 등의 소음기준 [단위 : dB(A)]

소음도 구분		대상 지역	시간대		
			주간 (07:00~해지기 전)	야간 (해진 후~24:00)	심야 (00:00~07:00)
대상 소음도	등가소음도 (Leq)	주거지역, 학교, 종합병원	60 이하	50 이하	45 이하
		공공도서관	60 이하	55 이하	
		그 밖의 지역	70 이하	60 이하	
	최고소음도 (Lmax)	주거지역, 학교, 종합병원	80 이하	70 이하	65 이하
		공공도서관	80 이하	75 이하	
		그 밖의 지역	90 이하		

39 집회 및 시위에 관한 법률 및 집회 및 시위에 관한 법률 시행령에 대한 설명으로 적절하지 않은 것은 모두 몇 개인가?

21. 경찰

> ⊙ 집회 또는 시위의 주최자는 확성기등을 사용하여 타인에게 심각한 피해를 주는 소음으로서 주거·학교·종합병원 지역에서 주간(07:00~해지기 전)에 등가소음도(Leq) 60dB(A)이하의 기준을 위반하는 소음을 발생시켜서는 아니 된다.
>
> ⓛ 확성기등의 소음은 관할 경찰서장(현장 경찰공무원)이 측정하며, 소음 측정 장소는 피해자가 위치한 건물의 외벽에서 소음원 방향으로 1~3.5m 떨어진 지점으로 하되, 소음도가 높을 것으로 예상되는 지점의 지면 위 1.2~1.5m 높이에서 측정한다. 다만, 주된 건물의 경비 등을 위하여 사용되는 부속건물, 광장·공원이나 도로상의 영업시설물, 공원의 관리사무소 등은 소음 측정 장소에서 제외한다.
>
> ⓒ 관할 경찰관서장은 집회 또는 시위의 주최자가 대통령령으로 정하는 기준을 초과하는 소음을 발생시켜 타인에게 피해를 주는 경우에는 그 기준 이하의 소음 유지 또는 확성기등의 사용 중지를 명하거나 확성기등의 일시보관 등 필요한 조치를 할 수 있다.
>
> ⓔ 집회 및 시위에 관한 법률 제14조(확성기 등 사용의 제한)는 예술·체육·종교 등에 관한 집회 및 1인 시위에도 적용된다.

① 1개   ② 2개   ③ 3개   ④ 4개

정답찾기

지문의 내용 중 적절하지 않은 것은 ⓔ이다.
ⓔ 1인 시위의 경우 집시법 규정이 적용되지 않는다.

40 「집회 및 시위에 관한 법률」과 같은 법 시행령에 규정된 확성기등의 소음기준 및 측정방법에 관한 설명으로 가장 적절한 것은?(다툼이 있는 경우 판례에 의함)

24. 경찰

① 확성기 등의 소음은 관할 경찰서장(현장 경찰공무원)과 주최자가 임명한 자가 함께 측정한다.

② 등가소음도와 최고소음도를 측정하는 데 있어서 대상 지역을 주거지역·학교·종합병원, 공공도서관, 그 밖의 지역으로 구분하고 시간대를 주간과 야간으로만 구분하여 각기 차별적인 등가소음도와 최고소음도 기준을 적용한다.

③ 등가소음도는 10분간(소음 발생 시간이 10분 이내인 경우에는 그 발생 시간 동안을 말한다) 측정한다. 다만, 주거지역, 학교, 종합병원, 공공도서관의 경우에는 등가소음도를 5분간(소음 발생 시간이 5분 이내인 경우에는 그 발생 시간 동안을 말한다) 측정한다.

④ 확성기 등 사용을 제한하는 규정 도입 취지에 따라 신고대상 집회·시위가 아닌 경우뿐만 아니라 1인 시위의 경우에도 소음제한 규정을 동일하게 적용한다.

정답찾기

① 확성기 등의 소음은 관할 경찰서장(현장 경찰공무원)이 측정한다.
② 시간대를 주간(07:00~해지기 전), 야간(해진 후~24:00), 심야(00:00~07:00)로 구분하고 각각의 소음기준을 적용한다.
④ 1인 시위의 경우 집회 및 시위에 관한 법률을 적용할 수 없으므로 소음제한 규정이 적용되지 않는다.

Answer   38 ③   39 ①   40 ③

41 집회 및 시위에 관한 법률 시행령상 집회시위의 해산절차로 가장 적절한 것은? 23. 경찰승진

① 자진 해산의 요청 ⇨ 해산명령 ⇨ 종결선언의 요청 ⇨ 직접해산
② 자진 해산의 요청 ⇨ 종결선언의 요청 ⇨ 해산명령 ⇨ 직접해산
③ 종결선언의 요청 ⇨ 자진 해산의 요청 ⇨ 해산명령 ⇨ 직접해산
④ 종결선언의 요청 ⇨ 해산명령 ⇨ 자진 해산의 요청 ⇨ 직접해산

정답찾기
집회 또는 시위의 해산은 종결선언의 요청 ⇨ 자진 해산의 요청 ⇨ 해산명령 ⇨ 직접 해산의 순으로 진행된다(집회 및 시위에 관한 법률 시행령 제17조).

42 집회 및 시위의 해산에 대한 설명으로 가장 적절하지 않은 것은? 15. 경찰승진

① 해산명령은 경찰관서장만이 할 수 있으므로 경찰관서장으로부터 권한을 부여받은 경비과장은 할 수 없다.
② 일반적으로 종결선언 요청 ⇨ 자진해산 요청 ⇨ 해산명령 ⇨ 직접해산의 순서로 진행한다.
③ 종결선언은 주최자에게 요청하되, 주최자의 소재를 알 수 없는 경우에는 주관자·연락책임자 또는 질서유지인을 통하여 종결선언을 요청할 수 있다.
④ 해산명령은 참가자들이 해산할 수 있는 시간적 여유를 두면서 3회 이상 발령하여야 한다.

정답찾기
집회 및 시위에 관한 법률 시행령
제17조【집회 또는 시위의 자진해산의 요청 등】 법 제20조에 따라 집회 또는 시위를 해산시키려는 때에는 관할 경찰관서장 또는 관할 경찰관서장으로부터 권한을 부여받은 경찰공무원은 다음 각 호의 순서에 따라야 한다. 다만, 법 제20조 제1항 제1호·제2호 또는 제4호에 해당하는 집회·시위의 경우와 주최자·주관자·연락책임자 및 질서유지인이 집회 또는 시위 장소에 없는 경우에는 종결선언의 요청을 생략할 수 있다.

43 집회 및 시위의 해산절차에 대한 설명으로 가장 적절하지 않은 것은? 17. 경찰승진

① 자진해산 요청은 집회참가자들에게 직접 한다.
② 해산명령은 1회로도 족하나, 자진해산 요청은 반드시 3회 이상 일정한 시간적 간격을 두고 실시해야 한다.
③ 경찰서장은 집회주최자에게 종결선언을 요청할 수 있다.
④ 해산절차 이행에 대한 기록을 남겨 사후 사법처리에 대비한다.

정답찾기
② 자진 해산 요청에 따르지 아니하는 경우에는 세 번 이상 자진 해산할 것을 명령하고, 참가자들이 해산명령에도 불구하고 해산하지 아니하면 직접 해산시킬 수 있다(집회 및 시위에 관한 법률 시행령 제17조 제3호).

44 집회 및 시위 관리에 대한 설명으로 가장 적절하지 않은 것은? (다툼이 있으면 판례에 의함) 17. 경찰승진

① 관할 경찰관서장 또는 관할 경찰관서장으로부터 권한을 부여받은 국가경찰공무원은 집회 또는 시위를 해산 시키는 주체가 될 수 있다.

② 주최자에게 집회 또는 시위의 종결선언을 요청하되, 주최자의 소재를 알 수 없는 경우에는 주관자·연락책 임자 또는 질서유지인을 통하여 종결선언을 요청할 수 있다.

③ 질서유지선으로 사람의 대열, 버스 등 차량은 사용할 수 있으나, 인도경계석·차선 등 지상물은 사용할 수 없다.

④ 자진해산을 요청할 때는 반드시 '자진해산'이라는 용어를 사용하여 요청할 필요는 없고, 해산을 요청하는 언 행 중에 스스로 해산하도록 청하는 취지가 포함되어 있으면 된다.

> 정답찾기

③ '질서유지선'이란 관할 경찰서장이나 시·도경찰청장이 적법한 집회 및 시위를 보호하고 질서유지나 원활한 교통 소통을 위하여 집 회 또는 시위의 장소나 행진 구간을 일정하게 구획하여 설정한 띠, 방책(防柵), 차선(車線) 등의 경계 표지(標識)를 말한다(집회 및 시위에 관한 법률 제2조 제5호).

■ **질서유지선 관련 판례**

질서유지선은 띠, 방책, 차선 등과 같이 경계표지로 기능할 수 있는 물건 또는 도로교통법상 안전표지라고 봄이 타당하므로, 경찰관 들이 집회 또는 시위가 이루어지는 장소의 외곽이나 그 장소 안에서 줄지어 서는 등의 방법으로 사실상 질서유지선의 역할을 수행한 다고 하더라도 이를 가리켜 집시법에서 정한 질서유지선이라고 할 수는 없다[대법원 2019.1.10, 선고, 2016도21311, 판결].
피고인 등 시위대가 경찰에 대하여 유형력을 행사할 당시 경찰의 차벽 설치 및 시민통행로 운용이 현저히 합리성을 잃어 위법하다고 평가할 수 없고, … 중략 … 차벽의 설치는, ① 집회 및 시위 장소와 행진의 구간을 사전에 안내하기 위한 것이 아니라 긴급한 상황에 서 참가자들의 행진을 제지하기 위해 이루어진 것일 뿐, 경찰이 차벽을 집시법상의 질서유지선으로 사용할 의사였다거나 설치된 차벽이 객관적으로 질서유지선의 역할을 한 것으로 보이지는 아니하며, ② 경찰관 직무집행법 제6조의 요건을 충족하였으므로 적법 하다[대법원 2017.5.31, 선고, 2016도21077, 판결].
이 사건 통행제지행위(차벽설치)는 서울광장에서 개최될 여지가 있는 일체의 집회를 금지하고 일반시민들의 통행조차 금지하는 전 면적이고 광범위하며 극단적인 조치이므로 집회의 조건부 허용이나 개별적 집회의 금지나 해산으로는 방지할 수 없는 급박하고 명 백하며 중대한 위험이 있는 경우에 한하여 비로소 취할 수 있는 거의 마지막 수단에 해당한다. 서울광장 주변에 노무현 전 대통령을 추모하는 사람들이 많이 모여 있었다거나 일부 시민들이 서울광장 인근에서 불법적인 폭력행위를 저지른 바 있다고 하더라도 그것 만으로 폭력행위일로부터 4일 후까지 이러한 조치를 그대로 유지해야 할 급박하고 명백한 불법·폭력 집회나 시위의 위험성이 있었 다고 할 수 없으므로 이 사건 통행제지행위는 당시 상황에 비추어 필요최소한의 조치였다고 보기 어렵고, 가사 전면적이고 광범위한 집회방지조치를 취할 필요성이 있었다고 하더라도, 서울광장에의 출입을 완전히 통제하는 경우 일반시민들의 통행이나 여가·문화 활동 등의 이용까지 제한되므로 서울광장의 몇 군데라도 통로를 개설하여 통제 하에 출입하게 하거나 대규모의 불법·폭력 집회가 행해질 가능성이 적은 시간대라든지 서울광장 인근 건물에의 출근이나 왕래가 많은 오전 시간대에는 일부 통제를 푸는 등 시민들의 통행이나 여가·문화활동에 과도한 제한을 초래하지 않으면서도 목적을 상당 부분 달성할 수 있는 수단이나 방법을 고려하였어야 함에도 불구하고 모든 시민의 통행을 전면적으로 제지한 것은 침해의 최소성을 충족한다고 할 수 없다. 또한 대규모의 불법·폭력 집회나 시위를 막아 시민들의 생명·신체와 재산을 보호한다는 공익은 중요한 것이지만, 당시의 상황에 비추어 볼 때 이러한 공익의 존재 여부나 그 실현 효과는 다소 가상적이고 추상적인 것이라고 볼 여지도 있고, 비교적 덜 제한적인 수단에 의하여도 상당 부분 달성될 수 있었던 것으로 보여 일반 시민들이 입은 실질적이고 현존하는 불이익에 비하여 결코 크다고 단정하기 어려우므로 법익의 균형성 요건도 충족하였다고 할 수 없다. 따라서 이 사건 통행제지행위는 과잉금지원칙을 위반하여 청구인들의 일반적 행동자유권 을 침해한 것이다[지정재판부 2009헌마406, 2011.6.30.].

Answer | 41 ③ 42 ① 43 ② 44 ③

45 **집회 및 시위에 관한 법률 시행령에 대한 다음 설명 중 옳은 것은 모두 몇 개인가?**   17. 경찰

> ㉠ 관할 경찰관서장이 권한을 부여하면 관할 경찰서 경비교통과장도 해산명령의 주체가 될 수 있다.
> ㉡ 자진해산 요청은 직접 집회주최자에게 공개적으로 하여야 한다.
> ㉢ 자진해산 요청에 따르지 아니하는 경우에는 세 번 이상 자진해산할 것을 명령하고, 참가자들이 해산명령에도 불구하고 해산하지 아니하면 직접해산시킬 수 있다.
> ㉣ 종결선언은 주최자에게 요청하되, 주최자의 소재를 알 수 없는 경우에는 주관자·연락책임자 및 질서유지인에게 하여야 하며 종결선언의 요청은 필요적 절차로 생략할 수 없다.

① 1개   ② 2개   ③ 3개   ④ 없음

정답찾기

옳은 것은 ㉠㉢이다.
㉡ 종결 선언 요청에 따르지 아니하거나 종결 선언에도 불구하고 집회 또는 시위의 참가자들이 집회 또는 시위를 계속하는 경우에는 <u>직접 참가자들에 대하여 자진 해산할 것을 요청한다</u>(집회 및 시위에 관한 법률 시행령 제17조 제2호).
㉣ 주최자·주관자·연락책임자 및 질서유지인이 집회 또는 시위 장소에 없는 경우에는 <u>종결 선언의 요청을 생략할 수 있다</u>(집회 및 시위에 관한 법률 시행령 제17조).

46 **집회시위의 해산명령에 대한 설명으로 가장 적절한 것은?**   20. 경찰승진

① 자진해산의 요청 ⇨ 종결선언의 요청 ⇨ 해산명령 ⇨ 직접해산의 순서로 진행한다.
② 자진해산 요청은 직접 집회주최자에게 요청하여야 한다.
③ 종결선언은 주최자에게 요청하되, 주최자 주관자 연락책임자 및 질서유지인이 집회 또는 시위 장소에 없는 경우에는 종결선언의 요청을 생략할 수 있다.
④ 자진해산을 요청할 때는 반드시 '자진해산'이라는 용어를 사용하여야 한다.

정답찾기

① <u>종결선언의 요청</u> ⇨ <u>자진해산의 요청</u> ⇨ 해산명령 ⇨ 직접해산의 순서로 진행한다(집회 및 시위에 관한 법률 시행령 제17조).
② 종결선언요청에 따르지 아니하거나 종결선언에도 불구하고 집회 또는 시위의 참가자들이 집회 또는 시위를 계속하는 경우에는 직접 <u>참가자들에 대하여 자진해산할 것을 요청한다</u>(집회 및 시위에 관한 법률 제17조 제2호).
④ 집회 및 시위에 관한 법률 제10조, 제18조, 제21조, 같은 법 시행령 제9조의2의 각 규정에 의하면 집회신고시간을 넘어 일몰시간 후에 집회 및 시위를 한 경우에는 관할 경찰관서장 또는 관할 경찰관서장으로부터 권한을 부여받은 경찰관은 참가자들에 대하여 상당한 시간 내에 자진해산할 것을 요청한 다음, 그 자진해산요청에도 응하지 아니할 경우 자진해산할 것을 명령할 수 있다고 할 것이며, 여기서 해산명령 이전에 자진해산할 것을 요청하도록 한 입법 취지에 비추어 볼 때, <u>반드시 '자진해산'이라는 용어를 사용하여 요청할 필요는 없고</u>, 그 때 해산을 요청하는 언행 중에 스스로 해산하도록 청하는 취지가 포함되어 있으면 된다(대판 2000.11. 24, 2000도2172).

47 집회나 시위 해산을 위한 살수차의 사용에 관한 설명으로 가장 적절하지 않은 것은? (다툼이 있는 경우 판례에 의함)

25. 경위공채

① 경찰관이 직사살수의 방법으로 집회나 시위 참가자들을 해산시키려면, 먼저 「집회 및 시위에 관한 법률」에서 정한 해산사유를 구체적으로 고지하는 적법한 절차에 따른 해산명령을 시행한 후에 직사살수의 방법을 사용할 수 있다.

② 집회나 시위 해산을 위한 살수차 사용요건이나 기준은 법률에 근거를 두어야 한다.

③ 살수차를 사용하는 경우 그 책임자가 기록하여 보관하여야 하는 사항에는 사용 일시·장소·대상, 현장책임자, 종류, 수량 등이 포함된다.

④ 살수거리가 10미터 초과 20미터 이하인 경우 수압기준은 7바(bar) 이하라야 한다. 이 경우 사람의 생명 또는 신체에 치명적인 위해를 가하지 않도록 필요한 최소한의 범위에서 살수해야 한다.

> 정답찾기
> ④ 사안의 경우 5바(bar) 이하의 기준이 적용된다(위해성 경찰장비의 사용기준 등에 관한 규정 제13조의2 제2항).

■ **위해성 경찰장비의 사용기준 등에 관한 규정 [별표 3]**

살수거리별 수압기준(제13조의2제2항 전단 관련)

살수거리	수압기준
10미터 이하	3바(bar) 이하
10미터 초과 20미터 이하	5바(bar) 이하
20미터 초과 25미터 이하	7바(bar) 이하
25미터 초과	13바(bar) 이하

① [대법원 2019.1.17, 선고 2015다236196 판결]
② [전원재판부 2015헌마476, 2018.5.31, 인용]
③ 제10조제2항에 따른 살수차, 제10조의3에 따른 분사기, 최루탄 또는 제10조의4에 따른 무기를 사용하는 경우 그 책임자는 사용 일시·장소·대상, 현장책임자, 종류, 수량 등을 기록하여 보관하여야 한다(경찰관 직무집행법 제11조).

Answer 45 ② 46 ③ 47 ④

48 집회 및 시위에 관한 법률에 대한 설명 중 가장 옳지 않은 것은? (다툼이 있으면 판례에 의함)   08. 경찰 변형

① 단지 당국이 피고인이 간부로 있는 전국교직원노동조합이나 기타 단체에 대하여 모든 옥내외 집회를 부당하게 금지하고 있다고 하여 그 집회신고의 기대가능성이 없다 할 수 없으므로, 위와 같은 이유만으로 관할 경찰서장에게 신고하지 않고 옥외집회를 주최한 것이 죄가 되지 않는다고 할 수 없다.

② 옥외집회 또는 시위가 개최될 것이라는 것을 관할 경찰서가 알고 있었다거나 그 집회 또는 시위가 평화롭게 이루어진다 하여 신구 '집회 및 시위에 관한 법률' 소정의 신고의무가 면제되는 것이라고는 할 수 없다.

③ 집회장소 사용승낙을 하지 않은 A대학교 측의 집회 저지 협조요청에 따라 경찰관들이 신고된 A대학교에서의 집회에 참가하려는 자의 출입을 저지하자, 소정의 신고 없이 B대학교로 장소를 옮겨서 집회를 한 행위가 긴급피난에 해당한다고 할 수 없다.

④ 집회의 자유도 질서유지를 위해 예외적으로 제한할 수 있으므로 폭력사태 발생이 우려되는 경우에는, 이후 상호 충돌을 피하기 위해 집회 시간 및 장소가 경합되는 두 개의 집회신고를 모두 반려하는 것이 허용된다.

> **정답찾기**
> ④ 관할 경찰관서장은 집회 또는 시위의 시간과 장소가 중복되는 2개 이상의 신고가 있는 경우 그 목적으로 보아 서로 상반되거나 방해가 된다고 인정되면 뒤에 접수된 집회 또는 시위에 대하여 그 집회 또는 시위의 금지를 통고할 수 있다(집회 및 시위에 관한 법률 제8조 제2항).

49 집회의 자유에 대한 판례의 태도로 가장 적절하지 않은 것은?   13. 경찰승진

① 집회의 자유는 집회를 통하여 형성된 의사를 집단적으로 표현하고 이를 통하여 불특정 다수인의 의사에 영향을 줄 자유를 포함하므로 이를 내용으로 하는 시위의 자유 또한 집회의 자유를 규정한 헌법 제21조 제1항에 의하여 보호되는 기본권이다.

② 집회의 자유는 집회에 참가하지 못하게 하는 국가의 강제를 금지할 뿐 아니라, 예컨대 집회장소로의 여행을 방해하거나, 집회장소로부터 귀가하는 것을 방해하거나, 집회참가자에 대한 검문의 방법으로 시간을 지연시킴으로써 집회장소에 접근하는 것을 방해하는 것은 금지된다.

③ 집회의 금지와 해산은 원칙적으로 공공의 안녕질서에 대한 위협이 잠재적으로 존재하는 경우라면 허용된다.

④ 집회 및 시위에 관한 법률 제3조의 집회란 특정 또는 불특정 다수인이 특정한 목적 아래 일시적으로 일정한 장소에 모이는 것을 말하고, 그 모이는 장소나 사람의 다과에 제한이 있을 수 없다.

> **정답찾기**
> ③ 집회 및 시위에 관한 법률(이하 '집시법'이라 한다)상 일정한 경우 집회의 자유가 사전 금지 또는 제한된다 하더라도 이는 다른 중요한 법익의 보호를 위하여 반드시 필요한 경우에 한하여 정당화되는 것이며, 특히 집회의 금지와 해산은 원칙적으로 공공의 안녕질서에 대한 직접적인 위협이 명백하게 존재하는 경우에 한하여 허용될 수 있고, 집회의 자유를 보다 적게 제한하는 다른 수단, 예컨대 시위 참가자수의 제한, 시위 대상과의 거리 제한, 시위 방법, 시기, 소요시간의 제한 등 조건을 붙여 집회를 허용하는 가능성을 모두 소진한 후에 비로소 고려될 수 있는 최종적인 수단이다. 따라서 사전 금지 또는 제한된 집회라 하더라도 실제 이루어진 집회가 당초 신고 내용과 달리 평화롭게 개최되거나 집회 규모를 축소하여 이루어지는 등 타인의 법익 침해나 기타 공공의 안녕질서에 대하여 직접적이고 명백한 위험을 초래하지 않은 경우에는 이에 대하여 사전 금지 또는 제한을 위반하여 집회를 한 점을 들어 처벌하는 것 이외에 더 나아가 이에 대한 해산을 명하고 이에 불응하였다 하여 처벌할 수는 없다(대판 2011.10.13, 2009도13846).

50 집회 및 시위에 관한 다음 설명 중 가장 적절하지 않은 것은? (다툼이 있으면 판례에 의함)

① 행진시위의 참가자들이 일부 구간에서 감행한 전차선 점거행진, 도로점거 연좌시위 등의 행위는 당초 신고된 범위를 현저히 일탈하거나 구 '집회 및 시위에 관한 법률' 제12조의 규정에 의한 조건을 중대하게 위반한 것으로서 그로 인하여 도로의 통행이 불가능하게 되거나 현저하게 곤란하게 된 이상 '형법' 제185조 소정의 일반교통방해죄에 해당한다고 할 것이다.

② '집회 및 시위에 관한 법률' 제20조 제1항과 '집회 및 시위에 관한 법률 시행령'이 해산명령을 할 때 그 사유를 구체적으로 고지하도록 명시적으로 규정하고 있지 아니하므로, 해산명령을 할 때에는 해산 사유가 '집회 및 시위에 관한 법률' 제20조 제1항 각 호 중 어느 사유에 해당하는지에 관하여 구체적으로 고지하여야 하는 것은 아니다.

③ 구 '집회 및 시위에 관한 법률'에 의하여 금지되어 그 주최 또는 참가행위가 형사처벌의 대상이 되는 위법한 집회·시위가 장차 특정지역에서 개최될 것이 예상된다고 하더라도, 이와 시간적·장소적으로 근접하지 않은 다른 지역에서 그 집회·시위에 참가하기 위하여 출발 또는 이동하는 행위를 함부로 제지하는 것은 '경찰관 직무집행법' 제6조 제1항의 행정상 즉시강제인 경찰관의 제지의 범위를 명백히 넘어 허용될 수 없다.

④ '집회 및 시위에 관한 법률' 제20조 제1항 제2호가 미신고 옥외집회 또는 시위를 해산명령 대상으로 하면서 별도의 해산 요건을 정하고 있지 않더라도, 그 옥외집회 또는 시위로 인하여 타인의 법익이나 공공의 안녕질서에 대한 직접적인 위험이 명백하게 초래된 경우에 한하여 위 조항에 기하여 해산을 명할 수 있고, 이러한 요건을 갖춘 해산명령에 불응하는 경우에만 '집회 및 시위에 관한 법률' 제24조 제5호에 의하여 처벌할 수 있다.

정답찾기

② 집회 및 시위에 관한 법률(이하 '집시법'이라 한다) 제20조 제1항과 집회 및 시위에 관한 법률 시행령(이하 '집시법 시행령'이라 한다)이 해산명령을 할 때 그 사유를 구체적으로 고지하도록 명시적으로 규정하고 있지는 아니하나, 위와 같은 해산명령 제도는 적법한 집회 및 시위를 최대한 보장하고 위법한 시위로부터 국민을 보호함으로써 집회 및 시위의 권리 보장과 공공의 안녕질서가 적절히 조화를 이루도록 하기 위한 것이므로 국가기관이 이미 진행 중인 집회나 시위를 해산하도록 명하기 위해서는 해산을 명하는 법률적 근거를 구체적으로 제시할 것이 요구된다고 보아야 하는 점, 집시법 제20조 제3항의 위임에 의하여 해산 요청과 해산명령 고지 등에 필요한 사항을 규정한 집시법 시행령 제17조는 해산명령을 하기 전에 먼저 주최자 등에게 종결선언을 요청한 후 주최자 등이 그 요청에 따르지 아니하거나 종결선언에도 불구하고 집회 또는 시위의 참가자들이 집회 또는 시위를 계속하는 경우에 직접 참가자들에 대하여 자진해산할 것을 요청하도록 하고, 그 자진해산 요청에 따르지 아니할 경우에 한하여 세 번 이상 자진해산을 명령한 후 직접해산에 나설 수 있도록 규정함으로써 해산명령 전에 집회 또는 시위의 주최자 등의 자발적 종결선언과 참가자들의 자진해산을 통하여 위법한 집회 또는 시위를 막고자 하고 있는데, 그와 같은 자발적인 종결선언이나 자진해산이 이루어지기 위해서는 집회 또는 시위를 해산하여야만 하는 사유가 집회 또는 시위의 주최자나 참가자 등에게 구체적으로 고지될 필요가 있다는 면에서 위 시행령의 규정은 해산 사유가 구체적으로 고지되는 것을 전제로 한 것이라고 볼 수 있는 점, 위와 같은 해산명령 사유가 구체적으로 고지되어야만 집회나 시위의 주최자 또는 참가자 등이 해산명령의 적법 여부에 관하여 제대로 다툴 수 있는 점 등에 비추어 보면, 해산명령을 할 때에는 해산 사유가 집시법 제20조 제1항 각 호 중 어느 사유에 해당하는지에 관하여 구체적으로 고지하여야만 한다고 보아야 한다(대판 2012.2.9, 2011도7193).

51 집회 및 시위에 관한 법률에 대한 판례의 태도로 가장 적절하지 않은 것은?　　　19. 경찰승진

① 해산명령 이전에 자진해산할 것을 요청할 때, 반드시 '자진해산'이라는 용어를 사용하여 요청할 필요는 없고, 해산을 요청하는 언행 중에 스스로 해산하도록 청하는 취지가 포함되어 있으면 된다.

② 사전 금지 또는 제한된 집회라 하더라도 실제 이루어진 집회가 당초 신고 내용과 달리 평화롭게 개최되거나 집회 규모를 축소하여 이루어지는 등 타인의 법익 침해나 기타 공공의 안녕질서에 대하여 직접적이고 명백한 위험을 초래하지 않은 경우에는 이에 대하여 사전 금지 또는 제한을 위반하여 집회를 한 점을 들어 처벌하는 것 이외에 더 나아가 이에 대한 해산을 명하고 이에 불응하였다 하여 처벌할 수는 없다.

③ 당초 옥외집회를 개최하겠다고 신고하였지만 그 신고 내용과 달리 아예 옥외집회는 개최하지 아니한 채 신고한 장소와 인접한 건물 등에서 옥내집회만을 개최한 경우, 신고한 옥외집회를 개최하는 과정에서 그 신고 범위를 일탈한 행위로 보아 이를 집회 및 시위에 관한 법률 위반으로 처벌할 수 있다.

④ 타인이 관리하는 건조물에서 옥내집회를 개최하는 경우에도 타인의 법익 침해나 기타 공공의 안녕질서에 대하여 직접적이고 명백한 위험을 초래하는 때에는 해산명령의 대상이 된다.

> **정답찾기**
>
> ③ 집회 및 시위에 관한 법률(이하 '집시법'이라 한다)은 옥외집회나 시위에 대하여는 사전신고를 요구하고 나아가 그 신고범위의 일탈행위를 처벌하고 있지만, 옥내집회에 대하여는 신고하도록 하는 규정 자체를 두지 않고 있다. 따라서 당초 옥외집회를 개최하겠다고 신고하였지만 신고 내용과 달리 아예 옥외집회는 개최하지 아니한 채 신고한 장소와 인접한 건물 등에서 옥내집회만을 개최한 경우에는, 그것이 건조물침입죄 등 다른 범죄를 구성함은 별론으로 하고, <u>신고한 옥외집회를 개최하는 과정에서 그 신고범위를 일탈한 행위를 한 데 대한 집시법 위반죄로 처벌할 수는 없다</u>(대판 2013.7.25, 2010도14545).

52 집회·시위에 대한 판례의 태도로 가장 적절하지 않은 것은?　　　19. 경찰승진

① 장례에 관한 옥외집회 도중 노제를 하면서 망인에 대한 추모 수준을 넘어서는 내용의 현수막과 피켓을 들고 행진을 한 것은 집회 및 시위에 관한 법률상 '시위'에 해당한다.

② 시위자들이 죄수복 형태의 옷을 집단적으로 착용하고 포승으로 신체를 결박한 채 행진하려는 것은 시위의 방법과 관련되는 사항으로 사전신고의 대상이 된다.

③ 서울광장을 경찰버스로 둘러싸면서 일반시민들이 통행할 수 있는 통로를 내지 않았다 하더라도 서울광장 인근에서 일부 시민들이 폭력행위를 저질렀다면 대규모의 불법·폭력 집회나 시위를 막아 시민들의 생명·신체와 재산을 보호한다는 공익 목적에 따른 것으로 불가피한 조치이다.

④ 인터넷카페 회원 10여 명과 함께 불특정 다수의 시민들이 지나는 명동 한복판에서 퍼포먼스 형태의 플래시 몹(flash mob) 방식으로 노조설립신고를 노동부가 반려한 데 대한 규탄 모임을 진행한 경우 집회 및 시위에 관한 법률상 '옥외집회'에 해당한다.

> **정답찾기**
>
> ③ 대규모의 불법·폭력 집회나 시위를 막아 시민들의 생명·신체와 재산을 보호한다는 공익은 중요한 것이지만, 당시의 상황에 비추어 볼 때 이러한 공익의 존재 여부나 그 실현 효과는 다소 가상적이고 추상적인 것이라고 볼 여지도 있고, 비교적 덜 제한적인 수단에 의하여도 상당 부분 달성될 수 있었던 것으로 보여 일반 시민들이 입은 실질적이고 현존하는 불이익에 비하여 결코 크다고 단정하기 어려우므로 법익의 균형성 요건도 충족하였다고 할 수 없다. 따라서 이 사건 <u>통행제지행위는 과잉금지원칙을 위반하여 청구인들의 일반적 행동자유권을 침해한 것이다</u>(헌재 2011.6.30, 2009헌마406).

53 집회 시위에 대한 판례의 태도로 가장 적절한 것은?

① 사전에 아무 계획이나 조직한 바 없었더라도, 즉흥적으로 현장에 모인 사람들과 함께 구호와 노래를 제창한 자는 시위의 주최자라고 볼 수 있다.

② 신고내용에 포함되지 않은 삼보일배 행진을 한 것은 신고제도의 목적 달성을 심히 곤란하게 하는 정도에 이른다고 볼 수 있다.

③ 신고한 행진경로를 따라 행진하면서 하위 1개 차로에서 2회에 걸쳐 약 15분 동안 연좌한 경우 신고한 범위를 뚜렷이 벗어나는 경우에 해당한다.

④ 사전 신고를 하지 아니한 옥외집회 참가자들에게 해산명령 불응죄를 적용하기 위하여는 관할 경찰관서장 등이 적법한 해산명령의 절차와 방식을 준수하였음이 입증되어야 한다.

정답찾기

① 집회 및 시위에 관한 법률 제6조 제1항에 의하여 사전 신고의무가 있는 옥외집회 또는 시위의 '주최자'라 함은 자기 명의로 자기 책임 아래 집회 또는 시위를 개최하는 사람 또는 단체를 말하는 것인바, 피고인들이 위 '가'항의 범국민대토론회에 참석하려고 2시간 가까이 노력하였으나 학교당국과 경찰의 정문출입 봉쇄로 뜻을 이루지 못하게 되자, 심한 모멸감으로 격분하여 학교당국과 경찰에 항의하는 의미로, 위 집회에 참석하려던 다른 사람들과 함께 즉석에서 즉흥적으로 약 20분간의 단시간 내에 그 당시 일반적으로 성행하던 구호와 노래를 제창하였을 뿐이라면, 위 시위가 사전에 피고인들에 의하여 계획되고 조직된 것이 아니고, 다만 피고인들이 위와 같은 경위로 우연히 위 대학교 정문 앞에 모이게 된 다른 사람들과 함께 즉석에서 즉흥적으로 학교당국과 경찰의 제지에 대한 항의의 의미로 위와 같이 시위를 하게 된 것인 만큼, 비록 그 시위에서의 구호나 노래가 피고인들의 선창에 의하여 제창되었다고 하더라도, 그와 같은 사실만으로는 피고인들이 위 시위의 주최자라고는 볼 수 없다고 할 것이므로 피고인들이 옥외집회 또는 시위를 주최하고자 하는 자로서 같은 법 제6조 제1항의 규정에 위반하여 집회 또는 시위를 주최하였다고 할 수 없다(대판 1991.4.9, 90도2435).

② 건설업체 노조원들이 '임·단협 성실교섭 촉구 결의대회'를 개최하면서 차도의 통행방법으로 신고하지 아니한 삼보일배 행진을 하여 차량의 통행을 방해한 사안에서, 그 시위방법이 장소, 태양, 내용, 방법과 결과 등에 비추어 사회통념상 용인될 수 있는 다소의 피해를 발생시킨 경우에 불과하고, 구 집회 및 시위에 관한 법률(2006.2.21. 법률 제7849호로 개정되기 전의 것)에 정한 신고제도의 목적 달성을 심히 곤란하게 하는 정도에 이른다고 볼 수 없어, 사회상규에 위배되지 않는 정당행위에 해당한다(대판 2009.7.23, 2009도840).

③ 피고인들이 이미 신고한 행진 경로를 따라 행진로인 하위 1개 차로에서 2회에 걸쳐 약 15분 동안 연좌하였다는 사실 외에 이미 신고한 집회방법의 범위를 벗어난 사항은 없고, 약 3시간 30분 동안 이루어진 집회시간 동안 연좌시간도 약 15분에 불과한 사안에서, 위 옥외집회 등 주최행위가 신고한 범위를 뚜렷이 벗어나는 경우에 해당하지 아니한다(대판 2010.3.11, 2009도10425).

54 집회 및 시위에 관한 법률상 집회 및 시위에 대한 설명으로 가장 적절하지 않은 것은? (다툼이 있는 경우 판례에 의함)

21. 경찰승진

① 집회 및 시위에 관한 법률 제2조 제2호가 규정한 '시위'에 해당하려면 '공중이 자유로이 통행할 수 있는 장소'라는 요건을 반드시 충족하여야 한다.

② 외형상 기자회견이라는 형식을 띠었지만, 용산철거를 둘러싸고 철거민의 입장을 옹호하면서 검찰에 수사기록을 공개하라는 내용의 공동 의견을 형성하여 이를 대외적으로 표명할 목적 아래 일시적으로 일정한 장소에 모인 것은 집회 및 시위에 관한 법률상 집회에 해당한다.

③ 집회 및 시위에 관한 법률은 옥외집회와 시위를 구분하여 개념을 규정하고 있고, 순수한 1인 시위는 동법의 적용 대상에 해당하지 않는다.

④ 집회가 성립하기 위한 최소한의 인원에 대해 종래의 학계와 실무에서는 2인설과 3인설이 대립하고 있었으나 대법원은 '2인이 모인 집회도 집회 및 시위에 관한 법률의 규제대상'이라고 판시한 바 있다.

정답찾기
① '시위란 여러 사람이 공동의 목적을 가지고 도로, 광장, 공원 등 일반인이 자유로이 통행할 수 있는 장소를 행진하거나 위력 또는 기세를 보여, 불특정한 여러 사람의 의견에 영향을 주거나 제압을 가하는 행위를 말한다'고 정의하고 있는 것과 달리 집회의 개념에 관하여는 아무런 정의 규정을 두고 있지 않으나, 집시법에 의하여 보장 및 규제의 대상이 되는 집회란 '특정 또는 불특정 다수인이 공동의 의견을 형성하여 이를 대외적으로 표명할 목적 아래 일시적으로 일정한 장소에 모이는 것'을 말한다(대판 2012.4.26, 2011도6294).

55 집회 및 시위에 대한 설명으로 가장 적절하지 않은 것은? (다툼이 있는 경우 판례에 의함)

22. 경찰승진

① 집회참가자들이 망인에 대한 추모의 목적과 그 범위 내에서 이루어지는 노제 등을 위한 이동·행진의 수준을 넘어서서 그 기회를 이용하여 다른 공동의 목적을 가지고 일반인이 자유로이 통행할 수 있는 장소를 행진하거나 위력 또는 기세를 보여, 불특정한 여러 사람의 의견에 영향을 주거나 제압을 하는 행위에까지 나아가는 경우에는, 이미 집회 및 시위에 관한 법률이 정한 시위에 해당하므로 집회 및 시위에 관한 법률 제6조에 따라 사전에 신고서를 관할 경찰서장에게 제출할 것이 요구된다.

② 옥외집회 또는 시위 참가자들이 교통혼잡이 야기되었다고 볼 만한 사정은 없으나 이미 신고한 행진 경로를 따라 행진로인 하위 1개 차로에서 약 3시간 30분 동안 이루어진 집회시간 동안 2회에 걸쳐 약 15분 동안 연좌하였다는 사실만으로도 주최행위가 신고한 목적, 일시, 방법 등의 범위를 뚜렷이 벗어나는 경우에 해당한다고 볼 수 있다.

③ 집회란 '특정 또는 불특정 다수인이 공동의 의견을 형성하여 이를 대외적으로 표명할 목적 아래 일시적으로 일정한 장소에 모이는 것'을 말한다.

④ 옥외집회 또는 시위 당시의 구체적인 상황에 비추어 볼 때 옥외집회 또는 시위의 신고사항 미비점이나 신고범위 일탈로 인하여 타인의 법익 기타 공공의 안녕질서에 대하여 직접적인 위험이 초래된 경우에 비로소 그 위험의 방지·제거에 적합한 제한조치를 취할 수 있되, 그 조치는 법령에 의하여 허용되는 범위 내에서 필요한 최소한도에 그쳐야 한다.

정답찾기

② 피고인들이 이미 신고한 행진 경로를 따라 행진로인 하위 1개 차로에서 2회에 걸쳐 약 15분 동안 연좌하였다는 사실 외에 이미 신고한 집회방법의 범위를 벗어난 사항은 없고, 약 3시간 30분 동안 이루어진 집회시간 동안 연좌시간도 약 15분에 불과한 사안에서, 위 옥외집회 등 주최행위가 신고한 범위를 뚜렷이 벗어나는 경우에 해당하지 아니한다(대판 2010.3.11, 2009도10425).

56 집회 및 시위에 관한 법률에 관한 다음 설명 중 가장 적절하지 않은 것은? (다툼이 있는 경우 판례에 의함) 22. 경찰

① 집회의 신고가 경합할 경우, 먼저 신고된 집회의 목적, 장소 및 시간, 참여예정인원, 집회 신고인이 기존에 신고한 집회 건수와 실제로 집회를 개최한 비율 등 먼저 신고된 집회의 실제 개최 가능성 여부와 양 집회의 상반 또는 방해가능성 등 제반사정을 확인하여 먼저 신고된 집회가 다른 집회의 개최를 봉쇄하기 위한 허위 또는 가장 집회신고에 해당함이 객관적으로 분명해 보이는 경우라도 관할 경찰관서장이 뒤에 신고된 집회에 대하여 금지통고를 했다면, 이러한 금지통고에 위반하여 집회를 개최한 행위는 집회 및 시위에 관한 법률에 위배된다.

② 질서유지선이 집회 및 시위의 보호와 공공의 질서유지를 위하여 필요하다고 인정되는 최소한의 범위를 정하여 설정되고 집회 및 시위에 관한 법률 시행령관련 조항에서 정한 사유에 해당한다면, 집회 또는 시위가 이루어지는 장소 외곽의 경계지역뿐 아니라 집회 또는 시위의 장소 안에도 설정할 수 있다.

③ 경찰관들이 옥외집회 또는 시위 장소에서 줄지어 서는 등의 방법으로 소위 '사실상 질서유지선'의 역할을 수행한다고 하더라도 이를 가리켜 집회 및 시위에 관한 법률에서 정한 질서유지선이라고 할 수는 없다.

④ 집회·시위 참가자들이 관할 경찰관서에 신고하지 않고 집회를 개최한 경우, 그 옥외집회 또는 시위로 인하여 타인의 법익이나 공공의 안녕질서에 대한 직접적인 위험이 명백하게 초래되지 않은 상황에서 경찰이 '미신고집회'라는 사유로 자진 해산 요청을 한 후, '불법적인 행진시도', '불법 도로 점거로 인한 도로교통법 제68조 제3항 제2호 위반'이라는 사유로 3회에 걸쳐 해산명령을 하였더라도 정당한 해산명령에 해당하지 않는다.

정답찾기

① 집회의 신고가 경합할 경우 특별한 사정이 없는 한 관할경찰관서장은 집회 및 시위에 관한 법률(이하 '집시법'이라 한다) 제8조 제2항의 규정에 의하여 신고 순서에 따라 뒤에 신고된 집회에 대하여 금지통고를 할 수 있지만, 먼저 신고된 집회의 참여예정인원, 집회의 목적, 집회개최장소 및 시간, 집회 신고인이 기존에 신고한 집회 건수와 실제로 집회를 개최한 비율 등 먼저 신고된 집회의 실제 개최 가능성 여부와 양 집회의 상반 또는 방해가능성 등 제반 사정을 확인하여 먼저 신고된 집회가 다른 집회의 개최를 봉쇄하기 위한 허위 또는 가장 집회신고에 해당함이 객관적으로 분명해 보이는 경우에는, 뒤에 신고된 집회에 다른 집회금지 사유가 있는 경우가 아닌 한, 관할경찰관서장이 단지 먼저 신고가 있었다는 이유만으로 뒤에 신고된 집회에 대하여 집회 자체를 금지하는 통고를 하여서는 아니 되고, 설령 이러한 금지통고에 위반하여 집회를 개최하였다고 하더라도 그러한 행위를 집시법상 금지통고에 위반한 집회개최행위에 해당한다고 보아서는 아니 된다(대판 2014.12.11, 2011도13299).

57 「집회 및 시위에 관한 법률」에 관한 설명으로 옳은 것을 모두 고른 것은? (다툼이 있는 경우 판례에 의함) 23. 경찰

> ㉠ "질서유지인"이란 관할 경찰서장이 집회 또는 시위의 질서를 유지하게 할 목적으로 임명한 자를 말한다.
> ㉡ 집회의 자유가 가지는 헌법적 가치와 기능, 집회에 대한 허가 금지를 선언한 헌법정신, 신고제도의 취지 등을 종합하여 보면, 신고는 행정관청에 집회에 관한 구체적인 정보를 제공함으로써 공공질서의 유지에 협력하도록 하는 데 의의가 있는 것으로 집회의 허가를 구하는 신청으로 변질되어서는 아니 되므로, 신고를 하지 아니하였다는 이유만으로 옥외집회 또는 시위를 헌법의 보호 범위를 벗어나 개최가 허용되지 않는 집회 내지 시위라고 단정할 수 없다.
> ㉢ 관할경찰관서장은 옥외집회 및 시위에 관한 신고서의 기재 사항에 미비한 점을 발견하면 접수증을 교부한 때부터 24시간 이내에 주최자에게 48시간을 기한으로 그 기재 사항을 보완할 것을 통고할 수 있다.
> ㉣ 「집회 및 시위에 관한 법률」에 따른 신고 없이 이루어진 집회에 참석한 참가자들이 차로 위를 행진하는 등 도로교통을 방해함으로써 통행을 불가능하게 하거나 현저하게 곤란하게 하는 경우라도 참가자 모두에게 당연히 일반교통방해죄가 성립하는 것은 아니다.

① ㉠㉡   ② ㉡㉢   ③ ㉡㉣   ④ ㉢㉣

정답찾기

지문의 내용 중 옳은 것은 ㉡㉣이다.

㉠ "질서유지인"이란 <u>주최자가 자신을 보좌하여</u> 집회 또는 시위의 질서를 유지하게 할 목적으로 임명한 자를 말한다(집회 및 시위에 관한 법률 제2조 제4호).

㉢ 관할경찰관서장은 제6조 제1항에 따른 신고서의 기재 사항에 미비한 점을 발견하면 접수증을 교부한 때부터 <u>12시간 이내에 주최자에게 24시간</u>을 기한으로 그 기재 사항을 보완할 것을 통고할 수 있다(집회 및 시위에 관한 법률 제7조 제1항).

㉡ 집회의 자유가 가지는 헌법적 가치와 기능, 집회에 대한 허가 금지를 선언한 헌법정신, 신고제도의 취지 등을 종합하여 보면, 신고는 행정관청에 집회에 관한 구체적인 정보를 제공함으로써 공공질서의 유지에 협력하도록 하는 데 의의가 있는 것으로 집회의 허가를 구하는 신청으로 변질되어서는 아니 되므로, 신고를 하지 아니하였다는 이유만으로 옥외집회 또는 시위를 헌법의 보호 범위를 벗어나 개최가 허용되지 않는 집회 내지 시위라고 단정할 수 없다[대법원 2021.11.11. 선고, 2018다288631, 판결].

㉣ 집회 및 시위에 관한 법률(이하 '집시법'이라 한다)에 따른 신고 없이 이루어진 집회에 참석한 참가자들이 차로 위를 행진하는 등으로 도로 교통을 방해하거나, 집시법에 따라 적법한 신고를 마친 집회 또는 시위라고 하더라도 당초에 신고한 범위를 현저히 벗어나거나 집시법 제12조에 따른 조건을 중대하게 위반하여 도로 교통을 방해함으로써 통행을 불가능하게 하거나 현저하게 곤란하게 하는 경우에는 일반교통방해죄가 성립한다(대법원 2008.11.13. 선고 2006도755 판결 등 참조). 그러나 이 경우에도 참가자 모두에게 당연히 일반교통방해죄가 성립하는 것은 아니고, 실제로 참가자가 신고 없이 이루어진 집회·시위에 가담하거나, 위와 같이 신고 범위를 현저하게 벗어나거나 조건을 중대하게 위반하는 데 가담하여 교통방해를 유발하는 직접적인 행위를 하였거나, 참가자의 참가 경위나 관여 정도 등에 비추어 참가자에게 공모공동정범의 죄책을 물을 수 있는 경우라야 일반교통방해죄가 성립한다[대법원 2019.4.23. 선고, 2017도1056, 판결].

58 다음 설명으로 가장 적절한 것은?

> 2003년 6월 미국 뉴욕에서 시작된 시위 형태로 '불특정 다수가 휴대전화나 전자우편을 이용해 이미 정해진 시간과 장소에 모여 현장에서 주어진 행동을 짧은 시간에 하고 곧바로 흩어지는 새로운 시위형태'를 말한다.

① 플래시몹(Flashmob)
② 릴레이 시위
③ 혼합 1인 시위
④ 인간 띠 잇기

정답찾기

① 지문은 새로운 시위형태 중 플래시몹(Flashmob)에 대한 설명이다.

■ 집회 및 시위의 유형

구분	내용
인간띠잇기	다수인이 공동의 목적을 가지고 상호 연대하여 일정한 거리를 두고 1인 시위 형태로 진행하는 시위
릴레이시위	다수인이 근거리에 대기하면서 1인씩 교대로 진행하는 시위
혼합 1인 시위	동일 장소에서 각기 다른 내용을 가지고 1인 시위 형태로 진행하는 시위
플래시몹	불특정 다수가 휴대전화나 전자우면을 이용해 이미 정해진 시간과 장소에 모여 현장에서 주어진 행동을 짧은 시간에 하고 곧바로 흩어지는 시위

Answer 57 ③ 58 ①

제4절 **노동운동**

59 노동조합 및 노동관계조정법에 관한 설명으로 맞는 것은 몇 개인가? 08. 경찰 변형

> ⊙ 정치운동을 목적으로 하는 경우에는 노동조합으로 보지 않는다.
> ⓒ 노동조합설립 신고의 관할권자는 지방노동청장이다.
> ⓒ 노동쟁의가 중재에 회부될 때 일반사업은 10일 공익사업에 있어서는 15일간은 쟁위행위를 할 수 없다.
> ② 노사정협의회의 직권결정이 있으면 해산할 수 있다.
> ⑩ 노동조합에 임원이 없고 노동조합으로서의 활동을 1년 이상 하지 아니한 것으로 인정되는 경우로서 행정관청
>   이 노동위원회의 의결을 얻은 경우에는 노동조합의 해산사유이다.

① 4개   ② 3개

③ 2개   ④ 1개

정답찾기

옳은 것은 ⊙⑩ 2개이다.

ⓒ

> **노동조합 및 노동관계조정법 제10조【설립의 신고】** ① 노동조합을 설립하고자 하는 자는 다음 각 호의 사항을 기재한 신고서에
> 제11조의 규정에 의한 규약을 첨부하여 연합단체인 노동조합과 2 이상의 특별시·광역시·도·특별자치도에 걸치는 단위노동
> 조합은 고용노동부장관에게, 2 이상의 시·군·구(자치구를 말한다)에 걸치는 단위노동조합은 <u>특별시장·광역시장·도지사에</u>
> 게, 그 외의 노동조합은 <u>특별자치도지사·시장·군수·구청장</u>(자치구의 구청장을 말한다. 이하 제12조 제1항에서 같다)에게
> 제출하여야 한다.

ⓒ 노동쟁의가 중재에 회부된 때에는 그 날부터 <u>15일간</u>은 쟁의행위를 할 수 없다(노동조합 및 노동관계조정법 제63조).

② 노사정협의회의 직권결정은 노동조합의 해산사유에 해당하지 않는다.

> **노동조합 및 노동관계조정법 제28조【해산사유】** ① 노동조합은 다음 각 호의 어느 하나에 해당하는 경우에는 해산한다.
> 1. 규약에서 정한 해산사유가 발생한 경우
> 2. 합병 또는 분할로 소멸한 경우
> 3. 총회 또는 대의원회의 해산결의가 있는 경우
> 4. 노동조합의 임원이 없고 노동조합으로서의 활동을 1년 이상 하지 아니한 것으로 인정되는 경우로서 행정관청이 노동위원회
>   의 의결을 얻은 경우

60 다음은 노동조합 및 노동관계조정법 제54조의 내용이다. ( ) 안에 들어갈 숫자가 옳게 짝지어진 것은? 12. 경찰

> 조정은 조정의 신청이 있는 날부터 일반사업에 있어서는 10일, 공익사업에 있어서는 15일 이내에 종료하여야 하
> 며 이 기간은 관계 당사자간의 합의로 일반사업에 있어서는 (   )일, 공익사업에 있어서는 (   )일 이내에서
> 연장할 수 있다.

① 10, 15   ② 15, 10

③ 10, 10   ④ 15, 15

① 조정기간은 관계 당사자간의 합의로 일반사업에 있어서는 10일, 공익사업에 있어서는 15일 이내에서 연장할 수 있다(노동조합 및 노동관계조정법 제54조 제2항).

61 쟁의행위의 종류에 대한 설명 중 가장 적절한 것은?

08. 경찰 변형

① 보이콧은 의식적으로 평소보다 작업능률을 떨어뜨리거나 특정한 업무를 거부하여 노무를 불완전하게 제공하는 행위이다.
② 태업은 의식적으로 생산 또는 사무를 방해하고 생산설비를 파괴하거나 사용자의 사적 비밀 또는 험담 따위를 고객에게 알리는 방법 등으로 업무의 정상적인 운영을 저해하는 행위이다.
③ 직장점거는 근로자들이 사용자의 지휘명령을 거부하는 데 그치지 않고 오히려 능동적으로 사업장 또는 공장을 점거해 조합 간부의 지휘 아래 노무를 제공하는 행위이다.
④ 파업은 근로자들이 집단적으로 노무제공을 거부하여 업무의 운영을 저해하는 행위이다.

정답찾기
■ 쟁의행위의 유형

구분	내용
동맹파업 (Strike)	집단적으로 노동력의 제공을 거부하는 것으로 근로자가 행할 수 있는 가장 강력한 쟁의행위이다.
태업	노동자가 작업을 계속하면서도 단결해서 의도적으로 작업능률을 저하시키고 사용자에게 경영상의 고통을 줌으로써 그들의 요구를 관철시키려고 하는 쟁의행위를 말한다.
사보타주 (Sabotage)	태업과 비슷한 행위이지만 태업이 소극적인 투쟁방법인데 반해, 사보타지는 능동적으로 생산 또는 사무를 방해하거나 원자재·생산시설 등을 파괴하는 것까지 포함하는 넓은 개념이다.
불매운동 (Boycott)	• 보이콧이란 사용자 또는 그와 거래관계에 있는 제3자의 상품구입 기타 시설의 이용을 거절한다든가 사용자 또는 그와 거래관계에 있는 제3자와의 근로계약체결을 거절할 것을 호소하는 투쟁행위를 말한다. • 원칙적으로 사용자에 대한 제1차적 보이콧은 위법이 아니지만, 사용자와 거래관계에 있는 제3자에 대한 제2차적 보이콧은 위법이다.
감시행위 (Picketing)	파업이나 보이콧의 보조적 수단으로 직장주변을 감시하며 사용자의 쟁의에 대한 방해를 배제하고 일반대중에게 정당성을 호소하는 쟁의행위이다.
준법투쟁	노동조합이 법령이나 단체협약·취업규칙 등의 내용을 엄격히 준수한다는 명분아래 업무의 능률이나 실적을 저하시키는 집단행동으로 주로 파업지원을 위한 보조수단으로 사용된다.
생산관리	근로자측이 공장운영 또는 제품을 관리하는 등 기업경영을 하는 쟁의행위인데, 사용자의 재산권을 침해하는 행위라는 점에서 현실적으로 허용되지 않는다.

Answer　59 ③　60 ①　61 ②

62 공무원의 노동조합 설립 및 운영 등에 관한 법률에 대한 설명 중 가장 적절하지 않은 것은? 13. 경찰승진

① 공무원노동조합을 설립하려는 사람은 중앙노동위원회에 설립신고서를 제출하여야 한다.
② 공무원은 임용권자의 동의를 받아 노동조합의 업무에만 종사할 수 있다.
③ 노동조합의 업무에만 종사하는 사람(전임자)에 대하여는 그 기간 중 국가공무원법 또는 지방공무원법에 따라 휴직명령을 하여야 하고, 국가 또는 지방자치단체는 전임자에게 그 전임기간 중 보수를 지급하여서는 아니 된다.
④ 단체교섭이 결렬된 경우에는 당사자 어느 한쪽 또는 양쪽은 중앙노동위원회에 조정을 신청할 수 있다.

정답찾기

① 노동조합을 설립하려는 사람은 <u>고용노동부장관에게</u> 설립신고서를 제출하여야 한다(공무원의 노동조합 설립 및 운영 등에 관한 법률 제5조 제2항).

63 공무원노동조합에 대한 설명으로 가장 옳지 않은 것은? 08. 경찰 변형

① 공무원노동조합과 그 조합원은 정치활동을 하여서는 아니 된다.
② 공무원노동조합은 정부교섭대표와 교섭 및 단체협약을 체결할 수 있고, 정부교섭대표가 정당한 이유없이 교섭에 응하지 않으면 단체 행동을 할 수 있다.
③ 단체교섭이 결렬된 경우에는 당사자 어느 한쪽 또는 양쪽은 중앙노동위원회에 조정을 신청할 수 있고, 중앙노동위원회는 공무원 노동관계 조정위원회를 구성한다.
④ 전임자에 대하여는 그 기간 중 휴직을 명하여야 하고, 보수는 지급되지 않는다.

정답찾기

공무원의 노동조합 설립 및 운영 등에 관한 법률
제8조【교섭 및 체결 권한 등】 ② 정부교섭대표는 법령 등에 따라 스스로 관리하거나 결정할 수 있는 권한을 가진 사항에 대하여 노동조합이 교섭을 요구할 때에는 정당한 사유가 없으면 이에 응하여야 한다.

제11조【쟁의행위의 금지】 노동조합과 그 조합원은 파업, 태업 또는 그 밖에 업무의 정상적인 운영을 방해하는 일체의 행위를 하여서는 아니 된다.

국가공무원법
제66조【집단 행위의 금지】 ① 공무원은 노동운동이나 그 밖에 공무 외의 일을 위한 집단 행위를 하여서는 아니 된다. 다만, 사실상 노무에 종사하는 공무원은 예외로 한다.

제5절 공직선거법

64 다음 설명 중 옳지 않은 것은 모두 몇 개인가?

> ㉠ 선거별 선거기간은 대통령선거는 23일, 국회의원선거와 지방자치단체의 의회의원 및 장의 선거는 14일이다.
> ㉡ 고용노동부 장관의 긴급조정 결정이 공표된 때에는 관계 당사자는 즉시 쟁의행위를 중지하여야 하며, 공표일부터 15일이 경과하지 아니하면 쟁의행위를 재개할 수 없다.
> ㉢ 옥외집회나 시위를 주최하려는 자는 신고서를 옥외집회나 시위를 시작하기 720시간 전부터 48시간 전에 제출하여야 한다.
> ㉣ 정당이 최근 4년간 임기만료에 의한 국회의원선거 또는 임기만료에 의한 지방자치단체의 장선거나 시·도의회의원선거에 참여하지 아니한 때 당해 선거관리위원회는 그 정당의 등록을 취소한다.

① 1개 ② 2개 ③ 3개 ④ 4개

정답찾기

옳지 않은 것은 ㉡ 1개이다.
㉡ 관계 당사자는 긴급조정의 결정이 공표된 때에는 즉시 쟁의행위를 중지하여야 하며, 공표일부터 <u>30일</u>이 경과하지 아니하면 쟁의행위를 재개할 수 없다(노동조합 및 노동관계조정법 제77조).

65 공직선거법상 규정된 다음 설명으로 가장 적절하지 않은 것은?

① 18세 이상의 국민은 국회의원의 피선거권이 있다.
② 대통령선거의 선거기간은 23일이다.
③ 대통령선거의 선거기간은 후보자등록마감일부터 선거일까지이다.
④ 국회의원선거의 선거일은 그 임기만료일 전 50일 이후 첫 번째 수요일이다.

정답찾기

③ 대통령선거의 선거기간은 후보자등록마감일의 <u>다음 날부터</u> 선거일까지이다.

Answer 62 ① 63 ① 64 ① 65 ③

66 공직선거법상 선거운동으로 보지 않는 행위를 모두 고른 것은? 20. 경찰승진

> ⊙ 입후보와 선거운동을 위한 준비행위
> ⓒ 정당의 후보자 추천에 관한 단순한 지지 반대의 의견개진 및 의사표시
> ⓒ 후보자가 당선되지 못하게 하기 위한 행위
> ② 석가탄신일에 하는 의례적인 인사말을 문자메시지로 전송하는 행위

① ⊙, ⓒ

② ⊙, ⓒ, ②

③ ⊙, ⓒ, ②

④ ⓒ, ②

정답찾기

지문의 내용 중 ⊙ⓒ②는 선거운동에 해당하지 않는다(공직선거법 제58조 제1항).

> **공직선거법**
> **제58조 【정의 등】** ① 이 법에서 '선거운동'이라 함은 당선되거나 되게 하거나 되지 못하게 하기 위한 행위를 말한다. 다만, 다음 각 호의 어느 하나에 해당하는 행위는 선거운동으로 보지 아니한다.
> 1. 선거에 관한 단순한 의견개진 및 의사표시
> 2. 입후보와 선거운동을 위한 준비행위
> 3. 정당의 후보자 추천에 관한 단순한 지지·반대의 의견개진 및 의사표시
> 4. 통상적인 정당활동
> 5. 삭제 〈2014. 5. 14.〉
> 6. 설날·추석 등 명절 및 석가탄신일·기독탄신일 등에 하는 의례적인 인사말을 문자메시지(그림말·음성·화상·동영상 등을 포함한다. 이하 같다)로 전송하는 행위

제1절 안보경찰 일반

01 보안경찰의 업무 및 활동에 대한 설명 중 가장 적절하지 않은 것은?

13. 경찰승진 변형

① 국가보안법, 보안관찰법, 국가경찰과 자치경찰의 조직 및 운영에 관한 법률 제3조(경찰의 임무), 경찰관 직무집행법 제2조(직무의 범위), 형법 제98조(간첩) 등이 보안경찰의 직접적인 활동근거이다.

② 보안경찰은 '정보 및 보안업무기획·조정규정' 제3조에 의해 정보 및 보안업무의 통합기능 수행을 위하여 필요한 범위 내에서 국가정보원장의 조정을 받는다.

③ 현재 보안경과는 특수경과의 하나로 분류되어 있다.

④ 범민족대회 관련 첩보수집은 보안경찰 활동의 하나이다.

정답찾기

경찰공무원 임용령
제3조 【경과】 ① 총경 이하 경찰공무원에게 부여하는 경과는 다음 각 호와 같다. 다만, 제2호와 제3호의 경과는 경정 이하 경찰공무원에게만 부여한다.
  1. 일반경과
  2. 수사경과
  3. 보안경과
  4. 특수경과
    가. 삭제 〈2016.12.30.〉
    나. 삭제 〈2016.12.30.〉
    다. 항공경과
    라. 정보통신경과

Answer 66 ② / 01 ③

02 경찰청과 그 소속기관 직제에 따른 안보수사국의 직무범위로 가장 적절하지 않은 것은?

20. 경찰승진

① 보안관찰 및 경호안전대책 업무에 관한 사항
② 안보범죄정보 및 보안정보의 수집·분석 및 관리
③ 남북교류와 관련되는 안보수사경찰업무
④ 출입국자에 대한 보안

정답찾기
④ 출입국자에 대한 보안은 안보수사국의 직무범위에 해당하지 않는다.

■ **안보수사국장의 분장사항(경찰청과 그 소속기관 직제 제22조 제3항)**

> 1. 안보수사경찰업무에 관한 기획 및 교육
> 2. 보안관찰 및 경호안전대책 업무에 관한 사항
> 3. 북한이탈주민 신변보호
> 4. 국가안보와 국익에 반하는 범죄에 대한 수사의 지휘·감독
> 5. 안보범죄정보 및 보안정보의 수집·분석 및 관리
> 6. 국내외 유관기관과의 안보범죄정보 협력에 관한 사항
> 7. 남북교류와 관련되는 안보수사경찰업무
> 8. 국가안보와 국익에 반하는 중요 범죄에 대한 수사
> 9. 외사보안업무의 지도·조정
> 10. 공항 및 항만의 안보활동에 관한 계획 및 지도

03 방첩의 기본원칙으로 완전협조의 원칙, 치밀의 원칙, 계속접촉의 원칙을 들 수 있다. 이에 대한 설명으로 가장 적절하지 않은 것은?

16. 경찰승진 변형

① 방첩기관과 보조기관 및 일반대중과 완전협조가 이루어져야 효과적인 방첩이 될 수 있다.
② 간첩활동의 은밀성에 비추어 방첩활동은 더욱 치밀한 계획과 준비를 하여야 한다.
③ 간첩 등의 용의자를 발견하였을 때에는 도주방지를 위하여 즉시 검거하여야 한다.
④ 조직망 전체를 파악할 때까지 유형·무형의 접촉을 계속 유지한다.

정답찾기
③ 방첩의 기본원칙 중 계속접촉의 원칙이란 조직망 전체가 파악될 때까지 계속 접촉을 유지하고 조직망의 파악 이후에 일망타진을 할 수 있도록 하여야 한다는 것을 말한다.

04 방첩의 기본원칙 중 하나인 계속접촉의 원칙에서 계속접촉 유지단계의 순서를 바르게 나열한 것은? 20. 경찰승진

① 탐지 ⇨ 판명 ⇨ 이용 ⇨ 주시 ⇨ 검거
② 탐지 ⇨ 주시 ⇨ 판명 ⇨ 이용 ⇨ 검거
③ 탐지 ⇨ 주시 ⇨ 이용 ⇨ 판명 ⇨ 검거
④ 탐지 ⇨ 판명 ⇨ 주시 ⇨ 이용 ⇨ 검거

정답찾기
④ 계속접촉은 탐지 ⇨ 판명 ⇨ 주시 ⇨ 이용 ⇨ 검거의 과정을 거친다.

05 방첩활동의 수단을 적극적 · 소극적 · 기만적 수단으로 분류할 때 수단별로 가장 적절하게 연결된 것은? 16. 경찰승진

㉠ 첩보수집	㉡ 정보 · 자재보안의 확립
㉢ 대상인물 감시	㉣ 허위정보 유포
㉤ 역용공작	㉥ 보안업무 규정화
㉦ 양동간계시위	㉧ 침투공작
㉨ 첩보공작 분석	㉩ 입법사항 건의
㉪ 간첩신문	㉫ 인원 · 시설보안의 확립
㉬ 유언비어 유포	

① 적극적 수단 - ㉠, ㉢, ㉤, ㉧, ㉨, ㉪
② 기만적 수단 - ㉣, ㉦, ㉧, ㉪
③ 소극적 수단 - ㉡, ㉢, ㉥, ㉨, ㉩, ㉫
④ 적극적 수단 - ㉠, ㉢, ㉤, ㉧, ㉨, ㉪

정답찾기
■ 방첩수단의 종류

구분	내용
적극적 수단	이미 침투한 적과 적의 공작망을 분쇄하기 위하여 취하는 공격적 수단 예 적에 대한 첩보의 수집, 적의 첩보공작 분석, 대상인물 감시, 침투공작 전개, 역용공작(전향된 적을 역이용), 간첩의 체포 · 검거, 간첩신문
소극적 수단	적의 비밀공작으로부터 우리 측을 보호하기 위해 자체보안의 기능이 발휘하는 방어적 수단 예 인원보안의 확립, 보안업무의 규정, 정보 및 자재보안의 확립, 시설보안의 확립, 입법사항의 건의
기만적 수단	비밀이 적에게 노출될 가능성이 있는 상황하에서 우리 측이 기도한 바를 적이 오인 · 판단하도록 하는 방해조치 예 허위정보의 유포, 유언비어의 유포, 양동간계시위

Answer   02 ④   03 ③   04 ④   05 ④

06 대상국의 기밀 탐지, 전복, 태업 등을 효과적으로 수행하기 위한 지하조직형태를 간첩망이라 한다. 다음의 내용이 설명하는 간첩망의 형태를 가장 적절하게 나열한 것은? 16. 경찰

> ㉠ 지하당 구축에 흔히 사용하는 형태로, 간첩이 3명 이내의 행동공작원을 포섭하여 직접 지휘하고 공작원간 횡적 연락을 차단시키는 활동조직
> ㉡ 간첩이 주공작원 2~3명을 두고, 주공작원은 그 밑에 각각 2~3명의 행동공작원을 두는 조직형태
> ㉢ 합법적 신분을 이용하여 적국의 이념이나 사상에 동조하도록 유도하여 공작목표를 달성하기 위한 조직형태

	㉠	㉡	㉢
①	삼각형	피라미드형	써클형
②	삼각형	피라미드형	레포형
③	피라미드형	삼각형	써클형
④	피라미드형	삼각형	레포형

정답찾기
㉠ 삼각형, ㉡ 피라미드형, ㉢ 써클형이다.

■ 간첩망의 형태

구분	내용
삼각형	지하조직에서 주로 사용하는 간첩망형태로 지하당 구축을 하명받은 간첩이 3명 이내의 행동공작원을 포섭하여 직접 지휘하고 포섭된 공작원간 횡적 연락을 차단시키는 활동조직이다. 장점으로 종적 연락은 가능하나 횡적 연락이 안되므로 비교적 보안유지가 잘되고 일망타진의 가능성이 적다. 단점은 활동범위가 좁고, 행동공작원이 검거됐을 경우 주공작원 정체가 쉽게 노출된다.
써클형	간첩이 합법적 신분을 이용하여 침투, 합법적으로 공·사무활동을 하면서 대상국 정치·사회문제를 이용, 적국의 이념이나 사상에 동조토록 유도하여 공작목표를 달성하기 위한 조직형태이다. 장점은 간첩활동이 자유롭기 때문에 대중적으로 조직할 수 있고 동원이 용이하다. 현재 첩보전에서 가장 많이 이용된다. 단점은 간첩의 정체가 폭로되었을 때 외교적 문제로 국제사회에 미치는 악영향이 크다.
단일형	간첩이 단일 특수목적을 수행하기 위하여 동조자를 포섭하지 않고 단독으로 활동하는 점조직이다. 장점은 간첩 상호간에 종적·횡적 연락이 차단되므로 보안이 유지되고 신속한 활동을 할 수 있다. 단점은 활동의 범주가 좁고 공작성과가 비교적 한정된다. 남파간첩들이 주로 사용하는 방법이다.
피라미드형	간첩 밑에 주공작원 2~3명을 두고 주공작원은 그 밑에 각각 2~3명의 행동공작원을 두는 조직형태이다. 장점은 활동범위가 넓고 일시에 많은 공작을 입체적으로 수행할 수 있다. 단점은 간첩과 주공작원간 행동공작원 상호간에는 연락이 차단되므로 구성원 상호간 최소한의 정체를 보장받을 수 있으나 활동이 노출되기 쉽고 일망타진 가능성이 있으며 조직에 시간이 소요된다. 현재는 거의 사용하지 않는다.
레포형	피라미드형 조직에 있어서 간첩과 주공작원간, 행동공작원 상호간에 연락원을 두고 종횡으로 연결하는 방식이다. 레포란 연락 또는 연락원을 뜻하는 공산당용어로 현재는 사용되지 않고 있다.

07 간첩망의 형태에 대한 설명 중 가장 적절한 것은?

17. 경찰

① 단일형은 간첩이 단일 특수 목적을 수행하기 위해 동조자를 포섭하지 않고 단독으로 활동하는 점조직으로 대남간첩이 가장 많이 사용하며, 간첩 상호간에 종적·횡적 연락의 차단으로 보안유지 및 신속한 활동이 가능하며 활동범위가 넓고 공작 성과가 높다는 장점이 있다.

② 삼각형은 지하당조직에서 주로 사용하는 간첩망 형태로, 지하당 구축을 하명받은 간첩이 3명 이내의 행동공작원을 포섭하여 직접 지휘하고 포섭된 공작원간의 횡적 연락을 차단시키는 활동 조직이다.

③ 피라미드형은 간첩 밑에 주공작원 2~3명을 두고, 주공작원은 그 밑에 각각 2~3명의 행동공작원을 두는 조직형태로 일시에 많은 공작을 입체적으로 수행할 수 있어 활동범위가 넓고 조직 구성에 많은 시간이 소요되지 않는다는 장점이 있다.

④ 레포형은 삼각형 조직에 있어서 간첩과 주공작원간, 행동공작원 상호간에 연락원을 두고 종·횡으로 연결하는 형태이다.

정답찾기

① <u>피라미드형</u>은 간첩 상호간에 종적·횡적 연락의 차단으로 보안유지 및 신속한 활동이 가능하며 <u>활동범위가 넓고 공작 성과가 높다</u>는 장점이 있다.
③ 피라미드형은 <u>조직 구성에 많은 시간이 소요된다.</u>
④ 레포형은 <u>피라미드형</u> 조직에 있어서 간첩과 주공작원간, 행동공작원 상호간에 연락원을 두고 종·횡으로 연결하는 형태이다.

08 방첩활동의 대상에 대한 설명으로 가장 적절한 것은?

20. 경찰승진

① 간첩은 임무에 의하여 일반간첩, 무장간첩, 증원간첩, 보급간첩으로 분류되고, 활동방법에 의하여 고정간첩, 배회간첩, 공행간첩으로 분류된다.

② 피라미드형 조직에 있어서 간첩과 주공작원간, 행동공작원 상호간에 연락원을 두고 종횡으로 연결하는 방식의 간첩망은 써클형 간첩망이다.

③ 방첩에서의 태업은 대상 국가의 전쟁수행능력, 방위력을 약화시키기 위해 행하여지는 직·간접의 모든 손상파괴행위를 포함하고, 물리적 태업의 형태로 방화태업, 경제태업, 기계태업 등이 있다.

④ 정부전복은 피지배자가 지배자를 타도하여 정권을 탈취하는 것을 말한다.

정답찾기

② 지문은 레포형에 대한 설명이다.
③ 물리적 태업에는 방화태업·폭파태업·기계태업이 있고, 심리적 태업에는 정치태업·경제태업·선전태업이 있다.
④ 지문은 <u>국가전복(헌법의 파기)</u>에 대한 설명이다. 정부전복은 동일계급 내의 일부세력이 집권세력을 폭력으로 기습·제압하여 정권을 차지하거나 권력을 강화하는 쿠데타를 말한다. 헌법의 폐지라고도 한다.

Answer 06 ① 07 ② 08 ①

09 손자(孫子)가 간첩을 쓰는 방법에 따라 분류한 것으로 내용이 틀린 것의 개수는?

14. 경찰승진

> ㉠ 향간(鄕間) - 적의 관리를 매수하여 정보활동을 시키는 것
> ㉡ 내간(內間) - 적국의 시민을 사용하여 정보활동을 하는 것
> ㉢ 반간(反間) - 적의 간첩을 역으로 이용하여 아군을 위해 활동하는 것
> ㉣ 사간(死間) - 배반할 염려가 있는 아군의 간첩에게 고의로 조작된 사실을 제공하고 이를 적에게 전언 또는 누설하게 하는 것
> ㉤ 생간(生間) - 적국 내에 잠입하여 정보활동을 하고 돌아와 보고하는 간첩

① 2개 　　　　② 3개 　　　　③ 4개 　　　　④ 5개

정답찾기

틀린 것은 ㉠㉡ 2개이다.
㉠ 향간(鄕間)은 적국의 시민을 사용하여 정보활동을 하는 것을 말한다.
㉡ 내간(內間)은 적의 관리를 매수하여 정보활동을 시키는 것을 말한다.

10 다음 비밀공작의 순환과정에 대한 설명으로 가장 적절한 것은?

21. 경찰승진

> 지령 ⇨ 계획 ⇨ 모집 ⇨ 훈련 ⇨ 브리핑 ⇨ 파견 및 귀환 ⇨ 디브리핑 ⇨ 보고서 작성 ⇨ 해고

① '모집'은 임무수행에 필요한 능력을 배양시키고, 지식과 기술을 습득케 하는 과정이다.
② '브리핑'은 공작에 영향을 주는 새로운 상황과 임무에 대한 상세한 지시를 하는 단계로, 공작원에게 공작수행에 대한 최종적인 설명이 이루어진다.
③ '파견 및 귀환'은 공작계획에 따라 공작을 진행할 사람을 채용하는 과정이다.
④ '보고서 작성'은 지령을 수행하기 위한 수단과 방법을 조직화하는 과정이다.

정답찾기

①은 훈련에 대한 설명이다.
③은 모집에 대한 설명이다.
④는 계획에 대한 설명이다.

11 **연락선 조직과 연락수단에 대한 설명으로 가장 적절한 것은?** 14. 경찰승진 변형

① 연락선 조직은 정상선, 예비선, 긴급선으로 구분할 수 있다.

② 긴급선은 공작활동을 계속할 수 없을 만큼 위급한 상황하에서 공작의 중단 또는 정지를 알리기 위해 조직되는 선이다.

③ 차단에 의한 연락수단으로는 유인포스트, 연락원, 편의주소관리인, 무인포스트, 전보, 우편물, 광고, 개인회합, 무선통신, 방송 등이 있다.

④ 예비선은 조직원의 교체 또는 조직의 확장, 부활 및 변동시에 대비하여 서로 알지 못하는 조직원간의 최초 접촉을 위해 조직한다.

정답찾기

구분			내용
정상선	의의		정상적인 공작상황하에서 지령, 첩보, 문서 등 통신내용을 전달하기 위하여 조직한 접촉수단
	종류	기본선	• 정기적 접촉을 목적으로 한 최초의 연락선 • 가장 안전한 상태하에서 이루어짐 • 개인회합과 같은 연락수단을 이용하는 경우가 많음
		보조선	• 기본선의 과중한 사용을 피하기 위하여 마련한 연락선 • 기본선의 사고발생시를 대비하여 기본선을 보호하기 위한 방법으로서 조직된 연락선 • 주로 수수소와 같은 연락수단을 사용
		긴급선	• 시간적으로 긴급한 지령이나 첩보를 전달함에 있어서 기본선과 보조선을 이용할 시간적 여유가 없을 때의 연락을 위하여 조직하는 연락선 • 전화 및 전보와 같은 연락수단을 사용
비상선 (경고선)			위급상황하에서 공작의 중단이나 정지를 알리기 위해 조직된 선
예비선			• 조직원의 교체 또는 조직의 확장·부활·변동 등에 대비하여 서로 알지 못하는 조직원간의 최초 접촉을 위한 연락선 • 예비선을 이용한 연락을 통해 신임공작관이나 상급기관의 피지명인이 기성조직과의 접촉에 있어 진실성을 입증할 수 있음

5장

12 선전은 특정집단을 자극하여 감정이나 견해 등을 자기측에 유리한 방향으로 유도하기 위한 계획된 심리전의 일종으로 출처의 공개 여부에 따라 백색선전, 회색선전, 흑색선전으로 구분된다. 다음 설명 중 가장 적절하지 않은 것은?

14. 경찰승진

① 백색선전은 출처를 밝히고 하는 선전으로 북한의 대남혁명전위대인 한국민주전선에서 운영한 '구국의 소리 방송'이 대표적인 예이다.

② 회색선전은 출처를 밝히지 않고 행하는 선전으로 적이 회색선전이라는 것을 감지하여 역선전을 할 경우 대항이 어렵고 출처를 은폐하면서 선전의 효과를 거두기가 곤란하다는 단점이 있다.

③ 흑색선전은 출처를 위장하여 행하는 선전으로 출처노출을 피하기 위해 많은 주의가 요구되며, 정상적인 통신망을 이용할 수 없다는 단점이 있다.

④ 선전의 신뢰도가 가장 높은 것은 백색선전이며, 특정한 목표에 대해 즉각적이고 집중적인 선전을 할 수 있는 것은 흑색선전이다.

> 정답찾기
> ① '구국의 소리 방송'은 흑색선전의 대표적인 사례에 해당한다.

■ **선전의 구분**

구분	의미	특징
백색선전	주체·출처 등을 밝히면서 공개적으로 행하는 선전활동	공식보도에 의하므로 주제의 선정과 용어사용이 제한을 받지만 신뢰도가 높음. 공공연한 심리전
회색선전	• 출처가 불분명한 선전활동 • 백색선전 효과 감쇄에 유리, 신뢰도 낮음	• 선전이라는 선입감 없이 효과 창출 • 적의 역선전시 대항하기 어려움
흑색선전	주체·출처의 위장 후 암암리에 행하는 선전	• 특수목표를 대상으로 한 계층에 대한 즉각적·집중적 선전 가능 • 적 스스로 내부에 모순을 드러내어 내부 분열·혼란으로 사기저하 유도 • 출처미상으로 역선전이 어려움 • '구국의 소리 방송'은 흑색선전의 대표적인 사례에 해당

13 공작에 대한 설명으로 가장 적절한 것은?

① 공작이란 적의 정보활동에 대비하여 자기편을 보호하는 노력으로서 간첩·태업·전복행위 등을 사전 방지하고 적발하기 위한 조직적인 활동이다.

② 공작은 그 목적상 대북공작, 대공산권공작, 대우방공작으로 분류할 수 있다.

③ 주관자란 상부로부터 받은 지령에 따라 계획하고 준비하여 공작을 수행하는 하나의 집단을 말하며, 이 집단을 대표하는 사람을 공작관이라고 한다.

④ 가장이란 비밀공작을 수행함에 있어 인원이나 기관간에 비밀을 은폐하려고 기도하는 방법을 말한다.

정답찾기

① 지문의 내용은 방첩(활동)에 대한 설명이다. 공작(보안사업)이란 정보기관이 어떠한 목적하에 주어진 목표에 대하여 계획적으로 수행하는 비밀활동을 말한다.

② 지문은 공작의 대상지역을 기준으로 하는 구분이다. 공작활동의 목적을 기준으로 첩보수집공작, 태업공작, 지원공작, 와해모략공작(심리적 공작), 역용공작 등으로 구분할 수 있다.

④ 지문은 연락에 대한 설명이다. 가장이란 정보활동에 관계되는 모든 요소의 정체가 외부에 노출되지 않도록 꾸며지는 내적·외적 형태를 말한다.

제2절 안보사범의 수사(국가보안법)

14 국가보안법상 반국가단체(제2조)에 관한 설명 중 틀린 것은?

① 반국가단체라 함은 정부를 참칭하거나 국가를 변란할 것을 목적으로 하는 국내외의 결사 또는 집단으로서 지휘통솔체제를 갖춘 단체를 말한다.

② 정부를 참칭한다는 것은 함부로 단체를 조직하여 정부를 사칭하는 것으로 정부와 동일한 명칭을 사용할 필요는 없고 일반인이 정부로 오인할 정도면 충분하다.

③ 국가변란이란 정부를 전복하여 새로운 정부를 조직하는 것을 의미하며 정부전복이란 정부를 구성하고 있는 자연인의 사임이나 교체만으로는 부족하고 정부 조직이나 제도 그 자체를 파괴하는 것을 의미한다.

④ 형법상 내란죄에서의 국헌문란이란 헌법 또는 법률의 기능을 소멸시키거나 헌법에 의하여 설치된 국가기관을 전복 또는 그 권능행사를 불가능하게 하는 것으로 국가보안법상 국가변란이 국헌문란보다 더 넓은 개념이다.

정답찾기

④ 형법상 국헌문란이 국가보안법상 국가변란보다 넓은 개념이다.

Answer   12 ①   13 ③   14 ④

15 국가보안법상 반국가단체와 이적단체에 대한 설명으로 가장 적절하지 않은 것은? (다툼이 있는 경우 판례에 의함)

20. 경찰승진

① 반국가단체란 국가를 참칭하거나 정부를 변란할 것을 목적으로 하는 국내외의 결사 또는 집단으로서 지휘통솔체제를 갖춘 단체를 말한다.

② 반국가단체에서 지도적 임무에 종사한 자란 실제에 있어서 당해 반국가단체를 위하여 중요한 역할 또는 지도적 활동을 한 자를 말한다.

③ 이적단체는 별개의 반국가단체의 존재를 전제로 한다.

④ 결사는 계속적인 집합체임에 반하여, 집단은 일시적인 집합체인 점에서 다르다.

> 정답찾기

① '반국가단체'라 함은 정부를 참칭하거나 국가를 변란할 것을 목적으로 하는 국내외의 결사 또는 집단으로서 지휘통솔체제를 갖춘 단체를 말한다(국가보안법 제2조 제1항).

16 다음 중 국가보안법 제4조(목적수행죄)의 행위태양이 아닌 것은 모두 몇 개인가?

11. 경찰

> ㉠ 존속살해
> ㉡ 유가증권 위조
> ㉢ 소요
> ㉣ 금품수수
> ㉤ 잠입·탈출

① 1개 ② 2개 ③ 3개 ④ 4개

> 정답찾기

② 국가보안법 제4조의 행위태양이 아닌 것은 ㉣㉤ 2개이다.

■ **목적수행죄의 행위태양**

행위태양	제1호	외환의 죄, 존속살해죄, 강도살인죄, 강도치사죄 등
	제2호	간첩죄, 간첩방조죄, 국가기밀탐지·수집·누설 등의 죄
	제3호	소요죄, 폭발물사용죄, 방화죄, 살인죄 등
	제4호	중요시설파괴죄, 약취유인죄, 항공기·무기 등의 이동·취거 등의 범죄
	제5호	유가증권위조죄, 상해죄, 국가기밀서류·물품의 손괴·은닉 등의 범죄
	제6호	선전·선동죄, 허위사실날조·유포 등의 범죄

17 반국가단체의 구성원 또는 그 지령을 받은 자의 행위 중 국가보안법 제4조(목적수행)의 적용이 없는 경우는?

13. 경찰승진

① 외환, 존속살해, 공갈죄를 범한 경우
② 소요, 폭발물사용, 방화죄를 범한 경우
③ 중요시설파괴, 약취·유인죄를 범한 경우
④ 유가증권위조, 상해죄를 범한 경우

정답찾기
① 공갈죄는 목적수행죄의 행위태양에 해당하지 않는다.

18 다음 중 국가보안법상 예비·음모를 처벌하는 범죄와 불고지죄의 대상이 되는 범죄로 공통된 것은?

11. 경찰 변형

┌───┐
│ ㉠ 반국가단체구성죄(제3조)   │
│ ㉡ 잠입·탈출죄(제6조)   │
│ ㉢ 자진지원죄(제5조 제1항)   │
│ ㉣ 회합·통신죄(제8조)   │
└───┘

① ㉠ - ㉢   ② ㉡ - ㉣
③ ㉢ - ㉣   ④ ㉠ - ㉡

정답찾기
① 지문의 내용 중 예비·음모를 처벌하는 범죄는 ㉠㉡㉢, 불고지죄의 대상이 되는 범죄는 ㉠㉢이다.

19 국가보안법상 소위 불고지죄의 대상이 되는 범죄로 가장 적절한 것은?

16. 경찰승진

① 목적수행죄, 금품수수죄
② 목적수행죄, 자진지원죄
③ 편의제공죄, 금품수수죄
④ 편의제공죄, 반국가단체구성죄

정답찾기
② 제3조(반국가단체구성죄), 제4조(목적수행죄), 제5조(자진지원·금품수수죄) 제1항·제3항(제1항의 미수범에 한한다)·제4항의 죄를 범한 자라는 정을 알면서 수사기관 또는 정보기관에 고지하지 아니한 자는 5년 이하의 징역 또는 200만원 이하의 벌금에 처한다. 다만, 본범과 친족관계가 있는 때에는 그 형을 감경 또는 면제한다(국가보안법 제10조).

Answer 15 ① 16 ② 17 ① 18 ① 19 ②

20 다음 보기 중 '국가보안법'에 관한 설명으로 틀린 것은 모두 몇 개인가?   14. 경찰

> ㉠ '국가보안법' 제10조 불고지죄는 법정형이 5년 이하의 징역 또는 300만원 이하의 벌금으로 국가보안법 중 유일하게 선택형으로 벌금형을 두고 있다.
> ㉡ '국가보안법'의 죄를 범한 후 자수한 때에는 그 형을 감경 또는 면제한다.
> ㉢ 공소보류 결정을 받은 자가 공소제기 없이 2년이 경과한 때에는 소추할 수 없다.
> ㉣ 검사 또는 사법경찰관으로부터 '국가보안법'에 정한 죄의 참고인으로 출석을 요구받은 자가 정당한 이유 없이 2회 이상 출석요구에 불응한 때에는 관할 법원판사의 구속영장을 발부받아 구인할 수 있다.

① 0개　　　　　② 1개　　　　　③ 2개　　　　　④ 3개

정답찾기

틀린 것은 ㉠ 1개이다.
㉠ 제3조(반국가단체구성죄), 제4조(목적수행죄), 제5조(자진지원·금품수수죄) 제1항·제3항(제1항의 미수범에 한한다)·제4항의 죄를 범한 자라는 정을 알면서 수사기관 또는 정보기관에 고지하지 아니한 자는 5년 이하의 징역 또는 200만원 이하의 벌금에 처한다. 다만, 본범과 친족관계가 있는 때에는 그 형을 감경 또는 면제한다(국가보안법 제10조).

21 다음 '국가보안법'상 죄명 중 '행위주체에 제한이 있는 것'은 모두 몇 개인가?   14. 경찰

> ㉠ 자진지원죄(제5조 제1항)
> ㉡ 금품수수죄(제5조 제2항)
> ㉢ 목적수행죄(제4조 제1항)
> ㉣ 잠입·탈출죄(제6조 제2항)
> ㉤ 직권남용 무고·날조죄(제12조 제2항)
> ㉥ 이적단체 구성·가입죄(제7조 제3항)

① 2개　　　　　② 3개　　　　　③ 4개　　　　　④ 5개

정답찾기

국가보안법상 신분범에는 목적수행죄, 자진지원죄, 이적단체구성원의 허위사실날조유포죄, 특수직무유기죄, 직권남용 무고·날조죄 등이 있다.

22 국가보안법의 다음 범죄들 중 객관적 구성요건상 행위 주체에 아무런 제한이 없는 것을 모두 고른 것은? 20. 경찰승진

> ㉠ 반국가단체의 구성·가입·가입권유죄
> ㉡ 편의제공죄
> ㉢ 단순 잠입·탈출죄
> ㉣ 특수직무유기죄
> ㉤ 이적단체원의 허위사실날조·유포죄
> ㉥ 특수 잠입·탈출죄

① ㉠, ㉡, ㉢
② ㉡, ㉣, ㉥
③ ㉠, ㉡, ㉢, ㉥
④ ㉠, ㉢, ㉣, ㉤

정답찾기

지문의 내용 중 비신분범은 ㉠㉡㉢㉥이다. ㉣ 특수직무유기죄는 '범죄수사 또는 정보의 직무에 종사하는 공무원', ㉤ 이적단체원의 허위사실날조·유포죄는 '제3항에 규정된 단체(이적단체)의 구성원'이라는 신분을 구성요건으로 한다.

23 '국가보안법'상 불고지죄의 대상범죄로 가장 적절하지 않은 것은? 15. 경찰승진

① 반국가단체구성죄
② 목적수행죄
③ 자진지원죄
④ 특수직무유기죄

정답찾기

④ 제3조(반국가단체의 구성 등), 제4조(목적수행), 제5조(자진지원·금품수수) 제1항·제3항(제1항의 미수범에 한한다)·제4항의 죄를 범한 자라는 정을 알면서 수사기관 또는 정보기관에 고지하지 아니한 자는 5년 이하의 징역 또는 200만원 이하의 벌금에 처한다. 다만, 본범과 친족관계가 있는 때에는 그 형을 감경 또는 면제한다(국가보안법 제10조).

24 국가보안법상 제10조(불고지)는 일정한 범죄행위를 알고서도 수사기관에 신고하지 않은 경우에 성립한다. 이에 대한 설명으로 가장 적절하지 않은 것은?

17. 경찰승진

① 본조의 입법취지는 중요 국가보안법 위반범인에 대한 불가비호성(不可庇護性)에 있다.

② 본범과 친족관계가 있는 때에는 그 형을 감경 또는 면제한다.

③ 불고지죄의 대상이 되는 범죄는 반국가단체구성죄(제3조), 목적수행죄(제4조), 자진지원죄(제5조 제1항), 편의제공죄(제9조)가 있다.

④ 법정형은 5년 이하의 징역 또는 200만원 이하의 벌금이다.

> 정답찾기

③ 제3조(반국가단체의 구성 등), 제4조(목적수행), 제5조 제1항(자진지원) · 제3항(제1항의 미수범에 한한다) · 제4항의 죄를 범한 자라는 정을 알면서 수사기관 또는 정보기관에 고지하지 아니한 자는 5년 이하의 징역 또는 200만원 이하의 벌금에 처한다. 다만, 본범과 친족관계가 있는 때에는 그 형을 감경 또는 면제한다(국가보안법 제10조).

25 '국가보안법' 제3조는 반국가단체를 구성하거나 이에 가입 또는 타인에게 가입을 권유하는 행위를 범죄로 규정하고 있다. 이에 대한 설명으로 가장 적절한 것은?

14. 경찰승진

① 국가보안법 위반의 가장 기본적인 범죄유형으로 기존의 반국가단체 구성원은 본죄의 주체가 될 수 없다.

② 주체는 특별한 제한이 없으므로 내 · 외국인을 막론하며, 구성 · 가입 · 가입권유의 미수범, 구성 · 가입의 예비 · 음모를 처벌한다.

③ 구성죄와 가입죄는 일정한 시간적 계속을 필요로 한다는 것이 통설, 판례의 입장이다.

④ 실제에 있어 반국가단체를 위하여 중요한 역할이나 활동을 한 자를 '수괴'라고 하며 수괴의 임무에 종사한 자는 사형 또는 무기징역에 처한다.

> 정답찾기

① 반국가단체의 구성 · 가입 · 가입권유죄의 경우 주체에 신분상 제한이 없다.

③ 국가보안법 제3조의 정부를 참칭하거나 국가를 변란할 목적으로 결사나 집단을 구성하는 행위규정 중 '결사'라함은 공동의 목적을 가진 2인 이상의 특정다수인의 임의적인 계속적(사실상 계속하여 존재함을 요하지 않고 계속시킬 의도하에서 결합됨으로써 족하다) 결합체라 할 것이고, '집단'이라 함은 위 결사와 같이 공동목적을 가진 특정다수인의 결합이지만 결사가 계속적인 집합체임에 대하여 집단은 일시적인 점에서 상이하고 '구성'이라 함은 결사나 집단을 창설하려는 2인 이상의 자간에 창설에 관해 의사가 합치되는 순간에 성립하는 것으로서 스스로 결사나 집단에 가입하는 의사를 가지고 단순히 외부에서 그 결성의 정신적, 물질적 지도를 맡는 것도 포함한다(대판 1982.9.28, 82도2016).

④ 국가보안법 제3조 제2항 제2호 소정의 지도적 임무에 종사한 자라 함은, 당해 반국가단체 내에 있어서의 지위 여하를 막론하고 실제에 있어서 당해 반국가단체를 위하여 중요한 역할 또는 지도적 활동을 한 자를 말하므로, 자기의 지시를 따르는 하부조직의 유무는 지도적 임무에 종사하였는지의 여부와 직접 관련이 없다(대판 1995.7.25, 95도1148).

26 국가보안법상 일부조항에는 '국가의 존립·안전이나 자유민주적 기본질서를 위태롭게 한다는 정을 알면서'라고 하여 소위 '이적지정(利敵知情)'을 요건으로 하는 범죄들이 있다. '이적지정'을 요건으로 하지 않는 범죄로 가장 적절한 것은?

18. 경찰승진

① 국가보안법 제5조 제2항(금품수수)
② 국가보안법 제6조 제1항(단순잠입·탈출)
③ 국가보안법 제8조 제1항(회합·통신 등)
④ 국가보안법 제9조 제2항(편의제공)

정답찾기

④ 이 법 제3조(반국가단체의 구성 등) 내지 제8조(회합·통신 등)의 죄를 범하거나 범하려는 자라는 정을 알면서 금품 기타 재산상의 이익을 제공하거나 잠복·회합·통신·연락을 위한 장소를 제공하거나 기타의 방법으로 편의를 제공한 자는 10년 이하의 징역에 처한다. 다만, 본범과 친족관계가 있는 때에는 그 형을 감경 또는 면제할 수 있다(국가보안법 제9조 제2항).

27 국가보안법의 보상과 원호에 대한 다음 설명 중 적절한 것은 모두 몇 개인가?

18. 경찰

㉠ 이 법의 죄를 범한 자를 수사기관 또는 정보기관에 통보하거나 체포한 자에게는 대통령령이 정하는 바에 따라 상금을 지급한다.
㉡ 반국가단체나 그 구성원 또는 그 지령을 받은 자로부터 금품을 취득하여 수사기관 또는 정보기관에 제공한 자에게는 그 가액의 2분의 1에 상당하는 범위 안에서 보로금을 지급할 수 있다. 반국가단체의 구성원 또는 그 지령을 받은 자가 제공한 때에도 또한 같다.
㉢ 보로금의 청구 및 지급에 관하여 필요한 사항은 대통령령으로 정한다.
㉣ 이 법에 의한 상금과 보로금의 지급 및 제23조에 의한 보상대상자를 심의·결정하기 위하여 법무부장관 소속 하에 국가보안유공자 심사위원회를 둔다.

① 1개   ② 2개   ③ 3개   ④ 4개

정답찾기

④ 모두 옳은 지문이다.

28 보안관찰법상 보안관찰 해당 범죄가 아닌 것은 모두 몇 개인가? 13. 경찰승진

㉠ 군형법상 일반이적죄(제14조)	㉡ 형법상 이적죄(제94조~제97조)
㉢ 형법상 일반이적죄(제99조)	㉣ 형법상 내란죄(제87조)
㉤ 국가보안법상 편의제공죄(제9조)	㉥ 국가보안법상 자진지원·금품수수죄(제5조)

① 없음   ② 2개   ③ 3개   ④ 4개

정답찾기

㉢㉣은 보안관찰 해당 범죄가 아니다.

■ 보안관찰 해당 범죄

구분	내용	비고
형법	• 내란목적 살인죄 • 외환유치죄 • 여적죄 • 모병·시설제공·시설파괴·물건제공 이적죄 • 간첩죄 • 위 죄의 미수범과 예비·음모·선동·선전죄	내란죄, 일반이적죄, 전시군수계약불이행죄 등은 해당 범죄가 아님
군형법	• 반란죄, 반란목적의 군용물탈취죄 • 군대 및 군용시설제공죄, 군용시설 등 파괴죄 • 간첩죄 • 일반이적죄 • 위 죄의 미수범과 예비·음모·선동·선전죄 • 반란불고죄	단순반란불고죄는 해당 범죄 아님
국가보안법	• 목적수행죄 • 자진지원·금품수수죄 • 잠입·탈출죄 • 무기류 등의 편의제공죄 • 위 죄의 미수범과 예비·음모죄	반국가단체의 구성·가입·가입권유죄, 찬양고무죄, 회합·통신죄 등은 해당 범죄 아님

29 보안관찰처분을 받은 자의 신고의무에 대한 설명 중에서 틀린 것은? 08. 경찰 변형

① 피보안관찰자신고   ② 정기신고
③ 출소사실신고   ④ 수시신고

정답찾기

③ 보안관찰처분대상자는 교도소 내 신고, 출소 후 신고를 해야 하며 피보안관찰자는 최초신고(피보안관찰자신고), 정기신고, 수시신고(변동사항 신고, 주거지 이전·여행 신고)를 해야 한다.

30 보안관찰법상 보안관찰처분 결정절차를 나열한 것으로 가장 적절한 것은? 18. 경찰승진

> ㉠ 대상자의 신고 ㉡ 보안관찰처분의 청구
> ㉢ 보안관찰처분 사안의 조사 ㉣ 보안관찰처분 사안의 송치
> ㉤ 보안관찰처분의 결정

① ㉠ ⇨ ㉡ ⇨ ㉢ ⇨ ㉣ ⇨ ㉤
② ㉠ ⇨ ㉡ ⇨ ㉢ ⇨ ㉤ ⇨ ㉣
③ ㉠ ⇨ ㉢ ⇨ ㉣ ⇨ ㉤ ⇨ ㉡
④ ㉠ ⇨ ㉢ ⇨ ㉣ ⇨ ㉡ ⇨ ㉤

정답찾기
④ 올바르게 나열한 것은 ㉠ ⇨ ㉢ ⇨ ㉣ ⇨ ㉡ ⇨ ㉤이다.

31 '보안관찰법'상 보안관찰과 관련한 다음 설명 중 가장 옳은 것은? 12. 경찰

① 검사는 보안관찰처분청구를 한 때에는 지체 없이 처분청구서사본을 피청구자에게 송달하여야 한다.
② 검사는 피보안관찰자가 도주하거나 15일 이상 그 소재가 불명한 때에는 보안관찰처분의 집행중지결정을 하여야 한다.
③ 보안관찰처분심의위원회의 위원장은 법무부장관이다.
④ 보안관찰처분심의위원회는 보안관찰처분 또는 그 기각의 결정, 면제 또는 그 취소결정, 보안관찰처분의 취소 또는 기간의 갱신결정을 심의·의결한다.

정답찾기
① 검사는 보안관찰처분청구를 한 때에는 지체 없이 처분청구서등본을 피청구자에게 송달하여야 한다. 이 경우 송달에 관하여는 민사소송법 중 송달에 관한 규정을 준용한다(보안관찰법 제8조 제4항).
② 검사는 피보안관찰자가 도주하거나 1월 이상 그 소재가 불명한 때에는 보안관찰처분의 집행중지결정을 할 수 있다. 그 사유가 소멸된 때에는 지체 없이 그 결정을 취소하여야 한다(보안관찰법 제17조 제3항).
③ 위원장은 법무부차관이 되고, 위원은 학식과 덕망이 있는 자로 하되, 그 과반수는 변호사의 자격이 있는 자이어야 한다(보안관찰법 제12조 제3항).

32 보안관찰처분에 관한 다음 설명 중 옳은 것은 모두 몇 개인가?

> ㉠ 보안관찰처분대상자는 보안관찰 해당 범죄 또는 이와 경합된 범죄로 금고 이상의 형의 선고를 받고 그 형기
> 합계가 3년 이상인 자로서 형의 전부 또는 일부의 집행을 받은 사실이 있는 자이다.
> ㉡ 법무부장관은 준법정신이 확립되어 있는 자, 일정한 주거와 생업이 있는 자, 대통령령으로 정한 신원보증(2인
> 이상 신원보증인의 신원보증)이 있는 자에 대하여 보안관찰처분 면제결정을 하여야 한다.
> ㉢ 보안관찰처분에 관한 사안을 심의·의결하기 위하여 법무부에 보안관찰처분심의위원회를 두고, 그 위원회의
> 위원장은 법무부장관이고 위원장 1인과 6인의 위원으로 구성한다.
> ㉣ 보안관찰처분의 결정을 받은 자가 그 결정에 이의가 있을 때에는 그 결정이 집행된 날부터 60일 이내에 서울
> 고등법원에 소를 제기할 수 있다.
> ㉤ 보안관찰처분대상자는 출소 후 7일 이내에 거주예정지 관할 경찰서장에게 출소사실을 신고하여야 한다.

① 1개　　　　　　② 2개　　　　　　③ 3개　　　　　　④ 4개

정답찾기

옳은 것은 ㉠㉣㉤ 3개이다.

㉡

> **보안관찰법**
> **제11조【보안관찰처분의 면제】** ① 법무부장관은 보안관찰처분대상자 중 다음 각호의 요건을 갖춘 자에 대하여는 보안관찰처분
> 을 하지 아니하는 결정(이하 '면제결정'이라 한다)을 할 수 있다.
> 1. 준법정신이 확립되어 있을 것
> 2. 일정한 주거와 생업이 있을 것
> 3. 대통령령이 정하는 신원보증이 있을 것

㉢ 위원장은 법무부차관이 되고, 위원은 학식과 덕망이 있는 자로 하되, 그 과반수는 변호사의 자격이 있는 자이어야 한다(보안관찰법
제12조 제3항).

33 다음은 '보안관찰법'상 '보안관찰처분'을 설명한 것이다. 가장 적절한 것은? 14. 경찰

① '보안관찰처분대상자'라 함은 보안관찰 해당 범죄 또는 이와 경합된 범죄로 금고 이상의 형의 선고를 받고 그 형기 합계가 2년 이상인 자로서 형의 전부 또는 일부의 집행을 받은 사실이 있는 자를 말한다.

② 보안관찰처분의 기간은 2년으로 하며, 법무부장관은 검사의 청구가 있는 때에는 보안관찰처분심의위원회의 의결을 거쳐 그 기간을 갱신할 수 있다.

③ 보안관찰처분대상자는 출소 후 2개월 이내에 그 거주예정지 관할 경찰서장에게 출소사실을 신고하여야 한다.

④ 검사는 피보안관찰자가 도주하거나 1월 이상 그 소재가 불명한 때에는 보안관찰처분의 집행중지결정을 할 수 있으며, 그 사유가 소멸된 때에는 7일 이내에 그 결정을 취소하여야 한다.

정답찾기

① 이 법에서 '보안관찰처분대상자'라 함은 보안관찰 해당 범죄 또는 이와 경합된 범죄로 금고 이상의 형의 선고를 받고 그 형기 합계가 3년 이상인 자로서 형의 전부 또는 일부의 집행을 받은 사실이 있는 자를 말한다(보안관찰법 제3조).

③ 보안관찰처분대상자는 대통령령이 정하는 바에 따라 그 형의 집행을 받고 있는 교도소, 소년교도소, 구치소, 유치장 또는 군교도소에서 출소 전에 거주예정지 기타 대통령령으로 정하는 사항을 교도소 등의 장을 경유하여 거주예정지 관할 경찰서장에게 신고하고, 출소 후 7일 이내에 그 거주예정지 관할 경찰서장에게 출소사실을 신고하여야 한다. 제20조 제3항에 해당하는 경우에는 법무부장관이 제공하는 거주할 장소를 거주예정지로 신고하여야 한다(보안관찰법 제6조 제1항).

④ 검사는 피보안관찰자가 도주하거나 1월 이상 그 소재가 불명한 때에는 보안관찰처분의 집행중지결정을 할 수 있다. 그 사유가 소멸된 때에는 지체 없이 그 결정을 취소하여야 한다(보안관찰법 제17조 제3항).

34 보안관찰법상 규정된 내용으로 가장 적절하지 않은 것은? 16. 경찰 변형

① '보안관찰처분대상자'라 함은 보안관찰 해당 범죄 또는 이와 경합된 범죄로 금고 이상의 형의 선고를 받고 그 형기 합계가 3년 이상인 자로서 형의 전부 또는 일부의 집행을 받은 사실이 있는 자를 말한다.

② 보안관찰대상자는 그 형의 집행을 받고 있는 교도소, 소년교도소, 구치소, 유치장 또는 군교도소에서 출소 전에 거주예정지 기타 대통령령으로 정하는 사항을 교도소 등의 장을 경유하여 거주예정지 관할 경찰서장에게 신고하고, 출소 후 7일 이내에 그 거주예정지 관할 경찰서장에게 출소사실을 신고하여야 한다.

③ 보안관찰대상자는 교도소 등에서 출소한 후 신고사항에 변동이 있을 때에는 지체 없이 그 변동된 사항을 관할 경찰서장에게 신고하여야 한다.

④ 교도소 등의 장은 보안관찰처분 대상자가 생길 때에는 지체 없이 보안관찰처분심의위원회와 거주예정지를 관할하는 검사 및 경찰서장에게 통보하여야 한다.

정답찾기

③ 보안관찰처분대상자는 교도소 등에서 출소한 후 신고사항에 변동이 있을 때에는 변동이 있는 날부터 7일 이내에 그 변동된 사항을 관할 경찰서장에게 신고하여야 한다. 다만, 제20조 제3항에 의하여 거소제공을 받은 자가 주거지를 이전하고자 할 때에는 미리 관할 경찰서장에게 제18조 제4항 단서에 의한 신고를 하여야 한다(보안관찰법 제6조 제2항).

Answer   32 ③   33 ②   34 ③

35 보안관찰법에 대한 설명으로 가장 적절하지 않은 것은? 17. 경찰

① 보안관찰처분대상자라 함은 보안관찰 해당 범죄 또는 이와 경합된 범죄로 금고 이상의 형의 선고를 받고 그 형기 합계가 3년 이상인 자로서 형의 전부 또는 일부의 집행을 받은 사실이 있는 자를 말한다.

② 보안관찰처분대상자는 출소 후 7일 이내에 그 거주예정지 관할 경찰서장에게 출소사실을 신고하여야 한다.

③ 피보안관찰자는 보안관찰처분결정고지를 받은 날부터 7일 이내에 일정한 사항을 주거지를 관할하는 지구대·파출소장을 거쳐 관할 경찰서장에게 신고하여야 한다.

④ 피보안관찰자는 주거지를 이전하거나 국외여행 또는 7일 이상 주거를 이탈하여 여행하고자 할 때에는 미리 거주예정지, 여행예정지 등을 지구대·파출소장을 거쳐 관할 경찰서장에게 신고하여야 한다.

정답찾기

④ 피보안관찰자가 주거지를 이전하거나 국외여행 또는 10일 이상 주거를 이탈하여 여행하고자 할 때에는 미리 거주예정지, 여행예정지 기타 대통령령이 정하는 사항을 지구대·파출소장을 거쳐 관할 경찰서장에게 신고하여야 한다. 다만, 제20조 제3항에 의하여 거소제공을 받은 자가 주거지를 이전하고자 할 때에는 제20조 제5항에 의하여 거소변경을 신청하여 변경결정된 거소를 거주예정지로 신고하여야 한다(보안관찰법 제18조 제4항).

36 보안관찰에 대한 설명으로 가장 적절한 것은? 19. 경찰승진

① 보안관찰처분대상자는 보안관찰 해당 범죄 또는 이와 경합된 범죄로 금고 이상 형의 선고를 받고 그 형기 합계가 3년 이상인 자로서 형의 전부 또는 일부의 집행을 받은 사실이 있는 자이며, 보안관찰처분의 기간은 1년이다.

② 보안관찰 해당 범죄로는 형법상 내란목적살인죄, 군형법상 일반이적죄, 국가보안법상 목적수행죄 등이 있다.

③ 피보안관찰자가 주거지를 이전하거나 국외여행 또는 10일 이상 주거를 이탈하여 여행하고자 할 때에는 미리 거주예정지, 여행예정지 기타 대통령령이 정하는 사항을 법무부장관에게 신고하여야 한다.

④ 법무부장관의 결정을 받은 자가 그 결정에 이의가 있을 때에는 행정소송법이 정하는 바에 따라 그 결정이 집행된 날부터 30일 이내에 서울고등법원에 소를 제기할 수 있다.

정답찾기

① 보안관찰처분의 기간은 2년으로 한다(보안관찰법 제5조 제1항).

③ 피보안관찰자가 주거지를 이전하거나 국외여행 또는 10일 이상 주거를 이탈하여 여행하고자 할 때에는 미리 거주예정지, 여행예정지 기타 대통령령이 정하는 사항을 지구대·파출소장을 거쳐 관할 경찰서장에게 신고하여야 한다. 다만, 제20조 제3항에 의하여 거소제공을 받은 자가 주거지를 이전하고자 할 때에는 제20조 제5항에 의하여 거소변경을 신청하여 변경결정된 거소를 거주예정지로 신고하여야 한다(보안관찰법 제18조 제4항).

④ 이 법에 의한 법무부장관의 결정을 받은 자가 그 결정에 이의가 있을 때에는 행정소송법이 정하는 바에 따라 그 결정이 집행된 날부터 60일 이내에 서울고등법원에 소를 제기할 수 있다. 다만, 제11조의 규정에 의한 면제결정신청에 대한 기각결정을 받은 자가 그 결정에 이의가 있을 때에는 그 결정이 있는 날부터 60일 이내에 서울고등법원에 소를 제기할 수 있다(보안관찰법 제23조).

37 보안관찰법상 보안관찰처분에 대한 설명으로 가장 적절한 것은? 20. 경찰승진

① 보안관찰처분대상자는 보안관찰 해당 범죄 또는 이와 경합된 범죄로 징역 이상의 형의 선고를 받고 그 형기 합계가 3년 이상인 자로서 형의 전부 또는 일부의 집행을 받은 사실이 있는 자를 말한다.

② 보안관찰처분의 기간은 2년이며, 법무부장관은 검사의 청구가 있는 때에는 보안관찰처분심의위원회의 의결을 거쳐 그 기간을 갱신할 수 있다.

③ 보안관찰처분대상자는 출소 후 3일 이내에 거주예정지 관할 경찰서장에게 출소사실을 신고해야 한다.

④ 보안관찰처분대상자가 도주하거나 1개월 이상 소재불명인 경우 보안관찰처분의 집행중지결정을 할 수 있다.

정답찾기

① '보안관찰처분대상자'라 함은 보안관찰 해당 범죄 또는 이와 경합된 범죄로 금고 이상의 형의 선고를 받고 그 형기합계가 3년 이상인 자로서 형의 전부 또는 일부의 집행을 받은 사실이 있는 자를 말한다(보안관찰법 제3조).

③ 보안관찰처분대상자는 출소 후 7일 이내에 그 거주예정지 관할 경찰서장에게 출소사실을 신고하여야 한다(보안관찰법 제6조 제1항).

④ 검사는 피보안관찰자가 도주하거나 1월 이상 그 소재가 불명한 때에는 보안관찰처분의 집행중지결정을 할 수 있다. 그 사유가 소멸된 때에는 지체 없이 그 결정을 취소하여야 한다(보안관찰법 제17조 제3항).

38 보안관찰법에 관한 설명으로 가장 적절하지 않은 것은? 23. 경찰

① "보안관찰처분대상자"라 함은 보안관찰해당범죄 또는 이와 경합된 범죄로 금고 이상의 형의 선고를 받고 그 형기 합계가 3년 이상인 자로서 형의 전부 또는 일부의 집행을 받은 사실이 있는 자를 말한다.

② 보안관찰처분청구는 검사가 행한다.

③ 보안관찰처분을 받은 자는 이 법이 정하는 바에 따라 소정의 사항을 주거지 관할경찰서장에게 신고하고, 재범방지에 필요한 범위 안에서 그 지시에 따라 보안관찰을 받아야 한다.

④ 보안관찰처분의 기간은 3년으로 한다.

정답찾기

④ 보안관찰처분의 기간은 2년으로 한다(보안관찰법 제5조 제1항).

Answer 35 ④ 36 ② 37 ② 38 ④

제4절 ▸ 북한이탈주민의 보호 및 정착지원에 관한 법률

39 보안경찰과 관련하여 북한주민의 계층 중 다른 것은? 08. 경찰 변형

① 복잡계층 ② 기본계층 ③ 회색분자 ④ 기회주의자

정답찾기

① 북한주민의 3대 계층(핵심/기본/적대)에서 적대계층을 복잡계층이라고 한다. 한편, <u>기본계층을 동요계층, 회색분자, 기회주의자</u>라고 부른다.

40 북한이탈주민의 보호 및 정착 지원에 관한 법률에 관한 다음 설명 중 가장 옳지 않은 것은? 18. 경찰간부 변형

① 위장탈출 혐의자, 국내 입국 후 3년이 지나서 보호신청한 사람은 보호 대상자로 결정하지 않을 수 있다.
② 보호금품이란 이 법에 따라 보호대상자에게 지급하거나 빌려주는 금전 또는 물품을 말한다.
③ 관리대상자란 이 법에 따라 보호 및 지원을 받는 북한이탈주민을 말한다.
④ 통일부장관은 북한이탈주민에 대한 보호 및 지원 등을 위하여 북한이탈주민의 실태를 파악하고, 그 결과를 정책에 반영하여야 한다.

정답찾기

③ 지문의 내용은 관리대상자가 아니라 보호대상자에 대한 설명이다.

> **북한이탈주민의 보호 및 정착 지원에 관한 법률**
> **제2조 【정의】** 이 법에서 사용하는 용어의 뜻은 다음과 같다.
>   2. '보호대상자'란 이 법에 따라 보호 및 지원을 받는 북한이탈주민을 말한다.

41 북한이탈주민의 보호 및 정착지원에 관한 법률 시행령 제42조의 내용 중 ㉠부터 ㉣까지 (   ) 안에 들어갈 용어를 나열한 것으로 가장 적절한 것은? 18. 경찰승진

> **시행령 제42조 【거주지에서의 신변보호】 제1항** – 통일부장관은 법 제22조에 따라 보호대상자가 거주지로 전입한 후 그의 신변안전을 위하여 (㉠)이나 (㉡)에게 협조를 요청할 수 있다.
> **제2항** – 제1항에 따른 신변보호에 필요한 사항은 통일부장관이 (㉢), 국가정보원장 및 경찰청장과 협의하여 정한다. 이 경우 해외여행에 따른 신변보호에 관한 사항은 외교부장관과 (㉣)의 의견을 들을 수 있다.

	㉠	㉡	㉢	㉣
①	국방부장관	경찰청장	국방부장관	법무부장관
②	국방부장관	국가정보원장	법무부장관	국방부장관
③	법무부장관	경찰청장	국방부장관	법무부장관
④	법무부장관	국가정보원장	법무부장관	국방부장관

북한이탈주민의 보호 및 정착지원에 관한 법률 시행령
제42조【거주지에서의 신변보호】 ① 통일부장관은 법 제22조에 따라 보호 대상자가 거주지로 전입한 후 그의 신변안전을 위하여 국방부장관이나 경찰청장에게 협조를 요청할 수 있으며, 협조요청을 받은 국방부장관이나 경찰청장은 이에 협조한다.
② 제1항에 따른 신변보호에 필요한 사항은 통일부장관이 국방부장관, 국가정보원장 및 경찰청장과 협의하여 정한다. 이 경우 해외여행에 따른 신변보호에 관한 사항은 외교부장관과 법무부장관의 의견을 들을 수 있다.

42 북한이탈주민의 개념과 보호에 대한 설명으로 가장 적절하지 않은 것은? 18. 경찰승진

① 북한이탈주민의 보호 및 정착지원에 관한 법률상 '북한이탈주민'이란 군사분계선 이북지역(북한)에 주소, 직계가족, 배우자, 직장 등을 두고 있는 사람으로서 북한을 벗어난 후 외국 국적을 취득하지 아니한 사람을 말한다.
② 북한 정부의 해외공민증과 중국정부의 외국인 거류증을 소지한 채 중국에서 거주하는 북한 국적자를 '북한 국적 중국동포(조교)'라고 부른다.
③ 북한이탈주민의 보호 및 정착지원에 관한 법률상 북한이탈주민으로서 위장탈출 혐의자, 국내 입국 후 6개월이 지나서 보호신청한 사람은 보호대상자로 결정하여서는 아니 된다.
④ 북한이탈주민의 신변보호 등급으로서 '나급'은 거주지 보호대상자 가운데 북한에서 중요 직책에 종사하여 신변위해를 당할 잠재적 우려가 있는 자와 사회정착이 심히 불안정하여 특별한 관찰과 지원이 필요한 자를 말한다.

북한이탈주민의 보호 및 지원에 관한 법률
제9조【보호결정의 기준】 ① 제8조 제1항 본문에 따라 보호 여부를 결정할 때 다음 각 호의 어느 하나에 해당하는 사람은 보호대상자로 결정하지 아니할 수 있다.
1. 항공기 납치, 마약거래, 테러, 집단살해 등 국제형사범죄자
2. 살인 등 중대한 비정치적 범죄자
3. 위장탈출 혐의자
4. 삭제
5. 국내 입국 후 3년이 지나서 보호신청한 사람
6. 그 밖에 국가안전보장·질서유지·공공복리에 대한 중대한 위해 발생 우려, 보호신청자의 경제적 능력 및 해외체류 여건 등을 고려하여 보호대상자로 정하는 것이 부적당하거나 보호 필요성이 현저히 부족하다고 대통령령으로 정하는 사람

■ 북한이탈주민의 신변보호 등급

구분	내용
가급	재북시 고위직, 북한의 테러기도 예상자 등 신변위해를 당할 상당한 우려가 있는 자
나급	• 거주지 보호대상자 가운데 북에서 중요 직책에 종사하여 신변위해를 당할 잠재적 우려가 있는자 • 사회정착이 심히 불안정하여 특별한 관찰과 지원이 필요한 자
다급	거주지에 편입된 보호대상자 가운데 재북 경력 등을 감안할 때 신변위해를 당할 우려는 희박하나 초기 사회정착 계도 차원에서 일정기간 보호가 필요한 자
종료자	거주지 편입시 연소자(15세 이하), 연장자(65세 이상), 중증질환자 등 신변위해를 당할 우려가 극히 희박한 자

Answer 39 ① 40 ③ 41 ① 42 ③

43 북한이탈주민의 보호 및 정착지원에 관한 법률에 대한 다음 설명 중 적절한 것은 모두 몇 개인가? 　18. 경찰 변형

　　㉠ 보호대상자 중 북한의 군인이었던 자가 국군에 편입되기를 희망하더라도 국군으로 특별임용할 수 없다.
　　㉡ 북한이탈주민으로서 북한이탈주민의 보호 및 정착지원에 관한 법률에 따른 보호를 받으려는 사람은 재외공관
　　　이나 그 밖의 행정기관의 장(각급 군부대의 장을 포함한다)에게 보호를 직접 신청하여야 한다. 다만, 보호를
　　　직접 신청하지 아니할 수 있는 대통령령으로 정하는 사유가 있는 경우에는 그러하지 아니하다.
　　㉢ 북한이탈주민으로서 보호신청을 한 사람 중 위장탈출 혐의자는 보호대상자로 결정될 수 없다.
　　㉣ 통일부장관은 북한이탈주민 보호 및 정착지원협의회의 심의를 거쳐 보호대상자의 보호 및 정착지원에 관한
　　　기본계획을 3년마다 수립·시행하여야 한다.

① 없음　　　　　　　② 1개　　　　　　　③ 2개　　　　　　　④ 3개

정답찾기

지문의 내용 중 적절한 것은 ㉡㉣이다.
㉠ 북한의 군인이었던 보호대상자가 국군에 편입되기를 희망하면 북한을 벗어나기 전의 계급, 직책 및 경력 등을 고려하여 국군으로
　특별임용할 수 있다(북한이탈주민의 보호 및 정착지원에 관한 법률 제18조 제2항).
㉢ 보호 여부를 결정할 때 위장탈출 혐의자에 해당하는 사람은 보호대상자로 결정하지 아니할 수 있다(북한이탈주민의 보호 및 정착지
　원에 관한 법률 제9조 제1항 제3호).

44 북한이탈주민의 보호 및 정착지원에 관한 법률 및 같은 법 시행령에 대한 설명으로 가장 적절한 것은? 　19. 경찰 변형

① 북한이탈주민이란 군사분계선 이북지역에 주소, 직계가족, 배우자, 직장 등을 두고 있는 사람으로서 북한을
　벗어난 후 외국 국적을 취득한 사람을 말한다.
② 북한이탈주민으로서 북한이탈주민의 보호 및 정착지원에 관한 법률에 따른 보호를 받으려는 사람은 재외공
　관이나 그 밖의 행정기관의 장(각급 군부대의 장은 제외한다)에게 보호를 직접 신청하여야 한다.
③ 통일부장관은 '북한이탈주민 보호 및 정착지원협의회'의 심의를 거쳐 북한이탈주민의 보호 여부를 결정한다.
　단, 국가안보에 현저한 영향을 끼칠 우려가 있는 자의 경우 국방부장관이 보호 여부를 결정한다.
④ 통일부장관은 북한이탈주민의 보호 및 정착지원에 관한 법률에 따라 보호대상자가 거주지로 전입한 후 그의
　신변안전을 위하여 국방부장관이나 경찰청장에게 협조를 요청할 수 있다.

정답찾기

① '북한이탈주민'이란 군사분계선 이북지역(이하 '북한'이라 한다)에 주소, 직계가족, 배우자, 직장 등을 두고 있는 사람으로서 북한을
　벗어난 후 외국 국적을 취득하지 아니한 사람을 말한다(북한이탈주민의 보호 및 정착지원에 관한 법률 제2조 제1호).
② 북한이탈주민으로서 이 법에 따른 보호를 받으려는 사람은 재외공관이나 그 밖의 행정기관의 장(각급 군부대의 장을 포함한다.)에게
　보호를 직접 신청하여야 한다. 다만, 보호를 직접 신청하지 아니할 수 있는 대통령령으로 정하는 사유가 있는 경우에는 그러하지
　아니하다(북한이탈주민의 보호 및 정착지원에 관한 법률 제7조 제1항).
③ 통일부장관은 제7조 제3항에 따른 통보를 받으면 협의회의 심의를 거쳐 보호 여부를 결정한다. 다만, 국가안전보장에 현저한 영향을
　줄 우려가 있는 사람에 대하여는 국가정보원장이 그 보호 여부를 결정하고, 그 결과를 지체 없이 통일부장관과 보호신청자에게 통보
　하거나 알려야 한다(북한이탈주민의 보호 및 정착지원에 관한 법률 제8조 제1항).

45 북한이탈주민의 보호 및 정착지원에 관한 법률에 대한 설명으로 적절한 것은 모두 몇 개인가? 20. 경찰

> ㉠ '북한이탈주민'이란 북한에 주소, 직계가족, 배우자, 직장 등을 두고 있는 사람으로서 북한을 벗어난 후 외국 국적을 취득한 사람을 말한다.
> ㉡ 이 법에 따른 보호 및 정착지원은 원칙적으로 개인을 단위로 하되, 필요하다고 인정하는 경우에는 대통령령으로 정하는 바에 따라 세대 단위로 할 수 있다.
> ㉢ 보호대상자를 정착지원시설에서 보호하는 기간은 1년 이내로 하고, 거주지에서 보호하는 기간은 5년으로 한다.
> ㉣ 북한이탈주민으로서 국내 입국 후 1년이 지나서 보호신청한 사람은 보호대상자로 결정하지 않을 수 있다.

① 없음   ② 1개   ③ 2개   ④ 3개

정답찾기

지문의 내용 중 옳은 것은 ㉡㉢이다.
㉠ '북한이탈주민'이란 군사분계선 이북지역(이하 '북한'이라 한다)에 주소, 직계가족, 배우자, 직장 등을 두고 있는 사람으로서 북한을 벗어난 후 외국 국적을 취득하지 아니한 사람을 말한다(북한이탈주민의 보호 및 정착지원에 관한 법률 제2조 제1호).
㉣ 국내 입국 후 3년이 지나서 보호신청한 사람은 보호대상자로 결정하지 아니할 수 있다(북한이탈주민의 보호 및 정착지원에 관한 법률 제9조 제1항 제5호).

46 북한이탈주민의 보호 및 정착지원에 관한 법률에 대한 설명으로 적절한 것은? 21. 경찰승진

① '북한이탈주민'이란 군사분계선 이북지역에 주소, 직계가족, 배우자, 직장 등을 두고 있는 사람으로서 북한을 벗어난 후 외국 국적을 취득하지 아니한 사람을 말한다.
② 위장탈출 혐의자, 국내 입국 후 5년이 지나서 보호신청한 사람은 보호 대상자로 결정하지 않을 수 있다.
③ '구호물품'이란 이 법에 따라 보호대상자에게 지급하거나 빌려주는 금전 또는 물품을 말한다.
④ 북한이탈주민으로 보호를 받으려는 사람은 재외공관이나 그 밖의 행정기관의 장에게 보호를 직접 신청해야 하고, 국가정보원장은 '북한이탈주민 보호 및 정착지원협의회'의 심의를 거쳐 보호여부를 결정한다.

정답찾기

② 국내 입국 후 3년이 지나서 보호신청한 사람은 보호 대상자로 결정하지 않을 수 있다(북한이탈주민의 보호 및 정착지원에 관한 법률 제9조 제1항 제5호).
③ 지문의 내용은 보호금품에 대한 설명이다(북한이탈주민의 보호 및 정착지원에 관한 법률 제2조 제4호).
④ 통일부장관은 제7조 제3항에 따른 통보를 받으면 협의회의 심의를 거쳐 보호 여부를 결정한다(북한이탈주민의 보호 및 정착지원에 관한 법률 제8조 제1항).

Answer   43 ③   44 ④   45 ③   46 ①

제5절 **남북교류협력에 관한 법률**

47 남북교류협력에 관한 법률에 관한 설명으로 가장 적절하지 않은 것은?   19. 경찰

① 남한의 주민이 북한을 방문하거나 북한의 주민이 남한을 방문하려면 통일부장관의 방문 승인을 받아야 하며, 통일부장관이 발급한 증명서를 소지하여야 한다.

② 남한의 주민이 북한의 주민과 접촉하려면 통일부장관에게 미리 신고하여야 하는 것이 원칙이나 대통령령으로 정하는 부득이한 사유에 해당하는 경우에는 접촉한 후에 신고할 수 있다.

③ 남한과 북한 간의 거래는 국가간의 거래가 아닌 민족내부의 거래로 본다.

④ 남북교류협력에 관한 법률상 '반출·반입'이란 매매, 교환, 임대차, 사용대차, 증여, 사용 등을 목적으로 하는 남한과 북한간의 물품 등의 이동을 말하며, 단순히 제3국을 거치는 물품 등의 이동은 포함하지 않는다.

정답찾기
④ '반출·반입'이란 매매, 교환, 임대차, 사용대차, 증여, 사용 등을 목적으로 하는 남한과 북한간의 물품 등의 이동(단순히 제3국을 거치는 물품 등의 이동을 포함한다)을 말한다(남북교류협력에 관한 법률 제2조).

48 남북교류협력에 관한 법률의 내용에 대한 설명으로 가장 적절하지 않은 것은?   20. 경찰승진

① 군사분계선 이남지역과 그 이북지역간의 상호 교류와 협력을 촉진하기 위하여 필요한 사항을 규정함으로써 한반도의 평화와 통일에 이바지하는 것을 목적으로 한다.

② 물품 등을 반출하거나 반입하려는 자는 대통령령으로 정하는 바에 따라 그 물품 등의 품목, 거래형태 및 대금결제 방법 등에 관하여 통일부장관에게 미리 신고하여야 한다.

③ 협력사업을 하려는 자는 협력사업마다 남북교류협력에 관한 법률상 요건을 모두 갖추어 통일부장관의 승인을 받아야 한다.

④ 협력사업에 대하여 통일부장관의 조정명령을 위반한 때는 협력사업자 승인의 취소사유이다.

정답찾기
② 물품 등을 반출하거나 반입하려는 자는 대통령령으로 정하는 바에 따라 그 물품 등의 품목, 거래형태 및 대금결제 방법 등에 관하여 통일부장관의 승인을 받아야 한다. 승인을 받은 사항 중 대통령령으로 정하는 주요 내용을 변경할 때에도 또한 같다(남북교류협력에 관한 법률 제13조 제1항).

제6절 외사경찰 일반

49 보기의 설명에 해당하는 다문화사회의 접근 유형으로 가장 적절한 것은?

16. 경찰승진 변형

─〈보기〉─

다문화주의는 '차이에 대한 권리'로 해석되며, 다문화주의는 소수자의 문화적 권리(cultural rights)와 결부되어 이해된다. 그리고 소수집단이 자결(self-determination)의 원칙을 내세워 문화적 공존을 넘어서는 소수민족 집단만의 공동체 건설을 지향한다. 다민족 다문화사회에서는 주류 사회의 문화, 언어, 규범, 가치, 생활양식을 부정하고 독자적인 생활방식을 추구하는 것이 그들의 입장으로, 미국에서의 흑인과 원주민에 의한 격리주의 운동이 대표적인 사례이다. 또한 아프리카의 소부족 독립운동 등도 일례를 들 수 있다.

① 다원주의
② 급진적 다문화주의
③ 자유주의적 다문화주의
④ 조합주의적 다문화주의

정답찾기

② 보기의 설명은 급진적 다문화주의를 말한다.

구분	내용
조합주의적 다문화주의 (다원주의)	• 다문화주의를 결과에 있어서의 평등보장이라는 측면에서 접근한다. • 문화적 소수자가 현실적으로 문화적 다수자와의 경쟁에서 불리한 위치에 있다는 것을 전제로 하여, 소수집단의 사회참가를 촉진하기 위해 적극적인 재정적·법적 원조를 한다. • 자유주의적 다문화주의와 급진적 다문화주의의 절충적 형태로서 다문화주의를 결과에 있어서의 평등이라는 측면에서 접근한다.
자유주의적 다문화주의 (동화주의)	• 사회통합을 이룩하기 위해 국가내부의 문화적 다양성을 허용하고, 소수 인종집단 고유의 문화와 가치를 인정하지만, 시민생활이나 공적생활에서는 주류 사회의 문화·언어·사회습관에 따를 것을 요구한다. • 차별을 금지하고 사회참여를 위해 기회평등을 보장하며 다수민족과 소수민족간의 차별구조와 불평등 구조를 적극적으로 해체하나, 다문화주의를 정치적 자결권부여로 해석하지 않는다. • 다문화주의를 소수인종과 문화적 소수자에 대한 기회평등이라는 측면에서 다문화정책을 접근한다.
급진적 다문화주의	• 급진적 다문화주의는 '차이에 대한 권리'로 해석되며, 소수자의 문화적 권리와 결부되어 이해된다. • 소수집단이 자결(Self-Determination)의 원칙을 내세워 문화적 공존을 넘어서는 소수민족 집단만의 공동체 건설을 지향한다. • 미국에서의 흑인과 원주민에 의한 격리주의 운동이 대표적이다.

50 다음은 다문화 사회의 접근유형에 대한 설명이다. 〈보기 1〉과 〈보기 2〉의 내용이 가장 적절하게 연결된 것은? 20. 경찰

― 〈보기 1〉 ―

가. 소수집단이 자결(Self-determination)의 원칙을 내세워 문화적 공존을 넘어서는 소수민족 집단만의 공동체 건설을 지향한다.

나. 차별을 금지하고 사회참여를 위해 기회평등을 보장하는 것으로, 사회통합을 위해 문화적 다양성을 인정하며 민족 집단의 존재를 인정하지만 시민 생활과 공적 생활에서는 주류 사회의 문화, 언어, 사회관습을 따를 것을 요구한다.

다. 다문화주의를 결과에 있어서의 평등보장이라는 측면에서 접근하는 것으로, 문화적 소수자가 현실적으로 문화적 다수자와의 경쟁에서 불리한 위치에 있다는 것을 전제로 소수집단의 사회참가를 촉진하기 위해 적극적인 법적·재정적 원조를 한다.

― 〈보기 2〉 ―

㉠ 조합주의적 다문화주의
㉡ 급진적 다문화주의
㉢ 자유주의적 다문화주의

	가	나	다
①	㉠	㉢	㉡
②	㉡	㉢	㉠
③	㉠	㉡	㉢
④	㉡	㉠	㉢

정답찾기
② 가.는 급진적 다문화주의, 나.는 자유주의적 다문화주의(동화주의), 다.는 조합주의적 다문화주의(다원주의)에 대한 설명이다.

51 외교사절의 파견절차에 대한 순서를 나열한 것으로 가장 적절한 것은? 18. 경찰승진

① 아그레망요청 ⇨ 임명 ⇨ 신임장 부여 ⇨ 파견
② 아그레망요청 ⇨ 파견 ⇨ 임명 ⇨ 신임장 부여
③ 임명 ⇨ 아그레망요청 ⇨ 파견 ⇨ 신임장 부여
④ 임명 ⇨ 신임장 부여 ⇨ 파견 ⇨ 아그레망요청

정답찾기
① 외교사절 파견절차는 아그레망요청 ⇨ 임명 ⇨ 신임장 부여 ⇨ 파견의 순서이다.

52 외교사절과 영사제도에 대한 구별 중 가장 적절하지 않은 것은?　　　14. 경찰승진

① 외교사절은 외교교섭이 가능하나, 영사는 외교교섭이 불가능하다.
② 외교사절은 포괄적 특권이 인정되나, 영사는 제한적 특권이 인정된다.
③ 영사는 아그레망을 요하나, 외교사절은 아그레망이 필요하지 않다.
④ 영사는 주로 통상·산업·교통·항해 기타의 국가 경제적 목적과 임명국 국민보호 업무를 수행 하나, 외교사절은 정치적 목적의 업무를 수행한다.

정답찾기
③ 외교사절은 아그레망을 필요로 하지만, 영사는 아그레망을 필요로 하지 않는다.

53 다음 설명으로 가장 적절한 것은?　　　16. 경찰승진

> 다른 나라가 파견한 외교관을 접수국이 특정 외교관의 전력, 또는 정상적인 외교활동을 벗어난 행위를 문제 삼아 '비우호적 인물' 또는 '기피인물'로 선언하는 것

① 아그레망(agrement)
② 페르조나 난 그라타(persona non grata)
③ 비토(vito)
④ 엠바고(embargo)

정답찾기
① 아그레망(agrement, agrément)이란 새로운 대사나 공사 등 외교사절을 파견할 때 상대국에게 얻는 사전 동의(현지 정부가 타국의 외교사절에게 부임을 동의하는 국제관례상의 제도)를 말한다.
③ 비토(vito 또는 veto)는 거부권(국제법)을 의미한다. 국제기구의 표결절차에서 만장일치로 표결이 된 경우에도 한 나라의 반대투표에 의해 단독으로 유효한 결정을 거부할 수 있는 권한이다. 일반적으로는 국제연합안전보장이사회의 상임이사국(중국, 프랑스, 영국, 미국, 러시아)이 가지는 특별한 권한을 말한다.
④ 엠바고(embargo)는 일정 시한까지 언론 보도를 금지하는 매스컴 용어이다.

54 외국인의 지위에 관한 국제법상 원칙에서 볼 때 B국이 A국 국적의 외국인을 대하는 입장으로 가장 적절한 것은?　　　14. 경찰승진

> A국에서는 외국인에게 부동산 소유권을 인정하지 않고 있기 때문에 B국에서도 A국 국적의 외국인에게 부동산 소유권을 인정하지 않는다.

① 평등주의
② 상호주의
③ 대응주의
④ 제한주의

정답찾기
② 보기의 내용은 상호주의에 대한 설명이다.

Answer　50 ②　51 ①　52 ③　53 ②　54 ②

제7절 국적법

55 국적법상 일반귀화의 요건에 관한 내용이다. ㉠~㉤의 내용 중 옳고 그름의 표시(○, ×)가 모두 바르게 된 것은?

19. 경찰

> ㉠ 10년 이상 계속하여 대한민국에 주소가 있을 것
> ㉡ 대한민국에서 영주할 수 있는 체류자격을 가지고 있을 것
> ㉢ 대한민국의 민법상 성년일 것
> ㉣ 법령을 준수하는 등 대통령령으로 정하는 품행 단정의 요건을 갖출 것
> ㉤ 귀화를 허가하는 것이 국가안전보장·질서유지 또는 공공복리를 해치지 아니한다고 법무부장관이 인정할 것

	㉠	㉡	㉢	㉣	㉤
①	×	○	○	×	○
②	○	×	○	○	×
③	○	○	×	×	○
④	×	○	○	×	×

정답찾기

지문의 내용 중 옳은 것은 ㉡㉢㉤, 틀린 것은 ㉠㉣이다.
㉠ 일반귀화의 경우 '5년 이상 계속하여 대한민국에 주소가 있을 것'을 요건으로 한다(국적법 제5조).
㉣ 일반귀화의 경우 '법령을 준수하는 등 법무부령으로 정하는 품행 단정의 요건을 갖출 것'을 요건으로 한다(국적법 제5조).

56 국적법상 국적에 대한 설명이다. ( ) 안에 들어갈 숫자로 바르게 연결된 것은?

17. 경찰승진

> 가. 만 (㉠)세가 되기 전에 복수국적자가 된 자는 만 (㉡)세가 되기 전까지, 만 (㉢)세가 된 후에 복수국적자가 된 자는 그때부터 (㉣)년 내에 하나의 국적을 선택하여야 한다.
> 나. 배우자가 대한민국 국민인 외국인으로서 그 배우자와 혼인한 후 (㉤)년이 지나고, 혼인한 상태로 대한민국에 1년 이상 계속하여 주소가 있는 자는 귀화허가를 받을 수 있다.
> 다. 대한민국 국적을 취득한 외국인으로서 외국 국적을 가지고 있는 자는 대한민국 국적을 취득한 날부터 (㉥)년 내에 그 외국 국적을 포기하여야 한다.

	㉠	㉡	㉢	㉣	㉤	㉥
①	20	22	20	2	3	1
②	20	22	20	2	2	2
③	19	20	22	3	2	2
④	19	20	22	3	3	1

정답찾기

가. 만 20세가 되기 전에 복수국적자가 된 자는 만 22세가 되기 전까지, 만 20세가 된 후에 복수국적자가 된 자는 그 때부터 2년 내에 하나의 국적을 선택하여야 한다. 다만, 법무부장관에게 대한민국에서 외국 국적을 행사하지 아니하겠다는 뜻을 서약한 복수국적자는 제외한다(국적법 제12조 제1항).

나. 배우자가 대한민국의 국민인 외국인으로서 그 배우자와 혼인한 후 3년이 지나고 혼인한 상태로 대한민국에 1년 이상 계속하여 주소가 있는 자는 귀화허가를 받을 수 있다(국적법 제6조 제2항 제2호).

다. 대한민국 국적을 취득한 외국인으로서 외국 국적을 가지고 있는 자는 대한민국 국적을 취득한 날부터 1년 내에 그 외국 국적을 포기하여야 한다(국적법 제10조 제1항).

제8절 출입국관리법 · 여권법

57 출입국관리법상 용어에 대한 설명으로 가장 적절하지 않은 것은?   17. 경찰승진

① '재외공관의 장'이란 외국에 주재하는 대한민국의 대사, 공사, 총영사, 영사 또는 영사업무를 수행하는 기관의 장을 말한다.

② '외국인'이란 대한민국의 국적을 가지지 아니한 사람을 말한다.

③ '국민'이란 대한민국의 국민을 말한다.

④ '선원신분증명서'란 대한민국정부 · 외국정부 또는 권한 있는 국제기구에서 발급한 여권 또는 난민여행증명서나 그 밖에 여권을 갈음하는 증명서로서 대한민국정부가 유효하다고 인정하는 것을 말한다.

정답찾기

④ 지문의 내용은 여권에 대한 설명이다. '선원신분증명서'란 대한민국정부나 외국정부가 발급한 문서로서 선원임을 증명하는 것을 말한다(출입국관리법 제2조 제5호).

Answer   55 ①   56 ①   57 ④

58 출입국관리법상 여권과 사증(Visa)에 대한 설명으로 가장 적절한 것은?   17. 경찰승진

① 대한민국에 체류하는 외국인은 항상 여권·선원신분증명서·외국인입국허가서·외국인등록증 또는 상륙허가서(이하 '여권 등'이라 한다)를 지니고 있어야 한다. 다만, 18세인 외국인의 경우에는 그러하지 아니하다.

② 여권 등의 휴대 또는 제시의무를 위반한 사람은 100만원 이하의 과태료를 부과한다.

③ 외교부장관은 사증발급에 관한 권한을 대통령령으로 정하는 바에 따라 재외공관의 장에게 위임할 수 있다.

④ 대한민국에 체류하는 외국인은 출입국관리공무원이나 권한 있는 공무원이 그 직무수행과 관련하여 여권 등의 제시를 요구하면 여권 등을 제시하여야 한다.

정답찾기

① 대한민국에 체류하는 외국인은 항상 여권·선원신분증명서·외국인입국허가서·외국인등록증 또는 상륙허가서(이하 '여권 등'이라 한다)를 지니고 있어야 한다. 다만, <u>17세 미만</u>인 외국인의 경우에는 그러하지 아니하다(출입국관리법 제27조 제1항).

② 여권 등의 휴대 또는 제시의무를 위반한 사람은 100만원 이하의 <u>벌금</u>에 처한다(출입국관리법 제98조).

③ <u>법무부장관</u>은 사증발급에 관한 권한을 대통령령으로 정하는 바에 따라 재외공관의 장에게 위임할 수 있다(출입국관리법 제8조 제2항).

59 다음 중 출입국관리법상 외국인의 출국정지사유는?   08. 경찰 변형

> ㉠ 대한민국의 이익이나 공공의 안전 또는 경제질서를 해칠 우려가 있어 그 출국이 적당하지 아니하다고 법무부령으로 정하는 사람
> ㉡ 유효한 여권과 사증없이 입국한 자
> ㉢ 징역형 또는 금고형의 집행이 종료되지 아니한 자
> ㉣ 입국금지 해당 사유가 입국 후에 발견되거나 발생된 자
> ㉤ 5년 이상의 징역 또는 금고의 형을 선고 받고 석방된 자 중 법무부령이 정하는 자
> ㉥ 5천만원 이상의 국세·관세 또는 3천만원 이상의 지방세를 정당한 사유없이 그 납부기간까지 납부하지 아니한 자
> ㉦ 상륙허가 없이 상륙하였거나 상륙허가 조건을 위반한 자
> ㉧ 외국인등록 거소 또는 활동범의의 제한 기타 준수사항을 위반한 자

① 3개   ② 4개   ③ 5개   ④ 6개

정답찾기

① 외국인의 출국정지사유는 ㉠㉢㉥ 3개이다.

■ 출입국관리법상 출국금지와 출국정지

국민의 출국금지	사유	외국인의 출국정지
6개월 이내	• 형사재판에 계속(係屬) 중인 사람 • 징역형이나 금고형의 집행이 끝나지 아니한 사람 • 대통령령으로 정하는 금액 이상의 벌금(1천만원)이나 추징금(2천만원)을 내지 아니한 사람 • 대통령령으로 정하는 금액 이상의 국세·관세(5천만원) 또는 지방세(3천만원)를 정당한 사유 없이 그 납부기한까지 내지 아니한 사람 • 「양육비 이행확보 및 지원에 관한 법률」 제21조의4 제1항에 따른 양육비 채무자 중 양육비 이행심의위원회의 심의·의결을 거친 사람 • 그 밖에 제1호부터 제4호까지의 규정에 준하는 사람으로서 대한민국의 이익이나 공공의 안전 또는 경제질서를 해칠 우려가 있어 그 출국이 적당하지 아니하다고 법무부령으로 정하는 사람	3개월 이내
1개월 이내	범죄수사를 위하여 출국이 적당하지 아니하다고 인정되는 사람	1개월 이내
3개월 이내	소재를 알 수 없어 기소중지 또는 수사중지(피의자중지로 한정한다)된 사람	3개월 이내
	도주 등 특별한 사유가 있어 수사진행이 어려운 사람	3개월 이내
영장 유효기간 이내	기소중지 또는 수사중지(피의자중지로 한정한다)된 경우로서 체포영장 또는 구속영장이 발부된 사람	영장 유효기간 이내

60 출입국관리법상 출국금지사유로 가장 적절하지 않은 것은?　　　　　　　　　　19. 경찰승진

① 형사재판에 계속(係屬) 중인 사람
② 징역형이나 금고형의 집행이 끝나지 아니한 사람
③ 대통령령으로 정하는 금액 이상의 벌금이나 추징금을 내지 아니한 사람. 이 때 대통령령으로 정하는 금액이란 벌금은 1천만원, 추징금은 2천만원을 말한다.
④ 법무부령으로 정하는 금액 이상의 국세·관세를 정당한 사유 없이 그 납부기한까지 내지 아니한 사람. 이 때 법무부령으로 정하는 금액이란 5천만원을 말한다.

정답찾기

④ 금액은 법무부령이 아니라 대통령령으로 정한다.

> **출입국관리법**
> **제4조【출국의 금지】** ① 법무부장관은 다음 각 호의 어느 하나에 해당하는 국민에 대하여는 6개월 이내의 기간을 정하여 출국을 금지할 수 있다.
> 　4. 대통령령으로 정하는 금액 이상의 국세·관세 또는 지방세를 정당한 사유 없이 그 납부기한까지 내지 아니한 사람

Answer　　58 ④　　59 ①　　60 ④

61 출입국관리법에 대한 설명으로 가장 적절한 것은?

① 출국이 금지(출입국관리법 제4조 제1항 또는 제2항)되거나 출국금지기간이 연장(출입국관리법 제4조의2 제1항)된 사람은 출국금지결정이나 출국금지기간 연장의 통지를 받은 날 또는 그 사실을 안 날부터 15일 이내에 법무부장관에게 출국금지결정이나 출국금지기간 연장결정에 대한 이의를 신청할 수 있다.

② 외국인이 입국할 때에는 유효한 여권과 외교부장관이 발급한 사증을 가지고 있어야 한다.

③ 수사기관이 출입국관리법 제4조의6 제3항에 따른 긴급출국금지 승인을 요청한 때로부터 12시간 이내에 법무부장관으로부터 긴급출국금지 승인을 받지 못한 경우, 법무부장관은 출입국관리법 제4조의6 제1항의 수사기관 요청에 따른 출국금지를 해제하여야 한다.

④ 법무부장관은 소재를 알 수 없어 기소중지결정이 된 사람 또는 도주 등 특별한 사유가 있어 수사진행이 어려운 사람에 대하여는 6개월 이내의 기간을 정하여 출국을 금지할 수 있다.

> **정답찾기**
> ① 출국이 금지되거나 제4조의2 제1항에 따라 출국금지기간이 연장된 사람은 출국금지결정이나 출국금지기간 연장의 통지를 받은 날 또는 그 사실을 안 날부터 **10일** 이내에 법무부장관에게 출국금지결정이나 출국금지기간 연장결정에 대한 이의를 신청할 수 있다(출입국관리법 제4조의5 제1항).
> ② 외국인이 입국할 때에는 유효한 여권과 **법무부장관**이 발급한 사증(査證)을 가지고 있어야 한다(출입국관리법 제7조 제1항).
> ④ 사안의 경우 **3개월 이내**의 기간을 정하여 출국을 금지할 수 있다(출입국관리법 제4조 제2항 제1호).

62 다음 외국인 입국금지사유에 해당하는 자는 몇 명인가?

> ㉠ 전염병환자·마약류중독자 기타 공중위생상 위해를 미칠 염려가 있다고 인정되는 자
> ㉡ 총포·도검·화약류 등의 안전관리에 관한 법률에서 정하는 총포·도검·화약류 등을 위법하게 가지고 입국하려는 자
> ㉢ 법무부장관이 정한 거소 또는 활동범위의 제한 기타 준수사항을 위반한 자
> ㉣ 상륙허가 없이 상륙하였거나 상륙허가 조건을 위반한 자
> ㉤ 공공의 안전을 해하는 행동을 할 염려가 있다고 인정할만한 상당한 이유가 있는 자
> ㉥ 경제질서 또는 사회질서를 해하거나 선량한 풍속을 해하는 행동을 할 염려가 있다고 인정할 만한 상당한 이유가 있는 자
> ㉦ 국내체류비용을 부담할 능력이 없는 자 그 밖에 구호를 요하는 자

① 4개   ② 5개   ③ 6개   ④ 7개

정답찾기

② 입국금지사유에 해당하는 자는 ㉠㉡㉢㉮㉯이다. ㉣㉤은 강제퇴거사유에 해당한다.

출입국관리법

제11조【입국의 금지 등】 ① 법무부장관은 다음 각 호의 어느 하나에 해당하는 외국인에 대하여는 입국을 금지할 수 있다.

1. 감염병환자, 마약류중독자, 그 밖에 공중위생상 위해를 끼칠 염려가 있다고 인정되는 사람
2. '총포·도검·화약류 등의 안전관리에 관한 법률'에서 정하는 총포·도검·화약류 등을 위법하게 가지고 입국하려는 사람
3. 대한민국의 이익이나 공공의 안전을 해치는 행동을 할 염려가 있다고 인정할 만한 상당한 이유가 있는 사람
4. 경제질서 또는 사회질서를 해치거나 선량한 풍속을 해치는 행동을 할 염려가 있다고 인정할 만한 상당한 이유가 있는 사람
5. 사리 분별력이 없고 국내에서 체류활동을 보조할 사람이 없는 정신장애인, 국내체류비용을 부담할 능력이 없는 사람, 그 밖에 구호(救護)가 필요한 사람
6. 강제퇴거명령을 받고 출국한 후 5년이 지나지 아니한 사람
7. 1910년 8월 29일부터 1945년 8월 15일까지 사이에 다음 각 목의 어느 하나에 해당하는 정부의 지시를 받거나 그 정부와 연계하여 인종, 민족, 종교, 국적, 정치적 견해 등을 이유로 사람을 학살·학대하는 일에 관여한 사람
   가. 일본 정부
   나. 일본 정부와 동맹 관계에 있던 정부
   다. 일본 정부의 우월한 힘이 미치던 정부
8. 제1호부터 제7호까지의 규정에 준하는 사람으로서 법무부장관이 그 입국이 적당하지 아니하다고 인정하는 사람

---

63 **출입국관리법상 외국인의 입국금지사유로 가장 적절하지 않은 것은?** 17. 경찰

① 감염병환자, 마약류중독자, 그 밖에 공중위생상 위해를 끼칠 염려가 있다고 인정되는 사람

② 강제퇴거명령을 받고 출국한 후 5년이 지난 사람

③ 사리 분별력이 없고 국내에서 체류활동을 보조할 사람이 없는 정신장애인, 국내체류비용을 부담할 능력이 없는 사람, 그 밖에 구호(救護)가 필요한 사람

④ 경제질서 또는 사회질서를 해치거나 선량한 풍속을 해치는 행동을 할 염려가 있다고 인정할 만한 상당한 이유가 있는 사람

정답찾기

② 강제퇴거명령을 받고 출국한 후 5년이 지나지 아니한 사람이 입국금지사유에 해당한다.

출입국관리법

제11조【입국의 금지 등】 ① 법무부장관은 다음 각 호의 어느 하나에 해당하는 외국인에 대하여는 입국을 금지할 수 있다.
   6. 강제퇴거명령을 받고 출국한 후 5년이 지나지 아니한 사람

Answer   61 ③   62 ②   63 ②

64 출입국관리법상 외국인 강제퇴거 대상으로 적절하지 않은 것은 모두 몇 개인가?   21. 경찰

> ㉠ 조세, 공과금을 체납한 사람
> ㉡ 외국인등록 의무를 위반한 사람
> ㉢ 구류의 선고를 받고 석방된 사람
> ㉣ 법무부장관이 정한 거소 또는 활동범위의 제한이나 그 밖의 준수사항을 위반한 사람
> ㉤ 지방출입국·외국인관서의 장이 붙인 조건부 입국 허가조건을 위반한 사람

① 2개   ② 3개   ③ 4개   ④ 5개

정답찾기

지문의 내용 중 외국인 강제퇴거 사유에 해당하지 않는 것은 ㉠㉢이다.
㉠은 출국정지사유, ㉢의 경우 금고 이상의 형을 선고받고 석방된 사람이 강제퇴거 대상자에 해당한다.

65 외국인 입·출국에 관한 다음 설명 중 옳지 않은 것은 모두 몇 개인가?   14. 경찰

> ㉠ 법무부장관은 사증 발급에 관한 권한을 대통령령으로 정하는 바에 따라 재외공관의 장에게 위임할 수 있다.
> ㉡ 지방출입국·외국인관서의 장은 조난을 당한 선박 등에 타고 있는 외국인(승무원을 포함한다)을 긴급히 구조
>   할 필요가 있다고 인정하면 그 선박 등의 장, 운수업자, '수난구호법'에 따른 구호업무 집행자 또는 그 외국인을
>   구조한 선박 등의 장의 신청에 의하여 90일의 범위에서 재난상륙허가를 할 수 있다.
> ㉢ 형사재판에 계속 중이거나 금고 이상의 형의 선고를 받고 석방된 자는 출국을 정지할 수 있다.
> ㉣ 외국인의 강제출국은 형벌이다.

① 4개   ② 3개   ③ 2개   ④ 1개

정답찾기

옳지 않은 것은 ㉡㉢㉣ 3개이다.
㉡ 지방출입국·외국인관서의 장은 조난을 당한 선박 등에 타고 있는 외국인(승무원을 포함한다)을 긴급히 구조할 필요가 있다고 인정
   하면 그 선박 등의 장, 운수업자, '수난구호법'에 따른 구호업무 집행자 또는 그 외국인을 구조한 선박 등의 장의 신청에 의하여
   <u>30일</u>의 범위에서 재난상륙허가를 할 수 있다(출입국관리법 제16조 제1항).
㉢ <u>형사재판에 계속 중인 경우는 출국정지사유에 해당하며, 금고 이상의 형의 선고를 받고 석방된 자는 강제퇴거사유에 해당한다.</u>
㉣ 외국인의 강제출국은 형벌이 아닌 <u>행정상(경찰상) 강제집행 중 직접강제에 해당한다.</u>

> **출입국관리법**
> **제68조 【출국명령】** ① 지방출입국·외국인관서의 장은 다음 각 호의 어느 하나에 해당하는 외국인에게는 출국명령을 할 수 있다.
>   1. 제46조 제1항 각 호의 어느 하나에 해당한다고 인정되나 자기비용으로 자진하여 출국하려는 사람
>   2. 제67조에 따른 출국권고를 받고도 이행하지 아니한 사람
>   3. 제89조에 따라 각종 허가 등이 취소된 사람
>   4. 제100조 제1항부터 제3항까지의 규정에 따른 과태료 처분 후 출국조치하는 것이 타당하다고 인정되는 사람
>   5. 제102조 제1항에 따른 통고처분(通告處分) 후 출국조치하는 것이 타당하다고 인정되는 사람
>   ④ 지방출입국·외국인관서의 장은 출국명령을 받고도 지정한 기한까지 출국하지 아니하거나 제3항에 따라 붙인 조건을 위반
>   한 사람에게는 지체 없이 강제퇴거명령서를 발급하여야 한다.

66 출입국관리법상 상륙의 종류와 내용에 대한 설명으로 가장 적절하지 않은 것은? 16. 경찰

① 출입국관리공무원은 선박 등에 타고 있는 외국인(승무원을 포함한다)이 질병이나 그 밖의 사고로 긴급히 상륙할 필요가 있다고 인정되면 그 선박 등의 장이나 운수업자의 신청을 받아 30일의 범위에서 긴급상륙을 허가할 수 있다.

② 지방출입국·외국인관서의 장은 조난을 당한 선박 등에 타고 있는 외국인(승무원을 포함한다)을 긴급히 구조할 필요가 있다고 인정하면 그 선박 등의 장, 운수업자, 수상에서의 수색·구조 등에 관한 법률에 따른 구호업무 집행자 또는 그 외국인을 구조한 선박 등의 장의 신청에 의하여 30일의 범위에서 재난상륙허가를 할 수 있다.

③ 지방출입국·외국인관서의 장은 선박 등에 타고 있는 외국인이 난민법 제2조 제1호에 규정된 이유나 그 밖에 이에 준하는 이유로 그 생명·신체 또는 신체의 자유를 침해받을 공포가 있는 영역에서 도피하여 곧바로 대한민국에 비호(庇護)를 신청하는 경우 그 외국인을 상륙시킬 만한 상당한 이유가 있다고 인정되면 법무부장관의 승인을 받아 90일의 범위에서 난민 임시상륙허가를 할 수 있다. 이 경우 법무부장관은 외교부장관과 협의하여야 한다.

④ 출입국관리공무원은 관광을 목적으로 대한민국과 외국 해상을 국제적으로 순회하여 운항하는 여객운송선박 중 법무부령으로 정하는 선박에 승선한 외국인승객에 대하여 그 선박의 장 또는 운수업자가 상륙허가를 신청하면 5일의 범위에서 승객의 관광상륙을 허가할 수 있다.

정답찾기

④ 3일의 범위에서 승객의 관광상륙을 허가할 수 있다.

> **출입국관리법**
> **제14조의2【관광상륙허가】** ① 출입국관리공무원은 관광을 목적으로 대한민국과 외국 해상을 국제적으로 순회(巡廻)하여 운항하는 여객운송선박 중 법무부령으로 정하는 선박에 승선한 외국인승객에 대하여 그 선박의 장 또는 운수업자가 상륙허가를 신청하면 3일의 범위에서 승객의 관광상륙을 허가할 수 있다. 다만, 제11조 제1항 각 호의 어느 하나에 해당하는 외국인승객에 대하여는 그러하지 아니하다.

Answer 64 ① 65 ② 66 ④

67 출입국관리법에 규정된 상륙의 종류에 대한 설명 중 가장 옳은 것은? 19. 경찰간부

① 긴급상륙 – 조난을 당한 선박 등에 타고 있는 외국인(승무원을 포함한다)을 긴급히 구조할 필요가 있다고 인정될 때

② 관광상륙 – 외국인승무원이 승선 중인 선박 등이 대한민국의 출입국항에 정박하고 있는 동안 휴양 등의 목적으로 상륙하려할 때

③ 재난상륙 – 선박 등에 타고 있는 외국인(승무원을 포함한다)이 질병이나 그 밖의 사고로 긴급히 상륙할 필요가 있다고 인정될 때

④ 난민임시상륙 – 선박 등에 타고 있는 외국인이 난민법 제2조 제1호에 규정된 이유나 그 밖에 이에 준하는 이유로 그 생명·신체 또는 신체의 자유를 침해받을 공포가 있는 영역에서 도피하여 곧바로 대한민국에 비호를 신청한 경우 그 외국인을 상륙시킬 만한 상당한 이유가 있다고 인정될 때

정답찾기
①은 재난상륙, ②는 승무원상륙, ③은 긴급상륙에 대한 설명이다.

68 출입국관리법 및 동법 시행령에 대한 설명 중 가장 적절하지 않은 것은? 20. 경찰승진

① 법무부장관이 대한민국의 이익 등을 위하여 입국이 필요하다고 인정하는 외국인은 사증없이 입국할 수 있다.

② 주한외국공관(대사관과 영사관 포함)과 국제기구의 직원 및 그의 가족은 외국인등록대상이다.

③ 외국인의 강제퇴거사유가 동시에 형사처분사유가 되는 경우 강제퇴거와 형사처분을 병행할 수 있다.

④ 법무부장관은 입국심사에 필요한 경우에는 관계 행정기관이 보유하고 있는 외국인의 지문 및 얼굴에 관한 자료의 제출을 요청할 수 있다.

정답찾기
② 주한외국공관(대사관과 영사관을 포함한다)과 국제기구의 직원 및 그의 가족은 외국인등록대상이 아니다(출입국관리법 제31조 제1항 제1호).

69 출입국관리법에 대한 설명이다. 아래 가~라까지 설명 중 옳고 그름의 표시(○, ×)가 바르게 된 것은? 23. 경찰간부

> ㉠ 수사기관이 출입국관리법 제4조의6 제3항에 따른 긴급출국금지 승인을 요청한 때로부터 24시간 이내에 법무부장관으로부터 긴급출국금지 승인을 받지 못한 경우, 법무부장관은 출입국관리법 제4조의6 제1항의 수사기관 요청에 따른 출국금지를 해제하여야 한다.
>
> ㉡ 18세 미만의 외국인을 제외한 대한민국에 체류하는 외국인은 여권, 선원신분증명서, 외국인입국허가서, 외국인등록증 또는 상륙허가서를 지니고 있어야 한다.
>
> ㉢ 출입국관리공무원 외의 수사기관이 출입국사범에 해당하는 사건을 입건하였을 때에는 지체 없이 관할 지방출입국·외국인관서의 장에게 인계하여야 한다.
>
> ㉣ 감염병환자, 마약류중독자, 강제퇴거명령을 받고 출국한 후 5년이 지난 외국인은 입국금지 사항에 해당한다.

	㉠	㉡	㉢	㉣
①	○	×	○	○
②	×	○	○	○
③	×	×	○	×
④	○	×	○	×

정답찾기

지문의 내용 중 적절한 것은 ㉢, 적절하지 않은 것은 ㉠㉡㉣이다.

㉠ 법무부장관은 수사기관이 긴급출국금지 승인 요청을 하지 아니한 때에는 수사기관 요청에 따른 출국금지를 해제하여야 한다. 수사기관이 긴급출국금지 승인을 요청한 때로부터 <u>12시간 이내</u>에 법무부장관으로부터 긴급출국금지 승인을 받지 못한 경우에도 또한 같다(출입국관리법 제4조의6 제4항).

㉡ 대한민국에 체류하는 외국인은 항상 여권·선원신분증명서·외국인입국허가서·외국인등록증 또는 상륙허가서(이하 "여권등"이라 한다)를 지니고 있어야 한다. 다만, <u>17세 미만</u>인 외국인의 경우에는 그러하지 아니하다(출입국관리법 제27조 제1항).

㉣ 지문의 내용 중 강제퇴거명령을 받고 출국한 후 5년이 <u>지나지 아니한 사람</u>이 입국금지 대상자에 해당한다(출입국관리법 제11조 제1항 제6호).

70 출입국관리법 및 동법 시행령상 다음의 내용이 설명하는 외국인의 체류자격으로 가장 적절하게 나열한 것은? 16. 경찰

> ㉠ 수익이 따르는 음악, 미술, 문학 등의 예술활동과 수익을 목적으로 하는 연예, 연주, 연극, 운동경기, 광고·패션모델, 그 밖에 이에 준하는 활동을 하려는 사람
> ㉡ 법무부장관이 정하는 자격요건을 갖춘 외국인으로서 외국어전문학원, 초등학교 이상의 교육기관 및 부설어학연구소, 방송사 및 기업체 부설 어학연수원, 그 밖에 이에 준하는 기관 또는 단체에서 외국어 회화지도에 종사하려는 사람

① ㉠ D − 1   ㉡ A − 2
② ㉠ D − 1   ㉡ E − 2
③ ㉠ E − 6   ㉡ A − 2
④ ㉠ E − 6   ㉡ E − 2

정답찾기

구분	내용
A − 2	대한민국정부가 승인한 외국정부 또는 국제기구의 공무를 수행하는 사람과 그 가족
D − 1	수익을 목적으로 하지 않는 문화 또는 예술 관련 활동을 하려는 사람(대한민국의 전통문화 또는 예술에 대하여 전문적인 연구를 하거나 전문가의 지도를 받으려는 사람을 포함한다)
E − 2	법무부장관이 정하는 자격요건을 갖춘 외국인으로서 외국어전문학원, 초등학교 이상의 교육기관 및 부설어학연구소, 방송사 및 기업체 부설 어학연수원, 그 밖에 이에 준하는 기관 또는 단체에서 외국어 회화지도에 종사하려는 사람
E − 6	수익이 따르는 음악, 미술, 문학 등의 예술활동과 수익을 목적으로 하는 연예, 연주, 연극, 운동경기, 광고·패션 모델, 그 밖에 이에 준하는 활동을 하려는 사람

71 출입국관리법 시행령상 외국인 체류자격에 관한 다음 설명 중 옳지 않은 모두 몇 개인가? 18. 경찰간부

> ㉠ A − 1: 대한민국정부가 접수한 외국정부의 외교사절단이나 영사기관의 구성원, 조약 또는 국제관행에 따라 외교사절과 동등한 특권과 면제를 받는 사람과 그 가족
> ㉡ E − 2: 법무부장관이 정하는 자격요건을 갖춘 외국인으로서 외국어전문학원, 초등학교 이상의 교육기관 및 부설어학연구소, 방송사 및 기업체 부설 어학연수원 그 밖에 이에 준하는 기관 또는 단체에서 외국어 회화지도에 종사하려는 사람
> ㉢ E − 6: 수익이 따르는 음악, 미술, 문학 등의 예술활동과 수익을 목적으로 하는 연예, 연주, 연극, 운동경기, 광고·패션모델, 그 밖에 이에 준하는 활동을 하려는 사람
> ㉣ E − 9: 외국인근로자의 고용 등에 관한 법률에 따른 국내 취업요건을 갖춘 사람(일정 자격이나 경력 등이 필요한 전문직종에 종사하려는 사람은 제외)

① 0개   ② 1개   ③ 2개   ④ 3개

정답찾기
① 모두 옳은 지문이다.

72 출입국관리법 시행령상 외국인의 체류자격과 그에 대한 예시이다. ㉠부터 ㉣까지 (   ) 안에 들어갈 숫자를 모두 합한 값으로 가장 적절한 것은?   18. 경찰승진

> • A − (㉠), 공무 − 대한민국정부가 승인한 외국정부의 공무를 수행하는 미국인
> • D − (㉡), 유학 − 서울대학교에서 정규과정의 교육을 받으려고 하는 중국인
> • E − (㉢), 예술흥행 − 수익을 목적으로 광고·패션모델로 활동하려는 우크라이나인
> • F − (㉣), 결혼이민 − 한국인과 결혼하여, 국내에 거주하고자 하는 베트남인

① 12   ② 14   ③ 16   ④ 19

정답찾기

③ 모두 합한 값은 16이다.
• A−2, 공무 − 대한민국정부가 승인한 외국정부의 공무를 수행하는 미국인
• D−2, 유학 − 서울대학교에서 정규과정의 교육을 받으려고 하는 중국인
• E−6, 예술흥행 − 수익을 목적으로 광고·패션모델로 활동하려는 우크라이나인
• F−6, 결혼이민 − 한국인과 결혼하여, 국내에 거주하고자 하는 베트남인

5장

73 출입국관리법 시행령상 외국인의 장기체류자격에 대한 설명으로 옳은 것을 모두 고른 것은?   20. 경찰승진

> ㉠ (D−2): 전문대학 이상의 교육기관 또는 학술연구기관에서 정규과정의 교육을 받거나 특정 연구를 하려는 사람
> ㉡ (E−2): 법무부장관이 정하는 자격요건을 갖춘 외국인으로서 외국어전문학원, 국립유치원 이상의 교육기관 및 부설어학연구소, 방송사 및 기업체 부설 어학연수원, 그 밖에 이에 준하는 기관 또는 단체에서 외국어 회화지도에 종사하려는 사람
> ㉢ (E−9): 외국인근로자의 고용 등에 관한 법률에 따른 국내 취업요건을 갖춘 사람(일정 자격이나 경력 등이 필요한 전문 직종에 종사하려는 사람은 제외)
> ㉣ (F−6): 국민과 혼인관계(사실상의 혼인관계는 제외)에서 출생한 자녀를 양육하고 있는 부 또는 모로서 법무부장관이 인정하는 사람

① ㉠, ㉡   ② ㉠, ㉢
③ ㉡, ㉢   ④ ㉢, ㉣

정답찾기

지문의 내용 중 옳은 것은 ㉠㉢이다.
㉡ (E−2): 법무부장관이 정하는 자격요건을 갖춘 외국인으로서 외국어전문학원, <u>초등학교</u> 이상의 교육기관 및 부설어학연구소, 방송사 및 기업체 부설 어학연수원, 그 밖에 이에 준하는 기관 또는 단체에서 외국어 회화지도에 종사하려는 사람
㉣ (F−6): 국민과 혼인관계(<u>사실상의 혼인관계를 포함한다</u>)에서 출생한 자녀를 양육하고 있는 부 또는 모로서 법무부장관이 인정하는 사람

Answer 70 ②   71 ①   72 ③   73 ②

74 출입국관리법 시행령상 외국인의 체류자격에 대한 설명이다. ㉠~㉣의 괄호 안에 들어갈 내용이 가장 적절한 것은?

19. 경찰

- A – (㉠), 외교: 대한민국정부가 접수한 외국정부의 외교사절단이나 영사기관의 구성원, 조약 또는 국제 관행에 따라 외교사절과 동등한 특권과 면제를 받는 사람과 그 가족
- (㉡) – 2, 유학: 전문대학 이상의 교육기관 또는 학술연구기관에서 정규과정의 교육을 받거나 특정 연구 를 하려는 사람
- F – (㉢), 재외동포: 재외동포의 출입국과 법적 지위에 관한 법률상 대한민국의 국적을 보유하였던 자(대 한민국정부 수립 전에 국외로 이주한 동포를 포함) 또는 그 직계비속으로서 외국국적을 취득한 자 중 대통령령 으로 정하는 자(단순 노무행위 등 법령에서 규정한 취업활동에 종사하려는 사람은 제외)
- (㉣) – 6, 예술흥행: 수익이 따르는 음악, 미술, 문학 등의 예술활동과 수익을 목적으로 하는 연예, 연주, 연극, 운동경기, 광고 · 패션 모델, 그 밖에 이에 준하는 활동을 하려는 사람

	㉠	㉡	㉢	㉣
①	2	D	6	E
②	2	E	4	F
③	1	E	6	F
④	1	D	4	E

정답찾기

체류자격(기호)	체류자격에 해당하는 사람 또는 활동범위
외교(A-1)	대한민국정부가 접수한 외국정부의 외교사절단이나 영사기관의 구성원, 조약 또는 국제관행에 따라 외교사절과 동등한 특권과 면제를 받는 사람과 그 가족
유학(D-2)	전문대학 이상의 교육기관 또는 학술연구기관에서 정규과정의 교육을 받거나 특정 연구를 하려는 사람
예술흥행(E-6)	수익이 따르는 음악, 미술, 문학 등의 예술활동과 수익을 목적으로 하는 연예, 연주, 연극, 운동경기, 광고 · 패션 모델, 그 밖에 이에 준하는 활동을 하려는 사람
재외동포(F-4)	재외동포의 출입국과 법적 지위에 관한 법률상 대한민국의 국적을 보유하였던 자(대한민국정부 수립 전에 국외로 이주한 동포를 포함) 또는 그 직계비속으로서 외국국적을 취득한 자 중 대통령령으로 정하는 자(단순 노무행위 등 법령에서 규정한 취업활동에 종사하려는 사람은 제외)

제9절 **국제형사사법 공조법**

75 국제형사사법 공조법상 공조의 범위로 가장 적절하지 않은 것은?   15. 경찰승진

① 자국의 독특한 범죄에 관한 정보
② 사람 또는 물건의 소재에 대한 수사
③ 서류·기록의 제공
④ 증거수집, 압수·수색 또는 검증

정답찾기

① 자국의 독특한 범죄에 관한 정보는 공조의 범위에 해당하지 않는다.

> **국제형사사법 공조법**
> **제5조【공조의 범위】** 공조의 범위는 다음 각 호와 같다.
>   1. 사람 또는 물건의 소재에 대한 수사
>   2. 서류·기록의 제공
>   3. 서류 등의 송달
>   4. 증거 수집, 압수·수색 또는 검증
>   5. 증거물 등 물건의 인도(引渡)
>   6. 진술 청취, 그 밖에 요청국에서 증언하게 하거나 수사에 협조하게 하는 조치

76 국제형사사법 공조의 기본 원칙 중 다음 설명에 해당하는 것으로 가장 적절한 것은?   16. 경찰승진

> 중국에서 죄를 범하고 한국으로 도망 온 A에 대해 한국법은 동죄를 처벌하지 않으므로 중국 경찰의 소재수사에 관한 형사공조 요청에 응할 수 없다.

① 상호주의
② 특정성의 원칙
③ 군사범불인도의 원칙
④ 쌍방가벌성의 원칙

정답찾기

④ 보기 지문은 "국제형사사법 공조의 대상이 되는 범죄는 피요청국과 요청국 모두에서 처벌이 가능한 범죄이어야 한다."는 쌍방가벌성의 원칙을 말한다.

Answer   74 ④   75 ①   76 ④

77 국제형사사법 공조법상 임의적 공조거절사유에 해당하지 않는 경우는?

19. 경찰간부

① 공조범죄가 대한민국에서 수사진행 중이거나 재판에 계속 중인 경우
② 공조범죄가 정치적 성격을 지닌 범죄이거나, 공조요청이 정치적 성격을 지닌 다른 범죄에 대한 수사 또는 재판을 할 목적으로 한 것이라고 인정되는 경우
③ 공조범죄가 대한민국의 주권, 국가안전보장, 안녕질서 또는 미풍양속을 해칠 우려가 있는 경우
④ 국제형사사법 공조법에 요청국이 보증하도록 규정되어 있음에도 불구하고 요청국의 보증이 없는 경우

정답찾기
① 지문의 내용은 공조연기사유에 해당한다.

> **국제형사사법 공조법**
> **제6조【공조의 제한】** 다음 각 호의 어느 하나에 해당하는 경우에는 공조를 하지 아니할 수 있다.
> 1. 대한민국의 주권, 국가안전보장, 안녕질서 또는 미풍양속을 해칠 우려가 있는 경우
> 2. 인종, 국적, 성별, 종교, 사회적 신분 또는 특정 사회단체에 속한다는 사실이나 정치적 견해를 달리한다는 이유로 처벌되거나 형사상 불리한 처분을 받을 우려가 있다고 인정되는 경우
> 3. 공조범죄가 정치적 성격을 지닌 범죄이거나, 공조요청이 정치적 성격을 지닌 다른 범죄에 대한 수사 또는 재판을 할 목적으로 한 것이라고 인정되는 경우
> 4. 공조범죄가 대한민국의 법률에 의하여는 범죄를 구성하지 아니하거나 공소를 제기할 수 없는 범죄인 경우
> 5. 이 법에 요청국이 보증하도록 규정되어 있음에도 불구하고 요청국의 보증이 없는 경우
>
> **제7조【공조의 연기】** 대한민국에서 수사가 진행 중이거나 재판에 계속(係屬)된 범죄에 대하여 외국의 공조요청이 있는 경우에는 그 수사 또는 재판 절차가 끝날 때까지 공조를 연기할 수 있다.

78 국제형사사법 공조법에 규정된 임의적 공조거절사유로 가장 적절하지 않은 것은?

19. 경찰승진

① 대한민국의 주권, 국가안전보장, 안녕질서 또는 미풍양속을 해칠 우려가 있는 경우
② 인종, 국적, 성별, 종교, 사회적 신분 또는 특정 사회단체에 속한다는 사실이나 정치적 견해를 달리한다는 이유로 처벌되거나 형사상 불리한 처분을 받을 우려가 있는 경우
③ 공조범죄가 정치적 성격을 지닌 범죄이거나, 공조요청이 정치적 성격을 지닌 다른 범죄에 대한 수사 또는 재판을 할 목적으로 한 것이라고 인정되는 경우
④ 공조범죄가 요청국의 법률에 의하여는 범죄를 구성하지 아니하거나 공소를 제기할 수 없는 범죄인 경우

정답찾기
④ 공조범죄가 대한민국의 법률에 의하여는 범죄를 구성하지 아니하거나 공소를 제기할 수 없는 범죄인 경우에는 공조를 하지 아니할 수 있다(국제형사사법 공조법 제6조 제4호).

79 국제형사사법 공조에 대한 설명으로 옳지 않은 것은 모두 몇 개인가?   20. 경찰간부

> ㉠ 요청국이 공조에 따라 취득한 증거를 공조요청의 대상이 된 범죄 이외의 수사나 재판에 사용해서는 안 된다는
> 원칙은 '특정성의 원칙'과 관련이 깊다.
> ㉡ 국제형사사법 공조법상 공조범죄가 대한민국의 법률에 의하여는 범죄를 구성하지 아니하거나 공소를 제기할
> 수 없는 범죄인 경우 공조를 하지 아니할 수 있다.
> ㉢ 국제형사사법 공조법상 대한민국에서 수사가 진행 중이거나 재판에 계속된 범죄에 대하여 외국의 공조요청이
> 있는 경우에는 그 수사 또는 재판 절차가 끝날 때까지 공조를 연기하여야 한다.
> ㉣ 국제형사사법 공조법상 외국의 요청에 따른 수사의 공조절차에서 검사는 요청국에 인도하여야 할 증거물 등
> 이 법원에 제출되어 있는 경우에는 법무부장관의 인도허가결정을 받아야 한다.

① 1개   ② 2개   ③ 3개   ④ 4개

정답찾기

지문의 내용 중 틀린 것은 ㉢㉣이다.
㉢ 대한민국에서 수사가 진행 중이거나 재판에 계속(係屬)된 범죄에 대하여 외국의 공조요청이 있는 경우에는 그 수사 또는 재판 절차
가 끝날 때까지 공조를 연기할 수 있다(국제형사사법 공조법 제7조).
㉣ 검사는 요청국에 인도하여야 할 증거물 등이 법원에 제출되어 있는 경우에는 법원의 인도허가결정을 받아야 한다(국제형사사법 공
조법 제17조 제3항).

제10절   범죄인 인도법

80 다음의 설명은 범죄인 인도원칙 중 어떤 원칙에 대한 내용인가?   13. 경찰, 15. 경찰승진

> 인도조약이 체결되어 있지 아니한 경우에도 범죄인의 인도를 청구하는 국가가 같은 종류 또는 유사한 인도범죄에
> 대한 대한민국의 범죄인 인도 청구에 응한다는 보증을 하는 경우에는 범죄인 인도법을 적용한다.

① 쌍방가벌성의 원칙
② 상호주의의 원칙
③ 특정성의 원칙
④ 유용성의 원칙

정답찾기

② 보기의 설명은 상호주의 원칙에 대한 내용이다.

Answer   77 ①   78 ④   79 ②   80 ②

81 범죄인 인도법규정에 관한 다음 내용 중 옳은 것은 모두 몇 개인가?   12. 경찰

> ○ 범죄인 인도법은 범죄인 인도에 관하여 인도조약에 범죄인 인도법과 다른 규정이 있는 경우 인도조약 규정이 우선함을 명시하고 있다.
> ○ 대한민국과 청구국의 법률에 따라 인도범죄가 사형, 무기징역, 무기금고, 장기 1년 이상의 징역 또는 금고에 해당하는 경우에만 범죄인을 인도할 수 있다.
> ○ 청구국의 인도청구가 범죄인이 범한 정치적 성격을 지닌 다른 범죄에 대하여 재판을 하거나 그러한 범죄에 대하여 이미 확정된 형을 집행할 목적으로 행하여진 것이라고 인정되는 경우에는 범죄인을 인도하여서는 아니 된다.
> ○ 범죄인 인도심사 및 그 청구와 관련된 사건은 각 관할 구역 지방법원과 지방검찰청의 전속관할로 한다.

① 1개   ② 2개   ③ 3개   ④ 4개

정답찾기

옳은 것은 ○○○ 3개이다.
○ 이 법에 규정된 범죄인의 인도심사 및 그 청구와 관련된 사건은 <u>서울고등법원과 서울고등검찰청의 전속관할로 한다</u>(범죄인 인도법 제3조).

82 범죄인 인도법상 '절대적 인도거절사유'에 해당하지 않는 것은?   14. 경찰

① 인도범죄에 관하여 대한민국 법원에서 재판이 계속 중이거나 재판이 확정된 경우
② 대한민국 또는 청구국의 법률에 의하여 인도범죄에 관한 공소시효 또는 형의 시효가 완성된 경우
③ 인도범죄의 성격과 범죄인이 처한 환경 등에 비추어 범죄인을 인도하는 것이 비인도적이라고 인정되는 경우
④ 범죄인이 인종, 종교, 국적, 성별, 정치적 신념 또는 특정사회단체에 속한 것 등을 이유로 처벌되거나 그 밖의 불리한 처분을 받을 염려가 있다고 인정되는 경우

정답찾기

③ 지문의 내용은 <u>임의적 인도거절사유</u>에 해당한다.

83 범죄인 인도법 제7조에 따른 절대적 인도거절 사유에 해당하지 않는 것은?   22. 경찰

① 대한민국 또는 청구국의 법률에 따라 인도범죄에 관한 공소시효 또는 형의 시효가 완성된 경우
② 인도범죄에 관하여 대한민국 법원에서 재판이 계속 중이거나 재판이 확정된 경우
③ 인도범죄의 성격과 범죄인이 처한 환경 등에 비추어 범죄인을 인도하는 것이 비인도적이라고 인정되는 경우
④ 범죄인이 인종, 종교, 국적, 성별, 정치적 신념 또는 특정 사회단체에 속한 것 등을 이유로 처벌되거나 그 밖의 불리한 처분을 받을 염려가 있다고 인정되는 경우

정답찾기

③ 지문의 내용은 <u>임의적 인도거절사유</u>에 해당한다(범죄인 인도법 제9조 제5호).

84 「범죄인 인도법」에서 규정하는 절대적 인도거절 사유는 모두 몇 개인가? 24. 경찰

㉠ 범죄인이 대한민국 국민인 경우
㉡ 인도범죄의 전부 또는 일부가 대한민국 영역에서 범한 것인 경우
㉢ 범죄인이 인종, 종교, 국적, 성별, 정치적 신념 또는 특정 사회단체에 속한 것 등을 이유로 처벌되거나 그 밖의 불리한 처분을 받을 염려가 있다고 인정되는 경우
㉣ 인도범죄에 관하여 대한민국 법원에서 재판이 계속 중이거나 재판이 확정된 경우

---

① 1개 　　　　　 ② 2개 　　　　　 ③ 3개 　　　　　 ④ 4개

정답찾기

지문의 내용 중 ㉠㉡은 임의적 인도거절 사유, ㉢㉣은 절대적 인도거절 사유에 해당한다(범죄인 인도법 제7조 제2호, 제4호, 동법 제9조 제1호, 제2호).

85 다음은 범죄인 인도법상 인도심사명령청구에 대한 설명이다. ( ) 안에 들어갈 말을 순서대로 바르게 나열한 것은? 18. 경찰

( )장관은 ( )장관으로부터 범죄인 인도법 제11조에 따른 인도청구서 등을 받았을 때에는 이를 ( ) 검사장에게 송부하고 그 소속 검사로 하여금 ( )에 범죄인 인도허가 여부에 관한 심사를 청구하도록 명하여야 한다.

---

① 법무부 － 외교부 － 서울고등검찰청 － 서울고등법원
② 외교부 － 법무부 － 서울중앙지방검찰청 － 서울중앙지방법원
③ 외교부 － 법무부 － 서울고등검찰청 － 서울고등법원
④ 법무부 － 외교부 － 서울중앙지방검찰청 － 서울중앙지방법원

정답찾기

① 법무부장관은 외교부장관으로부터 인도청구서 등을 받았을 때에는 이를 서울고등검찰청 검사장(檢事長)에게 송부하고 그 소속 검사로 하여금 서울고등법원에 범죄인의 인도허가 여부에 관한 심사를 청구하도록 명하여야 한다. 다만, 인도조약 또는 이 법에 따라 범죄인을 인도할 수 없거나 인도하지 아니하는 것이 타당하다고 인정되는 경우에는 그러하지 아니하다(범죄인 인도법 제12조 제1항).

86 범죄인 인도법에 대한 설명으로 가장 적절한 것은?   18. 경찰

① 청구국과 피청구국 쌍방의 법률에 의하여 범죄를 구성하지 않는 경우에는 범죄인을 인도하지 않는다는 것은 쌍방가벌성의 원칙으로, 우리나라 범죄인 인도법에 명문규정은 없다.

② 인도범죄 외의 범죄에 관하여 대한민국 법원에 재판이 계속 중인 경우 또는 범죄인이 형을 선고받고 그 집행이 끝나지 아니하거나 면제되지 아니한 경우 범죄인을 인도하여서는 아니 된다.

③ 범죄인이 범죄인 인도법 제20조에 따른 인도구속영장에 의하여 구속되었을 때에는 구속된 때부터 48시간 이내에 인도심사를 청구하여야 한다.

④ 법원은 범죄인이 인도구속영장에 의하여 구속 중인 경우에는 구속된 날부터 2개월 이내에 인도심사에 관한 결정을 하여야 한다.

> 정답찾기
> ① 쌍방가벌성의 원칙은 범죄인 인도법 제6조에 명시적인 규정을 두고 있다.
>
> > **범죄인 인도법 제6조【인도범죄】** 대한민국과 청구국의 법률에 따라 인도범죄가 사형, 무기징역, 무기금고, 장기(長期) 1년 이상의 징역 또는 금고에 해당하는 경우에만 범죄인을 인도할 수 있다.
>
> ② 지문의 내용은 임의적 인도거절사유에 해당한다.
> ③ 범죄인이 인도구속영장에 의하여 구속되었을 때에는 구속된 날부터 3일 이내에 인도심사를 청구하여야 한다(범죄인 인도법 제13조 제2항).

87 범죄인 인도법에 대한 설명 중 가장 적절하지 않은 것은?   20. 경찰승진

① 순수한 정치범은 인도하지 않는 것이 원칙이나 정치범일지라도 국가원수암살범은 예외가 되어 일반적으로 인도의 대상이 된다.

② 대한민국과 청구국의 법률에 따라 인도범죄가 사형, 무기징역, 무기금고, 장기 1년 이상의 징역 또는 금고에 해당하는 경우에만 범죄인을 인도할 수 있다.

③ 범죄인이 인도범죄에 관하여 제3국(청구국이 아닌 외국)에서 재판을 받고 처벌되었거나 처벌받지 아니하기로 확정된 경우는 청구국에 인도하지 아니할 수 있다.

④ 법무부장관은 범죄인이 인도구속영장에 의하여 구속 중인 경우에는 구속된 날부터 2개월 이내에 인도심사에 관한 결정을 하여야 한다.

> 정답찾기
> ④ 법원은 범죄인이 인도구속영장에 의하여 구속 중인 경우에는 구속된 날부터 2개월 이내에 인도심사에 관한 결정(決定)을 하여야 한다(범죄인 인도법 제14조 제2항).

88 범죄인 인도법에 대한 설명으로 가장 적절하지 않은 것은? 20. 경찰승진

① 우리나라는 정치범불인도 원칙을 명문으로 규정하고 있고, 정치범죄는 국제법상 불확정적인 개념으로 정치범죄의 해당 여부는 전적으로 청구국의 판단에 의존한다.

② 범죄인이 인도범죄에 관하여 제3국(청구국이 아닌 외국)에서 재판을 받고 처벌되었거나 처벌받지 아니하기로 확정된 경우는 임의적 인도거절사유에 해당한다.

③ 법무부장관의 인도명령 당시 범죄인이 구속되어 있는 경우 인도기한은 인도명령을 한 날부터 30일로 한다.

④ 법원은 범죄인이 인도구속영장에 의하여 구속 중인 경우에는 구속된 날부터 2개월 이내에 인도심사에 관한 결정을 하여야 한다.

정답찾기

① 정치범죄의 해당 여부는 전적으로 피청구국(범죄인의 인도청구를 받은 국가)의 판단에 의존한다.

89 다음은 범죄인 인도법과 범죄인 인도의 원칙에 대한 설명이다. 옳은 것은 모두 몇 개인가? 20. 경찰

⊙ 범죄인 인도법 제6조는 대한민국과 청구국의 법률에 따라 인도범죄가 사형, 무기징역, 무기금고, 장기 1년 이상의 징역 또는 금고에 해당하는 경우에만 범죄인 인도가 가능하다고 규정하여 '쌍방가벌성의 원칙'과 '최소한의 중요성 원칙'을 모두 담고 있다.

ⓒ 인도조약이 체결되어 있지 않은 경우에도 범죄인의 인도를 청구하는 국가가 동종의 범죄인 인도청구에 응한다는 보증을 하는 경우 범죄인 인도법을 적용한다는 원칙은 '상호주의 원칙'이다.

ⓒ 자국민은 원칙적으로 인도의 대상이 아니라는 '자국민 불인도의 원칙'은 범죄인 인도법상 절대적 인도거절사유로 규정되어 있다.

ⓔ 인도범죄가 정치적 성격을 지닌 범죄이거나 그와 관련된 경우 범죄인을 인도하여서는 안 된다는 '정치범 불인도의 원칙'은 범죄인 인도법에 규정되어 있다. 다만, 국가원수 암살, 집단학살 등은 정치범 불인도의 예외사유로 인정한다.

① 1개   ② 2개   ③ 3개   ④ 4개

정답찾기

지문의 내용 중 옳은 것은 ⊙ⓒⓔ이다.
ⓒ 사안은 임의적 인도거절사유에 해당한다(범죄인 인도법 제9조 제1호).

Answer   86 ④   87 ④   88 ①   89 ③

90 「범죄인 인도법」에 관한 설명으로 가장 적절한 것은?

① 범죄인의 인도를 청구하는 국가가 같은 종류 또는 유사한 인도범죄에 대한 대한민국의 범죄인 인도청구에 응한다는 보증을 하는 경우에는 이 법을 적용한다. 단, 인도조약이 체결되어 있지 않은 국가는 제외한다.

② 검사는 긴급인도구속영장에 의하여 구속된 범죄인에 대하여 그가 구속된 날부터 2개월 이내에 법무부장관의 인도심사청구명령이 없을 때에는 범죄인을 석방하고, 법무부장관에게 그 내용을 보고하여야 한다.

③ 대한민국 또는 청구국의 법률에 따라 인도범죄에 관한 공소시효 또는 형의 시효가 완성된 경우나 범죄인의 인도범죄 외의 범죄에 관하여 대한민국 법원에 재판이 계속 중인 경우 또는 범죄인이 형을 선고받고 그 집행이 끝나지 아니하거나 면제되지 아니한 경우에는 범죄인을 인도하여서는 아니 된다.

④ 외교부장관은 둘 이상의 국가로부터 동일 또는 상이한 범죄에 관하여 동일한 범죄인에 대한 인도청구를 받은 경우에는 범죄인을 인도할 국가를 결정하여야 하며, 이 경우 법무부장관과 협의하여야 한다.

정답찾기

① 인도조약이 체결되어 있지 아니한 경우에도 범죄인의 인도를 청구하는 국가가 같은 종류 또는 유사한 인도범죄에 대한 대한민국의 범죄인 인도청구에 응한다는 보증을 하는 경우에는 이 법을 적용한다(범죄인 인도법 제4조).

③ 대한민국 또는 청구국의 법률에 따라 인도범죄에 관한 공소시효 또는 형의 시효가 완성된 경우에는 범죄인을 인도하여서는 아니 된다. 범죄인의 인도범죄 외의 범죄에 관하여 대한민국 법원에 재판이 계속 중인 경우 또는 범죄인이 형을 선고받고 그 집행이 끝나지 아니하거나 면제되지 아니한 경우에는 범죄인을 인도하지 아니할 수 있다(범죄인 인도법 제7조 제1호, 제9조 제3호).

④ 법무부장관은 둘 이상의 국가로부터 동일 또는 상이한 범죄에 관하여 동일한 범죄인에 대한 인도청구를 받은 경우에는 범죄인을 인도할 국가를 결정하여야 하며, 필요한 경우 외교부장관과 협의할 수 있다(범죄인 인도법 제16조 제1항).

제11절 인터폴을 통한 공조

91 국제형사경찰기구(INTERPOL)의 발전 과정에 대한 설명으로 가장 적절한 것은?

① 1914년 비엔나에서 국제형사경찰회의(International Criminal Police Congress)가 개최되어 국제범죄 기록보관소 설립, 범죄인 인도절차의 표준화 등에 대하여 논의하였는데 이것이 국제경찰협력의 기초가 되었다.

② 1923년 모나코에서 19개국 경찰기관장이 참석한 가운데 제2차 국제형사경찰회의가 개최되어 국제형사경찰위원회(International Criminal Police Commission)를 창설하였다.

③ 1956년 비엔나에서 국제형사경찰기구(International Criminal Police Organization)가 발족되었고, 당시 사무총국은 런던에 두었다.

④ 우리나라는 1964년에 가입하였으며, 경찰청 국제협력관 내 담당부서를 국가중앙사무국으로 하고, 경찰청 국제협력관을 국가중앙사무국장으로 한다.

정답찾기

① 1914년 모나코에서 국제형사경찰회의(International Criminal Police Congress)가 개최되어 국제범죄 기록보관소 설립, 범죄인 인도 절차의 표준화 등에 대하여 논의하였는데 이것이 국제경찰협력의 기초가 되었다.

② 1923년 비엔나에서 19개국 경찰기관장이 참석한 가운데 제2차 국제형사경찰회의가 개최되어 국제형사경찰위원회(International Criminal Police Commission)를 창설하였다.

③ 1956년 비엔나에서 국제형사경찰기구(International Criminal Police Organization)가 발족되었고, 당시 사무총국은 파리에 두었다.

92 국제형사경찰기구(INTERPOL) 설립에 대한 설명으로 가장 적절하지 않은 것은? 22. 경찰간부

① 1914년 모나코(Monaco)에서 제1회 국제형사경찰회의(International Criminal Police Congress)가 개최되었다.

② 1923년 헤이그(Hague)에서 19개국 경찰기관장이 참석하여 유럽대륙 위주의 국제형사경찰위원회(International Criminal Police Commission)를 창설하였다.

③ 1956년 비엔나(Vienna) 제25차 국제형사경찰위원회 총회에서 국제형사경찰기구(International Criminal Police Organization:ICPO), 즉 인터폴(INTERPOL)로 명칭이 변경되었다.

④ 2021년 현재 본부는 리옹(Lyon)에 있다.

정답찾기
② 1923년 비엔나(Vienna)에서 19개국 경찰기관장이 참석하여 유럽대륙 위주의 국제형사경찰위원회(International Criminal Police Commission)를 창설하였다.

93 국제형사경찰기구(INTERPOL)에 대한 설명으로 가장 적절한 것은? 20. 경찰승진

① 발전 과정과 관련하여 1923년 비엔나에서 19개국 경찰기관장이 참석한 제2차 국제형사경찰회의가 개최되어 국제형사경찰기구(International Criminal Police Organization)가 발족하였고, 당시 사무총국을 파리에 두었다.

② 국제형사경찰기구(INTERPOL) 조직 중 사무총국은 사무총장(Secretariat General)에 의해 운영되며, 사무총장은 총회에서 3년 임기로 선출된다.

③ 국제형사경찰기구(INTERPOL) 조직 중 집행위원회(Executive Committee)는 총회에서 선출되는 13명의 위원으로 구성되며, 인터폴 회원국으로 가입하기 위해서는 집행위원회(Executive Committee)에서 참석회원 3분의 2 이상의 찬성을 얻어야 한다.

④ 회원국간 협력의 기본 원칙 중 '평등성'이란 모든 회원국은 재정분담금의 규모와 관계없이 동일한 혜택과 지원을 받을 수 있다는 내용이다.

정답찾기
① 1923년 비엔나에서 19개국 경찰기관장이 참석한 가운데 제2차 국제형사경찰회의가 개최되어 국제형사경찰위원회(International Criminal Police Commission)를 창설하였다. 1956년 비엔나에서 국제형사경찰기구(International Criminal Police Organization)가 발족되었고, 당시 사무총국은 파리에 두었다.

② 사무총장(Secretariat General)은 총회에서 5년 임기로 선출된다.

③ 인터폴 회원국으로 가입하기 위해서는 총회(General Assembly)에서 참석회원 3분의 2 이상의 찬성을 얻어야 한다.

94 국제형사경찰기구(International Criminal Police Organization)의 활동상 한계에 대한 설명이다. 괄호 안에 들어갈 말로 가장 적절하지 않은 것은?　　　　　14. 경찰승진

> 국제형사경찰기구는 (　　), (　　), (　　), (　　) 성격을 띤 사항에 대해서 어떠한 간섭이나 활동을 하는 것을 엄격히 금지한다.

① 경제적　　　　　② 군사적　　　　　③ 인종적　　　　　④ 종교적

정답찾기
① 국제형사경찰기구는 <u>정치적, 군사적, 종교적, 인종적</u> 성격을 띤 사항에 대해서 어떠한 간섭이나 활동을 하는 것을 엄격히 금지한다.

95 국제형사경찰기구(INTERPOL)에 관한 설명으로 가장 적절하지 않은 것은?　　　　　11. 경찰

① 국제형사경찰기구는 회원국 상호간 필요한 각종 정보와 자료를 교환하고, 또한 범인체포 및 인도에 있어서 상호 신속·원활한 협조관계를 유지하는 형사경찰의 정부간 국제수사공조기구이다.
② 국제형사경찰기구는 자체 내에 국제수사관을 두어 각국의 법과 국경에 구애됨이 없이 자유로이 왕래하면서 범인을 추적·수사하는 국제수사기관으로서의 역할을 한다.
③ 국제형사경찰기구의 협력은 범죄예방을 위한 협력과 범죄수사를 위한 협력으로 이루어진다.
④ 국제형사경찰기구는 범죄의 예방과 진압을 위해 각 회원국간의 현행법 범위 내에서 세계인권선언의 정신에 입각하여 회원국간 가능한 다방면에 걸쳐 상호 협력을 증진시키는 것을 목적으로 한다.

정답찾기
② 국제형사경찰기구는 자체 내에 <u>국제수사관이 없으며</u>, 각국의 법과 국경에 구애됨이 없이 자유로이 왕래하면서 범인을 추적·수사하는 권한도 없으므로 <u>국제수사기관이 아니다</u>.

96 인터폴(INTERPOL)에 대한 설명으로 가장 적절한 것은?　　　　　18. 경찰승진

① 회원국간 협력의 기본 원칙 중 '보편성'이란 모든 회원국은 재정분담금의 규모와 관계없이 동일한 혜택과 지원을 받을 수 있다는 내용이다.
② 인터폴의 공용어는 영어, 독일어, 스페인어, 아랍어이다.
③ 회원국간의 협력의 종류에는 범죄수사 협력, 범죄예방을 위한 협력, 군사적·정치적 분야에서의 협력이 있다.
④ 집행위원회(Executive Committee)는 총회에서 선출되는 13명의 위원으로 구성되며, 총재는 4년, 3명의 부총재 및 집행위원은 3년 임기로 각각 선출된다.

정답찾기
① 지문은 '평등성'에 대한 설명이다. 보편성이란 모든 회원국은 타 회원국과 협력할 수 있으며, 그러한 협력은 지리적 또는 언어적 요소에 의해 방해받아서는 안 된다는 것을 의미한다.
② 인터폴의 공용어는 영어, <u>프랑스어</u>, 스페인어, 아랍어이다.
③ 인터폴은 정치적, 군사적, 인종적, 종교적 문제에 관여하는 것은 <u>엄격하게 금지된다</u>.

97 **국제경찰공조에 관한 설명으로 가장 적절한 것은?** 24. 경찰

① 국제형사사법공조와 범죄인 인도는 동일한 법률에 근거하고 있다.

② 「국제형사사법공조법」에는 증거 수집, 압수·수색 또는 검증이 공조의 범위로 포함되어 있다.

③ 국제형사경찰기구(인터폴)의 회원국은 자국 내 설치된 국가중앙사무국을 통해 다른 나라의 국가중앙사무국과 국제범죄정보 및 자료를 교환하며, 임의적 협조라기보다는 강제적 협조의 성격을 가진다.

④ 국제형사경찰기구는 국제형사공조기구로 분류되며, 예외적인 사안에서는 국제형사경찰기구 소속 수사관이 범인을 체포하거나 구속할 수도 있다.

> 정답찾기
>
> ① 국제형사사법공조는 국제형사사법공조법, 범죄인 인도는 범죄인 인도법이 적용된다.
> ③ 국제형사경찰기구(인터폴)을 통한 공조는 임의적 협조의 성격을 가진다.
> ④ 인터폴은 수사기관이 아니고, 정보와 자료를 교환하고 범인체포와 인도에 관하여 상호 협조하는 국제형사 공조기구이다. 인터폴 내에는 자체적인 국제수사관이 없고, 국경에 구애됨 없이 자유로이 왕래하면서 범인을 추적·체포·구속 등을 행할 수 있는 권한이 없기 때문에 국제수사기관이 아니다.

98 **인터폴에서 발행하는 국제수배서에 대한 설명 중 적절하지 않은 것으로 묶인 것은?** 15. 경찰승진 변형

> ㉠ 흑색수배서(Black Notice) - 신원불상사망자 또는 가명사용 사망자의 신원확인
> ㉡ 황색수배서(Yellow Notice) - 도난 또는 불법취득 물건·문화재 등에 대한 수배
> ㉢ 녹색수배서(Green Notice) - 수배자의 신원·전과 및 소재확인
> ㉣ 청색수배서(Blue Notice) - 상습 국제범죄자의 동향 파악 및 범죄예방을 위해 발행
> ㉤ 적색수배서(Red Notice) - 범죄인 인도를 목적으로 발행
> ㉥ 자주색수배서(Purple Notice) - 가출인의 소재확인 및 기억상실자의 신원확인

① ㉠, ㉡, ㉢, ㉣   ② ㉡, ㉢, ㉣, ㉥

③ ㉠, ㉡, ㉣, ㉥   ④ ㉢, ㉣, ㉤, ㉥

> 정답찾기
>
> 적절하지 않은 것은 ㉡㉢㉣㉥이다.
> ㉡ 황색수배서(Yellow Notice) - 가출인의 소재확인 및 기억상실자의 신원확인
> ㉢ 녹색수배서(Green Notice) - 상습 국제범죄자의 동향 파악 및 범죄예방을 위해 발행
> ㉣ 청색수배서(Blue Notice) - 수배자의 신원·전과 및 소재확인
> ㉥ 자주색수배서(Purple Notice) - 세계 각국에서 범인들이 범행시 사용한 새로운 범죄수법 등을 사무총국에서 집중 관리하여 각 회원국에 배포
>
> ■ **장물수배서(Stolen Property Notice)**
>
> 도난 또는 불법취득 물건·문화재 등에 대한 수배서이다.

Answer   94 ①   95 ②   96 ④   97 ②   98 ②

99 국제형사경찰기구(INTERPOL)에서 발행하는 국제수배서에 대한 설명으로 가장 적절하지 않은 것은? 20. 경찰승진

① 인터폴 사무총국에서는 폭발물 등 위험물에 대한 경고를 목적으로 오렌지수배서를 발부하고 있다.

② 청색수배서는 유죄판결을 받은 자, 수배자, 피의자, 참고인, 피해자 등 범죄 관련자의 소재확인 목적으로 발부된다.

③ 실종자 소재확인 목적으로 발부되는 것은 흑색수배서이다.

④ 보라색수배서는 세계 각국에서 범인들이 범행시 사용한 새로운 범죄수법 등을 사무총국에서 집중 관리하고 이를 각 회원국에 배포하여 수사기관으로 하여금 범죄예방과 수사자료로 활용하게 한다.

> 정답찾기
> ③ 실종자 소재확인 목적으로 발부되는 것은 황색수배서이다. 흑색수배서는 사망자의 신원을 확인할 수 없거나 사망자가 가명을 사용하였을 경우 정확한 신원확인을 위해 발행한다.

100 1980년대 이후 세계화, WTO 경제체제라는 새로운 국제질서 속에서 국제경찰공조활동은 더욱 중요해지고 있는 바, 이러한 국제경찰공조활동에 대한 설명 중 가장 옳지 않은 것은? 08. 경찰 변형

① 해외도주 지명수배자를 수사함에 있어 도주국이 불분명한 중요 수배자에 대하여는 인터폴 사무총국에 인터폴 적색수배요청을 한다.

② '범죄인 인도법'에 따르면, 대한민국과 청구국의 법률에 따라 인도범죄가 사형, 무기징역, 무기금고, 장기 1년 이상의 징역 또는 금고에 해당하는 경우에 범죄인을 인도할 수 있다.

③ '국제형사사법 공조법'에 따르면, 국제형사경찰기구와의 협력사항으로 국제범죄의 정보 및 자료 교환, 국제범죄의 동일증명 및 전과 조회, 국제범죄에 관한 사실 확인 및 그 조사를 들 수 있다.

④ 적색수배서를 긴급인도구속 청구서로 인정하지 않는 국가의 경우라도 사안이 중할 경우 즉시 체포 후 수배국이 범죄인 인도를 청구할 수 있도록 수배국에게 통보해준다.

> 정답찾기
> ④ 적색수배서를 긴급인도구속 청구서로 인정하는 국가의 경우에는 국제수배자 발견 즉시 체포하고 범죄인 인도절차에 따라 범인의 신병을 인도할 수 있다. 그러나 적색수배서를 긴급인도구속 청구서로 인정하지 않는 국가의 경우 즉시 체포할 수 없고 소재확인 및 계속 동향을 감시하고 수배국에 입국사실을 통보해야 하며, 수배국에서 범죄인 인도를 청구할 수 있도록 적절한 조치를 취하여야 한다.

101 해외로 도피한 지명수배자 수사방법으로 가장 적절하지 않은 것은? 15. 경찰승진

① 관할 경찰관서에서는 관련 서류를 구비한 뒤 각 시·도경찰청 외사과(계)를 경유하여, 경찰청 외사국 인터폴 국제공조과 인터폴계로 피의자에 대한 국제공조수사를 요청한다.

② 경찰청에서는 피의자 도주 예상국 인터폴에 피의자의 소재수사 및 강제추방을 요청한다.

③ 해외 경찰주재관을 통해 주재국 관련 당국과의 협조조치를 한다.

④ 중요 수배자라도 도주국이 불명확할 경우 아무런 조치를 할 수 없다.

> 정답찾기
> ④ 중요 수배자의 도주국이 불명확할 경우 인터폴에 적색 수배서의 발행을 요청할 수 있다.

102 인터폴 조직에 대한 설명으로 가장 적절한 것은?

┌───
│ ㉠ 회원국에 설치된 상설 경찰협력부서로, 사무총국 및 회원국들과의 공조, 자국 내 법집행기관들과의 협력업무
│   를 수행함
│ ㉡ 제한적 심의기관으로, 총회 결정사항의 이행 여부 확인, 총회의제안 준비, 총회에 제출될 활동계획 및 예산안
│   승인, 사무총국 운영에 대한 감독업무를 수행함
└───

	㉠	㉡
①	국가중앙사무국(N.C.B)	집행위원회(Executive Committee)
②	사무총국(General Secretariat)	국가중앙사무국(N.C.B)
③	총회(General Assembly)	집행위원회(Executive Committee)
④	사무총국(General Secretariat)	총회(General Assembly)

정답찾기

㉠ 국가중앙사무국(N.C.B)은 회원국에 설치된 상설 경찰협력부서로, 사무총국 및 회원국들과의 공조, 자국 내 법집행기관들과의 협력업무를 수행한다.

㉡ 집행위원회(Executive Committee)은 제한적 심의기관으로, 총회 결정사항의 이행 여부 확인, 총회의제안 준비, 총회에 제출될 활동계획 및 예산안 승인, 사무총국 운영에 대한 감독업무를 수행한다.

103 외국인 관련 사건처리에 대한 설명 중 가장 적절하지 않은 것은?

① 범죄인 인도법상 법원은 범죄인이 인도구속영장에 의하여 구속 중인 경우에 구속된 날부터 2개월 이내에 인도심사에 관한 결정을 하여야 한다.

② 주한미군지위협정(SOFA)상 주한미군의 공무집행 중 작위 또는 부작위에 의한 범죄는 합중국 군 당국의 전속적 재판권 범위에 포함된다.

③ 국제형사사법 공조법상 행정안전부장관은 국제형사경찰기구로 부터 외국의 형사사건 수사에 대하여 협력을 요청받거나 국제형사경찰기구에 협력을 요청하는 경우에는 국제범죄의 정보 및 자료교환 등의 조치를 취할 수 있다.

④ 대한민국과 러시아연방간의 영사협약상 파견국 국민이 영사 관할 구역안에서 구속된 경우, 접수국의 권한있는 당국은 지체 없이 파견국의 영사기관에 통보한다.

정답찾기

② 사안의 경우 미군당국에 전속적 재판권이 아닌 제1차적 재판권할권이 있는 범죄에 해당한다.

제12절 수사

104 「검사와 사법경찰관의 상호협력과 일반적 수사준칙에 관한 규정」에 대한 설명으로 가장 적절하지 않은 것은?

24. 경찰승진

① 검사는 「형사소송법」 제245조의8에 따라 사법경찰관에게 재수사를 요청하려는 경우에는 같은 법 제245조의5 제2호에 따라 관계 서류와 증거물을 송부받은 날부터 90일 이내에 해야 한다. 다만, 증거 등의 허위, 위조 또는 변조를 인정할 만한 상당한 정황이 있는 경우에는 관계 서류와 증거물을 송부받은 날부터 90일이 지난 후에도 재수사를 요청할 수 있다.

② 보완수사를 요구받은 사법경찰관은 「검사와 사법경찰관의 상호협력과 일반적 수사준칙에 관한 규정」 제60조 제1항 단서에 따라 검사로부터 송부받지 못한 관계 서류와 증거물이 보완수사를 위해 필요하다고 판단하면 검사에게 해당 서류와 증거물을 송부해 줄 것을 요청해야 한다.

③ 검사 또는 사법경찰관은 고소 또는 고발에 따라 범죄를 수사하는 경우에는 고소 또는 고발을 수리한 날부터 3개월 이내에 수사를 마쳐야 한다고 규정되어 있다.

④ 검사는 「형사소송법」 제197조의2 제1항에 따라 보완수사를 요구할 때에는 그 이유와 내용 등을 구체적으로 적은 서면과 관계 서류 및 증거물을 사법경찰관에게 함께 송부해야 한다. 다만, 보완수사 대상의 성질, 사안의 긴급성 등을 고려하여 관계 서류와 증거물을 송부할 필요가 없거나 송부하는 것이 적절하지 않다고 판단하는 경우에는 해당 관계 서류와 증거물을 송부하지 않을 수 있다.

정답찾기
② 보완수사를 요구받은 사법경찰관은 제1항 단서에 따라 송부받지 못한 관계 서류와 증거물이 보완수사를 위해 필요하다고 판단하면 해당 서류와 증거물을 대출하거나 그 전부 또는 일부를 등사할 수 있다(검사와 사법경찰관의 상호협력과 일반적 수사준칙에 관한 규정 제60조 제2항).

105 「경찰수사규칙」과 「범죄수사규칙」이 규정하고 있는 외국인에 대한 조사 및 수사에 관한 내용으로 가장 적절하지 않은 것은? 23. 경찰

① 경찰관은 대한민국의 영해에 있는 외국 선박 내에서 발생한 범죄로서 대한민국 육상이나 항내의 안전을 해할 때, 승무원 이외의 사람이나 대한민국의 국민에 관계가 있을 때 또는 중대한 범죄가 행하여졌을 때는 수사를 하여야 한다.

② 사법경찰관리는 외국인을 조사하는 경우에는 조사를 받는 외국인이 이해할 수 있는 언어로 통역해 주어야 한다.

③ 사법경찰관은 주한 미합중국 군대의 구성원·외국인군무원 및 그 가족이나 초청계약자의 범죄 관련 사건을 인지하거나 고소·고발 등을 수리한 때에는 7일 이내에 한미행정협정사건 통보서를 미군 당국에게 통보해야 한다.

④ 경찰관은 외국군함에 속하는 군인이나 군속이 그 군함을 떠나 대한민국의 영해 또는 영토 내에서 죄를 범한 경우에는 신속히 국가수사본부장에게 보고하여 그 지시를 받아야 한다. 다만, 현행범 그 밖의 급속을 요하는 때에는 체포 그 밖의 수사상 필요한 조치를 한 후 신속히 국가수사본부장에게 보고하여 그 지시를 받아야 한다.

정답찾기
③ 사법경찰관은 주한 미합중국 군대의 구성원·외국인군무원 및 그 가족이나 초청계약자의 범죄 관련 사건을 인지하거나 고소·고발 등을 수리한 때에는 7일 이내에 별지 제95호 서식의 한미행정협정사건 통보서를 검사에게 통보해야 한다(경찰수사규칙 제92조 제1항).

106 「특정중대범죄 피의자 등 신상정보 공개에 관한 법률」에 대한 설명으로 옳은 것은 모두 몇 개인가? 24. 경찰

> ⊙ 검사와 사법경찰관은 이 법상 신상정보 공개 요건을 모두 갖춘 특정중대범죄사건의 피의자의 얼굴, 성명 및 나이를 공개할 수 있다. 다만, 피의자가 미성년자인 경우에는 공개하지 아니할 수 있다.
> ⓒ 검사와 사법경찰관은 이 법상 신상정보 공개를 결정할 때에는 범죄의 중대성, 범행 후 정황, 피해자 보호 필요성, 피해자(피해자가 사망한 경우 피해자의 유족을 포함한다)의 의사 등을 종합적으로 고려하여야 한다.
> ⓒ 법무부장관은 이 법상 신상정보 공개 여부에 관한 사항을 심의하기 위하여 신상정보공개심의위원회를 둘 수 있다.
> ⓔ 수사 및 재판 단계에서 신상정보의 공개에 대하여는 다른 법률의 규정이 있는 경우 그 법률에 따른다.

① 없음　　　　　② 1개　　　　　③ 2개　　　　　④ 3개

정답찾기
지문의 내용 중 적절한 것은 ⓒ이다.
⊙ 검사와 사법경찰관은 신상정보 공개 요건을 모두 갖춘 특정중대범죄사건의 피의자의 얼굴, 성명 및 나이(이하 "신상정보"라 한다)를 공개할 수 있다. 다만, 피의자가 미성년자인 경우에는 공개하지 아니한다(특정중대범죄 피의자 등 신상정보 공개에 관한 법률 제4조 제1항).
ⓒ 검찰총장 및 경찰청장은 제4조에 따른 신상정보 공개 여부에 관한 사항을 심의하기 위하여 신상정보공개심의위원회를 둘 수 있다(특정중대범죄 피의자 등 신상정보 공개에 관한 법률 제8조 제1항).
ⓔ 수사 및 재판 단계에서 신상정보의 공개에 대하여는 다른 법률의 규정에도 불구하고 이 법을 우선 적용한다(특정중대범죄 피의자 등 신상정보 공개에 관한 법률 제3조).

Answer 104 ② 　 105 ③ 　 106 ②

107 「특정중대범죄 피의자 등 신상정보 공개에 관한 법률」상 피의자의 신상정보에 대한 설명이다. 아래 ㄱ부터 ㄹ까지의 설명 중 옳고 그름의 표시(O, X)가 바르게 된 것은?

25. 경위공채

> ㄱ 검사는 이 법상 신상정보 공개요건을 모두 갖춘 특정중대범죄사건의 피의자에 대하여 법원에 신상정보 공개를 청구할 수 있다. 다만, 피의자가 미성년자인 경우에는 제외한다.
>
> ㄴ 검사와 사법경찰관은 피의자의 얼굴을 공개하기 위하여 필요한 경우 피의자를 식별할 수 있도록 피의자의 얼굴을 촬영할 수 있다. 이 경우 신상정보공개심의위원회에서 피의자의 의견을 청취해야 한다.
>
> ㄷ 검사와 사법경찰관은 피의자에게 신상정보 공개를 통지한 날부터 5일 이상의 유예기간을 두고 신상정보를 공개하여야 한다. 다만, 피의자가 신상정보 공개 결정에 대하여 서면으로 이의 없음을 표시한 때에는 유예기간을 두지 아니할 수 있다.
>
> ㄹ 신상정보를 공개하는 피의자의 얼굴은 특별한 사정이 없으면 공개 결정일 전후 30일 이내의 모습으로 한다. 이 경우 검사와 사법경찰관은 다른 법령에 따라 적법하게 수집·보관하고 있는 사진, 영상물 등이 있는 때에는 이를 활용하여 공개할 수 있다.

① ㄱ(O) ㄴ(O) ㄷ(O) ㄹ(O)
② ㄱ(O) ㄴ(X) ㄷ(O) ㄹ(X)
③ ㄱ(X) ㄴ(X) ㄷ(O) ㄹ(O)
④ ㄱ(X) ㄴ(O) ㄷ(O) ㄹ(X)

정답찾기
지문의 내용 중 적절한 것은 ㄷㄹ, 적절하지 않은 것은 ㄱㄴ이다.
ㄱ 검사와 사법경찰관은 신상정보 공개요건을 모두 갖춘 특정중대범죄사건의 피의자의 얼굴, 성명 및 나이(이하 "신상정보"라 한다)를 공개할 수 있다. 다만, 피의자가 미성년자인 경우에는 공개하지 아니한다(특정중대범죄 피의자 등 신상정보 공개에 관한 법률 제4조 제1항).
ㄴ 검사와 사법경찰관은 제1항에 따라 피의자의 얼굴을 공개하기 위하여 필요한 경우 피의자를 식별할 수 있도록 피의자의 얼굴을 촬영할 수 있다. 이 경우 피의자는 이에 따라야 한다(특정중대범죄 피의자 등 신상정보 공개에 관한 법률 제4조 제5항).

108 「피의자 유치 및 호송규칙」에 관한 설명으로 가장 적절하지 않은 것은?

24. 경찰

① 외표검사란 죄질이 경미하고 동작과 언행에 특이사항이 없으며 위험물 등을 은닉하고 있지 않다고 판단되는 유치인에 대하여는 신체 등의 외부를 눈으로 확인하고 손으로 가볍게 두드려 만져 검사하는 것을 말한다.
② 동시에 2명 이상의 피의자를 입감시킬 때에는 경위 이상 경찰관이 입회하여 순차적으로 입감시켜야 한다.
③ 신체 등의 검사는 동성의 유치인보호관이 실시하여야 한다. 다만, 여성유치인보호관이 없을 경우에는 미리 지정하여 신체 등의 검사방법을 교양 받은 여성경찰관으로 하여금 대신하게 할 수 있다.
④ 호송은 원칙적으로 일출전 또는 일몰후에 할 수 없다.

정답찾기
② 피의자를 유치장에 입감시키거나 출감시킬 때에는 유치인보호 주무자가 발부하는 피의자 입감·출감 지휘서에 의하여야 하며 동시에 3명 이상의 피의자를 입감시킬 때에는 경위 이상 경찰관이 입회하여 순차적으로 입감시켜야 한다(피의자 유치 및 호송 규칙 제7조 제1항).

109 마약류에 관한 설명으로 가장 적절하지 않은 것은? (다툼이 있는 경우 판례에 의함)

① 마약류 매매 여부가 쟁점이 된 사건에서 매도인으로 지목된 피고인이 수수사실을 부인하고 있고 이를 뒷받침할 금융자료 등 객관적 물증이 없는 경우, 마약류를 매수하였다는 사람의 진술만으로 유죄를 인정하기 위해서는 그 사람의 진술이 증거능력이 있어야 함은 물론 합리적인 의심을 배제할 만한 신빙성이 있어야 한다.

② 「마약류 관리에 관한 법률」 제2조에 따르면 '원료물질'이란 마약류가 아닌 물질 중 마약 또는 향정신성의약품의 제조에 사용되는 물질로서 대통령령으로 정하는 것을 말한다.

③ 프로포폴은 페놀계 화합물로 흔히 수면마취제라고 불리는 정맥마취제로서 수면내시경 등에 사용되나, 환각제 대용으로 오남용되는 사례가 있으며, 정신적 의존성을 유발하기도 하여 향정신성의약품으로 지정되어 관리되고 있다.

④ GHB는 사용 후 통상적으로 15분 후에 효과가 발현되고 그 효과는 3시간 정도 지속되며 무색, 무취, 무미의 액체로 유럽 등지에서 데이트 강간약물로도 불린다.

정답찾기
④ GHB는 무색, 무취, 짠 맛의 특징이 있다.

110 향정신성의약품 중 LSD에 관한 설명으로 옳은 것은 모두 몇 개인가?

㉠ 근육강화 호르몬 분비효과가 있으며, 소다수 등에 타서 타인에게 복용하게 하여 성범죄 등에 악용한다.
㉡ 곡물의 곰팡이, 보리 맥각에서 추출한 물질을 인공적으로 합성시켜 만들어낸 것으로 무색·무취·무미하다.
㉢ 미량을 우편, 종이 등의 표면에 묻혔다가 뜯어서 입에 넣는 방법으로 복용하기도 한다.
㉣ 강한 중추신경 억제성 진해작용이 있으며 코데인 대용으로 시판되고 있다.
㉤ 일부 남용자들은 실제로 사용하지 않는데도 환각현상을 경험하는 '플래쉬백 현상'을 일으키기도 한다.

① 1개　　　　　② 2개　　　　　③ 3개　　　　　④ 4개

정답찾기
지문의 내용 중 LSD와 관련이 있는 것은 ㉡㉢㉤이다. ㉠은 GHB(물뽕), ㉣은 덱스트로메토르판(러미나)에 대한 설명이다.

부록

최신 기출문제

2025년 3월 15일 순경 1차 시험

01 국가경찰과 자치경찰에 관한 이론으로 가장 적절한 것은?

① 자치경찰은 국가경찰과 비교하여 조직 운영상의 개혁이 용이한 편이다.
② 국가경찰은 자치경찰과 비교하여 지방세력의 간섭으로 정실에 빠질 우려가 있다.
③ 국가경찰은 자치경찰과 비교하여 다른 행정 부문과의 긴밀한 협조·조정이 어렵다.
④ 국가경찰은 자치경찰과 비교하여 신속한 업무 수행으로 인해 인권과 민주성이 보장되어 주민들의 지지를 받기 쉽다.

정답찾기
② 지문의 내용은 자치경찰에 대한 설명이다.
③ 국가경찰은 자치경찰과 비교하여 다른 행정 부문과의 긴밀한 협조·조정이 용이하다.
④ 지문의 내용은 자치경찰에 대한 설명이다.

02 다음의 판결과 내용에 관한 설명으로 가장 적절하지 않은 것은?

① 블랑코 판결은 공무원에 의해 발생한 손해는 국가에 배상책임이 있다고 인정하며 행정개입청구권을 최초로 인정하였다.
② 미란다 판결은 변호인선임권, 진술거부권 등을 피의자에게 고지하지 않은 상태에서 이루어진 자백의 경우에 임의성과 관계없이 증거능력을 부정하였다.
③ 에스코베도 판결은 피고인 에스코베도와 변호인과의 접견교통권을 침해하여 획득한 자백의 증거능력을 부정하였다.
④ 크로이츠베르크 판결은 경찰관청이 일반수권 규정에 근거하여 법규명령을 발할 수 있는 분야는 위험방지 분야에 한정된다고 판시하였다.

정답찾기
① Blanco 판결은 공무원에 의해 발생한 손해는 국가가 배상해야 할 책임이 있고, 국가를 상대로 하는 손해배상소송의 관할은 행정재판소라는 원칙이 확립되는 계기가 되었던 판결이다. 지문의 내용 중 행정(경찰)개입청구권을 최초로 인정한 판결은 독일의 띠톱판결이다.

03 경찰의 기본이념에 관한 설명으로 가장 적절하지 않은 것은?

① 헌법상 공무원의 신분과 정치적 중립성은 법률이 정하는 바에 의하여 보장된다.

② 「경찰공무원법」은 경찰공무원이 특정 정당이나 특정인의 선거운동을 하거나 선거 관련 대책회의에 관여하는 행위를 정치활동에 관여하는 행위로 보지 않는다.

③ 「국가경찰과 자치경찰의 조직 및 운영에 관한 법률」과 「경찰관 직무집행법」은 불가침의 기본적 인권보호를 명문화하고 있다.

④ 「경찰관 직무집행법」상 경찰관의 직권은 그 직무 수행에 필요한 최소한도에서 행사되어야 하며 남용되어서는 아니 된다.

정답찾기

② 사안의 경우도 정치활동에 관여하는 행위에 해당한다(「경찰공무원법」 제23조 제2항 제4호).

■ 정치활동에 관여하는 행위

1. 정당이나 정치단체의 결성 또는 가입을 지원하거나 방해하는 행위
2. 그 직위를 이용하여 특정 정당이나 특정 정치인에 대하여 지지 또는 반대 의견을 유포하거나, 그러한 여론을 조성할 목적으로 특정 정당이나 특정 정치인에 대하여 찬양하거나 비방하는 내용의 의견 또는 사실을 유포하는 행위
3. 특정 정당이나 특정 정치인을 위하여 기부금 모집을 지원하거나 방해하는 행위 또는 국가·지방자치단체 및 「공공기관의 운영에 관한 법률」에 따른 공공기관의 자금을 이용하거나 이용하게 하는 행위
4. 특정 정당이나 특정인의 선거운동을 하거나 선거 관련 대책회의에 관여하는 행위
5. 「정보통신망 이용촉진 및 정보보호 등에 관한 법률」에 따른 정보통신망을 이용한 제1호부터 제4호까지의 규정에 해당하는 행위
6. 소속 직원이나 다른 공무원에 대하여 제1호부터 제5호까지의 행위를 하도록 요구하거나 그 행위와 관련한 보상 또는 보복으로서 이익 또는 불이익을 주거나 이를 약속 또는 고지(告知)하는 행위

04 경찰의 관할에 관한 설명으로 가장 적절한 것은?

① 국회의장은 필요할 때에는 경위나 경찰공무원으로 하여금 방청인의 신체를 검사하게 할 수 있다.

② 국회의 경호업무는 국회의장의 지휘를 받아 수행하되, 경위는 회의장 건물 밖에서, 경찰공무원은 회의장 건물 안에서 경호한다.

③ 국회의장은 국회의 경호를 위하여 필요할 때에는 국회사무처의 동의를 받아 일정한 기간을 정하여 경찰공무원의 파견을 요구할 수 있다.

④ 재판장은 법정에서의 질서유지를 위하여 필요하다고 인정할 때에는 개정 전후에 상관없이 시 · 도경찰청장에게 경찰공무원의 파견을 요구할 수 있다.

> **정답찾기**
>
> ② 경호업무는 의장의 지휘를 받아 수행하되, <u>경위는 회의장 건물 안에서, 경찰공무원은 회의장 건물 밖에서</u> 경호한다(「국회법」 제144조 제3항).
>
> ③ 의장은 국회의 경호를 위하여 필요할 때에는 <u>국회운영위원회의 동의</u>를 받아 일정한 기간을 정하여 정부에 경찰공무원의 파견을 요구할 수 있다(「국회법」 제144조 제2항).
>
> ④ 재판장은 법정에서의 질서유지를 위하여 필요하다고 인정할 때에는 개정 전후에 상관없이 <u>관할 경찰서장에게</u> 경찰공무원의 파견을 요구할 수 있다(「법원조직법」 제60조 제1항).

05 현대적 범죄예방이론에 관한 설명으로 가장 적절한 것은?

① 깨진 유리창 이론에 따르면 사소한 무질서라도 그대로 방치할 경우 주민들의 범죄에 대한 두려움이 증가하거나 범죄와 무질서가 더욱 심각해질 수 있다고 보기 때문에 낙인효과를 최소화하기 위한 무관용 경찰활동이 필요하다.

② 일상활동이론에 의하면 범죄자가 범행을 결정하는 데 고려하는 4가지 요소(VIVA 모델)에는 대상의 가치(Value), 이동의 용이성(Inertia), 가시성(Visibility), 보호자의 부재(Absence)가 있다.

③ 환경설계를 통한 범죄예방(CPTED) 전략은 제프리(C. R. Jeffery)의 범죄통제모델 3가지 중 범죄억제모델에 해당한다.

④ 상황적 범죄예방이론의 경우 범죄를 예방하는 장치 또는 수단을 통해 범죄 기회를 줄여도, 풍선효과에 따라 범죄가 다른 곳으로 전이되어 결국 전체 범죄는 감소하지 않는다는 비판이 제기된다.

> **정답찾기**
>
> ① 깨진 유리창 이론에 따라 무관용 경찰활동을 실시할 경우 경미한 범죄자들 모두가 전과자가 될 수밖에 없고, <u>낙인효과를 유발</u>하게 된다.
>
> ② 지문의 내용 중 <u>보호자의 부재(Absence)</u>는 관련이 없다. 범죄자의 입장에서 범죄를 결정하는 데 고려되는 요소에는 가치(Value), 이동의 용이성(Inertia), 가시성(Visibility), <u>접근성(Access)</u>이 있다.
>
> ③ 제프리(C. R. Jeffery)의 범죄통제모델은 범죄억제모델, 사회복귀모델 및 범죄예방모델 3가지고 구성되어 있으며, 환경설계를 통한 범죄예방(CPTED) 전략은 <u>범죄예방모델</u>에 해당한다.

06 다음 사례에 해당하는 '위험의 인식'에 관한 설명으로 가장 적절한 것은?

> 전날 악몽을 꾼 경찰관 A는 경찰관 B와 순찰 중에 주택에서 은은한 클래식 음악이 들리자 위험한 상황이라고 판단하고, 자신을 제지하는 경찰관 B를 밀친 후 혼자 현관문을 부수고 들어갔는데 실제로는 임신부가 태교음악을 듣고 있었다.

① 경찰관 A의 경우 의무에 합당한 사려 깊은 판단을 하였고 실제로 위험의 발생 가능성은 있으나, 현관문을 부수고 진입한 행위는 위험의 존재 여부를 확인하기 위한 예비적 조치로는 적합하지 않다.

② 경찰에게 있어 위험의 개념은 사실에 기인하여 향후 발생할 사건에 관한 주관적 추정을 포함하므로, 경찰관 B는 '외관적 위험'이 발생하였음에도 개입하지 않아 합리적인 상황 판단을 하지 못한 경우이다.

③ 경찰관 A의 행위는 위험의 외관이나 혐의가 정당화되지 아니함에도 불구하고 잘못된 주관적 판단에 따라 위험의 존재를 잘못 추정한 위법한 경찰개입이므로, 경찰관 A에게는 민·형사상 책임이 발생할 수 있으며 국가 역시 국가배상책임이 발생될 수 있다.

④ 해당 사례는 결과적으로 위험이 존재하지 않았고 경찰개입 시점에도 경찰상 위험이 없다고 판단되므로, 부순 현관문에 대해서는 원칙적으로 국가는 손실보상책임이 있다.

> **정답찾기**
> ① 경찰관 A의 경우 오상위험에 근거하여 경찰권을 발동한 사안이므로, 의무에 합당한 사려 깊은 판단을 한 것으로 볼 수 없다.
> ② 사안은 '외관적 위험'에 해당하지 않는다.
> ④ 사안의 경우 '위법한 경찰권 발동(국가작용)'에 해당하므로 국가의 손해배상책임이 인정될 수 있지만 손실보상책임이 인정될 여지는 없다.

07 다음은 브랜팅햄(P. J. Brantingham)과 파우스트(F. L. Faust)의 3가지 범죄예방 접근법에 관한 내용이다. 〈보기 1〉과 〈보기 2〉의 연결이 가장 적절한 것은?

─────────── 〈보기 1〉 ───────────

주요대상

가. 범죄자   나. 우범자   다. 일반대중

─────────── 〈보기 2〉 ───────────

예방전략 및 내용

㉠ 상습범 대책을 수립하거나 재범을 방지하는 전략
㉡ 잠재적 범죄자를 초기에 발견하여 개입하는 전략
㉢ 물리적·사회적 환경 중에서 범죄의 기회를 제공하는 원인 또는 조건을 찾아 개입하는 전략
㉣ 지역사회 교정프로그램
㉤ CCTV·비상벨 설치

① 가 - ㉠, ㉣   ② 나 - ㉢, ㉤
③ 다 - ㉡, ㉣   ④ 다 - ㉡, ㉤

정답찾기

P. J. Brantingham & F. L. Faust는 범죄예방활동의 대상을 기준으로 범죄예방활동을 1차적 범죄예방, 2차적 범죄예방, 3차적 범죄예방으로 구분하였다.
㉠㉣은 범죄자를 대상으로 하는 3차적 예방, ㉡은 우범자나 우범집단을 대상으로 하는 2차적 범죄예방, ㉢㉤은 일반대중을 대상으로 하는 1차적 범죄예방에 해당한다.

■ P. J. Brantingham & F. L. Faust의 범죄예방

구분	내용	대상
1차적 범죄예방	물리적·사회적 환경조건을 개선하여 범죄를 예방하려는 것이다(예 건축설계·조명·자물쇠장치·접근통제 등과 같은 환경설계와 감시, 시민순찰과 같은 이웃감시, 경찰의 생활안전(범죄예방대응)활동, 형벌과 같은 일반예방, 범죄예방교육, 민간경비 등).	일반대중
2차적 범죄예방	잠재적인 범죄자의 범죄기회를 차단하여 범죄를 예방하는 것이다(예 범죄예측, 범죄지역분석, 전환제도 등).	우범자나 우범집단
3차적 범죄예방	실제 범죄자들에게 그들이 재범을 하지 못하도록 하는 범죄예방을 말한다(예 특별예방, 무능화, 교화 등).	범죄자

08 사이크스와 맛짜(Sykes & Matza)의 중화기술이론에 관한 설명으로 가장 적절하지 않은 것은?

① 사회구조원인론 중에서도 사회학습이론에 해당하는 중화기술이론은 인간에게 내면화되어 있는 합법적 규범이나 가치관을 중화시킴으로써 범죄에 이르게 된다는 이론을 말한다.

② 친구에게 돈을 빌려주었는데 돈을 갚지 않자 벌을 받아야 하는 사람이라고 정당화하며 폭력을 행사한 경우 '피해자의 부정'에 해당한다.

③ 돈을 훔친 자신의 행위에 대해 "그들은 돈이 많으니 괜찮아"라고 합리화하는 것은 '피해의 부정'에 해당한다.

④ 중화기술이론은 비행청소년이 범행 전후를 기준으로 언제 중화를 하는지 설명이 어렵고, 설령 비행행위 이전에 중화를 한다고 주장하여도 이후 비행으로 나아가는 청소년과 그렇지 않은 청소년 간의 개인적 차이를 설명하지 못한다는 비판이 제기되고 있다.

> 정답찾기
> ① 중화기술이론은 사회적 수준의 범죄원인이론 중에서 <u>사회과정원인이론</u>에 해당한다.

09 '지역사회 경찰활동(Community Policing)'에 관한 설명으로 가장 적절하지 않은 것은?

① '지역사회 경찰활동'은 이미 발생한 범죄를 사후 진압 및 검거하는 역할에서 벗어나 사전적 예방과 지역사회 문제를 해결하는 문제해결자로서의 경찰 역할을 강조한다.

② '이웃지향적 경찰활동'은 범죄발생 원인에 대해 비공식적 사회통제의 약화 및 경제적 궁핍이 소외를 정당화하기 때문이라고 보아, 경찰과 주민과의 의사소통 라인을 개방하고 서로를 위해 감시하는 민간순찰을 강조한다.

③ '전략 지향적 경찰활동'은 전통적 관행과 절차를 배제하여 범죄 요인이나 사회 무질서의 원인을 제거하기 위해 경찰자원을 재분배하고 범죄나 무질서를 예방하는 경찰활동을 말한다.

④ '정보기반 경찰활동'은 경찰의 효과성 향상을 위한 전략으로 범죄자 정보 및 분석기법을 활용한 법집행 위주의 경찰활동을 말한다.

> 정답찾기
> ③ '전략 지향적 경찰활동'은 확인된 문제에 대한 전략적 대응을 위해 경찰자원을 배분하고, 전통적인 경찰활동과 절차를 통해 범죄적 요소나 사회 무질서의 원인을 효과적으로 제거하는 경찰활동을 말한다.

10 **순찰에 관한 설명으로 가장 적절하지 않은 것은?**

① 순찰은 노선에 따라 정선순찰, 난선순찰, 요점순찰, 구역순찰 등으로 구분할 수 있다.

② 캔자스(Kansas)시 예방순찰실험의 경우 도보순찰을 증가시켜도 실제 범죄는 감소하지 않아 도보순찰과 범죄율의 연관성에 대해 부정하는 결과가 도출되었다.

③ 플린트(Flint)시 도보순찰실험의 경우 도보순찰을 증가시켜도 실제 범죄는 감소하지 않았으나 오히려 시민들은 안전하다고 느꼈다.

④ 해일(C. D. Hale)과 워커(S. Walker)는 순찰의 기능에 대민서비스 제공을 공통적으로 포함시켰다.

정답찾기

② 캔자스(Kansas)시 예방순찰실험의 경우 차량순찰의 증가나 감소가 범죄와 안전감에 영향을 미치지 못했다는 결과가 도출되었다.

11 **「경찰청 적극행정 면책제도 운영규정」에 관한 설명으로 가장 적절하지 않은 것은?**

① "적극행정"이란 경찰청 및 그 소속기관의 공무원 또는 산하단체의 임·직원이 국가 또는 공공의 이익을 증진하기 위해 성실하고 능동적으로 업무를 처리하는 행위를 말한다.

② "사전컨설팅 감사"란 불합리한 제도 등으로 인해 적극적인 업무 수행이 어려운 경우, 해당 업무의 수행에 앞서 업무 처리 방향 등에 대하여 미리 감사의견을 듣고 이를 업무처리에 반영하여 적극행정을 추진하는 것을 말한다.

③ 사전컨설팅 감사는 현지 확인 등 실지감사를 원칙으로 하되, 부득이한 사유가 발생할 경우 서면감사로 할 수 있다.

④ 행정심판, 소송, 수사 또는 타 기관에서 감사 중인 사항, 타 법령에서 정하고 있는 재심의 절차를 거친 사항 등은 사전컨설팅 감사 대상에서 제외한다.

정답찾기

③ 사전컨설팅 감사는 서면감사를 원칙으로 하되, 현지 확인 등 실지감사를 함께 할 수 있다(경찰청 적극행정 면책제도 운영규정 제18조 제1항).

12 경찰의 윤리에 관한 설명으로 옳은 것은 모두 몇 개인가?

> ㉠ 셔먼(Sherman)의 미끄러지기 쉬운 경사로 이론은 사소한 부패가 습관화되면 나중에는 커다란 부패로 이어진 다는 이론이다.
>
> ㉡ 클라이니히(Kleinig)는 내부고발의 윤리적 정당화 요건에 대해 내부고발자는 특별한 경우를 제외하고는 외부 에 공표한 후 자신의 이견을 표시하기 위한 내부적 채널을 모두 사용하여야 한다고 주장하였다.
>
> ㉢ 회의주의는 불특정대상에 대하여 합리적인 근거를 바탕으로 의심하고 비판하며 개선의 의지가 있다는 점에서 냉소주의와 차이가 있다.
>
> ㉣ 사회계약설을 토대로 코헨(Cohen)과 펠드버그(Feldberg)가 제시하는 경찰활동의 기준에 따르면, 오토바이로 도주하는 절도범이 전신주를 들이받자, 이를 발견한 경찰관이 도망가지 못하도록 총을 발사해 절도범을 사망 하게 한 경우는 '공공의 신뢰 확보'에 위배된다.

① 0개   ② 1개   ③ 2개   ④ 3개

정답찾기

지문의 내용 중 옳은 것은 ㉣이다.
㉠ 셔먼(Sherman)의 미끄러지기 쉬운 경사로 이론은 공짜 커피와 같은 작은 호의가 습관화되면 나중에는 커다란 부패로 이어진다는 이론이다.
㉡ 클라이니히(Kleinig)는 내부고발의 윤리적 정당화 요건에 대해 내부고발자는 특별한 경우를 제외하고는 자신의 이견을 표시하기 위 한 내부적 채널을 모두 사용한 후 외부에 공표하여야 한다고 주장하였다.
㉢ 회의주의는 특정대상에 대하여 합리적인 근거를 바탕으로 의심하고 비판하며 개선의 의지가 있다는 점에서 냉소주의와 차이가 있다.

13 법치행정의 원칙에 관한 설명으로 가장 적절하지 않은 것은? (다툼이 있는 경우 판례에 의함)

① 행정작용은 법률에 위배되어서는 아니 되며, 국민의 권리를 제한하거나 의무를 부과하는 경우와 그 밖에 국 민생활에 중요한 영향을 미치는 경우에는 법률에 근거하여야 한다.

② 법률유보의 원칙에서 요구되는 법적 근거는 행정의 조직법적 근거이다.

③ 법률유보의 원칙은 '법률에 의한' 규율만을 뜻하는 것이 아니라 '법률에 근거한' 규율을 요청하는 것이다.

④ 경찰행정은 법에 따라 행하여져야 하며, 경찰행정권에 의하여 국민의 권익이 침해된 경우에는 이에 대한 구 제제도가 보장되어야 한다.

정답찾기

② 법률유보의 원칙에서 요구되는 법적 근거는 행정의 작용법적 근거이다.

14 행정입법에 관한 설명으로 가장 적절하지 않은 것은? (다툼이 있는 경우 판례에 의함)

① 국무총리 또는 행정각부의 장은 소관사무에 관하여 법률이나 대통령령의 위임 또는 직권으로 총리령 또는 부령을 발할 수 있다.

② 「도로교통법 시행규칙」 제53조 제1항이 정한 [별표 16]의 운전면허행정처분기준은 부령의 형식으로 되어 있으나, 행정청 내부의 사무처리준칙을 규정한 것에 지나지 아니하므로 대외적으로 국민이나 법원을 기속하는 효력이 없다.

③ 법규명령의 위임의 근거가 되는 법률에 대하여 위헌결정이 선고되더라도 그 위임규정에 근거하여 제정된 법규명령은 원칙적으로 효력을 유지한다.

④ 국민의 권리 제한 또는 의무 부과와 직접 관련되는 대통령령, 총리령 및 부령은 긴급히 시행하여야 할 특별한 사유가 있는 경우를 제외하고는 공포일부터 적어도 30일이 경과한 날부터 시행되도록 하여야 한다.

> 정답찾기
> ③ 법규명령의 위임근거가 되는 법률에 대하여 위헌결정이 선고되면 그 위임에 근거하여 제정된 법규명령도 원칙적으로 효력을 상실한다 (대판 2001.6.12, 2000다18547).

15 「국가경찰과 자치경찰의 조직 및 운영에 관한 법률」상 시·도자치경찰위원회에 대한 설명으로 가장 적절하지 않은 것은?

① 시·도자치경찰위원회는 위원장 1명을 포함한 7명의 위원으로 구성하되, 위원장과 1명의 위원은 상임으로 하고, 5명의 위원은 비상임으로 한다.

② 시·도자치경찰위원회 위원장은 위원 중에서 시·도지사가 임명하고, 상임위원은 시·도자치경찰위원회의 의결을 거쳐 위원 중에서 위원장의 제청으로 시·도지사가 임명한다.

③ 시·도자치경찰위원회 위원장과 위원의 임기는 3년으로 하며, 연임할 수 없다. 다만, 보궐위원의 임기는 전임자 임기의 남은 기간으로 하되, 전임자의 남은 임기가 1년 미만인 경우에는 한 차례만 연임할 수 있다.

④ 시·도자치경찰위원회의 위원장은 재의요구를 받은 날부터 7일 이내에 회의를 소집하여 재의결하여야 한다. 이 경우 재적위원 과반수의 출석과 출석위원 과반수 이상의 찬성으로 전과 같은 의결을 하면 그 의결사항은 확정된다.

> 정답찾기
> ④ 시·도자치경찰위원회의 위원장은 재의요구를 받은 날부터 7일 이내에 회의를 소집하여 재의결하여야 한다. 이 경우 재적위원 과반수의 출석과 출석위원 3분의 2 이상의 찬성으로 전과 같은 의결을 하면 그 의결사항은 확정된다(「국가경찰과 자치경찰의 조직 및 운영에 관한 법률」 제25조 제5항).

16 「국가경찰과 자치경찰의 조직 및 운영에 관한 법률」에 대한 설명으로 가장 적절하지 않은 것은?

① 경찰공무원은 상관의 지휘·감독을 받아 직무를 수행하고, 그 직무수행에 관하여 서로 협력하여야 한다.

② 국가는 지방자치단체가 이관받은 사무를 원활히 수행할 수 있도록 인력, 장비 등에 소요되는 비용에 대하여 재정적 지원을 하여야 한다.

③ 경찰공무원은 구체적 사건수사와 관련된 상관의 지휘·감독의 정당성에 대하여 이견이 있더라도 이의를 제기할 수 없다.

④ 국가와 지방자치단체는 국민의 생명·신체 및 재산을 보호하고 공공의 안녕과 질서유지에 필요한 시책을 수립·시행하여야 한다.

> 정답찾기
>
> ③ 경찰공무원은 구체적 사건수사와 관련된 제1항의 지휘·감독의 적법성 또는 정당성에 대하여 이견이 있을 때에는 이의를 제기할 수 있다(「국가경찰과 자치경찰의 조직 및 운영에 관한 법률」 제6조 제2항).

17 「경찰관 직무집행법」 및 「경찰착용기록장치 운영 등에 관한 규정」에 대한 설명으로 가장 적절하지 않은 것은?

① 경찰착용기록장치로 기록한 영상음성기록의 보관기간은 해당 기록을 법 제10조의6 제3항에 따라 영상음성기록정보 데이터베이스에 전송·저장한 날부터 30일(해당 영상음성기록이 수사 중인 범죄와 관련된 경우 등 경찰청장 또는 해양경찰청장이 정하는 사항에 해당하는 경우에는 90일)로 한다.

② 경찰청장 및 해양경찰청장은 경찰착용기록장치로 기록한 영상·음성을 저장하고 데이터베이스로 관리하는 영상음성기록정보 관리체계를 구축·운영하여야 한다.

③ 경찰청장 또는 해양경찰청장은 경찰착용기록장치를 사용하는 경찰관을 대상으로 경찰착용기록장치 조작방법, 사용지침, 개인정보 보호 등에 관한 내용이 포함된 교육을 실시해야 한다.

④ 경찰착용기록장치로 기록을 마친 영상음성기록은 10일 이내로 영상음성기록정보 관리체계를 이용하여 영상음성기록정보 데이터베이스에 전송·저장할 수 있으며, 영상음성기록을 임의로 편집·복사하거나 삭제하여서는 아니 된다.

> 정답찾기
>
> ④ 경찰착용기록장치로 기록을 마친 영상음성기록은 지체 없이 제10조의7에 따른 영상음성기록정보 관리체계를 이용하여 영상음성기록정보 데이터베이스에 전송·저장하도록 하여야 하며, 영상음성기록을 임의로 편집·복사하거나 삭제하여서는 아니 된다(「경찰관 직무집행법」 제10조의6 제3항).

Answer 14 ③ 15 ④ 16 ③ 17 ④

18 「경찰관 직무집행법」 및 동법 시행령상 손실보상에 관한 설명으로 가장 적절하지 않은 것은?

① 국가는 경찰관의 적법한 직무집행으로 인하여 손실발생의 원인에 대하여 책임이 없는 자가 생명·신체 또는 재산상의 손실을 입은 경우 또는 손실발생의 원인에 대하여 책임이 있는 자가 자신의 책임에 상응하는 정도를 초과하는 생명·신체 또는 재산상의 손실을 입은 경우에 정당한 보상을 하여야 한다.

② 경찰청장, 해양경찰청장, 시·도경찰청장 또는 지방해양경찰청장은 손실보상심의위원회의 심의·의결에 따라 보상금을 지급하고, 거짓 또는 부정한 방법으로 보상금을 받은 사람에 대하여는 해당 보상금을 환수하여야 한다.

③ 손실보상금이 지급된 경우 손실보상심의위원회는 국가경찰위원회 또는 해양경찰위원회에 심사자료와 결과를 반기별로 보고하여야 한다. 이 경우 국가경찰위원회 또는 해양경찰위원회는 손실보상의 적법성 및 적정성 확인을 위하여 필요한 자료의 제출을 요구할 수 있다.

④ 손실보상심의위원회의 위원은 소속 경찰관과 판사·검사 또는 변호사로 5년 이상 근무한 사람, 「고등교육법」 제2조에 따른 학교에서 법학, 행정학 및 경찰학을 가르치는 조교수 이상으로 5년 이상 재직한 사람, 경찰 업무와 손실보상에 관하여 학식과 경험이 풍부한 사람 중에서 위촉하거나 임명한다.

> 정답찾기
> ④ 판사·검사 또는 변호사로 5년 이상 근무한 사람, 「고등교육법」 제2조에 따른 학교에서 법학 또는 행정학을 가르치는 부교수 이상으로 5년 이상 재직한 사람, 경찰 업무와 손실보상에 관하여 학식과 경험이 풍부한 사람 중에서 위촉하거나 임명한다(「경찰관 직무집행법 시행령」 제11조 제3항).

19 「질서위반행위규제법」에 관한 설명으로 가장 적절한 것은?

① 행정청의 과태료 처분이나 법원의 과태료 재판이 확정된 후 법률이 변경되어 그 행위가 질서위반행위에 해당하지 아니하게 된 때에는 변경된 법률에 특별한 규정이 없는 한 과태료를 감경한다.

② 자신의 행위가 위법하지 아니한 것으로 오인하고 행한 질서위반행위는 그 오인에 정당한 이유가 있는 때에 한하여 과태료를 감경한다.

③ 행정청이 질서위반행위에 대하여 과태료를 부과하고자 하는 때에는 미리 당사자에게 대통령령으로 정하는 사항을 통지하고, 30일 이상의 기간을 정하여 의견을 제출할 기회를 주어야 한다.

④ 행정청의 과태료 부과에 불복하는 당사자는 과태료 부과 통지를 받은 날부터 60일 이내에 해당 행정청에 서면으로 이의제기를 할 수 있다.

> 정답찾기
> ① 행정청의 과태료 처분이나 법원의 과태료 재판이 확정된 후 법률이 변경되어 그 행위가 질서위반행위에 해당하지 아니하게 된 때에는 변경된 법률에 특별한 규정이 없는 한 과태료의 징수 또는 집행을 면제한다(「질서위반행위규제법」 제3조 제3항).
> ② 자신의 행위가 위법하지 아니한 것으로 오인하고 행한 질서위반행위는 그 오인에 정당한 이유가 있는 때에 한하여 과태료를 부과하지 아니한다(「질서위반행위규제법」 제8조).
> ③ 행정청이 질서위반행위에 대하여 과태료를 부과하고자 하는 때에는 미리 당사자(제11조 제2항에 따른 고용주 등을 포함한다)에게 대통령령으로 정하는 사항을 통지하고, 10일 이상의 기간을 정하여 의견을 제출할 기회를 주어야 한다(「질서위반행위규제법」 제16조 제1항).

20 공정력에 관한 설명으로 가장 적절하지 않은 것은? (다툼이 있는 경우 판례에 의함)

① 처분은 권한이 있는 기관이 취소 또는 철회하거나 기간의 경과 등으로 소멸되기 전까지는 유효한 것으로 통용된다. 다만, 무효인 처분은 처음부터 그 효력이 발생하지 아니한다.

② 연령미달의 결격자인 피고인이 소외인의 이름으로 운전면허시험에 응시, 합격하여 교부받은 운전면허는 취소되지 않는 한 유효하므로 피고인의 운전행위는 무면허운전에 해당하지 아니한다.

③ 행정처분이 위법임을 이유로 배상을 청구하는 경우에는 미리 그 행정처분의 취소판결이 있어야만 그 행정처분의 위법임을 이유로 피고에게 배상을 청구할 수 있다.

④ 과세처분이 당연무효라고 볼 수 없는 한 과세처분에 취소할 수 있는 위법사유가 있다 하더라도 그 과세처분은 행정행위의 공정력 또는 집행력에 의하여 그것이 적법하게 취소되기 전까지는 유효하다 할 것이므로, 민사소송절차에서 그 과세처분의 효력을 부인할 수 없다.

정답찾기
③ 위법한 행정대집행이 완료되면 그 처분의 무효확인 또는 취소를 구할 소의 이익은 없다 하더라도, 미리 그 행정처분의 취소판결이 있어야만, 그 행정처분의 위법임을 이유로 한 손해배상청구를 할 수 있는 것은 아니다(대판 1972. 4.28, 72다337).

21 무효에 관한 설명으로 가장 적절하지 않은 것은? (다툼이 있는 경우 판례에 의함)

① 하자 있는 행정처분이 당연무효가 되기 위하여는 그 하자가 법규의 중요한 부분을 위반한 중대한 것으로서 객관적으로 명백한 것이어야 하며, 하자가 중대하고 명백한 것인지 여부를 판별함에 있어서는 그 법규의 목적, 의미·기능 등을 목적론적으로 고찰함과 동시에 구체적 사안 자체의 특수성에 관하여도 합리적으로 고찰함을 요한다.

② 경찰공무원에 대한 징계위원회의 심의과정에 감경사유에 해당하는 공적 사항이 제시되지 아니한 경우에는 그 징계양정이 결과적으로 적정한지와 상관없이 이는 관계 법령이 정한 징계절차를 지키지 아니한 것으로서 당연무효이다.

③ 임용 당시 공무원임용 결격사유가 있었다면 비록 국가의 과실에 의하여 임용결격자임을 밝혀 내지 못하였다고 하더라도 그 임용행위는 당연무효이다.

④ 적법한 건축물에 대한 철거명령은 그 하자가 중대하고 명백하여 당연무효이고, 그 후행행위인 건축물철거 대집행계고처분 역시 당연무효이다.

정답찾기
② 경찰공무원에 대한 징계위원회의 심의과정에 감경사유에 해당하는 공적 사항이 제시되지 아니한 경우에는 그 징계양정이 결과적으로 적정한지와 상관없이 이는 관계 법령이 정한 징계절차를 지키지 아니한 것(취소사유)으로서 위법하다(대법원 2012. 6. 28. 선고 2011두20505 판결 참조).

22 「행정기본법」상 행정상 강제에 관한 설명으로 가장 적절하지 않은 것은?

① 행정상 직접강제란 의무자가 행정상 의무를 이행하지 아니하는 경우 행정청이 의무자의 신체나 재산에 실력을 행사하여 그 행정상 의무의 이행이 있었던 것과 같은 상태를 실현하는 것이다.

② 행정상 강제징수란 의무자가 행정상 의무 중 금전급부의무를 이행하지 아니하는 경우 행정청이 의무자의 재산에 실력을 행사하여 그 행정상 의무가 실현된 것과 같은 상태를 실현하는 것이다.

③ 행정상 즉시강제란 현재의 급박한 행정상의 장해를 제거하기 위한 경우로서 행정청이 미리 행정상 의무 이행을 명할 시간적 여유가 없는 경우 또는 그 성질상 행정상 의무의 이행을 명하는 것만으로는 행정목적 달성이 곤란한 경우에 행정청이 곧바로 국민의 신체 또는 재산에 실력을 행사하여 행정목적을 달성하는 것이다.

④ 이행강제금의 부과란 의무자가 행정상 의무를 이행하지 아니하는 경우 행정청이 적절한 이행기간을 부여하고, 그 기한까지 행정상 의무를 이행하지 아니하면 금전급부의무를 부과하는 것으로서, 행정상 의무를 이행하지 않더라도 반복하여 부과할 수 없다.

> 정답찾기
>
> ④ 행정청은 의무자가 행정상 의무를 이행할 때까지 이행강제금을 <u>반복하여 부과할 수 있다</u>. 다만, 의무자가 의무를 이행하면 새로운 이행강제금의 부과를 즉시 중지하되, 이미 부과한 이행강제금은 징수하여야 한다(「행정기본법」 제31조 제5항).

23 「개인정보 보호법」상 '개인정보 보호 원칙'에 관한 설명으로 가장 적절하지 않은 것은?

① 개인정보처리자는 개인정보의 처리 목적을 명확하게 하여야 하고 그 목적에 필요한 범위에서 최소한의 개인정보만을 적법하고 정당하게 수집하여야 한다.

② 개인정보처리자는 개인정보의 처리 목적에 필요한 범위에서 개인정보의 완전성, 확장성 및 신속성이 보장되도록 하여야 한다.

③ 개인정보처리자는 개인정보를 익명 또는 가명으로 처리하여도 개인정보 수집목적을 달성할 수 있는 경우 익명처리가 가능한 경우에는 익명에 의하여, 익명처리로 목적을 달성할 수 없는 경우에는 가명에 의하여 처리될 수 있도록 하여야 한다.

④ 개인정보처리자는 개인정보의 처리 방법 및 종류 등에 따라 정보주체의 권리가 침해받을 가능성과 그 위험 정도를 고려하여 개인정보를 안전하게 관리하여야 한다.

> 정답찾기
>
> ② 개인정보처리자는 개인정보의 처리 목적에 필요한 범위에서 개인정보의 <u>정확성</u>, 완전성 및 <u>최신성</u>이 보장되도록 하여야 한다(「개인정보 보호법」 제3조 제3항).

24 「행정절차법」에 관한 설명으로 가장 적절하지 않은 것은?

① 이 법은 행정절차에 관한 공통적인 사항을 규정하여 국민의 행정 참여를 도모함으로써 행정의 공정성·투명성 및 신뢰성을 확보하고 국민의 권익을 보호함을 목적으로 한다.

② 행정청의 관할이 분명하지 아니한 경우에는 해당 행정청을 공통으로 감독하는 상급 행정청이 그 관할을 결정하며, 공통으로 감독하는 상급 행정청이 없는 경우에는 각 상급 행정청이 협의하여 그 관할을 결정한다.

③ 송달은 우편 또는 정보통신망을 이용한 방법으로만 하되, 송달받을 자의 주소·거소·영업소·사무소 또는 전자우편주소로 한다.

④ 행정청이 처분을 할 때에는 다른 법령 등에 특별한 규정이 있는 경우를 제외하고는 문서로 하여야 하며, 당사자등의 동의가 있거나 당사자가 전자문서로 처분을 신청한 경우에는 전자문서로 할 수 있다.

정답찾기

③ 송달은 우편, 교부 또는 정보통신망 이용 등의 방법으로 하되, 송달받을 자(대표자 또는 대리인을 포함한다. 이하 같다)의 주소·거소(居所)·영업소·사무소 또는 전자우편주소(이하 "주소 등"이라 한다)로 한다. 다만, 송달받을 자가 동의하는 경우에는 그를 만나는 장소에서 송달할 수 있다(「행정절차법」 제14조 제1항).

25 「행정심판법」상 재결에 관한 설명으로 가장 적절하지 않은 것은?

① 행정심판위원회는 사정재결을 할 때에는 청구인에 대하여 상당한 구제방법을 취하거나 상당한 구제방법을 취할 것을 청구인과 피청구인에게 명한다.

② 행정심판위원회는 무효등확인심판의 청구가 이유가 있다고 인정하면 처분의 효력 유무 또는 처분의 존재 여부를 확인한다.

③ 행정심판위원회는 의무이행심판의 청구가 이유가 있다고 인정하면 지체 없이 신청에 따른 처분을 하거나 처분을 할 것을 피청구인에게 명한다.

④ 행정심판위원회는 심판청구가 이유가 있다고 인정하는 경우에도 이를 인용하는 것이 공공복리에 크게 위배된다고 인정하면 그 심판청구를 기각하는 재결을 할 수 있다.

정답찾기

① 위원회는 제1항에 따른 재결(사정재결)을 할 때에는 청구인에 대하여 상당한 구제방법을 취하거나 상당한 구제방법을 취할 것을 피청구인에게 명할 수 있다(「행정심판법」 제44조 제2항).

26 「행정소송법」상 행정소송의 종류에 관한 설명이다. 아래 ㉠～㉣에 들어갈 내용으로 가장 적절한 것은?

> - (㉠)소송: 행정청의 처분등이나 부작위에 대하여 제기하는 소송
> - (㉡)소송: 국가 또는 공공단체의 기관이 법률에 위반되는 행위를 한 때에 직접 자기의 법률상 이익과 관계 없이 그 시정을 구하기 위하여 제기하는 소송
> - (㉢)소송: 행정청의 처분등을 원인으로 하는 법률관계에 관한 소송 그 밖에 공법상의 법률관계에 관한 소송으로서 그 법률관계의 한쪽 (㉣)를 피고로 하는 소송

	㉠	㉡	㉢	㉣
①	항고	민중	당사자	대표자
②	부작위	항고	기관	대표자
③	항고	민중	당사자	당사자
④	항고	기관	민중	당사자

정답찾기
㉠은 항고, ㉡은 민중, ㉢은 당사자, ㉣은 당사자이다(「행정소송법」 제3조).

27 동기부여이론에 관한 설명으로 가장 적절하지 않은 것은?

① 매슬로(Maslow)는 다원적 인간욕구의 존재를 인정하고 가장 기본적인 욕구는 생리적 욕구라고 하였다.
② 브룸(Vroom)은 동기유발은 욕구충족이 아니라 과업에 대한 기대감, 수단성, 유의성에 의해 결정된다고 주장하였다.
③ 앨더퍼(Alderfer)는 매슬로의 욕구계층이론을 수정하여 생존욕구, 관계욕구, 성장욕구로 구분하였다.
④ 맥그리거(McGregor)는 전통적 조직이론의 인간관을 위생요인, 새로운 조직이론의 인간관을 동기요인으로 구분하였다.

정답찾기
④ 지문의 내용은 허즈버그(F. Herzberg)의 동기·위생이론(2요인이론)에 대한 설명이다. 맥그리거(D. McGregor)는 X·Y이론을 주장하였다.

28 경찰조직편성의 원리에 관한 설명으로 가장 적절하지 않은 것은?

① 계층제 원리 - 권한과 책임의 배분을 통해 신중한 업무처리가 가능하며, 수직적 분화와 집권화 현상이 나타나 구성원의 동기부여를 향상시킨다.

② 통솔범위의 원리 - 업무의 종류가 단순할수록 통솔의 범위는 넓어지며, 계층의 수가 많아질수록 통솔의 범위가 좁아진다.

③ 분업의 원리 - 분업의 원리는 업무를 그 종류와 성질별로 구분하여 구성원에게 가능한 한 한가지의 주된 업무를 분담시킴으로써 조직 관리상의 능률을 향상시키려는 것을 말한다.

④ 조정과 통합의 원리 - 구성원의 노력과 행동을 질서있게 배열하고 통일시키는 작용을 함으로써 경찰행정의 목표를 효율적으로 달성할 수 있게 한다.

> 정답찾기
> ① 계층제의 경우 조직구성원의 자아실현욕구, 성취욕구와 조화가 힘들어 구성원에게 동기를 부여하기 어렵다는 단점이 있다.

29 「경찰공무원법」 및 「경찰공무원임용령」상 경찰공무원 채용에 관한 설명으로 가장 적절하지 않은 것은?

① 채용후보자 등록을 하지 아니한 사람은 경찰공무원으로 임용될 의사가 없는 것으로 본다.

② 경찰청장 또는 해양경찰청장은 채용후보자 명부의 유효기간을 연장하기로 결정한 경우에는 그 사실을 공고하여야 한다.

③ 경찰청장 또는 해양경찰청장은 경찰공무원의 신규채용시험에서 대통령령으로 정하는 부정행위를 한 사람에 대하여 부정행위자에 대한 제재로서 해당 시험의 정지·무효 또는 합격 취소 처분을 할 때에는 미리 그 처분의 내용과 사유를 당사자에게 통지하여 소명할 기회를 주어야 한다.

④ 경찰공무원의 신규채용시험은 계급별로 실시한다. 다만, 결원보충을 원활히 하기 위하여 필요하다고 인정될 때에는 직무분야별·근무예정지역 또는 근무예정기관별로 구분하여 실시할 수 있다.

> 정답찾기
> ③ 경찰청장 또는 해양경찰청장은 경찰공무원의 신규채용시험(경위공개경쟁채용시험을 포함한다. 이하 같다), 승진시험 또는 그 밖의 시험에서 다른 사람에게 대신하여 응시하게 하는 행위 등 대통령령으로 정하는 부정행위를 한 사람에 대하여 대통령령으로 정하는 바에 따라 해당 시험의 <u>정지·무효 또는 합격 취소 처분</u>을 할 수 있다. 경찰청장 또는 해양경찰청장은 제1항에 따른 처분(<u>시험의 정지는 제외한다</u>)을 할 때에는 미리 그 처분 내용과 사유를 당사자에게 통지하여 소명할 기회를 주어야 한다(「경찰공무원법」 제11조 제1항, 제3항).

Answer 26 ③ 27 ④ 28 ① 29 ③

30 「위해성 경찰장비의 사용기준 등에 관한 규정」에 대한 설명으로 가장 적절한 것은?

① 경찰관은 범인의 체포 또는 도주방지, 타인 또는 경찰관의 생명·신체에 대한 방호, 공무집행에 대한 항거의 억제를 위하여 필요한 때에는 최소한의 범위 안에서 가스발사총을 사용할 수 있다. 이 경우 경찰관은 1미터 이내의 거리에서 상대방의 얼굴을 향하여 이를 발사하여서는 아니된다.

② 경찰관은 전극침 발사장치가 있는 전자충격기를 사용하는 경우 상대방의 신체 및 얼굴을 향하여 전극침을 발사할 수 있다.

③ 경찰장구에는 수갑·포승·호송용포승·경찰봉·호신용경봉·방패·전자방패·근접분사기 및 가스분사기가 있다.

④ 기타장비에는 가스차·살수차·특수진압차·물포·석궁·다목적발사기·전자충격기 및 크레모아가 있다.

정답찾기

② 경찰관은 전극침(電極針) 발사장치가 있는 전자충격기를 사용하는 경우 상대방의 얼굴을 향하여 전극침을 발사하여서는 아니된다(「위해성 경찰장비의 사용기준 등에 관한 규정」 제8조 제2항).

③ 지문의 내용 중 근접분사기 및 가스분사기는 분사기·최루탄 등에 해당한다(「위해성 경찰장비의 사용기준 등에 관한 규정」 제2조 제4호).

④ 지문의 내용 중 전자충격기는 경찰장구, 크레모아는 무기에 해당한다(「위해성 경찰장비의 사용기준 등에 관한 규정」 제2조 제1호, 제3호).

31 「보안업무규정」상 비밀보호에 관한 설명으로 가장 적절하지 않은 것은?

① Ⅰ급비밀은 누설될 경우 국가안전보장에 막대한 지장을 끼칠 우려가 있는 비밀을 말한다.

② 비밀은 해당 등급의 비밀취급 인가를 받은 사람만 취급할 수 있으며, 암호자재는 해당 등급의 비밀 소통용 암호자재취급 인가를 받은 사람만 취급할 수 있다.

③ 비밀을 휴대하고 출장 중인 사람은 비밀을 안전하게 보호하기 위하여 국내 경찰기관 또는 재외공관에 보관을 위탁할 수 있으며, 위탁받은 기관은 그 비밀을 보관하여야 한다.

④ 각급기관의 장은 연 2회 비밀 소유 현황을 조사하여 국가정보원장에게 통보하여야 한다.

정답찾기

① 지문은 Ⅱ급비밀에 대한 설명이다. Ⅰ급비밀은 누설될 경우 대한민국과 외교관계가 단절되고 전쟁을 일으키며, 국가의 방위계획·정보활동 및 국가방위에 반드시 필요한 과학과 기술의 개발을 위태롭게 하는 등의 우려가 있는 비밀을 말한다(「보안업무규정」 제4조 제1호, 제2호).

32 「경찰 인권보호 규칙」상 경찰청 및 시·도경찰청 인권위원회에 관한 설명으로 가장 적절하지 않은 것은?

① 경찰 활동 전반에 걸친 민주적 통제를 구현하여 경찰력 오·남용을 예방하고, 경찰행정의 인권 지향성을 높여 인권을 존중하는 경찰활동을 정립하기 위해 경찰청장 및 시·도경찰청장의 자문기구로서 각각 경찰청 인권위원회, 시·도경찰청 인권위원회를 설치하여 운영한다.

② 위원회의 당연직 위원은 경찰청은 감사관, 시·도경찰청은 청문감사인권담당관으로 한다.

③ 위원장과 위촉 위원의 임기는 위촉된 날로부터 2년으로 하며 위원장과 위촉 위원은 한 차례만 연임할 수 있다.

④ 회의에 출석한 위원에게는 예산의 범위 안에서 수당 또는 여비를 지급할 수 있다.

> 정답찾기
③ 위원장과 위촉 위원의 임기는 위촉된 날로부터 2년으로 하며 위원장의 직은 연임할 수 없고, 위촉 위원은 두 차례만 연임할 수 있다 (「경찰 인권보호 규칙」 제7조 제1항).

33 「112신고의 운영 및 처리에 관한 법률」 및 동법 시행령상 '출동 현장의 촬영·관리'에 관한 설명이다. 아래 ㉠, ㉡에 들어갈 내용으로 가장 적절한 것은?

> 경찰청장등은 「112신고의 운영 및 처리에 관한 법률」 제11조 제1항에 따라 경찰차량 또는 무인비행장치에 영상촬영장치를 설치하거나 경찰관이 영상촬영장치를 착용 또는 휴대하도록 하여 출동 현장을 촬영할 수 있다. 이에 따라 수집된 영상정보의 보관기간은 촬영일부터 (㉠)일로 한다. 다만, 범죄 수사를 위해 영상정보의 보관이 필요한 경우 등 경찰청장등이 필요하다고 인정하는 경우에는 (㉡)일의 범위에서 보관기간을 연장할 수 있다.

	㉠	㉡
①	20	20
②	20	30
③	30	30
④	30	60

> 정답찾기
③ 수집된 영상정보의 보관기간은 촬영일부터 30일로 한다. 다만, 범죄 수사를 위해 영상정보의 보관이 필요한 경우 등 경찰청장 등이 필요하다고 인정하는 경우에는 30일의 범위에서 보관기간을 연장할 수 있다(「112신고의 운영 및 처리에 관한 법률 시행령」 제5조 제4항).

34 「풍속영업의 규제에 관한 법률」상 풍속영업을 하는 자 및 대통령령으로 정하는 종사자가 풍속영업을 하는 장소에서 하여서는 아니 되는 행위로 가장 적절하지 않은 것은?

① 「성매매알선 등 행위의 처벌에 관한 법률」 제2조 제1항 제2호에 따른 성매매알선 등 행위

② 음란행위를 하게 하거나 이를 알선 또는 제공하는 행위

③ 음란한 문서·도화·영화·음반·비디오물, 그 밖의 음란한 물건에 대한 제작·반포·판매 및 이를 알선하는 행위

④ 도박이나 그 밖의 사행행위를 하게 하는 행위

정답찾기

③ 음란한 문서·도화(圖畵)·영화·음반·비디오물, 그 밖의 음란한 물건에 대한 <u>반포(頒布)·판매·대여</u>하거나 이를 하게 하는 행위, <u>관람·열람</u>하게 하는 행위 및 반포·판매·대여·관람·열람의 목적으로 <u>진열하거나 보관하는</u> 행위를 하여서는 아니된다(「풍속영업의 규제에 관한 법률」 제3조 제3호).

35 「실종아동등의 보호 및 지원에 관한 법률」에 대한 설명으로 가장 적절하지 않은 것은?

① 「사회복지사업법」 제14조에 따른 사회복지전담공무원은 그 직무를 수행하면서 실종아동 등임을 알게 되었을 때에는 「실종아동 등의 보호 및 지원에 관한 법률」 제3조 제2항 제1호에 따라 경찰청장이 구축하여 운영하는 신고체계로 지체 없이 신고하여야 한다.

② 경찰청장은 실종아동 등의 조속한 발견과 복귀를 위하여 아동등의 보호자가 신청하는 경우 아동 등의 지문 및 얼굴 등에 관한 정보를 「실종아동 등의 보호 및 지원에 관한 법률」 제8조의2에 따른 정보시스템에 등록하고 아동등의 보호자에게 사전신고증을 발급할 수 있다.

③ 경찰청장은 실종아동 등의 발견을 위하여 실종아동 등을 찾고자 하는 가족으로부터 유전자검사대상물을 채취할 수 있다.

④ 경찰관서의 장과 경찰관서에 종사하거나 종사하였던 자는 실종아동 등을 찾기 위한 목적으로 제공받은 개인위치정보 등을 실종아동 등을 찾기 위한 목적 외의 용도로 이용하여서는 아니 되며, 경찰관서의 장은 목적을 달성하였을 때에는 1년간 보관하여야 한다.

정답찾기

④ 경찰관서의 장과 경찰관서에 종사하거나 종사하였던 자는 실종아동 등을 찾기 위한 목적으로 제공받은 개인위치정보 등을 실종아동 등을 찾기 위한 목적 외의 용도로 이용하여서는 아니 되며, 경찰관서의 장은 목적을 달성하였을 때에는 <u>지체 없이 파기하여야</u> 한다(「실종아동등의 보호 및 지원에 관한 법률」 제9조 제4항).

36 「국민보호와 공공안전을 위한 테러방지법」에 관한 설명으로 가장 적절하지 않은 것은?

① '외국인테러전투원'이란 테러를 실행·계획·준비하거나 테러에 참가할 목적으로 국적국이 아닌 국가의 테러단체에 가입하거나 가입하기 위하여 이동 또는 이동을 시도하는 내국인·외국인을 말한다.

② 관계기관의 대테러활동으로 인한 국민의 기본권 침해 방지를 위하여 국가테러대책위원회 소속으로 대테러인권보호관 1명을 둔다.

③ 대테러활동과 관련하여 장단기 국가대테러활동 지침 작성·배포 등을 수행하기 위하여 국무총리 소속으로 관계기관 공무원 및 민간위원으로 구성되는 대테러센터를 둔다.

④ 관계기관의 장은 대통령령으로 정하는 국가중요시설과 많은 사람이 이용하는 시설 및 장비에 대한 테러예방대책과 테러의 수단으로 이용될 수 있는 폭발물·총기류·화생방물질, 국가 중요행사에 대한 안전관리대책을 수립하여야 한다.

> **정답찾기**
> ③ 대테러활동과 관련하여 국무총리 소속으로 관계기관 공무원으로 구성되는 대테러센터를 둔다(「국민보호와 공공안전을 위한 테러방지법」 제6조 제1항).

37 「도로교통법」상 운전자의 의무에 관한 설명으로 가장 적절하지 않은 것은?

① 누구든지 술에 취한 상태에서 자동차등(「건설기계관리법」 제26조 제1항 단서에 따른 건설기계 외의 건설기계를 포함), 노면전차 또는 자전거를 운전하여서는 아니 된다.

② 경찰공무원은 교통의 안전과 위험방지를 위하여 필요하다고 인정하는 경우에는 운전자가 술에 취하였는지를 호흡조사로 측정할 수 있으며, 이 경우 운전자는 경찰공무원의 측정에 응하여야 한다.

③ 운전이 금지되는 술에 취한 상태의 기준은 운전자의 혈중알코올농도가 0.03퍼센트 이상인 경우로 한다.

④ 개인형 이동장치의 운전자는 대통령령으로 정하는 승차정원을 초과하여 동승자를 태우고 개인형 이동장치를 운전하여서는 아니 된다.

> **정답찾기**
> ④ 개인형 이동장치의 운전자는 행정안전부령으로 정하는 승차정원을 초과하여 동승자를 태우고 개인형 이동장치를 운전하여서는 아니 된다(「도로교통법」 제50조 제10항).

 **Answer** 34 ③ 35 ④ 36 ③ 37 ④

38 「집회 및 시위에 관한 법률」에 대한 설명이다. ㉠ ~ ㉢에 들어갈 내용으로 가장 적절한 것은?

- "옥외집회"란 (㉠)이 없거나 사방이 폐쇄되지 아니한 장소에서 여는 집회를 말한다.
- "(㉡)"란 자기 이름으로 자기 책임 아래 집회나 시위를 여는 사람이나 단체를 말한다.
- "(㉢)"(이)란 국가경찰관서를 말한다.

	㉠	㉡	㉢
①	천장	주최자	경찰기관
②	천장	주최자	경찰관서
③	지붕	주최자	경찰관서
④	지붕	주관자	경찰기관

정답찾기
㉠은 천장, ㉡은 주최자, ㉢은 경찰관서이다(「집회 및 시위에 관한 법률」 제2조).

39 자랑스러운 경찰의 표상에 관하여 인물과 내용에 대한 설명으로 가장 적절하지 않은 것은?

① 차일혁 : 구례 화엄사 등 문화재를 수호한 인물로 '보관문화훈장'을 수여 받음
② 김학재 : 1998년 강도강간 신고출동 현장에서 피의자로부터 좌측 흉부를 칼로 피습당한 상태에서도 격투를 벌여 범인검거 후 순직하였으며, 2018년 '경찰영웅'으로 선정됨
③ 안종삼 : 예비검속 된 보도연맹원들에 대한 총살명령에 대해 '내가 죽더라도 방면하겠으니 국가를 위해 충성 해달라'고 말한 후 전원 방면함
④ 최중락 : 1968년 무장공비 침투사건 당시 자하문검문소에서 무장공비를 온몸으로 막아내고 청와대를 사수하였으며, 호국경찰의 표상이 됨

정답찾기
④ 지문의 내용은 최규식 경무관과 정종수 경사에 대한 설명이다. 최중락 총경은 수사경찰의 표상으로 재직 중 1,300여 명의 범인을 검거하여 여러 차례 포도왕으로 선정되었다.

40 대한민국 경찰의 법제도 연혁에 관한 설명으로 가장 적절하지 않은 것은?

① 자치경찰제의 도입, 다양한 치안서비스 제공, 국민부담 경감 등을 위하여 2020년에 「경찰법」을 「국가경찰과 자치경찰의 조직 및 운영에 관한 법률」로 법제명을 변경하는 등 전부개정하였다.

② 「경찰법」은 내무부 치안국을 경찰청으로 개편하기 위하여 1991년에 제정하였다.

③ 「경찰공무원법」은 경찰 직무의 특수성에 비추어 경찰 질서의 확립과 경찰 인사의 합리화를 위하여 기존 「국가공무원법」에 포함되어 있는 경찰 인사에 관한 규정을 분리하여 별도로 독립된 법으로 1969년에 제정하였다.

④ 「경찰관 직무집행법」은 경찰관이 국민에 대한 생명·신체·재산의 보호, 범죄의 예방, 공안의 유지, 기타 법령 집행 등의 직무를 충실히 수행하도록 필요한 사항을 정하기 위하여 1953년에 제정하였다.

정답찾기
② 「경찰법」은 내무부 치안본부를 경찰청으로 개편하기 위하여 1991년에 제정하였다.

이상훈

주요 약력

경북대학교 법과대학 법학부 졸업
경북대학교 대학원 법학과 졸업
(現) 박문각 경찰 경찰학 전임교수
(前) 대구 가톨릭대학교 산학협력교수
    부산 한국경찰학원 경찰학
    전주 한빛경찰학원 경찰학
    광주 스마트경찰학원 경찰학, 행정법
    대전 한국경찰학원 경찰학
    노량진 윌비스경찰학원 경찰학, 행정법
    노량진 이그잼경찰학원 경찰학
    노량진 해커스경찰학원 경찰학

주요 저서

이상훈 경찰학 기본 이론서(박문각)
이상훈 경찰학 단원별 기출문제집(박문각)
이상훈 경찰학 핵심 알고리즘(박문각)

이상훈 경찰학 ✧✦ 단원별 기출문제집

초판 인쇄 | 2025. 4. 10.   **초판 발행** | 2025. 4. 15.   **편저** | 이상훈
발행인 | 박 용   **발행처** | (주)박문각출판   **등록** | 2015년 4월 29일 제2019-000137호
주소 | 06654 서울시 서초구 효령로 283 서경 B/D 4층   **팩스** | (02)584-2927
전화 | 교재 문의 (02)6466-7202

저자와의
협의하에
인지생략

정가 45,000원   ISBN 979-11-7262-670-9